Tausend Jahre Leben mit dem Wasser in Niedersachsen

Band II

on der Königlich-Hannoverschen General-Direction des Wasserbaues 1823
zur Niedersächsischen Wasser- und Abfallwirtschaftsverwaltung

Herausgeber
Johann Kramer, Heie F. Erchinger und Günter Schwark

Tausend Jahre Leben mit dem Wasser in Niedersachsen

Band II

Johann Kramer, Heie F. Erchinger, Günter Schwark
und weitere Autoren

Von der Königlich-Hannoverschen General-Direction des Wasserbaues 1823 zur Niedersächsischen Wasser- und Abfallwirtschaftsverwaltung

Verlag Gerhard Rautenberg

Die Deutsche Bibliothek
CIP-Einheitsaufnahme
Kramer / Erchinger / Schwark:
Tausend Jahre Leben mit dem Wasser in Niedersachsen,
Bd. II / Johann Kramer, Heie F. Erchinger, Günter
Schwark und weitere Autoren
Leer: Rautenberg, 1999
ISBN 3-7921-0616-7

Gesamtherstellung:
Rautenberg Druck GmbH, 26789 Leer

Printed in Germany
ISBN 3-7921-0616-7

Inhalt

4 Von der Wasserwirtschaftsverwaltung zur Wasser- und Abfallwirtschaftsverwaltung in Niedersachsen nach 1945

5 Vielseitige und neue Aufgaben der niedersächsischen Wasser- und Abfallwirtschaftsverwaltung nach 1945

Zum Geleit

Begeistert berichten die Astronauten bei ihren Flügen im All von dem „blauen Planeten“. Ohne Wasser und Wasserkreislauf wäre unsere Erde aber nicht der „blaue Planet“, sondern ein totes Gestirn wie etwa der Mond. Ohne Wasser gebe es keine Verwitterung, keine uns vertraute Landschaftsgestaltung. Betrachten wir die Weltmeere, so wird augenfällig, dass auf unserem Planeten das Wasser den mit Abstand größten Lebensraum bildet. Wasser ist für alle Organismen unverzichtbar, da alle Lebensvorgänge mittelbar oder unmittelbar mit ihm verknüpft sind. Wasser war schon immer für den Menschen eine Schicksalsfrage. Je nach dem, ob es ausreichend oder zu viel gibt, ist es ein gesegneter Freund oder erbarmungsloser Feind des Menschen.

Nunmehr liegt der zweite Band „1000 Jahre Leben mit dem Wasser in Niedersachsen“ vor. Er ist entstanden im wesentlichen durch die Schilderung des eigenen Erlebens einer Vielzahl von Frauen und Männern, die beruflich mit dem Wasser zu tun hatten. Ich danke allen, die sich bereit gefunden haben, ihre Erlebnisse und Erkenntnisse in diesem Band schriftlich niederzulegen. Aus den einzelnen Beiträgen wird deutlich, dass Wasserwirtschaft richtig verstanden sich als Dienstleistung zur Deckung gesellschaftlicher Bedürfnisse versteht. Weil dies so ist, kann man das Leben mit dem Wasser in unserem Lande nur zuverlässig aufzeigen, wenn eine Abschätzung der Entwicklung der Gesellschaft und ihre Wertvorstellungen mit einbezogen werden.

In der Vergangenheit, insbesondere in der Nachkriegszeit, musste Wasserwirtschaft unter den Bedingungen einer ausgesprochenen Mangelgesellschaft betrieben werden. Die Sicherstellung der Ernährung stand im Vordergrund. Die Wasserwirtschaft hatte die Aufgaben, diesen gesellschaftlichen Bedürfnissen zu dienen, und ihren Beitrag dazu zu leisten, dass jede dafür in Frage kommende Fläche des Landes landwirtschaftlich nutzbar gemacht werden könnte. Mit der zeitlichen Distanz zum Kriegsende entwickelte sich aus der Mangelgesellschaft eine Gesellschaft mit vielfältigen Werten. Dies eröffnet dem Wasserwirtschaftsingenieur die Chance, stellt ihn aber gleichzeitig vor die Notwendigkeit, wasserwirtschaftliche Vorhaben unter voller Berücksichtigung der Ansprüche des Naturschutzes und der Landschaftspflege besser als bisher zu verwirklichen.

Niedersachsen ist ein wasserreiches Land. Es leidet unter vielfachen Wasserhypotheken. Es wird von rund 180.000 km kleinerer und größerer Fließgewässer durchzogen. Diese Gewässer prägen unsere Landschaft und haben dort vielfältige Funktionen zu erfüllen. Die Nutzungsansprüche der Menschen in der Vergangenheit haben viele Gewässer Niedersachsens so stark verändert, dass sich heute kein Fließgewässer mehr von der Quelle bis zur Mündung in einem naturnahen Zustand befindet. Dadurch sind Gewässerlandschaften an Strukturen verarmt und viele Tier- und Pflanzenarten unserer Fließgewässer und der Auen verschwunden oder stark gefährdet. Hier gilt es, im gesellschaftlichen Konsens umzusteuern. Der Wasserwirtschaftsingenieur muß dabei vorangehen und geeignete Wege aufzeigen. Schon bei der Zuordnung der Abfallwirtschaft zum Aufgabenbereich der Wasserwirtschaft im Jahre 1970 haben die Wasserwirtschaftsingenieure bewiesen, dass sie keine Probleme damit haben, sich neuen Aufgaben zu stellen und diese im Rahmen eines interdisziplinär zusammengesetzten Teams einer Lösung zuzuführen.

Niedersachsen besitzt einen Schatz, den andere Länder der Erde uns mit Gold aufwiegen würden. Ich meine das qualitativ hochwertige Grundwasser, durch welches sichergestellt ist, dass in Niedersachsen eine an Güte und Menge ausreichende Wasserversorgung vorhanden ist. Dieser Schatz ist uns anvertraut und es gilt, ihn im Rahmen der Nachhaltigkeit für unsere Nachfahren zu erhalten. Es macht besonders nachdenklich, wenn der Beauftragte der UNO für die Umwelt, Herr Prof. Dr. Töpfer, sagt, dass das Wasserangebot in Quantität und Qualität gesichert und global verteilt werden muss, damit man sich nachher nicht wundert, wenn sich die Menschen wirklich kriegerisch gegenüberstehen, weil sie ohne Zugang zu Wasser gar keine Entwicklungs- und Lebensmöglichkeit mehr haben. Diese Gedanken in einen Satz gefasst sagen, dass die Erhaltung der natürlichen Lebensgrundlagen die gleiche Bedeutung für unser politisches System hat wie die Aufrechterhaltung der sozialen Sicherheit und des äußeren und inneren Friedens. Niedersachsen ist aber auch ein Land am Meer mit einer 300 km langen Küste, den reizvollen ostfriesischen Inseln und ausgedehnten Ufern an den Tideflüssen Ems, Weser und Elbe. Wind und Wetter können das Meer in eine tosende See verwandeln, die dem Küstengebiet gefährlich wird. Deshalb bleibt Küstenschutz als Kampf gegen unbändiges Wasser für unser Land eine existenzielle Aufgabe.

Die zunehmende Verknüpfung wasserwirtschaftliche Vorhaben mit anderen Ansprüchen an Raum und Landschaft werden dazu führen, dass die nicht investiven Aufgaben der Wasserwirtschaft zunehmend an Bedeutung gewinnen. Dabei wird deutlich werden, dass die Wasserwirtschaft nicht eine zeitlich begrenzte Aufgabe, sondern eine Daueraufgabe ist.

Ich wünsche mir, dass der vorliegende Band „1000 Jahre Leben mit dem Wasser in Niedersachsen“ etwas dazu beiträgt,

Jürgen Hulsch
Ministerialdirigent
Leiter der Abteilung „Gewässerschutz, Wasserwirtschaft“ im
Niedersächsischen Umweltministerium

Vorwort

In dieser Dokumentation der seit 175 Jahren bestehenden Wasserwirtschaftsverwaltung im Gebiet des heutigen Landes Niedersachsen wird versucht, die organisatorische und technische Entwicklung dieser Fachverwaltung mit ihren vielfachen Wandlungen darzustellen. Die Gründung der „Königlich-Hannoverschen Direction des Wasserbaues" durch Reglement vom 18. April 1823 kann zweifelsfrei als Beginn der Wasserwirtschaftsverwaltung bezeichnet werden. Die ersten 130 Jahre waren geprägt von großen wasserbaulichen Maßnahmen, die der Sicherung der Ernährung einer schnell wachsenden Bevölkerung und deren Schutz gegen Überschwemmungen im Binnenland sowie Überflutungen an der Küste dienten. In den letzten Jahrzehnten des 19. Jahrhunderts wurden diese Bemühungen bereits überlagert von den aufgrund der zunehmenden Industrialisierung auftretenden Problemen der Wassergüte und den damit einhergehenden Fragen der Wasserversorgung und folgerichtig auch der Abwasserableitung und -reinigung.

Die Aufgabenentwicklung der Wasserwirtschaft in den letzten Jahrzehnten macht deutlich, wie sich neben der Leistungsverwaltung aus einer im 19. Jahrhundert entstandenen, über viele Jahrzehnte vor allen den Meliorationen verpflichteten Bauverwaltung zunehmend eine Ordungsverwaltung entwickelt hat. Sie hat weit mehr noch als zuvor der Daseinsvorsorge und dem Umweltschutz gedient und so zur Verbesserung der Lebensqualität sowie zum Schutz des Wasserschatzes - sowohl des Grundwassers als auch möglichst naturnaher Bäche und Flüsse - beigetragen. Neben dem Schutz des Menschen vor dem Wasser, der die Verwaltung seit seinen Anfängen beschäftigt hat, ist in jüngster Zeit vermehrt der Schutz des Wassers vor schädlichen Einflüssen durch den Menschen getreten.

Dem langjährigen Leiter des Wasserwirtschaftsamtes Aurich, Ltd. Baudirektor a.D. Johann Kramer, der diese Publikation angefangen und im erheblichen Maße gesammelt, gestaltet und niedergeschrieben hat, war es leider nicht vergönnt, dieses Buch zu vollenden; er verstarb am 29.03.1997. Mit den von ihm im Oktober 1996 verfaßten Gedanken zum Vorwort möchte ich ihn persönlich zu Wort kommen lassen:

„Angeregt wurde diese Geschichte der Wasserwirtschaft Ende der 80er Jahre durch Ministerialdirigent Veh, um das Buch von W. Lehrke „80 Jahre Wasserwirtschaftsverwaltung in Niedersachsen 1871 - 1951" fortzusetzen, das 1952 vom Nds. Minister für Ernährung, Landwirtschaft und Forsten herausgegeben wurde. Dieses Buch ist von Lehrke aufgrund ausgedehnten Quellenstudiums, eigener Kenntnisse und langjähriger Erfahrung in der Wasserwirtschaftsverwaltung bearbeitet worden. Es erschien am Beginn einer Zeit, in der im Verhältnis zu vorher vielseitigere und vermehrte wasserwirtschaftliche Leistungen zu erbringen waren. Die Ausführungen Lehrkes über den Zeitraum 1871 bis 1951 sind in diesem Band zum Teil übernommen worden. Das ersparte mir sehr viel Quellenstudium, welches heute weniger ergiebiger sein würde als vor rd. 35 Jahren. Der Verfasser möchte deshalb an dieser Stelle den ihm persönlich noch bekannten, leider zu früh verschiedenen Kollegen, Regierungsbaurat W. Lehrke, dadurch danken, daß er die Ergebnisse auch seiner Arbeit erneut den Lesern vorstellt.

Bei der textlichen Bearbeitung konnte für den davorliegenden Zeitraum von 1823 - 1871 eine unveröffentlichte Arbeit des damaligen Bauassessors (1952) Coordes „Geschichtliche Entwicklung der Wasserbauverwaltung in Ostfriesland" genutzt werden, die von der Wasser- und Schiffahrtsdirektion Nordwest in Aurich in entgegenkommender Weise verfügbar gemacht wurde. Wenn im Text des Bandes II die Geschichte der Wasserwirtschaft häufig anhand ostfriesischer Ereignisse dargestellt wird, so liegt die Begründung in dieser Quelle, aber auch darin, daß der Verfasser in Aurich beheimatet ist. Nicht unerwähnt bleiben darf die Mitarbeit des Verfassers von Band I, Wolfgang Schwarz, der auch Texte für Band II bearbeitet hat, auf die ich aufbauen konnte.

Mein besonderer Dank gilt aber den Mitarbeitern des Staatlichen Amtes für Wasser und Abfall Aurich, von denen umfangreiche Schreib- und Zeichenarbeiten sowie organisatorische Unterstützung geleistet wurde, die zur Vorbereitung des Buches erforderlich waren. Nennen möchte ich hier - auch stellvertretend für andere - Frau Pupkes, Frau Lindner und Frau Helmers sowie den techn. Zeichner Edzards. Die Amtsleitung förderte die Arbeit ebenfalls in jeder Weise insbesondere bei Vervielfältigungen von Texten und deren Versand".

Auf Bitten von Familie Kramer habe ich mich zur Fortsetzung und Fertigstellung der Arbeit zusammen mit Herrn Günter Schwark, dem Mitherausgeber, entschlossen. Die Krankheit von Herrn Kramer, das Einarbeiten in die vorliegenden Texte und Abbildungen von nahezu 50 Autoren, eine gewisse Umstrukturierung und Erweiterung des Inhalts sowie die Beschaffung von druckreifen Abbildungsvorlagen haben sicherlich die Geduld vieler Autoren beansprucht. Sie und die interessierten Besteller bitte ich um Verständnis für die durch diese außergewöhnliche Lage entstandene Verzögerung.

Für die eingehenden Beschreibungen der geschichtlichen Entwicklungen sowie die Darstellungen der sich stark wandelnden Wasserwirtschaft nach dem 2. Weltkrieg bis zur Gegenwart hatte Herr Kramer zahlreiche Autoren gewinnen können. In der Mehrzahl gehören bzw. gehörten sie der Wasser- und Abfallwirtschaftsverwaltung im Umweltministerium, den Bezirksregierungen, den Staatlichen Ämtern für Wasser und Abfall sowie dem Staatlichen Amt für Insel- und Küstenschutz oder den Sonderdienststellen an. Hinzu kommen Mitarbeiter von kommunalen Behörden und Verbänden. Genannt sind alle Mitautoren bei den von ihnen verfaßten Abschnitten. Ihnen gilt der besondere Dank der Herausgeber, denn nur durch ihre kompetente Behandlung der einzelnen Fachthemen konnte es gelingen, die Vielseitigkeit der heutigen Wasser- und Abfallwirtschaftsverwaltung und die erforderlichen naturwissenschaftlichen Kenntnisse zur Bewältigung ihrer Aufgaben überzeugend darzustellen. Auch alle anderen Kollegen und Informanten in der Verwaltung, die mit Plänen und fotografischen Abbildungen oder Durchsicht von Texten zur Gestaltung des Buches beigetragen haben, schließe ich in den Dank mit ein. Mit besonderem Dank sei hier der verwaltungsgeschichtliche Überblick in Abschnitt 1 von Regierungspräsident a.D. Manfred Imgart erwähnt, der in einer sehr eingehenden und gründlichen Darlegung die geschichtliche Entwicklung der Wasserwirtschaftsverwaltung von 1823 bis 1946 verknüpft mit den allgemeinen gesellschaftspolitischen Strömungen der jeweiligen Zeit gekonnt dargestellt hat. Leider verschied der allseits geachtete Verwaltungsjurist und Staatsrechtler vor Herausgabe dieses Buches.

Mit Wirkung vom 01.01.1998 wurden aufgrund eines Beschlusses der niedersächsischen Landesregierung vom 26.08.1997 die 11 Staatlichen Ämter für Wasser und Abfall aufgelöst. Gleichzeitig wurde der Niedersächsische Landesbetrieb für Wasserwirtschaft und Küstenschutz (NLWK) eingerichtet, der in der Hauptsache für Planung und Bau sowie für Betrieb und Unterhaltung der landeseigenen wasserbaulichen Objekte zuständig ist. Dieses bedeutet einen wahrhaft tiefgreifenden Einschnitt. Dieser Zeitpunkt 01.01.1998 ist generell als Redaktionsschluß gewählt worden.

Mein besonderer Dank gilt aber den Mitarbeiterinnen und Mitarbeitern des Staatlichen Amtes für Insel- und Küstenschutz und des ihm nachfolgenden Niedersächsischen Landesbetriebes für Wasserwirtschaft und Küstenschutz sowie des Domänenamtes für die umfangreichen Schreibarbeiten, die Zeichenarbeiten und die organisatorische Unterstützung. Besonders nennen möchte ich hier für die unermüdliche, sorgfältige Schreibarbeit Frau Renate Emkes und Frau Helga Roolfs, die mir bis zur endgültigen Fertigstellung aller Texte und Aufstellungen eine große Hilfe waren. Der Amtsleitung danke ich für die Unterstützung der Arbeit insbesondere bei Vervielfältigungen von Texten und Abbildungen.

Sehr hilfreich war der ständige Einsatz des Mitherausgebers Bauoberrat Günter Schwark bei der Koordinierung und Beschaffung von Unterlagen und Abbildungen aus der vielgliedrigen Verwaltung. Seine Übersicht, sein Engagement sowie seine konstruktiven Beiträge und Textvorschläge beflügelten den Arbeitsfortschritt erheblich. Nicht zuletzt sei dem Verlag Gerhard Rautenberg, Leer, und seinen Mitarbeitern gedankt für die angenehme Zusammenarbeit und für ihren Einsatz bei der Gestaltung und Herausgabe dieses Werkes.

Norden, im Oktober 1999

Heie F. Erchinger

Zum Gedenken an den Mitherausgeber, Herrn Ltd. Baudirektor a.D. Dipl.-Ing. Johann Kramer

Am 29.03.1997 verstarb Ltd. Baudirektor a.D. Johann Kramer im Alter von 77 Jahren. Geboren im November 1919 in Brake/Unterweser konnte er nach Abitur, Praktikantenzeit und Kriegsdienst erst 1946 das Studium an der Technischen Hochschule Hannover aufnehmen und 1951 als Dipl.-Ing. im Fach Wasserwesen beenden. 1953 übernahm er nach zweijähriger Tätigkeit im Wasser- und Schiffahrtsamt Emden die Leitung der Forschungsstelle für Insel- und Küstenschutz Norderney, bis er 1963 die ständige Vertretung des Amtsleiters des Wasserwirtschaftsamtes Aurich übernahm. Diesem Amt stand er ab 1967 bis zu seiner Pensionierung 1984 als Dienststellenleiter vor.

Seine hervorragenden Kenntnisse in den Fachgebieten Küstenschutz, Seewasserbau und Wasserwirtschaft im Küstenraum, die sich in etwa 70 Fachveröffentlichungen niederschlugen, sowie seine Mitarbeit in zahlreichen technisch-wissenschaftlichen Gesellschaften und als Gutachter für die Bundesrepublik Deutschland und die UNO in Bangladesch, Sierra Leone, Ägypten, Pakistan und Indien sowie die Teilnahme an internationalen Konferenzen des Küsteningenieurwesens in Scheveningen, Washington, Vancouver, Kopenhagen, Hawaii und Pekings legen ein beredtes Zeugnis seiner Begabungen und Fähigkeiten ab. 1972 hat Kramer den Ausschuß für Küstenschutzwerke der Deutschen Gesellschaft für Erd- und Grundbau e.V. (heute: Deutsche Gesellschaft für Geotechnik) und der Hafenbautechnischen Gesellschaft e.V. mit ins Leben gerufen und ihm bis 1986 vorgestanden. Mit diesem Ausschuß hat er 1981 die Empfehlungen A bis F für die Ausführung von Küstenschutzwerken - EAK 1981 - als maßgebendes Regelwerk herausgebracht und sich bis zuletzt an dieser Ausschußarbeit beteiligt.

Während seiner beruflichen Tätigkeit, zuletzt als Leiter des Staatlichen Amtes für Wasser und Abfall Aurich, hatte ich verschiedentlich dienstlich mit Johann Kramer zu tun. Sein umfassendes Wissen und sein berufliches Wirken weit über Niedersachsen und die Bundesrepublik Deutschland hinaus haben mich tief beeindruckt.

So richtig kennengelernt habe ich Johann Kramer aber erst bei der gemeinsamen Arbeit an der Publikation „Tausend Jahre Leben mit dem Wasser in Niedersachsen". Er ist mir, so kann ich wohl sagen, in dieser Zeit ein väterlicher Freund geworden. Die Zusammenarbeit war hervorragend.

Der jetzt vorliegende Band II ist mit großem Engagement von Herrn Ltd. BD a.D. Heie Focken Erchinger im Sinne von Johann Kramer weiterbearbeitet und zum Abschluß gebracht worden.

Wir, Herr Heie Focken Erchinger und ich als die Mitherausgeber des jetzt vorliegenden Bandes II, werden sein Andenken in Ehren halten.

Hannover, im Oktober 1999

Günter Schwark

Einführung

Der Anfang der heutigen niedersächsischen Wasserwirtschaftsverwaltung ist bezeichnet durch die Gründung der „Königlich-Hannoverschen Generaldirection des Wasserbaues" durch Reglement vom 18. April 1823. Die Generaldirection war die oberste Zentralverwaltungsbehörde für sämtliche Wasserbausachen des Königreiches Hannover, nach heutigem Verständnis: Wasserbau und Wasserwirtschaft. Nach Übernahme des Königreiches Hannover durch Preußen im Jahre 1866 wurde 1871 nach preußischem Vorbild eine königlich-preußische Meliorationsbauinspection für die Provinz Hannover eingerichtet, nachdem 1870 die Generaldirection des Wasserbaues aufgelöst worden war. Sie leitete die vorher auch in der Generaldirection wahrgenommenen Fachaufgaben der zunehmend an Bedeutung gewinnenden Meliorationsbaumaßnahmen. Der weiter zunehmende Aufgabenumfang zwang dazu, die Provinzbehörde ab 1894 zu dezentralisieren und nach und nach bis 1924 neun Meliorationsbauämter - ab 1921 Kultur-Bauämter, ab 1939 Wasserwirtschaftsämter - ortsnah einzurichten.

Aus dieser Fachverwaltung hat sich 1946 die niedersächsische Wasserwirtschaftsverwaltung zuletzt mit folgender organisatorischer Gliederung entwickelt:

Umweltministerium als oberste Wasser- und Deichbehörde
Bezirksregierungen als obere Wasser- und Deichbehörde
Staatliche Ämter für Wasser und Abfall (StÄWA) bzw. Staatliches Amt für Insel- und Küstenschutz (StAIK) als Fachbehörden der Bezirksregierungen sowie
Landkreise und kreisfreie Städte als untere Wasser- und Deichbehörden.

Die abweichende Entwicklung der Wasserwirtschaft in den Landesteilen Braunschweig und Oldenburg, die 1946 mit der preußischen Provinz Hannover zusammen mit Schaumburg-Lippe zum heutigen Land Niedersachsen vereinigt wurden, fließt in die zeitliche Darstellung mit ein.

Dieser Band II schließt an den Band I an, in dem die Anfänge der Wasserwirtschaft unter dem Titel „Die Bedeutung des Wassers in Mittelalter und Neuzeit" dargestellt wurden. Beide Bände sind unter dem Generaltitel „1000 Jahre Leben mit dem Wasser in Niedersachsen" verbunden.

Der *Abschnitt 1* dieses Bandes beinhaltet einen verwaltungsgeschichtlichen Überblick über die Wasserbau- und Wasserwirtschaftsbehörden von 1823 bis zur Bildung des Landes Niedersachsen 1946. Dabei ist die Entwicklung der Fachbehörde in den größeren Rahmen der gesellschaftspolitischen Entwicklung gestellt, die auch für ihre Strukturen maßgebend ist.

Ein stärkerer fachlicher Bezug findet sich in *Abschnitt 2*, in dem die Aufgabenwahrnehmung in der hannoverschen Wasserbauverwaltung ab 1823 und der preußischen Meliorationsbauverwaltung ab 1871 dargestellt wird. Sie war verbunden mit einer mehrfachen Neugliederung der Amtsbezirke der Meliorationsbauämter ab 1894. Im *Abschnitt 3* findet sich die Entwicklung von den Meliorations- und Wasserbauverwaltungen zu Wasserwirtschaftsverwaltungen in den Ländern Preußen, Braunschweig und Oldenburg bis 1945. Der *Abschnitt 4* behandelt die organisatorische Entwicklung der nds. Wasserwirtschaftsverwaltung von 1946 an und beschreibt die Entwicklung der Fachverwaltung als Abteilung des nds. Ministeriums für Ernährung, Landwirtschaft und Forsten. In den 70er Jahren ist die Abfallwirtschaft neu aufgenommen und entwickelt worden.

Der Wechsel in das 1986 neu gebildete Umweltministerium spiegelt sich auch in den Aufgabenschwerpunkten wieder und macht den Wandel von der überwiegend als Bauverwaltung wirkenden Behörde zu vorrangig ordnungsbehördlichen Aufgaben zum Schutze des Wasser- und Naturhaushalts deutlich. Am Ende dieses Abschnitts wird die zum 01.01.1998 vollzogene Auflösung der Staatlichen Ämter für Wasser und Abfall sowie die Einrichtung eines Landesbetriebes für Wasserwirtschaft und Küstenschutz mit dem Schwerpunkt der baulichen und betrieblichen Betreuung der landeseigenen Objekte beschrieben.

In *Abschnitt 5* werden in zwölf Unterabschnitten jeweils ein Fachgebiet der Wasserwirtschaft sowie das Wasserrecht behandelt. In anschaulicher Weise werden im allgemeinen die Entwicklungen in den einzelnen Fachgebieten in Wort und Bild dargelegt. Vielfach folgen in einem Unterabschnitt nach einer allgemeinen Beschreibung des Fachgebietes wie z.B. „Abwasserbehandlung und Gewässerreinhaltung in Niedersachsen“ in einem weiteren Unterpunkt besondere Anlagebeschreibungen und Entwicklungen wie beispielsweise „Abwasserbehandlung durch Verrieselung und Verregnung am Beispiel Braunschweigs“. Auf diese Weise kann die ganze Breite an Praxisfällen dargelegt werden. Umfangreichere Einzelbeschreibungen von größeren oder besonderen Maßnahmen sind in Abschnitt 10 wiedergegeben, um den Rahmen dieses Abschnitts 5 nicht zu sprengen. Auch im Unterabschnitt 5.8 „Naturnahe Gewässer, Naturschutz und Landschaftspflege“ ist nach einer allgemeinen Behandlung in einem Unterpunkt die naturnahe Gewässergestaltung und -unterhaltung am Beispiel der Hunte dargelegt. Für diesen Niedersachsen von Süden nach Norden auf 166 km Länge durchfließenden Flußlauf ist unter Federführung des Niedersächsischen Landesamtes für Ökologie durch Untersuchung repräsentativer Gewässerabschnitte eine übertragbare Methode für eine ökologisch begründete Sanierung und Renaturierung des Gewässers in Zusammenarbeit von drei benachbarten StÄWA entwickelt worden. Die anzustrebenden Leitbilder werden dabei den jeweiligen Istzuständen gegenübergestellt. Dabei ist zu berücksichtigen, daß die ökologisch begründete Sanierung nicht ausschließlich als Naturschutz zu verstehen ist, sondern gleichzeitig die wasserwirtschaftlichen Zielsetzungen für einen neuzeitlichen Gewässerschutz beinhaltet.

In der Öffentlichkeit wenig bekannt ist der in einem Unterabschnitt behandelte Einsatz von Fachleuten der niedersächsischen Wasserwirtschaftsverwaltung bei Maßnahmen im Ausland, vor allen Dingen im Rahmen von Entwicklungshilfeprojekten.

Die zeitliche Entwicklung des Wasserrechts von den Anfängen bis zur Gegenwart ist Inhalt eines besonderen Unterabschnitts, wenngleich auch bei den vorhergehenden Unterabschnitten mit fachlichem Schwerpunkt in der Regel nicht auf rechtliche Darlegungen verzichtet werden konnte. Zum Abschluß dieses Abschnitts 5 wird auf die Gesamtbauinvestitionen der Wasserwirtschaft von 1952 bis 1990 mit mehr als 25 Mrd. DM und damit auf die enorme finanzielle Leistung für die Ernährungssicherung, die Daseinsvorsorge mit Ver- und Entsorgung sowie die Umwelterhaltung eingegangen und auch die Beschäftigung der vielen Fachkräfte für Planung und Bauleitung beleuchtet.

Der Abschnitt 6 ist den Sonderdienststellen der Wasserwirtschaftsverwaltung sowie den kooperierenden Landesdienststellen und Gesellschaften gewidmet. Der Schwerpunkt liegt dabei verständlicherweise auf der geschichtlichen Entwicklung und den Aufgaben des heutigen Landesamtes für Ökologie und seiner Vorgängerdienststellen seit 1902, als die Landesanstalt für Gewässerkunde im „Königlich-Preußischen Ministerium der öffentlichen Arbeiten“ gegründet wurde. Daneben ist dem wegen der engen Zusammenarbeit mit der Wasserwirtschaftsverwaltung wichtigen Nds. Landesamt für Bodenforschung ebenso wie den inzwischen privatisierten, als GmbH geführten Harzwasserwerken ein Platz in diesem Abschnitt eingeräumt.

Ein weiterer *Abschnitt (7)* beschäftigt sich mit den wasserwirtschaftlichen Tätigkeiten, die von den Landkreisen und kreisfreien Städten als untere Wasser- und Deichbehörden wahrgenommen werden. Auch die Aufgaben der vor Ort praktizierenden Wasser- und Bodenverbände und deren historische Entwicklungen werden in diesem Abschnitt behandelt. Die für die Arbeit in der Wasserwirtschaftsverwaltung wichtige und vielseitige Ausbildung von Fachkräften wird im *Abschnitt 8* behandelt.

Im *Abschnitt 9* wird die Einzelentwicklung der Ortsbehörden und ihrer Aufgaben von den Anfängen bis zur Gegenwart sowie der Mittelbehörden und der Ministerialebene unter Benennung der Führungskräfte weitgehend tabellarisch dargestellt. Der *Abschnitt 10* behandelt besondere und größere Einzelmaßnahmen sowie Einzelthemen und erstreckt sich hierbei auf den Zeitraum vom Beginn der Meliorationsbauinspektion in Hannover bis zum derzeitig anstehenden Großprojekt des Emssperrwerkes zwischen Gandersum und Nendorp. Hinter Abschnitt 10 folgt der *Ausblick* aus der Sicht des Verfassers basierend auf der rd. 175jährigen Geschichte der Wasser- und Abfallwirtschaftsverwaltung in Niedersachsen und Anmerkungen zu Entwicklungen der Gegenwart.

Die mehr als 300 Abbildungen und Karten und die zahlreichen Tabellen, die den ausgeführten Text veranschaulichen, sind der jeweiligen Beschreibung zugeordnet. Das *Schrifttum* ist, soweit es von den Autoren für notwendig erachtet und nicht als Allgemeingut angesehen wurde, am Ende der einzelnen Abschnitte angegeben. Im Interesse der Handlichkeit dieses Bandes ist auf ein Glossar verzichtet worden. Viele Fachbegriffe sind im jeweiligen Text erläutert.

1 Die Behörden der Wasserbauverwaltung im Königreich Hannover seit 1823 und in der Preußischen Provinz Hannover von 1866 bis zur Bildung des Landes Niedersachsen 1946 Ein verwaltungsgeschichtlicher Überblick

von Manfred Imgart

1.1 KÖNIGREICH HANNOVER 1823 - 1866

1.1.1 VOM AUFBAU EINER NEU VERWALTUNG 1823 BIS ZU DEN REFORMEN DES JAHRES 1852

Die von Schwarz in Band I dieses Werkes bereits kurz dargestellte Errichtung der Generaldirektion des Wasserbaus im Königreich Hannover war ein bedeutsamer Einschnitt in der Geschichte der Wasserbauverwaltung. Das Jahr, in dem diese Errichtung erfolgte, nämlich 1823, war kein zufälliges Datum.

In den davorliegenden gut zwei Jahrzehnten hatten in Europa, vor allem auch in Deutschland, politische Umbrüche so gewaltigen Umfangs stattgefunden, daß sie von den Zeitgenossen wohl ähnlich dramatisch empfunden worden sind wie wir die grundlegende Veränderung der europäischen politischen Landschaft am Ende der achtziger und zu Beginn der neunziger Jahre dieses Jahrhunderts empfunden haben.

Es waren die Auswirkungen der Französischen Revolution von 1789, der die Amerikanische Revolution von 1775/1776 zeitlich vorangegangen war, die zu diesen Umbrüchen geführt haben. Daran kann hier nur andeutungsweise erinnert werden.[1] Als Folge zweier verlorener Koalitionskriege erkannte das Deutsche Reich 1801 im Friedensschluß von Luneville endgültig die Abtretung aller seiner linksrheinischen Gebiete und deren Annexion durch das inzwischen napoleonische Frankreich an. Die Entschädigung der von diesen Gebietsabtretungen betroffenen weltlichen Fürsten sollte innerhalb des verbliebenen Reichsgebietes erfolgen. Erstellt wurde der Entschädigungsplan durch eine vom Reichstag hierfür eingesetzte Kommission, Reichsdeputation genannt, die ihre Vorschläge abschließend Anfang 1803 in ihrem „Hauptschluß" unterbreitete. Diese wurden kurze Zeit später vom Reichstag und vom Kaiser gebilligt. Die Folge war die Aufhebung der Hoheits- und Eigentumsrechte der meisten geistlichen Fürstentümer („Säkularisation", d.h. Verweltlichung der Herrschaft) und zum anderen die Beseitigung der Eigenständigkeit kleinerer weltlicher Reichsstände und fast aller Reichsstädte („Mediatisierung", d.h. Beseitigung der Reichsunmittelbarkeit durch Unterstellung unter eine andere Herrschaft). Dadurch erhielten 3 Kurfürstentümer, 19 Reichsbistümer, 44 Reichsabteien und 45 von 51 Reichsstädte eine neue Landesherrschaft. Allein die Zahl der Menschen in den geistlichen Territorien, die nun unter weltlicher Herrschaft kamen, machte mit 3,2 Millionen ein Siebtel der damaligen reichsdeutschen Bevölkerung aus. Hauptgewinner waren Preu-

[1] *Dazu: Wehler, Band 1 S. 363 ff., S. 454 ff.; Band S. 297 ff.; Siemann S. 22 ff., S. 57 ff.; Müller S. 127 ff., S. 145 ff.*

ßen sowie die süddeutschen Staaten, die als „Entschädigung" an Fläche und an Einwohnern ein mehrfaches dessen erhielten, was sie im linksrheinischen Deutschland verloren hatten. Preußen erhielt Territorien vor allem im norddeutschen Raum, wobei hier im Hinblick auf die weitere Entwicklung besonders das Fürstbistum Hildesheim, die Reichsstadt Goslar und das zum geistlichen Kurfürstentum Mainz gehörende Eichsfeld erwähnt werden sollen. Territoriale Veränderungen im süddeutschen Raum auf Grund des Pressburger Friedens 1805 sowie weitere Mediatisierungen, vor allem der Gebiete der Reichsritterschaft, führten dazu, daß nach Abschluss der Rheinbund-Akte 1806 die „große deutsche Flurbereinigung" von den vormals etwa 1800 souveränen Herrschaftseinheiten nur noch etwas über 30 Territorien überließ. An diesem Ergebnis änderte auch der Wiener Kongress von 1815 grundsätzlich nichts. Auch wenn dort erhebliche gebietliche Veränderungen beschlossen oder bereits vollzogene gebilligt wurden, der nun gegründete Deutsche Bund hatte 39 Mitglieder, 35 Fürstenstaaten und 4 freie Städte.

Mit der „territorialen Revolution" einher ging ein starker Schub der Modernisierung, die Auflösung der als Adels- und Agrargesellschaft geprägten feudalen Ordnung des alten Europa. Den Herausforderungen der französischen Revolution versuchte man in Deutschland durch eine „defensive Modernisierung von oben" (Hans Ulrich Wehler) zu begegnen. Im Vordergrund stand dabei die Errichtung moderner Staatlichkeit. Sie war in den neuen Flächenstaaten nicht nur, aber auch deshalb geboten, weil es galt, aus einer Vielzahl und Vielfalt bisheriger selbständiger Herrschaftsgebiete ein einheitliches Gebilde mit neuen Loyalitäten zu schaffen. In Preußen war es der totale Zusammenbruch des Staates nach der Niederlage gegen Frankreich 1806, was den Verlust fast der Hälfte sowohl des Staatsgebietes als auch der Zahl der Einwohner bedeutete, der einen grundliegenden Neuanfang erforderte.

Einer der Kernpunkte der Errichtung moderner Staatlichkeit war der Aufbau einer neuen Verwaltungsorganisation unter rationalen Gesichtspunkten, wobei das französische Vorbild eine erhebliche Rolle spielte. So vieles sich in den zurückliegenden zwei Jahrhunderten auch geändert hat, die bis heute gültigen Grundstrukturen der deutschen Verwaltung wurden in jener Zeit geschaffen. Etwas überspitzt formuliert läßt sich sagen: Deutsche Verwaltungsgeschichte, soweit sie für uns heute von Bedeutung und Interesse ist, beginnt am Anfang des 19. Jahrhunderts.

Die Entwicklung des Kurfürstentums Hannovers verlief anders als die aller anderen deutschen Staaten.[2] Auch Hannover profitierte vom „Reichsdeputationshauptschluß", indem ihm das Fürstbistum Osnabrück endgültig zufiel, wobei die Herrschaftsübernahme schon Ende 1802 vollzogen wurde. Aber gleich danach, im Jahre 1803, wurde es von den Franzosen besetzt. Da das Kurfürstentum seit 1714 in Personalunion mit der britischen Krone verbunden war, richtete sich dieser Schlag Napoleons gegen seinen Kriegsgegner England. Um Preußen für sich zu gewinnen, gestattete ihm Napoleon im Vertrag von Schönbrunn (12. Dezember 1805) die Inbesitznahme Hannovers, die Anfang 1806 erfolgte. Dieser Beute sollten sich die Preußen aber nicht lange erfreuen können, denn nach ihrer Niederlage gegen die Franzosen in der Schlacht von Jena und Auerstädt (14. Oktober 1806) mussten sie Hannover wieder räumen. Danach gehörte der (kleinere) südliche Teil des Kurfürstentums Hannover zum 1807 gegründeten Königreich Westphalen, das Napoleon seinem jüngeren Bruder Jerôme übertrug, während der (größere) mittlere und

[2] *Dazu: von Meier, Band 1, S. 100 ff., S. 109 ff.; Schnath. S. 59 ff.; Hubatsch S. 6ff., Siemann S. 52 ff.*

nördliche Teil zunächst unter unmittelbarer französischer Militärherrschaft stand, bis er 1810 dem Königreich Westphalen eingegliedert wurde.

Nach der vernichtenden Niederlage der „Großen Armee" im Rußlandfeldzug 1812 erzielten die Heere der nun gebildeten Preußisch-russischen Koalition zunächst Erfolge gegen Napoleon, wurden dann aber von einer neu aufgestellten französischen Armee nach Schlesien zurückgedrängt. In dieser Situation auf die Unterstützung Englands angewiesen, schloß Preußen im Juni 1813 mit der britischen Krone den Vertrag von Reichenbach und sicherte darin (nochmals) die vollständige Wiederherstellung Hannovers und darüber hinaus eine Vergrößerung um 250.000 bis 300.000 Einwohner zu. So konnte nach der Niederlage Napoleons (Völkerschlacht bei Leipzig am 18. Oktober 1813) das wiedererrichtete Kurfürstentum Hannover schon Ende 1813 das ehemalige Fürstbistum Hildesheim in Besitz nehmen. Im Zuge der auf dem Wiener Kongreß 1815 getroffenen Vereinbarungen erwarb das 1814 zum Königreich erhobene Hannover weitere erhebliche Gebiete hinzu: Von Preußen das Fürstentum Ostfriesland, die Niedergrafschaft Lingen, einige Münstersche Distrikte (die sogenannten Münsterschen Absplissen), die frühere Reichsstadt Goslar und das untere Eichsfeld. Im Gegenzug mußte Hannover das rechtselbisch gelegene Herzogtum Lauenburg mit Ausnahme des eine Exklave bildenden Amtes Neuhaus an Preußen abtreten. Ferner erhielt Hannover das Herzogtum Arendberg-Meppen, den Kreis Emsbüren und die Grafschaft Bentheim sowie einige kleinere Gebietsteile. Der Erwerb von Meppen und von Lingen war besonders wichtig, weil damit die räumliche Verbindung Ostfrieslands mit Osnabrück (und damit mit dem Territorium des alten Hannover) geschaffen wurde. Durch die 1802 bis 1815 erfolgten Erwerbungen gewann Hannover 40 Prozent seiner ursprünglichen Fläche hinzu, seine Einwohnerzahl stieg von 0,75 auf jetzt 1,8 Millionen.[3]

Auch Hannover stand aus vielfältigen politischen und rechtlichen Gründen vor der Aufgabe einer staatlichen Neuordnung, die allerdings sehr viel restaurativer ausfiel als in anderen Staaten[4]. Ein grundlegender Neubau der Verwaltung wurde erst mit dem „Edict, die Bildung der künftigen Staats-Verwaltung in dem Königreich Hannover betreffend," vom 12. Oktober 1822 angekündigt.[5] Oberste, dem König (Abb. 1-1 u. 1-2) unmittelbar verantwortliche Behörde für alle Verwaltungszweige sollte fortan das Staats- und Kabinettsministerium sein, wodurch - anders als in anderen deutschen Staaten - noch nicht das Ressortprinzip eingeführt wurde, was erst 1837 geschah.[6] Für die ganze innere staatliche Verwaltung (mit Ausnahme der geistlichen Angelegenheiten und der Zollsachen) wurden anstelle der bisherigen Provinzialregierungen sechs Landdrosteien als Mittelbehörden vorgesehen, und zwar in Hannover, Hildesheim, Lüneburg, Stade, Osnabrück und Aurich. Hinsichtlich der Ämter sollte darauf Bedacht genommen werden, „eine größere Gleichförmigkeit in Ansehung des Umfangs und der Größe derselben einzuführen". Auf die Behörden der allgemeinen (inneren) Verwaltung muß hier deshalb kurz eingegangen werden, weil fortan in Hannover eine enge Verzahnung zwischen ihnen und den Behörden der Wasserbauverwaltung bestand.

---

[3] *von Meier S. 100 und S.120.*

[4] *Zur hannoverschen Verwaltung Grefe, S. 221 ff.; von Rönne, Band 2, 1. Abt., S. 249 ff.; Klein S. 678 (ausführliches Literaturverzeichnis), S. 682 ff., S. 694, S. 697 ff.*

[5] *Hann.GS I S. 367.*

[6] *von Meier Band 2, S. 65 ff. Für Preußen und die Rheinbundstaaten: Hausherr, S. 189 ff.*

Georg IV
König des vereinigten Reiches Großbritannien und Irland usw., auch
König von Hannover
Herzog zu Braunschweig und Lüneburg von 1820 bis 1830.
Die Niedersächsische Wasser- und Abfallwirtschaftsverwaltung geht auf die von ihm am 18. April 1823 eingerichtete General-Direction des Wasserbaues zurück.

Abb. 1-1: König Georg IV, Sohn von König Georg III, kam mit 58 Jahren auf den Thron, war aber während der Krankheit seines Vaters bereits Regent. 1821 besuchte er Hannover, das war der erste Besuch des Landesherrschers in seinen Stammlanden. Er war Lebemann, witzig, kunstverständig, großzügig und wünschte sich füllige Mätressen. Sein Tod löste Seufzer der Erleichterung aus.

Durch Verordnung vom 18. April 1823 wurden die sechs Landdrosteien errichtet und zugleich das „Reglement für die Land-Drosteien" erlassen.[7] Bei der Festlegung der Zuständigkeiten wurden u.a. in § 7 Nr. 4 aufgezählt die Deich- und Strombausachen, die Ent- und Bewässerungen, Grade-Leitung und Aufräumung der Flüsse sowie die Verteilung der dazu notwendigen Kosten und Landfolgen. § 9 bestimmte sodann: „Über die künftige Betreibung der Wasserbau-Angelegenheiten behalten wir die in einem besonderen Reglement zusammen zu fassenden Vorschriften bevor."

Gleichfalls am 18. April 1823 wurde die neue Amtsordung erlassen.[8] Ämter hatte es nicht nur im alten Hannover (Amtsordung von 1674), sondern auch in den neuerworbenen Gebieten Ostfriesland und Hildesheim von jeher gegeben, in Osnabrück waren sie 1814

[7] *Hann.GS I S. 44 und S.121. Neben den Landdrosteien bestand als besondere Verwaltungseinheit die Berghauptmannschaft Clausthal, zuletzt: Verordnung, die Organisation der oberen Harzverwaltung betreffend, vom 9. August 1850, Hann.GS I S. 159.*

[8] *Hann.GS I S. 83.*

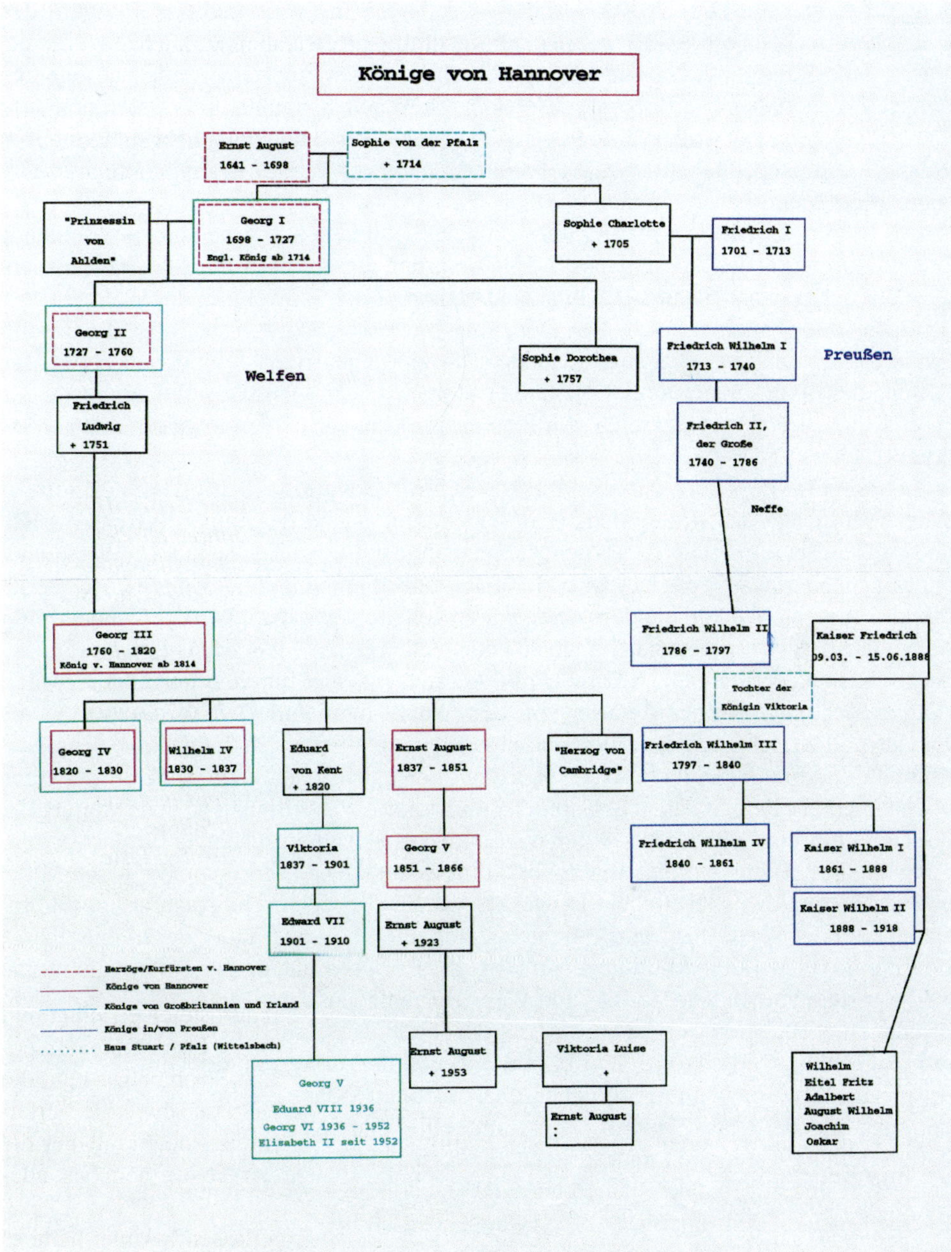

Abb. 1-2: Genealogische Tafel der Welfen und Preußen als Könige von Hannover bzw. für die Provinz Hannover (Auszug)

eingeführt worden. Die „Amts-Geschäfte" zerfielen in zwei Hauptabteilungen, den judiziellen (rechtsprechenden) und den administrativen (verwaltenden). Zu letzteren gehörten „alle Regierungs-Sachen, sie mögen einen allgemeinen oder einen besonderen Polizei-Zweck haben" (§ 17 Nr. 2), also auch die Angelegenheiten des Wasserbaus. Den Ämtern wurden „zur Amts-Verwaltung mitwirkende Personen zugeordnet", darunter in Wasserbauangelegenheiten „die das Technische" dieses Faches leitenden, den Ämtern zugeteilten Wasserbau-Bedienten (§ 18 Nr. 2).

Das Datum vom 18. April 1823 trägt auch das „Reglement für die neu zu errichtende General-Direction des Wasserbaues".[9] Im Vorspruch dieser Verordnung heißt es: „Nachdem Wir uns von den Nachtheilen überzeugt haben, welche sowohl für das Wohl Unserer getreuen Unterthanen als für Unser Domanial-Interesse aus der bisher abseiten unserer Cammer und den verschiedenen Provincial-Regierungen Statt gefundenen getrennten Leitung des für unser Königreich Hannover so höchst wichtigen Wasserbaues entstanden sind: so haben Wir beschlossen, dafür eine eigene General-Direction zu errichten" (Abdruck 1-1).

Die Generaldirektion war die oberste Zentralverwaltungsbehörde für sämtliche Wasserbausachen des Königreichs (Art. 1). Sie unterstand der unmittelbaren Aufsicht und Weisungsbefugnis des Staats- und Kabinettsministeriums (Art. 4). In allen Wasserbauangelegenheiten waren die Deich- und Wasserbaubedienten und die Ämter der Generaldirektion untergeben; die Landdrosteien waren gehalten, den Ersuchen der Generaldirektion in den dafür vorgesehenen Fällen zu entsprechen (Art. 5). Vorschläge für neue „ökonomische und commercielle hydrotechnische Anlagen" oder für die bedeutende Erweiterung bestehender Anlagen waren von den Wasserbau- und Deichbedienten an die Landdrostei zu richten, die sie mit einer eigenen gutachtlichen Stellungnahme der Generaldirektion vorzulegen hatte. Nach Prüfung aller technischen und finanziellen Fragen waren die Pläne dem Staats- und Kabinettsministerium zur Billigung zu unterbreiten. Bei der Durchführung des Projekts waren die Landdrosteien allein zuständig für die Veranlagung, die Festsetzung des anteiligen Verhältnisses und der Aufbringung der baren Mittel und der Naturaldienstleistungen. Hingegen war für die technische Ausführung die Zuständigkeit der Wasserbau- und Deichbedienten und der Ämter unter der unmittelbaren Leitung der Generaldirektion gegeben (Art. 8). Bei Vorschlägen zur Unterhaltung und Verbesserung vorhandener Deich- und Wasserbauanlagen, deren Notwendigkeit in technischer Hinsicht bereits anerkannt war, mußte ebenfalls das soeben dargestellten Verfahren eingehalten werden, doch entfiel in der Regel die Vorlage an das Ministerium (Art. 9). Für die Abwehr von Deichbrüchen und sonstigen Wassergefahren, die Bewilligung der dazu erforderlichen Natural- Dienst- und Hilfeleistungen sowie deren Aufbringung und Verteilung waren die Landdrosteien allein zuständig. Die Deichbedienten waren an deren Weisungen gebunden, hatten aber die Generaldirektion zu unterrichten (Art. 11). Für die Deich- und Strompolizeisachen waren ebenfalls die Landdrosteien ausschließlich zuständig (Art. 20). Dagegen war die alleinige Zuständigkeit der Generaldirektion gegeben für die Erhaltung und Verbesserung der Schiffbarkeit der Flüsse, die Vertiefung des Strombetts und die Wegräumung der Hindernisse im Fahrwasser. Vorschläge für entsprechende Maßnahmen mußten auf dem Dienstweg über die Landdrosteien eingereicht werden (Art. 23).

---

[9] *Hann.GS I S. 167.*

Die Generaldirektion des Wasserbaus mit Sitz in Hannover war eine kleine Behörde. Sie bestand aus dem Generaldirektor und zwei Räten, alle nur im Nebenamt tätig, sowie einem „Kunstverständigen" zur Bearbeitung der technischen Angelegenheiten und zwei Hilfskräften (Art. 1 und 3). Bemerkenswert ist, daß sich der Charakter dieser Behörde in den mehr als 40 Jahren ihres Bestehens nicht wesentlich geändert hat. 1865 bestand sie einschließlich Registrator, Kanzlist und Pedell aus zehn Mitarbeitern.

Die Generaldirektion wurde am 4. Juni 1823 „eröffnet". Sie forderte sämtliche ihr untergebenen Deich- und Wasserbaubediente sowie die Königlichen Ämter auf, in den zu ihrem Ressort gehörenden Sachen ihre Anträge und Berichte auf dem vorgeschriebenen Wege vorzulegen, „und erwarten vertrauensvoll, daß sie Uns in Unserem Wirkungskreise dienstbeflissenst unterstützen werden".[10]

Drei Jahre nach Errichtung der Generaldirektion wurde das „Regulativ, einige nähere Bestimmungen über das Verfahren in Wasserbau-Sachen betreffend," vom 17. Oktober 1826 erlassen.[11] Das in dem Reglement von 1823 vorgeschriebene Verfahren wurde vereinfacht und die Zuständigkeit der Landdrosteien erweitert. Diese waren nunmehr ausschließlich zuständig für geringe oder gewöhnliche Reparaturen an schon vorhandenen Interessenten-Wasserbauten (Art. 1) sowie damit im Zusammenhang stehenden Arbeiten an Schleusen und Siehlen (Art. 2), und zwar auf Grund eines gemeinsamen Berichts der Wasserbau-Bedienten und der Ämter (Art. 4). In der Zuständigkeit der Generaldirektion verblieben alle Neubaue, alle Reparaturen von Schleusen oder Siehlen und von Strom- und Uferbauwerken jeglicher Art, durch die eine Veränderung oder Erweiterung ihres bisherigen Bestandes bewirkt wurde. In ihre Kompetenz gehörten weiterhin alle neuen sowie die Veränderungen bestehender Haupt-Entwässerungsanlagen zur Entwässerung größerer Flächen (Art. 3). Auch hierfür war eine gemeinsame Berichterstattung durch die Wasserbau-Bedienten und die Ämter auf dem Dienstweg über die Landdrostei vorgeschrieben; bei der Ausführung genehmigter Vorschläge hatten die Wasserbau-Bedienten unmittelbar mit der Generaldirektion zu korrespondieren (Art. 5). Die Protokolle der jährlichen Deich- und Strombesichtigungen waren grundsätzlich nur noch den Landdrosteien vorzulegen (Art. 6), die diese gesammelt am Jahresende der Generaldirektion zur Unterrichtung vorzulegen hatten (Art. 7).

Wer waren nun die wiederholt angesprochenen „Wasserbau-Bedienten", wie sah die Organisation der Wasserbauverwaltung auf der unteren Ebene aus? Die Angaben können nur aus dem Staatskalender entnommen werden, da bis 1857 darüber keine amtliche Veröffentlichung erfolgte. 1823, im Jahr vor der Gründung der Generaldirektion des Wasserbaus gab es „Deichbediente" an der Elbe und der Weser sowie „Deich- und Syhl-Bau-Bediente" im Fürstentum Ostfriesland.[12] An der Elbe gab es Oberdeichgräfe bzw. Oberdeichinspektoren in Banke (Amt Hitzacker), in Harburg, in Stade und im Alten Land. Hinzu kamen sieben Deich-Conducteure und elf Deichvögte. An der Weser waren drei Oberdeichgräfe bzw. Deichinspektoren tätig, und zwar in Blumenthal, Hoya und Nienburg, ferner drei Deich-Conducteure und drei Deichvögte. In Ostfriesland residierte ein Baudirektor in Aurich mit vier Bauinspektoren in Leer, Emden, Norden und Esens nebst drei

[10] *Bekanntmachung der Königlichen General-Direction des Wasserbaus, die Eröffnung ermeldeter General-Direction betreffend, vom 6. Juni 1823 , Hann GS III S. 138.*

[11] *Hann.GS I S. 222.*

[12] *Staatskalender 1822 S.437 f. Im Staatskalender sind erstmals 1739 „Ober-Teich-Gräfe" an Elbe und Weser ausgewiesen.*

Bau-Conducteuren. Hierbei handelte es sich um eine Organisationsstruktur, die 1814 vom Königreich Preußen in seiner damaligen Provinz eingeführt worden war.[13] Im Jahr nach der Errichtung der Generaldirektion wurden die Bediensteten als „Deich- und Wasserbaubeamte“ bezeichnet, ihre Anzahl und ihre Dienstsitze änderten sich praktisch nicht. Es erfolgte lediglich eine genauere Distriktseinteilung (an der Ober- Mittel und Unterelbe sowie Unterelbe und Oste, an der Unter- und Oberweser).[14] Das blieb auch so, von geringfügigen Veränderungen abgesehen, bis 1829.[15] Im Jahre 1830, nunmehr hießen die Bediensteten nur noch „Wasserbau-Beamte“, wurden die oben erwähnten vier Abschnitte an der Elbe in „Direktionen“ umbenannt: *Oberelbe* in Hitzacker, *Mittelelbe* in Harburg, *Unterelbe (Alte Land)* in Stade und (mit gleichem Namen ohne Zusatz) *Unterelbe*, ebenfalls in Stade. Die Weser wurde auf jetzt drei Direktionen aufgeteilt: *Unterweser* in Vegesack, *Mittelweser* in Nienburg und *Oberweser* in Hameln. Im jetzt „Direktion Ostfriesland“ bezeichneten Bereich änderte sich nichts. Neu hinzu kamen Wasserbaubeamte in den 1802/1815 hinzugewonnenen Gebietsteilen Hildesheim und Osnabrück, deren Amtsbezirke, anders als an der Elbe und Weser, als Inspektionen bezeichnet wurden: *Oberleine und Rhume* in Northeim, *Unterleine und Aller* in Winsen/Aller, *Innerste und Oker* (zunächst von Northeim aus mit verwaltet, später Hildesheim) und schließlich *Oberems und Emskanal* mit je einem Wasserbauinspektor zur Koppelschleuse bei Meppen und zur Schleuse bei Hanekenfähr (Lingen).[16] Diese Organisation sollte gut zwei Jahrzehnte Bestand haben, mit wenigen Ausnahmen: Die beiden Direktionen an der Unterelbe wurden zu einer vereinigt, die Direktion der Oberweser wurde zur Inspektion und die Inspektion der Unterleine und Aller erhielt ihren Sitz in Celle.[17] (s. Übersicht in Abschn. 1.8. A). Unter dem 30.01.1847 wurden erstmals durch „Bekanntmachung der General-Direction des Wasserbaues Vorschriften, die Prüfung und Anstellung der Wasserbau-Eleven und Conducteurs betreffend“ herausgegeben (Abdruck 1-2).

1.1.2 VON DER DURCHFÜHRUNG DER REFORMEN 1853 BIS ZUM ENDE DES KÖNIGREICHS 1866

Wieder war es ein grundlegender Umbruch in den politischen Verhältnissen, der eine Änderung der Verwaltungsorganisation im Gefolge hatte.

Die Auswirkungen der Märzrevolution des Jahres 1848 erfaßten auch das Königreich Hannover. Die Hauptbedeutung des Jahres 1848 für Hannover bestand, so urteilt von Meier, darin, „daß nunmehr der Damm durchbrochen war, um einer lange zurückgehaltenen Reformgesetzgebung auf allen Gebieten freien Lauf zu lassen“.[18] Das Gesetz, verschiedene Änderungen des Landesverfassungs-Gesetzes betreffend, vom 5. September 1848 kündigte u.a. die Trennung der Rechtspflege von der Verwaltung an.[19] Die Verwirklichung dieses Grundsatzes machte zwingend auch eine Änderung der Verwaltungs-

---

[13] *Rischmüller/Steen, S.14.*

[14] *Staatskalender 1824 S. 271 ff.*

[15] *Staatskalender 1829 S. 281 f.*

[16] *Staatskalender 1830 S. 282 ff. Die Staatskalender enthalten seitdem den Hinweis, dass die Direktions- bzw. Inspektionsbezirke außer der bezeichneten Strecke des Hauptflusses auch die in diesem mittel- und unmittelbar einmündenden Nebenflüsse umfassen.*

[17] *Staatskalender 1852 S. 355 ff.*

[18] *von Meier, Band 1, S. 56 f.*

[19] *Hann.GS I S. 261.*

organisation erforderlich, die durch eine Fülle neuer Rechtsvorschriften, alle im Jahre 1852 erlassen, verwirklicht wurde. Die Verordnung über die Einrichtung der Ämter[20] bestimmte: „Den Ämtern verbleiben nur die Verwaltungssachen.“ Diese erhielten nunmehr erstmals Amtsvertretungen[21], sie wurden mit einer neuen Amtsordnung[22] versehen. Auch die Landdrosteiordnung wurde novelliert.[23] Erstmalig auch wurde eine Landgemeindeordnung erlassen.[24] Durch die Verordnung, die Bildung der Amtsgerichte und unteren Verwaltungsbehörden betreffend[25], wurden an Stelle der bisherigen 143 nun 175 Ämter neuen Zuschnitts errichtet.

Erhebliche Änderungen gegenüber den alten Bestimmungen (Reglement von 1823 und Regulativ von 1826) enthielt auch die Verordnung über das Wasserbauwesen (Abb. 1-3).[26] Für die Staatswasserbauten und die technische Bearbeitung der übrigen Wasserbauten war unter der Aufsicht des Ministeriums des Innern die Generaldirektion des Wasserbaus zuständig (§ 2). Den Landdrosteien oblag die Deich-, Siel-, Fluß- und Uferpolizei sowie die näher aufgeführte Mitwirkung beim Staatswasserbau. Ihnen wurde, „wo die Bedeutsamkeit der Wasserbau-Angelegenheiten solches erfordert“ ein Wasserbaudirektor zur technischen Hilfe beigeordnet (§ 3). In unterer Instanz waren für sämtliche Wasserbausachen die Ämter und die Wasserbau-Inspektoren zuständig (§ 4). Die Verordnung unterschied zwischen

Staatswasserbauten (Wasserbauten, deren Kosten aus Staatsmitteln bestritten werden, § 5),

Domanialwasserbauten (Staatswasserbauten zur Erfüllung von Verpflichtungen des Domanialgrundeigentums oder zu dessen Erhaltung und Verbesserung, § 21) und

Interessentenwasserbauten (alle unter der Aufsicht der Staatsbehörden stehenden Wasserbauwerke, deren Anlegung oder Unterhaltung Körperschaften, Gemeinden oder Verbänden sowie Privatpersonen obliegen, ohne Unterschied, ob aus der Staatskasse ein Kostenbeitrag dazu geleistet wird, § 29), also den nicht-staatlichen *Meliorationsbauten.*

Die Pläne und Anschläge für *Staatswasserbauten* waren von den Wasserbauinspektoren gemeinschaftlich mit dem zuständigen Amt dem Wasserbaudirektor (falls ein solcher nicht vorhanden war: direkt der Generaldirektion) vorzulegen, der sie nach Prüfung und ggf. einer Stellungnahme der Landdrostei der Generaldirektion zur Entscheidung übersandte (§§ 7 bis 9). Von dieser wurden die Landdrosteien nur nachrichtlich unterrichtet (§ 14). Die Ausführung der Arbeiten oblag den Wasserbauinspektoren, in Ausnahmefällen den Wasserbaudirektoren (§ 13). In den übrigen Staatswasserbausachen hatten Amt und Wasserbauinspektor immer gemeinsam zu handeln (§ 16). Bei Gefahr im Verzuge konnten sowohl das Amt als auch der Wasserbauinspektor alleine die erforderlichen Notsicherungsarbeiten anordnen (§ 17). Bei den *Interessentenwasserbauten* unterschied die Verordnung zwischen den Anlagen zur *Entwässerung und Bewässerung der Grundstük-*

---

[20] *Vom 4. Mai 1852, Hann.GS I S. 79.*
[21] *Gesetz vom 27. Juli 1852, Hann.GS I 177.*
[22] *Vom 16. September 1852, Hann.GS I S. 311.*
[23] *Gesetz vom 25. September 1852, Hann.GS I S. 347.*
[24] *Vom 4. Mai 1852, Hann.GS I S. 83.*
[25] *Vom 7. August 1852, Hann.GS I S. 185.*
[26] *Vom 1. September 1852, Hann.GS I S. 257.*

— 257 —

/70

I. Abtheilung. **№ 35.**

Gesetz-Sammlung

für das Königreich Hannover.

Jahrgang 1852.

Inhalt.

Verordnung, das Wasserbauwesen betreffend.

(52.) **Verordnung, das Wasserbauwesen betreffend.** Monbrillant, den 1sten September 1852.

Inhalt.

49

[Ausgegeben zu Hannover am 8ten September 1852.]

Abb. 1-3: Titelseite der Verordnung, das Wasserbauwesen betreffend, vom 1sten September 1852

ke sowie der Stauanlagen, worauf noch gleich einzugehen sein wird, einerseits, und den *Deich-, Siel- und Uferbauten* andererseits. Die Ausführung dieser Bauten verblieb den Beteiligten „in dem durch Gesetz und Herkommen bestimmten Masse". Die staatliche Aufsicht wurde gemeinsam vom Amt und dem Wasserbauinspektor geführt (§ 37 ff.). Das gemeinsame Handeln war auch für ihre übrige Tätigkeit (Deichschauen, Aufforderung an die Pflichtigen zur Abstellung von Mängeln, Verteidigung der Deiche und Siele bei Hochfluten) vorgeschrieben. Konnten sie sich nicht einigen, war der Landdrostei zu berichten. Bei drohenden schweren Schäden war die Ansicht des Wasserbauinspektors maßgeblich, doch konnten bei Gefahr im Verzuge Amt und Wasserbauinspektor selbständig handeln. Die Landdrostei entschied bei allen Anordnungen, die über die Unterhaltung vorhandener Anlagen hinausgingen, und über alle neuen Anlagen (§ 54). Dabei hatte sie in einer Reihe von Fällen ein Gutachten der Generaldirektion einzuholen (§ 56).

Für die *Bewässerung und Entwässerung der Grundstücke sowie für die Stauanlagen* verwies die Verordnung von 1852 auf das Gesetz vom 22. August 1847[27] mit gleichlautender Überschrift. Mit seinen 148 Paragraphen stellte es eine fortschrittliche Kodifikation dar, weil hier alle Bestimmung über Ent- und Bewässerung zusammengefaßt waren. Geregelt wurde u. a., wann für neue Ent- und Bewässerungsanlagen eine behördliche Genehmigung eingeholt werden mußte (§§ 4 und 53). Zur Bildung von Genossenschaften war die absolute bzw. die Zweidrittelmehrheit der betroffenen Grundeigentümer erforderlich (§§ 8 und 55). Für die wasserpolizeiliche Aufsicht waren die Behörden zuständig, denen die staatliche Aufsicht bei den Deich-, Siel- und Uferbauten oblag (§ 31 Abs. 3 der Verordnung von 1852).

Schließlich bestimmte § 77 der Verordnung über das Wasserbauwesen von 1852: „Jeder Landdrosteibezirk zerfällt in Inspektionen, deren Bezirk mit Rücksicht auf die Amtsbezirke und auf die Flußgebiete bestimmt wird." Eine Neuorganisation der Wasserbauverwaltung auf der unteren Ebene war also nicht nur wegen des räumlichen Neuzuschnitts der Ämter erforderlich, sondern auch deshalb, weil die Abgrenzung der Zuständigkeitsbereiche der Wasserbauinspektionen die Grenzen der Landdrosteibezirke zu beachten hatte.

1853 wurden 19 Wasserbauinspektionen gebildet.[28] Dabei wurde aber nicht in allen Fällen die von der Verordnung geforderte Einhaltung der Grenzen des jeweiligen Landdrosteibezirks befolgt. Im Bezirk der *Landdrostei Aurich* bestanden für das Gebiet *Unter-Ems und Ostfriesische Küste* die Wasserbauinspektionen Leer, Emden, Norden und Esens. Im Bezirk der *Landdrostei Hannover* gab es für das Gebiet *Mittel- und Oberweser* die Wasserbauinspektionen Hoya und Hameln. Für das Gebiet *Unter-Leine* war die Wasserbauinspektion Celle (Landdrosteibezirk Lüneburg) und für das Gebiet *Ober-Leine* die Wasserbauinspektion Northeim (Landdrosteibezirk Hildesheim) zuständig. Im Bezirk der *Landdrostei Hildesheim* bestand für das Gebiet *Ober-Leine, Rhume, Innerste und Ocker* die Wasserbauinspektion Northeim. Für das Gebiet *Ober-Weser* war die Zuständigkeit der Wasserbauinspektion Hameln (Landdrostei Hannover) gegeben. Im Bezirk der *Landdrostei Lüneburg* bestanden für das Gebiet *Ober- und Mittelelbe* vier Wasserbauinspektionen: Hitzacker, Bleckede, Winsen a.d.L. und Harburg, das Gebiet *Aller* wurde von der Wasserbauinspektion Celle verwaltet. Im *Landdrosteibezirk Osna-*

---

[27] *Hann.GS I S.263.*
[28] *Staatskalender 1853 S. 452 ff.*

brück waren für das Gebiet *Ober-Ems und Ems-Kanal* die Wasserbauinspektionen Hanekenfähr und Koppelschleuse zuständig. Im Bezirk der *Landdrostei Stade* schließlich gab es für das Gebiet *Unter-Elbe* die beiden Wasserbauinspektionen Buxtehude und Neuhaus a.d.O. und für das Gebiet *Unter-Weser* drei Wasserbauinspektionen: Geestemünde, Blumenthal und Achim. Hier wurde schon ein Jahr später eine zusätzliche Wasserbauinspektion Stade aus Teilen der Inspektion Buxtehude und Neuhaus a.O. errichtet; die Inspektion Achim wurde aufgelöst und das von ihr verwaltete Gebiet der Inspektion Blumenthal zugelegt.[29] Wasserbaudirektoren beigeordnet wurden drei Landdrosteien: Aurich, Lüneburg und Stade.

Erstmals 1858 wurde die Einrichtung der Wasserbauinspektionen und ihre Zuständigkeitsbereiche öffentlich bekanntgemacht.[30] Nunmehr wurden die bisherigen gebietlichen Überschneidungen in den Bereichen der Landdrosteibezirke Hannover, Hildesheim und Lüneburg beseitigt, die Bezeichnung der Flußgebiete entfiel. Eine neue Wasserbauinspektion Nienburg wurde errichtet, die einige Ämter der Inspektion Hameln und alle im Landdrosteibezirk Hannover belegenen Ämter der Inspektion Celle übernahm. Neu gebildet wurde auch die Wasserbauinspektion Hildesheim, die für einen erheblichen Teil der Inspektion Northeim zuständig wurde. Die Inspektion Northeim gab ferner die von ihr im Landdrosteibezirk Hannover betreuten Ämter an die Inspektion Hameln ab und erhielt umgekehrt von Hameln die im Landdrosteibezirk Hildesheim belegenen Ämter.

Es bestanden nunmehr 21 Wasserbauinspektionen. Daran änderte die bereits 1859 erneut erforderlich gewordene Neubeschreibung ihrer Zuständigkeitsbereiche nichts.[31] Diese ergab sich aus dem Umstand, daß im Zuge der Revisionsgesetzgebung[32] des Jahres 1859 die Zahl der Ämter erheblich, und zwar auf jetzt 102 reduziert wurde.[33]

Im Jahre 1864 wurden noch einmal zwei neue Wasserbauinspektionen gebildet: Verden, das ein Teil der Inspektion Blumenthal übernahm, und Osnabrück, das für einen Teil der Inspektion Koppelschleuse zuständig wurde. Außerdem gab es noch einige gebietliche Veränderungen im Bereich der Inspektionen Gestemünde, Blumenthal und Neuhaus a.d.O..[34]

So bestanden in Hannover schließlich 23, nach Landdrosteibezirken gegliederte Wasserbauinspektionen, denen die (zuletzt) 101 Ämter des Königreichs zugeordnet waren.(s. Übersicht in Abschn. 1.8. B)

---

29 *Staatskalender 1854 S. 453.*

30 *Bekanntmachung, die künftigen Wasserbau-Inspectionen betreffend, vom 25. Oktober 1858, Hann.GS I S. 317.*

31 *Bekanntmachung, die künftig bestehenden Wasserbau-Inspectionen betreffend, vom 5. Mai 1859, Hann. GS I S. 437.*

32 *Dabei wurden auch die Amtsordnung, das Gesetz über die Amtsvertretungen und die Landgemeindeordnung geändert. Von Meier behauptet (Band 2.,S. 371), Ausgangspunkt der Revisionsgesetzgebung sei die Unzulänglichkeit der Beamtengehälter gewesen.*

33 *Verordnung, die Bezirke der unteren Verwaltungsbehörden betreffend, vom 27. März 1859, Hann.GS I S. 175.*

34 *Bekanntmachung, betreffend Änderung der Wasserbau-Inspectionen, vom 29. September 1864, Hann.GS I S. 211.*

1.2 KÖNIGLICH-PREUSSISCHE PROVINZ HANNOVER 1866 - 1918

1.2.1 VON DEN BAUKREISEN 1871 ZU DEN WASSERBAUÄMTERN 1910

Nach dem Sieg Preußens über Österreich 1866 wurde das Königreich Hannover annektiert[35], weil es, anders als fast alle anderen norddeutschen Staaten, sich geweigert hatte, einer von Preußen geführten Kriegskoalition gegen Österreich beizutreten (Abb. 1-4). Hannover erhielt den Status einer Preußischen Provinz. Dies hatte, wie im folgenden darzulegen ist, weitreichende Folgen für die Verwaltungsorganisation. Dagegen brachte die 1867 erfolgte Errichtung des Norddeutschen Bundes, der Zusammenschluß von 22 Mittel- und Kleinstaaten nördlich der Mainlinie und der Freien Städte Bremen, Hamburg und Lübeck zu einem Bundesstaat, keine Veränderungen. Ohne Auswirkung auf die Verwaltungsstruktur der Provinz Hannover blieb auch die Gründung des Deutschen Reiches nach dem deutsch-französischem Krieg von 1870/71 und der Erlaß der Reichsverfassung vom 16. April 1871.[36]

Um die nun folgende Entwicklung der Wasserbauverwaltung zu verstehen, müssen wir auch hier einen kurzen Blick auf die allgemeine Verwaltung werfen.

Das Königreich Preußen gliederte sich verwaltungsmäßig in Provinzen, Regierungsbezirke, Kreise und Gemeinden.[37] Diese Struktur war das Ergebnis der nach dem oben erwähnten Zusammenbruch Preußens eingeleiteten Reformen, die mit den Namen Stein und Hardenberg verknüpft sind. An der Spitze der *Provinz* stand der Oberpräsident, der aber keine Zwischeninstanz zwischen dem Staatsministerium und den Regierungen bildete. Er führte nur die „Oberaufsicht" und war Stellvertreter der obersten Staatsbehörden „im besonderen Auftrag" und bei „außerordentlicher Veranlassung". Er hatte ferner alle Angelegenheiten zu verwalten, die sich über den Bereich einer Regierung hinaus erstreckten. In jeder Provinz gab es daneben *Provinzialstände* mit einem Provinziallandtag, denen unter Aufsicht der Oberpräsidenten die Verwaltung bestimmter eigener Angelegenheiten (z.B. provinzialständisches Vermögen, Armenwesen, Unterhaltung besonderer Anstalten der Fürsorge für Arme und Kranke) oblag. Die *Bezirksregierungen* mit *Regierungspräsidenten* an der Spitze waren die mit einer Allzuständigkeit für die allgemeine staatliche Verwaltung ausgestatteten Behörden der Mittelinstanz. Ihnen oblag die Wahrnehmung aller Angelegenheiten, wenn diese „überhaupt von einer Territorialbehörde verwaltet werden" konnten und sie nicht anderen Behörden ausdrücklich übertragen waren. Die Bezirksregierungen waren auch für Kirchen- und Schulsachen sowie für Steuern, Domänen und Forsten zuständig und besaßen somit einen erheblich größeren Wirkungskreis als die hannoverschen Landdrosteien. Auf der Ebene der *Kreise* war der Landrat untere Verwaltungsbehörde. Analog der Struktur der Provinzen gab es neben der staatlichen eine ständische Verwaltung des Kreises, die - anders als in der Provinz - direkt vom staatlichen Beamten geleitet wurde. Der Landrat hatte also eine Doppelfunktion wahrzunehmen: Er war staatlicher Regierungskommissar und zugleich Leiter der ständischen Kreisverwaltung.

---

[35] *Patent wegen Besitznahme des vormaligen Königreichs Hannover vom 3. Oktober 1866, Hann. GS I S. 271 und Gesetz vom 20. September 1866, Hann.GS I S. 269.*

[36] *Bundesgesetzblatt des Deutschen Bundes (später: RGBl.) S. 63. Vgl. im übrigen Müller S. 175 ff., S. 182 ff.*

[37] *Dazu Imgart, S. 4 ff.*

— 271 —

I. Abtheilung. Heft 44.

Gesetz-Sammlung für das Königreich Hannover.

Jahrgang 1866.

Inhalt.

(№ 73.) Patent wegen Besitznahme des vormaligen Königreichs Hannover. Schloß Babelsberg, den 3. October 1866.

Wir Wilhelm, von Gottes Gnaden König von Preußen u. s. w., thun gegen Jedermann hiermit kund:

Nachdem in Folge eines von Hannover im Bunde mit Oesterreich, und in Verletzung des damals geltenden Bundesrechtes begonnenen, von Uns in gerechter Abwehr siegreich geführten Krieges, die zum Königreich Hannover früher vereinigten Lande von Uns eingenommen sind, so haben Wir beschlossen, dieselben mit Unserer Monarchie zu vereinigen und zu diesem Behufe mit Zustimmung beider Häuser des Landtages das Gesetz vom 20. September d. J. erlassen und verkündigt.

Demzufolge nehmen Wir durch gegenwärtiges Patent mit allen Rechten der Landeshoheit und Oberherrlichkeit in Besitz und einverleiben Unserer Monarchie mit sämmtlichen Zubehörden und Ansprüchen die Länder, welche das vormalige Königreich Hannover gebildet haben, namentlich: die Fürstenthümer Calenberg, Göttingen, Grubenhagen, Lüneburg, Osnabrück, Hildesheim mit der Stadt Goslar und Ostfriesland mit dem Harlinger Lande; die Herzogthümer Bremen, Verden und Arenberg-Meppen und den Hannoverschen Antheil am Herzogthum Lauenburg; die Niedergrafschaft Lingen; die Grafschaften Hoya, Diepholz, Hohnstein und Bentheim, und das Land Hadeln.

[Ausgegeben zu Hannover am 6. October 1866.] 57

Abb. 1-4: Titelseite des Patents wegen Besitznahme des vormaligen Königreiches Hannover vom 3. October 1866

Die Preußische Verwaltungsstruktur (und auch das Preußische Verwaltungsrecht) wurde der neuen Provinz nicht von heute auf morgen übergestülpt, schließlich hielt sich die Freude der Hannoveraner darüber, nunmehr Untertanen des Königs von Preußen zu sein, in Grenzen. Fast zwei Jahrzehnte dauerte der Prozeß der Angleichung der früheren königlich-hannoverschen Verwaltung an die Preußische.[38]

Im Jahre 1867, nach Ablauf des sogenannten Diktaturjahres, wurde auch in der Provinz Hannover die provinzialständische Verfassung eingeführt.[39] Die Landdrosteien blieben erhalten.[40] Das gleiche gilt für die Ämter, die allerdings wegen ihrer geringen Größe bezüglich der Militär- und Steuersachen zu besonderen 37 Kreisen zusammengefaßt wurden.[41]

Ganz anders als bei der allgemeinen Verwaltung verlief die weitere Entwicklung der Wasserbauverwaltung in der Provinz Hannover. Im Preußischen Ministerium für Handel, Gewerbe und für öffentliche Arbeiten, dem die Bauverwaltung unterstand, war man offensichtlich von vorneherein entschlossen, eine totale Umorganisation nach Preußischem Muster vorzunehmen.[42] 1869 wurde das Ende der alten hannoverschen Wasserbauverwaltung verkündet. Der Allerhöchste Erlaß, betreffend die Organisation der Bauverwaltung in der Provinz Hannover, vom 27. September 1869[43] ordnete an, daß die Bauverwaltung nach den seit 1852 für die älteren Provinzen Preußens bestehenden Grundsätzen neu organisiert werden sollte. Deshalb waren an Stelle der bestehenden Wegebau-, Landbau-[44] und Wasserbauinspektionen Baukreise abzugrenzen, in denen sämtliche Chaussee-, Landbau- und Wasserbaugeschäfte in der Regel von denselben Kreisbaubeamten zu verrichten waren. Beim Wasserbau waren Ausnahmen zulässig bei den ausschließlich von Wasserbaubeamten zu besorgenden Baugeschäften an den größeren schiffbaren Strömen und an den Häfen sowie „geeignetenfalls" bei den Wasserbauten im Ressort der landwirtschaftlichen Verwaltung. Die Generaldirektion des Wasserbaus wurde aufgelöst. Ihre in der Verordnung von 1852 festgelegten Zuständigkeiten für die administrative und technische Behandlung der Wasserbauangelegenheiten gingen hinsichtlich der Staatswasserbauten und der Interessentenwasserbauten auf die Landdrosteien, hinsichtlich der Domanialwasserbauten auf die Finanzdirektion Hannover über. Für die technische Bearbeitung der Bausachen in der mittleren Instanz sollten an Stelle der Wasserbaudirektoren Regierungsbauräte oder Ober-Bauinspektoren angestellt werden. Die Auflösung der Generaldirektion des Wasserbaus wurde am 1. April 1870 vollzogen.[45]

Die Einrichtung der Baukreise war, wie die weitere Entwicklung zeigen sollte, eine ganz unglückliche Entscheidung. Sie ist wohl nur durch die Unkenntnis über die

---

[38] *Dazu Barmeyer, S 9 ff., S. 69 ff.; von Rönne, Band 2, 1. Abt., S. 249 ff.*

[39] *Verordnung, betreffend die provinzialständische Verfassung im Gebiet des vormaligen Königreichs Hannover, vom 22. August 1867, Pr.GS S. 1349.*

[40] *Die Berghauptmannschaft Clausthal wurde mit der Landdrostei Hildesheim vereinigt. Verordnung vom 9. November 1867, Pr.GS S. 1873, Allerhöchster Erlass vom 17. Juni 1868, Pr.GS S. 671.*

[41] *Verordnung, betreffend die Amts- und Kreisverfassung in der Provinz Hannover, vom 12. September 1867, Pr.GS S. 1497.*

[42] *Aus einem Erlass des Ministeriums an den Oberpräsidenten in Hannover vom 13. April 1868 geht hervor, dass schon im Juli 1867 bezüglich der Generaldirektion des Wasserbaus nur noch die Frage des Wann, aber nicht die Frage des Ob ihrer Auflösung offen war. HStA Hann. 122a Nr.1113*

[43] *Pr.GS S. 1178*

[44] *Landbau war die Bezeichnung für den Hochbau.* Landes*bau war die spätere Bezeichnung für den Strassen- und Wegebau.*

[45] *Bekanntmachung des Oberpräsidenten vom 24. Februar 1870, MBl.i.V. S. 70.*

hannoverschen Verhältnisse zu erklären, aber nicht zu entschuldigen. Sie eröffnete in der ohnehin nicht übersichtlichen Geschichte der Wasserbauverwaltung ein geradezu verwirrendes Kapitel.

Durch Verfügung des Oberpräsidenten vom 25. Januar 1871 sollten zum 1. April 1871 alle Wegebau-, Landbau- und Wasserbauinspektionen „eingehen" und insgesamt 54 Baukreise gebildet werden.[46] Davon entfielen auf die Landdrosteibezirke *Hannover 8*, *Hildesheim* 9, *Lüneburg* 12, *Stade* 11, *Osnabrück* 8 und *Aurich* 6. Dabei wurden 5 Baukreise ausschließlich als Wasserbaukreise definiert: Harburg II, Lüneburg II, Hitzacker, Lehe II und Meppen-Lingen. In der Verfügung des Oberpräsidenten hieß es dann noch, von den einzelnen Landdrosteien würden für ihre Bezirke über die spezielle Abgrenzung der neugebildeten Baukreise, über deren Besetzung sowie über die Geschäftsverteilung in denjenigen Baukreisen, welche doppelt besetzt seien, eine besondere Bekanntmachung erlassen. Betrachtet man nun die „besonderen Bekanntmachungen" der einzelnen Landdrosteien[47], so zeigt sich, daß die Baukreise, die nur mit einem Bauinspektor besetzt wurden, die Minderheit waren. Bei den mit zwei Beamten besetzen Baukreisen wurden die Geschäfte nach Bauzweigen getrennt aufgeteilt. Auffällig ist, daß bei den Behörden in den Landdrosteibezirken Stade und Aurich in Wasserbausachen vielfach eine Zuweisung bestimmter Gewässer, von Ämtern oder Teilen davon sowie bestimmter Bereiche von Wasserverbänden an einen benachbarten Baukreis erfolgte. Darauf soll nicht weiter eingegangen werden, weil schon bald eine Änderung der Organisation eintrat.

Dies geschah 1873. Was war der Grund dafür? Im Jahre 1851 war im Königreich Hannover eine neue Wegegesetzgebung erfolgt, die Gesetze über den Chausseebau[48] und über Gemeindewege und Landstraßen[49] waren erlassen worden. § 80 des letzteren Gesetzes bestimmte, das die unmittelbare Aufsicht über die Landstraßen den unteren staatlichen Wegebehörden oblag, die u.a. für die Vorlage der Anschläge, die Anordnung und Ausführung der Bauarbeiten, die Verwendung der Geldbeträge sowie der etwaigen Beihilfen aus Landesmitteln zuständig waren. Obere Aufsichtsbehörden waren die Landdrosteien. Durch das Gesetz, betreffend Abänderungen der Wegegesetzgebung der Provinz Hannover,[50] wurde der § 80 des eben zitierten Gesetzes aufgehoben und die bisher von den Staatsbehörden wahrgenommenen Befugnisse, soweit sie die technische Leitung des Neubaus und der Unterhaltung der Landstraßen betrafen, auf die Organe des provinzialständischen Verbandes der Provinz übertragen. Damit waren die Baukreise in Wegesachen nur noch für die Chausseen zuständig. Die deshalb erforderlichen organisatorischen Änderungen wurden vom Oberpräsidenten 28. Juli 1873 veröffentlicht.[51] Die Zuständigkeiten bezüglich der einzelnen Bauzweige wurde noch stärker ausdifferenziert, außerdem kam mit Stade II ein weiterer Baukreis hinzu, der ausschließlich für Wasserbausachen zuständig war. Aber auch hier brauchen wir uns nicht weiter aufzuhalten, denn drei Jahre später war die nächste Änderung der Organisation fällig.

---

[46] *AmtsBl.Hann. S. 31.*

[47] *Alle im Jahre 1871: Hannover vom 28. Januar, AmtsBl.Hann. S. 41; Osnabrück vom 6. Februar, AmtsBl.Hann. S. 47; Hildesheim vom 11. Februar, AmtsBl.Hann. S.63; Aurich vom 1. April, AmtsBl.Hann S. 124; Lüneburg vom 9. März, AmtsBl.Hann. S. 124; Stade vom 18. April, AmtsBl.Hann. S. 141.*

[48] *Vom 20. Juni 1851, Hann.GS I S. 119.*

[49] *Vom 28. Juli 1851, Hann.GS I S. 141.*

[50] *Vom 19. März 1873, Pr.GS S. 129.*

[51] *AmtsBl.Hann. S. 258.*

Mit dem Gesetz vom 30. April 1875 wurde neben vielen anderen Gegenständen den Provinzialverbänden die Verwaltung einschließlich der technischen Bauleitung sowie die Unterhaltung der vorhandenen Staats-Chausseen übertragen.[52] Da das Auto noch nicht erfunden war, auf der anderen Seite mit der Eisenbahn ein Massentransportmittel sowohl für Menschen als auch für Güter vorher ungekannten Ausmaßes zur Verfügung stand (was auch in den Kriegen von 1866 und 1870/71 eine bedeutende Rolle gespielt hatte), war man der Meinung, daß auch der Staats-Chausseebau nur noch von regionaler Bedeutung sei. Bis zum Dezember 1875 waren 14 provinzielle „Wegebauinspektionen" gebildet.[53] Damit fielen die Wegebausachen gänzlich aus dem Zuständigkeitsbereich der Baukreise heraus, sie waren fortan nur noch für den Landbau (von nun an zumeist als Hochbau bezeichnet) und den Wasserbau zuständig. Die Zahl der Baukreise blieb nahezu unverändert, doch wurde die Spezialisierung hinsichtlich des Wasserbaus weiter vorangetrieben. Im *Landdrosteibezirk Hannover*[54] erhielt der Baukreis Hannover II die Zuständigkeit für alle Leinestrombausachen im Landdrosteibezirk. Im *Landdrosteibezirk Hildesheim*[55] war der Baukreis Hildesheim II auch zuständig für die Wasserbausachen an der Innerste in den Baukreisen Goslar und Hildesheim I, der Baukreis Alfeld hatte die Kompetenz auch für die Wasserbausachen an der Leine in den Baukreisen Göttingen, Northeim, Einbeck, Alfeld und Hildesheim I. Im *Landdrosteibezirk Stade*[56] gab es nun fünf ausdrücklich als Wasserbaukreise bezeichnete Ämter in Stade, Neuhaus a.d.O., Geestemünde, Blumenthal und Verden. Hieran wird deutlich, daß die ursprüngliche Konzeption der Baukreise schon nach 5 Jahren stark durchlöchert war.

Mitte der achtziger Jahre kam es erneut zu Veränderungen bei den Baukreisen. Der Grund dafür war, daß nunmehr auch für die allgemeine Verwaltung in der Provinz Hannover die Preußische Struktur eingeführt wurde,[57] und zwar in der Gestalt, die sie durch die Reformgesetze für die östlichen Provinzen in den siebziger Jahren erhalten hatte.[58] Die Landdrosteien wurden 1883 in Bezirksregierungen umgewandelt.[59] Die ständische Verfassung des Provinzialverbandes und der Kreise wurde 1884 durch die neue Provinzialordnung [60] und die neue Kreisordnung[61] beseitigt. Zugleich wurden die bisherigen Ämter zu 77 Kreisen zusammengelegt. Die gebietliche Neuordnung machte auch eine Änderung im Zuschnitt der Baukreise erforderlich. Bei dieser Gelegenheit wurde die ämterweise Trennung zwischen Wasserbau und Hochbau fortgesetzt. So gab es jetzt im *Regierungsbezirk Hannover* 6 Hochbauinspektionen und 2 Wasserbauinspektionen[62], im *Regierungsbezirk Hildesheim* 7 Hochbaukreise und einen Bauingenieurkreis, der den ganzen Landdrosteibezirk umfaßte und auch für die Wasserbausachen zuständig war.[63]

---

[52] *§ 18 des Gesetzes, betreffend die Ausführung der §§ 5 und 6 des Gesetzes vom 30. April 1873 wegen der Dotation der Provinzial- und Kreisverbände vom 8. Juli 1875, Pr.GS S. 497.*

[53] *Bekanntmachung des Landesdirektoriums vom 6. Dezember 1875, AmtBl.Hann. S. 1875*

[54] *Bekanntmachung vom 20. September 1876, AmtsBl.Hann. S. 351.*

[55] *Bekanntmachung vom 30. Juni 1876, AmtsBl.Hann. S. 243.*

[56] *Bekanntmachung vom 13. Juni 1876, AmtsBl.Hann. S. 217.*

[57] *Dazu Barmeyer, S. 148 ff.*

[58] *Dazu Imgart S. 9*

[59] *§§ 1 und 25 des Gesetzes über die allgemeine Landesverwaltung vom30. Juli 1883, Pr.GS S. 195.*

[60] *Vom 7. Mai 1884, Pr.GS S. 237.*

[61] *Vom 6. Mai 1884, Pr.GS S. 181.*

[62] *Bekanntmachungen des RP vom 7. März 1884 (AmtsBl.Hann. S.384 mit Berichtigung vom 30. März 1884 S. 562) und vom 25. März 1885, AmtsBl.Hann. S. 706.*

[63] *Bekanntmachung des RP vom 16. Dezember 1884, AmtsBl.Hann. S. 2139.*

Auch in der Folgezeit setzte sich die Ausdifferenzierung fort. Es gab immer weniger „Baukreise" und immer mehr „Hochbaukreise" und „Wasserbaukreise", bis schließlich 1895 nur noch die beiden Baukreise Osnabrück I und II übrigblieben[64], die 1896 zu einem Hochbaukreis zusammengelegt wurden[65].

Wirft man einen Blick zurück auf die 25jährige Geschichte der Baukreise in der Provinz Hannover und vergleicht die 23 Wasserbauinspektionen des Jahres 1871 mit den 21 Wasserbaukreisen des Jahres 1896, so kommt man zu einem vielleicht nicht überraschenden, aber doch interessanten Ergebnis: In 18 Fällen ist der Sitz der Wasserbaukreise mit dem der Wasserbauinspektionen identisch. An Stelle von Nienburg trat Hannover, an Stelle von Bleckede und von Winsen a.d.L. erschien nunmehr Lüneburg, Wilhelmshaven trat an die Stelle von Esens und Osnabrück fiel weg. Eine genaue Analyse und Gegenüberstellung der örtlichen Zuständigkeitsbereiche der Wasserbaukreise (definiert durch die zugeordneten, aus den Ämtern hervorgegangenen Landkreise) einerseits und der Wasserbauinspektionen (definiert durch die zugeordneten Ämter) andererseits ergibt, daß durchweg eine räumliche Identität der Wasserbaukreise mit den früheren Wasserbauinspektionen bestand. In der Provinz Hannover hatte man sich mit den „Baukreisen" einmal im Kreise gedreht. Allerdings mußte dazu ein Vierteljahrhundert vergehen (s. Übersicht in Abschn. 1.8. C)

Die späteren Veränderungen bei dem einen oder anderen Amt sollen hier nicht verfolgt werden. Die Bezeichnung „Wasserbaukreis" oder „Wasserbauinspektion" (die Benennungen wechselten gelegentlich) wurden durch eine ministerielle Verfügung im Jahre 1910 abgeschafft.[66] Die Ortsbehörden der Wasserbauverwaltung hießen nun „Wasserbauämter".

Ein wichtiges Ereignis fiel noch in die hier behandelte zeitliche Periode der Provinz Hannover. Im April 1913 wurde nach zwanzigjährigen Vorarbeiten und Erörterungen das Preußische Wassergesetz erlassen[67], das in wesentlichen Teilen erst am 1. Juli 1914 in Kraft trat[68]. Es war ein sehr umfangreiches Gesetzeswerk mit 401 Paragraphen, das erstmals für Preußen ein einheitliches Wasserrecht schuf. Erst durch dieses Gesetz wurden das hannoversche Gesetz über Entwässerung und Bewässerung der Grundstücke sowie über Stauanlagen aus dem Jahre 1847 und die hannoversche Verordnung über das Wasserbauwesen aus dem Jahre 1852 aufgehoben, und das noch nicht einmal gänzlich. Aufgehoben wurden auch die Verordnung über die Bildung von Genossenschaften von 1867 und die in nur Teilen der Provinzen geltenden Gesetze über das Deichwesen von 1872 und über die Bildung von Wassergenossenschaften von 1879.

Das neue Wassergesetz hatte wegen geänderter Zuständigkeitsregelungen aber auch Auswirkungen auf den Geschäftskreis der Wasserbauämter. Darüber wird noch zu berichten sein.

---

[64] *Handbuch 1895 S. XXIV und die Angaben für die einzelnen Regierungen; s.h. auch die Angaben in den Handbüchern 1885/86, 1890 und 1892.*

[65] *Bekanntmachung des RP vom 10. September 1896, AmtsBl.Reg.Os. S. 259, s.h. auch Bekanntmachung vom 8. Mai 1897, a.a.O. S. 159.*

[66] *Verfügung des Ministers der öffentlichen Arbeiten vom 26. Oktober 1910, MBl.i.V. S. 348.*

[67] *Vom 7. April 1913, Pr.GS S. 53. Dazu ausführlich von Bitter, Band 2 in der 3. Auflage 1928, S. 1050 ff.*

[68] *Verordnung über das Inkrafttreten des Wassergesetzes, vom 13. April 1914, Pr.GS S. 64.*

1.2.2 SPEZIALISIERUNG DER WASSERBAUVERWALTUNG 1: VOM MELIORATIONSBAUINSPEKTOR BEIM OBERPRÄSIDENTEN 1871 ZU DEN MELIORATIONSBAUÄMTERN IN DEN REGIERUNGSBEZIRKEN 1914

Zeitgleich mit der Einführung des Systems der Preußischen Baukreise in der Provinz Hannover 1871 wurde beim Oberpräsidenten die Stelle eines „Meliorations-Bau-Inspektors" geschaffen.[69]

Dieser Vorgang ist nur vor dem Hintergrund der Entwicklung der Preußischen Wasserbauverwaltung zu verstehen. In Preußen war im April 1848 im Zusammenhang mit den politischen Ereignissen des Revolutionsjahres das Ministerium für Handel, Gewerbe und öffentliche Arbeiten errichtet worden, aus dem schon zwei Monate später die landwirtschaftlichen Angelegenheiten ausgegliedert und Gegenstand eines eigenen Ministeriums wurden.[70] Die Abteilung III des Ministeriums für Handel usw. war zuständig für die Verwaltung des Land-, Wasser und Chausseebauwesens[71], die sich dabei der Bezirksregierungen und der - 1852 auf Grund eines nicht veröffentlichen Allerhöchsten Erlasses gebildeten - Baubezirke bediente (jener später als Baukreise bezeichneten Behörden, die 1869 auch für die Provinz Hannover angeordnet und 1871 eingeführt wurden), bei denen in der Regel ein Baubeamter für alle drei Bauzweige tätig war[72].

Das neu gebildete Ministerium für landwirtschaftliche Angelegenheiten war für die Meliorationen im Bereich des nichtstaatlichen Grundeigentums zuständig, ihm oblag die Genehmigung der für Bewässerung oder für Entwässerung gegründeten Genossenschaften.[73] 1849 wurde ihm die Eindeichungs- und Deichgenossenschaftsangelegenheiten übertragen.[74] Das bis dahin zuständige Ministerium für Handel usw. war künftig lediglich zu beteiligen, wenn das Interesse der Schiffahrt oder der Strompolizei berührt wurde, insbesondere bei neuen Deichanlagen in der Nähe schiffbarer Ströme. Dies wurde damit begründet, daß das Landwirtschaftsministerium seine Aufgaben nur dann voll erfüllen könne, wenn diesem alle ausschließlich oder hauptsächlich die Landesmeliorationen betreffenden Angelegenheiten übertragen würden. Dazu gehörten auch die Eindeichungs- und Deichgenossenschaftssachen. Das Ministerium für Handel usw. sei nicht mehr betroffen, wenn der genehmigte Bauplan etwaige Interessen der Schiffahrt und der Strompolizei berücksichtige, „während die Fürsorge für die Ausführung und Unterhaltung der Deich-Anlage wegen der davon abhängigen Landes-Melioration ausschließlich zu den von dem landwirtschaftlichen Ministerium wahrzunehmenden Interesse gehört".[75]

1856 wurden im Preußischen Staatshaushalt erstmals vier Stellen für Meliorationsbauinspektoren ausgewiesen. Die Notwendigkeit dafür war (im Jahre 1853!) u.a. damit begründet worden, daß es stets sehr schwer gefallen sei, tüchtige Baumeister für die größeren Landesmeliorationsbauten zu finden, „und fast in keinem Falle ist es gelungen,

---

[69] *Zu Meliorationen und zur Meliorationsbauverwaltung von Bitter, Band 2, S. 127 ff., Band 1, S. 503 ff.; Hue de Grais S. 505 ff.*

[70] *AE. vom 25. Juni 1848, betreffend die Bildung eines neuen Staatsministeriums usw., Pr.GS S. 159; von Rönne Band 2, 1. Abt. S 112.*

[71] *Von Rönne, Band 2 , 1. Abt. S 108.*

[72] *Von Rönne, Band 2, 1. Abt. S. 209.*

[73] *Von Rönne, Band 2, 2. Abt. S 301 ff.*

[74] *AE. vom 26. November 1849, Pr.GS 1850 S. 3.*

[75] *Im MBl.i.V. 1850 S. 12 wurde das Ersuchen des Staatsministeriums an den König veröffentlicht.*

dieselben mit Hilfe des gewöhnlichen Kreisbaumeisters durchzuführen. Dazu kommt, daß die Lokalbaubeamten durch ihre gewöhnlichen Amtsgeschäfte meistens so stark beschäftigt sind, daß sie größere Meliorationspläne nicht daneben bearbeiten können".[76]

Man sieht, daß bezüglich der Meliorationsbauten in Preußen Mitte der fünfziger Jahre des vorigen Jahrhunderts eine völlig andere Situation bestand als im Königreich Hannover. Hier war eine flächendeckende Verwaltung mit Fachleuten des Wasserbaus vorhanden, und deshalb waren die Meliorationsbausachen, die in Hannover eine große Bedeutung hatten, ein integrierender Bestandteil der Wasserbauverwaltung gewesen, auch bezüglich der staatlichen Domänen. Mit der Zerschlagung dieser Verwaltung im Jahre 1871 und der Errichtung der Baukreise altpreußischer Art erschien es allerdings konsequent, auch in der Provinz Hannover Spezialbeamte für den Meliorationsbau einzustellen.

Als Meliorationsbaubeamter wurde dem Oberpräsidenten von Hannover 1871 *August Hess* zugewiesen. Er war in den darauffolgenden zwei Jahrzehnten zwar der alleinige hannoversche Meliorationsbeamte, aber nicht der einzige, der in der Provinz Hannover tätig war. Denn die Tätigkeit dieses Beamten bezog sich lange Zeit nur auf die Bezirke Hannover, Hildesheim, Lüneburg und Stade. Auch beim Oberpräsidenten der Provinz Westfalen mit Sitz in Münster wurde ein Meliorationsbaubeamter beschäftigt, dessen Zuständigkeitsbereich auf die Landdrosteibezirke Osnabrück und Aurich der benachbarten Provinz ausgedehnt war.[77] Erst 1894 wurde beim Oberpräsidenten ein zweiter Meliorations-Bauinspektor eingestellt. Die Dienststellen der beiden Beamten hießen jetzt „Meliorations-Bauamt" I bzw. II, wobei das Amt I für die Regierungsbezirke Hannover, Hildesheim, Osnabrück und Aurich, das Amt II für die Regierungsbezirke Lüneburg und Stade zuständig war.

Mit dem Dotationsgesetz von 1868 waren dem Provinzialverband der Provinz Hannover Mittel zur Bildung eines Fonds für Zuschüsse zu Landesmeliorationen zur Verfügung gestellt worden.[78] .Auf diesen für die Entwicklung der Selbstverwaltung in Preußen außerordentlich bedeutsamen Vorgang kann hier nicht weiter eingegangen werden.[79] Die Gewährung von Beihilfen für Meliorationen aus öffentlichen Mitteln war also Angelegenheit der provinziellen Selbstverwaltung. In Hannover wurden schon ab 1870 über die Dotationsmittel hinaus eigene Mittel der Provinz in den Landesmeliorationsfonds eingestellt und später ein eigener Ödlandkulturfonds gebildet. Vom Staat finanziert wurden aber weiterhin die sog. Vorarbeitskosten. Nachdem sich herausstellte, daß die Gelder der Provinzen nicht ausreichten, kam es wieder zur Ausbringung unmittelbarer staatlicher Unterstützungsleistungen im Preußischen Staatshaushalt.[80] Träger der Meliorationsbauten als Interessentenbauten war, wie schon erwähnt, stets die Gemeinschaft der interessierten Grundeigentümer, die ihre rechtliche Vertretung in Verbänden, Genossenschaften oder auch politischen Gemeinden hatte. Planung und Ausführung einer Melioration, einschließ-

---

[76] *Die Begründung ist abgedruckt im Vorwort der „Sammlung der den Geschäftskreis der Meliorationsbaubeamten betreffenden Erlasse des Ministers für Landwirtschaft, Domänen und Forsten", aufgestellt im März 1901 und danach fortgeführt, in: HStA Hann. 80 Lbg. III XVII Nr. 430.*

[77] *Schriftverkehr dazu im Bestand HStA Hann. 122a Nr. 1525.*

[78] *Gesetz, betreffend die Überweisung einer Summe von jährlich 500 000 Thalern an den provinzialständischen Verband der Provinz Hannover, vom 7. März 1868, Pr.GS S. 223. Eine entsprechende Regelung wurde für die übrigen preußischen Provinzen durch das in Fn. 52 erwähnte Dotationsgesetz von 1875 eingeführt.*

[79] *Dazu Barmeyer,S. 81 ff.; Andrée S. 16 ff.*

[80] *Von Bitter, Band 2, S. 127 f. Einzelheiten zu den Fonds in der Provinz Hannover bei Koepchen, S. 97 ff.*

lich der Beschäftigung des entsprechenden Fachpersonals, oblag dem Träger des Vorhabens.

Das Wirken des Meliorationsbaubeamten der Provinz Hannover beschränkte sich auf technische Vorarbeiten, d.h. auf die Erstellung eines Situationsplanes und eines Erläuterungsberichts, in dem nur die Grundzüge der beabsichtigten Melioration dargestellt wurde.[81] In einem Bericht an das Landwirtschaftsministerium aus dem Jahre 1880 beklagt sich *Hess* darüber, daß er keinen Einfluß auf die Behandlung der Meliorationssachen ausüben könne.[82] In diesem Bericht weist er übrigens auch darauf hin, daß die kleinen Meliorationssachen im Landdrosteibezirk Lüneburg, „die früherhin von großer Bedeutung waren", in den letzten Jahren zurückgegangen seien. Einen wesentlichen Grund dafür sah *Hess* in dem Umstand, daß die Leitungen der Baukreise in Walsrode, Celle, Uelzen, Gifhorn und Lüneburg „mit früheren Wegebaubeamten, welche in Meliorationssachen Erfahrungen nicht besitzen", besetzt waren.

Soweit *Hess* bei der Durchführung großer Meliorationsvorhaben tätig wurde, geschah dies im Nebenamt gegen gesonderte Vergütung. Schon auf Grund beschränkter Arbeitskapazität blieb der Umfang seiner Tätigkeit begrenzt. Im Jahresbericht für 1891 wurden von seinem Nachfolger, *Ludwig Recken*, neben 21 Projekten, die unter Mitwirkung des Meliorationsbaubeamten bearbeitet wurden, immerhin 50 Projekte, die ohne dessen Mitwirkung bearbeitet wurden, nach Berlin gemeldet.[83]

Im Jahre 1893 war der erste Entwurf eines Preußischen Wassergesetzes, durch das das völlig zersplitterte und unübersichtliche Wasserrecht der verschiedenen Preußischen Landesteile vereinheitlicht werden sollte, fertiggestellt. Im Vorgriff auf die beabsichtigte Gesetzesneuregelung legte das Landwirtschaftsministerium zusammen mit dem Ministerium der öffentlichen Arbeiten im Juli 1894 den „Entwurf eines Gesetzes über die Verwaltung der wasserwirtschaftlichen Angelegenheiten" vor.[84] Zur Begründung des Gesetzentwurfs hieß es, die Ursache der in der Wasserwirtschaft bestehenden Übelstände seien, abgesehen von anderen Ursachen, auch in der bestehenden Behördenorganisation zu suchen.

Das gesamte Staatsgebiet Preußens sollte für die Verwaltung der wasserwirtschaftlichen Angelegenheiten in Stromgebiete eingeteilt werden. An der Spitze der wasserwirtschaftlichen Verwaltung sollte der Oberpräsident stehen. Die Regierungspräsidenten sollten weitgehend ausgeschaltet werden. Hinsichtlich der Lokalbeamten in den einzelnen Abschnitten der Stromgebiete hatten die beiden Ministerien jedoch unterschiedliche Konzeptionen. Das Landwirtschaftsministerium ging von der Auffassung aus, daß nur ein im Meliorationswesen besonders geschulter Techniker zur örtlichen Bearbeitung von Meliorationssachen zugelassen werden könne. Deshalb sei die Tätigkeit der an schiffbaren Flüssen stationierten Lokalbaubeamten, die im Strombau geschult seien, auf den Strom und dessen Niederung bzw. Hochwassergebiet zu beschränken. Für die übrigen Teile des Stromgebietes seien nur solche Lokalbaubeamte in Aussicht zu nehmen, die im

---

[81] *Vgl. Hue de Grais, S. 504; Anweisung des Landwirtschaftsministeriums für die Ausführung der technischen Vorarbeiten bei Landesmeliorationen vom 15. August 1872, abgedruckt in der Sammlung Fn. 76.*

[82] *Bericht vom 16. März 1880, HStA Hann. 122a Nr. 6396.*

[83] *HStA Hann. 122a Nr.6396. Dort auch die jährlichen Nachweise über die Nebentätigkeiten von Hess.*

[84] *Akte des Oberpräsidenten der Provinz Hannover, betreffend die anderweitige Organisation der Behörden der wasserwirtschaftlichen und Meliorations-Bauverwaltung, Litt. A Nr. 7.(Nicht archiviert.) Der Begriff „Wasserwirtschaft" wurde hier noch umfassend für Wasser-, Strom- und Meliorations-Bau verwandt.*

Meliorationswesen besonders ausgebildet seien. Das Arbeitsministerium lehnte dagegen eine Unterscheidung zwischen Strombau- und Meliorationsbaubeamten ab. Da die Ausbildung bis zum Regierungsbaumeister einheitlich sei, hätten die Strombaubeamten nach mehrjähriger praktischer Tätigkeit bis zur etatsmäßigen Anstellung die nötigen Erfahrungen und Kenntnisse zur Wahrnehmung auch der Meliorationssachen.

Der Entwurf wurde von dem Oberpräsidenten Hannover abgelehnt. Aus der vielfältigen Begründung soll hier nur ein Aspekt referiert werden. Der Oberpräsident machte geltend, das Wasserwesen bilde innerhalb des Bereichs der staatlichen Verwaltung keine innere Einheit. Sowohl die auf Förderung der Volkswirtschaft gerichtete als auch die rein polizeiliche Tätigkeit der Staatsgewalt sehe sich veranlaßt, in die natürlichen Wasserverhältnisse einzugreifen. Dazu komme, daß auch die Beziehungen der Volkswirtschaft zum Wasserwesen keinen einheitlichen Charakter trügen. Daran seien nicht nur die verschiedenen Zweige der Volkswirtschaft interessiert (Verkehr, Landwirtschaft, Industrie), sondern diese Interessen stünden einander auch oft diametral gegenüber. Das Vorhandensein eines Interesses an der Gestaltung der Wasserverhältnisse innerhalb eines Verwaltungszweiges knüpfe an sich kein Band mit anderen Zweigen, die ebenfalls ein solches Interesse hätten. Die Gemeinsamkeit sei etwas Äußerliches, Zufälliges und deshalb völlig ungeeignet, alle diejenigen Funktionen der Verwaltung, für welche sie zutreffe, zu einem einheitlichen Ganzen zu vereinigen.

Der Gesetzentwurf ist nicht weiter verfolgt worden, zumal der Gedanke, das Preußische Staatsgebiet flächendeckend in Stromgebiete einzuteilen, nicht weiter verfolgt wurde.[85] Damit war der Versuch, die bei dem Ministerium der öffentlichen Arbeiten ressortierende Wasser- und Strombauverwaltung und die bei dem Landwirtschaftsministerium ressortierenden Meliorationsbausachen unter die einheitliche Leitung eines Oberpräsidenten zu bringen, gescheitert.

Eine erhebliche Ausweitung der Kompetenzen der Meliorationsbaubeamten brachte ein ministerieller Erlaß vom 25. Mai 1895 mit der Überschrift: „Anweisung für die Beteiligung der staatlichen Meliorationsbaubeamten bei der Bearbeitung der Meliorationen."[86] Die Möglichkeit hierzu ergab sich aus zwei Ansätzen: Einmal aus dem Prinzip des „Goldenen Zügels", indem die Gewährung von Mitteln aus dem Staatshaushalt von der Mitwirkung des staatlichen Meliorationsbaubeamten abhängig gemacht wurde,[87] zum anderen aus dem Umstand, daß die Statuten der Wassergenossenschaften der ministeriellen Genehmigung, bei Anordnung der Zwangsmitgliedschaft sogar einer Allerhöchsten Verordnung bedurften.

Nach dieser Anweisung hatte sich die Tätigkeit der Meliorationsbaubeamten zu erstrecken auf 1. die Beschaffung der Unterlagen zur Stellung von Anträgen auf Bewilligung der Vorarbeitskosten *aus den der landwirtschaftlichen Verwaltung zur Verfügung stehenden Mitteln*, 2. die Bearbeitung des Entwurfs für die Melioration oder die Kontrolle seiner Ausarbeitung in allen Fällen, in denen *Beihilfen aus den unter 1. bezeichneten*

[85] *Dazu: Zusammenstellung der wichtigeren Abweichungen des Wassergesetzentwurfs von 1906 gegenüber dem von 1893, Erlass des Ministeriums für öffentliche Arbeiten und des Landwirtschaftsministeriums vom 15. August 1907, in: HStA Hann. 80 Lbg. III XVII Nr. 241.*

[86] *MBl.i.V. 1897 S. 225. Vgl. dazu auch die geschichtliche Darstellung im Vorwort der Sammlung Fn. 76.*

[87] *Als Beispiel dazu der Erlass des Landwirtschaftsministeriums vom 20. Juni 1907, abgedruckt in der Sammlung Fn. 76.*

Mitteln verwendet wurden, ferner die Überprüfung aller Meliorationspläne, die zur Bildung von Genossenschaften und Meliorationsverbänden dienen sollten, und 3. die Mitwirkung bei der Bildung dieser Genossenschaften und Verbände, bei der Aufsicht über sie, sowie bei der Ausführung des Meliorationsplanes, bei der Abnahme der ausgeführten Anlagen und bei der Kontrolle ihrer Unterhaltung.

Der eigentliche Aufbau der Meliorationsbauverwaltung in der Provinz Hannover fällt in die Zeit nach Erlaß dieser Anweisung, zu einem Zeitpunkt also, als die „Baukreise" hier schon mausetot waren und sich wieder eine spezielle Wasserbauverwaltung herausgebildet hatte. 1896 wurde das Meliorationsbauamt III in Osnabrück errichtet.[88] 1897 wurde das Amt II von Hannover nach Lüneburg verlegt[89], 1901 das Amt IV in Stade geschaffen[90]. Es folgten das Meliorationsbauamt V in Aurich 1906[91] und schließlich das Amt VI in Hildesheim 1912[92]. Damit bestand jetzt in jedem Bezirk ein Meliorationsbauamt am Sitz der jeweiligen Regierung.

Kurz vor der Errichtung des Amtes in Hildesheim kam es noch einmal zu einem Versuch, die Wasserbauverwaltung (auf der Lokalebene einschließlich Strombauverwaltung) und die Meliorationsbauverwaltung zusammenzuführen. In einem gemeinsamen Erlaß des Ministeriums der öffentlichen Arbeiten und des Landwirtschaftministeriums vom 18. Oktober 1911[93] wurde den Oberpräsidenten mitgeteilt, daß die bisherigen Zuständigkeiten der beiden Ministerien unverändert bleiben sollten. In der Provinzialinstanz sollten die Bauräte des Meliorationsbaufachs bei den Oberpräsidenten abgezogen und dem Regierungspräsidenten am Sitze des Oberpräsidenten unterstellt werden. Diese Beamten sollten zugleich meliorationstechnische Referenten der übrigen Regierungspräsidenten der Provinz sein.

Für die Organisation der Lokalebene wurde von den Ministerien ein Vorschlag zur Stellungnahme unterbreitet, der die Konzeption des Gesetzentwurfs von 1894 wieder aufgriff. Das Staatsgebiet sollte in Wasserbauämter aufgeteilt werden. Vom Ministerium der öffentlichen Arbeiten sollten die Bauämter an den schiffbaren Flüssen und Kanälen besetzt werden. Diese Wasserbaubeamten sollten sämtliche vorkommenden Dienstgeschäfte aller Ministerien wahrnehmen, auch die Meliorationsangelegenheiten. Für das übrige Staatsgebiet sollten Bauämter gebildet werden, die vom Landwirtschaftsministerium besetzt werden sollten. Auch sie sollten (mit einer hier nicht zu erörternden Ausnahme) eine Allzuständigkeit besitzen, also auch hinsichtlich der Strombausachen an öffentlichen Flüssen und Schiffahrtskanälen, sofern sich solche in ihrem Amtsbezirk befanden.

In seiner Stellungnahme vom März 1912 führte der Oberpräsident aus, die geplante anderweitige Gestaltung der Organisation der Meliorations- und Wasserbauverwaltung auf der Ortsebene erscheine durchführbar, obwohl sich nicht verkennen lasse, daß in einigen Bezirken die Abgrenzung der Bauämter von einander auf Schwierigkeiten stoßen und auch gewisse Mißstände zur Folge haben könne.

---

[88] *Eine öffentliche Bekanntmachung habe ich nicht gefunden. S.h. aber den Erlass des Ministeriums für Landwirtschaft an den OP vom 4. November 1896, HStA Hann. 122a Nr. 1533.*

[89] *Bekanntmachung des RP vom 29. September 1897, AmtsBl.Reg.H. S. 245.*

[90] *Auch hierfür habe ich eine öffentliche Bekanntmachung nicht finden können. S.h. aber den Erlass des Landwirtschaftsministeriums an den OP vom 23. Februar 1901, HStA Hann. 122a Nr. 1533.*

[91] *Bekanntmachung des RP vom 31. März 1906, AmtsBl.Reg.Aur. S 94.*

[92] *Bekanntmachung des RP vom 23. März 1912, AmtsBl.Reg.Hi. S. 86.*

[93] *In der Akte wie in Fn. 84 angegeben.*

Die angekündigte Neuorganisation für die Mittelinstanz wurde durch einen gemeinsamen Erlaß vom 30. März 1912 verwirklicht.[94] Die Meliorationsbaubeamten wurden als Ortsbaubeamte den Regierungspräsidenten dienstlich unterstellt. Allen Regierungspräsidenten sollte ein Baurat beigegeben werden, der unter der fachlichen Aufsicht des Landwirtschaftsministeriums stand. Die Anordnung, daß der bislang beim Oberpräsidenten tätige Meliorationsbaubeamte[95] nach seiner Versetzung an die Bezirksregierung am Sitz des Oberpräsidenten die Dezernentenfunktion auch für die anderen fünf Regierungsbezirke wahrzunehmen hatte[96], war nur eine Übergangsregelung. Einen eigenen Dezernenten erhielt die Regierung Lüneburg 1914, die anderen Regierungen folgten erst in den Jahren 1921 und 1922.

Obwohl die Personalausstattung nicht unbeachtlich war, wurde immer wieder über eine zu hohe Belastung der Meliorationsbauämter geklagt und die Einrichtung neuer Ämter verlangt.[97] So kam zunächst im Bezirk Lüneburg 1914 noch ein weiteres Amt hinzu, das in Celle eingerichtet wurde.[98]

Noch im selben Jahr wurden die Pläne zu einer umfassenden Neuorganisation der beiden Verwaltungen auf der Ortsebene begraben. In einem gemeinsamen Erlaß[99] teilten der Minister der öffentlichen Arbeiten und der Landwirtschaftsminister unter ihrer eigenhändigen Unterschrift mit, die Provinzialbehörden hätten sich überwiegend gegen eine Vereinheitlichung der Meliorations- und Wasserbauverwaltung in der Lokalinstanz ausgesprochen und dabei insbesondere ausgeführt, daß bei der Durchführung der geplanten Neuordnung erhebliche sachliche Schwierigkeiten zu gewärtigen seien, die auch von der Bevölkerung schwer empfunden werden würden. „Wenngleich uns eine Vereinfachung der Organisation der beiden Verwaltungen sehr erwünscht gewesen wäre, haben wir uns nach eingehender Prüfung der vorgebrachten Bedenken doch entschließen müssen, von einer weiteren Verfolgung der Organisationsfrage abzusehen."

1.2.3 SPEZIALISIERUNG DER WASSERBAUVERWALTUNG 2: VON DER WESERSTROMBAUVERVERWALTUNG 1896 ZUR WASSERSTRASSENDIREKTION HANNOVER 1918

Für die Strombau- und die Strom und Schiffahrtspolizeiangelegenheiten waren in Preußen die Regierungspräsidenten zuständig.[100] Um eine einheitliche Leitung dieser Angelegenheiten an den großen Strömen sicherzustellen, wurden nach und nach eigene Strombauverwaltungen aufgebaut, als erste 1850 die für den Rhein. Ein entsprechendes Be-

---

[94] *Anweisung zur Organisation der Wasserbauverwaltung des Ministeriums für Landwirtschaft, Domänen und Forsten vom 30. März 1912, MBl.i.V. S. 138.*

[95] *Dieser war 1906 im Zusammenhang mit dem beginnenden Bau am Ems-Weser-Kanal dem OP zugewiesen worden, Erlass vom 31. Januar 1906, HStA Hann. 122a Nr. 1534.*

[96] *S.h. die Anlage B der in Fn. 86 genannten Anordnung.*

[97] *S.h. dazu die Berichte der RP und des OP im Bestand HStA Hann. 122a Nr. 1533. Über den Umfang der Arbeit der Meliorationsbauämter geben die Jahresberichte Auskunft, die den Zeitraum von 1878 bis 1915 umfassen. HStA Bestand Hann. 122a Nrn. 6396 bis 6400.*

[98] *Bekanntmachung des RP vom 25. März 1914, AmtsBl.Reg.Lg. S. 86.*

[99] *Vom 8. Mai 1914 in der Akte Fn. 84.*

[100] *§ 138 des Gesetzes über die allgemeine Landesverwaltung vom 30. Juli 1883, Pr.GS S. 195.*

dürfnis bestand bei den Schiffahrtskanälen, mit deren Ausbau gegen Ende des Jahrhunderts im großen Stile begonnen wurde.[101]

Für die Elbe war Ende 1865 beim Oberpräsidenten der Preußischen Provinz Sachsen in Magdeburg die Elbstrombauverwaltung errichtet worden. Nach der Annexion des Königreichs Hannover durch Preußen lag es nahe, den Geschäftsbereich dieser Behörde auf den hannoverschen Elbabschnitt auszudehnen. 1868 ging die Zuständigkeit für die Elbe von Schnackenburg bis zur Seevemündung von der - damals noch zuständigen - Generaldirektion des Wasserbaus in Hannover auf die Elbstrombauverwaltung in Magdeburg über.[102] An dieser Stelle sei angemerkt, daß die Unterelbe als Schiffahrtsstraße von jeher von Hamburg unterhalten wurde, das sich dabei auf einen Freibrief Kaiser Friedrichs I. (Barbarossa) aus dem Jahre 1189 berief.[103] Hierüber gab es mehrere staatsvertragliche Regelungen, angefangen von der Elbschiffahrtsakte des Jahres 1821 bis zum sog. Köhlbrandvertrag des Jahres 1908.[104]

Für die Weser wurde im Zuge der geschilderten Neubildung der Baukreise nach dem vollständigen Ausscheiden der Wegebauverwaltung Mitte der siebziger Jahre eine gesonderte Regelung getroffen. Hierbei ist allerdings anzumerken, daß die Bemühungen um die Schiffbarkeit der Weser ebenso wie bei der Elbe eine ältere Geschichte haben: Durch den Abschluß der Weserschiffahrtsakte von 1823[105] wurden die Anliegerstaaten zur Unterhaltung des Leinpfads und das Freihalten des Fahrwassers von Schiffahrtshindernissen, das bisher den Schiffergilden oblag, verpflichtet. Durch die Neuregelung des Jahres 1876[106] wurde die Weser zwischen Münden und Bremen in acht Strombaubezirke eingeteilt, vier davon wurden Baukreisen mit dem Sitz in der Provinz Hannover zugeordnet: Hameln, Nienburg, Hoya und Verden (neben Kassel für die Weser bis Karlshafen, Höxter, Rinteln und Minden). Eine eigene Weserstrombauverwaltung wurde damit noch nicht geschaffen. In der Mittelinstanz blieben die Regierungen in Kassel (diese auch für den Landdrosteibezirk Hildesheim) und in Minden sowie die Landdrosteien Hannover und Stade zuständig.

Die oben dargestellte Änderung der Baukreise Mitte der achtziger Jahre hatte auch einen Neuzuschnitt der Strombaubezirke zur Folge. Seit 1884 waren an der Weser unter Wegfall von Höxter nur noch sieben, jetzt als Wasserbauinspektionen bezeichnete Ämter (Wasserbaukreise) zuständig.[107]

Durch Allerhöchsten Erlaß vom 3. März 1896 wurde genehmigt, „daß die bisher von den Regierungspräsidenten zu Kassel, Minden, Hildesheim, Hannover und Stade geführte Verwaltung der Strombau- sowie der Strom- und Schiffahrtspolizeiangelegenheiten auf der Weser von Münden bis zur Oldenburgischen Landesgrenze oberhalb Geestemünde sowie auf den übrigen ... bezeichneten, zu demselbigen Stromgebiet gehörigen Wasserstraßen dem Oberpräsidenten der Provinz Hannover übertragen werden".[108] Der Über-

---

[101] *Dazu von Bitter, Band 2, S. 673 ff.*

[102] *Bekanntmachung vom 16. Juli 1868, AmtsBl.Hann. S. 352.*

[103] *Rohde, S. 10. Zur Elbe insgesamt: Eckoldt/Pschorr, S. 37 ff.*

[104] *Staatsvertrag zwischen Preußen und Hamburg, betreffend die Verbesserung des Fahrwassers der Elbe zur Förderung der Schiffahrt nach Hamburg, Altona und Harburg vom 14. November 1908, Pr.GS 1909 S. 572.*

[105] *Vom 10. September 1823, Pr.GS 1825 S 25. Vgl. von Rönne. Band 2, 2. Abt. S. 439.*

[106] *Verfügung des Oberpräsidenten vom 27. März 1876, AmtsBl.Hann. S. 118.*

[107] *Verfügung des Oberpräsidenten vom 26. Juni 1884, AmtsBl.Hann. S. 1136.*

[108] *Bekanntmachung des Oberpräsidenten vom 2. April 1896, AmtsBl.Reg.H. S. 92. Zum Grenzverlauf zwischen Preußen und Oldenburg s.h. die Ausführungen vor Fn 114.*

gang der Geschäfte von den Regierungsbezirken auf die Weserstrombauverwaltung erfolgte für Hannover am 15. Juni, für Stade am 1. Juli und für Hildesheim am 20. Oktober 1896, wobei, wie erwähnt, im letzteren Bezirk die Regierung Kassel zuständig gewesen war.[109]

Unter dem Oberpräsidenten als Chef entstand die rasch anwachsende Weserstrombauverwaltung[110] mit dem Weserstrom-Baudirektor und zunächst sechs weiteren Beamten des höheren Dienstes. Die örtliche Zuständigkeit umfaßte die Weser von Münden bis zur Oldenburger Grenze oberhalb Geestemünde, die kanalisierte Fulda bis Kassel, die Werramündung sowie die Aller von der Mündung bis Verden. Die sachliche Zuständigkeit bestimmte sich nach der allgemeinen Verfügung über die Strombau- und Schiffahrtspolizei-Verwaltungen vom 12. Dezember 1888.[111] Der Strombauverwaltung oblag u.a. 1.) die Beobachtung der Hochwasserverhältnisse, 2.) die Erhaltung und Ausbildung der Schiffahrtsstraßen und Schiffahrtsanlagen, 3.) die Aufsicht über die eben genannten Anlagen und über nicht-staatliche Häfen, 4.) die Strom- und Schiffahrtspolizei, 5.) die einheitliche Leitung zur Bekämpfung von Hochwasser- und Eisgefahren, 6.) die technische Prüfung der ihr vorzulegenden Entwürfe zu Deichanlagen und zu Strom- und Uferbauten, die zum Schutz von Deichanlagen erforderlich wurden, und 7.) die Überwachung der Stromdeiche und aller den Stromlauf beeinflussenden Anschlüsse sowie des Hochflutgebietes. Den Regierungspräsidenten verblieben die Verwaltung der Brücken-, Fähren-, Schleusen-, Vorflut-, Entwässerungs- und Stauanlagen sowie - unbeschadet der Kompetenzen der Strombauverwaltung - das Deichwesen, insbesondere auch die Beaufsichtigung der eigentlichen Deichverteidigung bei Hochwasser und Eisgang.

Auf der unteren Ebene wurden für die Strombauverwaltung keine neuen Behörden gebildet, sondern die Aufgaben fünf, jetzt auch wieder als solche bezeichnete Wasserbaukreisen übertragen, nämlich Kassel I (später umbenannt in Kassel-Hannover), Hameln, Minden, Hoya und Verden.[112] Der Wasserbaukreis Verden wurde jetzt ausschließlich für die Weserstrombauverwaltung tätig, seine übrigen Aufgaben wurden dem Wasserbaukreis Blumenthal übertragen.[113] Die Leiter der Wasserbaukreise Hameln und Hoya dagegen hatten fortan eine Doppelfunktion: Hinsichtlich der allgemeinen Wasserbausachen unterstanden sie mit ihren Ämtern dem Regierungspräsidenten, hinsichtlich der Strombau- sowie der Strom- und Schiffahrtspolizei dem Oberpräsidenten (Weserstrombauverwaltung) mit einem eigenen personellen Unterbau (einem Bausekretär, Wasserbauwarte, Bagger-, Schleusen- und Strommeister). Während des 1. Weltkrieges wurden auch diese beiden Ämter ausschließlich dem Geschäftsbereich der Weserstrombauverwaltung zugeordnet.

Durch Allerhöchsten Erlaß vom 26. 3. 1902 wurde die Zuständigkeit der Weserstrombauverwaltung für die Aller auf den Abschnitt von Verden aufwärts bis zur Grenze des Regierungsbezirks Lüneburg ausgeweitet. Dagegen schied die Weser von Bremen abwärts bis zur Oldenburgischen Landesgrenze bei Geestemünde aus ihrem Geschäftskreis

---

[109] *Bekanntmachungen des Oberpräsidenten vom 11. Juni 1896, AmtsBl.Reg.H. S. 139, vom 25. Juni 1896, AmtsBl.Reg.Std. S. 107, vom 9. August 1897, AmtsBl.Reg.Hi. S. 219.*

[110] *Zur Weserstrombauverwaltung der Aufsatz von Jaekel.*

[111] *MBl.iV. 1889 S. 23.*

[112] *Handbuch 1897 S. 273 ff.*

[113] *Handbuch 1897 S. 205.*

aus und fiel wieder an den Regierungspräsidenten in Stade.[114] Übrigens lagen die Verhältnisse an der Unterweser ganz ähnlich wie an der Unterelbe. Die Weser unterhalb Bremens, die auf ganzer Breite zum Großherzog Oldenburg gehörte, wurde unter Berufung auf ein Privileg Kaiser Karls V. aus dem Jahre 1541 von jeher von der Hansestadt unterhalten, wobei sich die Unterhaltung über die Jahrhunderte auf die Bezeichnung des Fahrwassers beschränkte. Eine durchgreifende Verbesserung der Schiffbarkeit brachte die von Bremen in den Jahren 1888 bis 1895 durchgeführte Unterweserkorrektion.[115]

Im Jahre 1906 wurde für die Herstellung eines Schiffahrtskanals vom Rhein zur Weser (später Mittellandkanal genannt) zwei besondere Baubehörden unter der Bezeichnung „Königliche Kanalbaudirektion" errichtet. Die eine wurde dem Oberpräsidenten der Provinz Westfalen, die andere dem Oberpräsidenten der Provinz Hannover unterstellt.[116] Dazu waren schon im Jahre darauf acht Kanalbauämter errichtet, von denen sich fünf in der Provinz Hannover befanden: Osnabrück, Ostercappeln, Bückeburg, Wunstorf und Hannover-Linden. Aus letzterem wurden später die beiden selbständigen Ämter Linden und Hannover gebildet.[117] Sie hatten nur kurzen Bestand und wurden entsprechend dem Fortschreiten der Kanalbauten wieder aufgelöst.

Auf dem Territorium der Provinz Hannover war schon vorher eine andere Kanalbaubehörde tätig geworden, die Dortmund-Ems-Kanal-Verwaltung.[118] Sie wurde 1898 gegründet und stand unter der Leitung des Oberpräsidenten in Münster. Ihr oblag die Verwaltung der Bauangelegenheiten des Dortmund-Ems-Kanals von Dortmund bis zur Papenburger Schleuse, der schiffbaren Ems von Schöneflieth bis zur Papenburger Schleuse und der Hase von Hölze bis zur Mündung in die Ems. Die Wasserbaukreise Lingen und Meppen gehörten nun zum Geschäftsbereich der Dortmund-Ems-Kanal-Verwaltung.

Kurz vor dem Ende des 1. Weltkrieges, am 1.April 1918, wurde die Kanalbaudirektion Hannover aufgelöst. Die Verwaltung und der Betrieb des Mittellandkanals von der Ems bis zu Weser wurde der Weserstrombauverwaltung übertragen. Diese führte von nun an die Bezeichnung „Wasserstraßendirektion".[119] Ihr unterstanden in der Provinz Hannover fünf Wasserbauämter: Hoya, Hameln, Verden, Osnabrück und Hannover-Linden (ab 1919: Hannover I).[120]

1.2.4 AUSWIRKUNGEN DER SPEZIALISIERUNGEN

Der zwangsläufig notwendige Aufbau der Strombauverwaltung, die in der Provinz Hannover keineswegs zwangsläufige Einrichtung der Meliorationsbauverwaltung sowie die Veränderungen behördlicher Strukturen und Zuständigkeitszuordnungen führten zu einem zunehmenden Funktionsverlust der überkommenen Wasserbauverwaltung, soweit sie *außerhalb* der Gebiete der großen Wasserläufe tätig war.

---

[114] MBl.i.V. 1902 S. 92.

[115] Rohde, S. 10 f. Zur Weser insgesamt: Eckoldt/Pschorr, S. 34 ff.

[116] Verordnung, betreffend die Errichtung von Kanalbaudirektionen, vom 2. April 1906, Pr.GS S. 113.

[117] Handbuch 1907 S. 118, 1914 S. 130.

[118] S.h. von Bitter, Band 2, S. 674.

[119] AE, betreffend die Auflösung der Königlichen Kanalbaudirektion in Hannover und die damit zusammenhängenden Maßnahmen, vom 19. April 1918, Pr.GS S. 49.

[120] Staatshandbuch 1918, S. 598.

Das wird deutlich aus einem Bericht des Regierungspräsidenten Hildesheim aus dem Jahre 1919.[121] Zur Begründung seines Antrages, in seinem Regierungsbezirk ein weiteres Meliorationsbauamt einzurichten, führte der Regierungspräsident zur Situation der beiden dort vorhandenen Wasserbauämter aus:

„Da die Weser, der einzige Wasserlauf 1.Ordnung, der Weserstrombaudirektion Hannover untersteht, und sonach für die Wasserbauämter nicht in Frage kommt (A*nmerkung des Verfassers: Gemeint sind die Ämter des Regierungsbezirks Hildesheim, da dort für die Weser das Wasserbauamt Kassel-Hannover zuständig war*), beschränkt sich ihre Tätigkeit auf die Wasserläufe 2. und 3. Ordnung. Für diese haben aber die Wasserbauämter nach Erlaß des neuen Wassergesetzes ihre frühere Bedeutung verloren, da die Wasserpolizei, die sie früher zusammen mit dem Landrat hatten, den Verwaltungsbehörden allein übertragen ist. Ferner sind ihnen nach und nach die Arbeit der Domänen- und Forstverwaltung, sowie die Ausführung der Wasserleitungen für ländliche Gemeinden usw. entzogen und auf das Meliorationsbauamt übergegangen. Den Wasserbauämtern sind sonach im wesentlichen nur die wasserbautechnischen Geschäfte bei städtischen Kanalisationen und Wasserversorgungen, bei Ableitung schädlicher Abwässer sowie bei Stauanlagen und Eisenbahnanlagen geblieben, meistens noch dazu unter gleichzeitiger Mitwirkung des Meliorationsbauamtes zur Wahrung der Landeskulturinteressen, eine Doppeltätigkeit der Wasserbauämter und des Meliorationsbauamtes, die der Sache nicht immer zum Vorteil gereicht. Außerdem haben sie noch Pegelbeobachtungen und Berichtigungen der Generalstabskarte.

Die den Wasserbauämtern verbliebenen Geschäfte im Regierungsbezirk Hildesheim sind hiernach recht unerheblich, und könnten von den beiden Meliorationsbauämtern ohne weiteres mit übernommen werden.

Nach alledem haben die Wasserbauämter keine Existenzberechtigung mehr, können auch wegen Mangels an technischen Hilfskräften selbst in ihrem beschränkten Wirkungskreise keine erfolgreiche Tätigkeit mehr entfalten. Es sind reine Sinekuren, in denen sich arbeitsfreudige Beamte unmöglich wohl fühlen können."

Die Tage der Wasserbauverwaltung, soweit sie *nicht* im Zusammenhang mit den Aufgaben der Strombauverwaltung tätig war, schienen also gezählt zu sein (s. Übersicht in Abschn. 1.8. D)

1.3 PREUSSISCHE PROVINZ HANNOVER IM DEUTSCHLAND DER WEIMARER REPUBLIK 1919-1933 UND DER NS-ZEIT 1933-1945

1.3.1 DER ÜBERGANG DER WASSERSTRASSEN VON DEN LÄNDERN AUF DAS REICH 1921

Nach dem Verlust des 1. Weltkrieges und dem Sturz der Monarchie wurde in der Republik Deutschland im Januar 1919 eine verfassungsgebende Nationalversammlung gewählt. Wegen der in Berlin herrschenden politischen Unruhen trat sie Anfang Februar in Weimar zusammen.

---

[121] Vom 14 April 1919 in: HStA Hann. 122a Nr. 1534.

Die neue Verfassung des Deutschen Reiches, die Weimarer Reichsverfassung (WRV), wurde am 11. August 1919 verkündet.[122] Sie brachte für die Wasserbauverwaltung eine einschneidende Änderung: Die Einrichtung der Reichswasserstraßen. [123] Art. 97 Abs. 1 WRV lautete: „Aufgabe des Reiches ist es, die dem allgemeinen Verkehr dienenden Wasserstraßen in sein Eigentum und seine Verwaltung zu übernehmen.“ Und Art. 97 Abs. 3 bestimmte: „Bei der Verwaltung, dem Ausbau oder dem Neubau von Wasserstraßen sind die Bedürfnisse der Landeskultur und der Wasserwirtschaft im Einvernehmen mit den Ländern zu wahren. Auch ist auf deren Förderung Rücksicht zu nehmen.“ Ferner erklärte Art. 101 S. 1 WRV es zur Aufgabe des Reiches, alle Seezeichen in sein Eigentum und seine Verwaltung zu übernehmen. Und schließlich sah Art.171 WRV vor, daß bis spätestens zum 1. April 1921 der Übergang auf das Reich zu erfolgen habe. Falls bis zum 1. Oktober 1920 keine Verständigung über die Bedingungen der Übernahme erfolgte, hatte der Staatsgerichtshof zu entscheiden.

Die Verhandlungen zwischen dem Reich und den Ländern führten zunächst zu keinem Ergebnis, weil man sich nicht über den Hauptstreitpunkt, ob das Reich ohne Mitwirkung der Länder eine eigene Verwaltung für die Wasserstraßen errichten dürfe, einigen konnte. Die Gründe für die Schwierigkeiten, die sich bei der Abgrenzung der Reichs- von den Länderkompetenzen ergaben, sind vom Minister der öffentlichen Arbeiten Anfang 1921 in einer umfangreichen Denkschrift dargestellt worden.[124] Darin hieß es: „Die Wasserstraßen ... sind gleichzeitig Vorfluter für die Abführung der Niederschläge, Kraftquellen im Falle der Anstauung zur Ausnutzung des Gefälles, Aufnehmer von industriellen und städtischen, sonst schwer zu beseitigenden Abwässern; ihr Wasserschatz wird in Anspruch genommen für die Bedürfnisse der Landwirtschaft, der Industrie und der Städte. Vermöge dieser ihrer Eigenschaften, die oft nicht einmal Nebeneigenschaften sind, sondern zuweilen eine dem Verkehrszweck überwiegende Bedeutung haben, stehen die Wasserstraßen in enger Beziehung zu den allgemeinen Landesinteressen der Einzelstaaten und ihrer Verwaltung. Demgemäß ist auch die Verwaltung der Wasserstraßen nicht lediglich als Verkehrsorganisation aufgebaut, sondern der Vielheit und der gegenseitigen Bedingtheit der beteiligten Interessen angepaßt, indem sie in der Provinzialinstanz den Behörden der allgemeinen Landesverwaltung, den Oberpräsidenten und Regierungen angegliedert oder eingegliedert ist.“

Das Reich erhob Anfang 1921 Klage vor dem vorläufigen Staatsgerichtshof. Das Verfahren wurde aber zunächst zum Ruhen gebracht, weil schließlich doch noch unter dem Datum des 31. März 1921 ein Staatsvertrag zustandekam. Zwischen dem Reich und Preußen wurde am 26. September ein Zusatzvertrag geschlossen. In dieser Form erhielt der Vertrag in Preußen Gesetzeskraft.[125] Durch den Staatsvertrag gingen von den Ländern auf das Reich über: Die in einer Anlage aufgeführten (natürlichen und künstlichen) Binnenwasserstraßen sowie die (nicht näher definierten) Seewasserstraßen, ferner die zur Erhaltung des Fahrwassers dienenden Anlagen an den Seeküsten und an den Meeresinseln, endlich die Seezeichen und das Lotsenwesen mit Ausname des Hafenlotsenwesens.

---

[122] *RGBl. S.1383.*

[123] *Zur Vorgeschichte und zur Problematik: Salzwedel, S. 270 ff., Anschütz, S. 464 ff.*

[124] *Die Denkschrift vom 8. Januar 1921 in: HStA 195 Acc. 40/92 Nr. 16.*

[125] *Gesetz über den Staatsvertrag, betreffend den Übergang der Wasserstrassen von den Ländern auf das Reich, vom 26. September 1921, Pr.GS S. 519.*

Der Übergang der Brücken und Fähren erfolgte nur bei den künstlichen, nicht aber bei den natürlichen Wasserstraßen. Alle Häfen, mit Ausnahme der Schutz- und Sicherheitshäfen, verblieben den Ländern.

Hinsichtlich der Verwaltungsorganisation enthielt der Vertrag in § 11 einen Kompromiß: Die Zuständigkeiten der zentralen Landesbehörden, in Preußen bis dahin also des Ministeriums der öffentlichen Arbeiten, hinsichtlich des Baus, der Unterhaltung, des Betriebs und der Verwaltung der übergehenden Wasserstraßen, einschließlich der Strom- und Schiffahrtspolizei, sowie hinsichtlich der Seezeichen und des Lotsenwesens gingen am 1. April 1921 auf das Reich über. Dagegen erfolgte die Verwaltung der Reichswasserstraßen auf der mittleren und unteren Ebene „einstweilig" durch die Behörden der Länder, und zwar auf Kosten des Reiches und unter Leitung des Reichsverkehrsministers. Der Vertrag sollte aber den Übergang der Wasserstraßen nur vorläufig regeln und einer endgültigen Regelung nicht vorgreifen (§ 30 Abs. 1).

Das Reich griff im Jahre 1924 das Verfahren vor dem Staatsgerichtshof wieder auf mit dem Feststellungsbegehren, daß die Reichsregierung berechtigt sei, die ihr durch Art. 97 WRV übertragenen Aufgaben der Reichswasserstraßenverwaltung durch selbstgeschaffene Behörden zu führen. Preußen widersprach unter Hinweis auf die oben dargestellten Gesichtspunkte mit dem Argument, aus Art. 97 Abs. 3 WRV folge, daß die Beteiligung der Länder sich auch in organisatorischer Beziehung auszuwirken habe. Der Staatsgerichthof entschied im Dezember 1925, daß das Reich berechtigt, aber nicht verpflichtet sei, die Aufgaben der Reichswasserstraßenverwaltung durch selbstgeschaffene Behörden durchzuführen.[126]

Damit war für das Reich der Weg frei, eine eigene Reichswasserstraßenverwaltung zu schaffen. Nach anhaltenden Auseinandersetzungen mit den Ländern kündigte das Reich den Staatsvertrag Anfang der dreißiger Jahre in der Absicht, die Reichswasserstraßenverwaltung durch eigene Behörden führen zu lassen. Allerdings sollten Leiter der neuen mittelinstanzlichen Reichsbehörden der Oberpräsident bzw. die Regierungspräsidenten sein, die hierzu vom Reich beauftragt werden sollten.[127] Dieses Vorhaben wurde aber nicht verwirklicht. Bis zum Zusammenbruch 1945 blieb es bei der staatsvertraglichen Regelung, wonach auf der mittleren und unteren Ebene die Preußischen Behörden die Angelegenheiten der Reichswasserstraßen als Auftragsverwaltung für das Reich wahrnahmen. Während die Beamten in diesen Bereichen zunächst alle im Preußischen Landesdienst verblieben, wurden die Angestellten vom Reich übernommen.

Der Übergang der Wasserstraßen und der Eisenbahnen auf das Reich machte die Existenz des Preußischen Ministeriums der öffentlichen Arbeiten überflüssig. Es wurde am 1. April 1921 aufgelöst. Soweit seine gesetzlichen Zuständigkeiten nicht auf das Reich übergingen, wurden sie auf andere Preußische Ministerien übertragen.[128] Das Ministerium für Handel und Gewerbe erhielt die Zuständigkeit für die Angelegenheiten der Häfen, Fähren und Brücken an den Reichswasserstraßen, dem Landwirtschaftsministerium wurden die Angelegenheiten des Wegewesens und die der Wasserläufe erster Ordnung, die

---

[126] *Die Entscheidung ist abgedruckt in der Sammlung der Entscheidungen des Reichsgerichts in Zivilsachen (RGZ) Band 112, Anhang S. 33 ff.*

[127] *Der Vorgang ergibt sich aus einem Erlass des Landwirtschaftsministeriums vom 12. Februar 1932 in: StAA Rep. 16/4, Akz. 1995/26 (noch unverzeichnet).*

[128] *Gesetz, betreffend anderweitige Regelung der auf Gesetz beruhenden Zuständigkeit des Ministers der öffentlichen Arbeit, vom 15. August 1921, Pr.GS S. 487.*

nicht auf das Reich übergingen, einschließlich der Häfen, Fähren und Brücken an diesen Wasserläufen, übertragen.

1.3.2 VON DEN KULTURBAUÄMTERN 1920 ZU DEN WASSERWIRTSCHAFTSÄMTERN 1939

1920 wurden die Meliorations-Bauämter in Kultur-Bauämter umbenannt[129]

In den folgenden Jahren kam es zu einer Umorganisation im Bereich der Wasserbau- und Kulturbauämter. Zunächst bot sich an, alle Angelegenheiten, für die jetzt das Landwirtschaftsministerium zuständig war, bei den Kulturbauämtern zusammenzuführen. Dadurch wurden alle Wasserbauämter, die *nicht* im Bereich der Reichswasserstraßen tätig waren, entbehrlich.

Darüber hinaus strebte das Landwirtschaftsministerium im Zuge des Übergangs der Wasserstraßen auf das Reich an, *alle* Preußischen Angelegenheiten, auch die bei dem Handelsministerium ressortierenden, bei den Kulturbauämtern zu konzentrieren. Die Wasserbauämter sollten, jedenfalls mittelfristig, nur die Auftragsverwaltung für die Reichswasserstraßen wahrnehmen.[130] Da sich jedoch herausstellte, daß die Wasserbauämter mit den Auftragsangelegenheiten allein nicht hinlänglich ausgelastet sein würden, blieben sie immer auch für die Preußischen Häfen-, Fähren- und Brückenangelegenheiten an den Reichswasserstraßen zuständig.

Diese Zuständigkeitsabgrenzung zwischen Kulturbauämtern (landwirtschaftliche Verwaltung) und Wasserbauämtern (Reichswasserstraßen- und Häfenverwaltung) galt, das sei schon an dieser Stelle angemerkt, aber nur im Grundsatz. In einzelnen Angelegenheiten waren Kulturbauämter auch als Reichswasserstraßen- und Häfenverwaltung tätig, und umgekehrt nahmen Wasserbauämter auch Sachen der landwirtschaftlichen Verwaltung wahr. So oblag dem Kultur- und Wasserbauamt Verden die Verwaltung der Reichswasserstraße Wümme, soweit sie im hannoverschen Gebiet lag. Dagegen war das Wasserbauamt Wesermünde für die Deich- und Sielangelegenheiten an der Weser unterhalb Bremens, der Lesum und der Geeste zuständig.[131] Auch in Ostfriesland waren die Wasserbauämter Norden, Emden und Leer in Angelegenheiten des Landwirtschaftsministeriums (Inselschutz, Verwaltung von Teilen des Ems-Jade-Kanals und der Jümme) tätig, während das Kultur- und Wasserbauamt Aurich im geringen Umfang auch für die Reichswasserverwaltung arbeitete.[132]

Unter den eben genannten Aspekten ergaben sich in den einzelnen Regierungsbezirken folgende Änderungen: Im Regierungsbezirk *Hannover* wurde 1921 das Wasserbauamt Hannover II aufgelöst. Seine Aufgaben wurden, soweit sie die schiffbare Leine betrafen, auf das der Wasserstraßendirektion unterstehende Wasserbauamt Hannover I (dem früheren Kanalbauamt Hannover-Linden[133]), im übrigen auf das Kulturbauamt Hanno-

---

[129] *Verfügungen des Landwirtschaftsministeriums vom 7. August 1920, LMBl. S. 277, und vom 3. Februar 1923, LMBl. S.143.* Kultur*ämter und Landes*kultur*ämter waren die Bezeichnungen der früheren Spezialkommissionen und Generalkommissionen: Gesetz über Landeskulturbehörden vom 3. Juni 1919, Pr.GS S. 101.*

[130] *Hierzu Erlass des Landwirtschaftsministeriums vom 5. September 1921 und Bericht des RP Stade vom 8. Januar 1922 in StAS Rep. 80 Wb II, Nr. 101.*

[131] *Bericht des RP Stade vom 31. Oktober 1932 in StAS Rep. 80 Wb. II, Nr. 102.*

[132] *Handschriftliche Aufzeichnung der Regierung Aurich vom 2. März 1932 in StAA Rep.16/4, Akz. 1995/26.*

[133] *Bekanntmachung des OP im AmtsBl.Reg.H. 1919 S. 135.*

ver übertragen.[134] Im Regierungsbezirk *Hildesheim* gingen 1922 die Dienstgeschäfte der Wasserbauämter Hildesheim und Northeim, die aufgelöst wurden, auf das Kulturbauamt Hildesheim über.[135] Im Regierungsbezirk *Lüneburg* wurde das Wasserbauamt Hitzacker II 1922 aufgelöst. Seine Geschäfte wurden vom Kulturbauamt Lüneburg übernommen.[136] Die bis dahin von der Wasserbauämtern Harburg und Lüneburg bearbeiteten Deich- und Sielangelegenheiten gingen ebenfalls auf das Kulturbauamt Lüneburg über.[137] Im Regierungsbezirk *Stade* wurden 1924 die Wasserbauämter Buxtehude und Neuhaus a.O. aufgelöst. Die Reichsgeschäfte sowie die beim Handelsminister ressortierenden wasserbaulichen Geschäfte gingen auf das Wasserbauamt Stade, die übrigen Geschäfte auf das Kulturbauamt Stade über. Dieses wurde in ein Kultur- und Wasserbauamt umgewandelt.[138] Ebenfalls 1924 wurde das Wasserbauamt Blumenthal (mit Sitz in Vegesack) aufgelöst und an seiner Stelle in Verden ein Kultur- und Wasserbauamt eingerichtet.[139] Im Regierungsbezirk *Osnabrück* wurde 1921 in Meppen ein zweites Kulturbauamt für den Regierungsbezirk eröffnet.[140] Im Regierungsbezirk *Aurich* wurde 1924 das Wasserbauamt Aurich mit dem Kulturbauamt Aurich zum Kultur- und Wasserbauamt Aurich zusammengelegt[141] (s. Übersichten in Abschn. 1.7 und 1.8. E)

Seit 1925 gab es somit in der Provinz Hannover neun Ämter der dem Landwirtschaftsministerium unterstehenden wasserbaulichen Verwaltung: Die Kulturbauämter in Hannover, Hildesheim, Lüneburg, Celle, Osnabrück und Meppen sowie die Kultur- und Wasserbauämter in Stade, Verden und Aurich. Wasserbauämter gab es grundsätzlich nur noch als Ortsbehörden der Wasserstraßen- und der Häfen- usw. Verwaltung. Auf sie wird im Abschnitt 1.3.3 eingegangen.

Anfang der 30er Jahre kam es in Preußen zu einer großen Umorganisation der gesamten Verwaltung. Die Folgen der Weltwirtschaftskrise verursachten in Deutschland eine wirtschaftliche Katastrophe. Die Zahl der Arbeitslosen betrug im September 1931 4,3 Millionen und stieg bis Anfang 1933 auf über 6 Millionen an.[142] Die öffentlichen Haushalte verzeichneten riesige Defizite. Die damit verbundene politische Krisensituation dieser Jahre führte zu einer weitgehenden Handlungsunfähigkeit der Parlamente. Der Reichspräsident erließ deshalb im August 1931 eine - nach der damaligen Verfassungsrechtslage zulässige - Notverordnung, durch die die Landesregierungen ermächtigt wurden, „alle Maßnahmen, die zum Ausgleich der Haushalte von Ländern und Gemeinden (Gemeindeverbänden) erforderlich sind, im Verordnungswege vorzuschreiben“ und dabei auch vom bestehenden Landesrecht abzuweichen.[143] Darauf gestützt erließ die Preußi-

---

[134] *Bekanntmachung des RP vom 7. Mai 1921, AmtsBl.Reg.H. S. 108.*

[135] *Bekanntmachung des RP vom 4. Oktober 1922, AmtsBl.Reg.Hi. S. 197.*

[136] *Bekanntmachung des RP vom 22. März 1922, AmtsBl.Reg.Lg. S. 77. Hitzacker I war ein der Elbstrombauverwaltung unterstehendes Amt.*

[137] *Bekanntmachung des RP vom 28. März 1922, AmtsBl.Reg.Lg. S. 88.*

[138] *Erlass des Landwirtschaftsministers vom 17. April 1923 in StAS Rep. 80 Wb II, Nr. 101; Bekanntmachung des RP vom 29. März 1924, AmtsBl.Reg.Std. S.95.*

[139] *Erlass des Landwirtschaftsministeriums wie in Fn. 138; Bekanntmachung des RP vom Juni 1924, AmtsBl.Reg.Std. S. 163.*

[140] *Erlass des Landwirtschaftsministeriums vom 16. Juli 1920 in HStA Hann. 122 a Nr. 1534, Bekanntmachungen des RP vom 30. Juli und 21. Oktober 1920, AmtsBl.Reg.Os. S.189 und S. 264.*

[141] *Bekanntmachung des RP vom 3. Mai 1924, AmtsBl. Reg. AUR. S. 84*

[142] *Müller S. 251 f.*

[143] *Verordnung des Reichspräsidenten zur Sicherung der Haushalte von Ländern und Gemeinden, vom 24. August 1931, RGBl. I S. 453.*

sche Regierung zahlreiche Verordnungen zur Aufhebung und Zusammenlegung von Behörden sowie zur Neuordnung der Verwaltungsführung.[144] Aus der Fülle der angeordneten Maßnahmen sei hier nur erwähnt, daß in der Provinz Hannover 23 Landkreise aufgelöst wurden, was eine Verringerung der Zahl der Stadt- und Landkreise um genau ein Viertel bedeutete.

Auch die Kulturbauverwaltung blieb von den Einsparungsmaßnahmen nicht verschont. § 9 der Zweiten Sparverordnung vom 23. Dezember 1931[145] bestimmte: „Die Kulturbauämter werden aufgehoben." Der Zeitpunkt der Aufhebung sowie das Nähere über die Durchführung sollte von der Staatsregierung noch beschlossen werden. Offensichtlich war geplant, die Aufgaben der Kulturbauverwaltung mindestens teilweise den Landkreisen zu übertragen.[146] Dazu kam es jedoch nicht. Stattdessen ordnete § 20 der Verordnung zur Vereinfachung und Verbilligung der Verwaltung vom 3. September 1932[147] an: „Die Aufgaben der Kulturbauämter gehen auf die Regierungspräsidenten über." Allerdings enthielt diese Vorschrift den Zusatz, daß eine abweichende Bestimmung der zuständigen Minister erfolgen könne, wenn die Wahrnehmung örtlicher Aufgaben der Kulturbauverwaltung durch besondere staatliche Beamte notwendig bleibe. Eine solche Bestimmung enthielt die Verordnung zur Durchführung der Vereinfachungs-Verordnung. Sie wurde Ende März 1933 erlassen[148], also nach der Machtübernahme der Nationalsozialisten im Reich am 30. Januar 1933, aber noch vor der völligen Gleichschaltung der Länder. § 13 der Durchführungsverordnung ordnete u.a. an, in den oben genannten neun Orten der Provinz Hannover, in denen sich die Sitze der Kulturbauämter befanden, technische und wasserwirtschaftliche Dienststellen unter der Behördenbezeichnung „Der Kulturbaubeamte" zu bilden. Ihre Tätigkeit sollte folgende Arbeitsgebiete umfassen: a) Wahrnehmung der aus Verpflichtungen des Staates sich ergebenden technischen Geschäfte; b) technische Unterstützung der Staatsbehörden nach näherer Anweisung des Regierungspräsidenten; c) Aufstellung von Bauentwürfen, soweit der Staat die Aufstellung übernimmt; d) bestimmte sich aus dem Moorschutzgesetz von 1923 sich ergebenden Obliegenheiten.

Ob dieser Vorgang in der Wirklichkeit zu einer Verringerung des Aufgabenbestandes der örtlichen Kulturbaubehörden geführt hat oder nur die Amtsschilder ausgewechselt wurden, habe ich nicht überprüfen können. Da aber in anderen Bereichen Preußens Kulturbauämter tatsächlich ersatzlos in die Regierungen eingegliedert wurden, hat man wohl der Anordnung in § 20 der Vereinfachungsverordnung formal entsprechen und sie nicht teilweise rückgängig machen wollen. Die Formulierung von den „bestehen bleibenden Dienststellen" in einer Bekanntmachung des Landwirtschaftsministeriums vom April 1933[149] spricht dafür, daß sich am Aufgabenbestand nichts änderte.

Kurz vor Ausbruch des 2. Weltkrieges wurde von dem (inzwischen zuständigen) Reichsminister für Ernährung und Landwirtschaft im Mai 1939 die Anordnung getroffen, daß

[144] *Vgl. dazu die Aufzählung in § 1 der Zweiten VO zur Vereinfachung und Verbilligung der Verwaltung vom 29. Oktober 1932, Pr.GS S. 453.*

[145] *Pr.GS S. 293.*

[146] *Zuschrift: „Kulturbauämter müssen bleiben!" in Wesermünder Neueste Nachrichten vom 10. März 1932, StAS Rep. 80 Wb. II, Nr. 102.*

[147] *Pr.GS S. 283.*

[148] *§ 13 der Verordnung zur Durchführung der Verordnung zur Vereinfachung und Verbilligung der Verwaltung vom 3. September 1932, vom 30. März 1933, Pr.GS S. 83.*

[149] *Vom 5. April 1933, LMBl. Sp. 161.*

die wasserwirtschaftlichen und kulturbautechnischen Dienststellen in der Preußischen staatlichen Verwaltung, die bisher die Behördenbezeichnung „Der Kulturbaubeamte" trugen, künftig die Behördenbezeichnung „Wasserwirtschaftsamt" zu führen hatten.[150]

1.3.3 VON DEN WASSERBAUÄMTERN DER STROMBAUBEHÖRDEN 1919 ZU DEN WASSERSTRASSENÄMTERN 1939

Die mittelinstanzlichen Sonderbehörden der Preußischen Strombauverwaltung, in Hannover also die Wasserstraßendirektion, waren seit 1921 in zwei Funktionen tätig: Zum einen für das Reich als Auftragsverwaltung für den Bau, die Unterhaltung usw. der Reichswasserstraßen, wobei sie die entsprechenden fachlichen Weisungen unmittelbar vom Reichsverkehrsministerium erhielten.[151] Zum anderen für Preußen insbesondere für die Häfen, Fähren und Brücken an diesen Wasserstraßen, wobei sie an den Weisungen des Handelsministeriums gebunden waren. Teilweise waren sie aber auch für Angelegenheiten zuständig, die in den Geschäftsbereich des Landwirtschaftsministeriums fielen, nämlich dann, wenn eine einzelne Aufgabe nicht von einem Kulturbauamt, sondern an seiner Stelle von einem Wasserbauamt wahrgenommen wurde.[152]

Auch die Bezirksregierungen waren, soweit sie Aufgaben an den Reichswasserstraßen wahrnahmen, dem Reichsverkehrsministerium fachlich unmittelbar unterstellt.

Bei der örtlichen Zuständigkeit der mittelinstanzlichen Wasserstraßenbehörden gab es Veränderungen: Der Bereich der Wasserstraßendirektion Hannover wurde auf die Leine/ Ihme ab Hannover (bisher Bezirksregierung Hannover) und auf die gesamte Aller ab Celle (bisher Bezirksregierung Lüneburg) ausgedehnt, die Verwaltung der Ilmenau ab Lüneburg ging von der Bezirksregierung Lüneburg auf die Elbestrombauverwaltung in Magdeburg über. Hinsichtlich der Unterweser und der Unterelbe blieb es bei der Verwaltung, auch im Auftrage des Reiches, durch bremische und hamburgische Behörden.

Der Neuzuschnitt der räumlichen Zuständigkeiten bei den Mittelbehörden und die schon dargestellte Abgrenzung der Geschäftsbereiche zwischen den Wasserbauämtern und den Kulturbauämtern führte auch zu Veränderungen auf der Ortsebene. Im Bereich der *Wasserstraßendirektion Hannover* wurde, wie oben schon erwähnt, das Wasserbauamt Hannover II 1921 aufgelöst. Das Wasserbauamt Celle wurde ihr 1922 unterstellt.[153] Als neue Ortsbehörden kamen 1928 ein zweites Amt in Hannover und 1934 das Amt in Hann.Münden hinzu. Somit bestanden 1939 im Bereich der Wasserstraßendirektion in der Provinz Hannover die acht Wasserbauämter Celle, Hameln, Hannover I, Hannover II, Hann.Münden, Hoya, Osnabrück und Verden.

Im Bereich der *Bezirksregierung Lüneburg* wurde das Wasserbauamt Lüneburg aufgelöst und die ihm noch verbliebenen Zuständigkeit dem Amt in Lauenburg übertragen.[154] Bestehen blieb als einziges das Wasserbauamt Harburg, das für den Elbabschnitt abwärts der Seevemündung bis unterhalb der Estemündung (Regierungsbezirk Stade) und für die

---

[150] *Erlass vom 31. Mai 1939, LMBl. Sp. 653. Die Anordnung erfolgte übrigens unter Berufung auf § 20 der Vereinfachungsverordnung vom September 1932.*

[151] *Erlass des Ministeriums der öffentlichen Arbeiten vom 31. März 1921 in: HStA Hann. 195, Acc. 40/92 Nr. 16.*

[152] *S.h. dazu die Bekanntmachungen vom 25. und 27. Oktober 1922, LMBl. Sp. 769 ff.*

[153] *Bekanntmachung des RP vom 21. Juni 1922, AmtsBl.Reg.Lg. S. 181; Bekanntmachung des OP (Wasserstraßendirektion) vom 27. August 1923, AmtsBl.Reg.Lg. S. 285.*

[154] *Bekanntmachung des OP vom 12. Dezember 1922, AmtsBl.Reg.Lg. S. 322.*

Häfen in Harburg zuständig war.[155] Dieses Amt fiel allerdings weg, als 1937 mit dem Groß-Hamburg-Gesetz der Stadtkreis Harburg-Wilhelmsburg in die Stadt Hamburg eingegliedert wurde.[156] Im *Regierungsbezirk Stade* wurden, wie oben dargestellt, die Wasserbauämter Buxtehude, Neuhaus a.O. und Blumenthal aufgelöst. Bestehen blieben die Wasserbauämter in Stade und Wesermünde (Geestemünde). Neu hinzu kam 1937 das Hafenbauamt in Cuxhaven, nachdem als Kompensation für den Verlust von Harburg das zu Hamburg gehörige Cuxhaven durch das Groß-Hamburg-Gesetz Preußisch geworden war. Im *Regierungsbezirk Aurich* blieben nach der schon erwähnten Auflösung des Amtes Aurich die drei Wasserbauämter Emden, Leer und Norden bestehen.

Durch einen nicht veröffentlichten Erlaß des Reichsverkehrsministers vom 7. März 1939 wurde angeordnet[157], daß zur Herstellung der Einheit der Verwaltung im Reich die (selbständigen) Mittelbehörden die Bezeichnung „Wasserstraßendirektion" und die Ortsämter die Bezeichnung „Wasserstraßenamt" zu führen hatten. Die Wasserstraßendirektion Hannover war bis dahin die einzige Behörde in Preußen und im Reich gewesen, die diese Bezeichnung trug. So änderte sich in der Provinz Hannover nur die Bezeichnung der örtlichen Behörden: Aus den Wasserbauämtern wurden Wasserstraßenämter (s. Übersicht in Abschn. 1.8. E)

1.3.4 DER GENERALINSPEKTOR FÜR WASSER UND ENERGIE

Auf die Veränderungen im Staats- und Verwaltungsaufbau während der Zeit des nationalsozialistischen Regimes ist hier nicht eingegangen worden, weil die Behördenorganisation der Wasserwirtschafts- und der Wasserstraßenverwaltung davon nicht unmittelbar berührt wurde. Auch der Umstand, daß die für die Reichswasserstraßenverwaltung tätigen *technischen* Beamten der Länder in den Reichsdienst übernommen wurden,[158] änderte nichts daran, daß die Wasserstraßendirektion und die Wasserstraßenämter in der Provinz Hannover Preußische Behörden blieben. Gelegentlich wurde geäußert, die Zusammenlegung des (inzwischen für die Häfen zuständigen) Preußischen Verkehrsministeriums mit dem Reichsverkehrsministerium[159] habe die Frage der reichseigenen Wasserstraßenverwaltung nicht mehr als vordringlich erscheinen lassen.[160] Diese Argumentation ist aber wenig einleuchtend.

Kurz eingegangen werden soll auf die Einrichtung einer neuen obersten Reichsbehörde, dem Generalinspektor für Wasser und Energie im Jahre 1941.[161] Auch sie hatte keine Auswirkung auf die Behörden der Mittel- und Ortsinstanz. Sie beleuchtet aber einen wesentlichen Aspekt der NS-Diktatur, die polykratische Aufsplitterung der Staatsverwaltung.[162]

---

[155] *Die Zuständigkeit ergab sich aus der Bekanntmachung des RP, betreffend die Strombauverwaltung und die Strom- und Schiffahrtspolizei auf der unteren Elbe, vom 31. März 1898, AmtsBl.Reg.Lg. S. 101.*

[156] *Gesetz über Groß-Hamburg und andere Gebietsbereinigungen, vom 26. Januar 1937, RGBl. I S.91.*

[157] *Abgedruckt bei Michael, S. 272.*

[158] *Verordnung über die Reichswasserstraßenverwaltung in den Ländern vom 23. Juni 1941, RGBl. I S. 349.*

[159] *In den Jahren 1934/1935 wurden alle preußischen Ministerien mit den entsprechenden Reichsministerien zusammengelegt, mit Ausnahme des Finanzministeriums, das erst 1944 aufgehoben wurde.*

[160] *So z.B. Niehuss, S. 43.*

[161] *Erlass des Führers und Reichskanzlers über den Generalinspektor für Wasser und Energie vom 29. Juli 1941, RGBl. I S. 467.*

[162] *Zur Verwaltung im NS-Staat, speziell auch zum Thema „Polykratie" s.h. Rebentisch, S. 16 ff. und S. 283 ff; Thamer, S. 351 ff; Broszat, S. 363 ff. und Wendt, S. 127 ff.*

Im Laufe der Zeit, insbesondere mit Beginn des 2. Weltkrieges, entstand eine Fülle von Beauftragten (am bekanntesten der für den Vierjahresplan), Sonderbeauftragten, Generalbevollmächtigten, Generalinspektoren und Reichskommissaren mit Vollmachten, die massiv in das Gefüge der Verwaltung eingriffen und zu den vielfältigsten Kompetenzüberschneidungen führten. Die Vorstellung, die Angst und Schrecken, aber vor allem auch Terror verbreitende Gewaltherrschaft der Nationalsozialisten sei auf einem klar gegliederten, straff organisierten und einheitlich gelenkten Staatsapparat gegründet gewesen, ist nicht zutreffend. „Niemals zuvor in der deutschen Geschichte", urteilt *Dieter Rebentisch*, „war eine Herrschaftsform von so extremer Machtentfaltung wie der Führerstaat Hitlers zugleich auf so widersprüchliche Elemente gegründet und von derart erbitterten Kompetenzkämpfen in dem unübersichtlichen Gelände einer heillos zerrütteten Verwaltungsorganisation geprägt. Niemals zuvor wurden ideologische Herrschaftsziele mit vergleichbarer Durchschlagskraft und Perfektion exekutiert, während gleichzeitig die Behörden und Institutionen des traditionellen Staatsapparates durch die Einwirkung zahlreicher Parteidienststellen und Sonderorganisationen einem Prozeß fortwährender Auflösung verfielen."[163]

Todt, der erste Generalinspektor für Wasser und Energie, war auch Leiter der allerersten dieser führerunmittelbaren Sonderbehörden geworden. Schon im Juni 1933 wurde er zum Generalinspektor für das deutsche Straßenwesen ernannt. !938 wurde er „Generalbevollmächtigter für die Regelung der Bauwirtschaft" im Rahmen der Organisation des Vierjahresplans und 1940 zusätzlich Reichsminister für Bewaffnung und Munition.[164] Auf die Einrichtung der Position des Generalinspektors für Wasser und Energie hat er lange und systematisch hingearbeitet.[165] In dieser Eigenschaft hatte er die Stellung und die Befugnisse eines Reichs- und Preußischen Ministers. Der „Führererlaß" ordnete u.a. den Übergang der Zuständigkeiten des Reichs- und Preußischen Landwirtschaftsministeriums und des Reichs- und Preußischen Verkehrsministeriums auf den Gebieten der Wasserwirtschaft und der Wasserstraßen auf den Generalinspektor an. Diese auf den ersten Blick klare Zuständigkeitsregelung wurde aber durch sofort folgende Ausnahmen wieder verwischt. Denn die Kompetenzen mußten den bisher zuständigen Reichsministerien mühsam abgehandelt oder sogar abgezwungen werden, wobei diese versuchten, einen Teil ihrer Zuständigkeiten zu retten. Dem Landwirtschaftsminister blieb deshalb die Zuständigkeit für die landwirtschaftlichen Fragen in der Wasserwirtschaft, namentlich für die Durchführung der landwirtschaftlichen Folgeeinrichtungen. Über die Durchführung von Meliorationen in der Landwirtschaft und in der Fischerei sowie über die tragbare Belastung der Grundeigentümer konnte der Generalinspektor für Wasser und Energie nur im Einvernehmen mit dem Landwirtschaftsminister entscheiden. Der Reichsverkehrsminister behielt die Zuständigkeit für den Verkehr auf den Wasserstraßen. Was dies im einzelnen zu bedeuten hatte, wurde durch eine kurze Zeit später erfolgte Bekanntmachung erläutert.[166]

Nach dem Tode von *Todt*, Anfang 1942, übernahm *Speer*, der bereits das einflußreiche Amt des „Generalbauinspektors für die Reichshauptstadt" bekleidete, dessen Ämter und

---

[163] Rebentisch, S. 533.
[164] Dazu Broszat, S. 328 ff.
[165] Eine eingehende Darstellung hierzu bei Rebentisch, S. 348 ff.
[166] Bekanntmachung über die Zuständigkeiten des Generalinspektors für Wasser und Energie und des Reichsverkehrsministers, vom 23. September 1941, RMin.Bl. S. 251.

wurde neuer Generalinspektor für Wasser und Energie.[167] Noch 1944 wurden reichsrechtliche Vorschriften auf dem Gebiet des Wasserrechts erlassen.[168]

1.4 DIE WASSERWIRTSCHAFTSVERWALTUNG DES LANDES NIEDERSACHSEN 1946

Nach der Kapitulation der Deutschen Reiches im Mai 1945 und der Beseitigung der nationalsozialistischen Diktatur stellte sich die Frage der staatlichen Neuordnung.[169] Eine deutsche Reichsregierung existierte nicht mehr, und auch die Organe des Preußischen Staates, der de jure erst Anfang 1947 von den Alliierten aufgelöst wurde,[170] wurden nicht wieder installiert. In dem zur britischen Besatzungszone gehörenden niedersächsischen Raum wurden die Länder Oldenburg, Braunschweig und Schaumburg-Lippe mit eigenen Hoheitsbefugnissen wiederhergestellt. Hannover behielt den Status einer Provinz. Anfang Juni 1945 übertrugen die Briten dem Oberpräsidenten die Aufsicht über alle Reichs- und Preußischen Landesbehörden, die Ministerpräsidenten der Länder erhielten gleichfalls die Aufsichtsbefugnis hinsichtlich der in ihren Ländern befindlichen Reichsbehörden.[171]

An die Spitze der Provinz Hannover trat im September 1945 *Hinrich-Wilhelm Kopf*. Dieser drängte von Anfang an darauf, die Provinz mit den Ländern Braunschweig und Oldenburg zu einem neuen Land Niedersachsen zu vereinigen. Bei den Ministerpräsidenten dieser Länder stieß er damit aber nicht auf Gegenliebe. Diese wollten die Selbständigkeit ihrer Länder erhalten und ihre Territorien auf Kosten der hannoverschen Provinz sogar noch erweitern. Gleichzeitig mit der Ernennung von *Kopf* bildeten die Briten zur Vereinfachung der Struktur ihrer Besatzungsverwaltung die „Region Hannover" und als Pendant dazu auf deutscher Seite den „Gebietsrat Hannover-Oldenburg-Braunschweig", dem nach der Zuweisung Bremens im Januar 1946 gestattet wurde, sich in „Gebietsrat Niedersachsen" umzubenennen.[172] Schaumburg-Lippe gehörte zunächst zur „Region Westfalen" und wurde erst im Frühjahr 1946 der „Region Hannover" zugeordnet.

Dem im Februar 1946 ins Leben gerufenen Zonenbeirat für die britische Zone wurde von den Briten im Juli 1946 aufgegeben, einen Sonderausschuß zu bestellen, der für den „Neuaufbau der Länder in der britischen Besatzungszone Deutschlands" Vorschläge sowohl zur territorialen Neugliederung als auch zum Neuaufbau der Verwaltung erarbeiten sollte. Der Zonenbeirat hatte diese Vorschläge zusammen mit seiner eigenen Stellungnahme bis zum 30. September vorzulegen.[173] Die Vorschläge hatten sich innerhalb bestimmter Grenzen zu halten. Die beiden wichtigsten waren erstens, daß es nicht mehr als fünf Länder - wenn möglich, weniger - geben sollte, und zweitens, daß „die Frage der Stellung von Nordrhein-Westfalen zunächst zurückzustellen" war. Hinter dieser Formu-

---

[167] Zum Ministerium Speer: Boelcke, S. 1114 ff.

[168] Verordnung über vordringliche Aufgaben der Wasser und der Energiewirtschaft, vom 3o. März 1944, RGBl. I S. 75, nebst umfangreicher Durchführungs-Verordnung hierzu vom selben Tage, S. 77.

[169] Die Entstehung des Landes Niedersachsen kann hier nicht im einzelnen dargestellt werden. Dazu existiert eine umfangreiche Literatur. Besonders verwiesen wird auf die Arbeit von Schneider, die eine eingehende Bibliographie enthält, sowie auf die Darstellungen von Mainzer und Eckhardt.

[170] Kontrollrats-Gesetz Nr. 46. Auflösung des Staates Preußen. AmtsBl.Mil.Reg. S. 488.

[171] Schneider, S. 57.

[172] Mainzer, S. 145.

[173] Das Schreiben des Stellvertretenden Militärgouverneurs ist abgedruckt in: Vorgeschichte, S. 612.

lierung verbarg sich ein höchst dramatisches Kapitel der Nachkriegsgeschichte: Mit der bereits am 17. Juli erfolgten Bekanntgabe der Schaffung eines Landes Nordrhein-Westfalen wollten die Briten der sowjetischen Forderung nach einer Viermächte-Kontrolle des Ruhrgebiets und der französischen Forderung nach einer politischen Abtrennung des Rheinlandes und des Ruhrgebiets entgegenwirken.[174] Rechtlich wurde die Bildung des Landes Nordrhein-Westfalen von den Briten in eine umfassendere, den Anschein des Alleingangs vermeidende Regelung eingebettet. Durch die Verordnung Nr. 46 vom 23. August 1946 wurden die Provinzen des Landes Preußen in der Britischen Zone „als solche aufgelöst" und erhielten „vorläufig die staatsrechtliche Stellung von Ländern".[175] So entstanden neben dem Land Nordrhein-Westfalen aus den entsprechenden Preußischen Provinzen die *Länder* Hannover und Schleswig-Holstein.

Das Land Hannover sollte freilich nicht lange Bestand haben. Der zum Ministerpräsidenten ernannte *Kopf* konnte im Zonenbeirat gegen den Widerstand Braunschweigs und Oldenburgs seine Vorstellung von der Bildung des Landes Niedersachsen durchsetzen, die schließlich auch von den Briten gebilligt wurde.[176] Durch die Verordnung Nr. 55 wurde zum 1. November 1946 aus den Ländern Hannover, Braunschweig, Oldenburg und Schaumburg-Lippe das Land Niedersachsen gebildet.[177]

Die Bildung der neuen Länder durch die Besatzungsmächte führte, insgesamt gesehen, zur Aufhebung der deutschen Klein- und Kleinststaaten (Schaumburg-Lippe hatte 1925 knapp 50.000 Einwohner) und somit zu einer territorialen Reform, zu der man in der Weimarer Republik nicht fähig gewesen war.[178] Dieser Vorgang läßt sich nur vergleichen mit der „territorialen Revolution" in Deutschland zu Beginn des 19. Jahrhunderts.[179]

In einem Befehl der britischen Militärregierung an die Ministerpräsidenten der Länder Braunschweig, Hannover und Oldenburg sowie an den Landespräsidenten von Schaumburg Lippe vom 14. November 1946 wurde angeordnet: Die Regierungsbezirke des Landes Hannover bleiben bestehen. Die ehemaligen Länder Braunschweig und Oldenburg erhalten die Stellung von Regierungsbezirken. Die Kreise Bückeburg und Stadthagen des ehemaligen Landes Schaumburg-Lippe werden in den Regierungsbezirk Hannover eingegliedert.[180] Der am 23. November zum Niedersächsischen Ministerpräsidenten ernannte *Kopf* bestimmte noch am gleichen Tage in einem unveröffentlichten Erlaß, daß die ehemaligen Staatsministerien in Braunschweig und Oldenburg die Bezeichnung „Der Präsident des Niedersächsischen Verwaltungsbezirks" Braunschweig bzw. Oldenburg zu führen hatten.

Die Verwaltungen der früheren Länder Hannover (bis August 1946: Provinz), Braunschweig, Oldenburg und Schaumburg-Lippe verschmolzen zur niedersächsische Landesverwaltung. Die neun Wasserwirtschaftsämter der früheren Provinz Hannover bildeten

---

[174] *Eine ausführliche, mit vielen Dokumenten belegte Darstellung enthält die Arbeit von Steininger.*

[175] *Verordnung Nr. 46. Auflösung der Provinzen des ehemaligen Landes Preußen in der Britischen Zone und ihre Neubildung als selbständige Länder. AmtsBl.Mil.Reg. S. 305.*

[176] *Gutachten Kopf vom 6. 9. 1946 sowie Gutachten Tantzen (Oldenburg) und Kubel (Braunschweig) vom gleichen Tage in: Vorgeschichte S. 828 ff. und S. 832 ff. Ansprache des stellvertretenden britischen Militärgouverneurs vor dem Zonenbeirat am 23. Oktober 1946 in: AmtsBl.f.Nds. 1946 S. 95.*

[177] *Verordnung Nr.55. Bildung des Landes Niedersachsen. AmtsBl.Mil.Reg. S. 341. Verordnung Nr. 70. Ergänzungsverordnung zur Verordnung Nr. 55. AmtsBl.Mil.Reg. S. 408.*

[178] *Imgart, S. 14 ff.*

[179] *Mainzer, S. 137.*

[180] *Abgedruckt in: Ursachen und Folgen, S.214.*

nun zusammen mit dem Wasserwirtschaftsamt Braunschweig und den (vormalig oldenburgischen) Wasserwirtschaftsämtern Brake, Cloppenburg und Varel die Ortsinstanz der niedersächsischen Wasserwirtschaftsverwaltung.

1.5 EXKURS: DIE WASSER- UND SCHIFFAHRTSVERWALTUNG DES BUNDES 1949

Durch den Erlaß des Grundgesetzes vom 23. Mai 1949 wurde die Bundesrepublik Deutschland gegründet.

Art. 87 bestimmt u.a., daß nach Maßgabe des Art. 89 die Verwaltung der Bundeswasserstraßen (der früheren Reichswasserstraßen) und der Schiffahrt in bundeseigener Verwaltung mit eigenem Verwaltungsunterbau geführt wird. Die mittelinstanzlichen und örtlichen Behörden der Wasserstraßenverwaltung waren aber nicht nur bis zur Gründung der Bundesrepublik Behörden des Landes (der Provinz), sondern noch eine Zeitlang darüber hinaus. Deshalb soll die Organisation der Wasserstraßenverwaltung der Nachkriegszeit hier kurz dargestellt werden, zumal sie Weichenstellungen für die späteren Regelungen des Grundgesetzes beinhaltete.

Nachdem es nicht zur Bildung der auf der Potsdamer Konferenz vereinbarten gesamtdeutschen Verwaltungsstellen gekommen war, begannen die Briten Anfang 1946 Zentralverwaltungen aufzubauen, deren Zuständigkeit sich auf die ganze Besatzungszone erstreckte. Die *Generaldirektion für Wasserstraßen und Binnenschiffahrt* mit Sitz in Windelsbleiche bei Bielefeld wurde am 1. Juli 1946 errichtet.[181] Ihr wurden die Behörden und Einrichtungen sowie das im Wasserstraßenwesen beschäftigte Personal aller mit Binnenwasserwegen und Binnenschiffahrt befaßten deutschen Dienststellen der britischen Zone unterstellt. Sie erhielt die Befugnisse des Generalinspektors für Wasser und Energie in dem Umfang, wie sie diesem durch die „Verordnung" über die Befugnisse des Generalinspektors und des Reichsverkehrsministers vom 2. September 1941[182] in Bezug auf die Wasserwege und die Binnenschiffahrt übertragen worden waren. Ferner erhielt die *Generaldirektion* alle in der seinerzeitigen „Verordnung" dem Reichsverkehrsministerium vorbehaltenen Befugnisse hinsichtlich der Binnenwasserwege und der Binnenschiffahrt. Ausgenommen waren nur die Befugnisse der Strom- und Wasserpolizei. Diese etwas eigenartig anmutende Zuständigkeitsbeschreibung implizierte aber immerhin gleichzeitig, daß alle früher beim Reichs- und Preußischen Landwirtschaftsminister ressortierenden Angelegenheiten der Wasserwirtschaft und des Wasserbaus bei den Ländern verblieben. Zeitgleich wurde die *Seehäfen-Generaldirektion* mit Sitz in Hamburg geschaffen.[183]

Schon einige Wochen später, am 10. September 1946, wurde mit Billigung der Besatzungsmächte das Abkommen über die Bildung einer gemeinsamen Verkehrsverwaltung in der britischen und amerikanischen Zone geschlossen. Der neue *Verwaltungsrat für Verkehr* umfaßte die vier *Hauptverwaltungen* der Eisenbahn, der Straßen, der Binnen-

---

[181] *Verordnung Nr. 49. Schaffung einer obersten deutschen Behörde zur Verwaltung der Binnen-Wasserwege und der Binnen-Schiffahrt innerhalb des Britischen Kontrollgebiets. AmtsBl.Mil.Reg. S. 316.*

[182] *Die oben in Abschnitt 1.3.4 erwähnte Bekanntmachung ist vermutlich deshalb zur „Verordnung" stilisiert worden, um nicht auf den „Erlass des Führers und Reichskanzlers" über den GWE vom 29. Juli 1941 zurückgreifen zu müssen.*

[183] *Verordnung Nr. 50. Überwachung der Seehäfen, Flussmündungen und Küstengewässer des Britischen Kontrollgebiets. AmtsBl.Mil.Reg. S 317.*

schiffahrt sowie des Seeverkehrs.[184] Der *Verwaltungsrat* war befugt, Weisungen zu erlassen u.a. auf den Gebieten der Wasserstraßen, die dem Interländer-interzonalen sowie dem internationalen Verkehr dienen, der Binnenschiffahrt, ferner der Seeschiffahrt, der Seewasserstraßen, des Seezeichen- und Lotsenwesens mit Ausnahme des Hafenlotsenwesens. Die tatsächliche Übernahme der Verwaltung der Binnenwasserstraßen in dem genannten Umfang und der Binnenschiffahrt durch die *Hauptverwaltung Binnenschiffahrt* erfolgte aber erst im März 1947. Damit endete die Tätigkeit der *Generaldirektion für Wasserstraßen und Binnenschiffahrt* der britischen Zone.[185]

Durch die Verordnung Nr. 88 vom 10. Juni 1947 wurde der Zweizonen-Wirtschaftsrat gebildet,[186] der im Rahmen seiner Kompetenzen Gesetzgebungsbefugnis hatte. Mit dem Überleitungsgesetz vom August 1947 wurden eine Reihe von zentralen Verwaltungen des Wirtschaftsrates errichtet, so auch die *Verwaltung für Verkehr*.[187] Der *Verwaltungsrat für Verkehr* wurde aufgehoben, seine *Hauptverwaltungen* blieben aber vorerst unter der Leitung des Direktors der *Verwaltung für Verkehr* bestehen, dessen Dienstsitz von Bielefeld nach Offenbach (Main) verlegt wurde.[188] Nach der Neufassung des Überleitungsgesetzes wurde schließlich im September 1948 das „Gesetz über den Aufbau der Verwaltung für Verkehr" erlassen.[189] Die *Verwaltung für Verkehr* des Wirtschaftsrates wurde aus den vier bisherigen *Hauptverwaltungen* des Verkehrs gebildet. Dabei gingen aus den *Hauptverwaltungen* der Binnenschiffahrt und des Seeverkehrs die drei *Abteilungen* Wasserstraßen, Binnenschiffahrt und Seeverkehr hervor.

Nach Gründung der Bundesrepublik Deutschland erhielt die *Verwaltung für Verkehr* am 6. Oktober 1949 die Behördenbezeichnung „Bundesverkehrsministerium".[190] Auf Grund eines unveröffentlichten Erlaß des Bundesministers für Verkehr vom 29. Oktober 1949[191] hatten ab 1. November 1949 die Wasserstraßendirektionen die Bezeichnung „Wasser- und Schiffahrtsdirektion" und die Behörden der Ortsebene die Bezeichnung „Wasser- und Schiffahrtsamt" zu führen. Die bei den niedersächsischen Behörden der Mittelinstanz in Stade, Aurich und Oldenburg für die Wasserstraßenverwaltung tätigen Organisationseinheiten erhielten die Bezeichnung „Wasser- und Schiffahrtsverwaltung". Bei den Bezirksregierungen der früheren Provinz Hannover in Stade und Aurich wurden daraufhin eigene Abteilungen mit dieser Bezeichnung gebildet.[192]

Rechtlich wurde die *Verwaltung für Verkehr* des Vereinigten Wirtschaftsgebietes erst durch die Verordnung vom 4. September 1951 in die Verwaltung des Bundes überführt, und zwar mit rückwirkender Kraft zum 1. April 1950.[193] Damit gingen die Wasser- und Schiffahrtsdirektion Hannover mit den ihr nachgeordneten Wasser- und Schiffahrtsämtern,

---

[184] *Verk.Bl. 1946 S. 2.*

[185] *Erlass des* Verwaltungsrates für Verkehr *vom 11. März 1947, Verk.Bl. S. 22.*

[186] *AmtsBl.Mil.Reg. S. 529.*

[187] *Gesetz über den vorläufigen Aufbau der Wirtschaftsverwaltung des vereinigten Wirtschaftsgebietes (amerikanisches und britisches Besatzungsgebiet in Deutschland) (Überleitungsgesetz) vom 9. August 1947, VOBl.Brit.Z. S. 132.*

[188] *Bekanntmachung vom 24. August 1947, Verk.Bl. S. 51.*

[189] *Vom 12. September 1948, VOBl.Brit.Z. S. 307*

[190] *Bekanntmachung im Verk.Bl. S. 133.*

[191] *Abgedruckt bei Michael, S. 274.*

[192] *Geschäftsverteilungsplan der Regierung Aurich, Stand 15. Dezember 1949, in StAA Rep. 16/4, Nr. 533. Übersicht über die Geschäftsverteilung bei der Wasser- und Schiffahrtsverwaltung Stade, Stand 1. September 1951, in StAS Rep. 180 Wb.*

[193] *BGBl. I S. 826.*

das Wasser- und Schiffahrtsamt Stade, das Hafenbau- und Verkehrsamt Cuxhaven[194], die Wasser- und Schiffahrtsämter in Emden, Norden und Leer sowie die Wasser- und Schiffahrtsämter in Oldenburg und Wilhelmshaven auf den Bund über.

Die Wasser- und Schiffahrtsverwaltungen bei den Regierungspräsidenten Stade und Aurich sowie bei dem Präsidenten des Niedersächsischen Verwaltungsbezirks Oldenburg blieben auch jetzt noch bestehen. Erst am 1. November 1952 ging die Wasser- und Schiffahrtsverwaltung in Stade in der Wasser- und Schiffahrtsdirektion Hamburg auf. Zum selben Zeitpunkt wurde aus den Wasser- und Schiffahrtsverwaltungen Aurich und Oldenburg eine neue Bundesbehörde gebildet, die Wasser- und Schiffahrtsdirektion Aurich.[195]

1.6 SCHLUSSBETRACHTUNG

In dieser Arbeit konnte im wesentlichen nur ein Teilaspekt der Geschichte der hannoverschen Wasserbauverwaltung in der Zeit von 1823 bis 1946 behandelt werden, die Organisation ihrer Behörden. Sie war vielfachen Wandlungen unterworfen. Den in der Mitte des 19. Jahrhunderts beginnenden rasanten technischen Entwicklungen auf den Gebieten des Verkehrs, der Industrie und der Landwirtschaft mußte Rechnung getragen werden. Aber auch politische Ereignisse haben die Struktur der Wasserbauverwaltung immer wieder verändert.

Vom Aufbau der modernen Wasserbauverwaltung bis hin zu ihrer Entfaltung und Spezialisierung war ein langer Weg. Die Entwicklung der Strombauverwaltungen stand unter der Notwendigkeit, die Flüsse überhaupt und dann für immer größere Schiffe schiffbar zu machen sowie die großen natürlichen Wasserläufe durch künstliche Wasserstraßen miteinander zu verbinden. Dagegen erscheint die Entstehung der Meliorationsbauverwaltung weniger als Produkt zweckrationalen Verwaltungshandelns sondern vielmehr als Folge der spezifischen Konstellation der Preußischen Bauverwaltung. Sie war ihrem Ursprung nach nicht ein Spezialzweig einer bestehenden Wasserbauverwaltung, sondern eine Spezialisierung gegenüber den Preußischen Baubezirken (Baukreisen), bei denen im Prinzip ein Beamter für alle drei Bauzweige (Wege-, Hoch- und Wasserbau) zuständig war. Wie gezeigt wurde, hat es, schon bevor es zur vollen Ausdifferenzierung der Meliorationsbauverwaltung kam, nicht an Versuchen gefehlt, das Nebeneinander der verschiedenen Zweige der Wasserbauverwaltung wieder zu beseitigen. Die Zusammenführung ist weitgehend durch die Zusammenlegung derjenigen Wasserbauämter, die nicht im Bereich der großen schiffbaren Wasserströme tätig waren, mit den Kulturbauämtern zu Beginn der zwanziger Jahre dieses Jahrhunderts erfolgt. Allerdings sind nicht nur die Kenntnisse über die Zusammenhänge, die zu dieser Entwicklung führten, sondern auch die über die Struktur der Wasserbauverwaltung im Königreich Hannover weitgehend verloren gegangen. Dies dürfte vor allem auf die Arbeit von *Lehrke* zurückzuführen sein, deren Titel allein schon irreführend ist.[196]

---

[194] *Diese Bezeichnung hatte das Wasserstrassen-Hafenbauamt Cuxhaven nach dem Kriege vom Niedersächsischen Wirtschaftsminister erhalten, 2oo Jahre S. 12.*

[195] *Dazu H. Reyer im Findbuch StAA Rep. 16/4.*

[196] *Unzutreffend insoweit auch die Darstellung bei Schweicher, Die Wasserwirtschaftsverwaltung in Niedersachsen, in: Neues Archiv für Niedersachsen 1954, S. 137 ff. und die Erläuterungen zu Karte 10 des Verwaltungsatlasses des Landes Niedersachsen, Hannover 1967.*

Die Geschichte der hannoverschen Wasserwirtschaftsverwaltung ist nicht identisch mit der der Preußischen Meliorationsbauverwaltung. Sie beginnt nicht erst 1871 mit der Anstellung eines Meliorationsbaubeamten beim Oberpräsidenten von Hannover, wobei anzumerken ist, daß von einer Verwaltung des Meliorationsbaus im Sinne der Existenz eigenständiger Behörden frühestens ab 1894 gesprochen werden kann. Der Anfang der modernen Wasserwirtschaftsverwaltung in Hannover wird vielmehr bezeichnet durch die Errichtung der Königlich-Hannoverschen Generaldirektion des Wasserbaus im Jahre 1823. Die niedersächsische Wasserwirtschaftsverwaltung kann im Jahre 1998 auf eine 175jährige Geschichte zurückblicken.

1.7 ÜBERSICHT ÜBER DIE ZUSAMMENLEGUNGEN, UMBILDUNGEN UND NEUBILDUNGEN VON WASSERBAU- UND KULTURBAUÄMTERN 1922 - 1924

Aufgehobenes Wasserbauamt	*Aufnehmendes Amt*
Hannover	Kulturbauamt Hannover
Hildesheim	Kulturbauamt Hildesheim
Northeim	
Lüneburg	Kulturbauamt Lüneburg
Hitzacker	
Buxtehude	Kultur- und Wasserbauamt Stade (Umbildung)
Neuhaus a.d.O.	
Blumenthal (Sitz Vegesack)	Kultur- und Wasserbauamt Verden (Neubildung)
Aurich	Kultur- und Wasserbauamt Aurich (Umbildung)

1.8 ZUSAMMENSTELLUNG DER ORTSBEHÖRDEN DER WASSERBAUVERWALTUNG IM KÖNIGREICH HANNOVER UND IN DER PREUSSISCHEN PROVINZ HANNOVER 1830 - 1939

A. Königreich Hannover. Direktionen und Inspektionen des Wasserbaus 1830

Direktionen	**Inspektionen**
Ober-Elbe in Hitzacker	Ober-Leine und Ruhme in Northeim
Mittel-Elbe in Harburg	Unter-Leine und Aller in Winsen a.d.A. (später in Celle)
Unter-Elbe (Alteland) und Unter-Elbe in Stade (später zusammengelegt)	Innerste und Oker in Northeim (später in Hildesheim)
Unter-Weser in Vegesack	Ober-Ems und Ems-Kanal mit Wasserbau-Inspektoren zur Schleuse bei Hanekenfähr (Lingen) und zur Koppelschleuse bei Meppen
Mittel-Weser in Nienburg	
Ober-Weser in Hameln	
Ostfriesland in Aurich mit Wasserbau-Inspektoren in Emden, Leer, Norden und Esens	

B. Königreich Hannover.

Wasserbauinspektionen 1864

Hannover
Hoya
Hameln
Nienburg

Hildesheim
Hildesheim
Northeim

Lüneburg
Hitzacker
Bleckede
Winsen a.d.L.
Harburg
Celle

Stade
Stade
Buxtehude
Neuhaus a.d.O.
Geestemünde
Blumenthal

Osnabrück
Hanekenfähr (Lingen)
Koppelschleuse (Meppen)
Osnabrück

Aurich
Emden
Leer
Norden
Esens

C. Königlich-Preußische Provinz Hannover.

Wasserbaukreise und Meliorationsbauämter 1896

Wasserbaukreise

Hannover
Hoya
Hameln
Hannover

Hildesheim
Hildesheim
Northeim

Lüneburg
Hitzacker
Lüneburg

Harburg
Celle

Stade
Stade
Jork (Sitz Buxtehude)
Neuhaus a.d.O.
Geestemünde

Osnabrück
Lingen
Meppen

Aurich
Emden
Leer
Norden
Wilhelmshaven

Meliorationsbauämter

I. Hannover
II. Hannover
III. Osnabrück

D. Preußische Provinz Hannover.	**E. Preußische Provinz Hannover**
Wasserbauämter und Kulturbauämter 1920	**Wasserstraßenämter und Wasserwirtschaftsämter 1939**
Wasserbauämter	**Wasserstraßenämter**
Hannover	
Hannover	
Hildesheim	
Hildesheim	
Northeim	
Lüneburg	
Hitzacker	
Lüneburg	
Harburg	
Celle	
Stade	***Stade***
Stade	Stade
Buxtehude	Cuxhaven (Hafenbauamt)
Neuhaus a.d.O.	
Geestemünde	Wesermünde (Geestemünde)
Blumenthal	
Aurich	***Aurich***
Emden	Emden
Leer	Leer
Norden	Norden
Aurich	
Wasserstraßendirektion Hannover	**Wasserstraßendirektion Hannover**
Hoya	Hoya
Hameln	Hameln
Verden	Verden
Hannover I	Hannover I
Osnabrück	Osnabrück
	Celle
	Hannover II
	Hann.Münden
Kulturbauämter	**Wasserwirtschaftsämter**
Hannover	Hannover
Hildesheim	Hildesheim
Lüneburg	Lüneburg
Celle	Celle
Stade	Stade
	Verden
Osnabrück	Osnabrück
Meppen (1921 eröffnet)	Meppen
Aurich	Aurich

SCHRIFTTUM ZU ABSCHNITT 1 (LITERATUR, QUELLEN)

Literatur

E. Andrée, Entwicklung der hannoverschen Provinzialverwaltung, in: Sechzig Jahre Hannoversche Provinzialverwaltung, Hannover 1928

G. Anschütz, Die Verfassung des Deutschen Reiches vom 11. August 1919, Nachdruck der 14. Auflage, Bad Homburg 1960

H. Barmeyer, Hannovers Eingliederung in den Preußischen Staat. Annexion und administrative Integration 1866 - 1868, Hildesheim 1983

von Bitter, Handwörterbuch der Preußischen Verwaltung, 2 Bände, 2. Auflage, Leipzig 1911

W.A. Boelcke, Die Verwaltung im Zweiten Weltkrieg, in: *Jeserich/Pohl/von Unruh (Hrsg.)*, Deutsche Verwaltungsgeschichte, Band IV, Stuttgart 1985

M. Broszat, Der Staat Hitlers, 10. Auflage, München 1983 (dtv)

A. Eckhardt, Oldenburg und die Gründung des Landes Niedersachsen, Oldenburg 1983

M. Eckoldt/R. Pschorr, Verwaltung der Wasserstraßen. Beiträge zur Geschichte der Wasser- und Schiffahrtsverwaltung unter besonderer Berücksichtigung der behördlichen Organisation, Maschinenschrift, o.O., 1977 (Bücherei der WSD Münster)

Graf Hue de Grais, Handbuch der Verfassung und Verwaltung in Preußen und dem Deutschen Reiche, 17. Auflage 1906

F. B. Grefe, Hannoversches Recht, Band I, Hannover 1860

C. Haase (Hrsg.), Niedersachsen, Territorien - Verwaltungseinheiten - geschichtliche Landschaften, Göttingen 1971

Hafenbau- und Verkehrsamt Cuxhaven, 200 Jahre Wasserbauverwaltung in Ritzebüttel-Cuxhaven, o.O ,1951

H. Hausherr, Verwaltungseinheit und Ressorttrennung, Berlin 1953

W. Hubatsch (Hrsg.), Grundriß zur deutschen Verwaltungsgeschichte. Reihe A Band 10: Hannover, bearbeitet von *I. Gundermann* und *W. Hubatsch*, Marburg 1981

M. Imgart, Die Entstehung des Landes Niedersachsen und die Geschichte seiner Verwaltung, in: *Faber/Schneider (Hrsg.)*, Niedersächsisches Staats- und Verwaltungsrecht, Frankfurt a. M. 1985

W. Jaekel, 150 Jahre Wasserbauverwaltung an der Weser, in: Zeitschrift für Binnenschiffahrt und Wasserstraßen, 1973 S. 189

Th. Klein, Verwaltung im Königreich Hannover, in: *Jeserich/Pohl/von Unruh (Hrsg.)*, Deutsche Verwaltungsgeschichte, Band II, Stuttgart 1983

Koepchen, Landeskultur in der Provinz Hannover, in: Sechzig Jahre Hannoversche Provinzialverwaltung, Hannover 1928

W. Lehrke, 80 Jahre Wasserwirtschaftsverwaltung in Niedersachsen 1871 - 1951, Hannover o. J.

H. Mainzer, Die Entstehung des Landes Niedersachsen, in *M. Overesch (Hrsg.)*, Zeitenwende. Umbruch und Aufbruch in Deutschland nach dem Zweiten Weltkrieg. Hannover 1986

E. von Meier, Hannoversche Verfassungs- und Verwaltungsgeschichte 1680 - 1866, Band 1: Die Verfassungsgeschichte, Leipzig 1898, Band 2: Die Verwaltungsgeschichte, Leipzig 1899

Michael, Die Geschichte der Wasser- und Schiffahrtsdirektion Münster und ihrer Ortsdienststellen Juli 1889 - Mai 1971, Maschinenschrift, o.O. und o.J. (Bücherei der WSD Münster)

H. M. Müller, Schlaglichter der deutschen Geschichte, Mannheim 1986

Niehuss, Die Entwicklung der Wasserstraßenverwaltung, in: Die Wasserwirtschaft, 39. Jahrg. Nr. 3 (Dezember 1948)

W. Paxmann, Die Geschichte der Wasserstraßenverwaltung. Unveröffentlichtes Manuskript von etwa 300 Seiten Umfang, um 1955 (Archiv des BMV)

D. Rebentisch, Führerstaat und Verwaltung im Zweiten Weltkrieg, Stuttgart 1989

F. Rischmüller/D. Steen, Abriß der Entwicklung der Wasserbauverwaltung in Ostfriesland unter besonderer Berücksichtigung des Seezeichenwesens, in: *WSA Emden (Hrsg.)*, Im Dienste der Schiffahrt. 175 Jahre staatlicher Wasserbau in Emden 1814 -1989, Emden 1990

H. Rohde, Die Entwicklung der Wasserstraßen im Bereich der deutschen Nordseeküste, in: Die Küste. Archiv für Forschung und Technik an der Nord- und Ostsee, Heft 20, 1970
L. von Rönne, Das Staats-Recht der Preußischen Monarchie, Band 1 und 2, 3. Auflage, Leipzig 1869 und 1871
J. Salzwedel, Die Aufgaben des Reichsverkehrsministeriums, in: *Jeserich/Pohl/von Unruh (Hrsg.)*, Deutsche Verwaltungsgeschichte, Band IV, Stuttgart 1985
G. Schnath, Vom Sachsenstamm zum Lande Niedersachsen, in: Land Niedersachsen, Tradition und Gegenwart, Hannover 1976
U. Schneider, Niedersachsen 1945, Hannover 1985
E.H.C. Schulze, Sammlung der Wassergesetze für das Königreich Hannover vom Jahre 1621 bis Ende 1858, Celle 1859
W. Siemann, Vom Staatenbund zum Nationalstaat. Deutschland 1806 - 1871, München 1995
R. Steininger, Ein neues Land an Rhein und Ruhr. Die Ruhrfrage 1945/46 und die Entstehung Nordrhein-Westfalens, Köln 1990
H.-U. Thamer, Verführung und Gewalt, Deutschland 1933-1945, Berlin 1986
B. J. Wendt, Deutschland 1933-1945. Das „Dritte Reich". Hannover 1995
H.-U. Wehler, Deutsche Gesellschaftsgeschichte, Band 1: 1700 - 1815 ,Band 2: 1815 - 1845/49, München 1987

QUELLEN

Verkündungsblätter

AmtsBl.Mil.Reg.=Amtsblatt der Militärregierung für Deutschland, Britisches Kontrollgebiet. *AmtsBl.Hann.*=Amtsblatt für Hannover *AmtsBl.Reg.*= Amtsblatt der Regierung Hannover (H.), Hildesheim (Hi.), Lüneburg (Lg.) Stade (Std.), Osnabrück (Os.), Aurich (Aur.) *AmtsBl.f.Nds.*=Amtsblatt für Niedersachsen *BGBl.*=Bundesgesetzblatt *Hann.GS*=Gesetz-Sammlung für das Königreich Hannover *LMBl.*=Ministerialblatt der Preußischen Verwaltung für Landwirtschaft, Domänen und Forsten (wechselnde Bezeichnungen) *MBl.i.V.*=Ministerialblatt für die gesamte innere Verwaltung *Pr.GS*=Gesetz-Sammlung für die Königlich Preußischen Staaten *RGBl.*=Reichsgesetzblatt *RMinBl.*=Reichsministerialblatt *Verk.Bl.*=Verkehrsblatt des amerikanischen und britischen Besatzungsgebiets *VOBl.Brit.Z.*=Verordnungsblatt für die Britische Zone

Handbücher

Hof- und Staatskalender für das Königreich Hannover (die Bezeichnung wechselte) (Staatskalender). Handbuch über die Provinz Hannover (Handbuch). Handbuch über den Preußischen Staat (Staatshandbuch).

Quelleneditionen

Akten zur Vorgeschichte der Bundesrepublik Deutschland 1945-1949, herausgegeben vom Bundesarchiv und Institut für Zeitgeschichte, Band 1, München und Wien 1976
Ursachen und Folgen. Vom deutschen Zusammenbruch 1918 und 1945 bis zur staatlichen Neuordnung in der Gegenwart. Band 24. Berlin o.J.

Archive

Hauptstaatsarchiv Hannover (HStA): Hann. 80 Lbg., Regierung Lüneburg; Hann. 122a Oberpräsidium der Provinz Hannover; Hann. 195, Wasser- und Schiffahrtsdirektion Hannover.
Staatsarchiv Aurich (StAA): Rep. 16/4, Regierung Aurich, Wasser- und Schiffahrtsverwaltung; Rep. 16/4 Akz.1995/26, Übergang der Wasserstraßenverwaltung auf das Reich, (noch unverzeichnet).
Staatsarchiv Stade (StAS): Rep. 80 Wb., Regierungspräsident Stade, Wasserbauangelegenheiten; Rep. 180 Wb. Regierungspräsident Stade, Wasserbauangelegenheiten 1885-1978, (noch unverzeichnet).
Ich danke Herrn Dr. Henninger vom Staatsarchiv Aurich und Herrn Dr. Kappelhoff vom Staatsarchiv Stade für ihre freundliche Unterstützung.

Abdruck 1-1: Reglement für die neu zu errichtende General-Direction des Wasserbaues, vom 18. April 1823

— 167 —

Gesetz-Sammlung.

I. Abtheilung.

No. 19.

Hannover, den 24sten Mai 1823.

(29.) Reglement für die neu zu errichtende General-Direction des Wasserbaues. Carlton-House, den 18ten April 1823.

Georg der Vierte, von Gottes Gnaden König des vereinigten Reichs Großbritannien und Irland ꝛc., auch König von Hannover, Herzog zu Braunschweig und Lüneburg ꝛc. ꝛc.

Nachdem Wir Uns von den Nachtheilen überzeugt haben, welche sowohl für das Wohl Unserer getreuen Unterthanen als für Unser Domanial-Interesse aus der bisher abseiten Unserer Cammer und den verschiedenen Provincial-Regierungen Statt gefundenen getrennten Leitung des für Unser Königreich Hannover so höchst wichtigen Wasserbaues entstanden sind: so haben Wir beschlossen, dafür eine eigene General-Direction zu errichten, und verordnen demnach Folgendes.

Artikel 1.

Die General-Direction des Wasserbaues bildet die oberste Central-Verwaltungs-Behörde für sämmtliche Wasserbau-Sachen des Königreichs. Dieselbe bestehet aus einem General-Director und zwei Räthen, welchen Wir zu Bearbeitung der technischen Gegenstände einen Kunstverständigen beiordnen. Ein Conducteur hat die Aufsicht über die Plan-Cammer, besorgt die vorkommenden Calculatur- und Revisions-Arbeiten und dient zugleich dazu, um in den geeigneten, oder besonders eiligen Fällen, mit den Aufträgen der General-Direction versandt werden zu können. Ein Copiist führt das Producten-Buch, hält die Registratur in Ordnung und besorgt die Reinschriften.

Der Sitz der General-Direction ist in Unserer Residenzstadt Hannover.

29

Artikel 2.

Der General-Director hat die Leitung und Vertheilung der Geschäfte, so wie die Aufsicht über das Canzlei-Personale. Die Beschlüsse werden von den Mitgliedern nach der Mehrheit der Stimmen gefaßt, nachdem von ihnen in technischen Angelegenheiten das Gutachten des der General-Direction beigegebenen Kunstverständigen vernommen worden ist. Sie haben die Vorträge, insofern sie nicht rein-technisch sind, selbst zu übernehmen und das, was von ihnen vorgetragen worden, eigenhändig zu expediren.

Artikel 3.

Der General-Director und die beiden Räthe werden auf den Vorschlag Unsers Staats- und Cabinets-Ministeriums von Uns unmittelbar ernannt. Sie sollen aus den Mitgliedern Unserer höhern Landes-Collegien genommen werden, und erhalten daher keinen besondern Gehalt. Der denselben beizuordnende Techniker wird gleichfalls von Uns unmittelbar ernannt und erhält einen Gehalt von 1500 Rthlr. Conventions-Münze. Den Gehalt des Conducteurs setzen Wir auf 600 Rthlr. und den des Copiisten auf 400 Rthlr. fest.

Artikel 4.

Die General-Wasserbau-Direction steht unter der unmittelbaren Aufsicht und den Befehlen Unsers Staats- und Cabinets-Ministeriums. Alle die Organisation des Wasserbaues betreffenden Verordnungen und Reglements, ohne Ausnahme, wie auch die allgemeinen Instructionen für die Wasserbau- und Deich-Bediente jedes Grades, können nur auf den Vorschlag der General-Direction und, in so weit allgemeine wasserbaupolizeiliche Anordnungen dadurch getroffen werden sollen, nach vorgängigem Gutachten der treffenden Land-Drosteien, von Unserm Staats- und Cabinets-Ministerio erlassen werden.

Artikel 5.

In allen Wasserbau-Angelegenheiten sind sämmtliche Deich- und Wasserbau-Bediente, nicht minder wie Unsere Königlichen Ämter, der General-Direction des Wasserbaues untergeben; auch sind die Land-Drosteien verbunden, in den weiter unten näher bemerkten Fällen den Requisitionen derselben ein Genüge zu leisten, jedoch mit Vorbehalt des Recurses an Unser Staats- und Cabinets-Ministerium. Mit Unserer Domainen-Cammer, so wie mit allen übrigen obern Landes-Collegien, finden nur Communicationen Statt.

Artikel 6.

Die General-Wasserbau-Direction führt die Aufsicht über das Wasserbau-Personale und trägt Sorge für die Besetzung der Deich- und Wasserbau-Bedienungen.

Desfallsige Bedürfnisse oder entstandene Vacanzen werden derselben durch die treffenden Land-Drosteien angezeigt. Die Ernennung zu den höhern Wasserbau- und Deich-Bedienungen, bis inclusive der Deich-Conducteurs erfolgt nach vorgängiger Prüfung, auf den Vorschlag der General-Direction, von Unserm Staats- und Cabinets-Ministerio, was in den treffenden Fällen an Uns berichten wird. Die Ernennung des Unterpersonals bei dem Wasserbau ressortirt allein von der General-Direction. In Rücksicht der Deich- und Siel-Geschworenen und Richter verbleibt es bei der bisherigen Verfassung, nur daß in den treffenden Fällen die Land-Drosteien an die Stelle der bisherigen Regierungen treten.

In Rücksicht der Beförderung und Entlassung des Wasserbau- und Deich-Personals setzen Wir fest, daß es damit wie mit dem von Uns angestellten Cammer-Personal gehalten werden soll. Pensionen oder Gehalts-Zulagen können jedoch nur auf den Bericht der General-Direction von Unserm Staats- und Cabinets-Ministerio bewilligt werden, was deshalb in den treffenden Fällen an Uns berichten wird.

Erster Abschnitt.

Von der technischen Leitung des Wasserbaues.

A. Von den allgemeinen Wasserbau-Sachen.

Artikel 7.

Die oberste technische Leitung des Wasserbaues in den gesammten Provinzen Unsers Königreichs Hannover liegt der General-Direction des Wasserbaues ob.

Artikel 8.

Vorschläge zu neuen ökonomischen und commerciellen hydrotechnischen Anlagen oder zu bedeutenden Erweiterungen und Verbesserungen alter Werke der Art, insofern zu deren Ausführung die Mitwirkung der Unterthanen auf irgend eine Weise erfordert wird, gehen zunächst von den Wasserbau- und Deich-Bedienten an die treffende Land-Drostei, welche sie nach vorgängiger Prüfung mit ihrem Gutachten begleitet an die General-Direction einsendet. Dieser liegt es sodann ob, besonders die hydrotechnischen Untersuchungen über die Nothwendigkeit, Möglichkeit, Nützlichkeit, und die Art und Weise der Ausführung durch die damit beauftragten Officianten anzuordnen und die deshalb nöthigen Vorarbeiten zu leiten. Die Resultate solcher Untersuchungen, sammt den darauf gegründeten Vorschlägen und Anschlägen, werden zur nähern technischen Prüfung an die General-Direction direct eingesandt, welche darüber nöthigenfalls annoch weiter mit der treffenden Land-Drostei communiciren wird. Sind sodann auf solche Weise sämmtliche Anstände gehoben, die Pläne in hydrotechnischer Hinsicht hinreichend geprüft und festgestellt, der präsumtive Kosten-Betrag ausgemittelt; die Concurrenz-Principien der Unterthanen fixirt, so wie die Möglichkeit und Nützlichkeit der Herbeischaffung der erforderlichen Hülfsmittel an baarem Gelde und Dienstleistungen von Seiten der Unterthanen hinreichend nachgewiesen, oder im entgegengesetzten Falle die Nothwendigkeit der Bewilligung extraordinairer Hülfsmittel dargethan: so ist das Ganze mittelst berichtlichen Gutachtens an Unser Staats- und Cabinets-Ministerium von Seiten der General-Direction einzusenden, welches darüber definitiv entscheiden wird. Werden die vorgelegten Pläne gebilligt, so hat die General-Direction die weiteren Verfügungen zur Ausführung derselben zu treffen, und deshalb theils die nöthigen Requisitionen an die treffenden Land-Drosteien ergehen zu lassen, theils die ihr untergeordneten Wasserbau- und Deich-Bediente und Ämter mit weiteren Vorschriften zu versehen. Und setzen Wir deshalb fest, daß alles, was auf die Veranlagung, Repartition und Aufbringung der baaren Mittel und Natural-Dienstleistungen, welche zur Ausführung der genehmigten Neu-Bauten erforderlich sind, Bezug hat, zur ausschließlichen Competenz der Land-Drosteien gehören soll, so daß an diese Behörden allein die desfallsigen Requisitionen sowohl von Seiten der General-Direction, als von Seiten der Ämter und Deich-Bediente, nicht minder wie die etwanigen Reclamationen der Unterthanen, mit Vorbehalt des Recurses an Unser Staats- und Cabinets-Ministerium, zu richten sind; wogegen die technische Leitung der Ausführung der genehmigten Bau-Projecte, mit den dazu von den Land-Drosteien zu schaffenden Hülfsmitteln, von Seiten der General-Direction durch die damit beauftragten Wasserbau- und Deich-Bediente und Ämter unmittelbar erfolgt, die daher in dieser Hinsicht auch direct an die General-Direction zu berichten und von solcher allein die nöthigen Verhaltungs-Befehle zu erhalten haben.

Artikel 9.

Gleichwie es mit den Vorschlägen zu neuen ökonomischen und commerciellen hydrotechnischen Anlagen und deren Ausführung gehalten werden soll, wollen Wir, daß es auch mit den Vorschlägen und Anschlägen zur Unterhaltung und Verbesserung schon vorhandener, nach einem gewissen Concurrenz-Fuße von den Interessenten zu unterhaltenden Communion-Deich- und sonstigen Wasserbau-Anlagen, deren Nothwendigkeit in technischer Hinsicht bereits anerkannt ist, gehalten werden soll; nur daß eine Berichts-Erstattung der General-Direction an Unser Staats- und Cabinets-Ministerium dabei blos in solchen Fällen erforderlich ist, wenn die zu deren Erhaltung und Verbesserung von Seiten der Interessenten zu leistenden Geld- und Natural-

Prästationen für solche allein zu drückend fallen und es daher auf Herbeischaffung außerordentlicher Hülfsmittel ankommt.

Artikel 10.

Eben diese Bestimmung tritt auch dann ein, wenn es auf die Ausführung von Vorschlägen zu Erweiterung oder Einrichtung der im vorigen Artikel bemerkten Communion-Anlagen behuf Beförderung und Erreichung eines gemeinnützigen Nebenzwecks ankommt.

Artikel 11.

Dagegen sind alle zur Abwendung von Deichbrüchen und sonstigen entstehenden Wasser-Gefahren eiligst zu ergreifenden Maaßregeln; die Bewilligung der dazu erforderlichen Natural-Dienst- und Hülfleistungen und deren Aufbringung und Vertheilung unmittelbar von den Land-Drosteien sofort anzuordnen. Die Deich-Bediente haben daher in solchen Fällen an diese Behörde ihre Berichte zu erstatten und die nöthigen Verfügungen zu gewärtigen; die General-Direction aber gleichfalls von dem Vorgange direct in Kenntniß zu setzen. Ist jedoch die Gefahr vorüber und handelt es sich alsdann um eine definitive und möglichst dauerhafte Herstellung der durch hohe Fluthen und Eisbrüche entstandenen Deichbrüche und sonstige Beschädigungen an den Wasserbau-Werken, so treten die Bestimmungen des Artikels 8. und 9. ein.

Artikel 12.

Alle über die Ausführung der in den vorstehenden Artikeln 8. bis 11. bemerkten allgemeinen Wasserbau-Werke aufgestellten Wasserbau-Rechnungen sind durch die treffenden Land-Drosteien, mit ihren vorläufigen Bemerkungen versehen, an die General-Direction zur technischen Prüfung einzusenden und, nachdem sie derselben unterzogen worden, an die Land-Drosteien zur weitern Verfügung und Decharge zu remittiren.

B. Insbesondere von den Domanial-Wasserbau-Sachen.

Artikel 13.

Von den privativen Domanial-Wasserbauten sollen, wie bisher, in jedem Districte approximative Kosten-Etats alljährlich aufgestellt und durch die Land-Drosteien der General-Direction des Wasserbaues übersandt werden. Der aus diesen Districts-Etats zu formirende Haupt-Wasserbau-Etat wird von der General-Direction des Wasserbaues aufgestellt und mit den nöthigen Erläuterungen und Anträgen wegen deren Nothwendigkeit, Nützlichkeit, etwanigen möglichen Zurücksetzung auf folgende Jahre und dabei zu bewerkstelligenden Ersparungen an Unser Staats- und Cabinets-Ministerium zur generellen Bewilligung oder respective vorläufigen Aufnahme in dem jährlichen Finanz-Budget übergeben.

Artikel 14.

Die Anträge und Anschläge, so wie die Berichte der Deich-Bedienten und Ämter in Domanial-Wasserbau-Sachen gelangen durch die treffenden Land-Drosteien an die General-Direction des Wasserbaues; die darauf nach erfolgter Genehmigung von Seiten Unsers Staats- und Cabinets-Ministeriums zu treffenden Verfügungen der General-Direction gelangen auf gleichem Wege an die treffenden Ämter und Deich-Bediente; wogegen die nach einmal erfolgter Genehmigung behuf der Ausführung der Domanial-Wasserbauten zu treffenden Anordnungen von Seiten der General-Direction direct an die treffenden Ämter und Deich-Bediente erlassen werden; so wie letztere sich in diesen Fällen auch direct an die General-Wasserbau-Direction zu wenden haben.

Artikel 15.

Bei Vorschlägen zu größeren ökonomischen und commerciellen hydrotechnischen Anlagen, welche lediglich das Domanial-Interesse betreffen, wird die General-Direction, nachdem sie solche auf die Artikel 8. bezeichnete Weise näher hat prüfen lassen, vor allem mit Unserer Domainen-Cammer communiciren und deren Ansichten über die Nützlichkeit und die Möglichkeit der Herbeischaffung der darauf zu verwendenden baaren Fonds sich erbitten. Ist solches geschehen: so hat die General-Direction alsdann das Ganze in gleicher Art an Unser Staats- und Cabinets-Ministerium zu bringen, wie solches vorher Artikel 8. verordnet ist, und wird es von der Entscheidung des letztern abhängen, ob und in welcher Maaße zu der Ausführung der oben bemerkten Wasser-Bauten geschritten werden soll. In Rücksicht der Ausführung selbst aber tritt der nämliche Geschäfts-Gang alsdann ein, welchen Wir im vorigen Artikel angeordnet haben.

Artikel 16.

Die auf Unsere Königlichen Cassen von den Land-Drosteien nach bestimmten Concurrenz-Principien repartirten Beiträge zu allgemeinen Wasserbau-Anlagen werden, nach gehörig revidirter Bau-Rechnung, auf den Antrag der treffenden Land-Drosteien von Unserer Domainen-Cammer auf die respectiven Rentei-Cassen angewiesen.

Artikel 17.

Alle Domanial-Wasserbau-Rechnungen sind an die General-Direction durch die treffenden Land-Drosteien, mit ihren vorläufigen monitis begleitet, zur Revision und Decharge einzusenden. Ist solches bewirkt und der Betrag dadurch festgestellt:

so erfolgt die Anweisung durch Unsere Domainen-Cammer auf die treffenden Rentei-Cassen.

Artikel 18.

Von sämmtlichen in einem Rechnungs-Jahre verwandten Domanial-Wasserbau-Kosten soll die General-Direction des Wasserbaues einen jährlichen Haupt-Rechtfertigungs-Etat aufstellen, und dem Finanz-Departement Unsers Staats- und Cabinets-Ministerii zur Übersicht der gegen die außerordentlich bewilligten oder in dem Finanz-Budget mit aufgenommenen Haupt-Kosten-Etats wirklich verwandten Summen übergeben, und die dabei eingetretenen Differenzen gehörig erläutern.

Artikel 19.

Endlich hat die General-Direction des Wasserbaues die über Deich- und Wasserbau-Sachen schwebenden oder künftighin anhängig werdenden Processe, insoweit dabei Unser Domanial-Interesse versirt, durch Unsere Cammer-Anwalte, welche Wir derselben in dieser Beziehung unterordnen, führen zu lassen, und solche mit den nöthigen Instructionen und technischen Erläuterungen zu versehen; sich übrigens aber in allen Stücken dabei nach denjenigen Grundsätzen zu achten, welche in Rücksicht der Domainen-Processe in Unserm Cammer-Reglement enthalten sind.

Zweiter Abschnitt.

Von den Deich- und Strom-Polizei-Sachen.

Artikel 20.

Die Handhabung der Deich- und Strom-Polizei nach den bestehenden und künftig zu erlassenden Gesetzen, namentlich die Bewahrung der Deiche und Wasserbau-Werke gegen frevelhafte Beschädigungen und Vernachlässigungen von Seiten der Interessenten; die Aufsicht über die regelmäßige Benutzung der öffentlichen Gewässer behuf der Schifffahrt, der Fischerei, so wie zu ökonomischen Meliorations- und commerciellen Anlagen und zum Betriebe von Mühlen ꝛc.; die Aufsicht über die regelmäßige Benutzung der Schiffslinien-Pfade und der damit verbundenen Anlagen; die polizeilichen Verfügungen in Hinsicht des Schiffslinien-Zuges und des dafür anzuordnenden und festzustellenden Treibgeldes, gehört ausschließlich zur Competenz der Land-Drosteien, welche jedoch in allen technischen Sachen zuvor mit der General-Direction des Wasser-Baues zu communiciren haben. Sämmtliche Deich-Bediente sind daher in allen dahin gehörenden Fällen den Land-Drosteien direct untergeordnet und haben an solche zu berichten und von ihnen Anweisungen zu erhalten.

Artikel 21.

Nur Unserm Staats- und Cabinets-Ministerio steht es zu, die bestehenden deich- und strompolizeilichen Gesetze und Wrogen-Principien zu verändern und zu verbessern. Desfallsige Anträge werden von den Land-Drosteien an die General-Direction gebracht, welche solche einer genauen Prüfung unterwerfen und mit ihrem Gutachten begleitet an Unser Ministerium zur Entscheidung gelangen lassen wird, von welchem sodann die Publication der neuen Deich- und Strom-Polizei-Verordnungen allein emanirt.

Artikel 22.

Die alljährlich aufgenommenen Deich-Vorschauungs- und Strom-Besichtigungs-Protocolle werden von den Deich-Bedienten und Ämtern den Land-Drosteien eingesandt, welche solche an die General-Direction des Wasserbaues zur technischen Revision und Genehmigung gelangen lassen. Derselbe Geschäfts-Gang ist auch bei den Deich-Nachschauungs-Protocollen zu befolgen, und in so weit es einer technischen Beurtheilung bedarf, ob den Deichschau-Aufgaben ein Genüge geleistet ist oder nicht. Die Land-Drosteien haben, nach Maaßgabe der ihnen von der General-Direction des Wasserbaues mitgetheilten Bemerkungen, sodann das Weitere zu verfügen.

Artikel 23.

Die Erhaltung und Verbesserung der Schiffbarkeit der Flüsse, die Vertiefung des Strombettes und die Wegräumung der Hindernisse im Fahrwasser, nicht minder wie die Verwaltung der dazu besonders bewilligten und bestehenden Fonds, gehört lediglich zur Competenz der General-Direction des Wasserbaues. Desfallsige Gesuche und Anträge respective der Unterthanen, Deich-Bediente und Beamten werden jedoch zunächst an die Land-Drosteien gebracht und von solchen, mit ihrem Gutachten begleitet, an die General-Direction des Wasserbaues eingesandt, welche darauf das Weitere einzuleiten und zu verfügen hat.

Artikel 24.

Wir behalten Uns vor, das gegenwärtige Reglement in seinen einzelnen Theilen künftighin zu ergänzen, zu verbessern und abzuändern; und befehlen, daß sich Alle, die es angehet, darnach zu richten haben.

Gegeben Carlton-House, den 18ten April 1823.

George Rex.

E. Graf v. Münster.

Abdruck 1-2: Bekanntmachung der Königlichen General-Direction des Wasserbaues, Vorschriften, die Prüfung und Anstellung der Wasserbau-Eleven und Conducteurs betreffend vom 30sten Januar 1847

— 43 —

I. Abtheilung. **№ 7.**

Gesetz-Sammlung

für das Königreich Hannover.

Jahrgang 1847.

Inhalt.

(7.) **Bekanntmachung der Königlichen General-Direction des Wasserbaues, Vorschriften, die Prüfung und Anstellung der Wasserbau-Eleven und Conducteurs betreffend.** Hannover, den 30sten Januar 1847.

Mit Genehmigung des Königlichen Ministeriums des Innern werden über Prüfung und Anstellung der Wasserbau-Eleven und Conducteurs die nachfolgenden Vorschriften hiedurch bekannt gemacht.

§. 1.

Diejenigen, welche eine Anstellung oder Beschäftigung im Königlichen Dienste des Wasserbaues nachsuchen, müssen sich einer zweimaligen Prüfung unterwerfen.

Erste Prüfung.

§. 2.

Zu der ersten Prüfung werden nur diejenigen zugelassen, welche

a. in einem Gymnasium des Landes die Fähigkeit zur ersten Classe erlangt, oder die erste Classe einer höhern Bürgerschule wenigstens 2 Jahre hindurch besucht, oder den dazu erforderlichen Grad der Schulbildung auf andere Weise sich verschafft, sodann

b. die hiesige höhere Gewerbeschule oder eine auswärtige Bauschule während eines vollständigen Cursus, mit besonderer Rücksicht auf ihre künftige Bestimmung für den Dienst des Wasserbaues, und nach Beendigung desselben

c. die Landes-Universität oder eine auswärtige Universität, zu ihrer weitern allgemeinen wissenschaftlichen Ausbildung mit Fleiß wenigstens 2 Jahre hindurch, besucht haben,

9

[Ausgegeben zu Hannover, den 10ten Februar 1847.]

darüber genügende Zeugnisse der betreffenden Lehranstalten beibringen und neben solchen über ihr gutes sittliches Betragen durch obrigkeitliches Zeugniß sich gehörig ausweisen.

§. 3.

Der zu Prüfende hat unter Vorlegung der im §. 2 erwähnten Zeugnisse und einer schriftlichen Darlegung seines Lebenslaufs seine Zulassung mittelst eines persönlich bei der Königlichen General-Direction des Wasserbaues zu übergebenden Gesuchs nachzusuchen. Die Königliche General-Direction des Wasserbaues wird zur Vornahme der Prüfung, sobald solche vom Königlichen Ministerium des Innern für zuläßig erklärt ist, das Nöthige anordnen.

§. 4.

Die erste Prüfung soll sich auf folgende Gegenstände erstrecken:

a. Reine Mathematik, einschließlich der höhern Analysis, der Lehre von den Kegelschnitten, der ebenen und sphärischen Trigonometrie, der Stereometrie und der darstellenden Geometrie.

b. Angewandte Mathematik, namentlich Statik, Hydrostatik und Hydraulik, nebst Kenntniß von der Anwendung und dem mechanischen Effecte der beim Wasserbaue gebräuchlichen Schöpf- und Hebemaschinen, so wie der Wassermahlmühlen und der sonstigen dahin gehörigen Betriebs-Anlagen.

c. Die zur Beurtheilung der Brauchbarkeit und Güte der Baumaterialien zu den verschiedenen baulichen, insbesondere aber zu wasserbaulichen Zwecken erforderlichen Kenntnisse aus der Physik, Chemie und Mineralogie.

d. Kenntniß des Zweckes, der Hauptbestandtheile und der verschiedenen Constructions-Arten der dem Hafen- und Canalbaue, den Ent- und Bewässerungs-Anlagen, den Strom- und Fluß-Correctionen, dem Ufer- und Deichbaue und der Benutzung der Ströme und Flüsse zu gewerblichen Anlagen angehörigen Wasserbauwerke.

e. Fertigkeit im Planzeichnen und im Entwerfen der sub d. erwähnten Bauwerke und der damit in Verbindung stehenden Dienstwohnungen für die verschiedenen Classen des Aufsichtspersonals.

f. Practische Fertigkeit im Feldmessen und Nivelliren und in dem Auftragen der Resultate dieser Operationen, Bekanntschaft mit der Einrichtung und dem Gebrauche der dabei Anwendung findenden verschiedenen Instrumente.

g. Fähigkeit im Lesen und Verstehen wasserbaulicher Schriften in französischer und englischer Sprache.

h. Bekanntschaft mit der wasserbaulichen Literatur in deutscher, französischer und englischer Sprache.

§. 5.

Vor der mündlichen Prüfung hat der Examinand seine Fertigkeit im Zeichnen und im schriftlichen Vortrage durch Bearbeitung von Probeaufgaben, welche ihm neben der Verfügung über seine Zulassung zugestellt werden, nachzuweisen.

§. 6.

Nach wohlbestandener ersten Prüfung wird der Fähigbefundene vom Königlichen Ministerium des Innern zum Wasserbau-Eleven behuf seiner practischen Ausbildung, ernannt und, nach vorgängiger Beeidigung von der Königlichen General-Direction des Wasserbaues, gegen vorschriftsmäßige Diäten, nach Bedürfniß des Dienstes, beschäftigt. Dadurch aber wird ein Anspruch auf weitere Beförderung nicht erworben; es bleibt vielmehr diese zunächst von der bewiesenen practischen Application des Eleven überhaupt und von dem Ausgange der zweiten Prüfung desselben abhängig.

§. 7.

Diejenigen, welche die erste Prüfung nicht genügend bestanden haben, können deren Wiederholung nach Ablauf eines Jahrs nachsuchen; das abermalige Nichtbestehen bei dieser aber zieht eine gänzliche Zurückweisung des Geprüften nach sich.

Zweite Prüfung.

§. 8.

Zu der zweiten, der Anstellung als Wasserbau-Conducteur vorangehenden Prüfung sollen nur diejenigen zugelassen werden, welche nach wohlbestandener ersten Prüfung wenigstens 4 Jahre als Eleven im practischen Dienste beschäftigt gewesen sind, sich dabei als fleißig, zuverlässig und tüchtig bewiesen, einen untadelhaften Lebenswandel geführt haben und darüber günstige Zeugnisse ihrer bisherigen Vorgesetzten beibringen.

§. 9.

Das Gesuch um Zulassung zu der zweiten Prüfung ist, unter Einreichung der im §. 8 erwähnten Zeugnisse, an die Königliche General-Direction des Wasserbaues zu richten. Von dieser wird, sobald die zweite Prüfung vom Königlichen Ministerium des Innern für zuläßig erklärt ist, dem Examinanden eine Probearbeit aus dem Gebiete des practischen Wasserbaues aufgegeben und nach genügender Erledigung der Aufgabe die mündliche Prüfung angeordnet.

§. 10.

Die zweite Prüfung umfaßt den practischen Dienst des Wasserbaues, namentlich die Entwerfung, Veranschlagung und Ausführung von Wasserbauwerken, die Kenntniß der bestehenden wasserbaulichen Landesgesetze und Verordnungen, so wie der sonstigen, den Localdienst in den verschiedenen Landestheilen betreffenden Einrichtungen. Der Examinand muß dabei auch eine entsprechende Geläufigkeit im schriftlichen und mündlichen Vortrage über wasserbauliche Gegenstände, behuf der deshalb vorkommenden Verhandlungen mit den Behörden, beurkunden.

§. 11.

Hat das Ergebniß der zweiten Prüfung als genügend nicht angesehen werden können, so soll dem Betheiligten zugestanden werden, sich nach Verlauf von 1—2 Jahren einer Wiederholung derselben zu unterwerfen. Ist das Ergebniß dieser aber ebenfalls nicht befriedigend, so kann eine Anstellung desselben im Königlichen Dienste des Wasserbaues überall nicht Statt finden.

Hannover, den 30sten Januar 1847.

Königlich-Hannoversche General-Direction des Wasserbaues.

v. Voß.

2 Aufgaben der Wasserbauverwaltung bis zur Auflösung der General-Direction des Wasserbaues 1870 und Aufbau der Meliorationsbauverwaltung in der preußischen Provinz Hannover ab 1871

von Johann Kramer

2.1 AUFGABENWAHRNEHMUNG DURCH DIE GENERAL-DIRECTION DES WASSERBAUES UND NACHGEORDNETE BEHÖRDEN

2.1.1 AUFGABENERLEDIGUNG NACH 1823

Zu Beginn des 19. Jahrhunderts war der überwiegende Teil der Bevölkerung in der Landwirtschaft tätig. Eine Änderung und ein wirtschaftlicher Aufschwung setzten nach den Befreiungskriegen 1813/15 durch Industrialisierung, aber auch durch Verbesserung der Bodennutzung ein. Ent- und Bewässerung, aber auch der Einsatz des Mineraldüngers führten nicht nur zu landwirtschaftlich größeren Nutzflächen, sondern auch zur Ertragssteigerung auf der Fläche. Beides war erforderlich, um die wachsende Bevölkerung ernähren zu können.

Abb. 2-1: Leinstraße in Hannover mit königlichem Schloß. Zustand vor 1826 nach einer Lithographie von Cretschmer 1841 (Aufsatz W. Jaeckel, Zeitschrift für Binnenschiffahrt und Wasserstraßen, Nr. 5/73)

Auch erkannte die königliche Verwaltung, daß die großen Stromgebiete, besonders das der Weser, aber auch das Küstengebiet zur besseren wirtschaftlichen Nutzung und verkehrlichen Erschließung der Flüsse als Wasserwege nur einheitlich verwaltet werden konnten. Für diese Aufgaben wurde am 18. April 1823 durch Georg IV, König von Hannover (Abb. 1-1), die General-Direction des Wasserbaues als „Oberste Zentralverwaltungsbehörde für sämtliche Wasserbausachen im Königreich“ mit dem Sitz in der „Residenzstadt Hannover“ gegründet (Abdruck 1-1). Sie wurde neben der bereits seit 1817 bestehenden General-Wegebau Kommission errichtet. Die General-Direction des Wasserbaues nahm ihre Tätigkeit am 04.06.1823 im Königlichen Schloß in Hannover auf (Abb. 2-1). Der Aufbau der General-Direction ist in Abschnitt 1 ausführlich beschrieben.

HOF- und STAATS-
HANDBUCH
für das
Königreich Hannover
auf das Jahr
1844.

HANNOVER,
Druck und Verlag von E. Berenberg, Georgstraße № 19.

353

III. General-Direction des Wasserbaues zu Hannover.

(Dieselbe führt, als oberste Verwaltungs-Behörde für alle Wasser-Bau-Sachen, die Aufsicht über sämmtliche Deich- und Wasser-Bau-Bediente, leitet die Ausführung der, nach zuvor von ihr angestellter Prüfung genehmigten Bau-Projecte und hat für die Erhaltung und Verbesserung der Schiffbarkeit der Flüsse zu sorgen. In allen den Fällen, in welchen die Nützlichkeit der Ausführung hydrotechnischer Pläne, für die Unterthanen, oder deren Concurrenz durch Herbeyschaffung von Hülfsmitteln an Gelde und Dienstleistungen, zur Frage kommt, concurriren auch die Landdrosteyen bey der Behandlung der Wasserbau-Angelegenheiten. Die Gen. Dir. hält ihre Sitzungen Mittw. u. Sonnab. in dem, ihr überwiesenen Locale im Königl. Ministerial-Gebäude. — Reglem. d. d. 18. Apr. 1823. Ges.-Samml. d. a. 1823. I. Abth. Nro. 19. — Regulativ d. d. 17. Oct. 1826. Ges.-Samml. d. a. 1826. I. Abth. Nro. 42.)

Cammer-Director von Voß, General-Director
Georg Friedrich Mosengel, Ober-Bau-Rath B.H.L. 3.
Regierungs-Rath Mertens Ⓦ

* * *

Als Gehülfsarbeiter sind provis. noch angestellt:

F. Plener, tit. Wasserbau-Director
Aug. Ludw. Loges, Wasserbau-Conducteur.

Registratur und Canzley.

Geo. Heinr. Hoffmann, Wasserbau-Inspector Ⓦ
Joh. Geo. Pet. Friedr. Menges, Canzlist; ist auch mit den Registratur-Geschäften beauftragt
Herm. Glitz, Copiist
C. C. Hahn, Bote.

3

Abb. 2-2: Personal und Organisation der General-Direction des Wasserbaues und seiner nachgeordneten Stellen. Hof- und Staatshandbuch für das Königreich Hannover auf das Jahr 1844, S. 353 - 355

Das staatliche Bauwesen im Königreich Hannover war durch die vollständige Trennung der vier Bauzweige Wasser-, Wege-, Land- und Eisenbahnbau charakterisiert, die von der untersten bis zur obersten Instanz galt. Bis zur Vereinnahmung des Königreiches Hannover in das Königreich Preußen als Provinz Hannover blieb es bei dieser Regelung.

Wasserbau-Aufgaben der Landdrosteien und der nachgeordneten Bauinspektoren

In das Aufgabengebiet der Landdrosteien fiel die Deich- und Strompolizei, die Aufsicht über die Benutzung der öffentlichen Gewässer für Schiffahrt, Fischerei, Mühlenbe-

354 Civ.-Etat. III. Verw. d. Regim.-, Pol.- u. Hoh.-Ang.

Wasserbau-Beamte.

Nach der Districts-Eintheilung.

(Die verschiedenen, in Nachfolgendem benannten Directions- und Inspections-Bezirke begreifen, außer dem bezeichneten tractu des Hauptflusses, auch die in diesen mittel- und unmittelbar einmündenden Nebenflüsse.)

1. Direction der Ober-Elbe.

(J. d. A. Schnackenburg, Dannenberg, Hitzacker, Neuhaus am rechten Elbufer und Bleckede.)

Andr. Ludw. Dodt, zu Hitzacker, Wasserbau-Director
Dannenberg, zu Bleckede, Wasserbau-Inspector.

Deichvögte.

Zu Damnatz, Amts Dannenberg, J. C. G. Brockmann
- Brandstade, Amts Hitzacker, E. G. Ch. Wundram
- Haar, Amts Neuhaus, Mirow
- Bleckede, Meyer.

2. Direction der Mittel-Elbe.

(J. d. A. Artlenburg, Winsen a. d. Luhe, Harburg und Wilhelmsburg.)

Joh. Heinr. Wundram ✠, zu Harburg, Wasserbau-Director
Joh. Heinr. Blohm, zu Harburg, Wasserbau-Inspector.

Deichvögte.

Zu Hohnstorf, Amts Artlenburg, J. J. Schulze
- Winsen a. d. Luhe, A. Seegelke
- Wilhelmsburg, H. Busch.

3. Direction der Unter-Elbe.

(J. Altenlande, d. L. Kehdingen, A. Wischhafen u. L. Hadeln.)

Wasserbau-Director, vacat
Fr. Ernst, zu Neuhaus im Bremenschen, Wasserbau-Inspector, mit der Direction beauftragt
A. W. Beyfuß, zu Jork, Wasserbau-Inspector
Lüning, zu Neuhaus a. d. Oste, Wasserbau-Inspector.

Deichvogt.

Zu Assel, Amts Wischhafen, J. Jungclaus.

4. Direction der Unter-Weser.

(J. d. Herz. Bremen und Verden.)

Joh. Eibe Callenius ✠, zu Vegesack, Wasserbau-Director
A. Dincklage, Wasserbau-Conducteur
A. Richter, Wasserbau-Conducteur.

5. Direction der Mittel-Weser.

(J. d. Gräfsch. Hoya und Diepholz.)

Wasserbau-Director, vacat
Luttermann, zu Hoya, Wasserbau-Inspector, mit der Direction einstweilen beauftragt
Heinr. Joh. Bernh. Hagen, Prem.-Lieut., Wasserbau-Conducteur.

III. General-Direction d. Wasserbaues. 355

Deichvögte.

Zu Dreye, Amts Sycke, F. Schrader
- Dörverden, Amts Westen-Thedinghausen, F. G. Franck
- Hoya, P. E. F. Schnell (MD)

6. Direction der Ober-Weser.

(J. d. F. Göttingen und Calenberg.)

Heinr. Ad. Buchholz, zu Hameln, Wasserbau-Inspector

7. Direction Ostfriesland.

Gottfr. Heinr. Kettler, zu Emden, Wasserbau-Directo[r]
Siegfr. Ant. Börner, zu Esens, Wasserbau-Inspector
Bod. Eberh. Beninga Kettler P. D., zu Leer, Wasserbau-Inspector
W. Mecke, zu Norden, Wasserbau-Inspector.

* * *

Richter, zu Stickhausen, Vehnmeister des Königliche[n] Georgs-Vehns.

8. Inspection der Ober-Leine und Ruhme.

(J. d. F. Göttingen, Grubenhagen und Calenberg, bis zur Residen[z]stadt Hannover.)

Joh. Christ. Bertram, zu Nordheim, Wasserbau-Inspecto[r]

9. Inspection der Unter-Leine und Aller.

Heinr. Ludw. Jul. Daffel (W) (MD), zu Celle, Wasserbau-Inspector.

10. Inspection der Innerste und Ocker.

(J. d. F. Hildesheim.)

Wilh. Bindoff, zu Hildesheim, Wasserbau-Inspector.

11. Inspection der Ober-Ems und des Ems-Canals.

Tolle, zur Schleuse bey Hanckenfähr, tit. Wasserbau-Director
Carl Dincklage, zur Koppelschleuse bey Meppen, Wasserbau-Inspector.

Wasserbau-Beamte ohne bestimmte Dienst-Bezirke.

Ezech. Ad. Dammert, Ernst Aug. Strauch } Wasserbau-Conducteurs.

* * *

Rud. Franzius, zu Aurich, tit. Conducteur.

Schleusen-Officianten.

Heinr. C. Cramm, Schleusenmeister zu Mehringen a. d. E[ms]
Geo. Chr. Schmidt, zu Celle, Schleusenmeister
Conr. Kuhlmann, zu Neustadt a. R., Schleusenmeister
Hans Joachim Koch, zu Wilhelmsburg, Schleusenmeist[er]

Z 2

triebe und für Meliorationsangelegenheiten. Die auf diesen Gebieten auftauchenden technischen Fragen waren gemeinsam mit der General-Direction zu bearbeiten. In allen Fällen, in denen bei der Ausführung hydrotechnischer Pläne Interessen der Untertanen berührt wurden, konkurrierten die Landdrosteien. Zusammenfassend ist festzustellen, daß die General-Direction in Wasserbausachen in der Hauptsache die technische Leitung hatte, während die Landdrosteien die polizeilichen Funktionen wahrnahmen.

Jedoch waren bei den drei von Wasserbausachen besonders betroffenen Landdrosteien Aurich, Stade und Lüneburg Wasserbaudirektoren eingesetzt, während für die restlichen Landdrosteien die General-Direction deren Aufgaben übernahm. Das Fachpersonal war nicht sehr zahlreich: 1824 wurden für die gesamte General-Direction des Wasserbaus im Staatskalender nur 23 höhere Beamte einschließlich der Conducteure (untere Führungskräfte) aufgezählt. Die höheren Wasser- und Deichbaubeamten wurden auf Vorschlag der General-Direction des Wasserbaues durch das Staats- und Kabinetts-Ministerium in Hannover ernannt (Staatsarchiv Aurich, Rep. 6, Nr. 8788).

Für den Seebau war bereits im Jahre 1815 eine Seebaukommission eingerichtet worden, die sich vor allem um die Betonnung und Befeuerungsverhältnisse an den Wasserstraßen im Küstengebiet zu kümmern hatte. Im Jahre 1823 übernahm die Königliche General-Direction des Wasserbaues die oberste unmittelbare Leitung des Seebaues. Auf dieses Aufgabengebiet soll hier jedoch nicht näher eingegangen, sondern nur die Zuständigkeit des Königreiches Hannover hierfür festgehalten werden.

Mit der Hansestadt Bremen wurde im Jahre 1828 die Weser-Schiffahrtsakte abgeschlossen, die die Schiffahrt auf der Weser schiffahrtspolizeilich und abgabenmäßig regelte. 1844 wurde das „Polizeiliche Reglement behuf der Dampfschiffahrt auf der Weser“ verkündet. Im gleichen Jahre beschlossen Österreich-Ungarn, Preußen, Sachsen, Dänemark (für Holstein und Lauenburg), Mecklenburg-Schwerin, Anhalt-Köthen, Anhalt-Dessau, Anhalt-Berneburg, Lübeck, Hamburg und Hannover die Elbschiffahrt-Additional-Akte. Gleichzeitig wurde in einer weiteren Verordnung die Schiffahrt auf der Aller und Leine polizeilich geregelt. Im Jahre 1846 wurde in einem Gesetz „über die Veräußerungspflicht behuf der Anlage von Schiffahrtskanälen und Häfen und behuf der Schiffbarmachung von Flüssen“ das Enteignungsverfahren und die Entschädigung für Grundstücke festgelegt. Daneben befaßten sich in der Mitte des vorigen Jahrhunderts mehrere Bekanntmachungen der General-Direction mit schiffahrtspolizeilichen Angelegenheiten der Häfen und Lade- und Löschstellen an der Weser und ihren Nebenflüssen.

Die wasserbaulichen Aufgaben einer Landdrostei, entsprechend dem Reglement vom 18. April 1823, lassen sich am Beispiel Ostfrieslands darstellen, für das in einem Reskript vom 6. Juli 1824 Aufgaben und Befugnisse der ostfriesischen Wasserbaubediensteten festgelegt worden waren. Nach Auflösung der königlichen Provinzialregierung war der Domänenrat und Baudirektor Franzius nach einer Bestimmung vom 22.Mai 1823 wieder zum Mitglied mit Sitz und Stimme in der Landdrostei zu Aurich ernannt worden. In seiner besonderen Eigenschaft als Baudirektor war er außerdem Vorgesetzter der übrigen Wasserbaubediensteten der Landdrostei. Seine Aufgabe war, alle geplanten Bauobjekte zu begutachten, die Entwürfe zu prüfen und diese mit einem Gutachten der General-Direction des Wasserbaues in Hannover bzw. der Landdrostei in Aurich vorzulegen. Nach endgültiger Genehmigung durch die General-Direction führte der Baudirektor die obere Aufsicht über die von den Bauinspektoren zu leistenden Bauarbeiten aus. In einem Jahresbericht schrieb Franzius (Staatsarchiv Aurich, Rep. 6, Nr. 10481):

„Zu den Gegenständen meiner Bearbeitung für das Jahr 1819 gehören:
- Die Instandsetzung der Auswässerung des Berumer-Fehn-Wassers nach dem Addinggaster Siel hin durch Anlegung eines neuen Abfluß-Kanals mit kleiner Ablaß-Schleuse,
- die Ausgrabung eines Teiles des Hinter Tiefs,
- die weitere Verstärkung des Niederemsischen Deiches und
- die weitere Bearbeitung der Mittel der so notwendigen Entwässerung der Wymerster Sielacht"

Als weitere Arbeiten sind aufgeführt: Sielreparaturen und Entwässerungsarbeiten sowie die Ausräumung der Binnenkanäle der Stadt Emden.

Die dem Baudirektor der Landdrostei nachgeordneten Bauinspektoren waren in allen Wasserbau-fragen die örtliche Bauverwaltung für ihren besonders abgegrenzten Inspektionsbezirk. In jeder Inspektion war etatmäßig ein Bauinspektor angestellt. Je nach Umfang der Arbeiten wurde ihm ein Bau-Conducteur als Hilfskraft zugeteilt. Die wichtigsten Arbeitsgebiete, z. B. in Ostfriesland, waren:
- Küsten- und Inselschutz, insbesondere das Deichbauwesen,
- Überwachung der Entwässerung und Entwässerungsanlagen,
- Überwachung und Unterhaltung aller bestehenden Wasserbauwerke und
- Aufstellung von Entwürfen, technische Leitung der Bauausführung,
- Abnahme der Bauten und der Abrechnung.

Für diese Aufgaben waren in Ostfriesland nach der Gründung der General-Direction des Wasserbaus 1823 (Staats- und Adress-Kalender für das Königreich Hannover auf das Jahr 1824) folgende Beamte der Wasserbauverwaltung tätig:

Johann Nicolaus Franzius, Wasserbaudirektor (Sitz: Aurich)
Gottfried Heinrich Kettler, Wasserbauinspektor (Sitz: Emden)
Siegfried Anton Börner, Wasserbauinspektor (Sitz: Esens)
Otto Chr. Friedr. Reinholt, Wasserbauinspektor (Sitz: Leer)
Maino Remmers, Wasserbauinspektor (Sitz: Norden)
Rudolf Friedrich Franzius, Wasserbaucondukteur
A. T. Petersen, Wasserbaucondukteur
Bodo Eberhard Kettler, Wasserbaucondukteur.

Das „Hof- und Staats-Handbuch für das Königreich Hannover auf das Jahr 1844" gibt Personal und Organisation der General-Direction des Wasserbaues und der nachgeordneten Stellen wieder (Abb. 2-2).

Regelung des Wasserbaus in Ostfriesland in preußischer Zeit vor 1815

Nach dem Wiener Kongreß wurde das Fürstentum Ostfriesland mit Wirkung vom 15.12.1815 vom Königreich Preußen dem Königreich Hannover zugeschlagen. Die wasserbaulichen Strukturen blieben im wesentlichen unverändert erhalten.

In Ostfriesland war bereits 1728 eine „Teichdirection" vom Fürsten für das westliche Ostfriesland eingesetzt worden, das sich noch immer nicht von den Folgen der sehr schweren Weihnachtsflut von 1717 und Neujahrsflut von 1721 erholt hatte. Gleichzeitig wurde Johann Rudolf von Münnich zum landesherrlichen Inspektor bestellt. 1741 übernahm der Amtsverwalter Völger aus Pewsum diese Aufgabe des Deichkommissars. Nach dem Tode des letzten Fürsten wurde Ostfriesland 1744 vom König von Preußen, Friedrich dem Großen, übernommen. 1749 wurde auf Empfehlung der preußischen Kriegs- und

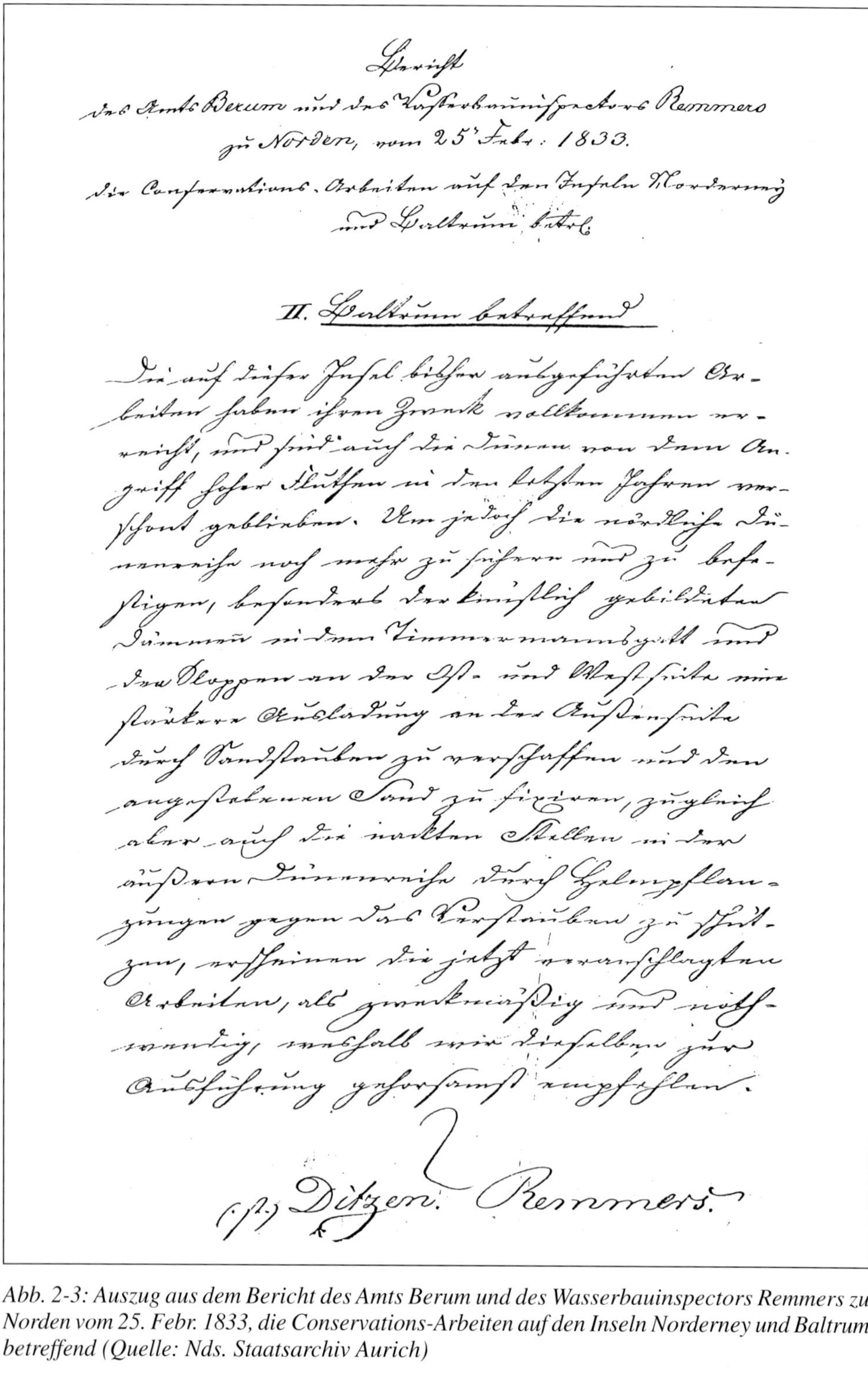
Bericht
des Amts Berum und des Wasserbauinspectors Remmers
zu Norden, vom 25. Febr. 1833.
die Conservations-Arbeiten auf den Inseln Norderney
und Baltrum betrf.

II. Baltrum betreffend

Die auf dieser Insel bisher ausgeführten Arbeiten haben ihren Zweck vollkommen erreicht, und sind auch die Dünen von dem Angriff hoher Fluthen in den letzten Jahren verschont geblieben. Um jedoch die nördliche Dünenreihe noch mehr zu sichern und zu befestigen, besonders der künstlich gebildeten Dünen in dem Zimmermannsgatt und den Sloppen an der Ost- und Westseite eine stärkere Anlandung an der Außenseite durch Sandstauben zu verschaffen und den angewehten Sand zu fixiren, zugleich aber auch die nackten Stellen in der äußeren Dünenreihe durch Helmpflanzungen gegen das Verstauben zu schützen, erscheinen die jetzt vorgeschlagenen Arbeiten, als zweckmäßig und nothwendig, weshalb wir dieselben zur Ausführung gehorsamst empfehlen.

(gez.) Ditzen. Remmers.

Abb. 2-3: Auszug aus dem Bericht des Amts Berum und des Wasserbauinspectors Remmers zu Norden vom 25. Febr. 1833, die Conservations-Arbeiten auf den Inseln Norderney und Baltrum betreffend (Quelle: Nds. Staatsarchiv Aurich)

Domänenkammer in Aurich durch königliches Rescript der Deichrentmeister Davemann als Deichkommissar in Emden eingesetzt. Ihm folgten als Deichkommissare 1763 Heinrich Magott und 1789 Tönjes Bley, der an der Universität Halle Wasserbau studiert hatte. Letzterer wurde 1804 als wirklicher Kriegs- und Domänenrat und Baudirektor sowie als erstes technisches Mitglied in die Kriegs- und Domänenkammer Aurich (später Landdrostei und dann Regierungspräsident) berufen. Bereits 1814 wurden dem Baudirektor in dieser Kammer vier Bauinspektionen in Leer, Emden, Norden und Esens nachgeordnet. Sie übernahmen die Aufsichts- und Weisungspflichten im Deich- und Sielwesen, die bis 1806 der Deichkommissar innegehabt hatte (1806 bis 1813 stand Ostfriesland unter holländischer bzw. französischer Herrschaft). So ist in Ostfriesland aufgrund der dringenden staatlichen Aufsicht über das für das Wohl des Landes besonders wichtige Deich- und Sielwesen bereits 1814 eine staatliche Wasserbauverwaltung mit Mittelbehörde und vier Ortsbehörden eingerichtet worden. Der Deichkommissar von 1749 hat als Vorgänger gewirkt, bei der Auswahl der Fachleute für die Wasserbauinspektionen 1814 hat man auf dessen Stab zurückgegriffen [3]. Hervorzuheben ist, daß neben der überwiegenden Aufsichtstätigkeit über Deich- und Sielverbände bereits 1814 für die „Conservation der Inseln" (Inselschutz) jährlich vom Staat 600 bis 700 Reichstaler vor allem für Helmpflanzungen verausgabt wurden (Abb. 2-3).

2.1.2 AUFGABENWAHRNEHMUNG NACH DER NEUORDNUNG DER HANNOVERSCHEN WASSERBAUVERWALTUNG 1852

Aufgabengliederung nach 1852

Die Verordnung über das Wasserbauwesen vom 1. Sept. 1852 (s. Abschnitt 1.1.2) legte als Aufgabengliederung folgende Wasserbauzweige fest:

- *Staatswasserbau*
  Wasserbauten, deren Kosten aus allgemeinen Staatsmitteln bezahlt wurden (Stromregulierungen, Hafenbauten, Dünenbau auf den Nordseeinseln, Seebau an der Küste usw.).
- *Domanial-Wasserbau*
  Wasserbauten, die den ausgeschiedenen und nicht ausgeschiedenen Domanial-Grundbesitz betreffen (z. B. Seeanwächse).
- *Interessenten-Wasserbau*
  Alle unter Aufsicht der Staatsbehörden stehenden Wasserbauwerke, deren Bau oder Unterhaltung Körperschaften, Gemeinden oder Verbänden sowie Privatpersonen oblag (z.B. Be- und Entwässerungsanlagen sowie Stauanlagen usw.).

Aufgaben der General-Direction nach 1852

Für die Domanial- und Interessenten-Wasserbauten hatte die General-Direction im wesentlichen nur als technische Behörde eine begutachtende und beratende Funktion. Die Verwaltung bzw. die obere Leitung und Kontrolle der Bauausführung auf dem Gebiete des Domanial-Wasserbaues lag in den Händen der Domänenkammer in Hannover. Für den Interessenten-Wasserbau war in mittlerer Instanz die Landdrostei zuständig (Gesetz über Ent- und Bewässerung der Grundstücke sowie der Stauanlagen vom 22. August 1847, das als erstes Wassergesetz im norddeutschen Raum bezeichnet werden kann). Bei wichtigen Baumaßnahmen, die in ihren Auswirkungen auch die Belange des Staatswasserbaues berührten, hatte sie jedoch das Gutachten der General-Direction einzuholen (§ 56). Vor Erlaß dieser Verordnung gehörten alle Neubauten und Reparaturen dieses Wasserbauzweiges zur ausschließlichen Zuständigkeit der General-Direction.

Im Staatswasserbau hatte die General-Direction dagegen nicht nur die oberste technische Leitung, sondern war zugleich auch die eigentliche Verwaltungsbehörde. Sie verfügte selbständig, was und wie gebaut wurde und wie die etatmäßigen Wasserbaufonds verwendet werden sollten. Nur für gewisse Bauten von besonderer Wichtigkeit, wie z. B. die Anlage von Häfen und Kanälen, hatte sie die Genehmigung des Ministeriums des Innern einzuholen (§§ 11, 12).

Landdrosteien nach 1852

Den Landdrosteien stand eine direkte Mitwirkung in der Regel nicht zu. Sie wurden jedoch über alle Planungen und Bauausführungen unterrichtet, um die landespolizeilichen Interessen und die Angelegenheit der Untertanen wahrnehmen zu können. Mit letzteren hatten sie Verhandlungen wegen der zu leistenden Baukostenbeiträge zu führen (§§ 7, 9 und 10).

Der den Landdrosteien als technisches Mitglied zugeteilte Wasserbaudirektor nahm vor allem die Aufgaben des Interessenten-Wasserbaues wahr. Nach § 7 der Verordnung hatte er aber auch die Entwürfe auf dem Gebiet des Staatswasserbaues zu prüfen und das Kollegium der Landdrostei durch Vortrag über die geplanten Bauvorhaben zu unterrichten. Die Entscheidung lag bei der General-Direction. Der Wasserbaudirektor übte ferner die Aufsicht über die Instandhaltung und Verbesserung der in der Provinz befindlichen Wasserbauanlagen aus. Dazu bereiste er, so oft es ihm erforderlich schien, die einzelnen Gebiete. Jährlich hatte er einmal an einer Hauptschauung der Deiche, Siele und Flußufer teilzunehmen (§ 58).

Wasserbauinspektionen nach 1852

Die Aufgaben der dem Wasserbaudirektor der Landdrostei nachgeordneten Wasserbauinspektoren waren:

Leitung der Bauausführung in allen drei Wasserbauzweigen,

Aufstellung der Entwürfe für Staatswasserbauten (§ 7),

gemeinschaftliche Überwachung der Erhaltung der Domanialwasserbauwerke mit dem jeweils zuständigen Amt (§ 29); über mögliche Verbesserungen des Domanialgutes durch Eindeichungen, Einpolderungen, Ent- und Bewässerungen sowie ähnliche Maßnahmen hatten sie Entwürfe aufzustellen und der Domänenkammer vorzulegen (§ 26),

Aufsicht über das Deich-, Siel- und Uferbauwesen zusammen mit dem zuständigen Amt mit jährlich zwei Hauptschauungen der Deiche, Siele und Flußufer (§ 37) und

Leitung der Deichverteidigung bei Sturmfluten an der Küste und Hochwassergefahr im Binnenland.

Die Wasserbauinspektoren hatten in ihrem Bezirk die Aufsicht über die Wasserbau-Conducteure und Bauführer sowie über die Deichvögte und sonstigen Unterbeamten. Sie selbst waren dem Wasserbaudirektor und, soweit sich ihre Tätigkeit auf den Interessentenwasserbau erstreckte, der Landdrostei zugeordnet.

Das gesamte technische Personal wurde von der General-Direction beaufsichtigt. Die höheren Beamten wurden ernannt und befördert auf Vorschlag der Direction durch das Ministerium des Innern. Die Prüfung zum Wasserbau-Conducteur wurde von der General-Direction unter Zuziehung anderer geeigneter Techniker vorgenommen (frühe Ausbildungs- und Prüfungsvorschriften s. Abschnitt 8.1.1).

2.1.3 AUFLÖSUNG DER GENERAL-DIRECTION 1870 UND ÜBERTRAGUNG DER WASSERBAULICHEN MASSNAHMEN AUF DIE LANDDROSTEIEN

In der mittleren Instanz hatten bisher die Wasserbaudirektoren bzw. die Hannoversche General-Direction des Wasserbaues die wasserbaulichen Maßnahmen und Fragen bearbeitet. Anstelle der bautechnischen Referenten wurden bei den Landdrosteien im Land Preußen nunmehr Regierungsbauräte eingesetzt. Nachdem die General-Direction am 1. April 1870 aufgelöst worden war, wurden ihre Aufgaben und Befugnisse wie folgt übertragen:

1. An die Landdrosteien (später in Regierungsbezirke umbenannt) die
   - Verwaltung und technische Bearbeitung der Staatswasserbauten wie fiskalische Strom-, Ufer- und Hafenbauten,
   - technische Bearbeitung der Interessenten-Wasserbausachen und
   - Aufsicht über die Wasserbaubeamten.
2. An die Finanzdirektion Hannover die
   - Domanialwasserbauten, vorbehaltlich der Befugnis, für wichtige technische Angelegenheiten die Mitwirkung der Landdrosteien in Anspruch zu nehmen.

Die Regierungsbauräte führten die Aufsicht über das gesamte Bauwesen im Bezirk ihrer Landdrostei. Sie sorgten für eine zweckmäßige wirtschaftliche Ausführung der öffentlichen Bauten und mußten diese mindestens einmal jährlich auf ihren Bauzustand überprüfen. Über ihre im Frühjahr und Herbst durchzuführende Bereisung mußten sie der Regierung Bericht erstatten. Als Mittelinstanz prüften sie ferner die Bauentwürfe und hatten durch Vortrag im Plenum der damaligen Kollegialverwaltung mit gleichberechtigten Abteilungen die Entscheidung einzuholen. Im Plenum und in den einzelnen Abteilungen wurde mit einfacher Stimmenmehrheit entschieden. Wie aus der Instruktion vom 23. Oktober 1817 hervorgeht (Preußische Gesetzessammlung Nr. 440, Jg. 1817):

"Instruktion zur Geschäftsführung der Regierungen in den Königl. Preuß. Staaten vom 23. Oktober 1817

§ 21:

... ist in folgenden Fällen höhere Genehmigung einzuholen (Auszug):

9) bei Neubauten, welche die Summe von 500 Reichsthaler und bei Reparaturbauten, welche die von 1000 Reichsthaler übersteigen.

Zu Neubauten werden auch gerechnet:

a) Alle Landbauten, wodurch der Zweck einer schon vorhandenen Bau-Anlage wesentlich verändert wird;

b) bei Wasserbauten jede Abänderung bestehender Werke, wodurch die Richtung des Stromes, der Zustand der Schiffahrt oder die Sicherung, Bewässerung und Entwässerung angrenzender Ländereien in ein neues Verhältnis kommen.

In allen Fällen, wo berichtet werden muß, sind auch die Bau-Anschläge der Ober-Bau-Deputation zur Revision einzureichen.

§ 24:
In der Regel wird jede Sache von dem gewöhnlichen Dezernenten und Korreferenten bearbeitet. An den Korreferenten gelangt die Sache zuerst, der sich davon unterrichtet, dies auf dem Stück vermerkt oder sogleich sein Gutachten beifügt. Betrifft die Sache einen techn. Gegenstand, so muß dieses, der Regel nach, von dem betr. techn. Mitgliede geschehen, und so viel insonderheit Bau-Sachen anbetrifft, von dem selben sofort die nöthige Revision der Anschläge, Zeichnungen usw. vorgenommen und beigefügt werden, ehe die Sache zum Vortrage gelangt.

§ 28:
Bei dem Vortrage sowohl in dem Plenum als in den einzelnen Abtheilungen werden die Sachen nach Mehrheit der Stimmen entschieden. ...

§ 48:
Die Bau-Räthe führen die Aufsicht über das gesamte Bauwesen im Regierungs-Bezirke und sorgen für die tüchtige und zweckmäßige Ausführung der öffentlichen Bauten, unter möglichster Kosten-Ersparung. Sie führen die Aufsicht über die Baubeamten und Aufseher der Gebäude und ähnl. Bauanlagen aller Art, besonders über die Kommunikations-Anlagen."

Oberste Instanz der Preußische Minister für Handel, Gewerbe und öffentliche Arbeiten

Sämtliche Kreis- und lokalen Beamten waren den Landdrosteien und damit den dort angestellten höheren Baubeamten unterstellt; die oberste Instanz war der Preußische Minister für Handel, Gewerbe und öffentliche Arbeiten in Berlin.

In dem preußischen Ministerium für Handel, Gewerbe und öffentliche Arbeiten erhielt das Bauwesen im früheren Königreich Hannover eine einheitliche oberste Leitung. Während das Königliche Ministerium des Innern nur administrative Aufgaben für die Wasser-, Weg- und Eisenbahnverwaltung wahrgenommen hatte, dagegen die technische Leitung verschiedenen Ministerien oblag, bestand nunmehr für die preußische Provinz Hannover eine einheitliche administrative und technische Oberbehörde. Dies bedeutete einen wesentlichen Fortschritt, da

- die Planung und Ausführung großer Bauvorhaben, durch die mehrere Zweige des Bauwesens berührt wurden, nunmehr zentral gelenkt werden konnten,
- eine bessere Übersicht über den Einsatz des gesamten technischen Personals des staatlichen Bauwesens möglich war und
- das Prüfungswesen für die Baubeamten aller Bauzweige nach gleichen Grundsätzen gehandhabt werden konnte.

Das preußische Ministerium für Handel, Gewerbe und öffentliche Arbeiten hatte fünf Abteilungen: Postwesen, Eisenbahnwesen, Bauwesen, Gewerbewesen und Bergwesen. Zur Abteilung Bauwesen gehörte die Verwaltung des Land-, Wasser- und Chausseebauwesens sowie die technische Baudeputation, die Bauakademie und das Beuth-Schinkel-Museum.

Geschäftsbereich der Abteilung Bauwesen

Nach der „Verordnung über die obere Verwaltung des Bauwesens“ vom 22.12.1849 gehörten im Königreich Preußen zum Geschäftsbereich der Abteilung Bauwesen:

- Personalien der Bauverwaltung und Überwachung der Geschäftsführung der Baubeamten,
- Beratung bei Baubedürfnis und die Aufstellung des Bauetats für die staatlichen Bauten,
- Prüfung und Feststellung von Bauentwürfen und zugehörigen Kostenanschlägen,
- oberste Leitung und Überwachung der Ausführung dieser Arbeiten,
- Vermessungsangelegenheiten soweit solche in die Zuständigkeit des Ministeriums für Handel, Gewerbe und öffentliche Arbeiten gehörten und
- Baupolizei-Angelegenheiten.

Der erste Direktor der Abteilung Bauwesen war in der Provinz Hannover der Wirkliche Geheime Oberregierungsrat Mac-Lean, der als gebürtiger Schotte vermutlich aus der Hannoverschen Bauverwaltung übernommen worden war.

Umbenennung der Landdrosteien in Regierungsbezirke

Erwähnt sei hier, daß die Landdrosteien am 1. April 1885 in Regierungen umbenannt wurden. Damit entfiel die aus der hannoverschen Zeit überkommene Bezeichnung und wurde der schon vorher in Preußen geltenden angeglichen.

2.2 AUFBAU DER MELIORATIONSBAUVERWALTUNG IN DER PREUSSISCHEN PROVINZ HANNOVER 1871

2.2.1 KÖNIGLICH-PREUSSISCHE MELIORATIONSBAUINSPECTION HANNOVER VON 1871 SOWIE DEZENTRALISIERUNG AB 1894 DURCH EINRICHTUNG DER MELIORATIONSBAUÄMTER

Im Königreich Hannover und der späteren Provinz Hannover waren bereits in der ersten Hälfte des vorigen Jahrhunderts Wiesenbaumeister für landwirtschaftliche Bezirksvereine oder Provinzialvereine teilweise mit staatlicher Unterstützung tätig. So wurde beispielsweise 1842 von dem „Land- und Forstwirtschaftlichen Provinzialverein für das Fürstentum Lüneburg“ ein Wiesenbaumeister angestellt. Es galt die Ernährung der Bevölkerung zu sichern und die landwirtschaftlichen Produktions- und Ertragsbedingungen zu verbessern. Dazu war es erforderlich, die zuverlässige Entwässerung landwirtschaftlicher Flächen durch Gräben und Dränungen zu gewährleisten und andererseits in Trockenperioden den Wassermangel durch Bewässerung auszugleichen. Alle Projekte für Wiesenbauten und Dränungen - soweit sie den Verein betrafen - gingen durch die Hand des Wiesenbaumeisters. Der starke Bedarf an Fachleuten führte bereits 1854 zur Gründung der Wiesenbauschule Suderburg als Winterschule (s. Abschnitt 8.2). Der Wiesenbaumeister August Hillmer leitete sie von 1868 bis 1897.

Der Umfang und die Vielseitigkeit der Meliorationen läßt sich auch dadurch umreißen, daß die Wiesenbaumeister August und Wilhelm Hillmer im Jahre 1878 etwa 1500 ha

Ent- und Bewässerungsanlagen bearbeitet haben und daß in der Zeit von 1880 bis 1897 auf Kosten des Provinzialvereins 5600 ha Kunstwiesenbau (Rückenbau) projektiert und meist auch ausgeführt wurde. Insgesamt wurden in diesen 17 Jahren etwa 7000 ha Rückenbau angelegt.

Der Rückenbau war seinerzeit einer der verbreitetsten Bewässerungsmethoden im norddeutschen Flachland. Durch die Modellierung des ebenen Geländes zu flachgeneigten Rücken konnte erreicht werden, daß das Bewässerungswasser vom Zuleiter über Verteilergrüppen auf dem „Grat" der Rücken über die zu bewässernden Flächen rieselte und im Tiefpunkt der Rücklauf des unverbrauchten Wassers zum Ableiter erfolgte.

Diese allgemeine Entwicklung veranlaßte das Königreich Preußen bereits 1856 zur Einrichtung der ersten Meliorationsbauinspektion (Abschnitt 3.1.1) Nachdem die Zentralinstanz für den Wasserbau, die General-Direction des Wasserbaues, 1870 aufgelöst worden war und die Aufgaben auf die Landdrosteien übergegangen waren, entschloß das Königreich Preußen sich 1871, eine neue zentrale Stelle für ein bisheriges Teilgebiet der Wasserbau-Direktion, nämlich für das Meliorationsbauwesen, für die Provinz Hannover zu schaffen.

Am 01.04.1871 schuf Preußen als 9. Stelle in seinem Lande die „Königliche Meliorationsbauinspektion Hannover" für die gesamte Provinz Hannover. Ihr Vorstand wurde der Wasserbauingenieur August Hess aus Celle. Er erhielt den Titel „Königlicher Meliorationsbauinspektor" und ab 1880 die Bezeichnung „Königlicher Baurat". Hess leitete das Amt vom 01.04.1871 bis 30.09.1891. Dann trat er in den Ruhestand und verstarb 1894 im Alter von 67 Jahren in Hannover [2].

Der Königliche Baurat Hess umreißt die Stellung des Meliorationsbaubeamten in den 80er Jahren des vorigen Jahrhunderts: „Der Meliorationsbaubeamte müßte in Gemeinschaft mit dem Administrativ-Beamten sich der Bearbeitung unterziehen, während er jetzt - soweit nicht etwa das Gesetz von 22. August 1847 (Hannoversches Wassergesetz, Entwässerung und Bewässerung sowie Stauanlagen betreffend) noch Anwendung findet - lediglich als Consulent des Administrativ Commissars fungiert und daher überall keinen Einfluß auf die Behandlung der Meliorationssachen üben kann. Die Art der Bearbeitung durch eine Commission hat sich in der Provinz Hannover sehr bewährt."

Gleichzeitig führte Hess Klage darüber, daß besonders in der Landdrostei Lüneburg die früher von großer Bedeutung gewesenen kleineren Meliorationssachen aus zwei Gründen zurückgegangen waren:

1. Die Stellen der Districtsbaubeamten sind mit früheren Wegebaubeamten besetzt, die in Meliorationssachen keine Erfahrung besitzen, so z. B. in Walsrode, Celle, Uelzen, Gifhorn und Lüneburg.
2. Den Administrativbeamten sind die Diäten und Reisekosten für derartige Sachen entzogen. Hess wies besonders auf die Bedeutung gerade der kleinen Anlagen hin. Im Amte Celle befanden sich allein 30 Genossenschaften. Hess empfahl, den Verwaltungsbeamten für Dienstreisen Geld zu bewilligen, da die Kosten ohne „Bedruck" auf die Interessenten wie bei Verkoppelungsangelegenheiten nicht umgelegt werden könnten.

Baurat Hess war besonderes auf dem Gebiet der Bodenverbesserung erfolgreich. So wurden unter seiner Leitung die Oberaller von Fallersleben bis zur Okermündung begradigt und die Ilmenauniederung bei Lüneburg entwässert. Weiter fallen die Be- und Entwässerung des Gebietes Bruchhausen-Syke-Thedinghausen, die Leeste-Brinkumer Bewässerung, die Korrektur der Innerste im Gebiet Hildesheim, die Melioration der unteren

Leinemarsch zwischen Neustadt und Ahlden und die Korrektur des Lüchower Landgrabens in seine Amtszeit (s. Abschn. 10.1). Außerdem führte er Pegelbeobachtungen und Wasserabflußmessungen ein und ließ die ersten Wasserkarten anfertigen. Bis nach Stade und Aurich sowie nach Magdeburg in die Provinz Sachsen reichte das Wirken von Hess, dessen Leitgedanke es war, durch die Verbesserung des Bodens eine Steigerung der damals noch kargen landwirtschaftlichen Erträge zu erzielen.

Als August Hess 1891 in den Ruhestand trat, hinterließ er ein Werk von nahezu europäischem Ausmaß. Aufgrund seiner hervorragenden Fachkenntnisse, die er durch zahlreiche Studienreisen in die benachbarten europäischen Staaten vertieft hatte, wurde er häufig im In- und Ausland als Gutachter bei Meliorationsvorhaben und Kanalbauten herangezogen [2] (Abb. 2-4).

Sein Nachfolger wurde am 1. Oktober 1891 Regierungsbaumeister Ludwig Recken, der aus Kempen (Niederrhein) stammte und unter Hess bereits die Bauarbeiten der Meliorationsgenossenschaft Bruchhausen-Syke-Thedinghausen sowie die Entwässerung der Ilmenauniederung geleitet hatte.

Abb. 2-4:
a) ***Königlicher Baurat August Hess***
Vorstand der Königlichen Meliorationsbauinspection Hannover seit seiner Gründung am 01.04.1871 bis zum 30.09.1891

*b) **Geheimer Baurat Ludwig Recken***
Vorstand der Königlichen Meliorationsbauinspection Hannover vom 01.10.1891 bis 31.03.1921

*c) **Ministerialrat Rudolf Stadermann***
Ab 1923 für die Provinz Hannover zuständiger Referent (und Förderer) im preußischen Landwirtschaftsministerium, Berlin, von 1926 bis 1936 auch Personalreferent für die preußische Kulturbauverwaltung [2]

2.2.2 MELIORATIONSBAUÄMTER I UND II IN HANNOVER AB 1894 UND II IN LÜNEBURG AB 1897

Die vermehrten Aufgaben des Meliorationswesens in der Provinz Hannover machten neben dem bestehenden Amt in Hannover die Einrichtung eines zweiten Meliorationsbauamtes notwendig. Deshalb wurde am 01.04.1894 das Meliorationsbauamt II in Hannover unter Leitung von Meliorationsbauinspektor Emil Krüger errichtet. Dienstbereich des neuen Amtes waren die Regierungsbezirke Lüneburg und Stade. Hinzu kam noch die preußische Provinz Schleswig-Holstein, soweit es sich um Moorgebiete handelte. Neben dem Leiter des neuen Meliorationsbauamtes II waren dort noch ein Regierungsbaumeister, ein Wiesenbaumeister und drei Wiesenbautechniker als Mitarbeiter tätig. Das Meliorationsbauamt I, die frühere Königliche Meliorationsbauinspektion Hannover, blieb für das übrige Gebiet der Provinz Hannover zuständig.

Der Erlaß des Ministers für Landwirtschaft, Domänen und Forsten vom 25.05.1895 legte die Tätigkeit der Meliorationsbaubeamten fest in einer „Anweisung für die Beteiligung der staatlichen Meliorationsbaubeamten bei der Bearbeitung von Meliorationen". Hiernach erstreckte sich deren Tätigkeit auf:

> Die Beschaffung der Unterlagen zur Beantragung von Beihilfen aus den der landwirtschaftlichen Verwaltung zur Verfügung stehenden Mitteln,
> die Bearbeitung der Entwürfe für die Meliorationen oder die Kontrolle ihrer Ausarbeitung in allen Fällen, in denen Beihilfen aus den unter I. bezeichneten Mitteln zur Verwendung gelangen. Ferner die Revision der Meliorationspläne, die zur Bildung von Genossenschaften und Meliorationsverbänden dienen sollen,
> die Mitwirkung bei der Bildung der unter II. erwähnten Genossenschaften und Verbände und
> die Mitwirkung bei der Aufsicht über die unter II. erwähnten Genossenschaften und Verbände und bei der Unterhaltung der Anlagen.

Die von Freiherr von Hammerstein unterzeichnete Anweisung läßt den inzwischen vielseitig gewordenen und umfangreichen Aufgabenbereich des Meliorationsbaubeamten erkennen. Dieser führte zwangsläufig dazu, daß die Aufgaben weiter aufgeteilt werden mußten, um örtlich wirkungsvoller tätig sein zu können, wie es sich nach wenigen Jahren bereits zeigte.

Am 01.10.1897 wurde deshalb auch das Königliche Meliorationsbauamt II von Hannover nach Lüneburg verlegt, nachdem vom Minister für Landwirtschaft, Domänen und Forsten eine Verlegung nach Harburg abgelehnt worden war. Danach wurden die Dienstbezirke der Meliorationsbauämter I und II neu abgegrenzt. Die Grenze war die Aller. Das linke Ufer blieb beim Meliorationsbauamt I in Hannover, während das rechte Ufer dem Meliorationsbauamt Lüneburg zufiel. Somit ergeben sich für beide Ämter folgende Gebietsgrößen:

> Meliorationsbauamt I Hannover = 9 977 km^2;
>
> Meliorationsbauamt II Lüneburg = 16 265 km^2.

Dem Meliorationsbauamt Lüneburg wurden als äußerer Dienstbezirk der Regierungsbezirk Stade sowie die Kreise Fallingbostel und Hannover zugeteilt; den inneren Bezirk bildete der rechts der Aller gelegene Teil des Regierungsbezirkes Lüneburg. An dem inneren Dienstbezirk des Meliorationsbauamtes Hannover wurde nichts geändert.

Hinsichtlich einer geplanten Neuorganisation der Verwaltung des Wasserbaues trat der Königliche Meliorationsbauinspektor Recken in seinem Bericht vom 06.09.1894 dafür ein, daß das Meliorationswesen auch in Zukunft dem Landwirtschaftsministerium unterstellt bleiben müsse (s. Abschnitt 1.2.2). Überlegungen zur Verbesserung oder Neuordnung der Organisation hat es ständig gegeben. Sie entsprangen zweifellos meistens dem Bedürfnis, neue und vermehrte Aufgaben zu übernehmen, aber manchmal wohl auch dem Streben nach verwaltungsmäßiger Perfektion.

Die Stelle eines technischen Beirats bei der Generalkommission Hannover übernahm Recken mit Ausnahme der Moore (Kehdinger Moor und Marcards-Moor). Die Meliorationen der Domänen- und Forstverwaltung, die Recken für die ganze Provinz bearbeitete, sollten in Zukunft von den einzelnen zuständigen Meliorationsbaubeamten innerhalb ihres Dienstbereiches bearbeitet werden.

Am 08.12.1901 beantragte der Präsident der Klosterkammer Hannover über den Minister der geistlichen Unterrichts- und Medizinal-Angelegenheiten beim Minister für Landwirtschaft, Domänen und Forsten die Anstellung eines Meliorationsbaubeamten in Hannover für staatliche und klösterliche Meliorationen. Dieser Antrag fand keine Berücksichtigung, da nach Ansicht des Ministers hierfür kein dringendes Bedürfnis vorlag.

2.2.3 MELIORATIONSBAUAMT III AB 1896 IN OSNABRÜCK

Die durch den bevorstehenden Bau des Mittellandkanals sowie die in Aussicht genommene Kanalisierung der Mittelweser vermehrte Arbeitslast machte die Einrichtung eines dritten Amtes erforderlich. Eine Stellenvermehrung bei den Meliorationsbauämtern I und II wurde infolge des geringen Nachwuchses an Regierungsbaumeistern der Wasserbauverwaltung sowie an Wiesenbaumeistern der Wiesenbauschule zu Siegen nicht vorgenommen. So konnten beispielsweise von den im Jahre 1894 bewilligten 5 000 M für Vorarbeitskosten nur 3 441,32 M wegen Mangels an Arbeitskräften verausgabt werden.

Als drittes Amt wurde das Meliorationsbauamt in Osnabrück am 01.12.1896 für die Regierungsbezirke Osnabrück und Aurich eingerichtet. Durch Verfügung des Oberpräsidenten der Provinz Hannover vom 14.11.1896 wurden die Dienstbereiche der drei Meliorationsbauämter nach Flußgebieten wie folgt abgegrenzt (Karte 2-1):

1. Das Meliorationsbauamt I in Hannover *(13 777 km²)* erhält das Stromgebiet der Weser südlich Bremens auf der östlichen Weserseite sowie die auf der westlichen Seite liegenden Teile des Kreises Hameln und den Kreis Ilfeld. Der Bezirk des Bauamtes umfaßt also den Regierungsbezirk Hildesheim ganz, vom Regierungsbezirk Hannover den östlich der Weser gelegenen Teil und den westlichen Teil des Kreises Hameln, den südlichen Teil des Regierungsbezirkes Lüneburg sowie einen kleinen Teil im Süden des Regierungsbezirks Stade. Innerer Dienstbezirk ist der zum Regierungsbezirk Hannover gehörige Teil und vom Regierungsbezirk Hildesheim die Kreise Peine, Hildesheim, Marienburg, Goslar, Alfeld und Gronau sowie vom Regierungsbezirk Lüneburg der Kreis Burgdorf. - Das Meliorationsbauamt hatte im Jahre 1900 außer dem Leiter, einem Regierungsbauinspektor, an weiterem technischen Personal einen Regierungsbaumeister, drei Wiesenbaumeister und drei Wiesenbautechniker.

2. Das Meliorationsbauamt II in Hannover *[ab 1897 in Lüneburg]* (12 465 km²) umfaßt das Gebiet westlich der unteren Elbe - ausschließlich des Kreises Ilfeld -

und dasjenige östlich der Unterweser (von demjenigen der Mittelweser abgetrennt durch die Wasserscheide zwischen Wümme und Aller). Dieser Bezirk umschließt also den nördlichen Teil des Regierungsbezirks Lüneburg sowie den Regierungsbezirk Stade mit Ausnahme eines kleinen Teiles im Süden. Innerer Bezirk ist der zum Regierungsbezirk Lüneburg gehörige Teil.

3. Das Meliorationsbauamt in Osnabrück *(12 344 km²)* umfaßt die Regierungsbezirke Osnabrück und Aurich sowie von den Regierungsbezirken Hannover und Stade die westlich der Weser gelegenen Teile mit Ausnahme derjenigen des Kreises Hameln (Karte 2-1). Innerer Dienstbezirk ist der Regierungsbezirk Osnabrück. Durch Erlaß vom 24.09.1902 ordnete der Minister für Landwirtschaft, Domänen und Forsten an, daß die westlich der Weser gelegenen Teile des Regierungsbezirkes Hannover vom Meliorationsbauamt Osnabrück abgezweigt und dem Bauamt Hannover zugeteilt wurden. Damit hatte das Meliorationsbauamt Hannover vom Jahre 1902 an die Regierungsbezirke Hannover und Hildesheim zu verwalten und das Meliorationsbauamt Osnabrück den Regierungsbezirk Osnabrück. Kommissarischer Leiter des Meliorationsbauamtes Osnabrück wurde am 01.12.1896 der Königliche Regierungsbaumeister Quirll aus Harsenwinkel. Er erhielt eine „fixierte Remuneration" von jährlich 3 600 M und eine Dienstaufwandsentschädigung von 2 400 M. Er hatte von seinem Amtssitz Osnabrück aus nebenamtlich noch die Leitung der Regulierungsarbeiten an der Ems weiterzuführen, bis die Bauleitung beendet war.

Die immer umfangreicher werdenden Aufgaben und der zunehmende Einfluß der Meliorationsbauämter erforderten eine Abgrenzung der Zuständigkeit gegenüber den Wasserbauämtern. Durch Verfügung vom 16.12.1896 regelte deshalb der Oberpräsident der Provinz Hannover die Abgrenzung der Tätigkeit der Meliorationsbauinspektoren von derjenigen der Wasserbauinspektoren, so daß in den Teilen der Provinz, wo das Deichgesetz von 1848 und das Wassergenossenschaftsgesetz von 1879 keine Geltung hatten, bis auf weiteres in der Regel die Wasserbauinspektoren die Bearbeitung der vorkommenden Meliorationen behalten sollten. Nur bei solchen Unternehmen, deren Beurteilung besondere kulturtechnische Kenntnisse erforderte, waren die Regierungspräsidenten gehalten, dazu den Meliorationsbaubeamten gemäß der Anweisung vom 25.05.1895 heranzuziehen. Durch diese Bestimmung war der Dienstbezirk der Wasserbauinspektoren und der Meliorationsbaubeamten recht unsicher abgegrenzt. Es kam daher vielfach vor, daß die Interessenten oder die betreffenden Landräte nicht wußten, welchen Baubeamten sie zu Rate ziehen sollten.

Im Regierungsbezirk Osnabrück wurde ein Aufgehen der Wasserbauinspektionen in das Meliorationsbauamt in Erwägung gezogen. Hierdurch angeregt, bat Recken 1897, das auch für seinen Bezirk zu prüfen und die Verhältnisse der Wasserbauinspektionen in Hildesheim, Northeim, Hannover und Celle zu untersuchen. Die Tätigkeit dieser Inspektionen umfaßte teils ausschließlich, teils vorwiegend die nicht schiffbaren Wasserläufe. Schiffbare Wasserläufe waren nur die Leine unterhalb Hannover und die Aller unterhalb von Celle. Die Leine hatte keinerlei Schiffsverkehr, die Aller einen sehr geringen.

Aus einem um zwei Jahre späteren Bericht geht hervor, daß das Meliorationsbauamt Osnabrück über folgendes Personal verfügte: 1 Meliorationsbauinspektor (Quirll), 1 Regierungsbaumeister (Schmidt), 2 Wiesenbaumeister (Flerlage, Gieseler). Hiervon mußte der Wiesenbaumeister Flerlage noch die halbe Zeit für die Genossenschaft Bruchhausen-Syke arbeiten.

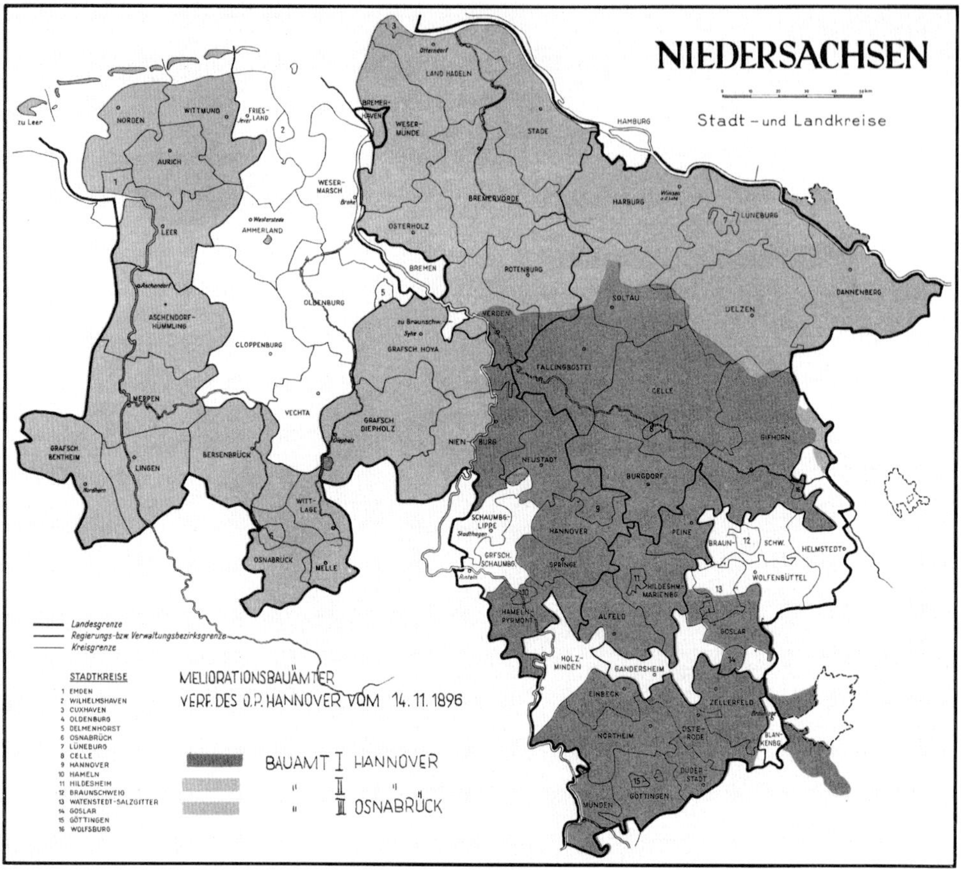

Karte 2-1: Dienstbezirke der Meliorationsbauämter am 14.11.1896 (Hannover I und II, Osnabrück) [2]

2.2.4 NEUGLIEDERUNG DER AMTSBEZIRKE DER MELIORATIONSBAUÄMTER UM 1900

Im Anfang des 20. Jahrhunderts hatte die Provinz Hannover eine Fläche von 38 474 km^2. Hiervon entfielen auf die einzelnen Meliorationsbauämter (Karte 2-1):

1. Meliorationsbauamt I	(Hannover)	=	9 964 km^2
2. Meliorationsbauamt II	(Lüneburg)	=	16 160 km^2
3. Meliorationsbauamt III	(Osnabrück)	=	12 350 km^2
	insgesamt:		38 474 km^2

Die Grenze zwischen den Bauämtern I und II bildete bis dahin die Aller, die Grenze zwischen den Bauämtern I und III die Weser. Als Grenze zwischen I und II wird nicht wieder die Aller, sondern eine politische Grenze vorgeschlagen.

Die immer umfangreicheren Aufgaben des Meliorationswesens veranlaßten den Oberpräsidenten, die Einrichtung eines neuen Bauamtes bzw. zweier neuer Bauämter in Erwägung zu ziehen. Die Regierungsbezirke Stade und Aurich sollten als Küstengebiet in einer Hand wegen der gleichgearteten Aufgaben bleiben. Als Sitz für das vierte Amt wurde zunächst Bremen wegen der guten Bahnverbindung und wegen des dortigen Sitzes der Moorversuchsstation vorgeschlagen, obwohl diese Stadt nicht zu der Provinz Hannover gehörte. Die Moorversuchsstation war bereits 1877 in Bremen vom Preußischen Staat gegründet worden. Sie ist die älteste Fachanstalt für Moorkultur im In- und Ausland und heute eine Außenstelle des Niedersächsischen Landesamtes für Bodenforschung, international bekannt und gefragt.

Der Regierungspräsident von Stade bemühte sich besonders um ein Meliorationsbauamt mit dem Sitz in Stade. Er hob in seinen Berichten hervor, daß in den 70er Jahren des vorigen Jahrhunderts der Wiesenbautechniker Spieker von der Ackerbauschule Bremervörde in seiner freien Zeit nebenamtlich Dränungen und Meliorationen im Interesse der Landwirtschaft überwachte.

Im Jahre 1895 wurde das Meliorationsbauamt II Hannover durch den Wiesenbautechniker Behn verstärkt, der die Meliorationssachen im Regierungsbezirk Stade bearbeiten sollte, ein Versuch, der mißlang. Ein Antrag auf Einstellung eines Wiesenbautechnikers im Regierungsbezirk Stade wurde 1895 abgelehnt, ebenso 1896 ein Antrag des Provinzial-Landwirtschaftsvereins Bremen. Ein hierauf erneut gestellter Antrag auf Errichtung wenigstens einer Meliorations-Bauabteilung für Stade wurde am 10.04.1900 wiederum vom Ministerium abschlägig beschieden, weil nicht genügend Aufgaben vorlägen.

Das ständige Drängen der Regierungspräsidenten hatte schließlich doch Erfolg. Im Jahre 1900 arbeitete der Meliorationsbauinspektor Krüger aus Lüneburg im weiteren Verfolg dieser Angelegenheit „Vorschläge für die Einteilung der Provinz Hannover in Meliorationsbauamtsbezirke“ mit Abgrenzung der engeren und weiteren Dienstbezirke aus. Auszugehen war vom Flächeninhalt der Regierungsbezirke:

Hannover	5 716 km^2
Hildesheim	5 316 km^2
Lüneburg	11 343 km^2
Stade	6 787 km^2
Aurich	3 107 km^2
Osnabrück	6 205 km^2
Zusammen:	38 474 km^2

Zu den Vorschlägen bemerkt Recken, daß es zweckmäßig sei, die Grenzen der Meliorationsbauämter mit den Grenzen der Verwaltungsbezirke - Regierungsbezirke und Kreise - zusammenfallen zu lassen, nicht aber mit den natürlichen Wasserscheiden. Gleichzeitig bat er, von einer Zuweisung der Kreise Burgdorf und Fallingbostel zum Meliorationsbauamt I Hannover auch dann abzusehen, wenn er dafür einen Hilfsarbeiter bekäme. Der Meliorationsbauinspektor Krüger schlug dagegen 1901 eine Aufteilung für die Provinz Hannover in vier oder fünf Meliorationsbauämter vor, wobei er zwischen engeren und weiteren Dienstbezirken unterschied. Als Ergebnis der verschiedenen Vorschläge zur Aufteilung der Provinz Hannover wurde dann weitgehend den Vorstellungen des Meliorationsbauinspektors Krüger mit vier Meliorationsbauämtern gefolgt. In der Verfügung des Oberpräsidenten der Provinz Hannover vom 29.03.1901 hieß es:

> „Der Herr Minister für Landwirtschaft, Domänen und Forsten hat nunmehr bestimmt, daß am 1. April d. J. ein neues Meliorationsbauamt in Stade errichtet wird. Die Verwaltung desselben ist dem Meliorationsbauinspektor Sarauw zu Münster i. W. übertragen worden.

Die Abgrenzung der einzelnen Bauamtsbezirke (Karte 2-2) ist von diesem Zeitpunkt an folgende:

I. Bauamt Hannover:	Regierungsbezirk Hildesheim und Regierungsbezirk Hannover mit Ausnahme der Kreise Diepholz, Sulingen, Syke sowie der westlich der Weser gelegenen Teile der Kreise Stolzenau, Nienburg und Hoya
II. Bauamt Lüneburg:	Regierungsbezirk Lüneburg
III. Bauamt Osnabrück:	Regierungsbezirk Osnabrück und die nicht zum Bauamt I gehörenden Teile des Regierungsbezirks Hannover
IV. Bauamt Stade:	Regierungsbezirke Stade und Aurich

Wegen der Festsetzung weiterer Dienstbezirke wird demnächst besondere Verfügung ergehen."

Außer in den Regierungsbezirken Hildesheim und Aurich bestand nun in allen Bezirken ein Meliorationsbauamt. Als nächster Regierungsbezirk sollte Hildesheim berücksichtigt werden, da bis zum Jahre 1900 im Regierungsbezirk Aurich für den Meliorationsbaubeamten Quirll aus Osnabrück wenig zu tun war und dieser bis dahin keine einzige Dienstreise in den Regierungsbezirk Aurich unternommen hätte (Karte 2-2).

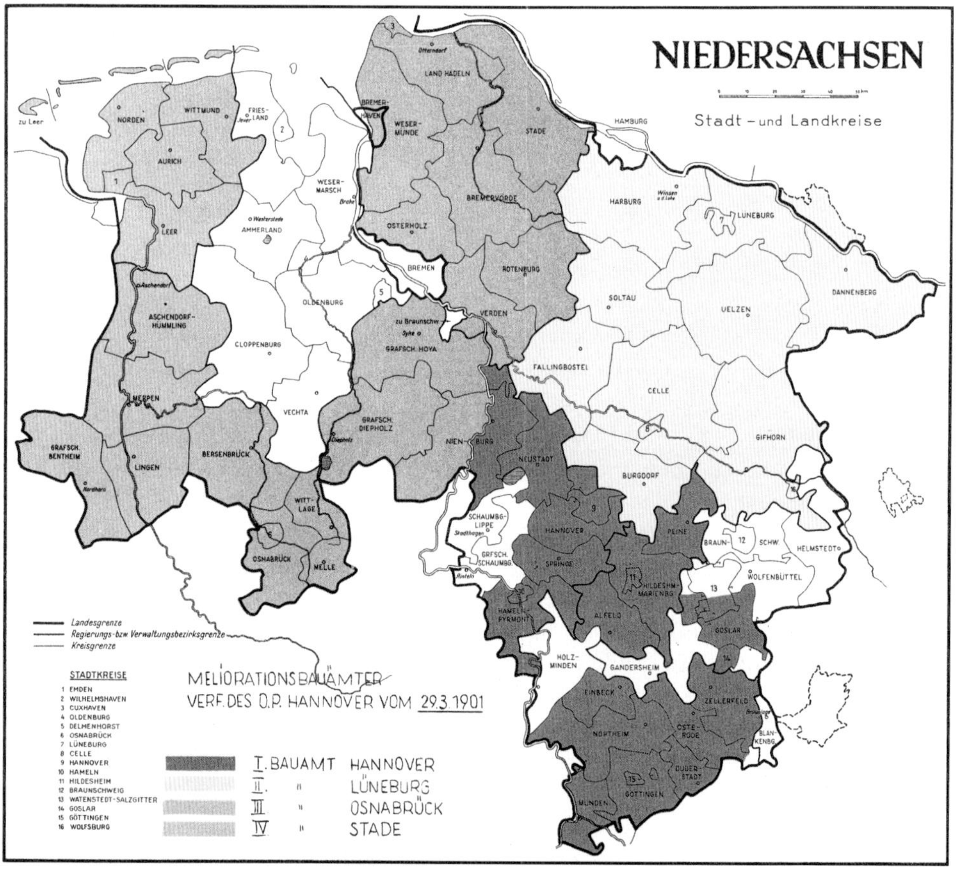

Karte 2-2: Dienstbezirke der Meliorationsbauämter am 29.03.1901 (Hannover, Lüneburg, Osnabrück, Stade) [2]

2.2.5 MELIORATIONSBAUAMT IV AB 1901 IN STADE

Der Meliorationsbauinspektor Sarauw aus Münster i. W. leitete das am 01.04.1901 errichtete Meliorationsbauamt IV Stade bis zum Jahre 1911. Dann wurde er durch Regierungsbaumeister Schmidt abgelöst. Gleichzeitig wurden dem Amt zugewiesen: Ein planmäßiger Wiesenbaumeister (Stein aus Wiesbaden), außerdem die privatdienstlich bei den Meliorationsbauämtern in Osnabrück bzw. Hannover beschäftigten Wiesenbautechniker Nielson und Plettrichs zur weiteren privatdienstlichen Verwendung. Im Jahresbericht von 1901 wird ferner noch ein Wiesenbautechniker Kursch erwähnt.

Der neue Bauamtsvorstand hatte in seinem Dienstbereich zunächst einen schweren Stand, und zwar sowohl in dem vom Bauamt Lüneburg übernommenen Regierungsbezirk Stade als auch in dem von Bauamt Osnabrück übernommenen Regierungsbezirk Aurich. Er berichtete hierüber: „Im Regierungsbezirk Stade und mehr noch im Regierungsbezirk Aurich werden alle natürlichen und künstlichen Entwässerungen in den bedeichten Marschen von den Lokalbauinspektoren beaufsichtigt und ausgeführt. Für den Meliorationsbaubeamten bleibt daher außer der Regulierung der weniger kleinen Bäche im Binnenlande nur noch die Kultivierung der Hochmoore übrig."

Das Jahr 1903 brachte für den Stader Bezirk die ersten Erfolgsmeldungen. Fünf öffentliche Genossenschaften wurden bestätigt, darunter die Watbögemoorgenossenschaft zu „Kolonie Freistatt". Diese Kolonie war von der Anstalt Bethel bei Bielefeld im Jahre 1897 gegründet und hatte im Wietingsmoor bei Sulingen ein Gebiet von 1 050 ha erworben. Es war zunächst beabsichtigt, das 70 ha große Gebiet der Stammkolonie, bestehend aus Heide und Moor, durch die Kolonisten (Zwangszöglinge, Arbeitslose, Wanderarme) in Acker und Wiesen umwandeln zu lassen.

2.2.6 MELIORATIONSBAUAMT V AB 1906 IN AURICH

Das Meliorationsbauamt V in Aurich für den Regierungsbezirk Aurich entstand mit Verfügung des Regierungspräsidenten vom 05.04.1906 am 01.04.1906 durch Aufteilung des Meliorationsbauamtes IV in Stade, nachdem gelegentlich der Ilmenau-Bereisung vom 22. bis 24.09.1904 der Geheime Oberregierungsrat Wesener (Personalbearbeiter für die Meliorationsbauämter der gesamten preußischen Monarchie) dem Oberpräsidenten Hannover vorschlug, an Stelle von Hildesheim in Aurich ein Meliorationsbauamt zu errichten (Abb. 2-5). Infolge der Aufschließung der großen fiskalischen Moore durch Verfehnung seitens der Verfehnungsgesellschaften sei dort ein Amt erforderlich. Durch die bevorstehende Anstellung des Winterschuldirektors Müller zu Stade als Moor-Meliorationstechniker für Ostfriesland dürfte die Grundlage für die spätere Errichtung eines Meliorationsbauamtes in Aurich vorhanden sein.

Leiter des Bauamtes in Aurich wurde der Meliorationsbauinspektor Wehl aus Berlin. Wehl erhielt außer seinem Gehalt eine Dienstaufwandsentschädigung von 2 400 M. An Personal wurden zum 01.06.1906 von Stade überwiesen: der Meliorationsbauwart Kursch und der Meliorationstechniker Gehrke. Bereits im Jahre 1905 war in Aurich eine besondere Abteilung der Moorversuchsstation Bremen errichtet und deren Vorsteher durch Dienstvertrag zur Mitwirkung bei Moor- und Heidekulturangelegenheiten verpflichtet worden. Diese Abteilung blieb auch nach Einrichtung des Meliorationsbauamtes bestehen.

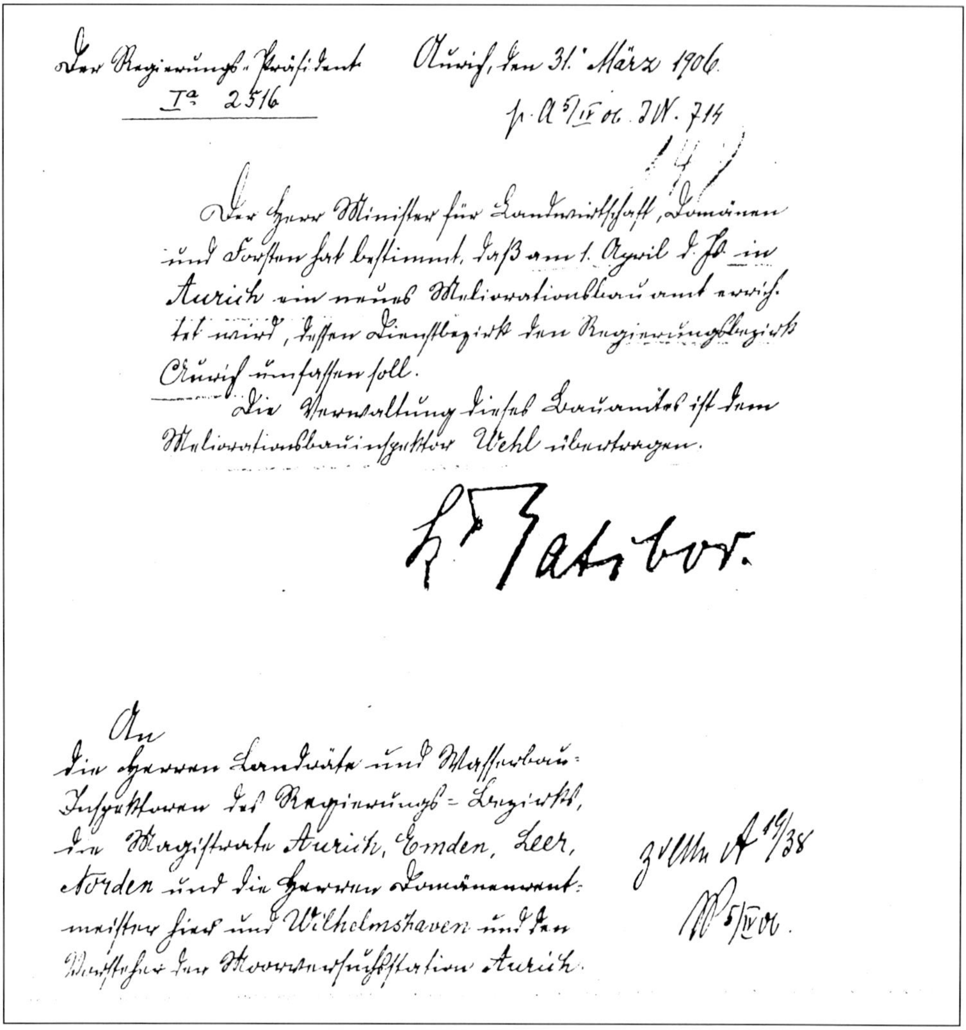

Der Regierungs-Präsident
I a. 2516

Aurich, den 31. März 1906.
p. A 5/IV 06. J.N. 714

Der Herr Minister für Landwirthschaft, Domänen und Forsten hat bestimmt, daß am 1. April d. Js. in Aurich ein neues Meliorationsbauamt errichtet wird, dessen Dienstbezirk den Regierungsbezirk Aurich umfassen soll.

Die Verwaltung dieses Bauamtes ist dem Meliorationsbauinspektor Wehl übertragen.

Ratibor.

An
die Herren Landräte und Wasserbau-Inspektoren des Regierungs-Bezirks, die Magistrate Aurich, Emden, Leer, Norden und die Herren Domänenrentmeister hier und Wilhelmshaven und den Vorsteher der Moorversuchsstation Aurich.

z. d. A. A 19/38
5/IV 06.

Abb. 2-5: Verfügung des Regierungspräsidenten in Aurich zur Errichtung des Meliorationsbauamtes in Aurich vom 31. März 1906

Um die Bedingungen zu beschreiben, unter denen das Meliorationsbauamt Aurich 1906 seine Tätigkeit aufnahm, sei hier der technische Entwicklungsstand vergegenwärtigt:

- Die Eisenbahn hatte 1855 Ostfriesland erreicht.
- Das Auto stand am Beginn seiner Entwicklung.
- Das Fahrrad gewann als Fortbewegungsmittel an Bedeutung.
- Das Telefon war auch bei Behörden noch kein selbstverständliches Kommunikationsmittel.
- Die elektrische Energie setzte sich langsam durch; in Wiesmoor entstand 1907 die „Zentrale“, ein mit Torf betriebenes Kraftwerk.
- Auf Kanälen wurden noch Segelschiffe oder Treidelschiffe eingesetzt.

- Die Firma Ottomeyer begann mit großen Tiefpflügen, die von stehenden Dampflokomobilen hin- und hergezogen wurden, Kultivierungsarbeiten in den Mooren.
- Die deutsche Hochmoorkultur wies neue Wege zur Urbarmachung und Melioration von Moor- und Ödlandflächen.
- Mineraldünger, der wichtig für die Meliorationsaufgaben war, mußte sich erst noch durchsetzen.

Dem neuen Amt wurde die Bauleitung für die Arbeiten der Domänenverwaltung zur Verfehnung der ostfriesischen Moore (6 600 ha mit 3 850 000 M Anschlagskosten) übertragen und teilweise auch von der Generalkommission die Besiedlung der Hochmoorkolonie Marcardsmoor.

Die Arbeiten zur Verfehnung des Auricher Wiesmoores, die mit dem Aushub der Verlängerung des Nord-Georgsfehn-Kanals von Neudorf bis zum Ems-Jade-Kanal (Marcardsmoor) ihren Anfang nahmen, stellten für absehbare Zeit die wichtigsten Meliorationsunternehmen des Bezirks dar. Für die Auricher Wiesmoor-Kolonate wurde von Wehl eine gemischte Wirtschaft von Hochmoorkultur und Fehnkultur vorgeschlagen.

Zur Erledigung dieser Aufgaben wurden an weiteren Mitarbeitern am 01.07.1906 Bauwart Wagner und am 27.05.1906 Techniker Röhren und ein Schreiber dem Amt zugeteilt. Der erste Amtsleiter Wehl blieb nur etwas über ein Jahr in Aurich. Sein Nachfolger wurde am 01.10.1907 Meliorationsbauinspektor Diemer, der aus Diepholz (Regierungsbezirk Hannover) kam.

2.2.7 MELIORATIONSBAUAMT VI AB 1912 IN HILDESHEIM

Nach Teilung in die Regierungsbezirke Hannover und Hildesheim wurde am 01.04.1912 in Hildesheim das 6. Meliorationsbauamt in der Provinz Hannover eingerichtet. Damit hatte nun jeder Regierungsbezirk ein Meliorationsbauamt. Vorstand wurde der Meliorationsinspektor Busch vom Amt Hannover, der auf seinen Wunsch nach Hildesheim versetzt worden war. An Hilfsarbeitern erhielt er zugeteilt: Zwei Meliorationsbausekretäre, zwei Meliorationsbautechniker und eine Schreib- und Registraturhilfe.

Beispielhaft sei hier auf die Schwierigkeiten bis zur Errichtung des neuen Meliorationsbauamtes eingegangen. Mit Bericht vom 22.10.1906 hatte der Oberpräsident bereits beim Preußischen Minister für Landwirtschaft, Domänen und Forsten die Errichtung eines Amts in Hildesheim beantragt. Er begründete die Forderung mit Dränarbeiten bei Verkoppelungen und Be- und Entwässerungsarbeiten im Solling und Vorharz sowie zahlreichen Wasserleitungen für ländliche Gemeinden, für die z. T. bereits Westfondsbeihilfen bewilligt seien. Die von den Interessenten ohne fachmännische Beratung verlegten Dränungen hatten z. T. 3 m Dränabstand bei nur 0,40 m Tiefe. Sie waren also völlig unvorschriftsmäßig angelegt. Weiterhin führte der Oberpräsident aus, daß das Meliorationsbauamt Hannover von der Domänen-, Forst und Güterverwaltung stark in Anspruch genommen würde, nachdem die Lokalbaubeamten der Staatshochbauverwaltung die meliorationstechnischen Geschäfte an die Meliorationsbaubeamten abgeben mußten.

Im Bezirk Hildesheim waren, besonders im südlichen Teil, größere Meliorationsaufgaben zu lösen, die infolge der großen Entfernung von Hannover bisher nicht gefördert werden konnten. Vom Regierungspräsidenten Hildesheim wurde aus diesem Grunde ein Meliorationsbauamt in Northeim oder Göttingen - auch mit Rücksicht auf die gute Bahnverbindung - gewünscht. Der Leiter des Meliorationsbauwesens in der Provinz Hannover, Recken, unterstützte diesen Vorschlag kräftig und begründete den Antrag damit, daß hauptsächlich:

- Wasserleitungen für ländliche Gemeinden in den Gebirgsgegenden erforderlich seien und
- Drängenossenschaften und Genossenschaften zur Ent- und Bewässerung der Wiesentäler im Solling, Vorharz usw. geschaffen werden müßten.

Er kam auf seinen früheren Vorschlag zurück, eine der Wasserbauinspektionen Hildesheim oder Northeim in ein Meliorationsbauamt umzuwandeln. Beide hatten wenig Arbeit, da sie keine schiffbaren Flüsse betreuten. Außerdem deckte sich ihr Wirkungsbereich mehr oder weniger mit dem des Meliorationsbauamtes. Sie waren außerdem durch die Übertragung von Arbeiten auf die Meliorationsbauämter erheblich entlastet.

Der Antrag wurde am 09.02.1907 wegen ungenügender Begründung vom Preußischen Minister für Landwirtschaft, Domänen und Forsten abgelehnt. Daraufhin stellte der Regierungspräsident Hildesheim am 09.04.1907 erneut einen Antrag und schlug hierin als Sitz Northeim oder Göttingen vor, weil der Schwerpunkt der Arbeiten im südlichen Teil des Bezirkes lag. Am 11.01.1909 wiederholte er den Antrag, da das Amt Hannover durch die Aufstellung der Verzeichnisse für die Wasserläufe nach Maßgabe des Gesetzes vom 16.08.1905 zur Verhütung der Hochwassergefahren überlastet sei. Im Jahre 1910 stellte die Landwirtschaftskammer einen Antrag beim Minister, und zwar auf Anregung des landwirtschaftlichen Hauptvereins Göttingen. Schließlich wurde dann nach zwei Jahren den vielfachen Anträgen entsprochen und das Amt an den Sitz der Regierung in Hildesheim gelegt.

Sehr aufschlußreich für die Kennzeichnung der damaligen Verhältnisse ist der Bericht des Geheimen Baurats Recken vom 05.11.1913 an den Oberpräsidenten. Hierin führt Recken aus, daß er nicht in der Lage ist, seine Dienstgeschäfte sachgemäß zu erledigen. Die Belastung ist zu groß infolge der sechs Regierungsbezirke der Provinz und der drei großen Stromgebiete von Elbe, Weser und Ems. Die in Arbeit befindlichen Projekte, z.B. Bruchhausen-Syke, Aue, Hunte, Wümme, Ochtum, Lune usw. haben einen erheblichen Umfang. Sie kosten Millionen und machen Reisen erforderlich, die sich bis vor die Tore Kassels, Cuxhavens und Norddeichs erstrecken. Fast 200 Reisetage sind im Jahr notwendig. Unter Berücksichtigung der Sonn- und Feiertage sowie des Urlaubs bleiben Recken für die häusliche Arbeit im Jahre nur etwa 75 Tage übrig.

Recken (Abb. 2-4) fährt dann fort: „Seit zwei Jahren kenne ich keinen Sonntag und Feiertag mehr, dem Familienleben bin ich ganz entfremdet. Geistige und körperliche Erholung gibt es für mich nicht. Meine Pflichten gegen meine große Familie (6 Söhne, 2 Töchter) kann ich nicht erfüllen. Eine solche Belastung ist auf die Dauer unerträglich und auch ungerecht und abgesehen von meiner Person in sachlicher Beziehung außerordentlich schädlich. Ich bitte daher dringend um baldige Entlastung. Um diese Abhilfe bitte ich dringend, und zwar in der Weise, daß ich von den sechs Regierungsbezirken nur die beiden Bezirke Hannover und Hildesheim behalte und daß die technische Stelle bei der Ödlandkulturstelle wieder besetzt wird."

Durch Erlaß vom 07.03.1914 wurde dem Königl. Regierungs- und Baurat, Geheimen Baurat Recken eröffnet, daß ab 01.04.1914 sein Geschäftsbezirk auf die Regierungsbezirke Hannover, Hildesheim und Osnabrück beschränkt sei. Die Verhältnisse während des 1. Weltkrieges vermehrten die zu erledigende Arbeit auf das zwei- bis dreifache bei reduziertem Personalbestand. Ende Februar 1915 erkrankte Recken dann für zwei Wochen infolge Überarbeitung.

Bis zu seiner Pensionierung am 31.03.1921 kämpfte er für eine Stellenvermehrung. Seinem Bemühen blieb der Erfolg nicht versagt: Am 01.04.1921 wurde das Kulturbauamt in Meppen eingerichtet und außerdem der Regierung Osnabrück ein wasserwirtschaftlicher Dezernent zugeteilt. Hierfür wurde Regierungs- und Baurat Stadermann (Abb. 2-4) ausersehen, der bereits seit 1914 als Vorstand des Kulturbauamtes Osnabrück gewirkt hatte. Stadermann kam 1923 in das Ministerium für Landwirtschaft, Domänen und Forsten nach Berlin, um von dort die Provinz Hannover zu betreuen. Von Berlin aus förderte Stadermann insbesondere die Landeskulturarbeiten in der damaligen Provinz Hannover, und zwar folgende größere Maßnahmen:

1. Landgewinnungsarbeiten und Eindeichungen an der gesamten deutschen Nordseeküste (1925 - 1945),
2. Abdämmung der Eider in Schleswig-Holstein (1933 - 1936),
3. Erschließung der 50 000 ha großen rechts- und linksemsischen Moore (1920 - 1940),
4. Künstliche Entwässerung des Hadelner Sietlandes im Regierungsbezirk Stade (1928 - 1929),
5. Abschließung des Norder Außentiefs in Ostfriesland (1927 - 1929),
6. Schöpfwerke (30-40 m^3/sec. Leistung) an der Ems in Borsum und Oldersum (1928 - 1933),
7. Dünen- und Buhnenbauten an der gesamten deutschen Ostseeküste (1929 - 1945),
8. Regulierung der Hunte mit Dümmerbedeichung vom Dümmer bis Wildeshausen rd. 47.000 ha, ab 1935,
9. Erschließung des Toten Moores ab 1936, 2400 ha, Kreisstadt Neustadt a.Rbg.

2.2.8 MELIORATIONSBAUAMT VII AB 1914 IN CELLE, KULTURBAUÄMTER VIII AB 1921 IN MEPPEN UND IX AB 1924 IN VERDEN

Die weiterhin anwachsenden Arbeiten in der Melioration führten zur Einrichtung des Meliorationsbauamtes VII in Celle am 01.04.1914. Während des bald folgenden Ausbruches des Ersten Weltkrieges am 01.08.1914 kamen jedoch die Landeskulturarbeiten sehr bald zum Erliegen. Die eigentliche Tätigkeit des Amtes in Celle begann deshalb erst Anfang der 20er Jahre.

Die Einrichtung der Kultur-Bauämter Meppen und Verden war der Abschluß der Neugründung von Ämtern in der Provinz Hannover. Nach dem Verlust der landwirtschaftlich geprägten Provinzen Posen und Westpreußen als Folge des Ersten Weltkrieges sollten die Nahrungsmittelerzeugung im Reichsgebiet gesteigert, aber auch Arbeitsplätze geschaffen werden. Für beide Forderungen waren Landeskulturarbeiten sehr dienlich. Aus diesem Grunde wurde das Amt VIII am 01.04.1921 in Meppen vor allem für die Kultivierung der emsländischen Moore eingerichtet. Landeskulturarbeiten im Teufelsmoor und im Wümmegebiet sollten Aufgabe des am 01.07.1924 geschaffenen Amtes IX in Verden sein. Beide Ämter wurden bereits unter dem neuen Namen „Kultur-Bauamt" gegründet, denn am 01.09.1920 hatten alle Meliorationsbauämter diese Bezeichnung erhalten.

Auf die Einrichtung der Ämter in Celle, Meppen und Verden ist hier nur kurz eingegangen worden, weil über ihre Tätigkeit ausführlicher im Abschnitt 9 berichtet wird, wie für alle anderen Ämter auch. In diesem Abschnitt 2.2 sollten vor allem die organisatorischen und personellen Probleme dargelegt werden, die mit der Ämtergründung verbunden waren. Über wichtige Aufgaben und Leistungen der Meliorationsbauverwaltung Ende des 19. Jahrhunderts gibt dagegen der Abschnitt 10.1 Auskunft, wobei auch auf die Voraussetzungen und Bedingungen der Arbeit eingegangen wird.

SCHRIFTTUM ZU ABSCHNITT 2

[1] CORDES, FRIEDRICH: Geschichtliche Entwicklung der Wasserbauverwaltung in Ostfriesland bis Mitte des 20. Jahrhunderts. Maschinenschrift der Wasser- und Schiffahrtsdirektion Aurich, Teil I und II, Aurich, 1952.

[2] LEHRKE, WALTER: 80 Jahre Wasserwirtschaftsverwaltung in Niedersachsen 1871 - 1951. Herausgeg. v. Nieders. Min.f.Ern., Landw. u. Forsten, Abt. VI, Wasserwirtschaft, Hannover, 1952.

[3] SIEBERT, ERNST: Der I. Entwässerungsverband Emden, seine Entstehung aus sieben Sielachten an der Unterems und seine Entwicklung zum 113. Unterhaltungsverband des Landes Niedersachsen. In: Die Acht und ihre sieben Siele, Hrsg.: Jannes Ohling, I. Entwässerungsverband Emden, Pewsum, 1963.

3 Entwicklung der Meliorations- und Wasserbauverwaltungen zu Wasserwirtschaftsverwaltungen in den Ländern Preußen, Braunschweig und Oldenburg bis 1945

3.1 VON DER MELIORATIONSBAUVERWALTUNG ZUR WASSERWIRTSCHAFTSVERWALTUNG IN PREUSSEN ZWISCHEN 1856 UND 1945

von Kurt Bellin

Das Königreich Hannover wurde 1866 nach der Annexion durch Preußen eine preußische Provinz. Im Zuge der Angleichung der Verwaltung des Wasserbauwesens an die preußische Verwaltung ab 1869 wurde die hannoversche Wasserbauinspektion ein Teil der preußischen Meliorationsbauverwaltung. Auf deren Entwicklung zur preußischen Wasserwirtschaftsverwaltung bis 1945 muß daher bei dem geschichtlichen Rückblick der niedersächsischen Wasserwirtschaftsverwaltung kurz eingegangen werden.

3.1.1 DIE EINRICHTUNG DER PREUSSISCHEN MELIORATIONSBAUVERWALTUNG AB 1856

Der preußische Staat ließ bis in die Mitte des 19. Jahrhunderts Meliorationen wasserbautechnisch noch ohne eine spezielle Fachverwaltung durch Wasserbauinspektionen, örtliche Stellen der Wasserbauverwaltung, betreuen. Die Bevölkerung wuchs damals rasch. Allein zur Sicherung der Ernährung mußten in stark zunehmendem Umfang landwirtschaftliche Nutzflächen, „Odland" und Flußauen melioriert werden. Hierfür wurde speziell ausgebildetes Fachpersonal notwendig, an dem es bald mangelte, weil auch entsprechende Beamtenstellen fehlten.

Die Ministerialinstanz bemühte sich damals längere Zeit um Einrichtung derartiger Stellen im Etat des Landes Preußen. Das Ministerium begründete dies bereits am 07.Juni 1853: *„Für die Bearbeitung der größeren Landesmeliorationsbauten fehlt es bisher an einem besonderen Baupersonal. Die eigenthümlichen Schwierigkeiten dieser Meliorationsbauten ... erfordern eine besondere Ausbildung der Baubeamten, verbunden mit Neigung und Talent für diese Art von Bauausführungen. Die Vereinigung dieser Eigenschaften ist so selten, daß es stets schwer gehalten hat, tüchtige Baumeister für die größeren Landesmeliorationsmaßnahmen zu finden, und fast in keinem Falle ist es gelungen, dieselben mit Hilfe der gewöhnlichen Kreisbaumeister durchzuführen. Dazu kommt, daß die Lokalbeamten durch ihre gewöhnlichen Amtsgeschäfte so stark beschäftigt sind, daß sie größere Meliorationspläne nicht daneben bearbeiten können..."*. Schon vorher hätten, so wird berichtet, für „größere Landesmeliorationssachen" Baumeister und Bauinspektoren kommissarisch als Baubeamte angestellt werden müssen, da es nicht gelingen wollte, auf andere Weise Flußregulierungen oder Entwässerungen in Gang zu setzen. Es heißt dann in der o.a. Begründung weiter: *„Ich kann indeß die tüchtigen Beamten nicht für die Meliorationsbauten konservieren und kann den jungen Bauführern nicht zumuthen, sich für diese Branche auszubilden, wenn nicht etatmäßige Stellen dafür geschaffen würden"*.

1856/57 wurden im Etat des „Preußischen Ministeriums für landwirtschaftliche Angelegenheiten" endlich unabhängig von der Wasserbauverwaltung 4 Stellen für Meliorationsbaubeamte ausgewiesen und besetzt. Das war der Beginn eines eigenständigen staatlichen Meliorationsbauwesens in Preußen. Das Ministerium wurde 1879 zum „Preußischen Ministerium für Landwirtschaft, Domänen und Forsten" erweitert. Im Laufe der Jahre folgten weitere Stellen. Für die Bearbeitung der anstehenden größeren Meliorationsvorhaben des Landes mit der Planung und Betreuung dieser Meliorationsbauvorhaben, Sicherung der Finanzierung und Kontrolle der ordnungsgemäßen Verwendung staatlicher Subventionsmittel (Beihilfen) sollte qualifiziertes Fachpersonal verfügbar sein.

Aus einer Zusammenstellung des Preußischen Ministers für Landwirtschaft, Domänen und Forsten vom März 1901 geht die wichtiger gewordene Stellung der Meliorationsbaubeamten hervor. So heißt es: *„Denn die Einsicht von der Nothwendigkeit der Pflege der nichtschiffbaren Wasserläufe hat in Folge der zahlreichen Überschwemmungen und der damit verbundenen mißlichen Zustände der letzten Jahre stark zugenommen. Dabei ist die Tatsache von großem Einfluß, daß der gegenwärtige Stand der Landwirthschaft die möglichst vollständige Ausnutzung des Grund und Bodens unter Zuhülfenahme aller durch die Technik gebotenen Mittel zur unbedingten Notwendigkeit macht."* Die Versorgung einer stark wachsenden Bevölkerung mit Nahrungsmitteln war damals kritisch geworden. Der Strom der Auswanderer nahm zu. Die damalige Situation wird heute von den Kritikern der meliorativen Eingriffe in jener Zeit völlig übergangen. Es war damals unabdingbares Ziel, *„die natürlichen Bedingungen des landwirthschaftlichen Betriebes durch planmäßige und umfassende Meliorationen zu verbessern und dadurch die Erträge zu erhöhen"*.

Das preußische Gesetz über die Bildung von Wassergenossenschaften vom 01.04.1879 initiierte auch umfangreiche neue Meliorationsbauvorhaben, die zu einer erheblichen Vermehrung der Aufgaben der Meliorationsbaubeamten führten. Im Laufe der nächsten Jahre wurden daher in Preußen weitere Meliorationsbauämter eingerichtet. 1895 gab das Ministerium für Landwirtschaft, Domänen und Forsten eine „Anweisung für Meliorationsbaubeamte bei der Bearbeitung von Meliorationen" heraus: Es ging um die Beschaffung von Unterlagen für die Bewilligung von Vorarbeitskosten, um die Bearbeitung von Meliorationsentwürfen oder deren Kontrolle, um die Mitwirkung bei der Gründung von Meliorationsgenossenschaften, um die Ausführung des Meliorationsplanes und um die Aufsicht. Es waren Aufgaben, mit denen sich - abnehmend - die Wasserwirtschaftsämter bis in die letzten Jahrzehnte durchaus noch in unterschiedlichem Umfang befaßt haben.

In Preußen wuchs die Zahl der höheren Baubeamten von 1856 bis 1901 auf 76, zu Anfang mit dem Titel „Königlicher Meliorationsbauinspektor"; ab 1880 „Königlicher Baurat", später dann „Regierungs-Baurat". Nach den anfänglichen Ausbildungsschritten Abitur - Baueleve - Studium - Bauführer mit der Qualifikation zum „Baumeister" war noch vor Ende des 19. Jahrhunderts der Ausbildungsgang für den höheren bautechnischen Verwaltungsdienst mit abschließender II. Staatsprüfung - Titel „Regierungsbaumeister" - eingerichtet worden (s. Abschnitt 8.1).

1939 waren in Preußen insgesamt 154 Beamte im höheren bautechnischen Verwaltungsdienst tätig, davon 7 im Ministerium (3 Ministerialräte, 1 Oberregierungs-u.-baurat, 2 Regierungsbauräte und 1 Bauassessor) , 8 in der Preußischen Landesanstalt für Gewässerkunde und Hauptnivellements und die anderen bei den Oberpräsidenten, Regierungspräsidenten und den Meliorationsbauämtern. In ganz Deutschland arbeiteten 1936 in den staatlichen Kulturbauverwaltungen rd. 2900 Beamte und Angestellte, davon rd. 290 Beamte im höheren bautechnischen Verwaltungsdienst.

Zum Vergleich die personelle Ausstattung in Niedersachsen (mit rd. 47 000 km^2 etwa 16 % der Fläche Preußens), die durch den ganz erheblich gestiegenen Umfang an immer komplexer gewordenen oder neuen Aufgaben, so ab 1970 (bis Ende 1997) die Abfallwirtschaft (s. Abschnitt 5.7.1), aber auch die starke Zunahme an Verwaltungsaufwand (Normen, Richtlinien, Weisungen, Verwaltungsverfahren u.a.m.) zu begründen ist. 1996 sind allein in der niedersächsischen Wasser- und Abfallwirtschaftsverwaltung - ohne Ministerium und Landesamt für Ökologie - rd. 800 Beamte und Angestellte auf Planstellen, davon rd. 100 Beamte im höheren Dienst (bautechnische, allgemeine Verwaltung, naturwissenschaftlicher Dienst), tätig. Hierzu kommen weitere 28 höhere Beamte im Umweltministerium, also zusammen rd. 130 Personen. Das Personal für Bauleitungen und Planungen, soweit aus besonderen Haushaltstiteln finanziert, ist dabei nicht erfaßt.

Für die Provinz Hannover wurde am 1. April 1871 eine eigene Meliorationsbauinspektion, dann Meliorationsbauamt I, in Hannover eingerichtet (s. Abschnitt 1.2 und 2.2). Mit der Leitung wurde der königliche Baurat August Hess beauftragt. Hess hat bei hervorragender Begabung - weit über sein Fachgebiet hinaus - mit ungewöhnlicher Energie und einem heute nicht mehr vorstellbaren Arbeitseinsatz in der Provinz und darüber hinaus auf dem Gebiet der Meliorationen, aber auch des Verkehrswasserbaues gewirkt. Man muß sich einmal vorzustellen versuchen, was es bei den damaligen Verkehrsverhältnissen bedeutete, in der gesamten Provinz Planungsgebiete zu bereisen und Baustellen zu überwachen. Die durch das preußische Gesetz vom 01.04.1879 über die Bildung von Wassergenossenschaften initiierten umfangreichen neuen Meliorationsbauvorhaben führten auch in der Provinz Hannover zu einer erheblichen Vermehrung der Aufgaben der Meliorationsbaubeamten und ab 1894 zur Einrichtung von Meliorationsbauämtern (s. Abschnitt 2.2). Bis 1924 nahm die Zahl der Meliorationsbauämter in der Provinz Hannover auf insgesamt 9 zu.

3.1.2 ORGANISATION DER PREUSSISCHEN MELIORATIONSBAUVERWALTUNG

Das preußische „Ministerium für landwirtschaftliche Angelegenheiten", 1879 erweitert zum preußischen „Ministerium für Landwirtschaft, Domänen und Forsten", war von Anfang an für das staatliche „Meliorationsbauwesen" zuständig, das 1920 bei Aufgabenerweiterung in „Kulturbauwesen" und 1939 in „Wasserwirtschaft" umbenannt wurde, ihm zuzurechnen sind die Fachabteilungen/Dezernate der nachgeordneten Behörden (Regierungspräsidenten, Landkreise und Kulturbauämter u.a.m.). 1933 wurde das Ministerium in „Preußischer Minister für Landwirtschaft", und 1935, nach Zusammenlegung preußischer Ministerien mit Reichsministerien, in „Reichs- und Preußischer Minister für Ernährung und Landwirtschaft" umbenannt. Die Aufgaben der Wasserwirtschaft, Landeskultur, Bodenkultur, wasserwirtschaftliche Planung und Wasserwesen wurden bis 1941 als Unterabteilung innerhalb der Abt. VI des ab 1935 Reichs- und Preußischen Ministeriums für Ernährung und Landwirtschaft (RuPrMfEuL) wahrgenommen. 1941 wurde die 1939 in „Wasserwirtschaft" umbenannte Unterabteilung dem neu eingerichteten „Generalinspektor für Wasser und Energie" zugeordnet, der auch den Auftrag zur Vereinheitlichung der Wasserwirtschaft hatte. Das Kriegsende 1945 machte den Aufbau einer Reichswasserwirtschaftsverwaltung genauso zunichte, wie die Verkündigung eines in der Konzeption schon um 1940 fertiggestellten, dem Reichstag aber erst 1943 zugeleiteten Entwurfes eines Reichswassergesetzes. Dieser für damalige Verhältnisse ungewöhnlich fortschrittliche Gesetzesentwurf sah Kompetenzen und Gliederungen wasserwirtschaftlicher Behörden für das Reich nur nach Einzugsgebieten o.ä. unter zentraler Leitung des Generalinspektors für Wasser und Energie vor. Übrigens hatte schon 1880 der Deutsche Landwirtschaftsrat - im Zuge der damaligen Beratungen des BGB - den Erlaß eines besonderen Wassergesetzes für das ganze Deutsche Reich im Sinne einer angemessenen Regelung der gesamten Wasserverhältnisse und ihrer rechtlichen Grundlagen gefordert. Das „Recht der Wasser- und Bodenverbände" war 1937 schon für das Reich einheitlich geregelt worden (s. Abschnitt 5.11 und 7.2).

Die etwa ab der Jahrhundertwende stark gestiegenen Meliorationsaufgaben zwangen zu einer Verdichtung der behördlichen Organisation der Meliorationsbauverwaltung in der Mittel- und Ortsinstanz. So erhielt, wie in Abschnitt 2 berichtet, beim Oberpräsidenten in Hannover der herausragend begabte und aktive königliche Baurat Recken 1906 als Referent die Aufsicht über mittlerweile fünf Meliorationsbauämter in der Provinz Hannover. Ab 1912 geht deren Aufsicht von den Oberpräsidenten auf die Regierungspräsidenten als Mittelinstanz über. Der Dienstweg geht von dort unmittelbar zur Ministerialinstanz. Erst Anfang der 20er Jahre sind bei allen Regierungspräsidenten die offenen Stellen für den höheren meliorationsbautechnischen Dienst als „Kulturbautechnische Dezernenten" und ab 1939 als „Wasserwirtschaftliche und ingenieur-bautechnische Dezernenten" besetzt (Voraussetzung: Ausbildung zum Regierungsbaumeister, später Regierungsbauassessor, heute Bauassessor). Zu den Aufgaben der Regierung als Wasserpolizeibehörde nach Inkrafttreten des Preußischen Wassergesetzes (PrWG) (7.4.1913) mehr in Abschnitt 4.1.4.

Aus den ab Mitte der 1860er Jahre eingerichteten Meliorationsbauinspektionen bei den Oberpräsidenten der Provinzen - vorher waren Meliorationsarbeiten ohne spezielle Fachverwaltung technisch durch die Wasserbauverwaltung/Wasserbauinspektionen betreut worden - entwickelten sich in Preußen bis in die 20er Jahre dieses Jahrhunderts 55 Meliorationsbauämter, so in der Provinz Hannover als erstes Amt 1894 das Meliorationsbauamt I Hannover. 1920 wurden diese Ortsbehörden/Fachbehörden in „Kulturbauamt" umbenannt.

1931/32 waren im Rahmen staatlicher Sparmaßnahmen (u.a. „Brüningsche Notverordnungen"), aber auch auf Drängen des damaligen Landkreisverbandes (allerdings nicht einstimmig!) „mit einem Federstrich" die Kulturbauämter zum Jahresende 1932 mit dem Ziel aufgelöst worden, die Aufgaben entweder unmittelbar durch die Regierungspräsidenten oder durch die Landkreise (in einigen waren bereits Kreiskulturbauämter eingerichtet) wahrnehmen zu lassen, deren Landräte damals - das muß man heute wissen - staatliche Beamte mit Doppelaufgabe waren: Leiter der staatlichen Abteilung der Kreisverwaltung und Leiter der kommunalen Kreisverwaltung. Fast alle Landkreise waren wegen ihrer eigenen finanziellen Situation zu einer Übernahme des Personals nur bei Zahlung entsprechender Zuschüsse bereit. Nicht geregelt blieb, wie die anstehenden Aufgaben (es wurden damals nur noch einige Meliorationen finanziert und durchgeführt) anders bewältigt werden sollten. Der Erlaß wurde auch deshalb nicht wirksam, weil es innerhalb der Kulturbauverwaltung und anderer durch diesen Entscheid betroffener Bereiche energischen Widerstand gab, und sich die Einsicht durchsetzte, daß es so doch nicht gehen konnte. Es war der erste Versuch, möglichst viele Aufgaben der preußischen Kulturbauämter von den allerdings von staatlichen Landräten geführten Landkreisen übernehmen zu lassen. Der politische Trend zur Kommunalisierung oder sonstigen Neuorganisation der Wasserwirtschaftsämter (dann bis Ende 1997 StÄWA), wie Zusammenlegung mit anderen staatlichen Fachbehörden in unterschiedlicher Form (Zielsetzung: „Umweltverwaltung"), hat sich in Niedersachsen, wie in fast allen Bundesländern, fortgesetzt. Das Ziel ist Ende 1997 im Zuge der Auflösung der StÄWA und Zuordnung weiterer Aufgaben an die Landkreise erreicht worden. Ein Vergleich mit ähnlichen Entwicklungen in anderen Ländern ist kaum möglich, denn in Hessen werden z.B. bei den Landkreisen die Aufgaben im übertragenen Wirkungsbereich in einer Abteilung mit Landesbediensteten wahrgenommen. Das hat ganz erheblichen Einfluß auf die Fachaufsicht. Weiteres dazu im Abschnitt 4.1.

Relativ unangefochten und in der Entscheidung geduldet, wurden in Preußen die Kulturbauämter, um der Form genüge zu tun, zwar zum 01.01.1933 aufgelöst, aber dann kurzerhand ab 01.04.1933 mit der Bezeichnung „Der Kulturbaubeamte" als staatliche Dienststellen wieder weiterbetrieben. Diese erhielten zum 01.06.1939 in einer ähnlichen raschen Entscheidung im Reichsministerium für Ernährung und Landwirtschaft die Bezeichnung „Wasserwirtschaftsamt", ohne daß schon damals hinlänglich geklärt war, was unter Wasserwirtschaft zu verstehen sei und was damit Hauptaufgabe des Amtes zu sein hatte. Damit war die Organisation der Meliorationsbauverwaltung, ab 1920 Kulturbauverwaltung und ab 1939 Wasserwirtschaftsverwaltung, so geschaffen, wie sie im Grundsatz - von 1987 bis 1997 als „Wasserwirtschafts- und Abfallwirtschaftsverwaltung" - in Niedersachsen bis Ende 1997 bestanden hat. Die Bezeichnung „Wasserwirtschaftsamt" ist in den letzten Jahren in fast allen Bundesländern im Zuge des Wandels der Aufgaben und der dabei eingeleiteten Umorganisation staatlicher Ortsbehörden verschwunden.

3.1.3 INTENSIVIERUNG UND ERWEITERUNG DER AUFGABEN AB ANFANG DER DREISSIGER JAHRE

Seit Anfang der 30er Jahre, also noch vor Beginn des „Dritten Reiches", steigerten sich die Anforderungen an das Wasser hinsichtlich Menge und Beschaffenheit gegenüber der Zeit nach 1918 erheblich. Die wasserbauliche/kulturbautechnische Tätigkeit vervielfältigte sich nach 1933 mit dem politischen Ziel *„Ernährung aus eigener Scholle"* mit stark zunehmender Tendenz bis 1939 und Kriegsende 1945. Auf dem Gebiet des landwirtschaftlichen Wasserbaues wurde zur Minderung der Arbeitslosigkeit ein umfassendes Arbeitsbeschaffungsprogramm auch als „Notstandsmaßnahmen" finanziert: Meliorationen landwirtschaftlicher Nutzflächen (Ent- und Bewässerungen, Flußregulierungen, Moorkultivierungen, Ödlanderschließungen, ländliche Trinkwasserversorgung, Eindeichungen und Landgewinnungsarbeiten u.a.m.). Innerhalb weniger Jahre (1932 bis 1939) wurden dadurch Ertragssteigerungen erzielt, die der Gewinnung von Erträgen einer kleineren Provinz (rd. 750 000 ha) entsprachen. Im Zuge der Autarkiebestrebungen wurden diese Tätigkeiten durch den Einsatz des Reichsarbeitsdienstes zusätzlich gefördert. Die Trinkwasserversorgung im ländlichen Raum wurde umfangreich verbessert. Zum Schutz vor Überschwemmungen bei Hochwasser und zur Wasserversorgung von Städten und

Industrien wurden Deiche bzw. Talsperren gebaut. Dazu mußte auch das Personal der mit Planung, Bauleitung und Bauüberwachung einschl. Finanzierung dieser Arbeiten betrauten staatlichen Kulturbau-/Wasserwirtschaftsverwaltung erheblich vermehrt werden.

Im „Preuß. Staatshandbuch von 1939" [1] werden die Aufgaben der Wasserwirtschafts- und Kulturbauverwaltung knapp erläutert (S. 141): *Der staatlichen Kulturbauverwaltung erwachsen auf dem Gebiet der Wasserwirtschaft und Bodenkultur besonders wichtige Aufgaben.*

Die Zentralinstanz ist zuständig für die Personalangelegenheiten der Beamten und Angestellten der staatlichen Kulturbauverwaltung. Sie gibt die Richtlinien für die Durchführung der wasserwirtschaftlichen Maßnahmen und Bodenverbesserungen heraus, führt die oberste Aufsicht darüber und stellt alljährlich durch den Haushalt der preußischen Landwirtschafts-Verwaltung erhebliche Mittel zur Gewährung von Beihilfen bereit.

„Träger der wasserwirtschaftlichen Unternehmungen und Meliorationen, Bodenverbesserungen, Flußregulierungen, Talsperrenbauten, Wasserversorgungsanlagen sowie Abwasserreinigungs- und -verwertungsanlagen u.a. sind die Wasser- und Bodenverbände, teilweise auch Gemeinden und Gemeindeverbände. Für die Durchführung dieser Aufgaben sorgen in der Provinzialinstanz die Regierungspräsidenten, denen ein oder mehrere Kulturbaubeamte unterstehen, im Einvernehmen mit den Organen des Reichsnährstandes und, soweit erforderlich, auch mit den Naturschutzdienststellen" (letztere Aussage ist für die damalige Zeit bemerkenswert).

Auch hinsichtlich der Berücksichtigung der Belange des Naturschutzes bei Meliorationen gab es schon vor 1945 in Preußen - und damit auch für Niedersachsen gültig - erste Weisungen. So könnte die Konzeption im RdErl des RuPrMfEuL vom 16.11.1937 [3] *„Berücksichtigung des Naturschutzes bei Meliorationsarbeiten"* heute kaum besser sein (Abb. 3-1). Auch der RdErl des RMfWEuV vom 08.05.1941 [4] *„Ausbildungsanweisung für die Bauschulen für Wasserwirtschaft und Kulturtechnik bezüglich Naturschutz und Landschaftsgestaltung"* ließ die damalige Entwicklung deutlich erkennen (Abb. 3-2).

Im Zusammenhang mit dem in den 60er Jahren einsetzenden Wandel, bei allen Eingriffen in das Wasser auch ökologische Aspekte und Probleme des Naturschutzes als grundsätzliche Planungs- und Bewertungselemente zu erfassen, dürfen auch die Impulse nicht vergessen werden, die Dr.-Ing. Jürgen Albrecht, im Kriege gefallen, 1940 in einer richtungweisenden Veröffentlichung *„KULTURAUFGABEN DES WASSERBAUINGENIEURS AN DEN REICHSGEWÄSSERN"* [5] zu geben versucht hatte. Er wies auf die *„naturgegebene Bedeutung der Gewässer"* hin, behandelte die *„Biologische Bedeutung der Gewässer"* und verwies *„auf die Verpflichtung für den Wasserbauingenieur, sich der Naturverbundenheit seines Berufes bewußt zu sein"*. Albrecht forderte auch: *„Der Wasserbauingenieur darf den Blick nicht auf den eigentlichen Wasserlauf beschränken, sondern muß die gesamte Flußlandschaft in seine Planung einbeziehen! Nur eine solche Einstellung macht es ihm möglich, die Folgen seiner Maßnahmen und seiner unvermeidlichen Eingriffe in die Natur ganz zu ermessen."* Diese damals wohl erste Vision hat sich heute weitgehend erfüllt.

Wurden solche Ideen, die erst Jahrzehnte später wieder aufgenommen worden sind, nach 1945 nur deshalb verdrängt, weil sie aus der Zeit des Dritten Reiches stammten? Nein, das war es sicher nicht allein! Die Wasserwirtschaftsverwaltung mußte nach dem schrecklichen Ende des Krieges die staatlichen Fördermittel wegen der katastrophalen Not in der Nachkriegszeit - die Zeugen, die diese bitteren Zeiten miterlebt haben, sterben langsam aus - u.a. für dringend nötige „meliorative Eingriffe" zur Verbesserung der Er-

Wasserwirtschaft und Landeskultur

Berücksichtigung des Naturschutzes bei Meliorationsarbeiten. RdErl. d. RuPrMfEuL. v. 16. 11. 1937 — VI/1. 8761 —.

(1) Bei der Aufstellung und Ausführung der Meliorationsentwürfe ist darauf hinzuwirken, daß die Natur der Landschaft möglichst erhalten bleibt. Der neue Zustand soll in tunlichst geringem Gegensatz zu dem natürlichen stehen oder doch in absehbarer Zeit wieder ein naturnahes Aussehen gewinnen.

(2) Die stärkste Veränderung des natürlichen Landschaftsbildes wird im allgemeinen durch die Regelung der Wasserläufe verursacht. Diese soll nur dann vorgenommen werden, wenn sie aus wirtschaftlichen Gründen unerläßlich ist. In manchen Fällen wird es genügen, die Linienführung eines vorhandenen Wasserlaufes beizubehalten und nur seine Querschnitte zu vergrößern. Wenn sich Begradigungen zum Zwecke eines ungehinderten Wasserabflusses oder zur Verringerung der Unterhaltungskosten nicht vermeiden lassen, so sind doch lange gerade Strecken entbehrlich und besser durch schwache Krümmungen mit kurzen Zwischengeraden zu ersetzen. Es wird fast stets gelingen, dem Wasserlauf auf diese Weise eine gefällige, der Landschaft angepaßte Linienführung zu geben, ohne seine Leistungsfähigkeit merkbar zu beeinträchtigen. Eine Ausnahme dürfte nur dann nötig sein, wenn Wasserläufe, namentlich Gräben, an vorhandene gerade Grundstücksgrenzen gelegt werden müssen. Sofern in einem Tal ein neuer Hauptvorfluter hergestellt wird, ist dieser grundsätzlich an der tiefsten Stelle der Talsohle anzuordnen, so daß er hernach die Achse der Tallandschaft bildet.

(3) In einem Wasserlauf eingeschaltete Inseln sind als Brutplätze der Vogelwelt besonders wertvoll. Wenn auch Flußspaltungen im allgemeinen beseitigt werden müssen, da sie häufig den Anlaß zu neuen Verwilderungen geben, so ist doch im Einzelfall sorgfältig zu prüfen, ob nicht eine vorhandene Insel erhalten bleiben kann.

(4) Der natürliche Uferbewuchs, vor allem der alte Baum-, Hecken- und Strauchbestand sollte, soweit wie irgend angängig, erhalten bleiben. Der Laubfall ist nicht so schädigend, als daß er nicht in Kauf genommen werden könnte. Verbreiterungen von Wasserläufen, deren Ufer mit Bäumen und Sträuchern bestanden sind, sollten möglichst nur einseitig, und zwar auf der baumärmeren Seite vorgenommen werden. Feste Naturufer, die gewissen Vogelarten Nistgelegenheiten zu bieten pflegen, sollten zum wenigsten an *einer* Uferseite in ihrer natürlichen Beschaffenheit erhalten bleiben, also nicht durch eine künstlich geschaffene Böschung ersetzt werden.

(5) Für beseitigte Hecken und Sträucher ist grundsätzlich Ersatz zu schaffen. Ist eine geschlossene Bepflanzung neuer Uferböschungen, ggf. auch in einigem Abstand von der Böschung, nicht möglich, so sind zugunsten der Vogelwelt, des Wildes und u. U. auch der Fischzucht in unregelmäßigen Abständen vereinzelte Buschgruppen anzulegen, bei denen der Strauchbewuchs bis nahe an das Wasser reichen darf, sofern hierdurch der Hochwasserabfluß nicht behindert wird. Wo solche Behinderung zu erwarten ist, kann auch eine geringe Verbreiterung des Querschnitts des Wasserlaufs in Frage kommen. Eine alleeartige Bepflanzung der Wasserläufe ist zu vermeiden. Bei Neupflanzungen dürfen grundsätzlich nur heimische und standortgemäße Holzarten verwendet werden. Handelt es sich um Ersatzpflanzungen, so sollte man keine anderen als die bisherigen standortgemäß-heimischen Arten wählen. Eine Bepflanzung mit kurz zu haltenden und daher regelmäßig zu scherenden Hecken ist unzweckmäßig.

(6) Die Uferbefestigung, auch die Wildbachverbauung, ist möglichst natürlich zu gestalten; Rasen sowie Strauchwerkbündel und Bruchsteine sind stets vorzuziehen. Beton und Eisenbeton sollten dagegen vermieden werden.

(7) Stehende Gewässer in der Landschaft sind in weitestem Maße zu erhalten. Hierzu gehören Altgewässer, die mit den zugehörigen Wasserläufen möglichst in Verbindung bleiben sollten, Teiche, Weiher, Sölle, Wasseransammlungen in alten Lehmgruben, Steinbrüche und dergleichen, deren Busch- und Baumränder für das Landschaftsbild besonders wichtig sind und nicht verschwinden dürfen. Bauarbeiten an schilfbestandenen Teichen und Seen sollten möglichst nicht während der Fortpflanzungszeit der Wasservögel begonnen werden.

(8) Bei der Senkung des Grundwasserstandes ist darauf Bedacht zu nehmen, ob etwa in der Nähe befindliche Naturschutzgebiete oder sonstige in ihrem besonderen Pflanzenbestand erhaltenswerte Flächen dadurch schädlich beeinflußt werden. Es wird in solchen Fällen zusammen mit den Naturschutzstellen sorgfältig zu prüfen sein, ob und wie derartige schädliche Wirkungen vermieden werden können, ohne daß der Mehrertrag der Melioration wesentlich beeinträchtigt wird.

(9) Für Neubauten, wie Brücken, Schleusen, Wehre, Sohlenabstürze usw., sind möglichst bodenständige Baustoffe zu verwenden. In Steinmauern und an sonstigen geeigneten Stellen sollten Nistgelegenheiten für höhlenbrütende Vögel vorgesehen werden.

(10) Auch bei der Linienführung der Deiche sind nicht lange gerade Strecken, sondern nach Möglichkeit ganz schwache Krümmungen und Gegenkrümmungen zu erstreben. Einzelne Bäume und Buschgruppen am Fuße der Außenböschung sind im allgemeinen für die Sicherheit der Deiche unbedenklich, sofern sie den Graswuchs auf den Böschungen nicht stören.

(11) Bei Dränungen brauchen keineswegs alle Bäume und Büsche entfernt zu werden. Wegen der Maßnahmen gegen das Zuwachsen der Dräne wird auf die Dränanweisung verwiesen.

(12) In Gebieten, in denen im Laufe der Zeit noch umfangreiche Rodungsarbeiten durchzuführen sind, empfiehlt sich die Aufstellung eines Generalplanes zusammen mit den Dienststellen der Forstverwaltung und des Naturschutzes. In ihm ist für ein größeres Gebiet darzustellen, welche Flächen für die Rodung in Frage kommen und welche von der Rodung auszuschließen sind.

(13) Bei der Durchführung der Meliorationen bietet sich eine günstige Gelegenheit, in geeigneter Weise auf die Verbandsmitglieder einzuwirken und sie zur Erhaltung und Pflege der natürlichen Landschaft auf den ihnen gehörenden Grundstücken zu veranlassen. Insbesondere ist die wesentliche Bedeutung der Baum- und Buschgruppen sowie der Hecken für die Landwirtschaft zu erwähnen.

An die nachgeordneten Behörden.

— LwRMBl. S. 833.

Abb. 3-1: Runderlaß vom 16.11.1937: „Berücksichtigung des Naturschutzes bei Meliorationsarbeiten" (LwRMBl. 1937 Nr. 48)

nährung sehr sparsam verwalten. Es gab keinen Gedanken, über die notwendigsten Eingriffe hinauszugehen, weil nur das Dringlichste finanzierbar war. Die genannten Impulse der Naturverbundenheit wurden so über zwei Jahrzehnte vergessen oder verdrängt. Ende der 60er Jahre - nach Konsolidierung der wirtschaftlichen Lebensverhältnisse - setzte in der Öffentlichkeit der Umschwung in der Einstellung zu Natur und Erhaltung der Umwelt dann so rasch ein, daß die wasserbaulichen Planungskonzeptionen dem zu spät folgten. Wasserwirtschaftliche Grundsätze waren zu der Zeit u.a. auch wegen Fehlens „Wasserwirtschaftlicher Rahmenpläne" noch nicht entwickelt worden.

Erst das Wasserhaushaltsgesetz des Bundes von 1957 forderte die „Wasserwirtschaftliche Rahmenplanung" nach Richtlinien, die „die Bundesregierung unter Mitwirkung des Bundesrates erläßt". Sehr verzögert wurden diese erst 1966 erlassen und danach in Niedersachsen um weitere Jahre verspätet umgesetzt. Aus heutiger Sicht ist bemerkenswert und gleichzeitig bedauerlich, daß diese für die Wasserwirtschaftler doch ureigenen Planungen viel zu lange - auch bezüglich des Einsatzes qualifizierten Personals - nachrangig behandelt werden mußten, weil bei der damaligen Personalknappheit die Lösung anderer Aufgaben (Meliorationen, Wasserversorgung, Abwasserbeseitigung, Küsten- und Hochwasserschutz u.a.m.) als erheblich vordringlicher eingestuft werden mußte (Weiteres in Abschnitt 5.1).

1902 wurde durch „landesherrlichen Erlaß" die preußische „Landesanstalt für Gewässerkunde" errichtet (s. Abschnitt 5.1. und 6.1.1.). Sie war damit auch für die Provinz Hannover zuständig. Die Landesanstalt hatte u.a. den Auftrag, die *„Beobachtungen über den Wasserhaushalt, insbesondere den Abflußvorgang in den Wasserläufen und das Grundwasser"* einheitlich zu bearbeiten, Ergebnisse zu veröffentlichen, bei der *„Lösung wasserwirtschaftlicher Fragen aller Art"* mitzuwirken, Gutachten zu erstatten sowie das Pegelwesen zu überwachen. Bemerkenswert, daß hier „wasserwirtschaftliche Fragen" aufgeführt werden. Was hatte man sich damals darunter wohl vorgestellt? Nach 1945 übernahmen die Bundesanstalt für Gewässerkunde, als Bundesbehörde nur unmittelbar für die Bundeswasserstraßen zuständig, und in den Bundesländern entsprechende Behörden mit unterschiedlichen Bezeichnungen und auch Zuständigkeiten, Teile dieser Aufgaben. Mehr hierzu im Abschnitt 5.1. Dies war jedoch die zwangsläufige Folge des Grundgesetzes, das die Zuständigkeiten für die Wasserstraßen dem Bund und für die Wasserwirtschaft den Bundesländern übertragen hat.

Wasserwirtschaftler und Gewässerkundler haben sehr bedauert, daß bereits durch die Regelung im Grundgesetz die Chance vertan worden war, eine zentral für das gesamte deutsche Gewässernetz verantwortliche Bundesanstalt für Wasserhaushalt („Gewässerkunde" wäre die Alternative) einzurichten. Unmittelbar fachlich nachgeordnete gewässerkundliche Dienststellen sollten unabhängig von Landesgrenzen für Einzugsgebiete größerer Gewässer zuständig sein, aber verwaltungsmäßig den Ländern unterstehen. Die Gewässerkunde hat immer den Wasserhaushalt eines geschlossenen Gewässersystems als Ganzes quantitativ, qualitativ, morphologisch und biologisch zu betrachten. Nur so gewonnene Daten sind wichtige Grundlagen für auch ganzheitliche wasserwirtschaftliche Beurteilungen. Insofern war es ein Fehler, die Bundeswasserstraßen gewässerkundlich durch eine gesonderte Dienststelle - isoliert von ihren Zuflüssen - zu erfassen. Gleiches gilt für die Zerschneidung von Einzugsgebieten durch die Grenzen/ Zuständigkeiten der Länder oder der Kreise. In diesem Zusammenhang ist anzumerken, daß der Rat der EU den Mitgliedsländern das Konzept einer Richtlinie „Zur Schaffung eines Ordnungsrahmens für Maßnahmen der Gemeinschaft im Bereich der Wasserpolitik"

Wasserwirtschaft und Landeskultur

Bauschulen für Wasserwirtschaft und Kulturtechnik; hier: Naturschutz und Landschaftsgestaltung. RdErl. d. RMfWEuV. v. 8. 5. 1941 — E V 6802/74 —.

Auf Vorschlag des Reichsforstmeisters als Oberste Naturschutzbehörde habe ich durch meinen Erlaß vom 10. Dezember 1940 — E V 6802/67 — (Deutsch.Wiss. Erziehg.Volksbldg. S. 572) bei den Bauschulen für Wasserwirtschaft und Kulturtechnik das Unterrichts-

das allgemeine physikalische und biologische Gleichgewicht der angetasteten Gesamtlandschaft (wie z. B. hinsichtlich der Wasserführung und des Wasserhaushalts oder hinsichtlich des örtlichen Klimas oder der Rückwirkungen auf die Pflanzenwelt) im Auge behalten, sondern auch der in der Einleitung des Reichsnaturschutzgesetzes vom Führer gestellten sozialen und kulturellen Forderung Rechnung getragen wird — auch dem ärmsten Volksgenossen seinen Anteil an deutscher Naturschönheit zu sichern —. Demnach müssen alle Werke der Menschen in der Landschaft nicht bloß die überkommene Natur weitgehendst schonen und sie wieder an und in das menschliche Bauwerk heran- und hereinziehen (anstatt z. B. bei Bachverbesserungen mit einem Kahlschlag zu beginnen), sondern diese Werke selbst, ob Wege und Straßen, Gräben und Dämme, verbesserte Bäche und Flüsse, Kanäle und Brücken, Wehre, Schleusen und andere Kunstbauten, ja ganze Flureinteilungen, müssen an sich schön sein, der Landschaft harmonisch eingefügt und durch entsprechende Gestaltung und Pflanzenwuchs mit ihr verbunden, also zu einem organisch eingewachsenen Bestandteil der heimischen Landschaft werden.

Im Unterricht ist daher bei jeder passenden Gelegenheit auf diese Verpflichtung gegenüber dem Volksganzen hinzuweisen, um diesen Forderungen bis ins kleinste zum Durchbruch zu verhelfen.

Im einzelnen bieten sich hierzu folgende Gelegenheiten:

1. Im Lehrplan:

In der Wetterkunde kann auf die Rückwirkungen der Pflanzendecke, der Sträucher und Bäume, auf das örtliche Klima, die Luftbewegung (Windschutz), auf Luftfeuchtigkeit (Taubildung, Gefahren der Austrocknung) und Erhaltung der Bodenkohlensäure, ja des Bodens selbst (Abblasung und Abschwemmung) hingewiesen werden. Wichtigkeit der Feldhecken!

Die Vermessungskunde soll zugleich eine Anweisung zur „Vermessungskunst" sein und das Verständnis für die Einfügung künstlicher Linien in die naturgegebene Landschaft, also die Berücksichtigung der Höhenkurven und Gefällslinien, sowie der von fließenden Gewässern und vom Wellenschlag stehender Gewässer geschaffenen und diesen gemäßen Geländeformen, Linien und Talhängen, von Grund aus erschließen.

In der Baustofflehre ist darauf hinzuweisen, welche technischen und schönheitlichen Vorzüge der Naturstein hat und wie wenig sich z. B. Betonglattstrich der Natur zu verbinden vermag. Naturstein aus der betreffenden Landschaft wirkt zudem heimatlich, auch nimmt er schneller eine Patina an.

In der Bodenkunde wäre die neuzeitliche Pflanzensoziologie und die Abhängigkeit der natürlichen Gesellschaften vom Boden zu berücksichtigen, damit der Techniker verstehen lernt, daß auch künstliche Pflanzungen und Pflanzendecken diesen naturgegebenen Bedingungen entsprechend ausgewählt werden müssen, um Anschluß an die vorhandenen Pflanzengesellschaften zu bekommen.

Bei der Behandlung der Heide-, Moor- und Ödlandkultur darf nicht versäumt werden, auf die Berücksichtigung des Naturschutzes und auf die Zusammenarbeit mit den staatlich bestellten Beauftragten für Naturschutz hinzuweisen. Die Heimat-

fach „Naturschutz und Landschaftsgestaltung" neu eingeführt. Ergänzend hierzu bemerke ich folgendes:

Es entspricht der für uns maßgebenden weltanschaulichen Grundeinstellung des Dritten Reiches, daß alle Bauwerke und sonstige Eingriffe in das Landschaftsbild nicht mehr nur im Sinne der Erfüllung eines bloßen Zweckes und einer wirtschaftlichen Notwendigkeit ausgeführt werden, sondern daß sowohl

natur ist nur auf dem sogenannten Ödland noch unberührt. Nur dort herrschen die Naturgesetze ohne menschliche Einflüsse. Auch bei der Ödlandkultur ist im übrigen die Pflanzensoziologie von Bedeutung und die Pflanzung von Feldhecken, Randgehölzen usw. wichtig.

Beim Erd- und Wegebau, sowie beim Wasserbau treten die Aufgaben der Landschaftsgestaltung besonders in den Vordergrund und sind eingehend zu berücksichtigen hinsichtlich der Linienführung, der Profilgestaltung, der Bepflanzung, der Materialverwendung, der Uferdeckung sowie der Ausführung von neuen, wenn auch noch so bescheidenen Kunstbauten. Dabei sind die vom Generalinspektor für das deutsche Straßenwesen, vom Reichsarbeitsminister, vom Reichsverkehrsminister, vom Reichsminister für Ernährung und Landwirtschaft und von der obersten Wasserbaubehörde ausgegebenen Richtlinien für den Unterricht maßgebend.

Bei der Behandlung der Gestaltung der Flur ist der Kampf gegen die bloße Reißbrettarbeit aufzunehmen und auf die Wichtigkeit genauester Kenntnis der Landschaft selbst immer wieder aufmerksam zu machen. Vorhandene Wege und Haupteinleitungen sind tunlichst zu übernehmen, Feldhecken, Gehölze und Einzelbäume sind zu erhalten, auch wenn sie nicht als Naturdenkmale (wie Findlinge oder Landschaftsbestandteile sowie Hecken) geschützt sind. Vor jeder Güterumlegung muß sich der Feldmesser vergewissern, welche Naturgegenstände oder Gebiete und welche vor- und frühgeschichtlichen Denkmale (Grabhügel, Hünengräber, Erdwälle und Gräben, Schanzen und Mauerreste, Wege und Wasserstellen) geschützt oder erhaltenswert sind. Diese sind in die Aufnahmepläne einzutragen und bei der Neueinteilung sinnvoll dem Ganzen einzufügen. Liegengebliebene Zwickel in Straßengabeln usw. sollen als Massegrundstücke ausgeschieden, der Gemeinde zugeteilt und möglichst als Vogelschutzgehölze angelegt werden. Besonders wichtig ist die Schonung der Bäche und der natürlichen Ufergehölze. Verbesserte Bäche sollen wieder bepflanzt werden.

Es werden hierzu folgende Erlasse aufgeführt:

1. Verordnung zur Erhaltung der Wallhecken vom 29. 11. 1035 (RuStAnz. 1935 Nr. 283);
   hierzu:
   a) RdErl. d. Rfm. v. 29. 11. 1935 — (RMAmtsbl. Dtsch.Wiss. 1936 S. 23),
   b) Ergänzungsverordnung v. 24. 1. 1936 (RuSt Anz. 1936 Nr. 24),
   c) RdErl. d. RMfEuL. v. 24. 2. 1936 (LwMBl. S. 73),
   d) Ergänzungsverordnung v. 16. 9. 1938 (RMBl Fv. S. 352),
2. Schutz der Hecken, RdErl. d. Rfm. v. 4. 10. 1938 (RMBlFv. S. 353),
3. Beachtung des § 20 des Reichsnaturschutzgesetzes — Allg. Vfg. 8 d. Rfm. v. 22. 1. 1938 — (RMBl. Fv. S. 43),
4. Schriftenreihe „Landschaftsschutz und Landschaftspflege"
   — RdErl. d. Rfm. v. 27. 9. 1938 — (RMBlFv. S. 353),
5. Berücksichtigung des Naturschutzes bei Meliorationsarbeiten
   — RdErl. d. RMfEuL. v. 16. 11. 1937 — (LwRM Bl. S. 833),

Abb. 3-2: Runderlaß vom 08.05.1941: „Ausbildungsanweisung für die Bauschulen für Wasserwirtschaft und Kulturtechnik bezüglich Naturschutz und Landschaftsgestaltung" (LwRMBl. 1941 Nr. 22)

vom 25.02.1997 [6] zur Diskussion und Abstimmung vorgelegt hat. Mit dieser Richtlinie wird der gewässerkundlich zutreffende Weg beschritten: Die Mitgliedstaaten müssen zur Erfüllung der Ziele der Richtlinie innerhalb ihres Hoheitsgebietes Gewässereinzugsgebiete beschreiben, denen jeweils eine entsprechende Verwaltungseinheit für die Bewirtschaftung des Wassers zuzuordnen ist (s. dazu Abschnitt 4.1.7).

In diesem Sinne hatte der Reichsminister für Ernährung, Landwirtschaft und Forsten schon von 1935 bis 1937 für das gesamte Reichsgebiet, also auch im Gebiet des jetzigen Landes Niedersachsen, „Wasserwirtschaftsstellen" für die *„wasserwirtschaftliche Gesamtplanung größerer Gebiete"* (Einzugsgebiete) eingerichtet, Vorläufer heutiger gewässerkundlicher Tätigkeiten in der Wasserwirtschaftsverwaltung mit dem Ziel, wasserwirtschaftliche Grundlagen zu schaffen. Diese Wasserwirtschaftsstellen wurden noch im Kriege am 01.04.1941 neben anderen in den Bereich des neu gebildeten „Generalinspektors für Wasser und Energie" überführt.

Diese nur nach Einzugsgebieten geordneten Wasserwirtschaftsstellen hatten einen umfassenden Auf-trag. Vorrangige nur teilweise schon gelöste Aufgabe war die Ermittlung des Wasserhaushaltes der Teileinzugsgebiete. Die folgenden Stichworte zeigen die heute noch große Aktualität der damals schon erkannten gewässerkundlichen und wasserwirtschaftlichen Aufgaben, für die zu ermitteln bzw. zu erarbeiten waren:

- Beschreibung der Flußgebiete,
- Ermittlung der Wasserhaushalte,
- Vorschläge zur Bewirtschaftung des Wassers,
- Erarbeiten wasserwirtschaftlicher Generalpläne,
- Mindestabflüsse,
- Trockenwetterabflüsse,
- Speichermöglichkeiten,
- Hochwasserschutzräume,
- Wasserbedürfnisse von Mensch, Landwirtschaft, Gewerbe und Industrie,
- Wassermangelkarten über den gegenwärtigen Zustand für die Landwirtschaft, Überschwemmungs-, Speicher- und Wassergütekarten.

Das Kriegsende mit der Teilung Deutschlands verhinderte, wie schon erwähnt, die fachlich einzig richtige Entwicklung, die gerade von den Wasserwirtschaftlern gewünscht und begrüßt worden war.

Zum Ende dieses Jahrhunderts haben die Wasserwirtschaftler (Fachleute zahlreicher Disziplinen) mit modernen Methoden wesentliche gewässerkundliche/wasserwirtschaftliche Ziele einschließlich der erst in den letzten Jahrzehnten aktuell gewordenen Fragen der Ökologie, Erhaltung der Naturlandschaft und Umwelt u.a.m. erreicht.

Insgesamt betrachtet waren also schon vor 1945 erste Grundlagen für eine der Daseinsvorsorge verpflichteten Wasserwirtschaftsverwaltung als Gewässerschutzverwaltung im umfassenden Sinne geschaffen worden, ohne daß nach 1945 jemals konsequent und beharrlich das Prinzip durchgesetzt werden konnte, für jede Genehmigung eines in den Wasserhaushalt eingreifenden baulichen Vorhabens als gutachtliche Äußerung eines für die wasserwirtschaftliche Beurteilung verantwortlichen und politisch unbeeinflußbaren selbständigen Wasserwirtschaftsamtes das generell unantastbare „Gütesiegel" „wasserwirtschaftlich geprüft" vorauszusetzen.

In Niedersachsen wurde in gewissem Sinne nach 1950 die in die Abteilung „Wasserwirtschaft" des Nds. Landwirtschaftsministeriums integrierte „Landesstelle für Gewässerkunde" Nachfolger der Wasserwirtschaftsstellen, allerdings mit völlig unzureichender personeller und sächlicher Ausstattung und ohne die Entscheidungsfreiheit, wie sie nur eine selbständige Behörde haben kann. Dies änderte sich erst 1984 mit der Gründung des „Nds. Landesamtes für Wasserwirtschaft“, über dessen Entwicklung im Abschnitt 6.1.4 berichtet wird.

3.2 ÜBERGANG DER WASSERSTRASSEN AUF DAS DEUTSCHE REICH DURCH STAATSVERTRAG VON 1921 ALS REICHSWASSER-STRASSEN UND SPÄTERE BUNDESWASSERSTRASSEN

von Heie F. Erchinger

Die Weimarer Verfassung von 1919 (Artikel 97) machte es dem Reich zur Aufgabe, die bis dahin im Eigentum der Länder stehenden, dem allgemeinen Verkehr dienenden Wasserstraßen in sein Eigentum und in seine Verwaltung zu übernehmen. Das Reich übernahm die Wasserstraßen aufgrund des Gesetzes über den Staatsvertrag betreffend den Übergang der Wasserstraßen von den Ländern auf das Reich vom 29.7.1921. Die Verwaltung der Reichswasserstraßen oblag allerdings nur in der obersten Verwaltungsstufe dem Reich. Der Verfassung war damit formal Genüge getan. In der mittleren und unteren Verwaltungsstufe verblieb die Verwaltung vorläufig bei den bisher zuständigen Länder-Wasserbaubehörden. Von der Übertragung an das Reich waren ausgenommen Wasserstraßen mit einem geringen Verkehrsaufkommen unter 50 000 t Jahresaufkommen, wie z. B. der Ems-Jade-Kanal und der Schiffahrtsweg Elbe-Weser.

Nach 1945 wurde der nächste Schritt in dieser Entwicklung vollzogen. Aufgrund des Grundgesetzes für die Bundesrepublik Deutschland (Artikel 89 GG) wurde der Bund Eigentümer der bisherigen Reichswasserstraßen und verwaltet die Bundeswasserstraßen durch eigene Behörden (Art. 87, Abs.1, 89, Abs. 2 GG). Damit war die verwaltungsrechtliche Grundlage für eine eigene Wasserbauverwaltung des Bundes gelegt. Am 01.11.1949 wurde die Wasser- und Schiffahrtsverwaltung des Bundes mit dreistufigem Aufbau gebildet. Zuständig ist der Bundesverkehrsminister.

Durch das Bundeswasserstraßengesetz (WaStrG) vom 02.04.1968 hat der Bund die Binnenwasserstraßen und die Seewasserstraßen zu Bundeswasserstraßen erklärt. Die Seewasserstraßen umfassen das gesamte Küstenmeer zwischen der Küstenlinie bei mittlerem Hochwasser oder der seewärtigen Begrenzung der Binnenwasserstraßen und auf der anderen Seite der seewärtigen Grenze des Küstenmeeres. Damit hat der Gesetzgeber die eigentumsrechtliche Sachherrschaft am Meer innerhalb der jeweiligen Grenzen der Hoheitsgewässer neu geschaffen [7].

Zu den Seewasserstraßen des Bundes gehören allerdings nicht die darin liegenden Außentiefs, Küstenschutz-, Entwässerungs- und Landgewinnungsbauwerke sowie der trockenfallende Badestrand. Auch kann das jeweilige Land das Eigentum des Bundes an den Seewasserstraßen unentgeltlich nutzen - soweit die Erfüllung der Verwaltungsaufgaben des Bundes nicht beeinträchtigt wird - beispielsweise für Landgewinnung, Boden- und Wasserentnahme, zu Maßnahmen des Küstenschutzes sowie für den Wasserabfluß, also für die Aufgabenfelder der Wasserwirtschaftsverwaltung. Das Land wird auch Eigentümer der gewonnenen Landflächen und errichteten Bauwerke. Insofern benachteiligt diese Eigentumsregelung des Watts das Land nicht bei der Erledigung seiner Aufgaben.

Die dem Land verbliebenen Wasserstraßen mit geringem Verkehrsaufkommen wurden weitgehend mit der Zusammenlegung von Kultur- und Wasserbauämtern von 1922 bis 1924, spätestens aber um 1950 von den örtlichen Wasserwirtschaftsämtern übernommen. Im Küstenschutz war bereits 1921 der Domanialwasserbau, d. h. der das Grundeigentum des Landes betreffende Wasserbau, für Ostfriesland an das Domänenrentamt (wenig später: Domänenrent- und -bauamt) Norden übergegangen, das damit für die Vorlandgewinnung, für Deiche, Siele, Sommerdeiche, Brücken, Durchlässe und dgl. im domänenfiskalischen Außendeichs- und Inselgelände zuständig war. 1950 wurde die Unterhaltung der Binnendünen zusammen mit den Naturschutz- und Seevogelschutzaufgaben an dieses Amt verlagert. Durch die Küstenvereinbarung vom 1.7./17.11.1952 wurde der Bund beauftragt, u. a. den seebautechnischen Inselschutz auf den ostfriesischen Inseln vorläufig weiter durchzuführen. Diese Vereinbarung endete bzgl. des Inselschutzes in Ostfriesland endgültig am 31.3.1979. Seitdem werden diese Aufgaben in vollem Umfange vom Staatlichen Amt für Insel- und Küstenschutz Norden durchgeführt (s. Abschnitte 5.2.6.1, 5.9 und 9.1.17).

3.3 MELIORATIONS- UND WASSERBAUWESEN IM LAND BRAUNSCHWEIG VON DEN ANFÄNGEN BIS 1945

von Horst-D. Fleer

Herzogtum Braunschweig zunächst ohne eigenständige Meliorationsbaubehörde

Das Herzogtum Braunschweig, über das hier berichtet werden soll, ist das Staatsgebilde, wie es nach der erfolglosen bürgerlichen Revolution von 1848 im deutschen Kaiserreich eingebunden war. Es bestand aus vielen kleinen Teilgebieten, die in sechs Kreisdirektionen unterhalb der herzoglichen Staatsregierung organisiert waren und die Kreise Braunschweig, Helmstedt, Wolfenbüttel, Blankenburg, Gandersheim und Holzminden bildeten. Zum Kreis Braunschweig gehörte als Exklave das Amt Thedinghausen an der Weser bei Bremen und zum Kreis Helmstedt die Exklave Amt Calvörde an der Ohre bei Haldensleben. Beide Exklaven erforderten besondere wasserwirtschaftliche Aufmerksamkeit.

Das Herzogtum Braunschweig unterhielt keine eigenständige Fachbehörde für das Wasserwesen, sondern ließ die staatlichen Aufgaben von den Abteilungen für Straßen- und Wasserbau bei den Kreisdirektionen erfüllen. Dies war keineswegs rückständig. Die Organisation der Wasserwirtschaft kann sogar als Vorbild für eine zeitgemäße Verwaltung angesehen werden. Zahlreiche Beispiele herausragender Wasserbaukunst vom Mittelalter bis zur Neuzeit sind dazu in Band 1 aufgeführt.

Das hydrologische Einzugsgebiet reichte vom Mittelgebirge des Harzes und des Sollings bis an den Rand der Lüneburger Heide. Es war an der natürlichen Wasserstraße der Weser Anrainer mit dem Landkreis Holzminden und der Exklave Thedinghausen bei Bremen. Das nördliche Randgebiet wurde vom Mittellandkanal durchschnitten. Hauptvorfluter waren die Aller, Oker, Schunter und Innerste. Die wasserbaulichen Aufgaben waren also wegen der topographischen Gegebenheiten vielfältig.

Erstes Wassergesetz 1876

Nach dem Herzogtum Oldenburg hat das Herzogtum Braunschweig die damals in Regalien, Reglements und Einzelgesetzen, wie z.B. das Gesetz, die Erhaltung der öffentlichen Flüsse und sonstigen Wasserzüge sowie Veränderungen an denselben betreffend, Braunschweig, den 19. December 1851 (Abb. 3-3), geregelten wasserwirtschaftlichen und wasserbaulichen landesherrlichen Bestimmungen am 20.06.1876 in einem „Wassergesetz für das Herzogtum Braunschweig" zusammengefaßt. Vollzogen wurde es im wesentlichen durch die schon erwähnten Kreisdirektionen. Nach der Bildung des demokratischen Freistaates Braunschweig innerhalb der Weimarer Republik wurde 1921 das Gesetz über die Freihaltung der Überschwemmungsgebiete der Wasserläufe erlassen.

Als Folge der starken Gewässerverunreinigung durch die Kaliindustrie und die zahlreichen Zuckerfabriken wurde außerdem 1923 ein Gesetz über die Kosten für die Beaufsichtigung der Anlagen zur Einleitung von Abwässern in öffentliche Gewässer geschaffen, um die Verwaltung wieder handlungsfähig zu machen.

Neuorganisation seit 1935 auf Betreiben des Deutschen Reiches

Die zentralistischen Autarkiebestrebungen im Dritten Reich hatten auch Auswirkungen auf die Organisation der Verwaltung im Freistaat Braunschweig. Für neue Industrieansiedlungen waren die wasserwirtschaftlichen Probleme zu lösen. Am Standort Salzgitter wurde 1937 der Grundstein für die „Reichswerke Hermann Göring" - heute Preussag Stahl AG, Salzgitter - gelegt. Bei Wolfsburg wurde das Volkswagenwerk gegründet und der Ort zu einer großflächigen Stadt erweitert. Für beide Vorhaben war Ersatzland zu beschaffen, die Wasserversorgung und die Abwasserbehandlung waren zu planen und auszubauen. Obwohl beide Standorte außerhalb der Landesgrenzen lagen, war das Reich bei der Lösung der wasserwirtschaftlichen Probleme auf das Herzogtum angewiesen. In dessen Landkreis Wolfenbüttel lag die Eckertalsperre für die Wasserversorgung von Wolfsburg, in dessen Landkreis Helmstedt das Abwasserverregnungsgebiet. Ferner sollte durch eine Moormelioration im Aue-Dammbruchgebiet im Landkreis Braunschweig Ersatzland für die Reichswerke geschaffen werden.

Für die Verwirklichung dieser Maßnahmen wurden 6 Reichsarbeitsdienstlager eingerichtet, deren Arbeiten fachlich von einer Wasserbehörde überwacht werden sollten. Deshalb wurde die Braunschweigische Landesregierung bereits 1935 vom Generalinspektor für Wasser und Energie durch den Reichsstatthalter in Braunschweig und Anhalt mit Sitz in Dessau aufgefordert, den Regelungen anderer Länder des Reiches folgend eine eigenständige Kulturbaubehörde einzurichten.

Das Braunschweigische Finanzministerium, bei dem der Landesstraßen- und -wasserbau als Tiefbauabteilung organisiert war, hat sich zunächst erfolgreich gegen eine Sonderbehörde gewehrt. Zum 01.04.1936 wurde aber unter dem Druck des Reiches für kulturbautechnische Arbeiten eine mit vier Planstellen für Angestellte ausgestattete Kulturbaustelle in der Abteilung für Ernährung und Landwirtschaft im Finanzministerium eingerichtet. Erster Leiter dieses Bereiches wurde Regierungsbaumeister Schärff, der vorher in der Tiefbauabteilung für den Deichbau in Thedinghausen zuständig war.

Der fortschreitende Ausbau der Industrieanlagen in Salzgitter und Wolfsburg sowie der Bau eines Behelfsflughafens der Luftwaffe bei Mariental im Landkreis Helmstedt erhöhte den Druck des Reiches nach einer eigenständigen Kulturbaubehörde. Die Landesregierung sah sich gezwungen, aus der Kulturbaustelle am 01.04.1938, also mit Be-

Gesetz- und Verordnungs-Sammlung.

№ 57.

Braunschweig, den 31. December 1851.

Gesetz, die Erhaltung der öffentlichen Flüsse und sonstigen Wasserzüge, sowie Veränderungen an denselben betreffend.
d. d. Braunschweig, den 19. December 1851.

Von Gottes Gnaden, Wir, Wilhelm, Herzog zu Braunschweig und Lüneburg rc. rc.

erlassen mit Zustimmung der Abgeordneten des Landes über die Erhaltung der öffentlichen Flüsse und sonstigen Wasserzüge, sowie über Veränderungen an denselben das nachfolgende Gesetz:

I. Oeffentliche Flüsse.

A. Allgemeine Bestimmungen.

§. 1.

Als öffentliche, d. h. zum gemeinen Gebrauch bestimmte Flüsse sind sämmtliche natürliche (auch corrigirte) Wasserzüge (Flüsse, Bäche) anzusehen, welche sich in ihrem Laufe durch mehre Feldmarken oder Gemarkungen erstrecken.

So lange der Wasserzug die zusammenhängenden Besitzungen desjenigen, auf dessen Grundstücke derselbe

Abb. 3-3: Titelblatt des Gesetzes, die Erhaltung der öffentlichen Flüsse und sonstigen Wasserzüge, sowie Veränderungen an denselben betreffend, Braunschweig, den 19. Dezember 1851.

ginn der Haushaltsjahres, ein Kulturbauamt zu bilden, dessen Leiter wiederum Regierungsbaumeister Schärff wurde. Er blieb daneben Referent für Kulturbau im Finanzministerium. Zur Unterstützung der Arbeiten wurde gleichzeitig aufgrund der Wasserverbandverordnung von 1937 ein Wasserwirtschaftsverband Braunschweig mit den Mitgliedern Stadt Braunschweig, Stadt Wolfenbüttel und den Landkreisen Braunschweig, Wolfenbüttel und Helmstedt gegründet. Kulturbauamt und Wasserwirtschaftsverband waren in der Kaiser-Wilhelm-Straße 83 untergebracht. Eine Außenstelle des Kulturbauamtes mit 2 Mitarbeitern wurde beim Hochbauamt Bad Gandersheim für die Landkreise Gandersheim und Holzminden eingerichtet. Am 01.07.1939 wurde das Kulturbauamt bei gleichen Aufgaben in Wasserwirtschaftsamt unbenannt.

Ab Februar 1940 wurde Regierungsbaumeister Schmitt die Leitung des Amtes übertragen und der inzwischen zum Kulturbaurat ernannte Schärff konnte sich als Referent bis zur Einberufung zum Wehrdienst am 01.03.1941 voll der Koordinierung der kulturtechnischen Belange in Zusammenhang mit dem Industrieaufbau widmen. In der folgenden Zeit hatte der Leiter des Wasserwirtschaftsamtes die Referententätigkeit mit zu übernehmen. Aber auch dieser wurde im Juni 1943 eingezogen, so daß das Kulturbaureferat bis zum Kriegsende von Oberregierungsbaurat Dr. Richter aus der Tiefbauabteilung wahrgenommen wurde. Während der Militärzeit von Regierungsbaurat Schmitt wurde das Wasserwirtschaftsamt bis zum Kriegsende kommissarisch von Dipl.-Ing. Heinze geleitet.

Das Wasserwirtschaftsamt Braunschweig erhielt am 01.04.1942 durch das sog. Salzgittergesetz einen neuen Gebietszuschnitt. Der Landkreis Holzminden wurde gegen den Landkreis Goslar ausgetauscht. Die Außenstelle in Bad Gandersheim wurde aufgelöst.

3.4 MELIORATIONS- UND WASSERBAUWESEN IM LAND OLDENBURG VON DEN ANFÄNGEN BIS 1945

von Kurt Wöbken

3.4.1 KÜSTENSCHUTZ IN DER GRAFSCHAFT OLDENBURG NACH 1511

Wasserwirtschaft war in der älteren Geschichte des Oldenburger Landes vornehmlich Küstenschutz. Die Niederungsgebiete der Grafschaft an der Unteren Hunte, der Unterweser, der Jade und dem Ostteil des Leda-Jümme-Gebietes waren seit jeher von Sturmfluten und vor Binnenhochwässern von der höheren Geest - besonders der Hunte - zu schützen. Nach der Sturmflut am 17.01.1511, der Antoniusflut, hatte die Nordsee ihre größte Ausdehnung erreicht. Das Schwarze Brack, Ahne, Lockfleth, Jade und Liene waren tideoffen (Abb. 21, Bd. I).

Die damals bestehenden Rechtsordnungen waren regional unterschiedlich in Butjadingen, Stedingen und Rüstringen. Gemeinsam hatten sie die Verteilung der Deichlasten auf die Grundeigentümer als Deichpfänder (s. Abschnitt 7.2). Der Küstenschutz erforderte wegen der oft großen Kosten die Mithilfe der Landesregierung, also des Grafenhauses, das sich dadurch Eigentum und Anwachsrechte am gewonnenen Land sicherte.

Die der Antoniusflut von 1511 folgende Zeit brachte weniger Sturmfluten und ermöglichte die Wiedergewinnung verlorenen Landes sowie Durchdeichungen eingebrochener Buchten und Meeresarme. Begünstigt wurden diese Arbeiten durch Fortschritte in der Deichbautechnik. Der Deichbau wurde zentral von der gräflichen Verwaltung gelenkt, die sich örtlich von Landdrosten und Deichvögten vertreten ließ. Die Entwicklung ist auf die Regierungszeiten der Grafen bezogen:

- 1573 - 1603 Graf Johann der Deichbauer, im Jahre 1573 Erlaß einer Deichordnung für die Grafschaft, Einrichtung der Deichbände als Zwangsgenossenschaften unter gräflicher Aufsicht. Durchdeichungen und Bedeichungen an Lockfleth und Ahne, 1596 Beginn der Durchdeichung des Schwarzen Bracks an der Westseite des Jadebusens, nachdem 1575 die Herrschaft Jever an die Grafschaft Oldenburg gefallen war.

- 1603 - 1667 Graf Anton Günther, 1613 Bereisung der Oldenburger Deiche durch eine Kommission des Bischofs zu Münster in kaiserlichem Auftrage wegen des gräflichen Gesuches auf Einrichtung des Weserzolls, mit ausführlichen Protokollen und zeichnerischer Darstellung der Deiche an Weser und Jade durch Wilhelm Höntzler. 1615 Abschluß der Durchdeichung des Schwarzen Bracks mit Fertigstellung des Ellenserdammes. 1650 Herstellung des Holländerdeiches bei Schweiburg, 1658 Erlaß einer neuen Deichordnung mit einer Flurbereinigung allzu zerstückelter Deichpfänder, Stärkung der Unabhängigkeit der Deichgeschworenen. 1666/67 Festlegung der Goldenen Linie als Grenze zwischen Oldenburg und Ostfriesland im Bereich der Harlebucht und der Inseln Wangerooge und Spiekeroog.
- 1667 - 1773 Dänenzeit unter Herrschaft der Könige von Dänemark.

1681 Erlaß einer neuen Deichordnung mit Verteilung der Deichlast auf „Adeliche Freye" als auch Hausleute und Einrichtung des Amtes eines „Deichgräfen" für das gesamte Oldenburger Gebiet, das wie folgt besetzt war:

1681 - 1699 Anthon Günther von Münnich
1699 - 1704 Johann Diedrich Münnich (Bruder von A. G. v. M.)
1704 - 1722 Johann Rudolph Münnich (ältester Sohn von A. G. v. M.)
1722 - 1730 Heinrich Albrecht Fabrizius
1730 - 1751 Wilhelm Anthon Schmidt
1752 - 1766 Johann Wilhelm Anthon Hunrichs
1766 - 1790 Johann Christian Schmidt von Hunrichs

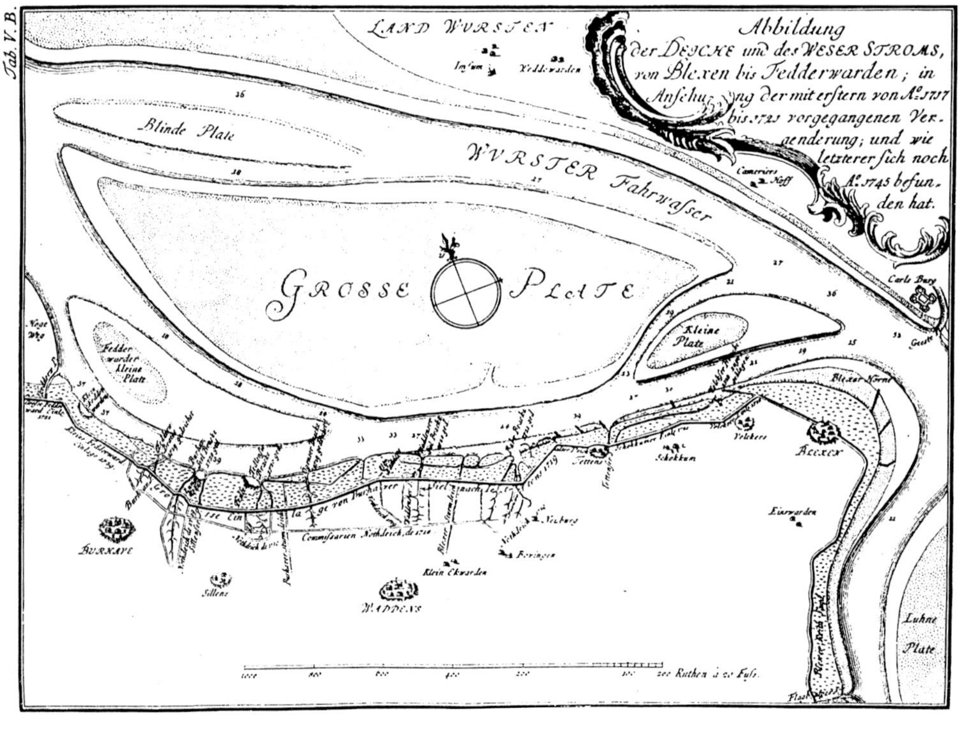

Abb. 3-4: Deichneubau Fedderwarden-Blexen westlich der Wesermündung 1717 - 1725 [10]

In die Dänenzeit fallen die Weihnachtsflut 1717 und die Neujahrsflut 1720/21 mit sehr großen Deichschäden, die zur Einschaltung des Königshauses führten. König Friedrich IV. besuchte 1714 und 1724 die Oldenburger Deiche. Der als Oberlanddrost und Stadthalter nach Oldenburg versetzte dänische Admiral Sehestedt setzte sich besonders bei den Deichinstandsetzungen und Rückdeichungen ein. So wurden am Budjadinger Weserufer die Deiche zwischen Blexen und Fedderwarden bis 1721 um rd. 400 m zurückverlegt (Abb. 3-4) [10]. Am Jadebusen konnte mit besonderem Einsatz von Sehestedt die Deichlücke im Hochmoor bei Schwei 1725 geschlossen werden. Im Jahre 1766 erhielt der besonders belastete Deich an der Jade bei Eckwarden erstmalig eine Steinböschung. Die Finanzierungsfragen wurden von der königlichen Kammer in Kopenhagen entschieden.

Deichgräfe J. W. A. Hunrichs ließ 1742 das 1692 von A. G. von Münnich geschriebene Werk „Der Oldenburgische Deichband" drucken. Im Jahre 1768 legte er den Entwurf einer neuen Deichordnung vor, der die Verteilung der Deichlasten als Flächenbeitrag nach dem Wert der Flächen zum Inhalt hatte. Bei größeren Deichbauten wurden die Lasten bereits nach diesem Maßstab verteilt, die allgemeine Einführung geschah jedoch erst mit der Deichordnung vom 8. Juni 1855. 1754 und 1757 (2. Band) hat Albert Brahms, Sande im Jeverland, das ausgezeichnete Fachbuch „Anfangsgründe der Deich- und Wasser-Baukunst" bei Tapper in Aurich herausgegeben. Mit dieser richtungweisenden Arbeit wurde er zum Wegbereiter des modernen Küsteningenieurwesens (Abb. 3-5) [11].

Küstenschutz im Herzogtum und späterem Großherzogtum 1773 - 1918

Mit der Wiedererlangung der Selbständigkeit des Landes Oldenburg 1773 wurde die Verfassung des Deich- und Sielwesens mit der Aufsicht durch den Deichgräfen beibehalten. Von 1793 bis 1837 war der Geheime Hofrat Christoph Anton Burmeister im Amt. Von 1838 bis 1843 blieb dieses Amt unbesetzt, wurde jedoch von Ferdinand Nienburg wahrgenommen, der erst Ende des Jahres 1843 zum Deichgräfen ernannt wurde. Nach seinem Tode 1847 wurde im gleichen Jahre Hans Christopf Peters Deichgräfe. Dessen Nachfolger wurde 1868 Wilhelm Nienburg, ein Bruder von Ferdinand Nienburg. Er bekleidete dieses Amt bis 1886. Ihm folgte 1887 der Geheime Oberbaurat Carl Christian Oscar Tenge, der dieses Amt bis 1907 innehatte. Ihm folgte Geheimer Oberbaurat Joseph Hoffmann von 1908 bis 1914. Peters, Nienburg und Tenge führten den Titel Oberdeichgräfe.

Neue Deichbauten folgten jedoch erst nach der Franzosenzeit 1806 - 1812. Der heute vorhandene Hauptdeich am südlichen Jadebusen mit Siel für die Jade wurde 1822 angelegt. Der Schardeich zwischen Eckwaderhörne und Tossens erhielt nach 1850 erstmalig Klinkerpflaster zur Befestigung des Deichfußes, wofür dem Deichgräfen Peters auf dem Tossener Teich ein Denkmal gesetzt wurde. Das Land Preußen begann 1854 mit dem Bau des Kriegshafens Wilhelmshaven, der nach 1871 von Deutschen Reich mit eigener Bauverwaltung fortgeführt wurde; Deichverlegungen waren hier erforderlich. An der Unteren Hunte wurden zwischen 1835 und 1868 zur Verbesserung des Abflusses und der Schiffahrt viele Krümmungen beseitigt. Trotz der Rückschläge durch die Sturmflut 1825 gelang es, bis 1881 die Deiche ungefähr im Verlauf der Hauptdeichlinie von 1962 herzustellen. Hierzu gehörten umfangreiche Bedeichungen auf der Westseite und Ostseite des Jadebusens (s. Bd. I Abb. 37).

Die Verwaltung des Deichwesens in dänischer Zeit wurde im Herzogtum übernommen und ergänzt. Sie baute sich weitgehend auf die allgemeine Verwaltung mit sieben

Anfangs-Gründe
der
Deich-
und
Wasser-Baukunst.
Oder:
Gründliche Anweisung, wie man tüchtige, haltbare
Dämme wider die Gewalt der grössesten See-Fluten
bauen, auch dieselbe jederzeit in unvergeringertem
Zustande erhalten könne;
und was mehr bey
Anlegung der Schleusen, Schlengen, Holzungen,
Canäle und andern Wasser-Werken zu wissen nöthig
und nützlich ist.
Nebst dazu gehörigen Berechnungen und Kupfern erläutert,
und
dem gemeinen Wesen zu Dienste, und weiterer Verbesserung
dieser so nöthigen und nutzbaren Wissenschaft entworfen
und ans Licht gestellet von
ALBERT BRAHMS.
Ersten Theils Zweyte und verbesserte Auflage.
Aurich, gedruckt und zu finden bey Herman Tapper, Königl. preuss.
Ostfriesischen privilegirtem Buchdrucker, 1767.

Abb. 3-5: Titelseite aus „Anfangsgründe der Deich- und Wasserbaukunst" von Albert Brahms [11]

Ämtern in der Grafschaft Oldenburg mit der Herrschaft Jever auf: Oldenburg, Delmenhorst, Jever, Ovelgönne, Apen, Neuenburg-Varel und Landwürden-Dedesdorf. Die Leiter waren Droste oder Vögte, die Aufsicht hatte der gräfliche Kanzler. Im Jahre 1814 kamen die Ämter Friesoythe, Cloppenburg, Vechta, Wildeshausen und Birkenfeld hinzu. Die Ämter hatten Wasser- und Wegebaubeamte; Leiter war der „Distriktswasserbaubeamte" in Oldenburg.

Das Amt des Deichgräfen blieb von 1838 bis 1843 und späterhin von 1869 bis 1875 unbesetzt. Von 1844 bis 1847 war Baurat Johann Georg Wilhelm Nienburg Deichgräfe, der dieses Amt auch von 1876 bis 1886 innehatte und am 01.01.1876 zum Ober-Deichgräfen ernannt wurde. Zwischenzeitlich war Hans Christoph Peters von 1848 bis 1868 Oberdeichgräfe.

Neuordnung des Deichwesens

Eine grundlegende Neuordnung und Verringerung der bestehenden fünfzehn Deichbände und Deichgenossenschaften auf vier Deichverbände brachte die Oldenburgische Deichordnung vom 8. Juni 1855. Die Deichlast wurde danach landeseinheitlich auf Grundstücke und Gebäude entsprechend deren Wert verteilt. Im Oldenburgischem Staatsministerium entstand das Deichamt mit dem Deichgräfen als Leiter; als am bekanntesten sind zu nennen: Tenge von 1887 bis 1907 und Hoffmann von 1908 bis 1914. Örtliche staatliche Vertreter in den Deichbänden und Wasserbaugenossenschaften waren die Distrikt-Wasserbaubeamten, die alle technischen Angelegenheiten zu bearbeiten hatten, Vorsteher des Vorstandes die zuständigen Amtshauptmänner. Der Distrikt-Wasserbaubeamte war auch Berater der Vorstände der in seinem Amtsbezirk liegenden Wasserbaugenossenschaften.

3.4.2 ORGANISATORISCHE ENTWICKLUNG NACH 1900 UND BEDEUTENDE WASSERBAUMASSNAHMEN

Die wasserwirtschaftlichen Aufgaben waren seit jeher für das Land Oldenburg von besonderer Bedeutung, und zwar bedingt

1. durch die lange Küste und
2. durch die tiefe Lage der Marschen sowie Geestrandmoore zum Tideniedrigwasser der Flüsse und der Watten an Weser- und Jademündung.

Diese Aufgaben wurden von der Oldenburgischen Verwaltung kurz als „Wasserbau" bezeichnet.

Die Dienststellen der Distrikt-Wasserbaubeamten wurden in den Jahren bis 1903 häufiger verlegt. So gab es zeitweise die Wege- und Wasserbauämter Berne, Elsfleth und Butjadingen in Nachfolge des Amtes Ovelgönne. Am 01.05.1903 war eine Neueinteilung in sechs Wege- und Wasserbaubezirke in Oldenburg, Delmenhorst, Vechta, Jever, Brake und Nordenham vorgenommen worden. Am 12.03.1910 wurden die Wege- und Wasserbauämter in „Großherzogliche Wege- und Wasserbauämter" umbenannt. Die Bezirke Oldenburg und Delmenhorst erhielten die Bezeichnung Oldenburg I und Oldenburg II, der Bezirk Vechta-Cloppenburg die Bezeichnung Münsterland in Cloppenburg.

Siedlung und Wassergenossenschaften

Die Erschließung der Moore führte infolge zunehmender Bevölkerung zum Siedlungsdruck nach 1812 und zwang damit zur Entwässerung von Gebieten oberhalb der bestehenden Sielachten. So wurden in der Niederung der Jade Siedlerstellen angelegt, wie Delfshausen ab 1800. Die Besiedlung der Hochmoore im Westen begann in Vehnemoor. Für Entwässerung, Torfabbau und -transport wurde der Hunte-Ems-Kanal von 1855 bis 1893 auf der Trasse des heutigen Küstenkanals und Elisabethfehnkanals gebaut mit einer Länge von 42 km und fünf Schleusen.

Die wachsenden wasserwirtschaftlichen Aufgaben außerhalb der bestehenden Sielachtsgebiete wegen zunehmender Besiedlung der Geest- und Hochmoorgebiete führten zum Erlaß der „Oldenburgischen Wasserordnung vom 20.11.1868". Wasserzüge mit öffentlichen Eigenschaften wurden in Wasserzugsregister eingetragen. Eigentümer und Verantwortliche waren die Gemeinden, Aufsichtsbehörde der Ämter und obere Aufsichtsbehörde das Staatsministerium in Oldenburg. Benutzungs- und Duldungsrechte wurden festgelegt. Die Verantwortung der Gemeinden für die Wasserzüge bewährte sich nicht. Im Gesetz vom 09.08.1922 wurden Geestwassergenossenschaften gebildet. Die Stellung des Amtshauptmannes als Vorstandsvorsitzender und des Distriktswasserbaubeamten wurde entsprechend der Deichordnung von 1855 geregelt.

Der Übergang der Wasserstraßen auf das Reich 1921 brachte die Gründung der Wasserstraßendirektion Bremen mit Wasserstraßenämtern in Oldenburg, Brake und Bremen. Die Jade wurde weiterhin von der der Reichsmarine zugeordneten Strombaudirektion Wilhelmshaven betreut. Unterweser, Untere Hunte, Hunte-Ems-Kanal mit Elisabethfehnkanal wurden Reichswasserstraßen. Zur rechtlichen Absicherung der Ausbauten an den Reichswasserstraßen wurde im Oldenburgischen Staatsministerium die „Auslegungsbehörde“ gebildet.

Wasserwirtschaft im Freistaat Oldenburg von 1918 bis 1946

Der 1918 gegründete Freistaat umfaßte das Land Oldenburg mit den Landesteilen Birkenfeld und Eutin. Dem Ministerium des Innern war die gesonderte Abteilung für Wege- und Wasserbau zugeordnet, die zeitweise von zwei Beamten, einem Juristen und einem Ingenieur, geleitet wurde. Die Reihe der Deichgräfen erfuhr somit ihre Fortsetzung in dem technischen Leiter der Wege- und Wasserbauabteilung, die auch für Industrie, Eisenbahnen und Elektrizität zuständig war. Tätig waren

1914 - 1921 Geheimer Oberbaurat Kuhlmann
1921 - 1936 Ministerialrat Borchers
1936 - 1946 Ministerialrat Wilhelm Ostendorf

Die Entwässerung der Marsch und der Niederungsmoore, der Bau von motorisch getriebenen Schöpfwerken als Ersatz für windgetriebene Pumpen sowie die Erschließung der Hochmoore blieben Schwerpunkte wasserwirtschaftlicher Arbeit.

Organisatorische Änderungen nach 1933

Bestrebungen zur Verwaltungsvereinfachung führten unabhängig von nationalsozialistischen Einflüssen zur Verwaltungsreform vom 27.04.1933. Neben dem Schwerpunkt der Reform, der Bildung der Großgemeinden und der Verminderung der 15 Amtsbezirke auf vier Amtsverbände (heute Landkreise) wurde die Zahl und der Sitz der Wege- und Wasserbauämter neu geordnet. Die Ämter Oldenburg I und II sowie Münsterland wurden aufgehoben und das Wasserbauamt Varel unter der damaligen Bezeichnung „Der Wasserbaubeamte in Varel“ gegründet. Damit bestanden ab 1933 nur Ämter in Brake und Varel. Die staatlichen Aufgaben im Südbereich erforderten aber die Wiedereinrichtung einer Dienststelle in Cloppenburg, am 01.10.1936 als „Kultur- und Wasserbauamt“. Gleichzeitig wurden die Dienststellen in Brake und Varel in „Kultur- und Wasserbauämter“ umbenannt. Die nächste Umbenennung in „Wasserwirtschaftsämter“ geschah zum 22.05.1939, einheitlich im gesamten damaligen Deutschen Reich.

Durch die „Erste Wasserverbandordnung vom 3. September 1937“ mit Gültigkeit für das Deutsche Reich (Gesetz über Wasser- und Bodenverbände oder Wasserverbandgesetz vom 10.02.1937) wurden die einschlägigen Landesgesetze aufgehoben. Damit war auch dem Deichamt mit seinem oldenburgischen Deichgräfen an der Spitze die Grundlage entzogen. Die Aufgaben übernahm der Leiter der Technischen Abteilung (VI) im Staatsministerium, Ministerialrat Ostendorf. Die Wasserverbandverordnung regelte auch die Verfassung der Siel- und Wasserachten sowie der Deichbände neu. Vorsteher war fortan nicht mehr der Amtshauptmann, der Leiter des zuständigen Kultur- und Wasserbauamtes nicht mehr Mitglied des Vorstandes. Vorsteher und Vorstand wurden vom Ausschuß aus den Verbandsmitgliedern als ehrenamtlich tätig gewählt und von der Aufsichtsbehörde bestätigt.

Bedeutende Maßnahmen 1918 bis 1946

Größere Maßnahmen der Landesverwaltung unter der Trägerschaft von Wasser- und Bodenverbänden waren:

- 1924 Neubau des Lichtenberger Sieles am neuen Durchstich durch die Hunteschleife und
- 1924 Neubau des Petershörner Sieles mit Bedeichung des Ellenserdammer Grodens.

Maßnahmen der 1921 gegründeten Reichswasserstraßenverwaltung mit Einfluß auf Küstenschutz und Binnenentwässerung waren:

- 1925 bis 1935 Ausbau des Küstenkanals mit Staustufe in Oldenburg und Anhebung des oberen Huntewasserspiegels auf NN + 5,0 m,
- 1929 bis 1935 Ausbau der Unteren Hunte für das 600 t-Schiff mit Vertiefungen, Deichrückverlegungen und Neubau langer Polderdeichstrecken sowie
- 1925 bis 1929 Ausbau der Unterweser für 8 m tiefgehende Schiffe.

Maßnahmen der Marinestrombauverwaltung der Kriegsmarine mit Einfluß auf den Küstenschutz waren:

- 1904 bis 1909 Vordeichung südlich Wilhelmshaven von der I. Einfahrt bis Mariensiel und
- Beginn der Bedeichung des Heppenser Grodens mit Bau der IV. Einfahrt.

SCHRIFTTUM ZU ABSCHNITT 3

[1] Preußisches Staatsministerium: Preußisches Staatshandbuch, 141.Jg., R.v.Decker´s Verlag/ G.Schenck,Berlin W 15, 1939.
[2] LEHRKE, WALTER: s. [2] zu Abschnitt 2.
[3] Runderlaß des Reichs- u. Preußischen Ministers für Ernährung und Landwirtschaft vom 16.11.1937.
[4] Runderlaß des Reichsministers für Wasser, Energie und Verkehr vom 8.5.1941.
[5] ALBRECHT, JÜRGEN: Kulturaufgaben des Wasserbauingenieurs an den Reichsgewässern. Informationsschrift des Reichsverkehrsministeriums, Berlin 1940.
[6] Rat der EU am 25.2.1997: Richtlinie zur Schaffung eines Ordnungsrahmens für Maßnahmen der Gemeinschaft im Bereich der Wasserpolitik.
[7] FRIESECKE, ALBRECHT: Kommentar zum Bundeswasserstraßengesetz: Carl Heymanns Verlag KG. Köln, Berlin, Bonn, München, 3. Auflage, 1994.
[8] ERCHINGER, H.F. u. MÜLLER, J.: 180 Jahre Entwicklung von der Bauinspektion zum Staatlichen Amt für Insel- und Küstenschutz und Domänenamt Norden. Typoscript im Staatl. Amt für Insel- und Küstenschutz und Domänenamt Norden, Norden 1995.
[9] RISCHMÜLLER, FR. u. STEEN, D.: Abriß der Entwicklung der Wasserbauverwaltung in Ostfriesland unter besonderer Berücksichtigung des Seezeichenwesens. In 175 Jahre staatlicher Wasserbau in Emden, hrsg. v. Wasser- und Schiffahrtsamt Emden, 1990.
[10] KNOLLMANN, W. u. BAUER, H.: Die Oldenburger Seekante im 17. Jahrhundert. Isensee-Verlag , S. 82, Oldenburg, 1995.
[11] BRAHMS, ALBERT: Anfangsgründe der Deich- und Wasserbaukunst, Aurich, 1.u. 2. Teil, 1767 und 1773, Nachdruck beim Verlag Schuster, Leer, 1989.

4 Von der Wasserwirtschaftsverwaltung zur Wasser- und Abfallwirtschaftsverwaltung in Niedersachsen nach 1945

4.1 DIE NIEDERSÄCHSISCHE WASSERWIRTSCHAFTSVERWALTUNG, VON 1973 BIS 1997 ZUGLEICH ABFALLWIRTSCHAFTS-VERWALTUNG

von Kurt Bellin

4.1.1 DIE SITUATION NACH KRIEGSENDE 1945 UND BEMÜHUNGEN UM STÄRKUNG DER ZUSTÄNDIGKEIT FÜR DIE WASSER-WIRTSCHAFT

Die bedingungslose Kapitulation des deutschen Reiches am 8. Mai 1945 führte zu einem völligen Zusammenbruch auch der öffentlichen Verwaltung. Das Reichsgebiet wurde in Besatzungszonen eingeteilt, innerhalb derer sich die späteren Bundesländer zu entwickeln begannen. Es entstanden langsam neue Verwaltungsstrukturen - oft auf Initiative einzelner verantwortungsbewußter Männer. So war es auch mit dem Neubeginn von Wasserwirtschaftsverwaltungen in den Bundesländern der westlichen Besatzungszonen.

Im Leitartikel „UNSERE AUFGABE" des Heftes 1 der Zeitschrift DAS WASSER, Sept. 1948, [1] Zeitschrift für das Gesamtgebiet der Wasserwirtschaft - der ersten Fachveröffentlichung nach dem Kriege - lesen wir: „..., *daß wir inmitten einer ungelenkten Wanderungsbewegung unseres deutschen Volkes stehen, die schätzungsweise etwa 1/3 ihrer Gesamtheit erfaßt hat.....Wir wissen weiter, daß wir restlos verarmt vor zerstörten Produktionsstätten stehen ohne Rohstoffe, und daß nicht zuletzt Folgewirkungen in der landwirtschaftlichen Bodennutzung eintreten müssen, die vor allem in Richtung einer weit gesteigerten Intensivierung erzwungen werden sollen....In dieser Aufgabe fällt der Wasserwirtschaft eine weitgehend entscheidende Rolle zu.*" Gemeint war „Wasserbau und Kulturwasserbau".

Noch treffender umreißt Dr. Schlange-Schöningen in seinem Geleitwort im 1. Heft der Nachfolgezeitschrift WASSER UND BODEN, April 1949, [2] Lage und Zielsetzung: „*In den uns nach dem Kriege noch verbliebenen deutschen Böden schlummern noch große, durch Überfluß oder Mangel an Wasser gehemmte Kräfte, die durch Regelung des Wasserhaushaltes im Boden mittels Ent- und Bewässerung und nachfolgende Bodenbearbeitung geweckt werden und den Bodenertrag wesentlich steigern können. Weite Moor- und Ödlandflächen harren der Erschließung und landwirtschaftlichen Nutzung durch Vorflutausbau, Wegebau, Umlegung und Besiedlung.*"

Rund zwei Jahrzehnte waren diese Gedanken und Ziele Leitsätze wasserbaulichen Handelns größten Umfanges vor allem auch im meliorativen Bereich mit dem Erfolg, daß zahllose aus dem Osten vertriebene Landwirte angesiedelt und die Nahrungsmittelproduktion erheblich gefördert werden konnte. Dazu mußten u.a. in großem Umfange auch Feuchtgebiete melioriert werden. Diese wasserbaulichen Eingriffe in die Landschaft sind in den vergangenen Jahren scharf kritisiert worden, aber wer erinnert sich heute noch an Hunger und Not der Bevölkerung in den ersten Jahren nach 1945 oder weiß davon?

Die Lage begann sich Ende der 60er Jahre nachhaltig zu ändern. Die wirtschaftliche Situation in Deutschland und der technische Fortschritt führten, auch als Folge stark wachsenden Außenhandels, zu erheblichen Veränderungen und Verbesserungen der Produktionsbedingungen der Landwirtschaft. So ersetzten Traktoren die Pferde. Die für deren Ernährung notwendigen Acker- und Grünlandflächen waren für andere Zwecke verfügbar. Auch setzte sich, nicht ohne erhebliche Auseinandersetzungen über den Weg, die Erkenntnis durch, daß ein weiterer Verlust mittlerweile als „ökologisch wertvoll" eingestufter oder sonst schutzwürdiger Flächen (u.a. Feuchtgebiete) verhindert werden mußte. Wasserbauliche Eingriffe in den Naturhaushalt wurden radikal anders bewertet. Die Beachtung ökologischer Aspekte bekam absoluten Vorrang.

Bombardierungen, Kampfhandlungen und Demontagen hatten im Nachkriegsdeutschland die Lebensgrundlagen für eine durch Flüchtlinge aus dem Osten des Reiches um etwa 11 Millionen angewachsene Bevölkerung zum Teil erheblich zerstört. Die Ernährung war zu sichern und der Wiederaufbau mußte vorangetrieben werden. Die Wasserwirtschaftsverwaltungen in den Ländern brauchten, wie alle Verwaltungen nach 1945, längere Zeit, bis sie personell in der Lage waren und über hinreichende Haushaltsmittel verfügten, um wirkungsvoll die wasserbauliche, kultur-bautechnische und wasserwirtschaftliche Entwicklung zu fördern. Die Tätigkeiten kamen erst langsam in Gang. Viele Bedienstete waren im Kriege gefallen oder verschollen und einige konnten wegen ihrer politischen Vergangenheit nicht oder erst später wieder beschäftigt werden. Dazu kam, daß aus den gemäß Potsdamer Beschlüssen vom 02.08.1945 „bis zu einem Abschluß eines Friedensvertrages mit Deutschland" unter polnische oder sowjetische Verwaltung gestellten Ostgebieten des Reiches - ein großer Teil Preußens - viele vertriebene Angehörige der ehemaligen preußischen Kulturbau-/ Wasserwirtschaftsverwaltung und der Wasserwirtschaftsstellen des Reiches eine Anstellung suchten und finden sollten.

Die schwierigen Bedingungen der ersten Jahre nach 1945, unter denen damals gehandelt und gearbeitet werden mußte, sind heute fast vergessen und kaum noch vorstellbar. Am Ende dieses 20. Jahrhunderts leben nur noch wenige Zeitzeugen, die das ganze Ausmaß dieser Herausforderungen erlebt haben und an der großen Aufbauleistung der damaligen Zeit beteiligt waren. Hierzu gehörte vor allem auch, generell durch Meliorationen Grundlagen für die Steigerung der Produktivität der landwirtschaftlichen Nutzflächen zu schaffen und so auch zahllosen aus den unter fremde Verwaltung geratenen deutschen Ostgebieten vertriebenen Landwirten eine neue Existenz zu bieten. Das Restdeutschland war fast hoffnungslos mit heimatlosen Flüchtlingen überfüllt, die mit ernährt werden mußten. Es war eine Zeit raschen unbürokratischen Handelns. Die heute kaum noch zu begreifenden unglaublichen Aufbauleistungen waren in diesen ersten Jahren nur möglich, weil in den Aufbaujahren der Ermessensspielraum für rasche Absprachen zwischen den zu beteiligenden Behörden und zügige Entscheidungen sehr groß war (weniger Bürokratie, Kompetenzkonflikte, Vorschriften, Richtlinien oder Rechtsnormen).

Ganz anders ist die Situation 1997: Zahllose wasserbehördliche Entscheidungen, Rechtsgrundlage jedes notwendigen wasserbaulichen Eingriffes, werden oft über Jahre durch endlose Diskussionen mit Pseudofachleuten in „Arbeitsgremien" oder durch oft aus einseitigen politischen Motiven weitgehend ausgenutzte Möglichkeiten der verwaltungsgerichtlichen Klage verzögert. Qualifizierte Fachleute resignieren zunehmend, weil auch nationale und supranationale Vorschriften und Richtlinien überhand genommen haben und bürokratische Hemmnisse und Kompetenzkonflikte zunehmen. Dazu kommt ein bemerkenswert gesteigertes Mißtrauen der Bevölkerung gegen behördliches Handeln. In den damaligen hektischen Aufbaujahren konnten viele Aufgaben in den staatlichen Wasserwirtschaftsverwaltungen oft nicht zügig gelöst werden, weil Ingenieure kein Interesse am Staatsdienst hatten. Die rasch florierende Bauwirtschaft bot weit bessere Einkommen, als der Staat sie bieten konnte. Das wird heute in der Zeit zunehmender Beschäftigungslosigkeit in der Bauwirtschaft vergessen. Erst Anfang der 80er Jahre trat ein Wandel ein.

Die Teilnehmer der 1. Tagung des „Ausschusses für Kulturbauwesen in Westdeutschland“ am 21.09.1949 - fast alle damals für die Wasserwirtschaft Verantwortlichen in den gerade gegründeten Bundesländern - waren sich einig, alles zu versuchen, die Belange der Wasserwirtschaft und des Wasserbaues, nach damaligem Verständnis die gesamte Wasserwirtschaft, in einem Bundesministerium zusammenzufassen und eine Zersplitterung auf mehrere Ministerien zu verhindern. Dieser Versuch scheiterte schon 1950 endgültig. Bis heute sind die Bundesministerien für Ernährung, Landwirtschaft und Forsten, für Umwelt, Naturschutz und Reaktorsicherheit, für Inneres und für Verkehr für die Wasserwirtschaft und jeweilige Teilbereiche des Wasserbaues und des Gewässerschutzes zuständig. Ein sehr unbefriedigender Zustand. Im kurz zuvor (23.05.1949) verkündeten Grundgesetz (GG) hatte der Bund (Art. 75 GG) nur die Kompetenz für den Erlaß von Rahmenvorschriften für den Wasserhaushalt erhalten (eine wenigstens konkurrierende Zuständigkeit des Bundes ist nur für Küstenschutz und Abfallbeseitigung geregelt worden).

Es verblüfft, daß damals keiner der für den Text des Grundgesetzes Verantwortlichen vorher klargestellt hatte, was unter „Wasserhaushalt“ zu verstehen sei. Ein für die Aufgabenbereiche und Kompetenzen der staatlichen Wasserwirtschaftsverwaltung bis heute tragischer Mangel. Gleiches gilt in diesem Zusammenhang für das gemeinsame Verständnis, was in Art. 89 GG (Bundeswasserstraßen) Abs. 3 („Bei der Verwaltung, dem Ausbau und dem Neubau von Wasserstraßen sind die Bedürfnisse der Landeskultur und der Wasserwirtschaft im Einvernehmen mit den Ländern zu wahren“) unter „Wasserwirtschaft“ verstanden werden soll! So konnte es zu der fachlich völlig unsinnigen Feststellung kommen (durch Bundesverfassungsgericht am 30.10.62 bestätigt), daß „Wasserhaushalt“ und „Wasserwirtschaft“ gleichgesetzt werden können! Damals gab es allerdings noch nicht die 1954 in der DIN 4049 veröffentlichte und damit fachlich verbindliche Definition für „Wasserwirtschaft“. Hierauf wird noch eingegangen.

Gemäß Bestimmung des Grundgesetzes (Art. 75 Nr. 4 GG) war am 27.07.1957 das „Gesetz zur Ordnung des Wasserhaushalts“ (Wasserhaushaltsgesetz, WHG) als Rahmengesetz erlassen worden. Es trat, nach Verlängerung der Frist um ein Jahr, am 01.03.1960 in Kraft. Bis dahin mußten die Länder ihre Landeswassergesetze mit ausfüllenden und ergänzenden Bestimmungen erlassen haben. Die kurze Frist von drei Jahren wurde eingehalten. Eine große Leistung der Parlamente und Fachleute. Als Ziel des WHG formulierte Kolb in seinem 1958 veröffentlichten Kommentar [3]: *„Ziel des Wasserhaushaltsgesetzes ist die Herbeiführung einer wirtschaftlichen Ordnung des ober- und unterirdischen Wassers der gesamten Bundesrepublik nach Menge und Beschaffenheit. Das Gesetz unternimmt den Versuch, anstelle der bisherigen Rechtszersplitterung eine Rechtseinheit, allerdings begrenzt auf die Regelung des Wasserhaushalts, zu setzen. Wenn gesagt wird, daß es nur ein Versuch ist, so deswegen, weil der Rahmencharakter des Gesetzes seine Ausfüllung mit Landesgesetzen erforderlich macht und nicht vorhergesehen werden kann, ob die Landesgesetze durch die Landesparlamente wirklich so gleichlau-*

tend verabschiedet werden, daß dann im Ergebnis von einer Rechtseinheit gesprochen werden kann". Dieses Ziel ist, wie sich gezeigt hat, bezüglich der „Rechtseinheit" von Anfang an gründlich verfehlt worden, obwohl die eigens dafür Anfang 1958 gebildete *„Wasserrechtliche Arbeitsgemeinschaft der Länder"* in denkbar kurzer Zeit schon am 16.01.1959 den *„Mustergesetzentwurf eines Landeswassergesetzes"* für alle Bundesländer erarbeitet hatte. Diese Leistung zeigt, was Fachleute frei vom politischen Einfluß leisten können. Aus dieser Arbeitsgemeinschaft ist die heutige *„Länderarbeitsgemeinschaft Wasser"* (LAWA) mit dem Auftrag entstanden, die Belange der Wasserwirtschaft aller Länder bei Gesetzen und Vorschriften jeder Art nach möglichst einheitlichen übereinstimmenden Kriterien anzugleichen.

Die *„Wasserrechtliche Arbeitsgemeinschaft der Länder"*, übrigens wesentlich initiiert vom damaligen Ministerialrat Ferdinand Schweicher, Leiter der Nds. Wasserwirtschaftsverwaltung, wollte durch den vorbildlichen Mustergesetzentwurf erreichen, daß von den Länderparlamenten nach Gliederung und Inhalt möglichst gleichartige (ausfüllende und ggf. ergänzende) Landeswassergesetze zum WHG als Rahmengesetz verabschiedet werden, um in der Bundesrepublik Deutschland weitgehend übereinstimmendes Wasserrecht zu schaffen. Das ist schon im Ansatz - wegen der historisch unterschiedlichen Entwicklung der bisherigen Landeswassergesetze, aber auch wegen politisch bedingter Abweichungen in einigen Wasserrechtsfragen - zum Bedauern der Wasserwirtschaftler nur unvollkommen gelungen. Schon damals war es nicht möglich, die Mehrheit der Abgeordneten in den Länderparlamenten über Parteien und Landesinteressen hinweg im Interesse der Bevölkerung ganz Deutschlands für möglichst einheitliche Bestimmungen in den Landeswassergesetzen zu gewinnen. Im Laufe der Jahrzehnte und nach dem Beitritt der DDR haben sich die nunmehr 16 Landeswassergesetze immer weiter auseinander entwickelt: So ist z.B. die Zuständigkeit der Wasserwirtschaftsämter (z.T. anders bezeichnet) als Fachbehörden für die Wasserbehörden von Anfang an unterschiedlich geregelt worden. Organisationsformen und Bezeichnungen der Behörden (z.B. zusammen mit Naturschutz o.ä. als „Umweltämter") haben sich weiter auseinander entwickelt: Das WHG von 1957 enthielt dazu keine Bestimmungen. Der o.a. zitierte „Mustergesetzentwurf eines Landeswassergesetzes" sah im 6. Teil *(Gewässeraufsicht)* in Art. 72 (Aufgaben der Wasserbehörden) die eindeutige klare Bestimmung vor: „(2) *Technische Fachbehörde der unteren Wasserbehörde ist das Wasserwirtschaftsamt"*.

Eine für die Nds. Wasserwirtschaftsverwaltung bedeutsame und für ihr Wirken im Interesse des Landes nachteilige Entwicklung wurde bereits durch den Beschluß des kommunalpolitisch ungewöhnlich freundlichen Nds. Landtages (in dem entgegen dem Grundsatz der Unvereinbarkeit, mehrere Mandate in öffentlichen Ämtern zu bekleiden, rd. 1/3 der MdL auch Kreistagsabgeordnete, z.T. Landräte, sind) bei der Verabschiedung des Nds. Wassergesetzes 1960 (NWG) eingeleitet: Der Landtag folgte dem o.a. Vorschlag für die Regelung der Zuständigkeit der Wasserwirtschaftsämter nicht, und scherte schon damals aus der Regelung der anderen Bundesländer aus. Im NWG war geregelt worden, daß das Wasserwirtschaftsamt nur dann technische Fachbehörde für die Wasserbehörde ist, wenn diese *„kein eigenes wasserbautechnisch ausgebildetes Personal"* hat. Damals ist nicht bedacht worden, daß *„wasserbautechnisch ausgebildet"* nicht mit *„wasserwirtschaftlich ausgebildet"* gleichgesetzt werden darf, Wasser keine (kommunalen) Grenzen kennt und wasserwirtschaftliche Zusammenhänge nur überörtlich betrachtet werden dürfen. Weiteres im folgenden Abschnitt und im Abschnitt über die Wasserwirtschaftsämter.

4.1.2 ZUM VERSTÄNDNIS „WASSERWIRTSCHAFT"

Eine objektive Betrachtung der Entwicklung der Wasserwirtschaftsverwaltung in Niedersachsen (das gilt auch für die anderen Bundesländer) setzt voraus, daß Einvernehmen besteht, was unter „Wasserwirtschaft", etwa seit 1937 verwendet, verstanden werden soll.

Schweicher bemerkte 1949 in Heft 1 des Jg. 1 der Zeitschrift WASSER UND BODEN in seinem Leitartikel „DIE WASSERWIRTSCHAFT IM LANDE NIEDERSACHSEN" [4]: „Der Begriff Wasserwirtschaft ist nicht eindeutig, sondern wird in Wort und Schrift nach Sinn und Umfang verschieden aufgefaßt. Die Vielseitigkeit der Wasserwirtschaft erschwert eine kurze, erschöpfende und eindeutige Begriffsbestimmung. Einer solchen dürfte folgende Fassung am nächsten kommen: *Wasserwirtschaft ist die Gesamtheit der Eingriffe des Menschen in den natürlichen Kreislauf des Wassers, um Nutzen zu erzielen und Schaden abzuwehren*". Schweicher setzte damals noch - wie auch andere - Wasserwirtschaft mit Wasserbau gleich! Erst die 1954 auch für die Behörden verbindliche Norm DIN 4049 schaffte Klarheit: DIN 4049: *„Wasserwirtschaft ist die zielbewußte Ordnung aller menschlichen Einwirkungen auf das ober- und unterirdische Wasser.*" Jeder Wasserbau, ob Gewässerausbau oder Kläranlagenbau mit Abwassereinleitung oder Stauanlagen u.a.m., ist danach ein „Eingriff in den Wasserhaushalt", der „Einwirkungen auf das Wasser" erwarten läßt. Wasserwirtschaft ist die *„zielbewußte* Ordnung eines solchen Eingriffes", vollzogen auf der Grundlage wasserrechtlicher Vorschriften. Es ist in der DIN nicht geregelt worden, welche Ziele anzustreben sind oder wer sie festlegt.

Wasserwirtschaftliche Ziele hatte schon Ministerialrat Stadermann, Reichsministerium für Ernährung und Landwirtschaft, 1940 in einer Informationsschrift über den „Beruf des Bauingenieurs in der Wasserwirtschaft und Kulturtechnik" [5] herausgestellt: *„Die richtige Lenkung und Verteilung der verfügbaren Wassermengen ist... unerläßliche Voraussetzung für die Wahrung der Belange aller das Wasser gebrauchenden oder verbrauchenden Volks- und Wirtschaftskreise. Die Klärung der hiermit zusammenhängenden Fragen und die Gestaltung der dazu erforderlichen wasserwirtschaftlichen und baulichen Maßnahmen ist die Aufgabe des Wasserwirtschaftlers,...*". Die Sicherung der Gewässergüte, wie wir sie heute im Zusammenhang mit ökologischen Problemen im Bereich der ganzen Gewässerlandschaft als Aufgabe des Gewässerschutzes mit Nachdruck und Erfolg wahrzunehmen haben, waren vor 1945 hinsichtlich „allgemeiner Verschmutzung" des Wassers und Berücksichtigung des Naturschutzes erst rudimentär aktuell.

In Fortschreibung der Definition WASSERWIRTSCHAFT (DIN 4049) wurde 1985 auf der Jahrestagung des Landesverbandes Niedersachsen, Berlin und Bremen des „Bundes der Wasser- und Kulturbauingenieure" *(BWK)* in Lüneburg vom Vorsitzenden in Anlehnung an die Begriffsbestimmung für Naturschutz folgende den geänderten Verhältnissen angepaßte Definition für Wasserwirtschaft vorgeschlagen: *„Wasserwirtschaft ist die zielorientierte Bewirtschaftung des ober- und unterirdischen Wassers nach Menge und Güte (chemisch, biologisch und physikalisch). Dabei ist es Ziel, Nutzen und Benutzen des ober- und unterirdischen Wassers so zu steuern, daß Nutzungsfähigkeit der Fließgewässer und stehender Gewässer in ihrer Gewässerlandschaft, aber auch des Grundwassers nachhaltig gesichert bleiben. Das ist Gewässerschutz! Hierzu sind natürlicher Wasserkreislauf (Wasserstände, Abflüsse), Gewässergüte und biologische Funktionsfähigkeit der Gewässer einschließlich der Uferlandschaft und Feuchtgebiete soweit als möglich zu sichern oder wiederherzustellen*". Mit dieser vorrangigen Zielsetzung könnte die Nds. Wasserwirtschaftsverwaltung wirksam ihren Hauptauftrag, den immer überörtlich zu betrachtenden Gewässerschutz, auch politisch für die umweltbewußte Öffentlichkeit herausstellen. Dazu ist ein umfassender staatlicher gewässerkundlicher Landesdienst genauso notwendig, wie die koordinierende einvernehmliche wasserwirtschaftliche Mitwirkung bei allen wasserrechtlichen Genehmigungsverfahren. Solche Aufgaben müssen gesetzlich begründet sein, damit kein Zweifel an der Notwendigkeit von unabhängigen staatlichen wasserwirtschaftlichen Fachbehörden aufkommen kann. Es ist ein elementarer Unterschied, ob eine Behörde Eingriffe ordnet oder selbst eingreift: Von den wasserwirtschaftlichen Aufgaben sind also alle wasserbaulichen Aktivitäten, soweit diese überhaupt noch Staatsaufgabe sind, deutlich zu unterscheiden. Hier gibt es große Möglichkeiten u.a. der Privatisierung. Das falsche Gleichsetzen der zwei so konträren Aufgabenfelder hat die Glaubwürdigkeit der wasserwirtschaftliche Kompetenz der staatlichen Wasserwirtschaftsämter nachhaltig untergraben.

So muß auch endlich erreicht werden, in den seit 1951 in der Zeitschrift WASSER UND BODEN veröffentlichten Jahresberichten der Wasserwirtschaft die wasserbaulichen/ kulturbautechnischen Eingriffe, wie Entwässerung, Bodenverbesserung, Gewässerausbau, Trinkwasserversorgung, Abwasserbehandlung - ja sogar ländliche Wirtschaftswege -, nicht mehr als wasserwirtschaftliche Maßnahmen zu bezeichnen.

Bei diesen kritischen Betrachtungen darf allerdings nicht übersehen werden, daß wasserwirtschaftliche Konzeptionen in jedes Wasserbauvorhaben einfließen müssen. Als herausragende Beispiele - lange vor den ökologischen Aktivitäten - sind hier zu nennen: Frühzeitige umfassende wasserwirtschaftliche Überlegungen und begleitende Bauten bei Planung und Bau des Elbe-Seiten-Kanals von 1965 bis 1975 (Schaffung von Feuchtgebieten, Mehrzwecknutzung des Kanalwassers u.a. für Feldberegnung zur Schonung von Grundwasser, Hochwasserableitung ...) (s. Abschnitt 10.9) oder die für ganz Niedersachsen beispielgebende zukunftsweisende Abwassersanierung im Gebiet der Seeve im Landkreis Harburg ab 1964 (s. Abschnitt 10.5). Frühzeitig konnte bei dem großen Druck an Bevölkerungszuwachs aus dem Hamburger Raum dafür gesorgt werden, daß die Seeve *mit zahlreichen Seitenzuflüssen* von Abwasser weitgehend unbelastet blieb: Konzeption des Seevetalsammlers mit der Großkläranlage kurz vor der Einmündung der Seeve in die Elbe anstelle vieler kleiner Kläranlagen im Einzugsgebiet mit Einleitungen in die Seeve.

Bei der kritischen Behandlung dieser auch berufsständisch wichtigen Problematik darf weiter nicht verschwiegen werden, daß noch bis in die 70er Jahre im Fachbereich Bauingenieurwesen/Wasserbau - außer bei der Abwasserreinigung - die Studiengänge an den Technischen Hochschulen/ Universitäten und an den Fachhochschulen auf die Schwerpunkte „Planen und Bauen" und kaum auf „Wasserwirtschaft" ausgerichtet waren. Gewässerkundliche/hydrologische Probleme wurden zu wenig und dann überwiegend quantitativ behandelt. Um 1960 gab die Technische Hochschule Hannover, jetzt Universität, mit der Vertiefung „Wasserwirtschaft" im Rahmen des Bauingenieurstudiums erste konkrete Impulse, Nachwuchs für die sich in ihren Aufgaben wandelnde Wasserwirtschaftsverwaltung auszubilden.

4.1.3 ABTEILUNG WASSERWIRTSCHAFT IM NDS. LANDWIRTSCHAFTS-MINISTERIUM ALS ZENTRALINSTANZ, OBERSTE WASSER- UND DEICHBEHÖRDE

Braunschweig, Oldenburg, Preußen und Schaumburg-Lippe waren bis 1946/47 selbständige Länder des deutschen Reiches. Die Organisationsstrukturen der Verwaltungen dieser Länder für die Wasserwirtschaft/den Wasser- und Deichbau waren in etwa vergleichbar. Als Folge des verlorenen Krieges wurde 1947 durch Beschluß des Kontrollrats das Land Preußen aufgelöst. Aus der ehemaligen preußischen Provinz Hannover (bis 1866 Königreich Hannover) wurde unter Einschluß der ehemaligen Länder Braunschweig, Oldenburg und Schaumburg-Lippe das Bundesland Niedersachsen gebildet (s. auch Abschnitte 1.4, 3.3 und 3.4).

Im Zuge der Neuordnung der gesamten staatlichen und kommunalen Verwaltung nach 1945 wurden im Nds. Landwirtschaftsministerium die Aufgaben der WASSERWIRTSCHAFT in der Abt. „Siedlung und Wasserwirtschaft", später dann selbständige Abteilung „Wasserwirtschaft" (s. Abschn. 9.3), wahrgenommen (Abb. 4-1). In dieser Abteilung waren lange Jahre 6 Referenten mit wenigen Mitarbeitern neben der Zuständigkeit für Organisation, Personal und Haushalt der Wasserwirtschaftsverwaltung mit zahlreichen Leitungsaufgaben betraut, wie allgemeiner Wasserbau, Meliorationen, Wasserversorgung, Abwasserbeseitigung, Hochwasserschutz, Küsten- und Inselschutz, Vergabewesen, Wasser- und Deichrecht. Das Ministerium wurde oberste Wasserbehörde und oberste Deichbehörde. Auch die Landesstelle für Gewässerkunde (s. Abschnitte 3.1.3, 5.1.1, 6.1.1) war darin eingeschlossen. Später kamen Aufgaben der wasserwirtschaftlichen Rahmenplanung, des landwirtschaftlichen Wegebaues und ab Ende der 60er Jahre mit stark zunehmender Tendenz bis Ende 1997 umfassende Aufgaben der Abfallbeseitigung/Abfallwirtschaft dazu. Allein die Zahl der im Ministerium tätigen Referenten nahm von 1952 bis 1996 von 6 auf 28 zu.

Hierzu ein Hinweis: Anfang der 50er Jahre existierte keine nennenswerte länderübergreifend koordinierende Arbeitsgruppe, dafür war damals der persönliche Kontakt im kleinen Kreise der Ministerialbeamten der Wasserwirtschaftsverwaltungen des Bundes und der Länder weit enger und persönlicher, als es heute möglich ist. Es gab wenig Anlaß, technische Vorschriften/Regelwerke oder wasserrechtliche Vorschriften abzustimmen. Heute muß die Ministerialinstanz für das Land, abgesehen von dem erheblich veränderten Aufgabenumfang, allein auf nationaler und internationaler Ebene in weit über 30 Ausschüssen, Kommissionen, Arbeitskreisen vertreten sein.

Die Anforderungen an den Wasserhaushalt (quantitativ und qualitativ), die es zentral zu steuern gilt, sind in allen Lebensbereichen in einer Zeit sensiblerer Anforderungen an den Erhalt unserer Umwelt stark gestiegen, wie z.B. Schutz und Verbesserung der ober- und unterirdischen Gewässergüte (z. B. bei Abwasserbehandlung, Überdüngung landw. Nutzflächen) und der ökologischen Einbindung der Gewässer in die Gewässerlandschaft, haushälterische Bewirtschaftung des Oberflächen- und Grundwassers, Sicherung der Versorgung mit Trink- und Brauchwasser, Schutz vor Überflutungen bei Hochwasser- und Sturmflut u.a.m. Auch ist daneben der Verwaltungsaufwand durch starke Zunahme nationaler und europäischer Vorschriften und Richtlinien bei oft wechselnden politischen Vorgaben erheblich angeschwollen. Eine Zunahme des Personals in der gesamten Wasserwirtschaftsverwaltung war unausbleiblich. Neben Ingenieuren für Wasserwirtschaft und Wasserbau bewältigen bei einem wachsenden Anteil an Frauen auch Hydrobiologen,

Abb. 4-1: Die Chefs der niedersächsischen Wasserwirtschaftsverwaltung

Dipl.-Ing. Dr. Ing E. h.
Ferdinand Schweicher
Ministerialdirigent 1946 - 1960

Dipl.-Ing. Ernst Metzkes
Ministerialdirigent 1960 - 1971

Dipl.-Ing. Heinrich Barjenbruch
Ministerialdirigent 1971 - 1980

Dipl.-Ing. Gerhard M. Veh
Ministerialdirigent 1981 - 1996

Hydrochemiker, Landschaftspfleger, Landwirte, Biologen und Geologen diese sehr komplex gewordenen Aufgaben. Heute wird gedankenlos nur der hohe Personalaufwand gesehen und kritisiert.

Ab 01.11.1986 gingen die Aufgaben der Wasser- und Abfallwirtschaft vom Nds. Landwirtschaftsministerium an das Nds. Umweltministerium über. Spätere Umbenennung der Abteilung in „Wasserwirtschaft und Abfallwirtschaft“, Aufteilung 1990 in die Abteilungen „Gewässerschutz, Wasserwirtschaft“ (einschl. Fragen des Deichbaues und Deichrecht) und „Abfallvermeidung, Abfallwirtschaft, Altlasten“, ab 1996 als Abteilungen „Gewässerschutz, Wasserwirtschaft“ und „Immissionsschutz, Kreislaufwirtschaft und Abfall“ geführt, lassen die neue Schwerpunktentwicklungen innerhalb des Umweltministeriums erkennen.

Die Wasser- und Abfallwirtschaftsverwaltung hat *in der Zentralinstanz* vor allem folgende Aufgaben zu erfüllen, die in den Geschäftsverteilungsplänen der Mittel- und Ortsinstanz, je nach Zuständigkeit, mit ähnlichen Bezeichnungen als Leitungs- oder Vollzugsaufgaben wiederzufinden sind:

Grundsatzangelegenheiten:
- Fachaufsicht über nachgeordnete Dienststellen
- Kontakte mit Bund, benachbarten Bundesländern (bis 1990 zur DDR) und den Niederlanden
- Allgemein fachliche Tätigkeit im europäischen Rahmen/Brüssel
- Bewirtschaftung der Haushaltsmittel und der Stellen
- Bewirtschaftung der Zuwendungen aus der Abwasser- und Abfallabgabe sowie der
- Wasserentnahmegebühr

Personalangelegenheiten (bis vor wenigen Jahren)

Aufgaben der Wasserwirtschaft:
- Gewässerkunde und wasserwirtschaftliche Rahmenplanung
- Reinhaltung und Güteüberwachung ober- und unterirdischer Gewässer
- Güteprobleme der Nordsee (als Anliegerland)

Aufgaben als oberste Wasser- und Deichbehörde:
- Wasserrecht
- Abwasserabgaberecht
- Deichrecht
- Wasserverbandsrecht
- Wasserbaurecht
- Wasserrecht der Europäischen Union (EU)

Aufgaben des Wasser- und Deichbaues (Förderung, Lenkung, Planung und/oder Bauleitung):
- Küsten- und Inselschutz
- Hochwasserschutz im Binnenland
- Landwirtschaftlicher Wasserbau (einschl. Wegebau)
- Wasserversorgung
- Abwasserbehandlung
- Unterhaltung landeseigener Gewässer, Deiche und Anlagen

Vielfältige Aufgaben im Bereich der Abfallwirtschaft (auf die hier nicht weiter eingegangen wird)

Die generalisierte Zusammenstellung zeigt, wie sich neben der Objektverwaltung aus einer im 19. Jahrhundert entstandenen, über viele Jahrzehnte vor allem den Meliorationen verpflichteten Bauverwaltung (als Leistungsverwaltung) zunehmend eine Ordnungsverwaltung entwickelt hat, die weit mehr als noch vor Jahrzehnten der Daseinsvorsorge und dem Umweltschutz dient und so zur Verbesserung der Lebensqualität unseres Volkes beiträgt. Der Wandel der Schwerpunktaufgaben läßt sich an den folgenden Leitsätzen charakterisieren:

- Bis in die Neuzeit: *Schutz des Menschen vor dem Wasser,*
- dann zunehmend: *Nutzen des Wassers durch den Menschen*
- und künftiger Schwerpunkt: *Schutz des Wassers vor dem Menschen!*

Aus dem weitgefächerten Aufgabenbereich drei Beispiele:

1. Mitwirkung in der Deutsch-deutschen Grenzkommission. Sie war 1972 unter Beteiligung von Beauftragten der damaligen DDR, des Bundes und der an die damalige DDR angrenzenden Bundesländer eingerichtet worden und bis zur „Wende" 1990 tätig, um zwischen den damaligen beiden deutschen Staaten u.a. wasserwirtschaftliche Fragen im Grenz- und grenzüberschreitenden Bereich zu klären. Dazu gehörten Fragen der Unterhaltung und des Ausbaues von Grenzgewässern, der Trinkwasserversorgung im Grenzbereich (Grundwasser- und Talsperrennutzung) oder Festsetzung des Bemessungshochwassers für die beidseitigen Hochwasserdeiche der Elbe im Grenzbereich.

2. Großräumige Grundwassererkundung im Bereich der Lüneburger Heide, Impuls für das gesamte Land Niedersachsen. Die Grundwassererkundung war lange Jahre in der Regel nur von Fall zu Fall, z.B. zur Erkundung für die Nutzung durch Wasserwerke kleinerer Leistung, betrieben worden. Für intensivere Erkundungen fehlte Personal und Geld, aber es mangelte auch an Sensibilisierung für diese wichtige wasserwirtschaftliche Aufgabe, die es in Zusammenarbeit mit den Hydrogeologen des Nds. Landesamtes für Bodenforschung zu lösen galt. Die Finanzierung von Wasserbauvorhaben aller Art hatte in den langen Jahren des Wiederaufbaues absoluten Vorrang.

1965 gab der Wunsch der Hamburger Wasserwerke (HWW), für die künftige Sicherung der Versorgung der Bevölkerung im Großraum Hamburg mit Trink- und Brauchwasser nun auch südlich des Stadtgebietes in Niedersachsen vermutetes Grundwasser im Raum der Lüneburger Heide in großem Umfange zu nutzen, den Anstoß zur *bislang im norddeutschen Raum umfangreichsten* großräumigen Erkundung des Grundwassers weit über das Gebiet hinaus, das von den Hamburger Wasserwerken als grundwasserhöffig und für sie nutzbar eingeschätzt worden war.

1967 war die Erkundung des Grundwassers im Bereich der zentralen Lüneburger Heide unter Federführung des Wasserwirtschaftsamtes Lüneburg im Zusammenwirken mit dem o.a. geologischen Landesamt, dem Institut für Wasserwirtschaft, Hydrologie und landwirtschaftlichen Wasserbau der Technischen Hochschule Hannover und anderen Fachstellen der erste Schritt. Die Wasserwirtschaftler wollten und konnten in dem zu erwartenden Bewilligungsverfahren nur unter *sehr konkreten* Voraussetzungen qualifiziert Stellung nehmen:

1974 wurde im Dezember nach Vorlage zahlreicher Gutachten die Bewilligung für eine Entnahme bis zu 25 Mio m^3/a erteilt, die erst 1981 nach weiteren langwierigen Verhandlungen mit Einwendern rechtskräftig geworden ist. Die Erfahrungen aus diesen bislang umfangreichsten Erkundungen des Grundwassers in Lockergesteinen des norddeutschen Flachlandes gaben auch wertvolle Impulse für weitere Vorhaben über Niedersachsen hinaus.

3. Einrichtung einer zentralen Landesanstalt für Gewässerkunde (oder Wasserwirtschaft) und von Labors in den Wasserwirtschaftsämtern. Die Bemühungen zur Vertiefung der Überwachung der Gewässergüte lassen sich bis 1968 zurückverfolgen. Wie schon dargestellt, verfügte Niedersachsen damals nur über die „Landesstelle für Gewässerkunde“ (s. Abschnitt 5.1.1) und das Nds. Wasseruntersuchungsamt in Hildesheim (s. Abschnitt 6.1.3) für qualitative Untersuchungen vor allem - mit stark zunehmendem Aufwand - von Abwassereinleitungen. Abflüsse wurden anfänglich (bis um 1960) sogar nur durch zwei beim WWA Hannover stationierte Meßtrupps an wenigen repräsentativen Pegeln im ganzen Lande gemessen. Abflußmessungen durch alle WWÄ wurden erst Zug um Zug möglich. Die anderen großflächigen Bundesländer verfügten für diesen Aufgabenbereich damals schon über leistungsfähige zentrale Landesanstalten/Landesämter mit unterschiedlichen Bezeichnungen und Aufgaben oder waren dabei, sie einzurichten. Eine generell kombinierte Messung von Menge und Güte des Abflusses eines Gewässers (erst die so gewonnenen Daten geben hinreichende Aufschlüsse über den Zustand eines Gewässerabschnittes) war bis Ende der 60er Jahre nicht üblich.

Im Jahresbericht für 1967 des WWA Lüneburg wurde zur Frage der Organisation und Arbeit in der Wasserwirtschaft und im Zuge der Bemühungen, „Wasserwirtschaft“ als Schwerpunktaufgabe zu konkretisieren, vorgetragen: *„Eine Überwachung der Gewässergüte als Teil einer geordneten Wasserwirtschaft ist seitens des Wasserwirtschaftsamtes nur dann befriedigend und schnell möglich, wenn unmittelbar vom Amt Untersuchungen wenigstens einfacher Art (Festhalten von Tatbeständen) sofort angesetzt werden können. Die Einrichtung eines Labors für einfache Wasseruntersuchungen mit wenigstens einem Laboranten wird für dringend notwendig gehalten“.*

Das WWA wollte in Erfüllung des Auftrages „Wasserwirtschaft“ grundsätzlich in der Lage sein, Grunddaten des Abflusses eines Gewässers nach Menge und Güte vor allem im Alarmfall sofort, ohne die lange Anreise von Fachkräften aus der Zentrale in Hildesheim abwarten zu müssen, unmittelbar erfassen und ggf. Entscheidungshilfen für wasserbehördliches Eingreifen bieten können. Nach Überwindung der Besorgnisse der Doppelarbeit und Abstimmung der Aufgaben (einschließlich Fachaufsicht über das kleine Labor) zwischen WWA und Nds. Wasseruntersuchungsamt, dieses war damals schon mit Abwasseruntersuchungen überlastet, konnte Anfang 1971 im WWA Lüneburg diese 1. Stelle mit einem Laboranten besetzt und ein erster einfachster Laborbetrieb aufgenommen werden. Damit war auf Ortsebene der Anfang für die örtliche Güteüberwachung gemacht worden. Über die Ausweitung zu den nunmehr seit vielen Jahren eingerichteten gut ausgestatteten Labors in allen Ämtern an anderer Stelle mehr.

Die Erfahrungen bei den angelaufenen Grundwassererkundungen in der Lüneburger Heide (s. Ziffer 2.) führten im WWA Lüneburg zum „Vorschlag für die Vertiefung der gewässerkundlichen Arbeit im Dienstbezirk - und darüber hinaus“ (Bericht vom 31.10.1969), der erste Anstöße für eine zentrale Nds. Landesanstalt für Gewässerkunde geben sollte. Die Impulse wurden seitens des Nds. Ministers für Ernährung, Landwirtschaft und Forsten aufgenommen und führten im Oktober 1972 in der Abt. Wasserwirtschaft zum Entwurf einer Kabinettsvorlage mit dem Vorschlag, durch Umwandlung des Nds. Wasseruntersuchungsamtes ein „Landesamt für Wasserhaushalt und Gewässerkunde“ zu errichten. Dazu wurde vom Nds. Landesrechnungshof, der bei der Neueinrichtung einer Dienststelle vorher gehört werden mußte, mit Datum vom 20.07.1973 eine Stellungnahme angefordert, die innerhalb eines Jahres erwartet worden war.

Nach einem relativ positiven, aber nur wenige Seiten umfassenden Zwischenbescheid 1978 wurde das angeforderte Gutachten nach langem Warten erst im Herbst 1980 abgegeben. Das ungewöhnlich umfangreiche Gutachten mit Organisationsvorschlägen ist eine unglaublich umfassende Fundgrube zu dem Thema mit hochqualifizierten Angaben über alle nur erdenklichen Tätigkeiten und Zuständigkeiten u.a.m. von etwa 170 Dienststellen in Niedersachsen, die sich irgendwie mit dem Wasser befassen, aber es kam im Blick auf die positiven Erfahrungen der anderen Länder um Jahre zu spät. Bis zur Gründung des Landesamtes für Wasserwirtschaft im Sommer 1984 vergingen dann noch weitere vier Jahre (s. Abschnitt 6.1.4).

4.1.4 REGIERUNGSPRÄSIDENTEN ALS MITTELINSTANZ, OBERE WASSER- UND DEICHBEHÖRDEN

Bei den damaligen 6 „Regierungspräsidenten“ (Aurich, Hannover, Hildesheim, Lüneburg, Osnabrück und Stade) und 2 „Verwaltungspräsidenten“ (Oldenburg und Braunschweig - für die beiden ehemaligen Länder) nahmen *nach 1945* in den Abteilungen „Landwirtschaft“ die Dezernate „Wasserwirtschaft“ mit 1 - 2 Dezernenten des höheren bautechnischen Verwaltungsdienstes und wenigen Mitarbeitern ihre Tätigkeit auf. Aufgabenbereiche waren Allgemeine Wasserwirtschaft, Siedlungswasserbau (Wasserversorgung, Abwasserbeseitigung), Landwirtschaftlicher Wasserbau mit Deichbau, Gewässerkunde, Landwirtschaftlicher Wegebau und Wasserwirtschaftliche Rahmenplanung. Ferner war das Dezernat obere Wasser- und Deichbehörde. Diese Aufgabe wurde anfänglich vom Wasserbaudezernenten wahrgenommen, der nur von Fall zu Fall einen Justitiar als wasserrechtlichen Kodezernenten zuzog. 1960 wurden selbständige Dezernate Wasserrecht eingerichtet. Diese wurden 1978 im Zuge der Zusammenlegung der acht „Regierungspräsidenten“ zu vier „Bezirksregierungen“ wieder in das Großdezernat 502 „Wasserwirtschaft/Wasserrecht“ integriert. Aufgabenumfang und Stellenbestand hätten eine eigene Abteilung innerhalb der Bezirksregierung gerechtfertigt. Diese Zusammenlegung war generell eine konsequent richtige Entscheidung, denn die Zusammenarbeit zwischen Wasserwirtschaft und Wasserrecht ist sonst innerhalb der

Mittelinstanz als koordinierende staatliche Behörde nirgends so zwingend: *„Wasserrecht vollzieht Wasserwirtschaft“.*

Die Aufgaben „Deichbau/Deichrecht“, die in den Küstenbezirke einen erheblichen Umfang haben, wurden, wohl wegen zu großer Länge der Dez.-Bezeichnung, nicht mit angeführt.

Ab Ende der 60er Jahre übernahm das Dezernat auch die rasch zunehmenden abfallwirtschaftlichen/-rechtlichen Aufgaben.

Diese großen Dezernate hatten vor 1994 in der Regel einschl. Abfallwesen mehr als 35 Mitarbeiter, davon über 10 im höheren Dienst. Das Dezernat gehörte bei der Bezirksregierung wegen des Aufgabenumfangs zu denen mit der größten „Außenwirkung“. Das Dezernat einer Bezirksregierung, als Koordinierungs- und Bündelungsbehörde verantwortlich für fast alle Geschäftsbereiche der Landesverwaltung im Bezirk, hat gegenüber dem Leitungsauftrag des Fachministeriums nicht voll vergleichbare Aufgaben. Die Schwerpunkte der Leitung innerhalb des Bezirkes sind etwas anders: Z.B. bei Vollzugsaufgaben bei Genehmigungen, bei Finanzierungen und im Aufsichtsbereich, wie Gewässeraufsicht, Dienst- und Fachaufsicht über die Ämter für Wasser und Abfall oder der Fachaufsicht über die unteren Wasser- und Deichbehörden. Der Aufwand an Zeit und Arbeit der Bezirksregierungen als obere Wasser,- Deich- und Abfallwirtschaftsbehörden hat bei den zunehmend schwieriger abzuwickelnden Wasserrechts-, Deichrechts- und Abfallrechtsverfahren jeder Art (Bewilligungen/Planfeststellungen...) ganz erheblich zugenommen.

1994 sind dann im Zuge einer weiteren Umorganisation die Aufgaben auf die beiden Dezernate 501 *„Abfallwirtschaft/Abfallrecht"* und 502 *„Wasserwirtschaft/Wasserrecht"* aufgeteilt worden. Nach der Aufteilung in die beiden o.a. Dezernate waren - als Beispiel - bei der Bez.-Regierung Lüneburg im jetzigen Dezernat 502 („Wasserwirtschaft, Wasserrecht"- einschl. Deiche -) in 1996/97 immer noch 31 Personen tätig. Von den acht Dezernenten im höheren Dienst sind zwei Juristen, etwa 2/3 des Personals sind Dipl.-Ingenieure.

Ab 01.01.1998 wird ein grundlegender Wandel eintreten. Als Folge der Auflösung der StÄWA als Ortsbehörden werden nach Abgabe der abfallwirtschaftlichen Aufgaben an die Gewerbeaufsichtsämter und der Aufgaben des Wasserbaues und Küstenschutzes an den „Nds. Landesbetrieb für Wasserwirtschaft und Küstenschutz" die restlichen Aufgaben in die Bezirksregierung mit Außenstellen an den ehemaligen Standorten der StÄWA integriert werden (s. dazu Abschnitte 4.1.7 und 4.2.2).

4.1.5 LANDKREISE ALS ORTSINSTANZ, UNTERE WASSER- UND DEICHBEHÖRDEN

Auch die Landkreise, schon nach PrWG von 1913 Wasserpolizeibehörden, brauchten nach 1945 Zeit, bis sie u.a. nach Inkrafttreten des Nds. Wassergesetzes 1960 als „untere Wasserbehörde" und allgemeine Ortsinstanz voll wirken konnten. Sie waren in diesem Rahmen auch Teil der für die Bewirtschaftung des Wasserhaushaltes verantwortlichen Wasserwirtschaftsverwaltung (Tab. 4-1). Die Landkreise handeln dann im Auftrage des Landes, wenn Aufgaben des übertragenen Wirkungskreises zu erfüllen sind, wie es beim Vollzug des Wassergesetzes der Fall ist. Dabei sind grundsätzlich in den Kreisverwaltungen Landesbedienstete für diese Aufgaben tätig, ggf. in einer eigenen Abteilung. Im Gegensatz zu anderen Bundesländern werden in Niedersachsen auch diese Aufgaben von den kommunalen Bediensteten der Kreisverwaltung ausgeführt. Das Land stellt lediglich entsprechende Haushaltsmittel bereit, aus denen u.a das notwendige Personal vergütet werden muß. Entsprechend schwach sind, wie Erfahrungen gezeigt haben, u.a. die Einwirkungsmöglichkeiten des Landes. Nur wenige Landkreise hatten von Anfang an eigene Kreiskulturbau- oder Wasserbauabteilungen o.ä. (Bezeichnungen und Aufgaben wichen voneinander ab). Die überwiegende Mehrheit der Landkreise holte für ihre wasserrechtlichen oder für sonstige Entscheidungen die Stellungnahmen oder den kollegialen fachlichen Rat des von kommunalen Einflüssen unabhängigen Wasserwirtschaftsamtes ein. Es war eine in der Regel hervorragende Zusammenarbeit. Im Gebiet des ehemaligen Landes Oldenburg z.B. nahmen die dortigen drei Wasserwirtschaftsämter schon nach ehemaligem Oldenburger Recht diese und weitere Aufgaben für die Landkreise wahr. Bei einigen Kreisverwaltungen waren Außenstellen der Wasserwirtschaftsämter einge-

Tab. 4-1: Wasserwirtschaft in Niedersachsen 1954, Zentralinstanz, nachgeordnete Dienststellen und Dienststellenleiter

Wasserwirtschaft in Niedersachsen im Jahre 1954

Land Niedersachsen - Wasserwirtschaftsverwaltung einschl. Kreisbauämter

Zentralinstanz:
Ministerium für Ernährung, Landwirtschaft und Forsten - Abteilung Wasserwirtschaft
Hannover, Calenbergerstraße 2, Ecke Leibnizufer, Leiter: MinRat Schweicher

Nachgeordnete Dienststellen:
I. Wasserwirtschaftliches Dezernat bei der Regierung in **Aurich**,
Leiter: ORuBR Gohlke
Wasserwirtschaftsamt Aurich, Georgstraße 48, Leiter: RuBR Wolter
Außenstelle: Leer/Ostfr., Georgstr. 24, Leiter: RBR Blumenberg
Kreisbauämter: Aurich, Landratsamt, Leiter: Bmstr. Lübbe
Leer: Landratsamt, Leiter: Bmstr. Schepp und Töpfer
Norden, Landratsamt, Leiter: Bmstr. Tell
Wittmund, Landratsamt, Leiter: Bmstr. Niewerth
Wasserwirtschaftsdienststelle Norden in Norden, Leiter: DomOBI Wenholt

II. Wasserwirtschaftliches Dezernat bei der Regierung in **Hannover**, Am Archive 3,
Leiter: ORuBR Gunzelmann
Wasserwirtschaftsamt Hannover, Lüerstraße 3, Leiter: ORuBR Jenner
Außenstellen: Syke, Kreishaus, Leiter: ROBI Thee
Diepholz: Hindenburgstraße 70, Neubauabt. f. d. Hunteregulierung,
Leiter: RBAss. Peters
Springe, Kreishaus, Leiter: RBI Licht
Rinteln, Breite Straße 27, Leiter: ROBI Bmstr. Schmidt
Stadthagen, Am Stadtmarkt 6, Leiter: ROBI Dettmer
Hameln: Kreishaus, Leiter: RBI Heinze
Bauabteilung für die Weserniederung, Achim, Leiter: BAss. Pinz
Kreisbauämter: Diepholz, Landratsamt, Leiter: Bmstr. Wesemann
Sulingen, Landratsamt, Leiter: Bmstr. Enders
Nienburg, Landratsamt, Leiter: Bmstr. Zöllner
Stolzenau, Landratsamt, Leiter: Bmstr. Ecker
Neustadt/Rbg, Landratsamt, Leiter: Bmstr. Ernst

III. Wasserwirtschaftliches Dezernat bei der Regierung in **Hildesheim**, Domhof 1,
Leiter: ORuBR Lehde
Wasserwirtschaftsamt Hildesheim, Osterstraße 38, Leiter: RuBR Schwahn
Außenstellen Göttingen, Kurze Straße 15, Leiter: ROBI Meyer
Herzberg/Harz, Sieberstraße 3, Leiter: Bmstr. Bohn
Holzminden, Leiter: RBI Müller
Außenstelle für die Leineregelung
Hildesheim, Goslarsche Str. 20, Leiter: ORBR Hendricks
Kreisbauämter: Göttingen, Landratsamt, Leiter: Bmstr. Sennen
Hannoversch-Münden, Landratsamt
Northeim, Landratsamt, Leiter: Bmstr. Kellner
Peine, Landratsamt, Leiter: Bmstr. Ahders
Alfeld/Leine, Landratsamt, Leiter: Bmstr. Warnecke

IV. Wasserwirtschaftliches Dezernat bei der Regierung in **Lüneburg**, Am Ochsenmarkt 1, Leiter
ORuBR Weinrich
Wasserwirtschaftsamt Celle, An der Reitbahn 14, Leiter: RBR Keitel

Außenstellen: Burgdorf, Landratsamt, Leiter: ROBI Schmidt
Kreisbauämter: Celle, Landratsamt, Leiter: Bmstr. Neumann
Fallingbostel, Landratsamt, Leiter: Bmstr. Meyer
Gifhorn, Landratsamt, Leiter: Bmstr. Stutte
Soltau, Landratsamt, Leiter: Bmstr. Gehrke

Wasserwirtschaftsamt Lüneburg, Auf dem Michaeliskloster 8, Leiter: RBR Klee
Außenstellen: Harburg, Winsen/Luhe, Landratsamt, Leiter: ROBI Behrens
Dannenberg: Bauabteilung Dannenberg des Wasserwirtschaftsamtes Lüneburg, Leiter: RBAss. Lülfs
Kreisbauämter: Uelzen, Landratsamt, Leiter: Bmstr. Köhnecke
Lüchow, Landratsamt, Leiter: Bmstr. Herling
Lüneburg, Kreishaus, Leiter: Bmstr. Scheunemann

V. Wasserwirtschaftliches Dezernat bei der Regierung in **Osnabrück**, Hegertorwall 18, Leiter: ORuBR Holmeyer
Wasserwirtschaftsamt Meppen/Ems, Leiter: ORuBR Dirschka
Kreisbauämter: Aschendorf, Landratsamt, Leiter: Bmstr. Wiegelmann
Bentheim in Nordhorn, Landratsamt, Leiter: Bmstr. Esch
Meppen, Landratsamt, Leiter: BR Oehm
Wasserwirtschaftsamt Osnabrück, Ecke Redlingerstraße und Kamp, Leiter: RuBR Cludius
Kreisbauämter: Lingen/Ems, Landratsamt, Leiter: Bmstr. Vogt
Bersenbrück, Landratsamt, Leiter: Bmstr. Usselmann
Melle, Landratsamt, Leiter: Bmstr. Wurmbach
Wittlage, Landratsamt, Leiter: Bmstr. Petsch
Osnabrück, Landratsamt, Leiter: Bmstr. Gerhardus
Quakenbrück, Landratsamt, Leiter: Bmstr. Bevervörden

VI. Wasserwirtschaftliches Dezernat bei der Regierung in **Stade**, Leiter: ORuBR Pakusa
Wasserwirtschaftsamt Stade, Am Sand 5, Leiter: RuBR Lehrke
Außenstelle: Otterndorf, Schleuse, Leiter: ROBI Heitsch
Bauleitung: Bederkesa, Leiter: RBR Koswich
Bauleitung Dorum, Bmstr. Tolf
Kreisbauämter: Bremervörde, Landratsamt, Leiter: Bmstr. Schulz
Stade: Landratsamt, Leiter: OBA Stähler
Wesermünde, Landratsamt, Leiter: Bmstr. Tienken
Wasserwirtschaftsamt Verden, Ostertorstraße 11, Leiter: ORuBR Reimann
Staatliche Bauleitung: Teufelsmoor, Worpswede, Leiter: ORBR Otte
Kreisbauämter: Osterholz-Scharmbeck, Landratsamt, Leiter: Bmstr. Knipp
Rotenburg: Landratsamt, Leiter: Ing. Santelmann
Verden: Landratsamt, Leiter: Bmstr. von Horn

VII. Präsident des niedersächsischen Verwaltungsbezirkes **Oldenburg**, Dez. Wasserwirtschaft, Leiter: ORuBR Schmidt
Wasserwirtschaftsamt Cloppenburg, Osterstr. 62, Leiter: RuBR Riehl
Außenstelle: Elisabethfehn, Leiter: RBI Post
Westerstede i.O., Peterstraße, Leiter: RBI Schwengels
Damme i.O., Leiter: Ing. Neufang
Kreisbauamt: Oldenburg, Landratsamt, Leiter: Bmstr. Wöbken
Wasserwirtschaftsamt Brake/Unterweser, Heinrich-Schnittger-Str. 32, Leiter: RBR Meyer
Wasserwirtschaftsamt Varel, Schloßplatz, Leiter: ORuBR Brahms

Außenstelle Wilhelmshaven, Banter Deich 4, Leiter: OBR Tillessen

VIII: Präsident des niedersächsischen Verwaltungsbezirks **Braunschweig**, Bohlweg 38,
Dez. Wasserwirtschaft, Leiter: ORuBR Schärff
Wasserwirtschaftsamt Braunschweig, Adolfstraße 60, Leiter: RuBR Klinge
Harzwasserwerke des Landes Niedersachsen in Hildesheim, Nikolaistr. 8b
Vorstandsmitglieder: Dir.Dr.jur. Lienke, BDir Wiederholt,
BDir (OBDir. a.D.) Schulze

richtet gewesen und für die Landkreise tätig. Sie wurden ohne Wertung der Effizienz auslaufend etwa Ende der 60er Jahre Zug um Zug aufgelöst. Die Erfahrungen dieser engen Zusammenarbeit des Wasserwirtschaftsamtes über die Außenstelle mit dem Landkreis - unmittelbare Fachberatung bei geringstem Verwaltungsaufwand - waren sehr gut, sind aber nie ausgewertet worden, weil diese Organisationsform offensichtlich nicht in das starre theoretische Schema einer dreigliedrigen allgemeinen Verwaltung paßte.

Alle Landkreise haben inzwischen, anfänglich zum Teil gegen ihren Willen, auf Grund entsprechend novellierter wasserrechtlicher Bestimmungen, aber auch auf Aufforderung der Landesregierung, auf die an anderer Stelle einzugehen ist, zur Intensivierung ihrer Tätigkeit als Wasserbehörden eigene für Wasser- und Abfall verantwortliche Abteilungen mit unterschiedlicher Benennung eingerichtet (s. Abschnitt 7.1).

4.1.6 BEMÜHUNGEN, DIE STAATLICHEN WASSERWIRTSCHAFTLICHEN AUFGABEN ZU KOMMUNALISIEREN

Zum Verständnis der Aufgaben und der Entwicklung der Wasserwirtschaftsämter/Staatlichen Ämter für Wasser und Abfall bis zur Auflösung zum 31.12.1997 ist es notwendig, auf die Bemühungen, die staatlichen wasserwirtschaftlichen Aufgaben zu kommunalisieren, einzugehen. Innerhalb etwa der letzten 20 Jahre hat sich Zusammenarbeit und Regelung der Zuständigkeiten im Nds. Wassergesetz zwischen Ortsinstanz der allgemeinen Verwaltung (Landkreis) und den wasserwirtschaftlichen Fachbehörden bemerkenswert mit dem Ziel gewandelt, diese zu kommunalisieren.

Nach 1945 haben bis in die 60er Jahre alle Behörden und sonstige Stellen, die sich mit Wasserbau/Wasserwirtschaft befaßten, mit großem Einsatz und ohne Kompetenzprobleme am Wiederaufbau Deutschlands mitgewirkt. Es wurde - nicht zuletzt dank großartiger kollegialer Zusammenarbeit und pragmatischen Handelns der Wasserbau-/ Wasserwirtschaftsingenieure aller Stellen (Staat, Kommunen, Wasser- und Bodenverbände, Ingenieurbüros...) - unvorstellbar viel geleistet. Erst Ende der 60er Jahre gewannen in der Konsolidierungsphase Bürokratie, starres rechtliches Denken mit zunehmender Fülle von Vorschriften jeder Art und Interessenpolitik die Überhand. Dazu kam auch der generelle Wandel in der Beurteilung wasserbaulicher Eingriffe - vor allem in die Fläche - aus der Sicht des Naturschutzes und der Ökologie.

Schon bei den Beratungen und der Verabschiedung einiger Bestimmungen des Nds. Wassergesetzes (1960) wurden die im Vergleich zu anderen Bundesländern sehr kommunalfreundlichen Tendenzen der Abgeordneten deutlich. Auf die besondere Situation der niedersächsischen Wasserwirtschaftsämter bezüglich der unbefriedigenden Zuordnung als Fachbehörde der unteren Wasserbehörden war schon bei den Erläuterungen über die Bemühungen, ein einheitliches Wasserrecht in den Bundesländern Deutschland zu schaffen, eingegangen worden.

1969 war auf Anforderung der Nds. Landesregierung von einer Sachverständigenkommission unter Leitung von Prof. Weber („Weberkommission") ein Gutachten für die damals beabsichtigte Verwaltungs- und Gebietsreform - u.a. mit dem Ziel einer starken Verringerung der Zahl der Landkreise - erarbeitet worden („Webergutachten"). Bemühungen, die Wasserwirtschaftsämter zu kommunalisieren, sollten dabei auch konkretisiert werden. Das Gutachten stellte aber zur Problematik der Eingliederung der 15 Wasserwirtschaftsämter und 9 Kulturämter in die Landkreise u.a. fest :

a) Es bestehen zwischen den Aufgaben der o.a. Ämter und denen der Landkreise zahlreiche Berührungspunkte (Siedlungswasserwirtschaft, landwirtschaftlicher Wegebau, Landschaftsschutz).

b) Eine stärkere Koordination der zahlreichen wasserwirtschaftlichen Aufgaben in Niedersachsen wäre von großem administrativen Vorteil.

c) Andererseits würde eine Eingliederung dieser Ämter in die künftigen Landkreise *(die Zahl sollte sehr stark reduziert werden)* zu einer nicht unbeträchtlichen Vermehrung der Zahl dieser Ämter führen.

d) Eine Identität zwischen den Amtsbereichen der Wasserwirtschaftsämter und den künftigen Kreisgebieten läßt sich nicht herstellen. Eine Eingliederung sollte daher nicht in Betracht kommen! Allerdings ließen sich staatliche Wasserwirtschaftsämter nur rechtfertigen, wenn diese tatsächlich nur großräumige Aufgaben wahrnehmen (Betreuung der Gewässer I. Ordnung, Sonderaufgaben, wie Sperrwerkbauten, Hochwasseralarmdienst u.a.m.).
Aufgaben, die einen stark kommunalen Bezug haben und ausschließlich auf Kreisgebiete ausgerichtet sind, ...sollten auf die künftigen Kreise übertragen werden. Das beinhaltet zugleich auch Beratungs- und Förderungsaufgaben gegenüber Selbstverwaltungskörperschaften (Wasser- und Bodenverbände, Gemeinden...) .

e) Bei einer solchen Lösung ließe sich die Zahl der Wasserwirtschaftsämter vermindern.

Zu Änderungen in den Strukturen der WWÄ ist es damals nicht gekommen, zumal auch kein eigenes Konzept der Wasserwirtschaftsverwaltung für eine zukunftsweisende Entwicklung vorlag. Das Gutachten ging nicht auf die nur großräumig zu behandelnden wasserwirtschaftlichen Aufgaben (u.a. Gewässerkunde oder gutachtliche Mitwirkung bei der Beurteilung von Eingriffen in den Wasserhaushalt) ein, weil diese Zusammenhänge damals wohl nicht erkannt worden waren - das hat sich bis heute wenig geändert. Schon damals ein Schwachpunkt, der die Qualität des „Webergutachtens" in diesem Bereich relativ wertlos machen mußte.

1979 wurde seitens des Nds. Landkreistages mit der Forderung nach „Eingleisigkeit der Verwaltung" erneut u.a. ein - allerdings vergeblicher - Vorstoß zur Kommunalisierung der Wasserwirtschaftsämter gemacht. Ob Vor- oder Nachteile solcher Reformvorstellungen herausgearbeitet worden waren, ist nicht bekannt. Bemerkenswert ist, daß sich diese Bestrebungen generell bundesweit auszubreiten begannen. Etwa seit Ende der 80er Jahre sind in den Bundesländern unterschiedliche oft stark voneinander abweichende Lösungen verwirklicht worden oder die politische Entscheidung steht noch an.

Ab November 1980 führte die Frage nach der Verantwortlichkeit für die damals wasserrechtlich vorgeschriebene „Einleiterüberwachung" erneut zu weiteren Änderungen der Zuständigkeiten, nachdem auf einer OKD-Konferenz über die „Einrichtung eines Wasseruntersuchungslabors beim kreiseigenen Wasserwirtschaftsamt" u.a. für die Überwachung der vom Kreis erteilten Erlaubnisse beraten worden war. Auch die Frage der Eigenüberwachung von Abwassereinleitungen durch Gemeinden tauchte dabei auf. Der Landkreis Celle hatte bereits seit 1974 ein eigenes Labor, nachdem, wie berichtet, das erste „Amtslabor" bereits 1971 im WWA Lüneburg eingerichtet worden war.

Überlegungen seitens des Nds. Landwirtschaftsministeriums in 1982, bei ausgewählten Wasserwirtschaftsämtern Labors zur Überwachung der Gewässergüte einzurichten (Überwachung des Wasserhaushalts, gewässerkundlicher Landesdienst...), veranlaßten das Ministerium im März 1983, Regelungen zur Gewässeraufsicht, Einleiterüberwachung, Abgrenzung der Zuständigkeiten Wasserwirtschaftsämter/Landkreise, Ringanalysen u.a.m. herauszugeben. Alle Landkreise mußten bis Ende 1984 erklären, ob sie sich weiter der Labors der Wasserwirtschaftsämter bedienen oder für diese Aufgaben eigene Labors einrichten wollen. Nur ein Teil der Landkreise richtete daraufhin bis zu diesem Termin eigene Labors ein, die anderen Landkreise überließen diese Aufgaben wegen der bislang guten Erfahrungen erst einmal weiter den Labors der Wasserwirtschaftsämter.

Vorher hatte der Nds. Landkreistag schon im Mai 1983 den Landkreisen empfohlen, diese Aufgaben des übertragenen Wirkungsbereiches möglichst selbst wahrzunehmen. Die Kosten für das Labor seien geringer, als vorher seitens der Wasserwirtschaftsämter ermittelt worden war. Im Dezember 1983 gab das Landwirtschaftsministerium die Mindestanforderungen für die Ausstattung eines dezentral vom Landkreis zu betreibenden Labors heraus, Voraussetzung für die Übertragung dieser Aufgabe.

1992 änderte sich die Lage grundlegend, weil als Folge der NWG-Novelle vom 20.08.1990 die „Staatlichen Ämter für Wasser und Abfall" nur noch Fachbehörden für die oberen Wasserbehörden blieben und im Zuge der Verlagerung von Aufgaben und Zuständigkeiten die wasserwirtschaftliche Beratung der Wasserbehörden u.a. bei wasserrechtlichen Entscheidungen aufgeben mußten. Das betraf auch die Labortätigkeit für die Landkreise/Wasserbehörden, die sich bisher weiter der StÄWA bedient hatten. Nur im Rahmen der Zuständigkeit für den „gewässerkundlichen Landesdienst" (nur Teil des wasserwirtschaftlichen Handelns) mußten bis Ende 1997 - als einzige Ausnahme - die StÄWA weiterhin bei wasserrechtlichen Genehmigungen gehört werden. Das „Einvernehmen" wäre wegen der überörtlichen Betrachtung und Verwaltung des Wasserhaushaltes zwingend erforderlich. Damit war den StÄWA eine wesentliche Grundlage des Wirkens „in der und in die Fläche" entzogen worden. Nach Auflösung der StÄWA zum 31.12.1997 - z.T. Eingliederung in die Bezirksregierungen (s. Abschnitt 4.1.7, 4.2.2 und Abb. 4-4, 4-5) ist die organisatorische und wasserrechtliche Neuordnung des gewässerkundlichen Landesdienstes noch nicht geregelt. Die in der Regel immer überörtlich einzuordnenden wasserwirtschaftlichen Aspekte bei wasserrechtlichen Genehmigungen auch kleinerer Eingriffe in den Wasserhaushalt durch die untere Wasserbehörde (ab 1997 mit erheblich erweiterten Zuständigkeiten) können jetzt durch die StÄWA nicht mehr vertreten werden. Erhaltung und Sicherung der Umwelt im Bereich des Wasserhaushaltes (Gewässerschutz ist Teil des Naturschutzes) ist so nicht mehr umfassend gewährleistet.

Nur im Rahmen der Zuständigkeit für den „gewässerkundlichen Landesdienst", Teilbereich einer wasserwirtschaftlichen Stellungnahme zu einem beabsichtigten Eingriff (s. Abschn. 4.1.2), mußten - als einzige Ausnahme - bis Ende 1997 die StÄWA bei wasserrechtlichen Genehmigungen weiterhin gehört werden. Solche Stellungnahme ist das Ergebnis gemeinsamer Arbeit von Gewässerkundlern, Wasserbauingenieuren und Naturwissenschaftlern (Biologen, Chemiker), wobei das Amt auch für sonstige an dem Genehmigungsverfahren zu beteiligenden Behörden fachlich koordinierend verantwortlich bleibt. Das *wasserwirtschaftliche Einvernehmen* ist aber wegen der überörtlichen Betrachtung und Verwaltung des Wasserhaushaltes zwingend zu fordern.

Nach Auflösung der StÄWA zum 31.12.1997 - z.T. Eingliederung in die Bezirksregierungen (s. Abschnitt 4.2.2) - ist die organisatorische und wasserrechtliche Neuordnung des gewässerkundlichen Landesdienstes noch nicht abschließend geregelt.

4.1.7 WASSERWIRTSCHAFTSÄMTER, VON 1989 BIS 1997 STAATLICHE ÄMTER FÜR WASSER UND ABFALL, TECHNISCHE FACHBEHÖRDEN

Im Preußischen Wassergesetz (PrWG) von 1913, bis 1960 in Kraft, war das Meliorationsbauamt, später Wasserwirtschaftsamt, als technische Fachbehörde nicht verankert gewesen. Nur die „III. Ausführungsanweisungen" (Bestimmungen für das Verleihungsverfahren...) zum PrWG enthielten Vorschriften, u.a. die gutachtliche Äußerung des Meliorationsbaubeamten einzuholen, also diese Fachdienststelle zu beteiligen. Eine gesetzliche Grundlage des Handelns war bei der damaligen Struktur der staatlichen Verwaltung nicht erforderlich. Die Meliorationsbauämter waren kraft Organisationshoheit der preußischen Regierung eingerichtet worden (s. Abschnitte 2.2 und 3.1). Die Beratung und Hilfe dieser staatlichen Ämter bei der Lösung zahlloser Fachaufgaben der Landkreise/Kreisbauämter wurde über viele Jahrzehnte selbstverständlich erwartet und auch in kollegialer Zusammenarbeit der Behörden und der Ingenieure gerne gewährt. Erst in neuester Zeit wird u.a. unter dem Druck zu vieler Beschäftigter in staatlichen Behörden und dem politischen Bestreben, Sonderbehörden möglichst in die allgemeine Verwaltung zu integrieren, also z.B. auf Kreisebene zu kommunalisieren, überlegt, welche gesetzlich vorgeschriebenen Aufgaben eine derartige Fachbehörde hat, und in welchem Umfange Aufgaben an Kommunen oder Private abgegeben werden können.

Nach 1945 verfügte das Land Niedersachsen als Folge der Zusammenlegung der preußischen Provinz Hannover (9 WWÄ) mit den Ländern Braunschweig (1 WWA), Oldenburg (3 WWA) und Schaumburg-Lippe über 13 Wasserwirtschaftsämter (Karte 4-1), z.T. mit Außenstellen oder Bauabteilungen, und ein Amt für Küstenschutz und Landgewinnung. Die Neugründung der Ämter Göttingen (1961) und Sulingen (1963) erhöhte die Zahl auf 15. Über Jahrzehnte, bis in die 60er Jahre, war es Hauptaufgabe der Ämter, auf den vielen Gebieten des Wasserbaues mitzuwirken, um die Folgen des Krieges zu überwinden und Grundlagen für einen langsam wachsenden Lebensanspruch zu schaffen und zu sichern. Neben der allgemeinen fachbehördlichen Tätigkeit hatte die Förderung von Bauleistungen bei Meliorationen, Gewässerausbau, Deichbau und Hochwasserschutz, Trinkwasserversorgung und Beseitigung der Abwässer in Stadt und Land, Insel- und Küstenschutz, Landgewinnung und später Wirtschaftswegebau absoluten Vorrang. Daneben wurden die notwendigen gewässerkundlichen Arbeiten fortgesetzt und weitere eingeleitet.

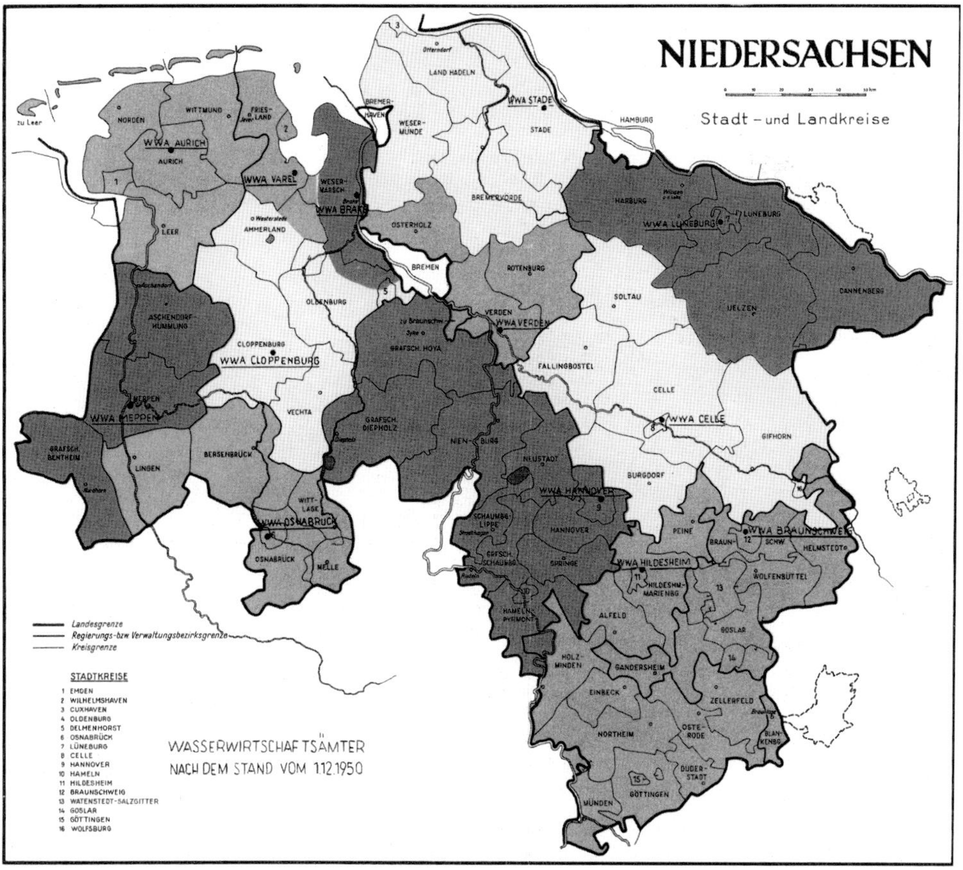

Karte 4-1: Wasserwirtschaftsämter nach dem Stand vom 01.12.1950 [7]

Der zusätzliche Auftrag an die Wasserwirtschaftsverwaltung ab Ende der 60er Jahre, die rasch zunehmenden Probleme mit damals über 6000 Mülldeponien im Land Niedersachsen, vorrangig erst einmal aus der Sicht des Grundwasserschutzes, in den Griff zu bekommen, konnte wegen der sofortigen Einsatzbereitschaft und Eignung gut ausgebildeter Ingenieure dieser Fachbehörden in beispiellos anspornender Herausforderung glänzend bewältigt werden. Ein Beweis, daß eine gründliche Ingenieurausbildung ohne zu vertiefte Spezialisierung auch für ein neues technisches Fachgebiet eine breite Plattform geschaffen hatte. Ein umfangreicher stark gewachsener neuer technischer Wissenszweig „Abfallwirtschaft" mit gesonderter wissenschaftlicher Ausbildung an den Universitäten und Fachhochschulen entstand praktisch aus dem Nichts. Entsprechende abfalltechnische und abfallrechtliche Grundlagen, für die es bislang keine Vorbilder gab, wurden rasch entwickelt und fortgeschrieben. Diese Leistungen der Wasserwirtschaftsverwaltung sind weitgehend unbeachtet geblieben. Nur im Abfallrecht war das Wasserwirtschaftsamt als immer zu beteiligende Fachbehörde „verankert" worden. Weiteres dazu im Abschnitt 5.7 „Abfallwirtschaft".

1978 führte die Gebiets- und Verwaltungsreform in Niedersachsen zur Verringerung der Zahl der Regierungsbezirke von 8 auf 4 (Bezirksregierungen). In einer weiteren Re-

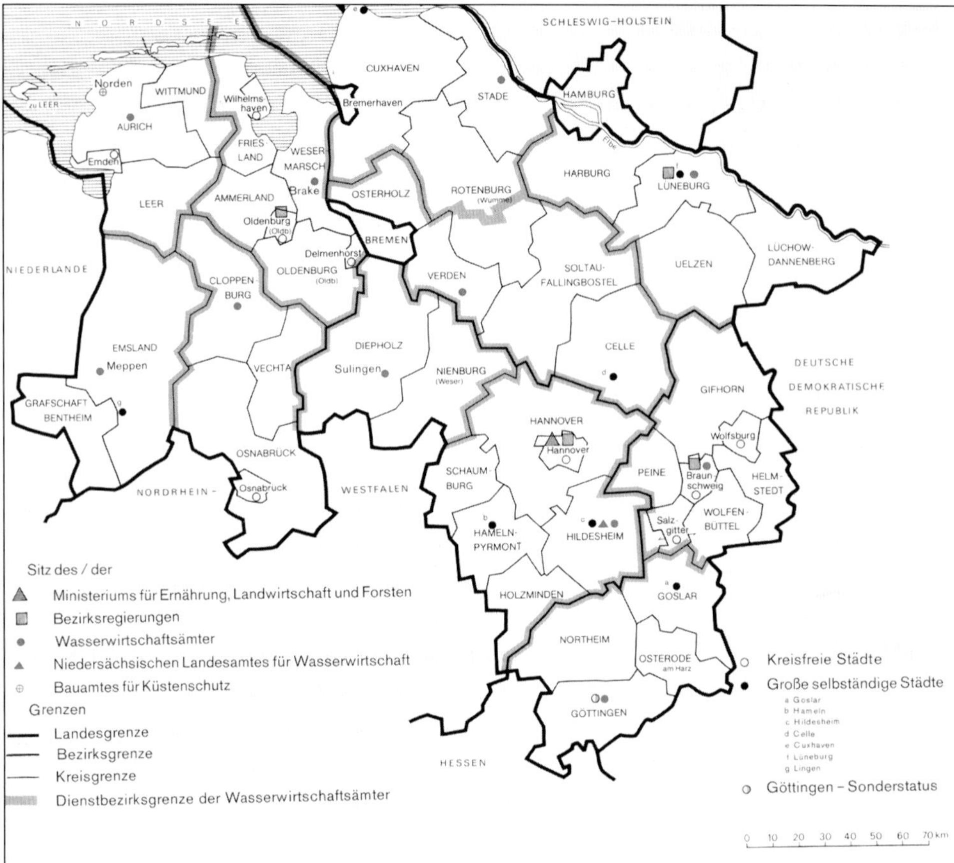

Verwaltungseinheiten

4 Regierungsbezirke
38 Landkreise
9 kreisfreie Städte
1 Stadt mit Sonderstatus (Göttingen)
7 große selbständige Städte
sowie weitere 409 Einheits- und Samtgemeinden

Wasserwirtschaftsverwaltung

1 oberste Wasserbehörde (Nieders. Ministerium f. Ernährung, Landwirtschaft u. Forsten)
4 obere Wasserbehörden (Bezirksregierungen)
54 untere Wasserbehörden (Landkreise, kreisfreie Städte, Stadt Göttingen, große selbständige Städte mit Ausnahme Celle)
1 Niedersächsisches Landesamt für Wasserwirtschaft
11 Wasserwirtschaftsämter
1 Bauamt für Küstenschutz

Karte 4-2: Verwaltungseinheiten und Wasserwirtschaftsverwaltung, Gliederung, Dienstbezirke, Sitz der Dienststellen (Quelle: Niedersachsen, Wasserwirtschaft in Zahlen, ML 1985)

form wurde die Zahl der Wasserwirtschaftsämter von 15 auf 11 reduziert (Karte 4-2, Tab. 4-2). Das Staatliche Amt für Insel- und Küstenschutz (vormals Bauamt für Küstenschutz) in Norden blieb erhalten und übernahm 1979 die bis dahin im Auftrag des Landes von der Wasser- und Schiffahrtsverwaltung des Bundes durchgeführten Inselschutzaufgaben des Landes.

Die Aufgaben der Wasserwirtschaftsämter/StÄWA und deren Veränderungen ab Ende der 60er Jahre lassen sich beispielhaft aus den Veränderungen des Geschäftsverteilungsplanes eines WWA, z.B. Lüneburg, ersehen:

Gliederung der niedersächsischen Wasserwirtschaftsverwaltung

Niedersächsisches Ministerium für Ernährung, Landwirtschaft und Forsten
nimmt als oberste Wasserbehörde die Aufgaben der vorbereitenden gesetzgeberischen Arbeit, der Richtlinienkompetenz durch Erlasse an die nachgeordneten Behörden, der Koordinierung wasserwirtschaftlicher und abfallwirtschaftlicher Planungsabsichten und -maßnahmen sowie des übergeordneten bzw. überregionalen Ausgleichs mit den Behörden des Bundes und der Länder wahr, ist oberste Aufsichtsbehörde der Wasser- und Bodenverbände.

Bezirksregierungen
– Braunschweig, Hannover, Lüneburg, Weser-Ems –

sind obere Wasserbehörden, obere Aufsichtsbehörden der Wasser- und Bodenverbände und zuständige Behörden für Fachplanungen und Genehmigungsverfahren nach Wasser-, Abfall- und Deichrecht, nehmen die Aufgaben der Dienst- und Fachaufsicht über die nachgeordneten Behörden wahr. Sie sind Bewilligungsbehörden für alle Zuwendungen, die durch das Land vergeben werden.

Landkreise, kreisfreie Städte und große selbständige Städte
nehmen als untere Wasserbehörden alle Aufgaben in der Wasserwirtschaftsverwaltung wahr, die nicht von den Bezirksregierungen zu erfüllen sind. Die Landkreise, kreisfreien Städte und bestimmte große selbständige Städte nehmen die ihnen nach Abfallrecht übertragenen Aufgaben wahr.

Niedersächsisches Landesamt für Wasserwirtschaft
berät und unterstützt die Dienststellen der niedersächsischen Wasserwirtschaftsverwaltung sowie auch sonstige Stellen des Landes und die der Aufsicht des Landes unterstehenden Körperschaften bei der Durchführung ihrer Aufgaben auf den Gebieten der Gewässerkunde, des Gewässerschutzes, des Hochwasserschutzes, der Wasserversorgung, der Abfallwirtschaft und der Binnenfischerei. Es führt mit seiner Forschungsstelle Küste auf Norderney Untersuchungen und Forschungen im Küstenbereich durch.

Wasserwirtschaftsämter
– Aurich, Brake, Braunschweig, Cloppenburg, Göttingen, Hildesheim, Lüneburg, Meppen, Stade, Sulingen, Verden und Außenstellen Celle, Hannover, Osnabrück und Wilhelmshaven –

sind technische Fachbehörden für Wasser- und Abfallwirtschaft. Die Ämter unterstehen mit ihren Außenstellen der jeweiligen Bezirksregierung, führen den gewässerkundlichen Landesdienst hauptsächlich durch und erarbeiten die nach Gesetz aufzustellenden wasserwirtschaftlichen Fachpläne.

Bauamt für Küstenschutz in Norden
ist eine besondere technische Fachbehörde der Wasserwirtschaftsverwaltung für den Küstenschutz auf den ostfriesischen Inseln sowie die Bau- und Unterhaltungsmaßnahmen im Deichvorland an den Außentiefs im Küstenabschnitt Ostfrieslands.

Tab. 4-1: Gliederung der nds. Wasserwirtschaftsverwaltung (Quelle: Niedersachsen, Wasserwirtschaft in Zahlen, ML 1985)

1969: Verwaltungsabteilung - Abteilung für unmittelbare Staatsaufgaben (Gewässerkunde, Rahmenplanung, Objektverwaltung) - Allgemeine Fachabteilung (Meliorationen, Deichwesen, Wasserversorgung, Abwasserbeseitigung) - Planungs- und Bauabteilung.

1971: Verwaltungsabteilung - Abteilung Rahmenplanung und Gewässerkunde (quantitativ und qualitativ) - Abteilung Objektverwaltung und Deichwesen - Allgemeine Fachabteilung (Raumordnung, Bauleitpläne, generelle Planungen im Zusammenhang mit Elbe-Seiten-Kanal, Allgemeiner Wasser- und Deichbau, landwirtschaftlicher Wegebau, Wasserversorgung, Abwasser- und Abfallbeseitigung, Umweltschutz, Gewässeraufsicht) - Abteilung Planen und Bauen (Küstenschutz, Küstenplan, Hochwasserschutz, Elbmarsch) - Bauabteilung Dannenberg.

Die damalige personelle Situation geht - beispielhaft für alle Ämter - aus dem Jahresbericht 1971 des o.a. Amtes hervor: *„Bezüglich der personellen Situation ...., insbesondere bei dem Bedarf an technischen Kräften, verweise ich auf meinen Bericht vom 28.05.1971. Hiernach besteht ein Fehlbestand von 4 Diplomingenieuren, 15 Ingenieur (grad.) sowie 3 weiteren technischen Angestellten. Durch ...... Abgang hat sich die Situation noch verschlechtert!"*. Heute ist vergessen worden, wie wenig attraktiv damals die Beschäftigung im jetzt so gescholtenen, aber auch beneideten öffentlichen Dienst gegenüber der freien Wirtschaft war (s. auch Abschnitt 4.1.1).

1993 ist der weitere Wandel in den Aufgaben der StÄWA aus der zentral angeordneten grundsätzlichen Gliederung der Geschäftsverteilung eines StAWA deutlich zu erkennen (s. Abb. 4-2):

Anmerkung dazu: Die Aufgabe „Gewässerschutz" hätte wegen der Bedeutung zutreffend der Abt. 2 zugeordnet werden müssen.

1994 setzte eine für den Bestand der Wasserwirtschaftsverwaltung entscheidende politisch veranlaßte Entwicklung ein, auf die näher eingegangen werden muß. Über ähnliche Entwicklungen könnte auch aus anderen Bundesländern berichtet werden. Im Rahmen einer umfassend angelegten Reform in fast allen Bereichen der Landesverwaltung mit dem Ziel, Kosten wesentlich zu senken und mehr Bürgerorientierung und Mitarbeitermotivation zu schaffen, angekündigt im Regierungsprogramm vom 23.06.1994 und konkretisiert im Kabinettsbeschluß vom 12.07.1994, war die Reform der staatlichen Umweltverwaltung ein Projekt von zahlreichen Projekten mit Schwerpunkt im Bereich der Ortsbehörden - der Staatlichen Ämter für Wasser und Abfall und der Gewerbeaufsichtsämter. Die Ergebnisse führten zu einigen bemerkenswerten Entscheidungen.

Am 30. Januar 1997 hatte der Kabinettsausschuß „Verwaltungsreform" die Schlußphase einer jahrelangen Diskussionen, u.a. um die Reform der Umweltverwaltung im nachgeordneten Ressortbereich, mit dem Vorschlag eingeleitet und für die Entscheidung der Landesregierung vorbereitet, die StÄWA als selbständige staatliche Sonderbehörden aufzulösen.

- Zahlreiche Aufgaben sollen an die Landkreise als untere Wasserbehörden/Verwaltungsbehörden (auch von der oberen Wasserbehörde!) verlagert werden,
- abfallwirtschaftliche Aufgaben soll die Gewerbeaufsichtsverwaltung übernehmen und
- Aufgaben des Küstenschutzes sollen in „Küstenschutzbehörden" konzentriert werden.
- Die Aufgaben „Bau, Betrieb und Unterhaltung landeseigener Gewässer mit wasserwirtschaftlichen Anlagen" (gemeint sind *wasserbauliche* Anlagen) sollen privatisiert oder als Landesbetrieb/Landesgesellschaft wahrgenommen werden.
- Die restlichen Aufgaben, wie allgemeine wasserwirtschaftliche Beurteilungen von geplanten und zu genehmigenden Eingriffen in den Wasserhaushalt (Menge, Güte...), gewässerkundlicher Landesdienst, Grundwasserschutz/Wasserversorgung, Gewässerschutz/Abwassertechnik und Ingenieurbiologie/naturnaher Wasserbau, sollen in die Dezernate „Wasserwirtschaft" der Bezirksregierungen eingegliedert werden.
- Aus den Resten der StÄWA, soweit diese ihren Standort nicht am Sitz der Bezirksregierungen haben, werden „Außenstellen" der Bezirksregierung an den bisherigen Standorten.

Die Kombination der Aufgabengebiete „Grundwasserschutz/Wasserversorgung", „Gewässerschutz/Abwassertechnik" und „Ingenieurbiologie/naturnaher Wasserbau" läßt erkennen, daß die wasserwirtschaftlichen Zusammenhänge nicht erkannt worden sind. Wasserwirtschaftliche Aufgaben des Grundwasserschutzes als Teil des Gewässerschutzes z.B. dürfen grundsätzlich nicht mit den in den Wasserhaushalt eingreifenden wasserbaulichen Aufgaben der Wasserversorgung oder der Abwasserbeseitigung gekoppelt werden (siehe dazu Abschnitt 4.1.2). Auch kann „Ingenieurbiologie" mit „naturnahem Wasserbau" nicht in so enger Bindung herausgestellt werden. Beide Aufgabenfelder gehören genauso zu den weiterentwickelten wasserbaulichen Planungsgrundlagen - aber auch nicht mehr - wie z.B. Hydraulik oder allgemeine Bautechnik.

Abb. 4-2: Organisationsplan der Staatlichen Ämter für Wasser und Abfall, Stand 01.04.1993

Am 14.07.1997 wurden diese Vorschläge nach langwierigen Diskussionen und Verhandlungen innerhalb und außerhalb der Verwaltung (s.o.) weiter konkretisiert und Grundlage des Beschlusses der Nds. Landesregierung vom 26.08.97 u.a. mit dem Ergebnis, die 11 StÄWA zum 31.12.1997 aufzulösen, an den ehemaligen Standorten von 9 StÄWA Außenstellen der Bezirksregierungen zu bilden, mit Wirkung vom 01.01.1998 einen „Niedersächsischen Landesbetrieb für Wasserwirtschaft und Küstenschutz" (NLWK) mit Betriebsstellen an den bisherigen Standorten der StÄWA und des StAIK einzurichten und die abfallwirtschaftlichen Aufgaben der Gewerbeaufsichtsverwaltung zu übertragen. Im Abschnitt 4.2.2 wird näher darauf eingegangen.

Die endgültige Entscheidung über die Zuordnung der Aufgaben des Gewässerkundlichen Landesdienstes wird zum 01.05.1998 erwartet, wenn das Ergebnis von

Untersuchungen eines externen Sachverständigen vorliegt. Dann sind wohl noch weitere organisatorische Veränderungen zu erwarten. Offen ist, warum ein Gutachten zur Klärung dieser wasserwirtschaftlich so bedeutenden Frage erst nach der Grundentscheidung angefordert worden ist, und warum damit die eigenen verwaltungs- und facherfahrenen Mitarbeiter nicht betraut worden sind. Zu hoffen ist, daß diese Aufgabe künftig vom Nds. Landesbetrieb für Wasserwirtschaft und Küstenschutz (NLWK) wahrgenommen wird und damit eine im ganzen Land präsente Ortsbehörde die gewässerkundlichen Daten sammelt und diese Grundlagen wasserwirtschaftlichen Handelns ortsnah und gewässersystembezogen aufbereitet.

Beachtenswert ist die Stellungnahme des Nds. Landesrechnungshofes an das MU vom 08.07.1997 zu dieser Neuorganisation der Umweltverwaltung (u.a. statt StÄWA die Einrichtung von Außenstellen der Bezirksregierungen und Schaffung eines Landesbetriebes...) mit der Bitte, die beabsichtigte Lösung noch einmal zu überdenken. Es sei, wie negative Erfahrungen bei Außenstellen anderer Dienststellen - unter Hinweis auf Beispiele - erwiesen hätten, augenfällig, daß Außenstellen den Verwaltungsvollzug erschweren, zusätzliche Kosten bewirken und beweisen, daß Einsparungspotentiale nicht ausgenutzt werden. Die Auflösung der StÄWA und deren Weiterführung als Außenstellen würde keine Probleme beseitigen, sondern neue schaffen. Vorrangig wäre zu prüfen gewesen, ob in dem Bereich, in dem die StÄWA technische Fachbehörden sind, Doppelarbeit weitgehend auszuschließen ist. Auch wird die Behauptung fehlender „Vollzugskompetenz" der StÄWA kritisiert. Diese hätten vielfältige Zuständigkeiten auch mit umfangreichen Rechten und Pflichten hoheitlicher Art. Dabei wird u.a. auf die Verantwortung der StÄWA für den gewässerkundlichen Landesdienst verwiesen. Ferner habe die Bezirksregierung als „Koordinierungs- und Bündelungsbehörde" der Mittelinstanz eine andere Funktion als z.B. ein StAWA als Fachbehörde der Ortsebene. Im Zuge der Verwaltungsreform solle doch eine „effektive und schlanke Verwaltung" geschaffen werden. Dem stände die „Außenstellenlösung" als offenbar geringster gemeinsamer Nenner entgegen (Ende der LRH-Stellungnahme).

Eine gründliche Analyse des derzeitigen Aufgabenumfanges und der jetzigen Arbeitsweisen von Landesbehörden sind zwingende Voraussetzungen für eine Entscheidung über die Neuorganisation. Ob dies in ausreichendem Maße gemacht worden ist, darüber bestehen Zweifel. Sollte „Doppelarbeit", die vermieden werden soll, der auslösende Faktor gewesen sein, so hätte sich diese, soweit überhaupt vorhanden, innerhalb einer Behördenstruktur auch durch entsprechende Organisation beseitigen lassen. Auch sind Zweifel laut geworden, ob die Zielsetzung Fach- und Vollzugskompetenz zusammenzuführen und dadurch die Verwaltung wirtschaftlicher zu gestalten berechtigt war und ggf. durch die vorgenommene Neuorganisation verbessert werden könnte. Durch die in amtsinterner Zusammenarbeit von Wasserwirtschaftlern, Gewässerkundlern und Naturwissenschaftlern in einem StAWA konnte eine umfassende abgewogene wasserwirtschaftliche Stellungnahme mit großer Praxisnähe und Ortskenntnis abgegeben werden. Die Vielfalt der wasserwirtschaftlichen Zusammenhänge und Fragestellungen konnte im StAWA kompetent beurteilt werden. Die Mitarbeiter der StÄWA hatten bislang keine Komplexe mit ihrer weitgehend fehlenden Vollzugskompetenz. Sie sahen es als ihre wichtige und sie ausfüllende Aufgabe an, für die wasserbehördlichen Entscheidungen die fachtechnischen und wasserwirtschaftlichen Grundlagen unbeeinflußt von örtlichen Sonderinteressen zu erarbeiten und in das Verfahren einzubringen. „Das Amt hat berichtet" war über Jahrzehnte seitens des Dezernates Wasserwirtschaft in Erwartung der fachlichen Qualität ihrer wasserwirtschaftlichen Stellungnahme eine der Grundlagen für die Genehmigung. Jetzt müssen hierfür mit Sicherheit Gutachten Dritter angefordert werden, die hohe Kosten verursachen und deren fachlichen Aussagen in der Regel nicht ungeprüft übernommen werden dürften. Ob die Qualität einer mit umfassender Fach- und Ortskenntnis erstellten abgewogenen Stellungnahme dabei zu erzielen ist, dürfte vom Einzelfall und seiner Komplexität abhängen. Die Sorge um die Güte des Oberflächen- und Grundwassers, um einen verantwortungsvollen, vorausschauenden Umgang mit der knappen Ressource „Wasserschatz“ und um die Sicherheit vor Hochwasser und Sturmfluten erfordert auf Dauer eine kompetente Fachverwaltung. Als Technische Fachbehörde hat das StAWA sich bewährt. Seine Fachkompetenz wird kaum zu ersetzen sein.

Die für uns am Verfahren nicht unmittelbar beteiligten Fachleute nicht nachvollziehbare, aber politisch gewollte Auflösung der Staatlichen Ämter für Wasser und Abfall geschieht ausgerechnet zu einer Zeit, in der der Rat der EU am 25.02.1997 den Mitgliedsländern das Konzept einer Richtlinie „Zur Schaffung eines Ordnungsrahmens für Maßnahmen der Gemeinschaft im Bereich der Wasserpolitik“ [6] zur Abstimmung vorgelegt hat. In dieser Richtlinie wird vorgeschrieben, daß die Mitgliedstaaten zur Erfüllung der Ziele der Richtlinie innerhalb ihres Hoheitsgebietes Gewässereinzugsgebiete beschreiben müssen, denen jeweils eine entsprechende Verwaltungseinheit für die Bewirtschaftung des Wassers zuzuordnen ist. Wir Wasserwirtschaftler haben dies seit Jahrzehnten immer wieder, wegen politischer Aspekte vergebens, angestrebt. Diese EU-Richtlinie wird nach bisherigen Erfahrungen sicher in absehbarer Zeit bindendes europäisches Recht, auf dessen Durchsetzung Brüssel dann auch, wie wir in anderen Fällen haben erfahren müssen, nachhaltig drängen wird. Dann muß Niedersachsen aus den Rudimenten der ehem. StÄWA wieder nach Einzugsgebieten organisierte Wasserwirtschaftsämter einrichten. Der „Nds. Landesbetrieb für Wasserwirtschaft und Küstenschutz“ könnte dann mit seinen Betriebsstellen die Keimzelle werden, falls der gewässerkundliche Landesdienst dort auch integriert wird.

4.2 ORGANISATORISCHE ENTWICKLUNG

von Gerd Staschen

4.2.1 ORGANISATORISCHE ANPASSUNG IN DER MINISTERIALINSTANZ UND DEN BEZIRKSREGIERUNGEN AN NEUE AUFGABEN NACH 1945

Nach 1945 wurde die britische Zone als eine der vier Besatzungszonen aus folgenden Ländern und Landesteilen gebildet: Schleswig-Holstein, Nordrhein-Westfalen, Hannover, Oldenburg, Braunschweig und Schaumburg-Lippe. Das Land Schaumburg-Lippe wurde am 23.08.1946 mit dem Land Hannover vereinigt. Aus den Ländern Hannover, in das das Land Schaumburg eingegliedert worden war, Oldenburg und Braunschweig wurde am 01.11.1946 das neue Land Niedersachsen gebildet. Die durch die Zonen- und Länderbildung zersplitterte Wasserwirtschaftsverwaltung wurde mit Regierungsdirektor Schweicher an der Spitze im Niedersächsischen Ministerium für Ernährung, Landwirtschaft und Forsten unter schwierigen Umständen und in mühevoller Arbeit aufgebaut. Die Zusammenführung aller wasserwirtschaftlichen Aufgaben in einer Abteilung des

Landwirtschaftsministeriums entsprach dem Wunsch und der Absicht, die vielfach voneinander abhängigen wasserwirtschaftlichen Aufbauaufgaben in den Bereichen Wasserversorgung, Küsten- und Hochwasserschutz, Abwasserbeseitigung und ländlicher Wasserbau sowie Gewässerkundliche Dienste einer straffen und im Lande möglichst einheitlichen Verwaltung zu übertragen und so eine ganzheitliche Bewirtschaftung der Wasserressourcen zu ermöglichen.

Unter Schweichers Leitung gelingt in wenigen Jahren der umfassende Wiederaufbau und die Neustrukturierung der Wasserwirtschaftsverwaltung in Anpassung an den Gebietsstand des neu gebildeten Landes. 1952 übt die Abteilung Wasserwirtschaft des Landwirt-

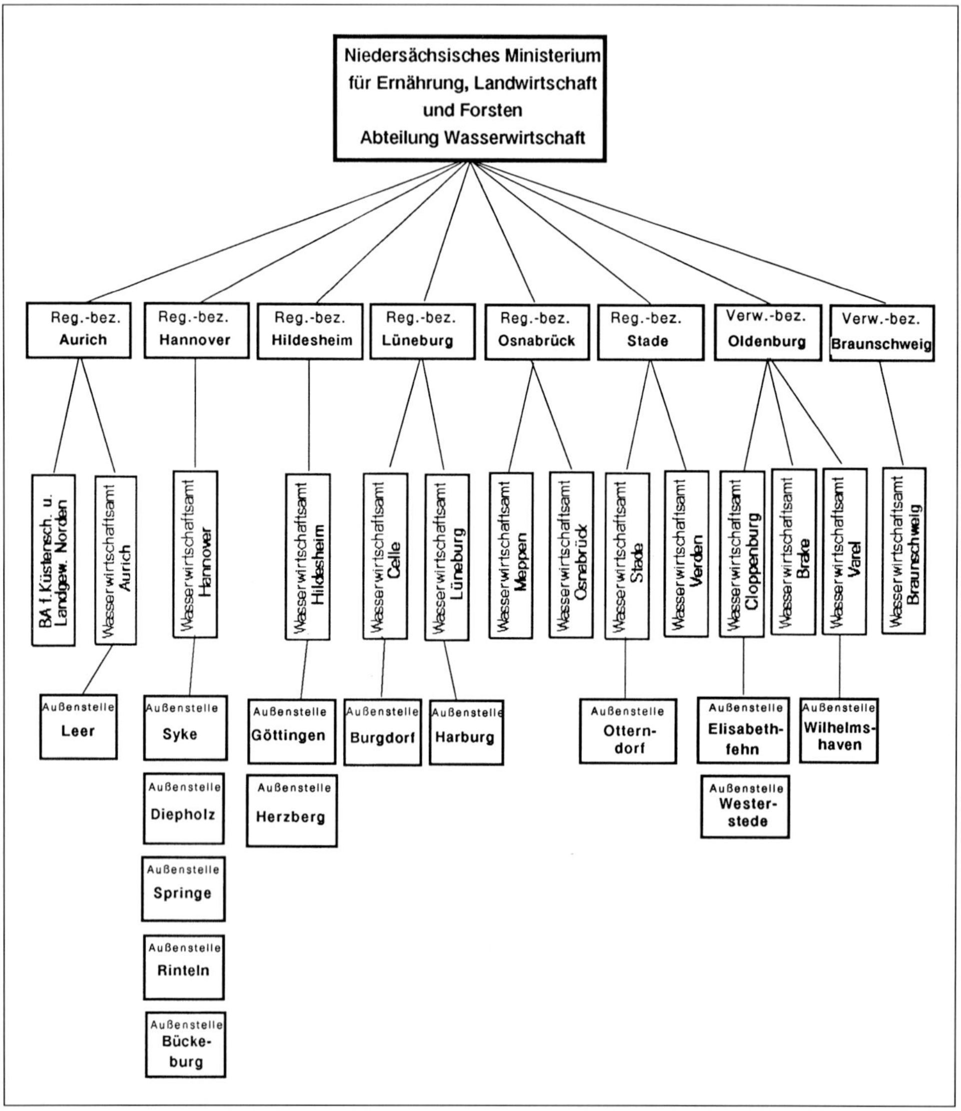

Abb. 4-3: Organisation der niedersächsischen Wasserwirtschaftsverwaltung 1952

schaftsministeriums die Fachaufsicht über 8 Regierungs- und Verwaltungsbezirke und 13 ihnen als technische Fachbehörden zugeordnete Wasserwirtschaftsämter mit 14 Außenstellen aus (siehe Abb. 4-3). Als „Großvorhaben", die „der Forderungen der Zeit und den neuzeitlichen technischen Möglichkeiten entsprechend in der Ausführung begriffen" sind, nennt Schweicher 1952 u.a. „die Emslanderschließung, die künstliche Entwässerung der Leda-Jümme-Niederung bei Leer und ihren Schutz vor den Sturmfluten des Meeres, die Entwässerung und Kultivierung des Teufelsmoores bei Worpswede, den Bau der Okertalsperre bei Romkerhalle, die Regelung der Hunte und die Bedeichung des Dümmers bei Diepholz, die künstliche Entwässerung der Jeetzelniederung bei Dannenberg und ihren Schutz vor dem Hochwasser der Elbe, desgleichen der Niederung zwischen Bederkesa und Otterndorf, ferner den Bau der großen Gruppenwasserversorgungen Friesland-Wesermarsch, Watenstedt-Salzgitter-Barbecke, Kehdinger Marsch und Land Hadeln. Dazu kommt die Reinigung der Abwässer und Reinhaltung der Wasserläufe".

1952 stehen der Wasserwirtschaftsverwaltung für diese Aufgaben in der Abteilung Wasserwirtschaft des Landwirtschaftsministeriums 17 und in den Regierungs- und Verwaltungsbezirken insgesamt 24 Stellen zur Verfügung.

Im Jahre 1960 kann mit Inkrafttreten des Wasserhaushaltsgesetzes und des Niedersächsischen Wassergesetzes die Zersplitterung des Wasserrechtes in den bis dahin noch gültigen zahlreichen wasserrechtlichen Vorschriften der das Land Niedersachsen bildenden Vorgängerländer aufgehoben und die Grundlage für ein durch das Rahmengesetz des Bundes stark vereinheitlichtes Wasserrecht geschaffen werden. Der Vollzug der wasserrechtlichen Vorschriften obliegt den acht Regierungs- und Verwaltungspräsidenten als obere Wasserbehörden und den Landkreisen, kreisfreien und großen selbständigen Städten als untere Wasserbehörden. Das Ministerium für Ernährung, Landwirtschaft und Forsten übt als zuständige oberste Landesbehörde die Fachaufsicht aus. Die bis 1963 auf 15 vermehrten Wasserwirtschaftsämter arbeiten mit ihren 14 Außenstellen sowohl den oberen als auch den unteren Wasserbehörden als technische Fachbehörden zu.

In den folgenden Jahren haben sich bis heute folgende wesentliche Änderungen in den Aufgaben und der Organisation der Ministerial- und Mittelinstanz ergeben:

1960: Infolge stetiger Aufgabenzunahme Teilung des Dezernats 502 „Wasserwirtschaft" bei den Mittelbehörden in das Dezernat 502 „Allgemeine Wasserwirtschaft" und 503 „Wasserrecht".

1970: Die Probleme infolge ungeordneter Abfallbeseitigung nehmen zu; die Zuständigkeit für abfallwirtschaftliche Aufgaben erhält wegen der überwiegenden Auswirkungen auf die Gewässer zunächst das Dezernat 502 „Allgemeine Wasserwirtschaft", bis 1971 im Regierungsbezirk Hannover ein eigenes Abfalldezernat und im Jahre 1973 auch in der Ministerialinstanz ein Abfallreferat, hier noch in der Referatsgruppe Wasserwirtschaft, eingerichtet werden. Die Bezirksregierungen werden obere Abfallbehörden.

1973: Ministerium und Mittelbehörden wenden sich nach entsprechender Personalverstärkung der neuen Aufgabe der Aufstellung von wasserwirtschaftlichen Rahmenplänen zu, für deren einheitliche Erstellung die Bundesregierung 1966 Verwaltungsvorschriften herausgegeben hat.

1978: Im Zuge der Gebiets- und Verwaltungsreform werden die acht Mittelbehörden zu den vier Bezirksregierungen Braunschweig, Hannover, Lüneburg und Weser-Ems in Oldenburg zusammengeführt und die Dezernate 502 und 503 wieder zu einem Dezernat 502 „Wasserwirtschaft, Wasserrecht" zusammengelegt.

1986: Die Referatsgruppe Wasserwirtschaft des Landwirtschaftsministeriums wird in das neu gebildete Umweltministerium verlagert und dort als Abteilung 2 „Wasser- und Abfallwirtschaft" geführt, bis 1990 die beiden Referatsgruppen 20 „Wasserwirtschaft" und 21 „Abfallwirtschaft, Altlasten" gebildet und 1991 die Abfallwirtschaft infolge des ständig steigenden Aufgabenumfangs in einer neu gebildeten Abteilung 5 „Abfallvermeidung, Abfallwirtschaft, Altlasten" verselbständigt wird.

1994 wird die Abfallwirtschaft auf der Ebene der Bezirksregierungen aus dem Dezernat 502 ausgegliedert und ein neues Dezernat 501 „Abfallwirtschaft, Abfallrecht" gebildet.

1996 wird im Zuge der Verschlankung des Nds. Umweltministeriums schließlich die Abfallabteilung mit dem Immissionsschutz und der Gewerbeaufsicht in der Abteilung 3 „Immissionsschutz, Kreislaufwirtschaft und Abfall" zusammengeführt.

1997 wird ebenfalls aus Gründen der Verwaltungsreform damit begonnen, wie in der Ministerialinstanz auch in der Mittelbehörde die Aufgabengebiete der Dezernate 501 „Abfallwirtschaft, Abfallrecht" und 504 „Immissions- und Arbeitsschutz" im Dezernat 501 zusammenzulegen.

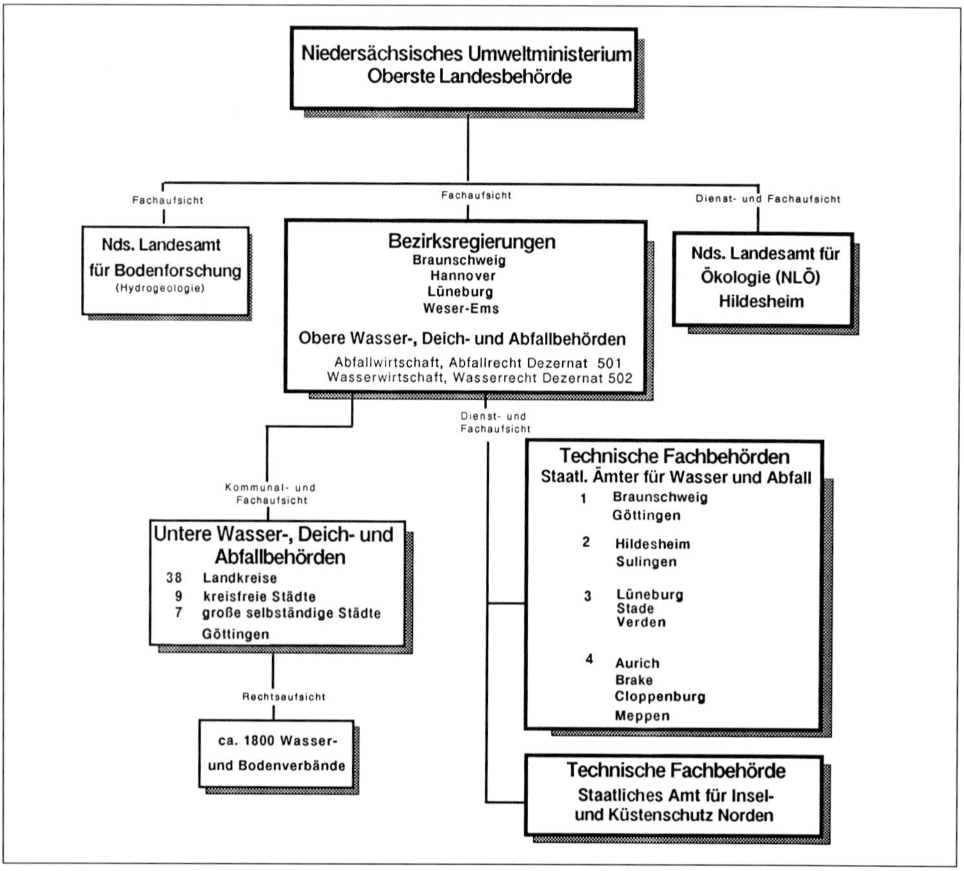

Abb. 4-4: Organisation der niedersächsischen Wasser- und Abfallwirtschaftsverwaltung (Stand 01.09.1997)

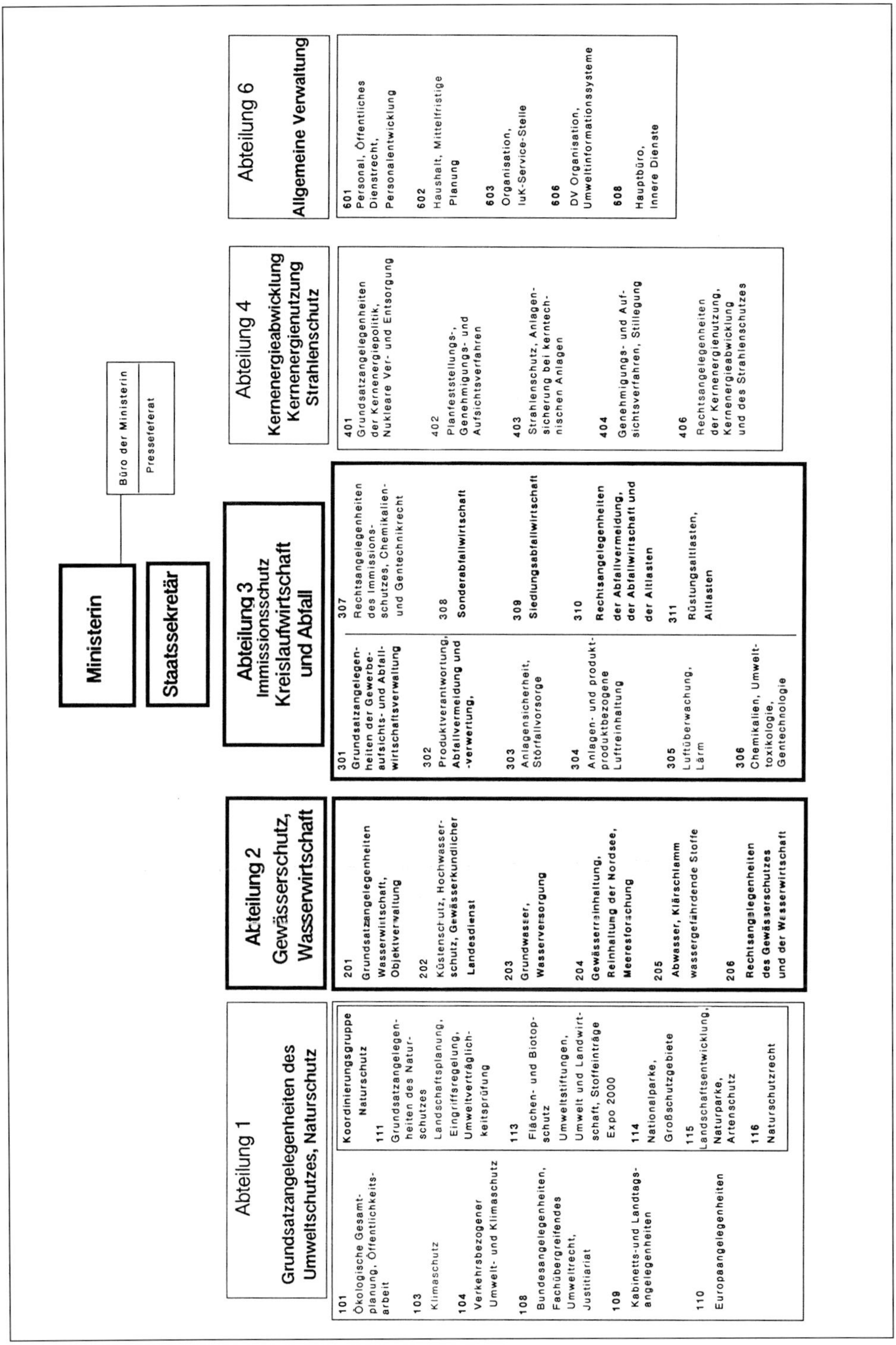

Abb. 4-5: Organisationsplan des Niedersächsischen Umweltministeriums (Stand 01.09.1997)

Tab. 4-3: Geschäftsverteilungsplan der Abteilung 2 „Gewässerschutz, Wasserwirtschaft“ des nds. Umweltministeriums im Jahre 1997

Geschäftsverteilungsplan der Abt. 2
„Gewässerschutz, Wasserwirtschaft“

Leiter: Gerhard Veh, Mdgt Vertreter: Jürgen Hulsch, Ltd. MR
Vorzimmer: Martina Kuras, Angestellte

Referat 201
Grundsatzangelegenheiten Wasserwirtschaft, Gewässerkundlicher Landesdienst

Referatsleiter: Ministerialrat Dr.-Ing. Gerd Staschen
Vertreter: Baudirektor Siegfried Popp

Aufgabengebiet	Referent/in	Sachbearbeiter/in Mitarbeiter/in
201		
Grundsatzangelegenheiten der Wasserwirtschaftsverwaltung	Dr. Ing- Staschen, MR	Kaufmann, BOAR
Management und Controlling in der Wasserwirtschaftsverwaltung		
Förderrichtlinien		
Allgemeine Angelegenheiten der Förderung von Vorhaben im Bereich der Wasserwirtschaft		
Koordinator für das LAWA-Förderprogramm (befristet)		Meyer, techn. Ang.
201a		
Allgemeine Angelegenheiten der Fachaufsicht; Koordinierung	Schwark, BOAR	Kott, Ang´e
Referatsübergreifende Verwaltungsangelegenheiten der Abteilung; Koordinierung		
Aus- und Fortbildung in der Wasserwirtschaftsverwaltung		
Unterbringung und Ausstattung der Wasserwirtschaftsverwaltung - ohne NLÖ -		
Betrieb und Unterhaltung landeseigener Anlagen, Gewässer und Deiche		
Förderung der Unterhaltungsverbände		
Abteilungsbüro		Knuth, Ang´e Coordes, Ang´e
201b		
Gewässerkundlicher Landesdienst	Popp, BD	Wöhrmann, BOI z.A (0,5)
Labor/ Analytische Qualitätssicherung		
Gewässerüberwachungssystem Niedersachsen (GÜN)		
Koordinierung der Fachplanungen		
Referatsübergreifende fachliche Angelegenheiten der Abteilung; Koordinierung		
Gewässerschutzbezogene Forschung		
Statistik in der Wasserwirtschaft		Meyer, techn. Ang.
Zeichendienst, Gebrauchsgrafik		Hoppe,techn.Ang´e
(201 c alt)		
IuK-Technik in der Wasserwirtschaftsverwaltung		Meyer, techn. Ang.

Referat 202
Küstenschutz, Hochwasserschutz, Gewässerunterhaltung naturnahe Gewässer

Referatsleiter: Ministerialrat Gerhard Krause
Vertreter: Ministerialrat Jörg Müller

Aufgabengebiet	Referent/in	Sachbearbeiter/in Mitarbeiter/in
202 Küsten- und Inselschutz, Grundsatzangelegenheiten und Förderung Forschung im Küsteningenieurwesen Grundsatzangelegenheiten der naturnahen Gewässergestaltung - Fließgewässerprogramm, - Gewässerrandstreifen, - Renaturierung, - naturnahe Gewässerunterhaltung Hochwasserschutz, Talsperren und Hochwasserrückhaltebecken, naturnahe Gewässergestaltung, Ent- und Bewässerung, Förderungsprogramme - im Küsten-, Emsland- und Hasegebiet - an der Elbe - Aller-Leine-Okergebiet - im übrigen Binnenland Maßnahmen im Zusammenhang mit dem Ausbau von Bundeswasserstraßen Wasserkraftanlagen Technische Vorschriften, Richtlinien und Normen in der Wasserwirtschaft Bauvertrags- und Verdingungswesen sowie Preisbildung im Bereich der Wasserwirtschaft Ingenieurvertragswesen	Krause, MR	Rolker, BOAR Wöhrmann, BOI z.A. (0,5)

Referat 203
Grundwasserschutz, Wasserversorgung

Referatsleiter: Ministerialrat Jörg Müller
Vertreter: Baudirektor Jörg Ringeltaube

Aufgabengebiet	Referent/in	Sachbearbeiter/in Mitarbeiter/in
203 Grundsatzangelegenheiten des Grundwasserschutzes und der Wasserversorgung Wassergewinnung Wassersparmaßnahmen Wasserschutzgebiete Maßnahmen nach dem Wassersicherstellungsgesetz	Müller, MR	Wiechers, BA
Grundwasserschutz- und Aktionsprogramme Grundwasserschadensfälle, Mitwirkung bei Altlasten		NN (0,5)
203a Wasserentnahmegebühr Ausgleichsleistungen gem. § 51 a NWG Entschädigungszahlungen und Zusatzberatungen gem. § 47h NWG Grundwasserschonende Landbewirtschaftung	Ringeltaube, BD	NN (0,5)

Referat 204
Gewässerreinhaltung, Reinhaltung der Nordsee, Meeresforschung

Referatsleiter: Ltd. Ministerialrat Jürgen Hulsch
Vertreter: Ministerialrat Klaus-Martin Liersch

Aufgabengebiet	Referent/in	Sachbearbeiter/in Mitarbeiter/in
204		
Grundsatzangelegenheiten des Gewässerschutzes Reinhaltung und Güteüberwachung der Oberflächengewässer im Binnenland, Gewässergütekarten Maßnahmen bei Unfällen mit wassergefährdenden Stoffen Gewässerschutz in der Emskommission Gewässerschutz im Rahmen nationaler und internationaler Kommissionen und Flußgebietsarbeitsgemeinschaften Bewirtschaftungspläne Wasserwirtschaftliche Angelegenheiten der gemeinsamen Landesplanungen mit Hamburg und Bremen	Hulsch, Ltd. MR	Görke, BOAR
Fachtechnische Fragen des Abwasserabgabengesetzes und des Waschmittelgesetzes		Niemann, BA
204a		
Reinhaltung der Küstengewässer und der Nordsee Meeresforschung Güteüberwachung im Rahmen des Bund-/Ländermeßprogramms für die Küstengewässer und die Nordsee Vorsorgemaßnahmen zur Bekämpfung von Öl- und Chemieunfällen an den Küstengewässern und auf Stränden Nationale und internationale Abkommen zum Schutz der Nordsee Internationale Nordseeschutzkonferenzen Baggergut, Erfassung und Bewertung unter Mitwirkung des Ref. 503 MARPOL-Übereinkommen, Schutz der Nordsee und Verschmutzung durch Schiffe und Offshoretätigkeit	Liersch, MR	Niemann, BA

Referat 205
Abwasser, Klärschlamm, wassergefährdende Stoffe

Referatsleiter: Ministerialrat Dr. Günter Zillich
Vertreter: Baudirektor Wilfried Löbel

Aufgabengebiet	Referent/in	Sachbearbeiter/in Mitarbeiter/in
205		
Abwasserprogramme, Abwasserbeseitigungspläne Kanalisation, Grundstücksentwässerung Branchenspezifische Mindestanforderung an die Abwasserreinigung Abwasserreinigung Einleitungen in öffentliche Abwasseranlagen (Indirekteinleitungen) Klärschlamm- und Fäkalschlammbehandlung, landwirtschaftliche Verwertung Überwachung von Kläranlagen und Abwassereinleitungen Förderung von Abwasseranlagen	Dr. Zillich, MR	Brase /BA´Frau

205a Lagern, Abfüllen, Umschlagen von wassergefährdenden Stoffen im gewerblichen Bereich, in öffentlichen Einrichtungen, in der Land- und Forstwirtschaft und bei Privaten Herstellen, Behandeln und Verwenden von wassergefährdenden Stoffen Lagern von Jauche, Gülle, Silagesickersaft Anforderungskataloge für Anlagen zum Umgang mit wassergefährdenden Stoffen Rohrleitungsanlagen Überwachung von Anlagen zum Umgang mit wassergefährdenden Stoffen Obmannschaft des LAWA-Arbeitskreises „Umgang mit wassergefährdenden Stoffen"	Löbel, BD	Janovsky-Kraas, ROAR'in (0,5) (gleichzeitig Frauenbeauftragte 0,5)

Referat 206
Rechtsangelegenheiten des Gewässerschutzes und der Wasserwirtschaft

Referatsleiter: Ministerialrat Eberhard Sander
Vertreter: Regierungsdirektor Lothar Rauchfuß

Aufgabengebiet	Referent/in	Sachbearbeiter/in Mitarbeiter/in
206 Wasserrecht des Bundes und der Länder - soweit nicht 206a u. 206b zuständig - Recht der Abwasserbeseitigung Indirekteinleiter-Verordnung Internationale Übereinkommen zum Wasserrecht Harzwasserwerke (Aufsicht)	Sander, MR	Harriehausen, RAR'in
206a Abwasserabgabenrecht Deichrecht Schiffsabgabenrecht Wasserverbandsrecht Wasserstraßenrecht Wassersicherstellungsrecht Staatlich anerkannte Stellen für Abwasseruntersuchungen Sonstige fachbezogene Rechtsangelegenheiten des Gewässerschutzes und der Wasserwirtschaft	Rauchfuß, RD	Speer, RAR
206b Recht des Umgangs mit wassergefährdenden Stoffen Recht des Transports wassergefährdender Stoffe in Rohrleitungen Rechtsangelegenheiten der Wasserentnahmegebühr Rechtsangelegenheiten bei Ausgleichsleistungen in Wasserschutzgebieten Waschmittelrecht Wasserrecht der EU	Röstermundt-Berg, RAss'in	Harriehausen, RAR'in

Infolge der beschriebenen neuen Aufgaben und Schwerpunkte hat sich seit den Anfängen nach 1945 die Anzahl der Referate, die sich hauptsächlich mit Aufgaben der Wasser- und Abfallwirtschaft befassen, in der Ministerialinstanz von 6 im Jahre 1947 auf heute 12 verdoppelt und die Stellenzahl von rd. 16 auf über 60 erhöht. Dabei trägt die Abfallwirtschaft mit einer Zunahme von praktisch Null auf über 50 Prozent der Stellen der Wasser- und Abfallwirtschaftsverwaltung bei weitem den Hauptanteil der Zunahme. In den Mittelbehörden ist die Stellenzahl von rd. 24 im Jahr 1951 auf heute über 100 angestiegen.

Die Organisation der gesamten niedersächsischen Wasser- und Abfallwirtschaftsverwaltung einschließlich des nachgeordneten Bereichs im Jahre 1997 ist in Abb. 4-4 dargestellt. Abb. 4-5 zeigt den Organisationsplan des Niedersächsischen Umweltministeriums ebenfalls im Jahre 1997, die Aufgaben der Wasser- und Abfallwirtschaft sind darin besonders hervorgehoben. Der Geschäftsverteilungsplan der Abteilung 2 des MU ist als Tab. 4-3 wiedergegeben (s. a. Abb. 4-6).

Abb. 4-6: Die Mitarbeiterinnen und Mitarbeiter der Abt. „Gewässerschutz, Wasserwirtschaft" im Niedersächsischen Umweltministerium im Jahr 1996

4.2.2 AUFLÖSUNG DER STAATLICHEN ÄMTER FÜR WASSER UND ABFALL ZUM 31.12.1997

In der Regierungserklärung vom 23.06.1994 wird angekündigt, in Niedersachsen eine umfassende Reform der Landesverwaltung durchzuführen. Als wichtigstes Ziel soll damit - neben Bürgerorientierung und Mitarbeitermotivation - eine ganz wesentliche Kostensenkung in der Landesverwaltung erreicht werden. Mit Kabinettsbeschluß vom 12.07.1994 werden in Fortführung eines früheren Kabinettsbeschlusses vom 11.01.1994 Ziele, Inhalte und Organisation der Verwaltungsreform festgelegt. Die Reform der staatlichen Umweltverwaltung ist eins der mehr als 50 in der Folgezeit in fast allen Bereichen der Landesverwaltung entwickelten Projekte. Der Schwerpunkt dieses MU-Reformvorhabens liegt im Bereich der Ortsbehörden, d. h. der Staatlichen Ämter für Wasser und

Abfall und der Gewerbeaufsichtsämter, nachdem andere Behördenbereiche des Umweltministeriums seit dessen Gründung bereits früher organisatorisch umgestaltet worden waren.

Nach einem intensiven und langwierigen Diskussionsprozeß im Umweltministerium, der durch eine tiefe Organisationsstruktur und die Beteiligung der betroffenen Dienststellen, der Mitarbeiterinnen und Mitarbeiter auf der Arbeitsebene, der Personalvertretungen, der Schwerbehindertenvertretungen und der Frauenbeauftragten, der Verbände, insbesondere der kommunalen Spitzenverbände und der berührten Ressorts gekennzeichnet ist, beschließt die Niedersächsische Landesregierung aufgrund einer Vorlage des Umweltministeriums am 26. August 1997 folgendes:

- Die 11 Staatlichen Ämter für Wasser und Abfall werden mit Wirkung vom 01.01.1998 aufgelöst.
- Zum gleichen Zeitpunkt werden in Aurich, Brake, Meppen, Cloppenburg, Stade, Verden, Sulingen, Hildesheim und Göttingen Außenstellen der Bezirksregierungen gebildet, die wasserwirtschaftliche Aufgaben, insbesondere den Gewässerkundlichen Landesdienst, Gewässerschutz und Siedlungswasserwirtschaft wahrnehmen.
- Mit Wirkung vom 01.01.1998 wird der „Niedersächsische Landesbetrieb für Wasserwirtschaft und Küstenschutz" (NLWK) mit Hauptsitz in Norden und Betriebsstellen an den bisherigen Standorten der StÄWA und des StAIK eingerichtet. In den Betrieb, über den das Umweltministerium die Dienst- und Fachaufsicht ausübt, wird das StAIK eingegliedert. Aufgabe des Betriebs sind die Planung, der Bau, der Betrieb und die Unterhaltung von Gewässern, Insel-, Küsten- und Hochwasserschutzwerken und sonstigen wasserwirtschaftlichen Anlagen, die von der Wasserwirtschaftsverwaltung des Landes verwaltet werden. Der Landesbetrieb erbringt gegen Entgelt Planungs- und Bauleitungsaufgaben für Dritte und kann weitere Aufgaben, insbesondere im Zusammenhang mit dem Gewässerkundlichen Landesdienst, wahrnehmen.

In Vorbereitung und Ergänzung dieser Beschlüsse hatte der Kabinettsausschuß am 30.01. und 14.07.1997 folgende weitere, die bisherigen Aufgaben der Staatlichen Ämter für Wasser und Abfall betreffende Beschlüsse gefaßt:

- Abfallwirtschaftliche Aufgaben werden zur Gewerbeaufsichtsverwaltung verlagert (Verlagerung von etwa 47 Stellen von den Staatlichen Ämtern für Wasser und Abfall zu den Gewerbeaufsichtsämtern)
- Landeseigene Gewässer und wasserwirtschaftliche Anlagen und die Betriebs- und Unterhaltungspflichten für die Gewässer und Anlagen werden so weit wie möglich auf andere Träger verlagert
- Vollzugsaufgaben im Küstenschutz werden bei den Bezirksregierungen Lüneburg und Weser-Ems konzentriert
- Weitere Aufgaben, für die bisher die Bezirksregierungen als obere Wasserbehörden zuständig sind, werden auf die unteren Wasserbehörden verlagert.

Für das Umweltministerium verbinden sich mit dieser Verwaltungsreform vor allem folgende Vorteile:

Durch die Integration der StÄWA in die Bezirksregierungen werden Fach- und Vollzugskompetenz zusammengeführt und die Aufgaben damit wirtschaftlicher erledigt. Mit der Konzentration abfallwirtschaftlicher Aufgaben bei den Gewerbeaufsichtsämtern werden die Aufgaben der Abfallvermeidung, Abfallverwertung und Abfallbeseitigung in einer Behörde zusammengeführt, die auch die Zuständigkeiten für die benachbarten Rechtsgebiete des Gewerbe- und Arbeitsschutzrechts besitzt und damit zentrale Anlaufstelle für die Betriebe wird. Die Organisation der Objektverwaltung in einem Landesbetrieb eröffnet ein hohes Maß an Flexibilität beim Einsatz des Personals und der Geräte über die heutigen Verwaltungsgrenzen hinweg. Bezüglich der Aufgabenverlagerungen im einzelnen wird auf die Abb. 4-7 und 4-8 verwiesen.

Inwieweit diese Ziele erreicht werden und ob die Zielrichtung insgesamt überhaupt in die richtige Richtung weist, ist unter den Beteiligten unter Hinweis auf neue Schnittstellen und Aufgabenzersplitterung heftig umstritten geblieben und wird sich erst in der Zukunft beantworten lassen. Bessere Alternativen sind von Teilen der Verwaltung gesehen worden in der Zusammenführung der bisherigen Ortsbehörden (StÄWA und GAÄ) zu staatlichen Umweltämtern oder auch in der Zusammenlegung der StÄWA mit den Ämtern für Agrarstruktur.

Weitere organisatorische Veränderungen sind für Aufgaben des Gewässerkundlichen Landesdienstes zu erwarten, wenn Mitte 1998 die Ergebnisse eines vom Umweltministerium vergebenen Gutachtens vorliegen.

SCHRIFTTUM ZU ABSCHNITT 4

[1] Leitartikel des Herausgebers der Zeitschrift „Das Wasser“ H.1, Sept. 1948.

[2] Schlange-Schöningen: Geleitwort in „Wasser und Boden“ H.1, April 1949.

[3] KOLB: Kommentar zum Wasserhaushaltsgesetz, 1958.

[4] SCHWEICHER, FERDINAND: Die Wasserwirtschaft im Lande Niedersachsen, Wasser und Boden Jg.1,H1., 1949.

[5] STADERMANN, R.: Der Bauingenieur in der Wasserwirtschaft und Kulturtechnik. Informationsschrift, herausg. v. Akademischen Auskunftsamt Berlin in Verbindung mit dem Amt f. Berufserziehung in der Deutschen Arbeitsfront, Berlin,1941.

[6] Rat der EU am 25.2.1997: s.[6] zu Abschnitt 3.

[7] LEHRKE, WALTER: s. [2] zu Abschn. 2.

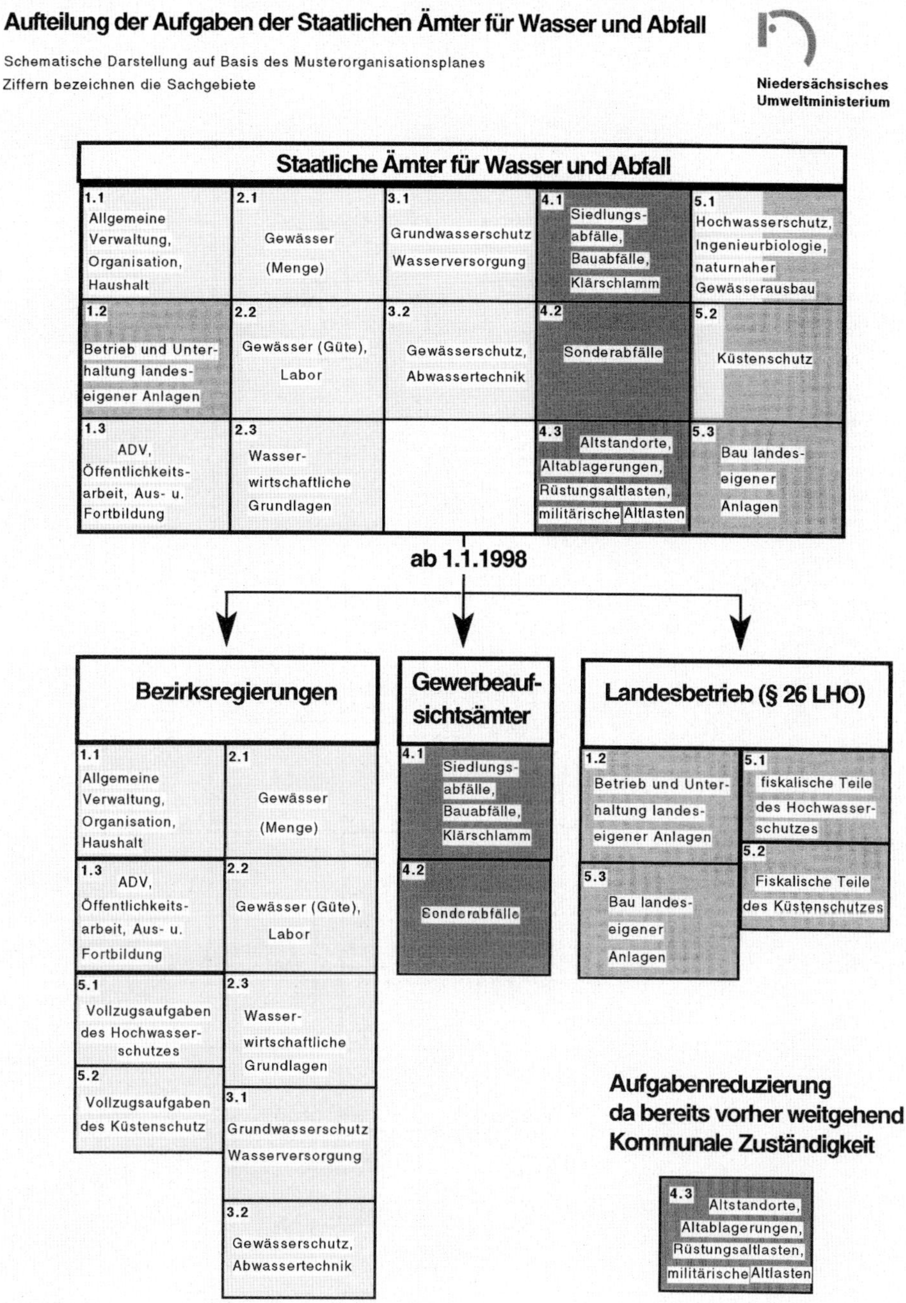

Abb. 4-7: Aufteilung der Aufgaben der Staatlichen Ämter für Wasser und Abfall

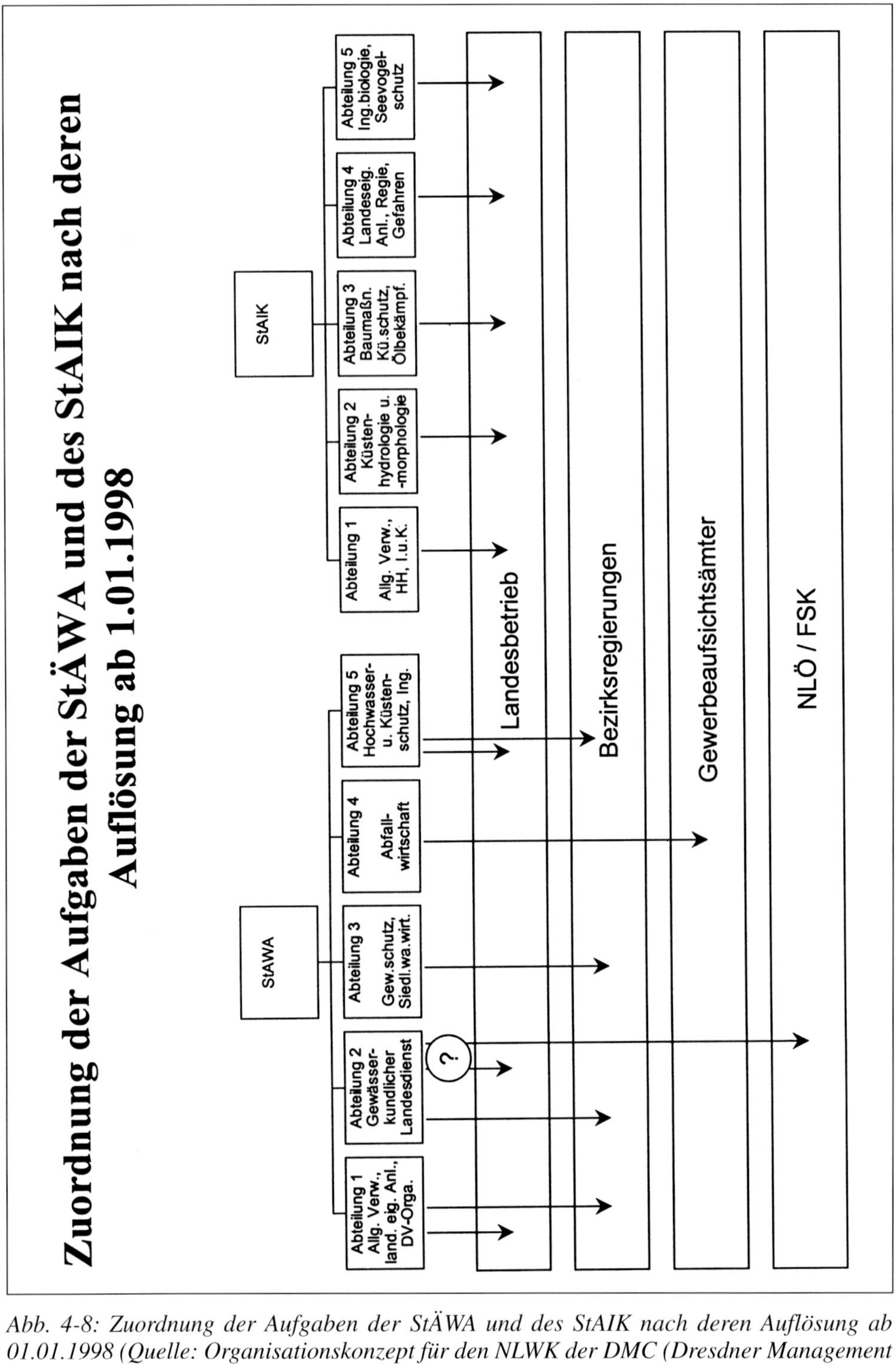

Abb. 4-8: Zuordnung der Aufgaben der StÄWA und des StAIK nach deren Auflösung ab 01.01.1998 (Quelle: Organisationskonzept für den NLWK der DMC (Dresdner Management Consult)

5 Vielseitige und neue Aufgaben der niedersächsischen Wasser- und Abfallwirtschaftsverwaltung nach 1945

5.0 EINFÜHRUNG

Nach 1945 galt es zunächst, alle Kräfte auf die Beseitigung der Kriegsschäden wie Wiederherstellung zerstörter Brücken, Deiche, Vorfluter und dergl. und auf die Meliorationen und die Regelung der Entwässerung zu richten, um die Produktivität der landwirtschaftlichen Nutzflächen zu steigern. Daneben mußte die Wirtschaft wieder aufgebaut und mit ausreichend Brauchwasser versorgt werden. 1949 hat der Chef der niedersächsischen Wasserwirtschaftsverwaltung Dipl.-Ing. Dr.-Ing. E.h. Ferdinand Schweicher (Abb. 4-1) die Aufgaben der Wasserwirtschaft in „Wasser und Boden“ beschrieben und die Nutzungen und deren Wirkung auf den natürlichen Wasservorrat in einer Darstellung veranschaulicht (Abb. 5.0-1) [Schweicher, 1949]. Damit ist für die Aufgaben der Wasserwirtschaftsverwaltung der Ausgangspunkt nach dem Kriege anschaulich umrissen.

Der allmählich steigende Lebensstandard der Bevölkerung und die enorme wirtschaftliche Entwicklung in den späteren Nachkriegsjahren brachten immer größere Anforderungen an den Wasserhaushalt, an den erhöhten Schutz gegen Hochwasser im Binnenland und Sturmfluten an der Küste, an eine qualitativ und quantitativ ausreichende Trink- und Brauchwasserversorgung sowie an eine geordnete Abwasserableitung und -reinigung. Zum Schutz der oberirdischen Gewässer und des Grundwassers und zur Erhaltung einer gesunden Umwelt kam als wichtige Aufgabe die schadlose Beseitigung der Abfälle hinzu. Bei all diesen Nutzungen und Schutzmaßnahmen kommt der Vorsorge eine große Bedeutung zu. Die vielfältigen häufig eng verflochtenen Aufgaben der Wasserwirtschaftsverwaltung sind in diesem Abschnitt ausführlich behandelt.

5.1 GEWÄSSERKUNDE UND WASSERWIRTSCHAFTLICHE RAHMENPLANUNG

5.1.1 GEWÄSSERKUNDE

von Horst Wiezorek

5.1.1.1 AUFGABE, ORGANISATORISCHE ENTWICKLUNG UND RECHTLICHE GRUNDLAGEN

Die Gewässerkunde liefert durch das Beobachten und Messen von Naturvorgängen und Auswerten der gewonnenen Daten die Grundlagen für alles wasserwirtschaftliche Handeln, wie z. B. für die Rahmenplanung. Ob es sich dabei um die Erklärung der Natur-

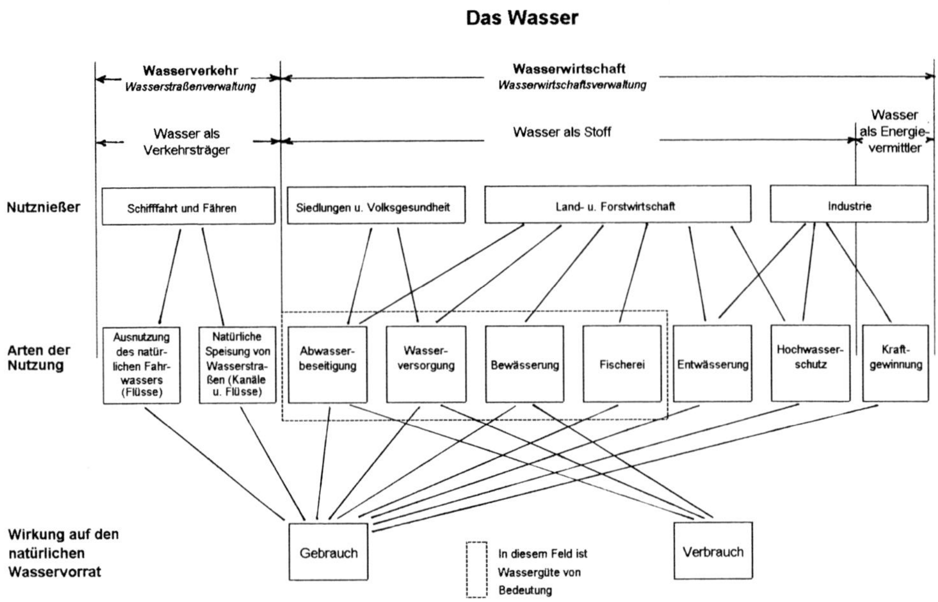

Aufgaben der Wasserwirtschaft

Eine Aufgliederung der im Bild unter dem Begriff "Wasserwirtschaft" zusammengefaßten, eng miteinander verflochtenen Teilgebiete in technischer und rechtlicher Hinsicht ergibt für das Land Niedersachsen folgende Aufgaben der Wasserwirtschaft:

A. Wasserbau

- Flußregulierung und Ufersicherung an allen Wasserläufen, die keine Reichswasserstraßen sind;

- Hochwasserschutz und Deichwesen;

- Bodenverbesserung: Entwässerung durch Vorflutausbau, Schöpfwerke und Dränung einschl. Folgeeinrichtungen (Umbruch, Düngung, Ansaat, Zwischenfruchtbau, Wirtschaftswegebau), Vorflutausbau für die Hochmoorkultur, die Torfgewinnung und Fehnkultur;

- Bewässerung durch Beregnung und Berieselung einschl. Folgeeinrichtungen;

- Landgewinnung, Küstenschutz und Inselschutz (Strand- und Dünenschutz der Nordseeinseln Borkum, Memmert, Juist, Norderney, Baltrum, Langeoog, Spiekeroog, Wangerooge, Scharhörn, Neuwerk);

- Talsperren, Wasserspeicherung, Stauwerke, Wasserkraftanlagen.

B. Wasserversorgung

- Versorgung der Städte, Landgemeinden und Industrie mit Trink- und Brauchwasser aus Grundwasser, Quellen und Talsperren.

C. Abwasserbeseitigung

- Abführung und Reinigung der Abwässer von Städten, Landgemeinden und Industrie;

- landwirtschaftliche Verwertung der Abwässer;

- Reinhaltung der Gewässer.

D. Gewässerkunde und wasserwirtschaftliche Generalplanung

- Gewässerkundlicher Dienst (Wasserstandsbeobachtungen, Abflußmengenmessungen);

- Landesgrundwasserdienst (Grundwasserbeobachtungen);

- Auswertung und Veröffentlichung der Beobachtungs- und Meßergebnisse;

- Hochwassermelde- und -warndienst;

- wasserwirtschaftliche Generalplanung: Ermittlung des in den Gewässern und im Grundwasser zur Verfügung stehenden Wasservorrats und des aus ihm zu deckenden Wasserbedarfs der Wassernutzer (Land- und Forstwirtschaft, Städte und Landgemeinden, Industrie, Kraftgewinnung, Schiffahrt), vorausschauende Planung der Deckung des zukünftigen Wasserbedarfs dieser Wassernutzer.

E. Wasserrecht

- Wassergesetz, Recht der Wasser- und Bodenverbände, Wasserpolizei, Deichpolizei.

Abb. 5.0-1: Die Aufgaben der Wasserwirtschaft [Schweicher, 1949]

vorgänge oder um die Bemessung von Deichen, Gewässern, Wasserwerken, Kläranlagen, Abfalldeponien oder das Überwachen von anthropogenen Einflüssen handelt, stets sind die Ergebnisse der gewässerkundlichen Arbeit gefragt. Nur die umfassende Kenntnis der quantitativen und qualitativen Bestandteile des Wasserhaushaltes (Abb. 5.1-1) ermöglicht es, die durch Menschen verursachten Anforderungen zu erfüllen und deren Einflüsse so zu steuern, daß ihre negativen Auswirkungen minimiert werden.

Von der Landesstelle für Gewässerkunde zum Landesamt

Die Bedeutung der Gewässerkunde für die wasserwirtschaftliche Planung wurde schon frühzeitig erkannt. Bereits 1883 wurden durch Erlaß des preußischen Ministers für Landwirtschaft und Forsten bei der damaligen Meliorations-Bauverwaltung Zentralstellen für die Sammlung der hydrographischen, wasserwirtschaftlichen und wasserrechtlichen Ermittlungen in den Gebieten der nicht schiffbaren Flüsse geschaffen. Im Jahre 1902 kam es zur Einrichtung der „Landesstelle für Gewässerkunde", einer preußischen Landesanstalt; 1921 wurde die Landesanstalt dem Preußischen Ministerium für Landwirtschaft, Domänen u. Forsten zugeordnet, das 1932 in das Reichs- und Preußische Ministerium für Ernährung, Landwirtschaft und Forsten überging. Mit der Bildung eines Generalinspek-

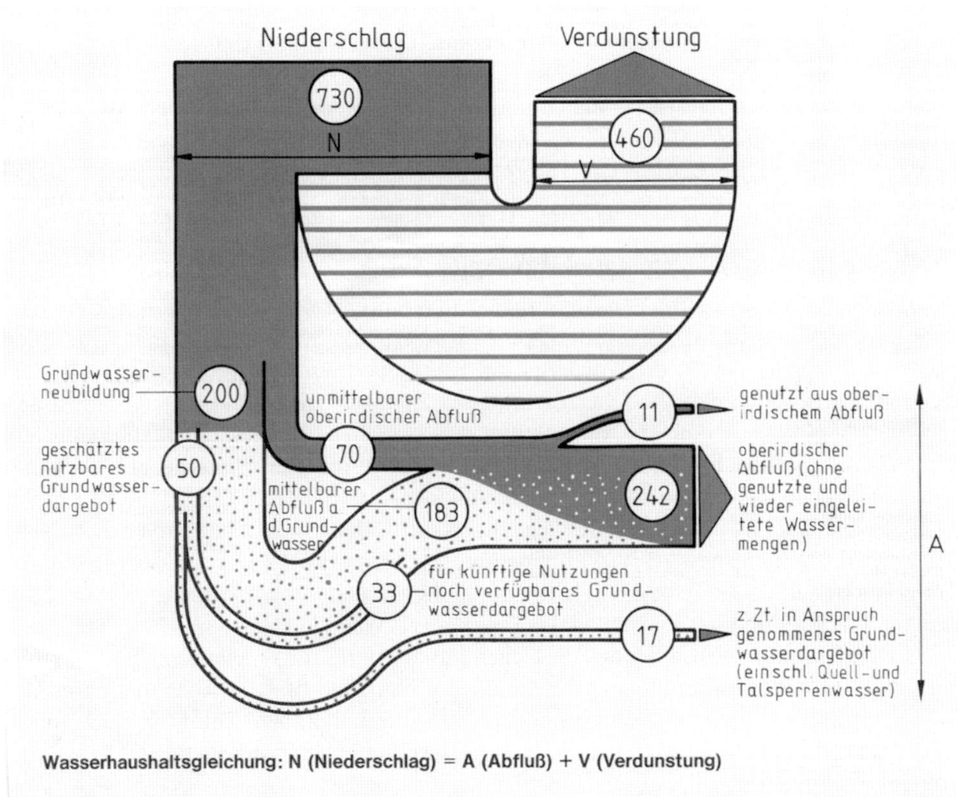

Abb. 5.1-1: Wasserhaushalt in Niedersachsen (vereinfachte Darstellung, Mittelwerte in mm/a) (Hrsg.: Nds. Min. für Ern., Landw. und Forsten)

teurs für Wasser u. Energie im Jahre 1941 wurde auch die Landesstelle diesem Ministerium angegliedert. Die für die Bewirtschaftung der Weser und ihrer Nebenflüsse zuständige Arbeitsgruppe hatte den Sitz beim Oberpräsidium in Hannover und nannte sich „Wasserwirtschaftsstelle für das Wesergebiet". Sie wurde von Oberregierungs- und -baurat Schweicher geleitet und bildete die Keimzelle der späteren „Niedersächsischen Wasserwirtschaftsverwaltung", die nach Bildung des Landes Niedersachsen im Jahre 1946 eine Abteilung im Ministerium für Ernährung, Landwirtschaft und Forsten (ML) wurde, zu der auch die Landesstelle für Gewässerkunde als Referat gehörte.

Deren jeweiligen Referenten waren:

Oberregierungs- und -baurat Dr.-Ing.habil. Natermann	1945-1954
Regierungsdirektor Barthel	1954-1959
Ministerialrat Rudolf Liese	1959-1972
Ministerialrat Jörg Müller	1972-1981
Ministerialrat Dr.-Ing. Gerd Staschen	1981-1988
Baudirektor Siegfried Popp	1988-1997

Seit 1980 fanden neben der großen jährlichen Dienstbesprechung spezielle gewässerkundliche Dienstbesprechungen beim ML statt; ein Zeichen dafür, daß der gewässerkundliche Dienst intensiviert wurde. Im Jahre 1984 wurde das Niedersächsische Landesamt für Wasserwirtschaft (NLW) gegründet und Teile der Tätigkeit der Landesstelle in dieses Amt verlagert. Aufgabe des NLW war es vorrangig, Richtlinien und Anweisungen für die Mittel- und Ortsbehörden und das Weser- und Emsgebiet herauszugeben.

Die Beobachtung der Wasserstände und Abflüsse vor Ort war und blieb Aufgabe der früheren Wasserwirtschaftsämter, der späteren Staatl. Ämter für Wasser und Abfall; sie arbeiteten der Landesstelle zu. Die Tätigkeit der Landesstelle beschränkte sich zunächst auf die *quantitative* Erfassung von hydrologischen Vorgängen.

Erfassung von Wassermengen und Wassergüte durch das Landesamt

Die *qualitative* Erfassung der Wasserhaushaltskomponenten setzte erst später ein. Der Anfang wurde mit der 1912 gegründeten Abwasseruntersuchungsstelle gemacht, deren Aufgabe es zunächst war, die Abwässer der Kaliindustrie im Regierungsbezirk Hildesheim zu überwachen. Als die Überwachung der Zuckerfabriken und anderer Abwassereinleiter dazu kam, erhielt die Einrichtung den Namen „Flußwasseruntersuchungsamt Hildesheim" (s. Abschnitt 6.1). Im Jahre 1955 wurden die Aufgaben auf die physikalische, chemische und biologische Untersuchung des Oberflächenwassers und des Grundwassers ausgedehnt und das Flußwasseruntersuchungsamt in das „Niedersächsische Wasseruntersuchungsamt" (NWA) übergeleitet (Abschnitt 6.1). Die Wasserwirtschaftsämter unterstützten die Arbeit des NWA durch die Entnahme von Wasserproben vor Ort und die Überstellung der Proben an das Labor des NWA.

Mit der Gründung des „Niedersächsischen Landesamtes für Wasserwirtschaft" (NLW) im Jahre 1984, das wesentliche Arbeiten der Landesstelle für Gewässerkunde und des NWA fortführte, wurden alle fachbezogenen gewässerkundlichen Tätigkeiten auf dieser Ebene zusammengefaßt (Abb. 5.1-2). In dem Beschluß zur Gründung des NLW werden folgende gewässerkundlichen Aufgaben genannt:

- Chemische, biologische, physikalische, radiologische und ökologische Untersuchungen

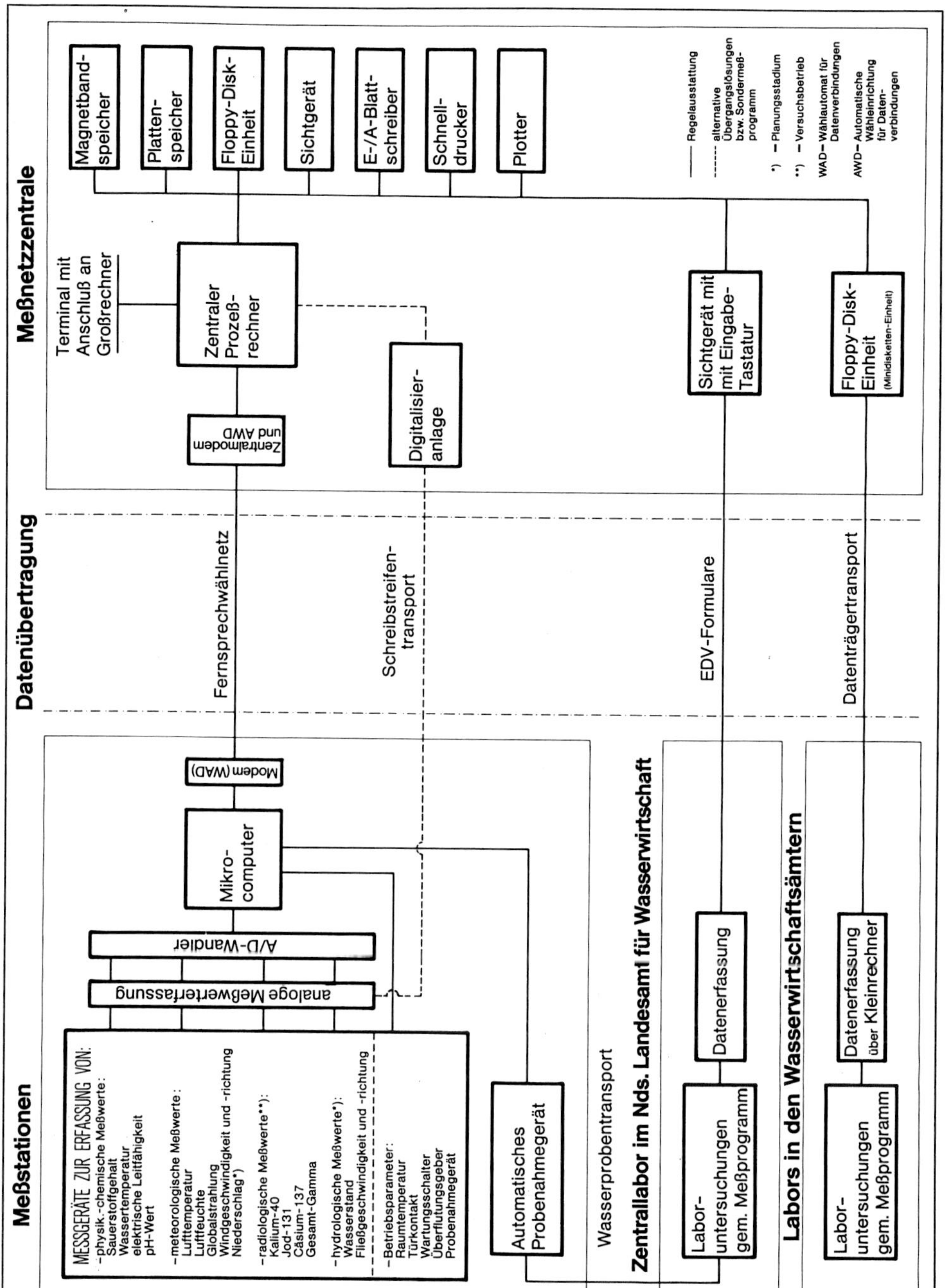

Abb. 5.1-2: Übersichtsschema der Meßnetzzentrale für den Betrieb des Gewässerüberwachungssystems im Nds. Landesamt für Wasserwirtschaft, Inbetriebnahme 1981 (Bearb.: Nds. Landesamt für Wasserwirtschaft)

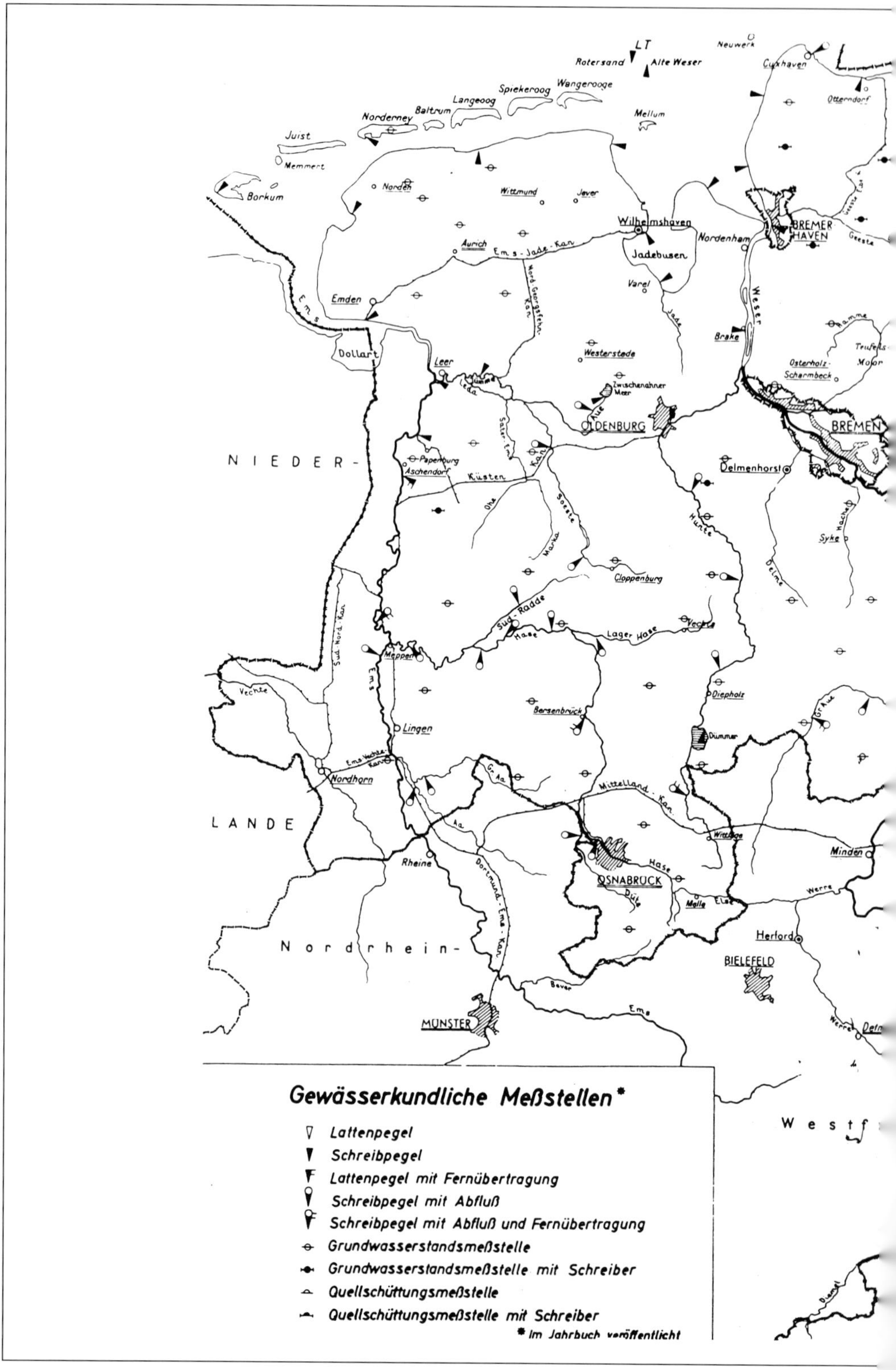

Karte 5.1-1: Gewässerkundliche Meßstellen in Niedersachsen (Hrsg.: Nds. Min. für Ern., Landw. und Forsten)

NIEDERSACHSEN
UND BREMEN
Schleswig-
Holstein
HAMBURG
Mecklenburg
Brandenburg
Sachsen-
Anhalt
Thüringen
Stade
Schwinge
Lühe
Este
Seeve
Winsen
Luhe
Lüneburg
Neetze
Elbe
Ilmenau
Jetzel
Seege
Lüchow
Rotenburg
Soltau
Uelzen
Lehrde
Hardau
Salzwedel
Fallingbostel
Böhme
Aller
Örtze
Ohre
Celle
Lachte
Schwarzwasser
Ise
Wietze
Fuhse
Neustadt
Burgdorf
Erse
Oker
Mittelland-Kan.
Wolfsbg.
HANNOVER
Peine
BRAUNSCHWEIG
Schunter
Helmstedt
Springe
Hildesheim
S.-Lebenstedt
Wolfenbüttel
Saale
Innerste
Gr. Graben
Oschersleben
Alfeld
Nette
Radau
Ilse
Halberstadt
Holtemme
Weser
Lenne
Bad Gandersheim
Gande
Goslar
Wernigerode
Bode
Holzminden
Einbeck
Ilme
Brocken
Rhume
Söse
Osterode a. Harz
Braunlage
Northeim
Leine
Sieber
Oder
Schwülme
Diemel
Göttingen
Duderstadt
Eller
Hahle
Dramme
Münden
Fulda
Werra
Witzenhsn.

- Betrieb von Meßnetzen zur automatischen Fernübertragung von quantitativen und qualitativen Daten
- Mitwirken bei der Erkundung von Wasservorkommen
- Zentrales Sammeln, Auswerten, Beurteilen und Veröffentlichen von Daten
- Ermitteln und Darstellen des hydrologischen Gesamtbildes vom jeweiligen Zustand der Gewässer und ihrer ökologischen Veränderungen
- Fortschreiben der Hydrographischen Karte Niedersachsen.

Das 1986 in Niedersachsen gebildete Umweltministerium (MU) übernahm, alle wasserwirtschaftlichen Aufgaben vom ML. Mit der Betonung des Aufgabenbereiches „Umwelt" war der Stellenwert der Gewässerkunde deutlich erhöht.

Durch die Zusammenführung von Emissions- und Immissionsschutz im „Niedersächsischen Landesamt für Ökologie" (NLÖ) 1992 werden die gewässerkundlichen Arbeiten des bisherigen NLW, zwischenzeitlich in „Niedersächsisches Landesamt für Wasser und Abfall" (NLWA) umbenannt, nunmehr in diesem Hause weitergeführt (Abschnitt 6.1).

Aufgaben der Staatlichen Ämter für Wasser und Abfall

Die zunehmende Bedeutung des gewässerkundlichen Dienstes machte es erforderlich, auch bei den Wasserwirtschaftsämtern (WWÄ) diese Arbeit zu intensivieren. Ab 1980 werden bei allen WWÄ Laboratorien eingerichtet. Aufgabe dieser Labors ist es, vor Ort Standardparameter zu untersuchen und dadurch das Zentrallabor des NLW in Hildesheim zu entlasten. Durch die Einstellung von Biologen bei den Ämtern konnte auch eine intensivere biologische Gütebeurteilung der Gewässer begonnen werden als das vom NWA möglich war. Seit 1990 verfügen auch die seit 1989 umbenannten Wasserwirtschaftsämter in „Staatliche Ämter für Wasser und Abfall" (StAWA) über Hydrogeologen, die sich insbesondere der Überwachung der Grundwässer annehmen. Mittlerweile ist die gewässerkundliche Abteilung bei den meisten StÄWA die personalstärkste Arbeitsgruppe, ohne Berücksichtigung der Wasserbauarbeiter für Unterhaltungsaufgaben. Ihr Arbeitsfeld umfaßt (Karte 5.1-1):

- Planung, Errichtung u. Betrieb gewässerkundlicher Meßstellen: Wasserstands- u. Gütemeßstellen in oberirdischen Gewässern und in Küstengewässern, Grundwasserstands- und Grundwassergütemeßstellen, Niederschlagsmengen- und Niederschlagsgütemeßstellen, Verdunstungsmeßstellen
- Ermittlung quantitativer und qualitativer Daten
- Auswertung und Darstellung der Meßergebnisse
- Stellungnahmen, Beratung im Rahmen des gewässerkundlichen Landesdienstes
- Gewässergüteberichte und -karten
- Hydrographische Karte
- Hochwasser- u. Sturmflutmeldedienst
- Alarmdienst bei Gewässerverunreinigungen
- Sondermeßprogramme u. Beweissicherungen
- Betreiben des Labors einschl. der Probenahmedienste für die Gewässer- und Einleiterüberwachung
- Wasserhaushaltsuntersuchungen
- wasserwirtschaftliche Rahmenplanung
- Bearbeitung von Bewirtschaftungs- und Wärmelastplänen
- Stellungnahmen zur Raumordnung, Landes- und Bauleitplanung
- Führen des Wasserbuches

Rechtliche Grundlagen

Obwohl Preußen sehr frühzeitig die „Landesstelle für Gewässerkunde" eingerichtet hatte, gibt es den Begriff des „Gewässerkundlichen Landesdienstes" im preußischen Wassergesetz nicht. Der „Gewässerkundliche Dienst" taucht erstmals im Niedersächsischen Wassergesetz (NWG) von 1960 auf, wo im § 43 u. § 44 geregelt ist, daß der Eigentümer eines Grundstückes verpflichtet wird, bestimmte Handlungen bei der Einrichtung und dem Betrieb von Meßstellen zu dulden.

In der dritten Ausführungsbestimmung zum NWG von 1965 wird erstmals bestimmt, daß das NWA die oberirdischen Gewässer und das Grundwasser regelmäßig auf physikalische, chemische, biologische und bakteriologische Beschaffenheit zu überprüfen hat. Das vierte Gesetz zur Novellierung des NWG von 1982 führte den Begriff des „gewässerkundlichen Landesdienstes" ein. Im § 42 wurde zum ersten Male bestimmt, daß es Aufgabe des Landes ist, diesen Dienst zu betreiben, um durch die Ermittlung, Aufbereitung und Sammlung von hydrologischen Daten sich auf den Wasserhaushalt auswirkende Planungen beurteilen zu können. In der Neufassung des NWG von 1990 wird aus dem ehemaligen § 42 der § 52.

Die erste Ausführungsbestimmung zum NWG von 1961 zur Durchführung von Wasserrechtsverfahren bestimmte zwar, daß die Wasserwirtschaftsämter zu beteiligen sind, der gewässerkundliche Landesdienst wurde aber nicht ausdrücklich erwähnt. Deshalb wurde 1985 die erste Ausführungsbestimmung geändert und das WWA als Dienststelle des gewässerkundlichen Landesdienstes benannt.

Die vierzehnten Ausführungsbestimmungen vom 01.10.1992 zum NWG - Gewässerkundlicher Landesdienst - regeln, welche Meß- und Untersuchungsprogramme dem gewässerkundlichen Landesdienst obliegen, in welchen Fällen er von den Wasserbehörden zu beteiligen ist und welche Dienststellen zum gewässerkundlichen Dienst gehören. Danach ist der gewässerkundliche Dienst bei den Staatlichen Ämtern für Wasser u. Abfall (StÄWA), beim Niedersächsischen Landesamt für Ökologie (NLÖ) und beim Niedersächsischen Landesamt für Bodenforschung (NLfB)

- Unterabteilung Hydrogeologie - angesiedelt. In Rechtsverfahren repräsentiert das StAWA den gewässerkundlichen Landesdienst und koordiniert die Stellungnahmen der anderen Dienststellen.

5.1.1.2 OBERFLÄCHENGEWÄSSER, GEWÄSSERÜBERWACHUNGSSYSTEM NIEDERSACHSEN (GÜN)

Hydrographische Karte

Für wasserwirtschaftliche Maßnahmen und gewässerkundliche Untersuchungen ist die Kenntnis über Aufbau, Gliederung und Größe der Gewässer (Tabelle 5.1-1) und ihrer Einzugsgebiete eine wesentliche Voraussetzung. Deshalb gab bereits 1893 das Königlich Preußische Ministerium für Landwirtschaft, Domänen und Forsten eine Karte der norddeutschen Stromgebiete im Maßstab

1 : 200 000 mit einem Verzeichnis der Flächeninhalte heraus. Die Grundlagen wurden damals bei der Meliorations-Bauverwaltung erarbeitet. Erst 1961 erschien eine neue hydrographische Karte für Niedersachsen im Maßstab 1 : 100 000 unter der Bearbeitung

Gewässer

Flüsse	Länge der Flüsse in Niedersachsen km	Anteil v. d. Gesamtlänge in Niedersachsen in %	Einzugsgebiet in Niedersachsen km²	Anteil in Niedersachsen v. d. Gesamteinzugsfläche in %	Anteil in Niedersachsen v. d. Landesfläche in %	schiffbar in Niedersachsen km	Pegel	Einzugsgebiet a. Pegel km²	Jahresreihe	HQ / Hq	MHQ / MHq	MQ / Mq	MNQ / MNq	NQ[1] / Nq
										m³/s / l/s km²				
Weser	353	74	26 729	58	56	353	Hann. Münden	12 444	1941/80	2100[5] / 169	563 / 45,24	110 / 8,84	34,5 / 2,77	18,7 / 1,50
							Dörverden	22 128	1954/80	1120 / 50,6	717 / 32,40	201 / 9,08	71 / 3,21	23,8 / 1,08
Werra	10	3,4	60	1,1	0,13	10	Letzter Heller	5 487	1941/80	605 / 110	255 / 46,47	49,58 / 9,04	13,67 / 2,49	5,10 / 0,93
Fulda	16	7,3	97	1,4	0,21	16	Guntershausen – Hessen –	6 366	1941/80	2800[5] / 440	342 / 53,7	56,18 / 8,8	16,16 / 2,54	7,36 / 1,16
Große Aue	46	55	1 033	68	2,18	–	Heide	1 024	1966/80	102 / 99,6	52,9 / 51,7	6,83 / 6,67	0,65 / 0,63	0,05 / 0,05
Aller	205	80	14 561	92	31	117	Brenneckenbrück	1 639	1946/80	70,7 / 43,1	37,8 / 23,06	7,75 / 4,73	1,97 / 1,20	0,25 / 0,15
							Marklendorf	7 232	1941/80	400 / 55,3	167 / 23,09	44,56 / 6,16	11,19 / 1,55	3,70 / 0,51
Oker	125	100[2]	1 576	86	3,32	–	Schladen	362	1951/80	54,1 / 149	23,5 / 64,92	4,08 / 11,27	1,50 / 4,14	0,44 / 1,22
							Gr. Schwülper	1 736	1926/80	217 / 125	75,3 / 43,38	11,6 / 6,68	3,14 / 1,81	1,30 / 0,75
Leine	247	86	6 054	93	12,8	112	Reckershausen	319	1964/80	39,0 / 122	18,1 / 56,74	2,65 / 8,31	0,60 / 1,88	0,21 / 0,658
							Herrenhausen	5 329	1941/80	1050 / 197	242 / 45,41	49 / 9,19	16 / 3,00	8,9 / 1,67
Innerste	99	100	1 264	100	2,66	–	Heinde	899	1953/80	105 / 117	59,3 / 65,46	801 / 8,91	2,32 / 2,58	1,28 / 1,98
Lesum (einschl. Wümme u. Hamme)	108	84	2 033	93	4,29	8	Hellwege – Wümme –	955	1961/80	123 / 129	48,9 / 51,2	9,96 / 10,43	2,42 / 2,53	1,01 / 1,06
Hunte	189	100	2 573	97	5,42	26	Bohmte	181	1961/80	26,1 / 143	11,0 / 60,77	1,50 / 8,29	0,20 / 1,10	0,05 / 0,28
							Huntlosen	1 699	1963/80	82,9 / 48,8	49,5 / 29,13	12,5 / 7,36	4,52 / 2,66	2,35 / 1,38
Ems	241[6]	61	9 036	69	19	212	Steinhorst – Nordrhein-Westfalen –	98,8	1972/80	5,45 / 55,2	3,94 / 39,88	0,947 / 9,59	0,361 / 3,65	0,118 / 1,19
							Versen – Wehrdurchstich –	8 469	1941/80	1200 / 142	367 / 43,33	77,11 / 9,10	14,3 / 1,69	5,20 / 0,61
Hase	193	100	2 997	97	6,3	–	Bersenbrück	945	1962/80	94,9 / 100	50,1 / 53,02	8,97 / 9,49	2,42 / 2,56	0,93 / 0,98
							Bokeloh	2 968	1957/80	158 / 53,2	101 / 34,03	27,9 / 9,40	8,01 / 2,70	3,78 / 1,27
Leda m. Jümme	31	100	2 090	100	4,4	27	Kampe – Soeste –	406	1971/80	19,6 / 48,3	9,67 / 23,8	3,17 / 7,81	1,41 / 3,47	0,53 / 1,31
Elbe[3]	238	33	8 962	9,2	19	238	Neu-Darchau	131 950	1926/75	3620 / 27,43	1850 / 14	712 / 5,4	273 / 2,07	145 / 1,10
Jeetzel	35	45	861	44,7	1,82	–	Lüchow	1 325	1967/76	51,7 / 39,0	27,1 / 20,45	6,51 / 4,91	0,92 / 6,94	0,35 / 0,26
Ilmenau	85	100	2 837	99,5	5,98	29	Bienenbüttel	1 457	1956/75	144 / 98,8	39,6 / 27,18	9,62 / 6,60	5,16 / 3,54	2,76 / 1,89
Luhe	58	100	476	100,0	1,00	–	Roydorf	480	1962/76	40,0 / 83,3	19,4 / 40,42	5,07 / 10,56	2,83 / 5,90	1,45 / 3,02
Este	57	100[4]	358	98,4	0,75	–	Langeloh	40,9	1957/76	3,96 / 96,8	2,44 / 59,66	0,37 / 9,05	0,16 / 3,91	0,09 / 2,20
Schwinge	25	100	216	100,0	0,45	5	Stade – Tidebereich; nur Wasserstände –							
Oste	153	100	1 711	100,0	3,61	80	Rockstedt	604	1961/75	66,7 / 110	38,3 / 63,47	6,33 / 10,48	1,90 / 3,15	1,37 / 2,27

[1]) Erläuterungen s. S. 26
[2]) 1 Teilstück liegt innerhalb der Deutschen Demokratischen Republik
[3]) Elbe innerhalb der Bundesrepublik Deutschland und der Deutschen Demokratischen Republik
[4]) 1 Teilstück liegt innerhalb Hamburgs
[5]) Durch Bruch der Edertalsperre
[6]) Mündung in die Nordsee bei Borkum

Quelle: Statistisches Jahrbuch Niedersachsen 1978
Hydrographische Karte Niedersachsen 1983
Deutsche Gewässerkundliche Jahrbücher

Tab. 5.1-1: Niedersächsische Flußgebiete (Hrsg.: Nds. Min. für Ern., Landw. und Forsten)

von Prof. Uhden, dem ehemaligen Leiter des WWA Celle. Wiederum lieferten dazu die Grundlagen die nunmehr mit „Wasserwirtschaftsamt" bezeichneten staatlichen Dienststellen. Die Karte leistete bei der Durchführung der Meliorationen wertvolle Dienste. Aber gerade diese Arbeiten, die im norddeutschen Flachland erhebliche Veränderungen an den Gewässern und ihren Einzugsgebieten bewirkten, machten nach 20 Jahren eine Neubearbeitung erforderlich. Nach nur vierjähriger Bearbeitungszeit durch die WWÄ konnte der Nds. Minister für Ernährung, Landwirtschaft und Forsten 1983 eine neue „Hydrographische Karte" im Maßstab 1 : 50 000 mit einem EDV-gerecht aufgestellten Flächenverzeichnis herausgeben. Seitdem wird die Karte den festgestellten Veränderungen ständig angepaßt (Karte 5.1-2).

Wasserstands- und Abflußmessungen

Nach dem Zweiten Weltkrieg hatten Meliorations- und Küstenschutzarbeiten Vorrang vor allen anderen Tätigkeiten. Trotzdem haben die WWÄ in begrenztem Umfang Was-

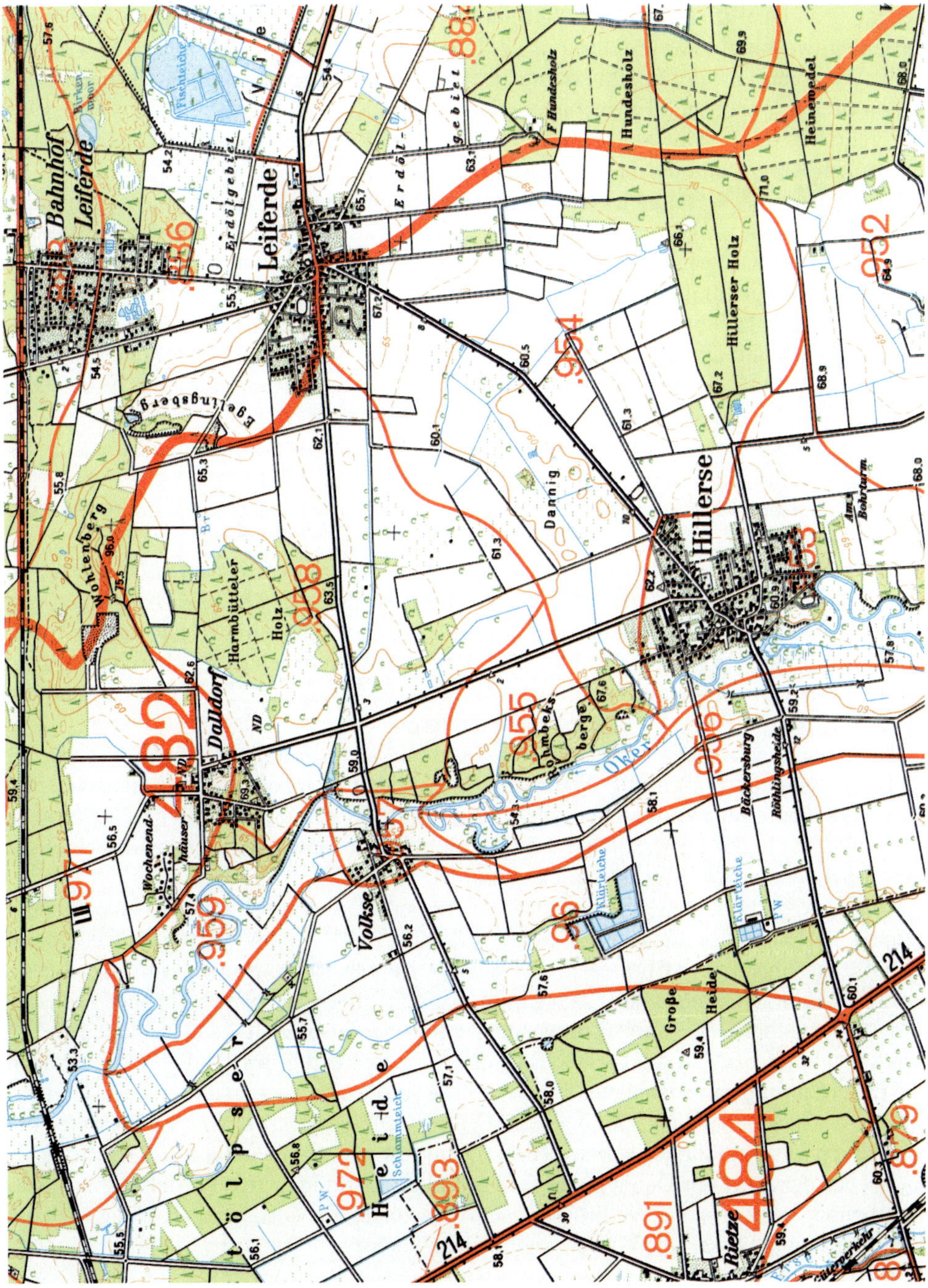

Karte 5.1-2: Hydrographische Karte Niedersachsen im Maßstab 1 : 50 000 - Ausschnitt des Kartenblatts L 3528 Gifhorn - systematische Bezeichnung oberirdischer Einzugsgebiete, Teileinzugsgebiete sowie Fließgewässer und Fließgewässerabschnitte nach der „Richtlinie für Gebietsbezeichnung" der Länderarbeitsgemeinschaft Wasser (LAWA)1970. (Einzugsgebiete: Weser=4;Aller=48;Oker=482;Fuhse=484 mit weiteren Teileinzugsgebieten).

serstände und Abflüsse gemessen. Abflußmessungen in den bedeutenden Gewässern unternahmen vorrangig zwei Meßtrupps der Landesstelle für Gewässerkunde. Die Landesstelle veröffentlichte die Ergebnisse im „Deutschen Gewässerkundlichen Jahrbuch". Die Daten für das Weser- und Emsgebiet waren vor dem Kriege letztmalig für das Jahr 1939 im „Jahrbuch für die Gewässerkunde des Deutschen Reiches" bekannt gemacht worden. Nach dem Kriege und der Neugliederung Deutschlands gelang es der Landesstelle im Jahre 1950 für das Wesergebiet das Abflußjahr erstmalig wieder zu dokumentieren (ohne sowjetische Besatzungszone). 1951 folgte das Jahrbuch für das Emsgebiet, Abflußjahr 1946. Auch die Kriegsjahre mit ihren beschränkt vorhandenen Daten wurden später nachgeholt. Grundlage für den Meßdienst war die Pegelvorschrift von 1935, die 1950 in zweiter Auflage und 1978 in dritter Auflage erschien. Im Jahre 1959 wurden das Zwei-Punkt-Meßverfahren und das Eta-Verfahren eingeführt. Beide Verfahren ermöglichten wesentlich rationellere Abflußmessungen und damit zugleich eine Ausweitung des Meßnetzes. Mit der Verdichtung des Meßnetzes wurde es erforderlich, daß die WWÄ die Abflußmessungen übernahmen (Abschnitt 5.1.3). Mit den Abflußmessungen wird die funktionale Veränderung zwischen Wasserständen und Abflüssen festgestellt, eine Voraussetzung, um aus den kontinuierlichen Pegelmessungen Abflüsse in Zeitabschnitten berechnen zu können.

Die auf die oberirdischen Einzugsgebiete bezogene mittlere Abflußhöhe beträgt im Jahr etwa 275 mm. Das sind 38 % des jährlichen Niederschlages. In Abhängigkeit von den örtlichen Niederschlagshöhen und der Bodenart treten jedoch regional starke Abweichungen von diesem Mittelwert auf. Im niederschlagsarmen Gebiet der oberen Aller liegt die mittlere Abflußhöhe um 100 mm, im Bergland steigt sie auf 350 bis 500 mm an. Im Harz werden sogar Werte von über 1.000 mm erreicht.

Nicht unerwähnt bleiben darf als wichtige Bemessungsgrundlage von Gewässern der Abflußspendenlängsschnitt für Niedrig-, Mittel- und Hochwässer, der aus einer Vielzahl von Abflußmessungen entwickelt wurde. Bereits 1956 gab die damalige „Landesstelle für Gewässerkunde" einen solchen Längsschnitt für die Gewässer im Einzugsgebiet der Weser heraus, der 1979 fortgeschrieben wurde.

Obwohl die „Länderarbeitsgemeinschaft Wasser" (LAWA) bereits 1969 eine Arbeitsgruppe „Datenverarbeitung in der Gewässerkunde" (EDV) eingesetzt hatte, verzögerte sich die Einführung der EDV in Niedersachsen. Bereits 1972 lagen erste Erfahrungsberichte von einigen Ämtern über den Einsatz von elektronischen Tischrechnern vor, aber erst 1979 entstand eine Arbeitsgruppe, die auch in Niedersachsen die Grundlagen für die Einführung der EDV in der Gewässerkunde erarbeiten sollte. Im Jahre 1980 wies dann die Durchführungsanweisung zur Pegelvorschrift die Ämter an, verstärkt die EDV einzusetzen. Ende der 80er Jahre bot der Markt eine zweite Generation von Rechnern an, die wesentlich leistungsstärker waren (PC's). Damit erhielt die EDV die Berücksichtigung, die wegen der Fülle der Daten in der Gewässerkunde dringend erforderlich ist. Zu deren Bearbeitung wurden seit 1990 Programmentwicklungen in Auftrag gegeben, die auch die Bereiche Grundwasser und Gewässergüte einschließen.

Im Jahre 1991 gab das Umweltministerium (MU) eine Broschüre „Gewässerüberwachungssystem Niedersachen (GÜN) - Pegelmeßnetz -" heraus, in dem zum ersten Mal eine Konzeption vorgestellt wurde, wie das in mehr als 100 Jahren gewachsene Pegelnetz betrieben werden sollte. Danach gehören 310 Hauptpegel und 84 Ergänzungspegel sowie örtlich bedeutsame Sonderpegel zum Meßnetz. Betreiber sind die StÄWA. Sie bedienen sich dabei einer Vielzahl von Pegelbeobachtern vor Ort, die sich ständig um deren Funktion kümmern. Ziel der neuen Konzeption ist es, einen Teil der Pegel mit automatischen Fernübertragungseinrichtungen auszustatten, damit aktuelle Wasserstände jederzeit über das Fernmeldenetz der Telekom abgerufen werden können.

Hochwasser- und Sturmflutmeldedienst

Für die Steuerung von Talsperren und Hochwasserrückhaltebecken und für die Warnung der Bevölkerung vor Hochwasser und Sturmfluten hat das Land entsprechende Dienste eingerichtet. Für das größte in Niedersachsen liegende Flußgebiet der Weser mit Aller, Leine, Oker, Innerste und Rhume gibt es die Hochwassermeldeordnung von 1982. In ihr ist geregelt, daß die Wasser- und Schiffahrtsverwaltung des Bundes und die niedersächsische Wasserwirtschaftsverwaltung gemeinsam einen Hochwassermeldedienst betreiben. Im Hochwasserfalle werden Bundes- und Landespegel an die Zentrale in Hannover gemeldet, die ihrerseits Vorhersagen erstellt und die für den Hochwasserschutz zuständigen Stellen informiert. Diese Hochwassermeldeordnung hatte bereits zwei Vorläufer, die Meldeordnung von 1910 und später die von 1959. Neben der „Hochwassermeldeordnung Weser“ betreiben die StÄWA lokale Meldedienste für die Elbe, Hunte, Ems, Hase und Vechte.

Für die Küste und die sturmflutgefährdeten Tideflüsse Elbe, Weser und Ems werden Sturmflutwarnungen zunächst durch das „Bundesamt für Seeschiffahrt und Hydrographie“ über „WOBS-Telegramme“ (WOBS = Water Observation Service) herausgegeben. Zusätzlich haben die StÄWA und das Staatliche Amt für Insel- und Küstenschutz (StAIK) lokale Vorhersagedienste eingerichtet, die über EDV-Programme genauere Wasserstandsvorhersagen ermöglichen. Das StAWA Aurich und das StAIK Norden (zuständig für die Ostfriesischen Inseln) sind an den niederländischen Warndienst angeschlossen, um die einlaufende Sturmtidewelle frühzeitig erfassen zu können. Die StÄWA Brake und Stade benutzen die deutschen Küstenpegel beginnend in Borkum, um Wasserstände vorherzusagen und die Sturmflutsperrwerke (zwei an der Weser, sechs an der Elbe) sicher zu betreiben.

Wassergütemessungen

Die Beobachtung der Wassergüte wurde erforderlich, nachdem als Folge des deutschen „Wirtschaftswunders“ viele Gewässer durch kommunale und industrielle Abwässer so stark verunreinigt wurden, daß der Wasserhaushalt und der Lebensraum für Pflanzen und Tiere gefährdet waren. Mit der Einrichtung des NWA 1955 begann eine systematische Güteuntersuchung der Gewässer. Als erstes Ergebnis gab 1962 das NWA eine Gütekarte für das Leinegebiet heraus; 1967 erschien die erste Gewässergütekarte für Niedersachsen. Ab 1965 begann das NWA im Auftrage der Arbeitsgemeinschaft Weser (ARGE Weser), diese an 12 Meßstellen monatlich zu untersuchen. Seit 1976 gibt das NWA in seinen Jahresberichten regelmäßig Daten zur Wassergüte der oberirdischen Binnengewässer heraus.

Die wachsende Gefährdung der Gewässer und die erhöhten Anforderungen an die Reinhaltung der Gewässer machten es erforderlich, das Kontrollsystem zu intensivieren. Dazu stellte 1979 der ML in der Broschüre „Gewässerüberwachungssystem Niedersachsen - Gütemeßnetz“ ein Konzept vor, wie unter Benutzung moderner Technologien ständig die aktuellen örtlichen Gütesituationen erfaßt werden können. Das Programm sah vor, 36 Gütemeßstationen mit automatischer Probenahme und kontinuierlicher Messung

Karte 5.1-3: Gewässergütekarte 1990 (Bearb.: Nds. Landesamt für Wasser und Abfall)

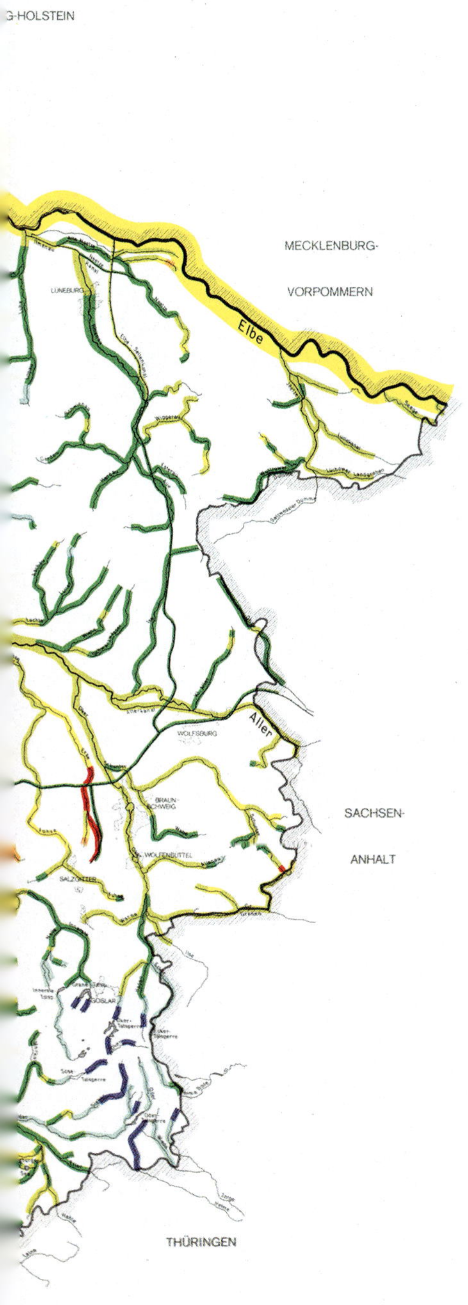

Gewässerüberwachungssystem
Niedersachsen

Gewässergütekarte 1990

(Biologisches Zustandsbild
auf Grund des Sauerstoffhaushalts)

Bearbeitet vom Niedersächsischen
Landesamt für Wasser und Abfall

Gewässergüte der Fließgewässer und Kanäle

Güteklasse I: unbelastet bis sehr gering belastet

Gewässerabschnitte mit reinem, stets annähernd sauerstoffgesättigtem und nährstoffarmem Wasser; geringer Bakteriengehalt; mäßig dicht besiedelt, vorwiegend von Algen, Moosen, Strudelwürmern und Insektenlarven; Laichgewässer für Edelfische.

Güteklasse I–II: gering belastet

Gewässerabschnitte mit geringer anorganischer oder organischer Nährstoffzufuhr ohne nennenswerte Sauerstoffzehrung; dicht und meist in großer Artenvielfalt besiedelt.

Güteklasse II: mäßig belastet

Gewässerabschnitte mit mäßiger Verunreinigung und guter Sauerstoffversorgung; sehr große Artenvielfalt und Individuendichte von Algen, Schnecken, Kleinkrebsen, Insektenlarven; Wasserpflanzenbestände decken größere Flächen; ertragreiche Fischgewässer.

Güteklasse II–III: kritisch belastet

Gewässerabschnitte, deren Belastung mit organischen, sauerstoffzehrenden Stoffen einen kritischen Zustand bewirkt; Fischsterben infolge Sauerstoffmangels möglich; Rückgang der Artenzahl bei Makroorganismen; gewisse Arten neigen zu Massenentwicklung; Algen bilden häufig größere flächendeckende Bestände.

Güteklasse III: stark verschmutzt

Gewässerabschnitte mit starker organischer, sauerstoffzehrender Verschmutzung und meist niedrigem Sauerstoffgehalt; örtlich Faulschlammablagerungen; flächendeckende Kolonien von fadenförmigen Abwasserbakterien und festsitzenden Wimpertieren übertreffen das Vorkommen von Algen und höheren Pflanzen; nur wenige, gegen Sauerstoffmangel unempfindliche tierische Makroorganismen, wie Schwämme, Egel, Wasserasseln, kommen bisweilen massenhaft vor; geringe Fischereierträge; mit periodischen Fischsterben ist zu rechnen.

Güteklasse III–IV: sehr stark verschmutzt

Gewässerabschnitte mit weitgehend eingeschränkten Lebensbedingungen durch sehr starke Verschmutzung mit organischen, sauerstoffzehrenden Stoffen, oft durch toxische Einflüsse verstärkt; zeitweilig totaler Sauerstoffschwund; Trübung durch Abwasserschwebstoffe; ausgedehnte Faulschlammablagerungen, durch rote Zuckmückenlarven oder Schlammröhren-Würmer dicht besiedelt; Rückgang fadenförmiger Abwasserbakterien; Fische nicht auf Dauer und dann nur örtlich begrenzt anzutreffen.

Güteklasse IV: übermäßig verschmutzt

Gewässerabschnitte mit übermäßiger Verschmutzung durch organische, sauerstoffzehrende Abwässer; Fäulnisprozesse herrschen vor; Sauerstoff über lange Zeiten in sehr niedrigen Konzentrationen vorhanden oder gänzlich fehlend; Besiedlung vorwiegend durch Bakterien, Geißeltierchen und freilebende Wimpertierchen; Fische fehlen; bei starker toxischer Belastung biologische Verödung.

Herausgegeben vom
Niedersächsischen Umweltministerium

von vier wichtigen Güteparametern an den größeren Gewässern, 360 Gütemeßstellen zur großräumigen Beobachtung durch Entnahmen und labormäßige Untersuchung von 12 Wasserproben im Jahr sowie eine Meßnetzzentrale in Hildesheim für die Annahme, Speicherung und Weiterverarbeitung von Meßwerten einzurichten. Insgesamt sollten 7 Mio DM investiert werden. Mit der Umsetzung des Programms wurden das NWA und die WWÄ beauftragt; im Küstengebiet ist die Forschungsstelle Norderney zuständig.

Da die Gewässergüteüberwachung langfristig vorbereitet wurde, waren 1979 bereits 13 Meßstationen und 279 Meßstellen eingerichtet und 1981 20 Meßstationen in Betrieb. Die 360 Meßstellen wurden zu diesem Zeitpunkt bereits vollzählig beprobt. Auch die Meßnetzzentrale in Hildesheim wurde Ende 1981 in Betrieb genommen. Neben den Jahresberichten erscheinen Gewässergüteberichte in fünfjährigem Abstand über den biologischen Zustand der Gewässer und ihre Klassifizierung (Karte 5.1-3). Die zum Gütebericht gehörenden Gewässergütekarten wurden ab 1985 durch Karten der Schwermetall- und Chloridkonzentrationen in den Gewässern ergänzt. Im Gütebericht 1990 sind zusätzlich Karten mit Nährstoffkonzentrationen sowie die Sedimentbelastung mit Schwermetallen und chlororganischen Verbindungen enthalten. Damit hat Niedersachsen für die Reinhaltung der Gewässer und den Schutz der Umwelt einen großen Schritt nach vorne getan (s.a. Tab. 5.1-2 u. Karte 5.1-1).

Ab 1980 wurden bei den WWÄ Labors eingerichtet und Biologen eingestellt. Dadurch waren die Ämter in der Lage, Probenahmen und Analysen vor Ort vorzunehmen. Die WWÄ verdichten die Gewässergüteberichte auf Landesebene durch regionale Güteberichte.

Im Jahre 1978 trat das Abwasserabgabengesetz des Bundes in Kraft, nach dem ab 1981 von den Abwassereinleitern Abgaben zu erheben sind. Dazu ist es erforderlich, die Schadstoffeinheiten des Abwassers festzustellen. Mit der Probenahme und Analyse des Abwassers war zunächst das NWA beauftragt. Ab 1984 übernahmen die Labors der WWÄ die Überwachung der kommunalen Kläranlagen. Eine große Zahl der Landkreise hat sich zwischenzeitlich eigene Labors zugelegt, so daß sie ab 1988 in der Lage sind, die in ihrer wasserrechtlichen Zuständigkeit gelegenen kommunalen Einleitungen (weniger als 7.000 m^3 Abwasser/Tag) selbst zu überwachen. Die Überwachung der größeren Kläranlagen verblieb bei den StÄWA und die der industriellen Anlagen beim heutigen „Landesamt für Ökologie“ (NLÖ) in Hildesheim.

Neue Erkenntnisse haben deutlich gemacht, daß Gewässer nicht nur durch Abwassereinleitungen, sondern auch durch Schadstoffe aus der Luft, aus Niederschlägen und aus dem Grundwasser belastet werden. Um den Umfang und die Auswirkung dieser Belastungen zu erkunden, wurden 1985 die WWÄ beauftragt, versauerungsgefährdete Gewässer - insgesamt 67 Bäche - auf bestimmte Parameter in 14-tägigem Turnus zu beproben.

Das MU gab 1992 zur Dezentralisierung und Intensivierung ein neues Meßprogramm heraus, das Bestandteil des umfassenden Gewässer-Überwachungssystems (GÜN) wurde. Danach sollen die Gütemeßstationen nunmehr von den StÄWA betrieben werden und an ausgewählten Meßstellen die Probenahme auf zweimal im Monat verdichtet, an anderen Meßstellen auf sechsmal im Jahr verringert werden. Die Labors der StÄWA wurden mit zusätzlichen Geräten ausgerüstet, damit sie auch Untersuchungen auf Schwermetalle (halogenierte Kohlenwasserstoffe (AOX) und organischen Kohlenstoff (TOL = gesamter organischer Kohlenstoff, DOC = gelöster organischer Kohlenstoff) durchführen können. Das NLÖ beschränkte seine Untersuchungen auf Qualitätskontrollen und schwierige Parameter.

Gewässer Überwachungssystem Niedersachsen (GÜN)

Stand: 01.02.1991

Erläuterung	Oberirdische Gewässer			Küstengewässer			Grundwasser		Niederschlag	Einleitungen	
	Wasserstand	Beschaffenheit	Radioaktivität	Wasserstand	Beschaffenheit	Radioaktivität	Wasserstand	Beschaffenheit	Beschaffenheit	Beschaffenheit	Radioaktivität
Meßanlagen Ist Soll	367 287	395 395	33 44	27 25	31 31	7 7	rd. 1000	231	vorläufig 45	ca. 2500	40 40
davon: DFÜ-Stationen Ist Soll	77 95	34 35	6 10	6 7	1 1	— —	—	—	—	—	5 8
Meßstellen Ist Soll	290 192	361 360	27 34	21 18	30 30	7 7	rd. 1000	231	vorläufig 45	ca. 2500	35 32
Betreiber	StÄWA und andere	StÄWA NLWA	NLWA	StÄWA und andere	NLWA und andere	NLWA	StÄWA	StÄWA NLWA	StÄWA NLWA	Untere Wasserbehörden StÄWA NLWA	NLWA
Parameter: Stand	Wasserstand Durchfluß	Temperatur O_2, pH Leitfähigkeit BSB_5, CSB, DOC, P, N, TS, Cl, K, Na, Ca, Mg, SO_4, HCO_3, Härte, Hg, Ni, Zn, Cu, Cr, Pb, Cd, Fe, Mn, As, PCB, Co, CKW, AOX, Coli u.a. biol. ökol. Parameter	Ges.-Gamma* γ-Einzel-nuklide incl. Cs 134/137 H 3 Sr 90 u.a. * in autom. Meßstationen	Wasserstand	Temperatur Leitfähigkeit pH-Wert Cl, N, P, O_2, BSB_5, DOC, abfiltr. Stoffe Hg, Cd, Pb, Ni, Cr, Zn, Cu, As, KW, PCB, HCH, HCB Mies-muscheln, Fische	γ-Einzel-nuklide incl. Cs 134/137 H 3 Sr 90 u.a.	Wasserstand	Geruch Temperatur Färbung Trübung Leitfähigkeit pH-Wert Basekapazit. Säurekapazit. O_2, CN, N, P, Cl, SO_4, Na, K, Mg, Ca, Fe, Mn, SiO_2, Al, B, Zn, Cu, Pb, Cd, Hg, As, KW- und KW-verbin-dungen PSM	pH-Wert Leitfähigkeit Redoxpo-tential Basekapazität Rückstände SO_4, N, Cl, F, Zn, Pb, P, Cd, Cu, Na, K, PV,	CSB/BSB_5, Fischgiftigkeit, N, P, Cl, SO_4, u.a. Hg, Cd, Cr, Pb, Cu, Ni, u.a. Fe, Al, B, u.a. AOX, KW, Phenolindex, Tenside u.a., leicht- und schwer-flüchtige CKW u.a.	Ges.-Gamma* Ges.-Alpha γ-Einzel-nuklide incl. Cs 134/137 und J 131 H 3, Sr 90, u.a. * in autom. Meßstationen
Parameter: Planung					weitere Organohalogen-Verbindungen, weitere Organismenarten					biol. Wirktests u. Summentests	

Meßnetzkonzept: gelb = veröffentlicht; rot = Veröffentlichung geplant
Parameter: gelb = Stand; rot = Planung

Bild 4: Gewässer-Überwachungssystem Niedersachsen

Tab. 5.1-2: Gewässer-Überwachungssystem Niedersachsen (GÜN) (Bearb.: Nds. Landesamt für Wasser und Abfall)

Radioaktivitätsmessungen

Noch lange nach dem Kriege wurden Atomwaffenversuche durchgeführt, die über Windströmungen und Niederschläge auch niedersächsische Gewässer belasteten. Das Land betrieb deshalb von 1960 bis 1963 beim NWA ein radiotechnisches Labor, um sich Erkenntnisse über die Belastung der Gewässer zu verschaffen. In dieser Zeit wurden etwa 160 Meßstellen monatlich untersucht. Dazu kamen Abwasseruntersuchungen in einigen große Städten, von denen bekannt war, daß dort Betriebe mit radioaktivem Material arbeiteten.

Nach dem Vertrag über das Verbot oberirdischer Kernwaffenversuche - 1964/1965 - nahm die Radioaktivität in den Niederschlägen ab. Mit der Errichtung von Kernkraftwerken und der wachsenden Zahl von Verwendern radioaktiven Materials in Wirtschaft, Medizin und Forschung mußte jedoch mit neuen Belastungen gerechnet werden. Der ML hat deshalb im Rahmen des „Gewässerüberwachungssystems Niedersachsen (GÜN) 1982 ein Meßnetz entwickelt, das aus 10 Stationen mit kontinuierlicher Probenahme, automatischer Messung und Datenfernübertragung, 7 Stationen mit kontinuierlicher Probenahme und 37 Meßstellen für manuelle Probenahme besteht. Als Meßnetzzentrale wird die im Rahmen des GÜN-Programms bestehende Meßnetzzentrale mitbenutzt. Zusätzlich werden die Abläufe der Kernkraftwerke und einiger größerer Kläranlagen überwacht.

Nach dem Unfall im Kernkraftwerk Tschernobyl (Ukraine) im April 1986 wurde die Strahlenschutzverordnung vom Bund erlassen. Danach ist der Bund in den Bundeswasserstraßen für die Immissionsüberwachung zuständig. Die Länder haben die Aufgabe, die übrigen Gewässer, das Grundwasser und Abwassereinleitungen (Emissionsüberwachung) zu überwachen.

5.1.1.3 GRUNDWASSER

Grundwasserstandsmessungen

Grundwasserstände wurden schon sehr frühzeitig von den WWÄ beobachtet (Karte 5.1-1), weil sie Auskunft geben über die Höhenlage und Fließrichtung des Grundwassers und sich damit Wasservorräte, Grundwasserneubildung, aber auch Auswirkungen von Wasserentnahmen und Gewässerausbauten feststellen lassen. Um den Landesgrundwasserdienst einheitlich zu lenken, hat die Landesstelle für Gewässerkunde Merkblätter herausgegeben, die Anleitungen für das Beobachten und Auswerten der Grundwasserstände enthalten:

- Merkblatt 1, Auswahl der Warten (25.06.1949)
- Merkblatt 2, Ergänzung zum Merkblatt 1 (12.12.1949 - in überarbeiteter Form vom 08.05.1950)
- Merkblatt 3, Beobachtungsdienst (09.01.1950)
- Merkblatt 4, Vereinbarungen mit dem Beobachter (09.01.1950)
- Merkblatt 5, Errichtung und Betrieb von Rohrwarten (09.01.1950)
- Merkblatt 6, Stratigraphische Bezeichnung der Bodenschichten (31.08.1950)

Zu Beginn der großflächigen Grundwassererkundung im Zuge der wasserwirtschaftlichen Rahmenplanung umfaßt der Landesgrundwasserdienst etwa 330 Meßstellen, die wöchentlich beobachtet wurden. Nach Abschluß der Rahmenplanungsarbeiten 1979 kamen rd. 2.000 Meßstellen hinzu. Bei der Beobachtung der Brunnen werden die LAWA-„Richtlinien für Beobachtung und Auswertung, Teil 1 - Grundwasserstand 1982 und Teil 2 - Grundwassertemperatur 1987“ beachtet. Nach dem Stand von 1992 betreibt das Land etwa 3.500 Meßstellen, davon zählen 330 Meßstellen zum Landesgrundwasserdienst, 663 Meßstellen zum erweiterten Landesgrundwasserdienst und etwa 2.500 Meßstellen zum Sonderdienst, der für regionale Grundwassererkundungsprogramme eingerichtet wurde. Zusätzlich stehen Meßdaten von etwa 5.500 Meßstellen zur Verfügung, die von verschiedenen Betreibern für die Überwachung oder Beweissicherung eigener Maßnahmen (Wasserschutzgebiete, Deponien, Schadensfälle usw.) eingerichtet worden sind.

Grundwassergütemessungen

Noch 1979 hieß es in der Broschüre „Gewässerüberwachungssystem Niedersachsen - Gütemeßnetz -“(GÜN): „Eine großräumige Güteüberwachung des Grundwassers erweist sich gegenwärtig nicht als notwendig.“ Durch die bei der großräumigen Grundwassererkundung im Zuge der Rahmenplanung gemachten Wasseranalysen und durch die Beobachtungen der Wasserversorgungsunternehmen wurde jedoch deutlich, daß wegen der regional hohen Nitratbelastung des oberflächennahen Grundwassers auch eine Güteüberwachung des Grundwassers erforderlich ist. Auch in anderen Bundesländern tauchten Probleme auf. Der „Deutsche Verband für Wasser- und Kulturbau e. V.“ (DVWK) gab bereits 1979 eine Empfehlung zum Umfang, Inhalt und zur Genauigkeitsanforderung der chemischen Grundwasseruntersuchungen heraus. Dann kündigte 1981 der ML in der jährlichen Dienstbesprechung der Wasserwirtschaftsverwaltung an, daß auch im Grundwasser regelmäßige Güteuntersuchungen aufgenommen werden sollen und 1983 beschloß die „Länderarbeitsgemeinschaft Wasser“ (LAWA) ein „Rahmenkonzept zur Erfassung und Überwachung der Grundwasserbeschaffenheit“.

Im Jahre 1987 stellte der Umweltminister in der Broschüre „Reinhaltung der Gewässer in Niedersachsen - Grundwassergütemeßnetz -“ das Konzept für das Grundwassergütemeßnetz vor. Wegen des in der Fläche und in der Tiefe wechselnden natürlichen Aufbaues von Grundwasserleitern wurden die Meßstellen so gewählt, daß sie für größere Gebiete repräsentativ sind. Das Grundwassermeßnetz bestand zunächst aus 231 für die Wasserstandsmessung vorhandenen Brunnen, die in Basis- und Trendmeßstellen eingeteilt werden (Abb. 5.1-3, Karte 5.1-4):

- 113 Basismeßstellen, die in den Hauptgrundwasserlandschaften mit anthropogen weitgehend unbeeinflußtem Grundwasser in oberflächennahen Grundwasserleitern liegen
- und 118 Trendmeßstellen, die anthropogene Einflüsse aus den Bereichen Landwirtschaft, Forstwirtschaft und Siedlung in der Nähe der Erdoberfläche erfassen sollen.
- Das Grobraster des Grundmeßnetzes wird ergänzt durch Sondermeßstellen, die im Bereich der Trinkwasserförderung und der Überwachung von Abfallagerungen bestehen. Das sind etwa weitere 63.000 Meßstellen.

Der Probenahmedienst liegt bei den WWÄ. Wie schon bei der Überwachung der Oberflächengewässer sollen die einfachen Parameter in den Labors der WWÄ und die schwierigen Parameter im Labor des NLÖ untersucht werden. Dabei wird zwischen der jährlichen Untersuchung mit 23 Parametern und 5-jährlicher Untersuchung mit 45 Parametern unterschieden. Alle Daten sollen in der Meßnetzzentrale des NLW gespeichert und ausgewertet werden.

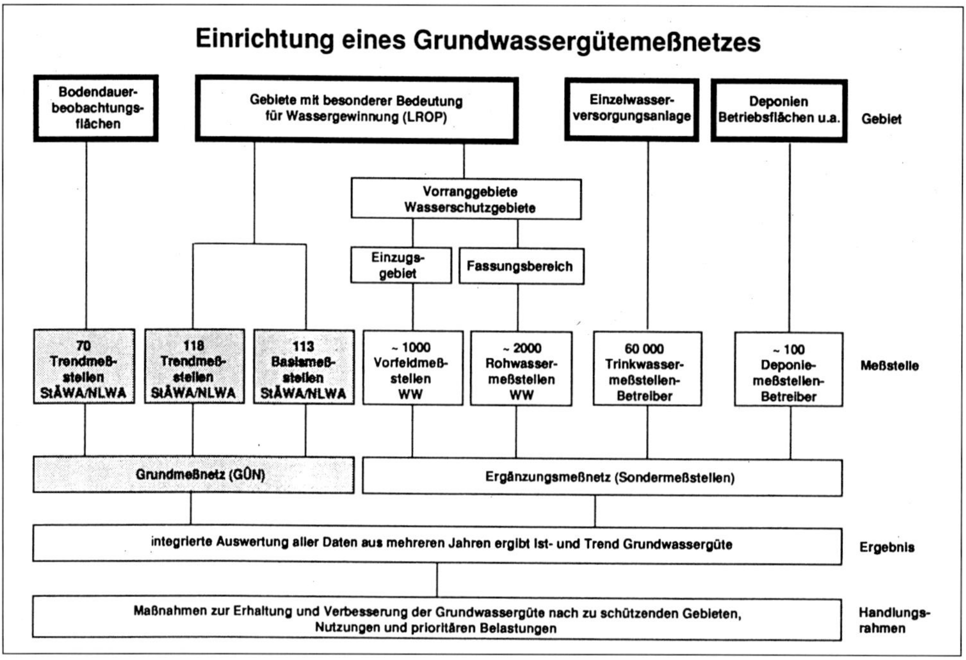

Abb. 5.1-3: Einrichtung des Grundwassergüte-Meßnetzes in Niedersachsen (Bearb.: Nds. Landesamt für Wasser und Abfall)

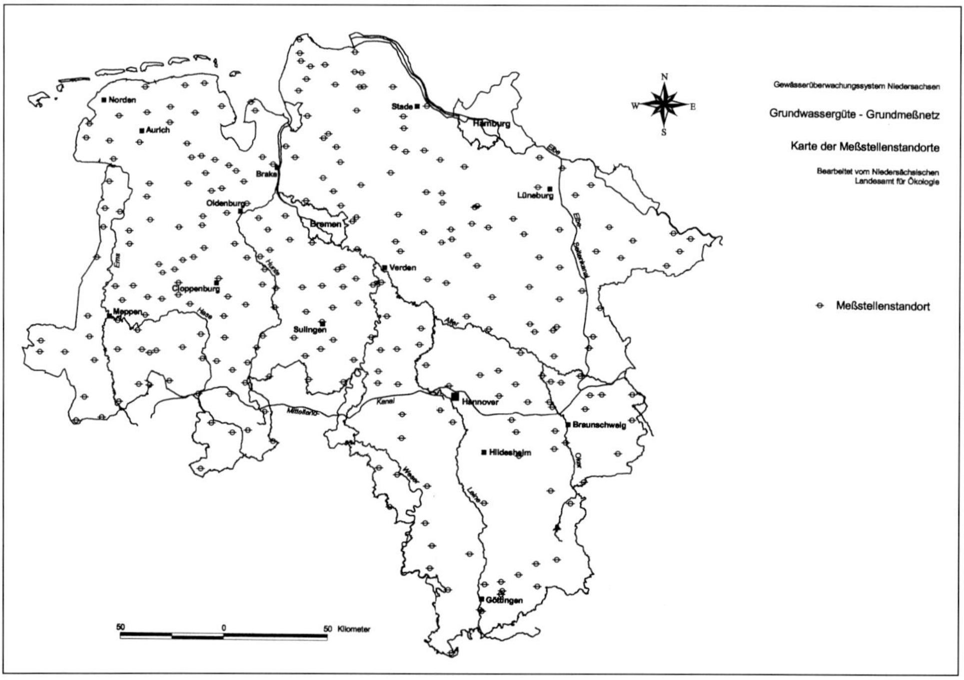

Karte 5.1-4: Grundwassergüte-Meßnetz Niedersachsen (Bearb.: Nds. Landesamt für Ökologie)

Im Jahre 1988 gab der MU Richtlinien für „Anforderungen an den Bau und Ausbau von Grundwassergütemeßstellen" und „die Unterhaltung, Wartung und Funktions- und Eignungsprüfung von Grundwassergütemeßstellen" heraus. Diese Richtlinien wurden 1990 überarbeitet und zusammengefaßt unter dem Titel „Grundwassergüte-Meßnetz Niedersachsen - Nds. Richtlinie für die Auswahl, den Bau und für die Funktionsprüfung von Meßstellen". Die Richtlinie fand 1993 ihre Verwendung bei dem „Teil 3 - Grundwasserbeschaffenheit" der von der LAWA herausgegebenen „Richtlinien für Beobachtung und Auswertung von Grundwasser". Die Überprüfung der vorhandenen Meßstellen anhand dieser Kriterien verdeutlichte, daß nur ein Teil den Anforderungen entsprach und deshalb 414 Meßstellen an 183 Standorten neu gebaut werden mußten. Dieses Programm ist Ende 1994 abgeschlossen worden. Davon sind 66 Meßstellen an 31 Standorten den geplanten 90 Boden-Dauerbeobachtungsflächen zuzuordnen.

Große Sorgfalt ist bei der Entnahme der Grundwasserproben anzuwenden. Der DVWK hat deshalb 1992 dazu eine Schrift „Entnahme und Untersuchungsumfang von Grundwasserproben" herausgegeben, die im Probenahmedienst sehr hilfreich ist. Ergänzend dazu erschien beim DVWK 1994 die Schrift „Grundwassermeßgeräte".

Einen ersten Grundwasserbericht gab das NLÖ für die Jahre 1991/1992 im Jahre 1993 heraus, im dem erste Ergebnisse der Grundwasserüberwachung veröffentlicht wurden.

Versickernde Niederschläge bringen Luftschadstoffe in das Grundwasser

Die Messung der Niederschlagsmengen (Karte 5.1-5) ist Aufgabe des Deutschen Wetterdienstes. Die Niederschläge werden an 490 Meßstellen beobachtet und für die jeweiligen Aufgaben der niedersächsischen Wasserwirtschaftsverwaltung übernommen.

Anfang der 80er Jahre ergaben neuere Untersuchungen, daß Luftschadstoffe zu einer Versauerung von Boden, Gewässern und damit auch von Wasservorräten führen können. Ab 1984 führt deshalb das NLW Niederschlagsgüteuntersuchungen aus und schlug 1987 ein Meß- und Forschungskonzept vor, um genaue Kenntnisse über die Zusammenhänge zu erhalten. Bei der Einrichtung der Meßstationen wurden die Empfehlungen des Deutschen Verbandes für Wasserwirtschaft und Kulturbau (DVWK) von 1984, 1986 u. 1991 berücksichtigt. Im Laufe der Jahre richtete das NLW 49 Meßplätze an 40 Standorten ein (Karte 5.1-6). Die Meßplätze sind mit Sammlern ausgerüstet, die sowohl die nasse als auch die trockene Deposition erfassen. Analysiert werden etwa 20 Parameter. Für den Untersuchungszeitraum 1988 bis 1990 gab das NLÖ 1992 einen ersten wertenden Bericht und 1993 ein Konzept darüber heraus, wie die Meßstellen einheitlich einzurichten (Abb. 5.1-4) und zu betreiben sind. Der Betrieb der Meßstellen ging vom NLÖ auf die StÄWA über. Die Überwachung der Beschaffenheit der Niederschläge verfolgt folgende Ziele:

- Annähernd flächendeckende Ermittlung des Eintrages von Schadstoffen aus der Luft in Böden und Gewässer (Zustandsbeschreibung),
- Darstellen längerfristiger Entwicklungen,
- Ermittlung besonders exponierter und gefährdeter Regionen sowie potentiell gefährdeter Wasserressourcen,
- Ermittlung von Standorten, an denen die Niederschläge mit bestimmten Inhaltsstoffen besonders belastet sind und
- Aufzeigen des Ausmaßes von Grundwasserbeschaffenheitsveränderungen in Wassergewinnungsgebieten mit versauerungsgefährdetem Untergrund in Abhängigkeit von der Niederschlagsbeschaffenheit.

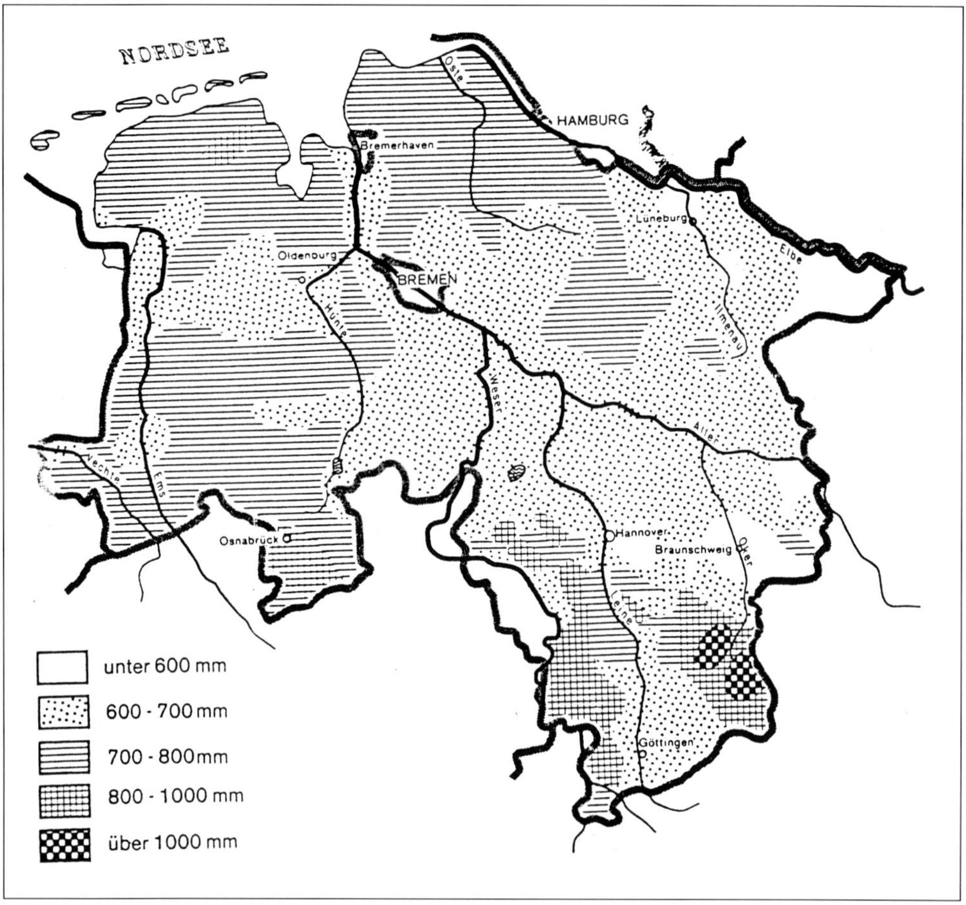

Karte 5.1-5: Verteilung der mittleren jährlichen Niederschläge in Niedersachsen (Bearb.: Deutscher Wetterdienst)

Langfristig soll das Meßnetz erweitert werden. Die Standorte der Depositions-Meßstellen sind mit den Dauerbeobachtungsflächen „Boden" abgestimmt. An etwa 90 Flächen sollen untersucht werden:

- Bodenchemie im Hauptwurzelraum
- Bodenphysikalische Parameter
- Mikrobiologische Bodenuntersuchungen
- Niederschlagsmenge und Grundwasserneubildung
- Hydrochemie des Sicker-, Drän- und Grundwassers
- Stoffeinträge aus der Atmosphäre
- Radioaktive Belastung des Bodens
- Vegetationskundliche Bestandsaufnahme

Das Programm wird fachlich koordiniert durch das Niedersächsische Landesamt für Bodenforschung (NLfB); der gewässerkundliche Landesdienst ist gleichberechtigt eingebunden.

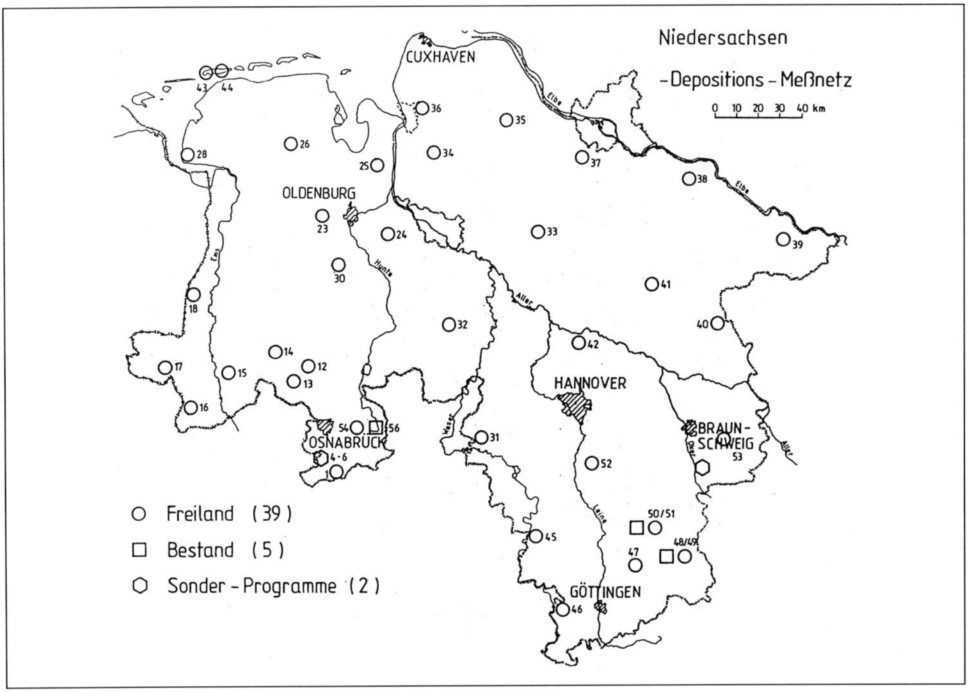

Karte 5.1-6: Meßstellen der Niederschlagsgüte-Untersuchungen (Depositionsmeßnetz = Meßnetz über Stoffeinträge) (Quelle: Nds. Landesamt für Ökologie)

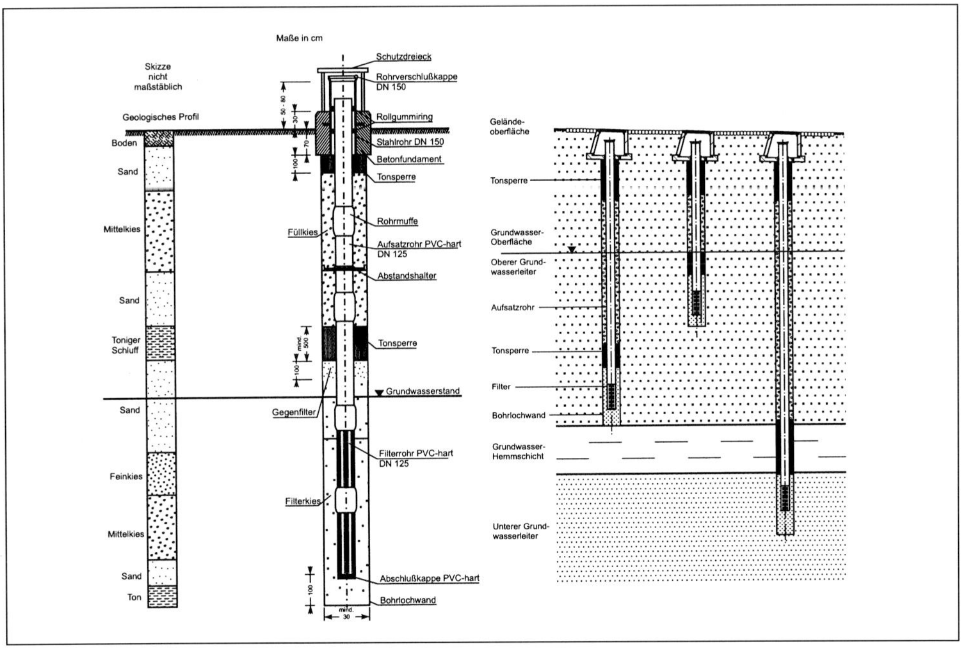

Abb. 5.1-4: Bauweisen von Grundwassergüte-Meßstellen (Quelle: Nds. Landesamt für Ökologie)

5.1.1.4 ÜBERWACHUNG DER SCHADSTOFFBELASTUNG DER NORDSEE

Für die Schadstoffbelastungen der Nordsee sind folgende Zufuhrwege von Bedeutung:

- Zufuhr durch Flüsse,
- atmosphärischer Eintrag,
- Einleitung kommunaler und industrieller Abwässer entlang der Küste,
- Einleitung aus Plattformen,
- Abfallbeseitigung auf See und
- Einträge durch Schiffsbetrieb und Schiffsunfälle.

Über diese Wege werden der Nordsee unterschiedliche Stoffe zugeführt. Besonders problematisch sind Schadstoffe, wie Schwermetalle, organische Halogenverbindungen, Öl und radioaktive Stoffe. Auch die Nährstoffe - vor allem Phosphor- und Stickstoffverbindungen - bereiten Sorgen.

Zur Überwachung der Nordsee wurde 1980 ein zwischen dem Bund und den Küstenländern abgestimmtes Untersuchungsprogramm (Bund-Länder-Meßprogramm – BLMP) eingerichtet. Es ist Teil eines internationalen Überwachungsnetzes der Nordsee (Joint-

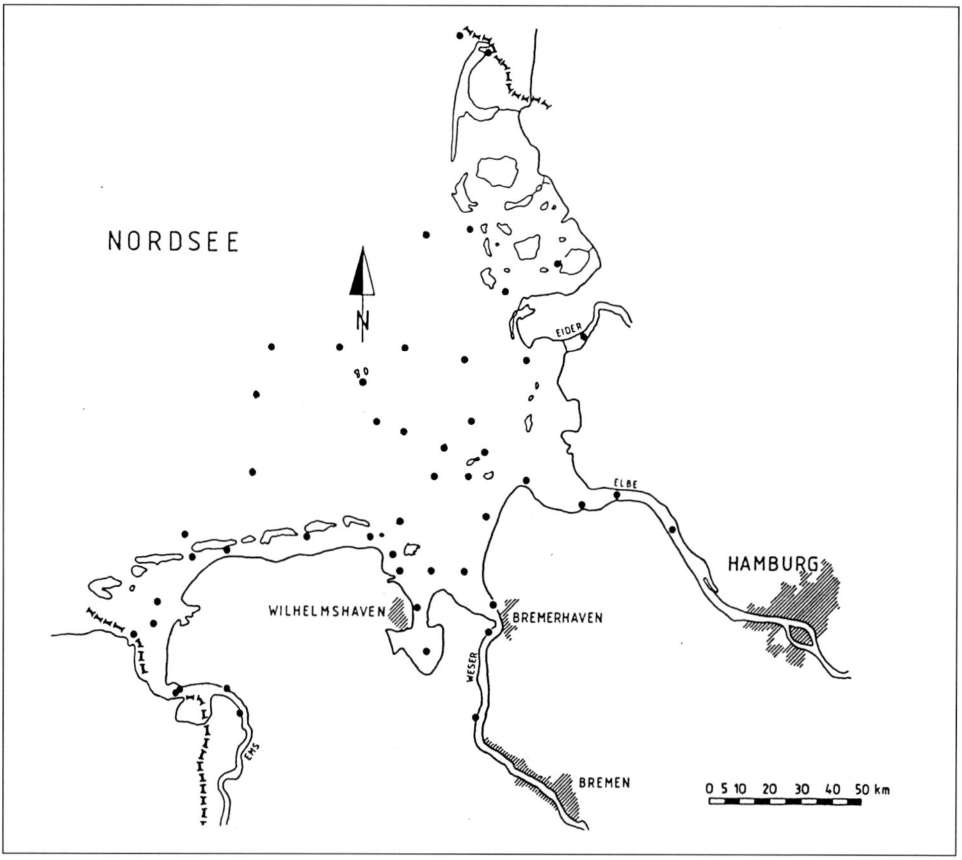

Karte 5.1-7: Meßpunkte des gemeinsamen Bund-Länder-Meßprogramms für die Nordsee (Bearb.: Nds. Landesamt für Wasserwirtschaft)

Monitoring-Programm) und umfaßt insgesamt 54 geographisch festgelegte Meßpunkte (Karte 5.1-7), an denen im küstennahen Bereich viermal (Februar, Mai, August, November) und in den küstenfernen Regionen einmal jährlich Messungen und Wasserprobenentnahmen erfolgen.

Niedersachsen untersucht davon 19 Stellen. Die Wasserproben werden auf offener See sowohl an der Wasseroberfläche als auch in den tieferen Wasserschichten entnommen. Insgesamt werden 30 Parameter zur Beurteilung der Sauerstoff- und Nährstoffverhältnisse sowie der Belastung mit anorganischen (Schwermetalle) und organischen Schadstoffen (Organohalogenverbindungen u. ä.) untersucht. Die Daten werden zentral in der Meeresumweltdatenbank des Umweltbundesamtes im Bundesamt für Seeschiffahrt und Hydrographie in Hamburg gesammelt, ausgewertet und gemeinsam veröffentlicht. Niedersachsen veröffentlicht darüber hinaus sämtliche Meßdaten in einigen Jahresberichten der Forschungsstelle Küste, einer Abteilung des NLÖ.

5.1.2 WASSERWIRTSCHAFTLIC HE RAHMENPLANUNG

5.1.2.1 AUFGABE, VORARBEITEN UND ARBEITSVERFAHREN

Aufgabenstellung

Aufgabe der Rahmenplanung ist es, die vielfältigen Anforderungen von Bevölkerung, Wirtschaft, Verkehr und auch Naturschutz an den Wasserhaushalt (Abschnitt 5.1.6) zu beurteilen, zu ordnen und so aufeinander abzustimmen, daß die für die Entwicklung der Lebens- und Wirtschaftsverhältnisse notwendigen wasserwirtschaftlichen Voraussetzungen gesichert werden. Um diesen Ansatz zu verwirklichen, befaßt sich die Rahmenplanung mit der Wasserversorgung - der Gegenüberstellung von Wasserbedarf und Wasserdargebot in einer Wasserbilanz - dem Hochwasserschutz, der Abwasserreinigung, der Abfallwirtschaft und der Reinhaltung der Gewässer in einem Planungsraum, der durch das Einzugsgebiet eines Flusses dargestellt wird. Obwohl das NWG von 1960 bereits die Aufstellung von wasserwirtschaftlichen Rahmenplänen vorsah, ist diese Planung wegen anderer vorrangiger Arbeiten erst langsam in Gang gekommen.

Die ersten Vorschläge für die Abgrenzung der Planungsräume wurden 1964 gemacht, die Niedersachsen letztlich in 16 Planungsgebiete einteilen (Karte 5.1-8 und Tabelle 5.1-3).

Vorarbeiten

Im Jahre 1966 wurden vom Bundesministerium des Inneren (BMI) „Richtlinien für die Aufstellung von wasserwirtschaftlichen Rahmenplänen" herausgegeben, die etwas detaillierter darstellten, welche Inhalte die Rahmenpläne haben sollten. Die nähere Beschäftigung mit der Materie machte sehr schnell deutlich, daß der arbeitsaufwendigste Teil der Planung die Erfassung von Wasserdargebot und Wasserbedarf ist und daß diese Arbeit nur mit Hilfe anderer Landesbehörden wie der Landesämter für Vermessung, Statistik und Bodenforschung und des Deutschen Wetterdienstes zu leisten ist. Innerhalb der Wasserwirtschaftsverwaltung waren das Landwirtschaftsministerium, die Bezirksregierungen, das Wasseruntersuchungsamt (NWA) und die Wasserwirtschaftsämter beteiligt.

Karte 5.1-8: Übersichtskarte der wasserwirtschaftlichen Planungsräume und Dienstbezirke der Wasserwirtschaftsämter in Niedersachsen, Stand 1987 (Hrsg.: Nds. Umweltministerium)

NIEDERSACHSEN
Wasserwirtschaftliche Rahmenplanung
-Übersichtskarte der Planungsräume-
und Dienstbezirke der Wasserwirtschaftsämter
Stand: 1.4.1987
SCHLESWIG - HOLSTEIN
Elbe
HAMBURG
LÜNEBURG
Obere Elbe
Nördlich der Aller
CELLE
Leine
Untere Leine
HANNOVER
WOLFSBURG
Aller
Oker
BRAUN-SCHWEIG
WOLFENBÜTTEL
HILDESHEIM
SALZGITTER
Oberweser
GOSLAR
Obere Leine
GÖTTINGEN
Weser
DEUTSCHE
DEMOKRATISCHE
REPUBLIK
Sitz des Wasserwirtschaftsamtes
Grenze des Dienstbezirkes eines Wasserwirtschaftsamtes
Grenze des Planungsraumes
Hase
Name des Planungsraumes
Landesgrenze
Bezirksgrenze
Kreisgrenze (Landkreis, kreisfreie Stadt)
0
10
20
30
40km

Von 1967 an wurde das Landesamt für Bodenforschung beauftragt, zur Erfassung des Grundwasserdargebotes flächendeckende geoelektrische Untersuchungen zu veranlassen, danach mit Hilfe der Wasserwirtschaftsämter Erkundungsbohrungen durchzuführen, diese geophysikalisch zu vermessen sowie zu Grundwassermeßstellen auszubauen und zu beobachten. Aufgabe der Wasserwirtschaftsämter war es, die Bohrarbeiten auszuschreiben, abzurechnen und die Grundwassermeßstellen höhenmäßig anzuschließen (Karte 5.1-1). Die Untersuchung der Wasserqualität war Aufgabe des NWA.

Im Jahre 1972 waren die geoelektrischen Vermessungen weitgehend abgeschlossen, so daß mit den Aufschlußbohrungen begonnen werden konnte. Ende 1977 waren für dieses Programm bereits 13,7 Mio DM verausgabt und 1979 die Arbeiten zur Erkundung des Grundwassers weitgehend abgeschlossen. Aufschlußbohrungen mit einer Gesamtlänge von 250.000 m waren abgeteuft, 2.000 Meßstellen angelegt und 18.000 geoelektrische Sondierungen ausgeführt. Insgesamt wurden 18 Mio DM aufgewendet.

	Planungsraum	Fläche in km^2	Einw. 1979 i.Tsd.	Einw. 2010 i.Tsd.	Deckung/Erkundung des Wasserbedarfs und -vorkommens für von	Abwasser-/ Abwärme-belastung	Hochwasser-schutz an
1.	Ostfriesland	2.451	339	335	Schwerpunktraum Emden/Unterems	Außenems, Dollart	Küste
2.	Jade-Unterweser	2.182	380	353	Raum Wilhelmshaven Bremen/Unterweser	Jade, Außenjade, Weser	Küste
3.	Wümme-Unterweser	3.434	305	331	Schwerpunktraum Bremerhaven	Weser	Küste
4.	Untere Elbe	3.190	311	339	Industriegebiete Stade, Cuxhaven, Neuwerk	Elbe	Küste
5.	Obere Elbe	5.144	488	530	Schwerpunktraum Hamburg	Elbe	Elbe/Jeetzel
6.	Leda-Jümme	2.064	269	330	Jade-Raum und Ostfriesland	-	Leda-Jümme
7.	Emsland-Vechte	2.604	269	330	Raum Meppen-Lingen-Nordhorn	Ems	Deutsch-niederl. Grenze
8.	Hase	2.991	475	500	Schwerpunktraum Osnabrück, Emsland	-	Hase (Haseplan)
9.	Hunte	2.030	263	270	-	Dümmer	Hunte
10.	Große Aue-Ochtum	1.973	253	248	-	-	-
11.	Nördlich der Aller	3.377	249	250	Schwerpunkträume Hannover, Braunschweig, Hamburg	-	Aller
12.	Mittelweser	1.503	196	194	-	-	-
13.	Untere Leine	2.691	1.136	1.048	Schwerpunktraum Hannover	Leine	Leine
14.	Oker	4.186	1.058	990	Schwerpunktraum Braunschweig, Wolfsburg, Salzgitter	Oker	Oker
15.	Oberweser	1.622	255	220	Schwierigkeiten bei örtlicher Wassererschließung	Weser (Wärme, Salz)	-
16.	Obere Leine	4.697	880	770	Schwerpunkträume Hannover, Braunschweig	Leine	Leine

Tab. 5.1-3: Zusammenstellung der Planungsräume der wasserwirtschaftlichen Rahmenplanung in Niedersachsen (niedersächsischer Anteil) (Hrsg.: Nds. Umweltministerium)

Interdisziplinäre Arbeitsgruppen und Arbeitsverfahren

Parallel dazu wurden interdisziplinäre Arbeitsgruppen gebildet, die bestimmte Probleme voranbringen sollten, wie der Arbeitskreis Grundwasserneubildung, der Arbeitskreis für Bearbeitungshinweise und der Arbeitskreis Kartographie u. Signaturen. Die Ermittlung der Grundwasserneubildung erwies sich als äußerst schwierig. Es standen drei Verfahren zur Diskussion: Das A_u-Linien-Verfahren von Natermann, das M_oMNq-Werte-Verfahren von Wundt und das Trockenwetterabfluß-Verfahren. Alle drei Verfahren sind außerordentlich aufwendig und nicht überall anwendbar. Es wurde dann das sogenannte Alpha-Verfahren eingeführt, das sich jedoch bei seiner Anwendung als nicht praktikabel erwies. Schließlich wurde die Grundwasserneubildung nach dem Verfahren von Josopait u. Dörhöfer ermittelt. Dieses Verfahren beruht auf den speziellen Beziehungen zwischen Niederschlag und Verdunstung für verschiedene Bodenarten. Mit dessen Hilfe hatte das Landesamt für Bodenforschung die Karten für die Grundwasserneubildung 1982 fertiggestellt.

5.1.2.2 ZENTRALE RAHMENPLANUNG

Im Jahre 1982 leitete der ML durch die Bildung einer zentralen Planungsgruppe beim NWA eine neue Phase in der Bearbeitung der Rahmenpläne ein. Zu den Aufgaben der Planungsgruppe gehörten:

- Die Vorbereitung von Arbeitsprogrammen (Bearbeitungshinweise, Grund- und Arbeitskarten, Karten- und Tabellenmuster, EDV-Programme),
- die Aufbereitung von Daten und Zwischenergebnissen der Wasserwirtschaftsämter nach Planungsräumen sowie deren Prüfung auf Vollständigkeit, Plausibilität und Einheitlichkeit sowie
- kartographische Arbeiten, Drucklegung und Vertrieb.

Die Wasserwirtschaftsämter bearbeiteten die Planteile unter der fachlichen Aufsicht der Bezirksregierungen zeitlich parallel jeweils für ihren gesamten Dienstbezirk. Sie arbeiteten dabei mit anderen zu beteiligenden Fachdienststellen einschließlich des NLfB sowie den Wasserwirtschaftsämtern der Nachbarländer zusammen.

Arbeitsprogramme 1 bis 8

Die Rahmenplanung wurde nunmehr in einzelnen Arbeitsschritten zügig vorangebracht. Das Arbeitsprogramm 1 - kartographische Arbeiten, Isohypsenpläne - war Ende 1982 abgeschlossen worden. Es folgen 1983 das Arbeitsprogramm 2, das sich mit der Wasserversorgung befaßte. Besondere Schwierigkeiten bereitete die Erfassung des Wasserbedarfs. Das Batelle-Institut in Frankfurt hatte im Auftrage des Landes eine Prognose erstellt. Trotzdem bedurfte es umfangreicher Gespräche mit den Handwerksbetrieben, der Industrie und mit der Landwirtschaft, um zu schlüssigen Zahlen zu kommen.

Schon 1983 wurden die Arbeitsprogramme 3 - Hochwasserschutz und Küstenschutz - und 4 - Abwasseranfall in den Gemeinden, Belastung der Gewässer - aufgelegt. Gerade bei der Bearbeitung dieser Planungsteile waren intensive Abstimmungen mit anderen Behörden und sonstigen Stellen in Form von Anhörungsverfahren erforderlich, die den Bezirksregierungen oblagen. Beteiligt wurden insbesondere die Gemeinden als Träger öffentlicher Belange, Landkreise und kreisfreie Städte vorrangig in der Eigenschaft als untere Wasserbehörde, untere Landesplanungsbehörde und untere Naturschutzbehörde, die Landwirtschaftskammern, die Industrie- und Handelskammern, die Wasser- und Bodenverbände, die Zweckverbände, die Harzwasserwerke, die Wasser- und Schiffahrtsdirektionen und -ämter, das Oberbergamt und die Bergämter, die Wehrbereichsverwaltung II sowie die Oberfinanzdirektion Hannover.

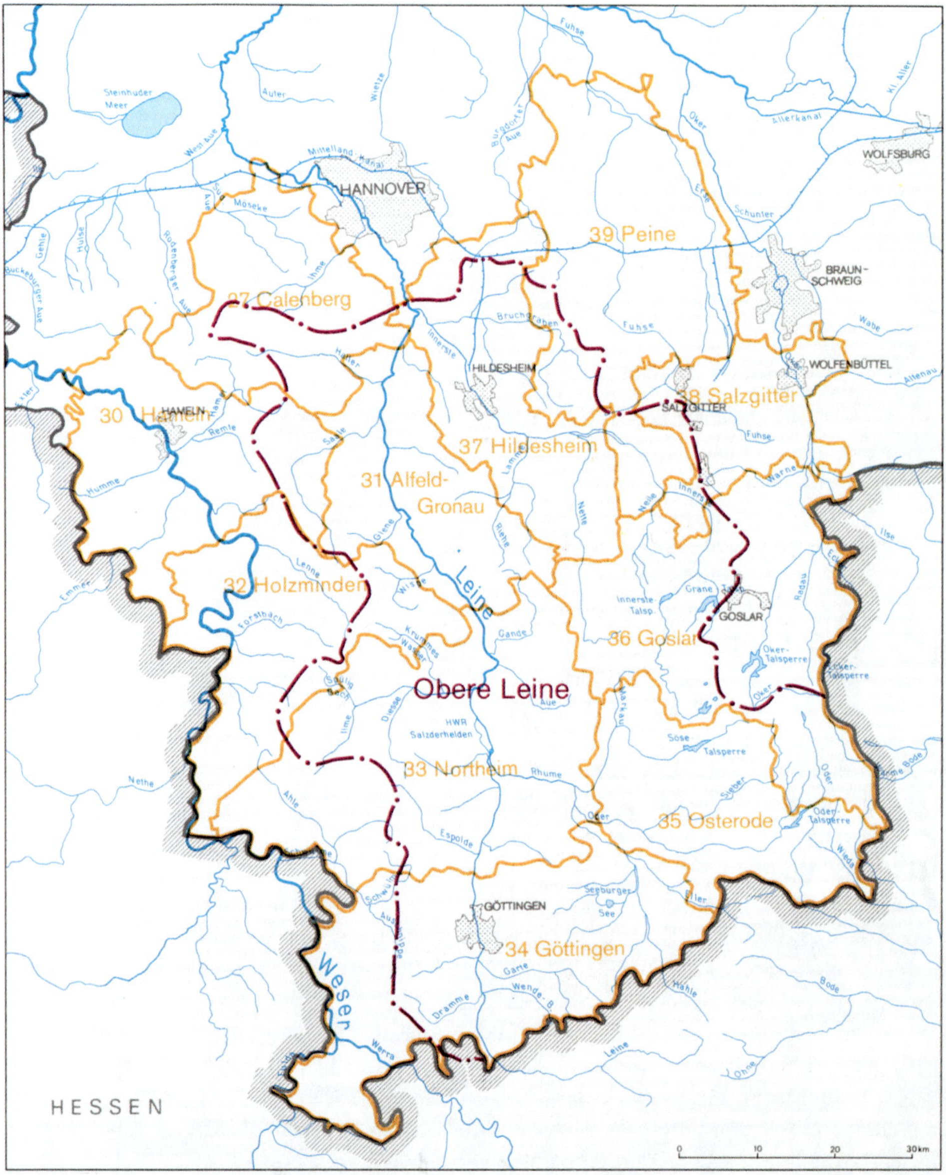

Karte 5.1-9: Bilanzraumgliederung im Planungsraum „Obere Leine“ (Hrsg.: Nds. Umweltministerium)

Vor der Aufstellung wurden die Rahmenpläne abschließend vom Umweltministerium, dem Niedersächsischen Ministerium des Innern, dem Niedersächsischen Ministerium für Wirtschaft, Technologie und Verkehr, dem Niedersächsischen Ministerium für Ernährung, Landwirtschaft und Forsten sowie den für die Wasserwirtschaft und das Wasserrecht zuständigen obersten Landesbehörden der Nachbarländer - soweit diese berührt sind - mit der Bitte um Stellungnahme zugeleitet.

Die Programme 5 und 6 wurden 1984 begonnen. Sie befaßten sich noch einmal mit dem Wasserdargebot, besonders dem nutzbaren Dargebot und dem Wasserbedarf. Dabei spielen insbesondere die Fremdbezüge für die großen Städte Hamburg und Bremen, die Fernwasserversorgung durch die Harzwasserwerke und die überhöhten Forderungen der Landwirtschaft an Beregnungswasser eine Rolle. Weitere Karten lagen gedruckt vor und waren von den Wasserwirtschaftsämtern zu prüfen. Im Jahre 1985 folgte das 7. Arbeitsprogramm, nach dem die Texte für die Abwasser- und Abfallbehandlung und die Reinhaltung der Gewässer zu bearbeiten waren. Im 8. Arbeitsschritt wurden 1988 die Bilanzen aufgestellt und weitere Texte bearbeitet. Bis zum Jahresende 1989 lagen alle Rahmenpläne im Entwurf vor. Diese beachtliche Leistung war nur möglich, weil alle Beteiligten eng und konzentriert zusammengearbeitet haben.

Die vorgeschriebene Anhörung der beteiligten Behörden begann 1990. Dann konnten 1993 die ersten Rahmenpläne „Oker" und „Obere Leine" gedruckt werden; 1994 kamen die Rahmenpläne „Untere Leine", „Nördlich der Aller", „Wümme-Unterweser" und „Untere Elbe" dazu. Weitere Rahmenpläne werden folgen. Die Rahmenpläne enthalten neben dem Text eine Fülle von Tabellen, Abbildungen und Karten.

Mit der Fertigstellung der Rahmenpläne ist die Wasserwirtschaftsverwaltung in einem kurzen Zeitraum der gesetzlichen Verpflichtung nachgekommen, wasserwirtschaftliche Grundlagen für die weitere Entwicklung des Landes zu schaffen.

Beispiel Planungsraum „Obere Leine"

In dem rd. 4.720 km² großen Planungsraum „Obere Leine" (Karte 5.1-9) liegen die Großstädte Göttingen und Hildesheim. Ihre Ballungsräume prägen die wasserwirtschaftlichen Belange im Planungsraum hinsichtlich der Wasserversorgung und der Abwasserentsorgung der Bevölkerung und Industrie sowie der Reinhaltung der Fließgewässer, insbesondere der Leine und Innerste durch Einleitung gereinigter Abwässer.

Im südlichen Teil des Planungsraumes liegen das Bergland des Bramwaldes und Sollings sowie das Mittelgebirge Harz mit ihren Lößböden an. Der größere Teil des Planungsraumes gehört zum Regierungsbezirk Braunschweig. Im Planungsraum leben derzeit rd. 880.000 Menschen. Die Bevölkerungsdichte ist in den Städten Göttingen und Hildesheim mit rd. 1.100 E/km² am größten, außerhalb der beiden Großstädte liegt die mittlere Dichte bei rd. 144 E/km². Nach derzeitiger Schätzung werden im Jahre 2010 etwa 780.000 Einwohner im Planungsraum leben (Tabelle 5.1-4).

Im Jahre 1979 liegt der Trinkwasserbedarf im Planungsraum bei rd. 68 Mio. m³. Davon entfallen rd. 84 % auf die Versorgung der Bevölkerung, des Kleingewerbes einschließlich öffentlicher Einrichtungen; der Rest dient der Industrieversorgung. Der personenbezogene Wasserverbrauch der Bevölkerung (einschl. Kleingewerbe und öffentlicher Einrichtungen) liegt derzeit bei 155 l/(E.d). Die Industrie hat 1979 rd. 100 Mio. m³ Betriebswasser verbraucht. Für die landwirtschaftliche Beregnung werden derzeit im Jahresdurchschnitt rd. 3,3 Mio. m³ Grundwasser gefördert.

Im Planungsraum „Obere Leine“ steht dem aus dem Grundwasser und dem Talsperrenwasser zu deckenden Wasserbedarf von derzeit rd. 81 Mio. m^3/a ein genutztes Grundwasserdargebot von rd. 112 Mio. m^3/a gegenüber. Für das Jahr 2010 erhöhen sich diese Zahlen auf 87 Mio. m^3/a für den Wasserbedarf bzw. 131 Mio. m^3/a für das Dargebot. Die derzeit in benachbarte Planungsräume abzugebende Wassermenge beträgt als Resultierende zwischen Bedarf und Förderung rd. 31 Mio. m^3/a; dieser Wert wird sich in den nächsten 30 Jahren voraussichtlich auf 44 Mio. m^3/a erhöhen.

Zur Deckung des künftigen Wasserbedarfs befinden sich im westlichen Teil des Planungsraumes im Bramwald und Solling ergiebige Grundwasservorkommen, die aber durch Wasser aus den Harztalsperren ergänzt werden müssen.

Landkreis	**Fläche**	**Einwohner**		**Bevölkerungsdichte**
Name	(km^2)	1979 i. Tsd.	2010 i. Tsd	(Einwohner je km^2)
1	2	3	4	5
Göttingen	749,2	210,6		281
Goslar	605,9	103,7		171
Northeim	1.029,9	130,5		127
Osterode	636,7	91,6		144
Peine	46,7	5,3		113
Wolfenbüttel	89,7	8,4		94
Hameln-Pyrmont	104,7	12,1		116
Hannover	139,1	26,8		193
Hildesheim	1.162,6	279,1		240
Holzminden	132,6	11,5		87
Niedersachsen	4.697,1	**879,6**		**187**
Hessen	20,6	1,1		52
Planungsraum	4.717,7	**880,7**	**770**	**187**

Tab. 5.1-4: Verzeichnis der Landkreise im Planungsraum „Obere Leine“ (Hrsg.: Nds. Umweltministerium)

5.1.3 GEWÄSSERKUNDLICHER LANDESDIENST - PEGELWESEN

vom StAWA Hildesheim

Einführung

Um ein hydrologisches Gesamtbild des jeweiligen Gewässerzustandes zu erhalten, betreibt der heutige gewässerkundliche Landesdienst zahlreiche, durch das Fachministerium vorgeschriebene Meßnetze. Neben dem Gewässergütemeßnetz werden für die Erfassung von Wassermengen ein Pegelmeßnetz (Wasserstände und Abflüsse), ein Grundwasserstandsmeßnetz, ein Grundwassergütemeßnetz und ein Depositionsmeßnetz betrieben (Tabelle 5.1-2).

Pegelmeßnetz für Wasserstände und Abflüsse

Das Pegelmeßnetz schließt Oberflächen- und Küstengewässer mit ein. Eine Meßstelle besteht in seinen Hauptteilen aus dem Lattenpegel und verfügt in der Regel über eine ergänzende Registriereinrichtung zur kontinuierlichen Aufzeichnung des Wasserstandes, die wettergeschützt in Pegelhäusern unterschiedlicher Bauart, gemauerten Steinhäusern, Fertigteilhäusern, Holzhäusern oder in einem wetterfesten Gehäuse untergebracht sind (Abb. 5.1-5, 5.1-6). Viele Pegel sind zusätzlich zu den Bandschreibern mit einem elektronischen Datensammler ausgestattet, so daß die Meßwerte über ein Auslesegerät erfaßt und über eine Schnittstelle zu einer geeigneten Software in eine EDV-gestützte Bearbeitung übernommen werden können. Hochwassermeldepegel sind heute zusätzlich mit einer automatischen Wasserstandsansageeinrichtung, wodurch die momentanen Wasserstände telefonisch abgefragt werden können, und mit einer Datenerfassungseinrichtung, mit der die Wasserstände direkt über ein Modem von einer EDV-Anlage abgefragt werden, ausgerüstet.

Abb. 5.1-5: Pegel Holter Mühle an der Südradde, gegenüber dem Lattenpegel sind in einem Stahlblechgehäuse der Bandschreiber und der Datenschreiber installiert (Foto: StAWA Meppen)

Abb. 5.1-6: Tidepegel mit Lattenpegel und kontinuierlich aufzeichnendem Schwimmerpegel im Stahlrohr mit sturmflutsicher montiertem Trommelschreiber. Der Treppenaufgang ermöglicht den wöchentlichen Austausch des Pegelbogens und die Gerätekontrolle. Die Verschlickung unmittelbar am Pegelrohr läßt das Problem erkennen, daß Pegelrohr und Einlaßöffnung regelmäßig freigespült werden müssen.

Abflußmessungen

Mit Hilfe der in unmittelbarer Nähe der Pegel regelmäßig durchgeführten Abflußmessungen lassen sich Wasserstands-Abfluß-Beziehungen (Abflußkurven) ermitteln, mit denen sich aus den kontinuierlich erfaßten Wasserständen die zugehörigen Abflüsse ablesen lassen. Seit 1893 wurden erste Abflußmessungen mit Hilfe des „Woltmann'schen Flügels" ausgeführt, der jedoch sehr unhandlich und sperrig war. Für Abflußmessungen wurden 1930 erstmals Regeln vom Fachministerium herausgegeben.

Heute ist das Pegelwesen in einer zwischen Bund und Ländern vereinbarten Pegelvorschrift geregelt. Der Abfluß wird heute größtenteils mit einem handlichen Flügelmeßgerät (Laborflügel) gemessen. Bei größeren Gewässern dient zur Abflußmessung entweder ein Stangenflügel, eine Seilkrananlage mit Schwimmflügel, ein Brückenausleger mit Schwimmflügel oder eine vor Ort fest installierte Ultraschallmeßeinrichtung. Seit einigen Jahren kommen auch Induktionsmeßgeräte zum Einsatz. Gerade bei geringen Abflußgeschwindigkeiten und stark verkrauteten Gewässern hat dieses Gerät gegenüber Meßflügeln große Vorteile (Abb. 5.1-7 a-e).

Abb. 5.1-7: Abflußmessungen mit a) Laborflügel

b) Seilkrananlage an der Leine bei Poppenburg

c) Seilkranlage am Pegel Herzlage an der Hase

e) Induktionsmeßgerät (Fotos: StÄWA Hildesheim a),b),e); Meppen c) und Cloppenburg d)

d) Brückenausleger und Schwimmflügel (verdeckt) am Pegel Bunnen an der Hase

Abb. 5.1-8: Niederschlags- und Verdunstungsmessungen, Meßstelle Steinhuder Meer (Foto: StAWA Hildesheim)

Grundwasserstandsmeßnetz

In den 70er Jahren wurden die ersten flächendeckenden Grundwasserstandsmessungen begonnen. Ergänzt werden die Grundwassermeßstellen des gewässerkundlichen Landesdienstes (Tabelle 5.1-2) durch zahlreiche von Dritten, meistens Wasserversorgern, betriebene Grundwassermeßstellen. Das Grundwassermeßverfahren hat sich im Laufe der Zeit wenig geändert. Die Grundwasserstände werden heute regelmäßig mit Hilfe eines Kabellichtlotes gemessen; Ablesungen mit einem einfachen Maßband oder der Brunnenpfeife sind kaum noch gebräuchlich.

Niederschlagsmeßnetz

Die Messung der Niederschlagsmengen obliegt dem Deutschen Wetterdienst; die niedersächsische Wasserwirtschaftsverwaltung betreibt nur wenige Niederschlagsmeßstellen, insbesondere zur Steuerung der landeseigenen Hochwasserrückhaltebecken. Früher wurden in der Regel Niederschlagssammler mit täglicher Ablesung verwendet. Heute sind diese durch einen Niederschlagsschreiber ersetzt, so daß sich der Ableseturnus verringerte und genauere Auswertungen von Niederschlagsereignissen möglich wurden. Zusätzlich werden an ausgewählten Stellen die Verdunstungshöhen mit einem Verdunstungskessel gemessen (Abb. 5.1-8).

Auswertung und Archivierung

In den letzten zehn Jahren haben sich die Archivierung von Meßdaten und deren weitere Verarbeitung geändert. Wurden noch in den 80er Jahren die von den Pegelbogen abgegriffenen Meßdaten zur Archivierung von Hand in einen Rechner eingegeben - eine weitere Verarbeitung der Meßwerte mit Hilfe der EDV war damals nicht möglich -, werden die Meßwerte heute überwiegend unmittelbar in den Rechner über eine Schnittstelle übertragen und durch geeignete Software geprüft, archiviert und weiter verarbeitet.

Ergebnis

Die Arbeit des gewässerkundlichen Landesdienstes hat sich bei der Erfassung, Archivierung und Auswertung von Wassermengen in den letzten Jahren vor allem auf dem Gebiet des EDV-Einsatzes erheblich geändert, indem die Meßstellen im Pegel- und im Gütemeßnetz überwiegend mit Datensammlern sowie Datenfernübertragungsanlagen und die Ämter mit EDV-Anlagen ausgestattet wurden. Hierdurch verbesserte sich die Effizienz des gewässerkundlichen Landesdienstes erheblich.

5.1.4 DIE ELEKTRONISCHE DATENVERARBEITUNG (EDV) IN DER GEWÄSSERKUNDE

vom StAWA Verden

Die Wasserwirtschaftsverwaltung ist seit jeher bestrebt, die Meßwerte Wasserstand, Wassermenge, und Wassergüte so zu erfassen, daß sich möglichst sichere Vorhersagen über Wasserstand (Daseinsvorsorge), Wassermenge und Wassergüte (Nutzbarkeit von Gewässern und Grundwasser) ableiten lassen. Dabei wird eine Vielzahl von Daten gewonnen, die mit teilweise aufwendigen Rechenverfahren bearbeitet werden müssen. Hierzu bietet sich der Einsatz rechnergestützter Verfahren an.

Mechanische Rechenhilfen und Kleinstrechner

Wurden bis 1963 noch alle gewonnenen Daten handschriftlich ausgewertet, brachte der Einsatz mechanischer Saldiermaschinen die erste Erleichterung bei der Bearbeitung dieser sehr umfangreichen Datenmengen. Dazu kam ab 1979 der Einsatz eines programmierbaren Kleinrechners, mit dessen Hilfe die Abflußmessungen ausgewertet werden konnten.

System Commodore 8032

Im Jahre 1982 hielten dann die ersten Personal Computer (PC) Einzug in die Ämter. Es handelte sich hierbei um Geräte Commodore 8032, von denen jedem Amt ein Gerät zugewiesen wurde. Zu diesem Gerät gehörten ein Doppeldiskettenlaufwerk, ein Drucker und ein Plotter.

Zur Erfassung und Bearbeitung der anfallenden Daten aus Messungen von Wasserständen und Wassermengen wurde zentral für alle Ämter die Software „Pegelwesen" beschafft. Die Daten konnten damit bis zur Erstellung von Jahreslisten mit Dauertabellen für Wasserstand und Abfluß behandelt werden. Die Ausgabe erfolgte in Listenform oder als Ganglinienplot. Alle Daten wurden auf Disketten gespeichert. Zentral waren diese Daten über einen Diskettenaustausch mit NWA, später NLW bzw. NLWA, verfügbar.

Bis zu seiner Ablösung im Jahre 1989 wurden auf dem Commodore-System außerdem Ergebnisse für Oberflächenwassergüte, grafische Darstellung von Daten, Massenermittlungen für Bauten sowie erste Datenbanken zur Stammdatenerfassung von Meßstellen und Texte bearbeitet. - Im Laufe des vermehrten Einsatzes stiegen auch die Ansprüche und Erwartungen an die EDV.

Einsatz IBM-kompatibler Rechner

Die Speichermöglichkeiten des Commodore-Systems waren im Jahr 1988 absehbar erschöpft. Es wurden deshalb ab 1989 leistungsfähigere IBM-kompatible Systeme angeschafft. Da das bis dahin verwendete Commodore-System nicht dem jetzt gültigen Industriestandard entsprach, mußten die gespeicherten Daten auf die neuen Systeme transformiert werden. Grundlage waren jetzt relationale Datenbanken, die es ermöglichten, mit Standardsoftware Auswertungen der vorhandenen Daten durchzuführen. Außerdem wurde jetzt in fast allen Ämtern eine Standard-Textverarbeitung eingeführt.

Der Einsatz von Mehrplatzrechnern

Im Jahre 1990 wurde parallel zu dem fortschreitenden PC-Einsatz in den Ämtern ein UNIX-Mehrplatzsystem (CADMUS) installiert. Dieser Mehrplatzrechner war ursprünglich mit den wasserwirtschaftlichen Dienststellen (NLWA, andere StÄWA) verbunden. Als erste Anwendung konnten Wasserstands- und Gütedaten beim NLWA (heute NLÖ) abgerufen werden. Nach der Erprobungsphase wurde das Telefonmodem durch einen leistungsfähigeren und ökonomischeren Datex-P Modemanschluß ersetzt.

Ende 1993 wurden zusätzlich zu den inzwischen veralteten CADMUS-Systemen in vier Ämtern leistungsfähigere HP9000 Server installiert. Diese wurden 1995 an die Bezirksregierungen abgegeben und durch noch leistungsfähigere DEC-Alpha-Server ersetzt. Die Ämter wurden mit einer Ethernetverkabelung ausgestattet, so daß jeder Sachbearbeiter, der über einen eigenen PC verfügte, damit die vorhandenen Anwendungen auf dem Mehrplatzrechner nutzen konnte. Die Schwerpunkte des Einsatzes der Mehrplatzrechner liegen z. Z. im Bereich Meßdaten- und Wasserbuchdatenverwaltung. Die Grundlagen für die Einrichtung eines modernen Fachinformationssystems Wasserwirtschaft (FIS-W) sind damit vorhanden. Wesentliche Erweiterungen sind erst mit der Einführung eines angestrebten geographischen Informationssystems (GIS) erforderlich.

Automatische Gütemeßstationen

Da die Gewinnung von Wassergütedaten ein sehr zeitaufwendiges Verfahren ist, wurde schon frühzeitig versucht, zumindest physikalische Güteparameter automatisch zu erfassen.

Seit 1977 wurden die physikalischen Güteparameter Wassertemperatur, Sauerstoffgehalt, pH-Wert und Leitfähigkeit in stationären Meßstationen erfaßt und per Telefonleitung im Abstand von 24 Stunden vom zentralen Rechner des Niedersächsischen Wasseruntersuchungsamtes (NWA) abgerufen. Diese Daten wurden dann jedem Amt in Listenform zur Verfügung gestellt. Der Parameterumfang wurde 1979 um Globalstrahlung, Lufttemperatur und -feuchte, Windgeschwindigkeit und -richtung erweitert. Im Jahre 1992 wurde die Betreuung der Gewässergütemeßstationen auf die StÄWA übertragen, die seit Anfang 1996 die Daten online aus den Meßstationen abrufen können.

Automatische Pegelstationen und Datensammler

Im Jahre 1989 wurde dann ein System zur Erfassung der Wasserstände in Betrieb genommen. Dazu installierte das damalige NLWA eine Datenfernübertragung (Ott-Algomatik). Mit der Datenfernübertragung zum heutigen NLÖ wurden die Daten sofort zentral verfügbar und konnten für den Hochwassermeldedienst ausgewertet werden.

Um die Auswertung der gesammelten Daten zu vereinfachen, wurden parallel zu den Entwicklungen des NLWA rechnerlesbare Datensammler von den StÄWA betrieben. Sie machten das langwierige Auswerten von Pegelbögen mittels Polarplanimeter überflüssig, da die erfaßten Wasserstände direkt in die Rechner eingelesen werden konnten und somit der Arbeitsaufwand der Dateneingabe beträchtlich verringert wird (Abb. 5.1-9).

Online Datenabruf

Die bisher letzte Entwicklung der Datenerfassung stellt der online- und offline-Abruf aus automatischen Meßstationen und mobilen Datensammlern dar. Hierbei sind aus den Meßstationen die gesammelten und aktuellen Daten jederzeit abrufbar. Sie können in Listenform oder grafisch aufbereitet, dargestellt und gespeichert werden. Auch der Datenaustausch mit anderen Programmen ist möglich.

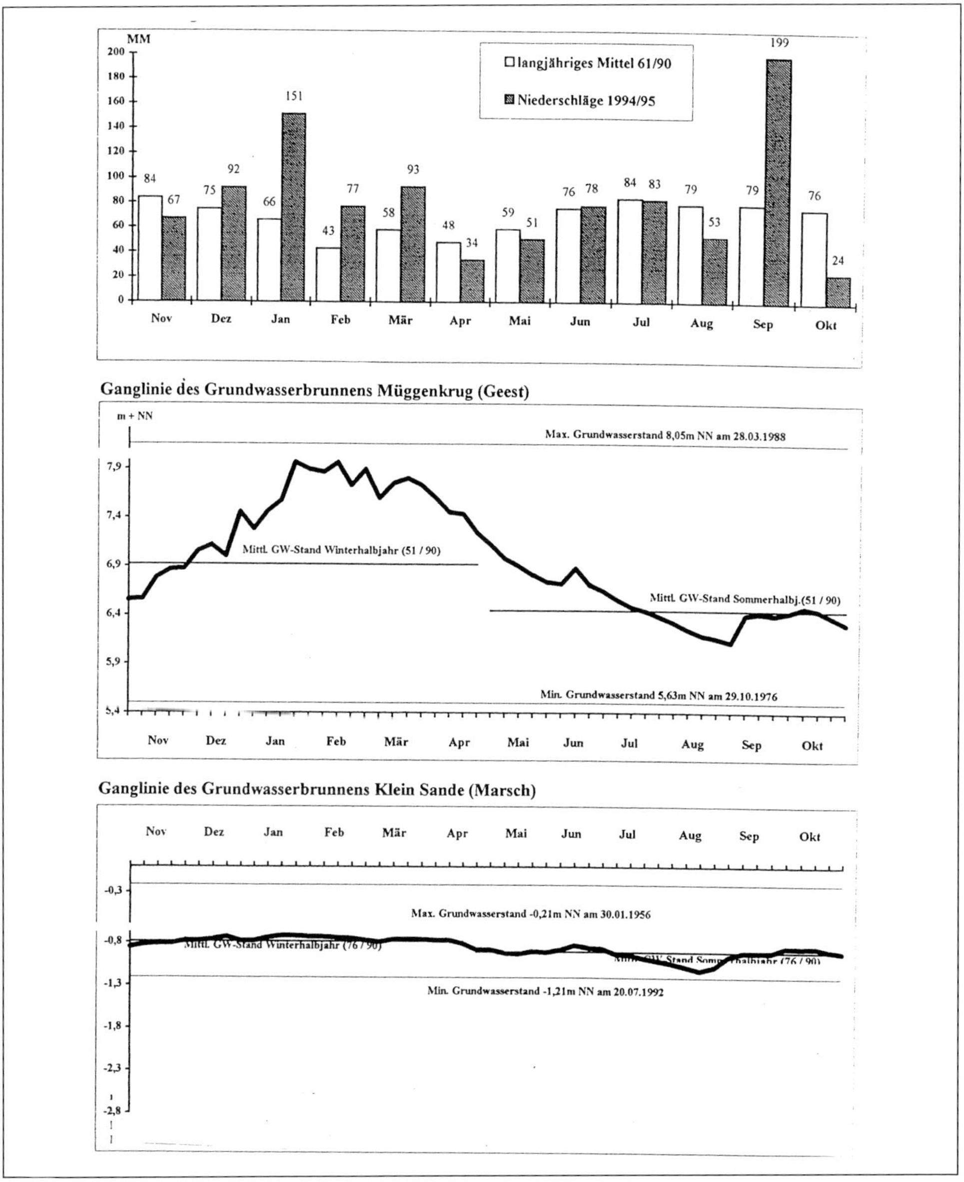

Abb. 5.1-9: Ergebnisse der EDV-Auswertung von Grundwasserbeobachtungen (Bearb.: StAWA Aurich)

5.1.5 GEWÄSSERGÜTE UND LABORUNTERSUCHUNGEN

vom StAWA Meppen

5.1.5.1 VERANLASSUNG, LABORAUFBAU

Für den „Gewässerkundlichen Landesdienst Niedersachsen“ wurden zwischen 1981 und 1986 in elf ausgewählten Wasserwirtschaftsämtern (WWA) -später: Staatliche Ämter für Wasser und Abfall (StAWA)- Laboratorien eingerichtet. Diese sollten in Zusammenarbeit mit dem Niedersächsischen Wasseruntersuchungsamt (NWA) - später Niedersächsisches Landesamt für Ökologie (NLÖ) - an insgesamt 360 Meßstellen die Gewässergüteuntersuchungen an Oberflächengewässern wahrnehmen. Darüber hinaus sollten die Labors innerhalb des zugewiesenen Amtsbezirkes Untersuchungen an Gewässern vornehmen, um örtliche und regionale Gütefragen beantworten zu können.

Aufbau und Entwicklung am Beispiel des Labors beim StAWA Meppen

Im Dezember 1982 wurde das Labor des StAWA Meppen eingerichtet. Es war eine Laborfläche von rd. 90 m^2 verfügbar, die alle notwendigen Einrichtungen, einschließlich Büroraum des Laborleiters, für die Laborarbeit aufnahm. Die apparative Ausstattung bestand im Kern aus einem Photometer und einer Analysenwaage. Die Ausweitung des Aufgabenbereiches, der apparativen Ausstattung und der Einrichtung eines Ausbildungsplatzes machten die Ausweitung der Laborfläche erforderlich. Bis 1992 wurde aus vorhandenen Räumlichkeiten die Laborfläche auf rd. 130 m^2 erweitert. Die Anforderungen durch die Analytik und die Forderungen aus den geltenden Sicherheitsvorschriften machten bereits frühzeitig deutlich, daß die vorhandene Laborfläche und die sicherheitstechnischen Einrichtungen nicht ausreichen, um den Laborbetrieb langfristig aufrecht zu erhalten.

Im Rahmen des Neubaues eines Amtsgebäudes für das StAWA Meppen wurde daher ein Labortrakt mit 240 m^2 Fläche eingeplant (Abb. 5.1-10), in dem die Vorbereitungsräume von den Meßräumen getrennt sind. Zur vorgeschriebenen Be- und Entlüftung der Laborräume dient eine zentrale Lüftungsanlage, zur Abwasserbehandlung eine zentrale Neutralisationsanlage. Die Versorgung mit Sondergasen und Druckluft er-

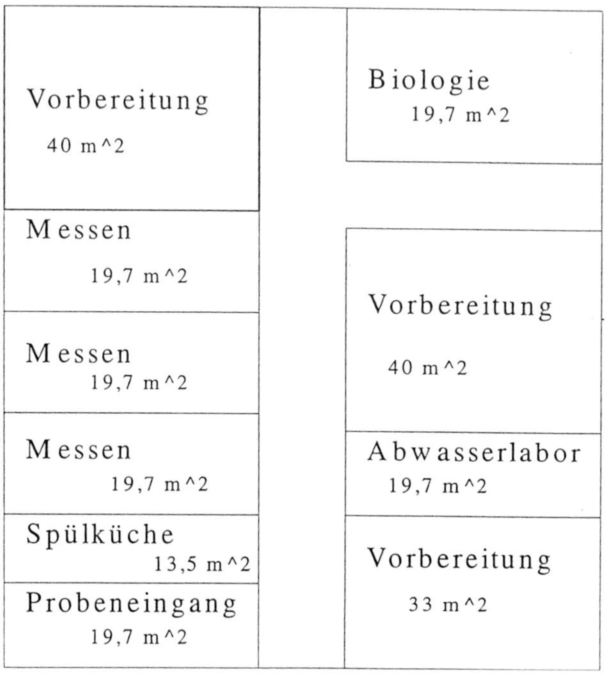

Abb. 5.1-10: Grundrißdarstellung des Labortraktes im StAWA Meppen, schematisch

folgt jeweils über zentrale Versorgungseinheiten. Für die Datenverarbeitung bzw. Labordatenerfassung wurde eine Kopplung mit der zentralen Datenverarbeitung eingerichtet.

Die personelle Ausstattung sah in der Anfangsphase einen Chemie-Ingenieur oder Chemieingenieurin und grundsätzlich zwei Laboranten oder Laborantinnen vor. Durch zusätzliche Aufgaben und apparative Ausstattung war eine Vermehrung des Laborpersonals auf drei Laborfachkräfte, einen Probenehmer und einer Spülkraft, so daß insgesamt fünf und eine halbe Planstelle, einschl. Laborleiter, besetzt sind (Abb. 5.1-11). Der Aufgabenumfang des Labors zeigte sich anhand des Probenanfalls für 1994, als insgesamt 1990 Proben mit 28.500 Parametern bearbeitet wurden. Gegenüber 1992 ist dies eine Zunahme von 37 %, die nur durch fortschreitende Automatisierung der Analysentechnik aufgefangen werden konnte.

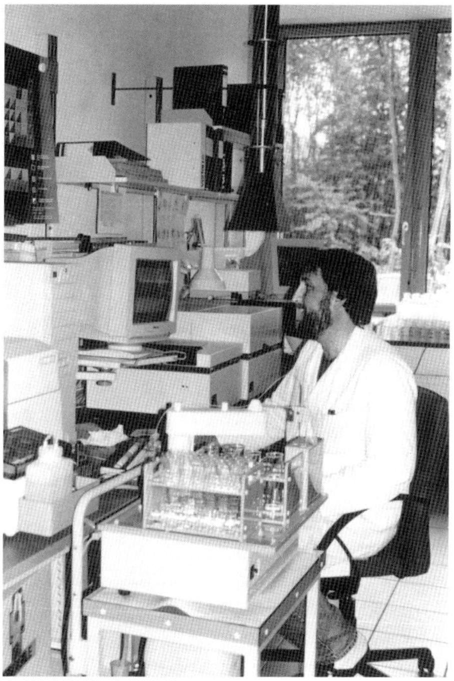

am Ionenchromatographen (Fotos: StAWA Meppen)

Abb. 5.1-11: Probenuntersuchung im Labor des StAWA Meppen

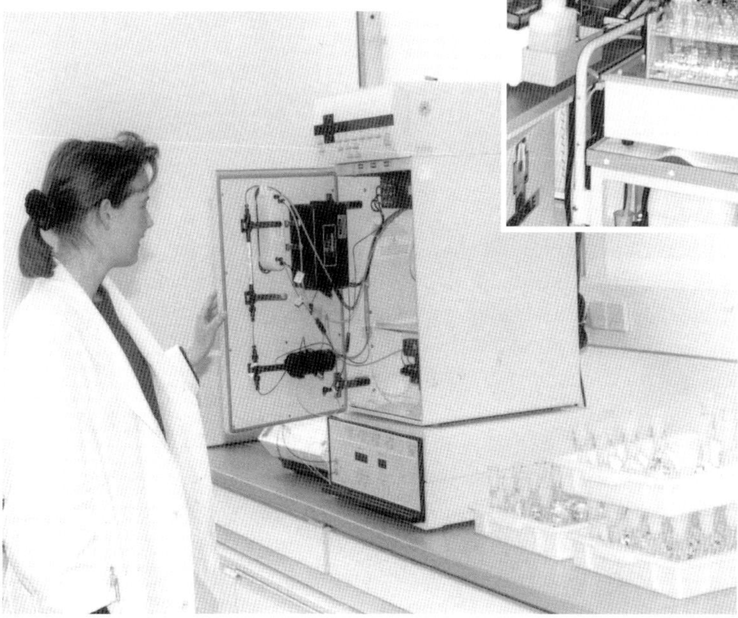

5.1.5.2 QUALITÄTSSICHERUNG UND AUSSTATTUNG

Analytische Qualitätssicherung (AQS)

Um der Zielsetzung einer Umweltverwaltung gerecht zu werden, müssen insbesondere Verfahren angewendet werden, die weitestgehend auf den Einsatz von umweltgefährdenden Chemikalien verzichten bzw. den Anfall von Abfällen deutlich vermindern. Das Ziel und das Qualitätskriterium für ein Analysenverfahren kann mit „Reproduzierbarkeit und Richtigkeit" umschrieben werden. Eine Analyse kann nur unter diesen Gesichtspunkten und unter entsprechender apparativer Ausstattung aussagekräftige Informationen liefern und die Analysedaten eine zuverlässige Grundlage für Auswertungen und Entscheidungen bilden (Abb. 5.1-12).

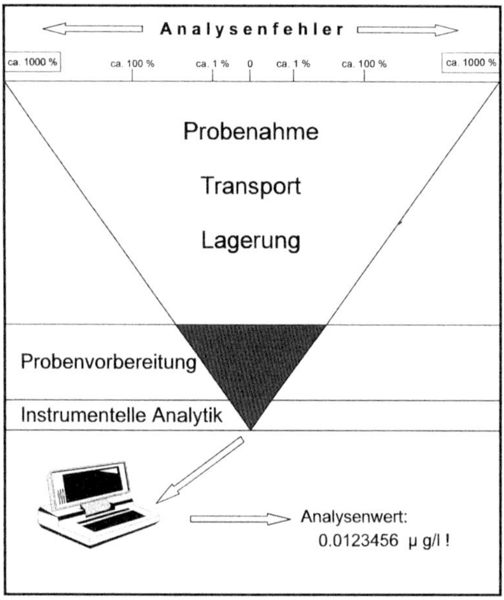

Abb. 5.1-12: Zusammenhang zwischen Analysenfehler und den Teilschritten einer Analyse (Bearb.: StAWA Meppen)

Die eigentliche Analyse beinhaltet neben der Untersuchung, die Probenahme, die Probenlagerung, den Probentransport, die Probenvorbereitung, die Plausibilitätskontrolle und die Dokumentation. Es wird deutlich, welche Fehlerquellen bei einer Analyse vorhanden sind und begründet gleichzeitig auch die Notwendigkeit einer intensiven AQS. Welche Bedeutung die AQS in der Analytik besitzt, zeigt die Tatsache, daß ca. 25 bis 30 % der Laborkapazitäten für die AQS vorzuhalten sind.

Ausstattung

Die Ausstattung der Laboratorien war zunächst für die Untersuchung des Sauerstoffhaushalts sowie der Salz- und Nährstoffbelastung im Bereich der Wasseranalytik ausgelegt. Aufgrund zusätzlicher Anforderungen, Aufgabenverlagerungen zu den StÄWA-Laboratorien und neuer Meßprogramme wurde eine Ergänzung der Ausstattung notwendig. Zur Zeit sind, neben den bereits genannten Parametern bzw. Stoffgruppen, die Analyse der Schwermetalle, der adsorbierbaren organischen Halogenide (AOX) und des Kohlenstoffgehaltes im Rahmen der Wasseranalytik möglich.

Darüber hinaus wurden Multiparameterverfahren -z. B. Ionenchromatographie-, elektrometrische Verfahren -z. B. Sauerstoffelektroden- und Fließanalyseverfahren, z. B. FIAS und CFA für die Stickstoff- und Phosphoranalytik- in die Routineanalytik eingebaut. Im Bereich der „Internationalen Kommission zum Schutz der Elbe" (IKSE) bestehen zudem besondere Anforderungen im Bereich der Spurenanalytik (Schwermetalle, Belastung von Schwebstoffen).

Labordatenverarbeitung

Datenerfassungssysteme für Gütedaten von Oberflächengewässern und aus der Einleiterüberwachung wurden bereits Anfang der achtziger Jahre eingesetzt. Zur Zeit wird eine Verbesserung der Labordatenerfassung überlegt und die Beschaffung eines Labordaten-Informations-Management-Systems (LIMS) angestrebt.

5.1.5.3 WEITERE ENTWICKLUNG

Oberflächengewässer-Güteüberwachung im Gewässerüberwachungssystem Niedersachsen (GÜN)

Die ursprüngliche Aufgabenplanung für die Laboratorien beinhaltete die Gewässergüteüberwachung an Oberflächengewässern. Im Rahmen der Einbindung biologischer Untersuchungen zur Klärung von Gütefragen wurden auch verstärkt lokale Meßprogramme aufgelegt, um flächendeckende Aussagen über die Belastung von Oberflächengewässern aus chemisch-physikalischer Sicht zu erhalten. Biologische und chemisch-physikalische Daten bilden die Grundlage für die Beurteilung der Gewässergüte, die in Form von Gewässergütekarten dargestellt wird. In Abbildung 5.1-13 wird verdeutlicht, wie anhand der vorliegenden Analysedaten Trendanalysen über die Belastung von Oberflächengewässern erstellt und dokumentiert werden.

GÜN-Erweiterungen

Neben dem GÜN-Oberflächengewässer-Meßprogramm wurden landesweit weitere Meßprogramme aufgelegt:

Meßprogramm	Einführung
Versauerungsgefährdete Gewässer	1985
Grundwasserbeschaffenheit	1988
Bade- und Stillgewässer	1991
Depositionen	1993

Das Programm „Versauerungsgefährdete Gewässer" soll die Auswirkungen der sauren Depositionen -saurer Regen auf Oberflächengewässer, insbesondere Quellen und Quellgewässer- erfassen. Das Programm „Grundwasserbeschaffenheit" soll regionale Aussagen über die chemisch-physikalischen Eigenschaften des Grundwassers und dessen Belastungen ermöglichen. Das Programm „Still- und Badegewässer" ist eine Erwei-

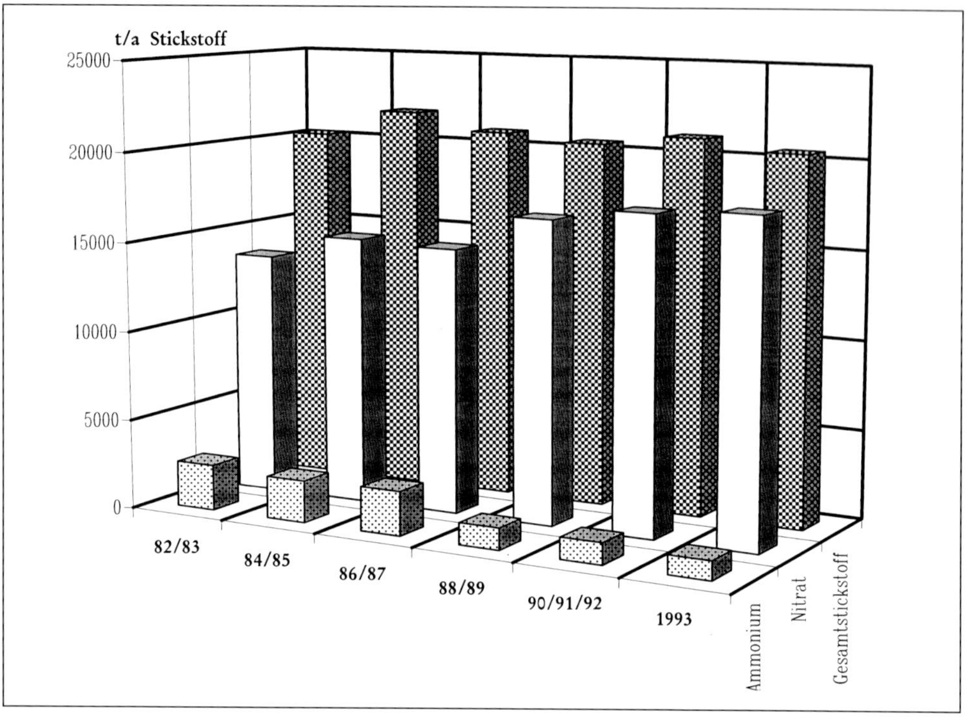

Abb. 5.1-13: Entwicklung der Stickstoff-Frachten der Ems an der Meßstelle Herbrum für den Zeitraum 1982 - 1993 (Bearb.: StAWA Meppen)

terung des Meßprogramms Oberflächengewässer und soll die Belastungen von Stillgewässern und Badegewässern aufzeigen. Das Programm „Depositionen" erfaßt die Belastungen von Niederschlägen (Tabelle 5.1-2).

Überwachung

Bereits 1984 wurde die Einleiterüberwachung an den kommunalen Kläranlagen vom damaligen NWA an die WWÄ verlagert. Dafür waren nicht nur die fachlichen und organisatorischen Maßnahmen kurzfristig zu schaffen, in der Folgezeit war dadurch auch eine ständige Auseinandersetzung mit den verwaltungsrechtlichen und strafrechtlichen Gesichtspunkten der Einleiterüberwachung erforderlich. Durch die Verlagerung der Zuständigkeit an die Landkreise und der Möglichkeit zur Zulassung von privaten Laboratorien im Frühjahr 1996 konzentriert sich die Einleiterüberwachung durch die StÄWA auf Anlagen, die der Überwachung der Bezirksregierungen unterliegen.

Seit Mitte der achtziger Jahre wurden zunehmend von den StÄWA Aufgaben im Bereich der Grund- und Sickerwasseruntersuchungen an Abfalldeponien vom NLÖ übernommen. Zunächst führten sie die Kurzuntersuchungen an den ausgewiesenen Beweissicherungsbrunnen aus. Mit erweiterter Ausstattung der Laboratorien gehörten dann auch die Regel- und Volluntersuchungen an den Deponien dazu. Diese beinhalten Schwermetallanalysen und AOX-Bestimmung. Seit 1993 führen in diesem Bereich die StÄWA-Laboratorien die Überwachung noch weitergehender aus.

Umweltvergehen

Im Rahmen der Umweltüberwachung wurden die Laboratorien in die Untersuchung von Probenmaterial der Polizei eingebunden. Der besondere Charakter dieser Aufgabe lag in der beweiskräftigen Durchführung und Dokumentation der Analysenergebnisse und der Beurteilung der Umweltrelevanz dieser Proben, die als gutachterliche Tätigkeit, in Amtshilfe für Polizei bzw. Staatsanwaltschaft, zur Beurteilung der ordnungsrechtlichen bzw. strafrechtlichen Konsequenzen bearbeitet werden mußten. Dieser Bereich hatte einen Schwerpunkt Mitte bis Ende der achtziger Jahre. Darüber hinaus werden die Laboratorien zur Beweissicherung und Dokumentation bei Gewässerverunreinigungen und Fischsterben herangezogen.

Ausbildungsmaßnahmen

Ein wenig beachteter Bereich innerhalb der Laboratorien ist die Bereitstellung von Praktikumsplätzen für die sog. „Schnüffelpraktika" für die örtlichen bzw. regionalen Schulen. Damit wird Schülern die Möglichkeit gegeben, sich im Rahmen ihrer Vorbereitung für die Berufswahl ein Bild über die Laborarbeit zu machen. Für die Absolvierung von Praxissemestern werden interessierten Studenten, soweit möglich, Praktikumsplätze zur Verfügung gestellt. Im Rahmen eines Pilotprojektes wurde im Labor des StAWA Meppen eine Auszubildende mit sehr gutem Erfolg zur Chemielaborantin ausgebildet.

5.1.6 UNTERSUCHUNGEN ZUM WASSERHAUSHALT IM WANDEL DREIER JAHRZEHNTE

von Gerd Brühmann

Einführung

Schon im Altertum hat sich der Mensch mit den Gesetzmäßigkeiten des Wasserkreislaufes auseinandergesetzt. Die Zusammenhänge zwischen Niederschlag, Verdunstung und Abfluß wurden bereits durch die naturphilosophischen Arbeiten von Aristoteles (384 - 322 v. Chr.) richtig gedeutet. Die im wahrsten Sinne des Wortes klassische Wasserhaushaltsgleichung

$$N - V = A$$

Niederschlag - Verdunstung = Abfluß

vermag jedoch heute das komplexe Zusammenspiel der einzelnen Wasserhaushaltskomponenten und deren Veränderung durch zahlreiche anthropogene Einflüsse nicht mehr ausreichend zu beschreiben. So kann sie beispielsweise den sehr bedeutsam gewordenen Grundwasserhaushalt nicht wiedergeben.

Eine eingehendere Betrachtung des Wasserhaushaltes wurde etwa ab 1965 erforderlich, als der Wasserbedarf nicht nur für die Trink- und Brauchwasserversorgung, sondern in besonderem Maße auch für die landwirtschaftliche Beregnung stark anstieg und Pläne einer großräumigen Wasserbedarfsdeckung zu untersuchen waren. Diese Aufgabe wurde damals der wasserwirtschaftlichen Rahmenplanung in den Wasserwirtschaftsämtern, später Staatlichen Ämtern für Wasser und Abfall, übertragen. Im Jahre 1967 begann diese ihre Arbeit mit dem vorgegebenen Ziel, die wasserwirtschaftlichen Zusammenhänge und

Abhängigkeiten innerhalb der 16 wasserwirtschaftlichen Rahmenplanungsräume in Niedersachsen aufzuzeigen, daraus die Rahmenbedingungen für den Umgang mit dem Lebenselement Wasser abzuleiten und Pläne für wasserwirtschaftliche Maßnahmen zu entwickeln. Einen Rückblick auf drei Jahrzehnte gründlicher Beschäftigung mit dem Wasserhaushalt am Beispiel der Arbeit des StAWA Lüneburg für den Bereich des Rahmenplanungsraumes „Obere Elbe“ soll dieser Beitrag geben.

Großräumige Grundwassererkundung

Zu Beginn der wasserwirtschaftlichen Rahmenplanung galt es zunächst vor allem, die Gestalt der Grundwasservorkommen und deren Funktionieren zu erkennen, um heraus beurteilen zu können, in welchem Maße Grund- und Oberflächenwasser für den menschlichen Bedarf nutzbar ist. So war die großräumige Grundwassererkundung die dominierende Aufgabe der ersten Hälfte der betrachteten drei Jahrzehnte.

Rund 250 Aufschlußbohrungen und über 3000 geoelektrische Gleichstromsondierungen, von 1968 bis 1983 ausgeführt, lieferten ein umfassendes Bild von den 100 bis 400 m mächtigen Lockergesteins-Grundwasserkörpern, ihrer Gliederung in mehrere Grundwasserstockwerke und von den durch eiszeitliche Vorgänge entstandenen Rinnenstrukturen. Bei einem nutzbaren Porenvolumen von etwa 15 - 20 % stellt sich das Grundwasservorkommen „Lüneburger Heide“ - ein Teil des Norddeutschen Grundwasserbeckens - als eine regelrechte Wasserkammer dar. Es wäre jedoch verfehlt, deren Nutzbarkeit aus Mächtigkeit und Volumen der Grundwasserkörper abzuleiten und von Grundwasservorräten zu sprechen; vielmehr ist der Maßstab für die Nutzbarkeit ausschließlich der Grundwasserhaushalt, also der Kreislauf zwischen Grundwasserneubildung und -abfluß (s. a. Abschn. 10.9). Eine besondere Nutzungseinschränkung ergibt sich daraus, daß der tiefe Untergrund weitgehend mineralisiertes Grundwasser enthält und auch im Umfeld der zahlreichen norddeutschen Salzstöcke sowie in der Elbmarsch teils großflächige Versalzungsbereiche vorhanden sind.

Fast alle Aufschlußbohrungen wurden zu Grundwassermeßstellen ausgebaut, je nach Stockwerksgliederung mit mehrfacher Verfilterung. Aus den Grundwasserstandsdaten erarbeitete Isohypsendarstellungen und Schnitte ließen großräumig die Gestalt der Grundwasseroberfläche, Fließrichtung und Gefälle des Grundwassers erkennen wie auch den Druckspiegel des tieferen, gespannten Grundwassers. So konnte erstmals auch ein räumliches Modell der freien Grundwasseroberfläche eines rd. 4000 km^2 großen Grundwasserkörpers in 600-facher Überhöhung gefertigt werden (Abb. 5.1-14). Erstanalysen des Grundwasserchemismus an allen neuen Grundwassermeßstellen gehörten ebenfalls zu diesem Grundwasser-Erkundungsprogramm.

Die bereits vor 10 Jahren abgeschlossene flächendeckende großräumige Grundwassererkundung wurde bis heute durch weitere regionale Erkundungsprogramme der Wasserwerke, größerer Industriebetriebe und Beregnungsverbände ergänzt. Eine besondere Verdichtung hat das Grundwasserstandsmeßnetz durch das Beweissicherungsprogramm für das Wasserwerk Nordheide der Hamburger Wasserwerke, den Bau des Elbe-Seitenkanals und die Planungen „Atomares Endlager Gorleben“ und „Wiederaufbereitungsanlage Dragahn“ erfahren. Als Folge dieser Meßprogramme sind gegenwärtig über 5000 Grundwasserstandsmeßstellen im Amtsbereich des StAWA Lüneburg vorhanden. Nachdem diese Fülle von Meßdaten, teils in Meßreihen über mehr als 25 Jahre, statistisch aufbereitet vorliegt, hält es das Land Niedersachsen nun für geboten, die landeseigenen Meßdienste wieder deutlich zu reduzieren.

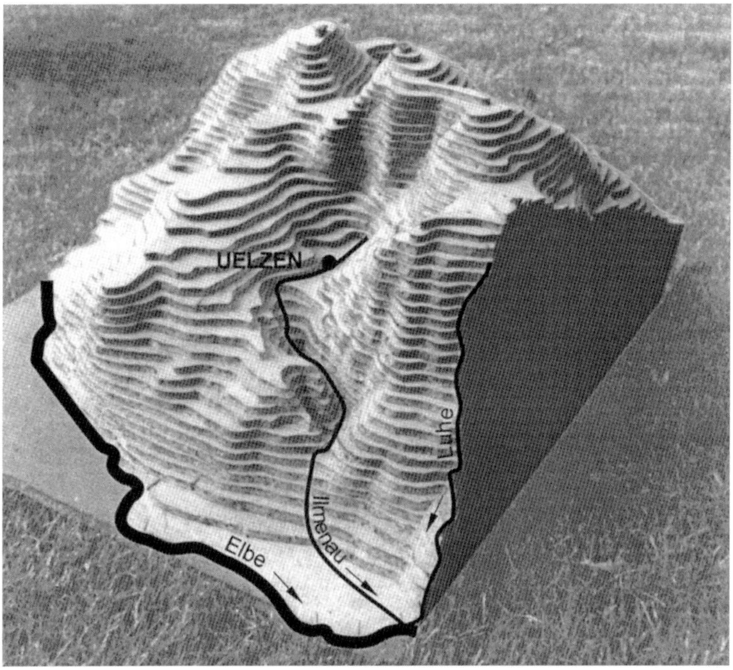

Abb. 5.1-14: Grundwasser-einzugsgebiet des Uelzener Beckens, Modell der Grundwasseroberfläche des Grundwassersystems „Lüneburger Heide-Ost“ (Bearb.: STAWA Lüneburg)

Wasserbedarf, Wasserdargebot und Wasserbilanz

Mit der großräumigen Grundwassererkundung einher ging eine etwa 15jährige Arbeitsphase, in der die Entwicklung und Abschätzung des künftigen Wasserbedarfs sowie das Wasserdargebot und dessen für die Wasserversorgung nutzbaren Anteils im Vordergrund standen. Da in den Lockergesteinsgebieten des norddeutschen Flachlandes weitestgehend Grundwasser genutzt werden muß - die Flüsse und Bäche lassen aufgrund ihrer mäßigen Wasserführung vor allem im Sommer nennenswerte Entnahmen nicht zu -, bildeten die Ermittlung der Grundwasserneubildung, des grundwasserbürtigen Abflusses und des nutzbaren Grundwasserdargebotes die Schwerpunkte dieser Untersuchungen zur Wasserbilanz.

Die Ergebnisse dieser Bilanzbetrachtungen wurden erstmals praktisch angewendet bei der in den 70er Jahren entworfenen „Überregionalen Wasserversorgung Nordostniedersachsen - Entwicklungsplan 2000“, der die Möglichkeiten eines großräumigen Wassertransportes von sogenannten Wasserüberschußgebieten zu Wassermangelgebieten innerhalb der Region zwischen Elbe, Weser und Harz aufzeigen sollte.

Untersuchungen zum Wasserhaushalt

Auf den Ergebnissen der Grundwassererkundung und der Wasserbedarfs- und Dargebotsbetrachtung aufbauend, wurden dann in den 80er Jahren umfassende Wasserhaushaltsuntersuchungen begonnen. Hierfür bot sich zunächst das Uelzener Bekken an, da sein Abfluß über die Ilmenau am Pegel Bienenbüttel nahezu vollständig erfaßt werden kann. Es folgten im Laufe der Jahre weitere Untersuchungen, so vor allem für den Oberflächen- und Grundwasserhaushalt im Einzugsgebiet der Neetze, eines östlichen Nebenflusses der Ilmenau.

Für die Lockergesteinsgebiete des Norddeutschen Flachlandes läßt sich der Wasserhaushalt langfristig in seinen Grundzügen anhand eines schematischen Schnittes sehr einfach skizzieren (Abb. 5.1-15):

- 2/3 des Niederschlages verdunsten über Transpiration, Evaporation und Interzeptionsverlust.
- 1/3 vom Niederschlag fließt in Bächen und Flüssen ab, wobei etwa 20 % davon als Direktabfluß (Summe von Oberflächen- und Zwischenabfluß) und etwa 80 % als Grundwasserabfluß die Fließgewässer erreichen. Daraus folgt, daß die Mittel- und Niedrigwasserführung der Fließgewässer gänzlich aus dem Grundwasser stammt und daher entscheidend vom Grundwasserhaushalt abhängt.
- Großflächige Grundwasserentnahmen führen zum Rückgang des Grundwasserabflusses, verbunden mit flächenhafter Grundwasserspiegelabsenkung.

Dieses Zusammenspiel der Wasserhaushaltskomponenten unterliegt darüber hinaus globalen Klima- und Wetterveränderungen und vielfältigen anthropogenen Einflüssen regionaler Art, die teils kurzfristig, meist aber längerfristig, auf den Wasserhaushalt verändernd einwirken.

So zeigt der Gang des Niederschlages für die Klimastation Lüneburg (Abb. 5.1-16) im Sommerhalbjahr einen Abwärtstrend in den vergangenen 40 Jahren, jedoch für das Winterhalbjahr einen entgegengesetzten Aufwärtstrend mit einer Trendwende zwischen 1975 und 1980. Die für das Verdunstungsgeschehen bedeutsame mittlere Jahrestemperatur ist, wie aus den Meßwerten der Klimastation Ebstorf im Landkreis Uelzen ermittelt wurde, im gleichen Zeitraum um rd. 0,6 °C im Mittel angestiegen. Schließlich ist auch beim grundwasserbürtigen Abfluß am Pegel Bienenbüttel, Landkreis Uelzen, in den letzten 40 Jahren ein sehr langsam verlaufender Abwärtstrend zu beobachten, der zum überwiegenden Teil durch die flächenhaft verteilten Grundwasserentnahmen verursacht ist.

Die aufgezeigten Veränderungstrends im Wasserhaushalt lassen befürchten, daß der Wasserbedarf weiter ansteigt, jedoch die Grundwasserneubildung und damit die Verfügbarkeit von Grundwasser längerfristig zurückgeht.

Untersuchungen zum Grundwasserhaushalt

In den letzten 15 Jahren verlagerte sich der Schwerpunkt der Arbeiten immer mehr zu Untersuchungen des Grundwasserhaushaltes, da von ihm der Wasserhaushalt der Fließgewässer weitestgehend abhängt. Waren zunächst langfristige entnahmebedingte Grundwasserabsenkungsvorgänge im Bereich des Uelzener Beckens interessant, so war es später vor allem der Grundwasserhaushalt des Grundwasserrückens Göhrde/Drawehn, eines etwa 2.000 km² großen Grundwasserkörpers zwischen den Flüssen Ilmenau und Jeetzel. Dieser Grundwasserrücken - durch Grundwasserentnahmen hoch beansprucht, trotz vergleichsweise niedrigen Grundwasserdargebotes - zeigt die stärkste Grundwasser-Absenkungstendenz im gesamten Bereich des etwa 15.000 km² umfassenden Grundwassersystems Lüneburger Heide. Der wiedergegebene Grundwasserstandsgang der Meßstelle OE 115 (Abb. 5.1-17), im Scheitelbereich dieses Grundwasserrückens gelegen, belegt diesen Abwärtstrend durch einen Vergleich mit dem Grundwasserstandsgang der Meßstelle OE 5 im Raum Buchholz/Nordheide, einem Gebiet mit geringen Grundwasserentnahmen.

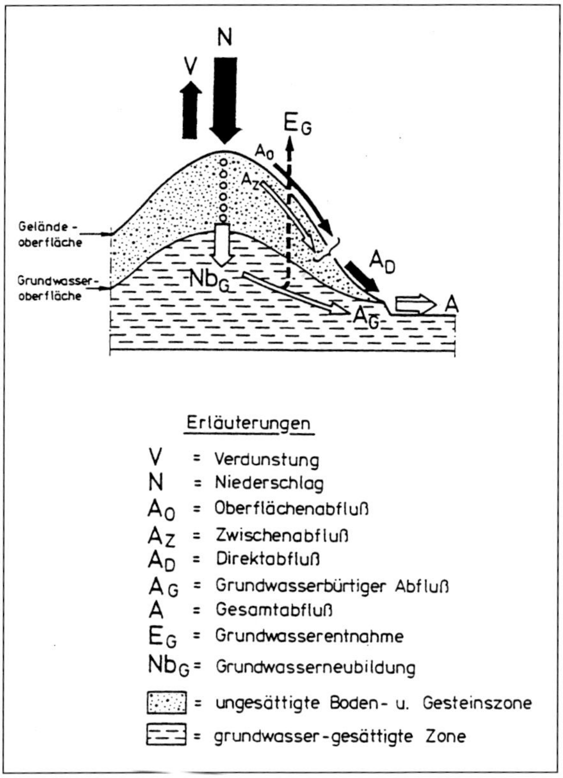

Abb. 5.1-15:
Komponenten des Wasserhaushalts (Bearb.: StAWA Lüneburg)

Abb. 5.1-16:
Ganglinien des Niederschlags im Sommerhalbjahr und im Winterhalbjahr (gleitende 5-Jahres-Mittel) der Klimastation Lüneburg (Bearb.: StAWA Lüneburg)

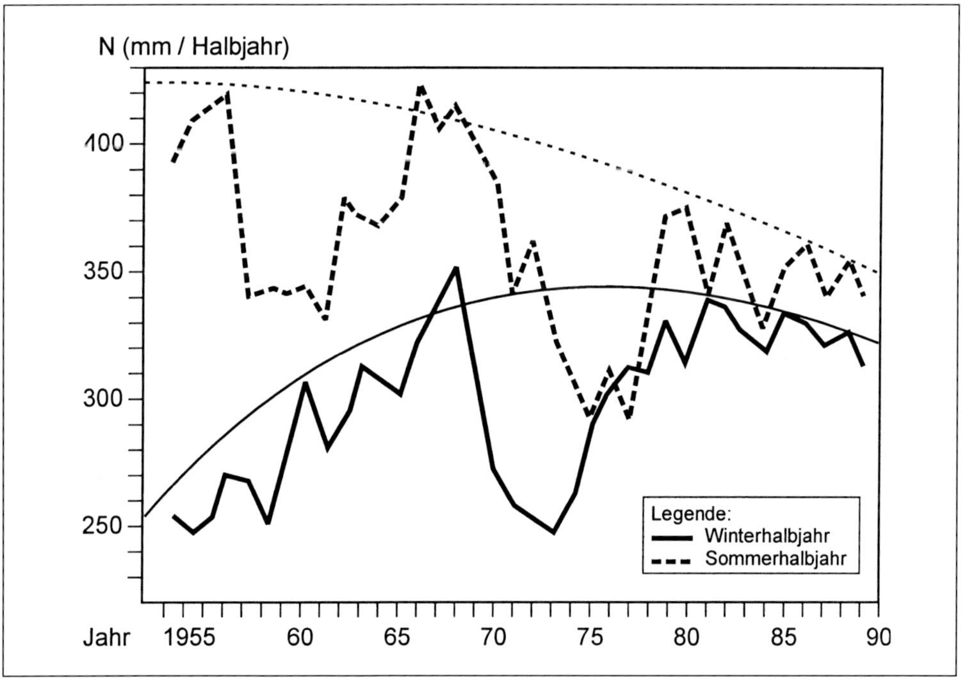

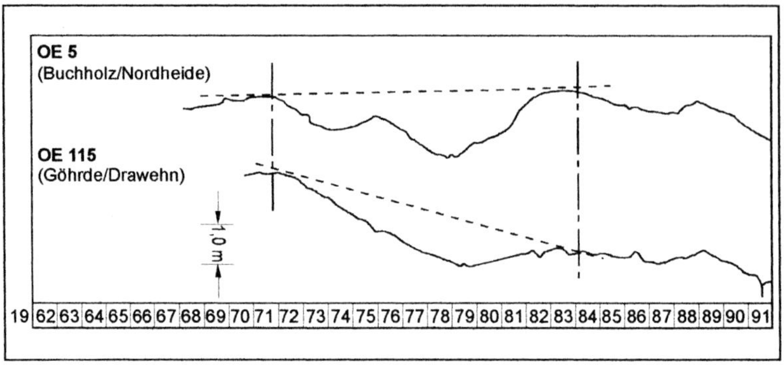

Abb. 5.1-17: Unterschiedlicher Verlauf des Grundwasserstandsganges (oberes Grundwasserstockwerk) an den Meßstellen OE 5 - Region Buchholz/Nordheide mit sehr geringen Grundwasserentnahmen und OE 115 - Region Göhrde/Drawehn mit hoher Entnahmebelastung (Bearb.: STAWA Lüneburg)

Wichtige Erkenntnisse über Eigenschaften und das Verhalten großer Gewässersysteme - so z. B. Nichtlinearität aller Abläufe und Verzögerungseffekte - konnten von der Systemforschung übernommen und insbesondere auf den Grundwasserhaushalt angewendet werden. Die Ergebnisse all dieser Arbeiten bilden letztlich die wesentliche Voraussetzung dafür, Grundwasser bewirtschaften und den Wasserhaushalt in gewissen Grenzen steuern zu können.

Grundwasserbewirtschaftung

Die seit etwa 1970 vor allem durch die Feldberegnung stark gestiegenen flächenhaften Grundwasserentnahmen haben beim StAWA Lüneburg seit etwa 1980 eine Grundwasserbewirtschaftung veranlaßt (s. Abschn. 10.9). Bewirtschaften heißt nun aber keineswegs nur „zuteilen"; es erforderte auch neue Arbeitsfelder:

- Erfassen der genehmigten und tatsächlichen Entnahmemengen,
- Abwägen noch weiterer Wasserbedarfszunahme,
- Ermitteln der bisherigen Auswirkungen der Grundwasserentnahmen (Grundwasserabsenkungen,
Abflußrückgang),
- Abschätzen der künftig noch zu erwartenden Auswirkungen,
- Aussagen zum nutzbaren Grundwasserdargebot,
- Grundwasserbilanzen für Landkreise und ihre Bilanzräume,
- Maßnahmen zum Wassersparen und Verringern des Wasserbedarfes sowie
- Sonderuntersuchungen zum Grundwasserhaushalt.

Im Jahre 1973 sollten in Niedersachsen mit dem Sonderplan „Überregionale Wasserversorgung Nordostniedersachsen - Entwicklungsplan 2000-" unter Federführung des StAWA Lüneburg neue Wege einer Grundwasserbewirtschaftung beschritten werden. Ziel des Planes war, zu untersuchen, wie Wassermangelgebiete aus sogenannten Wasserüberschußgebieten des Harzes und der Lüneburger Heide versorgt werden könnten. Unter Wassermangel leiden vor allem die Gebiete am Mittellandkanal sowie die Industrie an der Unterelbe und der Unterweser. Dieser großräumige Wasserverteilungsplan war einerseits aus politischen Gründen nicht durchsetzbar; andererseits konnten die hydrologischen Vorgaben dieses Planes bezüglich Nutzbarkeit den neueren Erkenntnissen über hydrologisch-ökologische Zusammenhänge des Wasserhaushalts nicht standhalten.

Die seit 1982 für die Landkreise Uelzen, Lüneburg und Lüchow-Dannenberg erstellten Grundwasserbilanzen sehen heute unter Abwägung der ökonomischen und der ökologischen Erfordernisse höchstens 1/4 der Grundwasserneubildung als äußerste Grenze der großflächigen Entnahme vor, nachdem der ursprünglich (1967) diskutierte maximale Nutzungsgrad von 20 % dann in 1975 sogar auf ein Drittel der Grundwasserneubildung eingeschätzt worden war. Die Maßstäbe, wieviel Grundwasser flächenhaft entnommen werden kann, haben sich somit in nur 30 Jahren mehrmals erheblich gewandelt. Sie werden sich sehr wahrscheinlich in Zukunft weiter verschärfen, wobei dann die befürchteten nachteiligen Auswirkungen der klimatischen Veränderungen auf den Wasserhaushalt zunehmend eine Rolle spielen können.

Klimatische und sonstige anthropogene Einflüsse auf den Wasserhaushalt

In den Jahren seit 1980 wurden neben der Grundwasserentnahme weitere menschliche Einflüsse auf den Wasserhaushalt betrachtet und bei der Deutung langfristiger Meßreihen berücksichtigt. Zum einen sind es zu erwartende globale klimatische Veränderungen -vor allem bedingt durch die weltweite CO_2-Erzeugung-, die im wesentlichen über die ansteigende mittlere Jahrestemperatur, erhöhte Verdunstung und geringere Grundwasserneubildung auf den Wasserhaushalt einwirken können. Zum anderen gibt es eine Reihe von anthropogenen Einflüssen, die sich über eine Zunahme des Oberflächenabflusses bzw. des Direktabflusses nachteilig auf den Wasserhaushalt auswirken: Flächenversiegelung und Bodenverdichtung, das schnelle und direkte Ableiten des Oberflächenwassers über Rohrleitungen, Ausbauen und Begradigen von Fließgewässern, Umwandeln von Wald und Wiesen in Ackerflächen seien als wesentliche Beispiele hierfür genannt.

Dementsprechend werden schon seit einigen Jahren - neben anderen Umweltschutzplänen, wie z.B. dem Fließgewässerschutzprogramm - seitens der Wasserwirtschaft neue Wege beschritten, um den nachteiligen Veränderungen des Wasserhaushaltes gegenzusteuern. Außer den bereits dargelegten Maßnahmen der Grundwasserbewirtschaftung sind dies vor allem die Regenwasserbewirtschaftung und -nutzung sowie die Minimierung der Bodenversiegelung oder die Entsiegelung von Flächen.

Rück- und Ausblick

In den vergangenen 30 Jahren ist - wie aus der Arbeit im StAWA Lüneburg erkennbar - die Beschäftigung mit dem Wasserhaushalt laufend bedeutsamer und umfangreicher geworden. Die Gründe hierfür sind nicht nur im regional steigenden Wasserbedarf, zunehmenden Nutzungsansprüchen an die Gewässer und globalen Einflüssen auf den Wasserhaushalt zu sehen. Es ist in dieser Zeitspanne auch ein völlig neues Umweltbewußtsein entstanden; außerdem ist die Sorge um das Lebensgut Wasser angesichts der Zunahme von Bevölkerung, Verkehr, Produktion und Tourismus in der Welt allgemein gewachsen. Vernetztes Denken und interdisziplinäre Arbeit wurden gefordert und die Wasserwirtschaft hat sich mehr und mehr ökologisch orientiert. Weitere intensive Forschungen zum Wasserhaushalt und dessen Steuerung durch neue intelligente Konzepte zum Wohle der Allgemeinheit werden auch in Zukunft an Bedeutung gewinnen.

5.2 KÜSTEN- UND INSELSCHUTZ

5.2.1 GESCHICHTLICHE ENTWICKLUNG DES KÜSTENSCHUTZES

von Johann Kramer

Landverlust und Landgewinn prägten Küstenform

Die Nordseeküste bildet die nördliche Festlandsgrenze des Landes Niedersachsen auf rund 300 km Länge. Sie ist durch die Mündungstrichter der Ströme Ems, Weser und Elbe sowie durch die Meeresbuchten Dollart, Leybucht und Jadebusen stark gegliedert. Kennzeichnend für diese Flachmeerküste, die in dieser Art auf der Erde nur an wenigen Stellen vorkommt, sind die vorgelagerten Wattgebiete mit den Ostfriesischen Inseln zwischen Ems und Jade, der Insel Mellum zwischen Jade und Weser sowie den zum Lande Hamburg gehörenden Inseln Neuwerk und Scharhörn südlich der Elbemündung (Karte 5.2-1). Die heutige Gestalt des Nordseeküstengebietes ist das Ergebnis des nacheiszeitlichen Meeresspiegelanstiegs, der Sturmflutkatastrophen in der Vergangenheit mit großen Landverlusten (Tabelle 5.2-1) sowie des Kampfes der Küstenbewohner, ihren Siedlungsraum zu schützen (Bd. I - Schwarz: Küstenschutz und Deichwesen).

In der Neuzeit seit Beginn des 16. Jahrhunderts war es dann mit der fortschreitenden Deichbautechnik und dem organisierten Einsatz einer großen Zahl von Arbeitskräften - oft bis zu mehreren Tausend- möglich, durch Wiedereindeichung einst verlorenen Landes die Wende vom Landverlust zum Landgewinn herbeizuführen (Abb. 5.2-1). Die ausgedehnten Einbrüche von Dollart, Leybucht und Jadebusen wurden schließlich auf ihre heutige Größe verkleinert. Andere Buchten oder der Durchbruch vom Jadebusen zur Weser sind seither durch Neulandgewinnung völlig verschwunden.

Entwicklung der Deichprofile

Schon im Mittelalter hatten die Deiche größere Höhen erhalten und waren flacher geböscht worden aufgrund der Erfahrungen über ihre Standfestigkeit in den Sturmflutkatastrophen (s. Bd. I Schwarz: Küstenschutz und Deichwesen). Diese Entwicklung setzte sich in der Neuzeit fort mit der Anlage von zunehmend höheren und flacher profilierten Deichquerschnitten (Abb. 5.2-2). Im 17. und 18. Jahrhundert trugen dazu Deichbauingenieure wie Albert Brahms in Sande bei Wilhelmshaven bei (Abb. 3-5), die sich mit den Grundfragen der Deichbautechnik beschäftigten. Jedoch blieben auch sie vielfach bei den steilen Binnenböschungen.

Meeresspiegelanstieg und Deichhöhen

Nach der Februarflut 1825 und den anschließend mit umfangreicher staatlicher Unterstützung der Deichverbände ausgeführten Deichverstärkungen bestand im 19. Jahrhundert die Vorstellung, mit den nach inzwischen strengeren Deichbauvorschriften erhöhten und flacher geböschten Deichen (Abb. 5.2-2) gegen die höchsten Sturmflutwasserstände ausreichend gewappnet zu sein. Dies erschien berechtigt, nachdem selbst die an der niedersächsischen Küste in der Märzflut 1906 aufgetretenen, bis dahin höchsten Wasserstände weder Deichbrüche noch Überflutungen im nennenswerten Umfange verursacht hatten. Jedoch erst Anfang dieses Jahrhunderts wurde erkannt, daß eine der Ursachen von Sturmflutkatastrophen der Vergangenheit der anhaltende Meeresspiegelanstieg in der

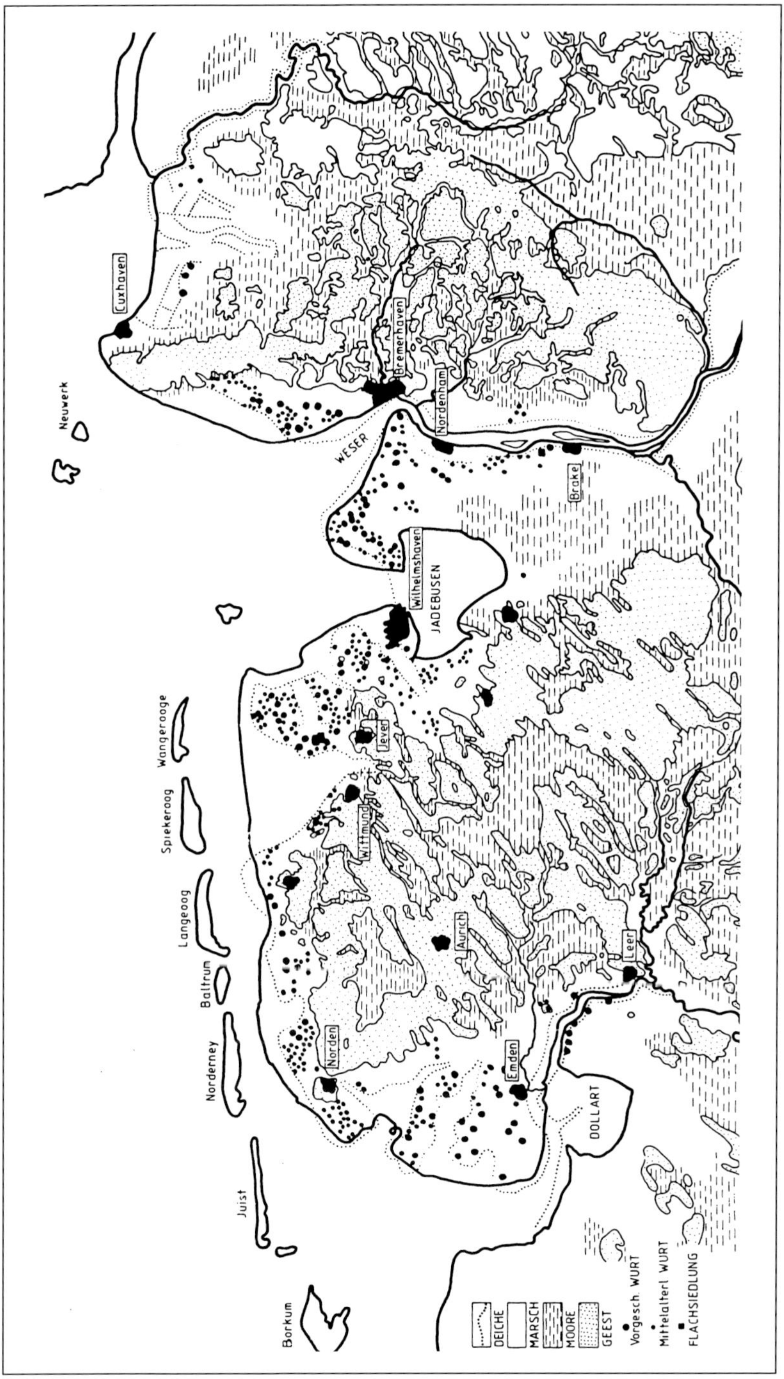

Karte 5.2-1: Das nds. Küstengebiet mit Verteilung von Marsch, Moor und Geest sowie Meereseinbrüchen, eingezeichnet vorgeschichtliche und mittelalterliche Wurten sowie Flachsiedlungen [Schmidt bei 72]

Datum	Name der Flut	Von der Flut betroffene Gebiete
17.02.1164	Erste Julianenflut	Gesamte Nordseeküste
16.01.1219	Erste Marcellusflut	Friesland (Niederlande)
14.12.1287	Luciaflut	Gesamte Nordseeküste
23.11.1334	Clemensflut	Flandern bis Ostfriesland
16.01.1362	Zweite Marcellusflut (Erste Manndränke)	Ostfriesland und Nordfriesland
09.10.1374	Erste Dionysiusflut	Ostfriesland
09.10.1377	Zweite Dionysiusflut	Flandern, Seeland, Holland, Ostfriesland und Oldenburg
18.11.1421	Elisabethflut	Ostengland und Niederlande
01.11.1436	Erste Allerheiligenflut	Deutsche Nordseeküste
06.01.1470	Dreikönigsflut	Deutsche Nordseeküste
26.09.1509	Kosmas- und Damianflut	Niederlande, Ostfriesland, Oldenburg
17.01.1511	Antoniusflut	Deutsche Nordseeküste
31.10.1532	Dritte Allerheiligenflut	Nordseeküste vom Kanal bis Jütland
01.11.1570	Vierte Allerheiligenflut	Flandern bis Eiderstedt
26.02.1625	Fastnachtsflut	Maas bis Eiderstedt
11.10.1634	Sturmflut (Zweite Mandränke)	Schleswig-Holstein
22.02.1651	Petriflut	Ganz Friesland
12.11.1686	Martinsflut	Groningen bis Land Wursten
24.12.1717	Weihnachtsflut	Ganze Nordseeküste von Friesland bis Schleswig-Holstein
31.12.1720/ 01.01.1721	Neujahrsflut	Seeland bis Nordfriesland
03./04.02.1825	Februarflut	Ostfriesland und Nordfriesland
01.01.1855	Neujahrsflut	Ostfriesland
13.03.1906	Märzflut	Ostfriesland
31.01./01.02. 1953	Hollandflut	Niederlande, England
16./17.02.1962	Februarflut (Zweite Julianenflut)	Ostfriesland bis Nordfriesland
19./20.11.1973	Novemberflut	Niedersachsen und Schleswig-Holst.
03./04.01.1976	Januarflut	Niedersachsen und Schleswig-Holst.
24.11.1981	Novemberflut	Schleswig-Holstein
28.01.1994	Januarflut	Höchste Sturmflut in den Oberläufen der Tideflüsse Ems und Weser

Tab. 5.2-1: Sturmflutkatastrophen der Vergangenheit und höchste Sturmtiden der letzten Jahrzehnte

Nordsee mit immer höheren Sturmflutwasserständen war. Solange die Deiche wie seit jeher nur nach der Höhe der bekannten höchsten Sturmflut bemessen worden waren, und der Anstieg des Meeresspiegels von rd. 25 cm bis 30 cm im Jahrhundert, der sich seit dem Beginn des 16. Jahrhunderts an Wasserstandsmarken nachweisen läßt, unberücksichtigt blieb, mußte es zwangsläufig immer wieder zu Deichüberströmungen und Katastrophen kommen. Die andere Ursache war, daß die Deiche nach wie vor mit zu steilen Böschungen angelegt wurden und deshalb sehr anfällig gegen Ausspülungen durch Brandung auf der Außenseite und Ausspülungen oder gar Rutschungen durch Überströmung auf der Binnenseite waren.

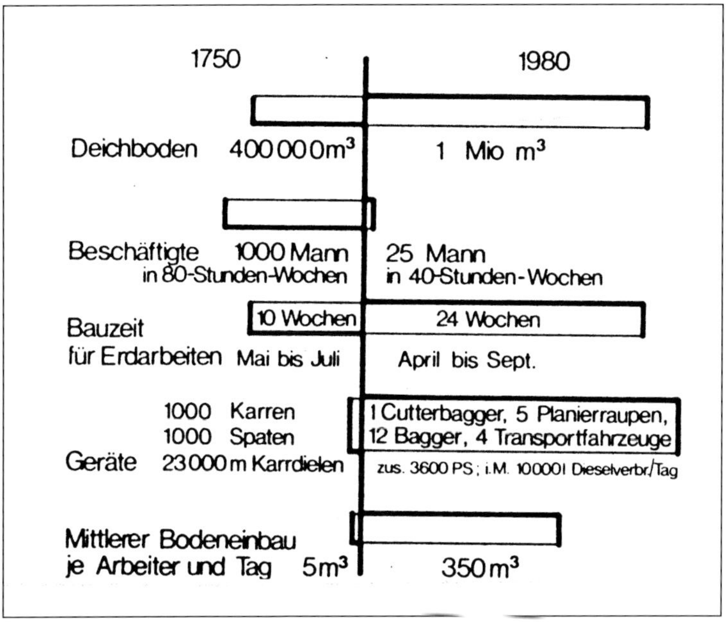

Abb. 5.2-1: Wandel der Deichbautechnik 1750/1980 am Beispiel einer Deichbaustrecke von 3 km Länge [39, 8]

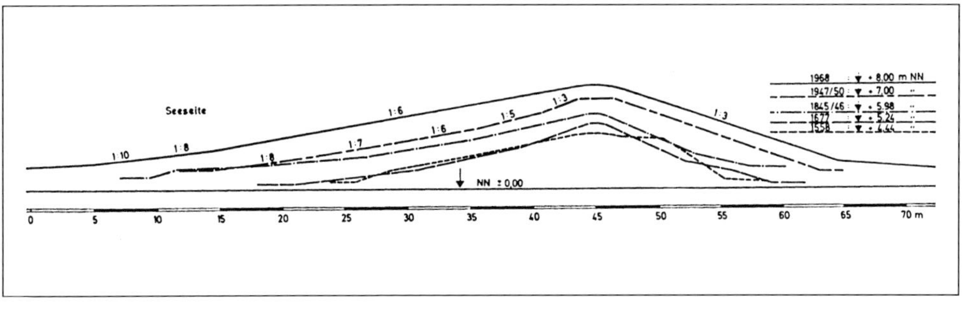

Abb. 5.2-2: Entwicklung der Deichquerschnitte seit dem 16. Jahrhundert, Beispiel Leybucht [26]

5.2.2 ORKANFLUTEN 1953 UND 1962, NIEDERSÄCHSISCHE KÜSTENPROGRAMME UND GENERALPLAN KÜSTENSCHUTZ NIEDERSACHSEN 1973

Niedersächsisches Küstenprogramm 1955 bis 1964:

Die Hollandflut 1953 mit mehr als 2000 Toten gab in der Nachkriegszeit einen ersten dringlichen Anlaß zu einer gründlichen Überprüfung der Deichabmessungen auch an der deutschen Nordseeküste. Vom Niedersächsischen Minister für Ernährung, Landwirtschaft und Forsten wurde deshalb im Jahre 1954 das „Niedersächsische Küstenprogramm 1955 bis 1964" aufgestellt. Die vordringlichen Küstenschutzmaßnahmen waren darin mit rund 400 Mio. DM veranschlagt und sollten in 10 Jahren verwirklicht werden. Dieses Programm sah zum Schutz des rd. 6.000 km^2 großen Küstenraumes, seiner Bevölkerung und seiner Wirtschaftsgüter folgende Maßnahmen vor (Karte 5.2-2):

- Bau, Erhöhung und Verstärkung der Hauptdeiche,
- Erhöhung und Verstärkung der Flußdeiche im Tidegebiet,
- Bau von Sturmflutsperrwerken,
- Erneuerung von Deichsielen,
- Bau von Deichverteidigungswegen,
- Vorlandsicherung, Vorlandgewinnung mit Bau von Sommerdeichen,
- Sicherung der Ostfriesischen Inseln.

Die Träger dieser Baumaßnahmen an den Festlandshauptdeichen waren und sind bis heute im wesentlichen die örtlichen Deichverbände (Karte 5.2-3), daneben in begrenztem Umfange das Land Niedersachsen und der Bund. Den Deichverbänden obliegt nach dem Niedersächsischen Deichgesetz die Verpflichtung zur Erhaltung und Unterhaltung der Deiche und der zugehörigen Anlagen.

Februarflut 1962

Die 1955 begonnenen und in voller Ausführung befindlichen Deichverstärkungen wurden durch die Sturmflutkatastrophe vom 16./17. Februar 1962, die - vor allem im Raum Hamburg - mehr als 300 Tote forderte, jäh unterbrochen (Abb. 5.2-3). Den Verlauf der Orkanwetterlage dieser Sturmflut, die Auswirkungen des Windstaus und der Brandung auf die Schutzwerke und den entstandenen Schaden untersuchten Sachverständige der Ingenieur-Kommission 1962. Die daraus gewonnenen Erkenntnisse wurden in den „Empfehlungen für den Deichschutz nach der Februarsturmflut 1962" (Küstenausschuß Nord- und Ostsee, Arbeitsgruppe Küstenschutzwerke 1962) niedergelegt. Danach konnten nur höhere und stärkere Deiche als bisher die erforderliche Landessicherheit gewährleisten.

Obwohl in der Februarsturmflut 1962 die bereits seit 1955 verstärkten Deichstrecken und einige zur Verkürzung der Hauptdeichlinie in den Nebenflüssen der Tideströme errichteten Sperrwerke (Karte 5.2-2) den Beanspruchungen standgehalten und sich bewährt hatten, entsprach der Ausbauplan für die Küstenschutzanlagen des Jahres 1954 noch nicht den Grundsätzen der neuen Empfehlungen für den Deichbau.

Niedersächsisches Küstenprogramm - Deichbau und Küstenschutz ab 1963

Das „Niedersächsische Küstenprogramm 1955 bis 1964" wurde aufgrund der Sturmfluterfahrungen 1962 ersetzt und ergänzt durch: „Das Niedersächsische Küstenprogramm -

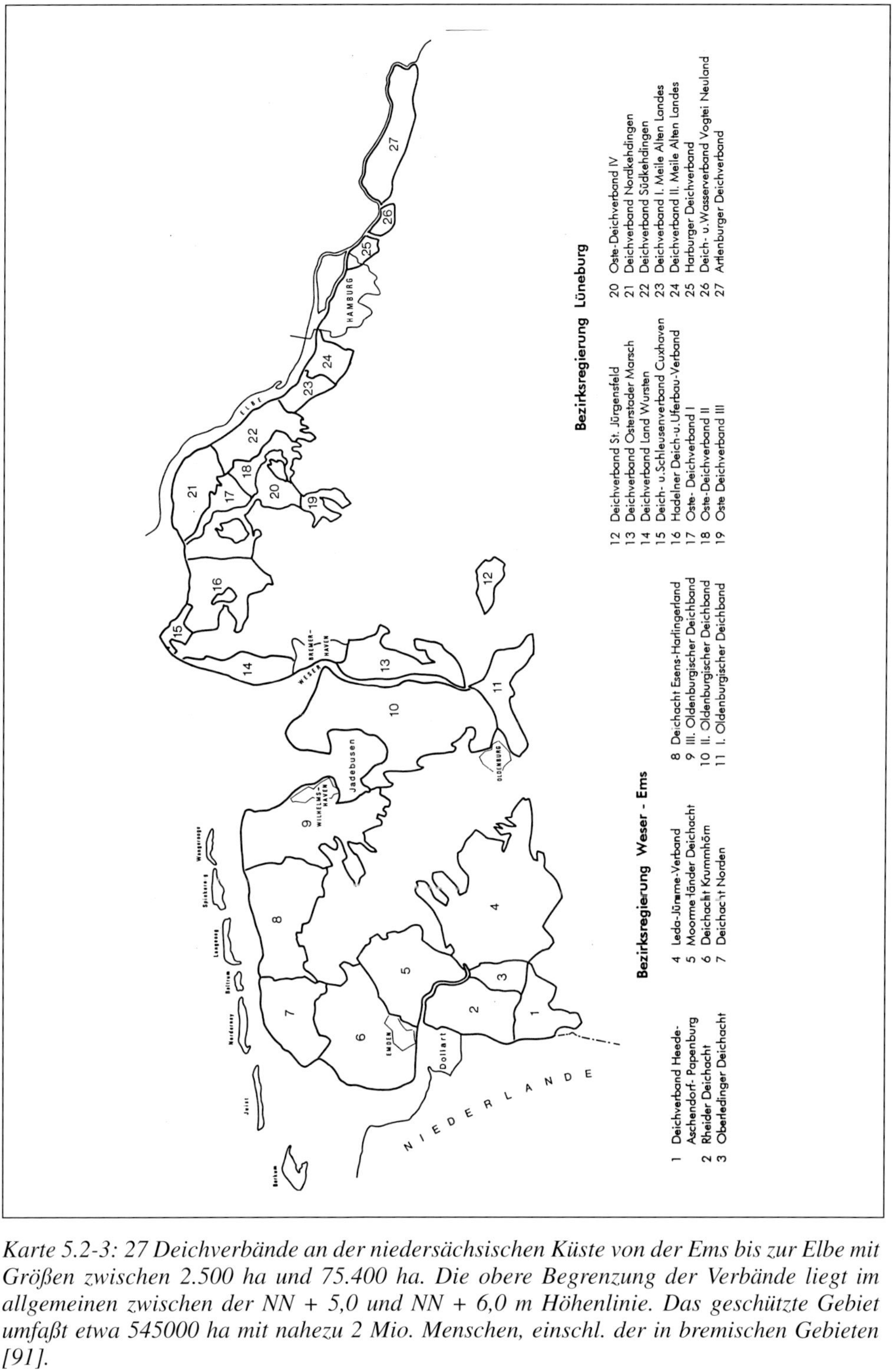

Karte 5.2-3: 27 Deichverbände an der niedersächsischen Küste von der Ems bis zur Elbe mit Größen zwischen 2.500 ha und 75.400 ha. Die obere Begrenzung der Verbände liegt im allgemeinen zwischen der NN + 5,0 und NN + 6,0 m Höhenlinie. Das geschützte Gebiet umfaßt etwa 545000 ha mit nahezu 2 Mio. Menschen, einschl. der in bremischen Gebieten [91].

Deichbau und Küstenschutz ab 1963". Die nach diesem Programm sodann erhöhten und verstärkten Deichstrecken -etwa die Hälfte der niedersächsischen Deichlinie- konnten sich in den schweren Sturmfluten von Nov./Dez. 1973 erfolgreich bewähren. Neue Erfahrungen aus dem Sturmflutgeschehen 1973 -insbesondere an noch nicht verstärkten Deichen- wurden wiederum von einer Ingenieur-Kommission ausgewertet.

Die Februarflut 1962 brachte die Erfahrung, daß eine organisierte Deichverteidigung die Schäden an den Deichen, deren Durchbruch und Überschwemmungen im Binnenland vermindern oder verhindern kann. Eine Voraussetzung ist dafür ein ausreichendes Netz von Deichverteidigungswegen, ausreichend hochgelegenen Längswegen entlang der Deiche und Verbindungswege im Abstand von einigen Kilometern zum öffentlichen Straßennetz. Diese Wege machen den Einsatz von Hilfsgeräten (Lastkraftwagen, Bagger, Planierraupen) sowie Material für die Deichsicherung (Sandsäcke, Pfähle, Sand u. a.) und nicht zuletzt Hilfskräften kurzfristig möglich. Es können sehr viel größere Arbeiten ausgeführt werden als in früherer Zeit mit von Pferden gezogenen Wagen. Umgekehrt ersparen sie sehr kostenaufwendige Transporte mit Hubschraubern.

Generalplan Küstenschutz Niedersachsen 1973

Nachdem das Küstenprogramm 1963 über 10 Jahre mit hohem Aufwand vorangetrieben worden war, erschien es 1973 angebracht, eine Leistungsbilanz zu ziehen und den Rahmen für die weiterhin erforderlichen technischen Aufgaben und finanziellen Aufwendungen im Küstenschutz unter Berücksichtigung der rechtlichen und organisatorischen Gegebenheiten abzustecken. Nach dem Generalplan 1973 Küstenschutz Niedersachsen war das Ziel vor allem

- der Bau bruchsicherer Deiche durch deren Erhöhung und Verstärkung (Abb. 5.2-2),
- die Verkürzung der Deichlinie von 872 km auf 610 km,
- die bevorzugte Anlage sich in das Landschaftsbild einfügender grüner Deiche,
- in Ortslagen bei räumlicher Enge die dann unvermeidbaren Deichmauern dem meistens historisch gewachsenen Ortsbild anzupassen und
- Sicherung der Ostfriesischen Inseln durch Ausbau der Schutzwerke und der 35 km Hauptdeiche.

Sperrwerke zur Verkürzung der Hauptdeichlinie

Eine der Zielsetzungen des Ausbaues der niedersächsischen Küstenschutzanlagen war die Verkürzung der Hauptdeichlinie durch Absperrung von Nebenflüssen der Ems, Weser und Elbe, um künftig eine möglichst kurze zu verteidigende Deichlinie zu haben (Karte 5.2-2 u. Tabelle 5.2-2). Einige Sperrwerke sind sowohl im Eigentum als auch in der Unterhaltung der Wasser- und Schiffahrtsverwaltung des Bundes oder der Nachbarländer Bremen und Hamburg. Das Geestesperrwerk in Bremerhaven ist Eigentum des Landes Bremen, wird aber gemeinsam von den Ländern Bremen und Niedersachsen unterhalten.

Die Sperrwerke werden bei höheren Sturmtiden geschlossen, wobei sich die Schließzeitpunkte nach der jeweiligen Gefährdung des Hinterlandes richten. Normale und nur gering erhöhte Tiden können ohne Absperrung in die Flüsse ein- und auslaufen, so daß die den natürlichen Lebensraum in diesen Gewässern prägende Tidebewegung erhalten bleibt. Oberhalb einiger Sperrwerke sind Entlastungspolder angelegt worden, um bei längeren Sturmtideketten das zulaufende Binnenwasser speichern zu können, ohne daß die Hochwasserdeiche binnenwärts überströmt werden.

Durch den Bau von 17 Sperrwerken konnte die den Sturmtiden ausgesetzte Deichlinie im niedersächsischen Küstengebiet von rd. 1.130 km auf rd. 611 km verkürzt werden. Die Sperrwerke erwiesen in den schweren Sturmtiden der letzten Jahrzehnte ihren gro-

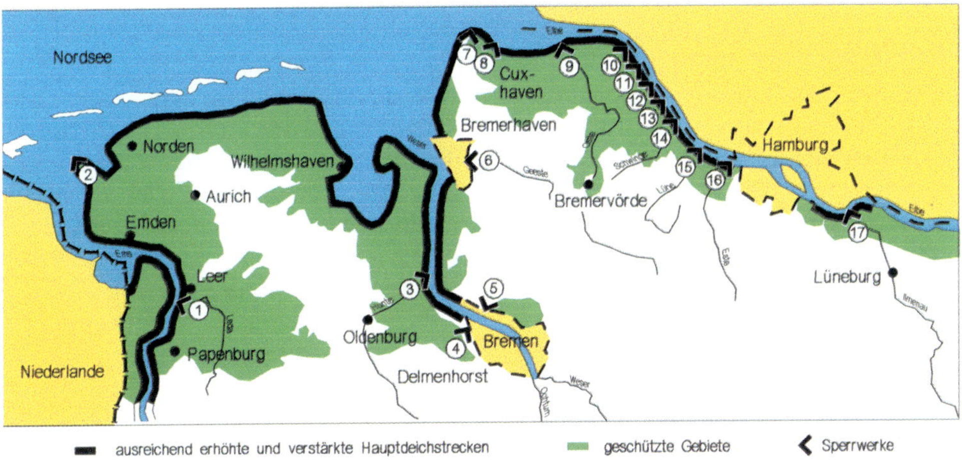

Karte 5.2-2: Die Küste Niedersachsens mit vorgelagerten Inseln - Hauptdeiche, Sturmflutsperrwerke (s.a. Tab. 5.2-2) und geschützte Gebiete (Quelle: Wasserwirtschaft in Zahlen vom Nds. Min.f. Ern., Landw. und Forsten, 1986 u. Ergänzungen)

Abb. 5.2-3: Deichbruch an der Oste im Februar 1962 (Foto: WWA Stade)

ßen Nutzen. Sie gewähren eine höhere Sicherheit für das Hinterland gegen Überflutungen als die hinter den Sperrwerken liegenden Hochwasserdeiche von rd. 500 km Länge an Leda, Jümme, Hunte, Ochtum, Lesum, Oste, Schwinge, Luhe und Ilmenau. Wegen oft ungünstiger Untergrundverhältnisse sind diese bruchgefährdeter oder es unterblieb ihre Erhöhung und Verstärkung.

Neubau von Sielen

Die bis zu 200 Jahre alten Siele oder Entwässerungsschleusen in den niedersächsischen Deichen wurden in den letzten Jahrzehnten fast alle erneuert, da sie zu kleine Durchflußöffnungen hatten oder die Belastungen aus den neuen, wesentlich vergrößerten Deichquerschnitten nicht tragen konnten. Von den Entwässerungsverbänden oder Sielachten als Träger der Binnenentwässerung sind deshalb in Verbindung mit dem Küstenschutz bis Ende 1988 mehr als 90 Siele neu gebaut oder den größeren Deichabmessungen angepaßt worden. Weitere 23 Siele mußten ab 1988 noch erneuert werden (Abschnitt 5.3).

Sicherungswerke an Hauptdeichen und Schutzwerke im Deichvorland

Sicherungswerke am Fuß von Schardeichen wurden in den Nachkriegsjahren in massiver Bauweise aus Basalt- und Betonsteinpflaster, Asphaltbeton und Schüttsteinen hergestellt (Abb. 5.2-4). Schwere Brandungsbeanspruchung haben diese Bauweisen schadlos überstanden, so daß sie, wenn auch kostenaufwendig im Bau, nur wenig Unterhaltung erfordern.

Schutzwerke für die Deiche mit Vorland sind Deckwerke, Buhnen und Landgewinnungswerke (Abschnitt 5.2.7), die den Vorlandabbruch verhindern oder durch Schlickablagerung die Vorlandbildung fördern sollen. Sie halten außerdem erodierende Tide- und Brandungsströmungen vom Fuß der Deiche fern und dienen als Wellenbrecher, um die Höhe des Wellenauflaufes am Deich zu vermindern.

Die Landgewinnung beschränkt sich heute auf die Gewinnung eines 200 m bis 400 m breiten Vorlandstreifens vor den Deichen durch den Bau von Lahnungen. Zur Erhaltung des ökologischen Gleichgewichts zwischen Vorland und Watt ist die früher übliche, darüber hinausgehende großflächige Landgewinnung mit nachfolgender Eindeichung aufgegeben worden. Auch wird unter dem Gesichtspunkt des Naturschutzes gefordert, neue Schutzwerke soweit möglich nicht mehr massiv, sondern unter Verwendung von naturnahen Materialien, z. B. Holz und Busch, zu bauen (Abschnitt 5.2.7).

Deichsicherungswege

Die Deichsicherungswege haben sich für die Deichverteidigung als unbedingt notwendig und für die Unterhaltung der Deiche als sehr wertvoll erwiesen. Bei hohen Sturmtiden oder bei Hochwasser ist die kurzfristige Beseitigung von Schäden nur möglich, wenn alle Deichstrecken schnell über befestigte Wege erreichbar sind, die mit schweren Geräten befahren werden können. Die Wege sollen auf der Binnenberme der Deiche verlaufen und durch Zufahrten (Deichzuwege) mit dem öffentlichen Straßennetz verbunden sein. Das Fehlen derartiger Wege war bei der Februarflut 1962 sehr nachteilig und hat vielerorts die Verteidigung einzelner Deichstrecken und ihre schnelle Instandsetzung sehr erschwert oder sogar unmöglich gemacht. Die Anlage von ausreichend hoch gelegenen Deichsicherungswegen gehört daher zu den Voraussetzungen eines wirksamen Küsten- und Hochwasserschutzes.

Nr.	Name	Lage	Fertigstellung	Abmessungen und Verschlüsse	Eigentümer a) Betrieb und Unterhaltung b)
1	2	3	4	5	6
1	Ledasperrwerk	Leda b. Leer	1954	5 Öff. je 14 m l. W. Hubtore	Bund (WSV)
2	Sperrwerk Leysiel	Leybucht	1992	3 Öff. je 10 m l. W. Hubtore 1 Schiffsschleuse 14 m l. W. - 75 m lang	Ld. Niedersachsen [1]
3	Huntesperrwerk	Hunte bei Elsfleth	1979	2 Öff. 26 m l. W. Stemmtorverschluß 2 Öff. 20 m l. W. Segmentverschluß	Ld. Niedersachsen [1]
4	Ochtumsperrwerk	Ochtum bei Lemwerder	1976	2 Öff. je 10 m l. W. Hubtore 1 Bootsschleuse 8 m l. W. - 20 m lang	Ld. Niedersachsen [1]
5	Lesumsperrwerk	Lesum bei Grohn	1975	4 Öff. je 15 m l. W. Hubschütze 1 Schiffsschleuse 14 m l. W. - 30 m lang	Ld. Bremen
6	Geestesperrwerk	Geeste in Bremerhaven	1962	Tidesperrwerk 2 Öff. je 8 m l. W. Stemmtorverschluß 1 Schiffsschleuse 5,20 m l. W. - 35 m lang Sturmflutsperrwerk 1 Öff. 24 m l. W. Stemmtorverschluß	a) Ld. Bremen b) Ld. Bremen und Ld. Niedersachsen, je 50 %
7	Sperrwerk I	Schleusenpriel Cuxhaven	1979	1 Öff. 19,0 m l. W. Stemmtorverschluß	Ld. Niedersachsen [2]
8	Sperrwerk II	Alter Fischereihaven Cuxhaven	1979	1 Öff. 19,0 m l. W. Stemmtorverschluß	Ld. Niedersachsen [2]
9	Ostesperrwerk	Oste bei Neuhaus (Elbe)	1969	5 Öff. 22 m l. W. 4 Segmentverschlüsse 1 Stemmtorverschluß	a) Wasser- und Bodenverband Oste b) Bund (WSV)
10	Sperrwerk Freiburg	Freiburger Hafenpriel (Elbe)	1967	1 Öff. 8 m l. W. Stemmtorverschluß	a) Deichverband Nordkehdingen b) Ld. Niedersachsen [1]
11	Sperrwerk Wischhafen	Wischhafener Süderelbe	1978	1 Öff. 20 m l. W. Stemmtorverschluß	a) Deichverband Südkehdingen b) Ld. Niedersachsen
12	Sperrwerk Ruthenstrom	Ruthenstrom	1978	2 Öff. je 7 m l. W. je ein Hubtor und ein Stemmtorverschluß	a) Deichverband Südkehdingen b) Ld. Niedersachsen [1]
13	Sperrwerk Abbenfleth	Bützflether Süderelbe	1971	1 Öff. 13,5 m l. W. Stemmtorverschluß	a) Deichverband Südkehdingen b) Ld. Niedersachsen [1]
14	Schwingesperrwerk	Schwinge bei Stadersand	1971	1 Öff. 16 m l. W. Stemmtorverschluß	a) Deichverband Südkehdingen b) Ld. Niedersachsen [1]
15	Lühesperrwerk	Lühe	1968	1 Öff. 10 m l. W. Stemmtorverschluß	Lds. Niedersachsen [1]
16	Estesperrwerk	Este bei Cranz	1999 [3]	1 Öff. 41 m l. W. Stemmtorverschluß	Ld. Hamburg
17	Ilmenausperrwerk	Ilmenau	1973	1 Öff. 16 m l. W. Stemmtorverschluß 2 Öff. 10 m l. W. Hubtore	a) Deichverband Vogtei Neuland b) Ld. Niedersachsen [1]

1) Nds. Landesbetrieb für Wasserwirtschaft und Küstenschutz
2) Häfen- und Schiffahrtsverwaltung
3) seit 1964 mit 22 m l.W.

Tab. 5.2-2: Verzeichnis der Sperrwerke im niedersächsischen Küstengebiet (Nr. s. Karte 5.2-2)

Wenn entlang einzelner Deichstrecken außenseitige Deichlängswege gebaut worden sind, so für Bereiche mit außergewöhnlich hohem Treibselanfall. Dieser tritt besonders vor nordsüdlich verlaufenden Deichstrecken am Dollart und an der Ostseite des Jadebusens sowie an der Ems einschl. Leybucht und der Weser auf. Auch die aus Gründen des Naturschutzes eingestellte oder extensiv betriebene Nutzung des Deichvorlandes erhöht die Treibselmenge. Um diese bewältigen zu können, ist die maschinelle Abfuhr mit dem Einsatz von schweren Lade- und Transportgeräten erforderlich, die eine weiche Außenböschung zerstören würden und deshalb befestigte Wege erforderlich machen.

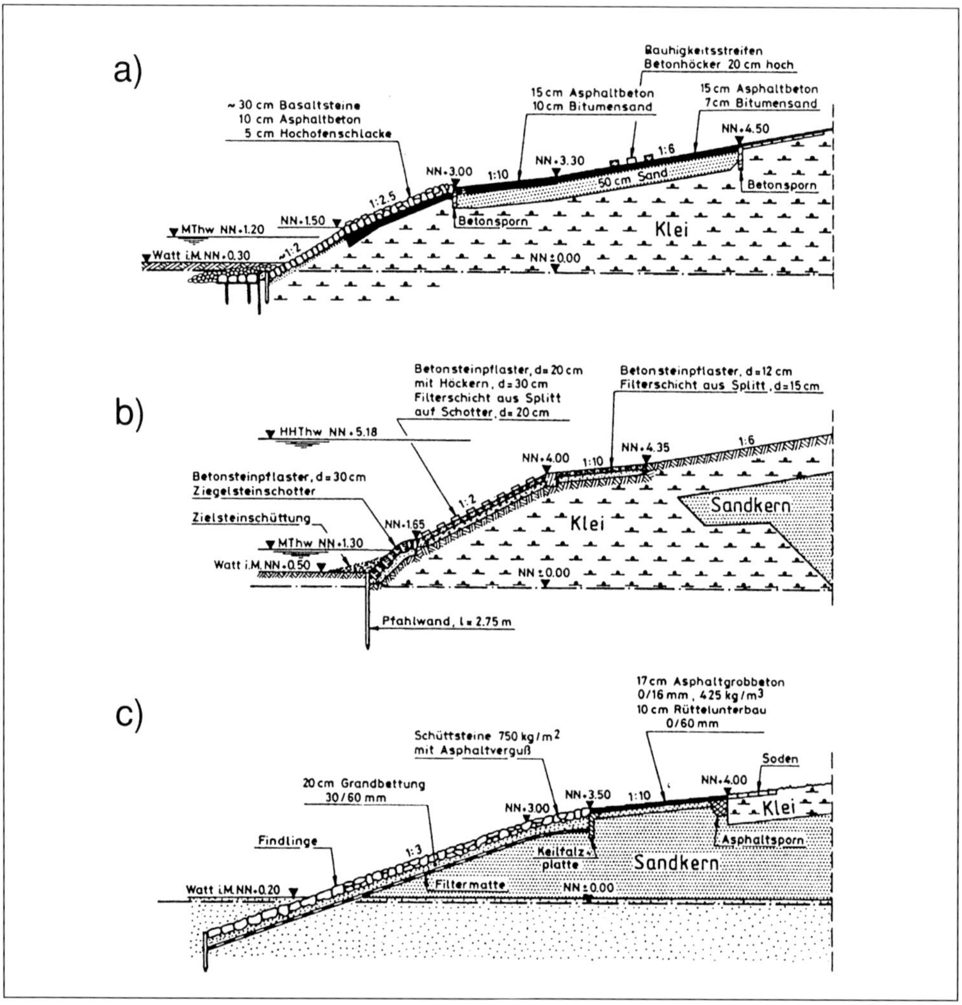

Abb. 5.2-4: Beispiele von Fußsicherungen vor Schardeichen:
a) Deckwerk aus Basaltsteinen mit Bermenbefestigung aus Ashaltbeton (Seedeich an der ostfr. Küste).
b) Deckwerk und Bermenbefestigung aus Betonsteinpflaster (Seedeich an der Außenems).
c) Deckwerk aus Schüttsteinen mit Asphaltverguß und Bermenbefestigung aus Asphaltbeton (Seedeich an der Westküste Schleswig-Holsteins) [72].

5.2.3 DIE STURMFLUTEN 1973 UND DIE FORTSCHREIBUNG DES GENERALPLANS KÜSTENSCHUTZ 1990

Überprüfung der Deichhöhen durch Ingenieur-Kommission

Auch das Sturmflutgeschehen mit fünf sehr schweren Sturmfluten im Herbst 1973 wurde eingehend untersucht (Ingenieur-Kommission 1976) und die 1963 festgesetzten Deichbesticke überprüft. Für Deichstrecken oberhalb Leerort, an einzelnen Stellen entlang der Küste sowie insbesondere an der Elbe unterhalb und oberhalb von Hamburg waren größere Deichhöhen -als nach den Erkenntnissen aus der Februarsturmflut 1962 festgesetzt- notwendig. Das Höhenmaß der Deiche über dem höchsten Sturmflutwasserstand (HHThw) beträgt heute bis zu 3,50 m, um 1800 dagegen nur bis zu 1,0 m (Abb. 5.2-5, Abb. 5.2-6).

Fortschreibung Generalplan Küstenschutz 1990

Eine Überprüfung des Standes des Küstenschutzes und die noch erforderlichen Maßnahmen technisch und finanziell aufzuzeigen, war Aufgabe der Fortschreibung im „Generalplan Küstenschutz Niedersachsen 1990“. Seitdem sind wiederum sieben Jahre vergangen, in denen der Küstenschutz weiter verbessert wurde, aber auch neue Forderungen zur Erhaltung der Umwelt berücksichtigt werden mußten. Das führte allerdings zu Kostensteigerungen, wofür der Küstenschutz an der Leybucht ein Beispiel ist. Dort werden sich die veranschlagten Kosten von 180 Mio. DM auf über 300 Mio. DM erhöhen, wobei sich allerdings auch erhebliche Steigerungen der Baupreise auswirken (Abschnitt 10.3).

Von Beginn der Küstenschutzmaßnahmen 1955 bis zur Fortschreibung des Generalplanes Küstenschutz 1990 (Ende 1989) waren rd. 2,7 Mrd. DM für die Verbesserung des Sturmflutschutzes an der niedersächsischen Nordseeküste, auf den Ostfriesischen Inseln und an den Tideflüssen der Ems, Weser und Elbe mit ihren Nebenflüssen ausgegeben

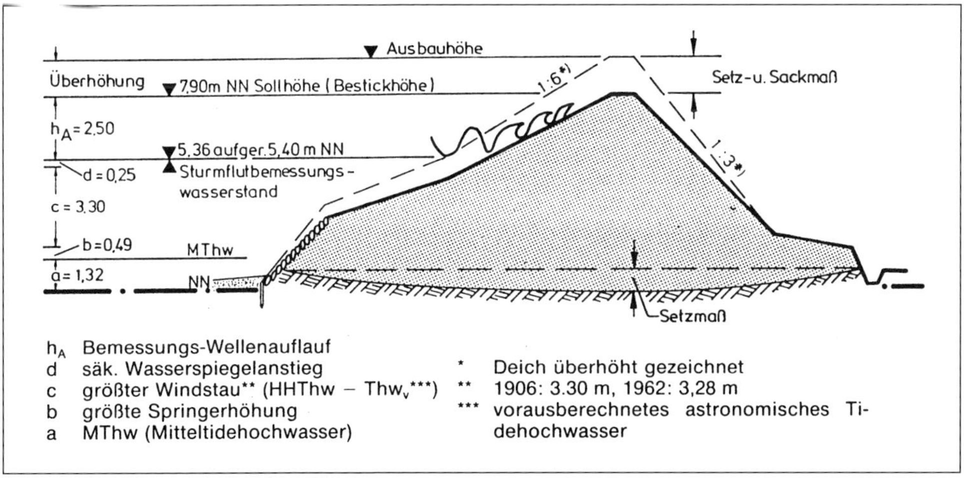

Abb. 5.2-5: Bestimmung des Bemessungswasserstandes für Seedeiche und Erläuterung des Setz- und Sackmaßes; Zahlenbeispiel Pegel Bensersiel [38]

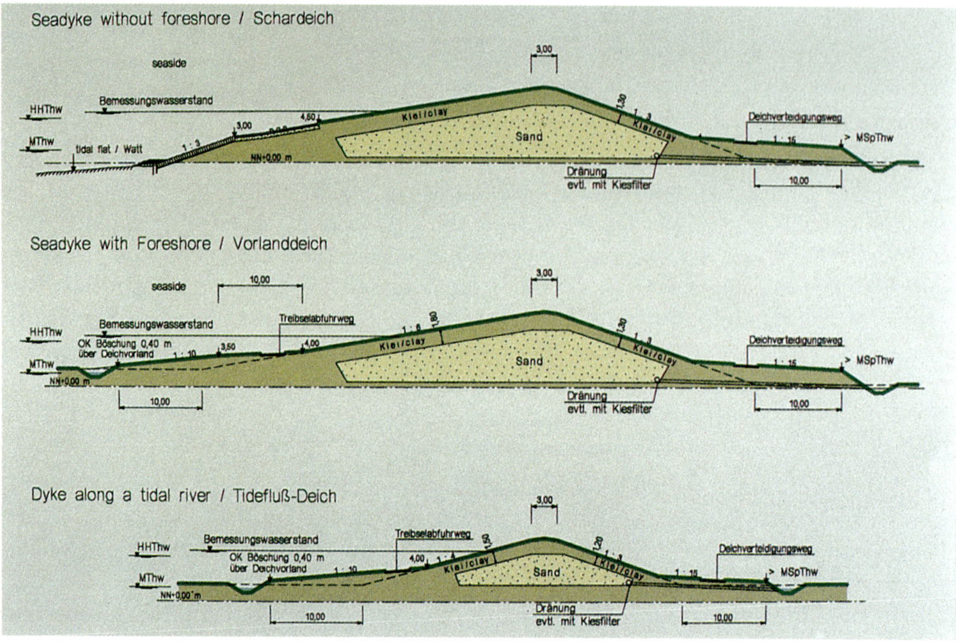

Abb. 5.2-6: Regelquerschnitt eines Seedeiches als
a) Schardeich
b) Vorlanddeich und eines
c) Flußdeiches (Quelle: StAIK Norden)

worden. Die Finanzierung lag in der Gemeinschaftsaufgabe „Verbesserung der Agrarstruktur und des Küstenschutzes" ab 1973, nach der der Bund 70 % und das Land 30 % der für den Küstenschutz benötigten Baukosten aufbringen. Die Hauptdeichlinie war bis 1990 zu rd. 80 % erhöht und verstärkt worden.

Nach der Fortschreibung des Generalplanes Küstenschutz 1990 war vordringlich die Verstärkung der restlichen Deichstrecken auf das notwendige Bestick (Deichabmessung). Von der künftig 611 km langen Hauptdeichlinie des Festlandes waren nach dem Stand vom 10.10.1989 noch 53 km auszubauen, von den 35 km Inseldeichen noch 13 km auf den Inseln Juist, Norderney, und Wangerooge. Für weitere 80 km Hauptdeiche waren noch Querschnittsanpassungen und geringe Nacherhöhungen vorzunehmen. Außerdem mußten noch 23 Sielbauwerke entweder neu gebaut oder den neuen Deichabmessungen angepaßt werden. Die Hochwasserdeiche oberhalb der Sperrwerke in den Nebenflüssen von Ems, Weser und Elbe mußten nach 1989 noch streckenweise ausgebaut werden, um beim Zusammentreffen von höheren Binnenabflüssen mit Sturmfluten sichere und ausreichende Speicherräume binnenwärts der Sperrwerke zu haben.

Sturmflutwasserstände und Deichhöhen

Für die Fortschreibung des Generalplanes Küstenschutz 1990 war auch zu untersuchen, ob ein besonders von amerikanischen Klimaforschern befürchtete ungewöhnlicher Meeresspiegelanstieg infolge steigender Temperaturen an der Erdoberfläche zu erwarten ist. Eine solche Entwicklung läßt sich an Hand von Pegelaufzeichnungen an der niedersächsischen Nordseeküste und aus benachbarten Gebieten bisher nicht belegen. Eine spekulative Berücksichtigung höherer Sturmflutwasserstände über den bisher berücksichtigten säkularen (100-jährigen) Meeresspiegelanstieg von 25 bis 30 cm ist deshalb zur Zeit unnötig. Es bedarf weiterer Forschungen und Beobachtungen, um bei einer Trendänderung rechtzeitig zu handeln. Für die niedersächsischen Hauptdeiche gelten nach wie vor die im Jahre 1963 festgelegten Bemessungswasserstände (Abb. 5.2-5), die bis etwa zum Jahre 2060 gültig sind, wenn es nicht zu ungewöhnlichen Temperatur- und Klimaänderungen an der Erdoberfläche mit einem Einfluß auf die Wasserstände kommt.

Sollte eine bisher nicht erkennbare, wenn auch häufig erörterte Meeresspiegelerhöhung größeren Ausmaßes eintreten, sind weitere bauliche Maßnahmen zu treffen. Entsprechende Deicherhöhungen sind technisch durchaus machbar, entweder in Erdbauweise und zur Beschränkung der Breite mit Stützmauern am Fuß der Binnenböschung. Bei den vor allem an den Tideflüssen anstehenden Moorschichten im Untergrund bedarf es besonderer Maßnahmen, um ein starkes Setzen des Untergrundes zu vermeiden (Setzmaß s. Abb. 5.2-5). Auch kann die Wehrhaftigkeit dadurch erhöht werden, daß durch flachere Außenböschungen, hohes Deichvorland und/oder hoch liegende Außenbermen der Wellenauflauf stark ermäßigt wird.

Sturmfluthäufigkeit und Deichschäden

Die Sturmfluthäufigkeit ist über längere Zeiträume betrachtet veränderlich. Seit Beginn der 80er Jahre ist eine zunehmende Häufigkeit zu erkennen, die nicht nur zu erheblichen Strand- und Dünenabbrüchen auf den Inseln führte, sondern auch die Deiche stärker beanspruchte (Abb. 5.2-7).

So wurde durch die schweren Sturmfluten der letzten Jahrzehnte eine Zunahme der Schäden an den niedersächsischen Küstenschutzwerken von Westen nach Osten festgestellt (Ingenieur-Kommission 1962, 1976 und 1979). Sie wurden nach Art und Ursache systematisch erfaßt als

- Brandungsausschläge an den Außenböschungen,
- Rutschungen an den Innenböschungen durch Wellenüberschlag, Überströmung und Durchsickerung und
- Deichbrüche.

Nach den Untersuchungen waren die Ursachen der Deichschäden meistens unzureichende Deichabmessungen und ungünstige Querschnittsformen oder auch Anlagen im und am Deich, die die Deichunterhaltung erschwert oder den Deich geschwächt hatten. Anlagen dieser Art waren Wohnhäuser, Strandhallen, Masten, Weidezäune, Treppen, Deichscharten, Rampen und sonstige Einrichtungen. Insbesondere war die Grasnarbe schadhaft in der Umgebung von eng am Deich oder sogar im Deich stehenden Häusern, so daß der Boden ausgewaschen wurde und Rutschungen eintraten. Die Analyse der Schadensursachen war eine wichtige Voraussetzung, um sichere Deichquerschnitte entwickeln zu können.

Vorland zur Erhöhung der Deichsicherheit

Sehr vorteilhaft für die Standsicherheit der Deiche ist ein ordnungsgemäß erhaltenes und gepflegtes Deichvorland. Bei der notwendigen Fortführung dieser Arbeiten müssen in Zukunft besonders die Belange des Nationalparks Niedersächsisches Wattenmeer berücksichtigt werden (Abschnitt 5.2.7).

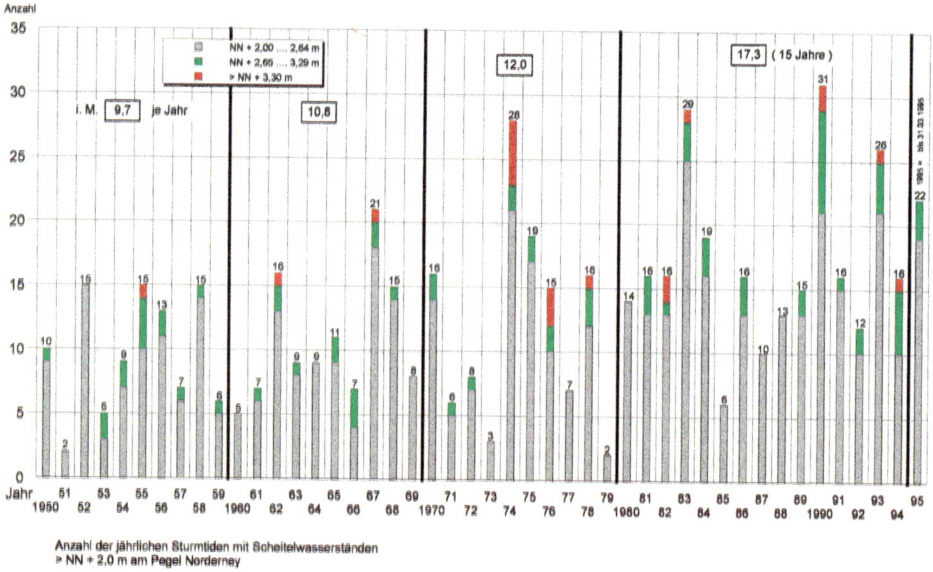

Abb. 5.2-7: Zunahme der Sturmfluthäufigkeit von 1950 bis 1995 am Pegel Norderney [32]

5.2.4 NIEDERSÄCHSISCHES DEICHGESETZ VON 1963, DEICHVERBÄNDE, DEICHVERTEIDIGUNG

Bis zum Beschluß eines eigenen Deichgesetzes galten in Niedersachsen mehrere Deichordnungen:

1. Neufelder Deichordnung vom 20. April 1698,
2. Deichordnung für das Herzogtum Bremen vom 29. Juli 1743,
3. Deichordnung für die Insel Neuwerk vom 2. November 1802,
4. Deich- und Siel-Ordnung für Ostfriesland vom 12. Juni 1853,
5. Deichordnung für das Herzogtum Oldenburg vom 8. Juni 1855,
6. Deich- und Sielordnung für das Fürstentum Lüneburg und die vormals Lauenburgischen Landesteile vom 15. April 1862,
7. Deich- und Abwässerordnung für die Grafschaften Hoya und Diepholz vom 22. Januar 1864,
8. Deichordnung für den Alten Hadeler Seebandsdeich vom 26. Januar 1906,
9. Döser Deichordnung vom 20. Juli 1911.

Diese Deichordnungen regelten u.a., daß die Deiche von den jeweiligen Deichverbänden zu unterhalten waren und die Mitglieder deichpflichtig waren und die Kosten der Deichunterhaltung aufbrachten.

Die genannten Deichordnungen sind bei weitem nicht die ältesten. So hat beispielsweise der Häuptling und spätere Graf Ulrich I als erster Landesherr Ostfrieslands von 1441 bis 1466 eine Deich- und Sielordnung erlassen und selbst die landesherrliche Aufsicht beansprucht. Sein Sohn Graf Edzard I. regierte von 1491 bis 1528 und hat 1515 eine neue Deichordnung erlassen. Nach den Sturmflutkatastrophen von 1509 (größter Einbruch des Dollarts) und 1511 (s. Tab. 5.2-1) hat er darin die Pflichten der Bevölkerung neu geregelt und zu deren Durchsetzung drastische Strafen angedroht (Abb. 5.2-8). Vergleichbar war die Entwicklung in der benachbarten Grafschaft Oldenburg (s. Abschn. 3.4.).

Cap. 4. Von Graf Edzardi I. Teich-Ordnung de Anno 1515.

Darna als de salige Grafinne Frouw Theda van dyssen Jamerdael in GOdt dem HEren verscheiden/ so hefft Graf Edzardt de Sorge und. Last dysser Grafschop Ost-Frießland wedderum an sick genamen. Dewyle dann S. G. betrachtede de grote Gewaldt des Waters van Jahren tho Jahren an S. G. Landen mercklycken Affbreck by S. G. Tydt genamen/ darup einen Dach binnen der Stadt Emden verordnet/ mit Prælaten, Junckherrn/ Hövetlingen als Stende der Lande/ an dem Jahr 1515. geraedslaget/ wo men den Water up dat allervöglichste einen Wedderstand möchte doen/ darmede de lege Lande in eine guede Ordnung mochten vort gebracht werden/ und hebben eine Ordinantz begrepen und gemacket up de Diecke/ nomlyck van Risumer-Marcke an na Emden hen to Oldersum geordiniret/ als hier wert folgen:

§ 1. Wy Edzardt, Grafe tho Ost-Frießland/ hebben by Mede-Radt der Prælaten, Junckherrn/ Hövetlingen und Ehrbarheiden unser Luiden und Borgermeister unser Stadt Emden/ mit den Gedeputeerden tho Dieck/ deren Nüttichheit/ Ordinantie und Schickung gemacket/ als uns redelycke Orsaken dartho hebben bewagen/ dat men na dysser Tydt de Diecke na holden und maeken sall/ in Wyse und Manier na geschreven.

§ 2. Thom ersten suet men vor gudt an/ und is beslaten/ dat dar veer Dieck-Graven soelen wesen up de Diecke truwlick thoseende/ als up der Oster-Sied Emden twee/ und up de Wester-Sied twee/ und dysse soelen de Macht hebben up de Diecke tho gebeeden/ und de Ungehorsamen tho straffen/ und alle Schelinge der Diecken uththorichten/ und tho verdragen/ de van der Diecken wegen herrysen muchten.

§ 3. Ock is gedeputeret und beschlaten/ dat alle dejenen/ de Bröckhafft befunden werden/ sall wesen up itlycke Voet Dyckes ein Jager na der ersten Vorkundinge/ tho der andern Vorkundinge duppelt/ tho de drüdden Verkundinge dreefolt/ dartho de Drosten edder Amt-Lueden unsers Gnedigen Herrn den Dyck-Graven mit ehren Knechten forderen und helpen sollen/ idtlick Knecht in syner Vögedeye/ offte se des behöveden und ock tho panden; Und offt jemandt Pandtweigerung dede/ dat sall wesen VIII. Marck tho Broecke.

§ 4. Worde ock jemandt van den Dieck-Graven mit Worden edder Wercken van jemandt gehönet/ dat sall wesen veervolde Boete und Broeke/ als men dat ock nha Landt-Rechte richtet.

§ 5. Off ock jemandt dodt worde geschlagen off gewundet/ dat sick verorsaket hedde van Upböringe des Geldes edder Dyckschottes/ dat sall alle dubbelde Boete und Broeke wesen; We averst dat nicht hebben in dem Guede/ de sollen dat betalen mit dem Bloede.

§ 6. Men sall ock setten twe Bouw-Meisters/ de solck Holdt und Spiekers und ander Dingen/ Timmer-Lohn/ Soeden-Föhrers und ander Arbeides-Lueden betalen; Des soelen se ock eine getruwe Upsicht hebben/ tho der Gemeine beste/ dat dar wat gedahn werde; Und we Geldt hebben sall vor Holdt/ Spyker und ander Dingen/ dem soelen de Bouw-Meister eine Handt-Schrifft an de Rente-Meister/ de ock neen Geldt sonder solcke Handt-Schrifft soelen uthgeven; Unde de Bouw-Meisters soelen dar ein Register tho hebben/ so kan neen Feyl noch Tweedracht noch Mißdüncken geschehen in utinge des Geldes; Ock soelen se jährlickes eins Rekenschop doen van allen upgeboerde und gegeven Penningen.

§ 7. Men sall ock setten twe Rent-Meisters binnen Emden/ de tydtlikes dat Dyck-Schott schollen entfangen van den Gedeputerten der Carspelen/ so völe als tydtlich dorch Stende der Lande belevet wordt/ tho Nüttichheit der Holtinge/ und wat dartho behörig is/ de dat ock tydtlykes sollen uthleggen/ und ein Kiste dartho hebben up dem Rathuise/ dar men sodane Geldt sall inleggen/ dar itlick Rent-Meister einen Schlötel van hebben sall/ und dat Geldt na older Gewonheit und Wyse uththogeven/ und upthobringen twischen Paschen und Pingsten tho der andern Verkündunge.

Abb. 5.2-8: Auszugsweiser Abdruck der Deichordnung von 1515 vom Grafen von Ostfriesland Edzard I. (Quelle: Ostfriesische Historie und Landesverfassung, Aurich, 1720)

Am 1.4.1963 trat das Nds. Deichgesetz (NDG) in Kraft, mit dem übernommenen Grundsatz, daß im wesentlichen Deichverbände die Deiche unterhalten sollten (§ 7), mit Ausnahme der bereits vom Staat zu erhaltenen Deiche. Die Verbände sollten die Kosten nur entsprechend ihrer Leistungsfähigkeit tragen müssen. Diese Vorgabe war nicht praktikabel und wurde deshalb 1967 in eine Kann-Vorschrift umgeändert. Außerdem wurde geregelt, daß die Kosten für die Erhaltung von Schutzwerken im Deichvorland oder im Watt vom Land getragen werden, wenn es den Erhaltungsmaßnahmen vorher zugestimmt hat (§ 8, Abs. 2).

Mit dem zweiten Gesetz zur Änderung des NDG von 1974 wurde zusätzlich bestimmt, daß

- die Erhaltung der Hauptdeiche auf den Ostfriesischen Inseln dem Land obliegt (§ 7, Abs. 1)
- und die Erhaltung und der Betrieb der Sperrwerke vom Land durchgeführt wird (§ 7 a).

Auch wurden die Schutzdünen, das sind Dünen mit Deichfunktion, auf den Ostfriesischen Inseln dem Deichrecht unterstellt.

Hauptdeiche und Hochwasserdeiche

Das Niedersächsische Deichgesetz von 1963 (NDG) unterscheidet zwischen dem Hauptdeich (im Tidegebiet) und dem Hochwasserdeich (oberhalb des Tidegebietes). Beide sollen dem Schutz vor Überflutungen bei höchsten Wasserständen dienen. Die Bezeichnung Hauptdeich gilt für Deiche zur Sicherung der Küsten- und Inselgebiete gegen Sturmtiden; Hochwasserdeiche dagegen bieten Schutz gegen Überschwemmungen bei hohen Binnenwasserständen. Durch den rechtlichen Akt der Widmung nach dem NDG erhält ein Deich die Eigenschaft eines Hauptdeiches oder eines Hochwasserdeiches. Die Abmessungen der Hauptdeiche und der Hochwasserdeiche werden nach dem NDG von den Bezirksregierungen als obere Deichbehörden festgesetzt, nachdem die Träger der Deicherhaltung, im allgemeinen die Deichverbände, gehört worden sind. Für die Höhe der Hauptdeiche ist der Bemessungswasserstand als zu erwartender höchster Sturmtidewasserstand maßgebend und zusätzlich der örtliche Wellenauflauf zu berücksichtigen.

Obere und untere Deichbehörden sowie Deichverbände

Der Küstenschutz ist wegen seiner großen Bedeutung für die Landessicherheit im Niedersächsischen Deichgesetz (NDG) vom 1963 in der letzten Fassung vom 17.07.1974 geregelt. Danach obliegen die hoheitlichen Aufgaben den Landkreisen und kreisfreien Städte als untere Deichbehörden, Aufsichtsbehörden im Sinne der Wasserverbandverordnung (WVVO), und den Regierungspräsidenten als obere Deichbehörden. Als technische Fachbehörden der oberen Deichbehörden sind die Ämter für Wasser und Abfall und das Staatliche Amt für Insel- und Küstenschutz tätig (Abschn. 9).

Zu den Aufgaben der oberen Deichbehörden zählen vor allem:

Widmung von Deichen und Schutzdünen (§§ 3, 11 und 20a), Festsetzung der Abmessungen (§ 4), Prüfung der vorgeschriebenen Abmessungen (§ 5), Festsetzung der hinteren und seitlichen Grenzen des geschützten Gebietes (§§ 6 u. 9), Verlegung der Deichlinie (§ 13), Erlaubnisse (§ 15), Entwidmung (§ 20), Notdeiche (§ 28), 2. Deichlinie (§ 29). Der unteren Deichbehörde obliegen insbesondere Ausnahmegenehmigungen (§§ 14 u. 16), Deichschau (§ 18), Vorlandverordnung (§ 21) sowie die Deichverteidigungsordnung (§ 27).

Die Erhaltung der Hauptdeiche im Tidegebiet und der Hochwasserdeiche oberhalb der Sperrwerke obliegt nach der Neufassung des NDG vom 16.07.1974 den Deichverbänden. Deren Mitglieder sind die Eigentümer aller im Schutz der Deiche gelegenen Grundstükke. Die Deichverbände sind Wasser- und Bodenverbände im Sinne des Wasserverbandsgesetzes und nach dem NDG Träger der Deicherhaltung (Karte 5.2-3). Außer der Erhaltungspflicht von rd. 575 km Hauptdeichen durch Deichverbände werden rd. 35 km vom Land erhalten. Bei letzteren handelt es sich insbesondere um Deiche im Bereich der Häfen Emden und Wilhelmshaven, um die Anschlußdeiche von Sperrwerken und um Deichstrecken im Dollart und in der Leybucht.

Die Größe des vor Sturmtiden geschützten Gebietes bestimmt sich bei Hauptdeichen nach der Ausdehnung einer angenommenen Überflutung des Binnenlandes, wenn es nicht durch Deiche geschützt wäre. Die oberen Deichbehörden haben die Binnengrenze des geschützten Gebietes entsprechend der Höhe des Bemessungswasserstandes festgelegt. Diese verläuft deshalb im Bereich der Höhenlinien + 5,0 m bis + 6,0 m NN und ist gleichzeitig die landseitige Grenze der Deichverbände.

Wichtige Deichstrecken auf den Inseln, vor Industriegebieten usw. mit einer Gesamtlänge von rd. 80 km , sowie 30 km Sommerdeiche und die Uferschutzwerke werden unmittelbar vom Land ausgebaut und unterhalten. Das gilt auch für Vorlandarbeiten und ferner für die Inselschutzwerke sowie für Sperrwerke in Tideflüssen, soweit hier nicht der Bund tätig geworden ist (Karte 5.2-2 u. Tabelle 5.2-2) (s. Abschn. 5.2.6).

Nach den gegenwärtigen Zuständigkeiten ist die Wasserwirtschaftsverwaltung durch ihre Fachbehörden, den heutigen Ämtern für Wasser und Abfall sowie dem Staatlichen Amt für Küstenschutz, am Ausbau und der Erhaltung der Küstenschutzanlagen maßgeblich beteiligt. Die Ämter planen und leiten auf der Grundlage von Bauleitungsverträgen den Ausbau der Deiche mit zugehörigen Anlagen für die Deichverbände. Hinzu kommen der Bau und die Unterhaltung der staatlichen Deiche und Schutzwerke sowie die vom Staat übernommene Unterhaltung der Deichschutzwerke der Deichverbände. Zuständig sind die Ämter auch für Bau, Betrieb und Unterhaltung von Sperrwerken an Elbe und Weser (Tabelle 5.2 -2).

Erhaltung des Deichbesticks

Nach dem NDG ist der Deich mit den zugehörigen Anlagen in seinen vorgeschriebenen Abmessungen, dem Deichbestick, zu erhalten, um jederzeit seinen Zweck erfüllen zu können. Weiterhin verlangt das NDG, daß diejenigen Deichstrecken zu erhöhen und zu verstärken sind, die mehr als 20 cm von ihrer Sollhöhe verloren haben oder sonst von ihrem Bestick abweichen. Eine Nachprüfung ist mindestens alle 20 Jahre erforderlich.

Von den Kosten der Deicherhaltung trägt das Land diejenigen für die Herstellung der aufgrund geprüfter Entwürfe erforderlichen und vom Lande festgesetzten Abmessungen der Deiche. Die Kosten der Errichtung und Erhaltung von Schutzwerken im Deichvorland oder im Watt übernimmt ebenfalls das Land, wenn es den Bau- und Erhaltungsmaßnahmen vorher zugestimmt hat. Unter bestimmten Voraussetzungen können den Deichverbänden auch für die verbleibenden Deicherhaltungsaufgaben Landeszuschüsse gewährt werden. Wegen dieser engen Verbindung der Deicherhaltung mit der staatlichen Mittelzuwendung werden praktisch alle Maßnahmen der Deicherhaltung im Einvernehmen und unter Aufsicht der staatlichen Wasserwirtschaftsverwaltung ausgeführt.

Eine Besonderheit bildet in Ostfriesland das Staatliche Amt für Insel- und Küstenschutz in Norden, dem die Unterhaltung der Staatlichen Deiche und der Bau und die

Unterhaltung von Deichsicherungswerken, Deichschutzwerken mit Vorlandpflege- und -sicherungsarbeiten an der Festlandsküste, Dünen- und Deichschutz einschl. der massiven Inselschutzwerke und Schutzdünen sowie Vorlandarbeiten auf den Ostfriesischen Inseln sowie die Unterhaltung der Außentiefe übertragen ist (Abschnitte 5.2.6 u. 5.2.7). Den Wasser- und Schiffahrtsämtern Emden und Wilhelmshaven obliegt nach dem Bundeswasserstraßengesetz dagegen die Erhaltung der massiven Inselschutzwerke auf Borkum und Wangerooge, weil diese Inseln für die Lagestabilität der Fahrwasser in Ems und Jade wichtig sind. Im Raum Cuxhaven hat das Niedersächsische Hafenamt Cuxhaven -eine Dienststelle der Niedersächsischen Häfen- und Schiffahrtsverwaltung- die Küstenschutzaufgaben wegen ihrer engen Verflechtung mit anderen Baumaßnahmen im Hafengebiet über lange Zeit ausgeführt.

Deichverteidigung

Die Notwendigkeit, im Falle drohender Sturmflutkatastrophen die Hauptdeiche wirksam verteidigen zu können, hat sich bei den häufigen hohen Sturmtiden der letzten Jahrzehnte, insbesondere nach den Sturmflutkatastrophen 1962, 1973 und 1976 (Abb. 5.2-9), erwiesen. Für die häufig auftretenden leichten Sturmtiden reichen im allgemeinen die Kräfte und Einrichtungen der Deichverbände aus. Erfahrene Deichanwohner wirken dann in der Deichverteidigung in den ihnen vom Deichverband zugewiesenen Abschnitten mit.

Bei den vorgenannten Sturmflutkatastrophen mußten jedoch staatliche Stellen und weitere Hilfskräfte herangezogen werden, um bedrohte und beschädigte Deichstrecken zu sichern. Dabei haben sich Einheiten der Feuerwehr, des Technischen Hilfswerkes, der

Abb. 5.2-9: Salzwassergeschwängerte Luft am noch nicht verstärkten Hauptdeich der Wesermarsch, Deichacht Norden, während der Orkanflut vom 03.01.1976 [Foto: Ehmen, WWA Aurich]

Polizei und der Bundeswehr bewährt, die vor allem über Transportfahrzeuge und sonstiges technisches Gerät verfügen. Ihnen wurden Fachkräfte von Dienststellen, die mit der Deicherhaltung vertraut sind, wie der Fachdienststellen der Wasserwirtschaftsverwaltung und Landkreise, zur Seite gestellt. Auch der Einsatz von im Deichbau tätigen Baufirmen war vorteilhaft. Diese erfolgreiche Zusammenarbeit in der Deichverteidigung wird auch weiterhin beibehalten. Eine Erfahrung ist, daß der Einsatz geschlossener Einheiten mit klarer Organisationsstruktur sich wirkungsvoller als die Arbeit freiwilliger Helfer erwies, denn letztere waren meistens unzureichend mit Gerät und Kleidung ausgerüstet und hielten deshalb oft nicht lange bei der Schadensbeseitigung unter meist schlechten Witterungsbedingungen aus.

Gerätelager werden für die Deichverteidigung von den Deichverbänden unterhalten. In ihnen werden neben einfachem Arbeitsgerät auch Sandsäcke bevorratet. Darüber hinaus lagert das Land Niedersachsen eine Reserve an Sandsäcken in einer Stückzahl von rd. 1,2 Millionen. Im Bedarfsfalle entscheiden die Bezirksregierungen über den Einsatz der in ihrem Bereich verfügbaren Landesreserve, die 1997 vorübergehend für die Deichsicherung der von einem schweren Hochwasser bedrohten Oderdeiche zur Verfügung gestellt wurden.

Die Grundlage einer wirkungsvollen Deichverteidigung ist eine nach Deichverbänden gegliederte Alarm- und Deichverteidigungsordnung. Der Einsatz der Kräfte wird in Fällen der höchsten Alarmstufe von den unteren und oberen Aufsichtsbehörden übernommen, die sich dabei ihrer technischen Dienststellen bedienen. Das Bundesamt für Seeschiffahrt und Hydrographie in Hamburg verbreitet über Rundfunk, telegraphisch und telefonisch unter Einschaltung der örtlichen Polizeidienststellen an einen festgelegten Empfängerkreis rechtzeitig Meldungen über die voraussichtliche Höhe der zu erwartenden Sturmtidewasserstände. Die Küstendienststellen der Wasserwirtschaftsverwaltung verfeinern die Vorhersage für ihren Bereich und warnen die Verantwortlichen im Sturmflutwarndienst.

Da häufig auch schwerste Katastrophen bald in Vergessenheit geraten, weil das „Menschengedenken" nur kurz ist, muß immer wieder die Wirksamkeit der Deichverteidigung überprüft werden. Dazu sind jährlich Deichverteidigungsübungen in Form von Planspielen zweckmäßig. Sie sollen das einwandfreie Zusammenwirken aller Deichverteidigungskräfte und Führungsstellen erproben sowie alle Beteiligten auf ihre verantwortungsvolle Aufgabe hinweisen. Vor allem ist der Umgang mit neuen technischen Hilfs- und Nachrichtenmitteln zu üben, wobei die Beteiligten auch mit dem jeweiligen Stand des Ausbaues der Hochwasserschutzanlagen vertraut gemacht werden. Auch werden die für den Katastropheneinsatz bereitstehenden Einheiten mit den besonderen Handhabungen der Deichverteidigung vertraut gemacht.

5.2.5 KÜSTENSCHUTZ, NATURSCHUTZ UND UMWELTERHALTUNG

War die Gewinnung von Neuland und dessen Eindeichung in den letzten Jahrhunderten die verpflichtende Aufgabe der Küstenbewohner, so gilt es heute, die Küstenlandschaft vor den Hauptdeichen so weit wie möglich im natürlichen Zustand zu erhalten. Das hat seinen Ausdruck in der Verordnung über den „Nationalpark Niedersächsisches Wattenmeer" vom 13.12.1985 gefunden (Abschnitt 5.8). Der Schutzzweck des Nationalparkes ist, die besondere Eigenart der Natur und Landschaft im Wattgebiet vor der niedersächsischen Küste zu erhalten und vor Beeinträchtigungen zu schützen. Die natürlichen Abläufe in diesem Lebensraum mit ihrem artenreichen Pflanzen- und Tierbestand sollen fortbestehen.

Der Geltungsbereich der Verordnung wird landwärts durch die seeseitige Grenze der Deiche nach dem NDG begrenzt. Deichneubauten sind nur nach Befreiung bzw. nach Veränderung der Abgrenzung des Nationalparks zulässig. Arbeiten zur Erhaltung der Deiche sind jedoch von der Verordnung freigestellt.

Das Deichvorland muß als wellenbrechendes Schutzwerk erhalten bleiben. Eine Vegetationsbedeckung mit Breiten von 200 bis 400 m hat sich für den Küstenschutz als vorteilhaft erwiesen. Eine ähnliche Wirkung hat auch das Wattgebiet in seiner Gesamtheit, das ebenfalls unter dem Gesichtspunkt des flächenhaften Küstenschutzes die Beanspruchung der Küstenschutzanlagen mindert. Für noch auszubauende Schutzwerke an der niedersächsischen Festlandsküste sind nach Schätzung ab 1989 noch rd. 170 Mio. DM aufzuwenden.

Bei der Anlage von Schutzwerken zur Erhaltung des bestehenden Vorlandes -sowohl im Interesse des Küstenschutzes wie auch des Naturschutzes- sollen nach Möglichkeit landschaftsangepaßte Bauweisen gewählt werden. Das sind z. B. Lahnungen, die aus Busch und Holzpfählen hergestellt werden. Dabei müssen höhere Unterhaltungskosten und eine kürzere Lebensdauer in Kauf genommen werden als bei den massiven Lahnungsbauten, die in den letzten Jahrzehnten wegen des geringen Erhaltungsaufwandes angelegt worden sind (Abschnitt 5.2.7).

Eine gute Möglichkeit eines Ausgleiches zwischen den Forderungen des Küstenschutzes, der Binnenentwässerung und der Zufahrt zum Fischereihafen Greetsiel mit dem Naturschutz ist der gegenwärtige Küstenschutz an der Leybucht mit dem Sperrwerk Leysiel. Der Generalplan Küstenschutz 1973 sah noch die Eindeichung der gesamten Leybucht vor. Dieser Plan wurde aber aufgrund des wachsenden Umwelt- und Naturschutzbewußtseins aufgegeben. Zur weitgehenden Schonung von Natur und Umwelt sowie zur Erhaltung einer offenen Leybucht faßte die Landesregierung 1980 den Beschluß, auf deren Volleindeichung zu verzichten.

Zehn Grundsätze für einen wirksamen Küstenschutz

Um den Küstenschutz mit den Forderungen des Nationalparks abzustimmen, Eingriffe in das seewärtige Deichvorland und das Wattgebiet so gering wie möglich vorzunehmen, wurden im Februar 1995 von der Landesregierung in Zusammenwirken von Deichbehörden und Deichverbänden sowie Naturschutzverbänden zehn Grundsätze für einen effektiveren Küstenschutz aufgestellt:

1. Neue Eindeichungen werden nicht mehr vorgenommen.
2. Hauptdeiche werden in der bestehenden Deichlinie so weit wie möglich auf der Binnenseite verstärkt und erhöht. Dies ist anhand der örtlichen Gegebenheiten zu entscheiden.
3. Rechtsgrundlage für die Erhöhung und Verstärkung von Hauptdeichen an der Küste ist § 5 Abs. 2 NDG. Weder Planfeststellungsverfahren noch Plangenehmigungsverfahren finden statt. Zu den Planungen werden die Umwelt- und Naturschutzverbände angehört und ihre Vorschläge mit den Deichbehörden, dem Träger des Vorhabens und der planenden Fachbehörde erörtert.

Bei der Verstärkung und Erhöhung von Hauptdeichen werden die Umweltverbände nach § 60 a NNatG nach wie vor beteiligt. Die Naturschutzbehörden werden bei der Bestickfestsetzung nach § 4 NDG beteiligt.

4. Für die Verstärkung und Erhöhung von Hauptdeichen an den Tideflüssen ist keine Umweltverträglichkeitsprüfung erforderlich.

   Weder das Wasserhaushaltsgesetz (WHG), das Nieders. Wassergesetz (NWG) noch das Gesetz über die Umweltverträglichkeitsprüfung (UVPG) schreiben für diese Fälle die Umweltverträglichkeitsprüfung vor.

5. Erhaltungsmaßnahmen der Träger der Deicherhaltung (Küstenschutz) sind bis auf den Neubau von Deichen von den Verboten der Verordnung über den Nationalpark Niedersächsisches Wattenmeer freigestellt.

   Der Grundsatz entspricht der Verordnung über den Nationalpark Nieders. Wattenmeer. Grundsätzlich dürfen nur zwingend notwendige Maßnahmen durchgeführt werden.

6. Das Deichvorland steht soweit erforderlich für den Küstenschutz zur Verfügung.

   Das Deichvorland ist zum Schutze des Deiches in Abstimmung mit den Naturschutzbehörden soweit erforderlich zu erhalten und zu pflegen.

7. Erhaltung und Pflege des Deichvorlandes (§ 21 NDG) lösen naturschutzrechtlich keine Ausgleichs- und Ersatzmaßnahmen aus.

   Erhaltung und Pflege des Deichvorlandes (Unterhaltung) sind kein Eingriff in die Leistungsfähigkeit des Naturhaushaltes und des Landschaftsbildes. Die Maßnahmen werden mit den Naturschutzbehörden abgestimmt.

8. Kleientnahmen müssen in besonderen Fällen auch im Deichvorland möglich sein.

   Im Regelfall wird Kleiboden im Binnenland gewonnen.

9. Sandentnahmen für den Deichbau und den Inselschutz aus dem küstennahen Wattgebiet sind unumgänglich; sie sind in Abstimmung mit der Nationalparkverwaltung durchzuführen.

   Im Hinblick auf die notwendigen Mengen, die Entfernungen und die Eignung des Sandes sind Sandentnahmen im Nationalpark erforderlich. Die Möglichkeiten zur Minimierung der Sandentnahmen im Nationalpark (z. B. aus der Fahrwasserunterhaltung) sind zu nutzen.

10. Extensive Beweidung der Deichvorländer ist in ausgewählten Fällen zur Verminderung des Teekanfalls und Erhaltung der Hellerfestigkeit möglich.

Die Arbeitsgruppe zum Treibselproblem hat am 17.06.1996 den Schlußbericht zur „Treibselproblematik an den Hauptdeichen der niedersächsischen Nordseeküste und der von der Tide beeinflußten Flußläufe“ vorgelegt.

5.2.6 SCHUTZ DER OSTFRIESISCHEN INSELN

von Heie F. Erchinger und Frank Thorenz

5.2.6.1 AUFGABEN UND ZUSTÄNDIGKEITEN

Einführung

Die zwischen der Ems- und Jademündung der Festlandsküste vorgelagerten Ostfriesischen Inseln bilden ein natürliches Barrieresystem gegen den aus dem Küstenvorfeld einschwingenden Seegang (Karte 5.2-4). Etwa 90 Prozent der Seegangsenergie werden im Bereich der Inseln und Vorstrände umgewandelt, wodurch die Belastung der binnenwärts liegenden Wattenflächen und der Festlandsküste durch Seegang erheblich vermindert wird. Die Ostfriesischen Inseln sind durch Segelten voneinander getrennt, durch welche die Tidewassermengen in die Wattengebiete ein- und ausströmen. Im Verlauf des nacheiszeitlichen Meeresspiegelanstieges haben sich die Ostfriesischen Inseln aus hochwasserfreien Sandplaten gebildet. Durch eine Besiedlung mit Pionierpflanzen wurde die Sandansammlung verstärkt und die Dünen infolge Durchwurzelung verfestigt. Fortschreitender Sandflug und Pflanzenbewuchs führte zum Aufwachsen größerer Dünenflächen und damit zur Bildung der Inseln.

Die Inselstrände aber unterliegen einer ständigen Veränderung durch die von Seegang und Tideströmungen verursachte dynamische Belastung. Der überwiegend aus westlichen Richtungen wehende Wind bedingt einen schräg auf den Strand treffenden Seegang und verursacht dadurch einen von West nach Ost gerichteten Sandtransport. An den Seegaten wird dieser Massentransport durch die mit jeder Tide ein- und ausströmenden Wassermassen beeinflußt, wodurch es zur Bildung eines nach Norden ausschwingenden Systems von hochliegenden Sandplaten, den sogenannten Riffbögen (Abb. 5.2-10), kommt. Westlich des Anlandungsbereiches der Riffbögen herrscht an den Inselstränden häufig Sandmangel vor, welcher eine Abnahme des Strandes und den Abbruch der Randdünen bedingt. Östlich davon führt die andauernde Sandzufuhr zu einer ausgeglichenen Sandbilanz oder zu Sandüberschuß und dem Aufbau von neuen Dünen. Diese Abbruchs- und Anlandungserscheinungen haben auf einigen Inseln bis zu ihrer Festlegung zwischen etwa 1850 und 1950 an deren Westenden zu erheblichem Abbruch und an den Ostenden zu Anlandungen geführt.

Weitere wichtige Faktoren, welche die Morphologie, Hydrologie und Sedimentologie der Düneninseln und des Wattenmeeres maßgeblich beeinflussen können, sind der Anstieg des Mittleren Tidehochwassers sowie Veränderungen des Tidehubs und der Häufigkeit des Auftretens von Sturmfluten. Mit dem Anstieg des Meeresspiegels haben sich die Ostfriesischen Inseln, bis zu ihrer Festlegung auch in geringem Maße in Richtung Süden verlagert. Insgesamt stellen die Ostfriesischen Inseln, die Seegaten und Riffbögen ein hochdynamisches System dar, welches durch die einwirkenden Kräfte sowohl langfristigen und auch zeitlich begrenzten Erosions- und Sedimentationsprozessen unterworfen ist.

Die durch die morphologischen Prozesse bedingte Veränderung der Größe und Lage der Inseln führte in den vergangenen Jahrhunderten dazu, daß Ortschaften verlegt werden mußten, wenn sie als Folge von Dünenab- oder -durchbrüchen nicht mehr ausreichend sturmflutsicher oder bereits teilweise zerstört worden waren. Mit der einsetzenden Wandlung des Charakters der Inseln von kleinen Fischerdörfern zu Kur- und Badeorten

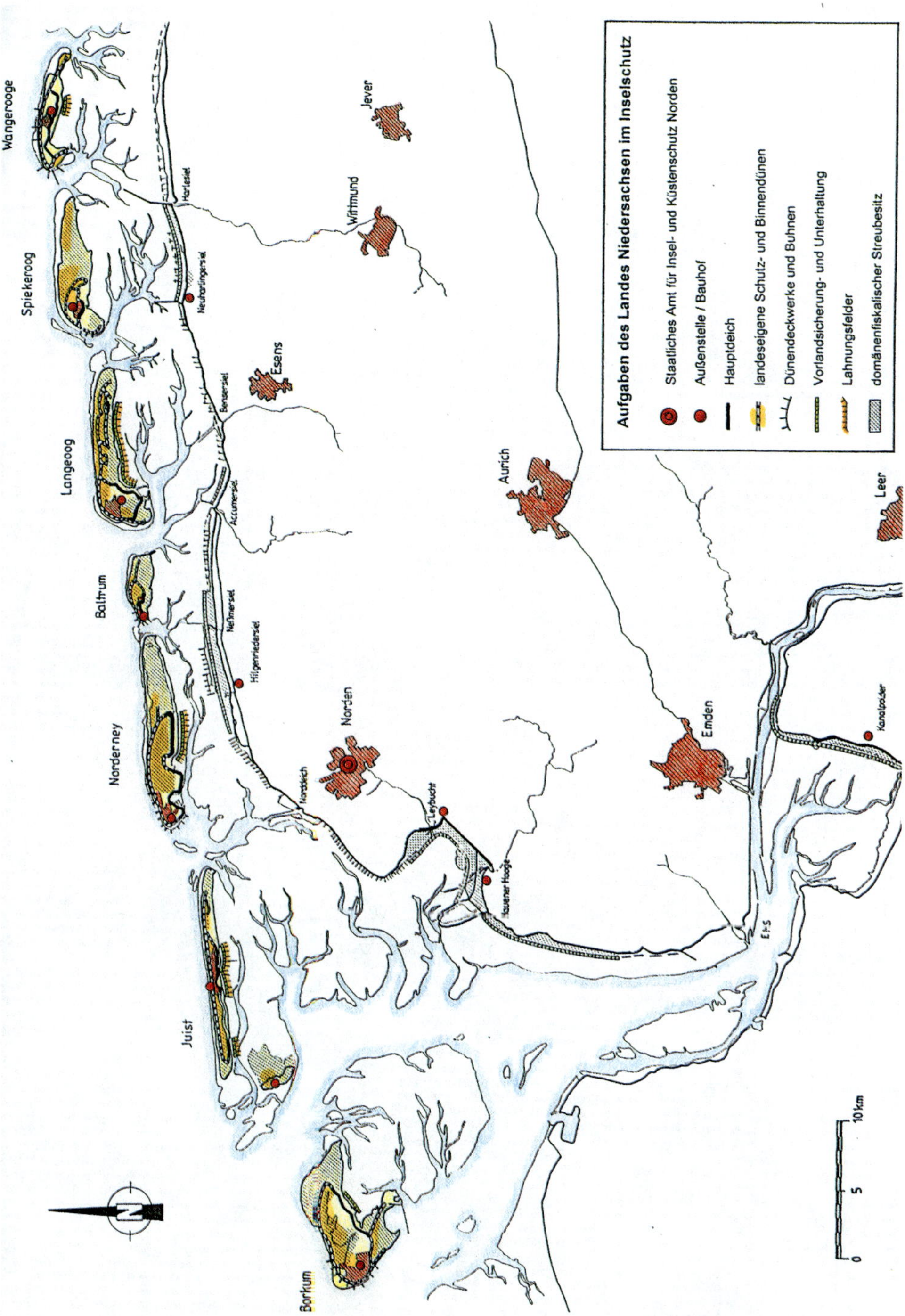

Karte 5.2-4: Schutz der Ostfriesischen Inseln (Quelle: StAIK Norden)

Abb. 5.2-10: Sandtransport entlang der Ostfriesischen Inseln:

Sandbänke und Platen im Riffbogen zwischen den Inseln Juist und Norderney [Forschungsstelle Norderney, 1959]

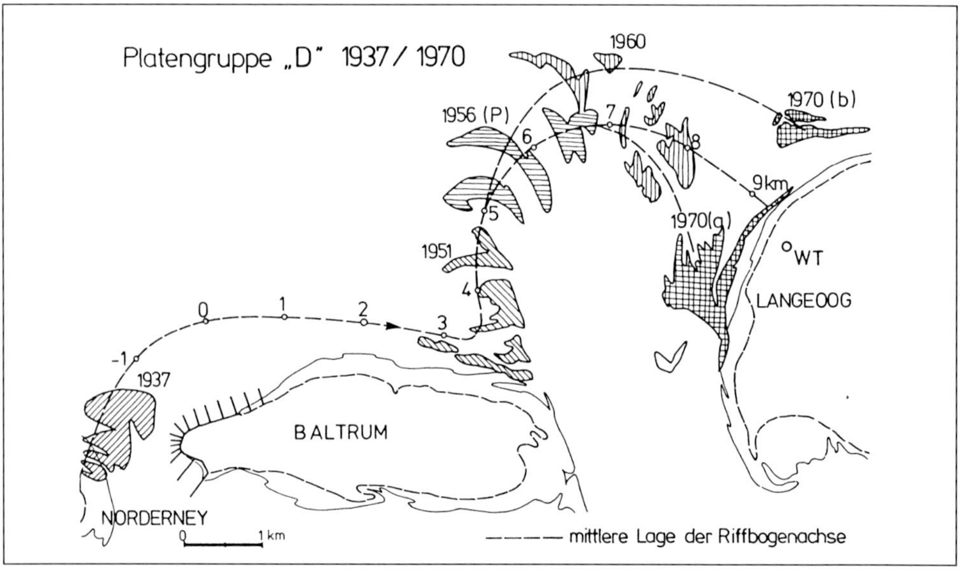

Verlagerung einer Platengruppe vom Ostende Norderneys bis zum Westende von Langeoog in den Jahren 1937/1970 mit rd. 430 m/Jahr [30]

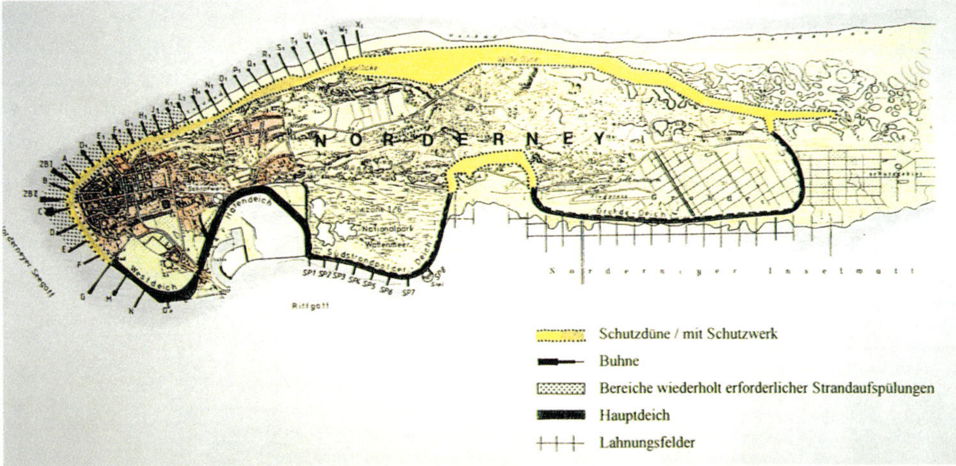

Karte 5.2-5: Sturmflutschutz durch einen Ring aus Deichen und Schutzdünen - ohne und mit Sicherung durch Buhnen und Deckwerke sowie regelmäßig erforderliche Strandvorspülungen am Beispiel von Norderney (Quelle: StAIK Norden)

im 19. Jahrhundert steigerten sich die Bedeutung und der Wert der zu schützenden Siedlungen und Verkehrsanlagen so weit, daß versucht wurde, die geschaffenen Werte vor dem Zugriff des Meeres und den Sandwehen im Inselinnern zu schützen. Alle Ostfriesischen Inseln sind deshalb zwischen 1850 und 1950 durch die systematische Begrünung der Dünen festgelegt und - mit Ausnahme Langeoogs - durch Schaffung von schweren Schutzwerken an erodierenden Strand- und Dünenabschnitten durch die staatliche Wasserbauverwaltung gesichert worden (Karte 5.2-5).

Aufgaben und Zuständigkeiten

Die Gewährleistung des Sturmflutschutzes und die Bestandserhaltung auf den Ostfriesischen Inseln sind nach dem Niedersächsischen Deichgesetz (NDG) Aufgaben des Landes Niedersachsen. Mit dem letzten Teilvollzug des Staatsvertrages von 1921 über die Aufgabenteilung zwischen dem ehemaligen Deutschen Reich und den Ländern im Jahre 1979 wurde auch der seebautechnische Inselschutz, welcher bis dahin im Auftrag des Landes von der Wasser- und Schiffahrtsverwaltung des Bundes wahrgenommen wurde, dem damaligen Bauamt für Küstenschutz Norden als eine zusätzliche Aufgabe übertragen. Dieser Ortsdienststelle der heutigen Niedersächsischen Wasser- und Abfallwirtschaftsverwaltung, welche 1989 in Staatliches Amt für Insel- und Küstenschutz (StAIK) umbenannt wurde, oblag bereits vorher die Unterhaltung der als Schutzdünen gewidmeten Rand- und der Binnendünen sowie die Gewährleistung des wattseitigen Sturmflutschutzes durch Bau und Unterhaltung von Hauptdeichen und Schutzwerken im Deichvorland (Karte 5.2-4). Mit dieser Verlagerung wurden alle Aufgaben des Inselschutzes in einer Dienststelle zusammengefaßt. Eine Ausnahme bilden nur die Sicherung des Westkopfes vor Borkum sowie der Seeseite von Wangerooge, welche nach dem Bundeswasserstraßengesetz im Zuständigkeitsbereich der Wasser- und Schiffahrtsverwaltung des Bundes liegen.

Eine Übersicht über die wesentlichen Inselschutzeinrichtungen auf den Ostfriesischen Inseln gibt Tabelle 5.2-3. Es wird deutlich, daß noch umfangreiche Schutzmaßnahmen nötig sind, für die der Mittelbedarf bei rd. 250 Mio. DM liegt. Deren Finanzierung erfolgt aus der im Grundgesetz festgelegten Gemeinschaftsaufgabe „Verbesserung der Agrarstruktur und des Küstenschutzes" mit den Finanzierungsanteilen 70 % Bund, 30 % Land.

Insel	Schutzdünen (km)*	Dünendeckwerke und Strandmauern (km)	Seebuhnen (Stck)	Hauptdeiche (km)	Lahnungen (lfd km Küstenlinie)
Borkum	19,0/2,1**	6,5**	35**	4,9	---
Juist	18,2	1,4	7	5,4	3,0
Norderney	11,9	4,7	32	10,1	2,9
Baltrum	7,3	1,7	14	1,6	---
Langeoog	20,7	---	---	5,7	6,3
Spiekeroog	10,3	1,9	14	1,6	---
Wangerooge	1,0/9,5**	5,7**	23**	6,0	0,9
Summe	97,9	21,9	125	35,3	13,1
Summe der vom Land zu erhaltenden Anlagen	88,4	9,7	67	35,3	13,1
ab 1998 noch zu verstärken	13,1	4,6	19	14,1	6,7***

* einschl. der zugehörigen Sicherungswerke

** Deckwerke und Buhnen, die von der Wasser- und Schiffahrtsverwaltung des Bundes auf Grundlage von § 8 (5) WaStrG erhalten werden; auf Borkum Deckwerke einschl. Schutzdüne in 50 m Breite, dahinterliegender Schutzdünenstreifen beim Land

*** neu zu errichten

Tab. 5.2-3: Schutzdünen und Schutzbauwerke auf den Ostfriesischen Inseln

5.2.6.2 SCHWERE DÜNENSCHUTZWERKE

Allgemeines

Der Sturmflutschutz und die Bestandssicherung der Ostfriesischen Inseln wird durch einen Ring aus Schutzdünen und meist im südlichen Teil der Inseln gelegenen Hauptdeichen gebildet, welcher in seiner Grundstruktur auf allen Inseln anzutreffen ist (Karte 5.2-5). Die Benutzung dieser gewidmeten Bereiche ist nach dem Niedersächsischen Deichgesetz nur für Unterhaltungszwecke zulässig.

Die dynamischen morphologischen, hydrologischen und sedimentologischen Prozesse, welchen die Ostfriesischen Inseln ausgesetzt sind, erfordern eine systematische Beobachtung und Überwachung der Gestalt der Inseln und ihrer Schutzwerke. Durch Vermessung ausgewählter Profile von Strand, Dünen und Heller (Deichvorland), Luftbildphotographie sowie die Erfassung und Auswertung hydrographischer Größen können allgemeine morphologische Entwicklungen erfaßt und beurteilt sowie Grundlagen für die Planung von Inselschutzmaßnahmen geschaffen werden. Örtliche Dienststellen des StAIK Norden auf den Inseln (Karte 5.2-4) ermöglichen regelmäßig Unterhaltungsarbeiten, um so Schäden geringeren Umfangs an Bauwerken und Schutzdünen frühzeitig zu erkennen und zu beseitigen, so daß eine Schadensausweitung meistens verhindert werden kann.

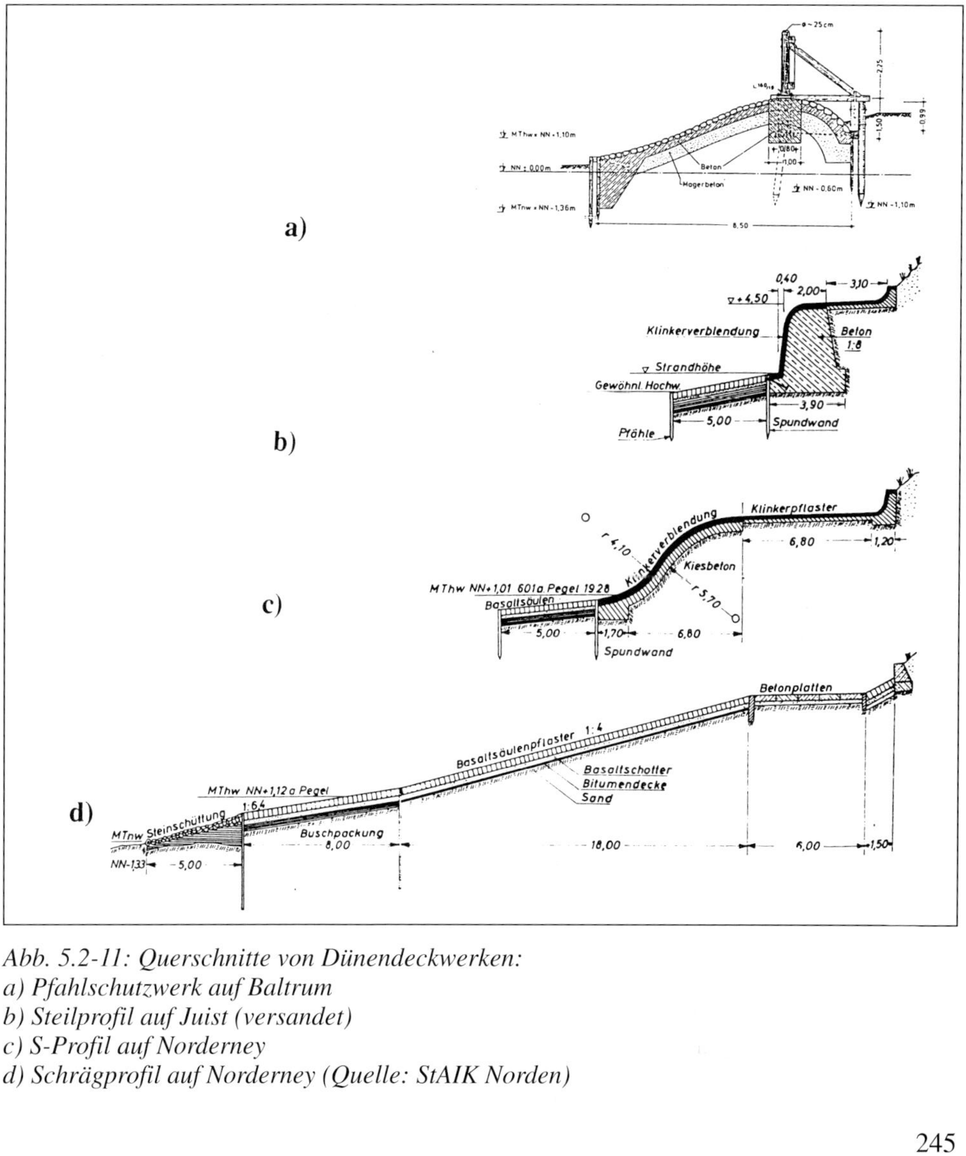

Abb. 5.2-11: Querschnitte von Dünendeckwerken:
a) Pfahlschutzwerk auf Baltrum
b) Steilprofil auf Juist (versandet)
c) S-Profil auf Norderney
d) Schrägprofil auf Norderney (Quelle: StAIK Norden)

Strandmauern und Deckwerke zur Sicherung der Schutzdünen und Strände

Dem Schutz von sandigen Inselstränden und Randdünen vor Erosionen dienen Strandmauern, Deckwerke und die im Strand- und Vorstrandbereich angeordneten Buhnen, welche als massive Bauwerke eine starre Konstruktion bilden, sowie Maßnahmen des aktiven Küstenschutzes. Die parallel zur Strandlinie angeordneten Strandmauern und Deckwerke (Abb. 5.2-11) bilden einen Übergang zwischen Strand und Randdünen. Sie sollen gewährleisten, daß in Strandabschnitten mit einer negativen Sandbilanz ein Schutz der Randdünen vor Erosionen gewährleistet bleibt. Eine Kombination mit Buhnen (Abb. 5.2-12) ist häufig, da sich diese Bauweisen in ihren Wirkungen ergänzen, Erosionen am Deckwerksfuß begrenzen und den Längstransport des Sandmaterials verzögern.

Erste, um die Mitte des 19. Jahrhunderts erbaute Dünendeckwerke in Holz- und Steinbauweise (Abb. 5.2-11a) waren im allgemeinen von kurzer Lebensdauer. Bei weiteren Ausbau entstanden massive Ausführungen als S-Profile (Abb. 5.2-11c) und späterhin auch als Steil-Profile (Abb. 5.2-11b) (s.a. Abschn. 10.2). Als Strandmauern werden diese Schwergewichtsmauern bezeichnet, die zwischen 1900 und 1930 errichtet worden sind. Wegen der konstruktiv bedingten Steilheit ihrer Bauweise führt Seegangsbelastung zu erheblichen dynamischen Beanspruchungen. Durch brechende Wellen treten am Bauwerksfuß erhebliche Erosionen auf, die den Bau von Fußsicherungen erfordern.

Deckwerke dienen als flächenhafter Schutz von Böschungen und sind im Gegensatz zu Strandmauern keine selbsttragenden Bauwerke. Erste Deckwerke sind als S-Profile zwischen 1860 und 1870 am Westkopf von Norderney mit dem bekannten S-Profil (Abb. 5.2-11c u. -14) errichtet und bis 1962 immer wieder verlängert und verbreitert sowie durch Fußvorlagen gesichert worden (Abb. 5.2-11 u. 5.2-13). Geböschte Deckwerke werden mit Neigungen von 1 : 4 und flacher ausgeführt (Abb. 5.2-11d), um die Entstehung von Druckschlägen beim Aufschlag von Sturzbrechern weitgehend zu vermeiden. Es wird dabei unterschieden zwischen offene Bauweisen, die das Auftreten hoher Innenwasserdrücke vermeiden und geschlossene Bauweisen, welche durch ihre dichte Oberfläche Druckschlägen keine Angriffspunkte geben. Der Deckwerksfuß wird mittels einer Spund- oder Pfahlwand oder durch eine flexible horizontale Fußausbildung bzw. durch eine Kombination beider Elemente gesichert. Wesentlich für die Standfestigkeit des Deckwerkes bei schweren Sturmfluten ist ebenfalls die Sicherung des oberen Abschlusses gegen Aus- und Hinterspülungen durch eine Längsspundwand.

Buhnen

Buhnen sollen als senkrecht oder schräg zur Uferlinie angeordnete Bauwerke den Strand- und Vorstand stabilisieren, indem sie die Wirkung von Brandungsströmungen und Wellen mindern und die Entstehung von Strandprielen und Ausspülungen am Deckwerksfuß verhindern (Abb. 5.2-12).

Die im 19. Jahrhundert gebauten massiven Strandbuhnen waren zunächst meistens Flachbuhnen von geringer Breite (Abb. 5.2-12a). Mit abnehmender Strandhöhe mußten sie mehrfach verbreitert werden, bis in den 20er Jahren dieses Jahrhunderts auch seitlich Stahlspundwände gerammt wurden, um die Standfestigkeit der Buhnen bei Höhenänderungen des Strandes zu erhalten. Große Standfestigkeit bei unterschiedlicher Strandhöhe hatten von vornherein die in der Nachkriegszeit erbauten Kastenbuhnen (Abb. 5.2-12b), deren seitliche Stahlbetonbohlen zudem sehr widerstandsfähig gegen Sandschliff sind. Dieser und die Korrosion gaben Kasten- und Einwandbuhnen aus Stahlspundwänden meistens nur eine kurze Lebensdauer.

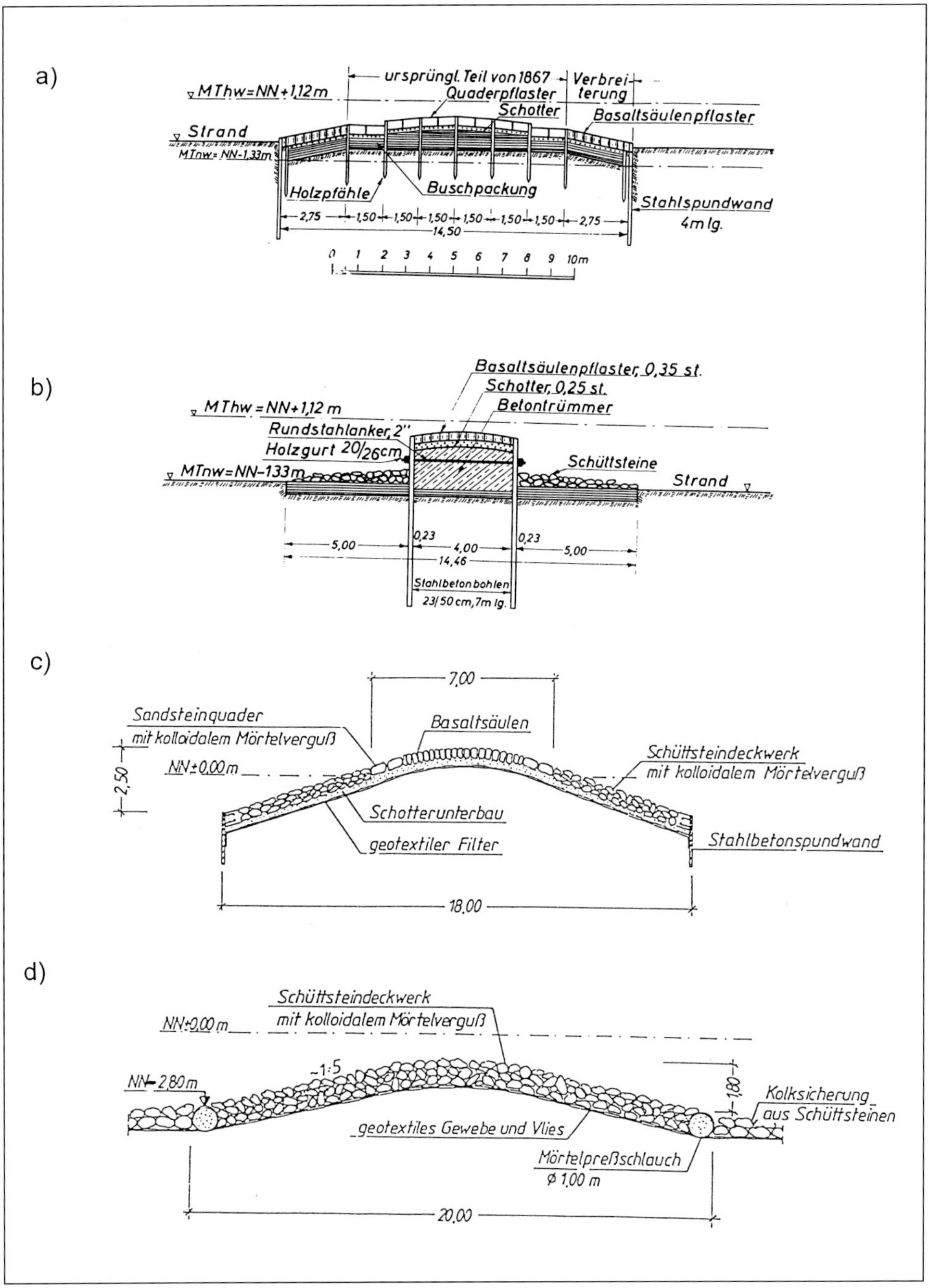

Abb. 5.2-12: Querschnitte von schweren Seebuhnen auf den Ostfriesischen Inseln
a) alte Flachbuhne
b) Kastenbuhne
c) Flachbuhne nach Grundinstandsetzung oberhalb NN - 1,8 m
d) Flachbuhne nach Grundinstandsetzung unterhalb NN - 1,8 m (Quelle: StAIK Norden)

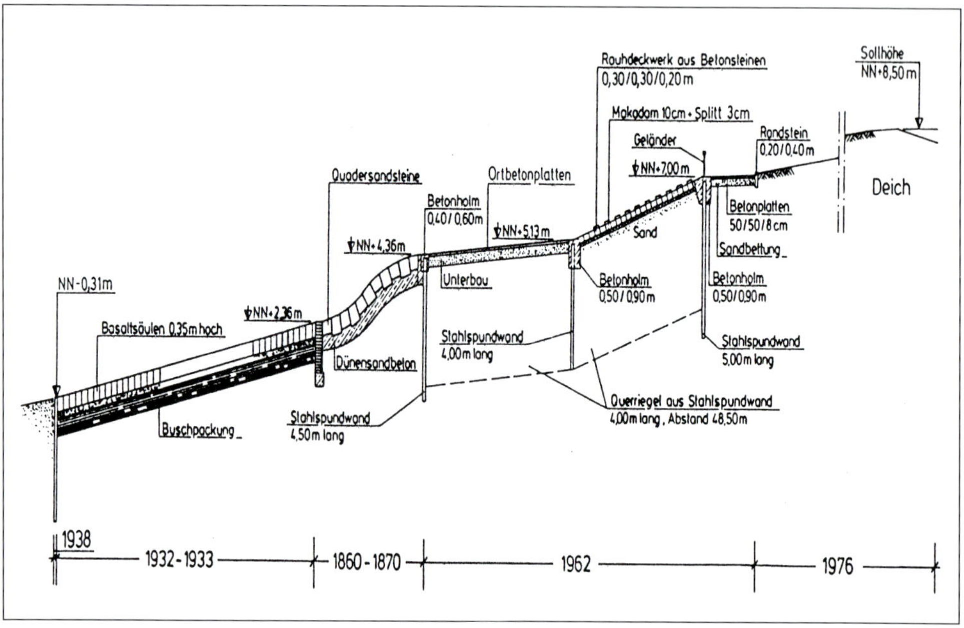

Abb. 5.2-13: Zeitliche Entwicklung und technische Konzeption der Erweiterung des Dünendeckwerks mit S-Profil zwischen 1858 und 1962 im Westen von Norderney (Quelle: StAIK Norden)

Abb. 5.2-14: Das Norderneyer S-Profil von 1875 [Foto: Erchinger]

Für die gegenwärtige Grundinstandsetzung zahlreicher alter Buhnen auf den Inseln Norderney, Baltrum und Spiekeroog wird eine Lösung angestrebt, das Material der alten Buhnen wieder zu verwenden. So wird die Decke möglichst aus den vorhandenen Sandsteinquadern oder Basaltsäulen hergestellt (Abb. 5.2-12 c u. d). Seitlich werden Schüttsteine eingebaut. Die Begrenzung bilden im oberen Bereich Spundwände aus Hartholz oder Betonbohlen und unterhalb des Tideniedrigwassers mit Mörtel gefüllte Schläuche. Die Aufgabe dieser instandgesetzten Flachbuhnen ist, die seitliche Brandung gering zu halten und auch dadurch den Sandabtrag auf den Inselstränden zu verlangsamen.

An den Westenden von Norderney und Baltrum sind seit 1898 einige Strandbuhnen als Unterwasserbuhnen verlängert worden, um den inselseitigen Hang der Seegaten zwischen den Inseln festzulegen. Vor Norderney konnte die weitere starke Erosion an der Inselseite des über 20 m tiefen Seegats -seit den ersten Vermessungen 1859 erkennbar- verhindert und die Inselsockel unterhalb der Tiefenlinie NN - 4,0 m stabilisiert werden. Die Erosion durch Brandungswirkung oberhalb dieser Tiefenlinie hält jedoch an und wird seit den 50er Jahren durch künstliche Strandauffüllungen ausgeglichen. Die auf den Ostfriesischen Inseln seit 140 Jahren erbauten Schutzwerke (Tab. 5.2-3) haben nicht nur die Badeorte mit der zugehörigen wertvollen Infrastruktur geschützt, sondern gleichzeitig die Westenden der Inseln festgelegt.

5.2.6.3 KÜNSTLICHE STRANDAUFFÜLLUNGEN

Der Bau der Strandbuhnen konnte die Sandbilanz der Inselstrände auf Dauer nicht verändern sondern nur den Sandabtrag verzögern, wie Untersuchungen der letzten Jahrzehnte ergeben haben. Strandbereiche mit einer negativen Sandbilanz vor den Deckwerken oder Dünen -vor allem im Bereich der Ortslagen- müssen deshalb künstlich mit Sand versorgt werden, wenn die natürliche Sandzufuhr nicht mehr ausreicht.

An die erste Strandaufspülung 1951/52 auf Norderney schlossen sich bis heute weitere Aufspülungen oder der Trockeneinbau von Sand an (Abb. 5.2-15). Strandaufspülungen waren auch auf anderen Ostfriesischen Inseln erforderlich, insbesondere auf Langeoog und Baltrum. Sie werden auch in Zukunft nötig sein, wofür zusammen mit den Aufwendungen zur Sicherung der Schutzdünen für die nahe Zukunft rd. 25 Mio. DM Kosten geschätzt werden.

Flächenhaft wirkende Strandauffüllungen führen zu einer seewärtigen Verlagerung und Verbreiterung der Energieumwandlungszone und sind daher in Abschnitten mit negativer Sandbilanz eine wirksame Schutzmaßnahme. Auf diese Weise können durch Unterspülung gefährdete Deckwerke und Buhnen geschützt, Erosionsverluste im Strand- und Randdünenbereich ersetzt und die Strandhöhe um ein bestimmtes Vorsorgemaß erhöht werden. Insgesamt sind seit der ersten Auffüllung auf Norderney im Jahre 1951 bis 1994 rd. 4,1 Mio. m^3 Sand im Bereich des Westkopfes der Insel eingebaut worden, um die durch Erosion aufgetretenen Sandverluste zu ersetzen. Auch auf Langeoog mußten seit 1971 die Strände in Ortsnähe und vor dem Pirolatal (Trinkwasserentnahmegebiet) sechs mal mit insgesamt rd. 2,9 Mio. m^3 Sand angefüllt werden.

Sand für Auffüllungen wird entweder hydraulisch durch Saug- oder Schneidkopfbagger (Cutter) gefördert (Abb. 5.2-16), durch Laderaumsaugbagger (Hopperbagger) aufgenommen und zur Einbaustelle transportiert und dort gelöscht oder im Trockenverfahren mit

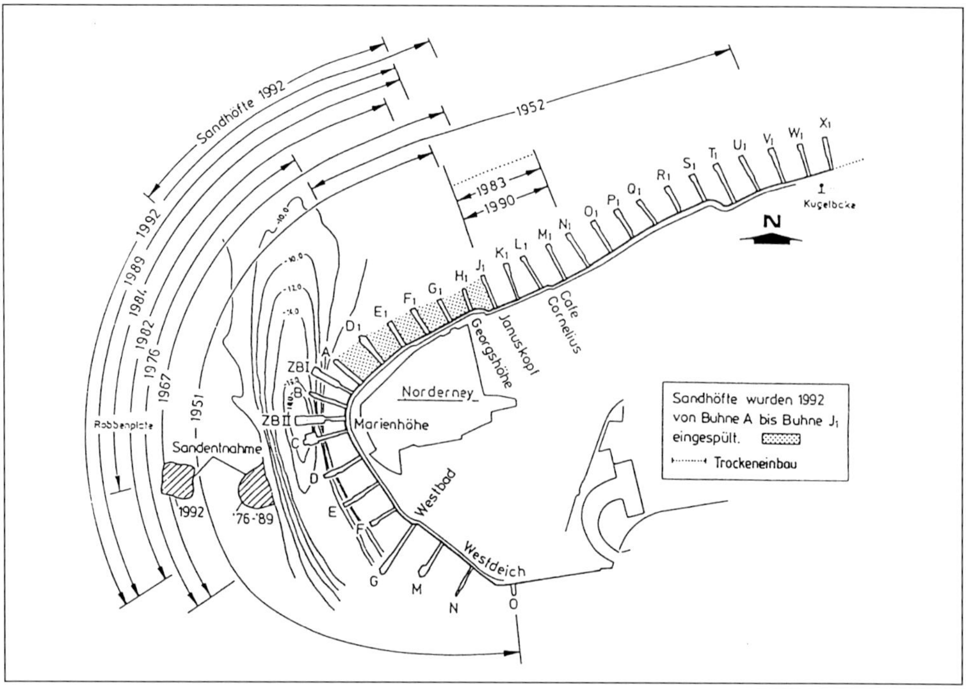

Abb. 5.2-15: Aufgespülte Strandbereiche und Sandentnahmen am Westende der Insel Norderney (Quelle: StAIK Norden)

Abb. 5.2-16: Sandaufspülung am Westkopf von Norderney mit Entnahme aus der Robbenplate durch einen Schneidkopfsaugbagger, der das Spülgut mit Schwimm- und Dükerleitung durch das Norderneyer Seegat an den Strand fördert (Foto: Rob de Wind, Maartendijk).

Transportfahrzeugen aus Sandüberschußgebieten herangebracht. Die Wahl des Verfahrens hängt im wesentlichen von Lage und Entfernung der Sandgewinnungsstelle zum Einbauort sowie der Einbaumenge ab. Bei Strandauffüllungen als naturnahe Maßnahmen treten keine negativen Nebenwirkungen wie Lee-Erosion und Wellenreflexion auf. Bei anhaltenden Erosionsprozessen ist die Wirkung jedoch zeitlich begrenzt und eine Nachfüllung von Zeit zu Zeit erforderlich. Die zu wählenden Aufspülprofile werden einschließlich eines bestimmten Vorsorgemaßes so bemessen, daß die voraussichtlichen Erosionsraten gering bleiben und damit die Schutzwirkung der Aufspülung möglichst lange andauert.

5.2.6.4 NATÜRLICHE SCHUTZDÜNEN UND HAUPTDEICHE

Schutzdünenerhaltung und -unterhaltung

Neben dem seebautechnischen Inselschutz ist die Erhaltung der Schutzdünen (Karte 5.2-5) durch Dünenbau von erheblicher Bedeutung. An in Sturmfluten geschwächten Randdünen oder auch neugeschaffenen, künstlich aufgebauten Vordünen kann durch das Aufstellen von Sandfangzäunen, die z. B. aus Busch oder auch aus Kunststoffen bestehen, der aus dem Strand ausgewehte Sand im Bereich der Abbruchstelle angesammelt werden (Abb. 5.2-17). Durch systematisches Pflanzen von Strandhafer (Helm) wird der Flugsand festgehalten (Abb. 5.2-18). Strandhafer wird an natürlichen Standorten oder wie auf Norderney auch durch Kultivierung auf einem Pflanzenacker gewonnen. Bei der Kultivierung wird der baltische Helm vegetativ vermehrt, der wegen seiner geringeren Verbißempfindlichkeit durch Kaninchen und geringen Standortansprüchen bevorzugt wird.

In Strandabschnitten mit negativer Sandbilanz sind derartige Dünenbaumaßnahmen im seewärtigen Dünenbereich wenig sinnvoll, da nicht genügend Sand aus dem nassen Strand auswehen kann. Im Falle nicht mehr ausreichend wehrhafter Randdünenketten kann zu deren rückwärtigen Verstärkung Sand herantransportiert werden, um dadurch den Sturmflutschutz für eine beschränkte Dauer sicherzustellen (Abb. 5.2-19). Der künstliche Dünenstreifen erhält durch eine kopierte Oberflächengestaltung und durch Strandhaferpflanzung als Oberflächensicherung gegen Verwehungen ein naturhaftes Aussehen.

Durch eine regelmäßige Kontrolle der Schutzdünenbereiche wird erreicht, daß Schäden der Dünenvegetation durch Bildung von Windrissen, Ausblasungsmulden, Abbrüchen und Wildtierbefall möglichst frühzeitig erkannt und behoben werden können. Dem Schutz der Dünen dienen auch Informationen und Maßnahmen zur Gästelenkung durch Faltblätter, Beschilderung, Einrichtung von Aussichtsdünen u. dgl.

Hauptdeiche als wattseitiger Sturmflutschutz

Auf den Wattseiten der Inseln sind nur abschnittsweise ausreichend wehrhafte Dünenketten (Karte 5.2-4) vorhanden, so daß ein Sturmflutschutz nur durch das Zusammenwirken von Schutzdünen und Hauptdeichen erreicht wird. Von der Konstruktion her sind letztere den Hauptdeichen an der Festlandsküste vergleichbar. Scharliegende Deiche sind mit Fußdeckwerken versehen, während die seeseitigen Fußbereiche der Vorlanddeiche

Abb. 5.2-17: Schaffung einer Vordüne mit Hilfe eines Systems von Sandfangzäunen aus Busch (Foto: Erchinger)

Abb. 5.2-18: Bepflanzen der aufgewehten Vordüne mit Strandhafer, der in den Dünen schonend gestochen wurde, im Hintergrund ein eingeschlagenes Bund der Jungpflanzen (Foto: Erchinger)

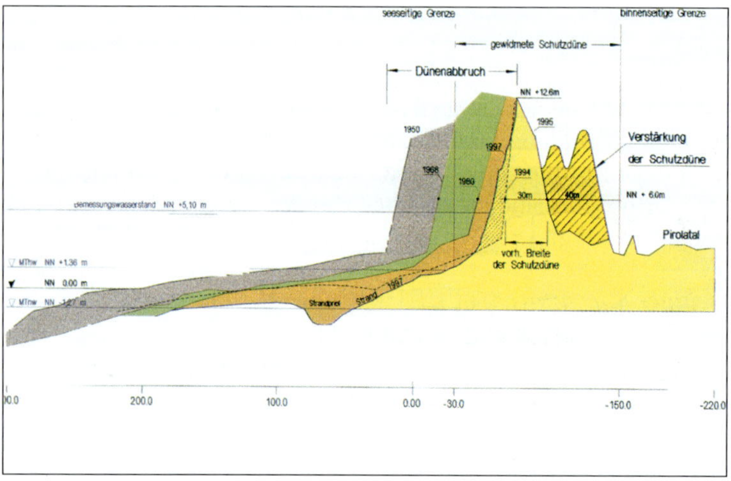

Abb. 5.2-19: Rückwärtige Verstärkung von nicht mehr ausreichend wehrhafter Randdüne auf Langeoog (Entwurf: NLWK Norden)

durch Inselheller und Lahnungssysteme geschützt werden. Die ersten Inseldeiche entstanden um 1600 auf der Insel Borkum. Mit der sich ausdehnenden Bebauung und dem zunehmenden Bedarf an Versorgungs- und Verkehrseinrichtungen hat auch die Länge der Deiche erheblich zugenommen und beträgt heute rd. 35 km.

Im Zuge der Beseitigung von Deichbrüchen und Deichschäden wurde bereits unmittelbar nach der Februarflut 1962 begonnen, die Inseldeiche dem erforderlichen Deichbestick anzupassen. Die Beschaffung von Kleiboden für die Deichdecke ist auf den Inseln schwierig. Geeigneter Deichboden kann nur mit erheblichem Aufwand durch langfristige Sammlung und Aufbereitung von gebaggertem Hafenschlick oder durch Antransport vom Festland beschafft werden.

5.2.7 DEICHVORLAND UND SOMMERDEICH ALS AKTIVER KÜSTENSCHUTZ

5.2.7.1 AUFGABEN UND ZUSTÄNDIGKEITEN

An der Wattenküste der südöstlichen Nordsee zwischen Westfriesland/ Niederlande und Nordfriesland/Schleswig-Holstein kommt es in seegangs- und strömungsberuhigten Zonen zur Ablagerung von feinsten Schwebstoffen, dem Schlick, und damit zur Auflandung von Neulandflächen vor den Deichen, die allmählich von salzverträglichen Pflanzen besiedelt werden. Diese Entwicklung von Salzwiesen hat der Mensch schon seit Jahrhunderten durch den Bau von Schlickfängern (Buschdämmen) gefördert, um die Bildung von Neulandflächen zu unterstützen und durch Sturmfluten verursachte Landverluste auszugleichen.

Seit Mitte dieses Jahrhunderts ist die auf landwirtschaftliche Nutzung ausgerichtete Landgewinnung völlig aufgegeben worden. Damit ist der Nutzen des Deichvorlandes für den Küstenschutz in den Vordergrund gerückt. Albert Brahms, der nach der Katastrophenflut von 1717 im Jeverland eingesetzte Deichrichter, hat schon die große Bedeutung des Deichvorlandes für den Küstenschutz hervorgehoben. Deichvorland mit Lahnungen und Sommerdeichen ermäßigen als „aktiver Küstenschutz" die Beanspruchung des Deiches, verringern den Seegang und beeinflussen Strömung und Eisgang.

Ferner kommt dem Deichvorland eine erhebliche ökologische Bedeutung zu. Diese Salzwiesen liegen im „Nationalpark Niedersächsisches Wattenmeer" und sind für den Schutz von Flora und Fauna sowie als Brut- und Rastgebiet für viele Küstenvögel äußerst wertvoll (Abschnitt 5.8).

An der ostfriesischen Küste und der Küste des heutigen Regierungsbezirks Lüneburg läßt sich die Organisation des stattlichen Wasserbaus bis Anfang des 19. Jahrhunderts zurückverfolgen. Bereits im Jahre 1814/1815 kam es in diesen preußischen Bezirken zur Gründung von örtlichen Bauinspektionen, die auch den Domanialwasserbau, d. h. den das Grundeigentum des Landes betreffenden Wasserbau, übernahmen. Wesentliche Arbeiten waren dabei die Vorlandgewinnung und der Domanialwasserbau wie Deiche, Siele, Brücken, Durchlässe und Sommerdeiche. Im Jahre 1921 änderte sich in Ostfriesland die Zuständigkeit mit der Zusammenfassung von Domanialwasserbau und Verwaltung der domänenfiskalischen Flächen im Domänenrentamt - wenig später: Domänenrent-

		Festland	Ostfr. Inseln	Summe
Vorlandsicherung	km	101	27	128
Sommerdeiche	km	24	6	30
Deichvorland	ha	2.300	1.940	4.240
davon Sommerpolder	ha	500	300	800

Tab. 5.2-4: Deichvorland in Ostfriesland (Stand 1994)

und -bauamt - in Norden. Zum Zeitpunkt der Gründung dieses Amtes wurden allgemein die Behörden für die wasserbaulichen Aufgaben des Reiches und die des Landes Preußen getrennt. Gegenwärtig sind diese für den Küstenschutz und die domänenfiskalische Grundstücksverwaltung an der ostfriesischen Küste wieder eng verflochten in der Zusammenarbeit des Staatlichen Amtes für Insel- und Küstenschutz (StAIK) und des Domänenamtes Norden unter gemeinsamer Amtsleitung. Zwischen Jade- und Elberaum nehmen die StÄWA Brake und Stade den aktiven Küstenschutz wahr.

Nach dem Niedersächsischen Deichgesetz (NDG) ist gemäß § 21 das Deichvorland zum Schutze der Hauptdeiche in einer bestimmten Breite zu erhalten, zu pflegen oder durch Schutzwerke zu sichern. Die Benutzung der Deichvorländer wird durch Rechtsverordnung auf der Grundlage von § 21 (4 NDG) geregelt. Flächen des Deichvorlandes stehen ferner für die Entnahme von Boden und Soden für die Deichunterhaltung nach § 23 NDG zur Verfügung.

Der Bestand an Deichvorland betrug 1987 in Niedersachsen insgesamt rd. 10.150 ha, davon lagen rd. 2.250 ha in Sommerpoldern. Das Deichvorland befindet sich im Regierungsbezirk Weser-Ems (Tabelle 5.2-4) fast ausschließlich im Eigentum des Landes Niedersachsen, während im Regierungsbezirk Lüneburg ein großer Teil Privateigentum ist.

5.2.7.2 BEDEUTUNG VON DEICHVORLAND UND SOMMERDEICHEN SOWIE SICHERUNG UND PFLEGE

Das seewärts der Hauptdeiche gelegene Deichvorland und die Lahnungsfelder bilden ein wichtiges Element des flächenhaften Küstenschutzes. Das Deichvorland

- führt bei Sturmfluten zur Flächenbrandung, welche die auf den Hauptdeich treffende Wellenenergie und den Wellenauflauf im Vergleich zu einem scharliegenden Deich wesentlich verringert (Abb. 5.2-20),
- ermöglicht beim Hauptdeich eine geringere Bestickhöhe und den Verzicht auf ein schweres Deckwerk,
- verhindert im Falle eines Deichbruchs die Entwicklung eines Strombruches, durch den die nachfolgenden Tiden ungehindert ein- und ausströmen und die Bruchstelle stetig erweitern,
- erleichtert die Deichschädenausbesserung durch nahegelegene Entnahme von Boden und salzverträglichen Soden und
- stellt eine ökologisch sehr bedeutsame Salzwiese und ein besonders wertvolles Brut- und Nahrungsbiotop für zahlreiche Küstenvögel dar.

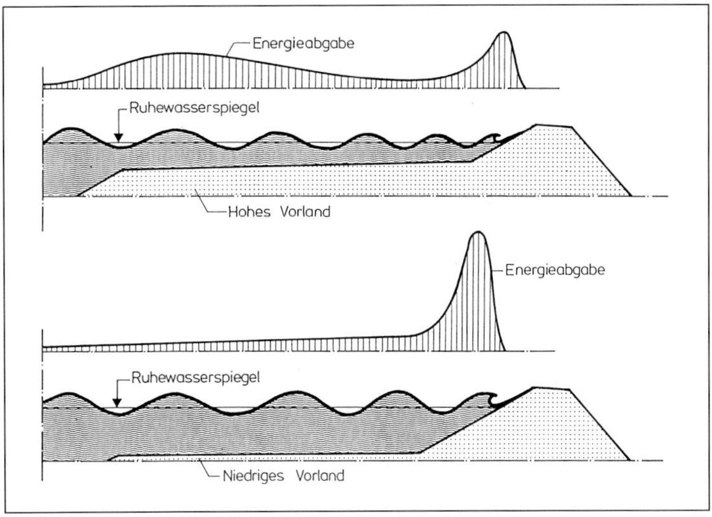

Abb. 5.2-20: Wirkung eines hohen Vorlandes auf die Belastung des Hauptdeiches. Ein wesentlicher Teil der Wellenenergie wird flächenhaft über dem Vorland umgewandelt und der Hauptdeich wird geringer belastet [43].

Sommerdeiche

- wirken bei schweren Sturmfluten wie ein Riff, vermindern dadurch die Belastung und die erforderlichen Bestickhöhen der Hauptdeiche und verhindern bei leichten und mittleren Sturmfluten eine Belastung des Hauptdeiches und dort eine Ablagerung von Treibsel völlig.

Deichvorland und Sommerdeiche gehören zusammen mit

- hochliegenden Watten
- Inseln und Inselstränden
- hochliegenden Sandplaten

zu den Zonen der Seegangsdämpfung im Vorfeld der Hauptdeiche und bilden daher ein wichtiges Element im Küstenschutzsystem.

Technische Konzeptionen der Vorlandsicherung und -gewinnung

Die Gewinnung und Sicherung von Deichvorland ist Teil des aktiven Küstenschutzes. Aufgrund der gegenwärtigen Häufung von Sturmfluten mit starken Seegangsbelastungen besteht an der ostfriesischen Festlandsküste zur Zeit auf über 90 % der Küstenstrecke Abbruchs- und Erosionstendenz, die nur durch Deckwerke oder Lahnungen verhindert bzw. ausgeglichen werden kann. Lahnungsfelder werden angelegt, um einen Vorlandstreifen zu schaffen oder zu verbreitern, ein vorhandenes Vorland gegen Abbruch zu sichern oder Wattflächen vor Schardeichen zu stabilisieren. Bei der Vorlandgewinnung werden in Niedersachsen rechteckige Sedimentationsfelder von 100 x 200 m (Abb. 5.2-21) angelegt, welche in Abhängigkeit von der jeweiligen Seegangsbeanspruchung und Watthöhe durch Lahnungen aus Busch, Schüttsteinen oder Betonfertigteilen eingegrenzt werden. An den Seeseiten besitzen die Felder Öffnungen zum Ein- und Ausströmen des Tidewassers. Mit jeder Tide werden Sinkstoffe in die Lahnungsfelder transportiert und sedimentieren dort aufgrund der verringerten Strömungen und Wellenhöhen. Eine Lahnungsbauhöhe von 0,3 m über MThw hat sich hierfür als besonders geeignet erwiesen (Abb. 5.2-22 A, B, C). Bei erhöhten Tidewasserständen dämpfen die Lahnungen den Seegang, fördern die Sedimentation und verringern die Beanspruchung der Vorlandkanten und vermindern damit den Abbruch (s. Abb. 5.2-23). Eine wichtige Rolle für die Sedimentation spielt ferner die Wattfauna. Verschiedene Wurmarten und Muscheln bilden schleimgebundene Klümpchen und Kotpillen, wodurch Feinststoffe erst sedimentieren können. Kieselalgen bedecken die Oberfläche und sichern diese vor Erosion.

Wenn die Lahnungsfelder eine Höhe von rd. 0,4 m unterhalb MThw erreicht haben und sich erster Bewuchs mit Schlickgras und Queller eingestellt hat (Abb. 5.2-24), kann es zur schnelleren Auflandung förderlich sein, flache, breite Grüppen in 10 m Abstand anzulegen (Abb. 5.2-25). Einsetzender Pflanzenwuchs führt dann zu einer stärkeren Wasserberuhigung und schnelleren Auflandung und Bildung des mit Andel bewachsenen niedrigen Vorlandes.

Deichvorland wird zur geordneten Wasserauf- und -ableitung begrüppt. Grüppen mit einem schmalen steilwandigen Trapezprofil können besonders schonend hergestellt werden, da dieses Profil einen geringen Aushub erfordert und lange wirksam bleibt. Begrüppung

- sichert eine ausreichende Entwässerung des Deichfußes,
- fördert die Aggregatstabilität und die bodenbildenden Prozesse im Deichvorland und
- die Bildung eines flächendeckenden Bewuchses.

Ein großer Teil der heutigen Salzwiesen ist ein Ergebnis der Steuerung und Förderung von natürlichen Prozessen durch menschliche Einwirkungen (Abb. 5.2-26).

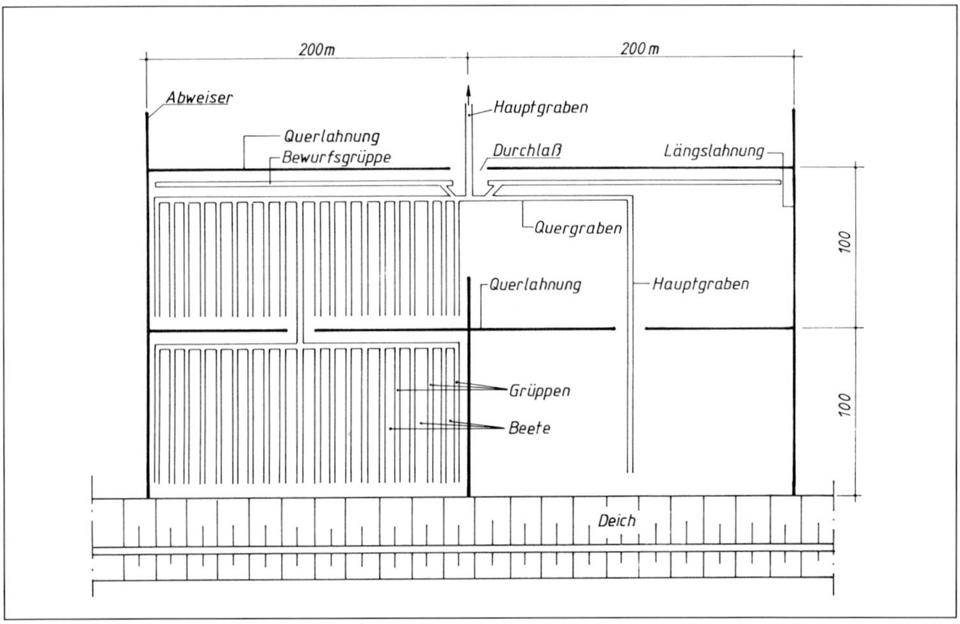

Abb. 5.2-21: Schematische Darstellung der Vorlandgewinnung durch Lahnungsfelder. Im linken Feld Begrüppung des aufgelandeten Feldes (Quelle: StAIK Norden)

Pflege des Deichvorlandes unter Berücksichtigung der Naturschutzbelange

Küstenschutz und Naturschutz stimmen darin überein, das vorhandene Deichvorland wegen seiner großen Bedeutung für die Deichsicherheit und als wertvolle Salzwiese möglichst zu erhalten. Hinsichtlich der Pflege weichen die Anforderungen allerdings erheblich voneinander ab (Abschnitt 5.8). Für den Küstenschutz ist es besonders wichtig, daß der deichnahe Vorlandstreifen gut entwässert wird. Die Grüppen sollten bei allen mit Treibsel stark belasteten Deichen, das sind die gegen Südwest über West bis Nord kehrenden Deiche, senkrecht vom Deich zu einem 100 bis 200 m entfernten Quergraben verlaufen. Der deichnahe Streifen sollte extensiv beweidet werden, um den Aufwuchs in Grenzen zu halten und geeignete Flächen für die Boden- und Sodenentnahme verfügbar zu haben.

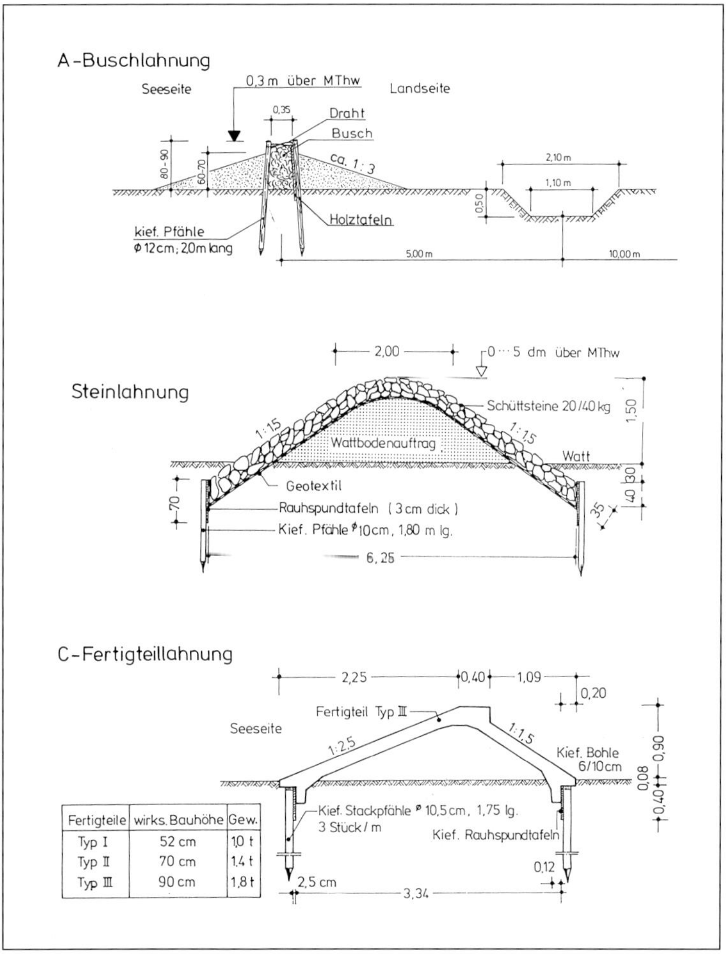

Abb. 5.2-22: Lahnungsquerschnitte
A = Buschlahnung,
B = Steinlahnung,
C = Fertigteillahnung (Quelle: StAIK Norden)

Außerhalb des deichnahen Streifens von etwa 200 m Breite kann den Vorstellungen des Naturschutzes weitgehend entsprochen und eine natürliche Entwicklung zugelassen werden. Auf die flächenhafte Begrüppung und Beweidung kann hier verzichtet werden. Die Entwässerung der deichnahen Flächen muß aber durch Hauptgräben in diesem Streifen sichergestellt sein. Auch muß die vordere Vorlandkante für geländegängige Fahrzeuge erreichbar bleiben, damit Sicherungsarbeiten durchgeführt werden können und das Watt sowie die Vorlandflächen bei Andriftungen von Schadstoffen nach Öl- und Chemieunfällen oder von angetriebenen größeren Gegenständen gesäubert werden können.

Abb. 5.2-23: Instandsetzungsbedürftige Buschlahnung (oberer Walzdraht gelöst, ein Teil des Busches herausgeschlagen) bietet wenig Wellenschutz, so daß der bewachsene Streifen an der Leeseite bereits erodiert ist. Ein Auffüllen mit Busch und ein neues Überspannen mit Draht ist dringend erforderlich (s. Abb. 8.4-1) (Foto: StAIK Norden)

Abb. 5.2-24: Als erste Pflanzen im Lahnungsfeld siedeln Schlickgras (schilfartige Pflanzen im Vordergrund Mitte und links) und Queller (Foto: Janna Erchinger)

Abb. 5.2-25: Maschinelle Begrüppung von Deichvorlandflächen mit Trapezprofil-Bagger (Foto: StAIK Norden)

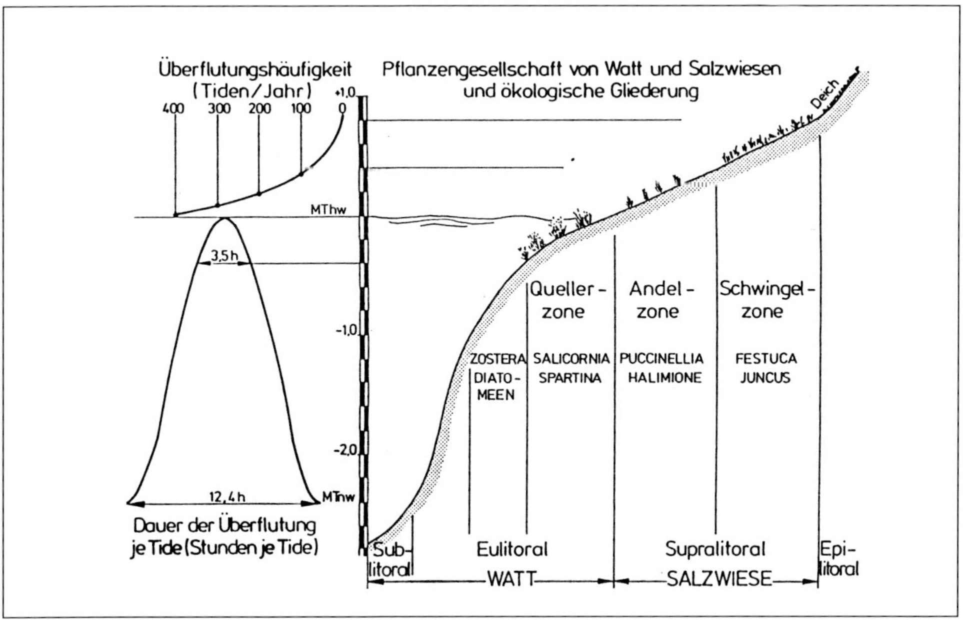

Abb. 5.2-26: Watt und Salzwiesen mit ihren Pflanzengesellschaften in Abhängigkeit von Überflutungsdauer und -häufigkeit sowie ihrer ökologischen Gliederung [38]

5.3 HOCHWASSERSCHUTZ IM BINNENLAND

von Wolfgang Heinsohn

5.3.1 AUFGABEN

Landschaftsgliederung bestimmt Abflußgeschehen

Die niedersächsische Landschaft erhält ihr Gepräge im wesentlichen durch drei Bereiche: Im Südteil das Mittelgebirge mit Harz, Leine und Weserbergland, an das sich eine breite Zone mit geringeren Höhenunterschieden, also mit überwiegendem Flachlandcharakter, anschließt. Diese wird im Norden begrenzt durch die dem Tideeinfluß unterworfenen Gebiete an der Küste und an den Tideströmen Elbe, Weser und Ems mit ihren ebenfalls von Ebbe und Flut geformten Nebenflüssen (Karte 5.1-1).

Bedingt durch die jähen und großen Hochwasserwellen aus starken Mittelgebirgsniederschlägen von mehr als tausend Millimeter Jahresniederschlagshöhen und aus Schneeschmelzen zeigen viele Flüsse in ihrem Ober- und Mittellauf das Abflußverhalten von Mittelgebirgsflüssen. Die Talniederungen dieser Gewässer und der Flüsse unterhalb werden dadurch von Überschwemmungen heimgesucht, gegen die seit jeher Regulierungen und Bedeichungen unternommen worden sind, um vor allem Siedlungen und Landwirtschaft zu schützen.

Das Abflußgeschehen im Küstenraum ist von den Gezeiten abhängig. Dessen Bewohner nutzen zur ausreichenden Entwässerung ein dichtes, zumeist künstlich geschaffenes Gewässernetz, das seine Vorflut durch Siele in den Deichen erhält. Da es zumeist nicht möglich ist, das anfallende Wasser allein durch Siele auf natürlichem Wege abzuführen, wurden schon seit dem vorigen Jahrhundert Schöpfanlagen an den Deichen betrieben, die den Wasserstand künstlich absenken. Das Ziel war, schädliche Überschwemmungen zu vermeiden. Dies gelang jedoch nur bei den Flächen in der Nähe der Schöpfwerke; die weiter vom Deich entfernt liegenden Niederungen mit Geländehöhen im Bereich des Meeresspiegels standen bei anhaltenden Niederschlägen oft wochenlang unter Wasser (Abb. 5.3-1).

Hochwasserschutz gegen Überschwemmungen

Nach 1945 verstärkten sich, ausgelöst durch die enorme Entwicklung von Industrie und Landwirtschaft sowie Ausdehnung der Wohnsiedlungen, Forderungen nach einer durchgreifenden Verbesserung des Hochwasserschutzes. Dem Schutz gegen Überschwemmungen dienten neben anderen Aufgaben bereits die Talsperren im Harz an Soese und Ecker (s. Abschnitt 6.2) und wie im Landkreis Cloppenburg die Thülsfelder Talsperre (Abb. 5.3-2 u. -3), ohne jedoch auszureichen. Ein Beispiel beachtlicher und erfolgreicher wasserwirtschaftlicher Anstrengungen ist auch der Bau des 19 km langen Allerkanals von Weyhausen bis Brenneckenbrück im Landkreis Gifhorn, in der zweiten Hälfte des 19. Jahrhunderts. Diese Vorhaben brachten Siedlungen und der Landwirtschaft Vorteile, doch hielten sich die Verbesserungen in engem Rahmen und blieben auf kleine Bereiche begrenzt.

Während des Zweiten Weltkrieges waren wegen fehlender Arbeitskräfte und Räumgeräte keine größeren Unterhaltungsarbeiten möglich. Demzufolge wuchs die Überschwemmungsgefahr vor allem im Küstenraum mit seinen ohnehin ungünstigen Abflußbedingungen, die hier die Lebens- und Arbeitsbedingungen seit jeher erschwerten.

Abb. 5.3-1: Überschwemmungen bei Bagband, Ostfriesland, vor 1972 (Foto: KSB)

Hochwasserschutz im Binnenland und landwirtschaftlicher Wasserbau (Abschnitt 5.4) stehen sachlich im engen Zusammenhang. Letzterer ist zwar in jüngster Zeit zurückgegangen, was sich im Kostenaufwand (Abb. 5.12-1) zeigt, nachdem er über Jahrhunderte eine Hauptaufgabe der Melioration war.

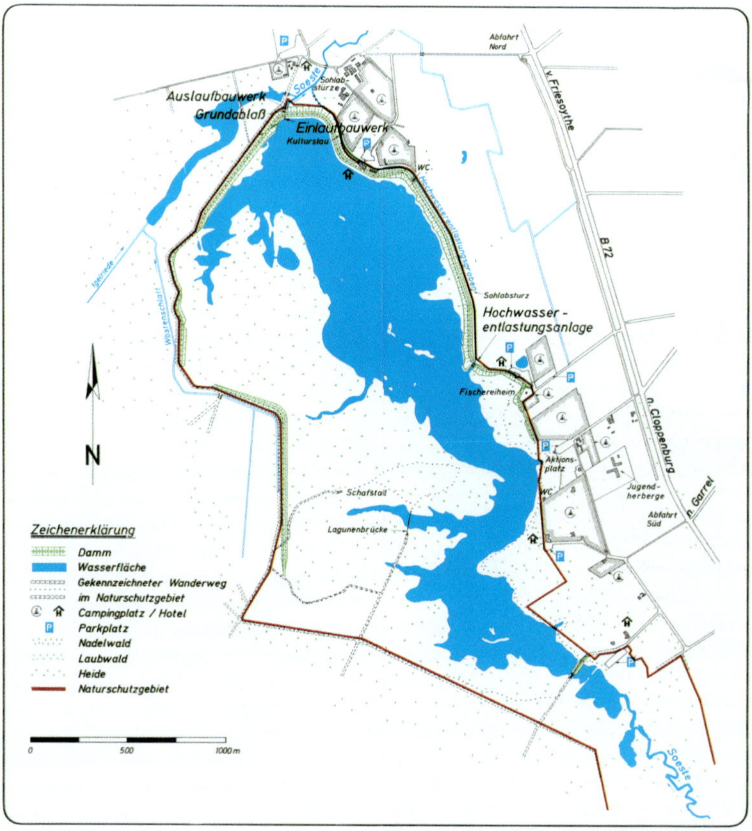

Abb. 5.3-2: Thülsfelder Talsperre bei Cloppenburg für den Hochwasserschutz und die Niedrigwasseraufhöhung der Soeste, die Speisung des Küstenkanals und die Fischerei (Hrsg.: StAWA Cloppenburg)

5.3.2 SCHWERPUNKTE UND ZIELE DES HOCHWASSERSCHUTZES

5.3.2.1 KÜSTENRAUM

Veranlassung

Die katastrophale Sturmflut an der niederländischen Küste vom 31.01./01.02.1953 lenkte in Niedersachsen die Aufmerksamkeit nicht nur auf den unzureichenden Küstenschutz an der Nordsee und den Tideströmen sondern auf auch die ungenügenden Entwässerungs-

Abb. 5.3-3: Thülsfelder Talsperre als Luftaufnahme, Blick aus südwestlicher Richtung (Foto: StAWA Cloppenburg)

verhältnisse im Binnenland (Abb. 5.3-1) hinter den Deichen, von denen rd. 6.000 km^2 Marsch- und Moorgebiete betroffen waren. Um Abhilfe zu schaffen, wurde im Juli 1954 vom Niedersächsischen Minister für Ernährung, Landwirtschaft und Forsten für das tidebeeinflußte Gebiet des Landes das Niedersächsische Küstenprogramm aufgestellt. Es wurde ab 1955 mit Zuschüssen des Bundes und des Landes gefördert (Abschnitt 5.4).

Die Aufgabe war, die Standsicherheit der Seedeiche an der Nordsee und der Deiche an den Tideströmen ausreichend zu erhöhen, um die Lebensgrundlage der unter dem Deichschutz lebenden Bevölkerung zu sichern und Katastrophen, wie 1953 in den Niederlanden, abzuwehren. Als erforderlich wurde es aber auch angesehen, durchgreifende Maßnahmen zur Verbesserung der Existenzbedingungen der dort wohnenden Menschen zu ergreifen. Somit wurden unter dem Begriff „Küstenprogramm" zwei große Aufgaben zugleich in Angriff genommen, nämlich einmal der Küstenschutz und zum anderen die auf die Entwicklung des Küstenraumes abzielenden Maßnahmen hinter den Deichen, der Küstenplan.

Zusammenwirken von Bund und Land mit den Wasser- und Bodenverbänden

Die seinerzeit Verantwortlichen waren davon überzeugt, daß ein derart umfangreiches und ehrgeiziges Vorhaben nur in engster Zusammenarbeit aller beteiligten Ministerien sowie Fachdienststellen mit den Wasser- und Bodenverbänden als Träger der Maßnahmen mit Erfolg zum Abschluß gebracht werden konnte. Zu diesem Zweck schlossen der

Bund und das Land Niedersachsen im Jahre 1956 eine Verwaltungsvereinbarung über den Küstenplan mit einem „Beauftragten des Bundes und des Landes Niedersachsen für den Küstenplan" (BBL zur Koordinierung von Bundes- und Landesinteressen (Abschnitt 5.4.1).

Vorrang im Hochwasserschutz der Nachkriegsjahre hatte die Verbesserung der Produktionsgrundlagen für die Landwirtschaft mit dem Ziel, die Erzeugung von Nahrungsmitteln zu steigern. Der Wasserwirtschaftsverwaltung stellte sich daher zunächst die Aufgabe, durch geeignete Maßnahmen dafür zu sorgen, die Überflutungs- und Hochwassergefahr zu bannen. Erst danach war es möglich, die eigentlichen standortverbessernden Maßnahmen wie Dränungen, Flach- und Tiefumbruch zur Grünlandverbesserung, Kuhlen und Kalkungen durchzuführen. Die Aufgabe wurde gelöst durch den Aus- und Neubau von Hauptvorflutern, durch die Vergrößerung vorhandener Siele oder den Ersatz abgängiger Bauwerke durch neue leistungsfähigere Anlagen sowie ferner durch den Bau von Mündungsschöpfwerken bzw. die Ausstattung vorhandener Anlagen mit leistungsfähigeren Pumpenaggregaten. Für tief liegende Flächen in größerer Entfernung vom Deich konnte eine hinreichende Sicherheit gegen Überschwemmungen oft mit vertretbarem Aufwand nur durch Stufenschöpfwerke erreicht werden. Große Speicherräume (Mahlbusen) hinter den Deichen oder auch Seen ermöglichen eine bessere Ausnutzung des Sielzuges.

Von Bedeutung für den Hochwasserschutz im Küstengebiet sind auch die Sperrwerke in den Nebenflüssen von Ems, Weser und Elbe (Abschnitt 5.2). Durch frühzeitiges Schließen vor einer nahenden Sturmflut kann Speicherraum zur Aufnahme des während der Sperrzeit zufließenden Wassers vorgehalten werden.

Eine Beschreibung aller Maßnahmen im Küstengebiet nach 1945 würde den Rahmen sprengen, selbst wenn die Darstellung auf die großen Vorhaben des Hochwasserschutzes im Küstengebiet nach dem Anlaufen des Küstenprogrammes beschränkt bliebe. Deshalb sollen hier nur drei Projekte von besonderem Rang beispielhaft vorgestellt werden, die verschiedene betriebliche Lösungen darstellen.

Siel- und Schöpfwerk Knock an der Ems

Das im Jahre 1969 mit einem Kostenaufwand von rd. 25 Mio. DM fertiggestellte Mündungsbauwerk Knock galt in der Zusammenfassung von Siel- und Schöpfwerk seinerzeit als das größte an der europäischen Küste. Seine planerische Grundlage hat es in dem vom Wasserwirtschaftsamt Aurich mit Datum vom 31.03.1964 aufgestellten „Entwurf für die Neuordnung der Entwässerung im Südgebiet des I. Entwässerungsverbandes Emden" mit dem Ergebnis, daß die bisher vor allem auf den Ems-Jade-Kanal mit seinem Mündungsbauwerk Borssum ausgerichtete Entwässerung aufgegeben werden sollte. Der Kanal sollte dann im wesentlichen nur noch das aus dem Entwässerungsverband Aurich abfließende Wasser aufnehmen und damit voll ausgelastet werden (Karte 5.3-1).

Da in Greetsiel wegen Verschlickung des Außentiefs Sielzug nicht mehr möglich war, mußte das neue Siel für den gesamten natürlichen Abfluß aus dem rd. 45.700 ha großen Niederschlagsgebiet ausgelegt werden. Die Planung sah deshalb zwei Sielläufe von je 11,5 m lichter Weite und 3 m Wassertiefe zur Halbzeit der Sielzüge mit einem Durchflußquerschnitt von 69 m^2 vor. Der Bemessung des Schöpfwerkes wurde ein Teileinzugsgebiet von rd. 35.000 ha zugrunde gelegt; das Restgebiet wird vom Schöpfwerk Greetsiel abgepumpt. Unter Ausschöpfung einer Zwischenspeicherung in den Binnenseen Großes Meer und Hieve errechnete sich eine Schöpfleistung von 50 m^3/s. Der gewählte Standort des Mündungsbauwerkes auf dem sogenannten Rysumer Nacken an der Knock hat den Vorzug, daß - vor allem wegen eines kurzen Außentiefs - gute Bedingungen für eine natürliche Sielzugentwässerung vorhanden sind (Abb. 5.3-4). Für das Schöpfwerk Greetsiel des gleichen Verbandes kann die Vorflut durch das lange, verschlickende Außentief nur durch das Stromräumboot des StAIK erhalten werden - wie für das Siel und Schöpfwerk Harlesiel bei Wittmund (Abb. 5.3-5).

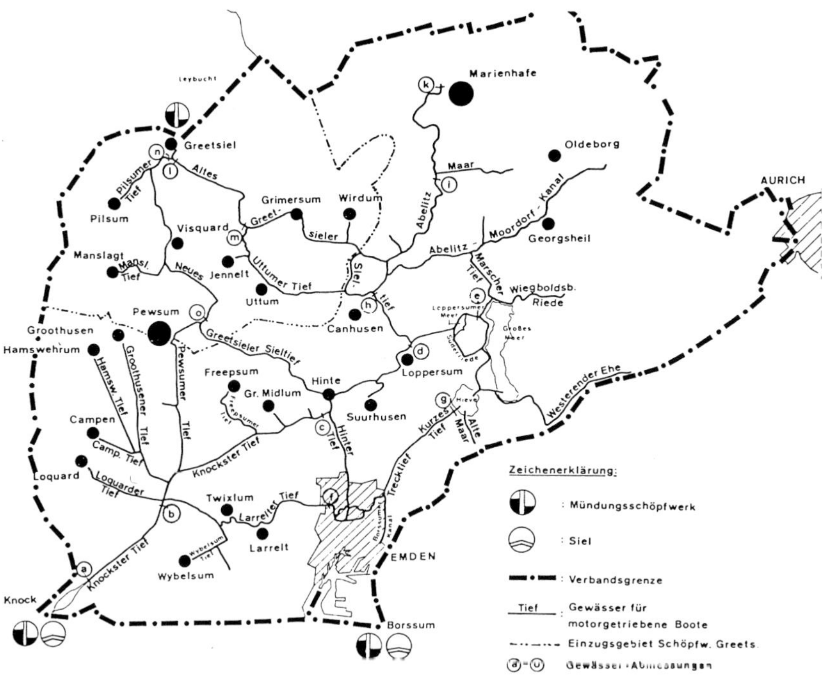

Pkt.	Sohlen- -höhe m NN	-breite m	Wasser-spiegel m NN	Pkt.	Sohlen- -höhe m NN	-breite m	Wasser-spiegel m NN
a	-4,50	60	-1,70	h	-3,50	7,5	-0,95
b	-4,30	35	-1,51	i	-2,70	6	-0,78
c	-3,85	15,5	-1,25	k	-2,40	4	-0,61
d	-3,55	12,5	-1,07	l	-3,15	20	-1,57
e	-3,00	7	-0,92	m	-3,00	11	-1,25
f	-3,85	8,5	-1,22	n	-3,15	5	-1,57
g	-3,35	10	-1,10	o	-2,90	3	-1,25

Karte 5.3-1: Verbandsgebiet des I. Entwässerungsverbandes Emden mit den Sielen und Schöpfwerken an der Knock und in Greetsiel sowie den Sohlhöhen und -breiten der Hauptvorfluter. Die Höhe des Wasserspiegels gilt für das Winterhochwasser mit einer Abflußspende von 120 l/s km² (Quelle: StAWA Aurich)

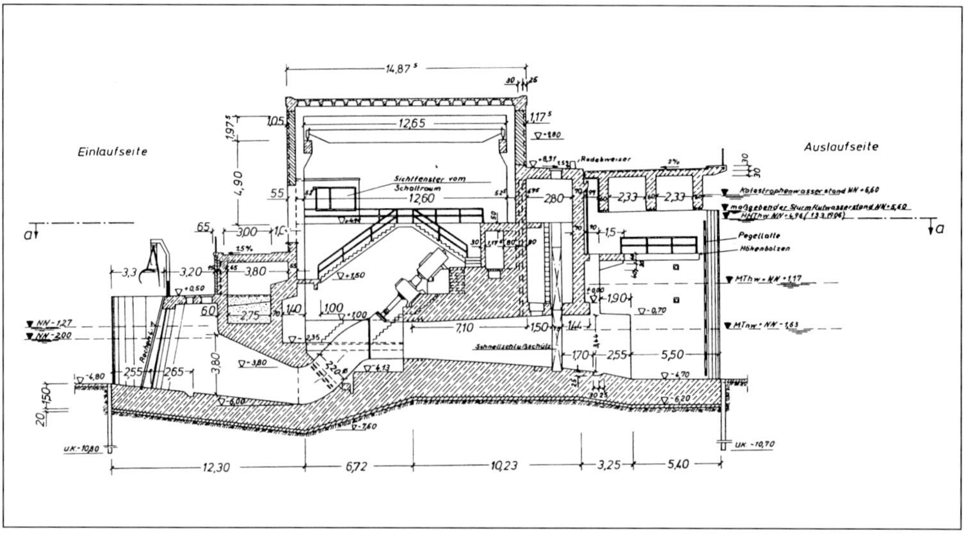

Abb. 5.3-4: Siel- und Schöpfwerk Knock an der Außenems, die Pumpenanlage mit 4 Schrägpumpen, Förderstrom rd. 60 m³/s ([6] zu Abschnitt 10.10)

Abb. 5.3-5: Siel und Schöpfwerk Harlesiel mit Stromräumboot, das mit absenkbaren Schiffsschrauben den im Außentief abgelagerten Schlick aufwirbelt (Foto: Schumacher, Emden)

Wangersiel und Schöpfwerk Wangerland

Träger des Sieles und Schöpfwerkes Wangerland ist der Entwässerungsverband Wangerland mit einem Einzugsgebiet von rd. 26.000 ha. Die vom damaligen Wasserwirtschaftsamt Wilhelmshaven entwickelte Planung sah einen neuen Hauptdeich vor der bestehenden Deichlinie vor (Abb. 5.3-6). Dadurch konnten fünf Siele im alten Deich ihre unmittelbare Entwässerungsfunktion verlieren und diese an ein neues Bauwerk, das Wangersiel, in der neuen Deichlinie abgeben. Das 1961/63 mit einem Kostenaufwand von 4,0 Mio. DM errichtete Bauwerk weist drei Läufe mit je 6,5 m lichter Weite auf. Bei einer Sohlenlage von NN - 3,30 m beträgt der nutzbare Durchflußquerschnitt etwa 55 m^2.

In den Jahren 1971/74 wurde zusätzlich für die künstliche Entwässerung das Schöpfwerk Wangerland in der alten Deichtrasse -nunmehr Zweite Deichlinie- gebaut. Es kostete 14 Mio. DM und erhielt zwei Freiläufe von je 9,5 m lichter Weite für den natürlichen Abfluß, deren Sohle mit NN - 3,50 m etwas tiefer als diejenige des Wangersiels gelegt wurde. Das Schöpfwerk ist mit vier Pumpenläufen ausgerüstet, die bei einer geodätischen Förderhöhe von 3,0 m insgesamt 38 m^3/s leisten. Bei einer Förderhöhe von 1,0 m steigt die geförderte Menge auf 52 m^3/s an. Die Pumpen fördern das Wasser in einen Speicherpolder (Abb. 5.3-6), der zwischen dem alten und neuen Deich entstand. Da die Wasserstände im Speicherpolder wesentlich weniger schwanken als die Tidewasserstände vor dem Hauptdeich, konnte durch diese technische Lösung ein wirtschaftlicher Betrieb mit begrenzten und weniger unterschiedlichen Förderhöhen erreicht werden.

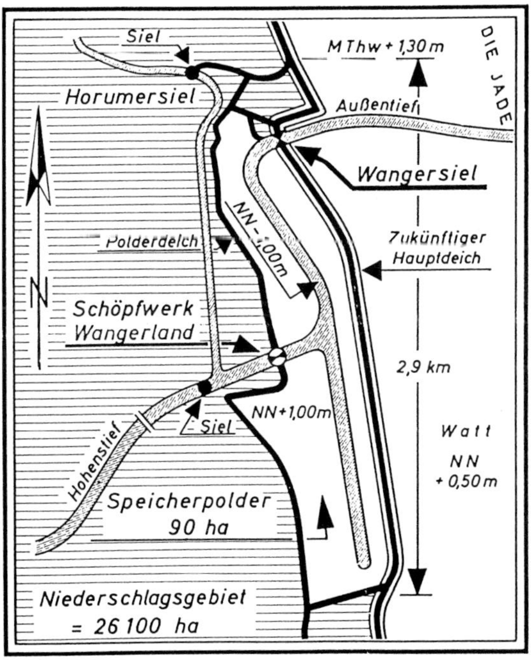

Abb. 5.3-6: Speicherpolder am Wangersiel, der bei hohen Sturmtiden das vom Schöpfwerk Wangerland gepumpte Binnenwasser speichert, das bei Sielzug durch das Wangersiel zur Jade abfließen kann (Quelle: StAWA Brake)

Verlegung der Lune

Das im wesentlichen in der Zeit von 1984 bis 1987 mit Gesamtkosten von rd. 80 Mio. DM verwirklichte Projekt des Wasser- und Bodenverbandes Untere Lune umfaßt die Schaffung eines neuen Luneunterlaufes auf rd. 9,5 km Länge und den Bau eines neuen Mündungsschöpfwerkes am ehemaligen Bütteler Siel (Abb. 5.3-7). Dieses Bauwerk ersetzt das in seinen Abmessungen zu kleine sogenannte neue Lunesiel, das 1926 nahe der südlichen bremisch-niedersächsischen Grenze auf Bremerhavener Gebiet errichtet wurde. Ein wichtiger Gesichtspunkt für die Wahl der neuen Gewässertrasse war die raumordnerische Ausweisung der Luneplate als künftiges Industrie- und Gewerbegebiet, dessen Erschließung nicht durch den bisherigen Lunelauf erschwert werden sollte.

Abb. 5.3-7: Verlegung des Unterlaufes der Lune mit neuem Siel und Schöpfwerk neben dem ehemaligen Bütteler Siel an der Unterweser, das Binnentief wird durch Schneidkopfsaugbagger verbreitert (Foto: StAWA Stade, 1987)

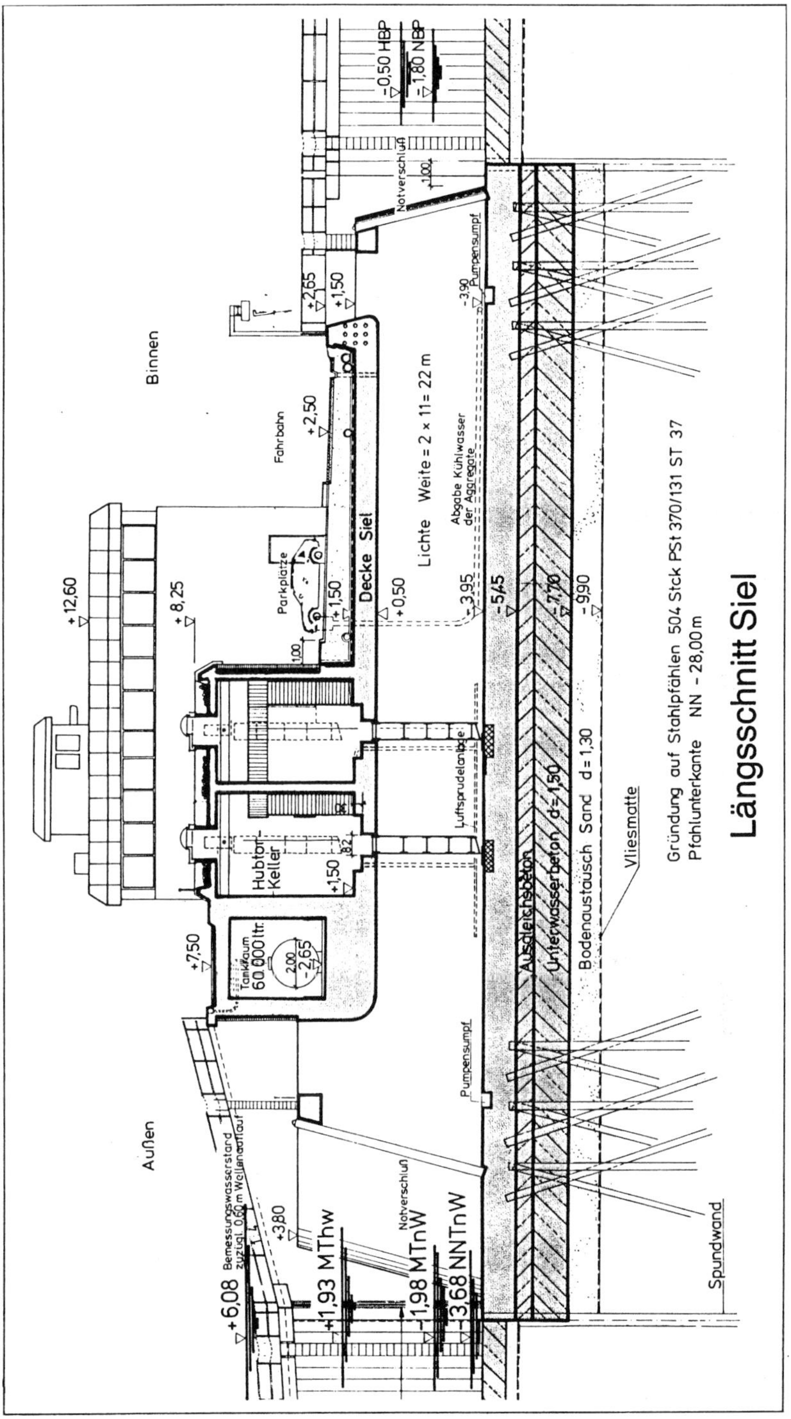

Abb. 5.3-8: Neues Siel- und Schöpfwerk der verlegten Lune, Längsschnitt durch das Siel mit 2 Sielläufen mit je 11 m lichter Breite, als Verschlüsse je 1 Hubtorpaar [2]

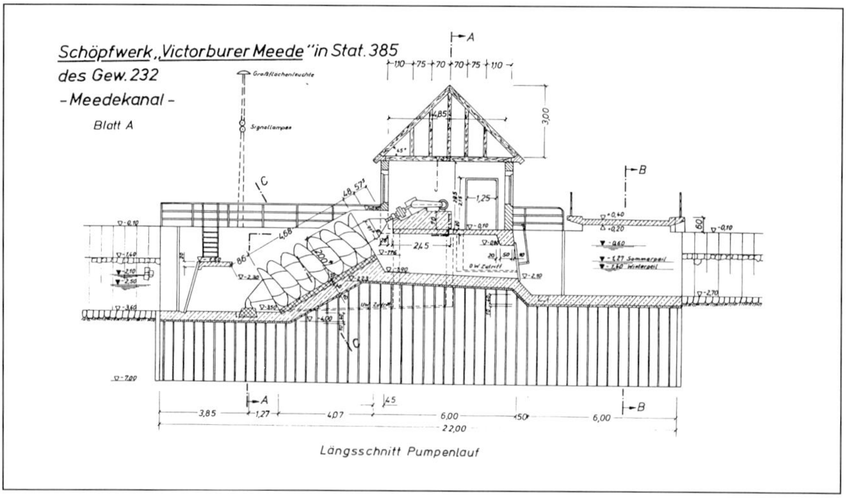

Abb. 5.3-9: Unterschöpfwerk Victorburer Meede, Landkreis Aurich, Längsschnitt durch den Pumpenlauf ([6] zu Abschnitt 10.10)

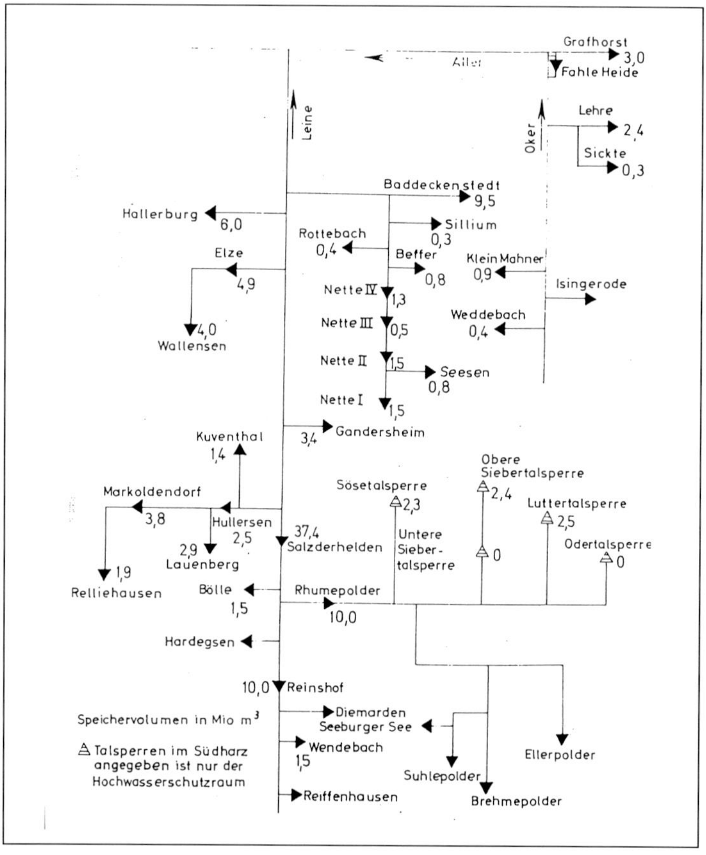

Abb. 5.3-10: Wirtschaftliche Ausbaugrößen der Rückhaltebecken im Aller-Leine-Oker-Gebiet

Das neue Mündungsbauwerk wurde mit zwei Sielläufen von je 11,0 m Durchflußbreite ausgestattet, durch die das rd. 37.000 ha große Niederschlagsgebiet in Abhängigkeit von den Tidewasserständen in der Weser natürlich entwässert werden kann (Abb. 5.3-8). Das Mündungsschöpfwerk mit einer Gesamtleistung von 48 m^3/s bei 4,50 m geodätischer Förderhöhe ermöglicht erstmals, den Wasserstand in dem teilweise unter Normal-Null liegenden Verbandsgebiet künstlich abzusenken und damit die ständig wiederkehrenden Überschwemmungen mehrerer tausend Hektar landwirtschaftlich genutzter Flächen zu verhindern. Die gesamte neue Lunestrecke wirkt dabei als Zwischenspeicher für das zufließende Wasser, weil dem Gewässer mit Sohlenbreiten von 60 m am Mündungsbauwerk und - kontinuierlich abnehmend - auf 40 m am Beginn des neuen Lunelaufs größere Querschnitte als für den Durchfluß erforderlich gegeben wurden.

Der Planfeststellungsbeschluß verpflichtete den Ausbauträger zu Ausgleichsmaßnahmen, soweit sich die Wasserverhältnisse in den vom neuen Lunelauf durchschnittenen Wasser- und Bodenverbänden des Marschensaumes an der Weser veränderten. Dazu gehörte der Bau von sieben Zuwässerungsschöpfwerken, um die dort seit alters her bestehende Weidewasserversorgung sicherzustellen.

Im Siel- und Schöpfwerk Lunesiel werden wie bei allen anderen Mündungsschöpfwerken die Pumpen durch Elektromotoren angetrieben; die elektrische Energie wird jedoch durch im Schöpfwerk aufgestellte Dieselmotoren erzeugt. Bei dieser Lösung konnte auf den aus Gründen der Betriebssicherheit zwei- oder dreifachen Anschluß an das öffentliche elektrische Versorgungsnetz verzichtet werden, der wegen der großen Entfernung sehr kostenaufwendig gewesen wäre. Hinzu kam, daß die vier Pumpen eine maximale Leistungsaufnahme von 3.200 kW haben. Sie brauchen deshalb nicht bevorzugt unter Nutzung des billigeren Nachtstroms eingesetzt werden, sondern jederzeit nach Bedarf bei großem Wasserandrang am Mündungsbauwerk.

Vielzahl neuer Mündungs- und Stufenschöpfwerke

Die vorstehend erläuterten größten Einzelprojekte zur Verbesserung der Binnenvorflut im Küstengebiet und zugleich für den Hochwasserschutz gehören zu den insgesamt rd. 20 Mündungsbauwerken, die zugleich mit einem neuen Siel im gleichen Baukörper oder getrennt davon bis 1994 entstanden sind. Hinzu kommen rd. 110 Stufenschöpfwerke, die aus größeren, besonders tiefliegenden Niederungen bis zu mehreren tausend Hektar Größe das Wasser in die Hauptgewässer pumpen (Abb. 5.3-9). Auf diese Weise werden auf höheren Flächen zu niedrige Binnenwasserstände vermieden. Weitere rd. 560 kleinere Polderschöpfwerke dienen vor allem der Ertragssicherung überwiegend landwirtschaftlich genutzter Flächen. Mit dem Ausbau von rd. 11.500 km Gewässern ist das zugehörige Gewässernetz entstanden, das sowohl dem Hochwasserschutz wie auch der Vorflut für die Landwirtschaft im Küstengebiet dient. Damit gehört die winterliche Überflutung der Vergangenheit an.

5.3.2.2 BINNENLAND

Binnenlandprogramm

Neben dem Küstenschutz war der Hochwasserschutz im Binnenland in den letzten Jahrzehnten eine wichtige landespolitische Aufgabe der Wasserwirtschaft. Anders als im

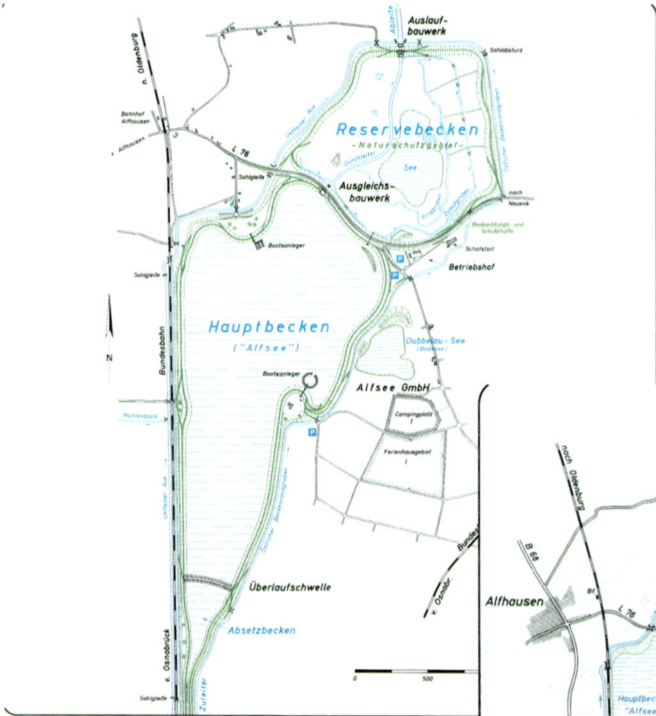

Abb. 5.3-11:
Hochwasserrückhaltebecken Alfhausen-Rieste („Alfsee")
(Quelle: StAWA Cloppenburg)

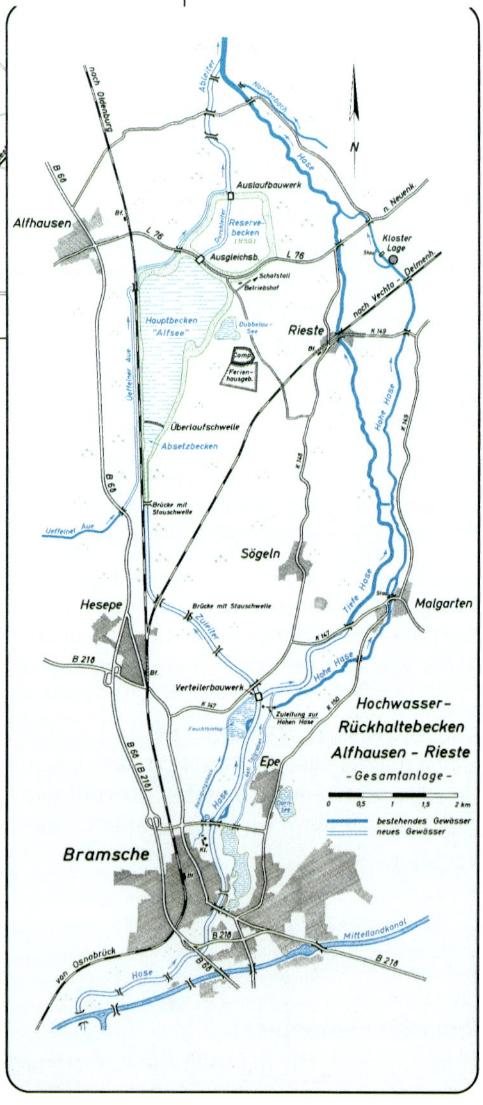

Karte 5.3-2:
Hochwasserregelung im Flußgebiet der Hase (Quelle: StAWA Cloppenburg)

Küstenraum wurden die erforderlichen Maßnahmen nicht flächendeckend in einem Gesamtplan erfaßt, weil die wichtigen Hochwasserschutzmaßnahmen sich auf die hochwassergefährdeten Talniederungen größerer Gewässer beschränken. Für diese Gebiete wurden nach der Dringlichkeit Generalpläne aufgestellt, wie der Aller-Leine-Oker-Plan, der Haseplan und der für die Erhöhung und Verstärkung von Elbedeichen und Rückstaudeichen zwischen der Staustufe Geesthacht und Schnackenburg. Das betrifft die Gebiete, die nicht vom Küstenplan und von der Emslanderschließung erfaßt wurden (Abschnitt 5.4) und die als gesondertes „Niedersächsisches Binnenlandprogramm für Wasserwirtschaft und Bodenkultur" bezeichnet wurden. Dieses Programm enthält unter anderem den Bau von zehn Rückhaltebecken. Die Ziele wurden weit gesteckt, denn nach dem Kostenstand von 1958 sollten dafür 3,5 Milliarden DM aufgewandt werden.

Im einzelnen eingegangen werden kann nur auf den Aller-Leine-Oker-Plan, auf den Haseplan und auf den Plan für die Verstärkung der Elbdeiche oberhalb der Staustufe Geesthacht. Es folgt dann eine Zusammenstellung von Schwerpunktmaßnahmen im Binnenland, die sich teilweise bis in das Küstengebiet erstrecken. Auch diese stellen nur eine Auswahl dar, da die Nennung aller Projekte jeden Rahmen sprengen würde. Festzustellen bleibt, daß niemals vorher in so kurzer Zeit derartig große Finanzmittel für den Hochwasserschutz und die Melioration aufgewandt worden sind, die die Lebensgrundlagen im ländlichen Raum verbesserten.

Aller-Leine-Oker-Plan (ALO-Plan)

Wichtigste und umfangreichste Einzelplanung im Rahmen dieses Programms ist der Generalplan zu Hochwasserregelung in den Flußgebieten der Aller, Leine oder Oker (ALO-Plan), der auf eine Entschließung des Niedersächsischen Landtages vom 22.06.1961 zurückgeht. Auch dieser Generalplan kam zu dem Ergebnis, daß das gesteckte Ziel, die Talniederungen während der Vegetationsperiode frei von Überschwemmungen zu halten, nicht allein durch den Ausbau der Flüsse, sondern nur im Zusammenwirken mit Hochwasserrückhaltebecken erreicht werden konnte.

Die 1966 in Betrieb genommene Innerstetalsperre war das erste Rückhaltebecken im Rahmen dieses Planes. Ein weiteres kleines Rückhaltebecken in einem Nebenfluß der Oker wurde 1968 fertiggestellt. Am 11.03.1994 konnte das Hochwasserrückhaltebecken Salzderhelden (Abschnitt 10.4), mit einem Rückhaltevolumen von 37,4 Mio. m^3 das größte Einzelvorhaben des ALO-Planes, seiner Bestimmung übergeben werden.

Bestandsaufnahme des ALO-Planes

Der 1961 aufgestellte ALO-Plan wurde im Jahre 1971 einer Bestandsaufnahme unterzogen, nachdem festzustellen war, daß die Gesamtkosten aufgrund technisch erforderlicher Erweiterung der Bauarbeiten, höherer Anforderungen an den Hochwasserschutz und dessen Ausdehnung auf die wichtigsten hochwassergefährdeten Nebenwasserläufe wesentlich steigen würden. Da es bei den verfügbaren Finanzmitteln nicht möglich war, sämtliche in der Bestandsaufnahme erfaßten Maßnahmen mit einem Kostenaufwand von rd. 1,3 Milliarden DM in einem nach wirtschaftlichen Gesichtspunkten vernünftigen Zeitraum zu verwirklichen, wurde 1972 anhand eines mathematischen Flußgebietsmodells (Abb. 5.3-10) sowie einer Kosten-Nutzen-Analyse untersucht, welche Baumaßnahmen mit welchen Ausbaugrößen zu einem maximalen Erfolg im Planungsraum führen und in welcher Reihenfolge die Baumaßnahmen den größtmöglichen Nutzen des Gesamtsystems herbeiführen könnten. Die in einem derartigen Umfang bislang noch nicht durchgeführte Untersuchung ergab, daß dem Bau der Hochwasserrückhaltebecken eindeutig der Vorrang einzuräumen war, wobei nach der zeitlichen Reihenfolge ihrer Ausführung mehrere Ausbaustufen festgelegt werden konnten.

In der Folgezeit waren die Bemühungen deshalb darauf ausgerichtet, die laufenden Gewässerausbau- und Deichbaumaßnahmen an Unteraller, Mittelaller und unterer Leine abzuschließen, um den Mitteleinsatz verstärkt auf Rückhaltemaßnahmen -zunächst auf das 1972 begonnene Projekt Salzderhelden- lenken zu können.

Die Hochwasser vom März und Juni 1981, die vor allem in den Siedlungen am Ober- und Mittellauf der Leine und in Northeim an der Rhume große Schäden verursachten und in der Landwirtschaft zu erheblichen Ertragseinbußen geführt haben, machten deutlich, daß neben einer finanziellen Hilfe für die Betroffenen und einer beschleunigten Fertigstellung überregional wirksamer Rückhaltungen auch der Hochwasserschutz von Siedlungen mit Vorrang verbessert werden mußte. In den folgenden Jahren wurden daher u. a. in Northeim und Friedland umfangreiche Arbeiten, vor allem der Bau oder die Verstärkung von Deichen mit den erforderlichen Ein- und Auslaßbauwerken ausgeführt und erfolgreich abgeschlossen.

Ein weiteres wasserwirtschaftliches Projekt, die Siebertalsperre, durch die die Hochwassergefährdung an Sieber, Oder und Rhume deutlich gemindert worden wäre, konnte wegen massiven Widerstandes örtlich Betroffener sowie von Naturschutzverbänden nicht verwirklicht werden. Eine Reihe weiterer Rückhalteprojekte des ALO-Planes, z.B. der Bau eines großen Speichers in der Fahlen Heide an der Mündung der Oker in die Aller, werden inzwischen -vor allem wegen zu geringer Finanzmittel- nicht mehr verfolgt.

Hase-Plan

Die an der Hase erforderlichen wasserwirtschaftlichen Arbeiten sind in einem Sonderplan, dem Generalplan für die Regelung der Wasserverhältnisse im Hasegebiet, ausführlich behandelt. Das Ziel des Generalplanes -Schutz der Flußniederungen gegen unzeitige Überschwemmungen- sollte durch einen nur begrenzten Ausbau der Hase, vor allem aber durch Hochwasserrückhaltebecken und Speicherpolder erreicht werden, um eine Erhöhung der Abflußspitzen und nachteilige Folgen für die Unterlieger zu vermeiden (Karte 5.3-2).

Das größte Einzelvorhaben des Haseplanes ist das 1993 nach 23jähriger Bauzeit fertiggestellte Hochwasserrückhaltebecken Alfhausen-Rieste, der sogenannte Alfsee (Abb. 5.3-11). Mit einem nutzbaren Stauraum von 20,8 Mio. m^3 ist es eine der größten Anlagen dieser Art in Niedersachsen und vermag einen wesentlichen Teil des Hochwassers der Hase aufzufangen, um das zurückgehaltene Wasser nach Ablauf der Hochwasserwelle wieder dosiert an die Hase zurückzugeben. Schaden bringende Überschwemmungen können auf diese Weise noch bis Löningen/Herzlake weitgehend verhindert werden.

Generalplan für die Erhöhung der Elbedeiche

Der letzte, im Jahr 1979 aufgestellte Generalplan für den Ausbau der Elbedeiche zwischen Schnackenburg und der Staustufe Geesthacht trug der Erkenntnis Rechnung, daß die vorhandenen Deichanlagen den Anforderungen nicht mehr gewachsen waren. Den unmittelbaren Anlaß gaben die großen Hochwasserwellen in der Elbe vom Dezember 1974 und Januar 1975 mit nahezu gleichen Spitzenabflüssen von 3.200 m^3/s, die Teile der Stadt Hitzacker überfluteten und an einigen Deichstrecken eine akute Deichbruchgefahr auslösten.

Der das Gebiet von sechs Deichverbänden überdeckende Plan sieht den Aus- oder Neubau von rd. 80 km linkselbischen Deichen und von rd. 30 km Rückstaudeichen vor unter Berücksichtigung eines Bemessungswasserstandes nach einer Hochwasserscheitellinie der Elbe für den Abfluß von 4.200 m^3/s in Wittenberge, die 1983 noch in Verhandlungen der damaligen Deutsch/Deutschen Grenzkommission festgelegt worden war. Inzwischen konnten etwa 80 % der geplanten Arbeiten beendet werden. Seit Juli 1993 sind mit der Rückgliederung des Amtes Neuhaus weitere 46 km rechtselbische Hochwasserdeiche von der niedersächsischen Wasserwirtschaftsverwaltung zu betreuen, die insgesamt erneuerungsbedürftig sind. Die derzeitigen Planungen sehen im Zusammenhang mit einem Neubau eine umfangreiche Rückverlegung von Deichabschnitten vor allem aus Naturschutzgründen vor.

Maßnahmen in kleineren Flußgebieten

Neben den in Generalplänen erfaßten Maßnahmen für große Flußgebiete wurden im Binnenland umfangreiche Vorhaben in den Einzugsgebieten der kleinen Flüsse eingeleitet und überwiegend mit Erfolg abgeschlossen. Dabei handelt es sich meistens um Projekte, die neben dem Hochwasserschutz auch den landwirtschaftlichen Wasserbau wie die Entwässerung durch Gräben oder Dränungen, Flach- und Tiefumbruch umfaßten. Zu den umfangreichen Maßnahmen gehören u. a.:

- Die Melioration der fast 50 000 ha großen Flächen des Huntewasserverbandes. In diesem Gebiet wurden die Voraussetzungen für eine intensive landwirtschaftliche Nutzung durch die Heranziehung des eingedeichten Dümmers als Rückhaltebecken und durch den Ausbau der Dümmerabflüsse und der Hunte bis Wildeshausen geschaffen.- In der Folgezeit aufgetretene nachteilige limnologische Veränderungen des Dümmers, für die als Ursache neben einer Überfrachtung mit Nährstoffen auch die Eindeichung des Sees und die Melioration von Moorflächen im Einzugsgebiet genannt werden, erfordern eine erst langfristige umsetzbare Sanierung (Abschnitt 10.7).
- Verbesserung der Abflußverhältnisse im Gebiet des Steinhuder Meeres. Durch eine teilweise Eindeichung des Sees und den Ausbau des Meerbaches wurde die Möglichkeit zur Entwässerung von Seerandgebieten eröffnet. Heute bestehen allerdings Bestrebungen der Wiedervernässung.
- Der Ausbau der großen Aue in den Landkreisen Grafschaft Diepholz und Nienburg/ Weser. Der bei Nienburg in die Weser mündende Fluß mit einem Niederschlagsgebiet von 1 400 km^2 wurde ausgebaut mit dem Ziel der schadlosen Abführung eines Sommerhochwassers.
- Die Melioration der Jeetzelniederung. Das rd. 13 500 ha große Gebiet des Jeetzeldeichverbandes hat einen ausreichenden Hochwasserschutz durch bedeichte neue Wasserläufe erhalten, die das bisher in das tiefgelegene Verbandsgebiet einfließende Wasser aus den umgebenden Geestrücken schadlos der Elbe zuführen. Der durch die Bedeichung entstandene Polder wird durch ein Schöpfwerk bei Dannenberg entwässert.

- Die Melioration der Weserniederung zwischen Hoya und Bremen und die Regelung der Wasserwirtschaft in der Lüneburger Elbmarsch. Beide Vorhaben mit umfangreichen Hochwasserschutzmaßnahmen stehen in unmittelbarem Zusammenhang mit Unternehmungen der Wasser- und Schiffahrtsverwaltung des Bundes (Fortführung der Mittelweserkanalisierung nach dem Zweiten Weltkrieg bzw. Bau der Elbstaustufe Geesthacht).

5.3.3 NUTZUNG DER KANÄLE FÜR HOCHWASSERSCHUTZ UND BEWÄSSERUNG

Den für die Wasserwirtschaft verantwortlichen niedersächsischen Dienststellen ist es gelungen, die Nutzungsmöglichkeit der neuen Bundeswasserstraße Elbe-Seiten-Kanal als Hochwasserentlaster weitgehend auszuschöpfen und rechtsverbindlich zu vereinbaren. So kann der Kanal zur Ableitung einer Wassermenge bis zu 50 m^3/s herangezogen werden. Aus dem Einzugsgebiet der Ilmenau dürfen bis zu 36 m^3/s und aus dem Einzugsgebiet der Ise maximal 14 m^3/s eingeleitet werden. Ein weiterer Hochwasserabschlag befindet sich an der Kreuzung des Kanals mit der Esterau; das Einlaufbauwerk tritt in Funktion, wenn der Wasserspiegel der Esterau durch ein Absperrbauwerk bei Hochwasser aufgestaut worden ist.

Neben dieser „örtlichen" Hochwasserentlastung kann über den Kanal auch Hochwasser aus der Aller abgeleitet werden. Dazu ist das in die Osthaltung des Mittellandkanals eingeleitete Hochwasser an der Schleuse Sülfeld in die der oberen Haltung des Elbe-Seiten-Kanals entsprechende Haltung des Mittellandkanals zu pumpen. Von dort kann es dann über die Schleuse bei Esterholz und das Abstiegsbauwerk bei Scharnebeck in freiem Gefälle abfließen. Das Land Niedersachsen beteiligte sich an der Erweiterung der Pumpenkapazität an der Schleuse Sülfeld, um diese Entlastungsmöglichkeit voll nutzen zu können. Das geschah noch in der Zeit des Bestehens der DDR, als nur mit einer begrenzten und nicht ständig in vollem Umfang verfügbaren Ableitung von Allerhochwasser über die Osthaltung des Mittellandkanals gerechnet werden konnte.

Der Elbe-Seitenkanal ermöglicht auch die Wasserbereitstellung für die Landwirtschaft; denn die sandigen, wenig wasserhaltenden Böden beidseits des Kanals bedürfen der Beregnung, wofür 5 m^3/s Wasser gegen Erstattung der Betriebskosten aus dem Kanal entnommen werden können. Im Endausbau sollen 15.000 ha landwirtschaftliche Nutzflächen mit 8,4 m^3/s beregnet werden (s. Abschn. 10.9).

5.3.4 HOCHWASSERSCHUTZ DURCH TALSPERREN UND HOCHWASSERRÜCKHALTEBECKEN

Im Berg- und Hügelland des südlichen Niedersachsen bietet sich die Wasserbewirtschaftung durch Speicherung an. Dabei haben Talsperren (Tabelle 5.3-1) als Mehrzweckanlagen neben dem Hochwasserschutz meistens weitere Aufgaben, während Hochwasserrückhaltebecken (Tabelle 5.3-2) als Speicher für die Aufnahme des Hochwasserabflusses zur Minderung von Überschwemmungsgefahren dienen. Aus einigen Talsperren wird Trinkwasser entnommen (Abschn. 6.2). Sie werden aber auch zur Aufhöhung des Niedrigwassers in Flüssen oder wie die Thülsfelder Talsperre zur Auffüllung des Küstenkanals genutzt. Soweit wirtschaftlich sinnvoll, sind Wasserkraftwerke zur Stromerzeugung angelegt worden.

Seit der Gründung der Harzwasserwerke als Anstalt des Landes im Jahre 1928 sind diese für den Bau und Betrieb der Talsperren im niedersächsischen Teil des Harzes zuständig. Bisher wurden dort sechs Talsperren gebaut (Tabelle 5.3-1). Als Talsperren im Sinne des Wasserrechts gelten auch zahlreiche alte Teiche des Oberharzer Bergbaues. Ihr Einfluß auf das Abflußgeschehen ist jedoch wegen ihrer geringen Größe unbedeutend (s.a. Abschnitt 6.2).

Wie die Erfahrung zeigt, wird durch die großen Talsperren ein weitgehender, wenn auch kein absoluter Hochwasserschutz erreicht, was allerdings nur für das unmittelbar angrenzende Harzvorland gilt. Die Wirkung der Sperren auf die Unterläufe von Oker und Leine ist dagegen verhältnismäßig gering. So beherrscht z. B. die Okertalsperre nur ein Niederschlagsgebiet von 85 km^2; das sind 4,8 % des Niederschlagsgebietes an der Mündung der Oker in die Aller. Auch wenn die größere Regenhöhe im Harz berücksichtigt wird, werden nur etwa 10 % des Abflusses kontrolliert. Für die anderen Talsperren ist das Verhältnis ähnlich.

	Fertigstellung	Einzugsgebiet mit Überleitung	Einzugsgebiet ohne Überleitung	Speicherraum	max. Wasserfläche	max. Höhe
	Jahr	km^2	km^2	Mill. m^3	ha	m
Sösetalsperre	1931		50	25,5	121	56
Odertalsperre	1934	75	54	30,6	136	62
Eckertalsperre	1942	19	17	12,6	66	65
Okertalsperre	1956		85	47,4	230	73
Innerstetalsperre	1966		96	20,0	150	50
Granetalsperre	1969	28,5	23	46,4	220	61
Thülsfelder Talsperre (Soeste)	1927		150	9,5	170	9

Tab. 5.3-1: Talsperren

	Gewässer	Jahr der Fertigstellung	Einzugsgebiet	Speicherraum	Höhe der Krone über Gründungssohle
			km^2	hm^3	m
Salzderhelden	Leine	1993	2.200,0	37,4	11,0
Alfhausen-Rieste	Hase	1990	660,0	20,8	9,0
Wendebach	Wendebach	1981	35,0	1,5	16,0
Haselünne	Hase	1972	2.521,0	1,4	3,0
Polder Lüsche	Fladderkanal -Hase-	1976	202,0	1,3	6,4
Fischbeck	Nährenbach	1969	20,0	0,9	12,8
Kl. Mahner	Warne	1972	47,9	0,9	6,5
Haaren	Haaren -Hunte-	1978	40,0	0,7	4,5

Tab. 5.3-2: Hochwasserrückhaltebecken

5.3.5 ÜBERSCHWEMMUNGSGEBIETE

Gebiete, die bei Hochwasser überflutet werden, erfüllen wichtige Aufgaben des Hochwasserschutzes als natürliche Rückhalteräume. Das Land Niedersachsen mißt der Erhaltung dieser Bereiche eine große Bedeutung zu. Deshalb wurde in der Neufassung des Niedersächsischen Wassergesetzes vom 20.08.90 erstmalig bestimmt, daß natürliche Überschwemmungsgebiete als solche zu erhalten sind, um die natürliche Wasserrückhaltung zu sichern, gegebenenfalls wiederherzustellen oder zu verbessern. Nach dem Gesetz sollen Gebiete, die bei Hochwasser überschwemmt werden, durch Verordnung förmlich als Überschwemmungsgebiete festgestellt werden, soweit es aus Gründen des Wasserabflusses erforderlich ist.

Überschwemmungsgebiete gibt es in einigen Landesteilen schon seit Anfang des Jahrhunderts. Diese nach altem Recht festgestellten Gebiete sind heute fortschreibungsbedürftig, weil sich inzwischen die Abflußverhältnisse durch äußere Einflüsse verändert haben oder auch eine dichte Bebauung aufweisen, die ein Überschwemmungsgebiet örtlich nicht mehr rechtfertigt.

Die landwirtschaftliche Nutzung dieser Gebiete hat sich gewandelt. Auf den ehemaligen natürlichen Grünlandstandorten wird - auch infolge des Strukturwandels in der Landwirtschaft - zunehmend Ackerbau betrieben. Hochwasserbedingte Ernteausfälle werden dabei bewußt in Kauf genommen. Das Nds. Wassergesetz gibt die Möglichkeit, die Bewirtschaftung von Grundstücken durch Verordnungen zu regeln. Ein allgemeines Ackerbauverbot im Überschwemmungsgebiet ist nach dieser Bestimmung aber nur im Ausnahmefall durchsetzbar, z. B. für Flächen im Bereich von Brücken, Flutöffnungen oder in Flutmulden, die einer besonderen Erosionsgefahr ausgesetzt sind.

In der Vergangenheit ist es der Wasserwirtschaftsverwaltung oft nicht gelungen, Bauvorhaben in Überschwemmungsgebieten zu verhindern. So gibt es Fälle, wo Bebauungspläne genehmigt wurden, die völlig oder teilweise innerhalb des natürlichen oder förmlich festgestellten Überschwemmungsgebietes liegen. Es bleibt abzuwarten, inwieweit die weitergehenden Regelungen des Wassergesetzes solche Fehlentwicklungen unterbinden können. Ungeachtet dessen ist die Anpassung vorhandener Überschwemmungsgebiete an die veränderten Gegebenheiten, vor allem aber die Festsetzung neuer Überschwemmungsgebiete dort, wo trotz dringenden Bedarfs noch keine Ausweisungen vorgenommen werden konnten, für die Wasserwirtschaftsverwaltung eine Aufgabe von besonderer Dringlichkeit. Dort, wo sie vorliegen, wird immer noch gern auf die Karten der Überschwemmungsgebiete von der Jahrhundertwende zurückgegriffen (s. Abschn. 10.1), ansonsten auf die Hydrographische Karte von Niedersachsen (Abschn. 5.1.1.2).

5.3.6 WANDEL IN DER ZIELSETZUNG DES HOCHWASSERSCHUTZES SEIT 1945

Hochwasserschutz zunächst für die Landwirtschaft

Alle Anstrengungen der Wasserwirtschaft waren in den ersten Nachkriegsjahren auf die Behebung der im Zweiten Weltkrieg entstandenen Schäden und Mängel an den wasserwirtschaftlichen Anlagen gerichtet. Gleichzeitig war die Landwirtschaft gefordert, durch Steigerung ihrer Erzeugungen zur Sicherung der Ernährung der durch Zuwanderung aus dem Osten stark angewachsenen Bevölkerung beizutragen. Dies war jedoch nur möglich, wenn die bestehenden, naturbedingten wirtschaftlichen Erschwernisse und Nachteile beseitigt werden konnten. Dazu wurden großräumige Pläne zur Regelung der Wasserverhältnisse mit der Maßgabe bearbeitet, Überflutungen in der Vegetationszeit und daraus entstehende Ernteschäden nur noch in Ausnahmefällen zuzulassen (Abschn. 5.4).

Als Konsequenz ergab sich daraus das Erfordernis, außer Hochwasserrückhaltungen die Querschnitte der Gewässer zu vergrößern und deren Leistungsvermögen durch Begradigungen und Absturzbauwerke zu steigern. Erkenntnisse über die Bedeutung der Gewässer für den Naturhaushalt fehlten noch bis Ende der sechziger Jahre, so daß die bis dahin ausgebauten Wasserläufe oft den Eindruck rein technischer Bauwerke vermitteln, weil die ursprünglich bestehende Tier- und Pflanzenwelt als Bestandteil des Ökosystems unberücksichtigt blieb. Der Wasserwirtschaftsverwaltung ist in späteren Jahren die Verantwortung für diese Vorgehensweise, die auch aus Kostengründen gewählt werden mußte, zu Unrecht zugeschoben worden.

Ausgelöst durch die breitgefächerte Förderung setzte in der Landwirtschaft eine stürmische Entwicklung ein mit der Folge, daß schon bald eine Überproduktion von Agrarerzeugnissen den Mangel ablöste. Das Augenmerk richtete sich nunmehr verstärkt auf die Sicherung qualitativ und quantitativ gleichbleibender Erträge bei gleichzeitiger Rationalisierung der landwirtschaftlichen Betriebsführung. Daneben setzte sich vermehrt die Tendenz durch, noch bestehende regionale Ungleichgewichte verstärkt mit den Mitteln einer breitgefächerten Regionalpolitik zu beheben (Abschnitt 5.4).

Wasserwirtschaftliche Vorhaben, wie auch die des Hochwasserschutzes, wurden seit den 70er Jahren vor ihrer Inangriffnahme oder Fortsetzung daraufhin geprüft, ob zwischen dem erforderlichen Aufwand und dem volks- und privatwirtschaftlichen Nutzen noch ein vertretbares Verhältnis erwartet werden konnte. Die Notwendigkeit solcher kritischer Überprüfungen erwuchs auch aus der Tatsache, daß nicht mehr mit einem erhöhten Einsatz öffentlicher Mittel zu rechnen war, so daß unter Beibehaltung der bisherigen Planziele wegen der zu hohen Kosten in einem überschaubaren Zeitraum kein durchgreifender Erfolg zu erwarten war. Bei diesem Umdenkungsprozeß spielte nicht zuletzt die Forderung eine Rolle, Eingriffe in den Naturhaushalt eines Gewässers auf den unbedingt notwendigen Umfang zu begrenzen, wenn nicht gar völlig zu vermeiden. Naturschutz und Landschaftspflege haben heute deshalb bei der Prüfung der Umweltverträglichkeit von Hochwasserschutzmaßnahmen einen hohen Rang (Abschnitt 5.8).

Im Ergebnis bewirkte dieser Wandel in der Beurteilung wasserwirtschaftlicher Eingriffe, daß neue, ausschließlich der Verbesserung der Landeskultur dienende Vorhaben nur noch im Ausnahmefall begonnen wurden. Maßnahmen der jüngsten Zeit zum Schutz gegen Hochwasser beschränkten sich deshalb im wesentlichen auf überregional wirksame Rückhaltungen und auf örtlich begrenzte Arbeiten zum Schutz von Siedlungen. Zur letzteren Gruppe kann der noch laufende Ausbau der Elbedeiche oberhalb der Staustufe Geesthacht gerechnet werden (Abschnitt 5.3.2.2).

5.3.7 LÖSUNG DER AUFGABEN DURCH VERWALTUNG UND VERBÄNDE

Niedersächsische Wasserwirtschaftsverwaltung als planende Behörde

Der niedersächsischen Wasserwirtschaftsverwaltung kommt das Verdienst zu, die generelle und zumeist auch spezielle Entwurfsbearbeitung aller großräumigen Hochwasserschutzmaßnahmen sowie der meisten sonstigen wichtigen Vorhaben zur Regelung des Wasserabflusses ausgeführt zu haben. Sie stellte sich nahezu ebenso oft der Aufgabe, die von ihr geplanten Projekte durch Übernahme der Bauleitung zu verwirklichen. Da derart umfangreiche Aufgaben nicht mit dem planmäßig bei den Wasserwirtschaftsämtern tätigen Personal bewältigt werden konnten, wurden zusätzlich Bauleitungskräfte eingestellt, die aus dem Aufkommen der Gebühren für Planung und Bauleitung vergütet wurden. Die Zahl der dafür Tätigen wuchs auf dem Höhepunkt des Baugeschehens auf etwa 500 Ingenieure, Techniker und Hilfskräfte an (s. Abschn. 5.12). Für den wirkungsvollen Einsatz des Personals wurden in den Zentren größerer Projekte zahlreiche Bauabteilungen eingerichtet. Die Bauabteilungen in Ribbesbüttel für die Planung des Hochwasserrückhaltebeckens Fahle Heide bei Gifhorn und in Hildesheim für Planung und Bau des Hochwasserrückhaltebeckens Salzderhelden (Abschnitt 10.4) sowie sonstiger Hochwasserschutzvorhaben des Leineverbandes arbeiteten selbständig im Range eines Wasserwirtschaftsamtes (s. Abschn. 9).

Träger der Bauvorhaben

Soweit das Land als Eigentümer oder gesetzlich für die Unterhaltung von Gewässern zuständig ist, trat es selbst als Ausbauunternehmer auf. Dies gilt auch für die meisten größeren Hochwasserrückhaltungen, deren Bau und Betrieb das Land als eigene Aufgabe von übergebietlicher Bedeutung übernommen hatte. In diesen Fällen war das zuständige Wasserwirtschaftsamt der Antragsteller im wasserrechtlichen Verfahren.

Die weit überwiegende Anzahl wasserwirtschaftlicher Maßnahmen der Nachkriegszeit für den Hochwasserschutz und für die Landwirtschaft wurde jedoch unter der Trägerschaft von Wasser- und Bodenverbänden, Körperschaften des öffentlichen Rechts nach der Wasserverbandverordnung, ausgeführt. In diesen Fällen übernahmen die Wasserwirtschaftsämter Planungs- und Bauaufgaben auf der Basis sogenannter Bauleitungsverträge, die den jeweiligen Zuständigkeits- und Verantwortungsrahmen festlegten.

Gesetzliche Grundlagen und Zuständigkeiten

Vorhaben des Hochwasserschutzes gelten im wasserrechtlichen Sinne als Ausbau und erfordern nach den Vorschriften des Wasserhaushaltsgesetzes (WHG) bzw. des Niedersächsischen Wassergesetzes (NWG) ein vorausgehendes Planfeststellungsverfahren. Da sie zumeist den Wasserstand beeinflussen, gilt dies auch für Deiche und Dammbauten an Gewässern. In der Zeit des Anlaufens der Maßnahmen konnte anstelle des aufwendigen Planfeststellungsverfahrens noch der einfachere Weg einer Plangenehmigung gewählt werden, weil Einwendungen nicht zu erwarten waren. Mit dem wachsenden Umweltbewußtsein der Bevölkerung, die zunehmend auch gegen Vorhaben dieser Art eine grundsätzlich ablehnende Haltung einnahm, schied diese Möglichkeit aber aus.

Die Zuständigkeit für die Planfeststellung liegt nach derzeitiger Regelung für die Gewässer I. Ordnung sowie für die vom Land zu unterhaltenden Gewässer II. Ordnung bei den Bezirksregierungen als oberer Wasserbehörde, im übrigen bei der unteren Wasserbehörde (Landkreis, kreisfreie Städte, große selbständige Städte). Vor der Verabschiedung des Bundeswasserstraßengesetzes am 06.04.68 war die obere Wasserbehörde auch zuständige Planfeststellungsbehörde für den Bau oder Ausbau von Bundeswasserstraßen. So betrieb der Regierungspräsident Lüneburg zunächst das Planfeststellungsverfahren für den Bau des Elbe-Seitenkanals, bevor die Zuständigkeit aufgrund des Bundeswasserstraßengesetzes auf die Wasser- und Schiffahrtsdirektion Hamburg überging.

Neben der im NWG geregelten Planfeststellung (§ 98) ist dort weiterhin geregelt die Aufsicht über Bau, Unterhaltung und Betrieb von Talsperren und ähnlichen Wasserspeichern (§ 77 ff.), Sicherung des Wasserabflusses und der Schiffbarkeit durch Unterhaltung und Ausbau der Gewässer, Feststellung und Freihaltung von Überschwemmungsgebieten, Einrichtung von Hochwassermeldediensten, Genehmigung von Anlagen in und an Gewässern (§§ 28 ff., WHG, §§ 72 ff., NWG).

Die heutigen Staatlichen Ämter für Wasser und Abfall (StÄWA) werden hier vor allem als Fachbehörden tätig und bereiten durch fachtechnische Untersuchungen und Begutachtungen die Entscheidungen der oberen Wasserbehörden vor. Die gleichen Aufgaben - nur im geringeren Umfang- erfüllen sie für die unteren Wasserbehörden (§ 14 der Ausführungsbestimmungen zum NWG).

Soweit die StÄWA nicht selbst als Antragsteller auftreten oder als Entwurfsaufsteller beteiligt sind und somit die hydrologischen Rahmenbedingungen von vorn herein berücksichtigten, haben sie als zuständige Dienststelle des gewässerkundlichen Landesdienstes bei Ausbauvorhaben zu prüfen, in welchem Umfang Auswirkungen auf den Wasserhaushalt zu erwarten sind und ob diese noch hingenommen werden können.

Nach den gegenwärtigen Zuständigkeiten ist der Hochwasserschutz im Binnenland nicht immer unbeeinflußt von kommunalen Grenzen und Einwirkungen. Das wirkt sich für die Lösung großräumiger Vorhaben an Gewässern oft nachteilig aus, da der Hochwasserschutz nur unter Berücksichtigung der Hydrologie geschlossener Einzugsgebiete erfolgreich gestaltet werden kann. Die Zuständigkeit für den Hochwasserschutz sollte deshalb allein der Wasserwirtschaftsverwaltung übertragen werden, um nicht nur zu den technisch besten, sondern gleichzeitig auch zu den wirtschaftlich günstigsten Lösungen zu kommen. Das gilt auch für eine künftige zentrale Steuerung des Einsatzes von Hochwasserschutzanlagen, z. B. im Aller-Leine-Oker-Gebiet. Ortsnahe Fachbehörden mit ständigem direktem Zugang zu den hydrologischen Daten bieten sich dafür an.

5.3.8 FINANZIERUNG

Wie bereits erwähnt, hätten die vorstehend behandelten wasserwirtschaftlichen Leistungen, insbesondere die Verbesserung des Hochwasserschutzes, ohne den wirtschaftlichen Aufschwung und den dadurch möglichen massiven Einsatz öffentlicher Mittel nicht erbracht werden können. Nach Gründung der Bundesrepublik Deutschland setzte die Förderung auf wasserwirtschaftlichem Gebiet ein, wobei die Förderkontingente rasch zunahmen. Bis zum Jahr 1972 wurden im Einzelplan des Bundesministeriums für Ernährung, Landwirtschaft und Forsten (BML) jährlich u. a. Sondermittel zur Förderung wasserwirtschaftlicher Vorhaben von übergebietlicher Bedeutung (Bundeswasserwirtschaftsfonds) ausgewiesen, die auf die Bundesländer nach einem bestimmten Schlüssel (sog. KfK-Schlüssel) verteilt wurden. Daneben enthielt der Haushalt des BML noch Sonderprogramme, wie den Küstenplan (Abschnitt 5.4.2) und den Emslandplan (Abschnitt 5.4.3), aus denen dem Land Niedersachsen ebenfalls erhebliche Mittel für wasserwirtschaftliche Aufgaben zuflossen.

In den Richtlinien des Bundes waren eigene Mittel der Länder vorausgesetzt, und zwar unterschiedlich nach Maßnahmen und Programmen. So lautete das Beteiligungsverhältnis Land : Bund beim Bundeswasserwirtschaftsfonds 1 : 1 und bei den regionalen Sonderprogrammen 1 : 2. Dieses als Voraussetzung für die Gewährung von Bundeszuschüssen festgesetzte Beteiligungsverhältnis der Länder wurde allgemein als „Dotationsauflage“ bezeichnet. Das Land Niedersachsen hatte oft Schwierigkeiten wegen seiner angespannten Haushaltslage, seine Komplementärmittel bereitzustellen.

Eine Änderung dieses Verfahrens ab 1973 trat mit dem Vollzug des Gesetzes über die Gemeinschaftsaufgabe „Verbesserung der Agrarstruktur und des Küstenschutzes“ vom 03.09.1969 ein, das seine Grundlage im Artikel 91 a des Grundgesetzes (GG) findet. Nach den nach wie vor geltenden Bestimmungen dieses Gesetzes ist die Mitwirkung des Bundes an der Gemeinschaftsaufgabe auf die Bereiche gemeinsame Finanzierung und gemeinsame Rahmenplanung festgelegt, während die Detailplanung und Ausführung Sache der Länder im Sinne der ihnen im Grundgesetz zugewiesenen Verwaltungszuständigkeit ist. Die Finanzierung ist gesetzlich in der Weise geregelt, daß der Bund dem Land für wasserwirtschaftliche Vorhaben -auch für den Hochwasserschutz- 60 % der Ausgaben erstattet. Da der Aufgabenkatalog der Gemeinschaftsaufgabe die Förderbereiche im Küstenplangebiet und im Emsland mit erfaßt, war eine Fortsetzung der Arbeiten durch Eingliederung in die Gemeinschaftsaufgabe gewährleistet. Neben der fortdauernden Gemeinschaftsaufgabe wurde 1977 von der Bundesregierung ein auf die Jahre 1977 bis 1980 begrenztes Investitionsprogramm zur Wachstums- und umweltpolitischen Vorsorge (Programm für Zukunftsinvestitionen) beschlossen, an dem auch die Wasserwirtschaft u. a. mit Vorhaben des Hochwasserschutzes, beteiligt war.

Die Förderrichtlinien des Landes und die im Rahmenplan der Gemeinschaftsaufgabe festgelegten Grundsätze für die Förderung wasserwirtschaftlicher Vorhaben haben die Bedingung, daß der Träger des Vorhabens nicht geringer belastet werden darf, als ihm unter Berücksichtigung aller erzielbaren Vorteile zugemutet werden kann. Diese sogenannte tragbare Belastung wurde über einen längeren Zeitraum von den Landwirtschaftskammern gutachtlich ermittelt und wies auch für die Regelung der Hauptvorflut, also den Schutz vor Überschwemmungen, eine -wenn auch vergleichsweise niedrige- Eigenleistung aus. Später wurde ebenfalls eine Ermittlung durch vergleichende Untersuchungen oder Nutzen-/Kosten-Untersuchungen zugelassen.

Im Rahmen der Finanzierung fiel der Wasserwirtschaftsverwaltung die wichtige Aufgabe zu, den Einsatz der Mittel nach Maßgabe der Priorität sowie unter dem Gesichtspunkt einer sparsamen und wirtschaftlichen Ausführung optimal zu lenken. Breiten Raum nahm dabei die Beratung der Maßnahmeträger über die zeitliche Abwicklung ihrer Vorhaben sowie die einer geordneten Finanzierung ein.

5.4 LANDWIRTSCHAFTLICHER WASSERBAU MIT KÜSTEN- UND EMSLANDPLAN

5.4.1 REGELUNG DER WASSERVERHÄLTNISSE ZUR VERBESSERUNG DER LANDWIRTSCHAFTLICHEN PRO-DUKTIONSBEDINGUNGEN

von Johann Kramer

Probleme

Die vorhergehenden Abschnitte verdeutlichen, daß in der Vergangenheit eines der Hauptziele des Meliorationswesens die Steigerung der landwirtschaftlichen Erträge war. Sie war erforderlich, um die bis in die dreißiger Jahre dieses Jahrhunderts stark wachsende Bevölkerung ernähren zu können. Vermehrt wurde der Zwang zu größerer landwirtschaftlicher Erzeugung in den Nachkriegsjahren seit 1945, als für den Zustrom der Flüchtlinge aus den verlorenen Ostgebieten eine Nahrungsgrundlage geschaffen werden mußte. Aber es sollte auch Raum für die Neueinrichtung von landwirtschaftlichen Betrieben für die aus dem Osten vertriebenen Bauern geschaffen werden. Diesen Aufgaben dienten für besonders benachteiligte Gebiete im Küstengebiet der Küstenplan (Abschnitt 5.4.2) und für das Emsland der Emslandplan (Abschnitt 5.4.3).

Allgemein war in Niedersachsen bis in die 50er Jahre die Binnenentwässerung noch wenig geregelt und brachte deshalb erhebliche betriebliche Nachteile für die Landwirtschaft:

- Dränungen mußten auf vielen Flächen unterbleiben, so daß der Ackerbau durch zahlreiche Grüppen und Gräben bei der Bewirtschaftung behindert und außerdem die Nutzfläche verkleinert wurde, was besonders für die Marschen im Küstengebiet zutraf.
- Der Ackerbau blieb auf Böden beschränkt, die aufgrund ihrer Struktur und der Entwässerung dafür geeignet waren.
- Hohe Grundwasserstände führten zu einer allmählichen Verschlechterung des Kulturzustandes.
  In den Niederungsgebieten mußten Maßnahmen zur Verbesserung des Grünlandes unterbleiben, so daß die Erträge mengen- und qualitätsmäßig unbefriedigend waren.
- Die unbefestigten Wirtschaftswege, die zu Zeiten starker Niederschläge besonders im Frühjahr und Herbst unbefahrbar waren, verschlechterten sich noch mit zunehmender Motorisierung. Zu leichte Feldwege-Brücken verhinderten gar die schwere Motorisierung (Abb. 5.4-1). Das erste Ziel müßte sein, daß die winterlichen Überschwemmungen in Niederungsgebieten durch Vorfluterausbau, Schöpfswerksbau u. dgl. ein Ende nahmen (Abb. 5.4-2).

Hinzu kam aber auch der wirtschaftliche Zwang zur Umstellung der Arbeitsweise in der Landwirtschaft von der Handarbeit zur Maschinenarbeit, die eine Absenkung hoher Oberflächen- und Grundwasserstände erforderte, um maschinell arbeiten zu können. Es sollte aber auch den landwirtschaftlichen Kulturpflanzen ein günstiger Wassergehalt im Boden geboten werden, um bessere Wachstumsvoraussetzungen zu schaffen. Daraus ergab sich, daß dort, wo zuviel Wasser war, die schädliche Bodennässe beseitigt werden mußte und dort, wo der Boden zu trocken war, ihm die erforderliche Feuchtigkeit zugeführt werden mußte.

Abb. 5.4-1: Unbefestigte Wirtschaftswege behinderten die Motorisierung der Landwirtschaft (Foto: WWA Aurich)

Abb. 5.4-2: Überschwemmung in der Hamme-Niederung im Winter 1955/56 (Foto: WWA Verden)

Aufgabenstellung

Unter dem Begriff ‚Landwirtschaftlicher Wasserbau' wurden die Maßnahmen zusammengefaßt, die zur Erreichung der vorgenannten Ziele und zur Beseitigung der Standortnachteile dienen sollten:

- Fördern von Maßnahmen zur Erhaltung und Verbesserung der Standort- und Produktionsbedingungen durch Regelung des Wasserhaushaltes im Boden durch Gewässerausbau und -unterhaltung, Dränung und Bewässerung (Beregnung),
- Flächenmelioration durch Flach- und Tiefumbruch, Bodenkalkung und
- landwirtschaftlicher Wegebau (Abb. 5.4-3, -4 u. -5).

Abb. 5.4-3: Grabenräumung früher: harte Handarbeit (Foto: WWA Verden, 1956) 1960er Jahre: maschinell (Foto: WWA Aurich)

Abb. 5.4-4: Tiefumbruch mit schweren Raupenzugmaschinen (Foto: Kramer)

Abb. 5.4-5: Maschinelle Dränung in der Marsch (Foto: WWA Aurich)

Entwässerung

Im Küstengebiet ist der landwirtschaftliche Wasserbau gleichzeitig Hochwasserschutz (Abschnitt 5.3). Zur Regelung der Wasserstände ist hier ein sehr engmaschiges Gewässernetz entstanden. Die nach Süden anschließenden Flußniederungen, die Moorgebiete und die schweren Ton- und Lehmböden im südlichen Niedersachsen verlangen ebenfalls eine intensive Entwässerung. Die Länge der oberirdischen Gewässer beträgt insgesamt:

- Gewässer I. Ordnung (ohne Binnenwasserstraßen)	rd.	616 km
- Binnenwasserstraßen,	rd.	1.500 km
davon in der Unterhaltungspflicht des Landes	rd.	333 km
- Gewässer II. Ordnung Gesamtlänge,	rd.	27.500 km
davon in der Unterhaltungspflicht des Landes	rd.	800 km
- Gewässer III. Ordnung mehr als		130.000 km

Daraus ergibt sich, daß auf jeden Hektar des Landes Niedersachsen rd. 35 m Gewässer II. oder III. Ordnung entfallen.

Ein Großteil der Gewässer I. und II. Ordnung, aber auch wichtige der III. Ordnung, mußten größere Durchflußquerschnitte erhalten, um die Abflußleistung zu erhöhen. In größeren Gewässern konnten Schwimmbagger eingesetzt werden, während sonst auf Raupen fahrende Greifbagger die Arbeit übernahmen. Dabei setzten sich zunehmend Hydraulikbagger durch, mit denen im gleichen Arbeitsgang die Böschungen profiliert werden konnten. Hinzu kamen eine Vielzahl von neuen Brücken und Wehren, letztere für die gebietsweise Regelung der Wasserstände (Abb. 5.4-6 u. -7).

Unterhaltungsverbände

Die Unterhaltung der Gewässer II. Ordnung mit Ausnahme der landeseigenen Gewässer und der Binnenwasserstraßen (Abschnitt 5.9), die vom Land oder Bund unterhalten werden, obliegt 113 Unterhaltungsverbänden, die eine beitragspflichtige Gesamtfläche von 44.510 km^2 umfassen; das sind rd. 93,8 % der Landesfläche. Der Unterhaltungsaufwand der Verbände ohne Verwaltungskosten und Erschwernisaufwand betrug 1964 rd. 57 Mio. DM, das heißt im Mittel rd. 2.160 DM je Gewässerkilometer. Die Gewässer III. Ordnung werden im allgemeinen von den Anliegern unterhalten, allerdings solche von besonderer Bedeutung auch von den Verbänden. Die Belastung der Grundeigentümer durch Verbandsbeiträge für die Hauptentwässerung kann bis über 40 DM/ha betragen.

Für die Melioration in der Fläche bestehen rd. 1.480 Entwässerungsverbände, die mit einer Flächengröße von rd. 19.000 km^2 64 % der Nutzfläche des Landes Niedersachsen umfassen. Hinzu kommen noch 150 Bewässerungsverbände im südlichen und östlichen Teil des Landes Niedersachsen sowie rd. 20 Bodenverbesserungsverbände (Meliorationsverbände) über das gesamte Land verteilt.

Gewässerunterhaltung

Zur Unterhaltung war im bis 1960 geltenden Preußischen Wassergesetz § 114 lediglich geregelt, daß bei Wasserläufen I. O. die Schiffbarkeit und die Vorflut und bei Wasserläufen II. O. lediglich die Vorflut zu erhalten sind. Das NWG von 1960 spricht im § 81 neben der Schiffbarkeit von der Erhaltung eines ordnungsgemäßen Zustandes für den Wasserabfluß und erläutert, daß dazu die Reinigung, die Räumung, die Freihaltung, der Schutz und die Unterhaltung des Gewässerbetts einschließlich seiner Ufer sowie der Betrieb der Anlagen für die Wasserabführung gehören.

Abb. 5.4-6: Ausbau von Gewässern

mit einem Raupen-Hydraulik-Bagger

mit einem Schwimmbagger (Schneidkopfsaugbagger) (Fotos: WWA Aurich)

Abb. 5.4-7: Stauanlage im Hauptvorfluter zur Verhinderung des völligen Trockenfallens des Gewässer-Oberlaufes (Foto: StAWA Aurich)

Gewässerunterhaltung und Umwelt

In den 60er Jahren hatte zur Verringerung der Hand- und Maschinenarbeit für die Gewässerunterhaltung die chemische Krautung einen erheblichen Umfang angenommen. Der Umbruch kam mit dem dritten Gesetz zur Änderung des NWG von 1970, in dem der § 81 durch § 81 a ergänzt wird und nach dem chemische und biologische Mittel zur Gewässerunterhaltung nur bedingt eingesetzt werden können. Dieser neue Paragraph wird zwar durch das vierte Änderungsgesetz von 1982 wieder gestrichen, weist aber trotzdem in Richtung Umweltschutz. Das vierte Änderungsgesetz von 1982 geht noch einen Schritt weiter, indem der § 81 (in der Fassung vom 20.08.90 - § 98) den Zusatz erhält: „Die Bedeutung des Gewässers für das Bild und den Erholungswert der Landschaft sowie als Bestandteil der natürlichen Umwelt, insbesondere als Lebensstätte für Pflanzen und Tiere, ist zu berücksichtigen“.

Aber auch die naturschutzrechtlichen Vorschriften nehmen Einfluß auf die Unterhaltung der Gewässer. 1981 wird das Reichsnaturschutzgesetz durch das Nds. Naturschutzgesetz ersetzt. Der heutige § 37 beinhaltet, daß in der Zeit vom 01.03. bis zum 30.09. in der freien Natur Hecken, Gebüsch, Röhricht und Bäume nicht zurückgeschnitten, gerodet, beschädigt oder zerstört werden dürfen, wodurch die Unterhaltung der Wasserläufe zeitlich deutlich eingeschränkt und erheblich erschwert wird. Der ML nahm dieses zum Anlaß, in seinem Erlaß vom 16.01.1986 darauf hinzuweisen, daß Ausnahmen von dem

Verbot aus Gründen der Gewässerunterhaltung von der Wasserbehörde im Einvernehmen mit der Naturschutzbehörde zugelassen werden können. Im übrigen empfahl er, für ökologisch wertvolle Gewässer mit der Naturschutzbehörde abgestimmte Unterhaltungsrahmenpläne, ergänzt durch jährliche Arbeitspläne, aufzustellen.

Im Jahre 1990 wird der § 37 (früher § 36) des Nds. Naturschutzgesetzes neu gefaßt und dahin erweitert, daß auch Röhricht nicht in der Zeit vom 01.03. bis zum 31.08. geschnitten werden darf, in Entwässerungsgräben in dieser Zeit nur einseitig. Diese Vorschrift führt zu weiteren Einschränkungen bei der Gewässerunterhaltung.

Auch das Abfallgesetz von 1986 und das Nds. Ausführungsgesetz wirken sich aus. Um zu verhindern, daß Sickersäfte von pflanzlichen Abfällen, die bei der Unterhaltung von Gewässern und Deichen anfallen, in den Untergrund gelangen, sind Lagerplätze einzurichten. Mit Erlaß vom 01.09.90 gibt der MU ein Merkblatt „Kompostierung von Pflanzenabfällen auf dezentralen Kompostierungsplätzen" heraus, in dem nähere Einzelheiten geregelt sind (Abschnitt 5.7).

Wasserwirtschaftliche Arbeiten auf Domänen

Die ersten wasserwirtschaftlichen Arbeiten, abgesehen von denen der Unterhaltung der Gräben und Wasserläufe, wurden in größerem Maße bereits vor einhundert Jahren begonnen, als die Entwässerung mittels Dränung bekannt wurde. In den Jahren von 1850 bis 1880 sind auf den Domänen - als Sammelbegriff für die Staats-, Kloster- und Stiftungsgüter verstanden - sehr umfangreiche Dränanlagen entstanden, die zum Teil heute noch funktionieren. Wenn auch ein sehr großer Teil der auf den Domänen heute vorhandenen Dränanlagen etwa bis zum Jahre 1880 ausgeführt wurde, so wurde daran insbesondere nach 1945 intensiv weiter gearbeitet. Heute sind die Hälfte der Gesamtfläche der Domänen dräniert, eine Aufgabe, die von der Wasserwirtschaftsverwaltung in Amtshilfe durchgeführt wurde. Zur Amtshilfe gehörte auch die Überwachung des Unterhaltungszustandes der wasserwirtschaftlichen Anlagen auf den Domänen wie Gräben, Wasserläufe,

Art der Bewässerung	Anzahl der Betriebe bzw. Maßnahmen	Bewässerungsfläche km^2	Wasserverbrauch Mio. m^3/a
Beregnung,			
Entnahme aus			
- Grundwasser	5954	1377,98	111,875
- Trinkwasser	6	0,74	0,043
- Oberflächenwasser	806	189,35	12,063
- Abwasser	512	106,67	8,244
Berieselung,			
Entnahme aus			
- Abwasser	19	2,80	0,028

Tab. 5.4-1: Landwirtschaftliche Bewässerung (Stand: 31.12.1982)

Durchlässe, Brücken, Deiche, Stau- und Sielanlagen, Teiche, Bewässerungs-, insbesondere Beregnungsanlagen. Auch für die staatliche Forstverwaltung wurden viele wasserbautechnische Arbeiten in Amtshilfe erledigt.

Beregnung

Auf sandigen Böden - besonders im Gebiet der Lüneburger Heide - hat die Bewässerung in der modernen Form der Beregnung in den letzten Jahrzehnten stark zugenommen (s. Abschnitt 10.9). Die früher übliche Berieselung wird kaum noch angewendet, da sie arbeitsaufwendiger ist und mehr Wasser als die Beregnung verbraucht. Nördlich von Braunschweig wird auch geklärtes Abwasser verregnet (s. Abschnitt 5.6.2), wobei darauf geachtet wird, daß nur Grünland - keinesfalls Ackerland - bewässert wird, um die menschliche Gesundheit nicht durch infizierte Feldfrüchte zu gefährden. Den Stand der landwirtschaftlichen Bewässerung gibt die Tabelle 5.4-1 an. Im Hinblick auf die sparsame Verwendung des Grundwassers wird es künftig ein Ziel sein müssen, die modernen Beregnungsverfahren mit ihrem hohen Verdunstungsanteil auf wassersparende Methoden wie der Tröpfchenbewässerung umzustellen (s.a. Abschnitt 10.9).

Flächenmelioration

Die Melioration in der Fläche umfaßt die Rohrdränung und kombinierte Dränung, Tieflockern, Tief- und Flachumbruch sowie Kalkung.

Die Rohrdränung wurde bis 1957 von Hand ausgeführt, als erstmalig Dränmaschinen einsetzbar waren. Zunächst wurde nur der Graben maschinell ausgehoben und wieder verfüllt, während die Tonrohre noch von Hand mit dem Legehaken verlegt wurden. Ab 1969 waren mit Dränfilter ummantelte Kunststoffrohre verfügbar, geeignet für die maschinelle grabenlose Verlegung. Diese ist seit 1980 allgemein üblich geworden, wobei das Rohrgefälle im Untergrund durch Laserstrahl gesteuert wird.

Der Tiefumbruch verbessert die vertikale Wasserführung von Geest- und aufliegenden Moorböden. Hierbei werden die vielfach durch Podsolidierung vorhandenen Sperrhorizonte gebrochen, so daß die Wasserdurchlässigkeit verbessert wird. Bis in die 60er Jahre wurden die Flächen umgebrochen, indem der Pflug an einem Seil von zwei Lokomobilen hin- und hergezogen wurde. An deren Stelle traten schwere Raupenzugmaschinen, die hydraulisch verstellbare Pflüge zogen. Inzwischen ist Tiefenumbruch selten geworden.

Flachumbruch - oft verbunden mit Kalkung - erhöht die Wasserdurchlässigkeit schwerer Marschböden. Der Umbruch mit dem in der Landwirtschaft üblichen Pflügen und eine Kalkzugabe von 5 bis 20 dt/ha war die Regel. Dessen Ausbringung ist sehr wetterabhängig, so daß die Meliorationsverbände in Siloanlagen den Kalk bevorrateten. Inzwischen ist der Flachumbruch bedeutungslos geworden, die Nachkalkung jedoch geblieben.

Ergebnis der Meliorationsarbeiten

Die vielseitigen Meliorationsarbeiten haben als strukturelle Maßnahmen die Arbeitsbedingungen in der Landwirtschaft verbessert und die Erträge unabhängiger von den Schwankungen des Wasserhaushaltes gemacht. Sie wurden in Entwurf und Ausführung sowohl von den Wasser- und Bodenverbänden selbst wie auch von den Wasserwirtschaftsämtern, anderen staatlichen und kommunalen Dienststellen z.B. im Rahmen von Flurbereinigungen, sowie Ingenieurbüros geplant und bauleitend betreut. Da diese Vorhaben meistens hohe staatliche Beihilfe erhielten, war in allen Fällen die Prüfung der Entwürfe und die Überwachung der Baumaßnahmen eine Aufgabe der Wasserwirtschaftsverwaltung.

Im Ergebnis ist es gelungen, entsprechend der politischen Zielsetzung seit den 50er Jahren, die Einkommen in der Landwirtschaft zu steigern, indem die Standortbedingungen vor allem durch ausreichende Entwässerung verbessert wurden. Die dadurch trockeneren Böden ließen auch die Umstellung von der Handarbeit zur maschinellen Bodenbearbeitung zu, die eine Voraussetzung heutiger landwirtschaftlicher Betriebsführung ist. Der Ausbau des Wegenetzes für die Landwirtschaft war ein weiterer Schwerpunkt und erforderlich, weil der landwirtschaftliche Betrieb heute den motorisierten Transport der Wirtschaftsgüter voraussetzt (Abschnitt 5.4.4). Durch den Küstenplan und die Emslanderschließung konnte der Entwicklungsrückstand in diesem Gebiet mit überwiegend landwirtschaftlich ausgerichteter Wirtschaft gegenüber dem Binnenland in Niedersachsen überwunden werden (Abschnitte 5.4.2 und 5.4.3).

Kosten

Da die Landwirtschaft die für eine Verbesserung der Struktur des ländlichen Raumes notwendigen Investitionen allein nicht aufbringen konnte, gewährten der Bund und das Land Niedersachsen umfangreiche Beihilfen. Dadurch sollte auch die Wettbewerbsfähigkeit der Landwirtschaft beim Übergang in den gemeinsamen Markt der Europäischen Wirtschaftsgemeinschaft (EWG) gestärkt werden. Diesem Ziel diente auch das Landwirtschaftsgesetz vom 05.09.1955, nach dem die Bundesregierung jährlich die getroffenen und noch beabsichtigten Maßnahmen zur Verbesserung der Ertragslage der Landwirtschaft (Grüner Plan) darzustellen hatte. Auf diese agrarpolitische Zielsetzung wurden die wasserwirtschaftlichen Arbeiten ausgerichtet.

Die Abbildung 5.12-1 läßt erkennen, daß die Aufwendungen für den landwirtschaftlichen Wasserbau von Mitte der 70er bis Mitte der 80er Jahre noch 60 bis 80 Mio. DM jährlich betrug. Bis dahin waren es nach Anlaufen der Förderungsprogramme ab 1955 bis zu 100 Mio. DM jährlich. In den letzten 10 Jahren ist der jährliche Betrag dagegen gering geworden. Eine Übersicht über die Einzelkosten (Stand 1983) gibt die Zusammenstellung:

- Grabenentwässerung - einschl. Bauwerke -	i. M. 2 900 DM/ha
- Rohrdränung	1 200 bis 2 800 DM/ha
- kombinierte Dränung	2 000 bis 4 300 DM/ha, i. M. 2 900 DM/ha
- Wegebau - einspurig -	bis 190 000 DM/km
- Tieflockern	1 000 bis 1 800 DM/ha
- Tiefpflügen einschl. Planieren	ca. 5 500 DM/ha
- Kalkung	800 bis 1 600 DM/ha
- Flachumbruch	1 500 bis 2 500 DM/ha
- Beregnung	bis 4 000 DM/ha

Landwirtschaftlicher Wasserbau und Ökologie

Nicht nur die nachlassenden Finanzierungsmöglichkeiten, sondern auch die in den 80er Jahren einsetzende Kritik aus ökologischer Sicht ließ den landwirtschaftlichen Wasserbau weitgehend auslaufen. Soweit erforderlich, wurden jedoch gegen Überschwemmungen weiterhin Maßnahmen als Hochwasserschutz verwirklicht. Generell bestand ursprünglich das Ziel, jeden Quadratmeter Boden für landwirtschaftliche Zwecke nutzbarer zu machen und alles andere als unnütz zu bezeichnen. Gewässer wurden bis Böschungskante beackert.

Die ökologisch begründete Kritik betraf nicht nur kulturbautechnische Vorhaben, sondern oft die Wasserwirtschaftsverwaltung insgesamt, der vorgeworfen wurde, nicht umkehrbare Eingriffe zum Nachteil des Naturhaushaltes vorzunehmen. Die inhaltlichen Vorwürfe waren oft berechtigt. Der Grund lag jedoch bei den vorgegebenen Richtlinien der Ministerien und nicht im Vollzug der ausführenden Fachverwaltung. Politik und Verwaltung brauchten einen Zeitraum für die Umstellung. Ökologische Gesichtspunkte wurden erst langsam berücksichtigt (Abschnitt 5.8). Doch können sie nicht immer und überall Vorrang vor ökonomischen Erfordernissen und Überlegungen der Sicherheit (Hochwasserschutz, Küstenschutz) haben.

5.4.2 KÜSTENPLAN

Aufholen des landwirtschaftlichen Entwicklungszustandes

Die Notwendigkeit, den Küstenplan als besonderes Regionalprogramm einzusetzen, ergab sich aus dem äußerst besorgniserregenden Entwicklungsrückstand des überwiegend agrarisch orientierten Küstengebietes gegenüber dem Binnenland. Die Ursache lag zunächst in der unzulänglichen, gebietsweise sogar völlig fehlenden Erschließung, die der Landwirtschaft wenig bzw. überhaupt keine Entwicklungsmöglichkeiten ließ. Ohne entscheidende Hilfen erschien der Kampf gegen die Vernässung aussichtslos, denn die vorhandenen Entwässerungsanlagen genügten nicht mehr den Erfordernissen einer zeitgerechten Landbewirtschaftung. Es mußte nicht nur das im Tidegebiet selbst anfallende Wasser beherrscht werden, sondern auch die aus höher gelegenen Gebieten, den sogenannten Obergebieten, infolge verschiedener Erschließungsmaßnahmen verstärkt und beschleunigt abfließenden Wassermengen. Wenn bei ungünstigen Tidewasserständen der Sielzug zeitweise oder sogar tagelang ausfiel, waren Wasserrückstau, Bodenvernässungen und Überschwemmungen größeren Ausmaßes unvermeidbar. Ein Beispiel ist der Sauteler Kanal, der das Obergebiet des Entwässerungsverbandes Oldersum über das Siel und Schöpfwerk „Sauteler Siel“ zur Ems entwässert (Abb. 5.4-8).

Dessen ungeachtet waren für wasserwirtschaftliche Belange hohe finanzielle Belastungen zu tragen. Diese ergaben sich nicht nur aus den Deich- und Sielverbandsbeiträgen, aus Kosten für Schöpfwerke und aus Aufwendungen für die Gewässer, die von den Eigentümern zu unterhalten waren, sondern auch aus dem hohen Arbeitsaufwand und den Hemmnissen bei der Feldbearbeitung, die der Ausbau des sehr engmaschigen Grabennetzes (200 -600 lfdm/ha) verursachte.

Die Böden befanden sich in einem ständig labilen Zustand. Das Grünland, das standortbedingt rd. 70 % der landwirtschaftlichen Nutzflächen des Küstenplangebietes einnimmt, mußte in weiten Gebietsteilen wiederholt rekultiviert werden. Wirtschaftswege waren kaum vorhanden bzw. wegen fehlender Befestigung nach größeren Niederschlägen unpassierbar. Die Erträge waren niedrig und infolge ungeregelter ungünstiger Grundwasserstände schwankend. Marktferne, hohe Einheitswerte, Rückgang der Zuchtviehverkäufe

Abb. 5.4-8: Siel- und Schöpfwerk „Sauteler Siel“ an der Ems (Foto: Entwässerungsverband Oldersum)

und andere erschwerende Bedingungen kamen hinzu. Die unzulängliche Erschließung hatte zu Lebensbedingungen geführt, die den Anschluß an das Niveau der übrigen Landwirtschaft in Niedersachsen nicht zuließen und darüber hinaus die Frage nach der wirtschaftlichen Tragfähigkeit des Küstengebietes insgesamt aufwarfen.

Der Küstenplan war daher auch eine Aktion gegen die Entvölkerung des Küstengebietes und gegen den wirtschaftlichen Zusammenbruch mit der einen begrenzten Aufgabe, die Landwirtschaft strukturell und wettbewerbsmäßig so auszustatten, daß es ihr möglich sein würde, dem allgemeinen wirtschaftlichen Wachstum zu folgen. Anfangs war die Vorstellung, möglichst alle landwirtschaftlich genutzte Flächen durch geeignete Maßnahmen -auch mit hohen Kosten- auf einen optimalen Leistungsstand zu bringen und auf diese Weise ihn im Küstenplangebiet insgesamt zu verbessern.

Bereich des Küstenplanes

Im Rahmen des Küstenplanes wurden seit 1955 fast ausnahmslos Maßnahmen entsprechend § 1 Abs. 1 Nr. 2 des Gesetzes über die Gemeinschaftsaufgabe „Verbesserung der Agrarstruktur und des Küstenschutzes“ durchgeführt. Mit Rücksicht auf deren Abstimmung mit der gesamtwirtschaftlichen Entwicklung im allgemeinen und mit den Vorhaben nach dem Gesetz über die Gemeinschaftsaufgabe „Verbesserung der regionalen Wirtschaftsstruktur“ im besonderen wurde der Arbeitsbereich des Küstenplanes ab 1973 neu geregelt. Sein Förderungsgebiet erstreckte sich danach bei einer Gesamtfläche von rd. 880 000 Hektar auf folgende Landkreise und kreisfreien Städte:

Regierungsbezirk Aurich: Landkreis Norden, Landkreis Wittmund, Landkreis Aurich, Landkreis Leer und Stadt Emden,
Verwaltungsbezirk Oldenburg: Landkreis Friesland, Landkreis Wesermarsch, Landkreis Ammerland *, Landkreis Oldenburg *, Landkreis Cloppenburg *, Stadt Oldenburg und Stadt Wilhelmshaven
Regierungsbezirk Stade: Landkreis Wesermünde, Landkreis Osterholz, Kreis Land Hadeln, Landkreis Stade, Landkreis Bremervörde *, Landkreis Verden * und Stadt Cuxhaven
(* tidebeeinflußtes Gebiet bis etwa NN +5,0 m)

Eigene Dienststelle für den Küstenplan

Der Küstenplan begann 1955 mit der Wahrnehmung der Landesaufgaben durch Ministerialrat Wiedemann im Niedersächsischen Ministerium für Wirtschaft, der dann nach Oldenburg versetzt wurde, um dort eine Dienststelle einzurichten. Organisatorisch war dann der Ablauf wie folgt:

01.07.1956 Errichtung der Dienststelle „Beauftragter des Bundes und des Landes Niedersachsen für den Küstenplan“ (BBL). Sie war je zur Hälfte Bundes- bzw. Landesdienststelle, so daß sowohl der Bund als auch das Land über seine Dienststelle die öffentlichen Mittel im Küstenraum verteilen konnte. Die spätere Gemeinschaftsaufgaben „Verbesserung der Agrarstruktur und des Küstenschutzes“ (1971) gab es noch nicht. Die Dienststelle „BBL“ wurde im Jahre 1973 in „Beauftragter des Landes Niedersachsen für den Küstenplan“ (BLK) umbenannt, womit die Verantwortung für die Gemeinschaftsaufgaben im vollen Umfang auf das Land Niedersachsen übertragen wurde. Am 30.09.1988 endete die Tätigkeit dieser Dienststelle, sie wurde aufgelöst. Der BLK war entbehrlich, da ein großer Teil der Küstenplanmaßnahmen durchgeführt war, das Mittelvolumen drastisch gekürzt wurde und die künftigen Abwicklungen ohne eine Sonderbehörde unmittelbar durch die Landesdienststellen eine Vereinfachung mit sich brachte.

Dienststellenleiter

01.07.1956 - 31.12.1962 Ministerialrat Werner Wiedemann -BBL-
01.01.1963 - 31.08.1965 Regierungsdirektor Alexander Freiherr von Seebach -BBL-
01.09.1965 - 30.06.1969 Regierungsdirektor Joachim Rehder -BBL-
01.07.1969 - 31.03.1978 Ltd. Regierungsdirektor Dr. Hans-Ulrich Zimmermann -BBL, ab 1973 -BLK-
01.04.1978 - 30.09.1988 Ltd. Baudirektor Peter Schmidt -BLK-

Der BBL und weiterhin der BLK hatten die Aufgabe, die Gesamtplanung für den Küstenplan vorzubereiten, die jährlichen Planungen zusammenzufassen, die technischen, verwaltungsmäßigen und finanziellen Maßnahmen aufeinander abzustimmen sowie einen jährlichen Arbeits- und Finanzierungsplan vorzulegen. Ihm war ein Sachverständigenbeirat beigegeben, dem Vertreter der beteiligten Wasser- und Bodenverbände, der Landwirtschaftskammer und der Landkreise angehörten.

Um die Notwendigkeit und den Umfang der noch erforderlichen Maßnahmen aufzuzeigen, wurden in gewissen Zeitabständen Bestandsaufnahmen des Küstenplanes vorgenommen und die Aufgabenstellung überprüft. Dadurch konnte neueren Vorstellungen, wie beispielsweise die für die Entwicklung der Bodenstruktur wichtigen Aussagen der Agrarkarte des Landes Niedersachsen, berücksichtigt werden. Außerdem konnte der Maßnahmenkatalog erweitert werden, was mit Beginn der Förderung nach dem Gesetz über die Gemeinschaftsaufgabe „Verbesserung der Agrarstruktur und des Küstenschutzes" möglich wurde.

Verbesserung der Agrarstruktur als erste Aufgabe

Mit dem vorgenannten Ziel, die Lebensbedingungen der Bewohner des Küstenplangebietes nachhaltig zu verbessern, waren ab 1955 mit Hilfe von Mitteln des Bundes, des Landes, der Europäischen Gemeinschaft (EAGFL), aber auch mit Mitteln der Landwirte selbst über die Wasser- und Bodenverbände umfangreiche Baumaßnahmen möglich. Neue Siele und Schöpfwerke, Hochwasserrückhaltebecken und Kulturstaue entstanden und Gewässer wurden zu leistungsfähigen Vorflutern ausgebaut (Abschnitt 5.3). Zu der systematischen Neuordnung der Entwässerung kamen die standortverbessernden Maßnahmen in der Fläche wie Dränung, Tief- und Flachumbruch, Meliorationskalkung und landwirtschaftlicher Wegebau (Abschnitt 5.4.4).

Erweiterung der Zielsetzung innerhalb der Gemeinschaftsaufgabe „Verbesserung der Agrarstruktur und des Küstenschutzes" ab 1973

Ursprünglich war der Küstenplan allein auf die Landwirtschaft ausgerichtet, bis erkannt wurde, daß diese einseitige Zielsetzung ohne ausreichende Berücksichtigung der Infrastruktur nicht genügte, die wirtschaftliche Lage im Küstengebiet durchgreifend zu verbessern. Es erwies sich daher als erforderlich, außerlandwirtschaftliche Arbeitsplätze im ländlichen Bereich zu schaffen. So wurde der Aufgabenbereich des Küstenplanes, der seit 1973 als Regionalprogramm in die Gemeinschaftsaufgabe „Verbesserung der Agrarstruktur und des Küstenschutzes" einbezogen war, erweitert um:

- Maßnahmen des Siedlungswasserbaues wie Bau von zentralen Wasserversorgungs- und Abwasseranlagen in ländlichen Gemeinden: Durch die Entwässerungsmaßnahmen der Verbände hatten die Gemeinden ihre Siedlungsfläche auf Gebiete ausdehnen können, die vorher im Winter regelmäßig überschwemmt wurden. Die sich vergrößernden Gemeinden mußten zentral mit Trinkwasser in ausreichender Menge und einwandfreier Güte versorgt werden. Dies führte wiederum zu einem höheren Abwasseranfall, der unter hygienisch einwandfreien Bedingungen nur in zentralen Kläranlagen gereinigt werden kann.
- Verbesserung der ländlichen Sozialstruktur: Die infrastrukturelle Erschließung von Gewerbeflächen in ländlichen Gemeinden mit der Entwicklungsaufgabe „Gewerbliche Wirtschaft" sollte mit Hilfe von Landeszuschüssen die Voraussetzungen für die Ansiedlung von Gewerbebetrieben und damit mittelbar die Schaffung außerlandwirtschaftlicher Arbeitsplätze ermöglichen.

Ergebnis und Gesamtkosten des Küstenplanes

Die Arbeiten zur Regelung der Hauptvorflut nach den Vorgaben des Küstenplanes sind inzwischen weitgehend beendet, mit dem Ergebnis, daß das hinter dem Deich liegende Gebiet ganzjährig hindurch im wesentlichen hochwasserfrei gehalten werden kann und nach Ausbau der Wirtschaftswege jederzeit mit schwerem Gerät und zur Bergung der

Ernte erreichbar ist (s. a. Abschnitt 5.4.4). Neben den bereits erwähnten Vorteilen für die Landwirtschaft wurden neue Möglichkeiten für eine wirtschaftliche Entfaltung dieser Räume, z. B. durch Ansiedlung von Industrie und Gewerbe eröffnet und auch vielerorts genutzt.

Das Küstenplangebiet besteht zu 60 - 70 % aus Grünlandstandorten. Durch die Investitionen im Rahmen des Küstenplanes hat sich nicht nur das Einkommen auf Ackerstandorten, sondern auch auf Grünlandstandorten mit Viehhaltung z. T. wesentlich erhöht. Das ist ein befriedigendes Ergebnis, auch wenn andererseits die Milcherzeugung im EG-Raum angestiegen ist, und es neuerer Regelungen bedurfte, auf die aber hier nicht eingegangen werden kann.

Die Leistungen im Rahmen des Küstenplans und die aufgewendeten Mittel von rd. 1,8 Mrd. DM von 1985 bis 1988 sind in Tab. 5.4-2 aufgeführt.

Art der Maßnahme	**Leistungsumfang**
Haupt- und Mündungsschöpfwerke	117
Binnenschöpfwerke	566
Gewässerausbau (einschl. Bauwerke)	rd. 11 300 km
Dränung	rd. 146 000 ha
Landbautechnische Maßnahmen	rd. 120 000 ha
davon für	
- Meliorationskalkung (Kuhlen)	rd. 46,5 %
- Flachumbruch zur Grünlandverbesserung	rd. 32,6 %
- Tiefumbruch/Besandung	rd. 17,4 %
- Verschiedenes (z.B. Duwockbekämpfung)	rd. 3,5 %
Ländlicher Wirtschaftswegebau (einschl. der sog. Grüne-Plan-Wege)	rd. 6 000 km

Aufgewendete Mittel	**Mio DM**	**(%)**
Investitionsvolumen*)	1 811,0	(100)
Eigenleistung der Träger der Maßnahmen	383,5	(21,2)
Zuschüsse, insgesamt	1 427,5	(78,8)
davon: Zuschüsse des Bundes	891,9	(62,5)
des Landes	447,5	(31,3)
EAGFL-Zuschüsse	63,5	(4,5)
sonstige Zuschüsse	24,6	(1,7)

*) einschließlich der Sonderprogramme des Bundes und des Landes Niedersachsen

Tab. 5.4-2: Leistungen und Kosten des Küstenplanes 1955 - 1988

5.4.3 EMSLANDERSCHLIESSUNG

Gründe für den Emsland-Plan

Das Ziel des Vorhabens „Erschließung des Emslandes“ war ebenfalls, durch ein Bündel von Erschließungsmaßnahmen die Anpassung eines unterentwickelten Raumes an das allgemeine Wirtschaftswachstum zu bewirken. Die Grundlagen des Emsland-Planes waren die wasserwirtschaftlichen Arbeiten. Die Gründe waren:

a) Innenpolitisch: rd. 150.000 Betriebe kamen nach 1945 in das Emsland, das rd. 500.000 Einwohner hatte (Abb. 5.4-9).

b) Außenpolitisch: Die Niederlande hatten 1947 den Antrag auf Verlegung der deutsch/niederländischen Grenze bis nahe an die Ems auf der Außenministerkonferenz in London gestellt, der jedoch abgelehnt worden war. Die Begründung war u. a., daß Deutschland nicht fähig sei, die Ödlandflächen zu kultivieren. Außerdem wurde eine erneute Antragsstellung der Niederländer befürchtet.

c) Fortsetzung der Besiedlung des Bourtanger Moores:

1. Besiedlungsphase im 17. Jahrhundert; 1631 Gründung von Papenburg mit der Zielsetzung der holländischen Fehnkultur, 1655 Alte Piccardie - landwirtschaftliche Zielsetzung.
2. Besiedlungsphase im 18. Jahrhundert; Gründung von 21 neuen Orten um 1780, eingeleitet von Fürstbischof Maximilian Friedrich und seinem Minister Generalvikar Franz Freiherr von Fürstenberg, Münster, mit landwirtschaftlicher Zielsetzung wie Alte Piccardie.
3. Besiedlungsphase Ende des 19. Jahrhunderts; Bau von 110 km linksemsischen Kanälen nach dem Kriege 1870/71 unter Einsatz französischer Kriegsgefangener und Gründung weiterer Orte, z. B. Schöninghsdorf und Fehndorf.
   Außerdem begannen etwa ab 1850 die Aufteilungen gemeinsamen Flächeneigentums mit Überführung in Privateigentum (Markenteilung). Gemeinsam genutzt wurden bis dahin Grünland, Heide, Moor und - sofern vorhanden - Wald. Von den Bauern konnte verhältnismäßig leicht Grünland und Heide genutzt werden, dagegen fehlten für die Erschließung der Moore Arbeitskräfte und Kapital. So blieben die Moorflächen vorwiegend ungenutzt liegen.
4. Besiedlungsphase im 20. Jahrhundert nach dem 1. Weltkrieg; Ankauf von 36.800 ha Moorödlandflächen durch den preußischen Staat auf der Grundlage des Reichssiedlungsgesetzes von 1919 in der Zeit von 1924 bis 1949; Beginn der Erschließung - Grabenbau, Wegebau, Fehnkultur durch Spatenarbeiten. Parallel dazu Siedlungstätigkeit der Feld und Osterbrock. Einsatz des freiwilligen Arbeitsdienstes und später des Reichsarbeitsdienstes in 26 Lagern und von Strafgefangenen in 15 Lagern (insgesamt etwa 15.000 Personen). Das Ziel war die Kultivierung des Bourtanger Moores und anderer Moorgebiete nach holländischem Vorbild unter Einsatz billiger menschlicher Arbeitskraft mit Hilfe des Spatens.

Ziel des Emsland-Planes

Förderung der Allgemeinheit durch die Gesamterschließung zur Anhebung des wirtschaftlich rückständigen Emslandes auf das Niveau angrenzender in- und ausländischer Regionen durch Schaffung von infrastrukturellen Grundlagen für die wirtschaftliche Entwicklung in den Bereichen Landwirtschaft, Industrie und Gewerbe, Wasserversorgung und Abwasserbeseitigung, Verkehr sowie Restelektrifizierung, Bau von Schwerpunktkrankenhäusern und Schulen. Wasserwirtschaftlich waren die natürlichen Gegebenheiten ungünstig:

- Häufige Hochwässer mit Überschwemmungen auf großen Flächen,
- hohe Grundwasserstände,
- organogene Böden (Moore) unterschiedlicher Qualität,
- Mineralböden mit Verdichtungshorizonten,
- geringer Waldanteil und
- ungeschützte Flächen und Siedlungen.

Wasserwirtschaftlich war deshalb zur Verbesserung der Infrastruktur dieses Gebietes die Hochwasserregelung der Hauptvorfluter Ems, Hase, Vechte und der linksemsischen Kanäle (Abschnitt 5.3) erforderlich, für die Richtlinien in schadensverhindernden wasserwirtschaftlichen Gesamtplänen festgelegt wurden. Als Ausbauziel wurde die Abführung eines Sommerhochwassers bzw. eines Winterhochwassers im Bereich von Siedlungen zugrunde gelegt (Tabelle 5.4-3).

Abb. 5.4-9: Entwässerung, Erschließung, Kultivierung und Besiedlung im Emsland (Foto: Emsland GmbH)

Tab. 5.4-3: Wasserwirtschaftliche und Wege-Bauleistungen

Flußregulierung (ohne Ems)	630 km
Vorfluterausbau oder -neubau	5.500 km
Dränung	17.000 ha
Wirtschaftswegebau	3.300 km
Bodenverbesserung	143.000 ha
Aufforstung	17.000 ha
Windschutz	2.700 km
Straßenbau	820 km
Brückenbau	190 Stück
Wasserversorgung für	322.000 Einw.
Kanalisation für	211.000 Einw.

Tab. 5.4-4: Kosten der Emslanderschließung

	Mio. DM
Gesamtkosten (ohne Verwaltungskosten)	2.087,109 DM
davon Beihilfen über Emsland GmbH	
Bundesmittel	862,432 DM
Landesmittel	304,248 DM
Sonstige Landesmittel	165,452 DM
Eigenleistungen	592,533 DM
Sonstige Mittel	162,444 DM

Emsland GmbH

Die organisatorische Dienststelle für den Emsland-Plan war die Emsland GmbH, die verwaltungs- und ressortübergreifend vor Ort den finanziellen Einsatz öffentlicher Mittel regelte und die vielfältigen Planungen aufeinander abstimmte. Die Gesellschafter von 1951 bis Ende 1972 waren die Bundesrepublik Deutschland, das Land Niedersachsen und acht Emslandkreise, ab 01.01.1973 das Land Niedersachsen und - nach der Gebietsreform - sechs Emslandkreise mit einem Arbeitsgebiet von rd. 8.000 km² und einer Bevölkerung von rd. 750.000 Einwohnern.

Geschäftsführer der Emsland GmbH waren:

März 1951 - Juni 1963 Johann Dietrich Lauenstein
Juli 1963 - Mai 1971 Georg Sperl
Juni 1971 - 1991 Gerhard Hugenberg

Finanzierung der Emslanderschließung

Bis Ende 1972 wurden die Erschließungsarbeiten der Emsland GmbH aus dafür besonders gekennzeichneten Titeln des Bundes und des Landes finanziert (Anteile Bund : Land = 2:1), ab 1973 aus der Gemeinschaftsaufgabe „Verbesserung der Agrarstruktur und des Küstenschutzes“ (Anteile Bund : Land = 60:40). Die Verwaltungskosten der Emsland GmbH werden je zur Hälfte vom Land und den sechs Landkreisen getragen. Die für die Emslanderschließung von 1950 bis 1989 aufgewandten Mittel, davon ein Großteil für wasserwirtschaftliche Maßnahmen, ergeben sich aus Tabelle 5.4-4.

5.4.4 WIRTSCHAFTSWEGEBAU

von Heie F. Erchinger

Die stürmische Entwicklung in der Landwirtschaft während der ersten Nachkriegs-Jahrzehnte stellte völlig neue Anforderungen an die landwirtschaftlichen Wirtschaftswege, und zwar sowohl für den Anschluß einzelner Höfe an das öffentliche Straßennetz als auch für die eigentlichen Feldwege zur Bewirtschaftung der Acker- und Grünlandflächen vom Hof aus. Die starke Beanspruchung durch den gestiegenen und schwereren Verkehr setzte viele Wege bei ungünstiger Witterung in einen solchen Zustand, daß sie kaum noch passierbar waren. Die Bedingungen vor allem in der Marsch, in Moorrandgebieten und bei ungeregelter Entwässerung waren häufig katastrophal, die Wege in niederschlagsreichen Zeiten völlig grundlos. Eine verkehrsgerechte Erschließung der Wirtschaftsflächen stellte eine Grundvoraussetzung für die landwirtschaftliche Bewirtschaftung dar (Abb. 5.4-10).

Mitte der fünfziger Jahre wurde im Rahmen der Förderprogramme verstärkt mit der Befestigung landwirtschaftlicher Wege begonnen. Besonders in den Küstenmarschen konnte damit erst nach der Regelung oft katastrophaler Entwässerungsverhältnisse angefangen werden (Abb. 5.4-11). Zunächst wurden die Wege vielfach mit 3,0 m breiten Fahrbahndecken auf einem Sandkoffer für ein zulässiges Gesamtgewicht von sechs Tonnen ausgebaut (Abb. 5.4-12). Aber schon bald mußte die Tragfähigkeit erhöht werden und auch die Brücken mußten dem schweren Verkehr standhalten (Abb. 5.4-13).

Abb. 5.4-10: Grundloser Weg bei Worpswede 1955 (Foto: WWA Verden)

Abb. 5.4-11: Völlig versackter Schlepper auf grundlosem Feldweg in der Marsch ([1] zu Abschnitt 10.10)

Die landwirtschaftlichen Flächen mußten im Laufe der Zeit von immer schwereren Schleppern mit schweren Gummiwagen erreicht werden können, denn das Ackerpferd wurde nach dem Krieg sehr schnell verdrängt. Düngemittel schaffte der Landhandel mit Lastzügen möglichst gleich bis auf das Feld. Ländliche Unternehmer brachten im Lohnverfahren den Dung mit schweren Stallmist aus. Mähdrescher brauchten gute, ebene Feldwege, um nicht Schäden beim Transport zu erleiden und Molkereien holten in zunehmenden Maße die Milch in großen, schweren Tankwagen vom Hof ab.

Um dem wachsenden Schwerverkehr standzuhalten, wurden seit Mitte der siebziger Jahre die Wege für eine Belastbarkeit von 12 bis 15 Tonnen Fahrzeuggewicht ausgelegt oder bereits vorhandene entsprechend verstärkt. Gleichzeitig erhielten die Hauptwege eine Wegebreite von 4,5 m für doppelspurigen Verkehr.

Für die Landwirtschaft war die Lösung der Verkehrserschließung ungeheuer wichtig. Erst dadurch wurde die Voraussetzung für eine Intensivierung der Acker- und Grünlandwirtschaft geschaffen. Außerdem wird durch den Wegebau die Schlagkraft der Betriebe erhöht, da die knappe Zeit, die für die ordnungsgemäße Bearbeitung der schwierigen Böden zur Verfügung steht, voll genutzt werden kann. So waren zur Aufbringung der Eigenleistung für den Wirtschaftswegebau in einzelnen Gemeinden Bauern sogar bereit, Land für Siedlungszwecke abzugeben, um dadurch ihren Eigenanteil bargeldlos zu finanzieren.

Viele Wasserwirtschaftsämter haben sich damals mit dem ingenieurmäßigen Ausbau der Wirtschaftswege auseinandergesetzt. Betonstraßen, Asphaltstraßen, Betonpflaster-

Abb. 5.4-12: „Notstandsmaßnahmen" - heute Arbeitsbeschaffungsmaßnahmen - brachten vielen Arbeitslosen Lohn und Brot und tragfähige Wirtschaftswege in die Feldmarken (Fotos: WWA Verden)
oben: Auskofferung
unten: Pflasterung der neuen Straße

decken und dgl. sind in unvorstellbar langen Strecken geschaffen worden. Mit zu planen und zu bauen waren auch die Wegeseitengräben und vor allem in Niederungsgebieten zahlreiche Brücken und Durchlässe. Landwirtschaftliche Wege waren bis 1983 in einer Gesamtlänge von rd. 43 000 km ausgebaut worden. Der Ausbau von weiteren rd. 9 000 km war ab 1984 geplant, um eine angestrebte Wegedichte von rd. 1,4 km je 100 ha landwirtschaftlicher Nutzfläche zu erreichen. Ausbauträger waren Verbände, Gemeinden oder Landkreise. Sie sorgen auch nach regelmäßigen Schauen für die Unterhaltung.

Der von der Wasser- und Abfallwirtschaftsverwaltung veranlaßte oder erfaßte Umfang an Investitionen für den ländlichen Wegebau beläuft sich von **1952 bis 1990 auf insgesamt über 2 Mrd. DM.** Damit ist ein erheblicher Beitrag für die funktionsgerechte Erschließung des ländlichen Raumes geleistet worden (s. Abb. 5.12-1).

Abb. 5.4-13: Abgängige Brücke muß mit höherer Tragfähigkeit neu erstellt werden (Foto: WWA Verden)

5.5 WASSERVERSORGUNG UND GRUNDWASSERSCHUTZ

5.5.1 AUFBAU UND SICHERUNG DER WASSERVERSORGUNG SOWIE GRUNDWASSERSCHUTZ IN NIEDERSACHSEN

von Elke Baumberg, Jörg Müller und Heinz Wiechers

5.5.1.1 HISTORISCHE ENTWICKLUNG

Seit alters her hat der Mensch das benötigte Wasser für sich, das Vieh und das Gewerbe mit Gefäßen unmittelbar aus Bächen, Flüssen und Seen geschöpft. Diese Art der Wasserversorgung hielt im dünn besiedelten Norden Deutschlands bis ins frühe Mittelalter an, ergänzt durch die Sammlung von Regenwasser in Zisternen und die Nutzung von oberflächennahem Grundwasser aus Schachtbrunnen und Quellen. In den großen Städten des Landes wurde frühzeitig durch Schöpfräder und durch „Pipen" genannte hölzerne Rohre Flußwasser zu zentralen Verbrauchsstellen transportiert. Als Folgerung aus den seuchenhygienischen Erkenntnissen wurde Ende des 19. Jahrhunderts in den Städten mit dem Bau „moderner" zentraler Wasserversorgungsanlagen begonnen und das für Trinkwasserzwecke genutzte Flußwasser durch Filtration aufbereitet.

Im Bereich des heutigen Landes Niedersachsen hat sich die Wasserversorgung bedingt durch die natürlichen Gegebenheiten unterschiedlich entwickelt (Karte 5.5-1).

Im südlichen Teil weist das **Berg- und Hügelland** überwiegend nur geringmächtige Grundwasserleiter auf, vielfach ist das Vorkommen auf einzelne Spalt- und Kluftsysteme beschränkt. Im Festgestein und bei meist tiefem Grundwasserstand war es dem Einzelnen kaum möglich, Grundwasser mit eigenen Brunnen zu gewinnen, so daß man sich daher schon früh auf gemeindlicher oder verbandlicher Ebene zusammenschloß und die ergiebigsten Quellen nutzte. Mit natürlichem Gefälle wurde im südlichen Bergland Bach- und Quellwasser in größere Orte geleitet, so daß hier im Unterschied zum ländlichen Raum verhältnismäßig früh zentrale Wasserversorgungen entstanden.

Die **Geestlandschaften** im mittleren Teil des Landes bestehen aus sandig-kiesigen bis tonig-schluffigen Ablagerungen der Eiszeit von bis über hundert Meter Mächtigkeit. Da das Grundwasser in den gut durchlässigen Sand und Kiesschichten häufig schon in geringer Tiefe anstand, war es dem Einzelnen möglich, seinen Bedarf durch Flachbrunnen selbst zu fördern. Besonders in den dünn besiedelten Bereichen entstand erst in jüngerer Zeit - in der Regel infolge höherer Ansprüche an die Trinkwasserqualität - ein Bedarf an zentraler Wasserversorgung. Durch die günstigen Voraussetzungen für Einzel- und Gruppenversorgung setzte deshalb auf der Geest vergleichsweise spät der Aufbau einer zentralen Wasserversorgung ein. Zwischen 1955 und 1965 wurden im ländlichen Raum des mittleren Niedersachsens zahlreiche Verbände gegründet (Tabelle 5.5-1).

Die Gründung relativ großer zentraler öffentlicher Wasserversorgungsunternehmen stieß nicht immer auf eine positive Resonanz in der Bevölkerung. Insbesondere in den ländlichen Teilgebieten eines Versorgungsgebietes, in dem der Betrieb von Hausbrunnen bislang ohne wesentliche Beeinträchtigungen erfolgte, machten Landwirte Kosten und künftige Abhängigkeit von Großorganisationen als Nachteile geltend (Abb. 5.5-1).

In den **Marsch- und Moorgebieten** des nördlichen Niedersachsen stehen häufig zwar große Grundwasservorkommen an, die jedoch für die Trinkwassergewinnung nicht nutzbar sind. Im Küstenbereich ist das Grundwasser in weiten Bereichen bis zu 20 km landeinwärts durch Meerwasser versalzen. In den Moorgebieten bedingt der hohe Gehalt an

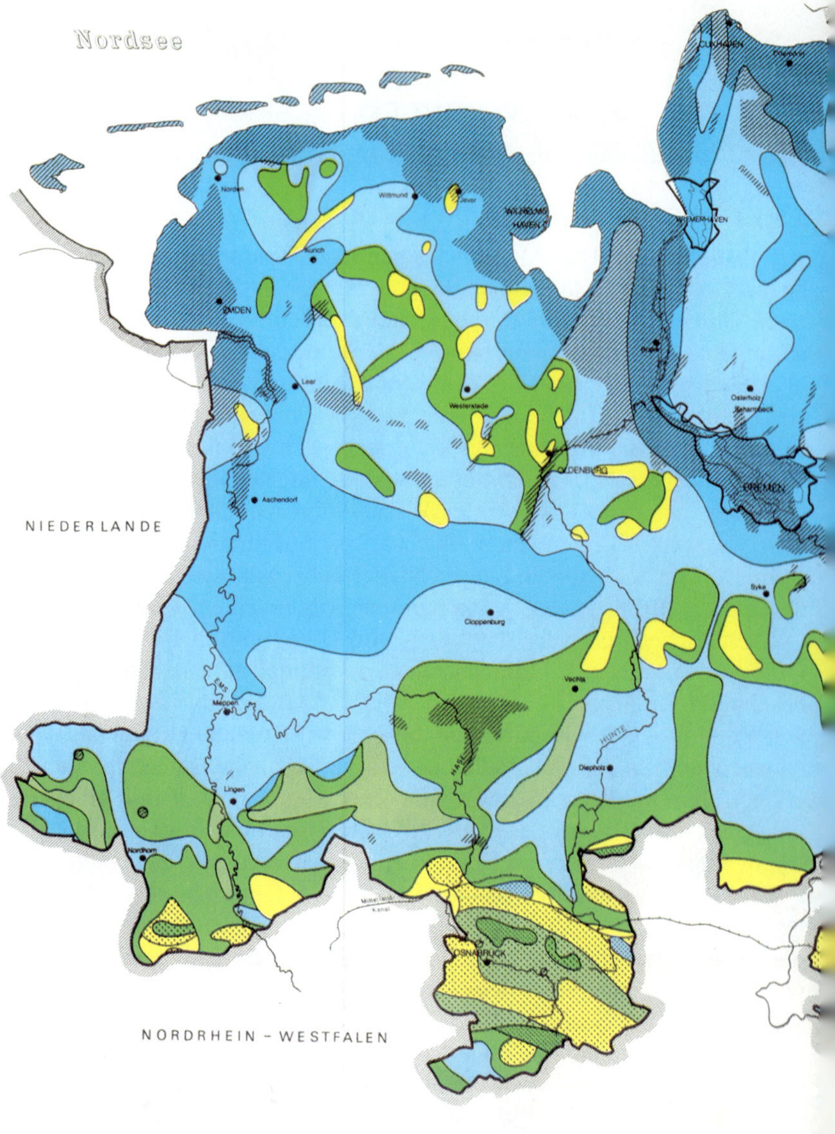

Karte 5.5-1: Grundwasserergiebigkeit und Hydrogeologie
(Quelle: Nds. Umweltministerium, Wasserversorgung in Niedersachsen)

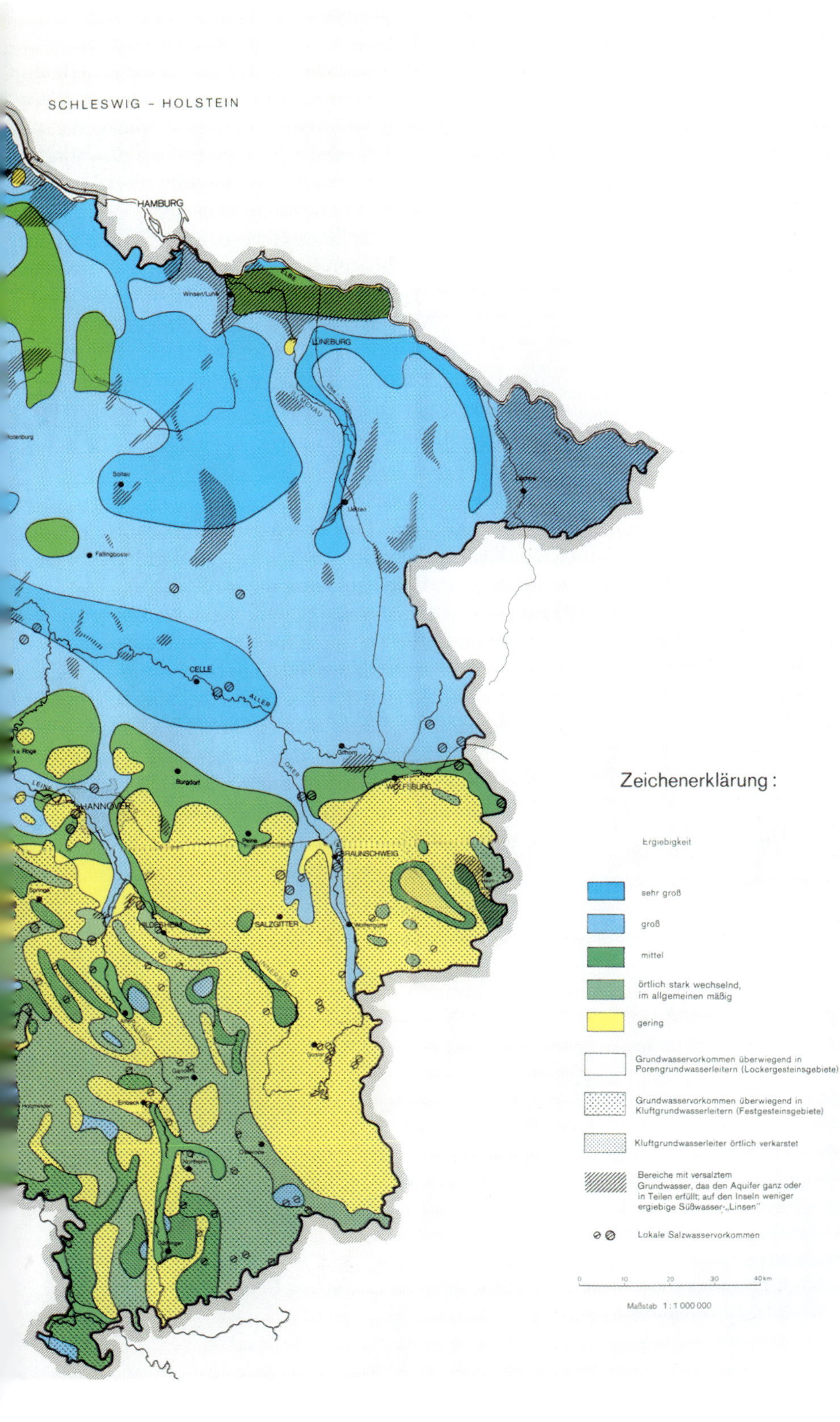
SCHLESWIG - HOLSTEIN
HAMBURG
Winsen/Luhe
ELBE
LÜNEBURG
ILMENAU
Rotenburg
Soltau
Uelzen
Fallingbostel
CELLE
ALLER
Gifhorn
OKER
WOLFSBURG
LEINE
HANNOVER
Burgdorf
Peine
BRAUNSCHWEIG
SALZGITTER
HILDESHEIM
Springe
Goslar
Einbeck
Northeim
Göttingen
Holzminden
Zeichenerklärung:
Ergiebigkeit
sehr groß
groß
mittel
örtlich stark wechselnd, im allgemeinen mäßig
gering
Grundwasservorkommen überwiegend in Porengrundwasserleitern (Lockergesteinsgebiete)
Grundwasservorkommen überwiegend in Kluftgrundwasserleitern (Festgesteinsgebiete)
Kluftgrundwasserleiter örtlich verkarstet
Bereiche mit versalztem Grundwasser, das den Aquifer ganz oder in Teilen erfüllt; auf den Inseln weniger ergiebige Süßwasser-„Linsen"
Lokale Salzwasservorkommen
0 10 20 30 40 km
Maßstab 1 : 1 000 000

schwer ausfällbarem Eisen und an Huminstoffen eine schlechte Qualität. Die Sammlung von Regenwasser in Zisternen war daher der übliche Versorgungsweg, der noch bis nach dem 2. Weltkrieg in weiten Teilen vorherrschte. Nach 1945 stieg die Einwohnerzahl durch den Flüchtlingsstrom außerordentlich an. Hinzu kam 1947 ein Trockenjahr, das vor allem im ostfriesischen Raum zu einem Wassernotstand führte. Hier waren zu der Zeit erst etwa 22 % der Bevölkerung an zentrale Wasserversorgungsanlagen angeschlossen, während fast die Hälfte sich noch aus Zisternen versorgte. Die Zisternenversorgung birgt die ständige Gefahr von Krankheiten durch Verkeimung und Wassermangel in sich. Deshalb war man nach 1945 bestrebt, möglichst schnell eine zentrale Wasserversorgung aufzubauen. Die schlechte Qualität des Wassers in den Marschen und Moorgebieten sowie die gute Grundwassererschließbarkeit in den Geestgebieten erforderte ein überregionales Verbundnetz, so daß große Verbände für den Aufbau der Wasserversorgung gebildet wurden. So gründeten die Landkreise Wesermarsch, Friesland und Wittmund 1948 den Oldenburgisch-Ostfriesischen Wasserverband, der durch weitere Gebietsanschlüsse heute zu dem flächengrößten Verband Deutschlands angewachsen ist (Karte 5.5-2); 1955 waren 10.000 Häuser angeschlossen, 1984 bereits über 200.000.

Harzwasserwerke

Im Harz setzte frühzeitig eine besondere Entwicklung durch den Bergbau ein, der große Mengen an Kraftwerks- und Brauchwasser benötigte. Bereits im 17. Jahrhundert entstanden Stauteiche sowie künstliche Zu- und Überleitungen, die im Laufe der Zeit vermehrt für die Wasserversorgung genutzt wurden. Als einzige wirkungsvolle Energiequelle für den Harzer Silberbergbau insbesondere zur Entwässerung der Stollen wurde jeder Tropfen Niederschlagswasser versucht mit einem einzigartigen Grabensystem aufzufangen und über Schächte mit Wasserrädern energetisch nutzbar zu machen, bis das Wasser zuletzt über lange Stollen in das Vorharzland abgeleitet wurde. Dieses technische Meisterwerk ist noch immer als Denkmal erhalten. Für das Harzvorland stellt der Niederschlagsreichtum des Westharzes mit seinen Hochwässern eine Bedrohung dar, während es aufgrund der beschränkten Grundwasservorkommen mit teilweise unzureichender Qualität zugleich ein Wassermangelgebiet ist. Daher wurden 1928 die Harz-

Wasserbeschaffungsverband Landkreis Harburg	1953
Wasserbeschaffungsverband Bourtanger Moor	1954
Wasserbeschaffungsverband Elm - Asse	1956
Wasserbeschaffungsverband Bremervörde	1958
Wasserbeschaffungsverband Elbmarsch	1961
Trinkwasserverband Landkreis Verden	1963
Wasserbeschaffungsverband Bersenbrück	1964
Wasserbeschaffungsverband Lingen	1965
Wasserbeschaffungsverband Landkreis Uelzen	1965

Tab. 5.5-1: Gründung von Trinkwasserverbänden im ländlichen Raum (Quelle: Nds. Umweltministerium)

wasserwerke der Provinz Hannover als öffentlich-rechtliche Anstalt mit den Aufgaben Hochwasserschutz, Trinkwasserversorgung und Energiegewinnung gegründet (Abschnitt 6.2). Wegen der dichten Besiedlung und Industrialisierung gerade im Harzvorland kam es dort z. B. in der Trockenperiode 1959/1960 bei dem ungeheuer gestiegenen Wasserbedarf zu Versorgungsengpässen, was den Anstoß zu weiteren Trinkwasserlieferungen aus dem Harz gab. Die Wasserwerke an den Talsperren Söse, Ecker und Grane sind heute Ausgangspunkte für fünf Fernwasserleitungen, die an der Strecke nach Bremen durch vier Grundwasserwerke ergänzt werden. Die seit 1996 als GmbH geführten Harzwasserwerke beliefern Gemeinden, Verbände und als Endverbraucher nur industrielle Großbetriebe (Karte 5.5-3).

Insgesamt verdoppelte sich in Niedersachsen die Zahl der zentral versorgten Einwohner zwischen 1948 und 1995 von 3,3 auf 7,68 Mio Einwohner (Tabelle 5.5-2).

Wasserbeschaffungsverband ist gegründet
Die Kreiswasserversorgung
Wo liegt denn überhaupt der Weisheit letzter Schluß?
Der Plan ist schon ausgeheckt, aber leider fehlen Argumente
Stadt Bramsche
Für 50 Mill. DM könnte man 20 Krankenhäuser bauen
Kreiswasserversorgung ein Unding

Abb. 5.5-1: Der Aufbau der zentralen Wasserversorgung stieß zunächst durchaus auf Kritik und Widerstand wie hier bei der Verbandsgründung 1964 in Bersenbrück (Quelle: Wasserbeschaffungsverband Bersenbrück, Druckschrift zum 25-jährigen Jubiläum 1989)

Jahr	Einwohnerzahl in Mio.	Versorgungsgrad in %	An die öffentliche Wasserversorgung angeschlossene Einwohner in Mio.
1948	6,88	48,0	3,30
1960	6,61	68,0	4,49
1965	6,92	81,0	5,61
1970	7,12	86,0	6,12
1975	7,24	91,0	6,59
1980	7,26	95,0	6,90
1984	7,22	97,0	7,00
1987	7,16	97,3	6,97
1991	7,48	98,5	7,36
1995	7,78	99,0	7,68

Tab. 5.5-2: Entwicklung des Versorgungsgrades (Quelle: Nds. Umweltministerium)

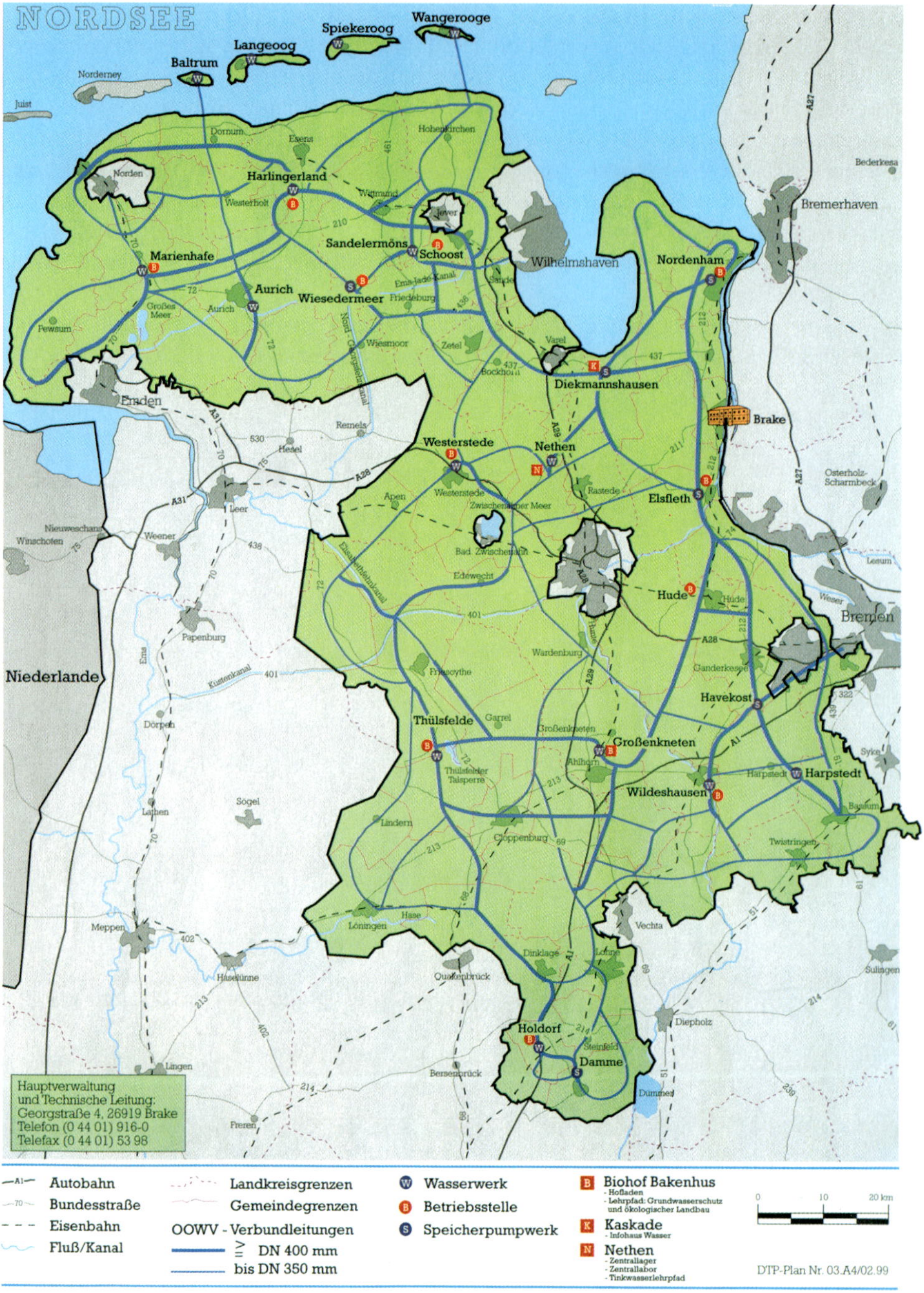

Karte 5.5-2: Oldenburgisch-Ostfriesischer Wasserverband – Versorgungsgebiet und bestehende Anlagen (Quelle: Oldenburgisch-Ostfriesischer Wasserverband

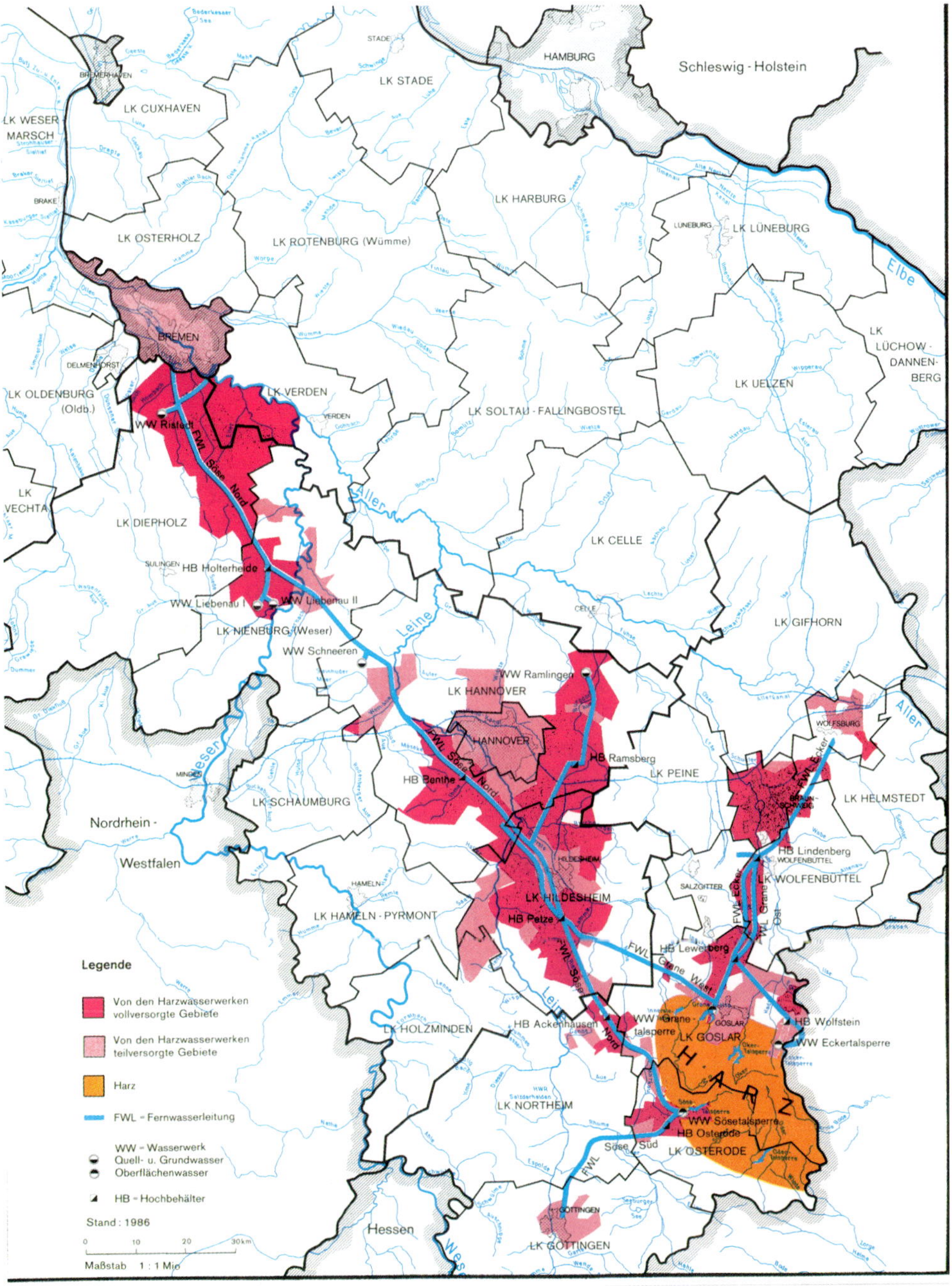

Karte 5.5-3: Die von den Harzwasserwerken versorgten Gebiete und die wesentlichen Anlagen (Quelle: Nds. Umweltministerium, Wasserversorgung in Niedersachsen)

5.5.1.2 WASSERGEWINNUNG - ZUSTÄNDIGKEITEN, ORGANISATION UND FINANZIERUNG -

Wassergewinnung

Niedersachsen ist als wasserreiches Land einzustufen. Von der mittleren jährlichen Niederschlagsmenge von 730 mm fließen i. M. rd. 70 mm/Jahr unmittelbar oberirdisch ab, etwa 200 mm/Jahr versickern in das Grundwasser (Abb. 5.1-1). Das bedeutet eine Grundwasserneubildung von 9,5 Mrd. m^3 /Jahr, hiervon kann und darf nur ein kleiner Teil entnommen werden, da
- viele Grundwasserleiter nicht ergiebig genug sind,
- die natürliche Grundwasserbeschaffenheit regional vielfach ungünstig ist,
- Grundwasserabsenkungen zu ökologischen Schäden oder zu Niedrigwasser in Vorflutern führen oder
- Grundwasser durch anthropogene Einflüsse (Nitrat, Altlasten, Schadensfälle) gefährdet oder bereits belastet ist.

Derzeit werden mit einer Entnahme von rd. 950 Mio. m^3 /Jahr Grund-, Quell- und Talsperrenwasser etwa 10 % der Grundwasserneubildung genutzt. Hiervon entfallen außer auf die öffentliche Wasserversorgung von rd. 600 Mio. m^3 incl. der Abgabe von Trinkwasser an Hamburg (rd. 18 Mio. m^3/a) und Bremen (rd. 30 Mio. m^3/a) noch rd. 170 Mio. m^3 /Jahr auf die Landwirtschaft (Beregnungswasser) und etwa 200 Mio. m^3 / Jahr auf die Industrie. Die darüber hinaus von der Industrie benötigte Wassermenge von rd. 530 Mio. m^3 /Jahr entnimmt sie oberirdischen Gewässern; dies gilt auch für die jährlich etwa 4,4 Mrd. m^3 /Jahr Kühlwasser für Kraftwerke. Zu über 90 % gewinnt die Industrie das Wasser mit eigenen Anlagen.

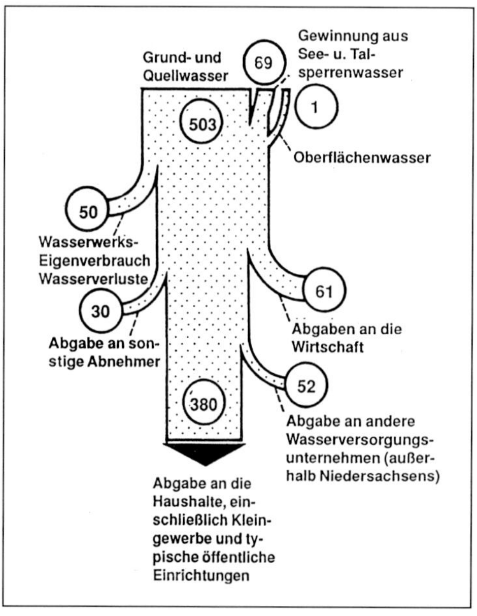

Abb. 5.5-2: Wassergewinnung und Wasserabgabe der öffentlichen Wasserversorgung (1987) in Mio. m^3 (Quelle: Nds. Umweltministerium)

Gesetzliche Grundlagen und Zuständigkeiten

Die öffentliche Wasserversorgung ist entsprechend den gesetzlichen Vorgaben eine Aufgabe der Gemeinden im eigenen Wirkungskreis. Der staatlichen Verwaltung obliegt die Bewirtschaftung des Wassers nach Menge und Güte sowie die Schaffung der Rahmenbedingungen, um die Wasserversorgung langfristig zu sichern.

Wenn eine Gemeinde im öffentlichen Interesse die Wasserversorgung übernimmt, so ist sie an die einschlägigen Gesetze und Rechtsvorschriften gebunden. An erster Stelle ist hier das NWG zu nennen. Die Gewinnung von Wasser aus dem Untergrund oder aus Oberflächengewässern ist wasserrechtlich von den Wasserbehörden zu genehmigen. Diese haben zum Wohle der Allgemeinheit der Trinkwassergewinnung den Vorrang vor allen anderen Nutzungen zu geben. Für Gewinnungsanlagen der öffentlichen Wasserversorgung sind Wasserschutzgebiete auszuweisen (§ 39 ff. NWG). Für den Verteidigungsfall können auch Gebietskörperschaften, Privatpersonen und andere zur Unterhaltung von Versorgungsanlagen nach dem Wassersicherstellungsgesetz vom 24.08.1965 verpflichtet werden.

Als Lebensmittel unterliegt das Trinkwasser den Bestimmungen des Bundesseuchengesetzes und des Lebensmittelgesetzes. Die Anforderungen im einzelnen an die Trinkwasserqualität und ihre Überwachung legt die „Verordnung über Trinkwasser und Wasser für Lebensmittelbetriebe“ vom 12.12.1990 (Trinkwasserverordnung) des Bundesgesundheitsministeriums fest. In diesem Zusammenhang müssen auch die Heilquellen erwähnt werden, die dem besonderen gesetzlichen Schutz des NWG (§ 109 ff.) unterliegen.

Abb. 5.5-3: Wasserwerk Großenkneten des OOWV, Sitz Brake/Unterweser, erbaut 1968/70, Abgabemenge rd. 12,5 Mio m³/Jahr (Foto: OOWV)

Organisation

Etwa 320 öffentliche Wasserversorgungsunternehmen und rd. 70 private Interessengemeinschaften betreiben 1987 rd. 900 Wasserwerke mit einer jährlichen Förderung von 573 Mio m^3 (Abb. 5.5-2, 5.5-3). Die Zahl der Wasserwerke hat sich seitdem um etwa 100 verringert. Daneben gewinnen rd. 10.000 Einwohner ihr Trinkwasser aus Hausbrunnen. In der öffentlichen Wasserversorgung überwiegen mit 74 % die kleineren Unternehmen (< 1 Mio m^3 /Jahr), dagegen stellen die wenigen großen Unternehmen (> 4 Mio m^3/Jahr) mehr als die Hälfte des gesamten Trinkwassers bereit. Rund 88 % des Trinkwassers in Niedersachsen stammen aus dem Grund- und Quellwasser.

Gegenwärtig werden die zentralen Wasserversorgungsanlagen in Niedersachsen ganz oder teilweise von Gebietskörperschaften, öffentlich-rechtlichen Körperschaften sowie privatrechtlichen Gesellschaften betrieben.

Finanzierung

Die Mittel für den Bau der Versorgungsanlagen sind im Grundsatz durch Umlegung der Kosten auf die Anschlußnehmer (Gebühren, Beiträge, Kostenerstattungen) aufzubringen. Im ländlichen Raum bedeutet dies eine erhebliche Belastung für die anzuschließenden Einwohner. Zum Ausgleich wurde der Ausbau zentraler Wasserversorgungsanlagen in dünn besiedelten Gebieten durch Zuwendungen aus verschiedenen Förderprogrammen des Bundes und des Landes bis Mitte der 80er Jahre unterstützt. Die geförderten Baumaßnahmen wurden von der Wasserwirtschaftsverwaltung (Regierungspräsidenten und Wasserwirtschaftsämtern) begleitet und unterstützt, und zwar von der Prüfung des Entwurfes und des Zuwendungsantrages sowie der Bewilligung der Mittel bis zur Abnahme und Prüfung des Verwendungsnachweises.

5.5.1.3 ENTWICKLUNG SEIT 1970

"Generalplan Wasserversorgung 1974"

Schon im Wasserhaushaltsgesetz von 1957 waren die Länder aufgefordert, wasserwirtschaftliche Rahmenpläne (Abschnitt 5.1) aufzustellen, um die notwendigen Voraussetzungen für die Entwicklung von Bevölkerung und Wirtschaft zu schaffen. In diesem Zusammenhang wurde im April 1974 der „Generalplan Wasserversorgung Niedersachsen" herausgegeben. Ausgehend von einer umfassenden Bestandsaufnahme entwickelt er Zielvorstellungen für eine langfristige Sicherung der Wasserversorgung durch

- Erkundung und Erschließung ausreichender Wasservorkommen zur Deckung des steigenden Bedarfs
- Anschluß aller Einwohner in Wassermangel- (Harzvorland, Küste) und -überschußgebieten (Harz, Lüneburger Heide) durch den Bau von Großwasserwerken, Talsperren, Fernleitungen und Verbundsystemen sowie
- Schutz der Trinkwasservorkommen gegen mögliche Verunreinigungen.

Nach hydrologischen, versorgungstechnischen und verwaltungspolitischen Kriterien wurden 46 Versorgungsräume für Niedersachsen ausgewiesen, in denen es langfristig im Interesse größerer Betriebssicherheit und Kostenminderung möglichst nur einen oder

Abb. 5.5-4: Widerstand gegen Großprojekte der Wasserversorgung in Niedersachsen

wenige Versorgungsträger geben sollte. Nicht zuletzt infolge der Verwaltungs- und Gebietsreform verringerte sich innerhalb weniger Jahre die Zahl der Versorgungsunternehmen von ursprünglich mehr als 700 auf heute etwa 300.

Von den Landesdienststellen wurde seit etwa 1971 die Erkundung der Grundwasservorkommen betrieben und Planungen für den Bau einer weiteren Harztalsperre (Sieber) zum Hochwasserschutz und zur Trinkwassergewinnung vorbereitet.

Fachplan „Wasserversorgung in Niedersachsen“

War der „Generalplan Wasserversorgung Niedersachsen“ vor allem technisch-ökonomisch geprägt, setzte in den 80er Jahren durch staatliche Einflußnahme ein Wandel zu einer mehr ökologischen Betrachtungsweise der Wassergewinnung und einer vorsorgenden Umweltpolitik zur Sicherung der Rohwasserqualität ein. Als herausragende Beispiele für die öffentlich und lautstark geführte Diskussion um nachteilige ökologische Auswirkungen von Trinkwasserentnahmen seien an dieser Stelle die nicht gebaute Sieber-Talsperre im Harz und das Wasserwerk Nordheide der Hamburger Wasserwerke genannt (Abb. 5.5-4).

Unter den Gesichtspunkten der Ökologie und des Wasserbedarfs für Bevölkerung und Industrie entstand 1988 der Fachplan „Wasserversorgung in Niedersachsen“ mit neuen Leitsätzen zur Sicherung der Wasserversorgung. Die Erschließung weiterer Wasservorkommen, die Steigerung der Entnahmemenge wie auch die Entnahmen der Landwirtschaft für Beregnung werden von der ökologischen Verträglichkeit abhängig gemacht. Die Wassergewinnungsmenge soll in Niedersachsen insgesamt nicht mehr ansteigen; Bedarfssteigerungen sollen möglichst durch Wassereinsparung aufgefangen werden. Als wesentliche Aufgabe bei der langfristigen Sicherung der Trinkwasserversorgung gilt jetzt der Schutz des Grundwassers vor Belastungen - vor allem durch Industrie, Gewerbe, Landwirtschaft und Altlasten.

Wasserbedarf und Wassersparen

Die zentrale Versorgung führte durch die für den Verbraucher bequem gewordene Verfügbarkeit des Wassers seit ihren Anfängen vielfach zu gedankenlosem Verbrauch und Verschwendung, besonders infolge Pauschalabrechnung je Anschluß. So senkte sich in Braunschweig bereits vor mehr als 100 Jahren durch den Einbau von Wasserzählern der spezifische Haushaltswasserverbrauch von 208 auf 88 l/Einwohner und Tag. Nach 1945 stieg der Wasserbedarf sehr stark an, in Gewerbe und Industrie durch den Wirtschaftsaufschwung, im privaten Bereich durch die wachsende Lebensqualität (Bad mit WC, Waschmaschinen usw.) und das gestiegene Hygienebewußtsein.

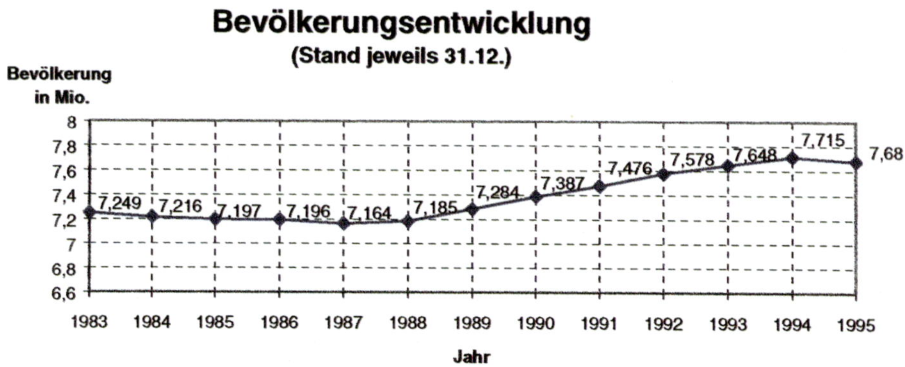

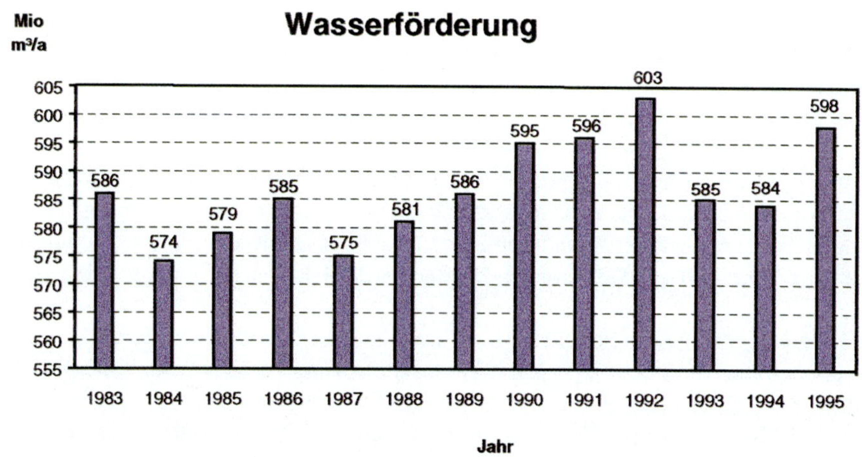

Abb. 5.5-5: Wasserförderung der öffentlichen Wasserwerke (einschl. Industrieanteil) und Bevölkerungsentwicklung von 1983 – 1995 (Quelle: Nds. Landesamt für Ökologie)

Der Generalplan von 1974 ging von einem spezifischen Haushaltswasserverbrauch von 125 l/ Einwohner und Tag aus sowie von einer weiteren Steigerung bis auf 200 l/ Einwohner und Tag im Jahre 2000. Seit etwa 1983 blieb der Wasserverbrauch gleich, so daß der Fachplan 1988 von einem langfristig zu haltenden Verbrauch von 150 l/Einwohner (Haushalt einschl. Kleingewerbe) ausgeht (Abb. 5.5-5). Auch für die übrigen Verwendungsbereiche wird künftig ein annähernd gleichbleibender Wasserbedarf angenommen. Ergänzend enthält der Fachplan bereits Vorschläge für Wassersparmaßnahmen, die in dem 1989 herausgegebenen „Wassersparprogramm Niedersachsen - Konzept zum Einsparen von Trinkwasser" konkretisiert sind. Das Konzept umfaßt sowohl die privaten Haushalte einschl. der Wohnungswasserzähler wie auch öffentliche Einrichtungen, Gewerbe, Landwirtschaft bis hin zum Eigenbedarf und Rohrnetzverlusten der Versorgungsunternehmen. Tatsächlich hat sich der häusliche Trinkwasserbedarf bis zum Jahr 1995 auf 132 l je Einwohner und Tag verringert (Tab. 5.5-3).

			Beurteilung			
Verbrauchergruppe	**Maßnahmen**	**Bemerkungen**	**der Ergiebig - keit**	**der Wirt-schaftlich - keit**	**der Durch-setzbar-keit**	**ins-gesamt**
Private Haushalte	Wassersparende WC - Spülanlagen	Abstimmung von WC - Spülung und - Becken notwendig, Auswirkungen auf Abwassersystem	+++	++	++	+++
	Durchflußmengen-begrenzer	Einsatz bei einigen Warmwasser-bereitungsanlagen nicht möglich	++	+++	++	++
	Einhebelmischer	---	+	+	+	+
	Thermostatmischer	---	+	0	0	0
	Wassersparende Haushaltsgeräte	---	++	+	+	++
	Regenwasser-nutzung	Gartenbewässerung und WC - Spülung	++	+	+	+
	„Reine Verhaltens-änderung"	im wesentlichen durch PR - Maßnahmen	+++	+++	++	+++
	Wohnungswasser-zähler	Nachrüstung rechtlich nicht zu erzwingen	+++	++	+	++
Industrie und Gewerbe einschl. Hotels	Mehrfach- und Kreislaufnutzung Substitution durch Betriebswasser Verfahrensbedingte Wassereinsparung	Die Maßnahmen sind in ihrer Gesamtheit ergiebig und wirtschaftlich. Welche Maßnahme jeweils die optimale Lösung bietet, kann nur fallweise entschieden werden.	+++	+++	+++	+++

+++ = sehr positiv ++ = positiv + = überwiegend positiv
0 = nach bisherigen Erfahrungen nicht positiv

Tab. 5.5-3: Möglichkeiten der Einsparung von Trinkwasser bei privaten Haushaltungen, Gewerbe und Industrie (Quelle: Nds. Umweltministerium, 1989, Wassersparprogramm Niedersachsen)

5.5.1.4 GRUNDWASSERSCHUTZ

In den 70er und 80er Jahren haben sich die Probleme in der Wasserversorgung von der Quantitäts- zur Qualitätssicherung verlagert. Belegt wird dies zum einen durch die Rohwasseruntersuchungen der Wasserwerke (Abb. 5.5-6), zum anderen durch die Messungen im Rahmen des Gewässerüberwachungssystems Niedersachsen (Abschn. 5.1). Das Niedersächsische Landesamt für Ökologie hat die Ergebnisse erstmals in seinem Grundwassergütebericht 1991/92 dargestellt, der neben den punktuellen Belastungen vor allem in der Fläche solche durch Nitrat und Pflanzenschutzmittel zeigt. Bei Nitrat lag 1/3 der Meßwerte über dem Grenzwert der Trinkwasserverordnung von 50 mg/l. Weiter wurde in 15 % der Messungen mindestens eine Pflanzenschutzmittelsubstanz nachgewiesen.

Diese Ergebnisse sind u. a. in das 1994 herausgegebene Grundwasserschutzprogramm eingeflossen, das einen Überblick über die Grundwasserbelastungen und deren Ursachen sowie Schutzmaßnahmen gibt. Im Vergleich zu den punktuellen Belastungen durch unsachgemäßen Umgang mit wassergefährdenden Stoffen, Altlasten, Deponien usw. sind die flächenhaften Belastungen durch Industrieemissionen und Landwirtschaft besonders problematisch. Da hier unmittelbare technische Sanierungen meistens nicht möglich und kaum zu finanzieren sind, ist der vorsorgende flächendeckende Grundwasserschutz wichtig, um Belastungen von vornherein zu vermeiden.

Wasserentnahmegebühr

Eine Möglichkeit für die Verbesserung des Trinkwasserschutzes bietet die mit der 8. Änderung des Niedersächsischen Wassergesetzes vom 01.07.1992 eingeführte Gebühr für die Entnahme von Grund- und Oberflächenwasser. Das Aufkommen aus dieser Gebühr

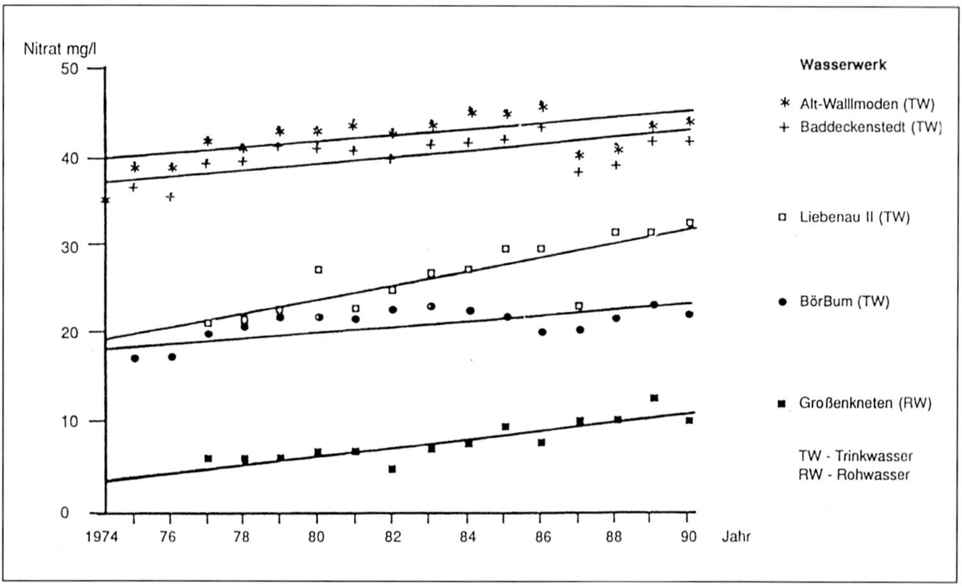

Abb. 5.5-6: Trend der Nitratbelastung in ausgewählten Wasserwerken Niedersachsens (Quelle: Nds. Landesamt für Ökologie,Grundwasserbericht 1991/92)

Wasserentnahmegebühr **Ansatz 1997** **(in Mio. DM, gerundet)**	
1. Einnahmen	**135,0 Mio. DM**
- Öffentliche Wasserversorgung	58,0 Mio. DM
- Kühlwasserentnahmen	61,0 Mio. DM
- Landwirtschaft	2,0 Mio. DM
- Gewerbe und Industrie	12,0 Mio. DM
- Sonstige	2,0 Mio. DM
2. Ausgaben	
- Trinkwasserschutz	42,0 Mio. DM
- Naturschutz	19,0 Mio. DM
- Gewässerunterhaltung	19,0 Mio. DM
- Gewässerkunde	8,0 Mio. DM
- Küstenschutz	8,0 Mio. DM
- Landeseigene Anlagen	9,0 Mio. DM
- SAD Münchehagen	16,0 Mio. DM
- Verwaltungsaufwand	14,0 Mio. DM

Tab. 5.5-4: Wasserentnahmegebühr und ihre Verwendung in Niedersachsen, Ansatz 1997, in Mio DM, gerundet (Quelle: Nds. Umweltministerium)

(55 Mio DM 1992, 110 Mio DM 1993, 135 Mio DM 1997) ist nach dem Gesetz zweckgerichtet zu verwenden für Maßnahmen, die dem Gewässerschutz und dem Wasserhaushalt dienen (Tab. 5.5-4). Dazu gehören vor allem Ausgleichsleistungen und freiwillige Vereinbarungen für eine eingeschränkte land- und forstwirtschaftliche Nutzung in Wasservorranggebieten, die auf den Gewässerschutz ausgerichtete Zusatzberatung der Land- und Forstwirtschaft mit Bodenuntersuchungen sowie die Förderung der sparsamen Wasserverwendung.

Die Lenkung, Abstimmung und Begleitung solcher Maßnahmen ist eine neue Aufgabe der Wasserwirtschaftsverwaltung. Dazu wurden bis 1994 für Trinkwassereinzugsgebiete rd. 100 Kooperationen gegründet. Mitglieder auf freiwilliger Basis sind Landwirte, Untere Wasserbehörden, Landwirtschaftskammern und Wasserversorgungsunternehmer. Den Vorsitz haben die StÄWA. Diese Arbeit machte die Einstellung von Agraringenieuren in den StÄWA und Bezirksregierungen erforderlich. Seit 1993 werden in allen Trinkwassereinzugsgebieten mit Problemen bei der Rohwasserqualität in Zusammenarbeit zwischen Wasserwirtschaft und Landwirtschaft die erforderlichen Maßnahmen zum Trinkwasserschutz abgestimmt und eingeleitet.

Wasserschutzgebiete

Ein weiterer Schwerpunkt liegt in der Festsetzung von Wasserschutzgebieten für die öffentliche Trinkwasserversorgung als einen über den flächenhaften Grundwasserschutz hinausgehenden besonderen Schutz, um möglicherweise gefährliche Anlagen und Handlungen von vornherein zu vermeiden. Die Grundlage dafür ist im Wasserrecht verankert, für die fachliche Umsetzung hat der Deutsche Verband für Gas und Wasser (DVGW) das Arbeitsblatt „ 101 - Richtlinie für Trinkwasserschutzgebiete -“ herausgegeben, das 1975 in Niedersachsen eingeführt wurde. Die Aufgabe wurde zunächst vernachlässigt; 1975 waren erst für 15 % der Wasserwerke Schutzgebiete ausgewiesen. Als Anschub wurde 1976 das Kartenwerk „Wasserschutzgebiete in Niedersachsen“ herausgegeben mit einer Darstellung der Einzugsgebiete aller bestehenden und geplanten Wasserwerke. Zwischen 1974 und 1984 konnte die Fläche der festgesetzten Schutzgebiete nahezu verdoppelt werden. Bis Ende 1997 waren rd. 70 % der benötigten Fläche als Wasserschutzgebiete durch Verordnungen geschützt. Ergänzend wurden im Zuge der wasserwirtschaftlichen Rahmenplanung für die Sicherung des künftigen Wasserbedarfs Wasservorranggebiete und Wasservorsorgegebiete ermittelt, die zur Absicherung in die Raumordnungsprogramme aufgenommen wurden. Als Vorranggebiete für Trinkwassergewinnung werden die Einzugsgebiete bestehender oder geplanter Trinkwassergewinnungsanlagen, die Heilquellenschutzgebiete sowie sonstige für die langfristige Sicherung der Trinkwasserversorgung bedeutsame Wasservorkommen bezeichnet. Die Vorsorgegebiete erfassen Wasservorkommen, die im Interesse der Sicherung der Trinkwasserversorgung für kommende Generationen gegenüber unvorhersehbaren Entwicklungen vorsorglich zu schützen sind.

Die Festsetzung von Wasserschutzgebieten als wesentliche Aufgabe ist auch in dem Prioritätenprogramm „Wasserschutzgebiete in Niedersachsen“ von 1993 im einzelnen dargestellt. Neben den rd. 430 festgesetzten bzw. im Verfahren befindlichen Wasserschutzgebieten, die etwa 65 % der zu schützenden Fläche umfassen, sind noch weitere rd. 270 Verfahren für rd. 2.500 km^2 Fläche erforderlich. Insgesamt umfassen die Einzugsgebiete aller Trinkwasserwerke in Niedersachsen rd. 6.800 km^2, das sind etwa 14 % der Landesfläche (Tab. 5.5-5).

Da besonders die älteren der bestehenden Schutzgebietsverordnungen kaum Regelungen zur Begrenzung der Einträge aus der landwirtschaftlichen Nutzung enthalten, trat am 15.10.1995 eine landesweite Schutzgebietsverordnung mit unmittelbar geltenden Regelungen in Kraft. Damit sind über Pflanzenschutz-, Düngemittel- und Abfallrecht hinaus weitere Bestimmungen im Bereich der Landwirtschaft gültig, die in Verbindung mit einer vor allem auf Gewässerschutz ausgerichteten Beratung und begleitenden Boden- und Grundwasseruntersuchungen sowie Ausgleichs- und Entschädigungszahlungen eine deutliche Verringerung der Grundwasserbelastung aus der Landwirtschaft in den Wasserschutzgebieten erbringen werden.

Ausblick

Die Aufgaben der Wasserwirtschaftsverwaltung liegen in der Wasserversorgung für die nahe Zukunft besonders in einem vorsorgenden Grundwasserschutz, damit auch für die nachfolgenden Generationen das Lebensmittel Nr. 1 gesichert ist. Die Festsetzung von Wasserschutzgebieten für grundsätzlich alle Trinkwassergewinnungsanlagen bleibt ein wichtiges Ziel. Die in den Trinkwasser-Einzugsgebieten eingeleiteten Schutzmaßnahmen zur Verminderung der diffusen Belastungen aus der Landwirtschaft gehen vielfach über die Regelungen einer ordnungsgemäßen Landbewirtschaftung hinaus und wer-

Stand	Bezirksregierung				Niedersachsen
	Braunschweig	Hannover	Lüneburg	Weser - Ems	
	Anzahl Fläche in km²	Anzahl Fläche in km²	Anzahl Fläche in km²	Anzahl Fläche in km²	Anzahl Fläche in km² (Fläche in %)
31.12.1992	103 865	68 530	60 980	85 995	**316 3.370 (49,8%)**
31.12.1994					**314 3.576 (52,8%)**
31.12.1995	97 970	76 919	65 1.124	82 1.002	**320 4.015 (59,3%)**
31.12.1996	97 970	80 1.001	66 1.137	81 1.009	**324 4.117 (60,8%)**
geplantes Ziel	**254 2.170**	**191 1.438**	**128 1.545**	**140 1.614**	**713 6.767 (100%)**

Tab. 5.5-5: Ausweisung von Wasserschutzgebieten in Niedersachsen (Quelle: Nds. Umweltministerium)

den insoweit aus dem Aufkommen der Wasserentnahmegebühr finanziert. Durch rationelle Wasserverwendung sollen der Wasserbedarf auf heutigem Niveau stabilisiert und neue Wasserentnahmen weitgehend vermieden werden.

Mittelfristig werden die Wasserversorgungsunternehmen ihre Organisationsstruktur wegen des zunehmenden Kostenbewußtseins ihrer Kunden überprüfen müssen. Zusammenschlüsse zu größeren Wasserversorgungsunternehmen und zu kommunalen und regionalen Verbundunternehmen mit Abwasserentsorgung; Strom- und Gasversorgung versprechen Vorteile durch Synergieeffekte bei Verwaltung und Abrechnung. Die Privatisierung öffentlicher Dienstleistungen wird somit auch die Wasserversorgung erreichen.

5.5.2 GRUNDWASSERSCHUTZ UND WASSERVERSORGUNG IM RAUM CLOPPENBURG/VECHTA/OSNABRÜCK

von Karsten Petersen

Hydrogeologie und Grundwasserförderung

Betrachtet werden die Landkreise Cloppenburg, Vechta und Osnabrück sowie die Stadt Osnabrück mit einer Gesamtfläche von rd. 4 470 km², insgesamt 62 Städten und Gemeinden mit rd. 740 000 Einwohnern. Als Trinkwasser wird ausschließlich Grundwasser genutzt.

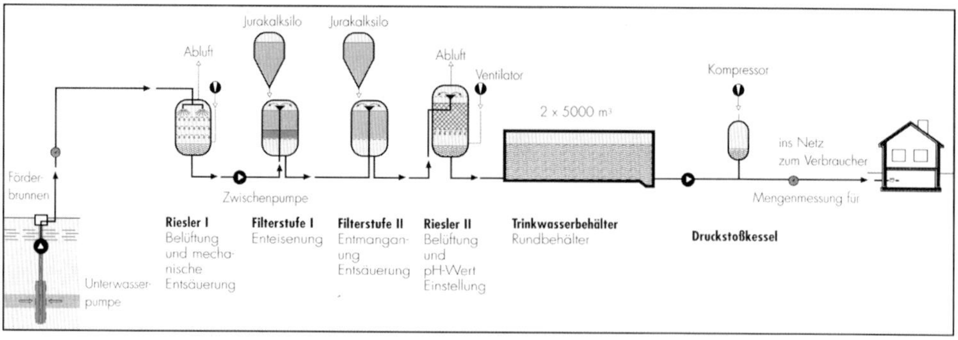

Abb. 5.5-7: Schema einer Aufbereitungsanlage mit dem Weg des Wassers vom Brunnen über die Aufbereitungsstufen im Wasserwerk bis zur Abgabe an den Verbraucher (nach OOWV 1998)

Im Süden des Landkreises Osnabrück befinden sich die Grundwasservorkommen im Festgestein. Diese haben wegen der hydrogeologischen Gegebenheiten (Spalt- und Kluftsysteme) nur eine geringe Ausdehnung und Ergiebigkeit. Hier sind deshalb eine Vielzahl kleinerer Wasserversorgungsanlagen anzutreffen. Im nördlich des Wiehengebirges gelegenen Teil des Landkreises sowie in den Landkreisen Cloppenburg und Vechta herrschen Porenwasserleiter (Lockergestein) mit sehr günstigen Wassergewinnungsbedingungen vor. Merkmal dieses Bereiches ist die geringere Zahl von Wasserwerken, die jedoch als zentrale Versorgungsanlagen mit größeren Fördermengen und entsprechend großen Wassereinzugsgebieten arbeiten.

Insgesamt werden pro Jahr aus 104 Wasserwerken rd. 50 Mio. m³ Grundwasser gefördert. Etwa 41 Wasserschutzgebiete mit einer Fläche von 237 km² sind zum Schutz der Grundwasservorkommen ausgewiesen worden. Weitere Schutzgebiete müssen folgen und eine Reihe von Schutzgebietsverordnungen überarbeitet werden. Durch Wasserschutzgebietsverordnungen hervorgerufene Einschränkungen der Land- und Forstwirtschaft werden vom Land Niedersachsen finanziell ausgeglichen.

Trinkwasseraufbereitung

Das Trinkwasser soll den Verbraucher so naturbelassen wie möglich erreichen, jedoch muß es hygienisch einwandfrei sein und darf keine unzulässigen Stoffe enthalten. Auf seinem Weg durch das Erdreich wird es zum einen durch zahlreiche Organismen gereinigt, zum anderen nimmt es Mineralstoffe auf, die ihm den appetitlichen Geschmack verleihen. Je nach Qualität des geförderten Grundwassers wird es in den Wasserwerken von unerwünschten Stoffen weitestgehend befreit und zu Trinkwasser aufbereitet (Abb. 5.5-7).

Gegenwärtige Probleme bei der Trinkwasserversorgung und deren Ursache

Während der Aufbau einer flächendeckenden und gesicherten Wasserversorgung ist in den letzten Jahrzehnten weitgehend mit einem Anschlußgrad im Landesdurchschnitt von 98 % abgeschlossen worden ist, gewinnt der Schutz der Grundwasservorkommen und die Erhaltung der Trinkwasserqualität wegen des Nachweises von Pflanzenschutzmitteln und ansteigender Nitratbelastungen im Grund- und Trinkwasser zunehmend an Bedeutung. Dieses läßt sich am Beispiel des im Landkreis Vechta liegenden Behelfswasserwerkes Holdorf, das vom Oldenburgisch-Ostfriesischen Wasserverband betrieben wird, darstellen.

Der ehemals strukturschwache Landkreis Vechta hat sich in einem tiefgreifenden landwirtschaftlichen Strukturwandel zu einem hochmodernen Agrarwirtschaftsraum mit dem Schwerpunkt Viehhaltung entwickelt, in dem viele Erwerbstätige unmittelbar in der Landwirtschaft sowie in den vor- und nachgelagerten Dienstleistungs- und Industrieunternehmen beschäftigt sind.

Die Anwendung des Mineraldüngers und die Vertiefung der Pflugfurche machte die sandigen Böden als Grenzertragsböden ertragreicher. Die nach 1945 einsetzende Entwicklung zur stärkeren Spezialisierung der landwirtschaftlichen Erzeugung, verbunden mit dem Umbruch von Grünland zu Ackerland mit heute 52 % der Fläche des Landkreises, die Ausbreitung des Maisanbaus und die Steigerung der betriebswirtschaftlichen Ergebnisse führte zu einer verstärkt betriebenen Veredelungswirtschaft (Schweine, Geflügel) auch in Großbeständen - oftmals als Massentierhaltung bezeichnet. Diese Erzeugungsweise brachte vielfach eine Nährstoffüberversorgung des Bodens. Da im Landkreis Vechta Sandböden mit einem geringen Rückhaltevermögen vorherrschen, war eine Auswaschung des nicht durch die Pflanze aufnehmbaren Nitrates die Folge. Diese Entwicklung zeigt sich auch in der öffentlichen Wasserversorgung (Abb. 5.5-8).

Aktivitäten zur Verminderung des Nitratgehaltes des Grundwassers

Selbst die Stillegung von sieben der insgesamt 14 Brunnen mit Fördertiefen von rd. 20 - 66 m und der Bau von gleichvielen Ersatzbrunnen mit einer größeren Fördertiefe von 70 - 120 m hatte nur eine vorübergehende Absenkung des Nitratgehaltes zur Folge, denn in einzelnen Tiefbrunnen sind wieder zunehmende Nitratgehalte festgestellt worden. Das Stickstoffabbauvermögen des Bodens ist in diesem Gebiet offenbar soweit erschöpft, daß das mit dem Sickerwasser verlagerte Nitrat nicht mehr ausreichend abgebaut werden kann.

Als Reaktion auf diese Entwicklung wurde die Wasserschutzgebietsverordnung von 1976 in den Jahren 1987, 1988 und 1991 wiederholt geändert. So wurde der Anbau von

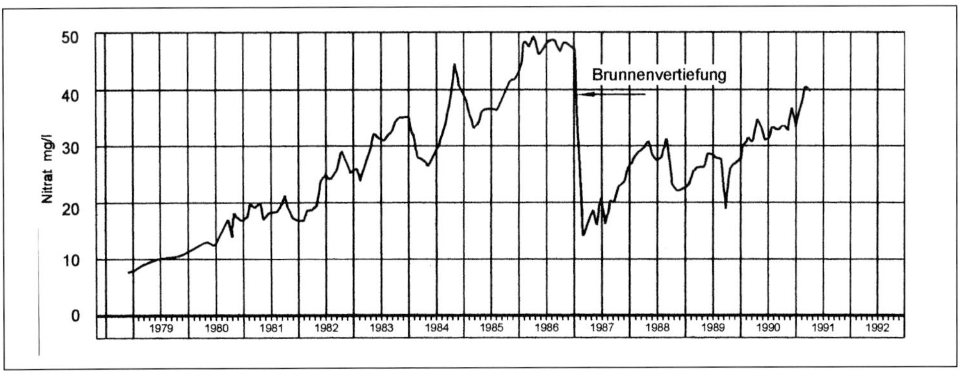

Abb. 5.5-8: Mittlerer Nitratgehalt im Rheinwasser des Behelfswasserwerkes Holdorf von 1979 bis 1991 mit Anstieg von 8 mg je l auf fast 50 mg je l (Daten nach mündlicher Überlieferung der Wasserwerksbetreiber)

Mais in der engeren Schutzzone verboten. Der OOWV als Betreiber der Wasserwerke versucht, den Ankauf von ackerbaulich genutzten Flächen und deren Aufforstung - namentlich in der engeren Schutzzone - fortzusetzen, wodurch allerdings der ohnehin angespannte Grundstücksmarkt verschärft wird. Demnächst soll die Schutzgebietsfläche vergrößert werden. In den letzten Jahren nach der Ernte unternommene Bodenuntersuchungen zeigten einen steten Rückgang der mineralisierten Stickstoffgehalte, was auf eine gezieltere Düngung hindeutet.

Kooperationen und landwirtschaftliche Zusatzberatung

Unter Leitung des StAWA Cloppenburg ist im Landkreis Vechta eine Kooperation - neben fünf weiteren im Amtsbezirk - gegründet worden. Deren Aufgaben bestehen in der Förderung der Zusammenarbeit zwischen den örtlich wirtschaftenden Land- und Forstwirten, den Wasserversorgungsunternehmen sowie den Fachbehörden. In gemeinsamen Beratungen wird festgelegt, welche Bodennutzung sowie Düngung - pflanzenbedarfsgerecht und grundwasserschützend - in Wasserschutz- und Wasservorranggebieten zweckmäßig ist. Dazu wird eine zusätzliche landwirtschaftliche Zusatzberatung angeboten, die zusammen mit den freiwilligen Vereinbarungen aus den Mitteln der Wasserentnahmegebühr finanziert wird. Beratungsschwerpunkte bestehen in der Düngeplanung, Einführung der Ackerschlagkartei und Nährstoffbilanzierung sowie der Anlage von Demonstrationsflächen, auf denen unterschiedliche düngungs- und pflanzenbauliche Maßnahmen sowie im Rahmen des integrierten Pflanzenschutzes mechanische Unkrautbekämpfungsmethoden vorgestellt werden.

Bis 1994 haben 24 Landwirte im Wasservorranggebiet Holdorf 27 freiwillige Vereinbarungen über Zwischenfruchtanbau, Untersaat im Mais und Gülleausbringung mit Schleppschlauchverteilern abgeschlossen. Mögliche Erfolge dieser Maßnahmen werden wegen vielfach langer Sickerzeiten bis zum Grundwasser erst in späteren Jahren erkennbar sein.

Neben der Gewässerbelastung kommt es bei der Lagerung und Ausbringung von Gülle, insbesondere mit dem üblicherweise benutzten Pralltelller zu starken Emissionen, die über die Luft und durch die Auskämmwirkung des Waldes dem Boden zugeführt werden. Übersteigt der Stickstoffeintrag in den Boden dessen Entzug durch den Baumbestand und die Speicherfähigkeit des Bodens, wird der Stickstoff vom Grundwasser aufgenommen. Mit einer Abdeckung der Güllelager und bodennaher Ausbringung, z. B. mit einem Schleppschlauch, und möglichst sofortiger Einarbeitung können diese Emissionen wirksam vermindert werden (Abb. 5.5-9).

Altlasten

Weitere Gefährdungen für das Grundwasser bedeuten möglicherweise Altablagerungen und Rüstungsaltlasten, die in Einzugsgebieten von Trinkwasserversorgungsanlagen liegen. Ihre Erkundung, Bewertung und gegebenenfalls Sanierung sind daher dort besonders wichtig für den Grundwasserschutz.

Vorbeugung als Grundwasserschutz

Alle Maßnahmen mit vorsorgendem und vorbeugendem Ziel helfen das Grundwasser schützen und aufwendige Aufbereitungen von Wasser oder gar die Neuerschließung von Wasser an anderer Stelle vermeiden.

Abb. 5.5-9: Schleppschlauchverteiler mit ausgeschwenkten Verteilerarmen (Foto: StAWA Cloppenburg 1995)

5.6 ABWASSERBEHANDLUNG UND GEWÄSSERREINHALTUNG

5.6.1 ABWASSERBEHANDLUNG UND GEWÄSSERREINHALTUNG IN NIEDERSACHSEN

von Gunter Zillich

5.6.1.1 ENTWICKLUNG DER ABWASSERBESEITIGUNG

In Niedersachsen waren wie im übrigen Deutschland seit den Anfängen der Abwasserbeseitigung in der Neuzeit zunächst die Großstädte mit zentralen Abwassersammlern ausgestattet worden. Die sich beim Wiederaufbau der Städte nach 1945 ergebenden Möglichkeiten zur Erneuerung, Modernisierung und zum Ausbau der Kanalisationsnetze wurden genutzt, was sich deutlich in einem stetigen Anstieg der an Abwasserkanalisationen angeschlossenen Haushalte widerspiegelt. Neben dem Ausbau in den Städten wurden auch mehr und mehr die ländlichen Bereiche erfaßt, so daß sich der Anstieg des Anschlußgrades bis heute fast ungebrochen bis auf rund 90 % (Abb. 5.6-1) fortsetzen konnte. Regional unterscheidet sich der Anschlußgrad erheblich, vorrangig eine Folge der unterschiedlichen Siedlungsstrukturen und örtlichen Gegebenheiten (Karte 5.6-1).

Inzwischen ist auch selbstverständlich, daß das gesammelte Abwasser biologisch behandelt wird, daß die Kohlenstoffverbindungen weitgehend abgebaut werden. Anfang der 50er Jahre war dies keineswegs selbstverständlich. Kläranlagen wurden vorrangig im Binnenland zur Entlastung kleinerer, aber auch wasserwirtschaftlich bedeutsamer Ge-

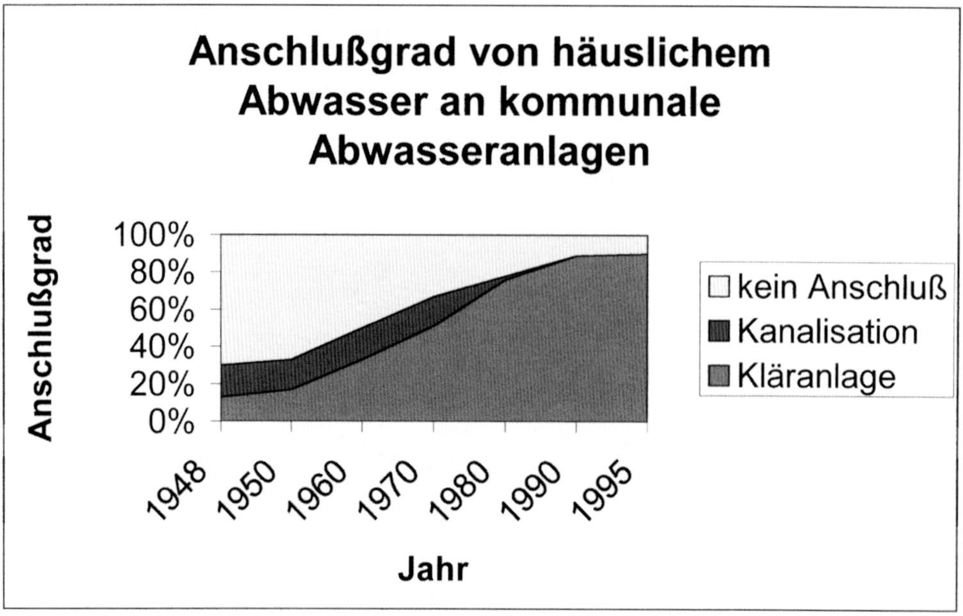

Abb. 5.6-1: Entwicklung des Anschlußgrades von häuslichem Abwasser an kommunale Abwasseranlagen in Niedersachsen (Quelle: Nds. Umweltministerium)

wässer gebaut. Das Meer und die großen Flüsse galten dagegen für Abwasser lange Zeit als fast unbegrenzt aufnahmefähig. Fehlende Kläranlagen und unzureichende Reinigung der über die Kanalisation abgeleiteten Abwässer führten jedoch zu deutlichen und sichtbaren Gewässerbelastungen. Mit den 70er Jahren begann daraufhin ein verstärkter Neu- und Ausbau von Kläranlagen. Seit Anfang der 80er Jahre wird praktisch kein Abwasser mehr ohne mechanisch-biologische Reinigung in die Gewässer eingeleitet. Gegenwärtig werden kommunale Kläranlagen mit großem finanziellen Aufwand so nachgerüstet, daß bei Anlagen mit mehr als 5000 Einwohnerwerten der Stickstoff und bei Anlagen mit mehr als 10 000 Einwohnerwerten zusätzlich die Phosphorverbindungen abgebaut werden. Auch kleinere Anlagen werden häufig nachgerüstet.

Vergleichbare Anstrengungen haben auch Gewerbe und Industrie unternommen, um die Abwasserbelastung der Gewässer zu verringern. Hieß es 1951 noch: „Nur wenige der 589 Molkereibetriebe, die täglich etwa 6,5 Mio. kg Milch verarbeiten, besitzen ausreichende Kläranlagen und 48 Zuckerfabriken des Landes, von denen 29 Rohrzucker und die übrigen Weißzucker herstellen, haben ebenfalls einen beträchtlichen Abwasserausstoß". Auch diese Abwässer werden heute vergleichbar mit den kommunalen Abwässern gereinigt. Solche Beispiele ließen sich für jede Art von gewerblichem Abwasser finden. Gegenwärtig unternehmen Gewerbe- und Industriebetriebe große Anstrengungen, Abwasser nicht entstehen zu lassen oder soweit möglich bereits an der „Quelle" zurückzuhalten und zu reinigen. Maßstab aller Maßnahmen ist das gesetzliche Anforderungsniveau „Stand der Technik". Ein Beispiel hierfür ist die Zellstoffproduktion mit ihren neuen Verfahren, die nur noch Bruchteile früherer Abwassermengen und Schadstoff-Frachten „produzieren". Durch Umstellung der Chlorbleiche auf die Sauerstoffbleiche ist eine weitgehende Vermeidung chlororganischer Schadstoffe erreicht worden.

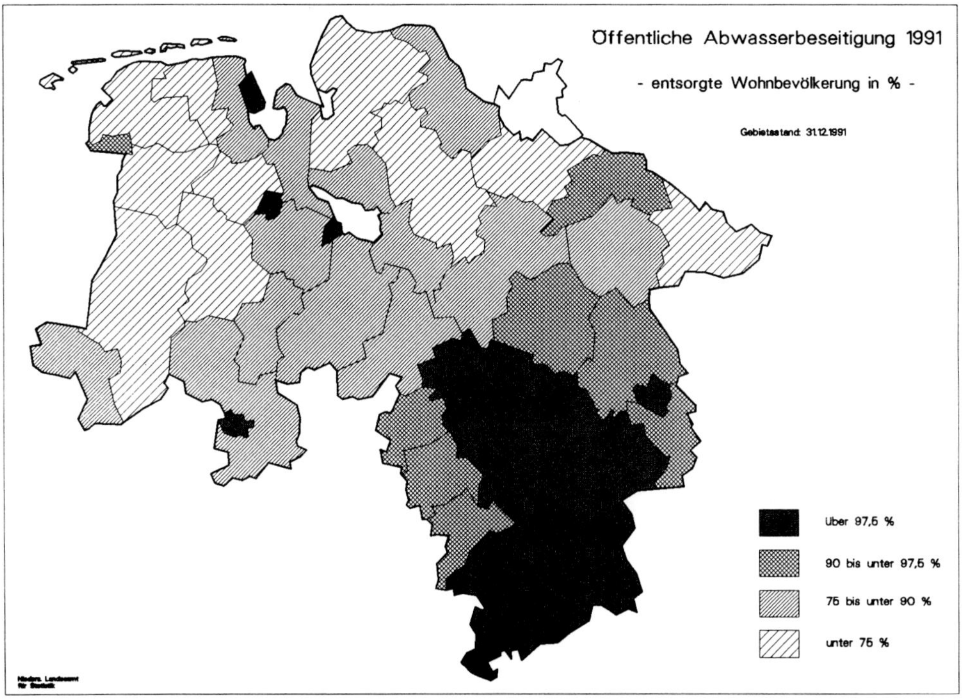

Karte 5.6-1: Öffentliche Abwasserbeseitigung 1991, entsorgte Wohnbevölkerung in Prozenten (Quelle: Nds. Landesamt für Statistik)

Abwasserbeseitigung und Gewässerverschmutzung - eine lösbare Aufgabe?

Stand und Aufgabe der Wasserwirtschaft im Lande Niedersachsen werden 1949 von Schweicher wie folgt beschrieben:
„Die Tabelle gibt einen Überblick über den Stand der Kanalisation in Niedersachsen. Die Übersicht umfaßt nur die Städte und Landgemeinden mit mehr als 2 000 Einwohnern, enthält also nicht die kleineren Landgemeinden und Dörfer, da in diesen im allgemeinen eine Kanalisation nicht als dringend empfunden wird oder wegen des dörflichen Charakters der Ortslage nicht notwendig ist. Von den Gemeinden mit Kanalisation (Sp. 5) haben viele nur eine Teilkanalisation und - auch soweit sie vollkanalisiert sind - werden die Abwässer häufig durch eine unzureichende oder schlecht bediente Kläranlage mangelhaft gereinigt oder wegen des Fehlens einer Kläranlage überhaupt nicht gereinigt dem Vorfluter zugeführt.

Die Gründe hierfür sind, daß Kanalisationen und besonders Kläranlagen im Bau und Betrieb teuer und kein den einzelnen unmittelbar berührendes Lebensbedürfnis wie die Wasserversorgung sind. Sie sind - im Gegensatz zu manchen Wasserversorgungen - keine Einnahmequelle für den Stadtsäckel, sondern ein Zuschußbetrieb. Die Reinigung verschiedener sehr lästiger Industrie- und gewerblicher Abwässer ist noch ungenügend und gelingt daher nicht immer. Es fehlt an geeigneten gesetzlichen Zwangsmitteln für die Reinhaltung der Vorfluter. Die Beseitigung und Reinigung der Abwässer steht daher in den Planungen und Haushaltungen der Klein- und Mittelstädte und größeren Landgemeinden meist an letzter Stelle und wird, solange sich keine schweren Mißstände und unmittelbaren gesundheitlichen Gefahren einstellen, immer wieder hinausgeschoben, besonders in der heutigen Finanznot.

Die Folge dieser Zustände ist eine dauernd zunehmende, durch den plötzlichen und starken Bevölkerungszuwachs nach dem Kriege verschärfte Verschmutzung der offenen Gewässer, deren Leidtragende nicht so sehr die verschmutzenden Städte und Industrien selbst, sondern die Landwirtschaft und Fischerei, also Wirtschafts- und Lebenskreise unter- und außerhalb der Verschmutzer, und die an, in und auf dem Wasser Erholung suchende Bevölkerung sind. Die Wasserwirtschaft steht damit vor schwierigen und dringenden Aufgaben der Aufklärung der Bevölkerung, der Finanzierung, des Baus und Betriebs von Kanalisationen und Kläranlagen, der Vervollkommnung der Klärtechnik und Verbesserung des Wasserrechts" (Tabelle 5.6-1).

Übersicht
über die Kanalisation der Gemeinden des Landes Niedersachsen

a) Städte mit mehr als 20 000 Einwohnern
b) Städte mit 5 000 bis 20 000 Einwohnern
c) Städte und Landgemeinden mit 2 000 bis 5 000 Einwohnern
d) Summe a + b + c

Regierungsbezirk	Gemeinden 1939 insgesamt	Wohnbevölkerung insgesamt (1 000 Einwohner)		Gemeinden mit Kanalisation	An Kanalisation angeschlossen (1 000 Einwohner)	
		1939	1948		1939 (% d. Sp. 3)	1948 (% d. Sp. 4)
1	2	3	4	5	6	7
Aurich	a) 1	35	34	1	35	27
	b) 5	47	61	4	31	38
	c) 13	37	49	—	—	—
	d) 19	119	144	5	66 (55)	65 (45)
Oldenburg	a) 3	231	262	3	186	174
	b) 9	73	108	8	56	70
	c) 44	271	377	6	18	21
	d) 56	575	747	17	260 (45)	265 (35)
Stade	a) 1	33	53	1	23	52
	b) 5	55	84	3	32	48
	c) 24	68	115	3	9	15
	d) 30	156	252	7	64 (39)	115 (45)
Lüneburg	a) 2	73	105	2	70	100
	b) 9	71	126	4	18	50
	c) 27	72	132	12	35	67
	d) 38	216	363	18	123 (57)	217 (79)
Hannover	a) 2	503	432	2	501	305
	b) 10	83	109	9	69	91
	c) 29	91	122	11	37	60
	d) 41	677	663	22	607 (89)	456 (69)
Osnabrück	a) 2	130	127	2	125	117
	b) 7	58	72	1	8	10
	c) 21	64	82	2	5	7
	d) 30	252	281	5	138 (55)	134 (48)
Hildesheim	a) 2	123	146	2	121	132
	b) 12	123	190	12	117	179
	c) 26	72	120	3	10	18
	d) 40	318	456	17	248 (78)	329 (72)
Braunschweig	a) 4	293	353	4	283	337
	b) 5	48	74	5	45	71
	c) 17	52	79	5	20	33
	d) 26	393	506	14	348 (89)	441 (87)
Land Niedersachsen	a) 17	1 421	1 512	17	1 344	1 244
	b) 62	558	904	46	376	557
	c) 201	727	1 076	42	298	523
	d) 280	2 706	3 492	105	1 854 (68)	2 022 (58)

Tab. 5.6-1: Stand der Kanalisation in Niedersachsen im Jahre 1949 [Schweicher, 1949]

Abb. 5.6-2: Kläranlage Hannover-Herrenhausen (Teilansicht) (Foto:WWA Hannover)

Im Rückblick ist festzustellen, daß die letzten 50 Jahre geprägt waren durch den Auf- und Ausbau von Kanalisation und Kläranlagen. Die Wasserwirtschaftsverwaltung hat ihren Beitrag geleistet durch übergeordnete Zielvorgaben im Rahmen von großräumigen Planungen, von Programmen, zielgerichtete Finanzierung der Baumaßnahmen, der Ausgestaltung des Wasserrechts und der Anforderungen an die Abwasserreinigung, fachliche Beratung in technischen Fragen und als gewässerkundlicher Landesdienst (Abschnitt 5.1).

Bau von Abwasseranlagen und Steigerung der Reinigungsleistung

Der Bau von Abwasseranlagen begann zunächst nur schleppend mit jährlichen Aufwendungen weit unter 10 Mio. DM, ein äußerst geringer Betrag im Verhältnis zum Bedarf, der weit darüber lag und 1951 z.B. mit überschlägig 270 Mio. DM angegeben wurde. Behördlicher Druck und die Besserung des Kreditmarktes zeigten aber schnelle Wirkung. Bereits 1953 betrug das Bauvolumen 22,07 Mio. DM und lag damit um das Dreifache höher als 1952. Der Kläranlagenbau fand seither kein Ende, sei es, daß Anlagen neu gebaut wurden oder vorhandene Anlagen zu erweitern waren, weil sie z.B. den neueren Reinigungsanforderungen nicht mehr genügten (Abb. 5.6-2). Natürlich übersteigen die Investitionen bei weitem die Schätzung des Jahres 1951 (s. Abschnitt 5.6.1.2).

Eindrucksvoll ist die von Gemeinden, Gewerbe und Industrie heute erreichte Reinigungsleistung; beispielhaft ist dies an den kommunalen Kläranlagen (Abb. 5.6-3) abzulesen. Die Schadstoff-Fracht, gerechnet als biochemischer Sauerstoffbedarf, wird zu rd. 99 % abgebaut, die Phosphorfracht zu rd. 90 % und die Stickstoff-Fracht konnte bereits auf die Abbaurate von rd. 80 % gesteigert werden. Die Entwicklung der Abwasserreinigung nach Schadparameter und Kläranlagen-Größenklasse zeigt Tabelle 5.6-2. Gegenübergestellt sind die Reinigungsleistungen der Jahre 1987, 1990 und 1992. In diesem Zeitraum ist die Restschmutzfracht gerechnet als BSB_5 halbiert worden durch Steigerung des Reinigungsgrades von 97 % auf 98,6 %. Im Jahre 1980 lag die Reinigungsleistung erst bei rd. 84 % (Generalplan Abwasserbeseitigung Niedersachsen, herausgegeben vom Nds. Ministerium für Ernährung, Landwirtschaft und Forsten). Insbesondere beim Abbau des Stickstoffes sind weitere Steigerungen zu erwarten; denn das Ende der 80er Jahre aufgelegte Programm zur Nachrüstung der kommunalen Kläranlagen mit einer dritten Reinigungsstufe zum Abbau der Nährstoffe ist noch nicht abgeschlossen. Es fehlen insbesondere die dritten Stufen der größeren Kläranlagen.

Verregnung von Abwasser

In Zusammenarbeit mit der Wasserwirtschaftsverwaltung wurde in den 40er und 50er Jahren die Abwasserbehandlung und Verregnung auf landwirtschaftlich genutzten Böden eingerichtet. Dafür sprachen außer der Reinigung noch weitere Vorteile: Die Nutzung des Abwassers als Beregnungswasser und mit seinen Nährstoffen für die Erzeugung landwirtschaftlicher Nutzpflanzen. Großräumig organisiert und beispielhaft weiterentwickelt wurde die Abwasserverregnung in den Abwasserverbänden Wolfsburg und Braunschweig nach 1954 (Abschnitt 5.6.2).

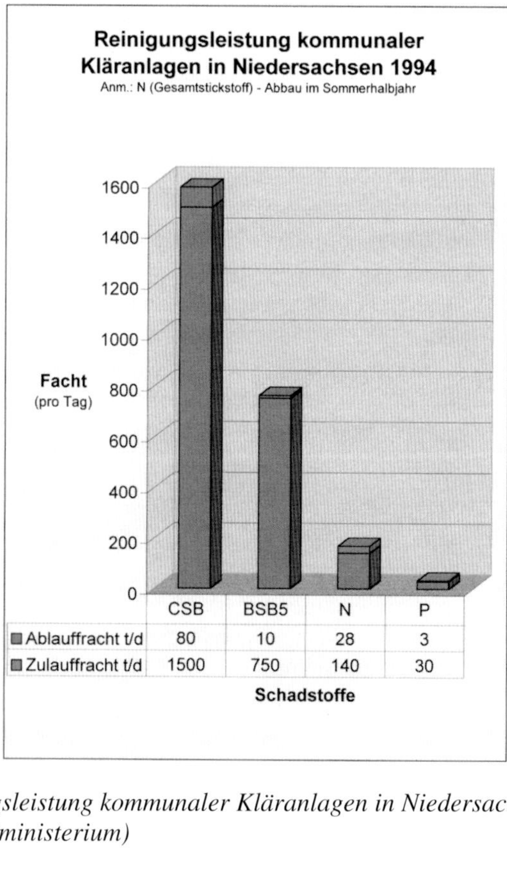

Abb. 5.6-3: Reinigungsleistung kommunaler Kläranlagen in Niedersachsen 1994 (Quelle: Nds. Umweltministerium)

In vielen und umfangreichen Untersuchungen und Gutachten mußte und konnte der Nachweis geführt werden, daß dieser Weg verantwortbar und im Sinne einer Kreislaufwirtschaft auch richtig war. In beiden Fällen hat die Abwasserverregnung alle Anfeindungen zu Recht überstanden, wenn auch bei geänderten Randbedingungen. Die Abwässer werden mindestens mechanisch-biologisch vorbehandelt, der Klärschlamm nicht mit verregnet, sondern getrennt verwertet. Daß die Oker unterhalb von Braunschweig in der Gewässergütekarte 1995 der Güteklasse II zugeordnet ist, bestätigt die Richtigkeit und die Beibehaltung der Verregnung von gereinigtem Abwasser.

Gesamtübersicht "Kommunale Kläranlagen in Niedersachsen"

EW in 1000

Bezeichnung	< 5000 EW			5000 - < 20 000 EW			20 000 - < 100 000 EW			≥ 100 000 EW			Summe		
	1987	1990	1992	1987	1990	1992	1987	1990	1992	1987	1990	1992	1987	1990	1992
Ausbau EW	752	670	623	2.397	2.541	2.637	4.559	4.890	4.910	6.875	7.790	7.561	14.565	15.891	15.731
angeschl. EW	663	525	492	1.947	1.913	2.017	3.592	3.788	3.884	5.468	6.517	6.187	11.670	12.743	12.580
Auslastung %	88	78	79	82	75	76	79	77	79	80	83	82	80	80	80
Anz. Kläranl.	310	279	255	251	255	256	116	122	123	29	34	33	706	690	667
BSB_5-Zulauffr. (t/d) (60 g / E . d)	39,80	31,48	29,54	116,80	114,77	121,01	215,52	227,32	233,04	328,10	391,00	371,18	700,22	764,58	754,77
Restfracht (t/d)	1,83	1,34	0,85	3,26	2,78	1,92	5,74	4,45	2,90	10,28	6,39	4,81	21,11	14,96	10,48
Restfracht %	4,0	4,2	2,9	2,8	2,4	1,6	2,7	2,0	1,2	3,1	1,6	1,3	3,0	2,0	1,4
CSB-Zulauffr. (t/d) (120 g / E . d)	79,60	62,96	59,08	233,60	229,54	242,01	431,05	454,65	466,09	656,18	782,00	742,37	1.400,44	1.529,15	1.509,54
Restfracht (t/d)	6,65	8,05	5,33	15,33	19,08	13,38	26,0	30,58	22,31	45,49	50,65	38,24	93,47	108,37	79,26
Restfracht %	7,4	12,8	9,0	6,6	8,3	5,5	6,0	6,7	4,8	6,9	6,5	5,2	6,7	7,1	5,3
N-Zulauffr. (t/d) (11 g / E . d)	7,30	5,78	5,42	21,41	21,04	22,18	39,51	41,68	42,72	60,15	71,69	68,05	128,37	140,19	138,37
Restfracht (t/d)	4,22	2,89	1,99	10,23	7,80	4,87	19,84	13,16	8,80	35,94	23,55	16,79	70,22	47,39	32,45
Restfracht %	51,0	50,0	36,7	47,8	37,1	22,1	50,2	31,6	20,5	59,8	32,6	24,7	42,8	33,8	23,4
P-Zulauffr. (t/d) (2,5 g / E . d)	1,66	1,31	1,23	4,87	4,78	5,04	8,98	9,48	9,71	13,67	16,29	15,47	29,18	31,86	31,45
Restfracht (t/d)	0,77	0,54	0,33	1,97	1,33	0,88	3,59	1,74	0,82	5,31	1,95	0,78	11,63	5,56	2,81
Restfracht %	46,4	41,2	26,8	40,5	18,4	17,5	40,0	18,4	8,7	38,8	12,0	5,0	39,9	17,5	9,0

Tab. 5.6-2: Abwasserreinigung kommunaler Kläranlagen in Niedersachsen nach Schadparameter und Kläranlagengröße (Quelle:Nds.Umweltministerium)

5.6.1.2 AUFWENDUNGEN FÜR DIE ABWASSERBESEITIGUNG SEIT 1955

Hinter den Zahlen und Fakten stehen unendliche Bemühungen und Anstrengungen und nicht zuletzt ein riesiger Investitionsaufwand, den die Träger der Maßnahmen, die Gemeinden, Städte und Verbände sowie Gewerbe und Industrie erbrachten und den das Land in erheblichem Umfang durch Zuwendungen an die Gemeinden, zum Teil auch an Industrie und Gewerbe, gefördert hat.

Allein in der kommunalen Abwasserbeseitigung sind bis 1955 rd. 100 Mio. DM, von 1956 bis 1975 rd. 2,2 Mrd. DM und von 1976 bis 1995 rd. 7,6 Mrd. DM verbaut worden

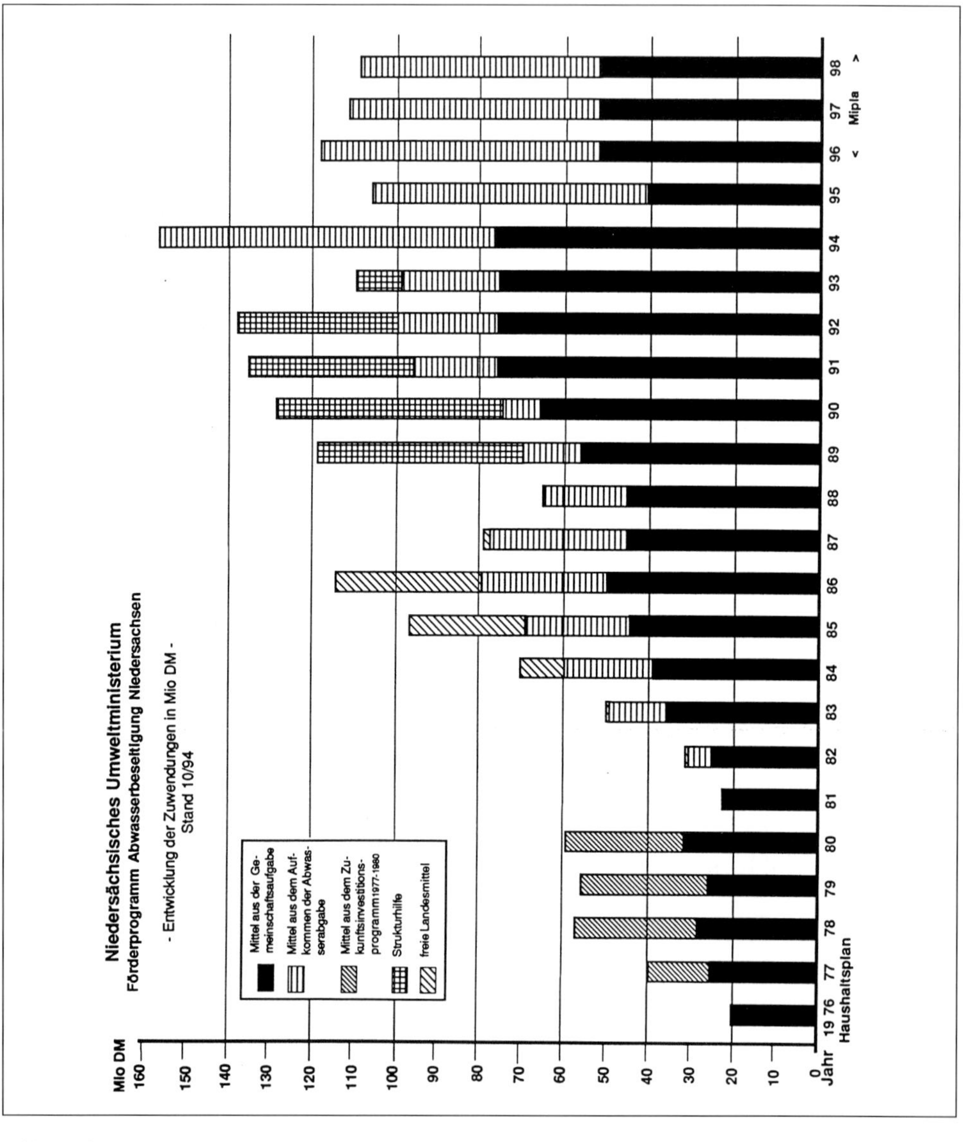

Abb. 5.6-4: Entwicklung der Zuwendungen zur Abwasserbeseitigung in Niedersachsen seit 1976 (Stand 1994) (Quelle: Nds. Umweltministerium)

(Abb. 5.6-4), insgesamt also rd. 11,0 Mrd. DM. Diese Summe beruht auf einer Erhebung der Wasserwirtschaftsverwaltung bis in die 80er Jahre hinein (Abb. 5.12-1). Die Baukosten der letzten 10 Jahre gehen von einer Schätzung auf der Grundlage der bereitgestellten Fördermittel des Landes aus. Dieser Schätzwert ist eine untere Grenze, da längst nicht jede Maßnahme gefördert werden konnte.

Aus unterschiedlichen Programmen hat das Land Zuwendungen gewährt; die wichtigsten waren:

- Giese Aufgaben für die Gesamtheit bedeutsam sind und die Mitwirkung des Bundes zur Verbesserung der Lebensverhältnisse erforderlich ist. Als wichtiger Bestandteil dieser Gemeinschaftsaufgabe sind seit 1972 ständig steigende Mittel von Land eingeplant und bereitgestellt worden. Die Gemeinschaftsaufgabe bildete seither den Grundstock niedersächsischer Förderprogramme zur Abwasserbeseitigung (Abb. 5.6-4).
- Das Abwasserabgabengesetz -AbwAG- vom 13.09.1976 (BGBl. I. S. 2721). Seine abgabenrechtliche Wirkung setzte mit dem 01. Januar 1981 ein (§ 9 Abs. 4 AbwAG). Von diesem Zeitpunkt an ist für das Einleiten von Abwasser in ein Gewässer eine Abgabe zu entrichten. Die dem Land hieraus zufließenden Mittel wurden nach Abzug der Verwaltungskosten fast ausnahmslos als Zuwendung bereitgestellt. Das Aufkommen aus der Abwasserabgabe war seit 1982 eine feste Größe der Förderung.

Die Förderung aus den Mitteln der Gemeinschaftsaufgabe und aus dem Aufkommen der Abwasserabgabe ist immer wieder aus besonderen Anlässen aufgestockt worden, und zwar mit Mitteln aus dem Zukunftsinvestitionsprogramm, der Strukturhilfe und „freien" Landesmitteln. Insgesamt konnte damit, von Einbrüchen Anfang der 80er Jahre und Ende der 80er Jahre abgesehen, seit 1972 praktisch steigend ein Betrag von insgesamt ca. 1,8 Mrd. DM bereitgestellt werden.

Die Förderungsart wurde verschiedentlich geändert, besonders in den Jahren 1974 und 1990. Die Schuldendiensthilfe wurde 1974 durch einen prozentualen Baukostenzuschuß abgelöst, der gewährt werden konnte, wenn dadurch eine Kanalgebühr von jährlich 100,— DM je Einwohner und Einwohnergleichwert nicht unterschritten wird; 1990 wurden insbesondere die Prozentsätze geändert und auf den Nachweis einer tragbaren Belastung verzichtet. Zur finanziellen Entlastung der Gemeinden standen weiterhin Mittel aus dem Aufkommen nach dem Finanzausgleichsgesetz, aus ERP-Darlehen und nach dem Arbeitsförderungsgesetz zur Verfügung.

5.6.1.3 NEUE RECHTSGRUNDSÄTZE ZUR ABWASSERBESEITIGUNG UND ZUR WEITEREN VERBESSERUNG DER GEWÄSSERGÜTE

Abwassereinleitung und Gewässergüte

Das im allgemeinen enge Gewässernetz in Niedersachsen und die verhältnismäßig hohen Abflußwerte stellen an sich günstige Voraussetzungen für die Ableitung gereinigter Abwässer dar. Dennoch führten übermäßig hohe Restschmutzfrachten aus Abwassereinleitungen zu Gewässerbelastungen, die vielerorts jegliches Leben in den Gewässern auslöschten. Dieses war in den 40er Jahren und Anfang der 50er Jahre so und hielt bis in die 60er Jahre an. Erst allmählich konnte eine Verbesserung der Gewässergüte erreicht werden.

Die Mithilfe des Landes hat entscheidend dazu beigetragen, daß der Ausbau der Abwasserbeseitigung überhaupt in Gang kam, der heutige Stand erreicht wurde und übergeordnete Zielvorgaben des Gewässerschutzes eingebunden und verwirklicht wurden. Ein Beispiel ist die Abwasserfreihaltung des Harzes, beginnend mit dem Bau einer Abwassertransportleitung im Söse-Tal im Jahre 1975, durch die es praktisch gelungen ist, das gesamte Schmutzwasser aus dem Westharz leistungsfähigen Kläranlagen am Harzrand zuzuleiten (Abschnitt 10.6). Weitere Beispiele sind generelle Planungen des Landes, wie z.B. der Bewirtschaftungsplan Leine (s. Abschnitt 10.8), die zentrale Abwasserbehandlung im Nordteil des Landkreises Harburg (Abschnitt 10.5) und der Generalplan Abwasserbeseitigung (s. Abschnitt 5.6.1.4).

Die gemeinsamen Anstrengungen haben sich gelohnt, was sich eindrucksvoll in der Verbesserung der Gewässergüte zeigt. Mit deren Kartierung begann die Wasserwirtschaftsverwaltung frühzeitig. Bereits 1962 lagen Gewässergütekarten des Leine- (Karte 5.6-2), Ilmenau- und Böhmegebietes vor, 1967 die erste Karte für das gesamte Land Niedersachsen (Karte 5.6-3). Diese wies noch im mittleren und südlichen Niedersachsen verbreitet die Gewässergüteklasse III, III/IV und IV aus, d. h. stark, sehr stark oder übermäßig stark verschmutzte Gewässer. Die fortgeschriebenen Gütekarten machen deutlich, wie erfolgreich die Maßnahmen zur Güteverbesserung waren. Der Vergleich mit der Gütekarte 1995 zeigt, daß im Mittel die Gewässergüte um ein bis zwei Güteklassen besser ist, weil der Sauerstoffhaushalt sich stabilisiert hat. Deshalb sind größere Fischsterben in den heißen Wochen der Sommerperioden 94 und 95 ausgeblieben. Die Flüsse sind auf dem Weg der Gesundung. Die Hälfte aller Fließgewässer hat wieder den weitgehend natürlichen Zustand beim Sauerstoffgehalt und der Belastung mit organischen Stoffen erreicht. Die Hannoversche Zeitung überschreibt in ihrer Ausgabe vom 03.02.1996 einen Artikel, in dem über die Vorstellung der Gewässergütekarte in der Landespressekonferenz berichtet wird. „Langsam kehrt Leben in die Flüsse zurück“ (Abb. 5.6-5).

Wachsendes Umweltbewußtsein und gesetzliche Regelungen

Die Entwicklung der Abwasserbeseitigung in Niedersachsen nach 1945 ist auch das Ergebnis eines sich seither ständig gesteigerten Umweltbewußtseins, der damit einhergehenden fachlichen und politischen Zielvorgaben, einer verfeinerten und verbesserten Abwassertechnik sowie einer gezielt weiterentwickelten Rechtssetzung.

In Niedersachsen galten nach 1945 zunächst vier Wassergesetze fort (Abschnitt 5.11), die am 15.06.1960 durch das Niedersächsische Wassergesetz abgelöst wurden. Abwassereinleitungen galten seither als Benutzung von Gewässern, die einer Erlaubnis oder Bewilligung bedarf. Sie kann versagt werden, soweit eine Beeinträchtigung des Wohles der Allgemeinheit zu erwarten ist, die nicht abgewendet werden kann.

Um den Wasserbehörden und den Wasserwirtschaftsämtern ein Hilfsmittel an die Hand zu geben, welche Benutzungsbedingungen und Auflagen beim Einleiten von Stoffen in oberirdische Gewässer oder in das Grundwasser in Betracht kommen, wurden ihnen mit Erlaß im Jahre 1965 die „Normalanforderungen für Abwasserreinigungsverfahren“ an die Hand gegeben. Die Länderarbeitsgemeinschaft Wasser hatte darin diejenigen Erfahrungswerte zusammengestellt, die sich für die Beschaffenheit der verschiedenen Abwässer ergeben, wenn diese nach dem zum damaligen Zeitpunkt geltenden Stand der Abwassertechnik gereinigt werden. Die „Normalanforderungen“ dienten als Richtlinie und enthoben die Wasserbehörde nicht, die tatsächlichen Anforderungen nachzuweisen und daher die Wasserführung, die Selbstreinigungskraft, den Zustand, die Beschaffenheit und die bisherige Benutzung des jeweiligen Gewässers zu berücksichtigen.

Neue Rechtsgrundsätze zur Abwasserbeseitigung

Ein noch entscheidender Einstieg in ein neues Recht der Abwasserbeseitigung war die vierte Novelle zum Wasserhaushaltsgesetz vom 26.04.1976. Mit ihr wurden die neuen §§ 7a, 18a und 18b eingefügt. Sie bestimmen, daß

- Abwasser so zu beseitigen ist, daß das Wohl der Allgemeinheit nicht beeinträchtigt wird,
- eine Erlaubnis für das Einleiten von Abwasser nur erteilt werden darf, wenn Menge und Schädlichkeit des Abwassers so gering gehalten werden, wie dies bei Anwendung der jeweils in Betracht kommenden Verfahren nach den allgemein anerkannten Regeln der Technik möglich ist und
- Abwasseranlagen unter Berücksichtigung der Benutzungsbedingung und Auflagen für das Einleiten von Abwasser nach den allgemein anerkannten Regeln der Abwassertechnik zu errichten und zu betreiben sind.

Die neuen Vorschriften verlangten für alle Abwassereinleitungen die Einhaltung zwingender Grenzen für die Menge und Schädlichkeit des Abwassers, und zwar gewässerunabhängig. Eine Verschärfung im Einzelfall blieb zulässig und geboten, wenn der Zustand oder die Nutzungserfordernisse des aufnehmenden Gewässers dies verlangten. Geregelt wurde ferner, daß Anlagen, die den Mindestanforderungen nicht entsprechen, angepaßt werden müssen.

Um der Bedrohung der Gewässer durch die Einleitung von gefährlichen Stoffen zu begegnen und den Gewässerschutz noch wirksamer zu gestalten, wurden die Anforderungen an das Einleiten von Abwasser mit der fünften Novelle vom 25.07.1986 unter-

Langsam kehrt Leben in die Flüsse zurück

Bäche in Niedersachsen wieder sauberer / Salzgehalt in der Weser deutlich gesunken

Hannover (jö). Wer in der Umweltpolitik Erfolg nachweisen will, braucht einen langen Atem. Vor fünfzehn Jahren wurden die ersten Programme zum Schutz von Bächen und Flüssen aufgelegt, zehn Jahre später konnten die ersten positiven Ergebnisse gemessen werden – und jetzt gibt es wirklich gute Nachrichten. „Die Flüsse in Niedersachsen sind auf dem Weg der Gesundung", sagte Umweltministerin Monika Griefahn am Freitag in Hannover. Die Hälfte aller Fließgewässer habe wieder den „weitgehend natürlichen Zustand" beim Sauerstoffgehalt und bei der Belastung mit organischen Stoffen erreicht. Tiere und Pflanzen kehren ins die Gewässer zurück, Trinkwasser kann allerdings nirgends entnommen werden.

Im Gewässergütebericht ist der Erfolg im Gewässerschutz mit einem eindrucksvollen Farbspiel auf der Landkarte untermauert: Dunkelgrün (mäßig belastet) dominiert bei der Kennzeichnung, die großen Flüsse sind zumeist hellgrün gekennzeichnet (kritisch belastet), und im Harz sowie im Leine- und Wesergebirge finden sich einige blaue Abschnitte (gering belastet oder unbelastet).

Im jüngsten Gewässerbericht, der 1991 vorgelegt wurde, waren noch deutlich mehr kritische Abschnitte zu erkennen. Zumeist hätten Kläranlagen Abhilfe geschaffen, sagte Umweltministerin Griefahn. Das Land habe die Kommunen beim Ausbau der Anlagen in den vergangenen fünf Jahren mit rund 760 Millionen Mark unterstützt. So habe sich etwa die Leine bei Alfeld erholen können, weil die Papierfabrik Hannover Papier die werkseigene Kläranlage nachgerüstet habe. Die Oker bei Braunschweig profitiere von einer neuen Abwasserverregnungsanlage. Sorgen bereitet weiterhin die Leine bei Hannover. Die Landeshauptstadt sei wohl zu groß für einen solch kleinen Fluß, sagte Griefahn. Die Umweltministerin hofft weiterhin auf einen Ausbau der Kläranlage.

Daß die Weser deutlich weniger Salzfracht mit sich führt, ist in diesen Tagen sogar zu sehen. Der Fluß ist zum ersten Mal seit 26 Jahren zugefroren. Auch die Elbe ist sauberer geworden. Dies ist allerdings weniger ein Erfolg der Umweltpolitik, sondern vielmehr einer Niederlage der Wirtschaftspolitik: In den einstigen Industriegebieten der DDR am Oberlauf des Flusses ruht weitgehend die Produktion.

Abb. 5.6-5: Beitrag in der Hannoverschen Allgemeinen Zeitung vom 03.02.1996 „Langsam kehrt Leben in die Flüsse zurück"

schieden: Bei der Einleitung von Abwasser mit gefährlichen Stoffen wurden höhere Anforderungen gestellt als bei den übrigen, die weiterhin nach den allgemein anerkannten Regeln der Technik zu behandeln waren. Die höheren Anforderungen bei Abwasser mit gefährlichen Stoffen hatten ebenfalls dem Stand der Technik zu entsprechen und wurden zudem auch auf Indirekteinleitungen ausgedehnt, letzteres allerdings mittelbar über Einschaltung der Landesgesetzgeber. Das Land Niedersachsen ist dieser Verpflichtung nachgekommen, Anforderungen an das Einleiten von Abwasser mit gefährlichen Stoffen in öffentliche Abwasseranlagen mit der „Verordnung über die Genehmigungspflicht für das Einleiten von Abwasser mit gefährlichen Stoffen in öffentliche Abwasseranlagen" (Indirekteinleiterverordnung) vom 10.10.1990 zu regeln. Danach überwachen nun auch die Wasserbehörden die gewerblichen und industriellen Einleitungen bereits bei der Abgabe in die Kanalisation.

Mindestanforderungen für Abwassereinleitungen

Nach der Einführung des § 7 a in das Wasserhaushaltsgesetz im Jahre 1976 werden die Normalanforderungen abgelöst, als die Bundesregierung mit Zustimmung des Bundesrates Mindestanforderungen an das Einleiten von Abwasser als Verwaltungsvorschrift erläßt. Gesteuert durch eine Leitgruppe aus den beteiligten Bundesministerien und obersten Wasserbehörden der Länder wurden damals knapp 60 Arbeitsgruppen aus Fachleuten von Bund, insbesondere aber der Länder, eingesetzt, um branchenbezogen ausgehend von Bestandsaufnahmen die jeweiligen Regeln der Technik und daraus abzuleitende Mindestanforderungen zu ermitteln. Niedersächsische Fachleute der Wasserwirtschaftsverwaltung wirken seitdem vielfältig und maßgeblich mit.

Die „Mindestanforderungen" übernahmen den branchenbezogenen Ansatz der „Normalanforderungen". Die Kopplung an den technischen Standard „allgemein anerkannte Regel der Technik" führten zu einer fortlaufenden Weiterentwicklung der Anforderungen, wie die Verpflichtung, bestehende Anlagen nachzurüsten, was die Abwasserreinigung ganz entscheidend voranbrachte. Beispielhaft zeigt dies die Entwicklung im Bereich der kommunalen Abwasserbeseitigung (Abb. 5.6-6). Im Jahre 1979 wurde die erste allgemeine Verwaltungsvorschrift über Mindestanforderungen an das Einleiten von Schmutzwasser aus Gemeinden in Gewässer - erste SchmutzwasserVwV - veröffentlicht und seither viermal fortgeschrieben, d. h. letztlich verschärft. Zum einen durch die deutliche Verringerung der Grenzwerte für den biochemischen und chemischen Sauerstoffbedarf (BSB_5, CSB). Auch wurden neue Überwachungswerte -Ammoniumstickstoff, Gesamtstickstoff und Phosphor - eingeführt, die in der Regel eine weitergehende Abwasserreinigung erforderten, um diese Abwasserinhaltsstoffe zu entfernen. Weitergehende Abwasserreinigungsmaßnahmen wurden wegen der Nordseeverschmutzung Ende der 80er Jahre besonders vordringlich, denn in der Nordseeschutzkonferenz 1987 hatte sich die Bundesrepublik Deutschland international verpflichtet, die Nährstoff-Fracht bis 1995 um 50 % gegenüber 1985 zu vermindern; Abwasser galt als wesentliche Eintragsquelle.

Umweltprogramm der Europäischen Gemeinschaft

Im Jahre 1973 verabschiedete die Europäische Gemeinschaft (EG) ihr erstes Umweltprogramm, in dem sie sich auf eine Reihe von Emissionsnormen verständigte, die bei der Einleitung von Abwasser in Gewässer zu beachten sind. Sie wurden durch Verwaltungsvorschriften in nationales Recht umgesetzt, und zwar im Rahmen der Abwasserverwaltungsvorschriften.

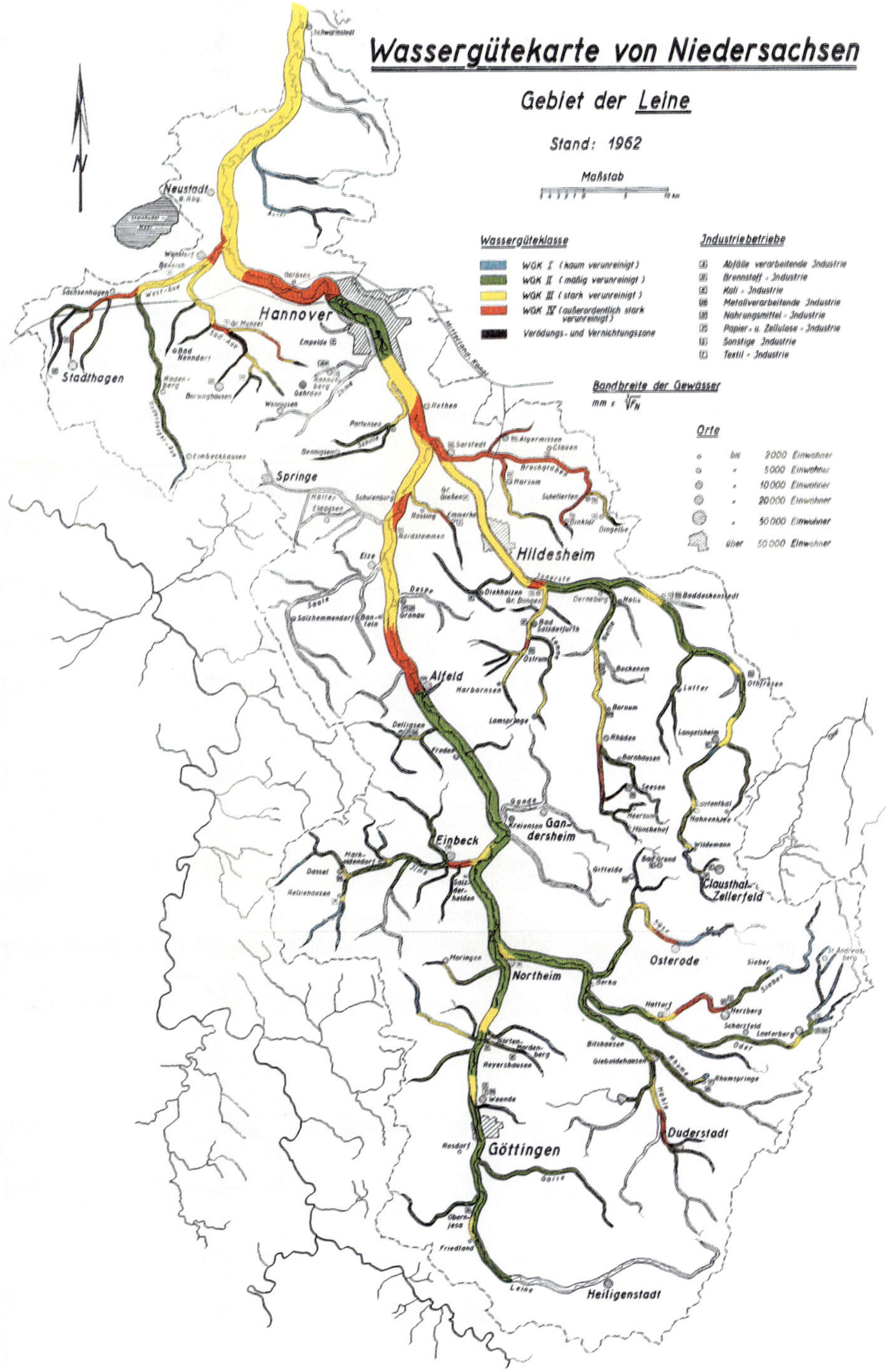

Karte 5.6-2: Erste Gewässergütekarte für das Einzugsgebiet der Leine 1962 (Quelle: Nds. Wasseruntersuchungsamt)

Karte 5.6-3: Erste Gewässergütekarte für ganz Niedersachsen 1967 (Quelle: Nds. Wasseruntersuchungsamt)

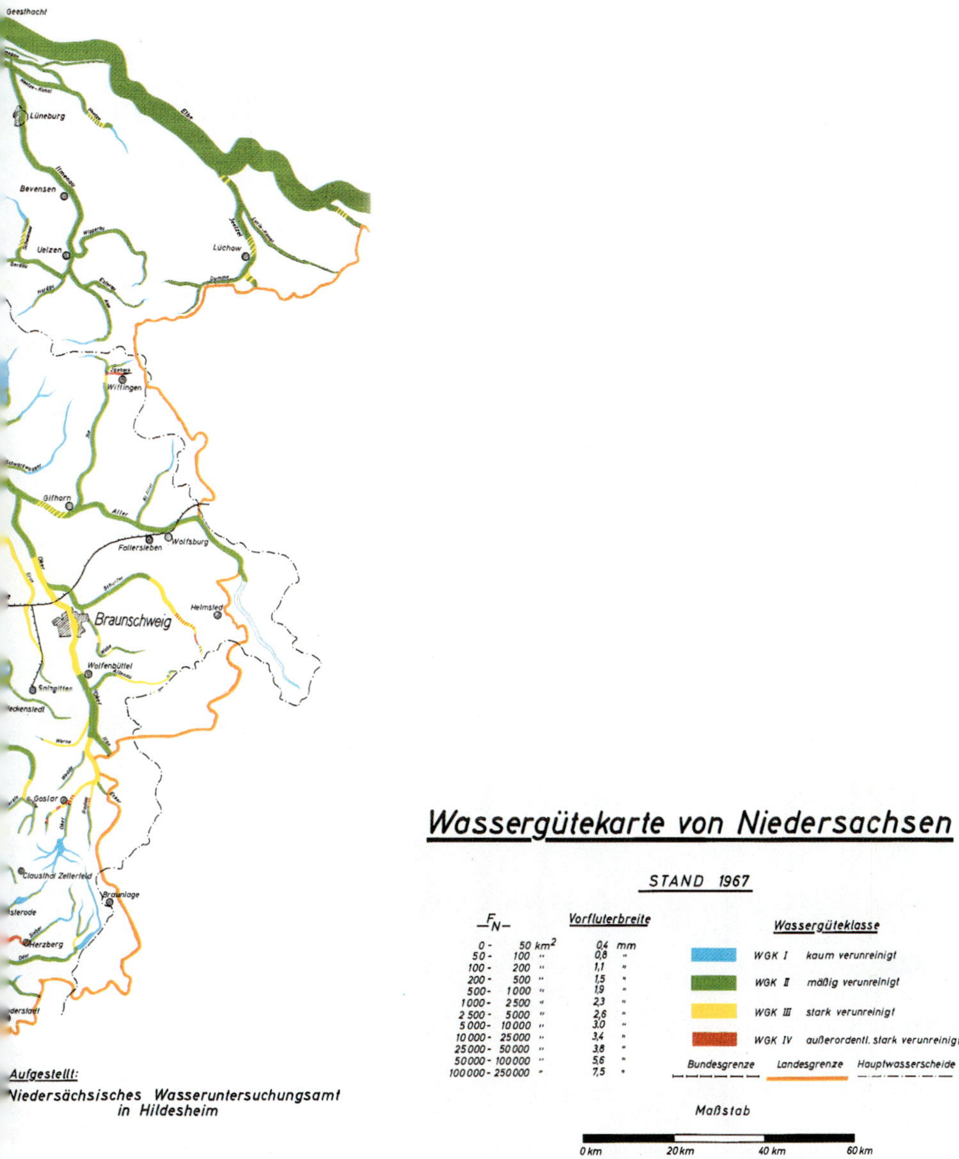
Geesthacht
Lüneburg
Elbe
Ilmenau
Bevensen
Uelzen
Lüchow
Jeetzel
Dumme
Wittingen
Gifhorn
Aller
Fallersleben
Wolfsburg
Oker
Schunter
Braunschweig
Helmstedt
Wolfenbüttel
Salzgitter
Goslar
Clausthal Zellerfeld
Braunlage
Herzberg
Aufgestellt:
Niedersächsisches Wasseruntersuchungsamt
in Hildesheim
Wassergütekarte von Niedersachsen
STAND 1967
F N
0 - 50 km2
50 - 100 "
100 - 200 "
200 - 500 "
500 - 1000 "
1000 - 2500 "
2 500 - 5000 "
5 000 - 10 000 "
10 000 - 25 000 "
25 000 - 50 000 "
50 000 - 100 000 "
100 000 - 250 000 "
Vorfluterbreite
0,4 mm
0,8 "
1,1 "
1,5 "
1,9 "
2,3 "
2,6 "
3,0 "
3,4 "
3,8 "
5,6 "
7,5 "
Wassergüteklasse
WGK I kaum verunreinigt
WGK II mäßig verunreinigt
WGK III stark verunreinigt
WGK IV außerordentl. stark verunreinigt
Bundesgrenze
Landesgrenze
Hauptwasserscheide
Maßstab
0 km
20 km
40 km
60 km

Verpflichtung zur Abwasserbeseitigung

Das Vierte Gesetz zur Änderung des WHG vom 26.04.1976 war nicht nur ein neuer Einstieg in die Anforderungen an Abwassereinleitungen. Nach § 18 a Abs. 2 haben außerdem die Länder zu regeln, welche Körperschaften des öffentlichen Rechts zur Abwasserbeseitigung verpflichtet sind und unter welchen Voraussetzungen anderen die Abwasserbeseitigung obliegt. Niedersachsen übertrug die Pflicht der Abwasserbeseitigung den Gemeinden. Freistellungen von der Abwasserbeseitigungspflicht waren nur eingeschränkt möglich.

In Entwürfen zur Abwasserbeseitigung hatten nun die Gemeinden darzulegen, wie und in welcher Zeit sie eine ordnungsgemäße Beseitigung anstrebten. Diese waren Grundlage für befristete Freistellungen und für die Entscheidung der Wasserbehörde, ob Kleinkläranlagen, die nicht den Regeln der Technik entsprachen (mechanisch-biologische Behandlung gemäß DIN 4261), nachzurüsten seien.

Abwasserabgabengesetz

Die Weiterentwicklung wasserrechtlicher Anforderungen an die Abwasserbeseitigung wäre ohne Nennung des Abwasserabgabengesetzes - AbwAG - vom 13.09.1976 nur unvollständig dargestellt. Das Einleiten von Abwasser wurde mit einer Abgabe belegt, die von der Abwassermenge und der Konzentration bestimmter Schmutzstoffe abhing. Verbesserungen der Reinigungsleistung halfen Abgaben zu sparen, ein Mahn- und Bonussystem sowie die Verrechnungsmöglichkeit mit den Kosten von Verbesserungsmaßnahmen boten wirtschaftliche Anreize, die vielfältig genutzt werden.

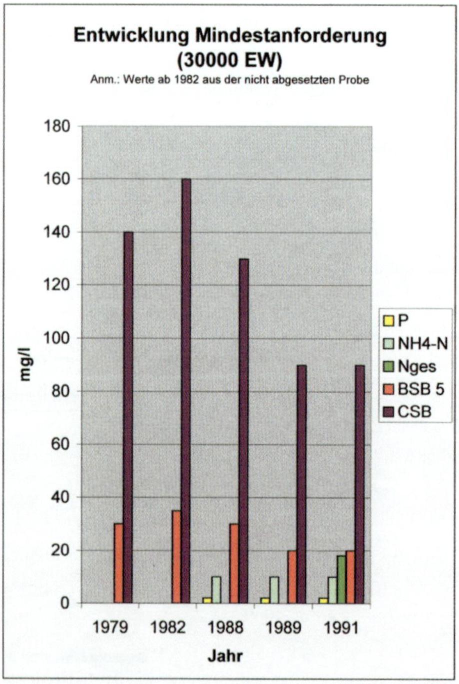

Abb. 5.6-6: Entwicklung der wasserrechtlichen Mindestanforderungen an Abwassereinleitungen von 1979 bis 1991 (Quelle: Nds. Umweltministerium)

5.6.1.4 GEWÄSSERSCHUTZ IN DEN LANDESRAUMORDNUNGSPROGRAMMEN

Bewirtschaftung der Nutzungsansprüche an Gewässer

Ein besonderes Anliegen der Wasserwirtschaftsverwaltung war es, den nicht vermehrbaren Wasserschatz und die ständig steigenden Nutzungsansprüche an die Gewässer planvoll zu bewirtschaften. Daraus ergaben sich Forderungen an die Abwasserbeseitigung und Zielvorgaben, die das Geschehen ganz wesentlich beeinflußt haben. Mit einer Karte 5.6-4 „Abwassereinleitungen in Niedersachsen" von 1972 wurden z.B. den zuständigen Stellen Hinweise für Planungs- und Überwachungsmaßnahmen gegeben, und zwar in Verbindung mit der im gleichen Jahr erschienenen Gewässergütekarte. Beide Karten ermöglichten, die Verschmutzung der Gewässer und eine ihrer Hauptursachen im Überblick zu erkennen.

Für das Einzugsgebiet der Leine erschien 1974 der Bewirtschaftungsplan Leine, der erste Bewirtschaftungsplan Niedersachsens. Als Zielvorstellung 1985 entwickelte er Gewässernutzungsklassen. Er zeigte die Maßnahmen bis 1985 auf, um die für die festgelegten Nutzungsklassen erforderlichen Merkmale zu erreichen. Vor allem waren Kläranlagenneubauten und -erweiterungen mit einem verbesserten Abbau der organischen Verschmutzung erforderlich. Mit der Verordnung über den Bewirtschaftungsplan Leine vom 01.08.1994 wird der frühere von 1974 fortgeschrieben. Der Bewirtschaftungsplan Leine 1974 half nach dem Prinzip der Prioritätenbildung, die Leine schnell zu sanieren und die Mittel gezielt einzusetzen. Er blieb lange Zeit der einzige Plan seiner Art. Später erschien noch ein weiterer Plan nur für das Einzugsgebiet der Oker im Jahre 1989; für das Einzugsgebiet der Vechte ist ein weiterer Plan in Arbeit.

Landesraumordnungsprogramm und Gewässergüteklassen

Im Landesraumordnungsprogramm 1969 wurden wichtige wasserwirtschaftliche Grundsätze und Ziele des Gewässerschutzes verankert. So heißt es auf Vorschlag der Wasserwirtschaftsverwaltung in der Fassung von 1971: „Zur Reinhaltung der Gewässer, insbesondere auch des Grundwassers, ist das in Siedlungen und Produktionsstätten anfallende Abwasser zu reinigen. Die Versorgung der Siedlungen und Produktionsstätten mit Trink- und Betriebswasser und die Abwasserbeseitigung sind im Zusammenhang zu lösen." Im Landesraumordnungsprogramm 1973 heißt es dann, daß „die Abwässer zu sammeln und in überörtlichen Kläranlagen biologisch zu reinigen" sind. „Der Verschmutzung ober- und unterirdischer Gewässer ist entgegenzuwirken. Die noch wenig belasteten oberirdischen Gewässer mit Güteklasse I (unbelastet bis sehr gering belastet), I bis II (gering belastet) und II (mäßig belastet) sind so zu schützen, daß ihre Gewässergüte sich nicht verschlechtert. In den übrigen Gewässern des Landes ist die Gewässergüte nach Möglichkeit so zu verbessern, daß überwiegend die Güteklasse II wieder hergestellt wird." Diese Zielvorgabe des Gewässerschutzes ist Bestandteil des Landesraumordnungsprogrammes 1982 und unterlag der Beurteilung durch den gewässerkundlichen Landesdienst und die Wasserbehörden, ob weitergehende, über die Mindestanforderungen hinausgehende Reinigungsanforderungen im Rahmen der Einleitererlaubnis geboten sind.

Erkannt ist inzwischen, daß die Klassifizierung der Güteklassen I bis IV durch das Saprobiensystem nicht ausreicht, um die natürlichen äußeren Einflüsse ausreichend darzustellen; vielfach kam es zu Fehlbeurteilungen. So gibt es natürlicherweise nährstoff-

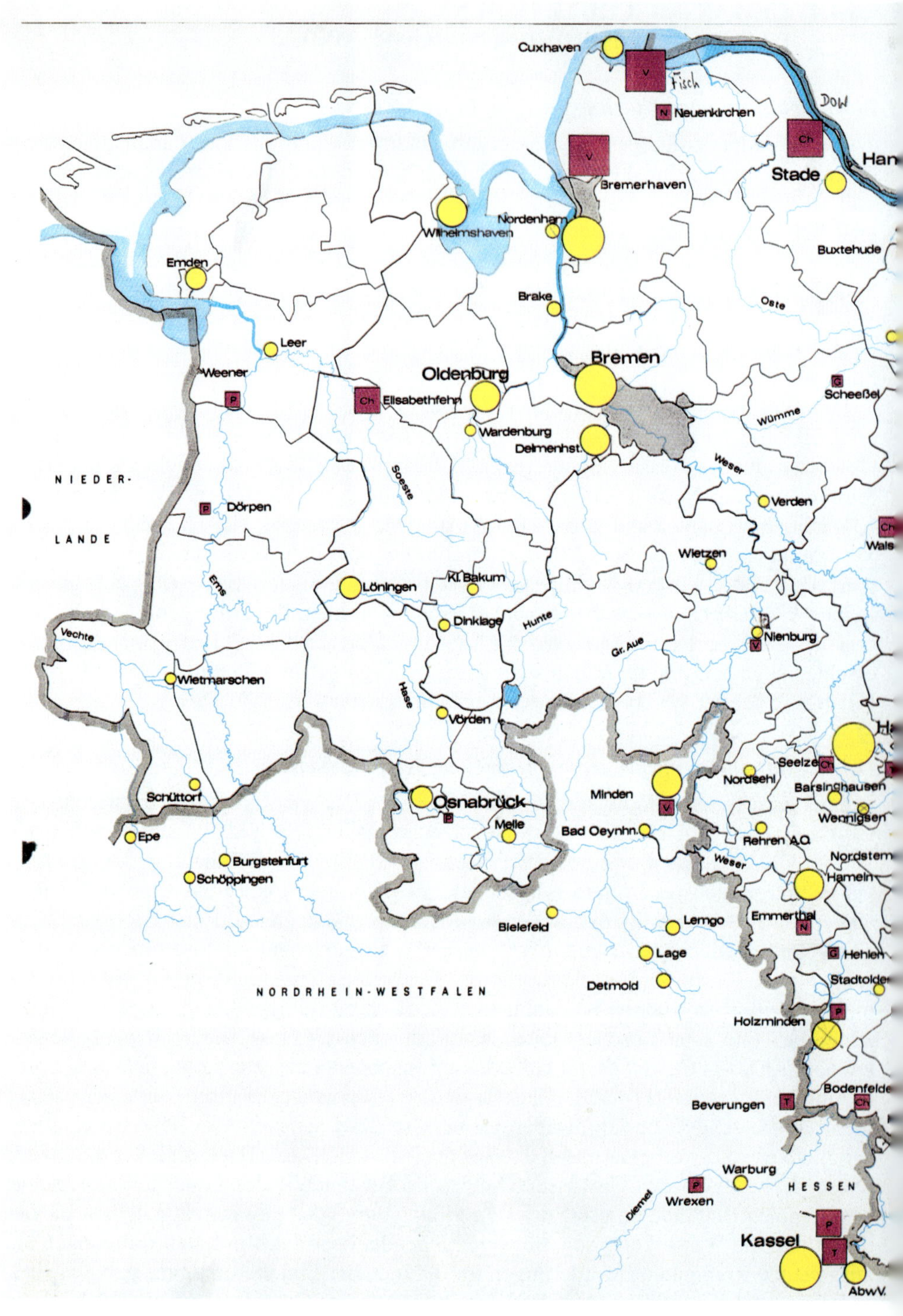

Karte 5.6-4: Abwassereinleitungen in Niedersachsen, Stand 1972, mit Darstellung der industriellen und kommunalen Einleiter (Quelle: Nds. Min. für Ern., Landw. und Forsten)

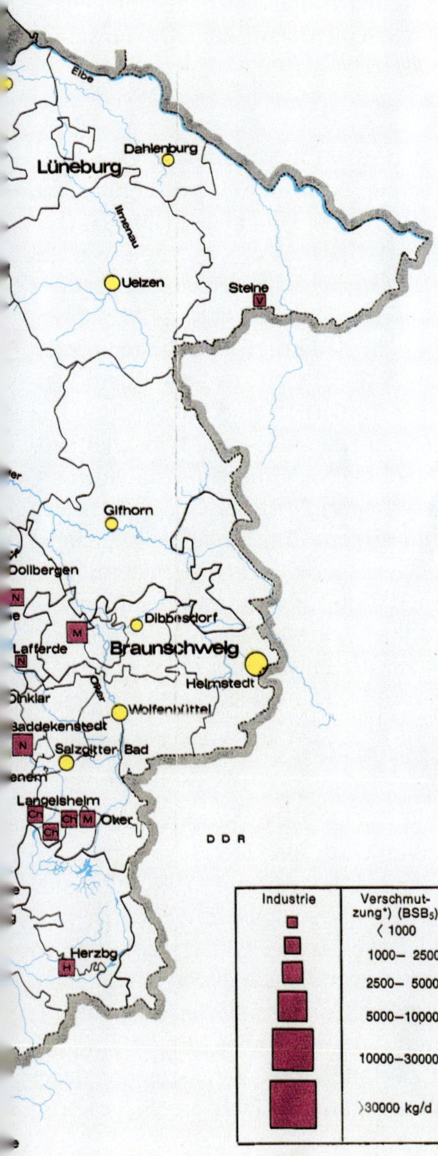

MAẞSTAB

0 10 20 30 40 km

1. Inhalt und Zweck der Karte

In der „Wassergütekarte von Niedersachsen" ist der Gütezustand der Flüsse in Niedersachsen nach Wassergüteklassen dargestellt. Die Wassergüte wird durch einige wenige Abwassereinleitungen stark beeinflußt. In der nebenstehenden Karte sind diese Einleitungen eingetragen.

Beide Karten ermöglichen, die Verschmutzung der Gewässer und ihre Ursache in einem Überblick zu erkennen. Sie sollen den im Bereich des Umweltschutzes zuständigen Stellen Hinweise für Planungs- und Überwachungsmaßnahmen geben.

2. Darstellung nach der Größenordnung

Die Größe der eingeleiteten Schmutzmengen ist in sechs Abstufungen dargestellt. Dabei ist im wesentlichen von der organischen Verschmutzung des Abwassers ausgegangen.

Die Belastung der Gewässer ist durch das Niedersächsische Wasseruntersuchungsamt Hildesheim aufgrund der Untersuchungen über die BSB_5-Konzentrationen im Jahre 1971/72 ermittelt worden. Sofern keine zentralen Kläranlagen vorhanden sind, wurden die Werte auf der Basis von 35 g BSB_5/Einwohner und Tag geschätzt.

Die Restverschmutzung durch Abwassereinleitungen aus technisch ausreichenden Kläranlagen ist vernachlässigt. Außerdem sind bei größeren Flüssen Einleitungen von weniger als 500 kg BSB_5/Tag (das entspricht etwa dem ungereinigten Abwasser von 10 000 Einwohnern), bei kleineren Gewässern mit einem Einzugsgebiet unter 100 km² Einleitungen von weniger als 250 kg BSB_5/Tag nicht aufgenommen.

Zwischen kommunalen und industriellen Einleitungen ist farblich unterschieden.

3. Investitionskosten

Mit der Erhebung zur Karte der Abwassereinleiter wurden gleichzeitig die erforderlichen Investitionskosten überschläglich ermittelt, die für den Bau ausreichender Abwasserreinigungsanlagen bei den erfaßten nieders. Einleitern aufzuwenden sind. Die Kostenermittlungen beruhen auf dem Kostenstand 1972:

Kommunale Anlagen	412 Mio. DM
Industrie	88 Mio. DM
	500 Mio. DM

Industrie	Verschmutzung*) (BSB_5)	Kommunale Einleiter
	⟨ 1000	
	1000– 2500	
	2500– 5000	
	5000–10000	
	10000–30000	
	⟩30000 kg/d	

M = Metallverarbeitung
T = Textil und Wäschereien
N = Nahrungsmittel (einschl. Molkereien, Zuckerfabriken)
Ch = Chemie
K = Keramik, Glas
P = Papier, Zellstoff
H = Holzverarbeitung
G = Gerberei und Leder
V = Viehhaltung, Schlachterei (Fischverwertung, Tierkörperverwertung)

★ = Größendarstellung der Einleiter auf der Grundlage der abgeleiteten organischen Verschmutzung (kg BSB_5/d). Bei Abwasser mit schädlichen Inhaltsstoffen für das Gewässer wurden entsprechende Zuschläge gemacht.

Aufgestellt: Der Niedersächsische Minister für Ernährung, Landwirtschaft und Forsten

reiche und nährstoffarme, schwermetallreiche und schwermetallarme oder kalkreiche und kalkarme Gewässer. Um diesen natürlichen Unterschieden Rechnung zu tragen, müssen verstärkt geeignete chemische und physikalische Kenngrößen berücksichtigt werden. Die Ziele des Gewässerschutzes wurden deshalb im Landesraumordnungsprogramm Niedersachsen 1994 neu formuliert:

„Die weitgehend natürlichen oder naturnahen Gewässer sind so zu schützen, daß ihre Gewässergüte sich nicht verschlechtert. In den übrigen Gewässern ist die Gewässergüte so zu verbessern, daß eine Annäherung an die ursprünglich vorhandenen Gegebenheiten, wie sie vor nachhaltiger menschlicher Beeinflussung herrschten, stattfindet. Das entspricht überwiegend der Gewässergüteklasse II (gering belastet)".

Generalplan Abwasserbeseitigung Niedersachsen

Die Zielvorgabe im Landesraumordnungsprogramm und die tatsächliche Gewässergüte stimmten im Jahre 1982 längst noch nicht überein. Nach der Gewässergütekarte, Ausgabe 1982, wiesen die meisten Gewässer überwiegend die Güteklasse II bis III (kritisch belastet) auf. Das angestrebte Ziel rasch und wirtschaftlich zu erreichen, war das Anliegen des Generalplanes „Abwasserbeseitigung Niedersachsen", den das Niedersächsische Ministerium für Ernährung, Landwirtschaft und Forsten 1983 herausgab. Auf der Grundlage einer Bestandsaufnahme gibt der Generalplan als Leitlinie für die regionalen Abwasserplanungen an, wo und in welchem Umfang Maßnahmen zur Sammlung, Weiterleitung, Behandlung und Ableitung von Abwasser erforderlich sind. In Abhängigkeit von zulässiger Gewässerbelastung, Betriebssicherheit der Kläranlage und Wirtschaftlichkeit der Abwasserreinigung empfiehlt er konkret Standorte von Gruppenkläranlagen mit zugeordneten Entsorgungsräumen. Obwohl nur eine Leitlinie, hat der Generalplan den Ausbau der Abwasserbeseitigung entscheidend mitbestimmt. Zum Ende der 80er Jahre wurde der Generalplan zunehmend als zu zentralistisch ausgerichtet kritisiert, denn Kläranlagen sollten in der Regel eine Mindestgröße von 10.000 Einwohnerwerten nicht unterschreiten. Diese Kritik steigerte sich Anfang der 90er Jahre insbesondere im ländlichen Raum so weit, daß auch die gemeindliche Kanalisation überhaupt in Frage gestellt wurde, da sie zu teuer sei. Immer häufiger wurde gefordert, Kleinkläranlagen als gleichwertige Lösungen zuzulassen.

Kleinkläranlagen

Bereits zu Beginn der Diskussion um die zentrale Kanalisation war die Wasserwirtschaftsverwaltung aktiv geworden und ließ in mehreren Gutachten die Frage klären, unter welchen Voraussetzungen und Bedingungen Kleinkläranlagen mit einer zulässigen täglichen Abwassermenge von bis zu acht Kubikmeter als geeigneter Weg einer ordnungsgemäßen Abwasserbeseitigung anzusehen sind. Bei einer mechanisch-biologischen Behandlung in Anlagen, die der DIN 4261 entsprechen, war danach davon auszugehen, daß die Reinigungsanforderungen als eingehalten gelten können, die nach Anhang 1, Größenklasse 1, der allgemeinen Rahmen-Verwaltungsvorschrift über Mindestanforderungen an das Einleiten von Abwasser in Gewässer zu stellen sind. Voraussetzung dabei ist, daß die Kleinkläranlagen ausreichend überwacht und gut, d. h. fachgerecht, gewartet werden.

Die Auseinandersetzung um den weiteren Ausbau der gemeindlichen Abwasserbeseitigung verstärkte sich unter dem Druck fehlender Haushaltsmittel und führte 1995 zu einer Änderung des Niedersächsischen Wassergesetzes. Den Gemeinden ist nun der Übergang zu dezentralen Lösungen, d. h. zur Abwasserreinigung in Kleinkläranlagen, erleichtert, wenn sie ihn in freier Entscheidung wollen. Die Gesetzesänderung geht davon aus, daß regelmäßig überwachte und fachgerecht gewartete Kleinkläranlagen im ländlichen Raum im allgemeinen eine ausreichende Abwasserreinigung gewährleisten.

5.6.1.5 SONDERPROGRAMME FÜR NORDSEE, WESER UND ELBE SOWIE ZUKUNFTSAUFGABEN

Umweltbelastung der Nordsee

Die Entwicklungen in der Abwasserbeseitigung seit den 80er Jahren sind beeinflußt durch die Umweltbelastung der Nordsee, die zu dieser Zeit verstärkt augenscheinlich wurde. Der Eintrag von Nährsalzen und Schadstoffen überschritt teilweise die Belastungsgrenzen. Aufsehenerregende Umweltkatastrophen, wie das Massensterben von Robben, Fischen, Krabben und Vögeln, zeigten örtliche Notstände an. Aber auch gehäuft auftretende Algenblüten und erhöhte Keimzahlen im Wattenmeer waren ernste Alarmzeichen. Die Nordseeanrainerstaaten faßten auf ihrer zweiten internationalen Konferenz 1987 wichtige Beschlüsse zur Rettung der Nordsee. Es wurde u.a. verabredet,

- langlebige giftige Stoffe mit den besten verfügbaren Mitteln schon an der Anfallstelle zu verringern und
- Stickstoff- und Phophateinträge innerhalb von 10 Jahren zu halbieren (Basisjahr 1985).

Diese Anliegen berücksichtigen Bund und Länder bei der Gestaltung der Anforderungen an das Einleiten von Abwasser in Gewässer und in öffentliche Abwasseranlagen. Die niedersächsische Landesregierung legte 1988 ihre Vorstellungen für einen verbesserten Schutz der Oberflächengewässer in Niedersachsen - Zielvorstellungen und Arbeitsprogramm - vor. Es wurde aufgezeigt, welcher Beitrag durch den weiteren Ausbau der Abwasserbeseitigung zum künftigen Gewässerschutz geleistet werden soll. Das Programm umfaßte eine Finanzsumme von über 4 Mrd. DM und war auf 10 Jahre angelegt. Wegen der hohen Nährstoffbelastung der Küstenbereiche der Nordsee in der deutschen Bucht wurden diese Zielvorstellungen zeitgleich durch das niedersächsische Sofortprogramm zur Phosphor- und Stickstoffentlastung der Oberflächengewässer durch abwassertechnische Maßnahmen ergänzt. Mit dem Sofortprogramm wurden die vornehmlich Phosphor- und Stickstoffverbindungen vermindernden Maßnahmen wegen der hohen Nährstoffbelastung der Küstenbereiche der Nordsee in der deutschen Bucht vorgezogen (Abb. 5.6-7).

Aktionsprogramm Weser und Elbe

Ergänzt und auch fortgeschrieben und stärker aufgegliedert wurden die Zielvorstellungen von 1988 im „Aktionsprogramm Weser" der Arbeitsgemeinschaft der Länder zur Reinhaltung der Weser, der die Länder Nordrhein-Westfalen, Niedersachsen, Bremen und Hessen angehören, im Jahre 1989 sowie im „Ersten Aktionsprogramm (Sofortprogramm) zur Reduzierung der Schadstoff-Frachten in der Elbe in ihrem Einzugsgebiet" der Internationalen Kommission zum Schutz der Elbe von 1991. Beide Programme sind von der niedersächsischen Wasserwirtschaftsverwaltung mitgestaltet worden, denn letztlich sind etwa 2/3 der Fläche des Landes Niedersachsen dem Einzugsgebiet dieser beiden Flüsse zuzuordnen.

Abb. 5.6-7: Kläranlage Bunde im Landkreis Leer für ländlichen Raum nahe der Ems, Kapazität: 11200 EW, mit Nitrifikation, Denitrifikation und P-Fällung (Foto: StAWA Aurich)

Eine weitere Fortschreibung der Zielvorstellungen, und hier insbesondere unter dem Gesichtspunkt der Finanzierung und Förderung von Maßnahmen mit Zuwendungen des Landes, folgte 1993 mit dem „Nachrüsteprogramm zur Erneuerung und Erweiterung kommunaler Kläranlagen".

Ergebnis und Zukunft der Abwasserbeseitigung

Die Abwasserbeseitigung ist eigenverantwortlich von den Gemeinden, Gewerbe- und Industriebetrieben zu lösen. Die Wasserwirtschaftsverwaltung hat gleichwohl eine Vielzahl von Hilfestellungen gegeben, und zwar u. a.
- als finanzielle Unterstützung (Fördermittel)
- in Form von Pilotprojekten und Modellversuchen,
- mit der Entwicklung neuer Vorgehensweisen und Entwürfe sowie
- durch Änderung und Ergänzung von Richtlinien bis hin zur eigenen Regelsetzung, besonders zur Abwasserbeseitigung im ländlichen Raum.

Die Abwasserbeseitigung in Niedersachsen hat heute einen hohen technischen Stand erreicht, der in Zukunft im kommunalen Bereich insbesondere dann ausreicht, wenn die Nachrüstemaßnahmen zum Abbau der Nährstoffe Stickstoff und Phosphor abgeschlossen sind. Stärker in den Vordergrund treten künftig die Vermeidung und Verminderung um die Gewässerbelastungen mit gefährlichen Stoffen durch Indirekteinleitung und Haushalts-Chemikalien.

Die Möglichkeiten der Abwasserreinigungstechnik mit dem Bau von Kläranlagen sind weitgehend ausgeschöpft. Vorstellbar und nicht abwegig ist die weitere Verringerung der

Schwebstoffe und eine Abwasserhygenisierung. Letztere ist gegenwärtig aber nicht zu verwirklichen und auch nur sinnvoll, wenn Maßnahmen zur Bekämpfung diffuser Belastungsquellen abgestimmt einhergehen, die jedoch wenig Anklang finden.

Handlungsbedarf besteht bei der Niederschlagswasserableitung, die langfristig neu organisiert werden muß, da über sie immer noch erhebliche Schmutzfrachten in die Gewässer gelangen. Die Rückhaltung und Versickerung an Ort und Stelle muß mehr genutzt werden, stärker verunreinigtes Niederschlagswasser ist getrennt zu erfassen und zu behandeln. Und dann steht vielfach noch eine Sanierung der Kanalisation an, damit eine schadlose Ableitung des gesammelten Abwassers dauerhaft gewährleistet ist.

Ein besonders komplexes Problem der Verbesserung der Gewässergüte der Oberflächengewässer und des Grundwassers durch Verminderung von Nährstoffeinträgen aus Haushalt, Industrie , Landwirtschaft und Hochmoorzersetzung sowie zur Erhaltung offener Wasserflächen durch Entschlammung ist am Beispiel „Die Sanierung des Dümmers“ unter Abschnitt 10.7 eingehend dargelegt.

Wegen aller Anstrengungen, das Abwasser zu entfrachten, führte die verbesserte Reinigungsleistung zu einem verstärkten Klärschlammanfall. Diesen langfristig sicher zu entsorgen, ist eine der wesentlichen Aufgaben der nächsten Jahre. Die verhältnismäßig einfache Ablagerung der vergangenen Jahre für Schlämme, die nicht landwirtschaftlich verwertet werden konnten, ist zukünftig unmöglich, nachdem die Technische Anleitung Siedlungsabfall (TAS) die Randbedingungen einer Ablagerung Anfang der 90er Jahre wesentlich verschärften. Kommunale Klärschlämme sollen deshalb verstärkt landwirtschaftlich verwertet werden. Soweit dies nicht möglich ist, bleibt letztlich nur die thermische Verwertung. Eine spannende Zukunftsaufgabe!

5.6.2 ABWASSERBEHANDLUNG DURCH VERRIESELUNG UND VERREGNUNG AM BEISPIEL BRAUNSCHWEIGS

vom StAWA Braunschweig

Zustand vor der Abwasserbehandlung

Die Entwicklung der Abwasserbehandlung der Stadt Braunschweig ging von Anfang an ungewöhnliche Wege. Bis in die zweite Hälfte des vorigen Jahrhunderts wurde das häusliche Abwasser des Stadtgebietes recht sorglos und möglichst schnell in die nächsten Gräben entsorgt, die dann zu Kloaken verkamen. Die zahlreichen Okerarme, welche die Stadt durchzogen, stanken derartig, daß die Stadtväter sich entschlossen, die offenen Rinnen und Gassen zu verrohren und das gesammelte Wasser in größere Okerarme zu leiten. Gleichzeitig begann der Ausbau der zentralen Wasserversorgung, die das Trink- und Brauchwasser in die Küchen und Waschküchen der Mietshäuser förderte, die im Zuge der Industrialisierung auch im Stadtkern entstanden. Die Bürger mußten das Wasser nicht mehr von den öffentlichen Brunnen und Pumpen in die Wohnungen schleppen. Der durch diese Erleichterung bedingte größere Verbrauch erhöhte die Schmutzfracht, so daß sehr bald die Reinigung des in den Rohrleitungen gesammelten Abwassers vor Einleitung in die Flüsse aus hygienischen Gründen gefordert wurde.

Anlage von Rieselfeldern

Nach den guten Erfahrungen mit Rieselfeldern in Berlin verlangte die Braunschweigische Staatsverwaltung, daß auch die Stadt derartige Reinigungsanlagen schaffe. Am 16. März 1895 wurden die Rieselanlagen auf dem Klostergut Steinhof (Karte 5.6-5) im Norden der Stadt - 7 km von der Stadtgrenze entfernt - nach nur zweijähriger Bauzeit in Betrieb genommen. Auf 400 ha leichtem Sandboden durften 15 000 m³/Tag „Kanaljauche" der rd. 100.000 Einwohner unschädlich beseitigt werden. Dieses Verfahren hat über 40 Jahre zur Zufriedenheit der Stadt und der Aufsichtsbehörden gearbeitet.

Die Bevölkerung war 1936 auf 180 000 Bürger angewachsen, die Rieselfelder waren überlastet, so daß die Stadt den Bau einer Kläranlage plante, deren Verwirklichung jedoch durch den Zweiten Weltkrieg verhindert wurde. Nach dem Krieg stieg durch den Zuzug von Vertriebenen aus dem Osten die städtische Bevölkerung auf über 300 000 Einwohner und die Abwasserlast auf 35 000 m³/Tag an. Zunächst wurde das 1894 in Betrieb genommene Dampfpumpwerk 1950 durch den Einbau von Kreiselpumpen modernisiert.

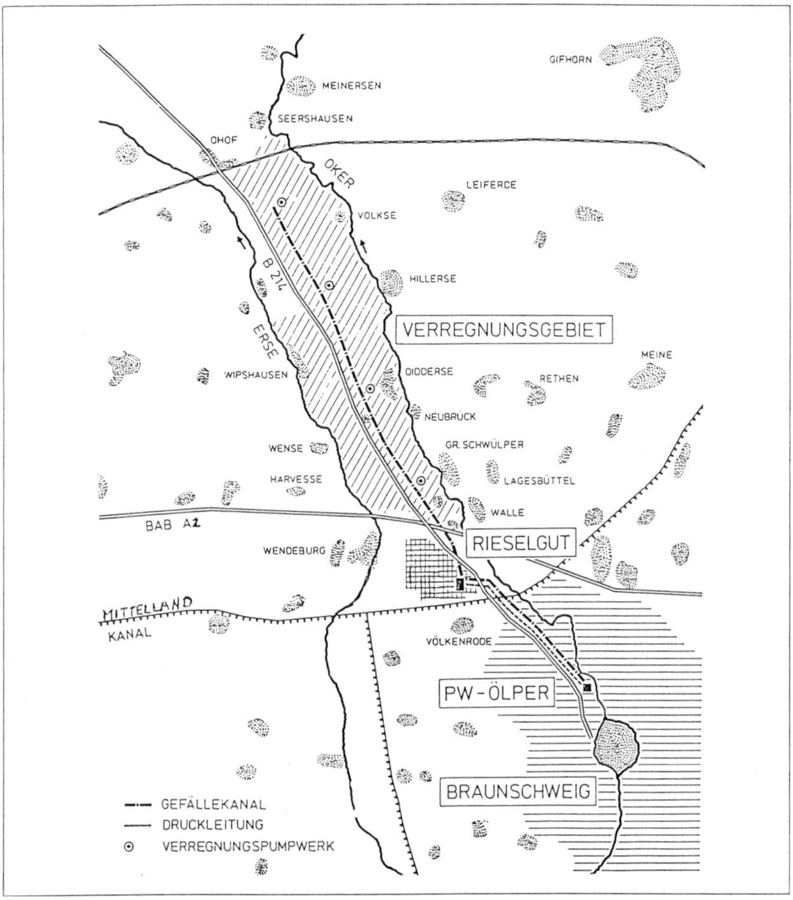

Karte 5.6-5: Lageplan des Rieselgutes Steinhof und Verregnungsgebiet des Abwasserverbandes Braunschweig (Quelle: StAWA Braunschweig)

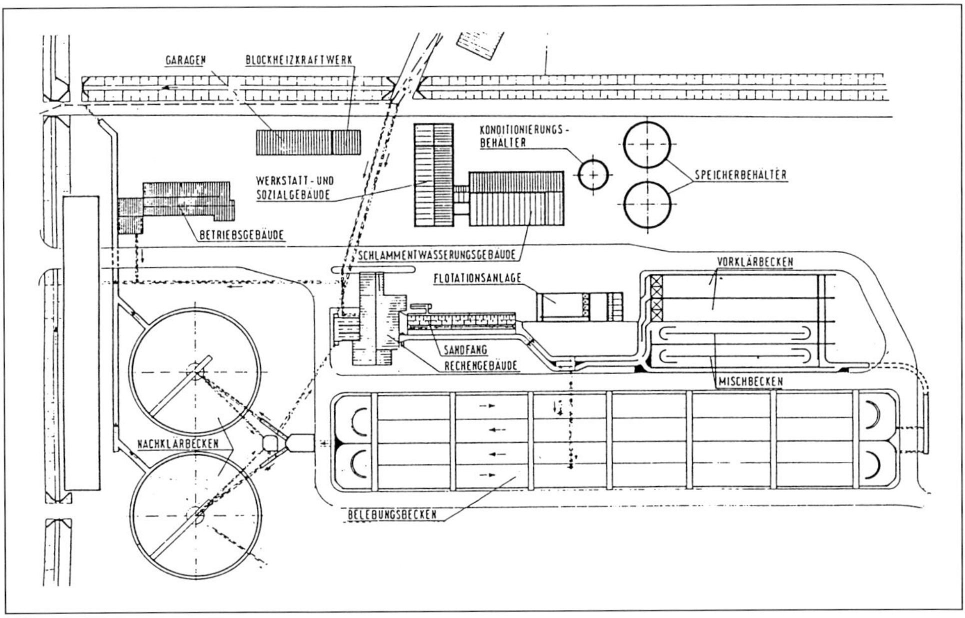

Abb. 5.6-8: Lageplan des Klärwerkes Steinhof (Quelle: StAWA Braunschweig)

Kläranlage oder Verregnung der Abwässer

Die Planung für eine Kläranlage wurde wieder aufgenommen. Gutachter schlugen eine mechanisch-biologische Tropfkörperanlage vor. Die Wasserwirtschaftsverwaltung entwickelte hingegen den Plan, das nicht im Rieselgut (Abb. 5.6-8) verwertbare Abwasser über eine landbauliche Nutzung durch Verregnung zu reinigen, wie sie bereits vor dem Krieg in Magdeburg erfolgreich angewandt wurde. Die Stadt hatte gegen dieses Verfahren jedoch wegen der höheren Baukosten Einwände. Die staatliche Wasserwirtschaftsverwaltung aber hat mit der Überzeugungskraft von Zuschüssen die Stadt Braunschweig dazu gebracht, eine für den Wasserhaushalt entlastende und gewässerschonende Verregnung des im Rieselgut nicht mehr zu reinigenden Abwasserüberschusses von rd. 25 000 m^3/Tag einzurichten. Hierfür wurde 1954 ein Abwasserverband gegründet, in dem neben den Abwasserlieferanten rd. 550 Landwirte mit einer Fläche von 4 300 ha zusammengeschlossen waren. Als Gemeinschaftsleistung war das lediglich mechanisch gereinigte Abwasser der Stadt Braunschweig und der Anliegergemeinden ganzjährig auf einer Nettonutzfläche von 3 000 ha zu verwerten. Der Abwasserverband hat im Laufe der Jahrzehnte wesentlich zur Entwicklung der landwirtschaftlichen Beregnungstechnik beigetragen. Die im Dauereinsatz erprobten Regenmaschinen mit aufrollbaren Plastikrohren sind heute Stand der Technik.

Vor- und Nachteile der Verregnung

Für die Gewässerreinhaltung war es vorteilhaft, daß das Abwasser trotz fehlender biologischer Reinigung unter Ausnutzung des Bodendurchgangs und der Verdunstung grundwasserverträglich dem Wasserkreislauf wieder zugeführt wurde (Abb. 5.6-9). Die

Gewässergüte der Oker verbesserte sich um zwei Güteklassen. Der Nachteil des Verfahrens war die Verregnung auch in der vegetationslosen Zeit, in der im wesentlichen nur noch die mechanische Reinigungswirkung eintritt. In der Jahresrestbelastung wurden trotzdem schon in den 60er Jahren Reinigungsleistungen erzielt, die heute nur von wenigen Kläranlagen erreicht werden. Die hygienischen Vorbehalte konnten durch human- und veterinärmedizinische Untersuchungen und sich daraus ergebender Auflagen für den Verregnungsbetrieb ausgeräumt werden.

Ein weiterer Nachteil, der die Wasserbehörde schließlich zum Handeln zwang, war die starke Geruchsbelästigung, die von der Verregnung des Rohabwassers ausging. Der Abwasserverband stand daher Mitte der 70er Jahre vor dem gleichen Problem wie 1886 die Stadt Braunschweig. Es mußte etwas gegen den Gestank unternommen werden.

Abb. 5.6-9: Regenmaschine der Abwasserverregnung im Einsatz (Foto: StAWA Braunschweig)

Abb. 5.6-10: Luftbild des neuen Klärwerkes Steinhof (Quelle: StAWA Braunschweig)

Bau einer zusätzlichen Kläranlage

Der Abwasserverband Braunschweig ließ von der Technischen Universität Braunschweig Vorschläge zur Geruchsverminderung untersuchen. Der Vorschlag, das Abwasser in einer mechanisch-biologischen Kläranlage bis zur Geruchsstabilisierung zu behandeln, wurde verwirklicht. Auf dem Gelände des Riegelgutes wurde 1978 eine Kläranlage gebaut, die 1981 den Betrieb aufnahm. Der Lageplan zeigt die wesentlichen Anlagenteile, die üblichen Vorbildern entsprechen (Abb. 5.6-10).

Biologische Klärung vor Verregnung

Der beim Klärvorgang anfallende Klärschlamm wurde in der Vegetationszeit dem teilgereinigten Abwasser wieder zugesetzt, um die darin enthaltenen Düngestoffe neben dem Wasserwert zu nutzen. Leider bereitete die Klärschlammordnung aufgrund der Abfallgesetzgebung dieser vernünftigen Wiederverwendung ein Ende, so daß die Wasserbehörde wegen der rechnerisch über dem Grenzwert liegenden Nitratfracht die Klärschlammbeimischung einschränken ließ.

Der Abwasserverband sah sich deshalb gezwungen, dem Abwasser das Nitrat zu entziehen. Von 1989 bis 1991 wurde die biologische Klärung verdreifacht, so daß heute das gereinigte Abwasser unmittelbar in die Oker eingeleitet werden könnte. Das Ergebnis ist ein erhöhter Schlammanfall, der besonders behandelt werden muß. Seit 1992 bringt der Abwasserverband den Klärschlamm auf Flächen außerhalb des Verbandsgebietes unter; rd. 21 000 t mit einem Trockensubstanzgehalt von 7 000 t wurden 1997 an Landwirte geliefert. Über eine weitere Verringerung dieser Mengen wird bereits nachgedacht.

Weitere Pläne nach 100 Jahren Rieselgut Steinhof

Die Stadt Braunschweig konnte 1995 auf das 100jährige Bestehen des Rieselgutes Steinhof zurückblicken, die landwirtschaftliche Produktion war allerdings bereits seit 1970 eingestellt. Sie plant gemeinsam mit dem Abwasserverband den Umbau der Rieselfelder nach ökologischen Gesichtspunkten. Das Ziel ist, die Abwasserverregnung nur noch in Zeiten des pflanzensoziologischen Bedarfes vorzunehmen und die Rieselflächen als Puffer in den übrigen Jahreszeiten zu nutzen. Das Klärwerk soll mit einer Schlammfaulung komplettiert werden, um die Klärschlamm-Menge zu reduzieren und das Faulgas in dem zum Betrieb gehörenden Blockheizkraftwerk, in dem bisher Deponiegas und Gas aus einem Kompostwerk genutzt werden, zu verwerten.

5.6.3 ÖLUNFALLBEKÄMPFUNG
von Bernhard Knollmann

Nach Ölunfällen Abkommen zur Unfallbekämpfung

Seeschiffe transportieren Öl und andere wassergefährdende Stoffe in großen Mengen entlang der niedersächsischen Küste und über die Seewasserstraßen Elbe, Weser und Ems bis tief ins Landesinnere. Ein großer Öl- und Chemiekalienunfall vor der deutschen Küste kann das Küstenmeer und damit insbesondere die „Kinderstube der Nordsee“, das Wattenmeer, nachhaltig beeinträchtigen. Dieser Lebensraum ist gegenüber Ölverschmutzungen besonders empfindlich. Vor allem Vögel haben geringe Überlebenschancen bei Ölunfällen. Außerdem werden der Tourismus und die Fischerei betroffen.

Unter dem Eindruck spektakulärer Ölunfälle wie der Havarien der Tanker ANNE MILDRED BRÖVING in der deutschen Bucht 1966, TORREY CANYON vor der Küste Cornwalls 1967 oder AMOCO CADIZ, bei der 230 000 t Öl vor der nordfranzösischen Küste ausliefen und für die Beseitigung der Schäden rd. 4 Mrd. DM aufzuwenden waren, wurde in der Bundesrepublik deutlich, daß die damals vorhandene Bekämpfungskapazität selbst minimalen Ansprüchen nicht gerecht werden konnte.

Der Bund und die Küstenländer Bremen, Hamburg, Schleswig-Holstein und Niedersachsen beschlossen deshalb 1975 ein Verwaltungsabkommen mit dem Ziel einer gemeinsamen Bekämpfung von Ölverschmutzungen auf der Nord- und Ostsee und den Seeschiffahrtsstraßen bis Emden, Bremen, Hamburg und Lübeck. Hierbei mußten sie ungeklärte Fragen der Zuständigkeiten und die daraus folgenden unterschiedlichen Rechtsauffassungen zurückstellen: Die Länder sind für alle Maßnahmen der Gewässerreinhaltung zuständig, d.h. wenn die Verschmutzung bereits eingetreten ist, und der Bund für die Sicherheit und Leichtigkeit des Seeverkehrs einschl. der Vorsorgemaßnahmen, z.B. Leichterung von Öl aus havariertem Tanker. Dieses erste Abkommen hat sich bewährt. Es wurde 1995 auf die Bekämpfung aller Meeresverschmutzungen durch Schadstoffe (Chemikalienunfälle) erweitert. Mecklenburg-Vorpommern trat dem Abkommen bei. Kosten werden nach einem festen Schlüssel zwischen Bund und Ländern aufgeteilt.

Stellen und Vorsorgemaßnahmen zur see- und landnahen Ölbekämpfung

Die Partner des Abkommens richteten zwei Sonderstellen ein, eine Bundesstelle für den Schwerpunktbereich der Seebekämpfung und eine gemeinsame Länderstelle mit dem Schwerpunkt der landnahen Bekämpfung (Abb. 5.6-11). Inzwischen wurden über 200 Mio. DM investiert. Das Schwergewicht der Investitionen lag bei Ölbekämpfungsschiffen. Aber auch Spezialfahrzeuge für den Einsatz von Ölbekämpfungsgerät im Strand- und Wattbereich, Ölsperren, Skimmer sowie die Ausrüstung von Helfern im Strandbereich wurden beschafft und entlang der Küste bereitgestellt. Alljährlich wird der Einsatz geübt. Nach einem Systemkonzept sind weitere Investitionen von 200 Mio. DM in den nächsten 10 Jahren vorgesehen. Geräte und Schiffe werden von unterschiedlichsten öffentlichen und privaten Stellen verwaltet und im Rahmen von Mehrzwecknutzungen gebraucht. So befinden sie sich bei Bundesmarine, Wasser- und Schiffahrtsverwaltung, Länderstellen wie dem StAIK, Technischem Hilfswerk (THW), Landkreisen, Schiffsausrüstern oder Schlepperfirmen in Häfen (Abb. 5.6-12, -13 und -14).

Glücklicherweise blieben bislang große Tankerunfälle in der Deutschen Bucht aus. Kleinere Unfälle, bei denen „nur“ bis zu 300 t Öl ausliefen, ereigneten sich und vermit-

telten mit ihren Auswirkungen auf Wattgebiete, Strände und Deckwerke eine Ahnung der möglichen Beeinträchtigungen. Aufgaben im Rahmen der Vorsorgeplanung waren und sind:
- Sensitivitätskartierung des Wattenmeeres und der Ästuarien,
- Erstellen von Driftmodellen über die Ausbreitung von Schadstoffen,
- Ausbau eines REMUS-integrierten EDV-Systems.

Ölunfälle im Nordseeküstengebiet

Am 3. Januar 1986 kollidierte der Tanker BRADY MARIA mit dem Frachter WAY LINK auf der Unterelbe bei Brunsbüttel und rd. 305 m³ Schweröl, das auf 57° C erwärmt werden muß, um es pumpen zu können, ergossen sich in die mit Eisschollen bedeckte Elbe. Die herbeigerufenen Ölbekämpfungsschiffe konnten das Öl nicht aufnehmen, da es viel zu steif war. Innerhalb weniger Tage waren die Elbufer auf beiden Seiten durch zähklebriges Öl verunreinigt. Teilweise sank das Schweröl auf den Wattboden und driftete

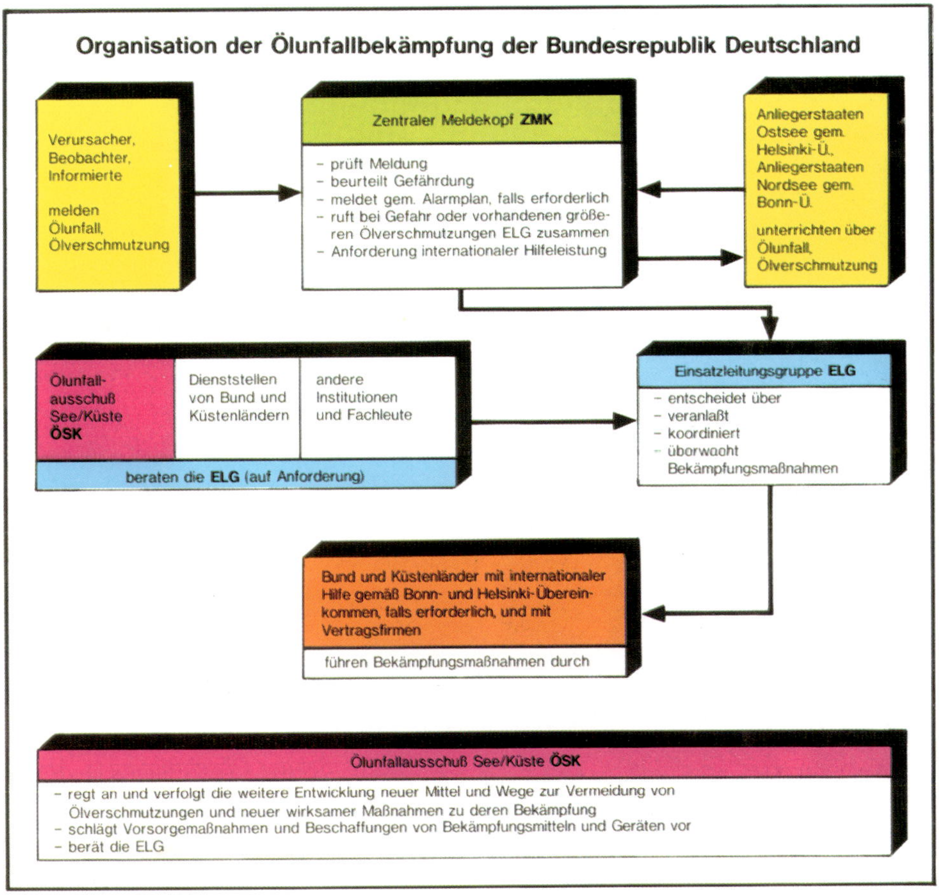

Abb. 5.6-11: Organisationsschema der Ölunfallbekämpfung der Bundesrepublik Deutschland (Quelle: Nordseegutachten 1980)

Abb. 5.6-12:
Ölwehrübung mit dem LMS Janssand des StAIK Norden im Norderneyer Watt. Von den Auslegern werden die Schwimmsperren und der Skimmer gehalten. Er nimmt das Öl auf und pumpt es in die Decktanks (Foto: StAIK, Norden).

Abb. 5.6-13:
Bei der Ölwehrübung (s. Abb. 5.6-12) wird der Skimmer ausgebracht und im hinteren Bogen der Schwimmsperre plaziert, wo er das zusammentreibende Öl von der Wasseroberfläche absaugt (Foto: STAIK, Norden)

Abb. 5.6-14: Ölwehrübung an der Kaje von Bremerhaven (Foto: Knollmann)

als Fladen in Stubengröße einige Tage danach wieder weiter. Bei höher auflaufenden Tiden wurde Weideland bedeckt und verschmiert.

Schätzungsweise starben insgesamt 2 000 Vögel. Das Öl sickerte in Deckwerke, um erst wieder im April bei höheren Temperaturen hervorzufließen und erneut Vögel zu gefährden. Das Öl ließ sich am besten auf den Sandstränden aufnehmen. In der Grimmershörner Bucht bei Cuxhaven wurde die zähe Masse mit Forken im Sand wie in Paniermehl gewälzt und dann in Container geladen. Im seichten Uferbereich wurden schwimmende Ölfladen aufgenommen, indem Plastikplanen daruntergezogen wurden, um das Öl so einzuwickeln.

Aufwendig war das Reinigen von Deckwerken an der Oste. Hier mußte Stein für Stein auf eine Baggermatratze gelegt werden, dann auf einer Deckschute mit Heißdampf gereinigt und zurückgelegt werden. Die Reinigungskosten allein in Niedersachsen beliefen sich auf 1,3 Mio. DM. Sie wurden vom International Oil Pollution Compensation Fund erstattet.

Am 09.06.1986 entstand bei einem mißglückten Anlegemanöver an der Stromkaje in Bremerhaven ein scheunentorgroßes Loch in der Bordwand des Frachters WESTWOOD MERIT, durch das 92 m^3 Bunkeröl in die Weser flossen. Das Öl mußte in einer großen Säuberung mit Heißdampf vor allem von den Deckwerken in Nordenham gewaschen werden. Die Versicherung hatte insgesamt 2,15 Mio. DM zu zahlen.

Am Sonnabend vor Ostern des Jahres 1988 kollidierte das DDR-Kühlschiff HEINRICH HEINE mit dem Frachter MATARAM auf der Unterelbe bei Brunsbüttel. An dieser Stelle herrscht besonders reger Schiffsverkehr, so daß es hier wiederholt zu Kollisionen kommt. Bei dieser Kollision flossen 100 m^3 Schiffsheizöl aus. Rd. 3 000 t ölverunreinigter Kleiboden mußten aus dem Naturschutzgebiet Hullen entfernt werden. Der Boden wurde auf einem Acker hinter dem Deich nach der Methode des „land farming" biologisch gereinigt. Alle anderen Methoden waren auf ihre Anwendbarkeit geprüft worden. Sie führten nicht zum Ziel, da der Klei sich nicht zum Verbrennen, Waschen oder in Mieten kompostieren eignet. Für die Reinigungsmaßnahmen in Niedersachsen wurden von der Versicherung 1,2 Mio. DM gezahlt, die gesamten Reinigungskosten erreichten 3,3 Mio. DM. Allgemein werden die Reinigungs- und Entsorgungskosten einer einzigen Tonne Öl auf bis zu 50.000 DM veranschlagt.

Illegale Verschmutzungen

Anfang Dezember 1993 verlor das Containerschiff SHERBRO 88 Container in einem schweren Sturm vor der französischen Küste; acht Container enthielten Gefahrgut. Einer davon war mit 3 t eines Fungizides „Apron Plus" beladen, abgepackt in kleinen Tütchen von je 10 g. An allen niedersächsischen Stränden wurden unter großem Anteil der Medien und der Bevölkerung die Beutelchen gefunden und eingesammelt.

Als im Juni 1996 ein Tanker rücksichtslos und illegal seine Tanks auf See gewaschen und den Inhalt 60 bis 100 Seemeilen nordwestlich von Sylt in die See gepumpt hatte, trieben Ölklumpen tonnenweise an den Nord- und Ostfriesischen Inseln an die Strände - gerade zur Badesaison (Abb. 5.6-15). Unter Einsatz von Bundeswehrmannschaften, Spezialfirmen und verwaltungseigenen Kräften wurden rd. 2 200 m^3 Öl-/Sandgemisch mit schätzungsweise 450 t Öl geborgen. Die Kosten wurden auf mehr als 2 Mio. DM geschätzt.

Abb. 5.6-15: Ölbekämpfung auf dem Knechtsand im Juni 1996 (Foto: Knollmann)

Einsatz des Geschäftsbereiches Gewässerreinhaltung

In all diesen Fällen oblag es dem Geschäftsbereich Gewässerreinhaltung der niedersächsischen Wasserwirtschaftsverwaltung, dafür zu sorgen, daß das Öl oder das Fungizid schnell und wirtschaftlich von den Ufern entfernt wurde. Hier galt es mit Augenmaß zu reagieren und aus dem Stand eine Bekämpfungsmethode auszuwählen oder zu entwikkeln und die dazugehörige Durchführung mit den unteren Wasserbehörden, mit Firmen, dem Technischen Hilfswerk (THW) oder der Bundeswehr zu organisieren. Bei der Kostenabwicklung waren Landes- und Bundesvorschriften zu beachten und letzten Endes die Anerkennung der Kosten durch die Versicherer herbeizuführen.

Der Schutz unserer Nordseeküste mit ihren einmaligen Sänden und Watten erfordert auch künftig ständige Bereitschaft zum schnellen und entschlossenen Handeln. Aber trotz aller Vorkehrungen bleibt der große Öl- oder Chemikalienunfall hoffentlich nur ein schrecklicher Gedanke, denn auch bei optimalem Einsatz ist es nicht möglich, Schäden völlig zu verhindern, sondern nur zu begrenzen. Die Vorsorgeplanung insbesondere der Verhinderung von Havarien ist daher ein Hauptanliegen. Hierzu wäre unbedingt ständig ein Hochseebergungsschlepper vor der niedersächsischen Küste einsatzbereit zu halten, der bei Havarien und Maschinenausfällen sofort eingreift.

5.7 ABFALLWIRTSCHAFT

5.7.1 ABFALLWIRTSCHAFT IN NIEDERSACHSEN

von Hans-Jochen Uhlendorf

5.7.1.1 ABFALLBESEITIGUNG ALS UMWELTSCHUTZ

Nach 1945 wurden als Folge des wirtschaftlichen Aufschwunges, der Ausweitung der industriellen Erzeugung und des Verhaltens der Wohlstandsgesellschaft Umweltbelastungen erkennbar, die Forderungen nach „Umweltschutz" auslösten. Sie betrafen in großem Maße das „Lebenselement Wasser". Aus dieser Zeit stammt die Aussage „Wasserwirtschaft ist Umweltschutz" (Abb. 5.7-1).

Ein herausragender Teilbereich des Umweltschutzes war von Anfang an die Abfallbeseitigung, deren schädliche Auswirkungen überall offenkundig wurden. Zwar war die Müllabfuhr in den Siedlungsgebieten weitgehend sichergestellt, die örtlichen Müllplätze waren jedoch der „Müll-Lawine" der 60er Jahre nicht mehr gewachsen. Es wurde begonnen, abgelegene Täler mit „Wohlstandsmüll" zu verfüllen. So war noch Anfang der 70er Jahre auf den Ostfriesischen Inseln die Deponietechnik wenig entwickelt, so daß durch Sturmfluten und gelegentliche Brände häufig wieder Platz für die Ablagerung weiterer Abfälle geschaffen wurde.

Die allgemeinen Mißstände riefen auch Politiker und Gesetzgeber auf den Plan. Von den Auswirkungen ungeordneter Abfallbeseitigung wie Möwen- und Rattenplage, Brandgefahr, Papierflug und Gestank war die Beeinträchtigung der Gewässer - insbesondere des Grundwassers - am nachhaltigsten wirksam, am schwierigsten zu beurteilen und zu beherrschen. Was lag also näher, die Behörden der Wasserwirtschaft, die sich schon seit

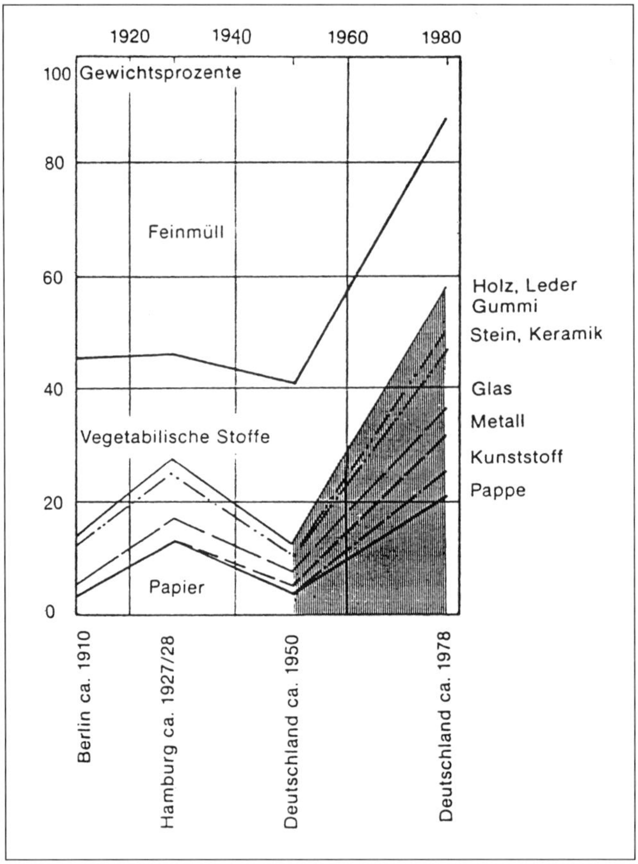

Abb. 5.7-1: Entwicklung der Abfallmengen in Deutschland seit 1910

langem mit den flüssigen Abfällen (Abwasser) und mit der Reinhaltung der Gewässer (Abschnitt 5.6) befaßt hatten, auch mit den Problemen fester Abfallstoffe zu betrauen. So weist 1970 der Geschäftsverteilungsplan des WWA Hannover „Müll" als Teil der wasserwirtschaftlichen Rahmenplanung aus. Der Abfallbereich war fachlich dem Abwasser zugeordnet.

Bestehende Regelungen und Zuständigkeiten

In Niedersachsen wurden die Abfälle teils von Gemeinden und teils von Zweckverbänden, zu denen Gemeinden zusammengeschlossen waren, oder von Landkreisen beseitigt im Rahmen ihrer Allgemeinzuständigkeit für den Bereich der Selbstverwaltungsaufgaben. Sie erließen entsprechende Verordnungen, stellten Gemeindemüllplätze zur Verfügung und erhoben Müllabfuhrgebühren. Es gab eine Reihe von bundes- und landesrechtlichen Bestimmungen, die für eine ordnungsgemäße Abfallbeseitigung von Fall zu Fall herangezogen werden konnten, solche des Baurechts, des Hygienerechts, des Bürgerlichen Rechts, des Gewerberechts, des Straßen- und Verkehrsrechts und nicht zuletzt des Wasserrechts.

Nach den Wassergesetzen beeinträchtigte der Betrieb eines Müllplatzes das Gewässer und konnte deshalb nur unter Bedingungen und mit Auflagen wasserrechtlich erlaubt werden. Dabei wurde erwartet, daß der mikrobielle Abbau von Schadstoffen im Boden (Selbstreinigung) und eine weitgehende Verdünnung des Müllsickerwassers im Grundwasserabstrom zusammengenommen lediglich zu einer zulässigen Aufhärtung führen würde. Von dieser Auffassung mußte später im Zusammenhang mit illegal abgelagerten Industrierückständen (Sonderabfall) kostenträchtig abgerückt werden.

Die Rechtszersplitterung in der Abfallwirtschaft verzögerte auch technische Lösungen dieses Umweltproblems. Sie war mit ein Grund zur Aufstellung des „Generalplanes Abfallbeseitigung Niedersachsen vom April 1972" durch den Nds. Minister für Ernährung, Landwirtschaft und Forsten. Dieser Plan innerhalb der wasserwirtschaftlichen Rahmenplanung (Abschnitt 5.1) gab für Niedersachsen erstmalig eine zusammengefaßte Übersicht der Art und Menge der anfallenden Abfälle (Abb. 5.7-2) sowie über deren Behandlung und Verbleib. Sammlung und Behandlung aller Abfälle sollten danach großräumig eingerichtet und eine umweltunschädliche Behandlung und Ablagerung sichergestellt werden. Dazu sollten überregionale Anlagen mit technisch sinnvollen und wirtschaftlich vertretbaren Verfahren der Abfallwirtschaft genutzt werden.

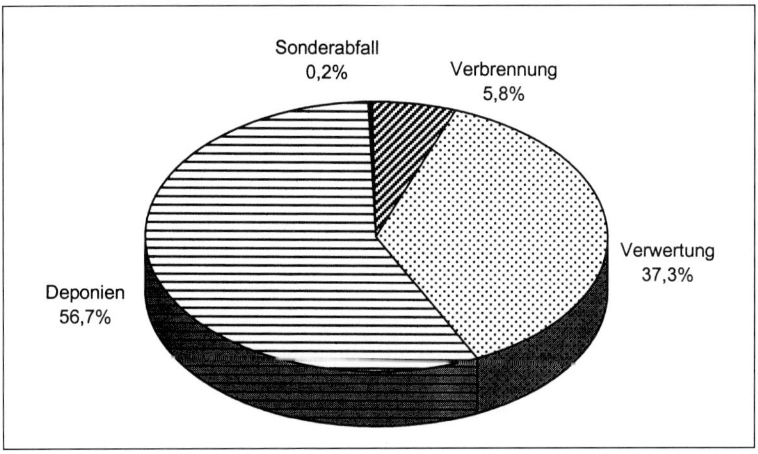

Abb. 5.7-2: Verbleib der erfaßten Siedlungsabfälle und ähnlicher Abfälle in Niedersachsen 1997 (Quelle: Nds. Umweltministerium)

5.7.1.2 ENTWICKLUNG DES ABFALLRECHTS UND AUFGABENERWEITERUNG FÜR DIE VERWALTUNG

Gesetzgebung des Bundes

Um die Rechtszersplitterung auf dem Gebiet der Abfallbeseitigung durch eine umfassende Regelung auf Bundesebene zu ersetzen, mußte zunächst das Grundgesetz geändert werden. Im Jahre 1972 wurde der Bund voll zuständig für Abfallbeseitigung, Luftreinhaltung und Lärmbekämpfung (Art. 74 GG). Für den Wasserhaushalt blieb es bei der

Rahmengesetzgebung des Bundes (Art. 75 GG). Das Abfallgesetz des Bundes vom 7.6.1972 überläßt den einzelnen Bundesländern
- die Bestimmung der Beseitigungspflichten,
- die Aufstellung der Abfallbeseitigungspläne und
- die Bestimmung der zuständigen Behörden.

Diese Regelungen sind im Niedersächsischen Ausführungsgesetz - Nds. AG AbfG - vom 09.04.1973 enthalten.

Regelungen nach dem Nds. Ausführungsgesetz

Die Wasserwirtschaftsämter wurden als technische Fachbehörden für die Abfallbeseitigung bestimmt. Sie hatten die anderen Fachbehörden zu beteiligen. Die Beseitigungspflicht wurde den Landkreisen und kreisfreien Städten auferlegt. In Rechtsangelegenheiten waren diese häufig in eigener Sache tätig, so daß in diesen Fällen die Aufgaben im Abfallrecht (u. a. Planfeststellungsverfahren für Beseitigungsanlagen) der Mittelbehörde zugeordnet wurden.

Bereits am 1.11.1971 war beim Regierungspräsidenten in Hannover erstmals in Niedersachsen im Dezernat „Wasserwirtschaft" ein Dezernent für „Abfall" eingestellt worden (Hillmann, Uhlendorf), bei dem die ersten Abfallrechtsfragen aufliefen. Diese Entwicklung führte dazu, daß ein von einem Wasserwirtschaftsingenieur verfaßter Kommentar „Das geltende Abfallrecht in Niedersachsen" erschien. Er sollte dann mit Bezug auf das Nieders. Ausführungsgesetz die einzige Veröffentlichung für über ein Jahrzehnt bleiben.

Das erste Änderungsgesetz zum Bundesgesetz vom 21.06.1976 trat am 01.01.1977 in Kraft. Unter dem 04.03.1982 bzw. dem 31.01.1985 wurden bereits das zweite bzw. das dritte Änderungsgesetz zum AbfG erlassen. Im ersten Änderungsgesetz wurden auch die Zulassungsbedingungen für Abfallbeseitigungsanlagen erleichtert und der Betriebsbeauftragte für Abfall eingeführt. - Auf dieser gesetzlichen Grundlage liefen nun zahlreiche Planfeststellungs- und Genehmigungsverfahren an, die für die Wasserwirtschaftsämter und für die zuständigen Mittelbehörden erhebliche Arbeitsbelastung brachten.

Bei der Bearbeitung war beim Regierungspräsident Hannover das technische Dezernat „Wasserwirtschaft" federführend, da der fachtechnische Arbeitsanteil bei weitem überwog. So wurden im Regierungsbezirk Hannover in den Jahren 1976 bis 1981 über 20 Zulassungsbeschlüsse für Abfallbeseitigungsanlagen einschl. des Planfeststellungsbeschlusses für die Zentraldeponie Hannover bestandskräftig.

Schwierigkeiten im rechtlichen Bereich

Vom Verwaltungsgericht wurde z. B. der Planfeststellungsbeschluß für die Deponie Kolenfeld bei Wunstorf vom 17.07.1980 aufgehoben, wobei fachlich und praktisch unbedeutende Verfahrensfehler der Grund waren. Gegen die beteiligten Beamten wurde ein Regreßverfahren eingeleitet, später jedoch eingestellt. Das Verfahren Kolenfeld II, von Juristen sorgsam geführt, mit Planfeststellungsbeschluß vom 25.08.1982 abgeschlossen und mit Änderungsbeschluß vom 12.12.1983 ergänzt, wurde ebenfalls wegen Abwägungsmängel verworfen. Diese Verwaltungsgerichtsentscheidung war ebenso schwer verständlich, wie die gesetzlichen Vorgaben, nach denen der Regierungspräsident als obere Abfallbehörde gleichermaßen Planungs- und Planfeststellungsbehörde war. Nach über 7 Jahren vom ersten Planfeststellungsantrag an wurde „Kolenfeld II" jedoch noch bestandskräftig, weil die Kläger „gegen Geld" ihre Anträge zurückzogen. Heute ist Kolenfeld noch immer die große Zentraldeponie für den Landkreis Hannover.

Von der Abfallbeseitigung zur Kreislaufwirtschaft

Mit dem „Gesetz über die Vermeidung und Entsorgung von Abfällen“ (AbfG) vom 27.08.1986 wurde der Übergang von der Abfallbeseitigung zur Abfallwirtschaft eingeleitet. Entscheidend dafür waren der neue Entsorgungsbegriff und das Gebot zur Abfallvermeidung und Abfallverwertung (Abb. 5.7-3).

In Niedersachsen wurde die Neuregelung der Sonderabfallentsorgung dringlich, weil durch gesteigertes Umweltbewußtsein, verschärfte gesetzliche Bestimmungen und Mangel an geeigneten Anlagen Entsorgungsschwierigkeiten auftraten. Mit dem Vorschaltgesetz vom 21.12.1988 wurde die „Zentrale Stelle für Sonderabfälle“ eingerichtet, deren Aufgaben die Niedersächsische Gesellschaft zur Endablagerung von Sonderabfall mbH - NGS - mit Sitz in Hannover übernahm.

Das Niedersächsische Abfallgesetz (NAbfG) vom 21.03.1990 übernahm die Bestimmungen des Vorschaltgesetzes und löste das Nds. AG AbfG von 1973 ab. Mit zwei Änderungsgesetzen sollte eine ökologisch orientierte Abfallwirtschaft gefördert werden. Dazu dienten u. a. Bestimmungen über Trennung und Verwertung von Abfällen sowie die Abfallberatung (1991). Regelungen der Entsorgung und Überwachung von Sonderabfällen sowie über Altlasten wurden erweitert (1994). Die Neufassung des NAbfG wurde am 14.10.1994 bekanntgemacht. Durch Verordnung wurden den Staatlichen Ämtern für Wasser und Abfall wichtige Überwachungsaufgaben - z. B. für Sonderabfallanlagen - übertragen.

Auf Bundesebene löste das „Gesetz zur Vermeidung, Verwertung und Beseitigung von Abfällen“ vom 27.09.1994 das AbfG vom 27.08.1986 ab. Artikel 1 enthält das „Gesetz zur Förderung der Kreislaufwirtschaft und Sicherung der umweltverträglichen Beseitigung von Abfällen“ (Kreislaufwirtschafts- und Abfallgesetz - KrW-/AbfG). Darin wer-

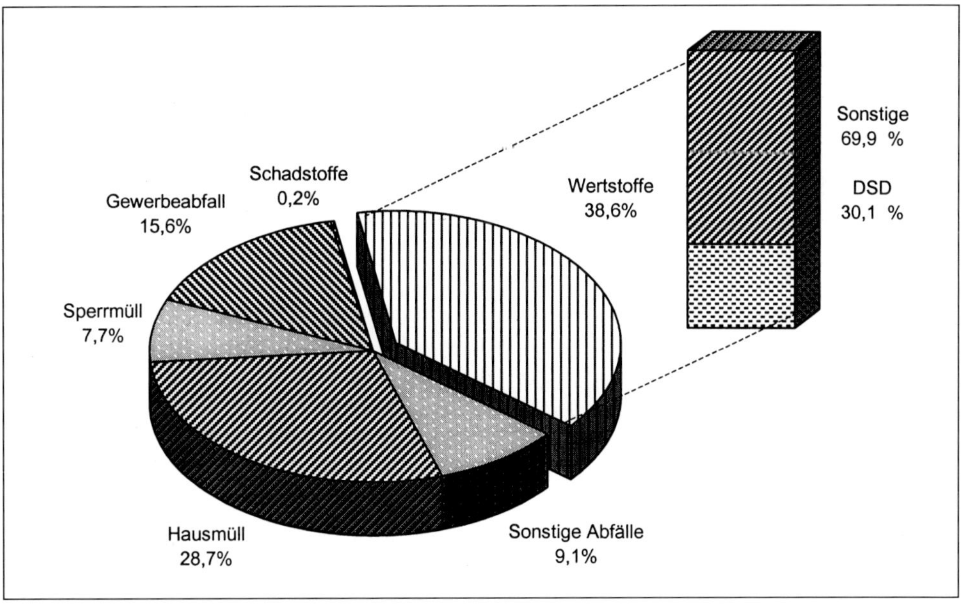

Abb. 5.7-3: Aufteilung des Abfallaufkommens in Niedersachsen 1997
(Quelle: Nds. Umweltministerium)

den die Grundsätze einer Abfallkreislaufwirtschaft festgelegt und die einzelnen Entsorgungsschritte - Vermeidung, Verminderung, stoffliche oder energetische Verwertung und Beseitigung - genauer bestimmt sowie Richtlinien der Europäischen Gemeinschaft (EG) umgesetzt.

Aufgabenerweiterung für die Verwaltung

Die 15 Wasserwirtschaftsämter (WWA) in Niedersachsen waren bereits mit Inkrafttreten des Nds.AG AbfG am 12.4.1973 zu technischen Fachbehörden für die Abfallbeseitigung bestimmt worden. Diese neue Aufgabe war eine Herausforderung für die Mitarbeiter, sich mit Hilfe von Fortbildungsveranstaltungen dafür fit zu machen. Der wachsende Umfang der angeforderten Stellungnahmen, das Auftreten immer neuer Fragen und das zunehmende öffentliche Interesse an Müllproblemen wurde später durch eine Umbenennung der Ämter deutlich gemacht. Ab 1.9.1989 bestanden in Niedersachsen 11 „Staatliche Ämter für Wasser und Abfall“ (StÄWA) (s. Abschnitt 9.1). Mit Erlaß des Umweltministeriums vom 2.3.1990 wurden die Organisationspläne der StÄWA im Rahmen einer Neugliederung der Niedersächsischen Wasser- und Abfallwirtschaftsverwaltung neu gefaßt: Eine Abteilung 4 „Abfallwirtschaft, Altlasten“ wurde eingeführt. Fast ein Viertel der technischen Bediensteten war danach dem Abfallbereich zugeordnet.

Eine ähnliche Entwicklung erfuhr das Niedersächsische Wasseruntersuchungsamt (WUA) (s. Abschnitt 6.1). Die acht Regierungspräsidenten/Verwaltungspräsidenten in Niedersachsen wurden 1973 gesetzlich zu oberen Abfallbehörden bestimmt. Ihnen wurde eine Reihe von Zuständigkeiten auf dem Gebiet der Abfallwirtschaft übertragen, u. a. das Aufstellen von Bezirksabfallplänen, der Erlaß von Verordnungen zu diesen Plänen und die Planfeststellungsverfahren für Abfallbeseitigungsanlagen. Bei der Bezirksregierung Hannover war erstmals in Niedersachsen Ende 1971 ein Dezernent für Abfall eingestellt worden. 1973 erhielt der Regierungspräsident Hannover die Zuständigkeit für Sonderabfallplanungen für ganz Niedersachsen. Im Ministerium für Ernährung, Landwirtschaft und Forsten (ML) unter Minister Gerhard Glup wurde der Bereich Abfallwirtschaft von der Abteilung 3 „Wasser- und Abfallwirtschaftsverwaltung“ wahrgenommen (s. Abschnitt 9.3). Mit der Gründung des Niedersächsischen Umweltministeriums unter Minister Dr. Werner Remmers am 15.7.1986 wurde „Wasser- und Abfallwirtschaft“ als Abteilung 2 eingegliedert.

Ab Juli 1989 wurde die Abt. 2 in 2 Gruppen geteilt. Die Bedeutung der Abfallwirtschaft sollte durch die Bildung einer eigenen Referatsgruppe 21 „Abfallwirtschaft, Altlasten“ hervorgehoben werden. Mit der Ablösung von Minister Dr. Werner Remmers (CDU) als Umweltminister und Übernahme des Amtes durch Ministerin Monika Griefahn (parteilos, später SPD) am 21.6.1990 wurde die Abfallwirtschaft organisatorisch noch weiter von der Wasserwirtschaft getrennt. Seit dem 30.7.1990 bestand die Abt. 5 „Abfallvermeidung, Abfallwirtschaft, Altlasten“ eigenständig neben der Abt. 2 „Gewässerschutz, Wasserwirtschaft (s. Abschnitt 9.3.2). Diese Neuorganisation in der Ministerialinstanz war ein weiterer Schritt, die Geschlossenheit der niedersächsischen Wasserwirtschaftsverwaltung aufzulösen. Dies galt auch für den personellen Bereich. Es wurden Bedienstete eingestellt, deren Ausbildung, Fachwissen und Verwaltungserfahrung nicht mehr die bisher geforderten Einstellungsvoraussetzungen erfüllten. Auch von daher kamen Lösungen des von vielen Seiten beklagten „Entsorgungsnotstandes“ für Abfälle nur zögerlich voran. Planungsaufträge wurden häufiger an Außenstehende vergeben, für die offenbar genügend Haushaltsmittel verfügbar waren.

5.7.1.3 AUFGABEN, TÄTIGKEITEN UND ERFOLGE IN DER ABFALLWIRTSCHAFT

Wasserwirtschaftsämter als Fachbehörde

Noch bevor die Wasserwirtschaftsämter 1973 gesetzlich zu Fachbehörden für die Abfallbeseitigung bestimmt wurden, waren sie mit Müllfragen bereits im Zuge der wasserwirtschaftlichen Rahmenplanung befaßt. Zur Aufstellung des „Generalplans Abfallbeseitigung Niedersachsen" (1972) waren die Probleme zu erkunden und aufzuarbeiten. Ein neues Arbeitsgebiet mußte von den Mitarbeitern bewältigt werden. Dazu trugen Fortbildungsveranstaltungen des Bundes der Wasser- und Kulturbauingenieure (BWK) und der Universität Hannover bei. In der Folgezeit waren die Ämter mit Untersuchungen, Beratungen und Stellungnahmen zur Abfallbeseitigung stark beansprucht. Insbesondere bei Planfeststellungsverfahren waren die Mitarbeiter gefordert. Andere Behörden wie zum Beispiel das Niedersächsische Landesamt für Bodenforschung, die Gewerbeaufsicht und die Gesundheitsämter mußten eingeschaltet werden. Bei Erörterungsterminen war der Vortrag der WWÄ von großer Bedeutung für das Ergebnis der Verhandlungen. Nach Ausweitung des Entsorgungsbegriffs auf Verwertung und Vermeidung von Abfällen im Jahre 1986 wuchsen die Aufgaben der WWÄ - ab 1989 StÄWA - weiter. Organisation und Beratung zur Erfassung und Behandlung von Bauschutt, Altpapier, Altglas, Kunststoffe u. a. kamen hinzu.

Im NLW - ab 1989 NLWA - wurden Abfallprobleme wissenschaftlich untersucht und Stellungnahmen für Einzelvorhaben sowie Grundlagen für abfallwirtschaftliche Entscheidungen auf Landesebene erarbeitet. Bei den oberen Abfallbehörden - also in der Mittelinstanz - begannen Einzelplanungen und Planfeststellungsverfahren.

Müllverbrennung

Bereits 1973 wurde nach schwierigen Verhandlungen entschieden, daß für den Raum Hameln eine Müllverbrennung günstiger sei als eine Kompostierung. Der Planfeststellungsbeschluß für die Müllverbrennungsanlage Hameln erging dann Anfang 1974. Gleichzeitig liefen in Hannover Planungen für ein Kompostwerk in Luthe bei Wunstorf an, die aber nicht verwirklicht wurden. Planungen von Müllverbrennungsanlagen an verschiedenen Orten in Niedersachsen wurden ebenfalls verworfen. In jüngster Zeit wird dagegen die Verbrennung wieder erörtert, da der Deponieraum knapp wird und die Verbrennungsrückstände mengenmäßig sehr viel geringer sind.

Bezirksabfallpläne

Die Bezirksregierungen stellten ihre Bezirksabfallpläne auf, den für Hannover am 10.02.1976. Diese Pläne wurden durch Verordnungen für die Beseitigungspflichtigen verbindlich gemacht. Die erste Verordnung wurde am 16.12.1974 für den Regierungsbezirk Osnabrück erlassen, die Landkreise Wesermarsch und Ammerland sowie die Regierungsbezirke Aurich und Lüneburg folgten 1975. Die Verordnung der Bezirksregierung Hannover kam infolge von Schwierigkeiten bei der Standortfindung im Ballungsraum um die Landeshauptstadt erst am 01.01.1979 heraus. und wurde am 17.07.1985 fortgeschrieben und neu erlassen (Abb. 5.7-4).

Rekultivierung einer Kaliabraumhalde

Ende 1979 wurde in Empelde bei Hannover der Plan erörtert, mit Hilfe der Abfallgesetze eine Kaliabraumhalde zu rekultivieren. Versuche in dieser Richtung waren vorher erfolglos geblieben. Nun war vorgesehen, eine Flanke der Halde als Boden- und Bauschuttdeponie auszuweisen. Durch den Planfeststellungsbeschluß wurde dem Betreiber auferlegt, eine dicke Schicht aus grobstückigem Material aufzubringen, Rigolen vom Hangfuß aus zur Ableitung von salzhaltigem Haldenwässern anzulegen und den Bauschutt - frei von organischen Bestandteilen - in Schichten aufzubringen. Darüber wurden Anpflanzungen auf kulturfähigem Boden vorgeschrieben. Die Auslaugung der Halde, der Salzstaub bei Wind und der triste Anblick des grauen Berges ließen den Widerstand von Anliegern bald erlahmen. Heute führt die Bundesstraße 65 um einen begrünten Hügel, der den ehemaligen Widerständlern u. a. als Bienenweide dient und der einen Übergang vom Gewerbegebiet zum Landschaftsschutzgebiet Benther Berg bildet. Diese Anlage ist unter der Überschrift „Salz wird grün" am Klimaschutzprogramm EXPO-Region Hannover - KLEX - beteiligt.

Sonderabfallbeseitigung

Die Sonderabfallentsorgung hat die niedersächsische Wasser- und Abfallwirtschaftsverwaltung in den letzten 25 Jahren stark beschäftigt. Die Anfänge werden hier behandelt. Im weiteren wird auf die Sonderabfallplanung in Abschnitt 5.7.3 vertieft eingegangen.

Die Aufstellung von Plänen für die Sonderabfallbeseitigung war bereits 1973 dem Regierungspräsidenten Hannover übertragen worden. Im April 1974 war ein Plan für ganz Niedersachsen als Vorentwurf fertig. Er blieb aber unter Verschluß, weil die durch „Giftmüllskandale" aufgeschreckte Öffentlichkeit politische Entscheidungen immer wieder hinauszögerte und sich dadurch Entsorgungsengpässe abzeichneten. Als Zwischenlösung diente das 1976 veröffentlichte „Kursbuch für Sonderabfälle in Niedersachsen", das den Abfallbesitzern mit Entsorgungshinweisen weiterhalf. Im Dezember 1981 erschien eine ergänzte Auflage des Kursbuches, deren zweier Teil einen „Vorläufigen Plan" enthielt, der den bundesgesetzlichen Auftrag zur Aufstellung von Sonderabfallplänen erfüllen sollte.

Ein weiterer Schritt zur Lösung des Sonderabfallproblems war die Gründung der Sonderabfallgesellschaft Niedersachsen mbH (SGN), die auf privatwirtschaftlicher Grundlage betrieben werden sollte. Sie brachte 1978 eine Projektstudie zur Entsorgung von flüssigen und pastösen Sonderabfällen heraus und plante anhand eines umfangreichen Gutachtens auch die Einlagerung von Sondermüll in Salzkavernen. Die SGN bestand von 1975 bis 1987.

Die Bezirksregierung Hannover erarbeitete - u.a. für die nachgeordneten Stellen - eine Reihe von Schriften mit Hinweisen für die Beseitigungspflichten wie die Untersuchung Pharmaabfälle (April 1976), Beseitigung von Autowracks und Altreifen (Januar 1978), die Vorstudie Krankenhausabfälle (Mai 1978) und zur Sonderabfall-Kleinmengenentsorgung (Dezember 1983). Diese Beispiele machen deutlich, wie viele neue und schwierige Aufgaben der Wasserwirtschaftsverwaltung mit dem Bereich Abfall zugeordnet waren.

Parlamentarische Untersuchung der Seveso-Dioxin-Affäre

Insbesondere die Sonderabfallbeseitigung gewann zusehends an politischer Brisanz. Die Suche nach den verschwundenen 41 „Seveso-Dioxin-Fässern" war mit ein Anlaß zum Beschluß des Niedersächsischen Landtages, den 9. Parlamentarischen Untersuchungsausschuß „Sonderabfallbeseitigung in Niedersachsen" einzusetzen. Die genannten Fäs-

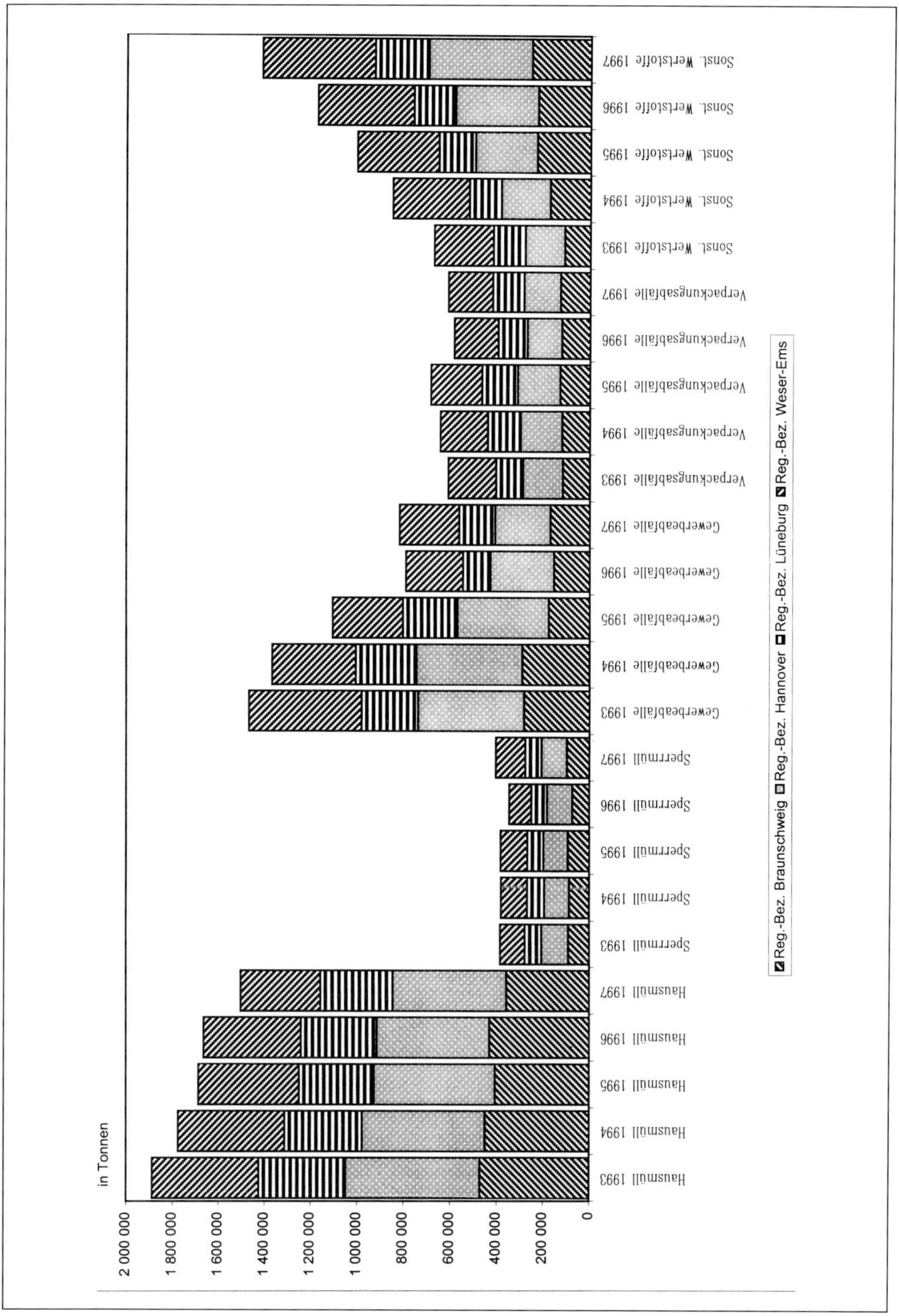

Abb. 5.7-4: Abfall- und Wertstoffaufkommen nach Abfallarten 1993 bis 1997, aufgeteilt nach Regierungsbezirken (Quelle: Nds. Umweltministerium)

ser waren u. a. in den Sondermülldeponien Hoheneggelsen und Münchehagen vermutet worden. Sie wurden dann schließlich in Frankreich aufgespürt und später in Basel verbrannt. Vom politischen Druck befreit hat Landwirtschaftsminister Glup der Abteilung Wasser- und Abfallwirtschaft im April 1983 danken lassen. Die „Altlast" Münchehagen hatte Minister Gerhard Glup bereits von seinem Vorgänger Klaus Peter Bruns übernommen.

Der Untersuchungsausschuß tagte seit Mitte 1983. Sein Bericht führte zur Entschließung des Niedersächsischen Landtages vom 12.12.1985 über Sonderabfallfragen. Die 66. und letzte Sitzung befaßte sich am 21.4.1986 mit der Altölwirtschaft in Niedersachsen.

Rahmenplan Sonderabfallbeseitigung

Im November 1985 erschien der „Rahmenplan Sonderabfallbeseitigung Niedersachsen", herausgegeben vom Landwirtschaftsministerium und dort erarbeitet unter Mitwirkung des NLW (s. Abschnitt 6.1), das inzwischen für die Aufstellung von Sonderabfallplänen zuständig war. Dieser Plan galt wegen seiner umfassenden Bestandsaufnahme des Sonderabfallaufkommens und seiner Zielsetzung zur Abfallbehandlung und -beseitigung als beispielhaft in Deutschland. Er ersetzte den „Vorläufigen Plan" von 1981 und sollte die fachtechnische Begründung für einen künftigen verbindlichen Sonderabfallplan bilden.

Im selben Jahr wurde die Niedersächsische Gesellschaft zur Endablagerung von Sonderabfall mbH (NGS) gegründet, an der das Land mit 51 % beteiligt ist und die als Träger der Sonderabfallentsorgung bestimmt ist. Sie ist die zentrale Stelle für Sonderabfälle, der gegenüber eine Andienungspflicht seitens der Sonderabfallbesitzer besteht.

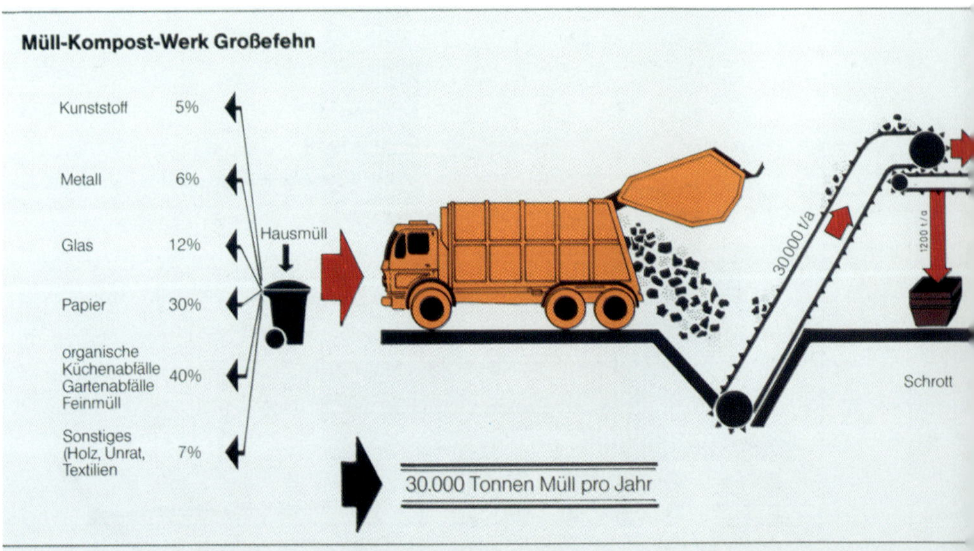

Abb. 5.7-5: Schema der Abfallbehandlung im Müllkompostwerk Großefehn, Landkreis Aurich (Quelle: Nds. Min. für Ern., Landw. und Forsten, 1985)

Entwicklungen in der Abfallentsorgung

Im August 1983 war die Grundsteinlegung durch Minister Gerhard Glup zum ersten Kompostwerk Niedersachsens in Großefehn in Ostfriesland (Abb. 5.7-5), das Ende 1984 in Betrieb ging. Die Müllentsorgung der Ostfriesischen Inseln wurde zum Festland hin ausgerichtet, in dem von 1984 bis 1987 nacheinander Müllumschlagsstationen in Betrieb genommen wurden. In Stahlbehälter gepreßten Müll transportierten Spezialschiffe und Lastkraftwagen zu den nächstgelegenen Deponien.

Die vom Deutschen Hydrographischen Institut - später Bundesanstalt für Seeschiffahrt und Hydrographie - genehmigte Verklappung von Dünnsäure in der Nordsee, einem Abfallprodukt aus der Herstellung von Titandioxid in einem Werk in Nordenham, löste Proteste aus. Mit Errichtung einer Aufarbeitungsanlage im Oktober 1987 konnte die Verklappung Ende 1989 völlig eingestellt werden.

Eine besondere Aufgabe, die von Niedersachsen aus vorbildlich bundesweit gelöst werden konnte, war die Einsammlung und Aufarbeitung von Altölen durch die Mineralölraffinerie in Uetze-Dollbergen. Dabei spielten Gehalte an polychlorierten Biphenylen (PCB) eine Rolle. Diese Stoffe, für die es in Niedersachsen keine Entsorgungsmöglichkeit gab, sind besonders in Transformatoren, Kleinkondensatoren und Leuchtstoffleuchten enthalten, deren Entsorgung daher sehr aufwendig ist. Schwierigkeiten gab es auch bei der Entsorgung von FCKW-haltigen Kühlgeräten, bei asbesthaltigen Baustellenabfällen und bei quecksilberhaltigen Leuchtstoffröhren, die jeweils spezielle Lösungen erforderten.

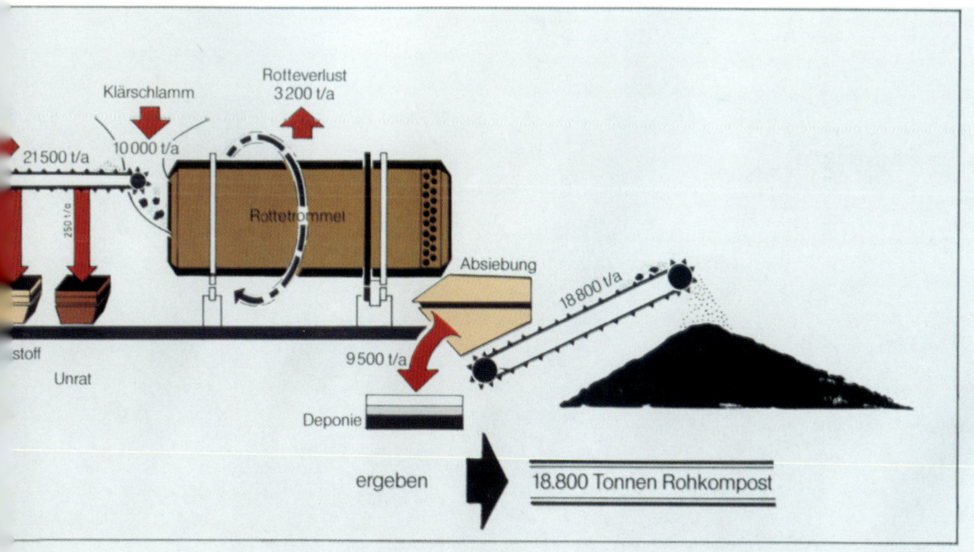

Länderarbeitsgemeinschaft Abfall und Kommission der niedersächsischen Landesregierung

Die Mitarbeit in Arbeitsgruppen der Länderarbeitsgemeinschaft Abfall (LAGA) trug dazu bei, daß einzelne Problembereiche aufgearbeitet wurden und als Merkblätter oder Empfehlungen der Entsorgungssicherheit dienen konnten. Der Umgang mit Lösemitteln, Batterien, Altmedikamenten, schadstoffhaltigen Verpackungsabfällen, Computerschrott und Kunststoffrecycling sind weitere Beispiele für den Umfang an speziellem Fachwissen, das den Bediensteten der Wasserwirtschaftsverwaltung auf allen Verwaltungsebenen abverlangt wurde.

Der neue Entsorgungsbegriff des AbfG von 1986 und dem Vorrang der Verwertung führten im Februar 1988 zur Gründung der „Kommission der Niedersächsischen Landesregierung zur Vermeidung, Verminderung und Verwertung von Sonderabfällen". Damit sollte durch Umweltminister Dr. Werner Remmers die Industrie in eine moderne Abfallpolitik eingebunden werden. Die Kommission legte ihren ersten Ergebnisbericht im Oktober 1990 der Umweltministerin Monika Griefahn vor. Nach dem Willen der Landesregierung arbeitete die Kommission mit teilweise neuer Besetzung weiter.

Einen mehr politischen Schwerpunkt bildete die „Konzertierte Aktion Sonderabfallentsorgung", die u. a. der Bundesumweltminister Prof. Klaus Töpfer auf Anregung der IG-Chemie, Papier, Keramik mit Vertretern von Parteien und Verbänden im September 1988 nach Hannover einberufen hatte. Gemeinsam sollte mit einem „Paket der Vernunft" gegen eine „Koalition der Umweltzerstörer durch Verhinderung von Entsorgungseinrichtungen" einem Entsorgungsnotstand bei der Sonderabfallbeseitigung entgegengesteuert werden.

Abb. 5.5-9: Moderne Deponie Wischhafen II mit 10 ha Größe, Beginn der Beschickung auf der fertigen Dichtung im Herbst 1993 vorne links, hintere Hälfte Sandplanum vor Einbau der Dichtung (Foto: StAWA Stade)

Abfallwirtschaftsprogramm

Das „Abfallwirtschaftsprogramm Niedersachsen" von 1989 regelte erstmals nach dem Generalplan von 1972 Stand und Ziele der Abfallentsorgung in Niedersachsen - vornehmlich für Siedlungsabfälle - umfassend neu. Darin wurde auch das Problem der Altlasten und der Rüstungsaltlasten angesprochen. Erfassung, Gefährdungsabschätzung sowie Sanierung und Überwachung von Altlasten erfordern einen großen Arbeitsaufwand und führen zu hohen Kosten. Eine Zusammenstellung der Deponierestlaufzeiten wies auf mögliche Entsorgungsengpässe hin, die zum Teil durch die wachsende Flut der Verpackungsabfälle begründet waren.

Die Verpackungsverordnung der Bundesregierung vom 21.06.1991 führte dann zu einer erheblichen Entlastung der entsorgungspflichtigen Gebietskörperschaften. In strikter

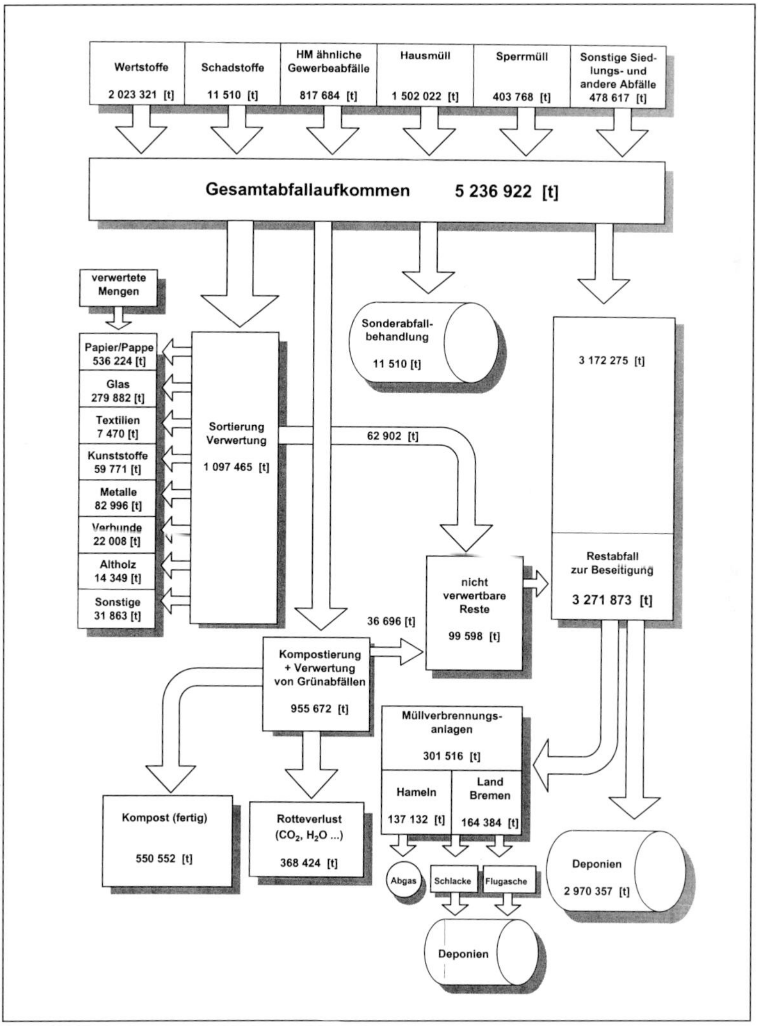

Abb. 5.7-6: Abfallaufkommen und Abfallverbleib in Niedersachsen 1997 (Quelle: Nds. Umweltministerium)

Anwendung des Verursacherprinzips wurden die Vertreiber von Verpackungen zur Rücknahme und Verwertung außerhalb der öffentlichen Müllabfuhr verpflichtet. Sie bedienten sich dazu des „Dualen Systems“ (Grüner Punkt), das nun wiederum Schwierigkeiten mit dem Verwertungsgebot bekam. Hinzu kam der Hinweis, daß die stoffliche Verwertung verschmutzter und vermischter Kunststoffverpackungen technisch schwierig und wirtschaftlich unsinnig sei. Die thermische Nutzung sollte hier Vorrang bekommen (Abb. 5.7-6).

Ausblick

Die Planung der Sonderabfallentsorgung - zuletzt festgeschrieben durch den Rahmenplan von 1985 - wurde fortgeführt, ohne sich auf konkrete Lösungen festzulegen. Mangels eigener Entsorgungsanlagen in Niedersachsen mußte im „Länderverbund“ gearbeitet werden, d. h. Anlagen in anderen Bundesländern waren in Anspruch zu nehmen, was insbesondere für die Verbrennung und die Untertagedeponierung gilt. Im November 1991 erschien ein aufwendiges Gutachten „Strategieentwicklung für die Erstellung eines Sonderabfall-Vermeidungs- und Verminderungsplanes für Niedersachsen“, erstellt vom Öko-Institut e.V. Darmstadt und Prognos AG Berlin. Daraus ließ Umweltministerin Griefahn ein „Sonderabfall-Konzept“ entwickeln (Entwurf vom Mai 1992). Es gilt nun, nachdem die gesetzlichen Voraussetzungen gegeben sind, die Abfallkreislaufwirtschaft mit genauerer Organisation der einzelnen Entsorgungsschritte - Verwertung und Beseitigung - und mit verbesserten technischen Verfahren fortzuführen.

Alle diese Probleme, angefangen vom kunststofffreien Hotelfrühstück über umweltfreundliche Schulmilchverpackungen bis hin zu abfallarmen oder recycelbaren Erzeugnissen haben die Wasserwirtschaftler geplagt und gefordert, aber letztlich erfolgreich in der Abfallwirtschaft wirken lassen.

5.7.2 SCHWERPUNKTAUFGABE ABFALLDEPONIE

von Peter Kolster und Henning Voss

Veranlassung und heutige Zielsetzung der Abfallwirtschaft

Vor Inkrafttreten des Abfallbeseitigungsgesetzes (AbfG) im Jahre 1972 und des Niedersächsischen Ausführungsgesetzes im Jahre 1973 gab es im Bereich des Landes Niedersachsen rd. 2 400 Abfallablagerungen (im Volksmund: Müllkippen). Alle Anlagen - auch die wenigen, die zeitweilig beaufsichtigt und in gewissen Abständen eingeebnet und verdichtet wurden - erfüllten keineswegs die Forderungen des heutigen Umweltschutzes.

Die Belange der Raumordnung, Natur- und Landschaftspflege, der Wasserwirtschaft und der Hygiene waren vielfach kaum berücksichtigt worden. Nach heutigem Wissen bildeten diese Anlagen in der Regel Gefahrenherde für Wasser, Boden, Luft mit Auswirkung auf Mensch, Tier und Pflanzen.

Durch eine Reihe rechtlicher Regelungen soll verhindert werden, daß die zur Zeit betriebenen Deponien Altlasten von morgen werden. Entsprechend der Neufassung des Niedersächsischen Abfallgesetzes vom 14.10.1994 werden die Ziele einer zeitgemäßen Abfallwirtschaft wie folgt definiert:

1. Die Entstehung von Abfällen ist so gering wie möglich zu halten (Abfallvermeidung).

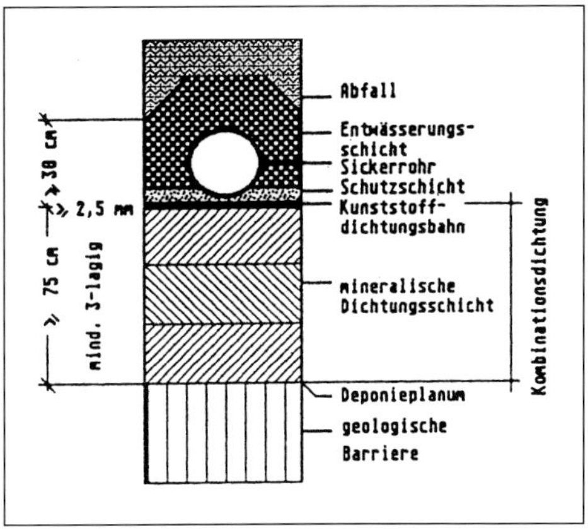

Abb. 5.7-7: *Beispiel einer Kombinationsdichtung für die Basis von Siedlungsabfalldeponien (Quelle: TA Siedlungsabfall)*

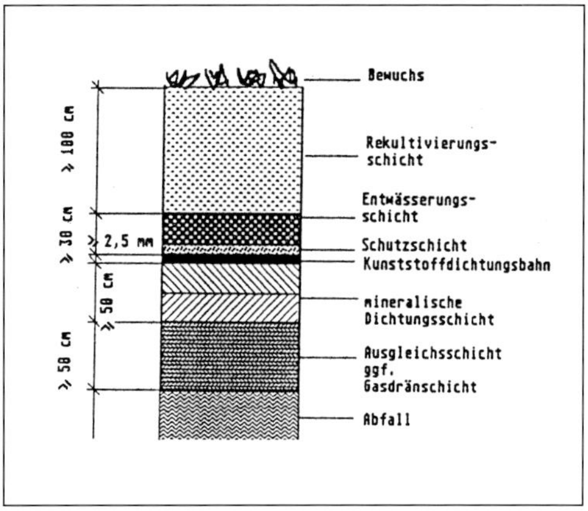

Abb. 5.7-8: *Beispiel der Abdichtung einer Deponieoberfläche (Quelle: TA Siedlungsabfall)*

2. Schadstoffe in Abfällen sind möglichst zu vermeiden oder zu verringern (Schadstoffminimierung).
3. Abfälle, insbesondere Glas, Papier, Metall, Kunststoffe, Bauabfälle (Bauschutt), Erdaushub (Straßenaufbruch), Textilien, Holz, Sperrmüll und kompostierbare Stoffe sind soweit wie möglich und umweltverträglich in den Stoffkreislauf zurückzuführen (stoffliche Abfallverwertung).
4. Nicht verwertbare Abfälle sind umweltverträglich abzulagern (Abfallablagerung).

Außer den Anforderungen an die Abfälle selbst sind die Bedingungen für den Bau und Betrieb von Deponien dem Stand der Technik angepaßt worden.

Technische Anforderungen an Abfalldeponien

Für die Errichtung von Siedlungsabfalldeponien dürfen nur noch Standorte gewählt werden, die den besonderen Anforderungen der 3. Allgemeinen Verwaltungsvorschrift zum Abfallgesetz (TA Siedlungsabfall) vom 21. April 1993 genügen. Das Land Niedersachsen hat bereits in einem Erlaß vom 27.11.1991, dem „Standorterlaß", diese besonderen Anforderungen als erstes Bundesland vorab verbindlich eingeführt.

Die Standorte müssen demnach folgende Eigenschaften aufweisen:

1. Der Untergrund unmittelbar unter der Deponiebasisabdichtung als geologische Sperre muß bis in eine Tiefe von mehreren Metern Mächtigkeit aus schwach durchlässigen Lockergesteinen mit hohem Schadstoffrückhaltepotential bestehen und eine über den Ablagerungsbereich hinausgehende flächige Verbreitung aufweisen.
2. Falls die geologische Sperre eine bestimmte Durchlässigkeit ($k_f = 1 \times 10^{-7}$ m/s) bis zu einer Tiefe von 3 m überschreitet, sind technische Nachbesserungen unter bestimmten Bedingungen zulässig.

Zur Erkundung dienen die „Standortfindungsprogramme" des Landes Niedersachsen und der entsorgungspflichtigen Körperschaften. Für den Deponiebau selbst gelten grundsätzlich die vorgenannte TA Siedlungsabfall sowie weitere besondere technische Regelwerke.

Auch hier hat das Land Niedersachsen als erstes Bundesland in dem Dichtungserlaß vom 24.06.1988 zum Schutz des Grundwassers und des Bodens verbindlich die Anordnung einer „Kombinationsdichtung“ vorgeschrieben. Diese besteht aus 75 cm mineralischer Dichtung und daraufliegender Kunststoffdichtungsbahn (Abb. 5.7-7). Die Deponie ist technisch so zu gestalten, daß kein Sickerwasser auf dem Dichtungssystem aufgestaut werden kann. Die anfallenden Sickerwässer sind in Kläranlagen, die besonders für diese Aufgabe zu errichten sind, zu behandeln. Nach Verfüllung der Deponie ist eine Abdekkung erforderlich, die technisch der Basisdichtung entspricht (Abb. 5.7-8), um zu vermeiden, daß durch das Eindringen von Niederschlag neue Sickerwässer entstehen (Abb. 5.7-9).

Zur weiteren Vorsorge sind im Umfeld einer Deponie umfangreiche Beweissicherungsmaßnahmen wie z. B. Grundwassermeßstellen, Staubmeßstellen, Gasmeßeinrichtungen erforderlich.

Zulassung von Deponien

Das NLÖ hat in dem „Deponiehandbuch“ die Anforderungen an Siedlungsabfalldeponien in Niedersachsen sowohl für den Bau als auch für den Betrieb sehr ausführlich als Empfehlung erarbeitet. Darin sind die wesentlichen, den Stand der Technik beinhaltenden Vorschriften enthalten und auf der Grundlage der Mindestanforderung der TA Siedlungsabfall abgestimmt worden.

Das Deponiehandbuch wurde im Auftrag des Niedersächsischen Umweltministeriums erstellt und beinhaltet die Themenbereiche:
- Antragsunterlagen für die Zulassung von Deponien,
- technische Ausstattung und Erschließung,
- Deponiebetrieb,
- Überwachung und Kontrolle,
- Abschluß des Betriebes sowie
- Nachsorge.

Die Errichtung und der Betrieb von Deponien bedürfen entsprechend § 31 Abs. 2 KrW/AbfG der Planfeststellung. Das Verfahren erfordert eine Umweltverträglichkeitsprüfung (UVP), welche die Grundlagen für die Entscheidung über die Zulässigkeit des Vorhabens liefert, indem sie die Umweltkriterien untersucht und hinsichtlich der gesetzlichen Zulässigkeit bewertet.

Überwachung von Deponien

Der Deponiebau wird nach sehr strengen Maßstäben überwacht. Federführend sind dabei die StÄWA. Sie stimmen die Tätigkeit der anderen zuständigen Behörden (z. B. Gewerbeaufsichtsamt, Bauamt u. a.) und der ständig auf der Baustelle anwesenden unabhängigen Gutachter aufeinander ab. Für die Dichtungen sind nur Baustoffe erlaubt, die strenger Qualitätsüberwachung unterliegen oder amtlich - z. B. durch die Bundesanstalt für Materialforschung und -prüfung - zugelassen sind.

Für die Betriebsüberwachung von Deponien sind entsprechend § 2 der Verordnung über Zuständigkeiten im Abfallrecht vom 24.10.1994 die StÄWA tätig. Deren Umfang und Häufigkeit sind im Überwachungserlaß vom 11.12.1985 geregelt. Darüber hinaus können weitere Überwachungserfordernisse im Planfeststellungsbeschluß aufgenommen werden.

Ausblick

Aufgrund der gewonnenen technischen Erkenntnisse und nach einer rd. 20-jährigen Rechtsentwicklung kann davon ausgegangen werden, daß die heutigen Deponien nicht mehr die Altlasten der Zukunft und damit unserer Kinder sein werden. Jedoch bleiben künftig noch weitere Fragen zur Abfallwirtschaft zu lösen. Dazu seien, ohne Anspruch auf Vollzähligkeit, genannt:

- Anforderungen an den Abfall vor Deponierung, biologisch-mechanische Vorbehandlung, Verbrennung u. a.,
- Umsetzung sinnvoller Abfallwirtschaftsprogramme,
- Änderung des Konsumverhaltens, Einweg- oder Mehrwegverpackungen u. a. sowie
- Anstieg der Kosten, auch bei Verminderung und Sortierung des Abfalls.

Trotz aller Bemühungen, zukünftig Abfälle zu vermeiden, zu vermindern oder zu verwerten, wird auf Deponien, welcher Art auch immer, nicht verzichtet werden können. Gleichzeitig wird es jedoch immer schwieriger und langwieriger, den Bürger zu der Einsicht zu bewegen, daß auch in seinem Umfeld nach Abwägung aller Alternativen der Bau einer Deponie erforderlich sein kann.

5.7.3 SONDERABFALLPLANUNG IN NIEDERSACHSEN

von Rudolf Gade

5.7.3.1 EINLEITUNG

Die Sonderabfallentsorgung hat die niedersächsische Wasser- und Abfallwirtschaftsverwaltung in den letzten 12 Jahren stark beschäftigt. Sie stand dabei oft im besonderen Blickpunkt öffentlichen Interesses. Über Aufgaben, Aktivitäten und Probleme soll nachfolgend aus Sicht der „Sonderabfallplanungsbehörde“ berichtet werden.

Sonderabfälle. Der Sonderabfallbegriff ist bis heute nicht bundesgesetzlich definiert, obwohl er in der abfallwirtschaftlichen Terminologie häufig verwendet wird. Dies hat dazu geführt, daß die für den Vollzug des Abfallrechtes zuständigen Länder jeweils eigene Definitionen für „Sonderabfälle“ eingeführt haben. Das Niedersächsische Abfallgesetz versteht unter „Sonderabfällen“ die von der Entsorgungspflicht der öffentlich-rechtlichen Körperschaften ausgeschlossenen Abfälle. Hierunter fallen grundsätzlich die von der Bundesregierung durch Verordnung bestimmten „besonders überwachungsbedürftigen Abfälle“, soweit sie nicht aus Haushaltungen stammen, aber auch andere (nicht besonders überwachungsbedürftige) industrielle Abfälle, insbesondere sogenannte Massenabfälle. Die Entsorgung dieser Abfälle kann im allgemeinen nicht zusammen mit Siedlungsabfällen erfolgen und muß in besonderen Anlagen durchgeführt werden, daher der Begriff „Sonderabfälle“.

Sonderabfallaufkommen und Erzeugerstruktur. Die Erfassung der angefallenen Sonderabfallmengen war und ist stets ein besonderes Problem, weil die Gesamtheit des Aufkommens nur zu einem Teil durch Nachweise belegt ist. So waren bis 1996 in Niedersachsen die verwerteten Sonderabfälle grundsätzlich nicht nachweispflichtig. Zu einem überwiegenden Anteil unterlagen sie auch nicht dem Abfallregime, sondern als „Reststoffe“ oder „Wirtschaftsgut“ anderen Rechtsbereichen wie z.B. dem Bundes-Immissionsschutzgesetz. In Niedersachsen fallen pro Jahr etwa 1,1 Mio t Sonderabfälle an, die durch Nachweise relativ sicher belegt sind. Hiervon sind etwa 500.000 t besonders überwachungsbedürftig (d.h. schon von Gesetzes wegen nachweispflichtig).

Die niedersächsische Erzeugerstruktur ist überwiegend klein- und mittelständisch geprägt. Die wichtigsten Wirtschaftszweige sind Maschinen- und Fahrzeugbau, die chemische Industrie sowie die Eisen- und NE-Metallindustrie (Tab. 5.7-1 u. 5.7-2).

Organisationsfragen und Planungsauftrag der Abfallbehörde. Bereits mit der Verabschiedung des Abfallgesetzes vom 7.6.1972 entschied der Bundesgesetzgeber, die Sonderabfallentsorgung nicht der Zuständigkeit der öffentlich-rechtlichen Entsorgungsträger zuzuweisen, sondern die Verantwortung für die Entsorgung grundsätzlich bei den Erzeugern zu belassen (Verursacherprinzip). Man ging dabei insbesondere von der Annahme aus, daß die sonderabfallerzeugende Wirtschaft ihre Abfälle besser kennen würde als ein öffentlich-rechtlicher Dritter und daher auch besser damit umgehen könnte (daß die der Wirtschaft damit zugewiesene Eigenverantwortung deutlich überschätzt wurde, sollte sich in Niedersachsen bald zeigen). Für die Überwachung und „Planung" der Sonderabfallentsorgung wies der Gesetzgeber jedoch den Ländern bestimmte hoheitliche Aufgaben zu. Auf die Überwachungsaufgaben soll hier nicht näher eingegangen werden. Die Sonderabfallplanung sollte von den Ländern als Anlagen- und Kapazitätsplanung erfolgen; hierfür konnten die Länder Sonderabfallpläne aufstellen, in denen Standorte bzw. Anlagen ausgewiesen waren, und ganz oder teilweise für verbindlich erklären. In Niedersachsen wurde zunächst die Bezirksregierung Hannover mit der Aufgabe einer landesweiten Sonderabfallplanung beauftragt. Mit der Gründung NLW im Jahre 1984 (Abschnitt 6.1) ging diese Aufgabe auf das Landesamt in Hildesheim über. Durch das niedersächsische Abfallgesetz von 1990 bestimmte der Gesetzgeber die oberste Abfallbehörde (Niedersächsisches Umweltministerium - MU -) als Sonderabfallplanungsbehörde. Faktisch wurde die Sonderabfallplanung bereits mit der Herausgabe des Rahmenplans Sonderabfallbeseitigung Niedersachsen seit 1985 nur noch von der obersten Abfallbehörde (bis 1986 vom Niedersächsisches Ministerium für Ernährung, Landwirtschaft und Forsten - ML -, ab 1986 vom MU) wahrgenommen.

Mengenklasse (t/a)	Häufigkeit (%)
> 10.000	0.25
10.000 - 5.000	0.25
5.000 - 1.000	0.84
1.000 - 500	1.19
500 - 100	5.76
100 - 50	4.52
50 - 10	18.85
10 - 5	12.43
5 - 1	34.71
< 1	21.22

Tab. 5.7-1: Erzeugerstrukturanalyse für Sonderabfälle (Quelle: Nds. Landesamt für Ökologie, Begleitscheinauswertung 1994)

Lfd. Nr.	Branche	Menge (t/a)
1	Bergbau, Energiewirtschaft	309.470
2	Mineralölverarbeitung	11.695
3	Chemische Industrie	42.303
4	Natursteinindustrie	1.941
5	Stahl-, NE-Metallerzeugung	501.378
6	Gießerei	1.271
7	Holzbearbeitung, Papiererzeugung	648
8	Gummiverarbeitende Industrie	2.049
9	Stahlbau, Galvanotechnik	4.513
10	Stahl-, Waggonbau	1.489
11	Maschinenbau	11.041
12	Kraftfahrzeug-Industrie	40.933
13	Elektrotechnik	7.140
14	Feinmechanische Industrie	574
15	Werkzeug-Industrie	4.743
16	Spielwaren-Industrie	55
17	Keramik-, Glasindustrie	2.990
18	Möbel-, Holzwaren-Industrie	2.046
19	Papierverarbeitende Industrie	2.115
20	Druck, Vervielfältigungen	1.523
21	Kunstoffverarbeitende Industrie	3.049
22	Lederindustrie	3.513
23	Textilindustrie	838
24	Nährmittel-Industrie	5.639
25	Baugewerbe	9.086
26	Groß-, Einzelhandel	19.669
27	Wäscherei, Reinigung	576
28	Speditionen, Verkehr	4.783
29	Krankenhäuser, Kliniken, Sanatorien	753
30	Kläranlagen, Tierkörperbeseitigung	63
31	übrige Branchen	75.521
32	Sonstige (u.a. Sammelentsorgung)	90.060
	Summe	1.163.467 t/Jahr

Tab. 5.7-2: Aufgliederung der Sonderabfallerzeuger nach Branchen (Quelle: Nds. Landesamt für Ökologie, Begleitscheinauswertung 1994)

5.7.3.2 SONDERABFALLPLANUNG 1972-1985

Bis zum Jahre 1985 vertrat der Niedersächsische Landtag die Auffassung, daß die Sonderabfallentsorgung entsprechend dem im Abfallgesetz verankerten Verursacherprinzip ausschließlich von der Wirtschaft sicherzustellen sei, die sich auch in diesem Bereich den jeweiligen Gegebenheiten und Randbedingungen entsprechend den Prinzipien der Marktwirtschaft anzupassen hätte. Die Entscheidung über die Organisation der niedersächsischen Sonderabfallentsorgung etwa anläßlich der Beratungen zum Niedersächsischen Ausführungsgesetz zum Abfallgesetz (1973) war insbesondere davon geprägt, daß bereits seinerzeit in Niedersachsen allgemein zugängliche Sonderabfalldeponien bestanden (z.B. Deponie Hoheneggelsen). Sie wurden, ebenso wie zahlreiche betriebseigene Anlagen, von Privatunternehmen betrieben. Der Landtag sprach sich daher 1973 grundsätzlich für die Beibehaltung dieser rein privatwirtschaftlichen Betätigung aus. Vorsorglich wurde allerdings die Möglichkeit im Gesetz aufgenommen, Sonderabfälle allgemein oder im Einzelfall durch das Land beseitigen zu lassen. Im Rahmen der staatlichen Sonderabfallplanung wurden sodann eine Reihe von Voruntersuchungen und Standorterkundungen durchgeführt.

Sonderabfallgesellschaft Niedersachsen (SGN). Am 24.4.1975 wurde insbesondere auf Drängen der Industrie- und Handelskammern und in Abstimmung mit dem für die Abfallbeseitigung zuständigen Ministerium für Ernährung, Landwirtschaft und Forsten (ML) eine „Gesellschaft zur Gründung der SGN" („Vorgesellschaft") gegründet, um Möglichkeiten und Grundlagen für eine ordnungsgemäße Beseitigung, Behandlung und Verwertung der in Niedersachsen anfallenden Sonderabfälle durch eine von der Industrie getragene Gesellschaft zu erarbeiten. Die SGN sollte alle vorbereitenden Arbeiten wie Erfassung der Abfallarten, Planung der jeweils darauf abzustellenden Behandlungs- und Beseitigungsverfahren, Feststellung geeigneter Anlagenstandorte und Entsorgungskonzepten durchführen. Die Landesregierung (ML) bestätigte der SGN, daß das von der SGN in Abstimmung mit der Bezirksregierung Hannover als Sonderabfallplanungsbehörde zu erarbeitende technische Konzept Grundlage des niedersächsischen Sonderabfallplanes sein werde, die SGN zur alleinigen Trägerin der Sonderabfallbeseitigung in Niedersachsen bestimmt werden sollte und öffentliche Mittel für gutachterliche und planerische Aufträge im jeweils verfügbaren Umfang bereitgestellt würden. Die SGN führte in den Jahren 1975 bis 1982 ausschließlich Planungsstudien durch und zog mehrere Tongruben als Sonderabfalldeponien in Betracht.

Zu einer konkreten Umsetzung der SGN-Studien ist es nie gekommen. Die Gesellschaft, d.h. die in ihr vertretenen Unternehmen der niedersächsischen Wirtschaft, verstand sich ausschließlich als Planungsgesellschaft und war offenbar auch nicht bereit, die ursprünglich geplante Hauptgesellschaft, der die Sonderabfallentsorgung übertragen werden sollte, zu gründen. Der notwendige Entscheidungsdruck fehlte wohl auch, weil die Landesregierung die Aufstellung eines verbindlichen Sonderabfallbeseitigungsplanes nicht mit Nachdruck vorantrieb. Der privaten Wirtschaft war es bis Mitte der 80er Jahre nicht gelungen, eine „Sonderabfallwirtschaft" aufzubauen, die eine volkswirtschaftlich effiziente und dabei schonende Nutzung der Naturgüter gewährleistet. Nach dem Bekanntwerden der Situation der Sonderabfalldeponie Münchehagen im Landkreis Nienburg, auf der die Wirtschaft zu Billigpreisen entsorgen konnte, wurde Politik und Verwaltung deutlich, daß unter den gegebenen Randbedingungen das Ziel einer umweltgerechten Sonderabfallentsorgung in Niedersachsen nicht erreicht worden war. Statt dessen hatte man sich eine Altlast eingehandelt, die nunmehr - entgegen dem Verursacherprinzip - auf Kosten der Allgemeinheit zu sanieren war.

Das 9000-ha-Programm. Die Bezirksregierung Hannover als zuständige Sonderabfallplanungsbehörde ließ unter Berücksichtigung des vom ML aufgestellten Generalplans Abfallbeseitigung Niedersachsen vom April 1972 parallel zu den Aktivitäten der SGN neue Standorte für Sonderabfalldeponien näher betrachten. Dabei wurden die Tongesteine der Unterkreide als besonders geeignet angesehen. Für die weiteren planerischen Überlegungen erstellte das Niedersächsische Landesamt für Bodenforschung (NLfB) im Auftrage der Bezirksregierung Hannover bis 1979 die erforderlichen geologischen Karten über Gebiete mit Tonuntergrund und einer Quartärbedeckung von weniger als 2 m. Hieraus wurden unter Berücksichtigung bestimmter Ausschlußkriterien Flächen (insgesamt 9000 ha) mit den in großer Mächtigkeit anstehenden Schichten der Unterkreide ausgewählt. Zur Gewinnung näherer geowissenschaftlicher Ausgangsdaten für die Sonderabfallplanung in Niedersachsen wurde das NLfB 1981 beauftragt, diese Tongesteine auf ihre generelle Eignung für eine Sonderabfallablagerung zu untersuchen. Der zusammenfassende Bericht des NLfB kam 1986 u.a. zu dem Ergebnis, daß sich für eine Sonderabfallablagerung die Tongesteine im Bereich Hämelerwald / Hildesheimer Börde am besten eigneten (Tab. 5.7-3).

Neunter parlamentarischer Untersuchungsausschuß. Der niedersächsische Landtag beschloß am 8. Juni 1983, einen parlamentarischen Untersuchungsausschuß einzurichten, der ermitteln sollte, ob die rechtlichen und organisatorischen Voraussetzungen sowie die personellen und sächlichen Mittel für die staatliche Kontrolle der privaten Sonderabfallbeseitigung in der Vergangenheit ausreichten. Anlaß für die Einsetzung des Untersuchungsausschusses war insbesondere die seinerzeitige Suche nach den sogenannten Seveso-Fässern bzw. deren vermutete Ablagerung auf niedersächsischen Sonderabfalldeponien.

Gestein	Valangin, Wealden	Alb, Apt	Apt, Barreme, Hauterive	Alb, Abt, Barreme
Gebiet / **Teilkriterium**	**A** Schaumburg-Lippiesche Kreidemulde	**B** Hämelerwald/ Hildesheimer Börde	**C** Peiner Becken	**D** Braunschweig-Schöppenstedt
Gesteinsausbildung	bedingt geeignet	geeignet	geeignet	(bedingt) geeignet
Grundwasserbewegung	bedingt geeignet	geeignet	geeignet	(bedingt) geeignet
Schadstoffrückhaltevermögen	bedingt geeignet	geeignet	(bedingt) geeignet	geeignet
Gesamtbeurteilung	bedingt geeignet	geeignet	(bedingt) geeignet	(bedingt) geeignet

Tab. 5.7-3: Gesamtbeurteilung der Untersuchungsgebiete für eine Sonderabfallablagerung (Quelle: Nds. Landesamt für Bodenforschung)

Der Ausschuß legte seine zusammenfassenden Feststellungen und Schlußfolgerungen dem Landtag am 29.11.1985 vor. Eine wesentliche Empfehlung des Ausschusses an den Landtag bestand darin, die Landesregierung aufzufordern, eine Sonderabfallgesellschaft zu gründen, an der das Land mit mindestens 51 % der Gesellschaftsanteile beteiligt ist. An dieser Gesellschaft sollten Abfallerzeuger und Abfallbeseitigungspflichtige nach Möglichkeit beteiligt werden. In organisatorischer Hinsicht hielt es der Ausschuß für geboten, die Überwachungsaufgaben auf möglichst wenige Fachbehörden zu konzentrieren und eine Verbesserung der personellen und sächlichen Ausstattung der Fachbehörden zu gewährleisten. Teil 2 des Untersuchungsauftrags, die Vermeidung und Wiederverwertung von Sonderabfällen, die Planung und Vorsorge für die Beseitigung von Sonderabfällen und der Umgang mit Altablagerungen, hat der Ausschuß aus Zeitgründen nicht mehr bearbeitet.

Rahmenplan Sonderabfallbeseitigung Niedersachsen. Am 14. November 1985 gab der Niedersächsische Ministerpräsident Dr. Ernst Albrecht eine Regierungserklärung zur Sonderabfallbeseitigung ab, deren Anlaß insbesondere die wegen hoher Dioxinfunde soeben stillgelegte Sonderabfalldeponie Münchehagen war. Er wies darauf hin, daß die Landesregierung dem Landtag in Kürze einen „Rahmenplan Sonderabfallbeseitigung Niedersachsen“ vorlegen würde, und stellte die Grundzüge des Rahmenplanes vor. Der Rahmenplan war 1985 vom ML unter großem Zeitdruck erstellt und dem Kabinett am 1.11.1985 vorgelegt worden. Er war wesentlich geprägt von den Ereignissen auf der SAD Münchehagen und den Ergebnissen des 9. parlamentarischen Untersuchungsausschusses. Danach sollte in Niedersachsen, aufbauend auf den Ergebnissen des 9000-ha-Programms, neben der Erweiterung der Sonderabfalldeponie Hoheneggelsen eine zweite obertägige Deponie für feste mineralische, nicht auslaugbare Sonderabfälle in Tonformationen der Unterkreide eingerichtet werden. Für besonders toxische und auslaugbare feste Sonderabfälle war vorgesehen, eine untertägige Deponie im Salzgestein (Kaverne) einzurichten. Für organische Sonderabfälle würde Niedersachsen künftig eine oder mehrere Hochtemperaturverbrennungsanlagen benötigen; dabei sollten auch andere Verfahren wie z.B. die Pyrolyse weiterentwickelt werden.

Da Niedersachsen im Jahre 1985 über keine aufnahmebereite öffentlich zugängliche Sonderabfalldeponie verfügte (die SAD Münchehagen war geschlossen worden, die notwendige Erweiterung der SAD Hoheneggelsen war aufgrund von Klageverfahren blokkiert), sollten für eine Übergangszeit Zwischenlager von privaten Unternehmen eingerichtet werden.

In seiner Regierungserklärung wies Ministerpräsident Dr. Albrecht insbesondere darauf hin, daß die bisherige rein privatwirtschaftliche Sonderabfallorganisation in Niedersachsen aufgrund der Entwicklung bei Betreiberfirmen, insbesondere in Münchehagen, von der Landesregierung kritisch überprüft worden sei mit dem Ergebnis, daß das Land sich bei der Endablagerung stofflich oder energetisch nicht mehr verwertbaren Sonderabfälle in allgemein zugänglichen unter- und obertägigen Deponien selbst engagieren wolle. An den Betrieb dieser Deponien und deren Langzeitsicherung seien Sicherheitsanforderungen zu stellen, die von einer rein privatwirtschaftlich organisierten Sonderabfallbeseitigung nur schwer erbracht werden könnten. Die eigene Verantwortung des Landes sollte sich in einer Organisationsform ausdrücken, die einerseits das besondere Engagement deutlich macht und andererseits die für diese Tätigkeit notwendige Marktflexibilität gewährleistet. Die Landesregierung beabsichtige deshalb, eine Deponiebetreibergesellschaft zu gründen, deren Gesellschaftsanteile mehrheitlich beim Land liegen würden, die im übrigen aber auch eine Beteiligung von Firmen nicht ausschließen. Aufgabe dieser Gesellschaft sei es, ausreichende Kapazitäten für die Entsorgung von Sonderabfällen vorzuhalten. Die Beseitigungspflicht solle rechtlich bei den Sonderabfallerzeugern verbleiben. Die Deponiebetreibergesellschaft würde als Dritter zur Erfüllung der Beseitigungspflicht tätig; über seine Mehrheitsbeteiligung sichere sich das Land einen bestimmenden Einfluß auf das Unternehmen. Zugleich könne man auf den technischen und wirtschaftlichen Sachverstand der Industrie zurückgreifen. Das Niedersächsische Landesministerium stimmte am 26.11.1985 dem Rahmenplan endgültig zu und beschloß, für die zu gründende Gesellschaft ein Stammkapital in Höhe von 3 Mio DM zur Verfügung zu stellen.

Gründung der NGS. Auf Grundlage der Beschlüsse des Niedersächsischen Landesministeriums vom 5.11. und 26.11.1985 wurde am 3.12.1985 die Niedersächsische Gesellschaft zur Endablagerung von Sonderabfall mbH (NGS) gegründet. Die Gesellschaft wurde zunächst als 100%ige Landesgesellschaft mit dem von der Landesregierung zur Verfügung gestellten Stammkapital von 3 Mio DM ausgestattet, das später auf 20 Mio DM erhöht wurde. An diesem Stammkapital hielt das Land Niedersachsen direkt bzw. indirekt über eine Beteiligungsgesellschaft 51% der Anteile. Die restlichen 49% Anteile hatten verschiedene Firmen und Organisationen der niedersächsischen Wirtschaft gezeichnet, insbesondere Sonderabfallerzeuger und Sonderabfallentsorger.

5.7.3.3 SONDERABFALLPLANUNG 1986-1990

Gründung des Umweltministeriums. Kurz vor der Landtagswahl im Jahre 1986 kam es zur Gründung des Niedersächsischen Umweltministeriums, in das auch die Referatsgruppe 3/B (Wasserwirtschaft/Abfall) des Landwirtschaftsministeriums integriert wurde. Erster niedersächsischer Umweltminister wurde Dr. Werner Remmers, der frühere Kultusminister und bisherige Vorsitzende der CDU-Landtagsfraktion. Als Umweltstaatssekretär wurde Hans-Joachim Reinke, zuvor Regierungsvizepräsident bei der Bezirksregierung Hannover, bestellt. Die für die Wasser- und Abfallwirtschaft zuständigen Mitarbeiter des neu gegründeten Ministeriums hatten eine schwierige Anfangsphase zu überstehen, zumal sich der Umweltminister insbesondere die Sonderabfallentsorgung auf die Fahnen geschrieben hatte und die bisherige weitgehend fachtechnisch geprägte Arbeit des bisherigen Landwirtschaftsministeriums mehr und mehr politisiert wurde. Die Fachabteilung Wasserwirtschaft/Abfall wurde mit heftigen, z.T. auch persönlichen Vorwürfen der Oppositionsparteien im Niedersächsischen Landtag, besonders von den Grünen, konfrontiert.

Auch behördenintern gab es unerfreuliche Auseinandersetzungen mit der Leitungsebene, die von der Fachabteilung einen neuen „Denkansatz“ forderte (z.B. daß es bezogen auf die Wasserwirtschaft nicht mehr vorrangig sei, „das Wasser möglichst schnell hinter dem Deich ins Meer zu bringen oder die Produktionsbedingungen für die Landwirtschaft zu verbessern“).

Expertenanhörung. Die vom Niedersächsischen Landesamt für Bodenforschung im Rahmen des 9000-ha-Programms vorgelegten Untersuchungsergebnisse stellte Minister Dr. Remmers am 17.9.1986 in Sehnde öffentlich vor. Der noch vom ML herausgegebene

Rahmenplan Sonderabfallbeseitigung Niedersachsen hatte bereits im Vorgriff auf den NLfB-Bericht Standortbereiche für eine neue öffentlich zugängliche Sonderabfalldeponie im Untersuchungsgebiet Hämelerwald / Hildesheimer Börde (Bereich Dolgen/ Schwicheldt) ausgewiesen, die aus geologischer Sicht besonders geeignet erschienen, und war daher auf erhebliche öffentliche Resonanz gestoßen. Minister Remmers bekundete in Sehnde, daß er die in der Koalitionsvereinbarung festgelegte Anhörung durchführen werde, dabei jedoch den Themenbereich auf die gesamte vom MU auf der Grundlage des Rahmenplans beabsichtigte Entsorgungskonzeption ausdehnen wolle, d.h. neben Standortfragen zur oberirdischen Ablagerung sollten insbesondere auch die Themenbereiche untertägige Deponie und Hochtemperaturverbrennung angesprochen werden.

Da Niedersachsen zu diesem Zeitpunkt keine aufnahmebereite öffentliche Sonderabfalldeponie besaß, stand die Landesregierung unter erheblichem Handlungsdruck. In einem CDU/FDP-Antrag wurde die Landesregierung daher aufgefordert, „die im Jahre 1987 geplante Expertenanhörung über Strategien und Verfahren zur Vermeidung/Verminderung/Verwertung sowie die endgültige Beseitigung von Sonderabfällen durchzuführen und die Vorbereitungen dafür konsequent fortzusetzen." Diese Expertenanhörung „Sonderabfallentsorgung in Niedersachsen" fand vom 5. bis 7. Mai 1987 in Hannover statt und wurde von Prof. Schenkel (Umweltbundesamt) geleitet. Gegenstand der Anhörung waren insbesondere die im Rahmenplan Sonderabfallbeseitigung Niedersachsen aufgezeigten Entsorgungswege sowie Fragen von Vermeidung, Verminderung und Verwertung. Im Ergebnis bestand unter den Teilnehmern weitgehend Einigkeit, daß das im Rahmenplan verankerte Konzept zu einer „integrierten Abfallwirtschaft" weiterentwikkelt werden müsse und die Abfallvermeidung und -verwertung stärker einzubeziehen sei. Damit war die Sonderabfallentsorgungskonzeption des MU grundsätzlich bestätigt. Als wesentliches Ergebnis wurde von den Regierungsfraktionen bezeichnet, daß für die Lösung der Fragen der Sonderabfallentsorgung ein sofortiger und dringender Handlungsbedarf besteht und Fragen der Vermeidung, Verminderung und Verwertung von Sonderabfall mittel- bis langfristig zu lösen sind. Für den sogenannten VVV-Komplex sollte daher eine **Regierungskommission** aus Vertretern von Parlament, Industrie, Wissenschaft und Gewerkschaften einberufen werden.

Sonderabfalldeponie Hoheneggelsen. Die von der Landesregierung im Rahmen des 9000-ha-Programms vorgesehenen Feinerkundungen im Raum Dolgen-Schwicheldt stellten sich insbesondere auch aufgrund örtlicher Widerstände von Deponiegegnern als äußerst langwierig heraus; eine alsbaldige Verwirklichung einer neuen öffentlich zugänglichen Sonderabfalldeponie in diesem Raum war nicht zu erwarten. Dies veranlaßte das Umweltministerium Anfang des Jahres 1987, mit dem damaligen Besitzer der Sonderabfalldeponie Hoheneggelsen Verhandlungen über einen Ankauf der Deponie aufzunehmen, die im August 1987 erfolgreich abgeschlossen wurden. Der Deponiebesitz ging auf die neu gegründete „Sonderabfalldeponie Hoheneggelsen GmbH" (SDH) über, deren GmbH- Anteile zu 74,1% von der NGS (51% Landesgesellschaft) und zu 25,9% vom bisherigen Eigentümer gehalten wurden. Die Bezirksregierung Hannover hatte am 14.10.1985 einen Planfeststellungsbeschluß zugunsten einer Deponieerweiterung (660.000 m^3) dieser südlich des Ortes Hoheneggelsen in der Gemeinde Söhlde, Landkreis Hildesheim, gelegenen Sonderabfalldeponie erlassen. Eine 1988 geplante Änderung der Deponietechnik und Kapazitätsaufstockung auf rd. 1,6 Mio. t durch 10 abgeteufte Ringschächte aus Stahlbeton (Abb. 5.7-10) ist später aufgrund genehmigungsrechtlicher Bedenken, aber auch aus Kostengründen nicht verwirklicht worden.

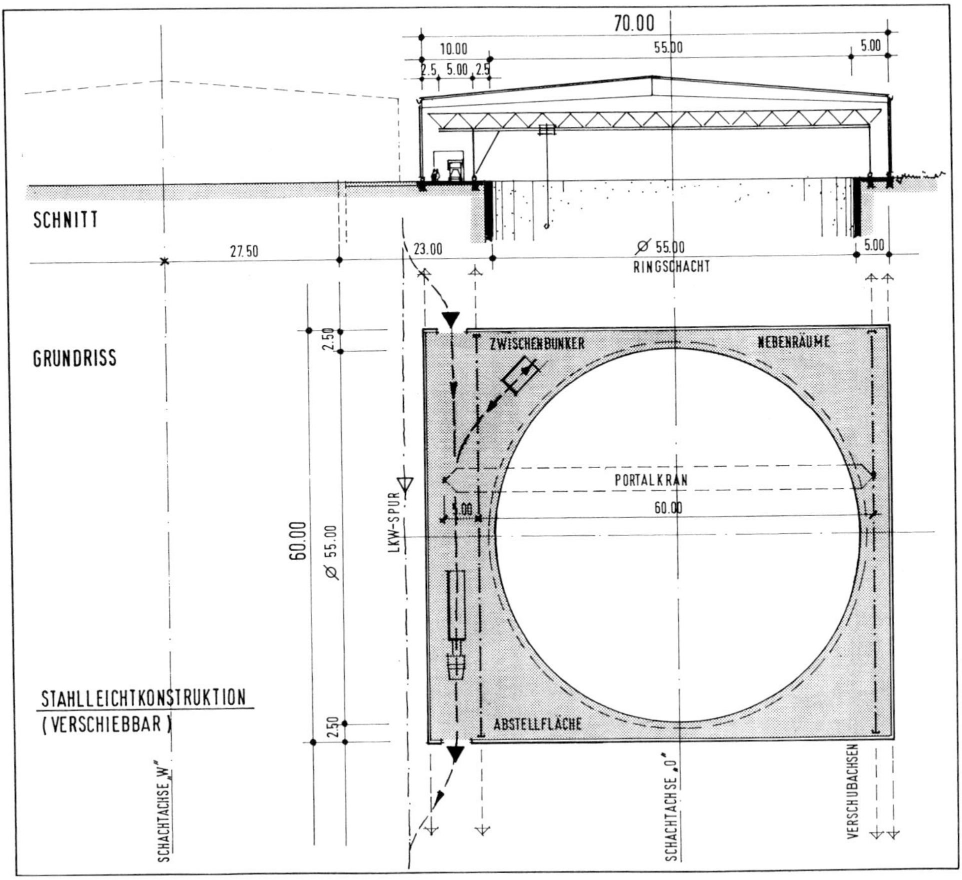

Abb. 5.7-10: Ringschachtprojekt Sonderabfalldeponie Hoheneggelsen (Quelle: NGS)

Hochtemperaturverbrennungsanlagen (HTVA). Der Rahmenplan Sonderabfallbeseitigung Niedersachsen wies für die thermische Behandlung von Sonderabfällen mittels Hochtemperaturverbrennung (Feuerungsraumtemperatur > 1200 °C) einen Kapazitätsbedarf von rd. 90.000 t/a aus. Dieser sollte abgedeckt werden durch die bestehende Anlage in Bramsche, die Pyrolyseanlage Salzgitter und eine oder mehrere neue Anlagen im Grenzbereich Niedersachsen/Hamburg bzw. im Industrieschwerpunktbereich Hannover/Braunschweig/Salzgitter. Insbesondere die Bereitstellung zusätzlicher Verbrennungskapazitäten war ein erklärter Schwerpunkt der Sonderabfallpolitik unter Umweltminister Dr. Remmers zwischen 1986 und 1990. Gegen Ende der 11. Legislaturperiode lagen neben einigen Planungsabsichten folgende konkrete Pläne vor:

- In Oker/Harlingerode beabsichtigte die Harz-Metall GmbH (HMG), auf einem alten Industriestandort der Preussag AG eine Sonderabfallverbrennungsanlage zu errichten. Geplant war eine Drehrohrofenanlage mit einer Jahreskapazität von 30.000 t.

- Eine weitere Drehrohrofenanlage für Sonderabfälle mit einer Kapazität von 30.000 t/Jahr plante die Energieversorgung Weser-Ems AG (EWE) am Standort Dörpen im Landkreis Emsland.
- Die Salzgitter Pyrolyse GmbH, ein Tochterunternehmen der Fa. Noell, beantragte 1988 bei der Bezirksregierung Braunschweig die abfallrechtliche Planfeststellung für eine Pyrolyseanlage auf dem Gelände des Stahlwerkes Salzgitter mit einer Kapazität von 42.000 t/a. Die Anlage war mit finanzieller Unterstützung des Bundesforschungsministeriums als Versuchsanlage bereits errichtet worden und im Probebetrieb gelaufen.

Untertagedeponie. Der Rahmenplan sah ferner vor, etwa 40 Abfallarten - im wesentlichen Filterstäube und salzhaltige Rauchgasreinigungsrückstände - in untertägigen Deponien abzulagern. Zur Abdeckung dieses Bedarfs sollte zunächst eine Kaverne vorrangig im niedersächsischen Küstengebiet eingerichtet werden. Obwohl die Kali- und Steinsalzgewinnung in Niedersachsen eine lange Tradition hatte und insofern eine Reihe von Salzbergwerken vorhanden waren, hatten weder die Bergbaubetreiber noch die Bergverwaltung Interesse daran, vorhandene bergbauliche Hohlräume für die Sonderabfallentsorgung verfügbar zu machen, weil man offensichtlich die dem Bergbau bis dahin weitgehend fremd gebliebenen zu erwartenden Auseinandersetzungen mit der Öffentlichkeit scheute.

Das Kavernenprojekt wurde von der NGS vorangetrieben, die auch späterer Betreiber sein sollte. Da die Sonderabfallablagerung in Kavernen technologisches Neuland war, konnten für die auf 17,8 Mio DM veranschlagte Konzeptentwicklung und Erprobung Zuwendungen des Bundesforschungsministeriums in Höhe von 8,9 Mio DM eingeworben werden bei Gesamtanlagenkosten von 150 Mio DM. Die Bereitstellung von Bundesforschungsmittel wurde vom Minister wie folgt begründet: „Die Initiative des Landes Niedersachsen ist ein weltweites Modell und trägt dazu bei, die Fernhaltung von Sondermüll vom Biozyklus entscheidend zu verbessern."

Als Standort für das einzurichtende Kavernenfeld wurde von der Landesregierung der Salzstock Jemgum-Leer im Rheiderland in Aussicht genommen. Eine Begutachtung aller 36 küstennahen Salzstöcke durch das Niedersächsische Landesamt für Bodenforschung und eine hierauf aufbauende Nutzwertanalyse durch die Kavernen Bau- und Betriebs-GmbH (KBB) hatten ergeben, daß der Salzstock Jemgum-Leer die besten Voraussetzungen aufwies. Die Beschränkung auf küstennahe Standorte war zunächst im Hinblick auf die erforderliche Soleableitung vorgenommen worden. Die Erweiterung der Analyse auf alle übrigen niedersächsischen Salzstöcke brachte kein anderes Ergebnis. Dieses Salzkavernenprojekt hatte im ostfriesischen Raum große Unruhe ausgelöst und stieß auf vehementen Widerstand (Pressezitat: „Wir wollen kein Giftklo werden"). Aus heutiger Sicht bemerkenswert ist, daß ein Unternehmen der Erdöl-/Erdgasindustrie zur gleichen Zeit auf demselben Salzstock etwa 50 Kavernen zur Gasspeicherung plante (und später auch realisierte); diese Aktivitäten blieben in der Öffentlichkeit weitgehend unbeachtet. Der besonderen Öffentlichkeitsrelevanz ist es wohl auch zuzuschreiben, daß das Umweltministerium auf Veranlassung der FDP ein Gutachten zur Rückholbarkeit von in Salzkavernen eingelagerten Abfällen in Auftrag geben mußte; es bedurfte daraufhin erheblicher Anstrengungen, überhaupt einen Gutachter zu finden, der sich mit dieser in der Fachwelt als unsinnig angesehenen Fragestellung befassen wollte (Abb. 5.7-11).

Betriebseigene Sonderabfalldeponien. Der Rahmenplan Sonderabfallentsorgung Niedersachsen sah vor, die bestehenden betriebseigenen Deponien grundsätzlich als Übergangsanlagen anzusehen, d.h. sie konnten unter der Bedingungen einer artspezifischen

Abb. 5.7-11: Salzkavernenprojekt (Zeichnung: Preussag)

Beseitigung weiterbetrieben werden mit der Maßgabe, daß nach Verfüllung eine Erweiterung nicht möglich ist.

Besondere Brisanz erhielt die Thematik „Betriebseigene Deponien" durch Auseinandersetzungen des Umweltministeriums mit dem VW-Konzern über genehmigungsrechtliche Versäumnisse bei der Erweiterung der VW-eigenen Lackschlammdeponie Essenrode, was 1987 zu einer vorläufigen Schließung der Deponie führte. 1988 veranlaßte das Umweltministerium eine Gefährdungsabschätzung der betriebseigenen Deponien durch Sachverständigengutachten.

Andienungspflicht; Zentrale Stelle für Sonderabfälle. Mit der Gründung der NGS in Jahr 1985 war zunächst eine Abfallentsorgungsgesellschaft mit Landesbeteiligung geschaffen worden. Wäre es allein hierbei geblieben, wäre der gewollte stärkere Einfluß des Landes auf die Sonderabfallentsorgung begrenzt geblieben. Darüber hinaus hätte die Gefahr bestanden, daß die geplanten technisch hochwertigen und damit teuren Anlagen wie die Ringschachtdeponie in Hoheneggelsen oder die Kavernendeponie sich am Markt überhaupt nicht hätten behaupten können, da der Markt mit seiner Tendenz zur Billigentsorgung zunächst andere zugelassene Anlagen in anderen Ländern präferieren würde. In den 80er Jahren war dies insbesondere die Deponie Schönberg in der ehemaligen DDR. Durch das sogenannte Vorschaltgesetz zum Niedersächsischen Abfallgesetz vom 21.12.1988 wurde im Vorgriff auf das künftige neue Niedersächsische Abfallgesetz die rechtliche Grundlage für eine staatliche Lenkung der Sonderabfallströme gelegt. Gemäß § 3 Abs. 3 des Gesetzes war seit dem 1.5.1989 jeder Abfallbesitzer verpflichtet, Sonderabfälle einer „Zentralen Stelle für Sonderabfälle" anzudienen. Die Zentrale Stelle sollte die Sonderabfälle geeigneten Entsorgungsanlagen zuweisen und für eine Heranziehung der Abfallerzeuger zu den Kosten sorgen. Als Zentrale Stelle durfte nach dem Gesetz nur eine Kapitalgesellschaft mit Mehrheitsbeteiligung des Landes bestimmt werden. Diese Regelung stellte eine Ausnahme vom Grundsatz des Artikels 43 Absatz 1 der vorläufigen Niedersächsischen Verfassung dar, wonach staatliche Verwaltungsaufgaben grundsätzlich durch die Landesregierung und ihr unterstellte Behörden auszuüben sind. Durch Verordnung vom 21. April 1989 wurde die NGS zur Zentralen Stelle für Sonderabfälle bestimmt. Die NGS wurde damit zu einer „janusköpfigen" Einrichtung. Gegenüber dem Abfallbesitzer trat sie im Rahmen der Andienung und Zuweisung hoheitlich auf. Mit den Betreibern von Abfallentsorgungsanlagen mußte sie entsprechende privatrechtliche Verträge schließen. Gleichzeitig war sie Träger der Sonderabfallentsorgung in Niedersachsen für die Endablagerung und sollte entsprechend ihrem ursprünglichen Gesellschaftszweck eigene Anlagen errichten und betreiben oder Beteiligungen an derartigen Anlagen erwerben.

Mit der Einführung dieses Organisationsmodells durch den Landesgesetzgeber, das bald auch in anderen Bundesländern (Saarland, Rheinland-Pfalz) Nachahmer fand, war die Aufstellung eines verbindlichen Sonderabfallentsorgungsplanes weitgehend überflüssig geworden. Die Inhalte und Ziele des Rahmenplans Sonderabfallbeseitigung Niedersachsen konnten durch die Steuerungsfunktion der NGS, die dabei der Fachaufsicht des Umweltministeriums unterstand, genauso effektiv umgesetzt werden, wie dies ein Plan nach § 6 AbfG vermocht hätte. Dabei hatte das Andienungsmodell den Vorzug, daß wesentlich flexibler auf den „Markt" reagiert werden konnte, als dies mit einem „starren" Plan möglich gewesen wäre.

Insgesamt lagen Mitte 1990 alle Voraussetzungen vor, um ein technisch hochentwickeltes Sonderabfallentsorgungskonzept mit allen notwendigen Bausteinen für eine artspezifische Sonderabfallentsorgung, wie es der Rahmenplan und auch die inzwischen von der Bundesregierung aufgestellte Technische Anleitung Abfall vorsahen, zu realisieren:

- Das Land hatte mit der NGS die Verantwortung für die Endablagerung übernommen. Für die betriebseigenen Deponien war eine Gefährdungsabschätzung veranlaßt worden.
- Die SAD Hoheneggelsen befand sich im mittelbaren bzw. (seit 1990) im unmittelbaren Landesbesitz.
- Für eine untertägige Deponie lagen konkrete Pläne vor; ein Raumordnungsverfahren war eingeleitet.
- Für zwei Hochtemperaturverbrennungsanlagen (HTVA) in Oker und Dörpen lagen Planfeststellungsanträge vor.
- Die Steuerung der Sonderabfallströme war durch die Einrichtung der „Zentralen Stelle" gewährleistet. Um die Realisierung der HTVA-Projekte zu beschleunigen, hatte die NGS mit den Antragstellern der Anlagen in Dörpen und Salzgitter Kontingent- bzw. Auslastungsverträge geschlossen, die den Betreibern die betriebswirtschaftliche Rentabilität sichern und das Investitionsrisiko insofern mindern sollten.
- Zur Forcierung der Vermeidungs-, Verminderungs- und Verwertungsbemühungen war eine Regierungskommission eingesetzt worden, die sich den Sonderabfällen mit dem größten Mengenaufkommen angenommen hatte. Um die Sonderabfall-Erzeugerüberwachung zu intensivieren, hatte der Landtag der Gewerbeaufsichtsverwaltung zusätzliche Stellen bewilligt.

5.7.3.4 SONDERABFALLPOLITIK 1990-1994

Der Koalitionsvertrag. Nach der Landtagswahl 1990 hatten die Regierungsfraktionen SPD-Grüne einen umfangreichen Koalitionsvertrag ausgehandelt, der sich auch mit Fragen zu den künftigen Strukturen im Sonderabfallbereich befaßte und absolute Richtschnur für die Sonderabfallpolitik des Umweltministeriums unter Ministerin Monika Griefahn (parteilos, später SPD) war. Tenor des Koalitionsvertrages bildete die Forderung, den Schwerpunkt auf die Abfallvermeidung und -verwertung zu setzen. Nach Auffassung der neuen Landesregierung entsprach der bisherige Rahmenplan der CDU/FDP-Regierung diesem Ziel nicht. Er wurde daher ausnahmslos außer Kraft gesetzt. Der Koalitionsvertrag sah konkret vor, alle bereits laufenden Planungen, Verfahren und Voruntersuchungen für Sondermüllverbrennungsanlagen und Sonderabfallagerstätten (Kavernenprojekt) im Rahmen der rechtlichen Möglichkeiten zu beenden. Die Hochtemperaturverbrennung wurde lediglich als Option offengehalten für den Fall, daß die Instrumente der Vermeidung und Verwertung nicht ausreichend griffen. Hoheneggelsen sollte zu einem „Lager" auf technisch höchstem Stand ausgebaut werden; zur Überbrückung sollten betriebseigene Zwischenlager in Anspruch genommen oder ggfs. Öffentliche Zwischenlager geschaffen werden. An dem NGS-Modell sollte festgehalten werden. Darüber hinaus sollte in Zusammenarbeit mit den norddeutschen Bundesländern eine vom Abfallexport unabhängige, regional autarke Entsorgungsstruktur so schnell wie möglich aufgebaut werden.

Organisatorische Veränderungen. Die Referatsgruppe Abfallwirtschaft im Umweltministerium, die noch unter Minister Dr. Remmers in der bisherigen Abteilung 2 „Wasser- und Abfallwirtschaft" gebildet worden war, wurde unter Ministerin Griefahn zu einer eigenständigen Fachabteilung. Die Abteilungsleitung wurde dem bisherigen Leiter des Ministerbüros von Frau Griefahn - einem Juristen - übertragen. Die fachliche Ministeriumsarbeit litt stark unter Schwierigkeiten bei hausinternen Abstimmungs- und Entscheidungsprozessen, u.a. verursacht durch die Besetzung der Staatssekretärsstelle durch die Grünen.

Sonderabfallgutachten. Das für die Sonderabfallplanung zuständige Referat des MU schlug der Behördenleitung im Herbst 1990 vor, die in der Koalitionsvereinbarung vorgesehene Sonderabfallstrategie durch die Aufstellung eines Sonderabfallvermeidungs- und Verminderungsplans konzeptionell anzugehen. Hierfür sollte ein externer Gutachter eingeschaltet werden. Nachdem die Behördenleitung dieser Vorgehensweise zugestimmt hatte, entschied sich das MU zu einer Auftragsvergabe an die Prognos AG, Berlin, und das Öko-Institut e.V., Büro Darmstadt. Beide Gutachter sollten die Untersuchungen in einer Arbeitsgemeinschaft durchführen. Wesentlicher Bestandteil des Untersuchungsauftrags waren vor-Ort-Ermittlungen bei Firmen der abfallerzeugenden Wirtschaft, die dem Öko-Institut übertragen werden sollten. Diese vor-Ort-Ermittlungen stießen bei der Wirtschaft zunächst auf Ablehnung, zumal das Öko-Institut insbesondere den zu besuchenden Firmen der chemischen Industrie bisher ausschließlich als „Gegner" aus Genehmigungsverfahren (Sachbeistand für Bürgerinitiativen) begegnet war. Es bedurfte erheblicher Anstrengungen des MU, um die Firmen davon zu überzeugen, daß eine Weitergabe von Betriebsgeheimnissen etc. durch die Gutachter, die vom MU nach dem Verpflichtungsgesetz speziell zur Verschwiegenheit verpflichtet worden waren, nicht zu besorgen sei. Gleichwohl verweigerten zahlreiche Sonderabfallerzeuger den Gutachtern den Zutritt. Die Arbeitsgemeinschaft Prognos AG/Öko-Institut e.V. legte ihren Endbericht im November 1991 vor.

Hinsichtlich des Entsorgungsbedarfs hatten die Gutachter folgende Ergebnisse erzielt: Bei Ausschöpfung aller technischen Umsetzungspotentiale und unter Anwendung aller geplanten Umsetzungsstrategien sei statt einer zu erwartenden Zunahme eine Abfallmengenreduktionen von 1,8 auf rd. 1,3 Mio t pro Jahr bis zum Prognosezeitraum 1996/97 erreichbar. Bezogen auf Entsorgungsverfahren ergaben die Ermittlungen der Gutachter den in Tabelle 5.7-4 genannten Bedarf.

Sonderabfallkonzept Niedersachsen. Aus dem Sonderabfallgutachten entwickelte das Umweltministerium Anfang 1992 das sogenannte „Sonderabfallkonzept Niedersachsen", das ein weitgehend politisch geprägtes Programmpapier darstellte. Der Entwurf des Sonderabfallkonzeptes wurde im März 1992 veröffentlicht und sodann mit den beteiligten Kreisen an einem „Runden Tisch" erörtert. Neben der Darstellung der wichtigsten Ergebnisse des Sonderabfallgutachtens enthielt es eine detaillierte Auflistung der Sonderabfallvermeidungs- und Verminderungsstrategien, welche die Landesregierung konkret umsetzen wollte.

Daneben enthielt es umfangreiche Ausführungen zur künftigen Organisation der Sonderabfallentsorgung in Niedersachsen, die auch in Zukunft der NGS obliegen sollte, und ein technisches Anlagenkonzept.

Abfallartenkatalog Niedersachsen. Eine für den Aufgabenbereich Sonderabfallplanung erste grundlegende Verwaltungsvorschrift unter der neuen Landesregierung erließ das MU mit Erlaß vom 26.6.1991, den sogenannten „Abfallartenkatalog Niedersachsen". Dieser regelte den Ausschluß von Abfällen durch die entsorgungspflichtigen Körperschaften und hatte damit erhebliche Auswirkungen auf den Anfall von Sonderabfällen nach der niedersächsischen Definition des Sonderabfallbegriffs. Gleichzeitig wurden damit die bis dahin teilweise äußerst unterschiedlichen Entsorgungssatzungen der entsorgungspflichtigen Körperschaften vereinheitlicht, um regionale Unterschiede bezüglich der Entsorgungsbedingungen für die Wirtschaft zu beseitigen

Abfallgipfel. Auf Einladung von Ministerpräsident Schröder verständigten sich die niedersächsische Wirtschaft und die Landesregierung am 29.9.1992 über konkrete Schritte bei der Sonderabfallentsorgung in Niedersachsen. Mit dieser als „Abfallgipfel" bezeichneten Vereinbarung wurde das Sonderabfallkonzept vom März 1992 näher konkretisiert. Hinsichtlich der Intensivierung der VVV-Bemühungen wollte die Wirtschaft weiterhin die erfolgreiche Arbeit der Regierungskommission unterstützen. Zur Verbesserung der Zusammenarbeit sollte die NGS in die Kommission eingebunden werden. Die Wirtschaft erklärte darüber hinaus ihre Unterstützung bei der Einschaltung von externen Gutachtern, die vom Land finanziert und im Einvernehmen mit der Wirtschaft zur beschleunigten Umsetzung des Vollzugsprogramms nach § 5 Abs. 1 Nr. 3 BImSchG bestellt werden sollten. Im Hinblick auf die künftige Organisation der Sonderabfallentsorgung sprachen sich Landesregierung und Wirtschaft für eine Stärkung der NGS für mehr Entsorgungssicherheit aus. Die NGS sollte nach Maßgabe ihrer Satzung auch künftig Anlagen zur Endablagerung von Sonderabfällen planen, errichten und ggfs. betreiben oder sich an entsprechenden Projekten beteiligen. Darüber hinaus sollte die NGS die von der Landesregierung gewünschte Aufgabe der freiwilligen Beratung insbesondere von mittleren und kleinen Unternehmen zu Möglichkeiten der Vermeidung und Verwertung von Sonderabfällen verstärkt wahrnehmen. Landesregierung und Wirtschaft bekundeten darüber hinaus, einen „Nordverbund" anzustreben, der auch innerhalb des EG-Binnenmarktes garantieren sollte, daß die in den norddeutschen Bundesländern anfallenden Sonderabfälle auch in den norddeutschen Bundesländern behandelt und abgelagert werden.

	Gutachten 1991				Rahmenplan 1985
Deponie	1.152.000	-	1.248.000	t/a *)	202.935 t/a**)
Verbrennung	66.000	-	83.000	t/a	91.335 t/a
Chemisch/physikalische Behandlung	73.000	-	91.000	t/a	59.300 t/a

*) einschl. betriebseigener Ablagerung, **) ohne betriebseigene Ablagerung

Tab. 5.7-4: Entsorgungsbedarf für Sonderabfall nach dem 1991er Gutachten im Vergleich zu den Bedarfszahlen des Rahmenplans Sonderabfallbeseitigung Niedersachsen (1985) (Quelle: Nds. Umweltministerium)

Anlagenkonzept. Anläßlich des Abfallgipfels legten Landesregierung und Wirtschaft im September 1992 folgende konkrete Maßnahmen zur Sicherstellung der niedersächsischen Sonderabfallstruktur fest, die auf den technischen Inhalten des Sonderabfallkonzeptes Niedersachsen fußten:

- Das Planfeststellungsverfahren für die Erweiterung der SAD Hoheneggelsen sollte zügig weitergeführt werden (zu dem bereits 1988 eingereichten Antrag auf Errichtung von Ringschächten war von der neuen Landesregierung eine Umweltverträglichkeitsprüfung veranlaßt worden).
- Zur Errichtung von Deponien für „ungefährliche" industrielle Massenabfälle mit günstigen Ablagerungskonditionen sollten Prüfverfahren zur Eignungsfeststellung eingeleitet werden. In der Diskussion standen 1992 insbesondere Standorte im Raum Hannover (Engelbostel und Sarstedt).
- Für die Ablagerung von „nicht hochtoxischen" Sonderabfällen wie Filterstäuben und Rauchgasreinigungsrückständen hielten Landesregierung und Wirtschaft die Einrichtung einer Untertagedeponie für erforderlich, die dem gesamten norddeutschen Raum zur Verfügung stehen sollte. Gespräche, die diesbezüglich mit der Fa. Kali und Salz aufgenommen worden waren, sollten fortgesetzt werden.
- Es wurde festgestellt, daß die Pyrolyseanlage Salzgitter voraussichtlich 1994 für ein Teilspektrum thermisch zu behandelnder Sonderabfälle zur Verfügung stünde.
- In der AVG-Anlage in Hamburg sollte im Rahmen des Nordverbundes eine Verbrennungskapazität von 20.000 t pro Jahr abgesichert werden.
- Die „thermische Reststoffverwertungsanlage" der Fa. DOW in Stade sollte für eine Zusatzkapazität abfallrechtlich genehmigt werden.
- Die vorhandene Anlage in Bramsche sollte weiterbetrieben und an der „höchsten Stand der Technik mit dem Ziel der Senkung der Schadstoffmenge" angepaßt werden.
- Die Planung am Standort Dörpen für eine neue zusätzliche Sonderabfallverbrennungsanlage sollte überprüft werden (Ziel: Anlage nach dem neuesten Stand der Technik mit Pilotfunktion in der Bundesrepublik).

Umsetzung des Anlagenkonzepts. Zwischen 1992 und 1994 wurde das vom „Abfallgipfel" verabredete Anlagenkonzept mit Nachdruck vorangetrieben:
Die **Pyrolyseanlage** in Salzgitter wurde im Oktober 1992 nach Reduzierung des Abfallkataloges von der Bezirksregierung Braunschweig abfallrechtlich planfestgestellt

Nach Kontakten auf höchster Ebene mit der **Fa. DOW** konnte diese dazu bewegt werden, ihre Drehrohrofenanlage auf dem Produktionsgelände in Stade für betriebsexterne Sonderabfälle zu öffnen und einen entsprechenden Genehmigungsantrag bei der Bezirksregierung Lüneburg zu stellen.

Im Hinblick auf die Planungen am Standort **Dörpen** befaßte sich eine Expertenarbeitsgruppe, die das MU einberufen hatte, mit der Prüfung verschiedener Verfahren für eine thermische Anlage mit Pilotfunktion mit dem Ergebnis, daß hierfür ein klassisches Verfahren (Drehrohrofenanlage) mit Entwicklungspotential oder ein Kombinationsverfahren Entgasung/Vergasung nach dem Vorbild des sogenannten Noell-Konversionsverfahrens die besten Ergebnisse liefern würde. Die Planung am Standort Dörpen wurde jedoch wegen der ab 1992 zu verzeichnenden Abwanderung thermisch zu behandelnder Sonderabfälle in andere Entsorgungswege sowohl vom Land als auch vom Antragsteller nicht konsequent weiterbetrieben.

Das Verfahren zur Erweiterung der **Sonderabfalldeponie Hoheneggelsen** (Ringschachtprojekt) wurde fortgeführt; im August 1993 fand hierzu der Erörterungstermin statt. Anfang 1994 wurde der Antrag wegen verschiedener Bedenken vom MU zurückgezogen.

Die Planungen des Landes zur Errichtung von **Deponien für Massenabfälle** konkretisierten sich nach 1992 auf einen Standort im Raum Alversdorf, Landkreis Helmstedt, der in einem zu rekultivierenden Braunkohletagebau der Fa. BKB lag. Gemeinsam mit der Fa. BKB unternahm die NGS fortan die planerischen und genehmigungsrechtlichen Schritte zur Realisierung einer Deponie auf diesem Standort.

Aufgrund der Ergebnisse des Abfallgipfels wurden ab 1992 Gespräche mit der Fa. Kali und Salz über die Einrichtung einer **Untertagedeponie** (UTD) in einem ihrer niedersächsischen Salzbergwerke geführt. Die Gespräche verliefen günstig, weil anläßlich der Fusion der mitteldeutschen Kaliwerke der ehemaligen DDR mit der Kali und Salz AG beschlossen worden war, mehrere Bergwerke in den alten und den neuen Ländern stillzulegen. In Niedersachsen sollte hiervon das Kali- und Steinsalzbergwerk Niedersachsen-Riedel im Raum Hänigsen/Wathlingen (LK Hannover bzw. Celle) betroffen sein. Aus Sicht des Umweltministeriums als Sonderabfallplanungsbehörde war das Angebot von Kali und Salz, hier eine Untertagedeponie einzurichten, ausdrücklich zu begrüßen, weil es sich um ein modernes Bergwerk mit intakten oberirdischen Anlagen handelte, die UTD-Nachrüstung einen relativ geringen Investitionsbedarf erforderte und eine gute Verkehrsanbindung einschließlich Gleisanschluß vorlag. Die NGS gründete mit der Fa. Kali und Salz eine Arbeitsgemeinschaft „Untertagedeponie Niedersachsen“ und erwirkte eine landesplanerische Feststellung; das abfallrechtliche Planfeststellungsverfahren ist z.Z. noch anhängig (Abb. 5.7-12).

Norddeutsches Entsorgungskonzept für Sonderabfälle. Das nach den Ergebnisses des Abfallgipfels erwünschte Norddeutsche Entsorgungskonzept für Sonderabfälle wurde am 23.8.1993 von der Umweltministerkonferenz Norddeutschland zustimmend zur Kenntnis genommen. Darin verpflichten sich die norddeutschen Länder Bremen, Hamburg, Mecklenburg-Vorpommern, Niedersachsen und Schleswig-Holstein, im Bereich der Sonderabfallentsorgung enger zusammenzuarbeiten und bestimmte Aufgaben länderübergreifend in einem norddeutschen Verbund wahrzunehmen. Insbesondere war verabredet worden, spezielle, von einzelnen Ländern aus ökonomischen Gründen nicht allein tragbare Entsorgungsanlagen (z.B. Untertagedeponien) künftig ggfs. gemeinsam zu betreiben. Auf der Grundlage dieser Verabredung beschloß die Umweltministerkonferenz Norddeutschland 1995, die in Niedersachsen geplante Untertagedeponie in den norddeutschen Entsorgungsverbund einzubeziehen, da sich die UTD allein mit Abfällen aus Niedersachsen voraussichtlich nicht rentierlich betreiben ließ.

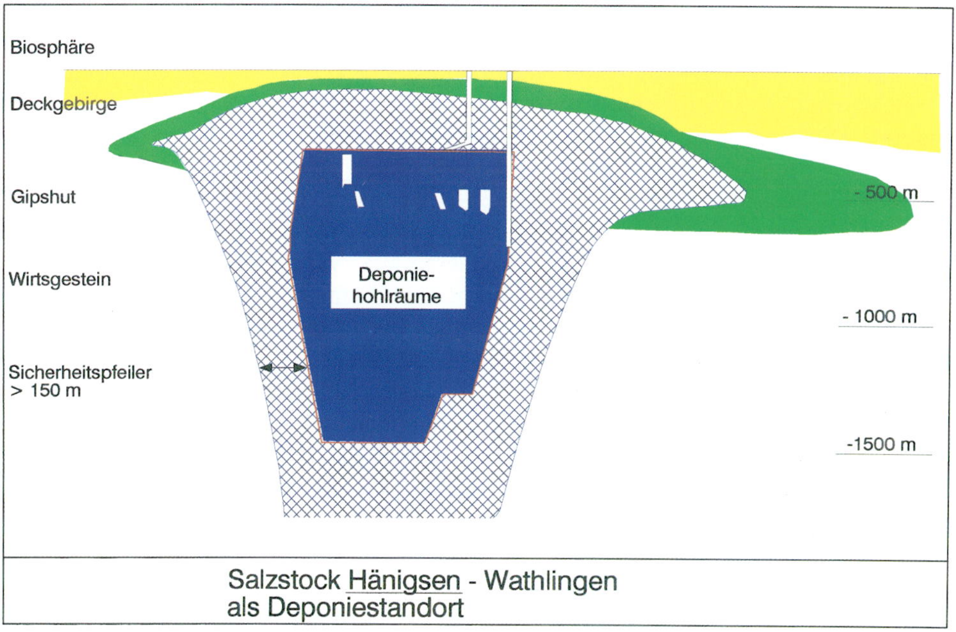

Abb. 5.7-12: Bergwerksdeponie Riedel/Hänigsen (Quelle: Arbeitsgemeinschaft Untertagedeponie Niedersachsen)

5.7.3.5 AKTUELLE PROBLEME DER SONDERABFALLPLANUNG

Europarecht. Die derzeitige niedersächsische Sonderabfallplanung ist stark von europarechtlichen Einflüssen geprägt, die etwa ab 1994 zu greifen begannen. Die Bundesregierung hatte die sogenannte Abfallrahmenrichtlinie der EU nach Auffassung der Kommission in Brüssel nicht in vollem Umfang in nationales Recht umgesetzt und wurde daher vor dem Europäischen Gerichtshof verklagt und zu einer „Nachbesserung“ verurteilt. Insbesondere hatte die Kommission beanstandet, daß der europäische Abfallbegriff sich im deutschen Abfallrecht nicht ausreichend wiederfand. Dabei ist von Bedeutung, daß für den europäischen Abfallbegriff ausschließlich der subjektive und objektive Entledigungstatbestand entscheidend sind, nicht aber - im Gegensatz zum deutschen Abfallbegriff - ob Stoffe verwertet oder beseitigt werden (die in Deutschland in genehmigungsbedürftigen Anlagen anfallenden „Reststoffe“, die verwertet wurden, unterlagen bisher nicht dem Abfallregime). Ferner hatte die EU in Ausfüllung ihrer Abfallrahmenrichtlinie eine Richtlinie über gefährliche Abfälle sowie ein Europäisches Abfallverzeichnis und ein Verzeichnis gefährlicher Abfälle verabschiedet, die von den Mitgliedstaaten der Union zwingend einzuführen waren und den bisherigen Vollzug insbesondere im Bereich der Sonderabfallentsorgung völlig „umkrempeln“ würden.

Änderung der Andienungsverordnung. Das Niedersächsische Umweltministerium änderte 1995 aufgrund aktueller Rechtsprechung des Bundesverwaltungsgerichts zum Abfallbegriff und in Anbetracht des vor dem EuGH anhängigen Verfahrens die Verordnung über die Andienung von Sonderabfällen. Danach sollten grundsätzlich auch Sonderabfälle, die verwertet werden, der Andienung an die Zentrale Stelle für Sonderabfälle unterfallen. Dieser Schritt war aus Landessicht geboten, weil die rechtlichen Unklarheiten zum deutschen Abfallbegriff zu einer starken Abwanderung von Sonderabfällen in Anlagen geführt hatten, die eine Verwertung zwar behaupteten, aber letztlich doch nichts anderes als Beseitigungsanlagen im Hauptzweck darstellten. Nach Inkrafttreten des „Kreislaufwirtschafts- und Abfallgesetzes" am 7.10.1996 unterfielen auch die bisherigen „Reststoffe" aus genehmigungsbedürftigen Anlagen nach dem Bundes-Immissionsschutzgesetz, die von der Andienung aus bestimmten Gründen nicht erfaßt waren, der Steuerung durch die Zentrale Stelle für Sonderabfälle. Nach Auffassung der Landesregierung war die Änderung der Andienungsverordnung zur Aufrechterhaltung der Entsorgungssicherheit in Niedersachsen zwingend geboten. Gleichwohl konnte sie nur gegen den Widerstand der Wirtschaft durchgesetzt werden.

Einstieg in die Kreislaufwirtschaft. Die Bundesregierung hat das Vertragsverletzungsverfahren vor dem EuGH 1994 zum Anlaß genommen, das Abfallrecht zu novellieren. Mit dem „Gesetz zur Förderung der Kreislaufwirtschaft und Sicherung der umweltverträglichen Beseitigung von Abfällen (Kreislaufwirtschafts- und Abfallgesetz)" vom 27. September 1994 wird europäisches in nationales Recht umgesetzt. Daneben ist es geprägt von dem Bestreben, abfallrechtliche Vorschriften zu „deregulieren". Zu diesem Zweck soll das Verursacherprinzip stärkere Berücksichtigung finden. Die abfallerzeugende Wirtschaft soll für die Verwertung von Abfällen, der nach dem Gesetz grundsätzlich Vorrang vor der Beseitigung einzuräumen ist, allein zuständig sein. Andienungs- und Überlassungspflichten für Abfälle zur Verwertung an öffentlich-rechtliche Körperschaften, Landesgesellschaften u.a. schließt das Gesetz daher grundsätzlich aus. Leider versäumte es der Gesetzgeber, präzise zu definieren, was unter Abfällen zur Verwertung und Abfällen zur Beseitigung im einzelnen zu verstehen ist. Das Gesetz enthält hierzu nur eine Reihe unbestimmter Rechtsbegriffe und ist insofern nur wenig vollzugsfreundlich. Darüber hinaus hatte der Gesetzgeber bei der Aufstellung des Gesetzes offenbar keine genauen Vorstellungen darüber, welches technisch/organisatorische Konzept der künftigen Abfallwirtschaft, insbesondere der Sonderabfallwirtschaft in Deutschland zugrundeliegen sollte. Es muß daher bezweifelt werden, ob das Kreislaufwirtschaftsgesetz, das am 7.10.1996 nach einer 2-Jahres-Frist (die zur Aufstellung des sogenannten Untergesetzlichen Regelwerks benötigt wurde) in Kraft trat, den ihm zugrundeliegenden Erwartungen gerecht wird.

Verwertung oder Beseitigung? Abfallerzeuger sind heute bestrebt, ihre Sonderabfälle verstärkt auf die Verwertungsschiene zu geben. Diese an sich positive Tendenz war in Niedersachsen bereits 1991 mit der Einführung der Sonderabfallabgabe verzeichnet worden. Allerdings wurde schnell deutlich, daß bei vielen behaupteten Verwertungswegen unklar war, ob tatsächlich eine Verwertung - zumindest im Hauptzweck - oder nicht vielmehr doch eine Beseitigung vorlag. Verstärkt wurde dies durch die Feststellung, daß derartige Verwertungswege oft wesentlich günstiger als „hochwertige" Beseitigungsverfahren gemäß der TA Abfall waren. Hierzu gehörten insbesondere die „stoffliche Verwertung" von mineralischen Sonderabfällen als Versatzmaterial im Bergbau und die „energetische Verwertung" von organischen Sonderabfällen in Zementwerken bzw. Feuerungsanlagen. Das Niedersächsische Umweltministerium hat 1994 nach Bekanntwerden der sich durch das KrW-/AbfG abzeichnenden Problematik die Initiative zur Aufstellung von Abgrenzungskriterien für die Fragestellung Verwertung/Beseitigung ergriffen und über die Länderarbeitsgemeinschaft Abfall (LAGA) ein Definitions- und Abgrenzungspapier erstellt, um für den künftigen Vollzug ein bundeseinheitliches Vorgehen sicherzustellen.

Das schließlich im März 1997 von der LAGA verabschiedete Papier „Definition und Abgrenzung von Abfallverwertung und Abfallbeseitigung sowie von Abfall und Produkt" wurde aufgrund von Einsprüchen der Wirtschaftsminister und der Bundesregierung durch die Umweltministerkonferenz nicht verabschiedet. Statt dessen setzte die Umweltministerkonferenz eine „Bund-Länder-Besprechung" an, um ein konsensuales Abgrenzungspapier zu erstellen. Im Oktober 1997 nahm die UMK dieses Konsenspapier an. Im Gegensatz zum LAGA-Entwurf wurde dem Konsenspapier eine „höhere Abstraktionsebene" zugrundegelegt. Gleichwohl konnte der Streit um die Abgrenzung zwischen Verwertung und Beseitigung auch mit diesem Papier nicht beendet werden.

Auseinandersetzungen mit dem Bergbau. Seit Anfang der 90er Jahre zeigte der Bergbau ein erhebliches Interesse an Sonderabfällen, die sich für den sogenannten Untertagebergbau eignen. Nachdem er in einem Musterprozeß dazu verurteilt worden war, sich verstärkt um die Minderung und Beseitigung von Bergschäden zu kümmern, akquirierte er in großem Umfang am „Abfallmarkt". Es war erkannt worden, daß die Hohlraumsicherung durch Versatz mit Sonderabfällen, für deren Abnahme aufgrund hoher Deponiepreise große Entgelte zu erzielen waren, nicht nur kostenneutral, sondern sogar mit Gewinn durchgeführt werden konnte. Besonders vorteilhaft wirkte sich aus, daß der Versatz von den Bergbehörden und teilweise auch von den Abfall- bzw. Immissionsschutzbehörden grundsätzlich als Verwertung von Reststoffen und nicht als Abfallbeseitigung eingestuft wurde. Es konnten damit zusätzliche Marktvorteile (keine Abfallabgabe, Vorrang der Verwertung) erzielt werden. Die Menge der so im Untertageversatz eingebrachten Abfälle ist allein von 1992 bis 1994 um 38 % gestiegen. Aufgrund dieses Umstandes und seiner Auswirkungen auf die Sonderabfallplanung (nahezu alle öffentlich zugänglichen Sonderabfalldeponien, die mit erheblichen Investitionsmitteln entsprechend der TA Abfall eingerichtet oder nachgerüstet waren, gerieten in wirtschaftliche Bedrängnis) gab es zwischen 1994 und 1996 intensive, überwiegend kontroverse Diskussionen zwischen der Länderarbeitsgemeinschaft Abfall und dem Länderausschuß Bergbau. Auch für diese schwierige Thematik übertrug der LAGA-Vorsitz dem Niedersächsischen Umweltministerium die Federführung. In Verlauf der Erörterungen verständigten sich LAGA und LA Bergbau auf Abgrenzungskriterien und eine Orientierungsliste für versatzgeeignete Abfälle. Für die Sonderabfallplanung des Landes Niedersachsen entwickelte sich hieraus die Erkenntnis, daß für neue oberirdische (Vielstoff-)Deponien für Sonderabfälle mittel- bis langfristig kein Bedarf mehr besteht. Niedersachsen beabsichtigt deshalb z.Z. nicht, eine Nachfolgedeponie für die SAD Hoheneggelsen (Betriebseinstellung spätestens 2005) einzurichten. Die UTD-Planungen am Standort Hänigsen bleiben hiervon zunächst unberührt. Es wird sich zeigen, ob die UTD unter den künftigen Randbedingungen rentierlich betrieben werden kann.

Ausblick. Die derzeitigen Schwierigkeiten in der Sonderabfallplanung und -entsorgung wurden überwiegend durch das (dem KrW-/AbfG zugrundeliegende) Europarecht verursacht. Aus heutiger Sicht ist bedauerlich, daß den seinerzeitigen Aktivitäten der EU auf dem Gebiet der Abfallwirtschaft von den Ländern offenbar keine große Bedeutung zuerkannt wurde. Ob es gelingt, den europäischen Abfallbegriff den Vorstellungen Niedersachsens und anderer Bundesländer anzupassen - der Bundesrat hat die Bundesregierung am 8.11.1996 aufgefordert, sich bei der EU entsprechend einzusetzen - ist nicht absehbar. Ob die staatliche Sonderabfallplanung, die sich nach § 29 KrW-/AbfG grundsätzlich nur noch auf Abfälle zur Beseitigung erstrecken soll, unter den gegebenen Randbedingungen fortgeführt werden kann, ist z.Z. ebenfalls fraglich. Durch die Internationalisierung der Entsorgung im europäischen Binnenmarkt bezüglich Abfällen zur Verwertung - hierfür sieht das Gesetz grundsätzlich kein Gebot der Inlandsentsorgung vor; nach Auffassung der EU sollen diese Abfälle dem freien Warenverkehr unterliegen - ist eine Bewegung eingetreten, die nicht mehr eingedämmt werden dürfte und bei denen planerische Vorgaben des Staates kaum noch Sinn machen. Die Wirtschaft ist im übrigen dabei, sich vom bisher bewährten Kooperationsprinzip in der Abfallwirtschaft zu lösen.

In Niedersachsen hat es seit dem Bestehen der Andienungspflicht (1.5.1989) praktisch keine Sonderabfallskandale mehr gegeben. Zu den im Herbst 1996 durch bundesweite staatsanwaltschaftliche Ermittlungen aufgedeckten Altölskandal konnte es nur dadurch kommen, als die dort illegal entsorgten Altöle aufgrund einer abschließenden Bundesregelung (§ 5a AbfG) nicht der Andienungspflicht unterworfen werden durften. Es ist anzunehmen, daß die Aufgabe der Funktion der Landesgesellschaften - für deren Einrichtung es seinerzeit wohlbegründete Argumente gab (siehe Abschnitte 5.7.3.3 und 5.7.3.4) - nicht durch eine stärkere Eigenverantwortung der Wirtschaft kompensiert werden kann.

5.7.4 RÜSTUNGSALTLASTEN

von Hans-Jürgen Rapsch

5.7.4.1 AUSGANGSSITUATION, GEFÄHRDUNGSPOTENTIAL

In der Vergangenheit sind Rüstungsaltlasten wenig beachtet worden. Das hat sicherlich vielfältige Ursachen. Entscheidend dürfte aber sein, daß es in den Nachkriegsjahren mit den Bemühungen um Lebensmittel, Wohnraum und Arbeit wichtigere Probleme als die Altlastenthematik gab.

Dabei ist Niedersachsen im Vergleich zu anderen Bundesländern mit am stärksten von Rüstungsaltlasten betroffen. Die Ursachen hierfür liegen in seinen waldreichen Gebieten, die aus Gründen der Tarnung von Rüstungsbetrieben benötigt wurden (Abb. 5.7-13). Darüber hinaus wurden dünn besiedelte Regionen sowie wasserreiche Standorte bevorzugt, weil mit der Sprengstoffherstellung ein größerer Wasserbedarf verbunden war.

Was sind eigentlich Rüstungsaltlasten?

Eine verbindliche Definition gibt es nicht. In Niedersachsen werden unter diesem Begriff insbesondere Grundstücke verstanden, die mit Rückständen von Explosiv- und Kampfstoffen belastet sind oder mit gefährlichen Reststoffen aus der unmittelbaren Produktion von Kampfmitteln und Waffen.

Generell unterscheiden sich Rüstungsaltlasten nicht von anderen kontaminierten Betriebsflächen der Industrie. Das Gefährdungspotential von Rüstungsaltlasten muß jedoch besonders hoch eingestuft werden, weil

- der Aufbau der Werke und die Produktion vielfach unter Kriegsbedingungen erfolgten und die Produktion grundsätzlich Vorrang vor Maßnahmen zum Schutz der Umwelt hatte,
- die Fabrikationsanlagen durch Bombenangriffe oder gelegentliche Unfälle (Explosionen) beschädigt und in der Nachkriegszeit von den Alliierten nicht fachgerecht entmilitarisiert wurden, wobei toxische Produktionsstoffe unkontrolliert in die Umwelt gelangten,
- Produktionsabfälle und Reststoffe auf oder in der Nähe des Werksgeländes in ungesicherten Halden deponiert und Abwässer unsachgemäß beseitigt wurden,
- die Inbetriebnahme von Produktionsanlagen teilweise vor der endgültigen Fertigstellung der notwendigen Entsorgungseinrichtungen erfolgte oder auf eine ordnungsgemäße Entsorgung der Reststoffe von vornherein verzichtet wurde.

Abb. 5.7-13: Ehem. Produktionsbereich für Minen im Sprengstoffwerk „Tanne" im Harz (Foto: Dr. Rapsch)

Auf zahlreichen Verdachtsflächen liegen auch heute noch sprengfähige Materialien, die ein zusätzliches Gefährdungspotential darstellen. In der Regel handelt es sich aber um ein nicht zu trennendes Konglomerat aus kontaminierten Böden, sprengfähigem Material, chemischen Kampfstoffen und rüstungsrelevanten Umweltchemikalien. Niedersachsen hat deshalb Ende 1993 als erstes Bundesland die bisherige funktionale Aufgabentrennung zwischen Kampfmittelbeseitigung und Gefährdungsabschätzung von Rüstungsaltlasten aufgegeben und den Kampfmittelbeseitigungsdienst (KBD) dem Arbeitsbereich des Niedersächsischen Umweltministeriums (MU) zugeordnet.

5.7.4.2 VERANLASSUNG UND DURCHFÜHRUNG DER GEFÄHRDUNGSABSCHÄTZUNG

Im November 1987 wurde der Problembereich Rüstungsaltlasten erstmals im Niedersächsischen Landtag aufgrund einer großen Anfrage über „gefährliche Chemierückstände aus der Rüstungsproduktion" behandelt. Parallel dazu hatte es im MU erste Überlegungen gegeben, diese Thematik generell aufzugreifen.

Die Landesregierung richtete am 18.01.1988 eine interministerielle Arbeitsgruppe zur Rüstungsaltlastenthematik ein. Sie bestand aus Vertretern des MU, des Innenministeriums, des KBD und der Landesämter für Bodenforschung sowie für Wasser und Abfall, heute NLÖ.

Bereits im Juni 1988 legte die Arbeitsgruppe als vorläufiges Ergebnis eine erste, landesweite Bestandsaufnahme vor. Sie enthielt 67 Verdachtsflächen und ein erstes Handlungskonzept. Nach der Erstbewertung der Verdachtsflächen wurde ein vierstufiger Handlungsbedarf zugrunde gelegt, der von
IV - derzeit zurückstellen, kein unmittelbarer Handlungsbedarf
bis hin zu
I- Erarbeitung von Sanierungslösungen, Sanierungskonzepten
reichte.

Aufgrund dieser Ergebnisse beschloß das niedersächsische Landeskabinett, diese Thematik durch das MU vertiefen zu lassen. Ziel war es, alle in Niedersachsen vorhandenen Rüstungsaltlasten einer Gefährdungsabschätzung zu unterziehen. Zur fachlichen Unterstützung fand im April 1989 ein Expertengespräch in Hannover statt, auf dem die vielschichtige Problematik auch unter Sicherheitsaspekten diskutiert wurde und erste Erfahrungen ausgetauscht werden konnten.

Mitte 1989 wurde im MU ein eigenes Referat für Rüstungsaltlasten eingerichtet. Es verfügte anfänglich über einen Jahresetat von 12 Millionen DM. In der Staatlichen Wasser- und Abfallwirtschaftsverwaltung ließ sich aus fachlichen und personellen Gründen kurzfristig kein eigenes Fachgebiet für die Behandlung der neuen Thematik aufbauen. Daher wurde zur Unterstützung des MU ein qualifiziertes Ingenieurbüro als Projektmanagement beauftragt, was zumindest noch 1990 verwaltungsuntypisch war. Die dort mit dem Projekt betrauten Personen waren praktisch externe Bedienstete des Ministeriums.

Mit der konkreten Bearbeitung der jeweiligen Verdachtsflächen wurden im Laufe der Zeit rd. 70, meist ortsnahe, unabhängige Ingenieurbüros beauftragt. Die Standortuntersuchung lief dabei nach einem mehrstufigen Prozeß ab, mit den aufeinander aufbauenden Arbeitsschritten
- Vorrecherche
- Erfassung und Erkundung

- Voruntersuchung
- Detailuntersuchung.

Nachdem in den Folgejahren die Anzahl der Verdachtsflächen stark angestiegen war, wurde auch das Niedersächsische Landesamt für Ökologie (NLÖ) in die Arbeiten stärker eingebunden. Nach einer Anlaufphase wurde es 1992 mit der selbständigen Standortbearbeitung sowie der Behandlung standortübergreifender Themen betraut.

Über die Bewertung der Gutachten sowie das zukünftige Vorgehen auf den Standorten wurde einvernehmlich in einer Expertengruppe aus MU, NLÖ, KBD sowie dem Projektmanagement entschieden.

Parallel zur Untersuchung der Standorte mußten standortübergreifende Grundlagen bereitgestellt werden, die in der Mehrheit völlig neu zu erarbeiten waren. So waren insbesondere die Kenntnisse über Prioritätskontaminanten, deren chemisch-analytische Erfassung sowie über toxikologische Bewertungen unzureichend. Weitere Aufgaben bezogen sich auf alternative Erkundungsmethoden, den Arbeits-, Emissions- und Personenschutz, historisch technische Kampfmitteldokumentationen, Rechtsgutachten, Beteiligungsmodelle für Betroffene, etc..

Darüber hinaus erfolgte neben der systematischen Auswertung nationaler Archive eine zentrale Archivrecherche in Großbritannien und den USA. Zudem konnte ein nahezu kompletter Satz alliierter Geheimdienstberichte über kriegswichtige Produktionsstätten erworben werden. Seine Auswertung sowie die Ergebnisse aus der alliierten Luftaufklärung waren unverzichtbare Voraussetzungen für eine qualifizierte Standortbearbeitung.

5.7.4.3 ERGEBNISSE, AUSBLICK

Bis Mai 1997 sind vom MU fast 1.900 Verdachtsflächen registriert worden. Bereits bei einer ersten Prüfung ließen sich jedoch zahlreiche Verdachtsmomente ausräumen. So zählen beispielsweise reine metallverarbeitende Betriebe oder Scheinflugplätze sowie Flakstellungen nicht zu Rüstungsaltlasten im engeren Sinn, so daß schließlich 479 Standorte einer Gefährdungsabschätzung unterzogen wurden.

Im Zuge dieser Untersuchungen erwiesen sich 291 Verdachtsflächen als unbelastet. Bei den verbleibenden 188 Standorten wurden dagegen zum Teil erhebliche Belastungen des Bodens und Grundwassers festgestellt, auch wenn in einigen Fällen die Untersuchungen noch nicht vollständig abgeschlossen sind. Insgesamt wurden 242 Vorrecherchen, 169 Gutachten zur Erfassung und Erkundung, 56 Voruntersuchungen, 5 Detailuntersuchungen sowie 4 Pilotsanierungsverfahren erarbeitet. Im Bereich der standortübergreifenden Untersuchungen wurden bislang 74 Gutachten erstellt.

Ein landestypischer Untersuchungsschwerpunkt war die Nordsee. Von den Alliierten wurden nämlich nach Kriegsende in den niedersächsischen Küstengewässern bis zu 1 Millionen Tonnen konventionelle Munition versenkt. Die inzwischen abgeschlossene Gefährdungsabschätzung zeigt, daß dort noch mindestens 10.000 Tonnen Munition lagern (Abb. 5.7-14 u. 5.7-15). Ihre Bergung wird aus ökologischen Gründen nicht empfohlen. Die Munition gelangt aber nicht selten in die Grundschleppnetze der Fischer. Bisher war es üblich, die Munition gleich wieder über Bord zu werfen. Dadurch wird sie gelegentlich wieder aufgefischt, wobei sich das Gefahrenpotential durch die zusätzliche mechanische Beanspruchung vergrößert. Diese Praxis sollte nicht länger hingenommen werden.

In einem vom MU durchgeführten Pilotprojekt hat sich gezeigt, daß allein in einer Fangsaison etwa 3.000 kg Munition von einem Fischer aufgenommen und durch den

KBD entsorgt werden konnte. Dieses Verfahren ist inzwischen auf weitere Fischer ausgedehnt worden.

Mehr als 50 Jahre nach Beendigung des II. Weltkrieges ist es an der Zeit, daß von Rüstungsaltlasten ausgehende Gefährdungspotential so schnell wie möglich zu erfassen und abzubauen. Niedersachsen hat sich als erstes Bundesland dieser Aufgabe umfassend angenommen. Nachdem rund 80 % der flächendeckenden Gefährdungsabschätzung abgeschlossen sind, mußte das Programm aufgrund der zugespitzten Haushaltssituation Ende 1996 vorzeitig beendet werden. Bis zu diesem Zeitpunkt hatte das Land für diese freiwillig übernommene Aufgabe rund 48,5 Millionen DM eingesetzt.

Es ist zu wünschen, daß die zuständigen Landkreise die begonnenen Untersuchungen sowie die vorbereiteten Sicherungen und Sanierungen in eigener Verantwortung fortführen. Seitens des Landes wird ihnen dabei eine umfassende fachliche Unterstützung durch das NLÖ angeboten.

Abb. 5.7-14:
Fundmunition aus der Nordsee
(Foto: Dr. Rapsch)

Abb. 5.7-15:
Aufgefischte Grundmine wird zur Sprengung vorbereitet
(Foto: Dr. Rapsch)

5.8 NATURNAHE GEWÄSSER, NATURSCHUTZ UND LANDSCHAFTSPFLEGE

5.8.1 UNTERHALTUNG UND WIEDERHERSTELLUNG NATURNAHER GEWÄSSER, NATURSCHUTZ UND LANDSCHAFTSPFLEGE, ERHALTUNG DER UMWELT

von Johann Kramer

Erhaltung der Umwelt

Der Schutz und die Erhaltung der natürlichen Umwelt sind in den letzten Jahrzehnten wegen der zunehmenden intensiven Beanspruchung der Landschaft für die verschiedenen Zwecke eine Aufgabe von wachsender Bedeutung für alle Fachbereiche geworden, die wie die Wasserwirtschaft raumwirkend planen. Die Artenvielfalt von Pflanzen und Tieren ist zu erhalten und möglichst zu fördern, um das ökologische Gleichgewicht zu erhalten, das letztlich auch zur Existenzgrundlage des Menschen gehört.

Die oberirdischen Gewässer sind formende und belebende Bestandteile der Landschaft. Je nach deren Nutzung als menschlicher Siedlungs- und Wirtschaftsraum haben sie verschiedenen Zwecken zu dienen: Hochwässer schadlos abzuleiten oder zu speichern, Nutzflächen der Land- und Forstwirtschaft zu entwässern oder als Vorfluter für Abwassereinleitungen zu dienen sowie Reserven für die Trink- und Brauchwasserversorgung sein. Außerdem werden sie als Verkehrswege, Bade- und Fischereigewässer genutzt.

Die Wasserwirtschaftsverwaltung, die durch ihre Maßnahmen diese vielseitigen Benutzungen der Gewässer ermöglichen und sicherstellen soll, hat einerseits dafür zu sorgen, daß dabei die Belange von Naturschutz und Landschaftspflege berücksichtigt werden. Andererseits hat sie die Aufgabe, bedrohte Landschaftsteile, z. B. Feuchtbiotope, durch wasserwirtschaftliche Arbeiten in ihrem Bestand zu sichern und den Erholungswert der Gewässer und der Landschaft zu fördern.

Gewässer als Ökosysteme

Die Unterhaltung der Gewässer hat sich entsprechend dem Wandel der Gesellschaft und dem damit einhergehenden Bewertungen erheblich verändert. Beim Inkrafttreten des NWG im Jahre 1960 galt es vorrangig, Geräte und Methoden zu entwickeln, mit denen eine möglichst kostengünstige und dauerhafte Unterhaltung von geometrisch gestalteten Gewässerquerschnitten möglich war. Die Broschüre „Gewässerunterhaltung - Mechanisieren und Rationalisieren" des Kuratoriums für Kulturbauwesen von 1968 gibt die damalige Denkungsweise treffend wieder.

Der Wandel der Vorstellung vom Gewässer als Vorfluter zur Abführung von Wasser hin zum Gewässer als Ökosystem ging erst allmählich vor sich. Das Nds. Wassergesetz von 1982 und das Nds. Naturschutzgesetz von 1981 geben neue Vorgaben, die vom DVWK aufgenommen wurden im Merkblatt 1984 „Ökologische Aspekte bei Ausbau und Unterhaltung von Fließgewässern". Es wird deutlich, daß das Gewässer Lebensraum von Pflanzen und Tieren ist, den es schonend zu behandeln gilt und daß Gehölze die Unterhaltungsarbeiten nicht nur erschweren, sondern auch erleichtern können. Der bereits erwähnte Erlaß des MU von 1986 greift diese Gedanken auf und empfiehlt die Aufstellung von Unterhaltungsrahmenplänen. Der Wasserverbandstag Niedersachsen erarbeitete 1987 einen Vorschlag für die Aufstellung von Unterhaltungsrahmenplänen. Der Hinweis auf die ökologische Bestandsaufnahme ist in diesem Zusammenhang besonders wichtig.

Fließgewässer und Hochwasserschutz

Die Neugestaltung des Naturschutzes durch das Bundesnaturschutzgesetz vom 20.12.1976 als Rahmenvorschrift für das am 01.07.81 in Kraft getretene Niedersächsische Naturschutzgesetz hat die Ausführung von Vorhaben des Gewässerausbaues und des Hochwasserschutzes (Abschnitt 5.3) nachhaltig beeinflußt. Schon zuvor war -vor allem im gemeinsamen Runderlaß des Landwirtschafts- und Kultusministers vom 05.10.73- auf den ökologischen und erholungswirksamen Wert der Fließgewässer hingewiesen und ein schonender, naturnaher Gewässerausbau gefordert worden. Mit diesem Erlaß, der ausdrücklich auch die Überprüfung laufender Vorhaben verlangte, wurde die Aufstellung landschaftspflegerischer Begleitpläne bei wasserbaulichen Maßnahmen vorgeschrieben.

Eine noch stärkere Einbindung der Belange des Naturschutzes und der Landschaftspflege wurde durch das Niedersächsische Naturschutzgesetz von 1986 bewirkt. Von Bedeutung sind hierfür vor allem die Bestimmungen, die zum einen eine frühzeitige Beteiligung der Naturschutzbehörden sicherstellten und zum anderen den Träger des Vorhabens zwingt, sich schon vor Einleitung eines Planfeststellungsverfahrens Gedanken zu machen, auf welche Weise die Schwere des Eingriffs in den Naturhaushalt gemildert werden kann und wie erforderliche Ausgleichs- oder Ersatzmaßnahmen in die Tat umgesetzt werden können. Dem Vorhabenträger bleibt es überlassen, die erforderlichen Erläuterungen und Pläne unmittelbar in seine Antragsunterlagen aufzunehmen.

Fließgewässerprogramm

Dem Ziel, den vor allem in der ersten Jahren nach 1945 für die Nutzung ausgebauten Gewässern ihre ursprüngliche ökologische Vielfalt wiederzugeben, dient das niedersächsische Fließgewässer-Schutzprogramm von 1989. Das Ziel dieses Programms ist, für bestimmte Naturräume charakteristische Fließgewässertypen zu erhalten und zu pflegen, und wo diese nicht mehr vorhanden sind, wieder zu entwickeln. Die Fortschreibung mit den Gesamtplanungen zur Fließgewässerrenaturierung findet sich auf Karte 5.8-1.

Im gleichen Jahr 1989 veröffentlichte das Nds. Umweltministerium eine Broschüre „Gewässerrandstreifen naturnah entwickeln“. Die Schrift will vermitteln, daß naturnahe Gewässerränder

- Lebensraum für wildlebende Pflanzen und Tiere sind,
- Elemente der Biotopvernetzung sind,
- eine natürliche Ufersicherung bilden,
- oberflächige Einträge von Nährstoffen und Pflanzenschutzmitteln verringern,
- den Bodenabtrag durch Erosion verringern,
- die biologische Selbstreinigungskraft der Gewässer erhöhen und
- das Landschaftsbild bereichern.

Mit seiner Schrift „Uferstreifen an Fließgewässern“ von 1990 bestätigt der DVWK auf breiter wissenschaftlicher Basis die große Bedeutung von Gewässerrandstreifen für die Ökologie eines Gewässers und ihre Auswirkung auf die Gewässerunterhaltung. Im Jahre 1991 ergänzt der DVWK das Merkblatt „Ökologische Aspekte bei Ausbau und Unterhaltung von Fließgewässer“ durch eine weitere Schrift „Ökologische Aspekte zu

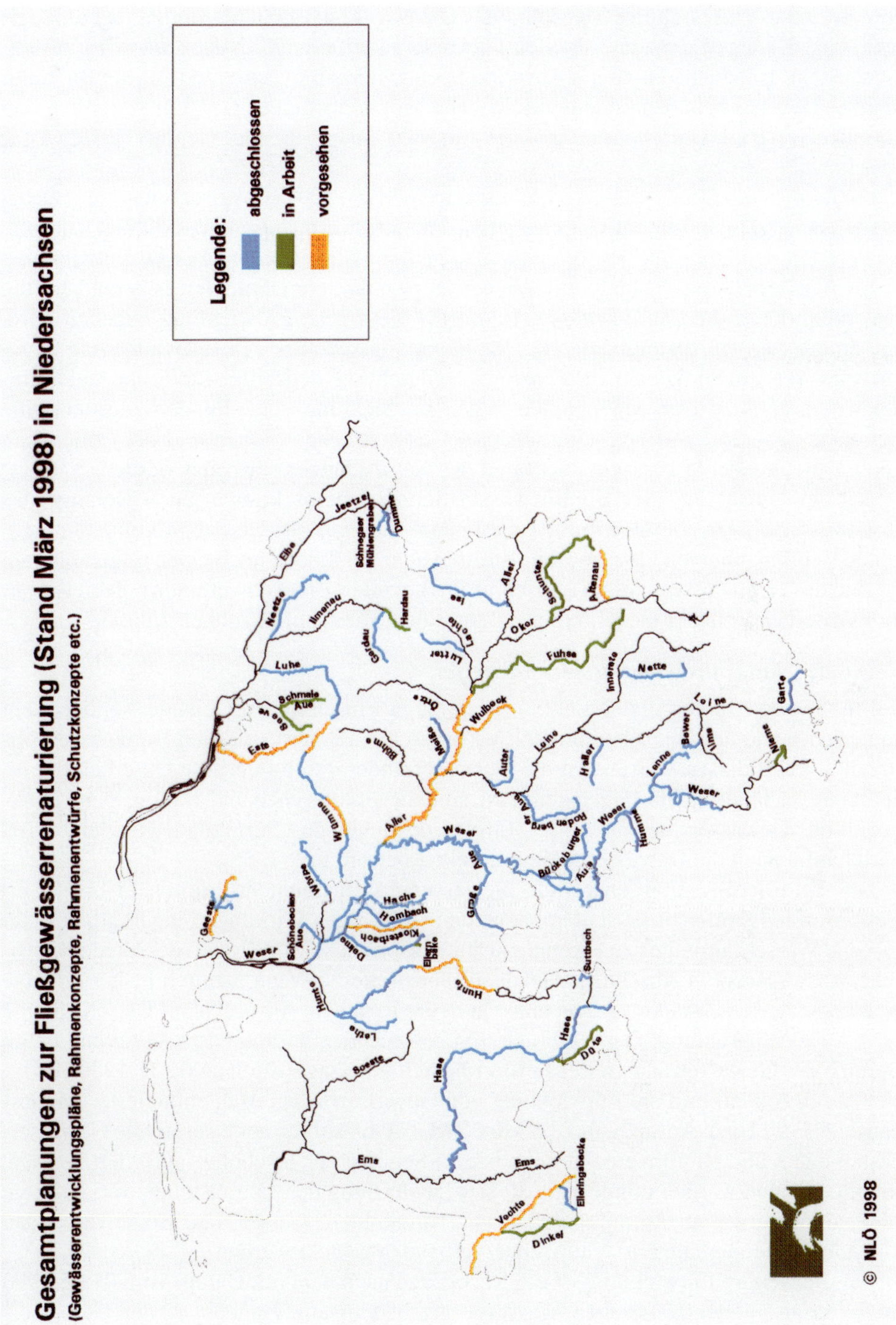

Karte 5.8-1: Gesamtplanungen zur Fließgewässerrenaturierung in Niedersachsen (Stand März 1998) (Quelle: Nds. Landesamt für Ökologie)

Altgewässern“. Ein weiteres Merkblatt des DVWK folgt 1992 „Methoden und ökologische Auswirkungen der maschinellen Gewässerunterhaltung“. Nochmals wird zusammengestellt, welche nachteiligen Auswirkungen Unterhaltungsarbeiten auf die Biozönose eines Gewässers haben können und welche Möglichkeiten es gibt, durch zeitlich und räumlich versetzte Unterhaltung und die Auswahl entsprechender Geräte die Gewässer zu schonen.

Im Rahmen des Fließgewässerprogramms werden seit 1991 Gewässer renaturiert. Dabei handelt es sich nicht um eine Umgestaltung in einen vermeintlich natürlichen Zustand, sondern um die Schaffung von Voraussetzungen, die die eigendynamische Entwicklung in einen naturnäheren Zustand ermöglichen. So werden vor allem Gewässerrandstreifen erworben, durch die dem Gewässer Raum für die eigene Entwicklung gegeben wird. Außerdem werden Absturzbauwerke, die als biologische Sperren für wandernde Organismen wirken, in Sohlgleiten umgestaltet oder durch Aufstiegshilfen für Fische und Kleinlebewesen ergänzt. Den Maßnahmen liegen Entwicklungsvorstellungen zugrunde, die sich auch nach vorhandenen naturnahen Gewässerstrecken richten und die gemeinsam von Fachleuten der Wasserwirtschaft und des Naturschutzes erarbeitet werden.

Bei der Umsetzung des Fließgewässer-Schutzsystems können auch Belange des Hochwasserschutzes berührt sein. Insbesondere muß geprüft werden, ob eine durchgehende Bepflanzung von Gewässerrandstreifen quer zur Talaue noch einen ungehinderten Abfluß des Hochwassers zuläßt (Abschnitt 5.3), weil in Überschwemmungsgebieten nur mit wasserbehördlicher Genehmigung Baum- und Strauchpflanzungen zulässig sind.

Gewässerschutz durch Gewässerrandstreifen

Ein Gewässerbiotop endet nicht am sichtbaren Einschnitt im Gelände, sondern sein aquatischer und amphibischer Bereich wird durch einen terrestrischen Bereich vervollständigt. Fehlt dieser, weil bis an die Gewässerränder durch intensive Unterhaltung regelmäßig nachhaltige Störungen eintreten, sind die biologischen und ökologischen Funktionen des Gewässers beeinträchtigt. Infolge des fehlenden Puffers zur Nutzlandschaft wird häufig auch die Gewässergüte unmittelbar betroffen.

Das Erfordernis, möglichst viele Gewässer mit ausreichend breiten (5 bis 10 m) Gewässerrandstreifen auszustatten, ist an den vielfältigen Wirkungen innerhalb des Natur- und Wasserhaushaltes zu erkennen. Dem entspricht seit 1990 auch das Niedersächsische Wassergesetz in Abschnitt „Gewässerrandstreifen“. Wenn dadurch bisher erlaubte Nutzungen eingeschränkt werden, entsteht in der Regel ein Anspruch auf Entschädigung oder Ausgleichszahlung. Der Umbruch von bestehendem Grünland in Ackerland ist im Bereich des Gewässerrandstreifens grundsätzlich untersagt (Stichtag 01.11.1989).

Für den Ankauf und die Entwicklung von Gewässerrandstreifen enthielt der Landeshaushalt 1990 einen Ansatz von 12,6 Mio. DM. Davon sollten auch naturnahe Gewässergestaltungen und Biotopverbesserungen zum Schutze der Fischotter gefördert werden. Im allgemeinen werden mindestens 30 % Eigenleistung des Antragstellers für derartige Maßnahmen erwartet. Anträge können von Kommunen, Wasser- und Bodenverbänden und auch von (anerkannten) Naturschutzverbänden gestellt werden.

Für die weitere Entwicklung ist die Rechtslage nach dem mit Datum vom 01.05.1990 novellierten Niedersächsischen Wassergesetz bedeutsam. Danach ist der Gewässerrandstreifen 10 m breit an Gewässern 1. Ordnung und 5 m breit an Gewässern 2. Ordnung. Die zuständige untere Wasserbehörde (Landkreis) kann aus Gründen des Wohls der Allgemeinheit andere Breiten festsetzen. Die bisherige Nutzung ist bis auf das Umbruchverbot bestehenden Grünlandes weiter erlaubt. Soll jedoch bepflanzt, eine Rückwandlung von Acker in Grünland vorgenommen oder der Düngemittel- und Pflanzenschutzmitteleinsatz untersagt werden, soweit dies nicht ohnehin der Fall ist, gilt dies als ausgleichspflichtige oder zu entschädigende Einschränkung der landwirtschaftlichen Nutzung.

Naturschutz, Landschaftspflege und Erholungsbelange

In Verbindung mit ihren verschiedenen Aufgaben (Abschnitt 5.1 bis 5.9) leistet die Wasserwirtschaft zunehmend einen Beitrag für Naturschutz und Landschaftspflege, für Erholungsbelange und Freizeitgestaltung, für die sie aufgrund der vielfältigen Wechselwirkungen zwischen Wasser und Umwelt eine besondere Verantwortung trägt. Da die Interessen der Bauträger oft nicht mit den Ansprüchen von Naturschutz und Landschaftspflege übereinstimmen, hat die Wasserwirtschaftsverwaltung für einen vertretbaren Ausgleich zu sorgen.

Bis etwa zum Ende der sechziger Jahre war das Hauptziel die Regelung der Wasserverhältnisse. Die Landschaftsgestaltung diente nur der Einbindung der Bauwerke in ihre natürliche Umgebung, wobei Freizeit- und Erholungsbelange weniger bedeutsam waren. In den beiden letzten Jahrzehnten gewannen dann bei wachsendem Umweltbewußtsein Erholungsnutzung und Landschaftsgestaltung zunehmend an Bedeutung. Diese mit den Gegebenheiten des Wasserhaushaltes abzustimmen, wurde Aufgabe der Wasserwirtschaftsverwaltung, denn die Träger derartiger Maßnahmen wurden wasserwirtschaftlich von den Ämtern für Wasser und Abfall beraten (Abb. 5.8-1 u. 5.8-2).

Geschützte Teile von Natur und Landschaft

Die Verwirklichung der Ziele und Grundsätze des Naturschutzes erfordert die naturschutzrechtliche Sicherung von bestimmten Teilen von Natur und Landschaft als:
- Nationalpark (§ 25 NNatG),
- Naturschutzgebiet (§ 24 NNatG),
- Naturdenkmal (§ 27 NNatG),
  Landschaftsschutzgebiet (§ 26 NNatG),
- geschützter Landschaftsbestandteil (§ 26 NNatG) und
- besonders geschützter Biotop (§ 28 a NNatG).

Nationalparke, Naturschutzgebiete und Naturdenkmale sind nach dem Naturschutzrecht streng geschützt. Für sie gilt ein allgemeines Veränderungsverbot. Landschaftsschutzgebiete und geschützte Landschaftsbestandteile sind weniger streng geregelt; denn für sie gilt nur ein relatives Veränderungsverbot, das bisherige Nutzungen in der Regel weiter zuläßt. Besonders geschützte Biotope stehen unter unmittelbarem gesetzlichen Schutz und sind im Niedersächsischen Naturschutzgesetz als einzelne Typen benannt.

In den Verordnungen oder Satzungen über die Erklärung von bestimmten Gebieten und Objekten nach § 24 bis 28 NNatG ist der Schutzzweck nach naturschutzfachlichen Erfordernissen festzulegen. Für den Schutzzweck sind darauf abgestimmte Maßnahmen für Schutz, Pflege, Entwicklung, Betreuung und Überwachung erforderlich.

Nationalparke

Als erster Nationalpark wurde in Niedersachsen im Jahre 1986 der in drei Zonen unterschiedlicher Schutzintensität gegliederte „Nationalpark Niedersächsisches Wattenmeer“

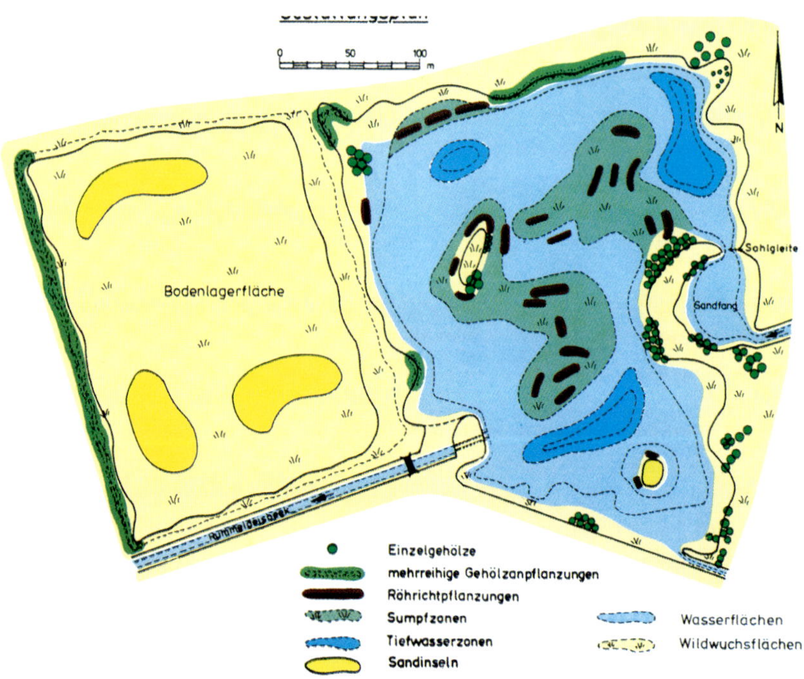

Abb. 5.8-1: Hochwasserrückhaltebecken „Rummeldeisbeek" des Wasser- und Bodenverbandes Teufelsmoor als neuer Lebensraum für Flora und Fauna (Entwurf WWA Verden, 1988)

Abb. 5.8-2: Fischaufstieg in der Leine bei Hollenstedt (Foto: StAWA Göttingen)

ausgewiesen. Die geschützte Fläche dieser weltweit einmaligen Naturlandschaft beträgt 240.000 ha (Karte 5.8-2). Im Jahre 1995 wurde der „Nationalpark Harz“ eingerichtet, der sich über Teile des Harzes in den Ländern Niedersachsen und Sachsen-Anhalt erstreckt.

Alle Ansprüche des Nationalparkes Niedersächsisches Wattenmeer sind nach Auffassung der Nationalparkverwaltung noch nicht erfüllt. Die Herzmuschelfischerei wurde 1992 beendet, die Wattenjagd 1991. Die Beendigung bzw. Extensivierung der Salzwiesennutzung wird fortgesetzt. Der Küstenschutz strebt eine extensive Nutzung zumindest in Teilbereichen an, da die Salzwiesen als Deichvorland für die Klei- und Sodengewinnung für den Deichbau von alters her genutzt wurden. Außerdem hat der Treibselanfall an den Deichen bei Nutzungseinschränkung oder gar -einstellung im Deichvorland erheblich zugenommen. Es ist erforderlich, die gegenseitigen Interessen miteinander abzustimmen.

Gesetzliche Grundlagen von Naturschutz und Landschaftspflege

Das Raumordnungsgesetz des Bundes enthält u. a. den Grundsatz für die Erhaltung, den Schutz und die Pflege der Landschaft einschließlich des Waldes sowie für die Sicherung und Gestaltung von Erholungsgebieten zu sorgen. Die Wasserwirtschaftsverwaltung hat bei der Verwirklichung dieser Grundsätze mitzuwirken.

Eine weitere Verpflichtung, die Belange des Naturschutzes bei allen Maßnahmen zu berücksichtigen, die zu wesentlichen Veränderungen der freien Landschaft führen können, enthielt bereits das als Landesgesetz weitergeltende Reichsnaturschutzgesetz in seinem § 20. Außerdem ist die Wasser- und Abfallwirtschaftsverwaltung neben den gesetzlichen Regelungen durch den gemeinsamen Runderlaß des MK und ML vom 05.10. 1973

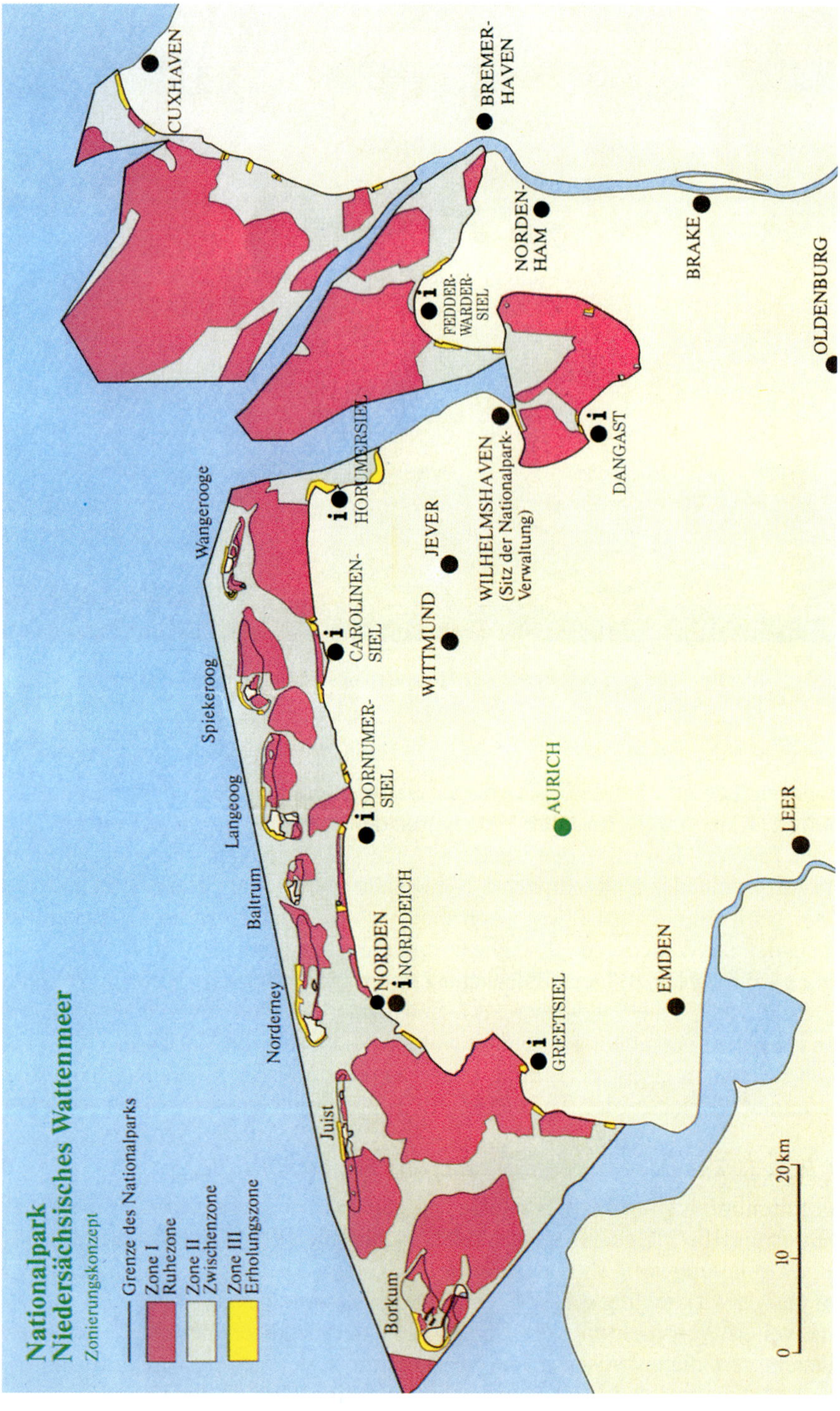

Karte 5.8-2: Nationalpark Niedersächsisches Wattenmeer (Quelle: Nationalparkverwaltung 1993)

zur „Berücksichtigung von Naturschutz- und Landschaftspflege bei wasserbaulichen Maßnahmen“ gehalten, die Natur weitgehend zu schützen, so daß eine nachhaltig leistungsfähige, vielgestaltige und ausgeglichene sowie für den Menschen gesunde Landschaft erhalten bleibt oder wiederhergestellt wird. Entsprechend einem Runderlaß des Landes ist der Naturschutz rechtzeitig zu beteiligen.

Zuständigkeiten

Wasser- und Bodenverbände, Zweckverbände oder Kommunen sind Träger wasserbaulicher Maßnahmen für Landschaftspflege, Erholung und Freizeitgestaltung. Die staatliche Verwaltung hat deren Belange bei allen Vorhaben der wasserwirtschaftlichen Daseinsvorsorge mit zu berücksichtigen. Anzustreben ist auch, wasserwirtschaftliche Einrichtungen als Mehrzweckanlagen zu nutzen.

Soweit die StÄWA an Landesgewässern oder aufgrund von Bauleitungsverträgen an Verbandsgewässern für die Verbände planen und arbeiten, haben sie dafür zu sorgen, daß die zuständigen Landespflegebehörden bei Vorhaben, die den Naturschutz, die Landschaftspflege und die Grünordnung beeinflussen, rechtzeitig beteiligt werden. Umgekehrt ist auch bei Planungen für Naturschutz, Landschaftspflege und Erholung, soweit sie wesentliche Auswirkungen auf den Wasserhaushalt haben, die Wasserwirtschaftsverwaltung als gewässerkundlicher Landesdienst in wasserwirtschaftlichen Fragen rechtzeitig zu Rate zu ziehen (§ 56 Niedersächsisches Naturschutzgesetz).

Die unter Beachtung dieser Neuregelungen unter maßgeblicher Mitwirkung wasserwirtschaftlicher Dienststellen entstandenen Gewässerausbauten haben sich zum Teil zu einzigartigen Lebensräumen von im Bestand bedrohten Tier- und Pflanzenarten entwikkelt, so daß ihre Ausweisung als Naturschutzgebiet erwogen wird oder bereits eingeleitet wurde.

5.8.2 NATURNAHE GEWÄSSERGESTALTUNG UND -UNTERHALTUNG DER HUNTE

von Hans Dieter Buschan

5.8.2.1 HYDROLOGISCHE SITUATION DER HUNTE UND ZUSTAND IHRES MITTELLAUFES

Einzugsgebiet

Von ihrem Quellgebiet am Südhang des westlichen Wiehengebirges bis zur Einmündung in die Weser bei Elsfleth durchfließt die rd. 166 km lange Hunte die für Norddeutschland typischen Landschaften Mittelgebirge, Moor, Geest und Marsch (Karte 5.8-3). Im Süden des insgesamt 2.639 km^2 großen Einzugsgebietes unterquert sie bei Wittlage den Mittellandkanal mit einem Düker. Im oberen Mittellauf durchfließt sie den Dümmer (Abschnitt 10.7), der gleichzeitig als Hochwasserrückhaltebecken dient. Unterhalb des Dümmers durchquert sie das wellige bis hügelige Gebiet der Cloppenburger und Wildeshauser Geest bis sie sich in Oldenburg mit dem Küstenkanal zur schiffbaren Bundeswasserstraße in den Moor- und Marschgebieten der Weserniederung vereinigt. In diesem

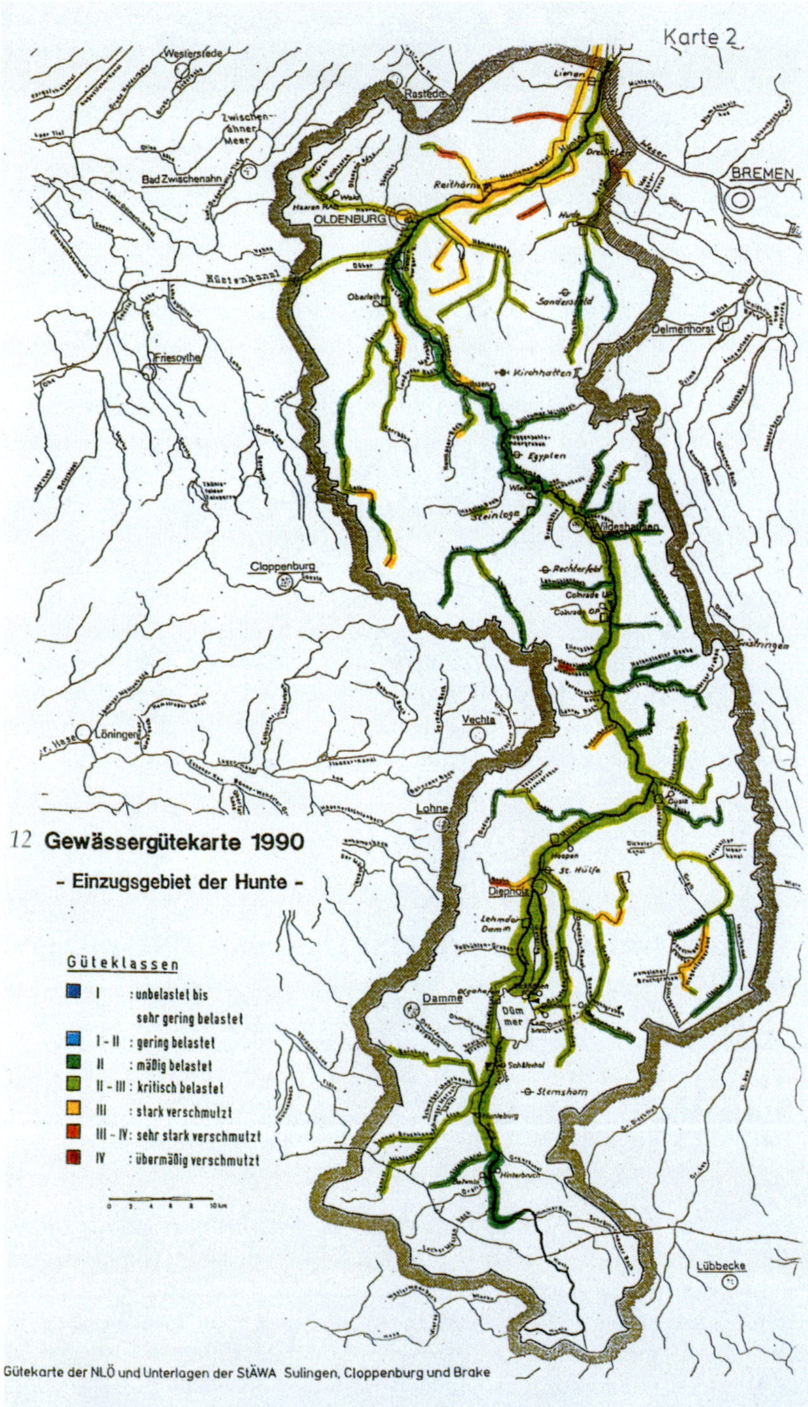

Karte 5.8-3: Einzugsgebiet der Hunte, Gewässergütekarte 1990 (Quelle: NLÖ, StÄWA Sulingen, Cloppenburg, Brake)

Abschnitt steht sie unter Tideeinfluß, der nach oberhalb durch eine künstliche Staustufe, das Wasserkraftwerk Oldenburg, begrenzt wird. An der Mündung der Hunte bei Elsfleth schützt das Huntesperrwerk die Hunte gegen das Eindringen von Sturmfluten von See her.

Klima und Abflußverhältnisse

Das Klima im Einzugsgebiet der Hunte weist infolge seiner Küstennähe vom Meer geprägte Züge mit einem gedämpften Tages- und Jahresgang der Temperatur auf. Die durchschnittlichen jährlichen Niederschlagshöhen liegen im Gebiet der Hunte zwischen 650 und über 800 mm, die in Trocken- oder Naßjahren aber erheblichen Abweichungen von den Mittelwerten unterliegen. Die höchsten Niederschläge fallen im November/Dezember sowie zwischen Mai und August mit rd. 70 - 80 mm/Monat.

Ein Überblick über die langjährigen Abflußverhältnisse im Huntegebiet liefern die nachfolgend aufgeführten Pegel (Tabelle 5.8-1).

Flußbett

Die Gestalt des Flußbettes der Hunte wird nach hydraulischen Ermittlungen weitgehend durch die langjährig vorherrschenden mittleren Abflüsse geprägt. Aufgrund des sehr langgestreckten, aber verhältnismäßig schmalen Einzugsgebietes, das einen sehr schnellen Abfluß der Niederschläge in die Hunte zur Folge hat, sind für wasserwirtschaftliche Vorhaben wie Hochwasserschutz und Renaturierung besonders hohe Hochwasser und besonders niedrige Niedrigwasser als Extremwerte bedeutsam (Tabelle 5.8-2).

Pegel	AEO	Niedrigwasser			Mittelwasser			Hochwasser		
	km2	Winter	Sommer	Jahr	Winter	Sommer	Jahr	Winter	Sommer	Jahr
		MNq	MNq	MNq	Mq	Mq	Mq	MHq	MHq	MHq
		l/s km²	l/s km²	l/s km²	l/s km²	l/s km²	l/s km²	l/s km²	l/s km²	l/s km²
Hoopen	772	2,91	1,17	1,11	11,6	4,51	8,04	32,1	17,9	33,0
Colnrade	1318	3,26	1,87	1,82	10,8	4,48	7,66	34,4	16,9	35,5
Huntlosen	1714	3,88	2,70	2,65	10,0	4,94	7,53	29,3	16,5	30,0

	Niedrigwasser			Hochwasser		
	l/s km²	m^3/s	Datum	l/s km²	m^3/s	Datum
Bohmte	0,279	0,050	10.07.76	144	26,1	15.01.68
Hoopen	0,065	0,050	05.09.73	51,8	40,0	15.01.68
Colnrade	0,121	0,160	11.08.64	59,5	78,1	13.03.81
Huntlosen	1,37	2,35	09.08.76	48,8	82,9	25.02.70

Tab. 5.8-1 u. 2: Abflußspenden an vier Huntepegeln, Jahresreihe von Beginn der Beobachtungen bis 1986 sowie Extremwerte der Abflüsse und Abflußspenden

Zustand und Unterhaltung des Hunte-Mittellaufes

Gemäß § 105 Abs. 2 und 3 NWG obliegt die Unterhaltung der Hunte von Goldenstedt bis Oldenburg auf rd. 60 km Länge dem Land Niedersachsen, vertreten durch das StAWA Brake. Nach unterschiedlichen Nutzungs- und Unterhaltungsansprüchen sind zu unterscheiden:

1. Auf dem Gewässerabschnitt von Goldenstedt bis Wildeshausen ist die Hunte in den fünfziger Jahren zur Verbesserung der landwirtschaftlichen Standortbedingungen und für den Hochwasserschutz der Stadt Wildeshausen teilreguliert worden. Dabei wurde im Zuge der Ausbaumaßnahmen das Sohlgefälle der Hunte durch den Einbau von fünf Stauanlagen gebrochen. Der hieraus entstandene Verlust an naturräumlichen und flußtypologischen Merkmalen führten zu einer weitgehend naturfernen Flußcharakteristik. Durch die Stauregulierung ergaben sich zudem viele nachteilige Auswirkungen, wie z. B. geringe Eigendynamik, verringerte ökologische Durchgängigkeit, mangelnder Geschiebetransport und streckenweise Absenkung der Grundwasserstände in den Talauen.
2. Der Huntelauf unterhalb von Wildeshausen bis zum Barneführer Holz ist nach rd. 60 km Lauflänge der erste Abschnitt mit Fließgewässercharakter. Hinzu kommt, daß er - mit Ausnahme des Hunteoberlaufes die einzige Huntestrecke ist, die nach Morphologie und der aquatischen Besiedlung noch am ehesten einen naturraumtypischen Gewässerzustand hat. Durch anthropogene Eingriffe zu Anfang dieses Jahrhunderts wurde die Lauflänge dieser Teilstrecke von ursprünglich rd. 51 km auf rd. 34 km und damit um rd. 30 % vermindert. Nach Aufgabe der ehemals landwirtschaftlichen Rieselfelder und der Stauhaltungen in den fünfziger Jahren führten die nun höheren Fließgeschwindigkeiten sowie die ungenügende Geschiebezufuhr wegen des Ausbaues oberhalb von Wildeshausen zu einer fortschreitenden Erosion im Sohl- und Böschungsbereich.
   Die nachteiligen Folgeerscheinungen waren Eintiefung des Gewässers, Absenkung des Grundwassers in der Talaue, stark verminderter Wasser-Land-Kontakt durch abnehmende Überschwemmungshäufigkeiten sowie Sedimentation des erodierten Geschiebes in der Staustrecke der Hunte kurz oberhalb von Oldenburg.
3. Im Zusammenhang mit dem Bau des Küstenkanals in den zwanziger Jahren wurde die Hunte zur Speisung dieses Schiffahrtsgewässers vom Barneführer Holz bis Oldenburg auf eine Länge von 16 km angestaut und bedeicht. Diese Deiche sind keine Anlagen im Sinne des NDG, sondern Bestandteil des Gewässers als Beuferungen. Aufgrund der unmittelbar angrenzenden Siedlungen in der Gemeinde Wardenburg und in Oldenburg - die Stauspiegellage der Hunte liegt hier bereichsweise bis zu 2,5 m über Gelände - sind der Hochwasserschutz und die ordnungsgemäße Pflege und Erhaltung des Gewässers, der Deiche und Anlagen besonders wichtig. Sie werden durch das StAWA Brake streckenweise im Regiebetrieb, von der Hunte-Wasseracht oder durch Unternehmer wahrgenommen.

5.8.2.2 ZIELSETZUNG UND PRAKTISCHE UMSETZUNG NATURNAHER GEWÄSSERUNTERHALTUNG

Der Zustand der Gewässer (Abb. 5.8-3) und deren Unterhaltung sind im Sinne der Einbindung des Gewässers in seine Landschaft immer ganzheitlich zu betrachten. Aufgrund des z. T. naturnahen Charakters der Hunte und weil die im Regierungsbezirk We-

Abb. 5.8-3: Naturnaher Gewässerabschnitt der Hunte im Bereich der stark mäandrierenden Erosionsstrecke im Raum Dötlingen mit beidseitiger durchgehender Beschattung durch Gehölze (Foto: StAWA Brake)

Abb. 5.8-4: Fortschreitende Sohlenerosion der Hunte im Bereich zwischen Wildeshausen und dem Barneführer Holz führt nahezu auf der gesamten Fließlänge zu erheblichen Böschungsabbrüchen und Materialeintrag in das Fließgewässer (Foto: StAWA Brake)

ser-Ems vom Land zu unterhaltende Gewässerstrecke Bestandteil des Landschaftsschutzgebietes „Mittlere Hunte“ ist, sind die Ansprüche an eine naturnahe oder naturgerechte Unterhaltung ständig gewachsen. Die Bedeutung als Gewässer für das Bild und den Erholungswert der Landschaft sowie als Teil der natürlichen Umwelt, insbesondere als Lebensstätte für Pflanzen und Tiere, ist besonders zu berücksichtigen. Die dabei aufgrund der Gesetzgebung und Rechtsprechung - Wasserrecht, Naturschutzrecht, Ordnungs-, Zivil- und Strafrecht - gestiegenen Anforderungen an die z. T. widersprüchlichen Hauptaufgaben

- Gewässerunterhaltung unter Berücksichtigung wasserwirtschaftlicher und privatrechtlicher Erfordernisse sowie
- Berücksichtigung der naturschutzrechtlichen Belange zum Biotop- und Artenschutz bei der Gewässerunterhaltung

zwingen neben zunehmender interdisziplinärer Zusammenarbeit mit anderen Dienststellen, Verbänden und Organisationen zu einem erheblichen Verwaltungsaufwand. Das Ziel muß sein, die Eingriffe in das Gewässerregime soweit wie möglich auf ein ökologisch vertretbares Maß zu vermindern und gleichzeitig alle Möglichkeiten zu nutzen und zu fördern, die natürliche Struktur und Funktionsfähigkeit der Gewässer einschließlich Vernetzung mit der Talaue wiederherzustellen.

Eine den ökologischen Belangen (Abb. 5.8-4) entsprechende Unterhaltung ist grundsätzlich jedoch nicht gleichzusetzen mit deren Verringerung oder gänzlichen Verzicht, sondern erfordert ein Mindestmaß, um den wasserwirtschaftlichen Erfordernissen, insbesondere Aufrechterhaltung des Wasserabflusses und Hochwasserschutzes für bebaute Gebiete zu genügen. Hierbei hatte in der jüngeren Vergangenheit die staatliche Wasserwirtschaftsverwaltung Vorbildfunktion für andere mit Gewässerunterhaltung beauftragte Körperschaften und Verbände. Dem hohen Sanierungsbedarf an der Hunte wird durch verschiedene Maßnahmen der Gewässerunterhaltung entsprochen.

Uferrandstreifen

Durch seitliches Abrücken der Nutzung von den Gewässern kann in vielen Bereichen die Unterhaltungshäufigkeit verringert und eine naturnahe Entwicklung der Gewässer und der Uferzonen gefördert werden. Die Struktur- und Regelfunktionen der Uferrandstreifen sind im wesentlichen:

- Verringerung von stofflichen Verunreinigungen (z. B. Nährstoffe, Pflanzenschutzmittel u. a.) in das Gewässer aufgrund der Filter- und Puffereigenschaft,
- Beschattung des Gewässers und damit Verminderung sekundärer Belastungen (Sauerstoffhaushalt),
- Schaffung neuer Biotopstrukturen,
- lineare Vernetzung von Biotopen entlang der Gewässer sowie
- Zulassung einer weitergehenden Eigendynamik des Gewässers.

Die Gewässerrandstreifen werden im Einvernehmen mit dem behördlichen und außerbehördlichen Naturschutz sowie der Hunte-Wasseracht als Eigentümerin der Gewässerrandstreifen weitgehend einer natürlichen Sukzession überlassen. Pflege und Unterhaltungsmaßnahmen beschränken sich ausschließlich auf einen abschnittsweisen Rückschnitt („auf den Stock setzen“) der in das Abflußprofil der Hunte hineinragenden Gehölze in einem ca. 4jährigen Turnus. Die Anlage von erworbenen Gewässerrandstreifen mit mindestens 10 m Breite hat insbesondere unterhalb von Wildeshausen vielfach dazu geführt, daß mangels zivilrechtlicher Ansprüche auf Instandsetzung der Ufer verzichtet werden konnte.

Zulassen der Eigendynamik

Naturnahe Gewässerabschnitte sind durch eine enge Vernetzung von Wasser und angrenzenden Landflächen gekennzeichnet. Die bettbildenden Abflüsse und deren Schwankungen sowie die aufgrund der Fließgewässerdynamik im Gewässer fortwährend ablaufenden Erosions- und Sedimentationsvorgänge führen immer wieder zur Entstehung unterschiedlich gestalteter Biotope in den Gewässern und ihren Talauen. Durch plötzlich eintretende Änderungen im Flußregime erfahren die verschiedenen Biotope und Lebensräume der Pflanzen- und Tiergesellschaften ebenfalls Veränderungen, die sich an naturnahen Gewässern oftmals durch eine erheblich größere Artenvielfalt auszeichnen.

Aus ökologischer Sicht kommt deshalb der gezielten Förderung der Eigendynamik besondere Bedeutung zu. Voraussetzungen für diese Form einer naturnahen Entwicklung sind im wesentlichen:

- Erwerb von Uferrandstreifen oder Flächen in der Talaue, um etwaigen zivilrechtlichen Eigentumsansprüchen angrenzender Gewässeranlieger zu begegnen,
- ausreichend bemessene hydraulische Leistungsfähigkeit des Gewässers und
- gesicherter Hochwasserschutz für Siedlungsgebiete und Infrastrukturanlagen (Straßen, Brücken u. ä.).

Aus ökologischer Sicht hat die Verbesserung der Eigendynamik zahlreiche Vorteile. Da sich das Gewässer ohne größere, flächenbedeckende Baumaßnahmen über einen langen Zeitraum zum Zielzustand entwickeln kann, ist das Risiko für Verluste an Artenbestand der Fließwasserbiozönose gering. In der Praxis wird deshalb auf weiten Strecken der Hunte bereits seit geraumer Zeit auf die Beseitigung von Kolken und Böschungsschäden verzichtet. Wo besondere Nutzungsansprüche oder der Hochwasserschutz dieses nicht zulassen, werden die erforderlichen Sicherungen möglichst durch Lebendverbau vorgenommen.

Gewässerunterhaltung

Unabhängig von der Verwirklichung naturnaher Verhältnisse am Gewässer kann der Unterhaltungspflichtige schon durch die Wahl der einzusetzenden Geräte und deren zeitlich und räumlich unterschiedlichen Einsatz erreichen, daß der Naturhaushalt nicht beeinträchtigt wird. Wertvolle Hinweise und Anregungen hierzu finden sich u. a. im DVWK-Merkblatt 224 „Methoden und ökologische Auswirkungen der maschinellen Gewässerunterhaltung“.

In der Praxis wurde die Unterhaltung der Hunte wie folgt geändert:

- Verminderung der Mähdurchgänge,
- Umstellung der Deich- und Biotoppflege von der rein maschinellen Unterhaltung auf kombinierte Schafbeweidung/Mahd nach Abzäunung der Röhrichtzone,
- wechselseitige und abschnittsweise Unterhaltung,
- weitgehender Verzicht auf die jährliche Mahd der Röhrichtzone,
- Pflegemaßnahmen nur nach eingehender Abstimmung mit den zuständigen Naturschutzbehörden sowie
- Verbesserung der Beschattung des Gewässers durch Ufergehölze (Abb. 5.8-5).

Abb. 5.8-5: In Bereichen mit geringeren Fließgeschwindigkeiten sedimentiert das durch den Fluß transportierte Material und erfordert insbesondere in dem durch das Wasserkraftwerk Oldenburg angestauten Hunteabschnitt regelmäßig umfangreiche Unterhaltungsbaggerungen zur Aufrechterhaltung der Abflußkapazität und damit der Hochwassersicherheit für bedeichte Siedlungsgebiete (Foto: StAWA Brake)

Abb. 5.8-6: Verbesserung der Vernetzung der unterschiedlichen landschaftlichen Strukturen (Baggersee/Fließgewässer/Talaue) durch Anlage eines Feuchtbiotops mit Steilwänden, Flachwasserzonen, Amphibienteichen im Zuge von Deichverstärkungsmaßnahmen an der Hunte in Wardenburg-Iburg unter Rückverlegung der Eindeichung (Foto: StAWA Brake)

Für den Unterhaltungspflichtigen gewinnen Unterhaltungsrahmenpläne immer mehr an Bedeutung, da sie ihm rechtlich abgesicherte Anweisungen geben für seine Aufgabe, einerseits den ordnungsgemäßen Zustand des Gewässers zu erhalten und andererseits den ökologischen Fließgewässerschutz zu berücksichtigen. Der Unterhaltungsrahmenplan für die Hunte soll aufgrund der erheblichen Beeinträchtigung des Gewässers weitergehende Rahmenbedingungen und Lösungsansätze beinhalten, wie z. B. Maßnahmen zur Verbesserung der Gesamtsituation unter Berücksichtigung der Leitbilder des Hunte-Forschungsvorhabens, das die ökologisch begründete Sanierung kleiner Fließgewässer beinhaltet. Letztlich wird dieser Plan als Gewässerentwicklungsplan, der im Rahmen des Fließgewässerprogrammes zur Renaturierung eines Gewässers aufzustellen ist, einzustufen sein. Die zur Aufstellung des Unterhaltungsrahmenplanes erforderlichen Arbeitsschritte können in einem Ablaufdiagramm dargestellt werden (Abb. 5.8-6).

5.8.2.3 NATURNAHE GEWÄSSERGESTALTUNGSMASSNAHMEN UND ÖKOLOGISCH BEGRÜNDETER SANIERUNGSPLAN

Nach dem Fließgewässer-Schutzsystem besitzt die Hunte den Rang eines Verbindungsgewässers, da sie mehrere naturräumliche Einheiten erschließt. Wasserqualität und Biotope müssen Mindestanforderungen genügen, damit keine unüberwindbaren Hindernisse für wandernde und sich ausbreitende Tier- und Pflanzenarten bestehen. Deshalb sind alle noch vorhandenen naturnahen Gewässerabschnitte und Auenbereiche zu erhalten und die Biotopqualität von Fließgewässer und Aue zu verbessern. Für Teilstrecken der Hunte und ihrer Nebengewässer besteht ein hoher Sanierungsbedarf. Als Entwicklungsziel wird ein naturnaher, naturraumtypischer Gewässerzustand angestrebt, der als Lebensraum für fließgewässertypische Arten dienen kann (Abb. 5.8-3). Der derzeitige Zustand der Hunte mit der stauregulierten Strecke oberhalb von Wildeshausen mit monotoner Gewässerstruktur und der Erosion von Wildeshausen bis zum Rückstaubereich der angestauten Hunte bildet die Ausgangslage für die Erarbeitung eines ökologisch begründeten Sanierungsplanes.

Im Rahmen des Verbundvorhabens „Modellhafte Erarbeitung ökologisch begründeter Sanierungsmaßnahmen für kleine Fließgewässer“ förderte das Bundesministerium für Bildung, Wissenschaft, Forschung und Technik (BMFT) ein Forschungsvorhaben an der Hunte, in dem unter Federführung des NLÖ durch Untersuchung repräsentativer Gewässerabschnitte übertragbare Methoden für eine ökologisch begründete Sanierung oder Renaturierung des Gewässers entwickelt wurden. Die anzustrebenden Leitbilder werden dabei den jeweiligen Ist-Zuständen gegenübergestellt. Aufgabe der Fachverwaltungen wird es künftig sein, die angestrebten Ziele praktisch zu erreichen. Dabei ist zu berücksichtigen, daß die ökologisch begründete Sanierung nicht ausschließlich als Naturschutz zu verstehen ist, sondern gleichzeitig die wasserwirtschaftlichen Zielsetzungen für einen neuzeitlichen Gewässerschutz beinhaltet (Abb. 5.8-7 und 5.8-8).

Für die Verbesserung der gestauten Gewässerstrecke müssen vordringlich die vorhandenen biologischen Sperren an den Stauanlagen für Lebewesen passierbar gestaltet werden. Zur Verhinderung der Erosion in der Hunte sind verschiedene Sanierungspläne entwickelt worden oder in Bearbeitung. Um die Auswirkungen auf den aquatischen Bereich der Hunte abschätzen zu können, wurden vom StAWA Brake Huntestrecken mit unterschiedlichen Fließgeschwindigkeiten gewässerökologisch untersucht. Nach den Ergebnissen darf die Tiefenerosion nicht weiter mittels langfristigem Stau verhindert werden,

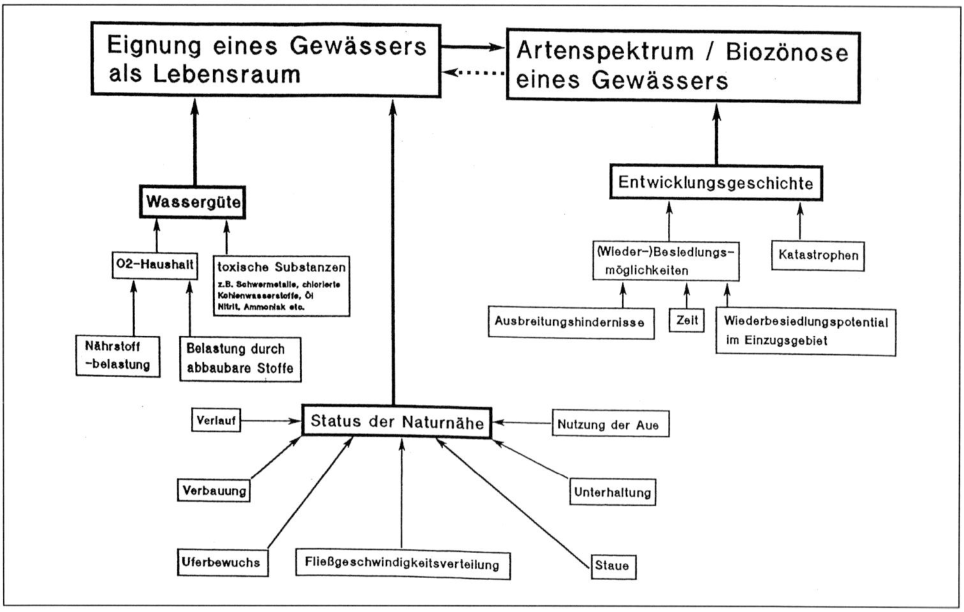

Abb. 5.8-7: Fließgewässer als Lebensraum, Zusammenhänge und Wechselwirkungen (Quelle: StAWA Brake)

da dieser ökologisch nachteilig ist. Der deshalb vom StAWA Brake ökologisch begründete Plan, die Tiefenerosion der Hunte unterhalb von Wildeshausen zu vermeiden, sieht eine Laufverlängerung durch Neubau von Flußschleifen, Öffnung bereits verfüllter Altarme oder Wiederanschluß früher abgetrennter Altgewässer vor. Er richtet sich nach der ehemaligen Lauflänge und dem Verlauf des unbegradigten Huntelaufes. Nur so werden die gemäß dem BMFT-Forschungsvorhaben „Modellhafte Erarbeitung eines ökologisch begründeten Sanierungskonzeptes kleiner Fließgewässer am Beispiel der Hunte“ bei einer Renaturierung anzustrebenden Leitbilder auf der Grundlage der naturräumlichen und flußtypologischen Merkmale langfristig zu entwickeln und damit die erforderlichen Schritte zur Verwirklichung des Fließwasserschutzkonzeptes einzuleiten sein. Diese Merkmale sind z. B. mäandrierender, durchgängiger Verlauf in einem sehr unregelmäßigen Profil mittlerer Eintiefung und mit unterschiedlichen Strömungsbereichen, langsame bis mäßig schnelle Fließgeschwindigkeit, Vergrößerung der Überschwemmungshäufigkeit sowie Anhebung der Grundwasserstände in der Talaue.

Ökologische Verbesserungen im Einzugsgebiet der Hunte erfordern langfristige und flächendeckende Planungen sowohl der Sanierungsmaßnahmen von Gewässern, Talauen und Böden als auch der Gewässerunterhaltung. Zeitgemäßer und aufgabengerechter Gewässerschutz ist in erheblichem Umfang Flächenschutz. Voraussetzung, entsprechende Entwürfe umzusetzen, ist die interdisziplinäre Zusammenarbeit aller beteiligten Fachverwaltungen. Sie erfordert insbesondere in der Wasserwirtschaft breitgefächert qualifiziertes Personal, das über entsprechende Kenntnisse der Technik und auch des Verwaltungsrechts verfügt, gleichzeitig aber auch ökologische Zusammenhänge durch sachbezogene Verknüpfung aller Belange berücksichtigen kann.

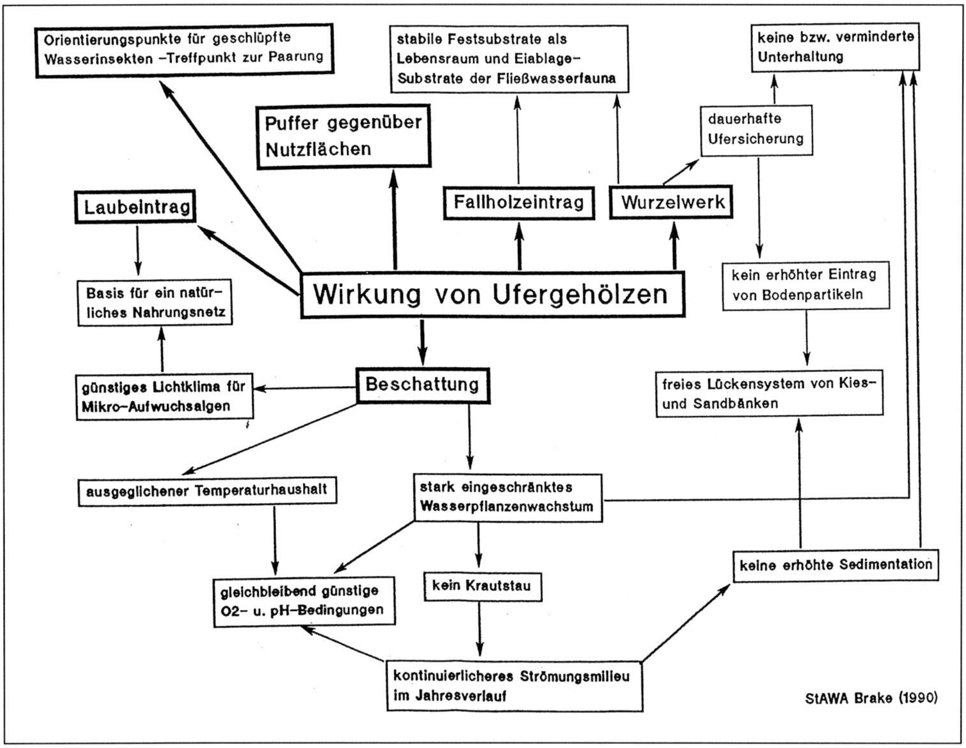

Abb. 5.8-8: Wirkung von Ufergehölzen an Fließgewässern (Quelle: StAWA Brake)

Grundsätzlich ist eine allen Ansprüchen gerecht werdende Unterhaltung mit einer erheblich größeren Anpassungsfähigkeit verbunden. Dies muß nicht zwangsläufig zu Mehraufwand und -kosten führen. Es bedarf vielmehr großer innovativer Anstrengung der mit den Unterhaltungsaufgaben betrauten Dienststellen der Umweltverwaltung, den wachsenden Anforderungen infolge der sich verändernden ökologischen und ökonomischen Randbedingungen gerecht zu werden. Eine Optimierung des Personal- und Geräteeinsatzes und auch die Einführung betriebswirtschaftlicher Elemente gewinnen daher zunehmend an Bedeutung.

5.8.3 NATURNAHE GEWÄSSERGESTALTUNG IN OSTFRIESLAND

von Ude Hangen

Das Land Niedersachsen legte im Jahre 1989 ein neues Förderprogramm unter der Bezeichnung „Naturnahe Gewässergestaltung“ auf. Hiernach sollten Gewässer, die ehemals im Querschnitt und in der Linienführung nach rein technischen Gesichtspunkten ausgebaut worden waren, so umgestaltet werden, daß sie wieder ein naturnahes Aussehen erhalten. Biologische Sperren wie Wehre und Abstürze waren möglichst zu beseitigen, um eine Durchgängigkeit des Wasserlaufes zu erreichen. Außerdem sollten Gewässerrandstreifen (Abb. 5.8-9) ausgewiesen und Umgestaltungen der Böschungen vorgenommen werden. Angestrebt wurde und wird auch weiterhin, Biotop und Wassergüte zu verbessern. Das Programm wird über den „Wassergroschen" finanziert, die Wasserentnahmegebühr für alle Unternehmen, die Wasser aus ober- und unterirdischen Gewässern nutzen. Nach den Finanzierungsrichtlinien für die Wasserwirtschaft fördert das Land die naturnahe Gewässergestaltung in der Regel mit 70 %, den Ankauf von Gewässerrandstreifen mit 80 % der anfallenden Kosten. Die Umgestaltungsarbeiten sollen möglichst in das vom Land verfolgte Fließgewässerschutzsystem und Fischotterschutzprogramm eingebunden werden.

Insgesamt wurden in Ostfriesland von 1989 bis 1997 für die naturnahe Gewässergestaltung 8,3 Mio. DM, und zwar 7,2 Mio. DM Zuschuß und 1,1 Mio. DM Eigenleistung, verausgabt. Es wäre zu wünschen, wenn auch in Zukunft weitere Landesmittel für diesen Zweck zur Verfügung gestellt werden könnten. Die seit 1989 in Ostfriesland durchgeführten größeren Maßnahmen der naturnahen Gewässergestaltung enthält die Tabelle 5.8-3.

Auch außerhalb dieses Förderprogramms war das StAWA Aurich tätig und hat an verschiedenen Abschnitten der vom Land Niedersachsen betreuten Gewässer Aufweitungen und Feuchtbiotope angelegt, wie am Ems-Jade-Kanal bei Hoheesche, Priemelsfehn, Marcardsmoor, Schleuse Rahe - Oberwasser und Unterwasser - und am Ringkanal bei Neu-Ekels. In diesen Bereichen verfügte das Land über breitere Geländestreifen seitlich der Gewässer, so daß anstelle von sonst erforderlichen künstlichen Ufersicherungen natürliche Ufergestaltungen möglich wurden. Im Ergebnis hat dieses Förderprogramm zur naturnahen Gewässergestaltung dazu beigetragen, Eigenarten der ursprünglichen ostfriesischen Landschaft flächenweise zu erhalten und die Voraussetzungen für einen natürlichen Biotop zu schaffen.

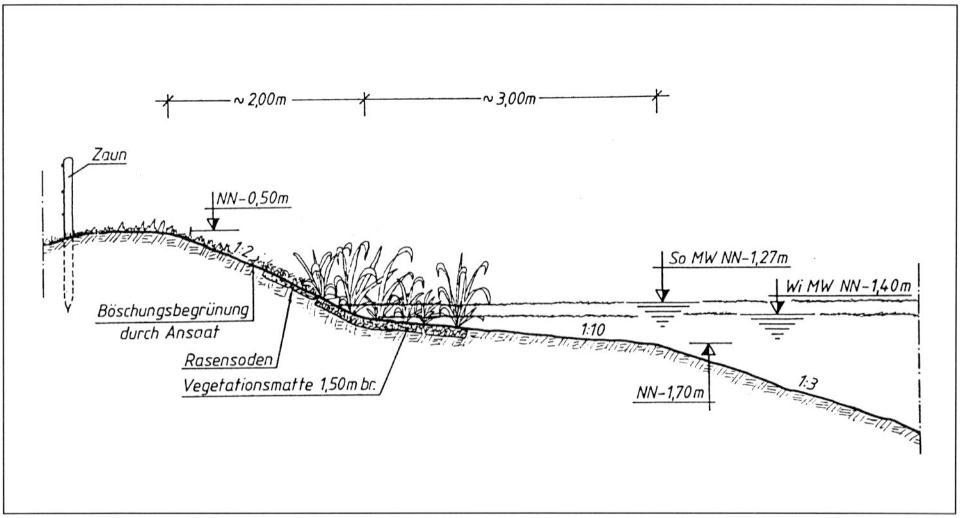

Abb. 5.8-9: Naturnahe Ufergestaltung Knockster Tief/Ostfriesland (Quelle: StAWA Aurich)

Tab. 5.8-3: Größere Maßnahmen zur naturnahen Gewässergestaltung in Ostfriesland (Quelle: StAWA Aurich)

Lfd. Nr.	Träger	Baujahr	Baukosten DM	Landeszuschuß DM	Bemerkungen zu der Maßnahme
1	Sielacht Wittmund	1989/91	187.000	158.000	Die Poggenkruger Leide bei Ardorf konnte aufgeweitet werden, so daß Tümpel und Flachwasserzonen entstanden. Die Maßnahme gelang in Zusammenarbeit mit der TG Ardorf und dem AfA Aurich
2	Sielacht Esens	1989/ 1990	43.000	40.000	Im Bereich des Schoer Forstes konnte der Altgauder Wasserzug aufgeweitet und mit biologisch aktiven Gewässerrandstreifen ausgestattet werden
3	Entwässerungs-verband Norden	1991 bis 1995	146.000	112.000	Durch Ankauf von Gewässerrandstreifen am Norder Tief konnten Flächen aus der intensiven landwirtschaftlichen Nutzung herausgenommen und einer natürlichen Entwicklung zugeführt werden
4	I. Entwässerungs-verband Emden	1992	371.000	297.000 (Zuschuß einschl. Mitteln aus dem EG-Strukturfonds - Ziel 5b)	Zur Erhöhung der Selbstreinigungskraft wurden am Alten Greetsieler Sieltief und an der Westerender Ehe - teilweise durch Zurücklegung der Verwallungen - Flachwasserbereiche, Überflutungszonen und Gewässeraufweitungen hergestellt
5	I. Entwässerungs-verband Emden	1990 bis 1997	982.000	735.000	An Abelitz-Moordorf-Kanal und Abelitz wurde durch Zurücknahme von Verwallungen das Gewässerprofil aufgeweitet. Es wurden biologisch aktive Uferzonen geschaffen in enger Zusammenarbeit mit dem LK Aurich.
6	Entwässerungs-verband Aurich	1991	46.000	28.000	Im Bereich des Tannenhausener Grabens und des Abelitzschlootes wurden Sohlgleiten eingebaut, die den Wasserstand nach oberhalb anheben, zugleich aber eine Durchgängigkeit des Gewässers zulassen
7	Entwässerungs-verband Oldersum	1989/90	270.000	196.000	Der Reiherschloot wurde im Bereich des Ihlower Forstes auf einer Länge von rd. 1.100 m aufgeweitet und mit Gewässerrandstreifen versehen; er erhielt eine neue Linienführung mit einigen Krümmungen; es wurden Teiche und Sohlgleiten angelegt. Dieses gelang in Zusammenarbeit zwischen StAWA Aurich, EV Oldersum, Staatl. Forstverw., Gem. Ihlow und LK Aurich
8	Entwässerungs-verband Oldersum	1990	193.000	139.000	Am Fehntjer Tief bei Hatshausen wurde im Bereich des „Aalkamps“ die Verwallung des Unterschöpfwerksgebietes Hatshausen zurückverlegt und die ausgedeichte Fläche zu einem Feuchtbiotop entwickelt.
9	Sielacht Moormer-land	1989	28.000	25.000	Am Verbindungsgraben bei Nüttermoor konnten Gewässerrandstreifen angekauft werden, die einer natürlichen Entwicklung zugeführt wurden

10	Land Niedersachsen	1993/94	190.000	190.000	Am Ringkanal im Bereich Herrenhütten wurde das Gewässer aufgeweitet, es entstand eine Bucht und ein großer Flachwasserbereich mit artenreicher Pflanzen- und Tierwelt
11	Land Niedersachsen	1992 bis 1995	1.085.000	1.085.000	Am Fehntjer Tief bei Timmel wurde auf einer rd. 4 km langen Gewässerstrecke die Verwallung des Unterschöpfwerksgebietes Timmel-Nordwest zurückverlegt, so daß Feuchtbiotope in Form von Lagunen, Binnenseen, Altarmen und abgehängten Mulden entstanden. Dieses gelang in Zusammenarbeit mit der TG Timmel und dem AfA Aurich. Ufersicherungen sind künftig weitgehend überflüssig.
12	Sielacht Stickhausen	1992	206.000	200.000	Der Habichtsschloot mit Anschlußgewässern westlich des Lengener Meeres wurde ausgebaut, um eine Wiedervernässung der Moorflächen zu erreichen
13	Sielacht Rheiderland	1990	130.000	100.000	Am Ditzum-Bunder Sieltief wurden Gewässerrandstreifen angekauft, so daß die Gewässerufer ins Eigentum der Sielacht gelangten und einer natürlichen Entwicklung zugeführt werden konnten
14	Sielacht Rheiderland	1993/94	500.000	400.000 (Zuschuß einschl. Mitteln aus dem EG-Strukturfonds - Ziel 5b)	Am Wymeerer Sieltief bei Kanalpolder konnten Gewässerrandstreifen aufgekauft und damit die Voraussetzung für die in den Folgejahren geplanten Gewässeraufweitungen und Feuchtbiotope geschaffen werden
15	Entwässerungsverband Oldersum	1995	180.000	180.000	Am Rorichumer Tief und Fehntjer Tief wurden im Bereich des Flurbereinigungsgebietes Hatshausen-Ayenwolde Flächen angekauft. Damit wurde die Voraussetzung geschaffen, die Verwallung des Unterschöpfwerksgebietes Hatshausen/ Ayenwolde zurückzuverlegen und in den entstehenden Gewässerrandstreifen Feuchtbiotope anzulegen
16	Land Niedersachsen	1995 bis 1997	1.892.000	1.892.000	Am Südufer des Ems-Jade-Kanals bei Priemelsfehn/Reepsholt wurde der landeseigene Gewässerstreifen auf einer Länge von 6 km dazu genutzt, die Kanalufer abzuflachen - teilweise unter Anlegung kleiner Inseln -. Auf künstliche Ufersicherungen kann verzichtet werden. Es entsteht ein sanfter Übergang zur nahegelegenen naturschutzwürdigen Niederung des Reepsholter Tiefs.
17	Sielacht Rheiderland	1996/97	500.000	375.000 (Zuschuß einschl. Mitteln aus dem EG-Strukturfonds - Ziel 5b)	Am Wymeerer Sieltief konnten im Kanalpolder und bei Neuschanz Gewässeraufweitungen durchgeführt und Feuchtbiotope angelegt werden.
18	Leda-Jümme-Verband	1997	354.000	265.000 (Zuschuß einschl. Mitteln aus dem EG-Strukturfonds - Ziel 5b)	An der Jümme bei Nortmoor wurde die Fläche in einer Jümmeschleife aufgekauft und damit die Voraussetzung für eine Rückverlegung der Deichlinie geschaffen. Die auszudeichende Fläche soll zu einem Feuchtbiotop entwickelt werden.

19	Entwässerungs-verband Oldersum	1997	500.000	375.000 (Zuschuß einschl. Mitteln aus dem EG-Strukturfonds - Ziel 5b)	In Riepe wurden die Böschungen und Randstreifen des Gewässers Ridding neu gestaltet und dabei der Faulschlamm entfernt. Das Vorhaben gelang aufgrund enger Zusammenarbeit zwischen StAWA Aurich, EV Oldersum, LK Aurich und der Gem. Ihlow.
20	Leda-Jümme-Verband	1997	370.000	296.000 (Zuschuß einschl. Mitteln aus dem EG-Strukturfonds - Ziel 5b)	An der Ollenbäke in Apen wurde die Deichlinie zurückverlegt. In der ausgedeichten Fläche, die sich zu einem Feuchtbiotop entwickeln soll, wurde die Ollenbäke in natürlich geschwungener Linienführung neu hergestellt.

5.9 UNTERHALTUNG UND BETRIEB DER LANDESEIGENEN WASSERBAULICHEN ANLAGEN

von Horst Wiezorek

5.9.1 ANLAGEN FÜR ENTWÄSSERUNG, SCHIFFAHRT, HOCHWASSER- UND KÜSTENSCHUTZ SOWIE RECHTLICHE GRUNDLAGEN

In Niedersachsen mit einem dichten Gewässernetz bis zu 70 m/ha und hohen Jahresniederschlägen kommt der umweltschonenden Unterhaltung von Gewässern für den Wasserabfluß und für Schiffbarkeit eine hohe Bedeutung zu. Dazu gehört auch die Unterhaltung und der Betrieb von Anlagen in den Gewässern wie Wehre, Brücken, Schleusen, Siele und Schöpfwerke. Noch höher einzuschätzen, weil lebenswichtig, ist die Unterhaltung und der Betrieb von Einrichtungen zum Schutz vor Hochwasser und Sturmfluten wie Deichen, Hochwasserrückhaltebecken und Sperrwerken an den großen Flüssen sowie Schutzwerke an der Küste und auf den Ostfriesischen Inseln.

Gewässerunterhaltung durch das Land

Das Preußische Wassergesetz von 1913, das bis zur Bildung des Landes Niedersachsen 1946 neben der Wasserverordnung für das Herzogtum Oldenburg von 1868 und dem Wassergesetz für das Herzogtum Braunschweig von 1876 im größten Teil des Landes bis 1960 galt, sah eine Unterhaltung von Gewässern durch den Staat nur für Gewässer I. Ordnung vor. Im Niedersächsischen Wassergesetz von 1960 (NWG) sind diese Zuständigkeiten entsprechend übernommen worden. Da bei fast allen Gewässern I. Ordnung des Landes Eigentum und Unterhaltungspflicht vor 1980 zusammenfielen, ist in § 82 NWG den Eigentümern die Unterhaltung dieser Gewässer übertragen worden.

Die Anlage zum § 52 NWG umfaßte zunächst 24 Gewässer I. Ordnung, die bis auf wenige Ausnahmen vom Land zu unterhalten waren. Zusätzlich wurden nach § 86 NWG 19 größere Gewässer II. Ordnung ab 15.07.1962 in die Unterhaltung des Landes übernommen. Zugleich eröffnet der § 86 die Möglichkeit, daß bei schwieriger und kostspieliger Unterhaltung weitere Gewässer II. Ordnung vom Land übernommen werden.

Gewässerübernahme durch das Land

Im vierten Gesetz zur Änderung des NWG von 1982 wurde nach § 86 die bisherige Zahl von 19 allein vom Land zu unterhaltender Gewässer II. Ordnung auf 54 erweitert;

dazu gehören auch Außentiefs vor Deichsielen. Weitere 21 Gewässer II. Ordnung wurden vom Land übernommen, zu denen die Unterhaltungsverbände zu Kostenbeiträgen herangezogen werden. Mit dem sechsten (1986) und siebten (1990) Gesetz zur Änderung des NWG erhöhte sich die Zahl der allein vom Land zu unterhaltenden Gewässer II. Ordnung auf 64 und die mit Kostenbeteiligung des Landes zu unterhaltenden auf 24 Gewässer.

Nach der deutschen Vereinigung 1990 schlossen die Länder Mecklenburg-Vorpommern und Niedersachsen 1993 einen Staatsvertrag, nach dem das ehemalige Amt Neuhaus zu Niedersachsen kam. Dadurch erhöht sich die Zahl der vom Land zu unterhaltenden Gewässer um weitere vier einschließlich eines Schöpfwerkes (neue Landesgrenze s. Karte 5.1-4).

Kostenbeteiligung des Landes

Mit dem dritten Gesetz zur Änderung des NWG von 1970 hat der Gesetzgeber eine Kostenbeteiligung des Landes bei der Unterhaltung von Gewässern II. Ordnung eingeführt. Die mit dem NWG flächendeckend für die Unterhaltung der Gewässer II. Ordnung gegründeten Unterhaltungsverbände erhalten seitdem einen Zuschuß von 50 % der Beiträge, die einen Unterhaltungsaufwand von 2,— DM/ha übersteigen. Die Grundsätze zur Berechnung des Zuschusses wurden später in den 11. Ausführungsbestimmungen zum NWG von 1972 geregelt. Der Grenzwert von 2,— DM/ha mußte von Zeit zu Zeit erhöht werden, weil das Land die steigenden Kosten nicht mehr auffangen konnte. Er liegt seit 1996 bei 20,— DM/ha.

Schiffbare Gewässer

Im § 55 des NWG von 1960 hat der Nds. Minister für Wirtschaft und Verkehr mit Verordnung vom 20.12.1962 bestimmt, welche Gewässer schiffbar sind. Dazu gehören z. B. der Schiffahrtsweg zwischen Unterelbe und Unterweser, der Ems-Jade-Kanal, der Aland und die Hamme. Diese vier schiffbaren Gewässer sind von der Wasserwirtschaftsverwaltung des Landes zu unterhalten. Insgesamt nennt die Verordnung 14 schiffbare Gewässer.

Staatlicher Küstenschutz

Vor Inkrafttreten des Niedersächsischen Deichgesetzes vom 01.04.1963 (NDG) war die Erhaltung der Küsten- und Hochwasserschutzanlagen in einer Vielzahl von Deichordnungen geregelt. Das Deichgesetz blieb bei den alten Grundsätzen, daß im wesentlichen Deichverbände die Deiche unterhalten sollen (§ 7), mit Ausnahme der bereits vom Staat unterhaltenen Deiche. Die Verbände sollten die Kosten nur entsprechend ihrer Leistungsfähigkeit tragen müssen. Diese Regelung wurde 1967 konkretisiert und bestimmt in § 8 NDG, daß das Land Zuwendungen zur Unterhaltung gewähren kann, wenn die Beitragslast eines Deichverbandes den durchschnittlichen Umfang erheblich übersteigt oder ihn infolge Schäden an den Deichen nach hohen Sturmtiden nicht tragbare Unterhaltungskosten belasten. Weiterhin wurde geregelt, daß die Kosten für die Erhaltung von Schutzwerken im Deichvorland oder im Watt vom Land getragen werden, wenn es der Erhaltung vorher zugestimmt hat (§ 8, Abs. 2).

Nach dem zweiten Gesetz zur Änderung des NDG von 1974 wurde zur weiteren staatlichen Aufgabe

- die Erhaltung der Hauptdeiche auf den Ostfriesischen Inseln (§ 7, Abs. 1) und
- die Erhaltung und der Betrieb der Sturmflutsperrwerke (§ 7 a).

- Ferner wurden die Schutzdünen (Randdünen mit Deichfunktion) zur Widmung vorgesehen und in den Schutzbestimmungen wie Deiche behandelt.

Darüber hinaus hat das Land Niedersachsen wie vor ihm bereits das Land Preußen in Ostfriesland in erheblichem Maße Deichvorland gewonnen, gepflegt und gesichert. Die ursprünglich von der Domänenverwaltung betriebenen Arbeiten hat bereits 1942 auf Anordnung des Generalinspektors für Wasser und Energie die Wasserwirtschaftsverwaltung übernommen. Nach 1950 hat das Land das Anwachsrecht auch vor scharliegenden Deichen von den Deichachten erhalten, sich zur Durchführung von Maßnahmen zur Deichvorlandgewinnung vertraglich verpflichtet und i.d.R. das gewonnene Vorland als sein Eigentum eingetragen. Die Sicherung des Vorlandes ist weiterhin Sache des Landes. Nach dem Bundeswasserstraßengesetz ist es zur Landgewinnung in der Bundeswasserstraße (dem Wattenmeer) ausdrücklich befugt. Das Deichvorland ist als aktiver Küstenschutz für die Sicherheit der Hauptdeiche von erheblicher Bedeutung.

Abb. 5.9-1: Schleuse Wiesede des Ems-Jade-Kanals, Unterhaupt mit Klappbrücke, Gemeinde Friedeburg, Baujahr 1882/83, saniert und elektrifiziert 1977 (Foto: StAWA Aurich)

5.9.2 ORGANISATION UND AUFGABEN

Die Arbeiten zur Unterhaltung und zum Betrieb der staatlichen Anlagen in und an Gewässern war und ist immer Aufgabe der Meliorationsbauämter, der späteren Wasserwirtschaftsämter bzw. der Staatlichen Ämter für Wasser und Abfall gewesen. Das gilt auch für die unbedeutenden Schiffahrtskanäle, die nach 1921 beim Lande Preußen verblieben (s. Abschn. 3.2) (Abb. 5.9-1).

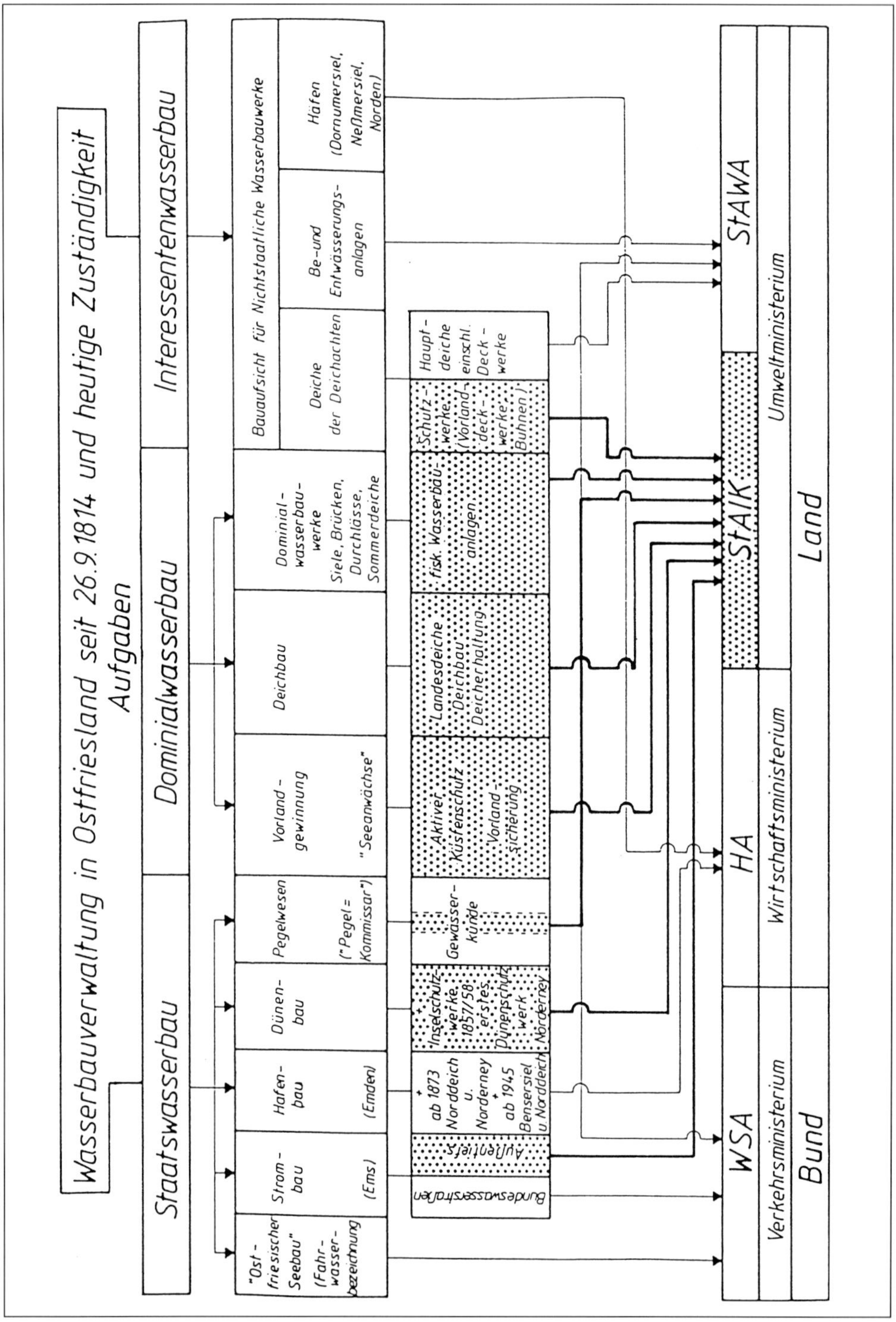

Abb. 5.9-2: Staatliche Wasserbauverwaltung in Ostfriesland seit 1814 und heutige Zuständigkeiten (Quelle: StAIK Norden)

Die Unterhaltung der Küstenschutzwerke auf den Ostfriesischen Inseln dagegen war geteilt. Trotz des Staatsvertrages vom 29.7.1921 über die Aufgabenteilung zwischen dem Deutschen Reich und den Ländern, nach dem Insel- und Küstenschutz Ländersache war, oblag vorläufig aufgrund der „Küstenvereinbarung" zwischen Land und Bund vom 01.07.1952 dem Wasser- und Schiffahrtsamt Norden die Unterhaltung der Deckwerke und Buhnen auf der Seeseite der Inseln im Auftrage und für Rechnung des Landes. Das spätere Staatliche Amt für Insel- und Küstenschutz (StAIK) in Norden (Abschnitt 9.1.17) unterhielt die wattseitigen Deiche und Siele und hatte die Dünenpflege und die Deichvorlandgewinnung und -pflege als Landesaufgabe. Ein Gutachten des Landesrechnungshofes von 1975 zur Organisation der Wasserwirtschaftsverwaltung brachte 1979 das Ende der Auftragsverwaltung des Wasser- und Schiffahrtsamtes; die Aufgaben gingen an das spätere StAIK über, das seit 01.04.1979 alle Aufgaben des Inselschutzes samt Dünenpflege und Deichvorlandsicherung in einer Hand hat, seit 1981 auch für die Insel Wangerooge (Abb. 5.9-2).

Im Bereich Cuxhaven nahm das Nds. Hafenamt Cuxhaven bis vor wenigen Jahren die Unterhaltungsaufgaben an Deichen und Schutzwerken der Nds. Wasser- und Abfallwirtschaftsverwaltung wahr.

Ausweitung der Aufgaben

Der vorhergehende Abschnitt zeigt, daß der Umfang der zu unterhaltenden Gewässer und Deiche sich nach dem Willen des Gesetzgebers ständig vergrößert hat (Tab. 5.9-1).

Zahlreiche Anlagen sind mit der Umsetzung des Niedersächsischen Küstenprogramms (Abschnitt 5.2) und der großen Meliorationspläne Küstenplan, Emslandplan (Abschnitt 5.4) und Aller-Leine-Oker-Plan (Abschnitt 5.3) in die Unterhaltung des Landes übergegangen. Beispielhaft seien als größere staatliche Anlagen genannt:

1860 Schiffahrtsweg Elbe-Weser, 1960/61 weiter ausgebaut
1888 Ems-Jade-Kanal
1927 Talsperre Thülsfelde
1942 Vorlandgewinnung und -pflege an der ostfriesischen Küste ab 1955 intensiviert, bis 1942 von der Domänenverwaltung durchgeführt
1967 Sturmflutsperrwerk Freiburg
1968 Sturmflutsperrwerk Lühe
1971 Sturmflutsperrwerke Schwinge (Abb. 5.9-3) und Abbenfleth
1971 Übernahme der drei großen Celler Wehranlagen von der Domänenverwaltung, die bereits seit Bestehen der Wasserbauverwaltung von ihr fachlich betreut wurden (Abb. 5.9-4)
1978 Sturmflutsperrwerke Ruthenstrom und Wischhafen
1978 Sturmflutsperrwerke Hunte und Ochtum
1984 Hochwasserrückhaltebecken Alfhausen-Rieste
1991 Sperrwerk Leysiel mit Siel und Schiffahrtschleuse in der Leybucht
1993 Hochwasserrückhaltebecken Salzderhelden

Zu unterhaltende wasserbauliche Anlagen

Im Binnenland:

- 21 Gewässer I. Ordnung mit einer Gesamtlänge von rd. 300 km (gemäß § 66 Abs. 1 und 2 NWG).
- 37 Gewässer II. Ordnung mit einer Länge von rd. 320 km (gemäß § 105 Abs. 2 NWG).

Gewässer

Jahr	Gewässer I. Ordnung (§ 66 NWG)	Gewässer II. Ordnung ohne Kostenbeitrag der Verbände (§ 105, 2 NWG)	Gewässer II. Ordnung mit Kostenbeitrag der Verbände (§ 105, 3 NWG)	Bemerkungen
1960	24	-	-	
1962	24	19	-	
1982	24	54	21	einschl. Außentiefs
1986	24	57	22	
1990	19	64	24	
1993	21	62	30	einschl. Amt Neuhaus

Deiche

1963 einzelne Deichstrecken auf dem Festland

1967 einzelne Deichstrecken auf dem Festland, Schutzwerke

1974 einzelne Deichstrecken auf dem Festland, Schutzwerke, Deiche und Schutzdünen auf den Inseln, Sperrwerke

Tab. 5.9-1: Unterhaltung von Gewässern und Deichen durch das Land Niedersachsen

- 30 Gewässer II. Ordnung mit einer Länge von rd. 700 km (gemäß § 105 Abs. 3 NWG, mit Kostenbeteiligung der Unterhaltungsverbände).
- Gewässer III. Ordnung mit einer Länge von über 200 km gemäß § 107 NWG als Eigentümer (Ringschloote hinter Kanaldeichen und hinter Dämmen an Hochwasserrückhaltebecken).
- 7 Hochwasserrückhaltebecken
- 1 Talsperre

Außerdem eine Vielzahl von Wehren, beweglichen und festen Brücken, Schleusen, einzelnen Sielen und Sandfängen.

An der Festlandsküste:

10 Sturmflutsperrwerke, davon 2 mit Schiffahrtsschleusen (§ 7 a NDG)
22,8 km Hauptdeiche (§ 7 Abs. 6 NDG)
5,5 km 2. Deichlinie (§ 7 Abs. 6 NDG)
53,5 km Deck- und Rückwerke (§ 8 Abs. 2 NDG)
rd. 110 Buhnen mit 19 km Länge (§ 8 Abs. 2 NDG)
25 Außentiefe mit einer Länge von 59 km (§ 105 Abs. 2 NWG)

Auf den Ostfriesischen Inseln:
35,3 km Inseldeiche (§ 7 Abs. 1 NDG)
88,4 km Schutzdünen einschl. Sicherungswerken (§ 7 Abs. 6 und § 20a NDG)
mit 67 Buhnen mit rd. 13,0 km Länge
10,9 km Dünensicherungswerken (Deckwerke, Pfahlschutzwerke) (Abb. 5.9-5)
14 Sielen und 2 Schöpfwerken
Ein Teil der Inseldeiche und die Schutzdünen mit Sicherungswerken wurde seit je vom Land erhalten.

Abb. 5.9-3: Sturmflutsperrwerk, Schwinge mit geöffneter Doppel-Klappbrücke bei Stade (s. Tab. 5.2-2) (Foto: StAWA Stade)

Abb. 5.9-4: Walzenwehr in Celle (Foto: StAWA Verden)

Abb. 5.9-5: Schrägdeckwerk vor alter Steilmauer auf der Insel Baltrum (im Vordergrund), im Hintergrund Steilmauer noch ohne vorgebautes Schrägdeckwerk (Foto (vor 1990): Kramer)

Art der Unterhaltungsarbeiten

Entsprechend den gesetzlichen Vorgaben sind im wesentlichen auszuführen:

- An den nicht schiffbaren Gewässern Freihalten des Gewässerquerschnittes durch Sohlkrautungen, Böschungsmahd, Grundräumungen von Schlamm, Räumen von umgestürzten Bäumen, Sicherung von Uferabbrüchen, Pflanzen von Röhricht, Sträucher und Bäumen sowie deren Pflege, Beseitigung von Mähgut und Treibzeug über befestigte Krautentnahmestellen und weitere Entsorgung über eigene oder kommunale Kompostierungsanlagen.
- Zusätzlich an den schiffbaren Gewässern Ausbaggern der Fahrrinne, Setzen und Unterhalten der Schiffahrtszeichen, Beseitigung von Schiffahrtshindernissen.
- An den Deichen Beweidung mit Schafen einschl. Bau und Unterhaltung der Einzäunungen, Mähen und Pflegen der Grasnarbe, Bekämpfung der Wühltiere, Aufnehmen und Kompostieren des Mähgutes und des angetriebenen Treibsels sowie Unterhaltung der Deichverteidigungs- und Treibselabfuhrwege.
- An den zu den Gewässern und Deichen gehörenden Anlagen Instandhaltung und Betrieb der Wehre, Siele, Schöpfwerke, Brücken, Schleusen, Sandfänge, Sohlgleiten, Düker, Sperrwerke und Hochwasserrückhaltebecken, Beseitigen von festgesetztem Treibgut an den Anlagen sowie Enteisung der beweglichen Teile bei anhaltendem Frost.
- An den Küstenschutzwerken im Deichvorland und auf den Inseln Instandhaltung von Buhnen, Deckwerken und Lahnungen sowie Sichern der Schutz- und Binnendünen durch Sandfangzäune und Strandhaferpflanzungen.

Für alle Anlagen gilt - soweit sie nicht jährlich geprüft werden (z.B. Frühjahrs- und Herbstschau von Deichen) -, daß sie im zweijährigen Abstand auf ihre Funktionstüchtigkeit überprüft werden müssen und ihre Verkehrssicherheit gewährleistet sein muß. Bei den Regiebetrieben sind zusätzlich die Gebäude zu unterhalten und die Geräte und Fahrzeuge zu warten.

- 282 Arbeitskräfte als Stammpersonal. Davon werden 12 Arbeitskräfte aus Drittmitteln bezahlt (Bund, ABM-Bereich, Verbände)
- Rd. 17 Arbeitskräfte werden zusätzlich als Saisonarbeiter zur Gewässerpflege im Herbst beschäftigt.
- 8 stellvertretende Sperrwerksleiter (teilzeitbeschäftigt mit 520 DM-Verträgen)
- 27 Stellen beim StAIK werden zusätzlich haushaltsmäßig geführt, die Aufgaben für die Domänenverwaltung gegen Kostenerstattung wahrnehmen.

Tab. 5.9-2: Für örtliche Betriebs- und Unterhaltungsaufgaben eingesetztes Personal (Stand: 1994)

Ausführung und Kosten von Unterhaltung und Betrieb

Unterhaltung und Betrieb werden unterschiedlich gehandhabt. Entweder werden die Aufgaben wahrgenommen durch:
- Vergabe der Arbeiten an Unternehmer,
- Vergabe der Arbeiten an Unterhaltungsverbände oder
- Betrieb der Anlagen sowie deren Unterhaltung im Regiebetrieb.

Regiearbeiten sind vorrangig dort erforderlich, wo Hochwasserrückhaltebecken, schiffbare Kanäle, Schleusen und Sperrwerke zu betreiben sowie Deiche und Inselschutzanlagen zu erhalten sind, die bei Hochwasser und Sturmfluten hohe Sicherheitsanforderungen erfüllen müssen.

Zusammenfassend ist festzustellen, daß Unterhaltung und Betrieb der wasserbaulichen Anlagen mit einem Gesamtwert von über 7,9 Mrd. DM eine verantwortungsvolle und kostenträchtige Aufgabe mit einem jährlichen Aufwand von mehr als 47 Mio. DM (Kostenstand 1997) ist, die zur Erhaltung der langzeitigen Funktionstüchtigkeit und umweltgerechteren Unterhaltung von Gewässern und Deichen erforderlich ist. Diese Aufgabe konnte bisher zuverlässig erfüllt werden, da die Wasserwirtschaftsverwaltung über qualifiziertes und verantwortungsbewußtes Personal verfügt. Die Tabelle 5.9-2 gibt eine Übersicht über das für die örtlichen Betriebs- und Unterhaltungsaufgaben eingesetzte Personal (Stand 1994).

5.9.3. AUFGABENWAHRNEHMUNG AB 1998

Ab dem 01.01.1998 übernimmt der „Niedersächsische Landesbetrieb für Wasserwirtschaft und Küstenschutz" die Unterhaltung und den Betrieb der landeseigenen wasserbaulichen Anlagen (s. Abschnitt 4.2.2.) Die bisher für diese Aufgabe bei den StÄWA und dem StAIK eingesetzten Mitarbeiterinnen und Mitarbeiter (rd. 350) werden an den Landesbetrieb mit Hauptsitz (Direktion) in Norden versetzt, nehmen ihre Aufgaben aber weiterhin von ihren bisherigen StÄWA-Standorten aus wahr, an denen Betriebsstellen eingerichtet worden sind.

Mit der Errichtung des Landesbetriebs als Landesoberbehörde werden die bisherigen Amtsbezirksgrenzen aufgehoben. Der Landesbetrieb kann seine Aufgaben gewässersystembezogen wahrnehmen. Außerdem werden durch die Bewirtschaftungsform nach § 26 der Landeshaushaltsordnung haushaltswirtschaftliche Spielräume eröffnet, die bisher nicht möglich waren und voraussichtlich zu einer noch höheren Wirtschaftlichkeit bei der Aufgabenerfüllung führen werden.

5.10 BEITRÄGE NIEDERSÄCHSISCHER BEDIENSTETER ZUR WASSERWIRTSCHAFT IM AUSLAND

von Bernhard Knollmann

Einsatz in allen Erdteilen

„Haben Sie Interesse, in Ecuador bei der wasserwirtschaftlichen Rahmenplanung für die Provinz Manabi die Erfassung der Grundwasserverhältnisse zu bearbeiten? Oder in Mali die Planung und die Bauleitung von Staumauern zu übernehmen?“ In den letzten drei Jahrzehnten hat so mancher Ingenieur der niedersächsischen Wasserwirtschaftsverwaltung solch ein Angebot angenommen und für Wochen, Monate oder Jahre an einem entlegenen Fleck unserer Erde meistens in einem Land in Asien, Afrika oder Südamerika seine Fähigkeiten eingesetzt, um interessante und große Aufgaben zu bewältigen (Tabelle 5.10-1).

Ehe es dazu kam, hat er sich ein Bild über die Verhältnisse im Einsatzland verschafft und Einzelheiten des Vertrages abgeklärt: Werde ich beurlaubt? Kann die Familie mit ausreisen? Sind wir tropentauglich? Ist das Klima verträglich? Wie weit ist es bis zum nächsten Krankenhaus? Genügt es unseren Ansprüchen? Wie sind die Versorgungsverhältnisse? Welche Vorbereitung ist notwendig? Welche Ausrüstung ist mitzunehmen? Kann die Landessprache noch vorher gelernt werden? ...?

Probleme im Einsatzland

Im Gastland galt es dann erst einmal, sich mit den einheimischen Behörden oder in einem internationalen Team zurechtzufinden, die zugedachte Position einzunehmen und auszufüllen, eine fremde Sprache zu verstehen und auch zu sprechen sowie mit Menschen, deren Gewohnheiten und Maßstäbe für uns ungewohnt sind, vertrauensvoll zusammenzuarbeiten.

Bei dem Problem, die unentbehrliche Ausrüstung (Theodolit, Lichtlot, Meßflügel, Jeep, Schreibmaschine oder Computer) durch den Zoll im Hafen oder Flughafen zu bringen, war der erste Schock zu überwinden. Ist der beauftragte Agent unfähig, pflichtvergessen oder warum dauert es Wochen oder sogar Monate, bis die zoll- und abgabenfrei einzuführenden Ausrüstungsgegenstände endlich im Projektort eingetroffen sind?

Bevor mit der eigentlichen Arbeit begonnen werden konnte, waren einige unbekannte Hürden zu überwinden. Wer hat denn auch schon in Deutschland eine meteorologische Station aufgebaut, ein bodenkundliches Labor eingerichtet oder eine Blaupausanlage in Betrieb genommen?

Anpassung der Arbeit an die Bedingungen des Einsatzlandes

Bei der Arbeit waren die Grundlagen für die Lösungsansätze - unter den Voraussetzungen des Einsatzlandes - neu zu überdenken. Wie ist die Forderung, Hilfe zur Selbsthilfe, umzusetzen? Welche Technik ist angepaßt? Wie können die Menschen ihre eigenen Fähigkeiten am besten einbringen? Ein Bauwerk hat für die Bevölkerung dann einen hohen Wert, wenn möglichst viele mitgewirkt haben, um später die notwendig werdenden Unterhaltungsarbeiten ausführen zu können. Wie sind die deutschen Normen in einem Land der Dritten Welt abzuwandeln, wenn die zur Verfügung stehenden Baumaterialien von geringerer Festigkeit sind oder die Bewehrungseisen von den wenig geschulten Arbeitern ungenau eingebaut werden? Die Schaffung von Arbeit für ungelernte Arbeiter ist dem

Tab. 5.10-1: Beiträge niedersächsischer Bediensteter zur Wasserwirtschaft im Ausland

Name	Auftraggeber	Name des Projektes	Art der Tätigkeit	Dauer
Dipl.- Ing. K. Altmann	Ungarische Hydrol. Gesellschaft	Technische Zusammenarbeit: Ungarn - Deutschland	Fachvorträge, Fachveröffentlichungen in Ungarn und Deutschland	1965 - 1997
Ltd. BD a. D. Prof. Dr.- Ing. Kurt Bellin	Bundesregierung	Vorschläge zur Sanierung des Bodenwasserhaushaltes, Mustergut Tahirowa, Türkei	Gutachten	1970 / 1972
	GTZ	Vorschlag für ein Landeswassergesetz, Portugal	Gutachten	1988 - 1990
Dipl.- Ing. Bernd Bluhm u.a.:	GTZ	Verbesserung des maritimen Umweltschutzes, Unterstützung der Einsatzleitung,Saudi-Arabien	Persönlicher Berater des saudi-arabischen Ministers für Hafenangelegenheiten	2/1989 - 1/1991
	Auswärtiges Amt	Hilfeleistung nach Ölverschmutzung im Arabischen Golf (Golfkrieg), Katar und Bahrain	Arbeitseinsatz und Beratung	2 - 4 /1991
	GTZ	Katastrophenmanagement-Systems für maritime Unfälle in Thailand, -Vorsorgeplanung - Risikountersuchung, Brasilien	Beratung - Untersuchung - Studie	je 4 Wochen 1995, 1996,
	EU-Task-Force	Bekämpfung von Meeresverschmutzungen, Dänemark, Saudi-Arabien, Kuwait	Einsätze und Beratungen	5 /1985 5-6/1991
	KfW	Ausrüstung von Fischereischutzbooten mit Geräten für die Bekämpfung von unfallbedingten Meeresverschmutzungen, Mauretanien	Beratung und Fertigung der Ausschreibungsunterlagen	3 Wochen 1997
	GTZ	Einführung eines Katastrophenschutzsystems für den Transport gefährlicher Güter, Thailand	Beratung und Unterstützung	10/1997 - 12/2000
Dipl.- Ing. Meinhard Elsholz	GAWI - GTZ	Tunesien, Marokko	verschiedene Einsätze als Hydrologe	3/1969 - 7/1974
	GTZ	Gewässerschutz für die Talsperre Sidi Salem, Tunesien	Projektleitung, Beratung	11/1989 - 5/1992
Ltd. BD Heie F. Erchinger	BML	Gutachten über die niederländische Küstenschutz-Politik	Gutachten einer 4-köpfigen Expertengruppe (GB, B, DK, D)	11/1997 - 4/1998 (ztw.)
BD Wilfried H. Gilbrich	UNESCO, Paris	International Hydrological Programme Zentrale in Paris, Tätigkeiten in über 70 Ländern	Ausbildungswesen in Entwicklungsländern, Verfassen von didaktischem Material, Organisation von Lehrgängen, Symposien, Seminaren	27 Jahre

Name	Auftraggeber	Name des Projektes	Art der Tätigkeit	Dauer
BD Ernst Gocksch	GTZ	Talsperre Kirindi Oga in Sri Lanka	Beratung bei der Planung	10/1980 - 2/1982
	GTZ	Wasserver- und -entsorgung in Vavunija, Sri Lanka	Gutachten zur Einführung der Abfallwirtschaft im ländlichen Raum	2 Wochen, 1/1995
	GTZ	Strategy and Planning Unit, Jordanien	Beratung des Ministry of Water and Irrigation	8 - 9/1992
BD Bernhard Knollmann	Bundesamt für gewerbl. Wirtschaft	Wasserwirtschaftliche Rahmenplanung für die Provinz Manabi, Ecuador	Erkundung der Grundwasservorkommen	1969 - 1970
	GAWI - GTZ	Landwirtschaftliches Entwicklungsprojekt, Gandaki Zone, Nepal	Planung, Bau einer Beregnungswasserversorgung, Planung eines kleinen Wasserkraftwerkes	4/1971 - 10/1974
	Auswärtiges Amt	Hilfeleistung nach Ölverschmutzung im Arabischen Golf (Golfkrieg), Katar und Bahrain	Arbeitseinsatz und Beratung	4 - 5/1991
	GTZ	Förderung einer Strategy and Planning Unit beim Ministry of Water and Irrigation, Jordanien	Gutachten	8 - 9/1992
Ltd. BD a. D. Johann Kramer	BML	Küstenschutz in Ostpakistan (Bangladesh)	Gutachten	1 - 3/1961
	UNO	Auswirkungen nach Bau des Assuan- Hochdammes auf die Erosion des Nilbettes in Ägypten	Beratung und Gutachten	1 - 3/1964
	UNO	Küstenschutz in Sierra Leone	Beratung und Gutachten	6 - 9/1964
	BML	Wasserwirtschaftliche Maßnahmen gegen Bodenerosion im Lößgebiet südlich des Himalaja	Beratung und Gutachten	7 - 9/1968
	deutsch-holländische Firmengruppe	Pipeline-Sicherung bei Dampier, Australien	Beratung zur technischen Durchführung -und Angebotsbearbeitung	10/1980
	Deutsche Baufirmen, Ing.- Büros	Küstenschutz - Wasserwirtschaft Algerien, Japan, Kuwait, Saudi-Arabien, Tunesien	Beratung und Gutachten	1966 - 1984
	GTZ	Küstenschutz in Sri Lanka, Organisation der Verwaltung	Beratung, Gutachten und Prüfung des Projektfortschrittes	3/1986 4 - 5/1993
	Continental Hotel Consultants GmbH	Sicherung eines Strandes vor einer Hotelanlage in Gambia	Beratung und Gutachten	2/1994
Dipl.- Ing. Ulrike Lipkow	DED	University of San Carlos, Water Resources Center, Cebu City, Philippinen	Bearbeitung hydrologischer Gutachten und Voruntersuchungen für Wasserversorgungsprojekte. Training -on the job- junger Ingenieure: Hydrologie	7/1993 - 11/1995
Dipl.- Ing. Albert Meyer	Land Niedersachsen	Partnerschaft Niedersachsen - Sudan Brunnenbau, Kleintalsperren, Wasserversorgung, Sanitäranlagen im ländlichen Raum	Mitwirkung bei Maßnahmen des Landes Niedersachsen, mehrwöchige Einsätze im Sudan	1984 - 1990

Name	Auftraggeber	Name des Projektes	Art der Tätigkeit	Dauer
MR a.D. Dr.- Ing. Jochen Ohling	GAWI	Wasserwirtschaftlicher und kartographischer Dienst, Tunesien	Leitung des Projektes, Beratung des B.I.R.H. Tunesien auf den Gebieten der Hydrologie und Vermessungskunde, Wasserwirtschaftliche Studie Hochebene von Targuist, Marokko	4/1967 - 12/1970
BD Jörg Ringeltaube	GTZ	Aufbau der Abfallentsorgung im Kathmandutal, Nepal	Gutachten, Beratung	9/1980 -
	Land Niedersachsen	Projektierung einer Kompostanlage, Santa Fe, Argentinien	Gutachten, Beratung	12/1985
BOR Ulrich Rischmüller	GTZ	Bhaktapur Development Project:Abwasserhauptsammler, Nepal,	Entwurf und Ausschreibungsunterlagen	1981
	GTZ	Planung, Bau, Betrieb von Entsorgungsmaßnahmen, Republik Niger	Beratung	
Hinrich Smit	Auswärtiges Amt	Hilfeleistung nach Ölverschmutzung im Arabischen Golf (Golfkrieg), Katar und Bahrain	Arbeitseinsatz und Beratung	3 - 4/1991
MR Dr. - Ing. Gerd Staschen	GAWI - GTZ	Wasserwirtschaftlicher Dienst im Rahmen der deutsch-tunesischen Zusammenarbeit.	Leitung des Projektes, Beratung des tunesischen Landwirtschaftsministeriums: hydrologische und bodenkundliche Dienste, Brunnen- und Talsperrenbau, Beregnungsanlagen, Abwasserreinigung	6/1970- 9/1973
	Land Niedersachsen	Partnerschaft Niedersachsen - Sudan Brunnenbau, Kleintalsperren, Wasserversorgung, Sanitäranlagen im ländlichen Raum	Mitwirkung bei Maßnahmen des Landes Niedersachsen, mehrwöchige Einsätze im Sudan	1984 - 1990
Dipl.- Ing. Ulrich Wortberg	Auswärtiges Amt	Hilfeleistung nach Ölverschmutzung im Arabischen Golf (Golfkrieg), Katar und Bahrain	Arbeitseinsatz und Beratung	3 - 4/1991
BOAR Roland Zillmann	GTZ	Landwirtschaftliche Beratung und Grundwassererkundung im Raume Sana, Nordjemen, Service Hydraulique, Mali	Erkundung der Grundwasserverhältnisse Entwurf und Bauleitung: Bau von Staumauern	1/70 - 9/71 10/71-3/75

BML	Bundesministerium für Ernährung, Landwirtschaft und Forsten	UNO	Technical Assistance Board der Vereinten Nationen
GAWI	Deutsche Förderungsgesellschaft für Entwicklungsländer mbH	GTZ	Gesellschaft für Technische Zusammenarbeit mbH
DED	Deutscher Entwicklungsdienst	KfW	Kreditanstalt für Wiederaufbau

Maschineneinsatz vorzuziehen. So mußten beispielsweise die Zuschlagstoffe für den Beton von Hand aus größeren Steinen gebrochen werden, die vom nahen Fluß zur Baustelle transportiert wurden, wenn es Kies in der erforderlichen Festigkeit und Korngröße nicht ohne weite Transporte über große Entfernungen gab (Abb. 5.10-1 u. 5.10-2).

Vielseitige Tätigkeit durch Beratung und Gutachten

Die Arbeitsergebnisse der niedersächsischen Wasserwirtschaftler waren sehr vielseitig, z. B.: Grundwassererkundungen, wasserwirtschaftliche Planungen, Gutachten für den Hochwasser- und Küstenschutz, die Bekämpfung der Bodenerosion oder für den Aufbau einer leistungsfähigen Wasserwirtschaftsverwaltung und Planungen für die Organisation und den Betrieb von Entsorgungsmaßnahmen. Aber auch beim Bau von Talsperren, Wasserkraftwerken, Anlagen zur Bewässerung, Wasserversorgung, Abwasserableitung oder Abfallentsorgung waren niedersächsische Wasserwirtschaftler maßgebend beteiligt. Muß nicht ein Pumpversuch auf die Bewohner trockener Landstriche wie ein Wunder gewirkt haben? Weniger leicht vorzeigbar als die Studien und Bauwerke sind die Fertigkeiten und Kenntnisse, die sie bei der gemeinsamen Arbeit und in Seminaren ihren einheimischen Partnern vermittelt haben (Abb. 5.10-3).

Beispiel Ölbekämpfung im Persischen Golf

Im Bereich der Ölunfallbekämpfung fiel niedersächsischen Ingenieuren und Handwerksmeistern eine besondere Aufgabe zu, als während des Golfkrieges Ölleitungen und Ölquellen gesprengt worden waren und Rohöl in bis dahin unvorstellbaren Mengen in den Arabischen Golf floß und die Wassergewinnungsanlagen der Golfanrainerstaaten in Gefahr brachte. Dort waren die Kühlwasserentnahmen der Kraftwerke und die Meerwasserentsalzungsanlagen, die den überwiegenden Teil der Bevölkerung versorgen, bedroht. Ein wesentlicher Teil des in Niedersachsen vorgehaltenen Ölwehrgerätes wurde nach Katar und Bahrein geflogen und dort zum Schutz der Wasserentnahmen eingesetzt. Auch wenn letzten Endes kein Öl vor den Einlaufbauwerken der Wasserentnahmen auftauchte, wurde die sofortige Hilfe durch deutsche Experten noch während des Krieges von der Öffentlichkeit und den Behörden der kleinen, Öl und Gas exportierenden Scheichtümer dankbar aufgenommen.

Beispiel Partnerland Sudan

Niedersachsen leistete über Jahre im Partnerland Sudan Beiträge zur Lösung der Nord-Süd-Probleme. Einer der Schwerpunkte sind wasserbauliche Anlagen. So wurden Dämme und Wasserrückhaltebecken für die Bewässerung von Dorfbewohnern in der Provinz Darfour unter Anleitung niedersächsischer Experten ohne Einsatz von Maschinen gebaut (Abb. 5.10-4). Außerdem haben sie beim Bau von Flachbrunnen mit Handpumpen und Sanitäranlagen im ländlichen Raum beraten und die Dorfbevölkerung in deren Wartung und Reparatur eingewiesen. So haben sie nachhaltig geholfen, die hygienischen Verhältnisse zu verbessern.

Ergebnisse und Erfahrungen der entsandten Experten

Die Ingenieure der niedersächsischen Wasserwirtschaftsverwaltung, die mit ihrem Wissen und ihren Erfahrungen häufig in den ärmsten Ländern der Welt gewirkt haben, um dort die Lebensverhältnisse zu verbessern, sind durch die Begegnung mit Menschen

Abb. 5.10-1: Dauerpumpversuch Ez Zebara, am Rande der Kaironaner Ebene (Foto: Dr. Ohling)

Abb. 5.10-2: Nepal: Steine werden von Hand gebrochen (Foto: Knollmann)

Abb. 5.10-3: Sri Lanka: Ufersicherung mit Großsandsäcken (Foto: Kramer)

Abb. 5.10-4: Sudan: Eine kleine Talsperre wird ohne Maschineneinsatz gebaut (Foto: Dr. Staschen)

Abb. 5.10-5: Bangladesh: Deichbau in Handarbeit (Foto: Kramer)

anderer Kulturen und durch die Arbeit unter schwierigen Verhältnissen mit vielfältigen Erfahrungen heimgekehrt. Sie haben intensiver erlebt als es in unserem Land möglich ist, welch große Bedeutung eine verantwortungsbewußte Bewirtschaftung des Wassers für das Wohl eines Landes hat. Dies wird besonders deutlich in Ländern, in denen das Versiegen überbeanspruchter Brunnen zu Hungersnot führt, Entwaldung, großflächige Erosionen und verheerende Überschwemmungen bewirkt, durch nachlässige Abwasserentsorgung Epidemien ausgelöst werden oder die große, häufig durch Hunger angetriebene Bevölkerung die fruchtbaren Flächen im Flußdelta zu nutzen versucht, ohne daß das Land vor Sturmfluten gesichert ist (Abb. 5.10-5). Bei der Arbeit war der Experte in viel höherem Maße als zu Hause auf sein eigenes Können angewiesen. Erfolg oder Mißerfolg wurden ihm unmittelbar zugeschrieben. Die Verantwortung verteilte sich nicht auf mehrere Schultern; er mußte sich ständig selber überprüfen und in vielen Bereichen vor Fehlern und Fettnäpfchen bewahren. Wenn hier ein jeder mehr oder weniger Rädchen in einem großen eingespielten Räderwerk ist, so stellt er beim Auslandseinsatz fast das ganze Getriebe dar. Das Erleben von Korruption, Miß- und Vetternwirtschaft mag so manchen gelehrt haben, die eigene Verwaltung zu schätzen.

5.11 DIE GESCHICHTLICHE ENTWICKLUNG DES WASSERRECHTS IN NIEDERSACHSEN

von Ute Röstermundt-Berg

5.11.1. RECHTSVERHÄLTNISSE NACH ALTEM DEUTSCHEN RECHT BIS ZUM 19. JAHRHUNDERT

Das Wasserrecht umfaßt alle privatrechtlichen und öffentlich-rechtlichen Regelungen, die die Eigentums- und Nutzungsverhältnisse am Wasser betreffen. Da alte Rechte und alte Befugnisse nach dem Niedersächsischen Wassergesetz (NWG) auf die gegenwärtigen Rechtsverhältnisse einwirken, ist die Entwicklung des Wasserrechts nicht nur von historischem Interesse, sondern hat auch aktuelle rechtliche Bedeutung. Das Wasserrecht folgte in der geschichtlichen Entwicklung im wesentlichen den wasserwirtschaftlichen Verhältnissen. Es ist von Anfang an durch eine starke Zersplitterung gekennzeichnet.

5.11.1.1 ERSTE ANSÄTZE EINER RECHTLICHEN ORDNUNG

Ursprünglich bedurfte es wegen des natürlichen Wasserreichtums Germaniens, der geringen Besiedlung und der geringen Intensität der Wassernutzungen weder einer Bewirtschaftung des Wassers noch einer Regelung der Belange der Wasserbenutzer. Luft, Grund und Boden sowie das Wasser waren Gemeingut aller, an dem Sonderrechte nicht begründet wurden.

Erste Ansätze einer rechtlichen Ordnung der Gewässernutzung gab es im Zuge des Seßhaftwerdens des germanischen Bauernvolks und der Bildung von Markgenossenschaften nach der Völkerwanderung sowie dem Aufkommen von Fernhandel, der mit einer zunehmenden Nutzung der Flüsse als Verkehrswege verbunden war. Einige der sich in der Folgezeit entwickelnden deutschen wasserrechtlichen Grundsätze wurden in das zwischen 1220-35 verfaßte, älteste und bedeutendste Rechtsbuch des deutschen Mittelalters, den Sachsenspiegel (Abb. 5.11-1), übernommen. Nach den Grundsätzen des deutschen Rechts durfte der natürliche Lauf eines Gewässers nicht durch Menschenhand zum Schaden anderer verändert werden: bei allen Nutzungen galt ein umfassendes Schadensverbot. In einigen deutschen Gebieten wurden für wasserrechtliche Streitigkeiten besondere Wassergerichte eingerichtet. In Deutschland entwickelte sich bis zur Übernahme des römischen Rechts Ende des Mittelalters eine Zweiteilung der Gewässer in nicht schiffbare und schiffbare Gewässer.

Nicht schiffbare Gewässer

Bei den nicht schiffbaren Gewässern bestanden unterschiedliche Rechtsverhältnisse: Nachdem in den Markgenossenschaften zunächst sämtliche nicht schiffbaren Gewässer ebenso wie das bewirtschaftete Dorfland Gemeingut aller Markgenossen war, wurde in der Folgezeit an Haus, Hof und Ackerland und damit auch an den auf diesen Grundstükken befindlichen Kleinstgewässern zunehmend Privateigentum begründet, das mit dem ausschließlichen Nutzungsrecht des jeweiligen Grundherrn verbunden war. Außerhalb des Privateigentums liegende Wälder, Wiesen, Wasser und Bäche blieben als „Allmende“ gemeinsamer Besitz der Bewohner der Markgenossenschaft und konnten von diesen unbeschränkt genutzt werden. Die Markgenossen sorgten auch für die Ent- und Bewässerung der Wiesen sowie für den Ausbau und die Unterhaltung der gemeinschaftlichen

Abb. 5.11-1: Auszug aus der Heidelberger Bilderhandschrift des „Sachsenspiegels". Auf diesem Blatt werden oben die rechtlichen Verhältnisse für am Wasser liegende Dörfer - symbolisiert durch das Haus - behandelt (LdR II 56 §§ 1-3), wie z.B. die Befestigung des Deiches oder die Entstehung einer Insel im Fluß

Anlagen. Weder private noch zur Allmende gehörige, nicht schiffbare Gewässer außerhalb der Markgenossenschaften standen im Gemeingebrauch.

Besondere grundwasserrechtliche Regelungen bestanden in jener Zeit nicht. Das damalige Recht regelte lediglich die Rechtsverhältnisse an der Quelle und am Quellabfluß, die im wesentlichen den Rechtsverhältnissen an den nicht schiffbaren Gewässern entsprachen; dementsprechend wurden Hofquellen, Allmendquellen und Quellen außerhalb der Markgenossenschaften unterschieden. Aufgrund seines privaten Eigentums an der Hofquelle war der jeweilige Grundstückseigentümer befugt, Grundwasser zu fördern.

Schiffbare, öffentliche Ströme

Die schiffbaren, öffentlichen Flüsse befanden sich ebenso wie die Meeresufer zunächst im gemeinen Eigentum der Gesamtheit des Volkes. Seit der fränkischen Zeit dehnte aber der König zunehmend seine Hoheitsrechte über die schiffbaren Gewässer aus und erwarb für sich als Bestandteil der königlichen Gewalt die als „Regale“ bezeichneten Berechtigungen. In der Ablösung des Volkseigentums durch das Stromregal des Königs lag der Ursprung seiner umfassenden Herrschaft über die schiffbaren Gewässer. Gesetzlich anerkannt wurde dies in der anläßlich des Reichstages zu Roncaglia 1158 erlassenen und in deutsches Recht übernommenen „constitutio de regalibus. Danach galten alle schiffbaren Flüsse und diejenigen, welche noch schiffbar gemacht werden, als solche des Königs oder Kaisers.

Der öffentliche Fluß wurde als eine dem Gemeingebrauch für den Verkehr dienende Sache angesehen (Sachsenspiegel II 28 § 4). Nach überwiegender Auffassung ergab sich aus dem Regalrecht des Königs kein Eigentum am Flußbett und Wasser. Die sich aus dem Stromregal ableitenden Schiffahrts-, Fähr-, Floß-, Brücken-, Fischerei-, Hafen- und Mühlenregale begründeten aber das Recht, andere von den jeweiligen Nutzungen auszuschließen, die Rechte auf andere zu übertragen, diese Nutzungen zu sichern sowie Abgaben zu erheben. Im Gegenzug bestand eine Verpflichtung, auf den Flüssen für deren Instandhaltung, Schiffbarkeit und sicheres Geleit zu sorgen. Nur der niedere Gemeingebrauch wie Baden, Schöpfen, Trinken, einfache Fischerei, Sand- und Eisgewinnung blieb unberührt und war nicht von Bewilligungen oder Abgabenleistungen abhängig.

Im Zuge der Territorialisierung im Mittelalter ging die Herrschaft über die schiffbaren Gewässer durch Verleihung oder stillschweigende Inbesitznahme allmählich an die geistlichen und weltlichen Landesfürsten über, die sich aufgrund ihrer landesherrschaftlichen Gewalt zur Ausübung des hoheitlichen Wasserregals als befugt ansahen; erst Ende des 15. Jahrhunderts war die Aufteilung des königlichen Stromregals abgeschlossen. Durch partikulare Rechtsetzung der Landesherren wurde die Regalbefugnis der landesherrschaftlichen Gewalt - entgegen den damaligen Rechtsvorstellungen - vielfach auch auf die nicht schiffbaren, privaten fließenden Gewässer ausgedehnt. Diese Nutzungsrechte der Landesherren über die nicht schiffbaren, privaten Gewässer wurden erst nach 1800 in allen deutschen Gebieten durch Gesetz wieder beseitigt.

5.11.1.2 ÜBERNAHME DES RÖMISCHEN UND ENTWICKLUNG DES GEMEINEN RECHTS

Im 15. Jahrhundert kam es vor allem aufgrund der territorialen Zersplitterung und Unübersichtlichkeit des gewohnheitsrechtlich geprägten deutschen Bauernrechts zur Übernahme des Römischen Rechts. Dieses war eine Zusammenstellung von Ausprüchen römischer Rechtsgelehrter und gerichtlicher Entscheidungen aus mehreren Jahrhunderten in Gestalt eines Rechtsbuches des Kaisers Justinian (corpus juri). Durch Verschmelzung des römischen Rechts mit einheimischen Rechtsgewohnheiten entstand das sich durch den Gerichtsgebrauch fortan stetig weiter entwickelnde, nicht kodifizierte und nur ergänzend zum deutschen Recht geltende Gemeine Recht.

Für das Wasserrecht folgte aus dem römischen Recht die Übernahme einiger wasserrechtlicher Begriffe: alluvio - Anlandung, avulsio - Abriß, alveus derelictus - verlassenes Flußbett, insula in flumine nata - Inselbildung usw. Die Wasserrechtsverhältnisse änderten sich durch die Übernahme jedoch nicht wesentlich. Auch im Gemeinen Recht wurden öffentliche und nicht öffentliche Gewässer unterschieden.

Öffentliche Gewässer

Zu den öffentlichen Gewässern zählten allerdings nicht nur alle schiffbaren, sondern alle ständig fließenden Ströme, Flüsse und Bäche. Hierdurch drohte eine weitere Ausweitung der Hoheit der königlichen bzw. landesherrschaftlichen Gewalt. Öffentliche Flüsse waren wie auch Meeresufer als außerhalb des Rechtsverkehrs stehende Sachen nicht eigentumsfähig, aber dem allgemeinen Verkehr eröffnet. Der Leinpfad galt als Zubehör des öffentlichen Flusses.

Nicht öffentliche Gewässer

Zu den nicht öffentlichen Gewässern zählten geschlossene Gewässer und Quellen, die zur freien Verfügungsgewalt im Eigentum der Anlieger standen, denen auch der umliegende Grund und Boden gehörte. Im Gegensatz zum deutschrechtlichen Grundsatz war dem Eigentümer die Nutzung seiner Quelle nicht schon bei Schädlichkeit für benachbarte Anlieger untersagt, sondern war lediglich durch ein Schikaneverbot begrenzt. Hinsichtlich der nicht schiffbaren Wasserläufe oder Bäche, die mehrere Grundstücke berührten, war lebhaft umstritten, ob diese entsprechend der deutschrechtlichen Rechtsanschauung bis zur Mitte des Wasserlaufs grundsätzlich im privaten Eigentum des Ufereigentümers standen oder ob es sich entsprechend der römischen Rechtsauffassung als ständig fließender Fluß um ein öffentliches Gewässer handelte. Erst im Jahr 1912 entschied das Reichsgericht diese Frage zugunsten der öffentlichen Gewässer.

5.11.1.3 WASSERRECHTLICHE SONDERGESETZE UND REGELUNGEN IN LANDESWEITEN KODIFIZIERUNGEN

Seit Ende des Mittelalters wurden wasserrechtliche Teilgebiete wie Stau- und Bewässerungsrechte, Unterhaltungspflichten sowie das Deichrecht durch Sondergesetze normiert. Die ersten wasserrechtlichen Sondergesetze waren die Mühlenordnungen des 15. bis 18. Jahrhunderts. Insbesondere im 16. bis 18. Jahrhundert griffen die Landesherren durch Fischerei-, Fluß-, Wasser-, Wiesen- und Mühlenordnungen erheblich in das Wasserrecht ihrer Hoheitsgebiete ein. Die verfügungsberechtigten Landesherren haben partikulare Berechtigungen vielfach entgeltlich in Erbpacht, Erbleihe oder Erbzins ausgegeben; erst Mitte des 19. Jahrhunderts wurden solche Rechte durch Ablösungsgesetze in Grundeigentum umgewandelt.

Seit Ende des 18. Jahrhunderts sind Ansätze erkennbar, das partikulare, regional vielgestaltige Wasserrecht für größere Gebiete landesweit zu kodifizieren. In die Gesetzessammlungen jener Zeit wurden zerstreut wasserrechtliche Vorschriften aufgenommen.

Dazu gehörten vor allem das für den preußischen Staat geltende, am 1.6.1794 in Kraft getretene „Allgemeine Landrecht" (ALR) und der auf römischem Recht fußende französische „Code Civil" vom 21.3.1804, der über ein Jahrhundert auch in den links- und teilweise auch rechtsrheinischen Gebieten Deutschlands galt.

Im ALR finden sich im zweiten Abschnitt, fünfzehnter Titel, Zweiter Teil „Von Ströhmen, Häfen und Meeresufern" Regelungen über die Einteilung der Gewässer, Flußwasser, Wasserleitungen, Schiffahrt, Flößungsrechte, Fähren und Prahmen, Brücken, Ufer, Dämme, Inseln, Flußbetten, Fischerei, Pflichten des Staates, Häfen und Meeresufer. Die Einteilung in öffentliche und private Flüsse richtete sich nach deren Schiffbarkeit. Die Nutzung solcher Flüsse, die von Natur aus schiffbar waren, gehörte zu den Regalien des Staates (II 15 § 38 ALR). Die Schiffahrt auf öffentlichen Flüssen war unter den vom Staate festgesetzten Bedingungen einem jeden erlaubt (II 15 § 47 ALR). Der Staat war verpflichtet, für die „zur Sicherheit und Bequemlichkeit der Schiffahrt nötigen Anstalten zu sorgen" (II 15 § 79 ALR). Es bestanden auch hoheitliche Befugnisse zur Schiffbarmachung von Privatflüssen gegen vollständige Schadloshaltung des Eigentümers, wenn dies dem „gemeinen Besten zuträglich" war (II 15 § 39 ff. ALR). Die Ufer des Meeres und die Häfen waren kein privates, sondern gemeines bzw. öffentliches Eigentum des Staates (II 15 § 80 ALR). Darüber hinaus beinhaltete das ALR vielzählige Regelungen über die rechtlichen Verhältnisse an Ufern, Anlandungen, Flußbetten und Inseln (I 9 §§ 223 ff., 242 ff., 263 ff., II 15 §§ 55 ff ALR.).

5.11.2 RECHTSVERHÄLTNISSE SEIT DEM 19. JAHRHUNDERT

5.11.2.1 GRÖSSERE WASSERRECHTLICHE KODIFIKATIONEN

Aufgrund der wasserwirtschaftlichen Entwicklung wurden Mitte des 19. Jahrhunderts in den meisten deutschen Staaten die ersten umfassenden wasserrechtlichen Gesetze erlassen. Mit dem Bevölkerungswachstum und der Industrialisierung im 19. Jahrhundert war eine zunehmende und intensivere Wassernutzung verbunden. Die Inanspruchnahme der Gewässer diente nunmehr neben landwirtschaftlichen verstärkt auch gewerblichen Zwecken sowie der Wasserversorgung und Abführung der Abwässer in Städten und Fabriken. Flüsse wurden als Verkehrswege ausgebaut; Maßnahmen der Be- und Entwässerung sowie des Hochwasserschutzes kam zunehmende Bedeutung zu. Dies bedingte eine Neuordnung der wasserwirtschaftlichen Verhältnisse, zu der eine Kodifizierung des Wasserrechts erforderlich war.

Im heute niedersächsischen Gebiet wurden insbesondere folgende Gesetze erlassen, die teilweise erst durch das Niedersächsische Wassergesetz vom 15.7.1960 außer Kraft gesetzt worden sind:

- Oldenburgische Deichordnung vom 8.6.1855
- Oldenburgische Wasserordnung vom 20.11.1868
- Braunschweigisches Wassergesetz vom 20.6.1876
- Preußisches Privatflußgesetz vom 28.2.1843 und ein Deichgesetz vom 28.1.1848
- Preußisches Gesetz vom 20.8.1883 über die Befugnisse der Strombauverwaltung gegenüber den Uferbesitzern an öffentlichen Flüssen.

In Preußen wurden auch erste umfassende gesetzliche Regelungen für Wasser- und Wiesengenossenschaften erlassen. Bereits seit dem 13. Jahrhundert hatten sich an den Küsten der Nordsee, häufig in Verbindung mit Deichverbänden oder Deichachten, Sielverbände oder Sielachten als besondere Zwangsgenossenschaften zur Errichtung und

Unterhaltung der Schleusen und der Abzugsgräben für die Abführung des Binnen- und Durchstauwassers aus der Marsch gebildet; im Mittelalter waren auch vereinzelt Bewässerungsgenossenschaften entstanden. Nachdem etwa seit dem 17. Jahrhundert jede freie genossenschaftliche Betätigung unterbunden worden war, erlangten die Wassergenossenschaften ihre erste gesetzliche Grundlage im Privatflußgesetz vom 28.2.1843. Durch landesherrliche Verordnung konnten öffentliche Genossenschaften als Zwangsgenossenschaften zur gemeinsamen Anlegung und Unterhaltung von Wasserwerken gebildet werden, deren Vorteile einer ganzen Gegend zugute kamen. Die genossenschaftliche Selbstverwaltung war aber durch die Staatsaufsicht starken Einschränkungen unterworfen.

Eine freiere Stellung erlangten die Genossenschaften durch das umfassende Preußische Gesetz über die Wassergenossenschaften vom 1.4.1879. Darin fanden sich vor allem Regelungen über die Bildung und Verfassung der Genossenschaften sowie über deren Aufgaben. Genossenschaften konnten zur Benutzung oder Unterhaltung von Gewässern, Be- und Entwässerung von Grundstücken, Schutz der Ufer, Anlegung, Benutzung und Unterhaltung von Wasserläufen oder Sammelbecken, Herstellung und Verbesserung von Wasserstraßen und anderen Schiffahrtsanlagen gebildet werden. Diese Vorschriften galten bis zum Preußischen Wassergesetz von 1913 und wurden dann durch eine reichseinheitliche Regelung für 19 Wasser- und Bodenverbände durch das Wasserverbandgesetz vom 10.2.1937 ersetzt. Dieses ermächtigte den zuständigen Minister, das Recht der Wasser- und Bodenverbände neu zu ordnen (1. Wasserverbandverordnung vom 3.9.1937). Das Wasserverbandsgesetz vom 12.2.91 hat dieses Gesetz fortgeschrieben.

5.11.2.2 INITIATIVEN FÜR EIN REICHSEINHEITLICHES WASSERRECHT

Nicht nur wegen der Verschiedenartigkeit und Zersplitterung des Wasserrechts und der damit verbundenen Unübersichtlichkeit und Rechtsunsicherheit, sondern auch angesichts der zunehmenden Anforderungen an die Wasserbewirtschaftung aufgrund der landwirtschaftlichen, industriellen und verkehrlichen Entwicklung gab es seit der Reichsverfassung von 1871 Bestrebungen - insbesondere durch die Spitzenorganisationen der Landwirtschaft -, reichseinheitliche Regelungen herbeizuführen. Da dem Reich insoweit jedoch die öffentlich-rechtliche Gesetzgebungszuständigkeit fehlte und die Möglichkeit einer Trennung von öffentlichem und privatem Wasserrecht ausgeschlossen wurde, verblieb es auch im Zuge der Neuregelung des bürgerlichen Rechts im Bürgerlichen Gesetzbuch (BGB) vom 1.1.1900 bei der Zuständigkeit der Länder für das Wasserrecht. Nach Art. 65, 66 des Einführungsgesetzes zum BGB blieben die landesgesetzlichen Vorschriften, welche dem Wasserrecht angehörten, mit Einschluß des Mühlen-, Flöz- und des Flößereirechts sowie der Vorschriften zur Beförderung der Bewässerung und Entwässerung der Grundstücke und der Vorschriften über Anlandungen, entstehende Inseln und verlassene Flußbetten sowie die landesgesetzlichen Vorschriften, die dem Deich- und Sielrecht angehörten, unberührt.

Nach dem Scheitern einer reichseinheitlichen Regelung des Wasserrechts machten die Länder durch Erlaß von Landeswassergesetzen von ihrer Gesetzgebungszuständigkeit Gebrauch; in Preußen wurde das Preußische Wassergesetz vom 7.4.1913 in Kraft gesetzt. Mit diesen Gesetzen, die nunmehr auch detaillierte Vorschriften über Grundwasser und Hochwasserschutz, Wasserentnahme, Einleitung, Reinhaltung, Ausbau und Unterhaltung der Gewässer enthielten, wurden die industrielle Entwicklung und zunehmenden Bedürfnisse der Wasserwirtschaft berücksichtigt. Insbesondere die norddeutschen Länder hatten angesichts der Überflutungsgefahr im Tiefland auch spezifizierte Regelungen zur Unterhaltung der Gewässer geschaffen.

5.11.2.3 WASSERGESETZE IM GEBIET DES HEUTIGEN NIEDERSACHSENS

Die vielzähligen landesrechtlichen Regelungen im deutschen Reich wichen teilweise in ihrer Konzeption erheblich voneinander ab. Zum Teil lag der Schwerpunkt der wasserrechtlichen Regelungen in der öffentlichen, zum Teil in der Privatrechtsordnung. Auch die im heute niedersächsischen Gebiet geltenden Wasserrechte jener Zeit waren sehr unterschiedlich ausgestaltet:

Wasserrechtliche Sondergesetze in Schaumburg-Lippe

In Schaumburg-Lippe gab es kein umfassendes wasserrechtliches Gesetzeswerk. Es bestanden lediglich wasserrechtliche Sondergesetze wie das Gesetz betreffend die Räumung der natürlichen Wasserläufe vom 31.3.1898 und das Gesetz betreffend den Ausbau und die Unterhaltung der Wasserläufe und die Kultivierung von Grundstücken vom 19.7.1919 nebst Änderungsgesetz vom 26.5.1935. Im übrigen galt das Gemeine Recht; die ständig fließenden Gewässer standen danach als öffentliche Flüsse in niemandes Eigentum.

Wassergesetz für das Herzogtum Braunschweig

Das Wassergesetz für das Herzogtum Braunschweig vom 20.6.1876 (BrWG) unterschied zwischen öffentlichen und Privatgewässern (§ 1 BrWG). Als öffentliche Gewässer galten diejenigen natürlichen, auch regulierten Wasserzüge (Flüsse, Bäche), welche sich in ihrem Laufe durch mehrere Feldmarken oder Gemarkungen erstreckten (§ 2 Abs. 1 BrWG). Öffentliche Gewässer waren nicht privateigentumsfähig, sondern ein der allgemeinen Benutzung unterliegendes Gemeingut; auch den Anliegern stand lediglich das Benutzungsrecht zu. Da das Ufer ebenso wie das Bett als Zubehör öffentlicher Gewässer angesehen wurde, waren Regelungen über ein Leinpfadrecht nicht erforderlich.

Alle anderen Gewässer standen als „geschlossene" oder „fließende" Privatgewässer mit Bett und Ufer im privaten Eigentum des Anliegers (§ 3 BrWG). Insoweit galten die allgemeinen Vorschriften des BGB über Grundstücke. Anders als noch nach Gemeinem Recht wurden natürliche und künstliche Anlandungen unterschiedlich behandelt. Während natürliche Anlandungen dem Uferanlieger zugewiesen waren, standen künstliche Anlandungen demjenigen zu, der die Unterhaltungsarbeiten ausgeführt hatte. Die Unterhaltung der öffentlichen Gewässer oblag gem. § 14 BrWG den Gemeinden bzw. Gemarkungen, die Unterhaltung der Privatgewässer gem. § 9 BrWG den jeweiligen Grundstückseigentümern.

Wasserordnung für das Herzogtum Oldenburg

Die Wasserordnung für das Herzogtum Oldenburg vom 20.11.1868 (OldWO) unterschied zwischen den in Art. I § 3 OldWO abschließend aufgezählten öffentlichen Gewässern des Staates, den öffentlichen Wasserzügen - diejenigen einschließlich Bett und Ufer, deren öffentliche Eigenschaft durch Eintragung in das Wasserregister anerkannt war - und den nicht öffentlichen Wasserzügen.

— 53 —

Preußische Gesetzsammlung

Nr. 14.

(Nr. 11271.) Wassergesetz. Vom 7. April 1913.

Wir Wilhelm, von Gottes Gnaden König von Preußen rc., verordnen, mit Zustimmung der beiden Häuser des Landtags der Monarchie, was folgt:

Erster Abschnitt.

Wasserläufe.

Erster Titel.

Begriff und Arten der Wasserläufe.

§ 1.

(1) Wasserläufe sind die Gewässer, die in natürlichen oder künstlichen Betten beständig oder zeitweilig oberirdisch abfließen, einschließlich ihrer oberirdischen Quellen und der Seen — Teiche, Weiher und ähnlicher Wasseransammlungen —, aus denen sie abfließen, sowie ihrer etwa unterirdisch verlaufenden Strecken (natürliche, künstliche Wasserläufe).

(2) Grundstücke, die zur Fischzucht oder Fischhaltung oder zu sonstigen Zwecken mit Wasser bespannt werden und mit einem Wasserlaufe nur dadurch in Verbindung stehen, daß sie mittels künstlicher Vorrichtungen aus dem Wasserlaufe gefüllt oder in einen solchen abgelassen werden, gelten nicht als Wasserläufe.

(3) Gräben gelten als Wasserläufe nur insoweit, als sie der Vorflut der Grundstücke verschiedener Eigentümer dienen. Seen, aus denen nur künstliche Wasserläufe abfließen, gelten nicht als Wasserläufe, soweit nicht die Wasserlaufsverzeichnisse etwas anderes bestimmen. Triebwerkskanäle — Mühlgräben und dergleichen — und Bewässerungskanäle gelten, soweit sie als Wasserläufe anzusehen sind, im Zweifel als künstliche Wasserläufe.

(4) Ein natürlicher Wasserlauf gilt als solcher auch nach einer künstlichen Veränderung.

Gesetzsammlung 1913. (Nr. 11271.) 15

Ausgegeben zu Berlin den 22. April 1913.

Abb. 5.11-2: Abdruck der ersten Seite des Preußischen Wassergesetzes vom 7. April 1913 in der Preußischen Gesetzsammlung, Nr. 14

Für die öffentlichen Gewässer des Staates fand nicht die Wasserordnung, sondern die Oldenburgische Deichordnung vom 8.6.1855 und subsidiär das Gemeine Recht Anwendung. Die öffentlichen Wasserzüge standen gem. Art. II § 3 im Eigentum der Gemeinden; für die Unterhaltung waren gem. Art. 12 die Uferanlieger verantwortlich. Da Art. 46 OldWO für die nicht öffentlichen Wasserzüge regelte, daß grundsätzlich die bisher geltenden Grundsätze des Privatrechts in Kraft bleiben, diese also im Privateigentum standen, wird für die öffentlichen Gewässer des Staates und die öffentlichen Wasserzüge öffentliches Gewässereigentum angenommen werden können.

Die Wasserordnung galt nicht für Küstengewässer; das Meer war wie die Luft sowohl der Verfügung des Einzelnen als auch der des Staates als eine allen gemeinsame Sache entzogen. Nur die Küsten, Buchten und Häfen des Meeres waren grundsätzlich der Herrschaft des Staates unterworfen und befanden sich wie die öffentlichen schiffbaren Flüsse im Gemeingebrauch.

Preußisches Wassergesetz

Das Preußische Wassergesetz vom 7.4.1913 (PrWG) (Abb. 5.11-2), in Kraft getreten am 1.5.1914, regelte das Wasserrecht umfassend sowohl öffentlich-rechtlich als auch privatrechtlich für das gesamte Staatsgebiet und löste damit partikulares Recht ab. Das Gesetz unterschied zwischen Gewässern, die in Betten fließen - Wasserläufen - (§§ 1 bis 195 PrWG) und Gewässern, die nicht zu den Wasserläufen gehören (§§ 195 bis 205 PrWG). Entgegen der aus dem älteren Recht bekannten Zweiteilung erfolgte eine Dreiteilung in Gewässer erster bis dritter Ordnung und eine Unterscheidung natürlicher und künstlicher Wasserläufe.

Mit dem Grundsatz des privaten Eigentums an allen Wasserläufen (§§ 7, 8 PrWG) brachte das Gesetz eine grundlegende Änderung. Das preußische Gewässereigentum war privatrechtlicher Natur und bezog sich sowohl auf das Gewässerbett als auch auf die fließende Welle, da diese Gewässerbestandteile im Gegensatz zum Gemeinen Recht als natürliche und rechtlich untrennbare Einheit angesehen wurden. Die Benutzung der Gewässer wurde unter Einschränkung der privaten Rechte öffentlich-rechtlich geregelt.

An den in der Anlage zum Gesetz abschließend aufgeführten Wasserläufen erster Ordnung stand dem Staat (§ 7 PrWG) und an den Gewässern zweiter und dritter Ordnung den Anliegern das private Eigentum zu (§ 8 PrWG), wenn und soweit es nicht gemäß § 9 PrWG bei Inkrafttreten des PrWG am 1.5.1914 im Eigentum eines anderen stand. Da ältere Rechte nur mit dem bisherigen Inhalt aufrecht erhalten blieben, konnte beispielsweise das Eigentumsrecht an einem Gewässer beschränkt auf das Flußbett fortbestehen, das nach Gemeinem Recht von der fließenden Welle getrennt wurde. Gemäß §§ 9 Abs. 2, 323 PrWG stand das Eigentum an den Wasserläufen zweiter Ordnung in bestimmten Gebietsteilen den Deich- und Sielverbänden zu; dazu gehörten insbesondere das Herzogtum Verden, Fürstentum Ostfriesland, Teile der Stadt Papenburg, das ehemalige Fürstentum Lüneburg sowie die ehemaligen Grafschaften Hoya und Diepholz.

Das Preußische Wassergesetz beinhaltete detaillierte Eigentumsregelungen für Wasserläufe, verlassene Flußbetten, Inseln und der durch Anlandungen oder Abriß verursachten Veränderungen (§§ 7 bis 18 PrWG). Das sich durch Anlandung, also durch allmähliche Anspülung, durch Senkung des Wasserspiegels oder infolge der gesetzlichen Änderung des maßgebenden Wasserstandes (im Gegensatz zum Gemeinen Recht, dem Code Civil und dem ALR war nicht mehr der höchste, sondern der gewöhnliche Wasserstand maßgeblich) vergrößernde Ufergrundstück wuchs kraft Gesetzes dem Anlieger zu. Dagegen bildete sich bei einem durch Naturgewalt verursachten Abriß ein in das Grundbuch einzutragendes neues Grundstück. Des weiteren waren umfassende Regelungen über die Benutzung der Wasserläufe enthalten, insbesondere bezüglich des Gemeingebrauchs, der Benutzung durch den Eigentümer, Verleihung, Ausgleichung und Stauanlagen (§§ 19 bis 112 PrWG). Gemäß § 27 PrWG oblag den Uferanliegern an Gewässern erster Ordnung die Pflicht zur Duldung des Leinpfads und dessen Ausbau und Unterhaltung durch den Staat als öffentlich-rechtliche Eigentumsbeschränkung.

Im Preußischen Wassergesetz wurde zwischen der Unterhaltung der Wasserläufe und der Unterhaltung der Ufer unterschieden (§§ 113 bis 151 PrWG). Bei Wasserläufen erster Ordnung oblagen alle Arbeiten unterhalb der Uferlinie den jeweiligen Unterhaltungspflichtigen, während die Eigentümer der Ufergrundstücke und dahinter liegenden Grundstücke oberhalb der Uferlinie einfache Einebnungs- und Berasungsarbeiten treffen mußten, um Uferbrüchen vorzubeugen.

Aufgrund der zunehmenden wirtschaftlichen und verkehrlichen Bedeutung der fließenden Gewässer wurden in das Gesetz besondere Vorschriften über den Ausbau der Wasserläufe und Ufer aufgenommen (§§ 152 bis 175 PrWG). Der Zustand der Wasserläufe war nicht nur im Rahmen der Unterhaltungspflicht zu erhalten, sondern konnte durch künstliche Veränderung verbessert werden. Als Ausbaumaßnahmen sind in § 153 PrWG die Einlegung von Stauwerken, Vertiefung, Herstellung eines neuen Bettes, die Durchführung einer Hochwasserregulierung oder andere über die Unterhaltung hinausgehende Verbesserungen genannt. Ausbaumaßnahmen konnten lediglich aus Gründen des öffentlichen Wohls, nicht nur im privaten Interesse vorgenommen werden. Das Recht zum Ausbau wurde grundsätzlich durch das förmliche Planfeststellungsverfahren geschaffen. Zur Feststellung der Rechtsverhältnisse und Überschaubarkeit des Rechtsverkehrs wurde in den §§ 182-195 PrWG die Führung von Wasserbüchern geregelt.

Im zweiten Abschnitt beinhaltete das Preußische Wassergesetz Vorschriften - insbesondere eigentumsrechtliche Regelungen - über Gewässer, die nicht zu den Wasserläufen zählten (§§ 196-205 PrWG). Gemäß § 196 PrWG konnten die Eigentümer von Grundstücken über das auf oder unter der Oberfläche befindliche Wasser verfügen, soweit sich nicht aus dem Gesetz etwas anderes ergab oder Rechte Dritter entgegenstanden. Ebenso wie im ALR stand den Uferbesitzern das Eigentum an Seen, die nicht zu den Wasserläufen gehörten, grundsätzlich anteilig zu (§ 205 PrWG).

Die weiteren Abschnitte des PrWG enthielten Vorschriften über Wassergenossenschaften - wobei die bisherigen, das Deich- und Sielwesen betreffenden Bestimmungen im wesentlichen unberührt blieben (§ 324 PrWG) -, die Verhütung von Hochwassergefahren, Zwangsrechte, behördliche Organisation, Zuständigkeiten sowie Strafbestimmungen.

5.11.2.4 ÜBERGANG DER WASSERSTRASSEN AUF DAS REICH

Nach Art. 97 Abs. 1 der Weimarer Verfassung von 1919 war es Aufgabe des Reiches, die bis dahin im privaten Eigentum der Länder stehenden, dem allgemeinen Verkehr dienenden Wasserstraßen in sein Eigentum und in seine Verwaltung zu übernehmen. Das Reich übernahm die Wasserstraßen aufgrund des Gesetzes über den Staatsvertrag betreffend den Übergang der Wasserstraßen von den Ländern auf das Reich vom 29.7.1921. Die Verwaltung der Reichswasserstraßen oblag allerdings nur in der obersten Verwaltungsstufe dem Reich, in der mittleren und unteren Verwaltungsstufe den Länderbehörden. Aufgrund Art. 89 des Grundgesetzes für die Bundesrepublik Deutschland wurde der Bund

Eigentümer der bisherigen Reichswasserstraßen; der Bund verwaltet die Bundeswasserstraßen durch eigene Behörden (Art. 87 Abs. 1, 89 Ab. 2 GG).

5.11.2.5 SCHEITERN EINES REICHSEINHEITLICHEN WASSERGESETZES

Nachdem das Gesetz über den Neuaufbau des Reichs von 1934 der Reichsregierung die entsprechende Gesetzgebungszuständigkeit eingeräumt hatte, wurde mit der Ausarbeitung eines reichseinheitlichen Wassergesetzes begonnen. Weder der Entwurf des Ausschusses der Akademie für Deutsches Recht aus dem Jahre 1941 noch der Entwurf des Reichsverbandes der deutschen Wasserwirtschaft aus dem Jahre 1944 erlangten jedoch Gesetzeskraft.

Die Uneinheitlichkeit und Unübersichtlichkeit der wasserrechtlichen Rechtsverhältnisse wurde dadurch verstärkt, daß infolge Gebietsveränderungen in den ehemaligen Ländern teilweise mehrere Wasserrechte galten: Obwohl das ursprünglich preußische Stadtgebiet Wilhelmshaven ab 1.4.1937 in das Land Oldenburg eingegliedert worden war (Gesetz über Groß-Hamburg und andere Gebietsbereinigungen vom 26.1.1937), galt das PrWG weiter. Ebenso blieb das PrWG nach der Gebietsveränderung aufgrund der Salzgitter-Verordnung vom 25.6.1941 und Durchführungsverordnung vom 31.7.1942 für die nach Braunschweig eingegliederten ehemals preußischen Gebietsteile (Stadt und Landkreis Goslar, Teile von Salzgitter) weiter in Kraft.

Bei der Neuordnung der staatsrechtlichen Verhältnisse nach 1945 blieben die Wassergesetze der Länder des ehemaligen Deutschen Reiches in Kraft, deren Geltungsbereich sich nicht mehr mit den neugebildeten Ländern der Bundesrepublik deckte, so daß in den meisten Ländern - wie auch in Niedersachsen - mehrere Wassergesetze mit unterschiedlicher Ausgestaltung räumlich nebeneinander galten.

5.11.2.6 WASSERHAUSHALTSGESETZ DES BUNDES

Das Grundgesetz für die Bundesrepublik Deutschland vom 23.5.1949 wies dem Bund in Art. 75 Nr. 4 die rahmenrechtliche Gesetzgebungszuständigkeit auf dem Gebiet des Wasserhaushalts zu. Der allseitig gestiegene Wasserbedarf der Bevölkerung, der Landwirtschaft, des Gewerbes und der Industrie erforderten bei gleichzeitiger Verschlechterung der Beschaffenheit der Gewässer eine Neuregelung des gesamten Wasserrechts. Nachdem ein Entwurf eines umfassenden Wassergesetzes aus dem Jahr 1951 aus verfassungsrechtlichen Gründen gescheitert war, weil dem Bund gemäß Art. 75 GG lediglich die Rahmengesetzgebung zustand, erließ der Bundesgesetzgeber das Wasserhaushaltsgesetz vom 27.7.1957 (WHG).

Das WHG beschränkte sich auf die Festlegung eines durch die Landesgesetzgebung ausfüllungsfähigen und ausfüllungsbedürftigen gesetzlichen Rahmens. Es war in wesentlichen Teilen an das preußische Wasserrecht angelehnt. Da dieses in der Provinz Hannover als größtem niedersächsischen Landesteil gegolten hatte, entsprachen die Rechtsverhältnisse nach dem WHG weitgehend dem in diesem Landesteil bereits geltenden Recht.

Das WHG regelt die wasserwirtschaftliche Ordnung grundsätzlich und umfassend auf öffentlich-rechtlicher Grundlage und beinhaltet nur wenige zivilrechtliche Bestimmungen; eigentumsrechtliche Fragen werden im wesentlichen den Landeswassergesetzen überlassen. Diese öffentlich-rechtliche Ausgestaltung folgte aus der Erkenntnis, daß das Ziel des Gesetzes - die Herbeiführung einer wirtschaftlichen Ordnung der ober- und unterirdischen Gewässer des gesamten Bundesgebietes nach Menge und Beschaffenheit - angesichts des ansteigenden Wasserverbrauchs und der zunehmenden Wassernutzungen nur erreicht werden kann, wenn der freien Verfügungsgewalt des Einzelnen Einhalt geboten wird und die Beachtung des Wohls der Allgemeinheit Ausgangspunkt aller Maßnahmen ist. Bei einer öffentlich-rechtlichen Ausgestaltung hat der Staat weitgehende Einflußmöglichkeiten auf die Nutzung des Wassers; dementsprechend regelt § 2 Abs. 1 WHG, daß grundsätzlich jede Benutzung von Gewässern einer behördlichen Erlaubnis oder Bewilligung bedarf. Die noch in vielen alten Landeswassergesetzen enthaltene Trennung zwischen der Benutzung aufgrund staatlicher Verleihung und der Eigentümernutzung ist im WHG aufgegeben worden. Ein gesetzlicher Anspruch auf Erteilung der staatlichen Zulassung wurde im Interesse des Gewässerschutzes nicht begründet.

Auch die Neuerungen des WHG wurden öffentlich-rechtlich geregelt: Hierzu zählen vor allem die Vorschriften über die Festsetzung von Wasserschutzgebieten zur Sicherung der öffentlichen Wasserversorgung (§ 19 WHG), Normen über die Reinhaltung von Gewässern (§§ 26, 34 WHG), der Erlaß von Reinhalteordnungen zur Reinhaltung größerer Gewässerstrecken (§ 27 WHG) und die Aufstellung von wasserwirtschaftlichen Rahmenplänen zur großräumigen Vorsorge wasserwirtschaftlicher Planungen (§ 36 WHG). Auch die Rechtsverhältnisse am Grundwasser erfuhren eine grundlegende Neuerung; das seit jeher private Quellen- bzw. Grundwasserrecht wurde der öffentlich-rechtlichen Ordnung unterstellt.

Um den Ländern Zeit für ihre das Rahmengesetz ausfüllenden Gesetze zu geben, sollte das Gesetz zunächst ab 1.3.1959 gelten; nachdem sich die Frist als zu kurz erwiesen hatte, wurde das Inkrafttreten durch Änderungsgesetz auf den 1.3.1960 hinausgeschoben.

5.11.2.7 NIEDERSÄCHSISCHES WASSERGESETZ UND NIEDERSÄCHSISCHES DEICHGESETZ

Das Niedersächsische Wassergesetz (NWG) trat am 15.7.1960 in Kraft. Gemäß § 195 Abs. 1 NWG wurden die dem NWG entgegenstehenden Rechtsvorschriften sowie Rechtsvorschriften gleichen Inhalts für das Land Niedersachsen abgelöst, insbesondere die ausdrücklich genannte Wasserordnung für das Herzogtum Oldenburg vom 20.11.1868, das Wassergesetz für das Herzogtum Braunschweig vom 20.6.1876 und das Preußische Wassergesetz vom 7.4.1913.

Die Besonderheit des Niedersächsischen Wassergesetzes liegt darin, daß es die als Bundesrecht einheitlich und unmittelbar geltenden Regelungen des WHG wiederholt. Diese Ausfüllung des Rahmengesetzes hat einerseits rechtstechnische Nachteile, weil Änderungen des WHG entsprechende Änderungen des NWG nach sich ziehen, andererseits aber den Vorteil der besseren Lesbarkeit und Verständlichkeit des Gesetzes. Das NWG beinhaltet nicht nur das WHG ausfüllendes, sondern auch ergänzendes Recht aufgrund landesrechtlicher Gesetzgebungszuständigkeit. Hierzu gehören vor allem die Vorschriften über die Einteilung der oberirdischen Gewässer, eigentumsrechtliche Normen sowie Vorschriften über das Verfahren und behördliche Zuständigkeiten.

Seit dem Inkrafttreten ist das NWG achtundzwanzigmal geändert und viermal neugefaßt worden. Umfangreiche Novellen waren neben denjenigen zur Anpassung an Änderungen des WHG vor allem die „Pipeline- und Küstengewässernovelle" aus dem Jahre 1970, die 8. Novelle des NWG aus dem Jahre 1992, mit der eine Gebühr für Wasserentnahmen eingeführt worden ist sowie die jüngste Änderung Anfang des Jahres 1998.

Das **Niedersächsische Deichgesetz** (NDG) wurde am 7.2.1963 nach fast zweijähriger Beratungsdauer verabschiedet, nachdem der Niedersächsische Landtag beschlossen hatte, die Regelung „des Rechts der Deiche und Dämme" entgegen dem Regierungsentwurf nicht in das Niedersächsische Wassergesetz aufzunehmen, sondern einem besonderen Gesetz vorzubehalten. Trotz der sehr schweren Sturmflut im Februar 1962, die in die Beratungszeit fiel, wurde an dem Grundsatz festgehalten, die Pflicht zur Deicherhaltung nicht dem Land Niedersachsen, sondern leistungsstarken Deichverbänden aufzuerlegen. Das Deichgesetz wurde seit dem Inkrafttreten viermal geändert und einmal neu gefaßt.

5.12 ÜBERSICHT ÜBER DIE BAUINVESTITIONEN DER WASSERWIRTSCHAFT ZWISCHEN 1952 UND 1990

von Heie F. Erchinger und Günter Schwark

5.12.1 ÜBERSICHT ÜBER DIE BAUINVESTITIONEN UND IHRE UMSETZUNG

Im Abschnitt 5. sind die wichtigsten der vielfältigen Aufgaben der niedersächsischen Wasser- und Abfallwirtschaftsverwaltung beschrieben. Wenn eine solche Darstellung auch immer nur lückenhaft sein kann, so spiegelt sie doch in eindrucksvoller Weise die Fülle der Aufgaben wieder und läßt andererseits den Wandel der Schwerpunkte im Laufe der Jahrzehnte erkennen.

Die zunehmende Industrialisierung und der Anstieg der Lebensqualität haben einerseits einen zunehmenden Aufwand für eine qualitativ und quantitativ ausreichende Trink- und Brauchwasserversorgung gefordert und andererseits große Anstrengungen für eine geordnete Abwasserableitung und -reinigung zur Folge gehabt. Mit nahezu **13 Mrd. DM** sind für diesen Bereich in dem 39-jährigen Zeitraum die größten Bauinvestitionen vorgenommen worden. Als weitere vorrangige Aufgaben folgen der Küstenschutz und der Hochwasserschutz zur Sicherung des menschlichen Lebensraumes. Die Aufwendungen, insbesondere für den Küstenschutz, sind auch weiterhin unvermindert notwendig, zumal die Bauleistungen in Anbetracht der Baupreisentwicklung und der Verteuerung durch umweltbedingte Auflagen bei gleichbleibenden Bausummen deutlich zurückgehen.

Bei der Verwirklichung dieser umfangreichen Baumaßnahmen war es zweifellos von großem Vorteil, daß die Ortsdienststellen der Wasserwirtschaftsverwaltung

- über schlagkräftige, gut geschulte Teams von Ingenieuren und Bautechnikern verfügten, die die Planung, Ausschreibung und Bauleitung oder auch die Anleitung von Ingenieurbüros für die Einzelplanung und Baudurchführung übernehmen und dabei einen großen Erfahrungsschatz ansammeln konnten,
- über die hydrologischen Unterlagen für die Bemessung und den Entwurf wasserbaulicher Anlagen im eigenen Hause verfügen konnten und
- die großräumigen Zusammenhänge in der Wasserwirtschaft überblickten und als Grundlage der Planungsideen mit einbringen konnten.

Diese stets um Optimierung bemühten Fachbehörden haben dabei immer die technische Weiterentwicklung und Qualitätsverbesserung der Anlagen gefördert und sich andererseits um wirtschaftlich günstige Lösungen bemüht, um mit den begrenzten Mitteln möglichst viele Problembereiche lösen zu können. Andererseits gab es für sie keinen Anreiz zu übertriebenen und kostenaufwendigen baulichen Lösungen.

Ohne diese Ingenieurleistungen hätten die Bauinvestitionen auf diesem hohen Qualitätslevel und wirtschaftlichem Kostenniveau nicht erbracht werden können. Mit Blick in die Zukunft ist zu hoffen, daß die Fachverwaltung auch weiterhin in der Lage und mit einem entsprechenden Ingenieurstab ausgestattet bleibt, damit der Staat auch neue Aufgaben und Herausforderungen technisch und wirtschaftlich befriedigend zu lösen bzw. die Verwirklichung entsprechend zu steuern und zu überwachen in der Lage ist. Bei der derzeitigen Entwicklung ist allerdings Skepsis angesagt.

Insgesamt weisen die Gesamtbauinvestitionen der Wasserwirtschaft von **über 25 Mrd. DM** in dem betrachteten Zeitraum 1952 bis 1990 eine enorme Leistung für die Ernährungssicherung, die Daseinsvorsorge mit Ver- und Entsorgung sowie die Umwelterhaltung aus. Auch der volkswirtschaftliche Beitrag dieser umfangreichen Bauinvestitionen ist von erheblicher Bedeutung (Abb. 5.12-1).

5.12.2 PLANUNGS- UND BAULEITUNGSAUFGABEN

Die Planungen und Bauleitungen für die unter dem Abschnitt 5.12 behandelten Bauinvestitionen wurden zu einem nicht unerheblichen Teil von den Ortsbehörden der Wasserwirtschaftsverwaltung (Wasserwirtschaftsämter/Staatliche Ämter für Wasser und Abfall und dem Bauamt für Küstenschutz/Staatliches Amt für Insel- und Küstenschutz durchgeführt. Dieses gilt sowohl für die landeseigenen Baumaßnahmen aber insbesondere auch für die Maßnahmen Dritter wie Wasser- und Bodenverbände, Deichverbände, Gemeinden und Zweckverbände, wobei die Maßnahmen für Dritte stets gegen Kostenerstattung durch sogenanntes Titelgruppenpersonal durchgeführt wurden und auch heute noch durchgeführt werden. Die Abwicklung der Planungs- und Bauleitungsaufträge erfolgt dabei kostenneutral. Das heißt, die Gebühreneinnahmen decken die Personal- und Sachkosten ab.

Das Planungs- und Bauleitungspersonal (Personal der Titelgruppe 61) bedient sich dabei der Infrastruktur der Ortsbehörden. Diese profitieren wiederum bei der Erledigung ihrer Hoheitsaufgaben von dem know how des Planungs- und Bauleitungspersonals.

Für die Abwicklung von Planungs- und Bauleitungsaufgaben für Dritte sind aber auch aus Plantiteln bezahlte Beschäftigte bis hin zum Amtsleiter mit Stellenanteilen eingesetzt (Inanspruchnahme der Infrastruktur). Umgekehrt werden aus Zweckmäßigkeits- und Wirtschaftlichkeitsgründen Beschäftigte des Bereichs Planung und Bauleitung für Dritte in Einzelfällen ganz oder mit Stellenanteilen für Hoheitsaufgaben verwendet. Die Kosten zwischen den Planungs- und Bauleitungsaufgaben und dem Hoheitsbereich werden am Jahresende gegengerechnet und zum Ausgleich gebracht.

Durch den Wandel der Wasserwirtschaftsverwaltung von einer Bau- zu einer Umweltverwaltung wurden Planungs- und Bauleitungsaufgaben in erheblichem Umfang abgebaut. Die nachfolgenden Zahlen zeigen dies deutlich:

Haushaltsjahr 1975	478 Stellen
Haushaltsjahr 1986	211 Stellen
Haushaltsjahr 1994	147 Stellen
Haushaltsjahr 1997	116 Stellen.

Die Stellen wurden abgebaut durch
- nicht Wiederbesetzung freigewordener Stellen
- Umsetzung von Beschäftigten der Titelgruppe 61 auf freigewordene Planstellen.

Derzeit werden Planungs- und Bauleitungsaufgaben für Dritte im wesentlichen nur noch für Vorhaben des Küstenschutzes wahrgenommen.

Der zum 1.1.1998 zu errichtende „Niedersächsische Landesbetrieb für Wasserwirtschaft und Küstenschutz“ wird als Nachfolgebehörde der Staatlichen Ämter für Wasser und Abfall und des Staatlichen Amtes für Insel- und Küstenschutz auch die Aufgaben in diesem Bereich fortsetzen und Planungs-, Bauleitungs-, Betriebs- und Unterhaltungsleistungen für andere Landesdienststellen, Verbände, Kommunen und andere Interessenten gegen Entgelt erbringen.

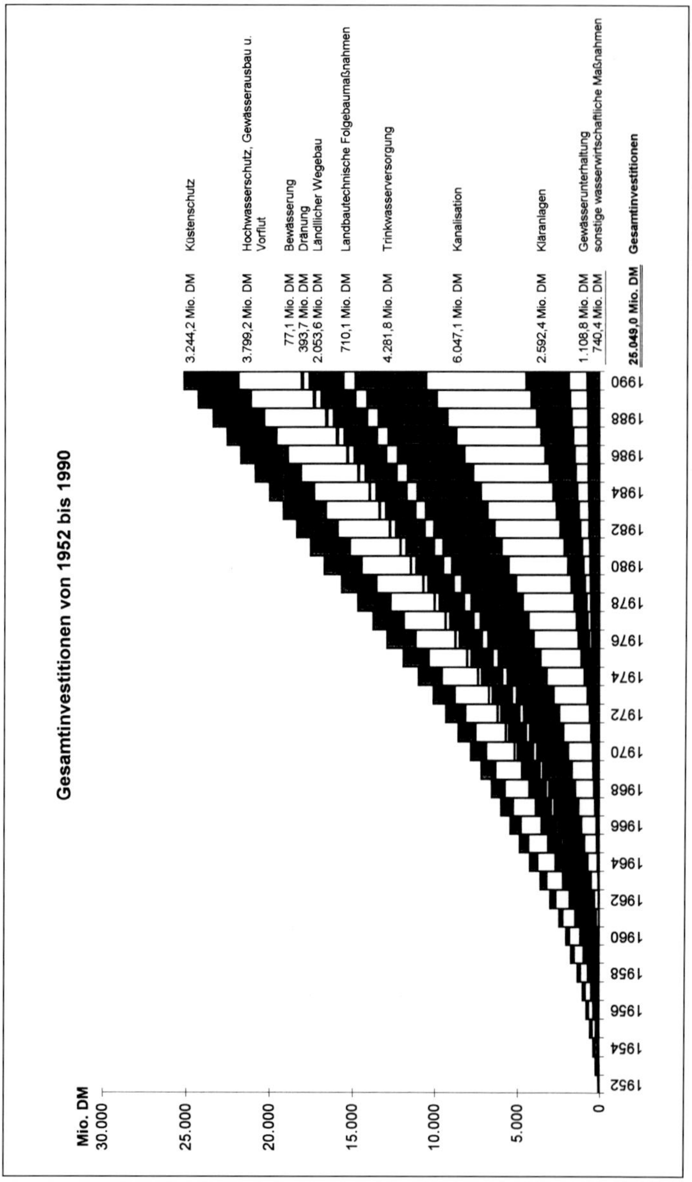

Abb. 5.12-1: Gesamtinvestitionen der nds. Wasserwirtschaftsverwaltung von 1952 bis 1990 (Jahresberichte in der Fachzeitschrift „Wasser und Boden“ 1953 - 1991).

SCHRIFTTUM ZU ABSCHNITT 5

Zu Abschnitt 5.0

[1] SCHWEICHER, F.: Die Wasserwirtschaft in Niedersachsen. Wasser und Boden, H. 1 u. 2., S. 2 ff. u. 21 ff., 1949.

Zu Abschnitt 5.2

[1] Amt für Land- und Wasserwirtschaft Husum (Fr. H. Andresen). Fachplan Küstenschutz Sylt. Dienstbericht, Husum, 1985.

[2] AUGATH, W.: Stand und Weiterentwicklung der Höhenüberwachung der niedersächsischen Nordseeküste. Nachrichten der Nds. Vermessungs- und Katasterverwaltung 43. Jg., Nr. 2, Hannover, 1993.

[3] Ausschuß für Küstenschutzwerke der DGEG und HTG: Empfehlungen für die Ausführung von Küstenschutzwerken - EAK 1993. Die Küste, Heft 55, 1993.

[4] BEHRE, K.E., et.al.: The Quaternary geological development of the German part of the North Sea Acta Universitatis Upsaliensis, Upsala 1979.

[5] Bezirksregierung Weser-Ems: Generalplan Küstenschutz für den Regierungsbezirk Weser-Ems. Oldenburg, 1997.

[6] BLIESENER, F.: Bauwerke an der Unterweser, T. 1: Abschleusung der Unterweserneben-flüsse Lesum, Ochtum und Hunt. Hansa, Jg. 115, Heft 15/16, 1978.

[7] BLIESENER, F.: Deiche und Sperrwerke schützen Bremen. Hefte des Focke-Museums, Nr. 56, Bremen 1981.

[8] BRAHMS, A.: Anfangsgründe der Deich- und Wasserbaukunst. 2 Auflage H. Tapper, Aurich, 1767 und 1773, Nachdruck durch den Marschenrat bei Verlag Schuster, Leer, 1989.

[9] BRÖSSKAMP, K.-H. et.al.: Seedeichbau - Theorie und Praxis. Vereinigung der Naßbagger-unternehmen e.V., Hamburg, 1976.

[10] COLDEWEY, H.-G. u. ERCHINGER, H.F.: Deichvorland: Seine Entwicklung zwischen Ems und Jade und die Untersuchungen im Forschungsvorhaben „Erosionsfestigkeit von Hellern". Die Küste, Heft 54, 1992.

[11] COLDEWEY, H.-G.: Morphologische Entwicklung von Hellern/Deichvorländern zwischen Ems und Jade in den letzten 25 Jahren. Workshop Küstenmorphologie, Oldenburg, 1989.

[12] DETTE, H.H.: Wellenmessungen und Brandungsuntersuchungen vor Westerland/Sylt. Mitt. des Leichtweiß-Inst. der TU Braunschweig, Heft 40, 1984.

[13] DIECKMANN, R.: Geomorphologie, Stabilitäts- und Langzeitverhalten von Watteinzugs-gebieten in der Deutschen Bucht. Mitt. Franzius-Inst. der Uni Hannover, Heft 60, 1985.

[14] DIJKEMA, K.S.: Geography of salt marshes in Europe, in: Zeitschrift für Geomorphologie, N.F.., Bd. 31, Heft 4, 1987.

[15] DIJKEMA, K.S.: Saltmarshes in Europe; Council of Europe, Nature and Environment Series nr. 30; Strasbourg, 1984.

[16] DIJKEMA, K.S., BOUWSEMA, P. u. VAN DEN BERGS, J.: Possibilities of the Wadden-sea marshes to survive future sea-level rise. In: Saltmarsh Management in the Waddensea Region. Proceedings of the Working Conference. Romo 1989. Published by the Ministry of the Environment, The National Forest und Nature Agency, 1990.

[17] DIJKEMA, K.S., BOSSINADE, J.H., BOUWSEMA, P. u. DE GLOPPER, R.J.: Salt marshes in the Netherlands Wadden Sea: rising high tide levels and accretion enthancement, in: Beukema, JJ., Wolff, W.J. und J.J.W.M. Brouns (Ed.:): Expected effects of climatic change on marine coastal ecosystems. Dordrecht, 1990.

[18] EHLERS, J.: The Morphodynamics of the Waddensea. A.A. Balkema, Rotterdam, Brook-field, 1988.

[19] ERCHINGER, H.F. u. SNUIS; G.: Kunststoffgewebeschläuche im Küstenwasserbau. Wasser und Boden, Heft 1, 1972.

[20] ERCHINGER, H.F.: Beachfill by turning the cours of sandbars. Proc. 19th International Conference on Coastal Engineering, Houston/Texas, USA, 1984.
[21] ERCHINGER, H.F.: Beobachtungen des Wellenauflaufs an Seedeichen. HTG-Handbuch, Bd. 35, Springer Verlag Berlin u.a., 1977.
[22] ERCHINGER, H.F.: Coastal Protection and its management in Germany. First German-Chinese Joint Seminar on „Recent Developments in Coastal Engineering". 8.-10. Sept. 1997, Schloß Hasenwinkel, Mecklenburg-Vorpommern. Proc. hrsg. v. d. Universität Rostock, Inst. für Wasserbau, 1997.
[23] ERCHINGER, H.F.: Conservation of Barrier Dunes as a smooth, natural Method of coastal Protection on the East Frisian Islands; Germany. Proc. of the Third European Dune Congress, Galway, Ireland, June 1992, in Coastal Dunes, Curtis Carter & Sheehy-Skeffington (eds.), Balkema, Rotterdam, 1992.
[24] ERCHINGER, H.F.: Funktion und Bedeutung der Salzwiesen. In: Umweltvorsorge Nordsee, Hrsg: Nds. Umweltministerium 1987.
[25] ERCHINGER, H.F.: Küstenschutz durch Vorlandgewinnung - neue Baustoffe und Bauverfahren. Wasser und Boden Heft 10, 1967.
[26] ERCHINGER, H.F.: Küstenschutz durch Vorlandgewinnung, Deichbau und Deicherhaltung in Ostfriesland. Die Küste, Heft 19, 1970.
[27] ERCHINGER, H.F.: Landgewinnung und Lahnungsbau im Wattgebiet. Die Küste, Heft 21, 1971.
[28] ERCHINGER, H.F.: Saltmarsh Management in respekt of coastal protection demands in Niedersachsen. Proc. of the Working Conference: Saltmarsh Management in the Wadden Sea Region, Romo, Denmark, Oct. 1989. Ed. Claus Helweg, Ovesen, Ministry of Environment, The National Forest and Nature Agency, 1990.
[29] ERCHINGER, H.F.: Schutz sandiger Küsten in Abhängigkeit vom Schutzdünen-Strand-Profil. Die Küste, Heft 27, 1975.
[30] ERCHINGER, H.F.: Strandaufspülungen als aktiver Küstenschutz vor Schutzwerken und Dünen auf Norderney und Langeoog. Die Küste, Heft 43, 1986.
[31] ERCHINGER, H.F.: Wellenauflauf an Seedeichen - Naturmessungen an der ostfriesischen Küste. Mitt. des Leichtweiß-Inst. für Wasserbau der TU Braunschweig, Heft 41, 1974.
[32] ERCHINGER, H.F.: Zunehmende Bedrohung der Küste durch Sturmfluten. Wasser und Boden, Heft 12, 1995.
[33] ERCHINGER, H.F., COLDEWEY, H.G., FRANK, U., MANZENRIEDER, H, MEYER, C., SCHULZE, M. u. STEINKE, W.: Verbundbericht zum KFKI-Forschungsvorhaben „Erosionsfestigkeit von Hellern". Kuratorium für Forschung im Küsteningenieurwesen, Kiel, Staatl. Amt für Insel- u. Küstenschutz, Norden, und Technische Bibliothek Hannover, 1994.
[34] ERCHINGER, H.F., COLDEWEY, H.-G. u. MEYER, C.: Interdisziplinäre Erforschung des Deichvorlandes im Forschungsvorhaben „Erosionsfestigkeit von Hellern". Die Küste, Heft 58, 1996.
[35] ERCHINGER, H.F. u. KNAAK, H.: Die versuchsorientierte Strandaufspülung 1992 auf Norderney. Die Küste, Heft 57/1995.
[36] ERCHINGER, H.F.: Dünen, Watt und Salzwiesen - Schutz und Erhaltung von Küste und Inseln, Tier- und Pflanzenwelt -. Hrsg.: Ministerium für Ernährung, Landwirtschaft und Forsten, Verlag Soltau-Kurier Norden, 1985.
[37] ERCHINGER, H.F.: Intaktes Deichvorland für Küstenschutz unverzichtbar. Wasser und Boden, Heft 2, 1995.
[38] ERCHINGER, H.F.: Küsteningenieurwesen, Abschn. 16 im Taschenbuch der Wasserwirtschaft, Hrsg.: H. Bretschneider, K. Lecher, M. Schmidt, Verlag Paul Parey, Hamburg und Berlin, 7. völlig neu bearb. Aufl. 1993.
[39] ERCHINGER, H.F.:Die Saarteiche waren früher Kleischächte für den Deich. Ostfreesland Kalender 1984, Verlag Soltau-Kurier, Norden 1983.

[40] FREISTADT, H.: Hochwasserschutzmaßnahmen im Hamburger Raum nach der Sturmflut 1962. Die Küste, Jg. 14, Heft 1, 1966.
[41] FÜHRBÖTER, A.: Der Druckschlag durch Brecher auf Deichböschungen. Mitt. Franzius-Inst. Heft 28, 1966.
[42] FÜHRBÖTER, A.: Eine theorethische Betrachtung über Sandvorspülungen mit Wiederholungsintervallen, in: Die Küste, Heft 52/1991.
[43] FÜHRBÖTER, A.: Küstenschutz auf neuen Wegen. VDI-Z. 116, Nr. 8, 1974.
[44] FÜHRBÖTER, A.: Model and Prototype Tests for Wave Impact und Run-up on an Uniform 1 : 4 Slope, Coastal Engineering, Elsevier Science Vol. 10. 1986.
[45] FÜHRBÖTER, A.: Über mikrobiologische Einflüsse auf den Erosionsbeginn von Sandwatten. Wasser und Boden, Heft 3, 1983.
[46] FÜHRBÖTER, A.: Über Verweilzeiten und Wellenenergien bei Sturmfluten, in: Mitt. des Leichtweiß-Inst. der TU Braunschweig, Heft 65, 1979.
[47] FÜHRBÖTER, A.: Veränderungen des Säkularanstiegs an der deutschen Nordseeküste. Wasser und Boden, Jg. 38, Heft 9, 1986.
[48] FÜHRBÖTER, A., SPARBOOM, U. u. WITTE, H.-H.: Großer Wellenkanal Hannover: Versuchsergebnisse über den Wellenauflauf auf glatten und rauhen Deichböschungen mit der Neigung 1: 6.
[49] GISZAS, H.: Beitrag zur Frage des Sandtransportes durch Wind-Messungen im Gebiet um Scharhörn (Elbe)-. Hamburger Küstenforschung, Heft 16, 1970.
[50] GRONWALD, W.: Welche Erkenntnisse zur Frage der vermuteten neuzeitlichen Nordseeküstensenkung hat die Wiederholung des Deutschen Nordseeküstenivellements gebracht? Die Küste, Jg. 8, 1960.
[51] GRÜNE, J.: Wave Run-up Caused by Natural Storm Surge Waves. 18th Coastal Eng. Conf., Kapstadt, 1982.
[52] HARTUNG, W.: Die Leybucht (Ostfriesland) - Probleme ihrer Erhaltung als Naturschutzgebiet.
Neues Archiv für Niedersachsen, Bd. 32, Heft 4, Göttingen 1983.
[53] HELBING, C.: Nationalpark „Nds. Wattenmeer" - eine Chance für den Naturschutz. Natur und Landschaften - Zeitschrift Naturschutz, Landschaftspflege und Umweltschutz, Jg. 62, Heft 2, 1987.
[54] HOFSTEDE, J.L.A.: Saltmarsh management for coastal defence in Schleswig-Holstein, Germany, in: Ministry of Agriculture, Fisheries and Food (Ed.): Proceedings of the 31st MAFF Conference of river and coastal Engineers, 1996.
[55] HOFSTEDE, J.L.A.: Systemanalyse der Salzwiesen im Wattenmeer von Schleswig-Holstein. Vechtaer Studien zur Angewandten Geographie und Regionalwissenschaft, Bd. 18, 1996.
[56] HOFSTEDE, J.L.A. u. SCHIRMACHER, R.: Vorlandmanagement in Schleswig-Holstein. Die Küste, Heft 58, 1996.
[57] HÖFT, H.-D. u. LAUCHT, H.: Hochwasserschutz im Hamburger Hafen, I und II, Jahrbücher der HTG Bd. 29, 1964, Bd. 30, 1964/65 und Bd. 31, 1966/68.
[58] HOMEIER, H.: Die Auswirkungen schwerer Sturmtiden auf die Ostfriesischen Inselstrände und Randdünen. Jb. der Forschungsstelle Küste, Bd. 27, Norderney, 1975.
[59] Ingenieur-Kommission des Nds. Ministeriums für Ernährung, Landwirtschaft und Forsten: Die Sturmflut vom 16./17.02.1962 im niedersächsischen Küstengebiet. Die Küste, Heft 1, 1962.
[60] Ingenieur-Kommission des Nds. Ministeriums für Ernährung, Landwirtschaft und Forsten: Erfahrungen aus den Sturmfluten vom November/Dezember 1973 und Folgerungen für die niedersächsischen Küstenschutzwerke. Die Küste, Heft 29, 1976.
[61] Ingenieur-Kommission des Nds. Ministeriums für Ernährung, Landwirtschaft und Forsten: Erfahrungen und Folgerungen aus den Januar-Sturmfluten 1976 für den Küstenschutz in Niedersachsen. Die Küste, Heft 33, 1979.

[62] JENSEN, J.: Änderungen der mittleren Tidewasserstände an der Nordseeküste. Mitteilungen des Leichtweiß-Inst. für Wasserbau der TU Braunschweig, Heft 83, 1984.
[63] KAMP, W.D.: Foreland Management in Regard of Coastal Protection at the North Frisian Coast, Proc. Of the Sec. Trilat. Working Conf. On Saltmarsh Managements in the Wadden Sea Region, 1989 in Romo, Denmark. Ed. Claus Helweg Ovesen. Hrsg.: Ministry of the Environment, The National Forest und Nature Agency, 1990.
[64] KAMPS, L.F.: Mud distribution and land reclamation in the eastern wadden swallows. Rijkswaterstaat Communications Nr. 4, 1962.
[65] KRAMER, J.: a) Entwicklung der Deichbautechnik an der Nordsee, b) Küstenschutz und Binnenentwässerung zwischen Ems und Weser. Historischer Küstenschutz, Hrsg. DVWK, Verlag Konrad Wittwer, Stuttgart, 1992.
[66] KRAMER, J.: Design criteria for North Sea Dikes. Journal of the Waterways, Harbours and Coastal Engineering Division, Proc. American Soc. Civ. Eng., November 1971.
[67] KRAMER, J.: Die Strandaufspülung Norderney 1951 - 1952 und ein Plan zu ihrer Fortführung. Die Küste, Jg. 7, Doppelheft, 1958/59.
[68] KRAMER, J.: Kein Deich, kein Land, kein Leben - Geschichte des Küstenschutzes an der Nordsee. Verl. Rautenberg, Leer, 1989.
[69] KRAMER, J.: Neue Deiche, Siele und Schöpfwerke zwischen Dollart und Jadebusen. Ostfriesland im Schutze des Deiches, Pewsum 1969.
[70] KRAMER, J.: Sturmfluten - Küstenschutz zwischen Ems und Weser, Norden 1986.
[71] KRAMER, J.u. JANSSEN, TH.: Deichbau an der ostfriesischen Küste unter Anwendung von Asphaltbauweisen. Bitumen, Jg. 38, Heft 3, 1976.
[72] KRAMER, J.: Küstenschutz zwischen Ems und Weser. In Historischer Küstenschutz, Hrsg. Deutscher Verband für Wasserwirtschaft und Kulturbau e.V., Verlag Konrad Wittwer, Stuttgart, 1992.
[73] KUNZ, H.: Das interdisziplinäre KFKI Verbund-Forschungsvorhaben „Wechselwirkungen zwischen Küstenbauwerken und mariner Umwelt“. Die Küste, Heft 54, 1992.
[74] KUNZ, H. u. NIEMEYER, H.D.: Untersuchungen zum Seegangsklima im Bereich der Ostfriesischen Inseln und Küste. Die Küste, Heft 34, 1979.
[75] KUNZ, H. u. STEPHAN, H.-J.: Ergebnisse morphologischer Untersuchungen zu den Strandaufspülungen auf Norderney. Die Küste, Heft 54, 1992.
[76] Küstenausschuß Nord- und Ostsee, Arbeitsgruppe Küstenschutzwerke: Empfehlungen für den Deichschutz nach der Februarsturmflut 1962, in: die Küste, Jg. 10, Heft 1, 1962.
[77] Küstenausschuß Nord- und Ostsee, Arbeitsgruppe Norderney: Gutachtliche Stellungnahme zu den Untersuchungen für die Ursachen der Abbruchserscheinungen am West- und Nordstrand der Insel Norderney sowie zu den zum Schutz der Insel vorgeschlagenen seebautechnischen Maßnahmen. Die Küste, Jg. 1, Heft 1, 1952.
[78] Küstenausschuß Nord- und Ostsee, Arbeitsgruppe Versorgungsleitungen im Bereich von Hochwasserschutzanlagen: Empfehlungen für Richtlinien für Verlegung und Betrieb von Leitungen im Bereich von Hochwasserschutzanlagen, in: Die Küste, Heft 20, 1970.
[79] Länderarbeitsgruppe Bemessungswasserstände Elbe (Krause, Kroker, Probst, Scherenberg, Siefert): Bemessungswasserstände entlang der Elbe. Die Küste, Heft 47, 1988.
[80] LANG, A.: Kleine Kartengeschichte Frieslands zwischen Ems und Jade. Schriftenreihe: Hier büst Du to Hus, Norden 1962.
[81] Leichtweiß-Institut der TU Braunschweig: Statistische Betrachtungen zu den Bemessungswasserständen an der niedersächsischen Küste, Braunschweig 1987 (unveröffentlicht).
[82] LUCK, G.: Der Einfluß der Schutzwerke der Ostfriesischen Inseln auf die morphologischen Vorgänge im Bereich der Seegaten und ihrer Einzugsgebiete. Mitteilungen des Leichtweiß-Inst. für Wasserbau der TU Braunschweig, Heft 47, 1975.
[83] LUCK, G.: Historische Entwicklung des Schutzes sandiger Küsten der Deutschen Bucht, Külsteningenieurwesen im Wandel der Zeit. Veröffentlichungen aus dem Stadtarchiv Stade, Bd. 5, Stade 1986.

[84] LÜDERS, K.: Die Entstehung der ostfriesischen Inseln und der Einfluß der Dünenbildung auf den geologischen Aufbau der ostfriesischen Küste. Probleme der Küstenforschung im südlichen Nordseegebiet, Bd. 5, Hildesheim 1953.
[85] LÜDERS, K.: Sturmtide - Begriffserläuterung und Einteilung in Höhenstufen. Jahresbericht 1974 der Forschungsstelle für Insel- und Küstenschutz, Bd. XXVI, Norderney 1975.
[86] LÜDERS, K., FÜHRBÖTER, A. u. RODLOFF; W.: Neuartige Dünen- und Strandsicherung im Nordwesten der Insel Langeoog. Die Küste, Heft 23, 1972.
[87] LÜDERS, K. u. LUCK, G.: Kleines Küstenlexikon, Hildesheim 1976.
[88] MANZENRIEDER, H.: Die biologische Verfestigung von Wattflächen aus der Sicht des Ingenieurs. - Mitt. Leichtweiß-Institut für Wasserbau, TU Braunschweig, 79: 135-195, 1983.
[89] NASNER, H. u. PARTENSKY, H.W.: Sturmfluten in der Elbe und an der deutschen Nordseeküste von 1901 bis Janaur 1976. Mitt. des Franzius-Inst. der TU Hannover, Heft, 45, 1977.
[90] Nds. Ministerium für Ernährung, Landwirtschaft und Forsten: Das niedersächsische Küstenprogramm 1955 -1964: Hannover, 1955.
[91] Nds. Ministerium für Ernährung, Landwirtschaft und Forsten: Generalplan Küstenschutz Niedersachsen 1973.
[92] NIEMEYER, H.-D.: Ausbreitung und Dämpfung des Seegangs im See- und Wattgebiet von Norderney. Nds. Landesamt für Wasserwirtschaft, Forschungsstelle Küste, Jahresbericht 1985, Band 37, 1986.
[93] NIEMEYER, H.-D.: Untersuchungen zum Seegangsklima im Bereich der Ostfriesischen Inseln und Küste. Die Küste, Heft 34, 1979.
[94] NIEMEYER, H.D.: Zur rechnerischen Ermittlung von Sturmprofilen an Randdünen und Stränden. Jahresber. des Nds. Landesamtes für Wasserwirtschaft, Forschungsstelle Küste, Norderney, 1985.
[95] OSTERTHUN, M.: Veränderung der Morphologie des Küstenvorfeldes der deutschen Nordseeküste: Möglichkeiten der Quantifizierung und Analyse. Jahrbuch der Hafenbautechnischen Gesellschaft, Bd. 48, 1993.
[96] PEPER, G.: Die Entstehung und Entwicklung der Inselschutzwerke auf Norderney mit besonderer Berücksichtigung der Bauten der letzten Jahre. Neues Archiv für Niedersachsen, Bd. 8, Heft 3, 1955/56.
[97] PROBST, B.: Deichvorlandbewirtschaftung im Wandel der Zeit. Die Küste, Heft 58, 1996.
[98] PROBST, B.: Leitbild und Ziele des Küstenschutzes in Schleswig-Holstein. Wasser u. Boden, H. 12, 1998.
[99] RAGUTZKI, G.: Beurteilung von Kleiabdeckungen ostfriesischer Seedeiche auf der Grundlage bodenphysikalischer Kennwerte. Jahresbericht 1967 der Forschungsstelle Norderney, Bd. XIX, Norderney 1969.
[100] RAUDKIVI, A.J.: Loose Boundary Hydraulics. Pergamom Press, Oxford a.o. Third Ed., 1990.
[101] RAUDKIVI, A.J.: Optimierung des Küstenschutzes auf Sylt im Rück- und Ausblick. In: Optimierung des Küstenschutzes auf Sylt, hrsg. v. Bundesminister für Forschung und Technologie, Statusseminar, Kiel 1991.
[102] REINHARDT, W.: Zum frühen Deichbau im niedersächsischen Küstengebiet. Probleme der Küstenforschung im südlichen Nordseegebiet, Bd. 15, Hildesheim 1984.
[103] RODEWALD, M.: Zur Entstehungsgeschichte von Sturmflut-Wetterlagen in der Nordsee. Die Küste, Jg. 13, 1965.
[104] RODLOFF, W.: Über die Form von Seedeichen mit Grasdecke. Wasser und Boden, Jg. 15, Heft 2, 1963.
[105] ROHDE, H.: Sturmfluthöhen und säkularer Wasserstandsanstieg an der deutschen Nordseeküste. Die Küste, Heft 30, 1977.

[106] SCHULZE DIECKHOFF, M.: Propagating dune grasses by cultivation for dune conservation purposes. Proc. of the Third European Dune Congress in Coastal Dunes ed. by Carter, Curts a. Sheehy-Skeffington. A.A. Balkema Rotterdam a.o. 1992.
[107] SCHULZE DIECKHOFF, M.: Treibelkompostierung an der ostfriesischen Küste. Wasser und Boden H. 12, 1995.
[108] SCHULZE, M. u. MANZENRIEDER; H.: Erosionsfestigkeit von Deichvorländern - Untersuchungen im Seewasserversuchskanal Neßmersiel. Mitt. Leichtweiß Inst. der TU Braunschweig, Heft 132, 1994.
[109] SIEFERT, W. u. LASSEN, H.: Gesamtdarstellung der Wasserstandsverhältnisse im Küstenvorfeld der Deutschen Bucht nach neuen Pegelauswertungen. Die Küste, Heft 42, 1985.
[110] STADELMANN, R.: Meer-Deiche-Land. Küstenschutz und Landgewinnung an der deutschen Nordseeküste. Wachholtz-Verlag, Neumünster, 1980.
[111] STEPHAN, H.-J.: Über Schäden an Seedeichen durch Wellen- und Druckschlagbelastungen, in: Mitteilungen des Leichtweiß-Inst. für Wasserbau der TU Braunschweig, Heft 70, 1981.
[112] STREIFF, H. u. KÖSTER, R.: Zur Geologie der deutschen Nordseeküste/The Geology of the German North Sea Coast. Die Küste, Heft 32, 1978.
[113] TAUTENHAIN, E.: Der Wellenüberlauf an Seedeichen unter Berücksichtigung des Wellenauflaufs, Mitt. Franzius-Inst. der TU Hannover, Heft 53, 1981.
[114] THORENZ, F. u. SCHULZE DIECKHOFF, M.: „Dune Protection in Lower Saxony“. In: Coastline, the quarterly magazine of the European Union für Coastal Conserveration (EUCC), Vol. 7, No. 4/1998
[115] TRAEGER, G.: Die im Land Bremen nach der Sturmflut vom 16./17.02.1962 ausgeführten und geplanten Sicherungsarbeiten. Die Küste, Jg. 14, Heft 1, 1966.
[116] Wasserwirtschaftsamt Lüneburg: Praktische Anleitung für die Deichverteidigung, Eigenverlag des WWA, Lüneburg 1976.
[117] WEISS, D.: Schutz der Ostseeküste von Mecklenburg-Vorpommern, in: Historischer Küstenschutz. Hrsg.: Deutscher Verband für Wasserwirtschaft und Kulturbau e.V., Verl. Konrad Wittwer, Stuttgart 1992.
[118] WITTE, H.H.: Die Schutzarbeiten auf den Ostfriesischen Inseln. Die Küste, Heft 19, 1970.

Zu Abschnitt 5.3

[1] Beauftragter des Landes Niedersachsen für den Küstenplan: Nds. Küstenplan, Oldenburg, 1974.
[2] BREITLAUCH, A. (Red.): Die Lune - ein Fluß wird verlegt. Hrsg.: Wasser- und Bodenverband Untere Lune, Lunestedt, 1987.
[3] Bundesministerium für Ernährung, Landwirtschaft und Forsten: Rahmenplan der Gemeinschaftsaufgabe „Verbesserung der Agrarstruktur und des Küstenschutzes für den Zeitraum 1989 bis 1992 - Förderungsgrundsätze“. Bonn 1989.
[4] Nds. Landesverwaltungsamt - Fachbehörde für Naturschutz: Das Nds. Fließgewässerschutzprogramm - Grundlagen für Schutzprogramm. Hannover 1991.
[5] Nds. Ministerium für Ernährung, Landwirtschaft und Forsten: Generalplan für den Ausbau der Elbedeiche zwischen Schnackenburg und der Staustufe Geesthacht, Hannover, 1979.
[6] Nds. Ministerium für Ernährung, Landwirtschaft und Forsten: Generalplan für die Wasserregelung im Hasegebiet, allgemeine Erläuterungen vom 17.01.1964, Hannover 1964.
[7] Nds. Ministerium für Ernährung, Landwirtschaft und Forsten: Hochwasserregelung in den Flußgebieten der Aller, Leine und Oker. Denkschrift vom 01.12.1961, Hannover 1961.
[8] Nds. Ministerium für Ernährung, Landwirtschaft und Forsten: Jahresberichte der Wasserwirtschaftsverwaltung des Landes Niedersachsen in: Fachzeitschrift „Wasser und Boden“, 1958 bis 1995.

[9] Nds. Ministerium für Ernährung, Landwirtschaft und Forsten: Nds. Küstenprogramm, 1955 - 1964, Hannover, 1954.
[10] OBECK, M.: Der niedersächsische Küstenplan und seine Auswirkungen auf die Organisation landw. Betriebe. Dissertation, Göttingen, 1963.
[11] Wasserverband der Ilmenau-Niederung: 100 Jahre Wasserverband der Ilmenau-Niederung. Denkschrift zum 100jährigen Bestehen, Lüneburg, 19
[12] Wasserwirtschaftsamt Cloppenburg, 50 Jahre Wasserwirtschaftsamt Cloppenburg 1936 - 1986. Cloppenburg 1986.
[13] Wasserwirtschaftsamt Osnabrück, Bauabteilung Haseregulierung: Rückhaltebecken Alfhausen-Rieste, allgemeine Erläuterungen, Osnabrück 1970.

Zu Abschnitt 5.5

Zu 5.5.1

KUHN: Geschichtliche Entwicklung der Wasserversorgung in Niedersachsen seit dem Mittelalter, 1985.
MÜLLER, J.: Perspektiven zum Grundwasserschutz in Niedersachsen. Tagungsband zur BGW/DVGW-Fachtagung, 1995.
MÜLLER, J.: Wasserversorgung in Niedersachsen. Neue DELIWA-Zeitschrift Heft 3, 1991,
Nds. Landesamt für Ökologie: Gewässerüberwachungssystem Niedersachsen/Grundwasserbericht. Hildesheim, 1991/92.
Nds. Ministerium für Ernährung, Landwirtschaft und Forsten: Generalplan Wasserversorgung Niedersachsen, Hannover, 1984.
Nds. Umweltministerium: Grundwasserschutzprogramm, Hannover, 1994.
Nds. Umweltministerium: Wasserschutzgebiete in Niedersachsen - Prioritätenprogramm, Hannover, 1993.
Nds. Umweltministerium: Wassersparprogramm Niedersachsen, Hannover, 1989.
Nds. Umweltministerium: Wasserversorgung in Niedersachsen, Hannover, 1988.
VEH, G.: Die Sicherung der künftigen Wasserversorgung im Land Niedersachsen, gwf-wasser/abwasser, S. 174 ff., 1977.

Zu 5.5.2

Forschungszentrum Jülich GmbH: Intensivlandwirtschaft und Nitratbelastung des Grundwassers im Kreis Vechta, 1991.
Oldenburgisch-Ostfriesischer Wasserverband (OOWV): Informationsbroschüre „Trinkwasser vom OOWV“, Brake, 1993.
SCHWEICHER, F.: Die Wasserwirtschaft im Lande Niedersachsen (Fortsetzung), Wasser und Boden, 1. Jahrgang, Mai 1949, Heft 2.
WALTHER, W.: Diffuse Belastungen ober- und unterirdischer Gewässer durch Nitrat und Möglichkeiten zu deren Minderung aus naturwissenschaftlicher Sicht, 1992.

Zu Abschnitt 5.6.1

SCHWEICHER, F.: Die Wasserwirtschaft im Lande Niedersachsen (Fortsetzung), Wasser und Boden, 1. Jahrgang, Mai 1949, Heft 2, S. 21

Zu Abschnitt 5.7.3

EDOM, E. u: GADE, R.: Betriebliche Abfallentsorgung - neue Entwicklungen vor dem Hintergrund des Abfallartenkataloges Niedersachsen. Wasser und Boden, Heft 2, 1993.

Zu Abschnitt 5.11

BOCHALLI, A. u. V. ARENSTORFF, C.: Das Wasser- und Bodenverbandsrecht, 4. Aufl, Köln, Berlin, Bonn, München, 1972.
DORNHEIM, C.: Das Recht der Wasser- und Bodenverbände, 2. Aufl., Berlin, 1980.
DUFFING, K.: Die Rechtsverhältnisse an Quelle und Grundwasser nach deutschem und schweizerischen Recht, Freiburg, 1963.

GIESEKE, P., WIEDEMANN, W. u. CZYCHOWSKI, M.: Wasserhaushaltsgesetz, Kommentar, 6. Aufl., München, 1992.
Handwörterbuch zur deutschen Rechtsgeschichte (HRG), Hrsg.: Erler, A., u.a., Std.: 37 Lieferung, Berlin, 1994.
HAUPT, J.A., REFFKEN, H. u. RHODE, E.: Nds. Wassergesetz, Kommentar, Wiesbaden, 1990.
HOLTZ, L. u. KREUTZ, F.: Das Preußische Wassergesetz v. 07.04.1913, 1. Aufl., Berlin.
LÜDERS, K. u. LEIS, G.: Nds. Deichgesetz, Kommentar, 1. Aufl., Hamburg, 1964.
MATTHES, W.: Das Wasser- und Uferrecht, 1. Aufl., Hamburg, 1956.
REHDER, J.: Nds. Wassergesetz, Kommentar, 4. Aufl., Köln, Berlin, Hamburg, Hannover, 1971.
SAUER, E., LAIS, R. u. QUIRLL, F.: Gesetz zur Ordnung des Wasserhaushalts vom 27.07.1957, 1. Aufl., Berlin, 1958.
WÜSTHOFF, A.: Einführung in das deutsche Wasserrecht, 3. Aufl., Berlin 1962.

6 Sonderdienststellen der Wasserwirtschaftsverwaltung sowie kooperierende Landesdienststellen und Gesellschaften

6.1 ENTWICKLUNG ZUM NIEDERSÄCHSISCHEN LANDESAMT FÜR ÖKOLOGIE SEIT 1902

von Horst Neumann (außer 6.1.2)

6.1.1 LANDESSTELLE FÜR GEWÄSSERKUNDE DES NIEDERSÄCHSISCHEN MINISTERS FÜR ERNÄHRUNG, LANDWIRTSCHAFT UND FORSTEN (BIS 1984)

Die Geschichte der Niedersächsischen Landesstelle für Gewässerkunde geht zurück auf die am 01.04.1902 gegründete „Landesanstalt für Gewässerkunde im Königlich-Preußischen Ministerium der öffentlichen Arbeiten". Als gemeinschaftliche Einrichtung diente diese Landesanstalt auch dem preußischen Ministerium für Landwirtschaft, Domänen und Forsten und übernahm damit die Aufgaben des bereits 1892 in Preußen gebildeten Büros des „Ausschusses zur Untersuchung der Wasserverhältnisse in den der Überschwemmungsgefahr ausgesetzten Flußgebieten". In der am 02.05.1902 erlassenen Geschäftsordnung wurden die Aufgabenbereiche festgelegt und zusammenfassend wie folgt beschrieben: „Sammlung und Bearbeitung der Beobachtungen und Ermittlungen über den Abflußvorgang, Verwertung der Untersuchungsergebnisse und Begutachtung wasserbautechnischer Fragen."

Im Jahre 1915 wurde das 1891 gegründete „Büro für die Hauptnivellements und Wasserstandsbeobachtungen" im Ministerium für öffentliche Arbeiten in die Landesanstalt für Gewässerkunde eingegliedert. Sechs Jahre später wurde das preußische Ministerium der öffentlichen Arbeiten aufgelöst und die Landesanstalt für Gewässerkunde dem preußischen Ministerium für Landwirtschaft, Domänen und Forsten zugeordnet. Eine Darstellung der weiteren Entwicklung der Landesanstalt findet sich in Abschnitt 5.1.1.

Zu den Aufgaben der Landesstelle für Gewässerkunde gehörten vor allem die zentralinstanzliche Sammlung, die statistische Auswertung und die Veröffentlichung hydrologischer Meßergebnisse. Im Vordergrund stand dabei die laufende Bereitstellung von Datenmaterial für die Deutschen Gewässerkundlichen Jahrbücher. Bis in die 70er Jahre hinein gehörte zu diesem Aufgabenfeld auch die zentrale Überprüfung der Abflußbeiwerte. Ein weiteres Beispiel für die Tätigkeit der Landesstelle für Gewässerkunde stellt die Mitarbeit bei der Festlegung der Bemessungswasserstände im norddeutschen Küstengebiet dar, deren Korrektur sich nach der Sturmflutkatastrophe des Jahres 1962 als unverzichtbar erwiesen hatte.

Mit Wirkung vom 19.07.1984 (Nds. MBl. Nr. 31/1984, S. 685) wurde die Landestelle für Gewässerkunde aus dem Niedersächsischen Ministerium für Ernährung, Landwirtschaft und Forsten herausgelöst und in das damals gegründete Niedersächsische Landesamt für Wasserwirtschaft eingegliedert (s. Abschnitt 6.1.4).

6.1.2 FORSCHUNGSSTELLE FÜR INSEL- UND KÜSTENSCHUTZ AUF NORDERNEY VON 1937 BIS 1984

von Hans Kunz

6.1.2.1 DIE ANFÄNGE ALS FORSCHUNGSSTELLE NORDERNEY DES WASSERBAUAMTES NORDEN

Im Jahre 1997 hat die Norderneyer Forschungsstelle ihr 60-jähriges Bestehen gefeiert. Sie hat dabei auch auf die 36 Jahre zurückblicken können, während derer sie Teil der niedersächsischen Wasserwirtschafts-Verwaltung war. Ihre Gründung im Jahre 1937 folgte aus der Erkenntnis, daß der Gestaltwandel von Küste und Inseln und damit auch die Beanspruchung der Schutzwerke von weiträumigen und vielfältigen Kraftwirkungen bestimmt wird. Diese Erkenntnis hatte bereits im Jahre 1933 zur Gründung der „Staatlichen Forschungsabteilungen" in Nordfriesland und Dithmarschen im Zuge des „10-Jahres-Planes Westküste" geführt [1]. Der Standort Norderney erklärt sich aus den Mißerfolgen und Schwierigkeiten, die es beim Schutz des Westteils der Insel Norderney gab. Diese hatten Anfang der 20er Jahre die Einrichtung eines „Baubüros des Wasserbauamtes Norden" in Norderney veranlaßt. Von Dezember 1926 bis September 1933 war F. Walther dessen Leiter. Sein Wirken bereitete die Einrichtung der Forschungsstelle vor. Die Gründung erfolgte durch den Reichs- und Preußischen Minister für Ernährung und Landwirtschaft im Rahmen der Preußischen Kulturbauverwaltung mit der Bezeichnung „Forschungsstelle Norderney" und der verwaltungsmäßigen Zuordnung zum Preußischen Wasserbauamt Norden. Der Leiter der Forschungsstelle, gleichzeitig Leiter des Baubüros, war bezüglich der Forschungsarbeit zunächst dem Regierungspräsidenten in Aurich unmittelbar unterstellt, später dann dem Vorstand des Wasserbauamtes Norden. Erster Leiter der Forschungsstelle wurde H. Backhaus, der dem Baubüro auf Norderney für die Intensivierung der Küstenuntersuchungen bereits im Juni 1932 zugeteilt worden war.

Als Aufgabe wurde festgelegt: „Unterlagen für den Insel- und Küstenschutz und die Landgewinnungsarbeiten zu schaffen, damit die notwendigen Baumaßnahmen in technisch richtiger Weise, an richtiger Stelle und mit den geeigneten Baustoffen und Mitteln ausgeführt werden können".

Da die Ergebnisse der Forschung die Grundlagen für die Küstenschutz- und Landgewinnungsentwürfe bilden sollten, war angeordnet, „daß neben dem Wasserbauamt Norden das damals zur Preußischen Domänenverwaltung gehörende Domänenrent- und Bauamt in Norden beteiligt werden mußte. Beide Ämter sollten die Arbeit der Forschungsstelle sowohl durch Bereitstellen von Personal, Geräten und Material als auch durch eigene Beobachtungen und Arbeiten unterstützen".

Im niedersächsischen Küstengebiet waren seit der Jahrhundertwende durch Krüger, Schütte, Wildvang und später durch Lüders bereits bedeutsame Untersuchungen vorgenommen und wissenschaftlich fundierte Vorstellungen zu den Bewegungsvorgängen im Küstenvorfeld erarbeitet worden; die Arbeiten Gayes [2] und Walthers [3] hatten die morphologischen Gestaltungsvorgänge in Seegaten und die Dynamik von Riffbögen in einen größeren Zusammenhang gestellt und hieraus eine Deutung dieser Vorgänge entwickelt. Die Vorhaben der Forschungsstelle konnten auf diesen grundlegenden Erkenntnissen aufbauen.

Die Untersuchungen der „Forschungsstelle Norderney" konzentrierten sich zunächst auf die örtlichen Probleme des Inselschutzes auf Norderney, die sich durch besorgniserregende Rückgänge der Strände ergaben, die selbst wiederum Auswirkungen auf die Sicherung der seit Mitte des 19. Jahrhunderts errichteten Bauwerke (Dünenschutzmauern und Buhnen) hatten. Abb. 6.1-1 zeigt die Norderney-Situation für das Jahr 1966; es veranschaulicht durch den sich weiß abzeichnenden „Riffbogen", wie der ostwärts gerichtete Sandtransport den gesamten Westteil der Insel umrundet, so daß eine natürliche Sandversorgung des Strandes erst weiter östlich erfolgen kann.

Bei den untersuchten Lösungen zur Beherrschung der Probleme wurden vor allem bautechnische Varianten verfolgt, die in umfangreichen Modellversuchen in der Preußischen Versuchsanstalt für Wasser-, Erd- und Schiffbau in Berlin ausgeführt wurden [3a].

Die Forschungsstelle verfügte anfangs über 16 „Kräfte", von denen 6 der „Technik", 7 dem Bereich „Wissenschaft und Labor" und 3 der „Verwaltung" zugeordnet waren. Die Gesamtzahl blieb bis zum Beginn der 50er Jahre erhalten. Während des zweiten Weltkrieges kamen die Arbeiten zur Unterhaltung und Verstärkung der Norderneyer Schutzwerke zum Erliegen. Auch nach dem Kriege blieben die Untersuchungen der Forschungsstelle zunächst ganz überwiegend auf das Seegebiet um Norderney/West beschränkt. Die Ergebnisse dieser Naturmessungen und grundlegenden Untersuchungen zur Wiederherstellung des Norderneyer Weststrandes sind im ersten Jahresbericht der Forschungsstelle Norderney [4] zusammengestellt. Der Bericht wurde Grundlage für die von der „Arbeitsgruppe Norderney des Küstenausschusses Nord- und Ostsee" erarbeiteten Empfehlungen zur langfristigen Sicherung der Insel Norderney [5], die 1951/52 zur ersten großmaßstäblichen Anwendung der Technik der Strandaufspülung in Europa auf Norderney führten [6]. Damit wurde das Konzept des „aktiven Küstenschutzes" (Verminderung der

Abb. 6.1-1: Westteil von Norderney mit seinen Inselschutzwerken, Norderneyer Seegat mit Riffbogen bei Niedrigwasser, 1966 (Archiv Forschungsstelle)

an den Bauwerken angreifenden Kräfte durch künstliche Erhöhung und Verbreiterung des Strandes) konsequent angewendet, eine Entscheidung, die sich mit ihrer dynamischen Auffassung vom Küstengeschehen als richtungsweisend erwies und bewährte. Die Zeitungsausrisse aus den Jahren 1951 und 1952 (Abb. 6.1-2) mögen verdeutlichen, daß bereits damals „sanfte" Alternativen von den Wissenschaftlern verfolgt wurden.

Die Forschungsstelle befaßte sich von Anfang an mit biologischen Fragen, weil die Funktion der belebten Watten (Tiere, Pflanzen) für den Menschen gegenwärtig war und Erkenntnisse sowohl für die Ingenieur-Biologie als auch bei Nutzungen des Küstengebietes zur Anwendung kamen. So wurden beispielsweise die in den 20er Jahren begonnenen Seegras-Untersuchungen im Rahmen von Landgewinnungsmaßnahmen in der Leybucht fortgesetzt und Schillforschungen (als „Schill" werden die in großen Mengen abgelagerten Muschel-Kalkschalen bezeichnet) für Zwecke der Rohstoff-Gewinnung (bis in die 60er Jahre für Mauerkalk und Viehfutter) betrieben. Die Grundlagen sind durch die Forschungsstelle von H. Krause und O. Linke gelegt worden.

In den nachfolgenden Jahren bis 1956 dehnte die Forschungsstelle ihre Untersuchungen auf das westlich von Norderney gelegene Juister Watt und das Ästuar der Ems aus,

Aus der Heimat

NORDERNEY • OSTFRIESLAND • NACHBARGEBIETE

Dr. Ing. Janssen über die Aufgaben der Insel-Forschungsstelle

Naturkräfte werden im Sinne des Menschen gelenkt

Zur Eröffnung der heimatkundlichen Arbeitsgemeinschaft „Norderneyer Bilderbuch" im Rahmen des Volksbildungswerkes Norderney machte Dr. Ing. Janssen dieser Tage sehr interessante Ausführungen über den Aufgabenbereich der von ihm geleiteten Forschungsstelle Norderney. Seine von eindrucksvollem Lichtbild- und Karten-

scheinungen, die beim Uferbau und Strandschutz von Bedeutung sein könnten, so daß uns heute ganz andere Erkenntnisse dazu verhelfen, das Werk unserer Urahnen, die um das Jahr 900 mit dem ersten organisierten Deichbau begann fortzusetzen. Im Grund- ist das

und daß sich der Strand auch ausgezeichnet gehalten habe, obwohl der angespülte Sand

Ausriß aus "Norderneyer Badezeitung" vom 20. November 1951

Aus der Heimat

NORDERNEY • OSTFRIESLAND • NACHBARGEBIETE

Ein Problem, das erst in jüngster Zeit erkannt wurde:

Tiere und Pflanzen als Helfer des Wasserbauers

In ein neuartiges und selten erörtertes Gebiet führte Dr. Krause von der Forschungsstelle Norderney gestern seine Hörer, denen er die erst in jüngster Zeit in ihrer vollen Bedeutung erkannten biologischen Gegebenheiten unserer Inselumgebung aufzeigte.

Wie jedes Landschaftsbild auch das

Eines der hauptsächlichsten Tiere, die als Schlickbildner auftreten, ist die Herzmuschel. Mit ihrer filtrierenden Lebensweise saugt sie Wasser auf und scheidet mischt mit dem Kot nachdem im Mage- nal eine

zeß übergeht. Das Vorhandensein der Miesmuscheln auf unseren

Ausriß aus "Norderneyer Badezeitung" vom19. Januar 1952

Abb. 6.1-2: Ausrisse aus der Norderneyer „Badezeitung", 1951 (oben) und 1952 (unten)

um die vermutete Wasserverdriftung aus der Ems über das Juister Watt und deren Einfluß auf die hydraulischen Vorgänge im Norderneyer Seegat beurteilen zu können. Gleichzeitig vorgenommene Untersuchungen auf den östlichen Wattgebieten ließen erkennen, daß die Abbruchserscheinungen an den Westköpfen der Inseln Baltrum, Spiekeroog und Wangerooge denen von Norderney physikalisch ähneln [7].

Nachdem durch die „Verordnung zur Auflösung und Überführung von Verwaltungseinrichtungen der Verkehrsverwaltung“ [8] das Wasser- und Schiffahrtsamt Norden endgültig aus der Landesverwaltung ausschied, konnte die Forschungsstelle Norderney als reine Landesdienststelle nicht mehr dort angegliedert bleiben, um die Landesaufgaben weiterhin vom Bund als „Auftragsverwaltung“ wahrnehmen zu lassen. Das war auch deshalb folgerichtig, weil die Aufgaben der Forschungsstelle sich zu diesem Zeitpunkt nicht mehr überwiegend auf die Erforschung der Ursachen der Abbrucherscheinungen an ostfriesischen Inseln erstreckten, sondern sich bereits auf alle Küstenschutz- und Landgewinnungsarbeiten in den damaligen drei niedersächsischen Verwaltungsbezirken an der Küste ausgedehnt hatten.

6.1.2.2 VERSELBSTÄNDIGUNG 1956

In dieser Lage erhielt J. Kramer, dem 1953 die Leitung der Forschungsstelle Norderney übertragen worden war, die massive Unterstützung des Niedersächsischen Ministeriums für Ernährung, Landwirtschaft und Forsten. Insbesondere der damalige Leiter des Küstenreferats, K. Lüders, wußte aus eigener Erfahrung die mit einer Forschungseinrichtung gegebenen Möglichkeiten im Insel- und Küstenschutz hoch einzuschätzen. Mit seiner Autorität als Küstenforscher und den Wirkungsinstrumenten eines Ministeriums konnte er die Trennung der Forschungsstelle vom Wasser- und Schiffahrtsamt Norden herbeiführen und sie mit Amtsstatus zum 1. April 1956 in die niedersächsische Wasserwirtschaftsverwaltung eingliedern (Erlaß vom 20. März 1956). Gleichzeitig wurde als Arbeitsgebiet der gesamte niedersächsische Küstenbereich festgelegt. Damit waren die Voraussetzungen geschaffen, auch langfristige Forschungsaufgaben zu verfolgen, die im Rahmen eines Ortsbauamtes nicht zu verwirklichen waren [9]. Der Personalbestand am 01.04.1956 ist mit 41 Bediensteten (17 Angestellte, 24 Arbeiter) ausgewiesen.

Nach der Verselbständigung der „Forschungsstelle“ mußte zunächst der organisatorische Rahmen für die Forschungskonzepte geschaffen werden, die vorsahen, in längerfristigen Programmen eine Gesamtgrundlage für den Insel- und Küstenschutz in Niedersachsen zu erarbeiten. Das waren insbesondere:

- Vermessung und Kartierung des gesamten niedersächsischen Küstenvorfeldes, analog zu Schleswig-Holstein.
- Aufarbeitung und Kartierung historischen Materials.
- Kartierung der Lebensgemeinschaften und ihrer Substrate in den niedersächsischen Wattengebieten, insbesondere mit Bezug zu Fragen der Sedimentbildung, der Landgewinnung, der Muschel- und Schillvorkommen.
- Erfassung der Wasserstands- und Strömungsverhältnisse im Küstenvorfeld.

Neben diesen nur langfristig lösbaren Aufgaben waren kurzfristige Programme für aktuelle Bauvorhaben des Küsten- und Inselschutzes sowie der Entwässerung zu bearbeiten (z.B. Untersuchungen zu Landgewinnungsarbeiten, Vorlandsicherungen, Abfluß (Sielzug), Baugrund, Baustoffen).

Die in Langzeitprogramme eingebundenen Messungen wurden fortgeführt: z.B. Tidewasserstände, Strandprofile, Biologie der Lahnungsfelder, geologische Erkundungen (zusammen mit dem damaligen Amt für Bodenforschung/Hannover sowie der Marschen- und Wurtenforschung/Wilhelmshaven).

Die Organisation der „Forschungsstelle“ wurde dem veränderten Konzept angepaßt. Leitlinie war: Die organisatorischen Einheiten sind nach Fachdisziplinen (Morphologie, Hydrographie, Biologie) auszurichten, in denen die praxisbezogene fachspezifische Vertiefung und Grundlagenermittlung erfolgt; konkrete Problemstellungen (zumeist von Fachverwaltungen herangetragen) sind in interdisziplinärer Zusammenarbeit zu bearbeiten; die Untersuchungen zur Deutung des Naturgeschehens müssen mit Ansätzen erfolgen, die das Geschehen in ihren Gesamtzusammenhängen erfassen; die technische Ausstattung (Schiffe, Werkstatt, Labore, Meßgeräte) muß für die Naturmessungen im Küstengebiet spezialisiert sein.

Die „Topographie“ wurde zu einem Schwerpunkt ausgebaut, indem eine leistungsfähige, gut ausgestattete Abteilung für Vermessung und Kartographie entstand. Abb. 6.1-3 zeigt als Beispiel das 1961 in Dienst gestellte Peilschiff „Nynorderoog“ in einer Zusammenarbeit mit der Bundeswehr.

Das Gerät für hydrometrische Messungen wurde, mangels Angeboten auf dem Markt, selbst entwickelt und in der eigenen Spezialwerkstatt gebaut. Ein Bodenlabor wurde eingerichtet [7, 9].

Die Abb. 6.1-4 bis 6.1-6 vermitteln einen Eindruck, mit welch einfachen, teils improvisierten Mitteln die Naturmessungen ausgeführt wurden. Abb. 6.1-4 zeigt den „Bohrwagen“, der aus Restbeständen hergestellt worden war. Das Gefährt erleichterte den Transport des Bohrgeschirrs und dessen Einsatz an den oft schwer zugänglichen Bohrpunkten. Der von der Forschungsstelle entwickelte Wattstrommesser „Juist“ (Abb. 6.1-5) ermög-

Abb. 6.1-3: Peilschiff „Nynorderoog“ in Zusammenarbeit mit einem Hubschrauber der Bundeswehr, 1962 (Archiv Forschungsstelle)

lichte die Registrierung von Strömungsgeschwindigkeiten in Wattgebieten. Der auf Abb. 6.1-6 dargestellte „Rauschelbach´sche Schaufelradstrommesser“ wurde von der Forschungsstelle über viele Jahre fortentwickelt und zur Registrierung von Tideströmungen erfolgreich eingesetzt. Das untere Bild zeigt den Schaufelradteil eines Meßgerätes, das nach längerem Einsatz so sehr mit Seepocken bedeckt war, daß die Meßwerte verfälscht wurden.

Über angewendete Meß- und Untersuchungsmethoden sowie erzielte Ergebnisse geben die „Jahresberichte“ der Forschungsstelle Auskunft, die ab 1954 (Bd. VI) in gedruckter Form herausgegeben werden - überwiegend vergriffen (siehe [10]).

Abb. 6.1-4: „Bohrwagen“ der Forschungsstelle beim Einsatz für geologische Bohrungen, 1958 (Archiv Forschungsstelle)

Abb. 6.1-5: Wattstrommesser „Juist“ der Forschungsstelle bei trockengefallenem Watt, 1956 (Archiv Forschungsstelle)

Abb. 6.1-6: Schaufelradstrommesser der Forschungsstelle, Zustand 1956

Meßgerät beim Einbringen

Seepockenbewuchs (Teilausschnitt) nach längerem Einsatz (1957)

6.1.2.3 FORSCHUNGSSTELLE FÜR DIE GANZE NIEDERSÄCHSISCHE KÜSTE

Als J. Kramer im November 1964 zum Wasserwirtschaftsamt Aurich wechselte, ging die Leitung der „Forschungsstelle Norderney" zum 1. Dezember 1964 an G. Luck über. Ab 1970 erfolgte die Änderung der Bezeichnung in „Forschungsstelle für Insel- und Küstenschutz". Hierdurch sollte der überregionale Wirkungsbereich verdeutlicht werden. Das Konzept der Forschungsstelle wurde in der Folgezeit beibehalten und organisatorisch weiter ausgebaut. Dabei verfolgte man weiterhin den Grundsatz, daß sich die Arbeitsschwerpunkte dynamisch anzupassen hätten an die sich verändernden gesellschaftlichen Gegebenheiten und Ansprüche der Praxis. Zudem war die Kontinuität der Grundlagen-Ermittlung zu gewährleisten. Die klare Trennung und Unabhängigkeit der Forschungsstelle von Planung, Bau und Vollzug blieb Prinzip.

Einschneidende organisatorische Änderungen ergaben sich im Jahre 1984, als die Eingliederung in das neugegründete Landesamt für Wasserwirtschaft (ab 1988 Landesamt für Wasser und Abfall) als eigenständige Außenstelle „Forschungsstelle für Insel- und Küstenschutz" erfolgte (s. Abschnitt 6.1.4). In diesem Zusammenhang wurde der Zusatz „Insel- und Küstenschutz" ersetzt durch „Küste" und als neue Bezeichnung „Niedersächsisches Landesamt für Wasserwirtschaft - Forschungsstelle Küste" eingeführt.

Die Änderung der Bezeichnung war auch insofern erforderlich, als sich die Arbeiten der Forschungsstelle seit einiger Zeit über den engeren Bereich des Insel- und Küstenschutzes hinaus entwickelt hatten. Es ist hier nicht möglich, diese Entwicklung nachzuzeichnen. Sie wird aus den Jahresberichten (siehe [10]) und der Würdigung der Arbeiten von G. Luck [11] erkennbar. Beispielhaft werden einige Untersuchungen benannt, die sich den Zielvorgaben „Erhaltung von Kontinuität", „frühzeitiges Erkennen von Problemen" und „dynamische Auffassung zum Küstengeschehen" zuordnen.

Das Topographische Wattkartenwerk (1 : 25 000) wurde 1982 vollendet; Nachvermessungen erfolgen im Rahmen der vom „Kuratorium für Forschung im Küsteningenieurwesen" (KFKI) koordinierten Bund-Länder-Zusammenarbeit. Das letzte Blatt des historischen Kartenwerkes (1 : 50 000), das untrennbar mit der historischen Küstenforschung von H. Homeier [12] verbunden ist, wurde ebenfalls 1982 fertiggestellt.

Das Problem der Gefährdung von Küstengewässern durch Abwassereinleitungen wurde ab Ende der 60er Jahre aufgezeigt und durch langfristig konzipierte biologisch-chemische Untersuchungen im Weserästuar angepackt. Damit erfolgte bereits sehr früh eine Umorientierung der biologisch-ökologischen Untersuchungen hin zur Grundlagenermittlung für die Beurteilung von Veränderungen der Umweltbedingungen und deren Auswirkungen [13].

Die Problematik der Sandbewegungen im Küstenraum wurde als „Ganzheit von belebten und unbelebten Vorgängen" begriffen, mit einer Unterwasser-Kamera-Meßmethodik untersucht und zu praxisrelevanten Ergebnissen geführt.

Mit dem Ausscheiden von G. Luck wurde die Leitung der Forschungsstelle H. Kunz zum 1. Februar 1988 übertragen. Der Nationalpark Nds. Wattenmeer mit zugeordneter Verwaltung in Wilhelmshaven war im Jahre 1986 eingerichtet worden. Das naturschutzbezogene Interesse an Küstenproblemen nahm zu. Das „Robbensterben" im Jahre 1988, die Massenentwicklung einer schaumbildenden Algenart und das Auftreten der sogen. „Killeralge" beschleunigte im Küstengebiet erneut die weitere Umorientierung von Politik und Gesellschaft hin zu Umwelt- und Naturschutzfragen. Es war daher folgerichtig, daß sich die Forschungsstelle, unter Beibehaltung ihrer Konzeption, den für die Praxis besonders wichtigen ökologischen Aspekten von Gesamt-Problemstellungen zuwendete. Dies erfolgte insbesondere durch Mitwirkungen bei drittmittelfinanzierten Projekten: Forschungsvorhaben, Beweissicherungen zu Baumaßnahmen und Erlaubnisverfahren, Gutachten für Behörden. Im Aufgabenbereich des Insel- und Küstenschutzes vergrößerte sich ebenfalls die Nachfrage nach drittmittelfinanzierten Mitwirkungen der Forschungsstelle, was auch dort zur Einstellung von weiterem Zeitpersonal führte. An den Bund-Länder-Schwerpunktprogrammen „Ökosystemforschung Wattenmeer", „Klimaänderung und Küste" sowie „Kuratorium für Forschung im Küsteningenieurwesen" wirkt die Forschungsstelle mit, teils auch koordinierend für die niedersächsische Wasserwirtschaft. Als ein Schwerpunkt der nationalen und internationalen Zusammenarbeit hat sich die Thematik Küstenschutz- und Küstengebiets-Management herausgebildet.

Seit 1989 unterhält die Forschungsstelle im Gebäude Wilhelmshaven des StAWA Brake eine Arbeitsgruppe, die sich vertieft mit ökologischen Sonderfragen bei Küstenschutz-Maßnahmen im Jadebusen-Bereich befaßt und dabei besonders eng mit der Nationalparkverwaltung, dem StAWA Brake und den beteiligten Verbänden zusammenarbeitet. Die Mitwirkung bei Beweissicherungen zu Problemen der Baggergutverklappungen in Küstengewässern und bei Ausgleichsmaßnahmen (insbesondere Salzwiesen-Entwicklung) wurde ausgeweitet. Das „Standbein" der Forschungsstelle in Wilhelmshaven ist auf Dauer angelegt, insbesondere auch deshalb, weil sich dort zahlreiche Küsteninstitutionen befinden (u.a. Nationalparkverwaltung, Nieders. Institut für historische Küstenforschung, Senckenberg-Institut, Meeresstation der Universität Oldenburg, Forschungszentrum Terramare).

Mit Wirkung vom 01.10.1992 wurde das Niedersächsische Landesamt für Wasser und Abfall aufgelöst und in das neu errichtete Niedersächsische Landesamt für Ökologie (NLÖ) eingegliedert (Abschnitt 6.1.5). Die „Forschungsstelle Küste" blieb als organisatorisch eigenständige Einheit erhalten (Außenstelle im Rang einer Abteilung). Ihre Aufgaben wurden um „Sonderfragen des Naturschutzes" erweitert, zudem wies man ihr die „Überwachungs- und Monitoringprogramme in Küstengewässern" zu. Das Konzept der Forschungsstelle blieb von der NLÖ-Gründung unberührt.

Da das NLÖ dem Niedersächsischen Umweltministerium unmittelbar nachgeordnet ist, endete mit der NLÖ-Gründung die organisatorische Einordnung der Forschungsstelle in die niedersächsische Wasserwirtschaft. Für die Zusammenarbeit mit den Dienststellen der Wasserwirtschaft hatte dies keine Auswirkungen. Konzept und Arbeiten der „Forschungsstelle" entsprachen bereits bei ihrer Einbindung in das NLÖ den Grundsätzen, die im Errichtungsbeschluß des Landesamtes genannt waren; sie dienten und dienen der fachtechnisch-wissenschaftlichen Beratung der Landesregierung und der Vollzugsverwaltung sowie der Unterrichtung der Öffentlichkeit. Die Arbeiten zur Grundlagenermittlung einschließlich der praxisbezogenen Forschungsvorhaben beinhalten dabei auch den Erfahrungs- und Datenaustausch auf nationaler und internationaler Ebene. Die Arbeit der Forschungsstelle Küste erfolgt weiterhin nach dem Konzept der fachübergreifenden Zusammenarbeit unterschiedlicher Disziplinen (Dezernate). Diese organisatorische Besonderheit verleiht ihr eine hohe Anpassungsfähigkeit an die sich fortwährend ändernden Anforderungen, solange eine hinreichende Personal- und Sachmittel-Ausstattung gewährleistet ist.

Die Aufgaben der Forschungsstelle Küste lassen sich heute zwei etwa gleichgewichtigen Komplexen zuordnen:

1. Küsten- und Inselschutz
2. Ökologie des Küstengebietes und Güte der Küstengewässer.

Den Schwerpunkt der Aufgaben für beide Komplexe bildet nach wie vor die wissenschaftliche Erarbeitung von praxisbezogenen Grundlagen. Diese Grundlagen werden so ermittelt, daß geeignete Materialien für Konzeptentwicklungen vorliegen und daß diese für die Bearbeitung aktueller Problemstellungen sowie für die fachliche Beratung zur Verfügung stehen. Die benannten Aufgaben-Komplexe sind untrennbar miteinander verknüpft; beide werden bearbeitet durch das Zusammenwirken der vier Fachdezernate der Forschungsstelle (Fachdisziplinen).

Die Fachdisziplinen (Dezernate) der Forschungsstelle und die jeweils zugeordneten Teilaufgaben sind:

Geomorphologie des Küstengebietes
- Topographische Darstellung von Watten, Stränden, Salzwiesen und Ästuaren nach den Ergebnissen von Peilungen und terrestrischen Vermessungen.
- Erfassung von kurz- und langfristigen morphologischen Entwicklungen zu Fragestellungen des Insel- und Küstenschutzes sowie des Naturschutzes.
- Physikalische und chemische Untersuchungen der Watt-, Strand- und Platensedimente sowie der Schwebstoffe als Arbeitsgrundlage für Untersuchungen zum Insel- u. Küstenschutz und der Ökologie.

Hydrographie der Küstengewässer
- Erfassung und Bewertung von Wasserständen, Strömungen und Seegang zu hydrodynamisch-morphologischen Wechselwirkungen in Wattgebieten sowie im Küstenvorfeld, Ästuaren, Strand- und Vorstrandbereichen sowie zur Beanspruchung von Bauwerken des Insel- u. Küstenschutzes.
- Analyse und Darstellung von hydrodynamisch-ökologischen Wechselwirkungen, auch hinsichtlich der Ausbreitungsvorgänge von Nähr- und Schadstoffen.
- Meßtechnik und Pegelwesen im Tidegebiet.

Ökologie und Güte der Küstengebiete und Ästuare
- Grundkartierung der Wattenfauna und -vegetation für ökologische Gesamtdarstellungen von Ästuaren und Wattgebieten.
- Chemisch-biologische Beweissicherungs- und Kontrolluntersuchungen zu Einleitungs- und Bauvorhaben.
- Bestandsmonitoring des Planktons im Zusammenhang mit Eutrophierungstendenzen sowie Nachweis toxischer Planktonarten.
- Untersuchungen zur Umweltverträglichkeit von Abwässern, Abfallstoffen und Baustoffen.

Ökologie terrestrischer Küstengebiete
- Untersuchungen von Vegetation und Fauna der Salzwiesen bei planerischen Eingriffen der Küstenämter und Fragestellungen der Nationalparkverwaltung.
- Sonderfragen des Naturschutzes im Küstengebiet.

Überwachungs- und Monitoringprogramme
- Niedersächsische Meßprogramme zur Überwachung der Küstengewässer und des Ems-Ästuars.
- Gemeinsames Bund/Länder-Meßprogramm für die Nord- und Ostsee (BLMP) und Trilaterales Monitoringprogramm des Wattenmeeres (TMAP).

Die Forschungsstelle Küste verfügt - mit Ausnahme von zwei überalterten Schiffen - über eine insgesamt moderne und leistungsfähig ausgestattete Infrastruktur:
- Drei wattgängige Schiffe (siehe Abb. 6.1-7) MS „Nynorderoog“ (Peil- und Vermessungsschiff), MS „Buise“ (Laborschiff) und MS „Burchana“ (Arbeitsschiff). Hinweis:

MS "BURCHANA"

Burchana war eine von den Römern erwähnte Großinsel östlich der Emsmündung im Gebiet der heutigen Inseln Borkum und Juist.

Länge über alles	23,50m
Länge CWL	21,60m
Breite über alles	5,20m
Seitenhöhe	2,40m
Konstruktions-Tiefgang	1,10m
Motorleistung	2x200 PS
max. Geschwindigkeit	10 kn

Baujahr 1965

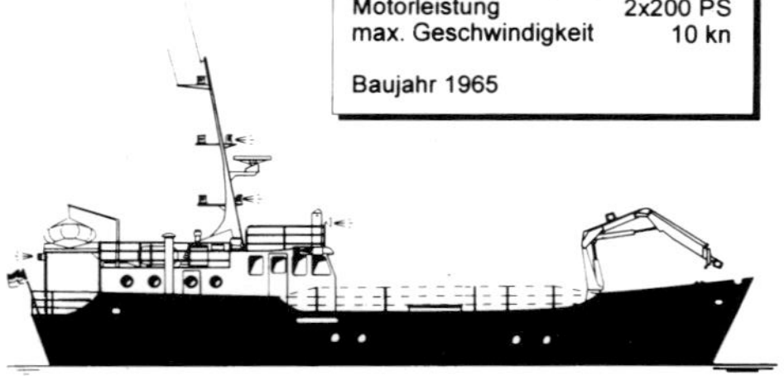

Arbeitsschiff

MS "BUISE"

Namensgebend war eine kleine Insel zwischen Norderney und Juist, die vor etwa 300 Jahren verschwand.

Länge über alles	24,30m
Länge CWL	21,50m
Breite über alles	6,10m
Seitenhöhe	2,35m
Konstruktions-Tiefgang	0,90m
Motorleistung	2x150 PS
max. Geschwindigkeit	9 kn

Baujahr 1982

Laborschiff

MS "NYNORDEROOG"

Der Name ist die alte Bezeichnung für Norderney, aus der sich im 16. Jahrhundert der heutige Inselname entwickelte.

Länge über alles	18,05m
Länge CWL	16,70m
Breite über alles	4,96m
Seitenhöhe	2,00m
Konstruktions-Tiefgang	1,00m
Motorleistung	2x105 PS
max. Geschwindigkeit	7 kn

Baujahr 1961

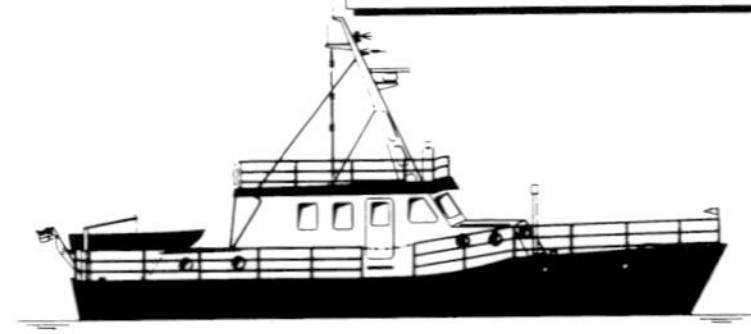

Peil- und Vermessungsschiff

Besonderheit der Schiffe: Die Schiffe sind spezialisiert für den Einsatz im Wattengebiet, in dem durch Ebbe und Flut der Wasserstand im Mittel um etwa 2,5 Meter schwankt. Der geringe Tiefgang erlaubt das Arbeiten in flachem Wasser; Grundberührung während der Fahrt ist problemlos. Das vollständige Aufsetzen auf eine Sandbank und das anschließende Trockenfallen ist Teil des Einsatzes. Dazu verfügen die Schiffe über einen flachen Boden sowie geschützt angebrachte Ruderanlage und Schiffsschrauben. Somit können die Schiffe über den gesamten Tidenzyklus hinweg eingesetzt werden.

Abb. 6.1-7: Schiffe der Forschungsstelle Küste, 1996

Abb. 6.1-8: Trockengefallenes Arbeitsschiff „Burchana“ beim Aufbau eines Wellenmeßpfahles sowie einer Meßstation mit Druckaufnehmer und Strömungssensor, 1996 (Archiv Forschungsstelle)

Abb. 6.1-9: Modernes Wattstromgerät, das während des Meßeinsatzes durch Grünalgen-Belegung funktionsunfähig wurde, 1992 (Archiv Forschungsstelle)

Im Dezember 1998 wird als Ersatz für die „Burchana" und die „Nynorderoog" ein speziell für die Aufgaben der Forschungsstelle Küste entwickeltes Mehrzweck-Forschungsschiff (32 m x 8 m x 0,90/1,30 m) in Betrieb genommen. Abb. 6.1-8 zeigt die trockengefallene „Burchana" beim Arbeitseinsatz (Aufbau eines Seegangsmeßpfahles mit Solar-Stromversorgung und einer Meßstation mit Druckaufnehmer und induktiver Strömungssonde).

- Laboratorien (Biologie, Chemie und Sedimentologie/Bodenkunde).
- DV-Zentrale zur Datenerfassung und Datenverarbeitung.
- Werkstatt (Aufbau und Wartung von Meßgeräten und technischer Infrastruktur).
- Leistungsfähige Meßgeräte für Naturmessungen im Küstenvorfeld (Abb. 6.1-9) zeigt einen modernen Wattstrommesser, der durch Grünalgen-Belegung in einen funktionsunfähigen Zustand versetzt wurde. Das Beispiel veranschaulicht, daß auch der Einsatz moderner Meßtechnik in der Natur nicht problemlos ist.

Durch die Unterstützung von Ministerien und der Staatshochbauverwaltung gelang es, in den Dienstgebäuden auf Norderney umfangreiche Modernisierungs- und Ausbaumaßnahmen auszuführen. Dies schließt die Bereitstellung von preiswertem Wohnraum für Bedienstete ein.

Arbeitsergebnisse von überörtlicher Bedeutung werden in zwei eigenen Schriftreihen veröffentlicht: „Berichte des NLÖ-Forschungsstelle Küste" und „Arbeiten aus der Forschungsstelle". Der Bericht Bd. 40/1995 enthält eine Auflistung der bisher in der erstgenannten Schriftenreihe erschienenen Beiträge.

Abb. 6.1-10: Einbau von Geräteträgern für Strömungs- und Druckgeber am Strand von Norderney, 1988 (Archiv Forschungsstelle)

An Kartenwerken wurden bisher für den Gesamtbereich der niedersächsischen Küste herausgegeben:

- Topographische Wattkarten 1 : 25 000 (15 Kartenblätter)
- Topographische Wattkarten 1 : 5 000 (50 Kartenblätter)
- Historische Karten 1 : 50 000 (16 Kartenblätter mit Zustand 1650, 1750, 1860, 1960)

Jährliche Berichte werden zur „Güteüberwachung der niedersächsischen Küstengewässer - Routineuntersuchungen und Sonderuntersuchungen" erarbeitet [14]. Ergebnisse der Forschungsstelle sind überwiegend in Dienstberichten zusammengefaßt. Hinzu kommen Ergebnisberichte zu Forschungsvorhaben und Veröffentlichungen. Die Forschungsstelle arbeitet in zahlreichen nationalen und internationalen Gremien mit. Es wird eine vielfältige Zusammenarbeit sowie ein Informationsaustausch auf nationaler und internationaler Ebene aufrechterhalten.

Die Personalausstattung mit Dauerstellen beträgt derzeit 46. Sie ist damit zahlenmäßig nicht höher als vor 40 Jahren; die Wertigkeit der Stellen hat allerdings zugenommen. Die Kompensation des erheblich angestiegenen Aufgabenumfangs erfolgte durch Leistungssteigerungen, die mit fortlaufenden Modernisierungen der Infrastruktur (z.B. DV-gestützte Meßdatenerhebung und -verarbeitung, Anwendung mathematischer Modelle), über die Beschäftigung von drittmittelfinanzierten Zeitkräften sowie über Aufträge an Firmen und sonstige externe Auftragnehmer zu erreichen waren.

Abb. 6.1-11: Probenahme im weichen Schlickwatt, 1959 (Archiv Forschungsstelle)

Die an den Schluß dieses Beitrages gestellten Abb. 6.1-10 bis 12 sollen zeigen, daß den Rationalisierungsmöglichkeiten und Erleichterungen für den Menschen bei Naturmessungen Grenzen gesetzt sind: Geräteaufbau und Probenahmen im Wattengebiet sind auch heute noch stark abhängig von Tide, Wetter und Bodenverhältnissen. Es wurden ältere schwarz-weiß-Aufnahmen gewählt; heutige Aufnahmen unterscheiden sich lediglich durch Farbigkeit und modernere Ausstattung; der vom Menschen zu leistende Einsatz ist im wesentlichen der gleiche geblieben.

Abb. 6.1-12: Entnahme einer Bodenprobe an der Terminstation Norderney, 1986 (Archiv Forschungsstelle)

6.1.3 NIEDERSÄCHSISCHES WASSERUNTERSUCHUNGSAMT (VON 1912 BIS 1984)

Über die Entwicklung, Rechtsgrundlagen, Aufgaben, Organisation und Tätigkeiten des Niedersächsischen Wasseruntersuchungsamtes und seiner Vorläufer liegen zwei Veröffentlichungen vor [VIEHL 1962], [NEUMANN 1980]. Diese Arbeiten stellen für die sich anschließenden Ausführungen die Grundlage dar.

6.1.3.1 ENTWICKLUNG

Im Sommer des Jahres 1912 wurde für den Regierungsbezirk Hildesheim eine „Abwasseruntersuchungsstelle" eingerichtet. Zum Leiter dieses in der Stadt Hildesheim angesiedelten und der Aufsicht des dortigen Regierungspräsidenten unterstellten Laboratoriums wurde der Chemiker Prof. Dr. Max Prütz bestellt. Eine wesentliche Voraussetzung für die Gründung der Abwasseruntersuchungsstelle war ein Erlaß des Reichsgesundheitsrates aus dem Jahre 1903, in welchem erstmals Grenzwerte festgelegt wurden, um der seit dem Ende des 19. Jahrhunderts stetig zugenommenen Versalzung der Werra und Weser begegnen zu können. Den entscheidenden Anstoß jedoch brachte der extrem trockene Sommer des Jahres 1911. Bedingt durch den geringen Abfluß in den Gewässern und die unkontrollierte Einleitung der Abwasserkonzentrate der Kaliindustrie kam es damals vor allem im Regierungsbezirk Hildesheim zu alarmierenden wasserwirtschaftlichen Notsituationen.

Der Aufgabenbereich der Abwasseruntersuchungsstelle beschränkte sich zunächst darauf, die Abläufe der Kaliwerke und die Oberflächengewässer des Raumes Hildesheim hinsichtlich ihrer Salzbelastung zu überwachen. Schon bald wurde die Überwachungstätigkeit auf die Zuckerfabriken und schließlich auf alle bedeutenden Abwassereinleiter ausgedehnt. Das Dienstgebiet der Abwasseruntersuchungsstelle wurde 1913 durch Einbeziehung des Regierungsbezirkes Lüneburg und 1924 durch Hinzunahme des Regierungsbezirkes Hannover erweitert.

Im Jahre 1927 erhielt die Abwasseruntersuchungsstelle den Namen „Flußwasseruntersuchungsamt Hildesheim“. Verwaltungsmäßig blieb diese Dienststelle, die sich zu dieser Zeit aus den Untersuchungsgebühren noch völlig selbständig finanzierte, dem Regierungspräsidenten in Hildesheim unterstellt. In fachlicher Hinsicht bestand dagegen (gemeinsam mit den übrigen Flußwasseruntersuchungsämtern im damaligen Deutschen Reich) eine enge Anlehnung an die 1901 gegründete Preußische Landesanstalt für Wasser-, Boden- und Lufthygiene (dem späteren Institut für Wasser-, Boden- und Lufthygiene in Berlin).

Am 22.03.1945 wurde das Flußwasseruntersuchungsamt bei dem Luftangriff auf Hildesheim zerstört. Bei diesem Bombardement kam auch der von den nationalsozialistischen Machthabern 1934 zwangsweise in den vorzeitigen Ruhestand versetzte erste Leiter der Dienststelle, Prof. Dr. Max Prütz, zu Tode.

Unmittelbar nach Kriegsende wurde die fachliche Arbeit trotz der nachhaltigen Zerstörungen und Verluste wieder aufgenommen. Im Jahre 1955 kam es dann zu einem entscheidenden Entwicklungsschub. Mit Wirkung vom 01.04.1955 wurde das Flußwasseruntersuchungsamt Hildesheim in eine Anstalt des Landes Niedersachsen unter der Bezeichnung „Niedersächsisches Wasseruntersuchungsamt“ (mit dem Dienstsitz in Hildesheim) umgewandelt. Das neue Amt wurde der Dienstaufsicht des Regierungspräsidenten in Hildesheim und der Fachaufsicht des Niedersächsischen Ministeriums für Ernährung, Landwirtschaft und Forsten unterstellt. Als zwangsläufige Folge der Umwandlung zum Wasseruntersuchungsamt weiteten sich die Tätigkeitsbereiche sowohl fachlich wie auch regional erheblich aus. Um den erhöhten Anforderungen zu genügen, wurde das Amt in den folgenden Jahren hinsichtlich Personal, Gerät und Unterkunft zielgerichtet ausgebaut. Diese Bemühungen sowie das damals übliche hohe Engagement aller Mitarbeiter ermöglichten es, daß sich das Niedersächsische Wasseruntersuchungsamt (abgek.: NWA) schon bald zur zentralen und allseits anerkannten naturwissenschaftlichen Fachdienststelle der Niedersächsischen Wasserwirtschaftsverwaltung entwickeln konnte. In den seiner Gründung folgenden drei Jahrzehnten leistete das Amt einen wesentlichen Beitrag beim Aufbau der Gewässergütewirtschaft und des Gewässerschutzes in Niedersachsen.

Im Rahmen der stetigen Entwicklung des Amtes seit 1955 verdienen einige Ereignisse besondere Beachtung:

- Im Jahre 1961: Einrichtung eines radiochemischen Laboratoriums. Es wurde im Laufe der Zeit zu einer modernen, allen Ansprüchen genügenden Untersuchungseinheit entwickelt.
- Im Jahre 1964: Gründung der Außenstelle Osnabrück. Die Außenstelle in Osnabrück stand unter Aufsicht der Zentrale des Amtes in Hildesheim und war zuständig für die Überwachung der Abwassereinleiter und der Gewässer im Regierungsbezirk Weser-Ems. Zur Erfüllung dieser Aufgaben verfügte sie über ein leistungsfähiges Laboratorium, in welchem die für die damals übliche Überwachung gängigen Analysenverfahren (ca. 50 Parameter) durchgeführt werden konnten (Durchsatz: rd. 5.700 Wasser- und Abwasserproben pro Jahr; Stand 1979). Der Personalbestand der Außenstelle umfaßte anfangs 4 Bedienstete (1 Naturwissenschaftler, 2 Chemotechniker und 1 Hilfskraft); er stieg bis 1974 auf 12 Mitarbeiter (2 Naturwissenschaftler, 1 Chemieingenieur, 2 Chemotechniker, 4 Laboranten, 2 Hilfskräfte und 1 Büroangestellte). Als Außenstellenleiter waren tätig BioOR Dr. Horst Neumann (1964 - 1974) und ChemOR Dr. Joachim Rost (1974 - 1984).
- Im Jahre 1974: Einrichtung der „Limnologischen Untersuchungsstelle" des NWA in Steinhude. Diese Nebenstelle wurde mit dem Limnologen Dr. Jens Poltz besetzt. Sie verfügte über ein kleines Laboratorium und war zuständig für langfristig angelegte limnologische Spezialvorhaben. Nach dem erfolgreichen Abschluß dieser Vorhaben wurde die Untersuchungsstelle 1980 aufgegeben.
- In den Jahren von 1975 bis 1981: Amtsinterne Umorganisation sowie Bildung eines biologischen Laboratoriums und neuer Fachbereiche („Abfall", „Grund-, Brauch-, Trink- und Badewasser", „Gütemeßstellen und Datensammlung" und „Meßnetzzentrale"). Die Verwirklichung dieser Vorhaben stand bereits unter dem Zeichen der von der damaligen Landesregierung seit langem geplant gewesenen Umwandlung des NWA zu einem Landesamt für Wasserwirtschaft.

Nach Jahren sorgfältiger Vorbereitung wurde das Niedersächsische Wasseruntersuchungsamt mit Wirkung vom 19.07.1984 (Nds. MBl. Nr. 31/1984, S. 685) in das gemäß Beschluß des Landesministeriums errichtete Niedersächsische Landesamt für Wasserwirtschaft eingegliedert (vgl. Abschnitt 6.1-4).

Amtsleiter des Niedersächsischen Wasseruntersuchungsamtes und seiner Vorläufer (1912 - 1984)

1912 - 1934	Prof. Dr. phil. Max Prütz
1934 - 1945	Dipl.-Ing. Karl Bösenberg (kommissarischer Leiter)
1945 - 1953	Prof. Dr. phil. Wilhelm Liesegang
1953 - 1957	Dr. phil. Ernst Nolte (Stellvertreter: Dipl.-Ing. Karl Bösenberg)
1958 - 1965	ChemOR Prof. Dr. phil. Karl Viehl (Stellvertreter: bis 1962 Dipl.-Ing. Karl Bösenberg, danach Dr.-Ing. Heinz Meybier)
1965 - 1974	Ltd.ChemD Dr.-Ing. Heinz Meybier (Stellvertreter: ChemD Dr. rer. nat. Joachim v. Loh)
1974 - 1984	Ltd.BioD Prof. Dr. rer. nat. Horst Neumann (Stellvertreter: ChemD Dr. rer. nat. Joachim v. Loh)

(Abb. 6.1-13)

Abb. 6.1-13: Amtsleiter der Sonderdienststellen in Hildesheim (Fotos: NLÖ)

Prof. Dr. Max Prütz

Prof. Dr. Karl Viehl

Dr. Heinz Meybier

Prof. Dr. Horst Neumann

6.1.3.2 RECHTSGRUNDLAGEN UND AUFGABEN

Im Vergleich zu den vielfältigen Aktivitäten des Niedersächsischen Wasseruntersuchungsamtes waren die Rechtsgrundlagen dieser Organisation nur relativ schmal. Existenz und Aufgaben des Amtes wurden im wesentlichen durch den „Beschluß des Niedersächsischen Landesministeriums über die Verstaatlichung des Flußwasseruntersuchungsamtes Hildesheim“ begründet (Nds. MBl. Nr. 12/1955, S. 187). Durch weitere Erlasse und Ausführungsbestimmungen wurde der Aufgabenkatalog nach und nach ausgedehnt und rechtlich fixiert:

- Runderlaß des Niedersächsischen Sozialministers und des Niedersächsischen Ministers für Ernährung, Landwirtschaft und Forsten über die radiochemische Überwachung der Oberflächengewässer und der Abwassereinleitungen (Nds. MBl. Nr. 29/1963, S. 696),
- Dritte Ausführungsbestimmungen zum Niedersächsischen Wassergesetz, Abschnitt E u. F (vom 04.01.1965),
- Runderlaß des Niedersächsischen Innenministers über den Katastrophenschutz und die Gefahrenabwehr bei kerntechnischen Unfällen (Nds. MBl. Nr. 31/1975, S. 918),
- Ausführungsbestimmungen zur Trinkwasserverordnung vom 31.01.1975 (Nds. MBl. Nr. 25/1976, S. 1054),
- Runderlaß über Gewässerschutz-Alarmrichtlinien (Nds. MBl. Nr. 31/1978, S. 966),
- Einführungserlaß der „Richtlinie des Rates der EG über die Qualität der Badegewässer“ (Nds. MBl. Nr. 2/1978, S. 33),
- Runderlaß des Niedersächsischen Ministers für Ernährung, Landwirtschaft und Forsten über den „Gewässerkundlichen Landesdienst“ (Nds. MBl. Nr. 14/1983, S. 253),
- Bekanntmachung des Niedersächsischen Ministers für Ernährung, Landwirtschaft und Forsten über das Aufstellen von wasserwirtschaftlichen Rahmenplänen (Nds. MBl. Nr. 46/1983, S. 863).

Faßt man zusammen, so ergeben sich aus den vorstehend aufgeführten Rechtsgrundlagen die folgenden Arbeitsfelder:

- Abwasser und Abwasserbehandlung (naturwissenschaftliche Überwachung der Kläranlagen und sonstiger Einleiter sowie fachliche Beratung und Durchführung von Sonderuntersuchungen),
- Oberflächengewässer und Grundwasser (naturwissenschaftliche Überwachung sowie Beratung und Durchführung von Sonderaufgaben),
- Trink-, Brauch- und Badewasser (Untersuchung und Beratung).

Die vorstehende Zusammenstellung zeigt, daß der Aufgabenumfang des Niedersächsischen Wasseruntersuchungsamtes mit dem Begriff „Wasseruntersuchungen“ nicht hinreichend erfaßt wurde. Die naturwissenschaftliche, d.h. die physikalische, chemische, radiochemische und biologische Untersuchung von Wasser, Abwasser, Schlamm und Abfall stellte immer nur die basale Arbeitsebene dar. Mit dieser Ebene in der Regel untrennbar verknüpft war jedoch die darauf aufbauende primäre Auswertung der Untersuchungsbefunde sowie die praxisbezogene wissenschaftliche Begutachtung und Beratung.

Neben den rechtlich vorgegebenen Aufgaben hatte sich das Amt - gedrängt von zahlreichen Dienststellen der Wasserwirtschaft - ab Mitte der 70er Jahre der chemisch-biologischen und gewässergütewirtschaftlichen Aspekte des Themenkreises „Abfall, Abfallbehandlung und Altlasten“ angenommen. Dieser Weg erwies sich als erfolgreich und wurde im März 1980 durch einen Erlaß offiziell bestätigt.

6.1.3.3 ORGANISATION, PERSONAL UND HAUSHALT

In seinem Gründungsjahr (1955) gehörten dem Niedersächsischen Wasseruntersuchungsamt nur 7 Bedienstete an, die sich auf die Funktionseinheiten Amtsleitung, Büro und Wasserlaboratorium verteilten. Diese elementare Organisationsstruktur mußte schon bald weiterentwickelt werden, da der Personalbestand des Amtes sich stetig vergrößerte und 1965 die Zahl von 28 Mitarbeitern (darunter 5 Chemiker und 5 Biologen) erreicht hatte. Zu dieser Zeit gliederte sich das Amt bereits in die Organisationseinheiten Amtsleitung, Verwaltung, chemisches Laboratorium, radiochemisches Laboratorium, Gebietsgruppe Hannover, Gebietsgruppe Hildesheim, Gebietsgruppe Lüneburg/Stade und Außenstelle Osnabrück (Gebietsgruppe Weser-Ems). Dieses Organisationsschema, das teils fachbezogen und teils regional angelegt war, hat sich unter den damaligen Bedingungen eindeutig bewährt. Bezeichnend für diese Organisationsform war, daß die einzelnen Gebietsgruppen praktisch alle Aufgaben, die sich in den jeweiligen Dienstbereichen in Sachen Gewässer, Abwasser und Abfall stellten, selbständig zu bearbeiten hatten (mit Ausnahme des Sektors der radiologischen Fragestellungen).

In den 70er Jahren geriet das Amt in eine Phase stürmischen Wachstums. Verursacht wurde diese Entwicklung durch die zunehmende Bedeutung des Umweltschutzes und die dadurch bedingte Zuweisung zusätzlicher Aufgaben. Darüber hinaus setzten damals die ersten langfristig angelegten Vorbereitungen ein, das Niedersächsische Wasseruntersuchungsamt unter Einbeziehung einiger weiterer Organisationen der Wasserwirtschaft in ein Landesamt für Wasserwirtschaft zu überführen. Im Jahre 1973 zählte das Amt bereits 65 Bedienstete. Anfang 1980 war diese Zahl auf 101 angestiegen (18 Beamte, 74 Angestellte und 8 Lohnempfänger; aufgeschlüsselt nach Berufsgruppen: 14 Chemiker Univ., 7 Biologen Univ., 2 Bauing. TU, 1 Bauing. FH, 7 Chemieing. FH, 49 Chemotechniker und Laboranten, 6 Verwaltungsangestellte und 15 Sonstige und Hilfskräfte).

Das zunehmende Wachstum des Amtes, der Zwang zu immer weitergehender Spezialisierung und die zu erwartende Umwandlung in ein Landesamt für Wasserwirtschaft, veranlaßten die Amtsleitung Ende 1975 dazu, eine durchgreifende, zukunftsorientierte Umorganisation einzuleiten. Erklärtes Ziel war dabei, das Amt ausschließlich nach Fachgebieten zu gliedern und damit dem Organisationsschema eines zukünftigen Landesamtes möglichst nahe zu kommen. Mit dem Organisationsplan von 1980 wurde dieses Ziel schließlich erreicht. Sein Grundschema enthielt die Aufgabenbereiche Amtsleitung, Verwaltung, Informations- und Meßnetzzentrale, Abwasser, Gewässerüberwachung (mit den Fachgebietsgruppen Grundwasser, Brauch-, Trink- und Badewasser; Fließgewässer und Küstengewässer; stehende Gewässer), Einleiterüberwachung, Abfall, radiologisches Laboratorium und radiologische Überwachung, chemische Laboratorien (mit den Fachgebietsgruppen für konventionelle Analytik sowie anorganische und organische Spurenanalytik), biologisches Laboratorium und Laboratorium der Außenstelle in Osnabrück.

Das Haushaltsvolumen (d.h. die Jahres-Summe der Einnahmen und der Ausgaben) des Niedersächsischen Wasseruntersuchungsamtes lag 1955 bei 0,12 Mio. DM, erhöhte sich bis 1973 auf 1,4 Mio. DM und hatte 1980 den Betrag von rd. 8,45 Mio. DM erreicht. Es verdient beachtet zu werden, daß es dem Amt in all diesen Jahren gelungen war, sich zu etwa 40 % aus selbst erwirtschafteten Mitteln (Verwaltungseinnahmen und Einnahmen für Aufträge Dritter) zu tragen.

6.1.3.4 TÄTIGKEITEN

a) Abwasser, Abwasserbehandlung und Einleiterüberwachung

Zu den bekanntesten Tätigkeiten des Niedersächsischen Wasseruntersuchungsamtes und seiner Vorgänger gehörte die Überwachung der Abwassereinleitungen. Diese erfolgte im Auftrage der Wasserbehörden und erfaßte praktisch alle kommunalen und industriellen Kläranlagen in Niedersachsen. Bis Ende der 70er Jahre stellte die zentrale Einleiterüberwachung das Schwerpunktthema des Amtes dar und beanspruchte den Hauptanteil der verfügbaren Arbeitskapazität. Die Aktivität des Amtes erstreckte sich dabei nicht nur auf die routinemäßige Kontrolle der Abläufe, sondern sie bezog jeweils die ganze Kläranlage und den Kläranlagenbetrieb mit ein. Es war daher möglich, den Klärwerksbetreibern und den Wasserbehörden bei Bedarf eine praxisbezogene naturwissenschaftliche und verfahrenstechnische Beratung anzubieten (Abb. 6.1-14 u. -15).

Die ausgeprägte Bevorzugung des Sektors „Abwasser und Abwasserbehandlung" ist vor allem auf die in dieser Sache über Jahrzehnte von allen Amtsleitern gleichmäßig eingehaltene Marschrichtung zurückzuführen. Sie alle waren überzeugt davon, daß der Gütezustand unserer Oberflächengewässer primär abhängig ist von dem Vorhandensein und dem optimalen Betrieb hinreichend bemessener Kläranlagen sowie von der sorgfältigen abwasser- und abfalltechnischen Sanierung der Industriebetriebe.

Im Jahre 1979 waren im Dienstgebiet des Amtes 1.432 Abwassereinleitungen zu überwachen, und zwar 1.191 kommunale Kläranlagen (einschl. von rd. 200 Kleinkläranlagen), 102 Industriekläranlagen und 139 sonstige Einleiter (z.B. Galvanik-Entgiftungsanlagen sowie Neutralisations- und Fällungsanlagen). Einer ministeriellen Weisung folgend wurde diese jahrzehntelang bewährte und überaus wirtschaftliche Form der Einleiterüberwachung ab Anfang der 80er Jahre zunehmend dezentralisiert. Bis auf einige Ausnahmen geriet dadurch vor allem die Kontrolle der kommunalen Kläranlagen in die Zuständigkeit der regionalen Behörden, und zwar in die der Wasserwirtschaftsämter und der Landkreise. Der zentralen Überwachung durch das Niedersächsische Wasseruntersuchungsamt unterlagen letztlich nur noch die Kläranlagen mit überwiegend industrieller Belastung, d.h. im wesentlichen die Industriekläranlagen.

Neben der Überwachung der Abwassereinleiter (Karte 5.6-4) hatte sich das Amt auf dem Sektor „Abwasser und Abwasserbehandlung" noch weitere Tätigkeitsfelder erschlossen:

- Naturwissenschaftliche und verfahrenstechnische Beratung im Rahmen der Vorarbeiten für die Planung kommunaler und betrieblicher Kläranlagen (insbes. in Fragen der Dimensionierung und der Verfahrenswahl).
- Mitarbeit bei der Prüfung von Kläranlagen-Entwürfen (ehemals 170 - 220 Stellungnahmen/Jahr).
- Durchführung von Abwasser-Daueruntersuchungen (z.B. zum Ermitteln der Bemessungsgrundlagen für die Planung industrieabwasserbelasteter Kläranlagen oder zur Erkundung des Belastungs- und Funktionszustandes nicht hinreichend arbeitender Kläranlagen).
- Mitarbeit bei der Aufstellung von Bewirtschaftungs-, Abwasserlast- und Wärmelastplänen (z.B. beim Bewirtschaftungsplan Leine, 1974).

Die Fähigkeit zur kompetenten fachlichen Beratung, die das Amt stetig unter Beweis stellen konnte, beruhte vor allem auf der Tatsache, daß neben den laufenden, amtlichen Aufgaben die verschiedensten praxisbezogenen Spezialthemen verfolgt und von den

Abb. 6.1-14: Belebungsgraben der Gemeinde Hollage 1970 - Standardkläranlage der 60er und 70er Jahre - (Foto: NWA)

Abb. 6.1-15: Kläranlage der Firma ICI in Wilhelmshaven 1984 (Foto: Nds. Wasseruntersuchungsamt)

Amtsleitern gezielt gefördert wurden. Folgt man der langen Liste der aus dem Amt hervorgegangenen fachlichen Veröffentlichungen, so handelt es sich dabei u.a. um die folgenden Themenkomplexe:

- Abwasser und Abwasserbehandlung bei der Kali-, Zellstoff-, Papier-, Textil- und Zuckerindustrie sowie bei Kartoffelveredelungsbetrieben, Molkereien und Milchwerken, Süßmostereien, Obst- und Gemüsekonservenfabriken, Versandschlachtereien, Fleischwarenfabriken und Geflügelschlachtereien, Darm- und Borstenverwertungsbetrieben, Tierkörperbeseitigungsanstalten und Massentierhaltungen.
- Erfahrungen mit Abwasserteichen, Kleinkläranlagen, Belebungs- und Oxidationsgräben, Belebungsanlagen, kunststoffgefüllten Tropfkörpern und mehrstufiger biologischer Abwasserbehandlung (u.a. „anerob-aerob-Verfahren" und „kombiniert-mehrstufige aerobe Verfahren").
- Erfahrungen mit „Indirekteinleitern"
- Verfahren der „weitergehenden Abwasserreinigung" (insbesondere Phosphat-Eliminierung und Denitrifizierung bei industriell belasteten Kläranlagen).
- Untersuchungen über den Anteil des landwirtschaftlichen Sektors an der Eutrophierung niedersächsischer Gewässer.

b) Gewässerüberwachung

Der Aufgabenbereich „Gewässerüberwachung" umfaßte die chemisch-biologische Gütekontrolle der Oberflächengewässer (Fließgewässer, Ästuarien, stehende Binnengewässer und Küstengewässer) sowie - in geringerem Umfange - die Überprüfung des Grundwassers und der Trink-, Brauch- und Badewässer. Überwiegend handelt es sich hierbei um die Erfüllung hoheitlicher Aufgaben, die es u.a. ermöglichten, den Organen der Wasserwirtschaft und darüber hinaus der Öffentlichkeit praxisbezogene gewässergütekundliche Daten zur Verfügung zu stellen.

Seit Gründung der Abwasseruntersuchungsstelle (also seit 1912) wurden von Hildesheim aus Fließgewässeruntersuchungen durchgeführt. In der Zeit von 1955 - 1965 dehnte das Amt die Güteüberwachung nach und nach auf alle bedeutenden Fließgewässer Niedersachsens aus. Diese Gewässer wurden jährlich 1 - 2 mal überprüft. Das derart erhaltene Datenmaterial ermöglichte u.a. schon bald die Herausgabe der ersten niedersächsischen Gewässergütekarten im Jahr 1962 für das Leinegebiet (Karte 5.6-2) und ab 1967 für das ganze Land Niedersachsen (Karte 5.6-3). Standen anfangs noch die herkömmlichen Parametergruppen (insbes. die Daten des Sauerstoffhaushaltes, der Nährstoffbelastung und des Salzgehaltes) im Vordergrund des Interesses, so waren es in den späteren Jahren die umweltrelevanten anorganischen und organischen Spurenstoffe.

Da praktisch alle entscheidenden Fließgewässer-Parameter erhebliche jahreszeitliche und tageszeitliche Schwankungen aufweisen, wurde ab 1965 damit begonnen, an ausgewählten Stellen des Gewässernetzes die Häufigkeit der chemischen Überprüfungen wesentlich zu steigern. Als erstes Beispiel sind hier die monatlichen Untersuchungen der Weser und ihrer wichtigsten Nebenflüsse zu nennen, die das Amt seit 1965 im Auftrage der „Arbeitsgemeinschaft der Länder zur Reinhaltung der Weser (ARGE Weser)" an 12 Meßstellen durchführte (Abb. 6.1-16). Im Ems-Gebiet war es die Hase, die ab 1966 von der Außenstelle Osnabrück in Abständen von vier Wochen überprüft wurde. Auf Grund der guten Erfahrungen ging man in den folgenden Jahren daran, im gesamten Dienstgebiet ein Netz von intensiver zu überwachenden Meßstellen aufzubauen. Bereits 1974 umfaßte dieses Netz 195 Gütemeßstellen (davon 56 im Gebiet Weser-Ems), die in der

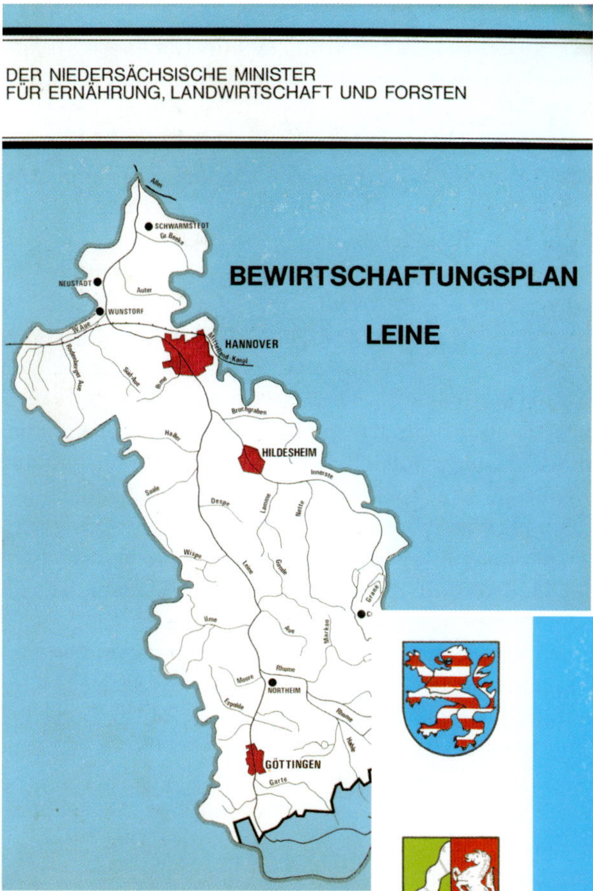

Abb. 6.1-16:
Wasserwirtschaftliche Pläne von 1974, an denen das Wasseruntersuchungsamt Hildesheim mitgewirkt hat

Regel jährlich 12 mal untersucht wurden. Das System der Gewässergüteüberwachung wurde Anfang 1980 auf Weisung des Niedersächsischen Ministers für Ernährung, Landwirtschaft und Forsten abermals erweitert; und zwar auf 360 Gütemeßstellen und 36 Gütemeßstationen (Abb. 6.1-17, -18 u.-19).

Bei den Gütemeßstationen handelte es sich um fest installierte Kontrolleinheiten, die mit automatischen Geräten ausgerüstet waren zur kontinuierlichen Messung (Temperatur, Gehalt an gelöstem Sauerstoff, pH-Wert, elektrische Leitfähigkeit, Trübung u.a.) sowie zur Entnahme von Wasserproben. Die Meßergebnisse wurden digital erfaßt und an die Meßnetzzentrale in Hildesheim fernübertragen. Sie wurden dort - zusammen mit den an den Gütemeßstellen erarbeiteten Befunden - auf Datenträger gespeichert, später zu Jahresberichten zusammengefaßt und in dieser Form veröffentlicht. Kombiniert mit den Ergebnissen der biologisch-ökologischen Gewässeruntersuchungen bildeten diese Daten auch die Grundlage für die Gewässergütekarten des Landes Niedersachsen.

Neben dem Grundprogramm der chemisch-biologischen Fließgewässerüberwachung hatte das Niedersächsische Wasseruntersuchungsamt auf dem Fließgewässer-Sektor eine Reihe von Sonderaufgaben zu erfüllen. Hierzu gehörten nicht nur die zahlreichen temporären Sondervorhaben im Rahmen von „Fischsterben" und „Transportunfällen", sondern vor allem auch die Untersuchungen, die im Auftrage der Länder-Arbeitsgemeinschaften zur Reinhaltung der Weser und Elbe laufend durchzuführen waren, sowie jene, die sich aus der Mitarbeit in der deutsch-niederländischen Grenzgewässerkommission ergaben.

Ab 1963 wurde die Gewässergüteüberwachung schrittweise auf die stehenden Binnengewässer ausgedehnt. Im Mittelpunkt standen dabei das Steinhuder Meer, der Dümmer, das Zwischenahner Meer und die Thülsfelder Talsperre. Um einige anspruchsvolle limnologische Untersuchungsaufträge bewältigen zu können, wurde von 1974 - 1980 am Steinhuder Meer eine Nebenstelle des Amtes unterhalten. Die Überwachung der stehenden Binnengewässer, bei denen es sich in Niedersachsen zumeist um Flachseen handelt, mußte in einem besonderen Maße durch praxisbezogene limnologische Forschungsarbeiten ergänzt werden, da das Wissen über die Limnologie von Flachseen damals noch in den Anfängen steckte.

Im Jahre 1965 wurde das Amt erstmals mit der chemischen Untersuchung mariner Gewässer beauftragt. Es handelte sich dabei um die Mitarbeit an einem langjährig angelegten Beweissicherungsprogramm im Rahmen der beabsichtigten Ansiedlung eines Werkes der Titandioxid-Produktion im Bereich des Jadebusens. Als weitere Aufgabe wurde dem Amt 1969 die regelmäßige chemische Untersuchung des Ems-Ästuars auferlegt (und zwar im Rahmen eines Beweissicherungsverfahrens, dessen Zielsetzung es war, die Auswirkungen der im Küstenbereich der Provinz Groningen/Niederlande eingeleiteten Schmutzwässer zu erfassen). Anfang 1980 wurde das Amt in das damals gegründete Bund/Länder-Meßprogramm für die Überwachung der Nordseeküste einbezogen. Der niedersächsische Anteil an diesem Programm umfaßte u.a. 20 Meßstellen, an denen in regelmäßigen Abständen - überwiegend vom Hubschrauber aus - Meerwasserproben gezogen wurden.

Im Gegensatz zur gütekundlichen Überwachung der Oberflächengewässer war die des Grundwassers vom Umfang her nur von sekundärer Bedeutung. Entsprechendes gilt auch für den Themenkreis Trink-, Brauch- und Badewasser. Eine der Oberflächengewässerüberwachung vergleichbare, flächendeckende Kontrolle des Grundwassers war aus personellen Gründen nicht möglich. Die Überprüfung des Grundwassers mußte sich daher vorzugsweise auf Problembereiche und Trinkwasserschutzgebiete konzentrieren, wobei

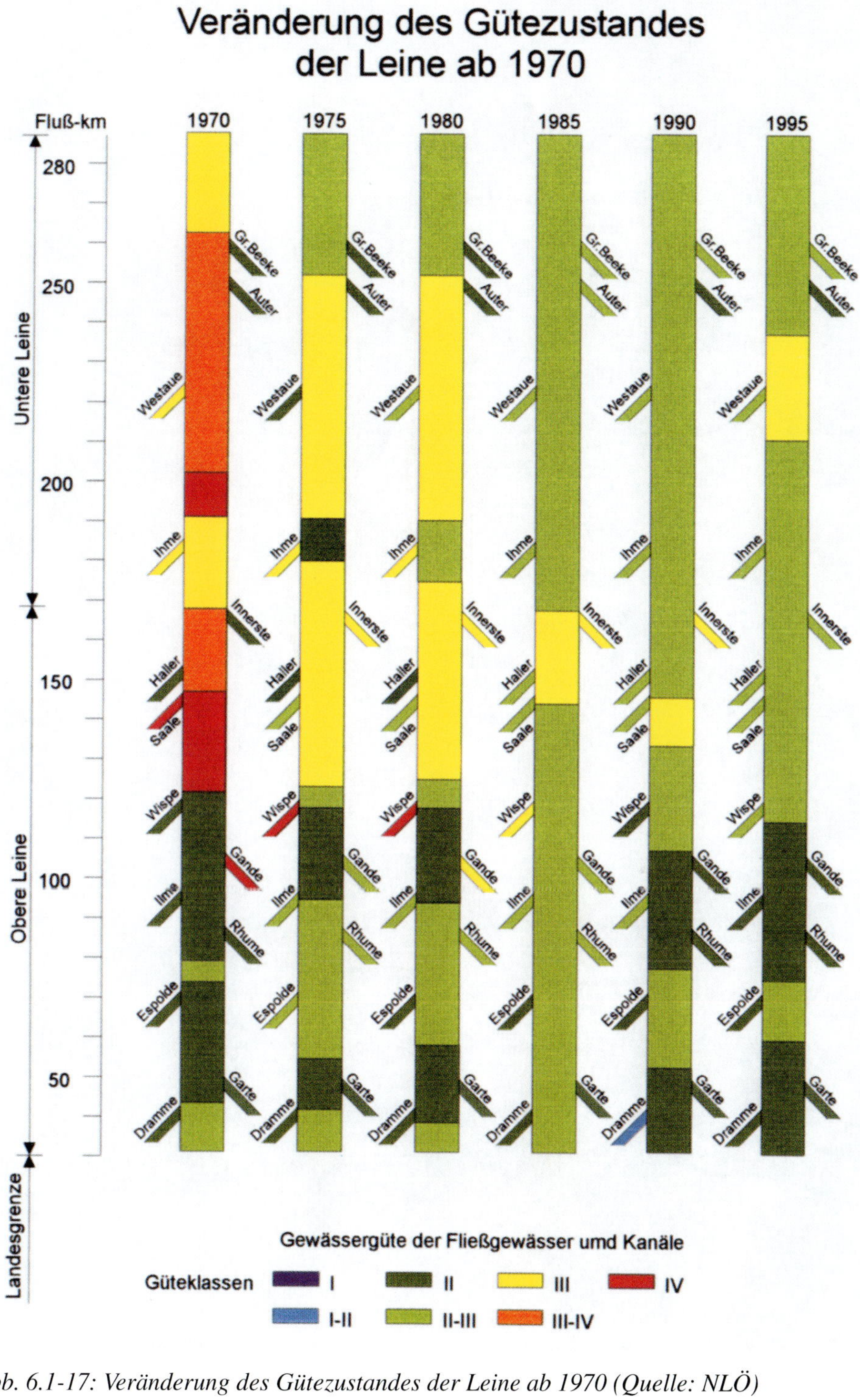

Abb. 6.1-17: Veränderung des Gütezustandes der Leine ab 1970 (Quelle: NLÖ)

Abb. 6.1-18: Gütemeßstation Gandersum/Ems (Foto: NWA)

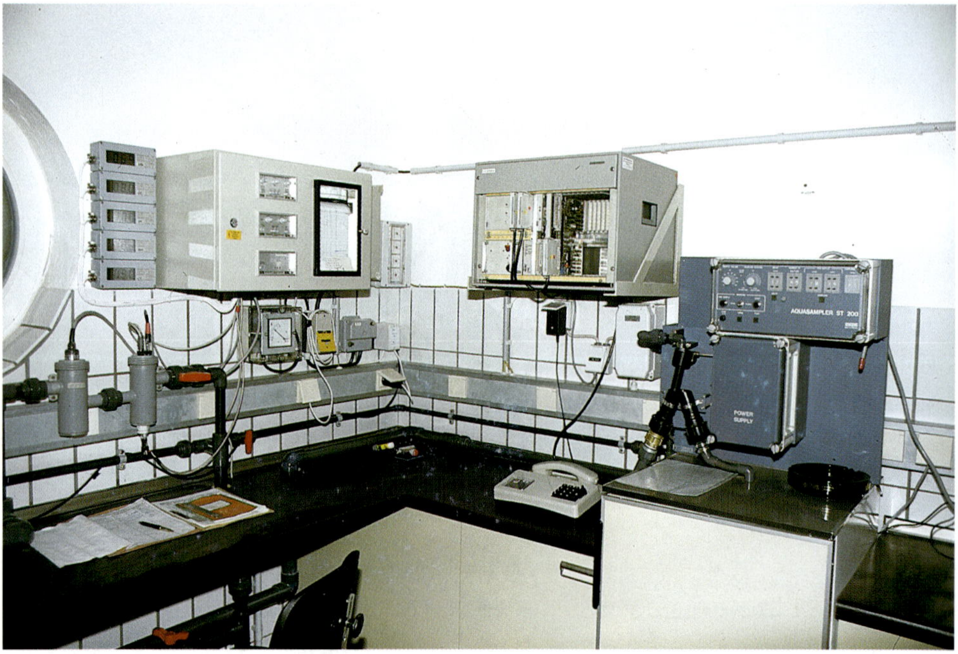

Abb. 6.1-19: Gütemeßstation Riester Becken/Hase - Innenansicht mit Geräteausstattung (Foto: NWA)

es sich entweder um hoheitlich durchzuführende Überwachungs- bzw. Erkundungsaufgaben handelte oder um beweissichernde Untersuchungen. Beispiele hierfür sind:
- Chemische Untersuchungen zur Grundwassererkundung im Zuge der wasserwirtschaftlichen Rahmenplanung,
- chemische Untersuchung oberflächennaher Grundwässer zur großräumigen Erfassung der Beziehungen zwischen Grundwasserbeschaffenheit und landwirtschaftlicher Nutzung (u.a. seit 1978 im Gebiet Cloppenburg und Osnabrück),
- Überwachung des Grundwassers im Bereich von Anlagen zur großräumigen Abwasserbehandlung sowie im Bereich von Industriestandorten, Altlasten und Altstandorten,
- chemische Grundwasseruntersuchungen im Rahmen von Beweissicherungsprogrammen und Sanierungsmaßnahmen.

c) Abfall

Das Tätigkeitsfeld „Abfall und Abfallbehandlung" gehörte nicht zu den ursprünglichen Aufgaben des Amtes. Es entwickelte sich jedoch ab Mitte der 70er Jahre überraschend schnell zu einem Schwerpunktthema. Vor dem Hintergrund des damals erstarkenden Umweltbewußtseins sowie der engen Verzahnungen zwischen den Umweltbereichen „Wasser" und „Abfall" war eine derartige Entwicklung zwangsläufig und führte letztlich zu den folgenden Arbeitsschwerpunkten:
- Untersuchung und Begutachtung von Grund-, Oberflächen- und Sickerwässern im Bereich von Sonderabfalldeponien (insbes. der beiden Sonderabfalldeponien Münchehagen und Hoheneggelsen),
- physikalische, chemische und biologische Untersuchung und Begutachtung von Klärschlämmen und Hausmüll- und Industrieabfällen,
- Untersuchungs- und Gutachtertätigkeit im Rahmen von Sofortmaßnahmen bei Unfällen mit wassergefährdenden Stoffen,
- Stellungnahmen zu Fragen der Beseitigung sonderdeponiepflichtiger Industrieabfälle sowie zu Anträgen gemäß dem Abfallbeseitigungsgesetz (insbes. zu Fragen im Rahmen der Planung von Abfallbehandlungsanlagen),
- Mitwirkung bei der Erarbeitung neuer Untersuchungsverfahren und Beurteilungskriterien für Abfallstoffe,
- praxisbezogene Forschung zur Erprobung und Entwicklung neuer Behandlungs- und Beseitigungsverfahren für Sonderabfälle (u.a. Erprobung von Verfestigungsverfahren für ölhaltige Schlämme sowie Mitarbeit an einem Vorhaben, welches aus chemischer Sicht Aufschluß geben sollte über die Möglichkeiten, flüssig-schlammige Sonderabfälle in Salzgestein einzulagern).

d) Radiologische Untersuchungen und radiologische Überwachung

Das radiologische Laboratorium des Niedersächsischen Wasseruntersuchungsamtes wurde im Juli 1962 in Betrieb genommen und durch Runderlaß zur amtlichen Radioaktivitätsmeßstelle des Landes Niedersachsen für Gewässer und Abwässer bestimmt. Den damaligen meßtechnischen Möglichkeiten entsprechend beschränkten sich die radiologischen Untersuchungen anfangs nur auf die Bestimmung der „Rest-b-Aktivität" (und zwar im Wasser von Oberflächengewässern, in Abwässern der niedersächsischen Großstädte und in Niederschlagswässern). Diese Messungen waren vor allem notwendig geworden, da der durch die damals noch üblichen oberirdischen Atomwaffenversuche verursachte radioaktive „Fall out" immer wieder zu nachweisbaren Belastungen der Ge-

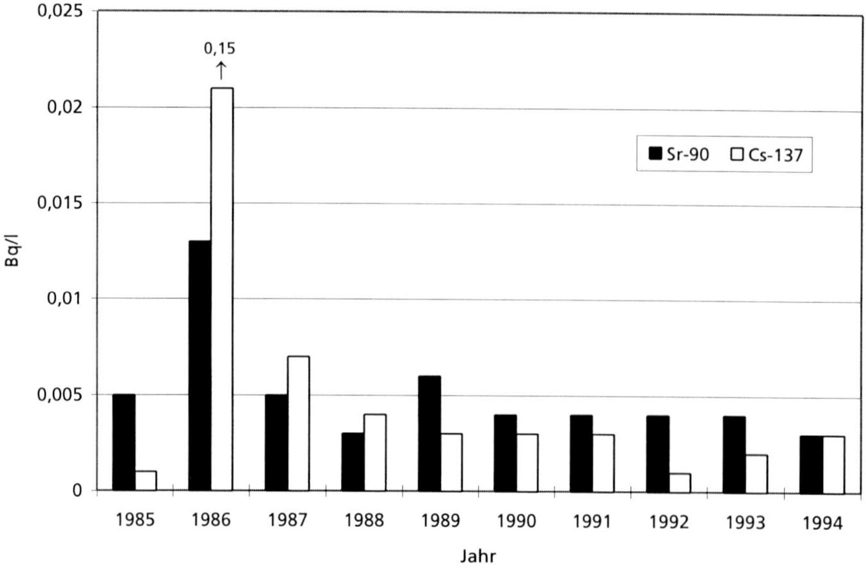

Strontium-90 und Cäsium-137 Aktivitäten im Wasser an der Meßstelle Hess.Oldendorf/Weser

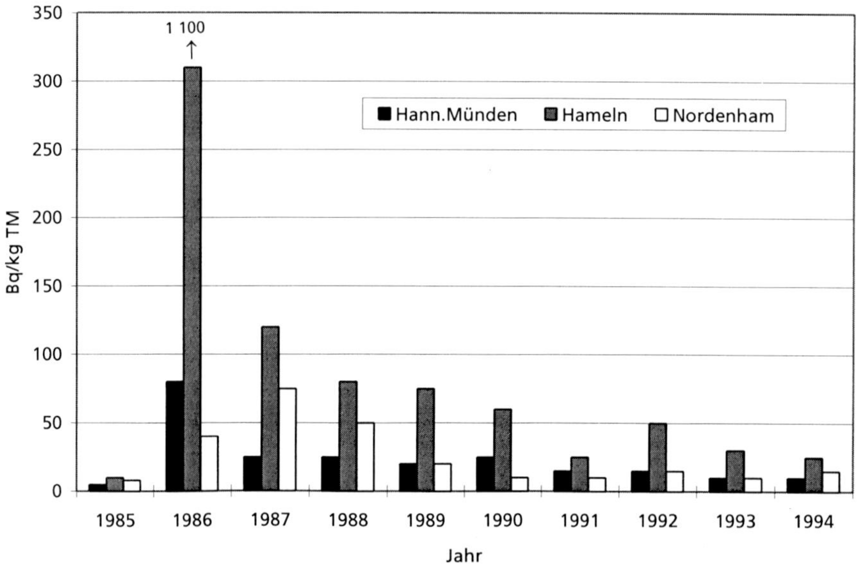

spezifische Cäsium-137 Aktivität im Sediment der Weser

Abb. 6.1-20: Gewässerbelastung im Mai 1986 nach dem Reaktorunfall in Tschernobyl (Quelle: NLW)

wässer geführt hatte. Von 1962 - 1970 wurden in Niedersachsen an etwa 160 Stellen Proben von Oberflächengewässern und Abwässern in meist monatlichen Abständen entnommen und untersucht. In den 70er Jahren konnte die Zahl der Entnahmestellen und damit der Probenumfang verringert werden (auf etwa 1.250 Proben/Jahr). Es wurde dadurch möglich, die Intensität und Aussagekraft der einzelnen radiologischen Untersuchungen wesentlich zu steigern, da das Schwergewicht der Messungen fortan auf die aufwendige Bestimmung der einzelnen Radionuklide verlagert werden konnte.

Die im 20er Laboratorium des Amtes erarbeiteten Meßergebnisse wurden ausschließlich innerhalb dieses Fachbereiches begutachtet, gesammelt, statistisch ausgewertet und zu Berichten zusammengestellt.

Ende der 70er Jahre wurde damit begonnen, an ausgewählten Abschnitten des Gewässernetzes und an den Ablaufstellen der niedersächsischen Kernkraftwerke automatische Meß- und Probenentnahmestationen zu installieren. Die Vorarbeiten und die Detailplanungen für dieses Fernüberwachungssystem wurden vor allem von den Radiochemikern des Amtes geleistet (Abb. 6.1-20).

e) Chemische Untersuchungen

Innerhalb des Niedersächsischen Wasseruntersuchungsamtes kam dem chemischen Laboratorium stets eine zentrale Bedeutung zu, da praktisch alle Aufgabenbereiche letztlich von der Zuarbeit und Leistungsfähigkeit dieses Arbeitsfeldes abhängig waren. Zu den Aufgaben des Laboratoriums gehörte nicht nur die chemische und biochemische Untersuchung von Oberflächen-, Grund-, Trink- und Abwässern, sondern auch die von Sediment-, Klärschlamm- und Abfallproben. Da die Zahl der zu untersuchenden Proben und der Umfang der abverlangten Parameterpalette in den 60er und 70er Jahren stetig zunahmen, war es erforderlich, das Leistungsvermögen des Laboratoriums schrittweise anzupassen; und zwar hinsichtlich der Organisation, des Personalbestandes, der apparativen Ausrüstung und der Räumlichkeiten. Eine einschneidende organisatorische Anpassung erfolgte 1975 und beinhaltete die Unterteilung des chemischen Laboratoriums in die Fachgebiete konventionelle Analytik (mit den Arbeitsgruppen „Entwicklung und Organisation", „Grundlegende Wasseranalytik", „Sonderbestimmungen" und „Chemische und biochemische Oxidierarbeit"), anorganische Spurenanalytik und organische Spurenanalytik. Die neue, differenzierte Labororganisation entsprach dem damaligen Stand der inneramtlichen Spezialisierungen auf dem Gebiet der chemischen Analytik. Diese wurden vor allem durch die damals vermehrt auftretenden spurenanalytischen Fragestellungen und den dadurch bedingten Einsatz moderner Analysengeräte erzwungen (wie z.B. der Atomabsorptionsspektralphotometer, Röntgenfluoreszenzspektrometer, Infrarotspektralphotometer, Gaschromatographen und Massenspektrometer). In der Zeit von 1959 - 1979 hatte sich die Zahl der im chemischen Laboratorium bestimmbaren Parameter von 45 auf 180 erhöht, und die Zahl der pro Jahr erstellten Vollanalysen war von 3.036 auf 14.773 angestiegen.

Mit besonderem Nachdruck wurde in den 70er Jahren eine systematische analytische Qualitätskontrolle eingeführt. Hierzu gehörte die statistische Überprüfung der einzelnen Analysenverfahren sowie die laufende laborinterne Präzisions- und Richtigkeitskontrolle. Ausgehend von den derart gesammelten Erfahrungen konnte etwa ab 1982 damit begonnen werden, auch die analytische Arbeit und die Meßergebnisse der damals im Aufbau begriffenen chemischen Kleinlaboratorien der Wasserwirtschaftsämter und Landkreise im Rahmen von Ringversuchen zu kontrollieren und ggf. zu optimieren.

f) Biologische Untersuchungen

Unter den Laboratorien des Niedersächsischen Wasseruntersuchungsamtes war das biologische Laboratorium das jüngste und befand sich daher noch Anfang der 80er Jahre in der Aufbauphase. Zu den Tätigkeitsfeldern dieser Einheit gehörten mikrobiologische Untersuchungen (insbesondere bakteriologische Wasser- und Abwasseruntersuchungen sowie Belebtschlamm-Untersuchungen), wassertoxikologische Versuche (insbesondere Fischtests und Toxizitätsversuche mit Hilfe der Sapromat-Technik und des Leuchtbakterientests) sowie biologische Sonderuntersuchungen (z.B. Spezialuntersuchungen im Bereich des Jadebusens und des Dollart sowie Mitwirkung bei der Entwicklung und Erprobung „biologischer Monitore" an den Gütemeßstationen).

g) Mitarbeit in Fachgremien sowie Veröffentlichungen, Lehrtätigkeit und Öffentlichkeitsarbeit

Als naturwissenschaftliche Fachbehörde der Wasser- und Abfallwirtschaft Niedersachsens erfüllte das Niedersächsische Wasseruntersuchungsamt nicht nur die in seinen Rechtsgrundlagen vorgezeichneten routinemäßigen Aufgaben, sondern es betrieb darüber hinaus in einem beachtlichen Umfange auch praxisbezogene Forschung. Diese Entwicklung begann bereits in den 50er Jahren und wurde durch aktuelle, der Praxis entstammende Fragestellungen ausgelöst. Die daraus resultierenden Aktivitäten fanden ihren Niederschlag in zahlreichen Fachvorträgen und Veröffentlichungen. Allein in der Zeit von 1955 - 1980 wurden von Mitarbeitern des Amtes insgesamt 146 Fachaufsätze veröffentlicht (Verzeichnis bei NEUMANN 1980). Um auch Arbeiten publizieren zu können, die wegen ihres Umfanges oder ihrer speziellen niedersächsischen Thematik in den gängigen Fachzeitschriften nicht unterzubringen waren, wurde 1976 unter dem Titel „Mitteilungen aus dem Niedersächsischen Wasseruntersuchungsamt" eine eigene Schriftenreihe eröffnet.

Die reichen fachlichen Erfahrungen des Amtes gaben auswärtigen Organisationen immer wieder Veranlassung, qualifizierte wissenschaftliche Mitarbeiter in Fachausschüsse, Arbeitsgruppen und Kommissionen zu berufen. Anfang der 80er Jahre erreichte diese Entwicklung einen Höhepunkt und mußte eingeschränkt werden, da die durch die Ausschußarbeit bedingte Beanspruchung der Mitarbeiter in einem nicht mehr hinnehmbaren Umfange zugenommen hatte. Dies wird deutlich, wenn man bedenkt, daß das Amt 1962 in nur 3 Fachausschüssen vertreten war, 1977 waren es bereits 29 und 1981 gar 57 (davon entfielen 21 auf Arbeitsgruppen zur Vorbereitung der „Mindestanforderungen an das Einleiten von Abwasser, gem. § 7a/1 WHG").

In einem unmittelbaren Zusammenhang mit den Erfahrungen aus der praxisbezogenen Arbeit des Amtes standen auch die Vortrags- und Lehrtätigkeit sowie die Öffentlichkeitsarbeit. Hervorgehoben sei hier nur die Tatsache, daß zahlreiche wissenschaftliche Mitarbeiter des Amtes aufgrund ihrer Fachkompetenz und hohen Motivierung immer wieder als Referenten zu wasser- und abfallfachlichen Schulungs- und Fortbildungsveranstaltungen herangezogen wurden. Auf einem gleichen Ansatz beruhten auch die von den Universitäten in Braunschweig und Hannover sowie den Hochschulen in Hildesheim und Suderburg erteilten Lehraufträge (über Wasser- und Abwasserbiologie, Hydrobiologie, Limnologie, Ökologie und Umweltschutz), die von drei Naturwissenschaftlern des Niedersächsischen Wasseruntersuchungsamtes jahrelang wahrgenommen wurden.

6.1.4 NIEDERSÄCHSISCHES LANDESAMT FÜR WASSERWIRTSCHAFT/ NIEDERSÄCHSISCHES LANDESAMT FÜR WASSER UND ABFALL (VON 1984 BIS 1992)

Über die Entstehung, Aufgaben und Tätigkeit des Niedersächsischen Landesamtes für Wasser und Abfall (NLWA), welches bis Mitte 1989 die Bezeichnung Niedersächsisches Landesamt für Wasserwirtschaft (NLW) geführt hatte, liegen mehrere ausführliche Veröffentlichungen vor [Niedersächsisches Ministerium für Ernährung, Landwirtschaft und Forsten 1984], [NLW 1987], [NLWA 1990], [NLW 1987], [NLWA 1990]. Sie stellen die Quellen dar für die folgenden Ausführungen.

6.1.4.1 ENTWICKLUNG

Im Oktober 1972 unterbreitete der Niedersächsische Minister für Ernährung, Landwirtschaft und Forsten in dem Entwurf einer Kabinettsvorlage den Vorschlag, „durch Umwandlung des Niedersächsischen Wasseruntersuchungsamtes in Hildesheim ein Landesamt für Wasserhaushalt und Gewässerkunde zu errichten, in dem die Aufgaben „Gewässergüte“ und „Wassermenge“ zentral für ganz Niedersachsen bearbeitet werden“.

Vorausgegangen war diesem Vorstoß eine langjährige, innerhalb der niedersächsischen Wasserwirtschaftsverwaltung geführte Fachdiskussion über eine Neuordnung der gewässerkundlichen Dienste des Landes. Im Mittelpunkt der Überlegungen stand dabei immer wieder die Forderung nach Gründung eines Landesamtes für Wasserwirtschaft. Dieses Amt sollte unterhalb der Verwaltungsebene des für die Wasserwirtschaft zuständigen Ministers für Ernährung, Landwirtschaft und Forsten stehen und als zentrale technisch-naturwissenschaftliche Fachdienststelle die Aufgabenbereiche der quantitativen und der qualitativen Gewässerkunde (und somit letztlich die der Wassermengen- und der Wassergütewirtschaft) unter Anbindung verwandter Bereiche bündeln und miteinander verzahnen. Von den meisten Angehörigen der niedersächsischen Wasserwirtschaft wurden diese Bestrebungen unterstützt. Zu den Wortführern gehörten vor allem der damalige Leiter der Wasserwirtschaftsverwaltung, MDgt. K.H. Barjenbruch (Hannover) sowie Ltd.BD Prof. Dr.-Ing. K. Bellin (Lüneburg).

Der oben angesprochene Entwurf einer Kabinettsvorlage wurde am 20.07.1973 mit dem Niedersächsischen Landesrechnungshof erörtert. Ausgehend vom Ergebnis dieser Erörterung bat der Niedersächsische Minister für Ernährung, Landwirtschaft und Forsten den Niedersächsischen Landesrechnungshof darum, ein umfassendes Gutachten über die Neuorganisation des Bereiches der quantitativen und qualitativen Gewässerkunde zu erstellen. Die mit der Erstattung des Gutachtens beauftragten Beamten des Landesrechnungshofes (MDgt. Dierk Fittschen und MR Geerd Snuis) stellten bereits im Rahmen ihrer Vorarbeiten fest, daß sich damals mindestens 65 Organisationen des Landes Niedersachsen, 55 Dienststellen des Bundes und 55 Einrichtungen von Körperschaften (also insgesamt 175 Organisationen) mit Teilaspekten der quantitativen und qualitativen Gewässerkunde befaßten, und zwar überwiegend unkoordiniert und teilweise sogar ohne Kenntnis voneinander. Vor diesem Hintergrund führte allein schon die Bestandsaufnahme zu einem ungewöhnlich hohen Arbeits- und Zeitaufwand. Ein Teil des Gutachtens wurde dem Niedersächsischen Minister für Ernährung, Landwirtschaft und Forsten und dem Niedersächsischen Minister für Wirtschaft und Verkehr Ende 1975 zur Verfügung gestellt. Das gesamte, 616 Seiten und zahlreiche Anlagen umfassende Gutachten konnte jedoch erst Ende 1978 der Niedersächsischen Landesregierung und den obersten Landesbehörden vorgelegt und danach veröffentlicht werden [Niedersächsischer Landesrechnungshof 1980]. Bereits im Vorwort zu diesem Gutachten wird darauf hingewiesen, daß Niedersachsen damals als einziges unter den großflächigen Ländern der Bundesrepublik Deutschland über keine zentrale Einrichtung für die quantitative und qualitative Gewässerkunde verfügte. Die Notwendigkeit einer derartigen Institution wird dann in dem Gutachten überzeugend begründet. Im Ergebnis wird dem Niedersächsischen Landesministerium u.a. empfohlen, im Rahmen der Neuordnung des gewässerkundlichen Dienstes ein zentrales Landesamt für Gewässerkunde zu errichten. Auf der Grundlage dieser Empfehlung verfolgten MDgt. Veh und MR Eggerking mit Nachdruck die Errichtung eines Landesamtes.

Im Jahre 1984 kam es dann zu dem Beschluß des Niedersächsischen Landesministeriums über die Errichtung eines Niedersächsischen Landesamtes für Wasserwirtschaft (vom 19.06.1984, veröffentlicht im Nds. MBl. Nr. 31/1984, S. 685). Der Beschluß legte fest, daß für Fachaufgaben auf den Gebieten der Gewässerkunde, des Gewässerschutzes und der Abwasserbeseitigung, der Wasserversorgung, der Abfallwirtschaft, des Hochwasserschutzes, des Insel- und Küstenschutzes und der Binnenfischerei zum 19.07.1984 das „Niedersächsische Landesamt für Wasserwirtschaft (NLW)" errichtet wird. Damit verbunden war die Weisung, die Errichtung des neuen Landesamtes durch Zusammenlegen der folgenden Dienststellen zu vollziehen:

- Niedersächsisches Wasseruntersuchungsamt
- Forschungsstelle für Insel- und Küstenschutz
- Landesstelle für Gewässerkunde des Niedersächsischen Ministers für Ernährung, Landwirtschaft und Forsten
- Dezernat S 5 - Binnenfischerei - des Niedersächsischen Landesverwaltungsamtes (Eingliederung zum 01.01.1985)

Von diesen vier Dienststellen nahm das Niedersächsische Wasseruntersuchungsamt in Hildesheim hinsichtlich der Personalstärke eine dominierende Stellung ein. In dem Beschluß des Landesministeriums wurde daher die Stadt Hildesheim als Dienstsitz des Landesamtes für Wasserwirtschaft bestimmt. Hinsichtlich der Forschungsstelle für Insel- und Küstenschutz wurde festgelegt, daß diese unter der Bezeichnung „Niedersächsisches Landesamt für Wasserwirtschaft - Forschungsstelle Küste -" als Außenstelle des NLW auch weiterhin auf Nordiren verbleibt. Das Dezernat S 5 - Binnenfischerei - des Niedersächsischen Landesverwaltungsamtes erhielt die Bezeichnung „Niedersächsisches Landesamt für Wasserwirtschaft - Dezernat Binnenfischerei" und wurde von Hannover nach Hildesheim verlegt.

Über die Entwicklung und Tätigkeiten des Niedersächsischen Wasseruntersuchungsamtes, der Forschungsstelle für Insel- und Küstenschutz und der Landestelle für Gewässerkunde wird in den Abschnitten 6.1.1 - 6.1.3 der vorliegenden Studie berichtet. Nachzutragen sind hier jedoch einige Anmerkungen über die Vorgeschichte des für die Fischereiverwaltung in Niedersachsen zuständigen Dezernates Binnenfischerei, das bis zu seiner Eingliederung in das Niedersächsische Landesamt für Wasserwirtschaft kein unmittelbarer Bestandteil der Wasserwirtschaft gewesen war:

Die Anfänge der Fischereiverwaltung für die niedersächsischen Binnengewässer gehen bis ins vorige Jahrhundert zurück. In den preußischen Landesteilen waren damals nebenamtliche Fischmeister tätig, die später - etwa ab 1907 - als Oberfischmeister bezeichnet wurden. Als maßgeblich für die weitere Entwicklung erwies sich die 1916 erfolgte Änderung des preußischen Fischereigesetzes und die darauf aufbauende Errichtung einer preußischen Fischereiverwaltung (ab 1919). Für die Provinz Hannover wurde die Position des Oberfischmeisters erst ab November 1927 hauptamtlich besetzt, und zwar durch den Fischereibiologen Dr. Friedrich Schiemenz. Im Jahre 1940 wurde aus dem Amt des Oberfischmeisters das „Staatliche Fischereiamt für die Binnengewässer der Provinz Hannover“. Durch Staatsverträge zwischen Preußen, Oldenburg, Schaumburg-Lippe und Braunschweig wurde dem Staatlichen Fischereiamt in Hannover 1941 und 1942 auch die Bearbeitung der in diesen Landesteilen anfallenden fischereilichen Aufgaben übertragen [SCHIEMENZ 1942]. Nach der Gründung des Landes Niedersachsen lag die Fischereiverwaltung zunächst beim Niedersächsischen Ministerium für Ernährung, Landwirtschaft und Forsten, bis im Jahre 1950 das Niedersächsische Fischereiamt mit dem angegliederten Institut für die Binnenfischerei errichtet wurde. Zum Leiter dieser Einrichtung wurde der ehemalige Oberfischmeister Prof. Dr. Friedrich Schiemenz bestellt. Die ihm nachfolgenden Amtsleiter waren Dr. agr. Schmeidler (1963-1970) und Dr. rer. nat. Hinrich Julius (1971 - 1989). Am 01.01.1964 wurde das Niedersächsische Fischereiamt als Dezernat S 5 (Binnenfischerei) in das Niedersächsische Landesverwaltungsamt eingegliedert. Für die Fachaufsicht blieb auch weiterhin das Niedersächsische Ministerium für Ernährung, Landwirtschaft und Forsten zuständig. Nach der 1984 erfolgten Gründung des Niedersächsischen Landesamtes für Wasserwirtschaft wurde das Dezernat S 5 (Binnenfischerei) aus dem Landesverwaltungsamt herausgelöst und als selbständiges Dezernat (Binnenfischerei - fischereikundlicher Dienst des Landes Niedersachsen) zum 01.01.1985 in das neue Landesamt eingegliedert; und zwar mit 12 Mitarbeitern (darunter 6 Fischereibiologen), einer umfangreichen Fachbücherei, einem Fischereilabor und fischereikundlichen Gerätschaften für Freilanduntersuchungen.

Dem Beschluß des Niedersächsischen Landesministeriums vom 19.06.1984 folgend wurde das Niedersächsische Landesamt für Wasserwirtschaft am 19.07.1984 im Rahmen einer von rd. 300 Gästen besuchten Feierstunde durch den damaligen Niedersächsischen Minister für Ernährung, Landwirtschaft und Forsten, Gerhard Glup, gegründet. Zum Leiter und später (ab 1985) zum Präsidenten des neuen Landesamtes wurde der Ltd. Biologiedirektor Prof. Dr. rer. nat. Horst Neumann ernannt.

Mit Datum vom 01.06.1985 wurde dem Landesamt für Wasserwirtschaft aufgetragen, die Aufgaben und die Mitarbeiter der bei der Bezirksregierung Hannover angegliederten Sachgebiete „Abfallnachweis und Abfallstatistik im Rahmen der Sonderabfallentsorgung“ zu übernehmen. Eine weitere, umfangreiche Aufgabe erwuchs aus einem Runderlaß vom 28.01.1985, in welchem das Niedersächsische Landesamt für Wasserwirtschaft zur „Zuständigen Stelle für den Ausbildungsberuf Ver- und Entsorger(in)“ bestimmt wird. Das engagierte Aufgreifen dieser neuen Aufgabe leitete auf diesem Sektor eine dauerhaft erfolgreiche Entwicklung für das gesamte Bundesgebiet ein und brachte dem Landesamt weithin besondere Anerkennung [NLW 1989].

Die Anfänge des Landesamtes für Wasserwirtschaft waren überschattet durch die Tatsache, daß für die zentrale Unterbringung der Bediensteten im Gebäude des ehemaligen Wasseruntersuchungsamtes auch nicht annähernd genügend Raum zur Verfügung stand (Abb. 6.1-21). Ein weiteres, schwerwiegendes Problemfeld stellten die beengten und teilweise unzulänglichen Arbeitsbedingungen in den Laboratorien dar. Die Amtsleitung verfolgte unterstützt durch die zuständigen Ministerien beharrlich das Ziel, ein hinreichend großes Büro- und Laborgebäude zu erwerben und somit die Voraussetzung zu schaffen für die zentrale Zusammenfassung aller Bediensteten des neuen Landesamtes (Abb. 6.1-22) (mit Ausnahme der Mitarbeiter der Forschungsstelle Küste - Abb. 6.1-23). Auf der

Abb. 6.1-21:
Dienstgebäude
„Langelinienwall“

Abb. 6.1-22:
Dienstgebäude
„Außenstelle Osnabrück“

Abb. 6.1-23: Dienstgebäude „Außenstelle Norderney"

Abb. 6.1-24: Dienstgebäude „An der Scharlake"

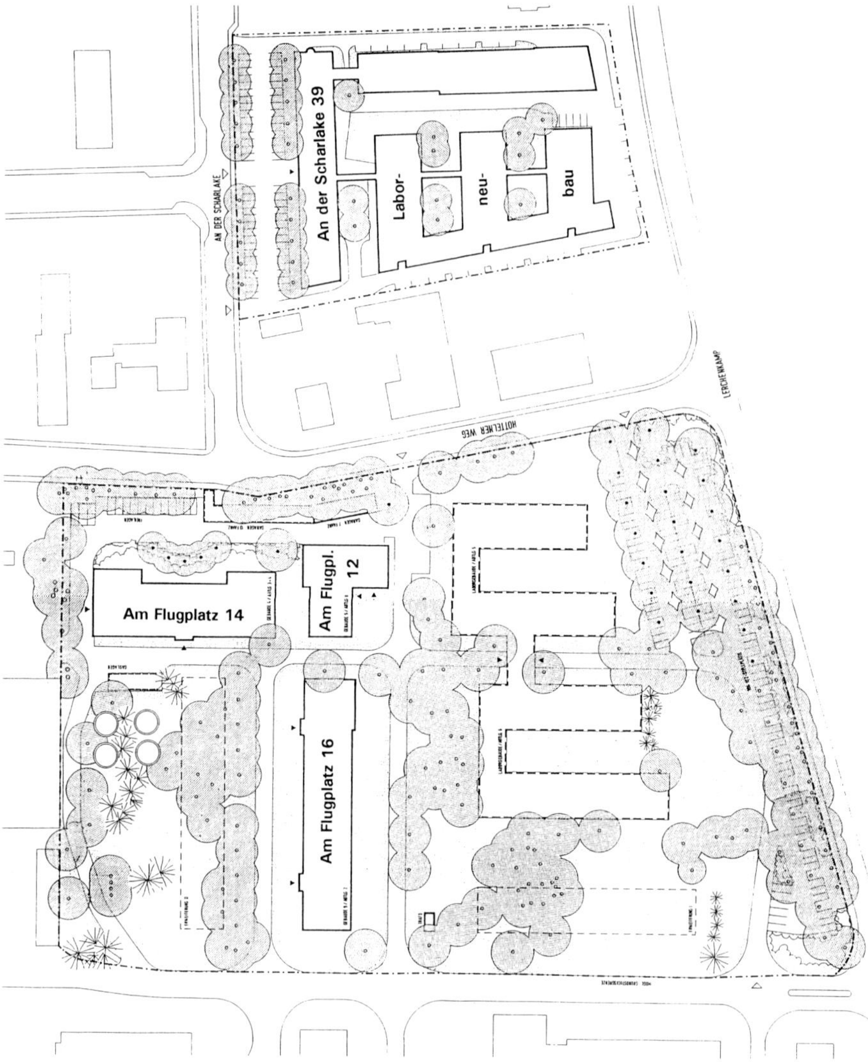

Zusammenführung des NLÖ am Standort Hildesheim-Drispenstedt

1992 Bestand: DG **„An der Scharlake 39"** (ohne Neu- und Anbau), DG Am Flugplatz 12
DG Langelinienwall 26, DG Lerchenkamp 15 (Habekost), DG Lerchenkamp 3 (Deula)

1995 DG - **„An der Scharlake 39"** (Laborneubau - Verwaltungsneubau)
Umzug der Laboratorien (Abt. 1) und Teile der Abt. 3 in den Neu- und Anbau des DG „An der Scharlake 39" und Aufgabe des DG „Langelinienwall 26" im Mai

1996 DG - **„Am Flugplatz 16"**
Anmietung des DG und Umzug der Abteilungen 3 und 4 sowie Aufgabe des DG „Lerchenkamp 15" (Habekost) und der Diensträume im Lerchenkamp 3 (Deula) im Juli

1998 DG - **„Am Flugplatz 14"**
Wahrnehmung der Mietoption auf das DG mit Umbau und Anmietung zum Januar 1998 zwecks Unterbringung von ca. 60 Bediensteten aus Hannover. Aufgabe des DG Hannover „Scharnhorststraße"

Bild 18: Lageplan der Dienstgebäude des NLÖ am Standort „An der Scharlake"

Abb. 6.1-25: Lageplan der Dienstgebäude des NLÖ am Standort „An der Scharlake"

Grundlage eines Kabinettsbeschlusses vom 28.02.1985 wurde diesem Anliegen Rechnung getragen und der Kauf eines kostengünstigen, am Stadtrand von Hildesheim gelegenen Grundstückes (mitsamt einem neuwertigen Bürogebäudekomplex) eingeleitet. Im April 1986 konnte das Dienstgebäude „An der Scharlake 39" bezogen und die geplante Zentralisierung weitgehend verwirklicht werden (Abb. 6.1-24). Der neue Dienstgebäudekomplex wurde am 20.08.1986 im Rahmen einer Vortragsveranstaltung und im Beisein des damaligen Niedersächsischen Umweltministers, Dr. Werner Remmers, offiziell eingeweiht [NLW 1987]. Es ist hier anzumerken, daß sich kurz zuvor die organisatorische Zuordnung des Niedersächsischen Landesamtes für Wasserwirtschaft durch einen Beschluß des Niedersächsischen Landesministeriums vom 14.07.1986 grundlegend verändert hatte. Diesem Beschluß folgend wurde das bis dahin dem Niedersächsischen Ministerium für Ernährung, Landwirtschaft und Forsten nachgeordnete Landesamt dem damals gerade gegründeten Niedersächsischen Umweltministerium zugeordnet. Auch unter der neuen Dienst- und Fachaufsicht erfreute sich das Landesamt für Wasserwirtschaft einer verständnisvollen Förderung und konnte die auf der Grundlage eines Kabinettsbeschlusses vom 12.03.1985 eingeleiteten Vorarbeiten für den Bau eines modernen Laborgebäudes intensivieren. Diese führten 1988 zu einem Architektenwettbewerb, nach dessen Abschluß der Träger des mit dem 1. Preis ausgezeichneten Entwurfes von der Niedersächsischen Staatshochbauverwaltung beauftragt wurde, die baureifen Planungsunterlagen zu erstellen. Etwa drei Jahre später, am 30.09.1991, konnte dann durch die damalige Umweltministerin, Monika Griefahn, der Grundstein für den Bau des Laborgebäudes gelegt werden. Nach einer Bau- und Einrichtungszeit von nochmals drei Jahren konnte das neue Gebäude bezogen und am 16.08.1995 offiziell eingeweiht werden (Abb. 6.1-25).

Um der auch in den 80er Jahren immer noch weiter angewachsenen Bedeutung des Umweltsektors „Abfall" augenfällig gerecht zu werden, erwies es sich schon bald nach der Gründung des Landesamtes für Wasserwirtschaft als geboten, den Namen des Amtes zu ändern. Diesem Anliegen, welches von der Amtsleitung über Jahre hartnäckig verfolgt wurde, gab die Landesregierung schließlich statt und verlieh dem Landesamt mit Wirkung vom 01.09.1989 den neuen Namen „Niedersächsisches Landesamt für Wasser und Abfall (NLWA)". Die beiden Hauptaufgabenbereiche des Landesamtes wurden durch die neue Amtsbezeichnung schlagwortartig umrissen. Höchstwahrscheinlich ging von dieser Bezeichnung im weiteren eine Signalwirkung auf die Landespolitik aus und verstärkte dort die Tendenz, auch andere Teilbereiche des Umweltschutzes in das Landesamt einzubeziehen bzw. mit diesem zu vereinen. Es waren dies Überlegungen, die letztlich hinführten zu der im Oktober 1992 erfolgten Gründung des Niedersächsischen Landesamtes für Ökologie (s. Abschnitt 6.1.5).

Das Niedersächsische Landesamt für Wasser und Abfall wurde gemäß Beschluß des Niedersächsischen Landesministeriums mit Wirkung vom 01.10.1992 aufgelöst und mit seinen Bediensteten, Aufgaben und Zuständigkeiten in das neue Niedersächsische Landesamt für Ökologie eingegliedert. Obwohl die Existenz des Landesamtes für Wasser und Abfall nur eine Zeitspanne von wenig mehr als 8 Jahren umfaßte, ist im nachhinein festzustellen, daß diese Einrichtung - dank ihrer hoch motivierten Bediensteten, der klaren Organisation und zukunftsorientierten Aufgabenstellungen sowie der Bereitschaft zur interdisziplinären Arbeit - überraschend schnell einen hohen Leistungsstand erreicht und allgemein Anerkennung gefunden hatte. Überzeugend belegt wird dies durch die beiden ausführlichen Tätigkeitsberichte des ehemaligen Landesamtes [NLW 1987], [NLWA 1990].

6.1.4.2 RECHTSGRUNDLAGEN UND AUFGABEN

Existenz und Aufgaben des Niedersächsischen Landesamtes für Wasserwirtschaft (NLW) und später auch die des Niedersächsischen Landesamtes für Wasser und Abfall (NLWA) gründeten sich auf den Beschluß des Landesministeriums vom 19.06.1984 über die Errichtung eines Niedersächsischen Landesamtes für Wasserwirtschaft (Nds. MBl. Nr. 31/1984, S. 685). Er enthielt die Vorgabe, welche Ämter in das neue Landesamt einzugliedern sind und für welche Hauptaufgabenbereiche dieses Landesamt zuständig sein soll (vgl. Abschnitt 6.1.4.1). Darüber hinaus enthielt er Anweisungen über die Dienst- und Fachaufsicht und die Aufgabenabgrenzung sowie detaillierte Auflistungen der fachlichen Einzelaufgaben.

Das NLW bzw. NLWA war dem Niedersächsischen Minister für Ernährung, Landwirtschaft und Forsten (und ab 1986 dem Niedersächsischen Umweltminister) unmittelbar nachgeordnet und unterstand seiner Dienst- und Fachaufsicht. Hinsichtlich der Aufgabenabgrenzung gegenüber anderen Organisationen der Wasser- und Abfallwirtschaftsverwaltung galt die im Gründungsbeschluß festgeschriebene Regel, nach der das NLW/NLWA nur jene Aufgaben wahrzunehmen hat, die „besondere Fachkenntnisse oder aufwendige Einrichtungen abverlangen oder die von besonderer Bedeutung sind oder überregionale Auswirkungen haben". Unabhängig davon umfaßte der im Gründungsbeschluß vorgegebene Aufgabenkatalog die folgenden Hauptpunkte: Gewässerkunde (quantitativ und qualitativ), Gewässerschutz und Abwasserbeseitigung, Wasserversorgung, Abfallwirtschaft, Hochwasserschutz, Insel- und Küstenschutz, Binnenfischerei, Fachgebietsübergreifende Aufgaben und Tätigkeit für Dritte. Zu den fachgebietsübergreifenden Aufgaben gehörten:

- das Entwickeln und Erproben der anzuwendenden Meß-, Probenahme- und Untersuchungstechniken,
- die fachliche Betreuung der auf den Gebieten Wasser und Abfall tätigen Laboratorien der Wasserwirtschaftsämter (einschl. dem Vorbereiten, Durchführen und Auswerten von Ring- und Vergleichsuntersuchungen),
- das Ermitteln des für die Wasser- und Abfallwirtschaft bedeutsamen Standes der Technik,
- die angewandte Forschung auf den Gebieten Wasser und Abfall,
- die Unterstützung der Behörden in wasser- und abfallrechtlichen Verfahren sowie bei der Gewässeraufsicht,
- das Erarbeiten von Programmen und technischen Richtlinien,
- das Erarbeiten von Grundsätzen für wasserwirtschaftliche Rahmenpläne,
- der Betrieb und die Fortentwicklung einer zentralen Datenerfassung und Datenverwertung für die Wasser- und Abfallwirtschaftsverwaltung Niedersachsens,
- das Vorbereiten und Durchführen von Fortbildungsveranstaltungen,
- die Mitarbeit im Rahmen der Aus- und Weiterbildung von Ver- und Entsorgern (Fachrichtungen: Wasserversorgung, Abwasser und Abfall).

Als beratende technisch-naturwissenschaftliche Fachbehörde hatte das NLW/NLWA dem für die Wasser- und Abfallwirtschaft Niedersachsens zuständigen Ministerium vorrangig zur Verfügung zu stehen. Daneben hatte es die Bezirksregierungen, die Wasserwirtschaftsämter/Staatlichen Ämter für Wasser und Abfall, die Landkreise und die kreisfreien Städte zu beraten. Hinzu kam u.a. die Bearbeitung einschlägiger Anliegen der Gemeinden, Städte, Verbände, Polizeidienststellen, Staatsanwaltschaften und Gerichte. Nach dem Gründungserlaß war es dem NLW/NLWA auch erlaubt, auf Antrag und gegen

Erstattung der Kosten für Dritte beratend tätig zu werden, sofern dadurch keine Beeinträchtigung in der Erfüllung der amtlichen Kernaufgaben zu befürchten stand.

Die durch den Gründungserlaß vom 19.06.1984 gegebenen Rechtsgrundlagen wurden u.a. durch die folgenden Erlasse ergänzt:

- „Runderlaß des Niedersächsischen Ministers für Ernährung, Landwirtschaft und Forsten über die Bestimmung der zuständigen Stelle nach dem Berufsbildungsgesetz; hier: Ausbildungsberuf Ver- und Entsorger/in" (Nds. MBl. Nr. 33/1984, S. 708)
- „Beschluß des Niedersächsischen Landesministeriums über die organisatorische Zuordnung des fischereikundlichen Dienstes des Landes Niedersachsen" (Nds. MBl. Nr. 43/1986, S. 1092)
- „Beschluß des Niedersächsischen Landesministeriums über die Bildung eines Umweltministeriums, Abgrenzung der Geschäftsbereiche" (Nds. MBl. Nr. 28/1986, S. 715)
- Runderlaß des Niedersächsischen Umweltministeriums über „Behördenbezeichnungen der Staatlichen Wasser- und Abfallwirtschaftsverwaltung" (Nds. MBl. Nr. 31/1989, S. 991).

6.1.4.3 ORGANISATION, PERSONAL, HAUSHALT UND UNTERBRINGUNG

Das NLW/NLWA wurde von einem Präsidenten geleitet und gliederte sich in Abteilungen, Dezernate, Aufgabenbereiche und Sachgebiete. Die Grundzüge der Organisationsstruktur des Landesamtes wurden durch die im Gründungsbeschluß vorgegebenen Aufgabengebiete von vornherein festgelegt. Es ergab sich daraus auf Dauer die folgende Großgliederung:

Abteilung 1: Zentrale Angelegenheiten
Abteilung 2: Grundlagen der Wasserwirtschaft
Abteilung 3: Gewässerschutz und Technik der Wasserwirtschaft
Abteilung 4: Abfallwirtschaft
Abteilung 5: Naturwissenschaftliche Laboratorien
Abteilung 6: Forschungsstelle Küste (Außenstelle Norderney)
Dezernat S: Binnenfischerei - fischereikundlicher Dienst des Landes Niedersachsen (als selbständiges Dezernat der Amtsleitung direkt unterstellt)

Unmittelbar nach Gründung des Niedersächsischen Landesamtes für Wasserwirtschaft gehörten dem Amt 206 Bedienstete an. Davon arbeiteten 148 in Hildesheim, 44 auf Norderney und 14 beim Dezernat Binnenfischerei in Hannover. In den folgenden Jahren konnte der Personalbestand schrittweise aufgestockt und dem tatsächlichen Bedarf angenähert werden. Im Jahre 1986 waren im NLW bereits 233 Bedienstete tätig (davon 44 auf Norderney) und bis Juli 1990 hatte sich diese Zahl auf 299 erhöht (Angaben ohne ABM-Kräfte und Kurzzeit-Beschäftigte). Schlüsselt man den Personalbestand nach Berufsgruppen auf, so ergibt sich für 1990 folgendes Bild: 75 Universitätsabsolventen (darunter 23 Bauingenieure, 17 Chemiker, 19 Biologen und 6 Fischereibiologen), 40 Fachhochschulingenieure (darunter 22 Bauingenieure und 12 Chemie-Ingenieure), 111 Chemotechniker, Laboranten und Laborhelfer, 44 Verwaltungskräfte (einschl. Schreibdienst) und 29 Sonstige.

Die vorstehende Zusammenstellung beeindruckt durch das Dominieren des naturwissenschaftlichen Sektors. Dies war teils bedingt durch die Vorgeschichte des Landesamtes, teils aber auch ein Ergebnis der gezielten Bemühungen der Amtsleitung, die qualitative Gewässerkunde zu stärken und sie damit zu befähigen, die künftig vermehrt anfallenden ökochemischen und ökotoxikologischen Aufgaben interdisziplinär zu bewältigen.

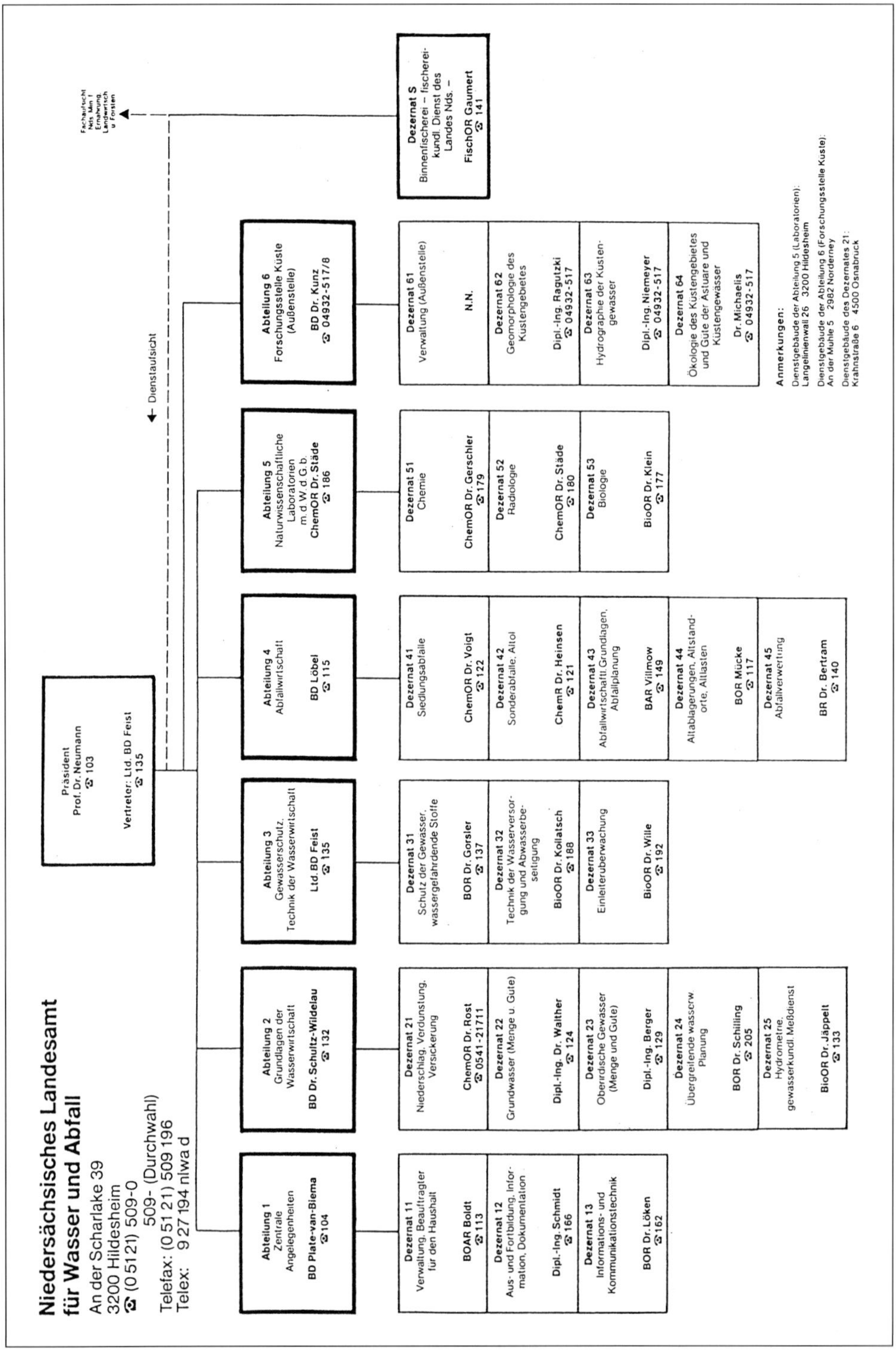

Abb. 6.1-26: Organisationsplan des NLWA, Stand 9/1990

Amts- und Abteilungsleiter des NLW/NLWA (1984 - 1992)
Amtsleitung:

1984 - 1991	Präsident Prof. Dr. rer. nat. Horst Neumann (Stellvertreter: Ltd. BD Günter Feist)
1991 - 1992	Ltd. BD Günter Feist

Abteilungsleiter:

Abteilung 1:	1984 - 1992	BD Volker Plate-van Biema
Abteilung 2:	1984 - 1992	BD Dr.-Ing. Hans-Joachim Schultz-Wildelau
Abteilung 3:	1985 - 1992	Ltd. BD Günter Feist
Abteilung 4:	1985 - 1992	BD Wilfried Löbel
Abteilung 5:	1984 - 1990	ChemD Siegfried Böhmeke
	1991 - 1992	ChemD Lutz Gerschler
Abteilung 6:	1984 - 1988	Dr.-Ing. Günter Luck
	1988 - 1992	BD Dr.-Ing. Hans Kunz
Dezernat S:	1984 - 1989	FischD Dr. rer. nat. Hinrich Julius
	1989 - 1992	FischOR Detlev Gaumert

Das Haushaltsvolumen des NLW/NLWA lag 1984 bei 19,5 Mio. DM und erhöhte sich bis 1989 auf 32,2 Mio. DM. Davon entfielen 4,3 bzw. 6,8 Mio. DM auf die Einnahmenseite. Mit einem Anteil von 64 bzw. 47 % bildeten dabei die Einnahmen aus den Aufträgen Dritter (Spezialuntersuchungen) den jeweils stärksten Einzelposten. Bezogen auf die Gesamtausgaben lag der Anteil der Einnahmen bei etwa 28 bzw. 27 %.

Für die Unterbringung des NLW standen in Hildesheim anfangs (ab 1984) nur 2.600 m^2 Diensträume zur Verfügung (davon entfielen etwa 60 % auf die Laboratorien). Der tatsächliche Raumbedarf war damals jedoch mindestens doppelt so hoch. Durch den Erwerb des Gebäudes „An der Scharlake" konnte 1986 die Unterbringungsfrage vorübergehend entschärft werden. Anfang der 90er Jahre verfügte das NLWA über insgesamt 7.389 m^2 Diensträume (davon entfielen 1.540 m^2 auf das Dienstgebäude Norderney). Der Anteil der Büroflächen lag bei 55 % und der des Labor-, Lager- und Werkstattbereiches bei 45 % der Gesamtfläche. Um künftig eine vorschriftsmäßige Unterbringung der Laboratorien zu erreichen, wurde im Herbst 1991 der Bau eines Laborgebäudes eingeleitet. Dieses konnte noch einer Bauzeit von drei Jahren in Betrieb genommen und im August 1995 eingeweiht werden (vgl. Abschnitt 6.1.4.1) (Abb. 6.1-26).

6.1.4.4 TÄTIGKEITEN

Über die Tätigkeiten und Arbeitsergebnisse der Abteilungen und Dezernate des NLW/NLWA wurde in den beiden gedruckt erschienenen Tätigkeitsberichten des Landesamtes sehr ausführlich berichtet [NLW 1987], [NLWA 1990]. Es dürfte hier daher genügen, die wichtigsten Aufgaben- und Tätigkeitsbereiche stichwortartig vorzustellen und dabei dem Organisationsplan des ehemaligen NLWA zu folgen.

a) Zentrale Angelegenheiten (Abteilung 1)
Verwaltung und Beauftragter für den Haushalt
Dieses Dezernat umfaßte die Aufgabenbereiche:
- Organisation und Innerer Dienstbetrieb (Hauptbüro), Werkstätten und Fahrzeuge,

- Personal- und Rechtsangelegenheiten,
- Haushalts-, Kassen- und Rechnungswesen,
- Beschaffung und Geräteverwaltung.

Im Vergleich zur Gesamtzahl der Bediensteten des Landesamtes war der Personalbestand der Verwaltung nur als relativ schmal zu bezeichnen. Dennoch erwies sich dieser kleine Verwaltungsapparat als bemerkenswert leistungsfähig und flexibel. Der Amtsleitung war es denn auch ein stetes Anliegen, ein in die Unwirtschaftlichkeit führendes Aufblähen oder gar eine Verselbständigung dieses amtsinternen Dienstleistungsbereiches zu verhindern.

Aus- und Fortbildung, Öffentlichkeitsarbeit, Dokumentation

Zu diesem Dezernat gehörten die Aufgabenbereiche:
- Zuständige Stelle für die Berufsbildung der „Ver- und Entsorger(in)",
- Aus- und Fortbildung,
- Information, Öffentlichkeitsarbeit, Bücherei und Sammlungen.

Im Mittelpunkt der Tätigkeit des Dezernates stand während mehrerer Jahre die Mitarbeit bei der Ausbildung der „Ver- und Entsorger(in)" und die Unterstützung der Weiterbildung zum „Meister(in) für Ver- und Entsorgung". Als weitere Schwerpunkte sind zu nennen die Öffentlichkeitsarbeit, das Vorbereiten und Durchführen von Fortbildungsveranstaltungen, das Betreuen von Praktikanten, Referendaren, Anwärtern und Teilnehmern des „Freiwilligen ökologischen Jahres" sowie die Organisation (technische Redaktion) der fachlichen Veröffentlichungen des Landesamtes. Zu diesen Schriftenreihen gehörten u.a. die „Mitteilungen aus dem Niedersächsischen Landesamt für Wasserwirtschaft", die Jahresberichte über die „Daten zur Wassergüte der oberirdischen Binnengewässer des Landes Niedersachsen" und die Berichte über das „Gewässerüberwachungssystem Niedersachsen" sowie Merkblätter und Lehrgangshefte für die Aus- und Fortbildung in der Wasser- und Abfallwirtschaft.

Zu den Tätigkeiten im Rahmen der Aufgabenfelder „Information und Veröffentlichungen" gehörten auch die Erfassung und ggf. die Koordination der von den Bediensteten des NLW/NLWA in Fachzeitschriften publizierten Arbeiten. Entsprechendes galt auch hinsichtlich der Vortrags- und Lehrtätigkeit sowie der Mitarbeit in Fachgremien. Diese ausnahmslos praxisbezogenen Tätigkeitsfelder hatten sich - der Tradition des „Niedersächsischen Wasseruntersuchungsamtes" folgend - im Landesamt stürmisch weiterentwickelt und dokumentierten nicht zuletzt das hohe fachliche Engagement der damaligen Mitarbeiter. Aus den Tätigkeitsberichten des Landesamtes ist beispielsweise abzulesen, daß die Naturwissenschaftler und Ingenieure des Amtes in der Zeit von 1984 bis 1990 mit insgesamt 160 fachlichen Veröffentlichungen hervorgetreten sind. Hinzu kam die Beteiligung an 29 Lehrgängen der Wasserwirtschaftsverwaltung des Landes sowie die Mitarbeit bei der Vorbereitung von 51 Merk- und Arbeitsblättern. Beachtung verdient auch die Tatsache, daß 6 Naturwissenschaftler und Ingenieure des Landesamtes nebenamtlich als Lehrbeauftragte an den Universitäten in Braunschweig und Hannover sowie an der Fachhochschule in Suderburg tätig waren. Als Folge der anerkannten Fachkompetenz des NLW/NLWA hatte schließlich auch die Mitarbeit in wissenschaftlichen Gremien, Fachausschüssen, Arbeitsgruppen, Arbeitskreisen und Kommissionen in einem unerwarteten Umfange zugenommen. Anfang 1990 war das NLWA in insgesamt 210 Fachgremien vertreten [NLWA, 1990] (Abb. 6.1-27).

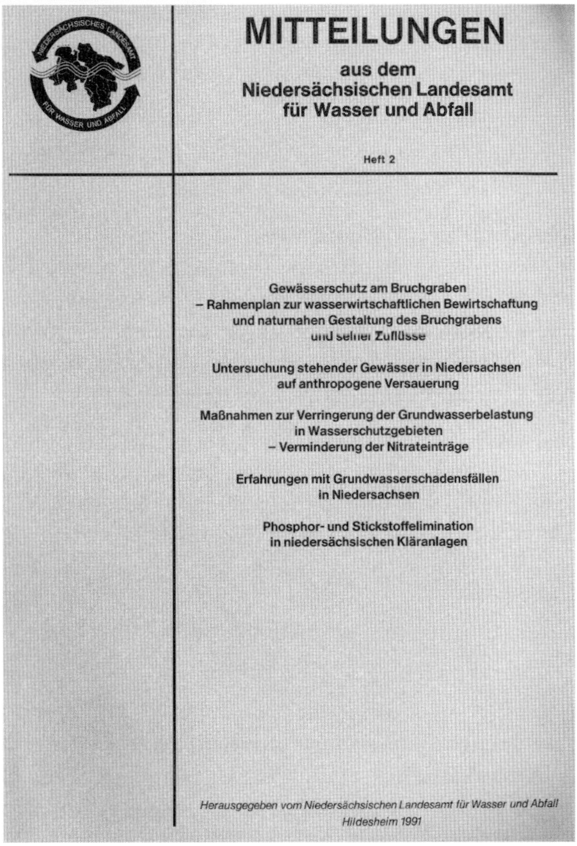

Abb. 6.1-27: Projekte mit maßgeblicher Beteiligung sowie Veröffentlichungen des NLW bzw. des NLWA

Informations- und Kommunikationstechnik

Das Tätigkeitsfeld dieses Dezernates umfaßte alle Geräte und Programme, die zur rechnergestützten Verarbeitung, Darstellung und Übertragung von Daten, Texten und Bildern eingesetzt werden konnten. Gemäß der Vorgaben des Gründungserlasses stand das Dezernat allen Dienststellen der Wasser- und Abfallwirtschaftsverwaltung beratend und planend zur Verfügung. Alle Aktivitäten waren dabei eingebunden in eine Gesamtplanung für die Informations- und Kommunikationstechniken im Geschäftsbereich des Niedersächsischen Umweltministeriums. Im einzelnen waren die folgenden Tätigkeitsbereiche zu unterscheiden:

- Zentrale Datenverarbeitung (Aufbau, Betrieb und Weiterentwicklung zentral eingesetzter IuK-Systeme),
- Regionale Datenverarbeitung (insbes. die Beratung und Betreuung von ADV-Vorhaben der Staatlichen Ämter für Wasser und Abfall),
- Meßnetzzentrale GÜN (insbes. der Betrieb der ADV-Komponenten des automatischen Gewässerüberwachungssystems Niedersachsen einschließlich Ausbau- und Organisation des DV-Betriebes),
- Planung und Entwicklung.

b) Grundlagen der Wasserwirtschaft (Abteilung 2)

Die Tätigkeiten der Abteilung 2 wurden geprägt durch die zentralen Fachaufgaben des gewässerkundlichen Dienstes in Niedersachsen und durch die Erfordernisse der übergreifenden wasserwirtschaftlichen Planung.

Niederschlag, Verdunstung, Versickerung

Schwerpunktthema war die Belastung in der Luft und in den Niederschlägen. Um die Belastungen laufend erfassen zu können, wurde ein flächendeckendes Niederschlags-Gütemeßnetz (42 Meßstellen) betrieben.

Grundwasser (Menge und Güte)

Dieses Dezernat hatte die zentralen Aufgaben für den Betrieb des Grundwasserstands- und des Grundwassergütemeßnetzes zu erfüllen (die Meßnetze umfaßten 330 bzw. 235 Hauptmeßstellen). Zu den ständigen Aufgaben gehörte darüber hinaus die Mitwirkung bei der Grundwassererkundung sowie bei der Vorbereitung und Durchführung von Vorhaben zur Reinhaltung des Grundwassers.

Oberirdische Gewässer (Menge und Güte)

Vorrangige Aufgabe dieses Dezernates war die zentrale gewässerkundliche Betreuung des Pegelmeßnetzes und des Fließgewässergütemeßnetzes. Die an 36 automatischen Gütemeßstationen und 360 Gütemeßstellen erarbeiteten chemischen und biologischen Befunde der Fließgewässerüberwachung wurden u.a. in Form von Jahresberichten veröffentlicht und dienten darüber hinaus als Material für das Erstellen der Gewässergütekarten. Ein eigenes Aufgabenfeld stellte die Überwachung der stehenden Gewässer dar. Die Grundlagen hierfür konnten im Rahmen langjähriger limnologischer Forschungen entwickelt werden.

Übergreifende wasserwirtschaftliche Planung

Dieses Dezernat organisierte und lenkte jahrelang die von zahlreichen Behörden getragenen Arbeiten zur Aufstellung von 16 wasserwirtschaftlichen Rahmenplänen und 2 Bewirtschaftungsplänen (Leine und Oker). Weitere Arbeitsschwerpunkte waren:

- das Erkunden und Anwenden neuer Methoden zur Verwirklichung einer naturgerecht angepaßten Bewirtschaftung und naturnahen Gestaltung von Oberflächengewässern,
- das Entwickeln eines Fließgewässerschutzkonzeptes und das Definieren von Qualitätszielen,
- das Mitwirken an mehreren einschlägigen Modell- und Forschungsvorhaben,
- das Fortschreiben der Hydrographischen Karte Niedersachsen und des zugehörigen Flächenverzeichnisses,
- das Mitwirken im Rahmen von Umweltverträglichkeitsprüfungen und bei der Begutachtung landespflegerischer und ökologischer Planungen.

Hydrometrie, gewässerkundlicher Meßdienst

Diesem Dezernat oblag:
- die Installation, der Betrieb und die Wartung der meßtechnischen Einrichtungen in den automatischen Meßstationen,
- die Organisation des gewässerkundlichen Meß- und Probenahmedienstes,
- das Erproben neuer gewässerkundlicher Techniken sowie die einschlägige fachliche Betreuung der Regionalbehörden,
- das Mitwirken (gemeinsam mit Abteilung 6) bei der Durchführung von Meßprogrammen im Bereich der Nordsee (Bund-/Länder-Meßprogramm für die Nordsee sowie spezielle Überwachungsprogramme für den Jadebusen und die Ästuare der Ems und der Weser).

c) Gewässerschutz, Technik der Wasserwirtschaft (Abteilung 3)

Die wasser- und siedlungswasserwirtschaftlichen Aufgabenbereiche der drei Dezernate dieser Abteilung waren durch das Vorherrschen naturwissenschaftlicher und verfahrenstechnischer Fragestellungen geprägt.

Schutz der Gewässer, wassergefährdende Stoffe

Die Themenschwerpunkte dieses Dezernates waren:
- die Beratung der Wasserbehörden und Betriebe sowie die Vorgabe technischer Vorgehensweisen beim Umgang mit wassergefährdenden Stoffen,
- die Mitarbeit beim Aufklären, Beurteilen und Sanieren von Schadensfällen im Grundwasser und in Oberflächengewässern,
- das im Rahmen von Sondervorhaben erfolgende Erkunden der Grundwasserbeschaffenheit in landwirtschaftlich genutzten Einzugsgebieten und im Bereich von Industriestandorten sowie Untersuchungen zu Fragen der Bewertung und Behandlung von Baggergut,
- das Bearbeiten von Grundsatzfragen der chemisch-hygienischen und chemisch-technischen Problemkreise der Wasserversorgung.

Technik der Wasserversorgung, Abwasserbeseitigung und Schlammbehandlung

Die Tätigkeit dieses Dezernates erstreckte sich vor allem auf das Bearbeiten von Grundsatzfragen der Abwasser- und Schlammbehandlung. Im einzelnen sind die folgenden Tätigkeitsfelder hervorzuheben:
- Wasserversorgung (Fragen der Rohwasserüberwachung, der Einsatzmöglichkeiten neuer Aufbereitungstechnologien sowie der Behandlung von Rückständen aus der Wasseraufbereitung und der Trinkwasserspeicherung),
- Abwasserableitung (Probleme der Unterhaltung und Sanierung kommunaler Kanalisationen), Schmutzfrachtberechnungen und Abwasserbeseitigungspläne,
- Abwasser- und Klärschlammbehandlung (Verfahrenswahl und Bemessung; weiterge-

hende Abwasserreinigung; gewerbliche und industrielle Abwässer: Mindestanforderungen gem. § 7a WHG, innerbetriebliche Vermeidungsmaßnahmen, Probleme der Direkt- und der Indirekteinleiter),
- Spezialfragen der biologischen Abwasser- und Klärschlammbehandlung sowie der chemischen und physikalischen Behandlungstechnologien.

Einleiterüberwachung

Dieser Arbeitsbereich war durch intensive Außendiensttätigkeit gekennzeichnet, in deren Mittelpunkt die im Auftrage der Wasserbehörden regelmäßig erfolgende Überprüfung von ca. 600 Abwassereinleitern stand (direkt einleitende Industrie- und Gewerbebetriebe, Abfalldeponien und ausgewählte kommunale Kläranlagen). In allen Fällen handelte es sich dabei um Abwassereinleitungen, für deren Untersuchung ein hoher, die Möglichkeiten der regionalen Kleinlaboratorien überschreitender analytisch-technischer Aufwand erforderlich war. Von den weiteren Tätigkeitsfeldern des Dezernates seien hier genannt:
- das ADV-gestützte zentrale Erfassen und Auswerten aller in Niedersachsen erarbeiteten Befunde der Abwassereinleiterüberwachung,
- die Durchführung von Abwasserdaueruntersuchungen, von Funktionsüberprüfungen an Kläranlagen und von Versuchen zur Behandlung industrieller Abwässer,
- das Erfassen und Auswerten von Daten der Klärschlammuntersuchung, -behandlung und -beseitigung bzw. -verwertung,
- die Untersuchung salzbelasteter Gewässer und der Abwassereinleitungen von Betrieben der Kaliindustrie.

d) Abfallwirtschaft (Abteilung 4)

Die Tätigkeit der in 5 Dezernate gegliederten Abteilung erstreckte sich überwiegend auf die Bearbeitung von Einzelvorgängen. Daneben - und mit zunehmender Tendenz - war es geboten, umfangreiche Zuarbeit für das Umweltministerium zu leisten sowie grundsätzliche fachliche Vorgaben und Vorgehensweisen für das Land Niedersachsen zu erarbeiten.

Siedlungsabfälle und Sonderabfälle

In beiden Dezernaten konzentrierte sich die Tätigkeit vor allem auf die Aufgabenfelder der Abfallbewertung (insbes. in Hinblick auf das Vermeiden, Vermindern, Verwerten und Beseitigen) sowie auf die der Abfalltechnik und der Gewässerüberwachung im Nahbereich von Deponien und sonstigen Abfallbehandlungsanlagen. Für das Dezernat „Sonderabfälle“ galt die Weisung, die Mitwirkung im Rahmen der Überwachung der Sonderabfalldeponie Hoheneggelsen und der Sonderabfallentsorgungsanlage der Fa. Edelhoff in Bramsche-Achmer als Schwerpunktaufgabe zu behandeln.

Abfallwirtschaftliche Grundlagen, Sonderabfallplanung

Zu den Hauptaufgaben dieses Dezernates gehörten:
- das Erfassen, abschließende Prüfen und Auswerten der Begleitscheininhalte und des Datenpotentials bei der Sonderabfalltransportüberwachung innerhalb des Landes und bei grenzüberschreitendem Verkehr,
- das Erstellen, Auswerten und Bewerten abfallwirtschaftlicher Datensammlungen und Statistiken,
- das Unterstützen des Niedersächsischen Umweltministeriums, der zuständigen Landesbehörden und der Dienststellen anderer Länder bei der Wahrnehmung der ihnen obliegenden Überwachungsaufgaben im Rahmen der Sonderabfallentsorgung.

Altlasten

Das Dezernat umfaßte die Aufgabenbereiche Grundlagenermittlung, Altablagerungen und Altstandorte, Rüstungsaltlasten und Mobiles Abfall-Laboratorium. Die Schwerpunktaufgabe des Dezernates bestand darin, die Durchführung des „Altlastenprogrammes des Landes Niedersachsen (Altablagerungen)" gemäß dem in vier Hauptphasen gegliederten Handlungsablauf zu koordinieren und voranzutreiben. Das Zwischenziel dieses Programmes war, zunächst landesweit alle Altablagerungen einheitlich zu erfassen und hinsichtlich ihres Gefährdungspotentials zu beurteilen. Das Erfassen der Altablagerungen in Niedersachsen (insges. 7.000) sowie die ersten ADV-gestützten Auswertungen der Daten konnten bis 1990 abgeschlossen werden. Ausgehend von diesem Material wurde dann in vorbildlich enger Zusammenarbeit mit dem Niedersächsischen Landesamt für Bodenforschung damit begonnen, die Ergebnisse der Erhebungen und Bewertungen für die Landkreise und Kommunen Niedersachsens zu dokumentieren und damit Entscheidungshilfen zu liefern für die weitere Vorgehensweise.

Wachsende Bedeutung erlangte Ende der 80er Jahre die Erfassung und Bearbeitung der zahlreichen über Niedersachsen verstreuten Rüstungsaltlasten. Zu diesem Aufgabenfeld gehörte sowohl die Gefährdungsabschätzung als auch das Erarbeiten fachlicher Vorgaben und Beurteilungen über Art, Umfang und Durchführung von Überwachungs-, Sicherungs- und Sanierungsmaßnahmen.

Abfallverwertung, Abfallplanung

Dieses Dezernat wurde Ende 1988 eingerichtet und bekam als vorläufige Hauptaufgabe die Bearbeitung des Themenkreises „Verwertung von Siedlungsabfällen, hausmüllähnlichen Abfällen und Massenabfällen" zugeordnet. Mit besonderem Nachdruck wurden in diesem Zusammenhang Untersuchungen angestellt über die Entsorgungsmöglichkeiten für Bauschutt, Straßenaufbruch, Baustellenabfall und Erdaushub; Klärschlamm, ölbelasteten Boden und Schredderabfall.

e) Naturwissenschaftliche Laboratorien (Abteilung 5)

Bei der Gründung des Niedersächsischen Landesamtes für Wasserwirtschaft wurden die radiologischen, chemischen und biologischen Laboratorien des ehemaligen Niedersächsischen Wasseruntersuchungsamtes als Dezernate zu einer Abteilung zusammengefaßt und in das neue Amt integriert. Die Organisation, Aufgaben und Tätigkeiten der Dezernate Radiologie und radiologische Überwachung, Chemie und Biologie entsprachen weitgehend dem im Wasseruntersuchungsamt entwickelten Schema (vgl. Abschnitt 7.3.4 d-f). Eine spezielle Besprechung dieser Organisationseinheiten kann an dieser Stelle daher entfallen. Anzumerken ist jedoch, daß die naturwissenschaftlichen Laboratorien sich auch im NLW/NLWA als unverzichtbar erwiesen haben für das Gelingen praxisnaher gewässerkundlicher und abfallwirtschaftlicher Vorhaben.

f) Forschungsstelle Küste (Abteilung 6)

Die Forschungsstelle auf Norderney gliederte sich in die Dezernate Verwaltung (Außenstelle), Geomorphologie, Hydrographie und Ökologie des Küstengebietes. Die Aufgaben und Tätigkeiten der Fachdezernate waren praktisch identisch mit denen der ehemaligen Forschungsstelle für Insel- und Küstenschutz. Um Wiederholungen zu vermeiden, sei daher auf die einschlägigen Ausführungen in Abschnitt 6.1.2 des vorliegenden Buches verwiesen.

g) Binnenfischerei - fischereikundlicher Dienst des Landes Niedersachsen (Dez. S)

Der fischereikundliche Dienst war dem NLW/NLWA als selbständiges Dezernat angegliedert und unterstand der Dienstaufsicht des Niedersächsischen Umweltministers. Die Fachaufsicht über das Dezernat lag dagegen beim Niedersächsischen Minister für Ernährung, Landwirtschaft und Forsten, dem es auch unmittelbar nachgeordnet war.

Das Dezernat S gliederte sich in 6 Aufgabenbereiche (Fischereiverwaltung in den Regierungsbezirken Weser-Ems, Lüneburg, Braunschweig und Hannover sowie fischereiliche Untersuchungen an stehenden Binnengewässern und Untersuchungen an Fließgewässern). Zu den Schwerpunktthemen gehörten:

- das Sammeln, Aufbereiten und Auswerten von Bestandsdaten zur Binnenfischerei sowie die Beratung der Verwaltungsbehörden und von Privaten in fischereikundlichen Fragen,
- das Mitwirken bei der Durchführung von Maßnahmen zur Bewirtschaftung der Fischbestände entsprechend der gesetzlichen Hegepflicht durch Beratung von Fischereiberechtigten bzw. Fischereigenossenschaften,
- das Abwenden von Gefahren für die Fischerei sowie das Untersuchen und Begutachten von Fischereischäden,
- das Erarbeiten von Stellungnahmen in wasserrechtlichen Verfahren und die Durchführung fischereilicher Beweissicherungsverfahren,
- das Mitwirken im Rahmen des Fischartenschutzes und beim Durchsetzen fischereifreundlicher Maßnahmen an den Gewässern,
- die Fischereiförderung mit Landesmitteln in den Bereichen Sportfischerei, Binnenfischerei und Aquakultur.

6.1.5 NIEDERSÄCHSISCHES LANDESAMT FÜR ÖKOLOGIE

Das niedersächsische Landesamt für Ökologie (NLÖ) wurde auf Beschluß des Niedersächsischen Umweltministeriums zum 01.10.1992 mit Sitz in Hildesheim errichtet. Kurzgefaßte Angaben über die Ursprünge, Organisation, Aufgaben und Ziele des neuen Landesamtes sind im Vorspann einer Veröffentlichung enthalten, in der die Texte der im Rahmen der Gründungsveranstaltung vorgetragenen Festreden dargeboten werden [NLÖ 1992].

6.1.5.1 ENTWICKLUNG

Ende der 80er Jahre setzten auf der politischen Ebene erste Überlegungen ein, für Niedersachsen ein medienübergreifendes Umweltlandesamt zu schaffen. Ausgelöst und gefördert wurden diese Bestrebungen nicht zuletzt durch die Tatsache, daß damals bereits in mehreren alten und später in allen neuen Ländern der Bundesrepublik Deutschland Landesämter für Umwelt und Umweltschutz im Aufbau begriffen waren. In Niedersachsen trat vor allem der damalige Umweltminister Dr. Werner Remmers für die schnelle Gründung eines derartigen Landesamtes ein. Nach dem Regierungswechsel im Jahre 1990 wurde die Verwirklichung dieses Vorhabens zu einem wesentlichen Anliegen der Umweltpolitik des Landes. Bereits in den der Bildung der damaligen Landesregierung vorangegangenen Koalitionsvereinbarungen war im Kapitel „Umwelt" festgelegt worden, daß bestehende Landesbehörden zu einem Landesamt für Umwelt zusammengefaßt werden sollen. Das neue Amt sollte dazu beitragen, die „Umweltpolitik von der überwiegend nachsorgenden und reparierenden Vorgehensweise zu lösen und sie hinzulenken auf ein vorsorgendes, die natürlichen Lebensgrundlagen schützendes Handeln".

Die Vorarbeiten zur Gründung eines Niedersächsischen Umweltlandesamtes wurden Anfang 1991 aufgenommen. Der eigens dafür gebildete Arbeitsstab unterstand der Leitung von MDgt Horst Wilbrand zur Horst. Im Verlauf der Vorarbeiten wurde (Anfang 1992) die für das künftige Landesamt ursprünglich vorgesehene Amtsbezeichnung (Niedersächsisches Umweltlandesamt) spontan aufgegeben. Um die dem kommenden Landesamt immanenten ökologischen Ansätze und Verflechtungen zu verdeutlichen und öffentlichkeitswirksam herauszuheben, entschied sich die damalige Landesregierung für die Bezeichnung „Niedersächsisches Landesamt für Ökologie (NLÖ)".

Ausgehend von dem Ergebnis der Vorarbeiten des Arbeitsstabes konnte die Niedersächsische Umweltministerin Monika Griefahn am 28.06.1992 der Niedersächsischen Staatskanzlei einen Entwurf für den Errichtungsbeschluß des NLÖ vorlegen. In der dem Entwurf beigefügten ausführlichen Begründung heißt es unter anderem:

„Die bisherige Organisation der Behörden der niedersächsischen Verwaltung im Bereich des Umweltschutzes beruht im wesentlichen auf einem historisch aus unterschiedlichen Aufgabenbereichen gewachsenen und daher sektoralen Konzept. Nach wie vor sind die drei Aufgabensäulen des Umweltministeriums im nachgeordneten Bereich getrennt organisiert. Zwischen den Behörden der Gewerbeaufsichtsverwaltung, der Abfall- und Wasserwirtschaftsverwaltung und der Naturschutzverwaltung bestehen organisatorische Grenzen. Sie arbeiten damit trotz aller Bemühungen der Bediensteten bei diesen organisatorischen Rahmenbedingungen auch inhaltlich vielfach parallel und nicht aufeinander bezogen. Mit dem NLÖ soll ein verbessertes Zusammenwirken der Behörden mit fachlich-wissenschaftlichen Beratungs- und Analysenaufgaben erreicht werden."

„Diese Ämter arbeiten den Vollzugsbehörden bisher weitgehend unabhängig voneinander zu. Mit Gründung des NLÖ soll diese Zuarbeit verbessert werden."

„Mit der Bildung des NLÖ soll erreicht werden, daß die maßgeblichen, bisher sektoral arbeitenden behördlichen Institutionen gebündelt werden und die feststellbaren organisatorisch bedingten Aufmerksamkeitsschwellen überwunden und neue Handlungsmöglichkeiten erschlossen werden. Das macht es notwendig, in das Landesamt für Ökologie jedenfalls diejenigen Behörden zu integrieren, die auf der Ebene der derzeitigen Landesämter für die Umweltmedien Luft, Boden und Wasser maßgebliche Kompetenzen und Sachverstand haben, und sie mit der übergreifenden Kompetenz des Naturschutzes zu verknüpfen. Damit verbunden werden sollen auch die für die Umweltpolitikberatung unverzichtbaren Erkenntnisse aus dem Bereich des Arbeitsschutzes. Das Ziel fachübergreifender Betrachtung macht es weiter notwendig, das Amt mit wirksamen Instrumenten der horizontalen, querschnittsorientierten inneren Organisation zu versehen, so daß die Fachbereiche ihre Aufgabe als Verbundaufgabe verstehen und wahrnehmen können. Dieser Ansatz muß sich in einem inneren Entwicklungsprozeß, der sich über einen gewissen Zeitraum erstrecken wird und vom Umweltministerium intensiv begleitet und gesteuert werden muß, entfalten; er muß gleichzeitig auf die derzeitige Infrastruktur Bedacht nehmen, die nicht sofort und nur verträglich für die Betroffenen verändert werden kann."

Die Vorlage für den Errichtungsbeschluß (einschließlich der Begründung) wurde am 07.07.1992 im Kabinett erörtert, korrigiert, verabschiedet und in dieser Fassung im Niedersächsischen Ministerialblatt (Nr. 24/1992, S. 1034) veröffentlicht. Dem Beschluß des Landesministeriums gemäß wurde am 01.10.1992 im Rahmen eines Festaktes das Niedersächsische Landesamt für Ökologie gegründet. Zum Präsidenten des neuen Landesamtes wurde MDgt Dipl.-Phys. Horst Wilbrand zur Horst berufen und zum Vizepräsidenten der Diplom-Physiker Meinfried Striegnitz. Mit der Gründung des NLÖ gekoppelt war die Auflösung des Niedersächsischen Landesamtes für Wasser und Abfall und des Niedersächsischen Landesamtes für Immissionsschutz sowie die Verlagerung des Dezernates S 2 (Naturschutz, Landschaftspflege, Vogelschutz) im Niedersächsischen Landesverwaltungsamt in das NLÖ. Dem Errichtungsbeschluß gemäß gingen das Personal sowie die Aufgaben und Zuständigkeiten der vorstehend genannten Behörden auf das NLÖ über, dem sich damit auf Dauer die zentrale Aufgabe stellte, die Umweltbereiche Wasser, Boden und Abfall sowie Naturschutz, Landschaftspflege, Binnenfischerei, Arbeits-, Immissions- und Strahlenschutz nach ökologisch orientierten Arbeitsansätzen weiterzuentwickeln und miteinander zu verzahnen. Eine Integration auch anderer mit Umweltaufgaben betrauter Behörden, wie etwa des Niedersächsischen Landesamtes für Bodenforschung oder verschiedener Medizinal- und Veterinärbehörden, mußte aus hier nicht näher zu erörternden Gründen unterbleiben. Um die seit langem bewährte Zusammenarbeit zwischen den wasser- und abfallwirtschaftlichen Arbeitsbereichen des NLÖ und der Unterabteilung Hydrogeologie des Niedersächsischen Landesamtes für Bodenforschung zu stärken und zu optimieren, wurde diese Unterabteilung durch einen Beschluß des Landesministeriums überwiegend der Fachaufsicht des Niedersächsischen Umweltministeriums unterstellt.

In der Begründung des Beschlusses über die Errichtung des NLÖ hatte das Niedersächsische Landesministerium die Rahmenbedingungen und Leitlinien für die Amtsentwicklung sowie die allgemeinen Zielsetzungen festgelegt. Es hatte jedoch bewußt darauf verzichtet, dem NLÖ hinsichtlich der Organisation, Aufgaben und Arbeitsweise detaillierte Vorgaben aufzuerlegen. Vielmehr wurde gefordert und erwartet, daß das neue Landesamt im Verlaufe einer dreijährigen, schrittweisen Entwicklung seine Organisation selbst optimiert, die Aufgaben kritisch überprüft (ggf. modifiziert) und die fach- und medienübergreifende Vernetzung der verschiedenen Tätigkeitsfelder durchsetzt. Es war vorgesehen, diesen Entwicklungsprozeß auch durch externen fachlichen Sachverstand begleiten zu lassen. In diesem Sinne wurden vom Umweltministerium mehrere Arbeitsgruppen und Gesprächskreise eingerichtet. In einigen dieser Gremien gehörten zu den Teilnehmern nicht nur die Vertreter der tangierten Ministerien und des NLÖ, sondern auch Angehörige von Umwelt- und Naturschutzverbänden, Organisationen der Wirtschaft, Gewerkschaften, technischen Verbänden.

Die inhaltliche Entwicklung des NLÖ zu integrierter Zusammenarbeit der aus verschiedenen Behörden stammenden Fachabteilungen vollzog sich nicht ohne Widerstände und Hemmnisse. Schon vor Gründung des Amtes begegnete die Mehrzahl der Fachleute der politischen Willensbildung zur Gründung eines medienübergreifenden Landesamtes mit Skepsis, zum Teil sogar mit betonter Ablehnung. Dieses Verhalten gründete sich nicht nur auf das in derartigen Situationen ohnehin aufkommende Besitzstandsdenken, sondern auch auf ernstzunehmende fachliche Einwände. Die Phase der Orientierungssuche und Selbstfindung des NLÖ war deshalb mit einer gewissen Hypothek belastet. Außerdem wurde die Amtsentwicklung durch die kurz nach der Amtsgründung einsetzende Verwaltungsreform mit den damit verbundenen Einsparmaßnahmen nachhaltig gehemmt. Trotzdem hat sich das Personal der Wasser- und Abfallwirtschaft kräftig für die Entwicklung des NLÖ eingesetzt und in vielen Arbeitsgruppen mitgearbeitet, in denen Organisationsfragen, Themen der Aufgabenkritik und Fachprobleme medienübergreifend bearbeitet wurden. Der Erfolg dieser Bemühungen wird in den Ausführungen zum Kap. 6.1.5.4 verdeutlicht.

6.1.5.2 RECHTSGRUNDLAGEN UND AUFGABEN

Die Gründung und Tätigkeit des NLÖ beruht auf dem „Beschluß des Landesministeriums über die Errichtung des Niedersächsischen Landesamtes für Ökologie“ vom 07.07.1992 (Nds. MBl. Nr. 24/1992, S. 1034). Er ordnet die Gründung des NLÖ an und die gleichzeitige Auflösung des Niedersächsischen Landesamtes für Wasser und Abfall und des Niedersächsischen Landesamtes für Immissionsschutz. Nach dem Beschluß ist das NLÖ dem Niedersächsischen Umweltministerium unmittelbar nachgeordnet und untersteht seiner Dienstaufsicht. Die Fachaufsicht üben das Niedersächsische Umweltministerium, das Landwirtschaftsministerium und das Sozialministerium im Rahmen ihrer Zuständigkeiten aus. Zum Dienstsitz des NLÖ wird die Stadt Hildesheim bestimmt.

Die Aufgaben des NLÖ werden im Errichtungsbeschluß programmatisch festgelegt.

Zur fachtechnisch-wissenschaftlichen Beratung und zur Unterstützung der Landesregierung und der Vollzugsverwaltungen sowie zur Unterrichtung der Öffentlichkeit hat das NLÖ insbesondere folgende Aufgaben:

- Ermittlung und Dokumentation des Umweltzustandes,
- Analyse, Entwicklung, Bewertung und Dokumentation von Methoden und Wirkungszusammenhängen,
- Entwicklung von Zielvorstellungen, umweltschonenden Methoden und Strategien und
- Behandlung von Fachfragen auf den Gebieten des Natur- und Ressourcenschutzes und der Landschaftspflege, des Wassers und der Küste, des Abfalls und des Arbeits-, Immissions- und Strahlenschutzes.

Das NLÖ soll im Rahmen von Vorgaben der Fachaufsichtsbehörden in diesen Zusammenhängen die erforderlichen Informationen sammeln und der Politik, der Verwaltung und der Öffentlichkeit zur Verfügung halten. Es soll die Informationen zu Fachmeinungen verarbeiten und diese weitergeben. Unterschiedliche Fachmeinungen zu gleichen Sachverhalten sollen deutlich gemacht und fachmeinungsübergreifende Gesichtspunkte aufgezeigt werden, um so der Umweltpolitik, der Umweltverwaltung und der Öffentlichkeit die Möglichkeit zu eröffnen, für die eigene Entscheidungsfindung Schlußfolgerungen aus diesen Fachmeinungen zu ziehen. Es soll die Arbeit Dritter für die Umwelt durch entscheidungsunterstützende Tätigkeit sowie Aus- und Fortbildung verbessern, ihre Arbeitsergebnisse für die eigene Aufgabenerfüllung stärker nutzbar machen und Vorschläge für die Umweltvorsorge entwickeln. Dazu gehört eine eigene praxisbezogene wissenschaftliche Tätigkeit, subsidiär die Teilnahme an der Forschung und die Pflege internationaler Kontakte, wo dies nicht von wissenschaftlichen Einrichtungen geleistet werden kann.

In dem Beschluß wird weiter festgelegt, daß die Aufgaben und Zuständigkeiten des Landesamtes für Wasser und Abfall, des Landesamtes für Immissionsschutz und des Dezernates S 2 (Naturschutz) auf das NLÖ übergehen. Dank dieser Regelung war es möglich, für die ehemaligen Ämter die Kontinuität ihrer Aufgabenwahrnehmung zu sichern.

Aus dem im Errichtungsbeschluß vorgegebenen Aufgabenkatalog ist abzulesen, daß das NLÖ vor allem auf dem Felde der Beratung, Hilfe und Wegweisung für Politik und

Verwaltung tätig sein soll. Vollzugsaufgaben sollen dagegen nur in Ausnahmefällen übernommen werden.

In der Begründung zum Errichtungsbeschluß des NLÖ wird das Amt aufgefordert, sich nach Abschluß der inneramtlichen Entwicklungsphase gemeinsam mit anderen Behörden und Dritten noch zusätzlich der folgenden Aufgabenfelder anzunehmen:

„Umwelthygiene; Stadtökologie; Umwelt und Verkehr, Energie, Wirtschaft und Produkte; Ökobilanzen und Ökosozialprodukt; ökonomische und ökologische Instrumente; Grenzwertediskussion; Qualitätssicherung der Leistung Dritter; Umweltbezüge anderer Ressorts und Zusammenwirken mit diesen; Entwicklung der Umweltverträglichkeitsprüfung; Folgen- und Kostenabschätzungen".

6.1.5.3 ORGANISATION, PERSONAL, HAUSHALT UND UNTERBRINGUNG

Maßgebend für die Organisation des NLÖ waren die im Errichtungsbeschluß (und der zugehörigen Begründung) vom 07.07.1992 vorgegebenen Rahmenbedingungen (Abb. 6.1-28). Sie beinhalten u.a., daß alle Aufgaben der in das NLÖ integrierten beiden Landesämter und die des Dezernates S 2 (Naturschutz) auf das NLÖ übergehen und dieses somit die Kontinuität der Aufgabenerfüllung zu sichern hat. Im Ergebnis führte dieser Ansatz dazu, daß die integrierten Dienststellen zu Abteilungen wurden und ihre ursprünglichen Strukturen weitgehend beibehielten. Lediglich die im ehemaligen Niedersächsischen Landesamt für Wasser und Abfall (NLWA), im Niedersächsischen Landesamt für Immissionsschutz (NLIS) und im Dezernat S 2 (Naturschutz) zuvor tätig gewesenen Verwaltungseinheiten wurden abgetrennt und zu einer zentralen Abteilung „Verwaltung" des NLÖ zusammengefaßt. Von den Fachabteilungen des NLWA wurden die Abteilungen 2 (Grundlagen der Wasserwirtschaft) und 3 (Gewässerschutz, Technik der Wasserwirtschaft) sowie das Dezernat S (Binnenfischerei - fischereikundlicher Dienst des Landes) zu einer Abteilung „Wasserwirtschaft und Gewässerschutz" des NLÖ zusammengelegt. Die Abteilungen 4 (Abfallwirtschaft) und 6 (Forschungsstelle Küste) des NLWA blieben unverändert und hießen fortan Abteilung 4 (Abfallwirtschaft, Altlasten) und Außenstelle 7 (Forschungsstelle Küste). Die Abteilung 5 (Naturwissenschaftliche Laboratorien) des NLWA blieb ebenfalls weitgehend als Einheit erhalten, wurde jedoch als sog. Dezernatsgruppe L (Naturwissenschaftliche Laboratorien) der Abteilung 1 des NLÖ unterstellt. Aus der Substanz des NLIS wurden die Abteilungen 5 (Arbeitsschutz, Chemikalien) und 6 (Immissions- und Strahlenschutz) gebildet und aus der des Dezernates S 2 entstand die Abteilung 2 (Naturschutz) des NLÖ.

Lediglich die Abteilung 1 (Ökologische Gesamtplanung, Grundsatzangelegenheiten) des NLÖ ist - abgesehen von der angehängten Dezernatsgruppe L (Laboratorien) - fachlich gesehen als Neugründung zu bezeichnen. Eine wesentliche Aufgabe dieser Abteilung besteht darin, die Zusammenarbeit zwischen den Organisationseinheiten des NLÖ zu fördern, fach- und medienübergreifende Projekte im Sinne einer ökologisch geprägten Gesamtplanung zu koordinieren und Beiträge zu leisten für die Entwicklung umweltpolitischer Zielvorstellungen. Im weiteren soll diese Abteilung auch dazu beitragen, das in den Arbeitseinheiten des NLÖ vorhandene umweltrelevante Fachwissen und Erfahrungsgut zu bündeln, zu vernetzen und damit verfügbar zu machen für ökologische Planungen und für fundierte Politikberatung.

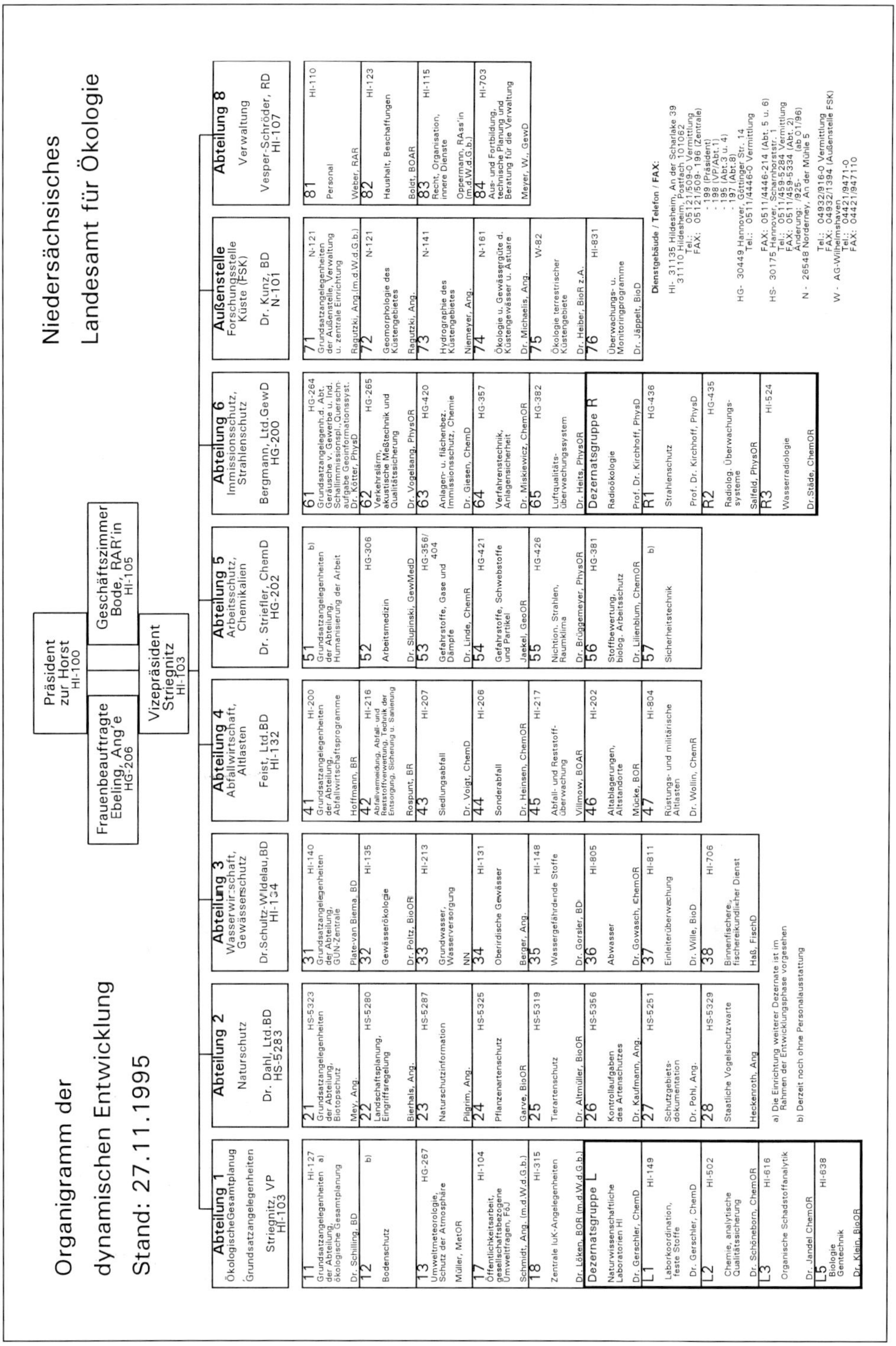

Abb. 6.1-28: Organigramm des NLÖ, Stand 11/1995

Das NLÖ nahm seine Arbeit mit folgenden acht Abteilungen auf:

Abteilung 1:	Ökologische Gesamtplanung, Grundsatzangelegenheiten
Abteilung 2:	Naturschutz
Abteilung 3:	Wasserwirtschaft, Gewässerschutz
Abteilung 4:	Abfallwirtschaft, Altlasten
Abteilung 5:	Arbeitsschutz, Chemikalien
Abteilung 6:	Immissionsschutz, Strahlenschutz
Außenstelle 7:	Forschungsstelle Küste
Abteilung 8:	Verwaltung

Der Personalbestand des NLÖ umfaßte Anfang 1993 rd. 550 Bedienstete. Von diesen waren rd. 260 in Hildesheim, 245 in Hannover und 45 auf Norderney tätig. Die zunehmende Verschlechterung der Finanzen des Landes Niedersachsen führte in den folgenden Jahren zu einem einschneidenden Personalabbau. Bis Mitte 1996 hatte sich die Gesamtzahl der Bediensteten auf 461 verringert (ohne ABM-Kräfte und Kurzzeit-Mitarbeiter). Davon waren 237 in Hildesheim, 179 in Hannover und 45 auf Norderney beschäftigt.

Das Haushaltsvolumen des NLÖ lag 1995 bei 64,06 Mio. DM. Davon entfielen 8,75 Mio. DM auf die Einnahmenseite. Bezogen auf die Gesamtausgaben lag der Anteil der Einnahmen bei etwa 16 %.

Der Errichtungsbeschluß des NLÖ bestimmt die Stadt Hildesheim zum Dienstsitz des Amtes. Für die in der Stadt Hannover untergebrachten Abteilungen 2, 5 und 6 wird daher angestrebt, sie in absehbarer Zeit nach Hildesheim zu verlegen. Der Standort der Forschungsstelle Küste auf Norderney soll dagegen auch künftig beibehalten werden.

Eine spürbare Entlastung hinsichtlich der Zusammenarbeit und Unterbringung des Personals trat ein, als das neue Laborgebäude (vgl. Kap. 6.1.4.3) am Standort „An der Scharlake“ im Sommer 1995 bezogen werden konnte. Die Einweihungsfeier, bei der Umweltministerin Griefahn und Präsident zur Horst ihren Dank an die Architekten, das Staatshochbauamt und alle am Bau Beteiligten aussprachen, fand am 16. August 1995 statt. Des weiteren profitierte das NLÖ davon, daß einige unmittelbar in der Nachbarschaft des Hauptgebäudes „An der Scharlake“ gelegene Kasernen von der Bundeswehr aufgegeben wurden, dann von der NILEG erworben und dem Land Niedersachsen für den Bezug durch das NLÖ vermietet wurden. Am 20./21. Juni 1996 zogen die Abteilungen 3 „Wasserwirtschaft, Gewässerschutz“ und 4 „Abfallwirtschaft, Altlasten“ in ihr neues Domizil „Am Flughafen 16” ein. Eine kleine Feierstunde mit der NILEG wurde am 19. September 1996 nachgeholt. Ein weiteres ehemaliges Kasernengebäude „Am Flughafen 4“ wird 1997 für den Umzug der Abteilung 2 „Naturschutz“ von Hannover nach Hildesheim, der auf den 01.01.1998 terminiert wurde, vorbereitet (Abb. 6.1-25).

6.1.5.4 TÄTIGKEITEN AUF DEM GEBIET DER WASSER- UND ABFALLWIRTSCHAFT

Das NLÖ ist die zentrale Fachbehörde der Umweltverwaltung Niedersachsens. Die wasser- und abfallwirtschaftlichen Aufgaben werden in diesem Rahmen von den Abteilungen 3 und 4, den Naturwissenschaftlichen Laboratorien in Abt. 1 sowie der Forschungsstelle Küste des NLÖ bearbeitet. Die Aufgaben, Zuständigkeiten und Tätigkeiten dieser Abteilungen sind weitgehend identisch mit denen des ehemaligen Niedersächsischen

Landesamtes für Wasser und Abfall (vgl. Abschnitt 6.1.4.4, b-g). Im folgenden werden einige erwähnenswerte wasser- und abfallwirtschaftliche Projekte vorgestellt, in denen der im NLÖ stets hervorgehobene medienübergreifende und überdisziplinäre Charakter der Bearbeitung zum Ausdruck kommt.

Grundwasserbericht 1991/92

Im Jahre 1993 wurde der erste Grundwasserbericht herausgegeben, in dem der hydrologische Zustand der Grundwasservorkommen in Niedersachsen zusammenhängend beschrieben und bewertet wurde. Hauptsächlich handelte es sich um die Auswertung der Messungen aus dem fünf Jahre zuvor konzipierten neuen Grundwassergütemeßnetz. Der Grundwasserbericht wurde von der Abteilung „Wasserwirtschaft, Gewässerschutz" in enger Zusammenarbeit mit der Abteilung „Abfallwirtschaft, Altlasten" sowie dem Niedersächsischen Landesamt für Bodenforschung und den Staatlichen Ämtern für Wasser und Abfall erarbeitet. Neben Ausführungen über die Meßnetze des gewässerkundlichen Landesdienstes (Grundwasserstand, Grundwassergüte) sowie über Meßergebnisse aus der Trink- und Rohwasser - sowie der Deponieüberwachung sind in einem zweiten Berichtsteil Fachbeiträge einzelner Autoren über spezielle Fragen aus dem Bereich der Grundwasserhydrologie enthalten.

Ebenso wie die Gewässergüteberichte für oberirdische Gewässer, deren letzter im Jahre 1995 veröffentlicht wurde, sollen die Grundwasserberichte künftig in einer 5-Jahresreihe vom NLÖ herausgegeben werden (Abb. 6.1-29).

Ökologische Sanierung der Hunte

In der ersten Hälfte der 90er Jahre wurden in der Bundesrepublik Deutschland sechs Forschungsvorhaben von damaligen Bundesministerium für Forschung und Technologie gefördert, in denen Methoden zur ökologisch begründeten Sanierung kleiner Fließgewässer erforscht und für den Praxiseinsatz vorbereitet werden sollten. Das Land Niedersachsen beteiligte sich an diesen Planungen und führte das für den norddeutschen Raum repräsentative Vorhaben an der Hunte durch. Das große Verbundvorhaben wurde zu Zeiten des NLWA gestartet und von der Abteilung „Wasserwirtschaft, Gewässerschutz" geleitet. In dem Projekt arbeiteten Institute und Behörden aus Wasserwirtschaft und Naturschutz eng zusammen. Beteiligt waren die Universitäten Hannover, Oldenburg und Osnabrück (Außenstelle Vechta), ein Ingenieurbüro sowie die Fachbehörde für Naturschutz, die während der Durchführung des Forschungsvorhabens ihre Zugehörigkeit vom Niedersächsischen Landesverwaltungsamt zum NLÖ (Abteilung 2) wechselte (s.a. Abschnitt 5.8-2).

Ökologische Gesamtplanung Weser

Im Jahre 1996 hat die Arbeitsgemeinschaft zur Reinhaltung der Weser (ARGE Weser) mit der „Ökologischen Gesamtplanung Weser" ein Werk herausgebracht, in dem detaillierte Grundlagen, Leitbilder und Entwicklungsziele zur naturnahen Gestaltung von Weser, Werra und Fulda entwickelt wurden. Das NLÖ wurde zu Beginn der Planungen mit der Leitung des Vorhabens beauftragt. Um die Planungen auf eine breite fachliche Basis zu stellen, wurde im Deutschen Verband für Wasserwirtschaft und Kulturbau (DVWK) ein Fachausschuß „Ökologie in der Gewässerlandschaft" gegründet, in dem Wissenschaftler und Fachleute aus den Bereichen Naturwissenschaften und Bauingenieurwesen unter Obmannschaft des NLÖ zusammen arbeiteten. Im NLÖ war die Abteilung 1 „Ökologische Gesamtplanung" mit der Federführung dieses Vorhabens betraut, die eng mit den Abteilungen 2 „Naturschutz" und 3 „Wasserwirtschaft, Gewässerschutz" zusammenarbeitete (Abb. 6.1-30).

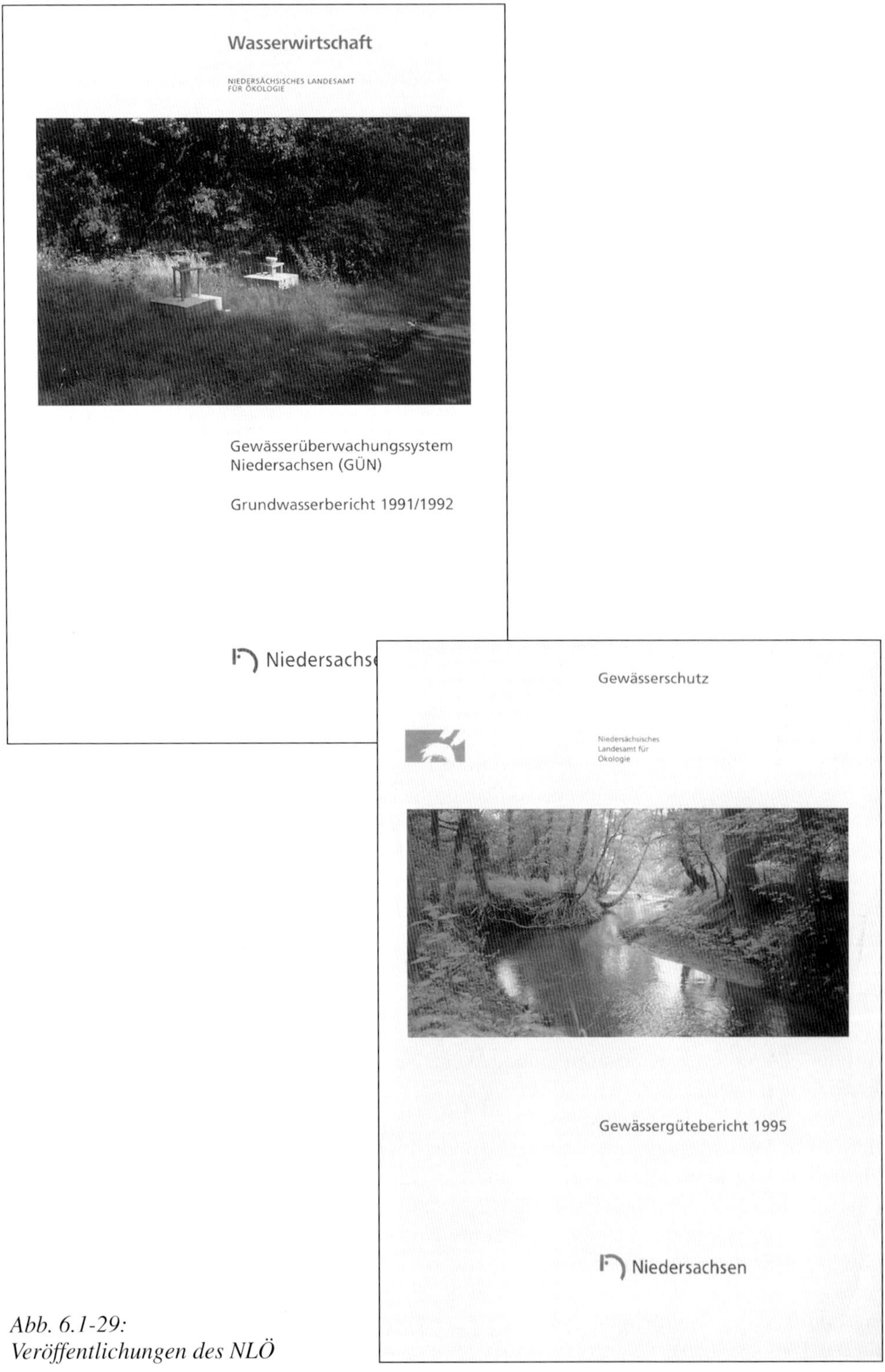

Abb. 6.1-29:
Veröffentlichungen des NLÖ

Abb. 6.1-30:
Berichte, an deren Erstellung das NLÖ mitgewirkt hat

Gewässerschonende ordnungsgemäße Landwirtschaft

Mit Einführung der Wasserentnahmegebühr im Jahre 1992 ergab sich nach § 47 h NWG die Möglichkeit, Modell- und Pilotvorhaben zur Erforschung einer besonders auf den Grundwasserschutz ausgerichteten Land- und Forstwirtschaft in Wasserschutzgebieten durchzuführen. Außerdem wurden Mittel für die Erforschung einer schonenden Grundwasserbewirtschaftung bereitgestellt. Ein erstes Verbundvorhaben, an dem sieben Wasserversorgungsunternehmen, die Landwirtschaftskammer Hannover und Weser-Ems sowie das Niedersächsische Landesamt für Bodenforschung beteiligt waren, begann bereits im Jahre 1993 unter fachlicher Leitung des NLÖ. Danach kamen viele Pilotprojekte hinzu, die sich schwerpunktmäßig mit Praktiken der ordnungsgemäßen Landbewirtschaftung, gezielten Extensivierungsmaßnahmen bei aktuellen Nitratproblemen, dem ökologischen Landbau, der wassersparenden Feldberegnung und den Auswirkungen von Luftschadstoffen befaßten, die in Böden und Gewässer eingetragen werden. Das NLÖ wurde vom Niedersächsischen Umweltministerium beauftragt, die Forschungsförderung zu organisieren und durchzuführen. Die Aufgabe, zu der die Vorgabe von Forschungsschwerpunkten, die Bewertung von Forschungsanträgen, die fachliche Begleitung von geförderten Pilotprojekten und die abschließende Auswertung von Forschungsergebnissen gehören, wird von der Abteilung 3 „Wasserwirtschaft, Gewässerschutz“ wahrgenommen. Um die unmittelbar betroffenen anderen Fachbereiche ständig an den Fachentscheidungen zu beteiligen, wurde vom Niedersächsischen Umweltministerium ein Arbeitskreis unter Leitung des NLÖ einberufen, in dem Vertreter der öffentlichen Wasserversorgung, der Landwirtschaft, dem Fachbereich Bodenkunde/Geologie und der Wasserwirtschaft zusammen arbeiten. In den Modell- und Pilotvorhaben wird mit vielen wissenschaftlichen Instituten, Ingenieur- und Planungsbüros sowie Dienststellen aus den vorstehend aufgeführten Fachbereich kooperiert. Grundsätzlich sind die jeweils örtlich zuständigen Staatlichen Ämter für Wasser und Abfall bei den Modell- und Pilotprojekten von der Antragsphase bis zur Berichtsabgabe in die Arbeiten eingebunden.

Landwirtschaftliche Klärschlammverwertung

Im Februar 1995 fand in der Evangelischen Akademie in Loccum ein im Auftrage des Niedersächsischen Umweltministeriums vom NLÖ, Abteilung 1 „Ökologische Gesamtplanung“, vorbereitetes „Forum zur Förderung der landwirtschaftlichen Verwertung von kommunalem Klärschlamm in Niedersachsen“ statt. In zahlreichen Referaten und Diskussionsbeiträgen wurden alle Aspekte der Klärschlammverwertung, zum Beispiel hinsichtlich des Boden- und Gewässerschutzes, der Verbesserung der Klärschlammqualität, der Schadstoffe in Klärschlämmen aus toxikologischer Sicht, der Akzeptanz in der Landwirtschaft sowie den Fragen in Zusammenhang mit Nahrungsmitteln behandelt. Die Ergebnisse des Forums wurden vom NLÖ in einem Bericht als Beitrag zur Stoffstrombewirtschaftung herausgegeben. Dieser Bericht besteht aus den Teilen „Statusbericht“, „Forum Loccum“ mit allen Referaten sowie „Auswertung der Forumsdiskussion“ und hat weite Verbreitung gefunden.

Erklärtes Ziel kreislauforientierter Klärschlammbehandlung ist die weitgehende Förderung und Verwirklichung der landwirtschaftlichen Verwertung. Hierfür sprechen sowohl die im Klärschlamm enthaltenen Nährstoffe und Spurenelemente wie auch der zunehmende Rohstoff- und Energieverbrauch und das steigende Abfallvolumen bei abnehmenden Deponiemöglichkeiten. Dem entgegen stehen vor allem eher irrational und psychologisch begründete Akzeptanzprobleme seitens der Nahrungsmittelerzeuger, Verbraucher oder Umweltverbände.

Zur Auflösung dieses Konfliktes wurde das NLÖ durch das Niedersächsische Umweltministerium beauftragt, eine entsprechende Strategie zur Problemlösung zu erarbeiten. Unter Leitung der Abteilung 1 „Ökologische Gesamtplanung" wurde daraufhin eine interdisziplinäre Steuerungsgruppe einberufen, der neben den betroffenen Fachbereichen des NLÖ selbst (Abwasser- und Abfalltechnik, Grundwasser- und Bodenschutz) Vertreter aus den Ministerien für Umwelt und Landwirtschaft, aus der Landwirtschaftskammer, der LUFA Hameln und dem Niedersächsischen Städte- und Gemeindebund angehörten.

Die Steuerungsgruppe erarbeitete einvernehmlich einen Statusbericht, führte auf dessen Basis ein zweitägiges „Forum zur Förderung der landwirtschaftlichen Verwertung von kommunalem Klärschlamm in Niedersachsen" durch, wertete dies mit abschließenden Vorschlägen zum weiteren Vorgehen aus und dokumentierte schließlich die gesamten Arbeitsergebnisse in Heft 2 der NLÖ-Reihe „Nachhaltiges Niedersachsen" (1995).

Sowohl das Ergebnis wie die praktizierte Vorgehensweise sind für das NLÖ von exemplarisch großer Bedeutung. Zum einen dienten die fachlichen Aussagen als wesentliche Grundlage für die Niedersächsische Klärschlammkonzeption. Zum anderen wurden trotz der stark kontrovers geführten öffentlichen Diskussionen in wesentlichen Punkten ein fachlich-inhaltlicher Konsens gefunden und Schwerpunkte für weitere Aktivitäten definiert.

Die Arbeit der Steuerungsgruppe kann somit als gelungenes Beispiel für Fachberatung, Grundlagenarbeit und Konzeptentwicklung unter der Leitung des NLÖ angesehen werden.

Neukonzeption der gewässerkundlichen Meßnetze

Im Zuge der Verwaltungsreform wurde im Geschäftsbereich des Niedersächsischen Umweltministeriums unter anderem ein Projektteam damit beauftragt, den gewässerkundlichen Landesdienst kritisch daraufhin zu untersuchen, ob Meß- und Untersuchungsaufgaben im bisherigen Umfang weitergeführt werden müssen. In diesem Projektteam haben zwei Mitarbeiter der Abteilungen „Wasserwirtschaft, Gewässerkunde" und „Ökologische Gesamtplanung" neben weiterem Personal aus den Staatlichen Ämtern für Wasser und Abfall mitgewirkt. In Extraaufträgen des MU wurde im übrigen von anderen Projektteams und Arbeitsgruppen für verschiedene Fragestellungen untersucht, in welchen Laboratorien die Wasseranalytik im Rahmen des gewässerkundlichen Landesdienstes kostengünstig und leistungsgerecht durchgeführt werden könne. Dabei hat sich auch die Ansicht entwickelt, daß das NLÖ-Wasserlaboratorium künftig von der Massenanalytik befreit werden sollte und die Bereiche Qualitätssicherung, Anerkennung privater Laboratorien und Methodenentwicklung in den Vordergrund zu rücken seien. Darüber hinaus wurde eine engere Anbindung des Wasserlaboratoriums an die wasserwirtschaftlichen Fachaufgaben als zweckdienlich angesehen, so daß gegen Ende des Jahres 1996 ein Wechsel der Zuordnung des Wasserlaboratoriums von der Abteilung 1 „Ökologische Gesamtplanung" zur Abteilung 3 „Wasserwirtschaft, Gewässerschutz" vorbereitet wurde.

Neue Vorschriften und Regeln zu wassertechnischen Anlagen

Um beim Umgang mit wassergefährdenden Stoffen Schadstoffeinträge in das Grundwasser vorsorgend zu vermeiden, werden in den Wassergesetzen Forderungen an die

Anlagensicherheit gestellt. Die allgemeinen Bestimmungen des Wasserrechts werden in der Verordnung über Anlagen zum Lagern, Abfüllen und Umschlagen wassergefährdender Stoffe (VAwS) und dem untergeordneten Regelwerk in Zusammenarbeit von Bund und Ländern sowie Verbänden und Industrie konkretisiert. Bei der Neufassung der VAwS haben Mitarbeiter der Abteilung 3 „Wasserwirtschaft, Gewässerschutz" die niedersächsische Landesregierung fachtechnisch beraten. Außerdem wurde bei der Erarbeitung von speziellen technischen Regeln, z.B. für Tankstellen und Flachbodentanks, im Deutschen Verband für Wasserwirtschaft und Kulturbau (DVWK) an maßgeblicher Stelle mitgewirkt.

Im Bereich Abwasser hat die Abteilung 3 bei der Entwicklung der allgemeinen Verwaltungsvorschriften über Mindestanforderungen an die Abwasserreinigung in zahlreichen Arbeitsgruppen auf Bundesebene mitgewirkt. Im Arbeitskreis „Industrie und Gewerbe" der Länderarbeitsgemeinschaft Wasser (LAWA) wurden Themen zur Behandlungstechnik, insbesondere zu Vermeidungsmaßnahmen und Stoffströmen in der Kreislaufführung, bearbeitet.

Aufbau der Fachinformationssysteme

Die rasche Entwicklung im Bereich der Informations- und Kommunikationstechnik sowie ihre steigende Bedeutung hinsichtlich rationeller Arbeitsweisen machte den Aufbau eines Umweltinformationssystems erforderlich. Die Iuk-Organisation im NLÖ sieht die Einrichtung von Fachinformationssystemen (FIS) für die Bereiche Naturschutz, Wasserwirtschaft, Abfallwirtschaft, Immissionsschutz und Küstenschutz in jeder Fachabteilung vor. Zentrale Iuk-Aufgaben, wie die Harmonisierung der Fachinformationssysteme, die Hardware-Beschaffung, der Betrieb der Systeme und der Datenschutz werden in der Abteilung 1 „Ökologische Gesamtplanung" wahrgenommen. Das FIS Wasserwirtschaft bindet die Datenverarbeitung in allen Behörden der niedersächsischen Wasserwirtschaftsverwaltung und teilweise auch der Unteren Wasserbehörde mit ein. Ein ähnlicher Aufbau ist auch für das FIS Abfallwirtschaft vorgesehen. Der Aufbau der Fachinformationssysteme litt angesichts der sehr anspruchsvollen Iuk-Technik und häufig fehlenden Fachkompetenzen in den Abteilungen besonders unter den Folgen der konsequenten Personaleinsparung in den Aufbaujahren.

Das Untergesetzliche Regelwerk zum Kreislaufwirtschafts- und Abfallgesetz

Mit dem neuen Kreislaufwirtschafts- und Abfallgesetz ist auch das zugehörige „Untergesetzliche Regelwerk" in Kraft getreten. Als dafür zuständige Behörde in Niedersachsen hat das Umweltministerium das NLÖ bestimmt.

Somit sind dem NLÖ seit dem 07.11.96 auf dem Gebiet der Abfallwirtschaft erstmals Vollzugsaufgaben übertragen worden. Es sind dies die Zustimmung zu Überwachungsverträgen und die Anerkennung von Entsorgergemeinschaften sowie die Anerkennung von Lehrgängen zum Fachkundenachweis.

Mit der Möglichkeit der Zertifizierung als Entsorgungsfachbetrieb hat der Gesetzgeber zweierlei Zielrichtungen verfolgt. Auf der einen Seite sollte ein Anreiz zur Sicherstellung eines höheren Qualitätsstandards in der Entsorgungswirtschaft gegeben werden; auf der anderen Seite für den so zertifizierten Entsorgungsfachbetrieb eine Deregulierung in Form von Privilegierungen ermöglicht werden.

Um diese neuen Regelungen im gesamten Bundesgebiet gleichmäßig umsetzen zu können und somit keine Wettbewerbsverzerrungen eintreten zu lassen, hatte die LAGA eine ad-hoc-Arbeitsgruppe „Untergesetzliches Regelwerk“ eingerichtet, die Vollzugshilfen dafür erarbeiten mußte und an der der zuständige Dezernatsleiter 41 des NLÖ tatkräftig mitwirkte. Mit Beschluß der LAGA-Vollversammlung vom 17./18.03.97 kann nunmehr auch praktisch das „Untergesetzliche Regelwerk“ im gesamten Bundesgebiet umgesetzt werden.

Mechanisch-biologische Vorbehandlung (MBV) von Restabfall

Mit Inkrafttreten der TA Siedlungsabfall am 01.06.1993 wurden die „Anforderungen an die Verwertung, Behandlung und sonstige Entsorgung von Siedlungsabfällen nach dem Stand der Technik“ festgelegt. Die nicht verwertbaren festen Siedlungsabfälle werden als Restabfall bezeichnet und müssen vor der Deponierung einer Behandlung unterzogen werden. Über die Eignung der mechanisch-biologischen Vorbehandlung von Restabfall - alternativ zu den thermischen Vorbehandlungsverfahren - sind bundesweite Diskussionen entstanden. Das Bundesministerium für Bildung, Wissenschaft, Forschung und Technologie hat 1993 ein Verbundvorhaben „Mechanisch-biologische Behandlung von zu deponierenden Abfällen“ zur themenübergreifenden Bearbeitung offener Fragen ins Leben gerufen.

In Niedersachsen werden zur Untersuchung der Einsatzmöglichkeiten der MBV-Technologie für den Zeitraum von 1994 bis 1998 Fördermittel für Planung, Bau und Betrieb einschließlich wissenschaftlicher Begleitung von drei großtechnischen MBV-Demonstrationsanlagen bereitgestellt. Im Vorfeld hatte das NLÖ (ehemals NLWA) ein Anforderungsprofil für derartige Anlagen entwickelt, auf dessen Grundlage die Landesmittel vergeben wurden. Die Notwendigkeit eigener betrieblicher Untersuchungen als Voraussetzung für eine praxisnahe Fortentwicklung des Anforderungsprofils sowie für die fachliche Begleitung der verschiedenen Versuchsvorhaben auf diesem Gebiet führte zur Entwicklung einer eigenständigen Projektgruppe „MBV“ im NLÖ. Seit 1994 wurden Messungen auf der Anlage im Landkreis Nienburg durchgeführt und Proben entnommen, die zur Zeit im NLÖ analysiert werden. An dem Untersuchungsprogramm sind mehrere Fachbereiche im NLÖ beteiligt. Zusätzlich bestehen Kooperationen bzw. Kontakte zu verschiedenen Landesämtern, Universitäten und Ingenieurbüros. Im August 1996 fand im NLÖ ein Fachgespräch zum Thema „MBV“ statt. Drei Monate später wurde ein Zwischenbericht mit den ersten Untersuchungsergebnissen von der Nienburger Anlage veröffentlicht. In diesem Jahr wird an der Fertigstellung eines Statusberichtes gearbeitet.

Erhebung zur Entsorgung von Elektro- und Elektronikschrott

Auf Veranlassung des Niedersächsischen Umweltministeriums wurde 1996 eine Umfrage bei den niedersächsischen Gebietskörperschaften zum Stand der Entsorgungssituation für Weiße Ware (z.B. Waschmaschinen, Elektroherde), Braune Ware (z.B. Radiogeräte, Plattenspieler), Haushaltskleingeräte (z.B. Mikrowellen, Bügelgeräte), Geräte der Kommunikationstechnik (z.B. Schreibmaschinen, Telefone) sowie Fernsehgeräte durchgeführt.

Tendenziell ist festzustellen, daß vor der Entsorgung durch Deponierung oder Verbrennung zunehmend eine Schadstoffentfrachtung durch Entnahme problematischer Baugruppen vorgenommen wird. Deutlich wurde vor allem die Diskrepanz zwischen dem aufgrund der Absatzzahlen theoretisch zu erwartenden Anfall an Altgeräten und dem bei der separaten Sammlung ermittelten Rücklauf; die Ursachen hierfür dürften in der noch unvollkommen ausgebildeten Getrenntsammlung, der teilweisen Verbringung in Drittländer sowie dem schwer abschätzbaren Speichereffekt in den Haushalten zu suchen sein.

Mitarbeit in der Kommission der Niedersächsischen Landesregierung zur Vermeidung und Verwertung von Abfällen

Die Regierungskommission - nunmehr in 3. Folge - behandelt seit 1988 in zahlreichen Arbeitskreisen spezielle Themen zur Konkretisierung und Umsetzung der gesetzlichen Vorgaben, insbesondere des Kreislaufwirtschafts- und Abfallgesetzes. Weiterhin sollen wegweisende Problemlösungen erarbeitet werden.

Die Mitwirkung erfolgt derzeit in den breitgefächert besetzten (Verwaltung, Wirtschaft, Wissenschaft, Gewerkschaften, ökologische Gruppen) Arbeitskreisen.

13 „Elektronikschrott"

Nach grundsätzlichen Erhebungen über das Geräteaufkommen sowie über schadstoffhaltige Bauelemente von z.B. Unterhaltungs- und Kommunikationselektronik liegt der Arbeitsschwerpunkt jetzt bei der Erfassung von mülltonnengängigen Kleingeräten und der Demontage von Baugruppen (Leiterplatten, Bildschirmgläser). Weiterhin sind Empfehlungen zum Aufbau von Entsorgungsstrukturen zu erarbeiten.

16 „Kfz-Recycling"

Nachdem grundsätzliche Übereinstimmung hinsichtlich der technischen Machbarkeit der Altautodemontage erzielt wurde, werden nunmehr Fragen der weitergehenden Behandlung der aus Schredderanlagen, Schrottmühlen u. ä. anfallenden Stoffströme erörtert. Weder die Entsorgung noch die Verwertung der Schredderleichtfraktion (ca. 25 Masse % des Anlagen Outputs) ist jedoch bisher zufriedenstellend gelöst.

18 „Transparenz der Abfallströme"

Die Entstehung, der Transport und Verbleib von Sonderabfällen sind seit langem Gegenstand intensiver Überwachung. Die zuletzt mit dem Betrieb von ARSYS (Abfall- und Reststoffüberwachungssystem) gewonnenen vielseitigen Erkenntnisse können nutzbringend in diesen neuen Arbeitskreis der 3. Regierungskommission eingebracht werden.

21 „Anforderungen an eine hochwertige Verwertung"

Nach dem Kreislaufwirtschafts- und Abfallgesetz ist in Abhängigkeit von Art und Beschaffenheit des Abfalls eine möglichst hochwertige Verwertung anzustreben, jedoch macht das Gesetz hierzu keine konkreten Vorgaben. Der Arbeitskreis strebt an, praxisorientierte Kriterien für die „Hochwertigkeit" einer Verwertungsmaßnahme zu entwickeln, entsprechende Verwertungsverfahren zu benennen und anhand von praktischen Beispielen die Möglichkeit und Grenzen einer zu definierenden Werteskala aufzuzeigen.

Gefährdungsabschätzung betriebseigener Deponien

Gemäß Erlaß des MU ist das NLÖ in die Bewertung von Gutachten zur Gefahrenabschätzung betriebseigener Sonderabfalldeponien eingebunden.

Es handelt sich hierbei um 32 Anlagen. Weitere 16 Bohr- und Ölschlammgruben, die dem Bergrecht unterstehen, sind analog zu bewerten. Gleiches gilt auch für 5 weitere Anlagen aus bergbaulicher Tätigkeit. Von den privaten Gutachtern ist nach einem vorgegebenen Gliederungsschema eine ausführliche Bestandsaufnahme des Ist-Zustandes der Anlage vorzunehmen. Diese mündet dann in eine Beurteilung der Langzeitsicherheit.

Die Einschätzung der Gutachter über den erforderlichen Handlungsbedarf ist vom NLÖ für die Bereiche Wasser, Abfallchemie sowie Sicherungs-/Sanierungsmaßnahmen aus technischer Sicht auf Grundlage der TA-Abfall zu beurteilen.

Die Prüfung der eingereichten Gutachten erfolgt in enger Abstimmung mit dem NLfB sowie ggf. mit den jeweils zuständigen StAWA. Wegen der komplexen Materie sind derzeit die abschließenden Prüfungen zum Teil noch nicht abgeschlossen.

Abfall- und Reststoffüberwachungssystem ARSYS

Durch Europa vagabundierende Sonderabfalltransporte mit den italienischen Seveso-Fässern sowie andere illegale Verbringungen, wie z.B. die als Hilfsgütersendungen getarnten Exporte von überlagerten Pflanzenschutzmitteln, haben deutlich gemacht, daß eine durchgreifende Überwachung der Sonderabfallströme vom Erzeuger bis zum Entsorger erforderlich ist.

Wegen der Datenfülle im Gigabereich und der komplizierten Rechtsstruktur ist die sehr komplexe Aufgabe der Sonderabfallüberwachung nur durch den Einsatz eines Informationsnetzwerkes mit modernen Datenverarbeitungstechniken zu lösen.

Als erstes Bundesland hatte sich Niedersachsen bereits im Jahre 1980 für den Einsatz der elektronischen Datenverarbeitung als Vollzugshilfsmittel im Sonderabfallbereich entschieden und zunächst die Bezirksregierung Hannover mit der Wahrnehmung der Aufgabe der zentralen Stelle des Landes für das DV-gestützte Überwachungsverfahren (sog. Begleitscheinverfahren) betraut. Diese Aufgabe ist im Jahre 1985 an das NLÖ (Dez. 45 „Abfall- und Reststoffüberwachung“) übergegangen.

Die tiefgreifende Änderung der abfallrechtlichen Vorschriften im Jahre 1990 machte die Neukonzeption des DV-Verfahrens erforderlich, die in die Entwicklung des Abfall- und Reststoffüberwachungssystems ARSYS mündete. ARSYS ist in dreijähriger Entwicklungsarbeit im Rahmen einer Kooperation von 13 Ländern unter niedersächsischer Projektleitung und in enger fachlicher Anbindung an das NLÖ entstanden. Seit dem 01.10.94 ist ARSYS im landesweiten Einsatz. Das Verfahren wird in erster Linie von den Bezirksregierungen und dem NLÖ als Koordinierungsstelle getragen; außerdem ist die Niedersächsische Gesellschaft zu Endablagerung von Sonderabfall mbH (NGS) eingebunden. Mit ARSYS steht ein zukunftsweisendes DV-Verfahren für die behördliche Kontrolle des Verbleibs von Sonderabfällen zur Verfügung.

Aufgrund neuer rechtlicher Rahmenbedingungen - das Kreislaufwirtschafts- und Abfallgesetz hat das Abfallgesetz im Oktober 1996 abgelöst - wird ARSYS z. Z. modifiziert und in das Abfallüberwachungssystem ASYS übergeleitet.

Altlastenhandbuch

Die Behandlung landesweit Tausender stillgelegter Abfallablagerungen (Altablagerungen) und altlastverdächtiger Betriebsgrundstücke (Altstandorte) hat sich zu einem wichtigen interdisziplinären Arbeitsgebiet im nachsorgenden Umweltschutz entwikkelt. Es ist Aufgabe des NLÖ, zur Feststellung von Gefährdungen beizutragen, die von solchen Flächen auf die Umweltmedien Wasser, Boden und Luft und letztlich auch auf Menschen ausgehen können.

Mit der Herausgabe eines mehrbändigen Altlastenhandbuches, welches in enger Kooperation mit dem Niedersächsischen Landesamt für Bodenforschung in Hannover gestaltet wurde, steht besonders den Behörden und privaten Firmen, die mit der Bearbeitung von „Altlasten“ zu tun haben, eine systematisch aufbereitete Darstellung der vielfältigen technisch-wissenschaftlichen Methoden und Ansätze als fachliche Empfehlung des Landes zur Verfügung. Das Handbuch vermittelt außerdem den organisatorischen und fachlichen Gesamtrahmen für das landeseinheitliche Vorgehen (Altlastenprogramm).

Altlast SAD Münchehagen

Die Altlast SAD Münchehagen liegt im Landkreis Nienburg/Weser, rd. 50 km entfernt von Hannover, in unmittelbarer Nähe zur Landesgrenze von Nordrhein-Westfalen. Die Altlast besteht aus zwei Teilbereichen. Im ersten Teilbereich, der sog. Altdeponie, wurden von 1968 bis 1970 ca. 56.000 m^3 flüssige, pastöse und feste Öl- bzw. Industrieabfälle in 25 bis zu 5 m tiefe Einzelpolder eingelagert. Im zweiten Teilbereich, der sog. GSM-Deponie, wurden in drei 25 m tiefe Großpolder ca. 350.000 m^3 feste bzw. stichfeste Sonderabfälle schichtweise eingebaut.

Bereits während der Betriebsphase gab es massive öffentliche Auseinandersetzungen aufgrund von Unregelmäßigkeiten beim Deponiebetrieb. Höhepunkte waren die vergebliche Suche nach den 41 Seveso-Dioxin-Fässern in 1983 und der Austritt einer ÖL-Wasser-Phase am 22.07.85, wobei in der Ölphase 560 µg/kg 2.3.7.8-TCDD nachgewiesen wurden. Nach dem Konkurs der Firma übernahm zuerst der Landkreis Nienburg und anschließend die Bezirksregierung Hannover die Zuständigkeit für die Gefahrenabwehr. So wurde in 1986/87 der offene Polder IV, IVb verfüllt, in 1990 ein Drängraben angelegt und in 1991 die Altdeponie abgedeckt.

In den darauffolgenden Jahren wurden die Erkundungsarbeiten als geowissenschaftliches Modellprojekt weiter betrieben. So konnte die generelle Machbarkeit einer seitlichen Umschließung durch ein Testfeld belegt und ein geowissenschaftliches Forschungsprojekt zum Schadstofftransport in klüftigen Tonsteinen mit Erfolg abgeschlossen werden.

Rüstungsaltlast-Standort Hannover Empelde

Zu den besonders gelagerten Einzelfällen, die im Rahmen des Rüstungsaltlasten-Programmes des Landes bearbeitet wurden, zählt auch die Rüstungsaltlast Empelde.

Der Standort Empelde, an der Peripherie der Stadt Hannover gelegen, wurde ab 1861 zur Herstellung von Zündhütchen und von 1911 an zur Produktion von Munition genutzt. Nach der 1945 erfolgten Demontage und Zerstörung der Munitionsfabrik gab es anschließend diverse gewerbliche Nutzungen; auf der Fläche befindet sich heute ein Wohnpark. Die bis zur „Detailuntersuchung" durchgeführte Gefährdungsabschätzung des Landes wurde 1994 abgeschlossen. Aufgrund der festgestellten Belastungen mit Schwermetallen, CKW und auch Treibladungsbestandteilen sowie der Munitionsproblematik in Verbindung mit der sensiblen Nutzungssituation wurden Sicherungs- und Sanierungsmaßnahmen empfohlen. Die Folgemaßnahmen werden seitdem vom Landkreis koordiniert. Dazu steht ihm zur fachlichen Unterstützung das Gremium „Fachliche Bewertungsgruppe" zur Verfügung. Der „Runde Tisch Empelde" dient darüber hinaus der hier in besonders hohem Maße erforderlichen Kommunikation mit den Betroffenen. Die Sanierung von Teilflächen wurde bereits abgeschlossen.

6.2 DIE HARZWASSERWERKE

von Hartmut Mantwill

6.2.1 EIN ECKPFEILER PRAKTISCHER WASSERWIRTSCHAFT IN NIEDERSACHSEN – DIE HARZWASSERWERKE HEUTE

Nachdem die niedersächsische Landesregierung im Frühsommer 1995 ihre Absicht öffentlich kundgetan hatte, die „Harzwasserwerke des Landes Niedersachsen" zu verkaufen, gab es über Monate hin ein ungewöhnlich großes, öffentliches Interesse an diesem Unternehmen. In unzähligen Beiträgen niedersächsischer Medien, in öffentlichen Diskussionsveranstaltungen und in Sitzungen politischer Gremien auf örtlicher und überörtlicher Ebene wurden lobende Einschätzungen zur Arbeit der Harzwasserwerke artikuliert, die eine 70 Jahre alte Prophezeiung zu erfüllen scheinen. In den Beratungen des Provinziallandtages in Hannover - vor der Gründung der Harzwasserwerke - hatte der Landeshauptmann Dr. von Campe die Abgeordneten mit dem Hinweis zum Bau der ersten Harztalsperren gedrängt, sie würden damit ein Unternehmen in Gang setzen, „für das uns noch unsere Enkel danken werden".

In Erfüllung ihrer schon in der ersten Satzung von 1928 festgelegten klassischen Aufgaben Wasserversorgung, Hochwasserschutz, Niedrigwasseranreicherung und Energieerzeugung aus Wasserkraft haben die Harzwasserwerke (HWW) eine regionalwirtschaftlich bedeutende wasserwirtschaftliche Infrastruktur in Niedersachsen aufgebaut.

Über ein Fernleitungssystem von rund 500 km Länge stellten sie 1995 91 Mio. m^3 Trinkwasser für weiterverteilende kommunale Versorgungsunternehmen bereit, darunter die großen Städte Hildesheim, Hannover, Bremen, Braunschweig, Wolfsburg und Göttingen. 6 große Talsperren dämpfen die früher wegen ihrer Heftigkeit und verheerenden Überschwemmungswirkungen gefürchteten Hochwasserabflüsse aus dem wasserreichen Harz, immerhin 45 % seines Abflußgebietes werden beeinflußt. Die aus dem aufgefangenen Hochwasser gespeiste sommerliche Niedrigwasseranreicherung für die unterhalb liegenden Flußsysteme hat positive landeskulturelle und gewässerökologische Auswirkungen bis hin zu Aller und Leine. Mit Talsperren- und Trinkwasserkraftwerken werden ca. 30 Mio. kWh elektrischer Energie pro Jahr erzeugt, das ist wesentlich mehr, als für Förderung, Aufbereitung und Transport des Trinkwassers verbraucht wird. Seit 1991 betreuen die HWW die aktiven Anlagen der historischen Bergbauwasserwirtschaft im Harz, das sogenannte Kulturdenkmal Oberharzer Wasserregal.

Etwa 260 Betriebsangehörige halten heute den großen Anlagenbestand in Funktion und passen ihn kontinuierlich dem technischen Fortschritt an. Sie taten dies bis Ende 1996 in der von Anfang an geltenden Rechtsform einer gemeinwohlorientierten, selbständigen Anstalt des öffentlichen Rechts mit kaufmännischem Geschäftsbetrieb. Abgesehen von einigen staatlichen Zuschüssen zum Bau wasserwirtschaftlicher Großanlagen haben die HWW den Systemaufbau aus eigenen Einnahmen finanziert und waren immer betriebswirtschaftlich autark. Alle Aufgaben werden aus dem Verkauf von Trinkwasser und Strom finanziert, wobei der Strom etwa 5 % der Einnahmen ausmacht. 1995 betrug der Jahresumsatz knapp 70 Mio. DM, in denen die bei den Trinkwasserkunden zu erhebende und an das Land weiterzuleitende Wasserentnahmegebühr von etwas mehr als 9 Mio. DM enthalten ist.

6.2.2 DIE GRÜNDUNGSGESCHICHTE DER HARZWASSERWERKE - JAHRZEHNTELANGE KONZEPTSUCHE FÜR DIE NEUE NUTZUNG DES HARZER WASSERSCHATZES

Fluch und Segen zugleich war der Wasserreichtum des Harzes schon in historischen Zeiten für den jahrhundertelang betriebenen Erzbergbau im Harz. Sickerwasser behinderte den tiefer ins Gebirge vorstoßenden Bergbau, je weiter die Schächte hinabreichten, um so mühsamer wurde das Einbringen von Baumaterial und das Herausholen des Erzes. Erst mit der Nutzung der Wasserkräfte zum Sümpfen und Lastenfördern konnte er vom 16. bis weit ins 19. Jahrhundert hinein seine große Bedeutung erlangen.

So stand der Wasserreichtum des Harzes in jenen Zeiten ganz im Dienste des Bergbaus. Insgesamt etwa 120 Teiche entstanden als Wasserspeicher zum Ausgleich von Wasserbedarf und -dargebot, 500 - 600 km Gräben und 30 km Stollen, sogenannte Wasserläufe, dienten dem Transport des Wassers, insbesondere von den Einzugsgebieten zu den Teichen und von diesen zu den Wasserrädern, mit denen die mechanische Wasserkraft erzeugt wurde. Die heute noch von den HWW betreuten und in voller wassertechnischer Funktion gehaltenen sogenannten aktiven Anlagen des Kulturdenkmals Oberharzer Wasserregal, 65 Teiche, 70 km Gräben und 20 km Wasserläufe, legen ein beredtes Zeugnis ab von der Bedeutung des Wassers für den Bergbau, aber auch von der Kunstfertigkeit der alten Bergleute.

Das ausgehende 19. Jahrhundert brachte einen technologischen Entwicklungssprung bei den neuen Möglichkeiten, elektrische Energie aus Wasserkraft zu erzeugen. Die Fortschritte im Turbinenbau und beim Transport von Strom über große Entfernungen, aber auch beim Bau großer Stauanlagen, beflügelten die Phantasie und brachten variantenreiche Ideen zum modernen Ausbau der Wasserkräfte des Harzes hervor. Getragen wurden diese Ideen von wechselnden Interessengruppen aus Wirtschaft, Wissenschaft und öffentlicher Verwaltung. Hervorzuheben ist die 1905 gegründete „Gesellschaft zur Förderung der Wasserwirtschaft im Harz“ mit Sitz in Braunschweig, die sogenannte „Braunschweiger Gesellschaft“. Sie hatte sich die Prüfung des gesamten Harzes hinsichtlich der Möglichkeiten zur Wasserkraftnutzung zur Aufgabe gemacht. Allerdings erwies es sich bald als sinnvoll, den zum Einzugsgebiet der Weser gehörenden Westharz und den zur Elbe hin entwässernden Ostharz als gesonderte Gebiete zu behandeln. Man errichtete hydrologische Meßstationen, und eine Sonderabteilung für den Westharz erarbeitete Planungsgrundlagen, die letztlich in einen von Professor Heiser (TH Dresden) 1913 vorgelegten Gesamtplan mündeten. Darin wurden Talsperren im wesentlichen dort vorgeschlagen, wo sie später auch errichtet wurden. Die Aufgabenzuweisung dehnte sich auf den Hochwasserschutz aus, ein erster Ansatz zur umfassenderen wasserwirtschaftlichen Zweckbestimmung. Wegen mangelnder Wirtschaftlichkeit wurden die Planungen gegen Ende des 1. Weltkrieges endgültig zur Seite gelegt.

Das gleiche Schicksal erlitt das von Bergrat Köhler ausgearbeitete „Oberharzwerk“ oder auch „Großoderteichprojekt“, das nach langjährigen Vorarbeiten zu Beginn des Jahrhunderts erst 1921 vorgelegt wurde. Der damalige Kohlenmangel machte die Wasserkraft als sogenannte „weiße Kohle“ attraktiv. Unter Mitverwendung der Wassersammel- und -ableitungssysteme der historischen Bergbauwasserwirtschaft und auf der Basis eines vergrößerten Oderteiches sollte ein einziges großes Wasserkraftwerk entstehen. Dieser Planung lag der Gedanke zugrunde, eine Zersplitterung der Wasserkräfte zu vermeiden und durch die Nutzung vorhandener und teilweise ergänzend anzulegender Schächte und Stollen eine möglichst große Fallhöhe zu gewinnen. Die Ableitung des Wassers soll-

Abb. 6.2-1:
Dr. jur. Paul Lienke trat im August 1926 seinen Dienst im Westharzsperren-Büro in Hannover an. Von 1935 bis 1968 war er Direktor der Harzwasserwerke.

te zur Leine hin erfolgen. Das Köhlersche Projekt wurde durch das 1922 in Goslar eingerichtete Talsperrenneubauamt der Reichswasserstraßenverwaltung dahingehend modifiziert, daß das Wasser nach der Kraftnutzung über die Oker abfließen sollte, um dann der Speisung des Mittellandkanals zu dienen. Die damit drohende Gefahr einer relativ einseitigen Nutzung des Harzwasserschatzes ohne wasser- und volkswirtschaftliche Vorteile für die Region forcierte die Entwicklung von eigenen Nutzungskonzepten der Provinz Hannover.

In der 1921 als Nachfolgerin der „Braunschweiger Gesellschaft" gegründeten „Wasserwirtschaftlichen Gesellschaft Hannover" wurden unter der Leitung von Prof. Franzius (TH Hannover) neben der Entwicklung modifizierter Wasserkraftprojekte nunmehr umfassendere, moderne wasserwirtschaftliche Planungsüberlegungen angestellt. Hochwasserschutz, Niedrigwasseraufhöhung und vor allem die Erschließung des Harzwassers für die Trinkwasserversorgung rückten in den Vordergrund. 1925 gelang es dem von der Gesellschaft im Zusammenwirken mit anderen Organisationen gegründeten Harzwasserbeirat, den Reichsverkehrsminister zur Aufgabe seiner Pläne zum Wasserentzug zugunsten des Mittellandkanals zu bewegen. Dieser Erfolg war im wesentlichen auch auf das Engagement des damaligen Syndikus der Industrie- und Handelskammer Hannover, Dr. Finkenwirth, zurückzuführen, der sich vehement für die Realisierung der modernen Konzeptionen einsetzte. Am 7. Mai 1925 befaßte sich der Hannoversche Provinziallandtag erstmals eingehend mit dem Wasserproblem des Harzes. Die immer noch eher zögerliche Behandlung des Themas änderte sich unter dem Eindruck des großen Hochwassers zur Jahreswende 1925/26, das schwere Schäden im Bereich der Harzvorlandflüsse verursachte und eine Typhusepidemie in den Räumen Alfeld, Gronau und Hannover nach sich zog.

Im Frühjahr 1926 beauftragte der Provinziallandtag das in Hannover neu gegründete Westharzsperren-Büro mit der Ausarbeitung von Bauprojekten in den Harztälern. Das Büro unterstand den Herren Prof. Franzius und Dr. Finkenwirth, leitende Mitarbeiter waren der spätere Direktor der Harzwasserwerke, Dr. jur. Lienke (Abb. 6.2-1), sowie der spätere Baudirektor Collorio. Noch 1926 wurde ein Westharztalsperren-Entwurf vorgelegt, der als erste, wichtigste Maßnahme den Bau je einer Talsperre in den Tälern der Söse, Sieber und Oder vorsah. Sehr viel Befürwortung fand dieser Entwurf in einem ausführlichen Gutachten von 1927, das Prof. Heiser aus Dresden und Baudirektor Link, der erste Geschäftsführer des 1913 per Gesetz gegründeten Ruhrtalsperrenvereins in Essen, erstellten. Das Gutachten betonte die zu erwartenden günstigen Wirkungen für eine planmäßige norddeutsche Wasserwirtschaft. Es diente als Grundlage für die folgenden parlamentarischen Beratungen, in deren Zuge der Preußische Landtag am 28. März 1928 das der Finanzierung der ersten Anlagen dienende Westharz-Talsperrengesetz beschloß.

Am 22. März 1928 verabschiedete der Hannoversche Provinziallandtag einstimmig die Satzung der „Harzwasserwerke der Provinz Hannover", die damit nach dem Inkrafttreten dieser Satzung am 28. März 1928 als selbständige Anstalt des Provinzialverbandes Hannover gegründet waren. Ihre Hauptverwaltung verlegten die HWW 1929 unter ihrem ersten Direktor, Landrat Windels, dorthin, wo das erste große Projekt angegangen wurde - das sogenannte Sösewerk (Abb. 6.2-2). Erst 1936 erfolgte der Umzug von Osterode nach Hildesheim. Nach dem zweiten Weltkrieg wurden die „Harzwasserwerke des Landes Niedersachsen" Rechtsnachfolger der „Harzwasserwerke der Provinz Hannover".

Abb. 6.2-2: Die Villa Uhl in Osterode wurde 1929 die erste Hauptverwaltung der Harzwasserwerke.

6.2.3 DIE ANFÄNGE DES SYSTEMAUFBAUS - DAS SÖSEWERK UND DIE ODERTALSPERRE

Nachdem die im Westharztalsperren-Entwurf ebenfalls vorgesehene Siebertalsperre wegen noch notwendiger zusätzlicher Untersuchungen auf unbestimmte Zeit verschoben wurde, richteten sich unter der technischen Leitung von Dr. Collorio alle Anstrengungen auf die vom Westharzsperren-Büro planerisch weitgehend vorbereitete Sösetalsperre. Schon im Sommer 1928 konnte der Bau beginnen. Da der Untergrund für eine Sperrmauer ungeeignet war, wählte man einen Schüttdamm mit Betonkern, eine Konstruktion, mit der man bei dieser Größenordnung in Deutschland technisches Neuland betrat (Abb. 6.2-3).

Schon 1927 hatte Bremen sein Interesse an Trinkwasserlieferungen aus dem Harz bekundet, und Hannover zeigte sich in Erinnerung an die 1925 erlebte Typhusepidemie besonders interessiert. So wurde zunächst eine Trinkwasserlieferung nach Hannover ins Auge gefaßt, aber während der Bauausführung der Sösetalsperre entschied sich Hannover 1929 gegen das Harzwasser und für eine zusätzliche eigene Grundwassergewinnung und gefährdete damit vorübergehend die Finanzierung des gesamten Projektes. Am 17. September 1931 konnte die Sösetalsperre eingeweiht werden, die vorgesehene Nutzung als Trinkwasserspeicher erfolgte aber erst, als mit Bremen Liefervereinbarungen erzielt wurden und 1934 die Fernwasserleitung Söse - Bremen entstanden war. Die Entscheidung für die Leitung wurde 1933 von der Reichsregierung auch aus arbeitsmarktpolitischen Gründen getroffen.

Der Bau einer 200 km langen Fernwasserleitung war eine besondere technische Herausforderung, z. B. bezüglich der Wahl des geeigneten Materials. Nach ersten Versuchen mit faßähnlich konstruierten Holzleitungen entschied man sich für nahtlose Mannesmann-Stahlrohre. Diese Entscheidung ging zurück auf den jungen Ingenieur Wilhelm Wiederhold, der Erfahrungen aus dem Gaspipelinebau im Ruhrgebiet zu seinem Dienstantritt bei den Harzwasserwerken am 15. März 1933 mitbrachte (Abb. 6.2-4). Er war später langjähriges Vorstandsmitglied. Nach dem ersten Spatenstich im November 1933 und einem umfassenden praktischen Baubeginn im März 1934 lief 9 Monate später das erste Sösewasser nach Bremen (Abb. 6.2-5). Weitere Abnehmer waren Hildesheim, das mit dem Anschluß am 25. November 1934 eine jahrzehntelange Leidenszeit bezüglich der Wasserversorgung beenden konnte, sowie kleinere Gemeinden im Leinetal und entlang der Bundesstraße 6. Eine viel bewunderte und in Deutschland beispiellose technische Leistung war erbracht, die sich bis heute im Betrieb hervorragend bewährt hat.

Die Landeshauptstadt kam erst sehr spät in den Genuß von Harzwasser. Nach der Aufgabe der letzten direkten Flußwasserversorgungsanlage in der Bundesrepublik Anfang der 70er Jahre und dem Einstellen der Grundwasseranreicherung aus der Leine in einem anderen Wasserwerk werden - nach rund 50jähriger Diskussion über das Harzwasser - seit 1976 10 Millionen m^3 pro Jahr von den HWW bezogen.

Schon in der Endphase des Baus der Sösetalsperre liefen 1931 die Arbeiten für die Odertalsperre bei Bad Lauterberg an. 1934 konnte sie in Betrieb genommen werden. Der Sperrdamm wurde nach dem - allerdings technisch fortentwickelten - Konstruktionsprinzip des Sösedammes errichtet. Später kam ein Kraftwerk hinzu, das jahrzehntelang auch im Pumpspeicherbetrieb gefahren wurde. Aus der Odertalsperre wird kein Trinkwasser gewonnen, ihre Möglichkeiten zur Niedrigwasseraufhöhung sollen nach den konzeptionellen Grundgedanken der wasserwirtschaftlichen Maßnahmen im Südharz auch den durch die Trinkwasserlieferungen ausgelösten Entzug des Sösewassers im Flußsystem Rhume/ Leine kompensieren.

Eine wichtige Ergänzung erfuhr das Sösewerk 1980, als die Stadt Göttingen über eine 40 km lange neue Fernleitung angeschlossen wurde. Die nachträgliche Zementmörtelausschleuderung in den 80er Jahren und der Aufbau eines kathodischen Korrosionsschutzes sichern den alten Fernleitungen noch ein langes Leben.

Eine Realisierung des Siebertalsperrenprojektes strebten die HWW unter dem Eindruck der damals noch steigenden Trinkwasserabgabe in den 70er/80er Jahren an. Der Planfeststellungsantrag wurde zurückgezogen, nachdem sich das Projekt nach jahrelangen Diskussionen politisch als nicht durchsetzungsfähig erwies.

Abb. 6.2-3: Der Sösedamm mit dem charakteristischen Betonkern im Bau. Mit dieser Talsperre begann der Systemaufbau.

6.2.4 VIER TALSPERREN IN DREI JAHRZEHNTEN - DIE SYSTEMENTWICKLUNG IM NORDHARZ

Schon im Gesamtplan von Prof. Heiser im Jahre 1913 war eine Okertalsperre enthalten. Die Oker war nicht nur von besonderer Bedeutung wegen ihres Wasserreichtums, sondern auch wegen ihrer großen Hochwasserabfluß-Spitzen, die immer wieder verheerende Überschwemmungen vor allem im Raum Braunschweig verursachten. In den 30er Jahren wurde der Bau der Okertalsperre beschlossen, und 1938 begannen die ersten Arbeiten, die allerdings nach Ausbruch des zweiten Weltkrieges eingestellt wurden. Erst 1956 konnte die bekannte Bogenstaumauer mit der aufgesetzten Gewichtsmauer vollendet werden. Die Talsperre hatte zunächst den Hauptzweck Hochwasserschutz, erst mit dem Ausbau des auf die Granetalsperre gestützten Versorgungssystems und dem Bau des Oker-Grane-Stollens wurde sie auch zur Trinkwassergewinnung eingesetzt (Abb. 6.2-6).

Abb. 6.2-3:
Dr.-Ing. Wilhelm Wiederhold war der Vater der Sösefernleitung und später langjähriges Vorstandsmitglied der Harzwasserwerke.

Abb. 6.2-5: Die Dükerung der Weser mit der Sösefernleitung bei Nienburg 1934.

In erster Linie der Wasserversorgung des VW-Werkes diente die 1941 bis 1943 erbaute Eckertalsperre mit der 80 km langen Fernwasserleitung über Braunschweig nach Wolfsburg (Abb. 6.2-7). Aber auch einige Gemeinden entlang der Fernleitungstrasse schlossen sich an dieses System an. Eine Bekanntheit der besonderen Art erlangte die Eckertalsperre dadurch, daß nach dem zweiten Weltkrieg die entlang des Eckerflusses verlaufende innerdeutsche Grenze die Anlage teilte. Glücklicherweise standen zwar die Wasserwerksanlagen auf westdeutschem Gebiet, aber erst nach dem Abschluß des Grundlagenvertrages Anfang der 70er Jahre und dem Tätigwerden der deutsch-deutschen Grenzkommission konnte wieder eine angemessene technische Betreuung der gesamten Stauanlage erreicht werden.

Abb. 6.2-6: Das Fernwasserversorgungssystem in seinem heutigem Ausbaugrad

Abb. 6.2-7: Aus der 1943 in Betrieb gegangenen Eckertalsperre wird auch heute noch das VW-Werk in Wolfsburg versorgt

Abb. 6.2-8: Die Granestalsperre konnte 1969 eingestaut werden. Sie ist mit den Beileitungen von Radau, Oker und Innerste das größte Standbein der Trinkwasserversorgung aus dem Harz

Abb. 6.2-9: Das Granewasserwerk mit seiner großen Brunnenanlage als Wahrzeichen wurde 1973 eingeweiht

Mit der Fertigstellung der Innerstetalsperre - Hauptaufgabe Hochwasserschutz - (1966) und der Granetalsperre (1969) (Abb. 6.2-8 u.-9) - beide unter der technischen Leitung des späteren Direktors Dr. Martin Schmidt errichtet - erreichte der Talsperrenbau im Westharz seinen Abschluß. Der Granetalsperre, die nur ein kleines natürliches Einzugsgebiet hat, fließen über Stollen Wassermengen aus der Radau und der Oker zu, über eine Pumpleitung kann Wasser aus der Innerstetalsperre übergeleitet werden. An diesem großen Sammelbecken im Granetal entstand Anfang der 70er Jahre das bei weitem größte Wasserwerk der HWW, dessen Aufbereitungskapazität ca. 50 % der gesamten heute geförderten Trinkwassermenge beträgt. Die neuen Fernwasserleitungen Grane-West und Grane-Ost realisierten einen Verbund zwischen dem Söse- und dem Eckersystem, der die betriebliche Sicherheit des gesamten Fernwasserversorgungssystems wesentlich verbesserte (Abb. 6.2-6). Mit der Inbetriebnahme des Granewasserwerkes stellte Braunschweig seine Trinkwasserversorgung in Ergänzung der schon früher aus dem Eckersystem bezogenen Mengen praktisch vollständig auf Harzwasser um.

6.2.5 SYSTEMAUSBAU DURCH GRUNDWASSERWERKE

Mit der wirtschaftlichen Entwicklung der 50er und 60er Jahre zeichneten sich Steigerungen des Wasserbedarfs im Nordabschnitt des Systems ab, die nicht mehr mit Talsperren allein gedeckt werden konnten. Mit dem Erwerb eines Wasserwerks im Raum Liebenau bei Nienburg im Jahr 1951 begann der Einstieg in die Gewinnung von Grundwasser, der

Abb. 6.2-10: Seit 1977 liefert das moderne Grundwasserwerk Liebenau II im Kreis Nienburg bis 5,5 Mio. m³ Trinkwasser pro Jahr

in der Folgezeit zum Bau von vier Grundwasserwerken führte (Abb. 6.2-10). Bis auf das Werk Ramlingen speisen alle in den Nordabschnitt der Sösefernleitung ein, Harzwasser wird heute nur noch bis in den Raum Hannover geliefert. Etwa 30 % der Gesamtabgabe an Trinkwasser stammen heute aus Grundwasserwerken.

6.2.6 PRIVATISIERUNG DER HARZWASSERWERKE

Mit der Eintragung in das Handelsregister am 22. November 1996 erfolgte in Ausführung entsprechender Beschlüsse des niedersächsischen Landtages und des Kabinetts die Umwandlung der Harzwasserwerke in eine GmbH. Etwa zeitgleich wurde der Kaufvertrag abgewickelt, mit dem das Land Niedersachsen die Geschäftsanteile der GmbH vollständig für 220 Mio. DM an ein Konsortium aus Wasserkunden der HWW und vier Energieversorgungsunternehmen übertragen hat. Der im Gesellschaftsvertrag der GmbH formulierte Gesellschaftszweck enthält im wesentlichen die Aufgaben der ehemaligen Satzung, einige mehr dem staatlichen Wirkungsbereich zuzuordnende Aufgaben wie z. B. Naturschutz und Aufbau eines landesweiten Grundwassergütemeßnetzes sind entfallen. Die Betreuung des Kulturdenkmals Oberharzer Wasserregal wird weiterhin von den HWW wahrgenommen (Abb. 6.2-11). Eine Öffnungsklausel bei der Formulierung des Gesellschaftszweckes ermöglicht nun auch die Wahrnehmung weiterer wasserwirtschaftlicher Tätigkeiten (Abb. 6.2-12).

Abb. 6.2-11: Der Anfang des 18. Jahrhunderts aus Granitblöcken erbaute Oderdeich ist die größte Stauanlage des von den HWW betreuten Oberharzer Wasserregals. Eisabweiser aus Granit sichern die sogenannte Ausflut, die Hochwasserentlastungsanlage

Abb. 6.2-12: Die heutige Hauptverwaltung der Harzwasserwerke in Hildesheim

6.2.7 PERSPEKTIVEN

Größere Erweiterungen des Fernwasserversorgungssystems sind nicht absehbar. Stagnierender bzw. rückläufiger Wasserbedarf und die Beschränkung der mit den vorhandenen Anlagen gewinnbaren Wassermengen im Harz bilden die begrenzenden Rahmenbedingungen. Lokale Güteprobleme beim Grundwasser wegen der Belastungen aus der Landwirtschaft, die nicht auszuschließende mengenmäßige Reduzierung auslaufender Grundwasserbewilligungen und regionale Bedarfsveränderungen machen allerdings vorsorgende Erkundungen zusätzlicher Grundwassergewinnungsmöglichkeiten sinnvoll.

Durch die Privatisierung sind die Bindungen zwischen den Harzwasserwerken und den von ihnen belieferten Versorgungsunternehmen, aber auch zwischen den einzelnen Versorgungsunternehmen untereinander, enger geworden. Dies schafft günstige Voraussetzungen für eine Nutzenoptimierung der vorhandenen Versorgungsinfrastruktur und des umfangreichen Know-hows des Unternehmens Harzwasserwerke.

6.3. NIEDERSÄCHSISCHES LANDESAMT FÜR BODENFORSCHUNG

von Gottfried Goldberg und Jürgen Hahn

6.3.1 VON DER KÖNIGLICHEN GEOLOGISCHEN LANDESANSTALT UND BERGAKADEMIE ZUM AMT FÜR BODENFORSCHUNG

Mit der Gründung der „Königlichen Geologischen Landesanstalt und Bergakademie" in Berlin (1873) begannen auch im Gebiet des heutigen Niedersachsens systematische staatliche geologische Arbeiten. In der Frühzeit lag das Schwergewicht naturgemäß auf der allgemeinen geologischen Erkundung des Landes, da eine großflächige Erfassung und Klärung der geologischen Gegebenheiten auch eine Voraussetzung für die Bearbeitung von Problemen der Angewandten Geologie darstellt. Bis 1920 wurden von diesem Gebiet u.a. 70 Blätter der Geologischen Karte i.M. 1:25 000 veröffentlicht. Gleichzeitig ergaben sich jedoch zunehmend hydrogeologische Beratungen und Gutachten für Kommunen und staatliche Dienststellen, z. B. bei Wasserversorgungen, Wasserentnahmen, Talsperren, Kanälen, Mineral- und Heilquellen sowie deren Schutzbezirken.

Bereits 1904 wurde ein „Erlaß des Ministers für Handel und Gewerbe betreffend die gutachtliche Untersuchung von Wasserversorgungen durch Beamte der Königl. Geologischen Landesanstalt und Bergakademie" veröffentlicht. Danach sollte diese Beratungstätigkeit in allen Fällen, in denen ein überwiegendes öffentliches Interesse vorliegt, gegen alleinige Erstattung der Tagegelder und Reisekosten ausgeführt werden. Da in der Folgezeit „derartige Untersuchungen einen solchen Umfang angenommen haben....", wurde in einem Erlaß des gleichen Ministeriums aus dem Jahre 1909 diese Vergünstigung auf „bedürftige Gemeinden" beschränkt.

Um diese bereits stattgefundene Entwicklung auch rechtlich festzuschreiben, wurde 1909 im Zuge einer Statutenänderung der Königlichen Geologischen Landesanstalt die „Untersuchung von Mineralquellen, Grundwasser und Seen in geologischer Beziehung" ausdrücklich in das Aufgabenspektrum der Anstalt aufgenommen. Arbeiten dieser Art führten überwiegend die kartierenden Landesgeologen aus, deren Tätigkeit somit außerordentlich vielseitig und praxisnah war. Einer dieser Landesgeologen, der spätere Abteilungsdirektor K. KEILHACK, betont in der 2. Auflage seines Buches „Grundwasser-

und Quellenkunde" (1917), daß dieses Werk das Ergebnis seiner 25-jährigen praktischen Beschäftigung mit Fragen des unterirdischen Wassers sei.

Ab etwa 1920 werden in den Erläuterungen zur Geologischen Karte 1:25 000 (GK 25) die hydrogeologischen Verhältnisse in einem Kapitel gesondert erläutert, was vorher nur in besonderen Fällen geschah. Seitdem wurden für das Gebiet des heutigen Landes Niedersachsen weitere 159 Blätter der GK 25 mit hydrogeologischen Erläuterungen herausgegeben.

Eine erhebliche Vermehrung der Tätigkeiten im Bereich der Angewandten Geologie und damit auch der Zusammenarbeit mit den Wasserwirtschaftsbehörden brachte ab 1934 das „Gesetz über die Durchforschung des Reichsgebietes nach nutzbaren Lagerstätten" (Lagerstättengesetz), wie auch im Rahmen der „Vierjahrespläne" zur Steigerung der wirtschaftlichen Leistung. Mit diesem Gesetz und seiner Durchführungsverordnung wurden die geologischen Anstalten der Länder mit entsprechenden Untersuchungen sowie mit der Sammlung und Bearbeitung ihrer Ergebnisse beauftragt. Dort ist u.a. auch eine Meldepflicht für alle mit mechanischer Kraft angetriebenen Bohrungen, Zugangsrechte zu allen Bohrungen sowie eine Informationspflicht über Bohrergebnisse festgelegt worden, wobei „bei Wasserbohrungen ... Angaben über das Ergebnis des Pumpversuchs und über die Beschaffenheit des Wassers zu machen" sind. Für Niedersachsen sind im NLfB heute u.a. über 200.000 Bohrungen und ca. 30.000 Wasseranalysen dokumentiert. Allein im Jahre 1937 wurden über 500 Gutachten, Berichte und Abhandlungen für preußische Gebiete erstellt, von denen ein erheblicher Teil hydrogeologische Fragestellungen - auch im Gebiet des heutigen Niedersachsens - betrafen, die im Auftrag oder in Zusammenarbeit mit den Wasserwirtschaftsbehörden bearbeitet wurden.

Seit 1934 bestand in Hannover eine Zweigstelle der Preußischen Geologischen Landesanstalt (spätere Reichsstelle bzw. Reichsamt für Bodenforschung) mit der Schwerpunktaufgabe Erdölgeologie. Diese zeitweilig nach Celle verlegte Dienststelle bildete nach Kriegsende die Keimzelle für das 1945 in Hannover gegründete „Amt für Bodenforschung in Niedersachsen und Nordrhein-Westfalen", aus dem Nordrhein-Westfalen im Jahre 1957 ausschied.

6.3.2 GRUNDWASSERERKUNDUNG DURCH DAS AMT FÜR BODENFORSCHUNG

Bedingt durch die Kriegszerstörungen, Bevölkerungszunahme und -verlagerung infolge des Zustroms von Flüchtlingen und Bombengeschädigten, später durch Steigerung der landwirtschaftlichen und industriellen Erzeugung, stellte sich den Wasserwirtschaftsbehörden und Wasserversorgungsunternehmen nach dem Krieg die große Aufgabe, Trink- und Brauchwasser in ausreichender Menge und Qualität bereitzustellen. Dabei wurde frühzeitig erkannt, daß das Schwergewicht auf der Erschließung von Grundwasser liegen müßte, da oberirdisches Wasser aus Qualitätsgründen für eine langfristig gesicherte Wasserversorgung weniger geeignet war.

Nach dem Zweiten Weltkrieg waren geeignete Ingenieurbüros mit hydrogeologisch erfahrenen Fachkräften praktisch nicht verfügbar. Es entwickelte sich daher frühzeitig eine sehr enge Zusammenarbeit zwischen den Wasserwirtschaftsbehörden und dem Amt für Bodenforschung, das über wesentliche Teile des aus Berlin verlagerten Archivmaterials verfügte und viele erfahrene Fachleute des ehemaligen Reichsamtes übernommen hatte.

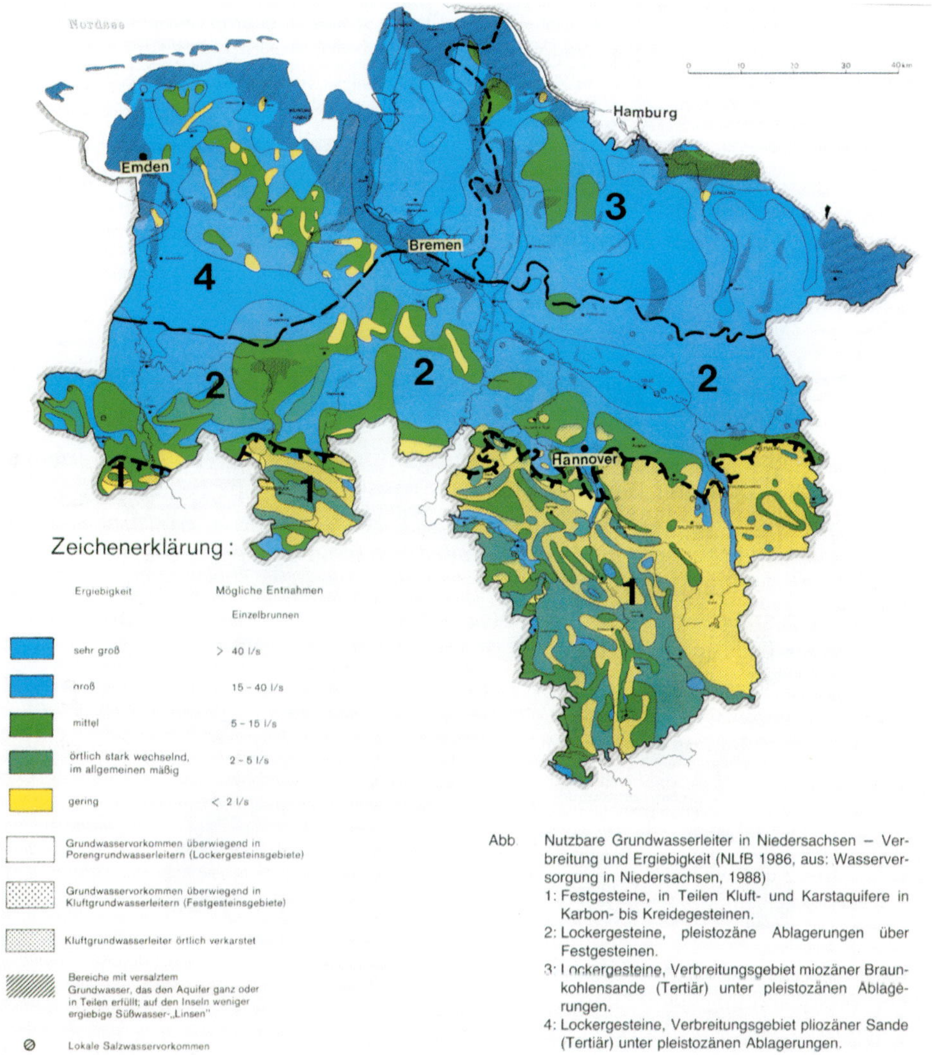

Abb. 6.3-1: Nutzbare Grundwasserleiter in Niedersachsen (Verbreitung und Ergiebigkeit (NLfB 1986, aus: Wasserversorgung in Niedersachsen, 1988)

Das Schwergewicht der Arbeiten war anfänglich, Wasserversorgungen für kleine Städte und Gemeinden zu schaffen, später in zunehmendem Maße zentrale Wasserversorgungsanlagen auf Landkreisebene einzurichten. Zwischen den Wasserwirtschaftsbehörden und dem Amt für Bodenforschung wurde die Reihenfolge bei der Bewältigung der im Übermaß vorhandenen Aufgaben abgesprochen. Aus dieser guten Zusammenarbeit ergab sich auch die Vereinbarung, daß das Amt für Bodenforschung, um mit den für diese Zwecke bereitgestellten Landesmitteln sparsam zu wirtschaften, allgemein und frühzeitig bei entsprechenden staatlichen Aufgaben eingeschaltet werden sollte.

Dies hat in der Folgezeit dazu geführt, daß das Amt für Bodenforschung bei nahezu allen neu eingerichteten Wasserwerken an der Grundwassererkundung und -erschließung (Abb. 6.3-1) sowie bei -schutzmaßnahmen maßgeblich beteiligt war. Von seiten des Amtes wurden die Arbeiten von regional tätigen und spezialisierten „Bezirkshydrogeologen" wahrgenommen. Ursache für diese Ausweitung der hydrogeologischen Tätigkeiten war u. a. der Übergang zu großräumigen Grundwassererkundungs- und -erschließungsarbeiten für die überregionale Trinkwasserversorgung, eine seit 1953 betriebene Abgrenzung und Festsetzung von Trinkwasserschutzgebieten sowie die Zunahme von praxisbezogenen Forschungsarbeiten. Diese Aufgaben wurden in engem Zusammenwirken mit anderen Fachabteilungen des Amtes bearbeitet.

6.3.3 LANDESBEHÖRDE „NIEDERSÄCHSISCHES LANDESAMT FÜR BODENFORSCHUNG" SEIT 1959

Die Entwicklung wurde durch die Teilung des Amtes im Jahre 1959 in die Bundesbehörde „Bundesanstalt für Bodenforschung (BfB)" und die Landesbehörde „Niedersächsisches Landesamt für Bodenforschung (NLfB)" trotz personeller Abgaben an die BfB nicht wesentlich behindert, da beide Ämter durch gemeinsame Amtsleitung, Verwaltung, Infrastruktur, Räumlichkeiten und durch Personalaustausch verbunden blieben (Verwaltungsabkommen v. 12./26.11.1958). Eine Verbindung zu den anderen staatlichen geologischen Diensten in Deutschland besteht weiterhin durch regelmäßige Zusammenkünfte der Direktoren, über gemeinsame Arbeitskreise und -gruppen sowie über eine Abteilung Gemeinschaftsaufgaben beim NLfB (Geophysik, Geochemie, Erdöl), die vom Bund und den Ländern gemeinsam getragen wird und von allen Bundesländern in Anspruch genommen werden kann.

Aus dem NLfB-Gründungserlaß vom 01.04.1959 ergeben sich für die Hydrogeologie folgende Aufgaben:

- Herstellung und Veröffentlichung hydrogeologischer Karten verschiedenen Maßstabes,
- Geologische Untersuchungen der Speichergesteine des Bodenschatzes Grundwasser,
- Hydrogeologische Untersuchungen, z.B. für Wasserversorgung, Wasserentziehung, Abwasserbeseitigung und Heilquellen, Mitwirkung bei wasserrechtlichen Fragen und beim Beobachtungsdienst für Grundwasser und Quellen (Abb.6.3- 2),
- Chemische und physikalische Untersuchungen wissenschaftlicher und praktischer Art zur Ergänzung der Erkenntnisse über (Grundwasser-)Lagerstätten, über Gebrauchs- und Heilwässer usw.,
- Veröffentlichung von wissenschaftlichen und praktischen Ergebnissen aus dem gesamten Aufgabenbereich sowie
- Sammlung und Archivierung von geowissenschaftlichen Daten gemäß Lagerstättengesetz vom 04.12.1934.

Während die Festgesteinsgebiete des Niedersächsischen Berglandes bereits weitgehend geologisch kartiert und damit - mit Einschränkungen - auch hydrogeologisch erkundet waren, bestanden bei den flächenmäßig überwiegenden, wasserwirtschaftlich bedeutenden Grundwasservorkommen in den Lockergesteinen des Norddeutschen Tieflandes noch erhebliche Wissensdefizite. Sie konnten zunehmend durch staatlich finanzierte großräumige Grundwassererkundungen in Schwerpunkträumen (Harz/Heide, Emsland, Harburg-Land, Nordseeküste) sowie durch entsprechende Arbeiten bei der Errichtung großer, in Verbund stehender Wasserwerke reduziert werden. Dabei wurde auch die Anwendbarkeit neuer technischer und wissenschaftlicher Methoden (z. B. Rotary-Druckspülbohrungen, geophysikalische Bohrlochmessungen, geoelektrische Sondierungen) für Lockergesteine erprobt. Diese Verfahren erwiesen sich dann für die Erkundung und Erschließung von Grundwasser als hervorragend geeignet.

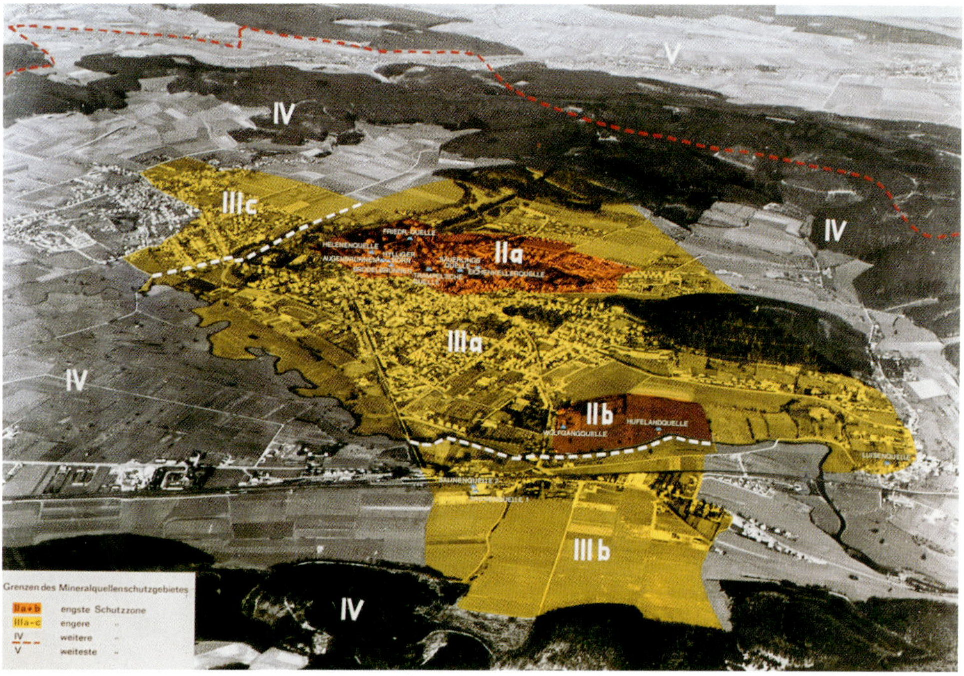

Abb. 6.3-2: Heilquellenschutzgebiet Bad Pyrmont

6.3.4 GRUNDWASSERERKUNDUNG FÜR WASSERWIRTSCHAFTLICHE RAHMENPLANUNG

Die großflächigen Teilerkundungen mündeten ab 1966 in die aus Mitteln des Landes Niedersachsen finanzierte „Wasserwirtschaftliche Rahmenplanung" ein, die u. a. eine systematische, landesweite Erfassung des Grundwasserdargebotes zum Ziel hatte. Von der federführenden Wasserwirtschaftsverwaltung wurde das NLfB mit der Durchführung der hydrogeologischen Arbeiten betraut. Im Rahmen dieser Arbeiten ergab sich in einigen Gebieten auch eine enge wissenschaftliche Zusammenarbeit mit den Wasserwirtschaftsbehörden, wie z. B. beim Sonderprogramm Zentralheide oder der vorbereitenden Beweissicherung für das Wasserwerk Nordheide.

Die im Jahre 1979 weitgehend abgeschlossenen hydrogeologischen Untersuchungen erbrachten grundlegende Erkenntnisse über die Lage und Größe der Grundwasservorkommen in den 16 Planungsräumen Niedersachsens (Abschnitt 5.1) sowie über die Menge, Beschaffenheit und Gefährdung des in ihnen enthaltenen Wassers (Abb.6.3-3). Sie wirkten sich befruchtend auf die „Tagesarbeiten" wie auch auf eine Vielzahl weiterer Tätigkeiten des NLfB aus, wozu nicht zuletzt eine kartenmäßige Darstellung der

Grundwasserverhältnisse in Niedersachsen i.M. 1:200.000 gehört, die „Geowissenschaftliche Karte des Naturraumpotentials von Niedersachsen und Bremen" (Abb. 6.3-4), für die u. a. auch die Methoden zur Ermittlung der Grundwasserneubildungsrate und des Schutzpotentials der Grundwasserüberdeckung entwickelt wurden, die heute auch projektbezogen landesweit angewandt werden.

Diese Karte ergänzte die verschiedenen, bis zu diesem Zeitpunkt erstellten hydrogeologischen Karten i. M. 1:500 000, 1:1 Mio. und 1:1,5 Mio.

Forschungsprogramme betrafen u. a. die Küstenversalzung, Teilnahme von Tiefengrundwasser am Wasserkreislauf, flächenhafte anthropogene Einflüsse auf die Grundwasserbeschaffenheit, Wesertalversalzung sowie Schadstofftransport in Tongesteinen. Sie waren so konzipiert, daß sie, über die unmittelbare Problemstellung hinaus, der Erprobung und Absicherung neuer Untersuchungsmethoden dienten und ein Höchstmaß an praktisch nutzbaren Erkenntnissen lieferten.

Seit Bestehen des NLfB wurden von den Mitarbeitern der Unterabteilung Hydrogeologie mehrere 10000 wissenschaftliche Stellungnahmen, Berichte und Gutachten für Ministerien, Bezirksregierungen, Landkreise, Städte, Gemeinden und Wasserverbände abgegeben. Sie betrafen sowohl Fragen der Erkundung, Erschließung und des Schutzes von Grundwasser und Heilquellen, wasserrechtliche Bewilligungs- und Erlaubnisanträge, Gewässerbenutzungen aller Art, landesweite, regionale und lokale Planungen (LROP, RROP, FNP), als auch Fragen der Standortwahl, des Betriebes, der Gefährdungsab-

Abb. 6.3-3: Wasserbohrung Wellenspringtal im Hils mit artesischem Überlauf

schätzung und Sanierung von Abfalldeponien, Bodenabbau und Bauvorhaben, Abwasserbeseitigung sowie Unfälle durch wassergefährdende Stoffe.

Die zunehmende Zahl geowissenschaftlicher Fachbüros hat es in den letzten Jahren ermöglicht, den Umfang der bisher durch die Unterabteilung wahrgenommenen Aufgaben in verschiedenen Arbeitsbereichen, wie bei der Wasserversorgung und bei Schutzgebietsabgrenzungen, zu vermindern. Parallel dazu erhöhte sich allerdings der Beratungsbedarf der Genehmigungsbehörden -insbesondere der Landkreise- bei der fach-

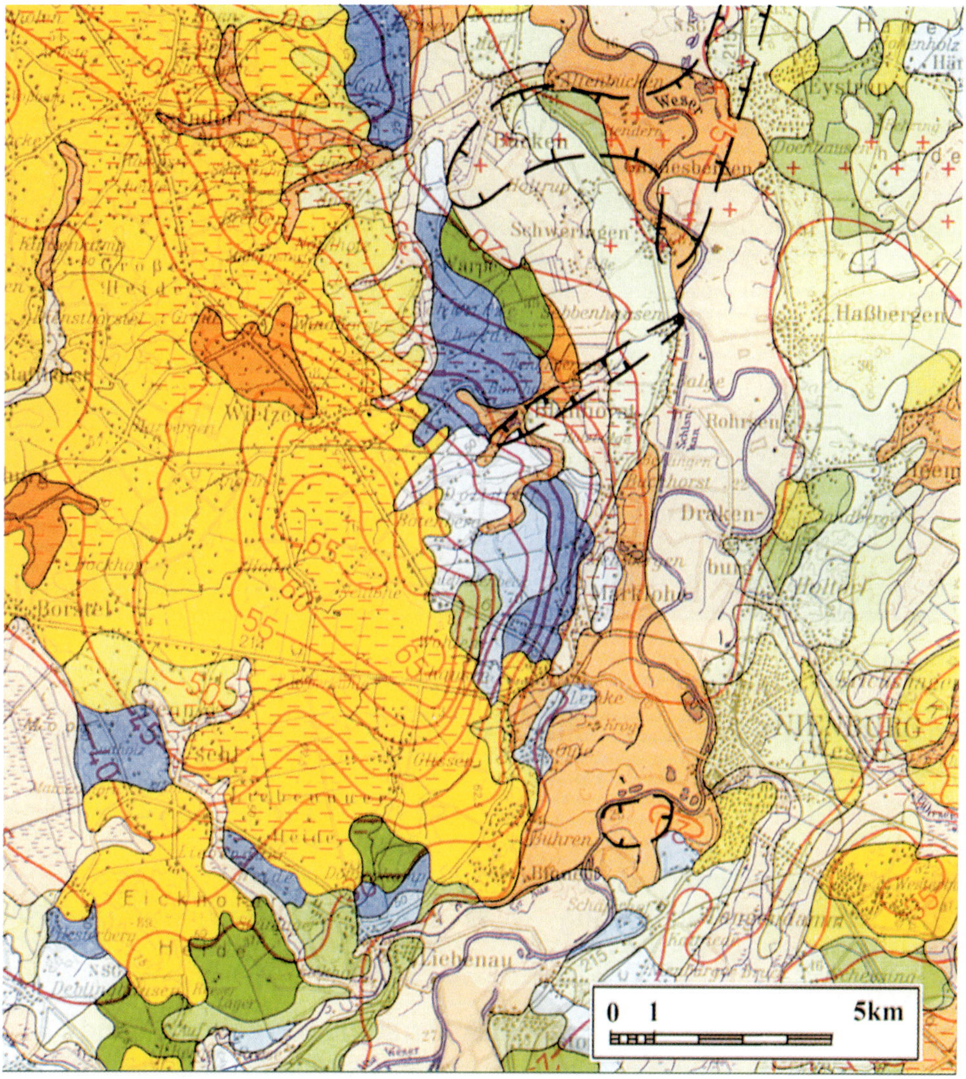

Abb. 6.3-4: Kartenausschnitt der Naturraumpotentialkarte von Niedersachsen 1 : 200 000, Blatt Hannover (CC 3918) - Grundwasser - Grundlagen -, mit Informationen über Grundwasserleitereigenschaften, Grundwasserstände und -fließrichtungen, Grundwasserneubildungsraten und zur Gefährdung des Grundwassers

lichen Beurteilung von Gutachten Dritter sowie die Tätigkeiten im Rahmen der Vertretung öffentlicher Belange. Darüber hinaus mußten andere Tätigkeiten, z.B. im Bereich Abfall, Altlasten, Sonderabfall sowie Aufbau von Datenbanken und Fachinformationssystemen, verstärkt werden; neue Tätigkeitsfelder, z. B. radioaktive Endlagerung und Gewässerüberwachungssystem Niedersachsen, kamen hinzu.

6.3.5 UNTERABTEILUNG HYDROLOGIE DES NDS. LANDESAMTES FÜR BODENFORSCHUNG

Die Unterabteilung Hydrogeologie des NLfB gehört seit dem Runderlaß des Nds. Ministers für Ernährung, Landwirtschaft und Forsten vom 28.02.1983 dem gewässerkundlichem Landesdienst an, dessen Aufgaben und Befugnisse erstmalig im Niedersächsischen Wassergesetz (NWG) in der Fassung vom 28.10.1982 beschrieben wurden. Sie unterliegt nach Beschluß des Landesministeriums vom 07.07.1992 der Fachaufsicht des Umweltministeriums (MU) insoweit, wie diese Unterabteilung Aufgaben aus dem Geschäftsbereich des MU wahrnimmt. Die damit verbundenen Aufgaben der Unterabteilung Hydrogeologie sind auch in der 14. Ausführungsbestimmung zum NWG vom 01.10.1992 im einzelnen beschrieben. Die Tätigkeit des NLfB auf dem Wassersektor wird überdies durch eine Anzahl von Gesetzen, Ausführungsbestimmungen und Richtlinien bestimmt, die hier nur in Stichpunkten angeführt werden sollen: Lagerstättengesetz, Raumordnung und Landesplanung, Umweltverträglichkeitsprüfungen, Abfallrecht, Wasserrechtsverfahren, Bundesbaugesetz (hier: Träger öffentlicher Belange), Trinkwasserverordnung, Heilquellen, wasserwirtschaftliche Rahmenplanung sowie Gerichtsgutachten. Die erwähnte Fachaufsicht des MU gilt auch für das gesamte NLfB bei der Wahrnehmung von Aufgaben im Zusammenhang mit der Endlagerung radioaktiver Stoffe. Alle sonstigen Fachbereiche und Tätigkeitsfelder des NLfB unterliegen wie bisher der Fach- und Dienstaufsicht des Wirtschaftsministeriums.

6.3.6 VIELSEITIGE ZUSAMMENARBEIT ZWISCHEN NLFB/BGR UND WASSERWIRTSCHAFTSVERWALTUNG

Wenn auch die fachliche Zusammenarbeit zwischen der Wasserwirtschaftsverwaltung und der Unterabteilung Hydrogeologie besonders eng war und ist, so kann deren Tätigkeit jedoch nicht losgelöst von den übrigen Organisationseinheiten des Hauses NLfB/BGR mit seinen rd. 1200 Mitarbeitern gesehen werden. Zum einen ist die Leistung der sechs Referate der Unterabteilung Hydrogeologie ohne die Nutzung des bedeutenden wissenschaftlichen und technischen Potentials des Hauses NLfB/BGR nicht denkbar, zum anderen sind mehr als 20 weitere Referate des NLfB unmittelbar oder mittelbar und mehr oder weniger stark mit Fragen des unterirdischen Wassers und des Grundwasserschutzes befaßt; sie werden teilweise ebenfalls von der Wasserwirtschaftsverwaltung bei der Lösung wasserwirtschaftlicher Probleme beteiligt.

Dies betrifft einmal den Bereich Ingenieurgeologie, der u. a. beim Bau von Talsperren, Tunneln, Häfen, Deichen, Staustufen, Bundesbahnneubaustrecken und Deponien mitwirkt. Es gilt aber auch für den Bereich Geophysik, der u. a. auf den Gebieten Abgrenzung von Grundwasserversalzungen mittels geoelektrischer Verfahren, Wasseraltersdatierungen, Isotopenuntersuchungen, Stofftransportmodelle, geochemische Gewässer-

und Bodenuntersuchungen tätig ist und anwendungsbezogene Grundlagenforschung betreibt.

In besonderer Weise hervorzuheben ist der Bereich Bodenkunde, der über die bodenkundliche Kartierung hinaus neben vielen anderen Arbeiten auch mit Untersuchungen über die landwirtschaftliche Verwertung von Klärschlamm und Hafenschlick, über Meliorationen und zum Stoffrückhaltevermögen von Böden befaßt ist und mit der Bereitstellung des Fachinformationssystems Boden bzw. NIBIS sowie von Boden- und Themenkarten (z. B. Nitratauswaschungsgefährdung) bedeutsame Beiträge zum Boden- und Grundwasserschutz in Niedersachsen liefert.

In einer Zeit, in der Zuständigkeiten zunehmend auf regionale Verwaltungen verlagert werden, kommt einer zentralen geowissenschaftlichen Fachbehörde, in deren Stellungnahmen, Beratungen und Empfehlungen die Kenntnisse und Erfahrungen aus Gesamtniedersachsen einfließen, eine erhöhte Bedeutung zu. Die ständige Zugriffsmöglichkeit auf diese Behörde hat bisher die Einstellung geowissenschaftlicher Fachkräfte bei einer Vielzahl von Regionalbehörden entbehrlich gemacht; sie ermöglicht u.a. eine landeseinheitliche Behandlung von Fachproblemen, die Erarbeitung von zentralen Handlungsempfehlungen sowie auch eine geowissenschaftliche Aus- und Fortbildung von in der Praxis tätigen Behördenvertretern.

Der zunehmende Beratungs- und Informationsbedarf der Behörden, aber auch der für Behörden tätigen Fachbüros sowie die für die Zukunft absehbaren personellen Zwänge sind nur durch den Ausbau der IuK-Technik zu bewältigen. Ein Schwerpunkt der Arbeiten des NLfB besteht daher auch weiterhin in einer optimalen Verfügbarmachung und Nutzbarkeit der im Haus vorliegenden geowissenschaftlichen Informationen, insbesondere durch Auf- bzw. Ausbau von Datenbanken, Optimierung und Verknüpfung von Fachinformationssystemen sowie die Verbesserung des Datenaustausches mit anderen Institutionen.

6.4 ZUSAMMENARBEIT DER NIEDERSÄCHSISCHEN WASSERWIRTSCHAFTSVERWALTUNG MIT ANDEREN FACHVERWALTUNGEN UND SONSTIGEN STELLEN

von Hans-Joachim Schultz-Wildelau

6.4.1 ALLGEMEINES

Alle Lebewesen benötigen Wasser zum Leben. Die Gewässer werden zur Schiffahrt, Energiegewinnung, Binnenfischerei, Freizeitgestaltung und zu vielem mehr genutzt. Man ist bemüht, wirtschaftliche Güter und insbesondere menschliches Leben so gut wie möglich vor Hochwassergefahren zu schützen. Im Zuge der Bodenkultivierung wurden sowohl Be- als auch Entwässerungssysteme geschaffen. Bei der Gewässerbewirtschaftung ist zu beachten, daß Flüsse und Bäche ihre wichtige Rolle im Naturhaushalt nur erfüllen können, wenn sie vor Übernutzung geschützt werden und naturnah erhalten bleiben.

Es ist Aufgabe der Wasserwirtschaft, alle menschlichen Einwirkungen auf das ober- und unterirdische Wasser im Bewußtsein dieser ökologischen und ökonomischen Ziele bestmöglich zu ordnen. Die Bearbeitung wasserwirtschaftlicher Projekte macht die Zusammenarbeit mit vielen Gruppierungen notwendig, die sehr unterschiedliche, sich oft gegenseitig beeinflussende Interessen an der Nutzung und dem Schutz der Gewässer haben. Eine derartig übergreifende Zusammenarbeit, wie sie von der Wasserwirtschaft und ihren Geschäftspartnern von je her traditionell praktiziert wurde, gilt für den Gesamtbereich des Umweltschutzes als grundlegende Voraussetzung für Fortschritt und Erfolg. In einer konsequenten Umsetzung des „Kooperationsprinzips" werden noch unausgeschöpfte Möglichkeiten auf dem Weg zu einer nachhaltig umweltgerechten Entwicklung gesehen. Eingriffe in die Gewässer müssen auf gemeinsam entwickelte Ziele des Gewässerschutzes ausgerichtet sein und unterschiedliche Nutzungsinteressen aufeinander abgestimmt werden. Dabei ergeben sich Kontakte zu allen Gesellschaftsebenen und vielen Institutionen wie Behörden, Verbänden, Betrieben, Haushalten und weiteren mehr.

6.4.2 FACHÜBERGREIFENDE KONTAKTE

Die Wassergesetze werden von den Wasserbehörden gemeinsam vollzogen. Die ***Unteren Wasserbehörden*** bei den ***Landkreisen, kreisfreien Städten*** und ***großen selbständigen Städten*** arbeiten dabei eng mit den ***Oberen Wasserbehörden*** bei den ***Bezirksregierungen*** und der ***Obersten Wasserbehörde*** beim ***Umweltministerium*** als staatliche Einrichtungen des Landes Niedersachsen zusammen. Die Unteren Wasserbehörden bearbeiten wasserwirtschaftliche Aufgaben im vom Lande übertragenen Wirkungskreis. Die Versorgung der Bevölkerung, des Gewerbes und der Industrie mit Trinkwasser sowie die Beseitigung des Abwassers obliegen den ***Städten und Gemeinden***, die damit wesentlich zur Entwicklung der Wasserwirtschaft in Niedersachsen beitragen (Abb. 6.4-1). Gemäß ihrer besonderen Bedeutung wird die fein aufeinander abgestimmte Zusammenarbeit der staatlichen Wasserwirtschaftsverwaltung mit den Unteren Wasserbehörden sowie den Städten und Gemeinden im Abschnitt 7 beschrieben. Bei der Vorbereitung neuer gesetzlicher Bestimmungen und anderer Vorschriften oder Empfehlungen arbeitet die niedersächsische Wasserwirtschaftsverwaltung mit der ***Arbeitsgemeinschaft der kommunalen Spitzenverbände (Niedersächsischer Landkreistag, Niedersächsischer Städte- und Gemeindetag, Niedersächsischer Gemeindebund)*** als Vertretung ihrer Einzelmitglieder zusammen.

Die ***Abfallwirtschaft*** hat sich innerhalb der Wasserwirtschaftsverwaltung entwickelt. Lange Zeit hat die ***Wasser- und Abfallwirtschaftsverwaltung*** als fachlicher Verbund erfolgreiche

Arbeit geleistet. Künftige Aufgaben im Umweltbereich lassen jedoch eine Anbindung von abfallwirtschaftlichen Aufgaben an die ***Gewerbeaufsicht*** ratsam erscheinen. Auch nach der dementsprechend vorgesehenen Umorganisation der Umweltverwaltung werden die vielfältigen Bindungen zwischen Wasserwirtschaft und Abfallwirtschaft zu einer weiterhin intensiven Zusammenarbeit führen. Gemeinsam zu bearbeitende Aufgaben liegen zum Beispiel im Bereich der Deponieüberwachung, bei der Standortauswahl von Abfalldeponien, im Informationsaustausch über Altablagerungen und Altstandorte, in der Sanierung von Altlasten sowie der flächenhaften Verwertung von Reststoffen im Rahmen der Kreislaufwirtschaft.

Im Grundwasserbereich werden fast alle gewässerkundlichen Tätigkeiten und wasserwirtschaftlichen Planungen in Zusammenarbeit mit dem ***Niedersächsischen Landesamt für Bodenforschung (NLfB)*** vorgenommen. Die Fachbereiche Grundwassermenge und -güte, Grundwasserhydraulik, Hydrogeologie und Bodenkunde haben sich bei der Wahrnehmung von Aufgaben zum Schutz und zur umweltgerechten Nutzung des Grundwassers als grundsätzlich gesamtheitlich zu berücksichtigende Disziplinen erwiesen. Das NLfB vertritt im Bereich „Lagerstätten" allerdings auch Nutzungsinteressen, die im Konflikt

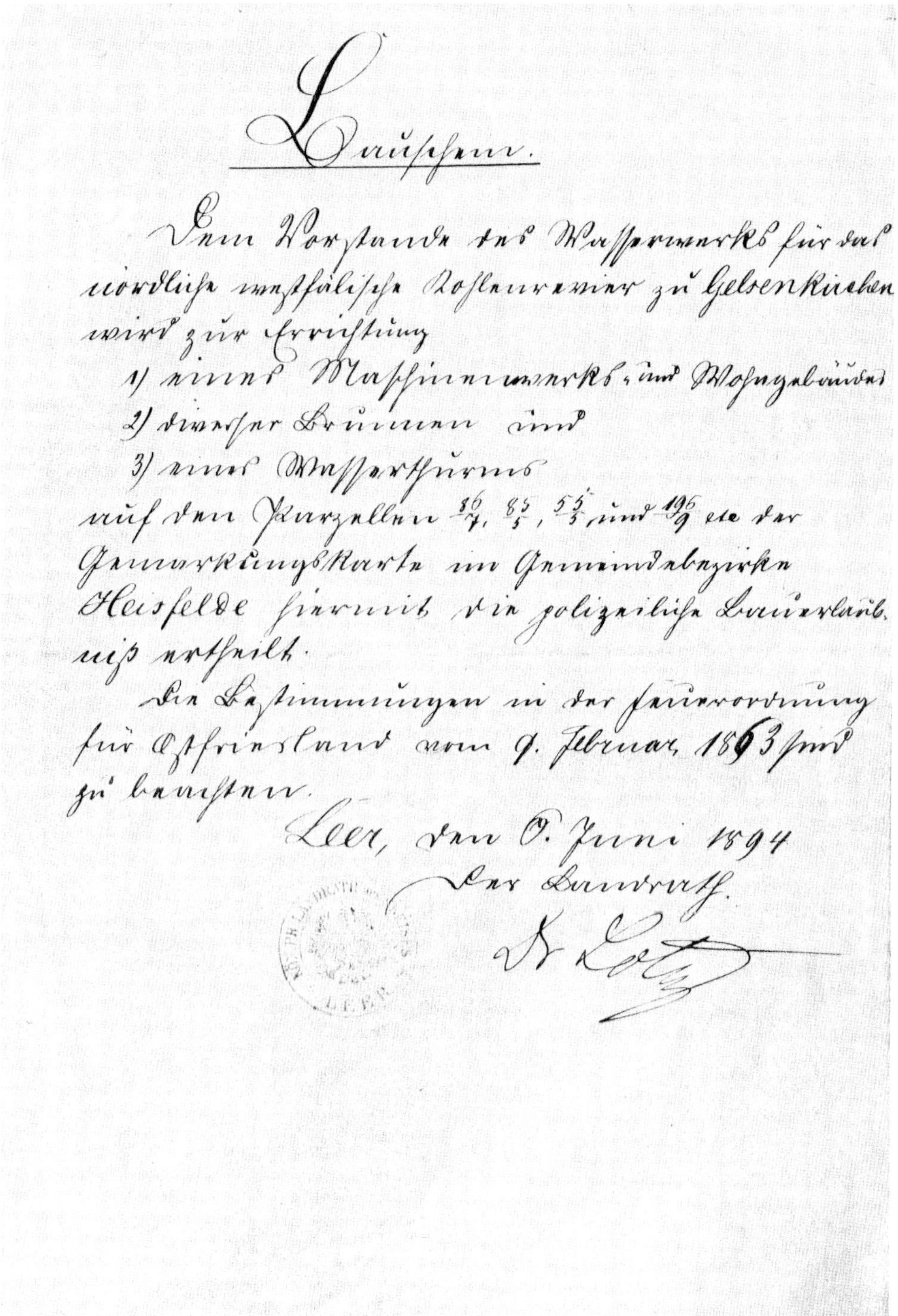

Bauschein.

Dem Vorstande des Wasserwerks für das nördliche westfälische Kohlenrevier zu Gelsenkirchen wird zur Errichtung

1) eines Maschinenwerks- und Wohngebäudes
2) diverser Brunnen und
3) eines Wasserthurms

auf den Parzellen 86/7, 85/5, 55/5 und 196/9 etc. der Gemarkungskarte im Gemeindebezirk Heisfelde hiermit die polizeiliche Bauerlaubniß ertheilt.

Die Bestimmungen in der Bauordnung für Ostfriesland vom 9. Februar 1863 sind zu beachten.

Leer, den 6. Juni 1894
Der Landrath.
Dr.

Abb. 6.4-1: Bauschein des Landrats in Leer vom 6. Juni 1894 zum Bau eines Wasserwerkes in Leer-Heisfelde

zu den Zielen des Grundwasserschutzes stehen. Die Zusammenarbeit zwischen Wasserwirtschaftsverwaltung und NLfB ist so eng verflochten, daß ihr ein eigenes Kapitel 6.3 gewidmet ist.

Die Zusammenarbeit zwischen Wasserwirtschaft und ***Landwirtschaft*** war über lange Zeit geprägt von der Landeskultivierung zur Steigerung der ehemals knappen landwirtschaftlichen Erträge und wirtschaftlichen Sicherung der ländlichen Betriebe. Die großen Bodenmeliorationen wurden in den 70er Jahren in Niedersachsen weitgehend abgeschlossen. Seither geht es im wesentlichen darum, die errichteten Abflußregelungsanlagen instandzuhalten und die Vorflutsysteme durch ökologisch angepaßte Gewässerunterhaltung zu erhalten. Die Durchsetzung dieser gemeinsamen Ziele begründete die frühere Eingliederung der Wasserwirtschaft in das Ressort des ***Niedersächsischen Ministeriums für Ernährung, Landwirtschaft und Forsten***. Auch nach Einrichtung des ***Niedersächsischen Umweltministeriums*** und Zuordnung der Wasserwirtschaft in diesen Ressortbereich ist eine enge Zusammenarbeit mit den Dienststellen der Landwirtschaft bestehen geblieben. Dazu gehören neben dem Ministerium vor allem die ***Landwirtschaftskammern Hannover und Weser-Ems*** mit ihren nachgeordneten Stellen, den ***Landwirtschaftsämtern***, ***Landbauaußenstellen***, ***Pflanzenschutzämtern***, ***Landwirtschaftlichen Untersuchungs- und Forschungsstellen*** sowie der ***Domänenverwaltung***.

Nachdem erste bundesweite Ergebnisse von Grundwassergüteuntersuchungen Anfang der 80er Jahre besorgniserregende Nitrateinträge in das Grundwasser signalisierten, hat sich ein neues Aufgabenfeld zwischen Wasserwirtschaft und ***Landwirtschaft*** eröffnet. Die fortschreitende Entwicklung von bäuerlichen Kleinbetrieben zu spezialisierten Großbetrieben (z. B. Intensivtierhaltung, Gemüse- und Obstanbau) und intensivierten Bewirtschaftungsformen mit entsprechendem Dünger- und Pflanzenschutzmitteleinsatz mußte zwangsläufig zu Konflikten mit dem Gewässerschutz führen. Aus dem Bestreben der Landwirtschaft nach Erhaltung der Bodenfruchtbarkeit und wirtschaftlichem Einsatz von Dünger und Pflanzenschutzmitteln sowie nicht zuletzt aus allgemeinem ökologischen Verständnis heraus ergeben sich jedoch auch gemeinsame Positionen zum Gewässerschutz. In verstärkter Zusammenarbeit wird seither das Konfliktpotential zwischen Ressourcennutzung und Erhaltung naturnaher Gewässer abgebaut.

Eine enge und vielseitige Zusammenarbeit besteht zwischen den Behörden der niedersächsischen Wasserwirtschaftsverwaltung und denen der ***Wasser- und Schiffahrtsverwaltung*** des Bundes. Dabei ist sowohl hinzuweisen auf die in Niedersachsen tätigen ***Wasser- und Schiff-***

fahrtsdirektionen sowie ***Wasser- und Schiffahrtsämter*** als auch auf die ***Bundesanstalt für Gewässerkunde*** in Koblenz, die ***Bundesanstalt für Wasserbau*** in Karlsruhe, Außenstelle Küste in Hamburg, und das ***Bundesamt für Seeschiffahrt und Hydrographie (BSH)*** (früher: ***Deutsches Hydrographisches Institut)*** in Hamburg. Gemeinsame Themen liegen im Bereich der Gewässerkunde, der Gewässergüteüberwachung der Küstengewässer, der Sturmflutvorhersagen und -warnungen, der Peilung und geologischen Erforschung des Küstenmeeres, der Bekämpfung von Unfällen mit Öl und anderen wassergefährdenden Stoffen, dem Ausbau von Bundeswasserstraßen mit allen Folgewirkungen in den Ufer- und Auenbereichen der Gewässer sowie der Unterhaltung der Gewässer zur Erhaltung eines ordnungsmäßigen Wasserabflusses und zur Sicherung der Schiffahrt. Mit Vertretern dieser Bundesbehörden und der Fachverwaltungen der übrigen Küstenländer arbeitet die niedersächsische Wasser- und Abfallwirtschaftsverwaltung im ***Kuratorium für Forschung im Küsteningenieurwesen (KFKI)*** und seiner Beratergruppe eng zusammen. Seit 1982 wird von der Wasser- und Schiffahrtsdirektion Mitte und der Bezirksregierung Hannover eine gemeinsame Hochwassermeldeordnung für die Weser, Aller und Leine durchgeführt.

Die in den einzelnen Bundesländern gewonnenen wasserwirtschaftlichen Erkenntnisse und Erfahrungen werden gegenseitig ausgetauscht. Die Wasserwirtschaftsverwaltung des Landes Niedersachsen arbeitet daher eng mit den ***Wasserwirtschaftsverwaltungen der anderen Länder***, insbesondere der Nachbarländer zusammen. In der ***Länderarbeitsgemeinschaft Wasser (LAWA)*** ist die wasserwirtschaftliche Zusammenarbeit organisiert. In fünf Arbeitsgebieten (Wasserrecht, Daten, Grundwasser und Wasserversorgung, Oberirdische Gewässer und Küstengewässer, anlagenbezogener Gewässerschutz) werden länderübergreifende Fragestellungen in Arbeitskreisen beraten. In den Erfahrungsaustausch sind neben den schon erwähnten Dienststellen im Ressort des ***Bundesministeriums für Verkehr*** im Bereich der Wasser- und Schiffahrtsverwaltung auch weitere ***Bundesministerien (BMU, BML, BM Bau)*** und ihre nachgeordneten Behörden, insbesondere das ***Umweltbundesamt*** und der ***Deutsche Wetterdienst*** einbezogen. Weitere grenzüberschreitende Kontakte im Bereich der Wasserwirtschaft gibt es zu ***staatlichen Institutionen im Nachbarstaat Niederlande***. Die niedersächsischen Küstenbehörden pflegen einen engen Kontakt zu den niederländischen Fachkollegen des ***Ministerie van Verkeer en Waterstaat,*** dem ***Rijkswaterstaat,*** wie auch zu den Fachverwaltungen der anderen Nordseeanrainer ***Belgien, Dänemark*** und ***Großbritannien,*** die im **Kring van zeewerende Ingenieurs** zusammenarbeiten.

Die erfolgreiche Arbeit in der Wasserwirtschaft wäre nicht denkbar ohne die hochqualifizierten Leistungen von ***technisch-wissenschaftlichen Verbänden***, ***wasserwirtschaftlichen Instituten, Ingenieur- und Planungsbüros*** sowie ***Bauunternehmen***, die im Auftrage der Verwaltung gearbeitet haben. Im universitären Bereich sind die Institute der ***Universität Hannover*** und ***Technischen Universität Braunschweig*** hervorzuheben, die seit Jahrzehnten neue Methoden in den Bereichen der allgemeinen Wasserwirtschaft, des Wasserbaus und der Siedlungswasserwirtschaft erforscht und angewendet haben. Erkenntnisse aus Wissenschaft, Praxis und Verwaltung werden in Fachausschüssen von ***wasserwirtschaftlichen Verbänden*** diskutiert und gemeinsam zu Regelwerken umgesetzt. Personal der niedersächsischen Wasserwirtschaftsverwaltung wirkt insbesondere in fünf Verbänden mit:

- ***Abwassertechnische Vereinigung (ATV)***
- ***Deutscher Verein des Gas- und Wasserfachs (DVGW)***
- ***Deutscher Verband für Wasserwirtschaft und Kulturbau (DVWK)***
- **Hafenbautechnische Gesellschaft (HTG)**
- **Deutsche Gesellschaft für Geotechnik (DGGT)**

Die beiden letztgenannten vertreten auch Belange des Küstenschutzes.

Auch an der Aufstellung von wasserwirtschaftlich relevanten Normen durch das ***DIN - Deutsche Institut für Normung e.V.*** - ist die niedersächsische Wasserwirtschaftsverwaltung beteiligt.

6.4.3 KONTAKTE IM BEREICH DER GEWÄSSERKUNDE

Neben der schon erwähnten Zusammenarbeit mit der ***Wasser- und Schiffahrtsverwaltung*** (Pegelmeßnetz an Binnenwasserstraßen) und dem ***Niedersächsischen Landesamt für Bodenforschung*** (Grundwasserstandsmeßnetz, Grundwassergütemeßnetz) ist auf die folgenden weiteren Kontakte hinzuweisen.

Im Bereich der Gewässerkunde hat die Zusammenarbeit mit den Dienststellen des ***Deutschen Wetterdienstes*** eine lange Tradition. Die Meßergebnisse des weitverzweigten Niederschlagshöhen-Meßnetzes sowie landesweite und regionale Datenauswertungen sind unverzichtbare Bestandteile der Gewässerüberwachung. Im Bereich des Sturmflutwarndienstes durch die wasserwirtschaftlichen Küstendienststellen besteht eine enge Kooperation mit dem Deutschen Wetterdienst und den niederländischen Fachdienststellen.

Zu Beginn einer programmatischen Gewässergüteüberwachung etwa ab 1970 konnten Laboruntersuchungen innerhalb der niedersächsischen Wasserwirtschaftsverwaltung nur im damaligen ***Niedersächsischen Wasseruntersuchungsamt*** durchgeführt werden. Im Bereich der Bezirksregierung Braunschweig wurden die Untersuchungen bis Anfang der 80er Jahre gemeinsam vom ***Chemischen Untersuchungsamt*** und ***Medizinaluntersuchungsamt*** in Braunschweig durchgeführt. Danach wurden die damaligen Wasserwirtschaftsämter und heutigen Ämter für Wasser und Abfall (StÄWA) mit Laboratorien ausgestattet. Im Regierungsbezirk Braunschweig übernahmen die StÄWA Braunschweig und Göttingen die gewässerkundlichen Untersuchungen.

Die ersten Grundwassergütemessungen wurden Ende der 80er Jahre an bestehenden Grundwasserstandsmeßstellen vorgenommen, die sich bald als ungeeignet für Güteuntersuchungen erwiesen. Die ***Harzwasserwerke des Landes Niedersachsen*** haben daraufhin ein Gütemeßnetz mit neuen Grundwassermeßstellen aufgebaut, das seither vom gewässerkundlichen Landesdienst betrieben wird. Die Harzwasserwerke haben damit eine entscheidende Unterstützung der Grundwasserüberwachung geleistet.

Seit Mitte der 80er Jahre betreibt die niedersächsische Wasserwirtschaftsverwaltung ein Niederschlagsgütemeßnetz, um die flächenhafte Belastung der Gewässer infolge des Eintrages luftgetragener Schadstoffe in Boden und Grundwasser ermitteln zu können. Auch das ehemalige ***Niedersächsische Landesamt für Immissionsschutz (NLIS)*** hat derartige Messungen insbesondere im Umfeld von Industriestandorten vorgenommen. Es sind frühzeitig Kontakte zum NLIS aufgenommen worden, um die Untersuchungstätigkeiten aufeinander abzustimmen. Mit Gründung des ***Niedersächsischen Landesamtes für Ökologie*** sind Luft- und Gewässerüberwachung in einer Behörde vereint. Dies hat die Zusammenarbeit vereinfacht und intensiviert.

6.4.4 KONTAKTE IM BEREICH DER WASSERWIRTSCHAFTLICHEN PLANUNG

Da die übergreifenden wasserwirtschaftlichen Pläne (wasserwirtschaftliche Rahmenpläne, Bewirtschaftungspläne) alle fachlichen Belange einer Region umfassend behandeln, wirken alle bisher aufgeführten Institutionen - allerdings in unterschiedlicher Intensität - bei der Planaufstellung mit. Darüber hinaus spielen Kontakte zu den nachstehend aufgeführten weiteren Partnern bei der wasserwirtschaftlichen Planung eine wesentliche Rolle.

Wasserwirtschaftliche Fachpläne müssen mit den Zielen der ***Raumordnung*** in Einklang stehen. In Raumordnungsprogrammen werden die berechtigten Flächenansprüche an die Nutzung und zum Schutz der Ressourcen Wasser und Boden sowie etwaige Vorgaben zum Sturmflut- und Hochwasserschutz berücksichtigt. Vor diesem Hintergrund ergeben sich intensive Kontakte der Wasserwirtschaftsverwaltung zu den ***Raumordnungsbehörden***. Hervorzuheben ist dabei die Zusammenarbeit mit dem ***Niedersächsischen Innenministerium*** bei der Aufstellung und Fortschreibung des Landesraumordnungsprogramms. Auch bei Raumordnungsverfahren wird die Wasserwirtschaft grundsätzlich beteiligt.

Wertvolle und unverzichtbare Planungsgrundlagen beziehen die Fachbehörden der Wasserwirtschaft von verschiedenen Stellen des ***Niedersächsischen Landesverwaltungsamtes***. Dabei handelt es sich in erster Linie um Kartenmaterial der ***Landesvermessung*** und um die vielfältigen Daten der ***Landesstatistik*** über Bevölkerung, Gewerbe und Industrie. Auch die Erhebungen und Auswertungen zum Umweltstatistikengesetz haben die wasserwirtschaftliche Planung schon maßgeblich unterstützt.

Das zu Zeiten des Vorfluterausbaus gespannte Verhältnis zwischen der Wasserwirtschafts- und ***Naturschutzverwaltung*** hat sich sehr verbessert, seit beide Fachverwaltungen bei der Renaturierung der Gewässer zusammenarbeiten. Im ***Niedersächsischen Landesamt für Ökologie*** bilden Mitarbeiter der Abteilungen „Naturschutz“ und „Wasserwirtschaft, Gewässerschutz“ eine ständige Arbeitsgruppe „Gewässerrenaturierung“.

Aufgrund ihrer besonderen Bedeutung bei der überregionalen Wasserversorgung werden die ***Harzwasserwerke (HWW)***, der ***Oldenburg-Ostfriesische Wasserverband (OOWV)*** und die ***Stadtwerke Hannover AG*** bei der wasserwirtschaftlichen Planung häufig beratend hinzugezogen.

Der Wald war lange Zeit ein Garant für sauberes Grundwasser. Nachdem bekannt geworden ist, daß Schadstoffe aus der Luft in Wäldern besonders intensiv abgefangen und dann in Boden und Grundwasser eingetragen werden („Auskämmwirkung“ von Bäumen), muß auch in Forstgebieten sorgfältige Vorsorge gegen Gewässerbelastungen betrieben werden. Dazu wird mit den Behörden der ***Forstverwaltung***, insbesondere dem ***Forstplanungsamt*** in Wolfenbüttel, zusammengearbeitet.

Kontakte zu den ***Industrie- und Handelskammern*** sind vor allen Dingen erforderlich, um Prognosen zur Wasserversorgung hinsichtlich des Trink- und Brauchwasserbedarfs und zur Abwasserentsorgung entwickeln zu können.

Wegen ihres Flächenbezugs sind bei der Aufstellung überregionaler wasserwirtschaftlicher Pläne Fachverwaltungen zu beteiligen, die Liegenschaften verwalten. Dazu gehören die ***Oberfinanzverwaltung***, ***Bundeswehrverwaltung, Domänenverwaltung*** und ***Kirchenverwaltung***.

6.4.5 KONTAKTE BEI DER DIREKTEN BEWIRTSCHAFTUNG DER GEWÄSSER

Bei der Gewässerbewirtschaftung sind alle Stellen beteiligt, die unter dem Punkt „Fachübergreifende Kontakte“ aufgeführt sind. Auch die unter „Wasserwirtschaftliche Planung“ genannten Behörden/Stellen greifen gelegentlich direkt in die Bewirtschaftung der Gewässer ein. Außerdem sind diesbezüglich noch weitere Institutionen zu erwähnen.

Es gibt in Niedersachsen etwa 2000 ***Wasser- und Bodenverbände*** sowie weitere ***Zweckverbände***, die Aufgaben bei der Bewirtschaftung der Gewässer wahrnehmen. Insbesondere ist dabei auf die Unterhaltung der Gewässer zur Gewährleistung eines ordnungsmäßigen Wasserabflusses (***Unterhaltungsverbände***) und auf die Wasserversorgung (***Trinkwasserverbände, Wasserbeschaffungsverbände***) hinzuweisen. Generelle Absprachen werden mit dem ***Niedersächsischen Wasserverbandstag*** vorgenommen. Das Verbandswesen ist als eine der tragenden Säulen der Wasserwirtschaft in Niedersachsen anzusehen. Wegen der herausragenden Bedeutung des Verbandswesens ist diesem Thema ein besonderes Kapitel 7.2 gewidmet.

Die Fachdienststellen der Wasserwirtschaftsverwaltung haben die ***staatliche Domänenverwaltung*** insbesondere zu Zeiten der intensiv durchgeführten Bodenmeliorationen in wasserwirtschaftlichen Fragen grundsätzlich unterstützt. Besonders intensiv ist die Zusammenarbeit im Küstengebiet, wo wasserwirtschaftliche Aufgaben vielfach auf domänenfiskalischen Flächen (Deichvorland, Dünen) durchgeführt werden. Für Ostfriesland hat diese enge Kooperation zu einer gemeinsamen Amtsleitung für beide Verwaltungen geführt. Das Staatliche Amt für Insel- und Küstenschutz führt dabei auch alle wasserbaulichen Aufgaben für das Domänenamt Norden durch. Der Ausbau von Vorflutsystemen wurde im übrigen gelegentlich mit Flurbereinigungsverfahren zusammengelegt. Dadurch entstand ein enger Kontakt zur ***Agrarstrukturverwaltung***. Als die Wasserwirtschaft noch zum Ressort des ***Niedersächsischen Ministeriums für Ernährung, Landwirtschaft und Forsten*** gehörte, bildeten Wasserwirtschaft und Agrarstruktur eine gemeinsame Abteilung.

Neue Projekte der Gewässernutzung verlangen bei möglicher Gefährdung der Natur und Landschaft den Nachweis der Umweltverträglichkeit. Bei derartigen Prüfungen und Studien entstehen unter anderem Kontakte zum ***Naturschutz, Bodenschutz*** und ***Immissionsschutz***.

Die Wasserbehörden überwachen Anlagen, in denen mit wassergefährdenden Stoffen umgegangen wird, als Vorsorgemaßnahme für den Gewässerschutz. Neue Anlagen müssen in ihrer Bauart hinsichtlich der Schutzanforderungen zugelassen werden. Diese Tätigkeiten sind Teil der betrieblichen Aufsicht, die ansonsten für den Brand- und Explosionsschutz sowie den Arbeitsschutz von den ***Gewerbeaufsichtsämtern*** in Niedersachsen durchgeführt wird. Auch bei der Überwachung der Abwasserverhältnisse bei Direkteinleitern ist die Wasserwirtschaft im betrieblichen Umweltschutz tätig.

Bei Bauvorhaben im Bereich der Wasserwirtschaft sind die allgemein gültigen Bauvorschriften zu beachten, deren Einhaltung von der ***niedersächsischen Bauverwaltung*** überwacht wird.

Die Bewirtschaftung der Gewässer führt zwangsläufig zur Zusammenarbeit mit Behörden im Ressortbereich des ***Niedersächsischen Ministeriums für Wirtschaft und Verkehr***. Grundsätzliche Festlegungen in Vorschriften oder Empfehlungen, beispielsweise im Zusammenhang mit der Rohstoffgewinnung oder der Reststoffverwertung im Straßenbau, werden direkt zwischen den Ministerien vereinbart.

Von Verkehrswegen können bei Unfällen mit Gefahrguttransporten oder auch wegen des Einsatzes von Pflanzenschutzmitteln oder Streusalz Gefahren für das Grundwasser ausgehen. Insbesondere in Wasserschutzgebieten sind daher Vorsorgemaßnahmen zum Gewässerschutz notwendig, die mit der ***Straßenbau- und der Eisenbahnverwaltung*** verhandelt werden.

Beim bergmännischen Abbau von Bodenschätzen, der Förderung von Erdöl und Erdgas, der Anlage von Untertagedeponien und ähnlichen Eingriffen in den Untergrund ist auf den Schutz des Grundwassers zu achten. In diesen Bereichen arbeitet die Wasserwirtschaft mit den Behörden der ***niedersächsischen Bergverwaltung*** zusammen.

Mit der ***niedersächsischen Hafenverwaltung*** und auch mit der ***Wasser- und Schiffahrtsverwaltung*** müssen wiederkehrend Probleme bearbeitet werden, die sich mit der Verwertung oder Beseitigung von kontaminierten Baggerschlämmen befassen. Häufig sind in den Schlämmen so viele Schadstoffe enthalten, daß sie nur als Sonderabfall entsorgt werden können.

Wenn die Trinkwasserüberwachung durch die ***Gesundheitsämter*** eine Übertretung von Grenzwerten ergibt, werden von der Wasserwirtschaft Sanierungsmaßnahmen im jeweiligen Wasserschutzgebiet veranlaßt oder die Fassungsanlagen müssen stillgelegt werden. Derartige Fälle kommen allerdings nur äußerst selten vor. Grundsätzliche Regelungen im Überschneidungsbereich Trinkwasser/Grundwasser, beispielsweise zum Datenaustausch, werden zwischen dem ***Niedersächsischen Umweltministerium*** und dem ***Niedersächsischen Sozialministerium*** vereinbart.

Diese Auflistung vielfältiger und umfassender Kontakte kann nicht erschöpfend sein. Es bestehen darüber hinaus bei einer Fülle von Planungen und Baudurchführungen zwischen Verkehrs-, Versorgungs- und Entsorgungsunternehmen und wasserwirtschaftlichen Dienststellen vielfältige Abstimmungen und Beratungen zur Berücksichtigung der wasserwirtschaftlichen Interessen und Forderungen.

SCHRIFFTUM ZU ABSCHNITT 6

Zu den Abschnitten 6.1.1, 6.1.3, 6.1.4 und 6.1.5

Nds. Landesamt für Ökologie (Hrsg.): Gründung des Nds. Landesamtes für Ökologie. Hildesheim 1993.

Nds. Landesamt für Wasser und Abfall (Hrsg.): Entstehung, Organisation und Aufgaben des Nds. Landesamtes für Wasser und Abfall. Hildesheim 1990.

Nds. Landesamt für Wasser und Abfall (Hrsg.): Tätigkeitsbericht 1987 - 1989. Hildesheim 1990.

Nds. Landesamt für Wasserwirtschaft (Hrsg.): Tätigkeitsbericht 1984 - 1986. Hildesheim 1987.

Nds. Landesamt für Wasserwirtschaft (Hrsg.): Ver- und Entsorger/Ver- und Entsorgerin, Dokumentation der Berufsbildung. Mitt. aus dem Nds. Landesamt für Wasserwirtschaft, Heft 6, Hildesheim 1989.

Nds. Landesamt für Wasserwirtschaft (Hrsg.): Vortragsveranstaltung aus Anlaß der Eröffnung des Dienstgebäudes „An der Scharlake 39" am 20. August 1986. Mitt. aus dem Nds. Landesamt für Wasserwirtschaft, Heft 5, Hildesheim 1987.

Nds. Landesrechnungshof: Gutachten zur Neuorganisation des Bereichs der quantitativen und qualitativen Wasseruntersuchung und -beurteilung. Hildesheim, 1980.

Nds. Ministerium für Ernährung, Landwirtschaft und Forsten (Hrsg.): Entstehung und Aufgaben des Nds. Landesamtes für Wasserwirtschaft. Hannover, 1984.

NEUMANN, H.: Entwicklung, Aufgaben, Organisation und Tätigkeit des Nds. Wasseruntersuchungsamtes. Mitt. aus dem Nds. Wasseruntersuchungsamt, Heft 5, Hildesheim, 1980.

SCHIEMENZ, F.: Arbeiten aus dem staatlichen Fischereiamt für die Binnengewässer der Provinz Hannover. J. berichte der Naturhistorischen Gesellschaft zu Hannover, Bd. 92/93, 1942.

VIEHL, K.: Entwicklung, Aufgaben und Erfahrungen des Nds. Wasseruntersuchungsamtes. 50 Jahre Nds. Wasseruntersuchungsamt in Hildesheim (Hrsg. NWA Hildesheim), Hildesheim, 1962.

Zu Abschnitt 6.1.2

[1] LORENZEN, J.M.: Planung und Forschung im Gebiet der Schleswig-Holsteinischen Westküste. Westküste Jg. 1, Heft 1, 1938.

[2] GAYE, J.: Entwicklung und Erhaltung der Ostfriesischen Inseln. Dtsch. Wasserwirtschaft 30, Heft 41, 1935.

[3] WALTHER, F.: Die Gezeiten und Meeresströmungen im Norderneyer Seegat. Bautechnik, Jg. 12, Heft 13, 1934.

[3a] Preußische Versuchsanstalt für Wasser-, Erd- und Grundbau (1940): Modellversuche für das Norderneyer Seegat und Ergänzungsversuch mit Damm k4 und Leitwerk, unveröffentlichte Berichte.
[4] Forschungsstelle Norderney (1950): Die Ursachen der Abbrucherscheinungen am West- und Nordweststrand der Insel Norderney und die Beurteilung der zum Schutz der Insel vorgeschlagenen seebautechnischen Maßnahmen. Jahresbericht 1949, unveröffentlicht.
[5] THILO, R. u. KURZAK, G.: Die Ursachen der Abbrucherscheinungen am West- und Nordweststrand der Insel Norderney. Die Küste, Jg. 1, Heft 1, 1952.
[6] KRAMER, J.: Künstliche Wiederherstellung von Stränden unter besonderer Berücksichtigung der Strandaufspülung Norderney 1951/52. Jber. 1957 d. Forschungsstelle Norderney, Bd. 9, 1958.
[7] Luck, G.: Die Forschungsstelle für Insel- u.Küstenschutz auf Norderney. Die Küste, Heft 19, 1984.
[8] NN: Verordnung zur Auflösung und Überführung von Verwaltungseinrichtungen der Verkehrsverwaltung im Vereinigten Wirtschaftsgebiet und in den Ländern Baden, Rheinland-Pfalz und Württemberg-Hohenzollern. Bundesgesetzblatt Teil I v. 11.11.1951, S. 826, 1951.
[9] Luck, G.: Ltd. Baudirektor Kramer im Ruhestand. Jber. 1983 der Forschungsstelle für Insel- und Küstenschutz, Bd. 35.
[10] NLÖ-FORSCHUNGSSTELLE: Berichte der Forschungsstelle Küste, Bd. 40, 1995.
[11] KUNZ, H. u. RAGUTZKI, G.: Dr.-Ing. Günter Luck im Ruhestand. Jber. 1987 der Forschungsstelle Küste, Bd. 39, 1990.
[12] HOMEIER, H.: Historisches Kartenwerk 1:50 000 der niedersächsischen Küste. Jber. 1961 der Forschungsstelle Norderney, Bd. 13, 1962.
[13] LUCK, G. u. MICHAELIS, H.: Chemische und biologische Bestandsaufnahmen als Grundlage zur Beurteilung von Umweltveränderungen im nds. Küstengebiet. N. Arch. f. Nds., Bd. 25, Heft 3, 1976.
[14] Forschungsstelle Küste: Untersuchungen zur Überwachung der niedersächsischen Küstengewässer, Ziele, Inhalt, Methoden. Dienstbericht Forschungsstelle Küste 21, 1995.

7 Wasserwirtschaftliche Tätigkeiten der Kommunalverwaltung und der Wasser- und Bodenverbände

7.1 LANDKREISE SOWIE STÄDTE UND GEMEINDEN

von Albert Behrens und Friedrich Tönjes

7.1.1 KREISKULTURBAUMEISTER IN DEN LANDKREISEN

Einsatz von Wiesenbaumeistern

Die geschichtliche Entwicklung der Melioration begann im 19. Jahrhundert. Im Königreich Hannover und der späteren Provinz Hannover waren schon vor Mitte des vorigen Jahrhunderts Wiesenbaumeister für landwirtschaftliche Bezirksvereine oder Provinzialvereine teilweise mit staatlicher Unterstützung tätig. So wurde 1842 von dem „Land- und Forstwirtschaftlichen Provinzialverein" für das Fürstentum Lüneburg ein Wiesenbaumeister eingestellt. Der große Bedarf an diesen Fachkräften läßt sich aus der Gründung mehrerer Wiesenbauschulen Mitte des 19. Jahrhunderts, 1854 in Suderburg, ablesen (Abschnitt 8.2).

Die Entwicklung des Meliorationswesens wurde durch das Gesetz vom 01.04.1879 „Die Bildung von Genossenschaften" erheblich gefördert (s. a. Abschnitt 2.1). Mit Erlaß des preußischen Ministers für Landwirtschaft, Domänen und Forsten vom 29.03.1889 wurde angeordnet, dem Meliorationsbauinspektor der Provinz einen Bericht über die Tätigkeit der Wiesenbaumeister vorzulegen, um einen Überblick zu bekommen. Daraus sollten Folgerungen für die Verbesserung ihrer Ausbildung und die Vereinheitlichung ihrer Tätigkeiten gezogen werden.

Soweit die Akten des Staatsarchivs ausweisen, beantragte Bremervörde 1895 einen neuen Wiesenbaumeister als Ersatz für den in Pension gegangenen Spieker, der bei einem Provinzialverein angestellt war. Im gleichen Jahr bat auch der an Meliorationsarbeit sehr interessierte Landrat des Kreises Stolzenau (Landkreis Nienburg) um Zuweisung eines Wiesenbaumeisters. Der Minister für Landwirtschaft, Domänen und Forsten lehnte jedoch ab, Hilfskräfte vom Wohnsitz des Meliorationsbaubeamten (für die Provinz Hannover: Meliorationsbauämter I und II in Hannover) entfernt zu stationieren. Er begründete seine Entscheidung mit dem beschränkten technischen Können dieser Beamten und ihrer verhältnismäßig geringen Zahl. Es wurde den Kreisen Stolzenau und Bremervörde anheimgestellt, einen Techniker auf eigene Kosten anzustellen.

Einrichtung von Kreiskulturbauämtern

Anfang des 20. Jahrhunderts begannen die Landkreise, sich mit der Einrichtung von Kreiskulturbauämtern aktiv an der Förderung der Melioration zu beteiligen. Im Jahre 1901 wurde das erste Amt im Landkreis Wesermünde in Geestemünde (heute Landkreis Cuxhaven) und 1902 das nächste im Landkreis Leer eingerichtet. 1908 folgten dann die

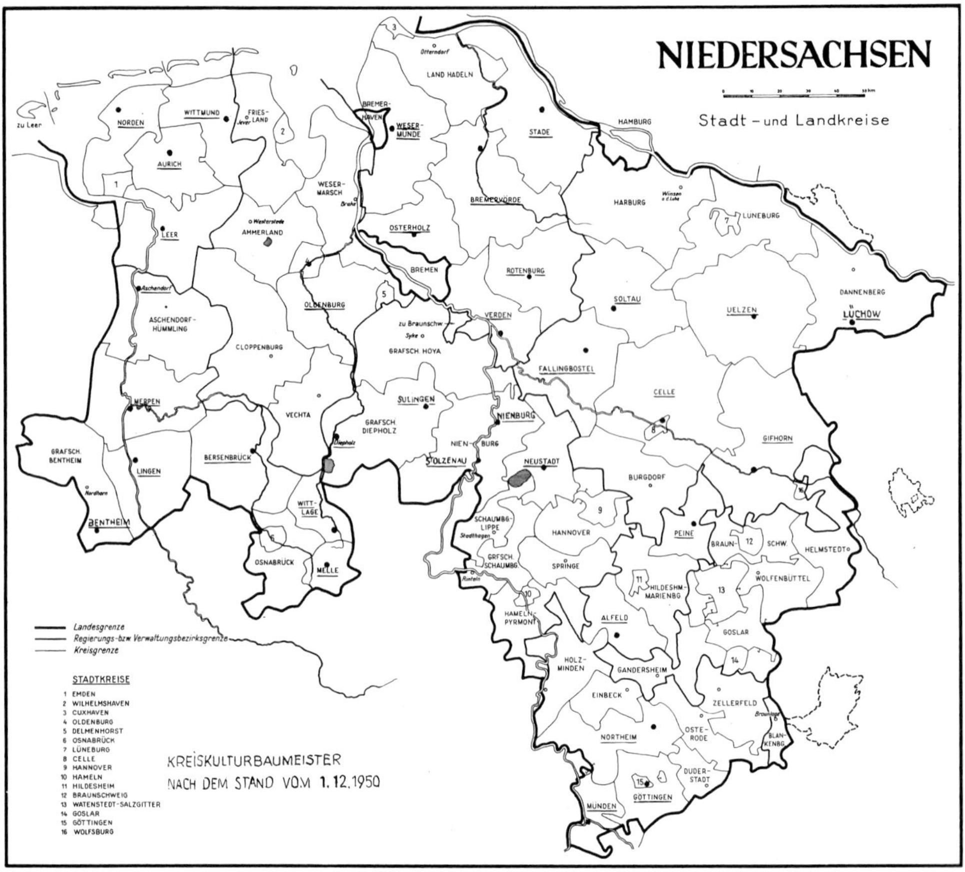

Karte 7.1-1: Übersicht über die früheren Kreiskulturbauämter und deren Nachfolger einschl. Dienststellenleiter

Landkreise Fallingbostel und Peine, 1909 die Landkreise Bremervörde, Celle und Gifhorn. Die Entwicklung bis heute ist in der Tabelle 7.1-1 zusammengetragen.

Mit Erlaß vom 18.10.1911 forderten der Minister der Öffentlichen Arbeiten und der Minister für Landwirtschaft, Domänen und Forsten in Berlin die Oberpräsidenten der preußischen Provinz auf, Vorschläge für eine neue Gestaltung der Meliorations- und Wasserbauverwaltung zu machen.

In der Ortsinstanz sollte die Meliorationstätigkeit der staatlichen Verwaltung enger mit der Kreiskommunalverwaltung verbunden werden, um die Kreise zur größeren Selbständigkeit im Meliorationswesen zu erziehen und damit die staatlichen Behörden zu entlasten. Hierfür sollten die Kreise „Kreiswiesentechniker" einstellen, die gewissermaßen als Hilfskräfte der Meliorationsbauverwaltung (Staatliche Wasserwirtschaftsverwaltung) zu deren Arbeiten - insbesondere bei der Aufstellung und Durchführung kleinerer Projekte - herangezogen werden konnten. Es wurde vorgeschlagen, daß diese „Kreiswiesentechniker" kleinere Projekte abwickeln sollten, wobei die Prüfung der staatlichen Instanz vorbehalten blieb, was im Jahre 1912 durch allgemeine Verfügung umgesetzt wurde. Bis zum Jahre 1918 hatten 16 Kreise der Provinz Hannover je einen Kreiswiesenbaumeister/Kreiskulturbaumeister/Kreisbaumeister eingestellt, die fast sämtlich noch Hilfspersonal (Meliorationstechniker, Wiesenbauschüler) beschäftigten. Nach und nach wurden diese Stellen vermehrt und durch weitere Personaleinstellung vergrößert.

Im Jahre 1951 hatten 34 Landkreise einen Kreiskulturbaumeister/Kreisbaumeister, während 27 Landkreise noch ohne ein Kreiskulturbauamt waren (Karte 7.1-1). Die letztgenannten Kreise wurden in der Regel von den Wasserwirtschaftsämtern oder deren Außenstellen in technischer Hinsicht betreut. Ein Verwaltungsbeamter erledigte die restlichen Arbeiten, so daß es nicht eines eigenen Amtes bedurfte.

Häufig gab es in den nach der Gebiets- und Verwaltungsreform von 1977 vergrößerten Landkreisen mehrere Kreiskulturbauämter, da die früheren Landkreise erheblich kleiner geschnitten waren, z. B. Landkreis Nienburg mit den Kreiskulturbauämtern in Nienburg und in Stolzenau, Landkreis Rotenburg mit den Kreiskulturbauämtern in Zeven, Bremervörde und Rotenburg und Landkreis Diepholz mit den Kreiskulturbauämtern in Diepholz und Sulingen. Demgegenüber hatte der frühere Landkreis Wesermünde (heute Landkreis Cuxhaven) je ein Kreiskulturbauamt in Geestemünde und in Lehe (Tabelle 7.1-1).

In den Kreiskulturbauämtern wurden wichtige Arbeiten für die Region erledigt, wie Entwürfe, Bauabwicklung und Finanzierung für Maßnahmen des Kulturbaues (Dränungen, Vorfluter), der Siedlungswasserwirtschaft (Abwasser- und Niederschlagswasserentsorgung einschließlich Kläranlagen), des Hochwasserschutzes, des Wirtschaftswegebaues, der Trinkwasserversorgung und der Notstandsarbeiten.

7.1.2 KREISREFORM 1977

Untere Wasserbehörden bei den Landkreisen und kreisfreien Städten

Nach der Reform der Gemeinden (1972), der Landkreise (1977) und der Regierungsbezirke (1977) gab es Untere Wasserbehörden in 38 Landkreisen und neun kreisfreien Städten der vier Regierungsbezirke Braunschweig, Hannover, Lüneburg und Weser-Ems. Soweit diese Kommunalbehörden wasserwirtschaftlich ausgebildetes Personal hatten, waren sie auch selbst zuständige Fachbehörde. Von den verbliebenen 38 Landkreisen hatten zehn zunächst kein eigenes wasserwirtschaftlich ausgebildetes Personal. Hier war die Untere Wasserbehörde häufig nur mit wenigen Verwaltungskräften besetzt. Die Aufgaben der Fachbehörde wurden weiterhin von den Wasserwirtschaftsämtern wahrgenommen. Dies traf auf die nachfolgend genannten Landkreise zu:
Regierungsbezirk Weser-Ems: Landkreise Friesland, Ammerland, Wesermarsch, Oldenburg, Cloppenburg, Vechta
Regierungsbezirk Hannover: Landkreise Hildesheim und Holzminden
Regierungsbezirk Braunschweig: Landkreise Goslar und Helmstedt
Regierungsbezirk Lüneburg: —

Im Jahre 1960 wurde das niedersächsische Wassergesetz auf der Grundlage des Wasserhaushaltsgesetzes des Bundes vom Landtag beschlossen. Das Gesetz bestimmte als Oberste Wasserbehörde das Fachministerium, als Obere Wasserbehörden die Bezirksregierungen und als Untere Wasserbehörden die Landkreise, die kreisfreien und die großen selbständigen Städte. Vom Fachministerium erlassene Zuständigkeitsverordnungen wiesen die Aufgaben von größerer und überörtlicher Bedeutung den Bezirksregierungen und die übrigen Aufgaben den Landkreisen zu.

Nach der 7. Gesetzesänderung des NWG vom 07.02.1990 waren gemäß § 168 Abs. 4 die staatlichen Ämter für Wasser und Abfall nur noch bis zum 31.12.1991 technische Fachbehörde für die Unteren Wasserbehörden, die kein eigenes wasserwirtschaftlich ausgebildetes Personal hatten. Damit gab es erstmalig einheitliche Regelungen für alle Landkreise in Niedersachsen auf gesetzlicher Grundlage.

Neue wasserwirtschaftliche Aufgaben für die Landkreise

Zwischenzeitlich hatte sich auf der Grundlage des Abfallbeseitigungsgesetzes und dem folgenden niedersächsischen Abfallgesetz eine weitere Aufgabe für die Landkreise, die kreisfreien Städte und die Städte Celle, Cuxhaven, Göttingen, Hildesheim und Lüneburg ergeben. Aufgrund der engen fachlichen Verzahnung mit den Bereichen des Wassers und des Bodens wurden diese Aufgaben überwiegend in den Wasserwirtschafts- und Tiefbauabteilungen oder -ämtern angesiedelt.

Früher lag der Schwerpunkt der Tätigkeiten des Kreiskulturbaues in der Melioration, d. h. Vorfluterausbau und Dränung, um die Entwässerung der landwirtschaftlichen Flächen zu erreichen. Dann kamen durch die zunehmende Besiedlung die Trinkwasserversorgung, der Straßenbau und die Abwasserentsorgung als Schwerpunkte hinzu, die sogar die ursprünglichen Kulturbaumaßnahmen in den Hintergrund drängten. Viele Wasserbeschaffungs- und Wasserversorgungsverbände wurden von den alten Kreisbaumeistern gegründet und die erforderlichen Wasserwerke von ihnen errichtet (z. B. in den Landkreisen Uelzen, Fallingbostel, Stade usw.).

Die klassische Tiefbauabteilung oder das Tiefbauamt umfaßte jetzt die Aufgabenbereiche Wasserwirtschaft, Kulturtechnik, Deichbehörde und Straßenbau. Da die Organisations- und Personalhoheit beim Oberkreisdirektor lag, konnte dieser trotz Empfehlungen der KGSt (Kommunale Gemeinschaftsstelle für Verwaltungsvereinfachung) seine persönlichen Interessen durch entsprechende Gestaltung deutlich machen. Die Organisationsformen wurden weiter stark durch die Fortentwicklung der bestehenden Gesetze und neuer Grundlagengesetze beeinflußt. Hier sind insbesondere die Fortschreibung des Niedersächsischen Wassergesetzes (NWG), das neue Wasserverbandsgesetz (WVG) und das Niedersächsische Naturschutzgesetz (NNatG) zu nennen.

Ebenso vielfältig wie die Bezeichnung der Dienststellen hat sich auch die Bezeichnung ihrer Leiter entwickelt. Ursprünglich war der Kreisbaumeister (manchmal auch der Kreiskulturbaumeister) Leiter der Dienststelle. Er führte diesen Titel unabhängig von der Besoldungsgruppe, bis durch das neue Beamtenrecht in den 60er Jahren einheitlich die technischen Beamtenbezeichnungen eingeführt wurden. Heute sind die Leiter Beamte des gehobenen oder höheren technischen Dienstes bis zum Baudirektor oder entsprechend eingestufte Angestellte.

7.1.3 AUFGABENVERLAGERUNG VON DEN WASSERWIRTSCHAFTSÄMTERN ZU DEN LANDKREISEN

Die Tabelle 7.1-1 zeigt den Werdegang des Aufgabenvollzuges und macht deutlich, daß immer mehr Landkreise sich der Wasserwirtschaft annahmen und entsprechendes Personal einstellten. Ein Großteil der Bediensteten wurde aus der staatlichen Wasserwirtschaftsverwaltung übernommen. Durch die Reformen auf Kreis- wie auf Bezirksebene erhöhte sich ständig die Verantwortung der Landkreise als Untere Wasserbehörde.

Als Einheitsbehörde für unterschiedliche Aufgaben und den vorhandenen Vor-Ort-Bezug haben die Landkreise die Wasserwirtschaft als gestaltendes Element für ihre Region erkannt. Verschiedene Landkreise hatten bereits früh eigene Bauabteilungen für die Aufgaben der Melioration, des Straßenbaus, teilweise auch für die Gemeinden und Realverbände, die Trinkwasserversorgung und die Abwasserentsorgung. Dadurch konnten sie die Schwerpunkte in ihrem Sinne setzen.

Personalvermehrung bei den Landkreisen

Die Unteren Wasserbehörden wurden mit geeignetem Fach- und Verwaltungspersonal ausgestattet. Diese Entwicklung führte zu der Gesetzesänderung im Jahre 1990, mit der die Pflicht zur Beteiligung der staatlichen Wasserwirtschaftsverwaltung aufgehoben wurde. Die Landkreise führen heute auf verschiedenen Gebieten Planfeststellungs- und Plangenehmigungsverfahren durch, auch mit der Umweltverträglichkeitsprüfung, so daß die Zuständigkeitsverordnungen überdacht werden sollten. Die Unterscheidung in einfache und schwierige Angelegenheiten als Grundlage für die Zuständigkeit kann heute nicht mehr gelten.

Im Jahre 1979 übernahmen die meisten Landkreise die Kreisstraßenverwaltung mit Bau, Restfinanzierung und Unterhaltung vom Land Niedersachsen. Diese Tätigkeiten wurden häufig mit der Wasserwirtschaftsverwaltung verbunden. Im Laufe der Jahre wurden bei den Landkreisen Planung und Bauleitung von Maßnahmen eingeschränkt und im zunehmenden Umfang Planungsbüros übertragen.

Hilfreich war die zentrale Zuständigkeit für die verschiedenen Aufgabenbereiche, die untereinander vernetzt werden konnten. Daraus entstanden und entstehen noch heute qualifizierte Einzelgenehmigungen, die Baurecht, Straßenrecht, Wasserrecht, Wasserverbandsrecht, Deichrecht, Naturschutzrecht, Immissionsschutzrecht, Abfallrecht, Chemikalienrecht, Düngemittelrecht usw. berücksichtigen.

7.1.4 ABFALLWIRTSCHAFT

Von der Müllabfuhr zur Abfallentsorgung

Die Müllabfuhr herkömmlicher Art war eine typische Angelegenheit der gemeindlichen Daseinsvorsorge. Es ging darum, aus hygienischen Gesichtspunkten häuslichen und gewerblichen/betrieblichen Abfall zu sammeln und so zu lagern, daß er in der Gemeinde wenig störte. Die heutige Abfallbeseitigung hat eine wesentlich weitergehende Zielsetzung. Der Abfall soll vorrangig vermieden, vermindert oder verwertet werden. Erst dann soll eine Beseitigung erfolgen, bei der Luft, Wasser und Boden nicht mit Schadstoffen belastet werden. Die sachgerechte Abwicklung kann nur übergemeindlich erfolgen (Abschnitt 5.7).

In Ausführung des Abfallbeseitigungsgesetzes und des Niedersächsischen Abfallgesetzes, die den Landkreisen und einigen Städten die Aufgaben der Abfallentsorgung zweckgerichtet übertragen hatten, wurden diese Aufgaben ab 1973 zunehmend intensiver von den Landkreisen in Angriff genommen. Einzelne Landkreise hatten bereits vor der gesetzlichen Regelung Zweckverbände für die Müllentsorgung (z. B. Landkreis Soltau-Fallingbostel, Nordharzgebiet) eingesetzt, die jetzt vom Landkreis übernommen wurden. Die Abfallentsorgung wurde zentralisiert, indem viele kleine Abfalldeponien geschlossen wurden.

Dieses neue Aufgabengebiet wurde - wie in der staatlichen Wasserwirtschaftsverwaltung - erst in den wasserwirtschaftlichen Fachabteilungen bearbeitet und später entsprechend der Entwicklung in den einzelnen Landkreisen in selbständigen Abteilungen oder Ämtern übernommen. Wo Regiebetriebe für die Müllabfuhr oder für Entsorgungseinrichtungen entstanden sind, wurde das Amt für Abfallwirtschaft sehr schnell eingerichtet. Mittlerweile hat sich ein Trend zur Gründung einer Abfall-GmbH herausgestellt, die entweder zu Hundert Prozent oder mehrheitlich von der Kommune beherrscht wird.

Schnelle Entwicklung der Abfallwirtschaft

Von Anfang an wurde Fach- und Verwaltungspersonal eingesetzt, um die Planung und den Betrieb von Entsorgungseinrichtungen sicherzustellen. Die Abfallwirtschaft erlebte in den vergangenen Jahren eine rasante Entwicklung, die in der Tabelle 7.1-1 deutlich wird und auch heute noch nicht am Ende ist. In diesem Aufgabenbereich wurden neben dem wasserwirtschaftlich ausgebildeten Personal eine Vielzahl anderer Berufsgruppen wie z. B. Umweltingenieure, Verfahrensingenieure, Biologen, Ökotrophologen insbesondere in der Abfallberatung eingesetzt. Der Deponiebereich blieb aber weitgehend den Wasserwirtschaftsingenieuren vorbehalten. Die Rekultivierungen von Deponien und Altanlagen und die Sanierungen von kontaminierten Altstandorten und Altablagerungen wurden immer wichtiger. Es hat sich bewährt, daß der Landkreis für diesen Bereich umfassend zuständig ist.

Im Jahre 1996 verfügten zwölf Landkreise über ein Abfallwirtschaftsamt und acht Landkreise über ein Umweltamt einschließlich Abfallwirtschaft; 18 Landkreise hatten die Aufgaben der Abfallwirtschaft mit der Wasserwirtschaft in einem Amt verbunden. Außerdem haben vier Landkreise in der Abfallwirtschaft Eigenbetriebe gebildet. Der Anteil dieser Betriebsform wird weiter steigen. Daneben wurden auch einige GmbHs gegründet.

Das Kreislaufwirtschafts- und Abfallgesetz bringt eine neue Orientierung und wird die kommunalen Aufgaben zurückdrängen. Die Landkreise werden sich flexibel anpassen müssen und es erscheinen Gemeinschafts- und Verbundlösungen erforderlich zu werden, um die Kostensteigerungen auffangen zu können.

7.1.5 ARBEITSGEMEINSCHAFT DER AMTSLEITER FÜR ABFALLWIRTSCHAFT, WASSERWIRTSCHAFT UND KREISSTRASSEN DER LANDKREISE IN NIEDERSACHSEN

Als die Kreisbaumeister in den ersten Jahrzehnten dieses Jahrhunderts tätig wurden, bestand schon bald das Bedürfnis, Probleme gemeinsam zu erörtern und Erfahrungen auszutauschen. In dieser Zeit wurden in allen preußischen Provinzen Arbeitsgemeinschaften der Kreisbaumeister gebildet. Soweit aus heute noch vorhandenen Unterlagen zu ersehen ist, fand in der damaligen Provinz Hannover bereits 1912 eine Arbeitstagung statt. Zu diesem Zeitpunkt waren elf Kreisbaumeister in den Landkreisen tätig.

Im Jahre 1919 wurde der Verband Preußischer Kreisbaumeister gegründet, aus dem 1929 der Verband Deutscher Kreisbaumeister hervorging. Er wurde 1937 im Zuge der damaligen Zentralisierungsbestrebungen aufgelöst. Diese Entscheidung führte zum Wiederaufleben der alten Arbeitsgemeinschaft jetzt in enger Verbindung mit dem Deutschen Gemeindetag. Aus dieser Zeit ist lediglich eine Tagung der Arbeitsgemeinschaft im Jahre

1941 bekannt unter Leitung von Kreisbaumeister Herling aus Lüchow. Er war es auch, der nach dem Kriege dafür sorgte, daß die Kollegen wieder zusammenfanden.

Am 05.03.1948 fand in Hannover die erste Tagung mit Vertretern aus 17 Landkreisen statt. In dieser Zeit gab es außerdem die Bemühungen um einen Zusammenschluß der Ingenieure zu einem Berufsverband, dem heutigen Bund der Ingenieure für Wasserwirtschaft, Abfallwirtschaft und Kulturtechnik e. V. (BWK) und zum Zusammenschluß der Wasser- und Bodenverbände zum heutigen Wasserverbandstag Niedersachsen (WVT). Die nachhaltige Veränderung der Verwaltungspraxis machte sich in der zunehmenden Bedeutung der kommunalen Selbstverwaltung bemerkbar. So wurde beschlossen, die „Arbeitsgemeinschaft der Niedersächsischen Kreisbaumeister für Wasserwirtschaft und Kulturtechnik" zu bilden. Dies war der Zusammenschluß aller Kollegen bei den Landkreisen, wie er unter Berücksichtigung der Fortentwicklung, der Aufgabenerweiterungen und der Gebiets- und Verwaltungsreformen noch heute als „Arbeitsgemeinschaft der Amtsleiter für Abfallwirtschaft, Wasserwirtschaft und Kreisstraßen der Landkreise in Niedersachsen" besteht. Vorsitzende waren und sind die zuständigen Amtsleiter bei den Landkreisen:

bis 1951 Kreisbaumeister Herling, Landkreis Lüchow
ab 1951 Kreisbaumeister Tienken, Landkreis Wesermünde
ab 1956 Kreisbaumeister Zöllner, Landkreis Nienburg
ab 1959 Kreisbaumeister und Baudirektor Oehm, Landkreis Meppen
ab 1973 Kreisbaumeister und Bauoberamtsrat Behrens, Landkreis Fallingbostel und Landkreis Soltau-Fallingbostel
ab 1991 Baudirektor Tönjes, Landkreis Stade.

Für die Arbeitsgemeinschaft ist es ein besonderes Anliegen, den Kolleginnen und Kollegen Erörterungen beruflicher Fragen und den Erfahrungsaustausch zu ermöglichen. Die hierbei gewonnenen Erkenntnisse dienen nicht nur der täglichen Arbeit, sondern sollen möglichst auch in Gesetzen, Vorschriften usw. einfließen. In erster Linie erfolgt dies durch die ausgezeichnete Zusammenarbeit mit dem Niedersächsischen Landkreistag. Die Arbeitsgemeinschaft trägt mit ihren Stellungnahmen dazu bei, daß Anregungen und Kritik aus der Praxis der Unteren Landesbehörde in die Anhörung eingebracht werden. Die gleiche gute Zusammenarbeit wird mit dem Wasserverbandstag Niedersachsen gepflegt. Vertreter der Arbeitsgemeinschaft sind in vielen Fällen für oder bei diesen Spitzenverbänden in Gremien und Arbeitskreisen tätig.

Der Niedersächsische Landkreistag und der Wasserverbandstag Niedersachsen nehmen regelmäßig an den Tagungen der Arbeitsgemeinschaft teil. Bei speziellen Themen sind auch die Vertreter des Niedersächsischen Umweltministeriums Referenten und Diskussionspartner. Dies führt zu einem besonders konstruktiven Erfahrungsaustausch für alle Beteiligten, wodurch außerhalb der zuständigen Verwaltungshierarchie anstehende Probleme direkt zwischen Vor-Ort-Behörde und der Obersten Landesbehörde diskutiert werden.

Die Arbeitsgemeinschaft hat durch ihre Aktivitäten in vielfältiger Weise zu der Gestaltung und Entwicklung der Wasser- und Abfallwirtschaft in Niedersachsen beigetragen.

Tab. 7.1-1: Übersicht über die früheren Kreiskulturbauämter und deren Nachfolger einschl. Dienststellenleiter

Die nachstehende Aufstellung gibt einen Überblick über die früheren Kreiskulturbauämter und deren Nachfolger, das Gründungsjahr, die Dienststellenleiter/in nebst Personalbestand:
(KBM = Kreisbaumeister, KKBM = Kreiskulturbaumeister, KWBM = Kreiswiesenbaumeister, BA = Bauamtmann, BOA = Bauoberamtmann, BAR = Bauamtsrat, BOAR Bauoberamtsrat, KI = Kreisinspektor, KOI = Kreisoberinspektor, KA = Kreisamtmann, KAR = Kreisamtsrat, KOAR = Kreisoberamtsrat, BR = Baurat, BOR = Bauoberrat, BD = Baudirektor, KBR = Kreisbaurat, KVR = Kreisverwaltungsrat, KVOR = Kreisverwaltungsoberrat, RR = Regierungsrat; letzter Dienstgrad genannt)
UWB = Untere Wasserbehörde, UAB = Untere Abfallbehörde, WBV = Wasser- und Bodenverbände
[1, 2]

	lfd. Nr.	Landkreis	seit	Leiter/innen	Gesamtpersonal	Bemerkungen
Bez.-Reg. Braunschweig	1	**Gifhorn**	1909	1909 - 1914 KBM Stahlschmidt	6	Kreiskulturbauamt
				1914 - 1919 KBM Graf		
				1919 - 1956 KBM Stutte	12	
				1956 - 1976 BOR Schürg	25	Tiefbauamt
				1976 - 30.03.1993 BD Stever	44	Umweltamt
				01.04.1993 - 30.03.1994 RR'in Langelotz	31	Amt für Natur- und Gewässerschutz
				01.04.1994 - 30.03.1995 RR'in Bockelmann		
				01.04.1995 - 31.05.1996 BD Stever		(Kommissarisch)
				01.06.1996 - KVR'in Präger		Amt für Natur- und Gewässerschutz
				01.04.1993 - KAR Linse	12	Abfallwirtschaftsamt
		Hannoversch-Münden (Altkreis)	1947	KBR Oberdieck	4	Kreiskulturbauamt
	2	**Göttingen**	1928	KBM Senhen	2	Kreiskulturbauamt (seit 1919 Kreisbauamt für Hochbau)
				1962 - 1979 BD Lühr	10	Tiefbauabteilung
				1980 - 1990 BD Reimann	35	Tiefbauamt
				1991 - KOAR Schulz	65	Amt für Wasser und Abfall

3	**Goslar**	1970	01.01.1970 - 31.12.1989 KOI Fuhst, KA Kollmann, KVR Weiland	1 - 8	Bauverwaltungsamt (Wasserbehörde)
			01.01.1990 - 30.09.1995 KOAR Kollmann	13	Ordnungsamt (Wasserbehörde)
			01.10.1995 - KOAR Niepel	28	Amt für Wasser- und Bodenschutz (Wasser- und Abfallbehörde)
			01.01.1975 - 31.12.1982 KA Hoffmeister	77	Objekt Abfallwirtschaft im Ordnungsamt (Übernahme Müllabfuhrzweckverband Nordharz)
			01.01.1983 KAR Hoffmeister	75	Amt „Betrieb für Abfallwirtschaft"
			01.10.1995 - KOAR Hoffmeister	120	
4	**Helmstedt**	1992	BD Siegert	8	Tiefbauamt (techn. Abfallwirtschaft)
			1993 - KVR'in Schüpphaus	39	Umweltamt (Abfall- und Wasserbehörde, Naturschutzbehörde)
5	**Northeim**	1920	1920 - 1946 KBM Heinze	5	Kreiskulturbauamt
			01.04.1947 - 1966 KBM Kellner		Kreisbauabteilung
			1967 - 1971 BOR Hense	1,5	
			1972 - 1974 LBD Müller-Haneld	1,5	
			1974 - 1981 BAR Lüdecke	15	Tiefbauamt (einschl. Kreisstraßen u. Müllabfuhr)
			1982 - 1983 BOAR Lüdecke	17	Umweltschutzamt Aufnahme Naturschutz
			1983 - 1992 BOAR Lüdecke	20	Tiefbauamt (Wasserwirtschaft, Abfallwirtschaft, Straßenbau, Müllabfuhr)
			1992 - 1993 KAR Washausen	27	
			01.10.1993 - BOR Laduch	30	Umweltschutzamt (Wasserwirtschaft, Abfallwirtschaft, Natur- und Immissionsschutz, Straßenbau, Landwirtschaft)
6	**Osterode a. Harz**	1994	KA Bührmann	24	Amt für Abfall
			BD Jentsch-Bremer		Amt für Bauwesen und Wasserwirtschaft (Wasserbehörde, Kreisstraßen)
	Peine (Altkreis)	1908	15.07.1908 - 30.08.1937 KBM Niewerth	9	Kreiskulturbauamt
			01.10.1937 KBM Ahders		

Bez.-Reg. Braunschweig

Bez.-Reg. Braunschweig		Alfeld (Peine)	1947	01.10.1947 KBM Warnecke	4	Kreiskulturbauamt
	7	**Peine**		- 28.02.1993 BOR Meyer		Tiefbauamt (Wasser- und Abfallwirtschaft)
				01.03.1993 - 21.09.1994 NN	22	Umweltamt (Abfallbehörde, Wasserwirtschaft, Naturschutz, Immissionsschutz, Bodenschutz) (15 Pers. Wasser + Abfall)
				22.09.1994 - BR'in Leube		
				01.03.1993 - KAR Nordmeyer	105	Amt für Abfallwirtschaft
	8	**Wolfenbüttel**	1946	1946 - 1958 apl. KI Borchers	1	Wasser- und Wegeamt Techn. Betreuung der WBV, landw. Wegebau, der Wasserver- u. Entsorgung durch Wasserwirtschaftsamt Braunschweig
				1958 - 1960 KI Seeliger		
				1960 - 1962 KI Riemann		
				01.04.1962 - 1986 LBD Maier		Kreisbauamt (Abteilung Wasserwirtschaft) 1974 Abfallwirtschaft übernommen
				1987 - 1992 BOR Ebeling		Amt für Wasser und Abfall
				1993 - BD Schillmann	73	
Bez.-Reg. Hannover		Diepholz (Altkreis)	1912	1912 - 1932 KBM Düver	6	Kreiskulturbauamt
		Sulingen (Altkreis)	1920	1920 - 1932 KBM Enders	5	Kreiskulturbauamt
		Grafschaft Diepholz (Altkreis)	1932	1932 - 1953 KBM Düver	11	Kreiskulturbauamt (Außenstelle Sulingen: KBM Enders)
				1953 - 1960 KBM Wesemann		
				1961 - 1977 BOR Taudien		Tiefbauamt (Wasser- und Abfallwirtschaft, Straßenbau)
		Grafschaft Hoya (Altkreis)		- 1964	5	Aufgabenwahrnehmung durch das WWA Hannover (Außenstelle Syke, ab 1963 Sulingen)
				1964 - 1973 Herr Rittner	3	UWB im Ordnungsamt, techn. Sachgebiet
						1972 Amt für Technik/Wasser
				1973 - 1974 Herr Ratzko	10	Amt für Technik und Wasserwirtschaft
				1974 - 1978 KAR Dannemann		Amt für Technik und Wasserwirtschaft (ab 1975 Abfallwirtschaft)
	9	**Diepholz**	1978	1978 - 1994 BD Taudien		Tiefbauamt (UWB, UAB, WBV, Deichbehörde, Kreisstraßenbau u. bis 1987 Abfallwirtschaft)

Bez.-Reg. Hannover				1994 - Dipl.-Ing. Vogel	43	Tiefbauamt (Wasserwirtschaft, WBV, Wasserlabor, Straßenwesen, untere Abfallbehörde)
				1987 - 1992 Dipl.-Ing. Brümmer	62	Amt für Abfallwirtschaft
				1993 - Werkleiter Dipl.-Ing. Brümmer		Kreisabfallwirtschaft (Eigenbetrieb) (Deponie, Kompostierung, Mech.-Biol. Vorbehandlung, Müllabfuhr)
	10	**Hameln-Pyrmont**		- 30.03.1952		Wasserwirtschaft nicht besetzt (UWB im Hauptamt)
			1952	01.04.1952 - 31.12.1964 KA Nolte	1	Kreisbauamt (Wasserversorgung, Gewässerangelegenheiten, Hochwasserschäden) Techn. Fachbehörde war Wasserwirtschaftsamt Hannover Wasserbehörde im Hauptamt
				01.01.1965 - 31.12.1969 KA Heinze	6 - 9	Abteilung Wasserwirtschaft (Personal vom WWA Hannover) UWB im Hauptamt
				01.01.1970 - 31.12.1979 Dipl.-Ing. Gerke	12	Abteilung Wasserwirtschaft Übernahme UWB, Abfallwirtschaft
				01.01.1980 - 31.03.1988 Dipl.-Ing. Gerke	20	Amt für Wasser und Abfall
				01.04.1988 - Dipl.-Ing. Tegtmeyer	24	Amt für Wasser und Abfall 1996 Übernahme des Immissionsschutzes Eigenbetrieb für die Abfallwirtschaft
		Hannover (Altkreis)	1968	BOA Matthias	8	Tiefbauamt
	11	**Hannover**	1974	01.03.1974 - Feb. 1975 BD Schmidt	44	Amt für Wasser und Abfall (Wasserwirtschaft, WBV, Finanzierung Wegebau, Abfallwirtschaft)
				März 1975 - 1991 Dipl.-Ing. Reimann	56	Amt für Wasser und Abfall Ab 01.01.1988 Amt für Wasser
				1991 - 01.06.1992 BOAR Teßmann		Amt für Wasser
				01.06.1992 - Dipl.-Ing. Windeler	69	
				01.01.1988 - Herr Kortekamp	44	Amt für Abfall
	12	**Hildesheim**	1971	-		Abteilung für Landwirtschaft und Umweltschutz
				1974		Amt für Landwirtschaft und Umweltschutz
				1989 - KOAR Basse	45	Amt für Umwelt (Abfallbehörde/Immissions-

						schutz, Naturschutz, Wasserbehörde) 18 Pers. Wasserwirtsch.
	13	**Holzminden**	1996	KAR Scholz	20	Umweltschutzamt (Wasserwirtschaft, Abfallwirtschaft, Naturschutz) 8 Pers. Wasserwirtschaft
				Dipl.-Ing. Staudke		Tiefbauamt (techn. Bereich der Abfallwirtschaft)
		Nienburg (Altkreis)	1920	1920 - 30.11.1927 KBM Schönfelder	5	Kreiskulturbauamt
				01.12.1927 - 30.04.1959 KBM Zöllner	5	
				01.05.1959 - 30.11.1977 BOR Lümkemann	26	01.01.1972 Auflösung der Außenstelle Stolzenau 1973 Amt für Wasserwirtschaft und Umweltschutz
		Stolzenau (Altkreis)	1921	15.07.1921 - 31.08.1960 KBM Ecker	5	Kreiskulturbauamt
				01.12.1960 - 31.03.1966 BA Heese	7	Seit 01.05.1965 Außenstelle von Nienburg
				01.04.1966 - 31.12.1971 BA Tiase	5	01.01.1972 Auflösung der Außenstelle
Bez.-Reg. Hannover	14	**Nienburg**	1977	01.12.1977 - 30.06.1986 BOR Smalian		Amt für Wasserwirtschaft und Umweltschutz (Wasser- u. Abfallwirtschaft, Naturschutz)
				15.11.1986 - 30.09.1994 BOR Wehr	18	Amt für Wasser und Abfallwirtschaft (13 Pers. Wasserwirtschaft)
				01.10.1994 - BD Boll	25	Amt für Wasserwirtschaft und Naturschutz (15 Pers. Wasserwirtschaft)
				01.10.1994 - BOR Wehr	19	Amt für Abfallwirtschaft
		Grafschaft Schaumburg (Altkreis)		- 1964 KA Hammann	1,5	Kulturbauabteilung im Ordnungsamt (Techn. Fachbehörde war das Wasserwirtschaftsamt Hannover)
			1965	01.05.1965 - 30.01.1972 KA Hamann	9	Wasserwirtschafts- und Tiefbauabteilung (Melioration, Kanalisation, Straßenbau, WBV, Trinkwasser)
				01.02.1972 - 30.06.1975 KBM Zastro		1974 Abfallwirtschaft übernommen
				01.07.1975 - 31.12.1976 KAR Klamer		
		Schaumburg-Lippe (Altkreis)	1963	ab 1963 BD Raulfs		Wasserbehörde im Bauamt Techn. Fachbehörde war das Wasserwirtschaftsamt Hannover
	15	**Schaumburg**	1977	1977 - 30.06.1986 BD Raulfs		Tiefbauamt (66)

				01.07.1986 - BD Smalian	25	Amt für Kreisstraßen, Wasser- und Abfallwirtschaft 1991 Ausgliederung der Abfallwirtschaft zur AWS
Bez.-Reg. Lüneburg	16	**Celle**	1909	01.04.1909 - 31.07.1921 KBM Habermann	5	Kreiskulturbauamt
				01.08.1921 - 1951 KBM Lahring	3	
				1951 - 1957 KBM Neumann	7	Amt für Wasserwirtschaft und Straßenbau
				1957 - 1958 KOI Krüger	7	
				1958 - 1971 BOAR Küchenbecker	7	
				1971 - 1985 BOAR Berger	11	Tiefbauamt (Wasserwirtschaft)
				1986 - 1993 BOAR Kopp	10	
				1994 - KOAR Haegele	31	Tiefbauamt (Wasserwirtschaft einschl. Labor, Kreisstraßen) zusätzl. 30 Arbeiter für Kreisstraßen
				1971 - 1976 BAR Baldauf	3	Tiefbauamt (Straßenbau und Abfallwirtschaft)
				1976 - 31.12.1993 BOAR Hagen	13	
				01.01.1994 - 31.03.1994 BOAR Hagen		Amt für Abfallwirtschaft
				01.04.1994 - Dipl.-Ing. Schildmeyer	103	
		Wesermünde (Altkreis)	1901	1901 - 1939 KBM Kleffmann	10	Kreiskulturbauamt in Geestemünde
				1919 - 1932 KBM Pfeiffer		Kreiskulturbauamt in Lehe 1932 Bildung Kreis Wesermünde und gemeinsames Kreiskulturbauamt
				1939 - 1956 KBM Tienken		
				1956 - 1976 KBM Stürtz		
		Land Hadeln (Altkreis)		- 1961		Fachaufgaben durch Wasserwirtschaftsamt Stade, Außenstelle Otterndorf BA Heinrich Heitsch
			1961	1961 - 1977 BD Beier		Wasserwirtschafts- und Tiefbauabteilung (Wasser- und Abfallwirtschaft, Wirtschaftswege, Kreisstraßen, Deichbehörde)
	17	**Cuxhaven**	1977	1977 - 1984 BD Beier	12	Tiefbauamt (Wasserwirtschaft einschl. Labor, Deichbehörde,

						Abfallwirtschaft, Kreisstraßen)
				1984 - BD Wortmeyer	20 40	
	18	**Harburg**		- 31.07.1966 BOI Bühring		Wahrnehmung der Fachaufgaben durch Wasserwirtschaftsamt Lüneburg, Außenstelle Winsen (Luhe)
				01.08.1966 - 30.11.1976 Bau-Ing. Benter	6	Abteilung Wasserwirtschaft
				01.12.1976 - BOAR Rund	15	Technisches Amt für Wasser und Abfall
			1963	Jan. 1963 - KOAR Främbs	12	Abteilung Wasserrecht, später Amt für Wasser- und Deichrecht, Labor
				1972 - 1983 KAR Kröger	2	Ordnungsamt, Abfallwirtschaft
				1983 - KAR Wenzel	14	Amt für Abfallwirtschaft
		Dannenberg (Altkreis)	1911	01.04.1911 - 30.06.1912 01.08.1915 - 1932 KBM Wiegelmann	6	Kreiskulturbauamt
		Lüchow (Altkreis)	1911	1911 - 1921 KWBM Herling 1921 - 1932 KBM Herling		Kreiskulturbauamt
Bez.-Reg. Lüneburg	19	**Lüchow-Dannenberg**	1932	1932 - 1953 KBM Herling		Kreiskulturbauamt
				1953 - 1971 KBM/BOA Fricke		
				01.12.1968 - 30.06.1969 KVOR Poggendorf		
				01.07.1969 - 28.02.1978 KVOR Poggendorf		Bauverwaltungsamt (Tiefbauverwaltung)
				01.03.1978 - 30.06.1996 KOAR Fricke		
				01.05.1971 - 30.09.1980 Dipl.-Ing. Briese		Bauamt (Abt. Wasserwirtschaft)
				01.10.1980 - 30.06.1993 Dipl.-Ing. Reinecke		
				01.07.1993 - 30.06.1996 Dipl.-Ing. Schulz		
				01.07.1996 - KOAR Fricke		Tiefbauamt (Abt. Wasserwirtschaft, Abt. Kreisstraßen)
				01.01.1975 - 30.08.1981 KAR Briesenick		Abt. Straßenbau und Abfallbeseitigung
				01.09.1981 - 30.06.1996 KAR Schönfelder		Amt für Abfallentsorgung und Kreisstraßen

Bez.-Reg. Lüneburg				01.07.1996 - KAR Schönfelder		Amt für Abfall (einschl. Regiebetrieb Deponie und Kommunale Müllabfuhr)
	20	**Lüneburg**	1953	01.10.1953 KKBM Scheunemann		Kulturbauabteilung
				Juli 1972 BOAR Zabe		Tiefbauamt
				1995 BOR Kallweit		Tiefbauamt (Abfall- und Wasserbehörde, Straßenbau und -unterhaltung)
	21	**Osterholz**	1913	1913 - 1948 KBM Grisse	7	Kreiskulturbauamt
				1948 - 1970 KBM Knipp	7	
				1970 - 1977 BAR Heike	7	
				1977 - 1986 BAR Liebe	7	Tiefbauabteilung (Wasser- und Straßenbaubehörde)
				1986 - Dipl.-Ing. Theilen	10	Tiefbauamt (Abfallwirtschaft, Wasserbehörde, Straßenbau und -unterhaltung) zusätzlich 42 Mitarbeiter für Abfall und Straße
		Bremervörde (Altkreis)	1909	01.01.1909 - 30.11.1919 KBM Nielson	5	Kreiskulturbauamt
				01.12.1919 - 30.09.1932 KBM Freter		
		Zeven (Altkreis)	1920	01.04.1920 - 30.09.1932 KBM Holst		
		Bremervörde (Altkreis)		01.10.1932 - 30.03.1938 KBM Freter		01.10.1932 Bildung Großkreis Bremervörde (Zeven, Bremervörde)
				01.04.1938 - 31.05.1953 KBM Holst		
				01.04.1954 - 31.01.1968 KBM/BOA Schulze		Wasserwirtschaftsabteilung
				14.03.1968 - 1977 BOAR Gathmann	7	
		Rotenburg (Altkreis)	1911	1911 - 1916 KBM Nohll	5	Kreiskulturbauamt
				1916 - 1921 KBM Heide		
				1921 - 1946 KBM Ueckerseifer		
				1946 - 30.04.1956 Kulturbau-Ing. Santelmann		
				02.04.1957 - 14.02.1972 KBA Wahlers		
				01.10.1972 - 1977 BAR Otto-Knapp	10	Tiefbauabteilung
	22	**Rotenburg**	1977	1977 - 30.04.1987 BOAR Gathmann	15	Tiefbauabteilung

				01.05.1987 - BR Engelhardt	40	Amt für Wasser- und Abfallwirtschaft
		Soltau (Altkreis)	1915	15.09.1915 - 02.12.1945 KBM Breuer	8	Kreiskulturbauamt
				03.12.1945 - 31.03.1947 KBM z. V. Hennemann		
				01.04.1947 - 1956 KBM Gerecke		
				1956 - 1978 BOAR Schröder	8	Wasserwirtschafts- und Tiefbauabteilung
		Fallingbostel (Altkreis)	1908	1908 - 1946 KBM Utsch	3	Kreiskulturbauamt
				1947 - 1951 KBM Hennemann	4	
				1951 - Juni 1954 KKBM Meyer	5	
				01.07.1954 - 1978 KBM/BAR Behrens	10	Wasserwirtschafts- und Tiefbauabteilung (Wasserwirtschaft, Straßenbau, Hochwasserschutz, Aller - Leine-Oker-Plan, Deichbehörde, Abfallwirtschaft)
Bez.-Reg. Lüneburg	23	**Soltau-Fallingbostel**	1978	1978 - 28.02.1979 BOAR Schröder	18	Tiefbauamt (Straßenbau, Wasserwirtschaft, Deichbehörde, Abfallwirtschaft)
				01.03.1979 - 31.03.1991 BOAR Behrens	25	Tiefbauamt 01.10.1979 Kreisstraßenübernahme, zusätzlich 55 Kreisstraßenwärter 01.01.1986 Einrichtung Labor
				01.04.1991 - BOAR Cassier	18	Amt für Wasser- und Abfallwirtschaft
					25	ab 01.08.1996 zusätzlich 25 Kraftfahrer und Müllwerker des Landkreises
	24	**Stade**	1919	1919 - 1945 KBM Brandes	7	Kreiskulturbauamt
				01.12.1945 - 1965 KBM/BOA Stähler		Kreisbauamt für Tiefbau und Wasserwirtschaft
				01.10.1965 - 31.12.1976 BOR Radünz		Tiefbauabteilung (Wasserwirtschaft, Deichbehörde, Abfallwirtschaft, Kreisstraßen)
				01.02.1977 - 31.03.1983 BOR Armonat 01.07.1983 - BD Tönjes	48	01.01.1978 Tiefbauamt Tiefbauamt 01.12.1988 Bildung des Umweltamtes (Wasserwirtschaft, Labor, Deichbehörde, Kreisstraßen, Abfallwirtschaft, Naturschutz,

						Immissionsschutz) zusätzlich 76 Arbeiter für Abfall, Kreisstraßen und Naturschutz
Bez.-Reg. Lüneburg	25	**Uelzen**	1938	1938 - 1959 KBM Köhnecke	6	Kreiskulturbauamt mit Kreiswegeverwaltung
				1959 - 1989 BOR Anders	25	Kreiskulturbauamt Seit 1965 Tiefbauamt (Wasserwirtschaft, Unterhaltung Gemeindestraßen, Abfallwirtschaft, Kreisstraßen)
				1989 - BOR Peters	31	zusätzl. 86 Arbeiter für Abfall und Kreisstraßen
		Achim (Altkreis)	1910	1910 - 1932 KBM Koch		Kreiskulturbauamt
		Verden (Altkreis)	1923	1923 - 1932 KBM Scheele		Kreiskulturbauamt
	26	**Verden**	1932	1932 - 01.02.1951 KBM Scheele		Kreiskulturbauamt
				01.02.1951 - 31.12.1960 KKBM von Horn		
				01.01.1961 - 31.12.1984 BD Lewandowsky		Wasserwirtschaftsabteilung 01.08.1979 Amt für Wasserwirtschaft
				01.01.1985 - 31.03.1985 NN		
				01.04.1985 - 31.12.1986 BD Zeidler		
				01.01.1987 - 30.06.1995 BAR Wübbolt		Amt für Wasser- und Abfallwirtschaft
				01.07.1995 - BOAR Wübbolt		Amt für Wasserwirtschaft und Energie
				01.07.1995 - KAR Fredrich		Amt für Abfallwirtschaft
Bez.-Reg. Weser-Ems	27	**Ammerland**	1945	1945 - 1972 KBM Peters		Kreiskulturbauamt (Wasserwirtschaft, Deichbehörde, Wasser- und Bodenverbände)
				1996 - KAR Pacholke		Amt für Abfall- und Wasserwirtschaft
		Aurich (Altkreis)	1911	BA Lübbe	4	Kreiskulturbauamt Kreisbauamt (u. a. Wasserwirtschaft, Deichbehörde) 1975 Abfallwirtschaft übernommen
		Norden (Altkreis)	1927	01.08.1927 - 31.08.1946 KKBM Tell	4	Kreistief- und Kulturbauamt
				01.09.1946 KKBauing. Aumann		
				01.01.1974 KI Moritz		Sachgebiet Müllabfuhr
	28	**Aurich**	1977	01.08.1977 KA Dyken		Abteilung Abfallbeseitigung, Umweltschutz und Landwirtschaftswesen

Bez.-Reg. Weser-Ems				01.10.1990 - KOAR Thomßen		Tiefbauamt (Wasserwirtschaft, Deichbehörde)
				01.10.1990 KOAR Moritz		Amt für Abfallwirtschaft
	29	**Cloppenburg**	1970	- 1970 KAR Schröder	5	Ordnungsamt (UWB, UAB, Deichbehörde) Verwaltungspersonal, da Technische Fachbehörde Wasserwirtschaftsamt, jetzt: StAWA, Cloppenburg, aber einschl. Deponiepersonal
				1988 - 1990 BR Viets	19	Umweltamt (UWB, UAB, Deichbehörde) Verwaltungspersonal, da Technische Fachbehörde Wasserwirtschaftsamt, jetzt: StAWA, Cloppenburg, aber einschl. Deponiepersonal
				1991 - BOR Haedke	37	Amt für Wasser- und Abfallwirtschaft (UWB, UAB, Deichbehörde)
		Lingen (Altkreis)	1925	25.08.1925 - Feb. 1959 KBM Flender	2	Kreisbauamt
				März 1959 - Okt.1972 BOA Nolte	15	
				Nov. 1972 - Juli 1977 BAR Peters	20	
		Meppen (Altkreis)	1918	1918 - 1945 KBM Ermert	12	Kreisbauamt
				1945 - 1973 KBM/BD Oehm		
				1973 - 1974 BD Führich		
				1974 - Juli 1977 BOAR Köster	23	Amt für Tiefbauwesen
		Aschendorf-Hümmling (Altkreis)	1925	Juni 1925 - Dez. 1960 KBM Wiegelmann	5	Kreisbauamt
				1961 - Juli 1977 BD Wittrock	20	
	30	**Emsland**	1977	August 1977 - April 1992 BOAR Köster	38	Amt für Wasserwirtschaft
				Oktober 1992 - Dipl.-Ing. Myrrhe		
				1977 - 1988 BD Szwillus	31	Amt für Straßenbau und Abfallwirtschaft
				1988 - 1991 BOAR Thieke		
				1991 - Dipl.-Ing. Kopmeyer	23	Amt für Abfallwirtschaft, zusätzlich 29 Deponiewärter

Bez.-Reg. Weser-Ems						Ab 01.07.1996 Eigenbetrieb „Abfallwirtschaftsbetrieb Landkreis Emsland“
	31	**Friesland**	1938	01.11.1938 - 16.10.1942 Regierungsinsp. Behrens		Kulturbauamt
				17.10.1942 - 30.09.1945 KOI Schröder		
				01.10.1945 - 31.12.1945 KOI Gerken		Wasserverbandsangelegenheiten
				01.01.1946 - 31.03.1958 Abt.-Ltr. Fischer		Jugendamt und Verbandsangelegenheiten
				01.04.1958 - 30.11.1966 KOI Schröder		Abt. für Wasser- und Bodenverbände, Abwasserbeseitigung, Straßen, Wege und Landwirtschaftswesen
				01.12.1966 - 31.07.1977 KA Rocker		Wasserwirtschafts- u. Landwirtschaftsabteilung
				01.08.1977 - 31.12.1979 BA Hinrichs		Bauamt und UWB
				01.01.1980 - 31.05.1991 KOAR Rocker		Amt für Wasserwirtschaft, Naturschutz, Kreisstraßen und Landwirtschaftswesen
				01.06.1991 - 14.07.1996 KAR Peters		
				15.07.1996 - KAR Peters		Fachbereich Umwelt (Wasserwirtschaft, Abfallwirtschaft, Naturschutz und Landwirtschaftswesen)
	32	**Grafschaft Bentheim**	1923	1923 - 30.09.1950 KWBM Winkelmann	8	Kreiskulturbauamt
				01.10.1950 - 20.02.1958 KKBM Emse		
				01.09.1958 - 30.06.1976 KKBM Esch		
				01.07.1976 - 31.08.1991 BOAR Ehlert		Tiefbauamt (UWB, Kreisstraßen)
				01.02.1992 - Dipl.-Ing. Ennen	23	01.01.1996 Tiefbauamt (UWB, UAB, Kreisstraßen) zusätzlich 26 Str.-Wärter für Kreisstraßen u. 5 Arbeiter für Gemeindestraßen
				01.01.1996 - KAR Kleve	21	Amt für Abfallwirtschaft
	33	**Leer**	1902	1902 -1918 KWBM Bruns	4	Kreiskulturbauamt
				01.07.1918 - 20.01.1938 KBM Hemken		
				21.01.1938 - 14.01.1963 BA Töpfer		
				15.01.1963 - 30.09.1973 KKBM Kibilka		

				01.10.1973 - 31.12.1974 BAR Schürdt		
				01.11.1975 - 31.05.1989 BAR Kauter	8	Amt für Deichbau und Wasserwirtschaft
				01.06.1989 - BAR Spekker	14	Amt für Wasserwirtschaft (Deich- u. Wasserbehörde, techn. Abteilung, Labor)
				01.01.1995 - KAR Brüggemann	16	Bauverwaltungsamt (Abfall- und Wasserrecht, 2 Personen)
				18.01.1994 - KOAR Müller	50	Abfallwirtschaftsbetrieb
Bez.-Reg. Weser-Ems	34	**Oldenburg**	1933	01.06.1933 - 1952 KBM Wöbken	5	Kreiskulturbauamt
				1953 - 1964 KBM Wöbken	6 10 (1960)	Tiefbauabteilung (Geschäftsführung der Aufgaben für alle Wasser- und Bodenverbände, Ausbaumaßnahmen Küstenplan)
				1965 - 30.03.1977 BOA Meyer		ab 1974 techn. Aufgaben im Bereich Abfall
				01.04.1977 Bau-Ing. Gerdes-Röben		
				1970 - 30.03.1977 KAR Leiter	1	Bauordnungsamt (Wasser- und Deichbehörde)
				01.04.1977 - 1979 KAR Mehrens		Aufgaben als techn. Fachbeh. durch Wasserwirtschaftsämter
				1980 - 1986 KBA Friedeberg	4	Tiefbauabteilung (Untere Wasserbeh., techn. Fachbehörde bei den Wasserwirtschaftsämtern)
				1980 - 1986 KOA Bredehorn	3	Untere Abfallbehörde
				1986 - Verw.-Angst. Hahn	7 15 (1996)	Amt f. Bodenschutz u. Abfallwirtschaft (seit 1990 StAWA - keine techn. Fachbehörde mehr)
		Bersenbrück (Altkreis)	1912	1912 - 1944 KBM Brumund	7	Kreiskulturbauamt
				1944 -1956 KKBM Usselmann		
				1956 - 1963 KKBM Uhde		
				1963 - 1973 BOAR Kamlage		
		Melle (Altkreis)	1920	1920 - 1922 KBM Rosenfeld	2	Kreiskulturbauamt
				1922 - 1953 KBM Wurmbach		
				1953 - 1973 BOR Hillmer		

Bez.-Reg. Weser-Ems		Osnabrück (Altkreis)	1932	1932 -1955 KBM Gerhardus		Kreiskulturbauamt
				1955 - 1973 BAR Dombre		
		Wittlage (Altkreis)	1913	1913 - 1924 KBM Bütting	5	Kreiskulturbauamt
				1924 - 1953 KBM Petsch		
				1953 - 1973 KBM Fricke		
	35	**Osnabrück**	1973	1973 - 1979 BOR Fricke	24	Tiefbauamt
					30	12.05.1975 Auflösung der Nebenstelle Bersenbrück
					39	01.01.1978 Aufgaben der Abfallwirtschaft übernommen
				1979 - BD Sperber	45	01.07.1992 Amt für Abfall- und Wasserwirtschaft
	36	**Vechta**	1954	01.09.1954 - 31.10.1957 KOI Jacob	1	Ordnungsamt (UWB: 1 Person)
				01.11.1957 - 31.08.1977 KAR Beckermann	2	Ordnungsamt (UWB: 1 Person, UAB ab 1972: 1 Person) techn. Fachbehörde was das WWA Cloppenburg
				01.09.1977 - 28.02.1978 KA Schomaker (Kommissarisch)	2	
				01.03.1978 - 31.05.1991 KAR Schmunkamp	13	Ordnungsamt (UWB: 3 Personen bis 31.12.1989 UAB: 10 Personen bis 31.05.1991)
				01.01.1990 - 30.06.1990 KA Thomann (Kommissarisch)	3	Amt für Wasserwirtschaft
				01.07.1990 - Dipl.-Ing. Langeland	11	
				01.06.1991 - 30.04.1996 KOAR Schomaker	12	Amt für Umweltschutz (u. a. Abfallwirtschaft)
				01.05.1996 - KOAR Schomaker		Ordnungs- und Umweltamt (u. a. Abfallwirtschaft: 9 Personen)
	37	**Wesermarsch**	1957	01.04.1957 - 21.01.1980 KAR Diekrüger		Amt für Deich-, Wasser- und Landwirtschaftsangelegenheiten
				22.01.1980 - 31.08.1995 KAR Schaal		

				01.01.1996 - Dipl.-Ing. Mühlner	17	Fachdienst Umwelt/Abfallwirtschaft (Wasserwirtschaft, Abfallwirtschaft, Naturschutz/ Abfallrecht)
Bez.-Reg. Weser-Ems	38	**Wittmund**	1920	01.05.1920 KBM Niewerth	3	Kreiskulturbauamt
				01.02.1958 - 30.04.1968 KKBM Diekelmann	4	Kulturbauabteilung
				01.05.1968 - 31.07.1970 BA Lah	5	Tief-, Kultur- und Straßenbauamt
				01.08.1970 -31.07.1985 Dipl.-Ing. Lüers	5	Tiefbauamt
				01.08.1985 - 31.12.1992 BD Bremer	7	Amt für Hoch- und Tiefbau (Wasserwirtsch., Deichbehörde, Raumordnung, Abfallwirtsch., Städtebau, Hoch- u. Tiefbau)
				01.01.1993 - Dipl.-Ing. Hoffmann		

7.2 WASSER- UND BODENVERBÄNDE HISTORISCHER RÜCKBLICK, HEUTIGE SITUATION

von Christian Freiherr von Steinaecker

7.2.1 GRUNDLAGEN, ENTSTEHUNGSGESCHICHTE

Das Wasserverbandswesen, welches heute im Wasserverbandsgesetz vom 12.2.1991 seine bundesrechtliche Grundlage hat, ist innerhalb von vielen Jahrhunderten zu dem gewachsen, was wir heute „Wasserwirtschaftliche Selbstverwaltung = Wasser- und Bodenverbände“ nennen.

In Niedersachsen gibt es zur Zeit etwa 1.800 derartige Verbände (in der gesamten Bundesrepublik ca. 12.000) mit sehr unterschiedlichen Aufgaben gemäß § 2 Wasserverbandsgesetz (WVG) vom 12. Februar 1991, der wie folgt lautet:

§ 2

Zulässige Aufgaben

Vorbehaltlich abweichender Regelungen durch Landesrecht können Aufgaben des Verbandes sein:

1. Ausbau einschließlich naturnahem Rückbau und Unterhaltung von Gewässern,
2. Bau und Unterhaltung von Anlagen in und an Gewässern,
3. Herstellung und Unterhaltung von ländlichen Wegen und Straßen,

4. Herstellung, Beschaffung, Betrieb und Unterhaltung sowie Beseitigung von gemeinschaftlichen Anlagen zur Bewirtschaftung von landwirtschaftlichen Flächen,
5. Schutz von Grundstücken vor Sturmflut und Hochwasserschutz einschließlich notwendiger Maßnahmen im Deichvorland,
6. Verbesserung landwirtschaftlicher sowie sonstiger Flächen einschließlich Regelung des Bodenwasser- und Bodenlufthaushalts,
7. Herstellung, Beschaffung, Betrieb, Unterhaltung und Beseitigung von Beregnungsanlagen sowie von Anlagen zur Be- und Entwässerung,
8. technische Maßnahmen zur Bewirtschaftung des Grundwassers und der oberirdischen Gewässer,
9. Abwasserbeseitigung,
10. Abfallentsorgung im Zusammenhang mit der Durchführung von Verbandsaufgaben,
11. Beschaffung und Bereitstellung von Wasser,
12. Herrichtung, Erhaltung und Pflege von Flächen, Anlagen und Gewässern zum Schutz des Naturhaushalts, des Bodens und für die Landschaftspflege,
13. Förderung der Zusammenarbeit zwischen Landwirtschaft und Wasserwirtschaft und Fortentwicklung von Gewässer-, Boden- und Naturschutz,
14. Förderung und Überwachung der vorstehenden Aufgaben.

Der Niedersächsische Landesgesetzgeber hat von der Möglichkeit der Aufgabenausweitung bisher keinen Gebrauch gemacht und somit durch den Erlaß des Nds. Ausführungsgesetzes zum WVG (NDS AGWVG vom 6.6.1994) die bundesrechtlichen Vorgaben insoweit als Landesrecht übernommen. Abweichungen wurden nur im Bereich des Rechnungs- u. Prüfungswesens vorgenommen. Die Verbände verfügen hierdurch über ein der Aufgabenstellung entsprechendes einfaches, aber für diese Form der Selbstverwaltung transparentes und aussagekräftiges Rechnungswesen; sie unterliegen einer gesetzlich vorgeschriebenen zentralisierten Prüfungspflicht, deren Kosten sie selbst zu tragen haben (bis einschließlich 1996 wurden diese Kosten durch das Land Niedersachsen getragen). Die Prüfstelle wurde dem „Wasserverbandstag e.V." angegliedert. Sie unterliegt damit im Kostenbereich ebenfalls der Selbstverwaltung, wobei die Prüfungsinhalte von der Nds. Landeshaushaltsordnung (LHO) abhängig sind und letztendlich der Überprüfung des Landesrechnungshofes unterliegen.

Entstehungsgeschichte

Während sich die staatliche oder kommunale Wasserwirtschaftsverwaltung zunehmend auf hoheitliche Kernaufgaben konzentriert, verbleibt die aktive Ausführung von wasserwirtschaftlichen Maßnahmen insbesondere bei Wasser- und Bodenverbänden bzw. ging/geht stärker auf sie über. Es handelt sich bei ihnen um eine Form der Selbstverwaltung, deren Beginn insbesondere im Küsten- und Hochwasserschutz viele hundert Jahre zurückliegt und zunächst stark herrschaftlich (obrigkeitsstaatlich) geprägt war.

Mit dem Anwachsen der Bevölkerung und der daraus resultierenden Verknappung der Nahrungsmittel wurde die Notwendigkeit den einzigen Nahrungsmittelproduzenten - die Landwirtschaft - mit mehr und besseren Produktionsflächen auszustatten (z.B. beginnende Meliorationsmaßnahmen im großen Stil in Ostfriesland; Eindeichung und Urbarmachung des Oderbruchs pp.). Die von derartigen Maßnahmen betroffenen Grundstücke wurden zusammengefaßt und die jeweiligen Eigentümer in Zusammenschlüsse (Kooperationen, Genossenschaften, Verbände etc.) gezwungen (Wurzel der sogenannten Realmitgliedschaft, die auch heute noch das WVG prägt). Die rechtlichen Vorgaben für die

Abb. 7.2-1: Vorsatzblatt des 1724 nach der Rückverlegung des Deiches in der Westermasch/ Norden neu aufgestellten Deichregisters. Es kann als Sitzung des Deichachtsvorstandes mit der fürstlichen Aufsicht und dem Deichvermesser gedeutet werden (Archiv der Deichacht Norden, [1])

Betroffenen waren so streng - obrigkeitlich geprägt - , daß derjenige, der den Verpflichtungen z.B. innerhalb einer Hochwasserschutzkooperation nicht mehr nachkommen konnte, seines Eigentums verlustig ging (WER NICHT WILL DEICHEN, MUSS WEICHEN) (Abb. 7.2-1).

Erst mit der Aufklärung gewann auch die freiwillige Kooperation nach privatrechtlichen Grundsätzen an Bedeutung und drang von den Küsten- und Hochwassergebieten in das Binnenland zur Umsetzung von Meliorationsmaßnahmen vor. In den unterschiedlichen Rechtsgebieten des Reiches entwickelte sich ein unterschiedliches, aber grundsätzlich vom Kooperationsgedanken und von der Realmitgliedschaft geprägtes Verbandswesen. Insbesondere im preußischen Rechtsbereich verloren in der zweiten Hälfte des 19. Jahrhunderts diese „privaten Genossenschaften" an Bedeutung und wichen letztendlich einer neuen Qualität von Verbandsstrukturen - nämlich den öffentlich-rechtlichen Wassergenossenschaften.

7.2.2 GENOSSENSCHAFTEN NACH PREUSSISCHEM RECHT

Wassergenossenschaften

Diese fanden ihre Rechtsgrundlage schließlich im preußischen Wassergenossenschaftsgesetz vom 1. April 1879. Sie sind als eigentliche Rechtsvorgänger der heutigen Wasser- und Bodenverbände anzusehen. Sie waren Zusammenschlüsse von „Beteiligten" (Grundstückseigentümer oder diesen Gleichgestellte), die nach den Regeln der Selbstverwaltung unter Aufsicht (damals sehr strenger Fach- u. Rechtsaufsicht) der staatlichen Organe (entstehende Meliorationsbauverwaltung, s. Abschnitt 2.2 und 10.1) ihre satzungsmäßigen Aufgaben unter Eigenbeteiligung (Beiträge) sowie staatlicher Zuschüsse auszuführen hatten.

Die Genossenschaften waren mit „hoheitlicher Gewalt" ausgestattet, um die satzungsmäßigen Aufgaben den Mitgliedern gegenüber durchsetzen zu können. Gründungskriterien finden wir heute fast wörtlich im § 7 des WVG wieder:

1. Eine Genossenschaft kann mit Zustimmung aller Beteiligten gegründet werden.
2. Sie kann mit Zustimmung der Mehrheit der Beteiligten unter Anwendung des Beitrittszwangs gegen eine Minderheit gegründet werden und
3. die sogenannten Zwangsgenossenschaften können auch gegen den Widerspruch der Mehrheit der Beteiligten oder aller Beteiligten von Staats wegen gebildet werden.

Einerlei unter welchen Kriterien eine solche Wassergenossenschaft gegründet wurde – Ursprung und Ziel war jeweils das Mitglied.

Die Erfüllung des staatlichen/öffentlichen Interesses konnte letztendlich nur dann erreicht werden, wenn die Genossenschaft die ihr (satzungsmäßig) gestellte Aufgabe auch erfüllte (z.B. Vorflutherstellung zur Ermöglichung der Meliorationsmaßnahmen pp.). Dies geschah am effektivsten, wenn auch das Einzelmitglied den Erfolg für sich selbst spürte. Es bestand also eine Identität zwischen den Einzel- und den Allgemeininteressen. Deshalb sind insbesondere die Eigeninteressen des Mitgliedes Motor des Ganzen und deshalb versteht es sich von selbst, daß die Mitglieder es nicht Außenstehenden überlassen können und wollen, zu entscheiden, was IHNEN nützt. Dies war und ist das ganze „Geheimnis" des Funktionierens des Verbandswesens. Auch das heutige WVG baut auf diesem Grundgedanken auf und formuliert es nach heutigem Sprachgebrauch im § 1 Abs. 2 WVG wie folgt:

“Der Wasser- und Bodenverband verwaltet sich im Rahmen der geltenden Gesetze selbst“. Wobei der Inhalt der Selbstverwaltung die Aktivierung des Eigeninteresses und die Beachtung der geltenden Gesetze, die Einbindung des öffentlichen Interesses beinhaltet.

Bodenverbesserungsgenossenschaften

Neben diesen Wassergenossenschaften, deren Aufgabe im wesentlichen die Herstellung und Unterhaltung der Vorflut und des hierfür notwendigen Wegebaus war, traten in zunehmendem Maße die Bodenverbesserungsgenossenschaften, die sich mit der gemeinschaftlichen Herstellung und Erhaltung der sogenannten Folgeeinrichtungen befaßten (teilweise Binnenentwässerung; Umbrechen; Eggen; Walzen; Düngen; Ansäen pp.). Darüber hinaus konnten sie aber auch eine gemeinschaftliche Bewirtschaftung der kultivierten Bodenflächen anordnen, zunächst (nach 1879) arbeiteten diese beiden unterschiedlichen Genossenschaften streng getrennt voneinander, welches sich aber im Laufe der folgenden Jahrzehnte immer stärker verwischte und nach dem 1. Weltkrieg auch gesetzlich bereinigt wurde.

Schon die Notverordnung vom 7. November 1914 wies den „Landeskulturgenossenschaften“ weitgehende Rechte zu, um die landwirtschaftliche Produktion schnellstmöglich weiter zu intensivieren. Anfang der 20er Jahre wurde der Inhalt der Notverordnung in die staatliche Gesetzgebung übernommen und es entstanden teilweise große neue Genossenschaften (Verbände/Wasserachten pp. vgl. z.B. Oldenburgisches Geest-Wassergenossenschaftsgesetz vom 15.8.1922).

In diesen Selbstverwaltungsorganisationen war kaum noch etwas von der ursprünglichen Aufgabentrennung übriggeblieben. Sie führten unter der Aufsicht staatlicher Verwaltung nahezu alle wasser- u. bodenwirtschaftlichen Maßnahmen durch, wenn diese nicht vom Staat selbst ausgeführt wurden. Die Entwicklung ging in Teilbereichen (Emsland/Oldenburg und anderen Gebieten) soweit, daß die gesamte Bewirtschaftung der Mitgliedsflächen von der Genossenschaft betrieben wurde. Wobei allerdings den einzelnen Mitgliedern das Recht zustand, nach der Ernte oder nach beendetem Weidetrieb ganz oder teilweise wieder zu eigener Nutzung oder Bewirtschaftung überzugehen, wenn und solange dadurch die wirtschaftliche Nutzung der übrigen Mitgliedsflächen nicht erheblich beeinträchtigt wurde.

Hintergrund dieses starken Eingriffs in die Ausübung des Eigentumsrechts war die Sorge des Staates (des Gesetzgebers), die Ernährung der Bevölkerung anders nicht sicherstellen zu können. Aus diesem Grunde war eine Regelung im Gesetz enthalten, die besagte, daß die genossenschaftliche Bewirtschaftung der Mitgliedsflächen auch gegen den Willen des einzelnen Mitgliedes fortgesetzt werden kann, wenn wegen Mängeln an:

> Wirtschaftsgebäuden, Inventar, Betriebskapital, Arbeitskräften oder auch geeigneter Leitung des Betriebes

eine Entlassung untunlich sei. Unter dem Eigentumsbegriff des heutigen Grundgesetzes und der entsprechenden Rechtsprechung des Bundesverfassungsgerichtes erschien es zweifelhaft, ob ein derartiger „Eingriff in das Eigentum“ noch unter den Begriff der „Sozialbindung des Eigentums“ fallen würde oder schon darüber hinaus ginge.

Von den betroffenen Genossenschafts-/Verbandsmitgliedern wurde dies aber kaum beanstandet, da die Durchsetzung dieses Zwangs letztendlich auch dem jeweiligen „persönlichen Vorteil“ (höhere Ernteerträge pp.) diente. Es bestand hier also eine absolute Identität zwischen den Interessen des Staates (Ernährungssicherung) und des einzelnen Verbandsmitgliedes (Optimierung der eigenen Erträge).

7.2.3 WASSERVERBANDGESETZ/WASSERVERBANDVERORDNUNG, ENTWICKLUNG NACH DEM 2. WELTKRIEG

Bis zum Jahr 1937 arbeiteten diese Verbände /Genossenschaften/Wasserachten pp. nach landesrechtlichen Vorgaben. Mit der Verabschiedung des Gesetzes über Wasser- und Bodenverbände (WVG) vom 10.2.1937 und der Ersten Wasserverbandverordnung (WVVO) vom 3.9.1937 wurde ein reichseinheitliches Grundlagenrecht geschaffen und alle derartigen Verbände hatten ihre Satzungen entsprechend anzupassen. Seit diesem Zeitpunkt gab es in Deutschland nur noch rechtseinheitliche „Wasser- und Bodenverbände". **Nach dem 2. Weltkrieg** bereinigte die Rechtsprechung das WVG sowie die WVVO von nationalsozialistischem Gedankengut. Was gültig blieb, hat sich in der praktischen Anwendung bewährt und ist im wesentlichen vom Bundesgesetzgeber bei der Formulierung des WVG übernommen worden.

Abb. 7.2-2: Grabenräumung eines Gewässerunterhaltungsverbandes mit dem Mähboot (oben), mit dem Seilbagger (unten)

Abb. 7.2-3: Strohsticken in den 50er Jahren am Deich der heutigen Deichacht Krummhörn - mit der Stickernadel wird das Strohbündel zum Festklammern der verlegten Soden durch diese hindurch in die Kleidecke des Deiches gedrückt

Auch in dieser Zeit stand zunächst wieder die Ernährungssicherung im Vordergrund. In der Bundesrepublik wurden dort, wo noch keine derartigen Verbände bestanden, solche gegründet oder wo sie bestanden, wurden sie reaktiviert und ihr Aufgabenspektrum den jeweiligen Notwendigkeiten angepaßt.

In der DDR blieben die Verbände bis zu ihrer Auflösung im Jahr 1954 weitgehend bestehen. Im Zuge der Kollektivierung der Landwirtschaft gingen ihre Aufgaben zunehmend auf die landwirtschaftlichen Großbetriebe als eigene Aufgaben über bzw. staatliche Organisationen traten an ihre Stelle.

In der Bundesrepublik konzentrierten sich die Aufgaben der Wasser- und Bodenverbände auf folgende Bereiche:

- Neubau und Ausbau von Gewässern (heute: Rückbau/Renaturierung pp.)
- Gewässerunterhaltung (Abb. 7.2-2)
- Regelung des Bodenwasserhaushaltes (landwirtschaftlicher Wasserbau)
- Küstenschutz (Abb. 7.2-3) und Hochwasserschutz im Binnenland
- Siedlungswasserwirtschaft (Trinkwasserversorgung und Abwasserversorgung)

In diesem Bereich drangen zunehmend die kommunalrechtlichen Zweckverbände in die Aufgabenerfüllung vor.

7.2.4 WASSER- UND BODENVERBÄNDE NACH DEM WVG VOM 12.02.1991

Unsere heutigen Wasser- und Bodenverbände sind Selbstverwaltungskörperschaften des öffentlichen Rechts, die zur Erfüllung bestimmter wasser- und bodenbezogener Aufgaben zum Wohl ihrer Mitglieder und gleichzeitig dem Allgemeinwohl verpflichtet sind.

Die Größe der Wasser- und Bodenverbände ist sehr unterschiedlich. Sie reicht von einer kleinen Gruppe von Landwirten, die sich zu einem Verband zusammenschließen, um nur einen Graben zu bauen oder/und zu unterhalten, bis hin zu großen Küstenschutz- (Deich-)verbänden, Gewässerunterhaltungs-, Trinkwasser- und Abwasserverbänden.

Ihre Aufgabenfelder entsprechen den bereits dargelegten Maßnahmebereichen der gesamten Wasserwirtschaft. Immer ist es aber eine wirtschaftliche Zwecksetzung, die - an Wasser und Boden gebunden - einer gemeinschaftlichen Erfüllung der gemeinsamen Arbeit, Verwaltung und Nutzung unterliegt. Es handelt sich dabei immer um Gemeinschaftsaufgaben wasser- u. bodenwirtschaftlicher Art, die über die Möglichkeiten des einzelnen oder einzelner Gemeinden oder Gruppen hinausgehen.

Die Verbände sind personale Zusammenschlüsse von Privatpersonen und/oder von juristischen Personen, Körperschaften des öffentlichen Rechts oder juristischen Personen des privaten Rechts.

Die Rechtsbeziehungen zwischen dem Verband und seinen Mitgliedern haben öffentlich-rechtlichen Charakter. Soweit die Mitglieder der Verbände natürliche Personen sind gilt das Realprinzip, d.h. Privatpersonen können grundsätzlich nur als jeweilige Eigentümer von Grundstücken, Bergwerken und Anlagen (dingliche Mitglieder) oder als Gewässerunterhalter (Unterhalter) Mitglieder sein.

Den Mitgliedern obliegen gegenüber dem Verband verschiedene Pflichten; die wesentlichsten sind bestimmte Duldungspflichten zur Durchführung der Verbandsmaßnahmen sowie die Beitragspflicht. Die Höhe der Beitragslast ist verschieden bemessen. Sie verteilt sich gemäß Wasserverbandsgesetz grundsätzlich „auf die Mitglieder und die Nutznießer nach dem Vorteil, den sie von der Aufgabe des Verbandes haben sowie den Kosten, die der Verband auf sich nimmt, um ihnen obliegende Leistungen zu erbringen oder den von ihnen ausgehenden nachteiligen Einwirkungen zu begegnen".

Die Beteiligung des Mitgliedes am Verbandsleben kann eine mittelbare oder unmittelbare sein. Sie ist mittelbar, wenn die Verbandsmitglieder einen Ausschuß wählen. Dieser (Verbandsorgan) hat insbesondere als Vertretung der Verbandsmitglieder die Aufgabe, die Bildung und Entlastung des Verbandsvorstandes zu beschließen, den Haushaltsplan festzusetzen (Beitragshöhe !) und den Vorstand in allen wichtigen Geschäften zu beraten.

Die Beteiligung des Mitgliedes ist unmittelbar, wenn die Aufgaben des Ausschusses eine Verbandsversammlung wahrnimmt. Letzteres ist nur dann praktikabel, wenn es sich um - von der Mitgliederzahl her - kleine Verbände handelt.

Der Aufgabenbereich des Vorstandes ist weit gefaßt. Ihm obliegen alle Geschäfte des Verbandes, zu denen nicht andere Stellen durch Gesetz oder Satzung berufen sind. Der Grundsatz der Selbstverwaltung ist in einer Körperschaft des öffentlichen Rechts, die nicht der „institutionellen Garantie der Selbstverwaltung" gemäß Artikel 28 GG unterliegt, vielfach rechtlichen Beschränkungen unterworfen. Da ein Wasser- und Bodenverband dem Staat gegenüber zur Erfüllung seiner Zwecke verpflichtet ist, sind Beschränkungen der Selbstverwaltung die Folge dieser Pflicht. Als deren Gegenleistung sind die besonderen Vorrechte anzusehen, die der Staat dem Verband gewährt, um ihn zur besseren und leichteren Erfüllung seiner Pflicht zu befähigen.

Die Gründung derartiger Verbände wird in der Regel im freiwilligen Zusammenschluß der „Betroffenen" zu finden sein. Grundsätzlich ist aber (wie bereits ausgeführt) auch die Möglichkeit gegeben, einen Verband gegen den Willen der potentiellen Mitglieder zu gründen. Die Aufgaben des jeweiligen Verbandes werden durch die Satzung festgelegt, deren Inhalt durch die Mitglieder bestimmt wird und der von der Aufsichtsbehörde öffentlich bekanntzumachen ist.

7.2.5 GEWÄSSERUNTERHALTUNGSVERBÄNDE, HAUPTDEICHVERBÄNDE

Der niedersächsische Gesetzgeber hat mit der Schaffung des Niedersächsischen Wassergesetzes vom 7. 7. 1960 für die Unterhaltung der Gewässer II. Ordnung 114 gesonderte Unterhaltungsverbände gegründet bzw. bestehende Verbände ausgedehnt. Sie sind Wasser- und Bodenverbände mit bestimmten Sonderregelungen - abweichend vom WVG:

1. Das Verbandsgebiet richtet sich nach wasserwirtschaftlichen Kriterien - dem Niederschlagsgebiet eines bestimmten Gewässersystems.
2. Mitglieder sind die Grundstückseigentümer der in dem Niederschlagsgebiet gelegenen Flächen, soweit die Gemeinden nicht von der Möglichkeit der Umwandlung in eine gemeindliche Mitgliedschaft Gebrauch gemacht haben.
3. Als Beitragsmaßstab gilt abweichend vom WVG der Flächenmaßstab. Diese Unterhaltungsverbände sind für rd. 28.500 km Gewässer II. Ordnung verantwortlich und wenden hierfür pro Jahr rund 100 Mio. DM auf, welche die Verbandsmitglieder als (Hektar-)beiträge aufzubringen haben. Das Land bringt zu diesen Kosten eine in den letzten Jahren sinkende Zuschußsumme von rd. 12 % (1996) auf. In den Kosten, die die Verbandsmitglieder zu tragen haben, sind die Unterhaltungsbeiträge an Wasser- und Bodenverbände zur Unterhaltung der Gewässer III. Ordnung nicht enthalten. Diese sind an derartige Verbände gesondert zu entrichten.

Hauptdeichverbände

Durch den Erlaß des Niedersächsischen Deichgesetzes vom 1. 3. 1963 und dessen fortlaufende Ergänzungen wurden für den Küstenschutz Deichverbände gegründet (Abb. 7.2-4), die grundsätzlich nach dem WVG arbeiten. Deren Verbandsgebiet richtet sich allerdings nach dem sogenannten „geschützten Gebiet" (NN +5 - 6 m-Linie) und wird zwischen den Verbänden per Verordnung der zuständigen Bezirksregierung abgegrenzt.

Die Verbandsbeiträge sind nach Flächenanteil oder nach dem sogenannten „Wertmaßstab"(o/oo-Anteil vom Grundsteuermeßbetrag) von den Grundstückseigentümern/Verbandsmitgliedern aufzubringen. Sie belaufen sich für die rund 1.200 km Küstenschutzdeiche auf rund 20 Mio. DM jährlich.

7.2.6 ENTWICKLUNG IN DEN NEUEN BUNDESLÄNDERN

Nach der Wende des Jahres 1990 wurde das Wasserverbandswesen auch in den neuen Bundesländern Mecklenburg-Vorpommern, Brandenburg und Sachsen-Anhalt wieder eingeführt. Diese Bundesländer gründeten - ähnlich wie Niedersachsen - per Landeswassergesetz - Gewässerunterhaltungsverbände. Ihnen wurde die Möglichkeit offengehalten, auch weitere Aufgaben im wasserwirtschaftlichen Bereich gemäß § 2 WVG in Zukunft mit zu übernehmen.

Abb. 7.2-4: Treibsel am Hauptdeich des östlichen Jadebusens im Frühjahr 1995. Die Beseitigung der stark zunehmenden Treibselmengen durch die Deichverbände verursacht erhebliche Probleme und Kosten. Riesige Mengen auf Deichböschung und auf deichnahem Vorland (oben), in Haufen zur Abfuhr vorbereitet (Mitte),verursachte Deichschäden (unten) (Fotos: II. Oldenburgischer Deichband, Brake)

In Bremen, Niedersachsen und Sachsen-Anhalt haben sich rund 1.000 derartige Verbände im „Wasserverbandstag e.V." zusammengeschlossen und verfügen somit über einen einheitlichen und schlagkräftigen Interessen- und Beratungsverband, der 1948 als „Landesverband Niedersachsen der Wasser- und Bodenverbände" in Bremen gegründet wurde. Er änderte 1981 seinen Namen, da im Bereich der Trinkwasserver- u. Abwasserentsorgung aus Gründen der Gesetzgebung (Kommunalabgabengesetz u.ä.) sich Wasser- und Bodenverbände in Zweckverbände umwandelten, aber in ihrem Dachverband verbleiben wollten.

Heute steht der Wasserverbandstag gemäß seiner Satzung allen Institutionen offen, die im ländlichen Bereich wasser- und bodenwirtschaftliche Aufgaben erfüllen.

7.2.7 ZUSAMMENFASSUNG

Bei der Umsetzung wasser- und bodenwirtschaftlicher Maßnahmen im ländlichen Bereich sowie im Bereich des Küsten- und Hochwasserschutzes und der Trinkwasserver- und Abwasserentsorgung haben sich Kooperationsorganisationen innerhalb der letzten rund 1000 Jahre im norddeutschen Bereich entwickelt, die mit der Schaffung des Wasserverbandgesetzes von 1937 zu Wasser- und Bodenverbänden zusammengefaßt wurden.

Das Wasserverbandsgesetz von 1991 ist ein modernes Organisationsrecht, durch welches Organisationsformen, in denen die Prinzipien der Kooperation und der Verursacherverantwortung gelten, in übersichtlichen Relationen verbunden sind. Diese Verbände aktivieren ein jeweils spezielles der jeweiligen satzungsmäßigen Aufgabenstellung des Verbandes entsprechendes Sach- und Betroffenheitsinteresse.

Sie entsprechen daher den Grundvoraussetzungen im Bereich der demokratisch-rechtsstaatlichen Organisation des öffentlichen Willensbildungsprozesses im Zusammenspiel zwischen Staat und Selbstverwaltung und helfen somit, den vom Bundesverfassungsgericht über die Gewaltenteilung aufgestellten Grundsatz zu erfüllen, daß nämlich staatliche Entscheidungen möglichst richtig, d.h von den Organen und Institutionen getroffen werden müssen, die dafür nach ihrer Organisation, Zusammensetzung, Funktion und Verfahrensweise über die besten Voraussetzungen verfügen.

Diese Voraussetzungen werden durch die Organisationsform eines Wasser- und Bodenverbandes erreicht. Nur sie ist in der Lage, die einzelnen Interessenbereiche zu bündeln und in notwendige Handlungen umzusetzen.

SCHRIFTTUM ZU ABSCHNITT 7

Zu Abschnitt 7.1

[1] 8. Gesetz zur Verwaltungs- und Gebietsreform vom 28.06.1977 (Nds. GVBl., S. 233).

[2] Abfallbeseitigungsgesetz vom 11.06.1972 (BGBl. I, S. 873).

[3] Gesetz zur Neugliederung der Gemeinden im Raum Cuxhaven, Land Hadeln, Stade vom 22.06.1972 (Nds. GVBl., S. 305).

[4] Kreislaufwirtschafts- und Abfallgesetz vom 27.09.1994 (BGBl. I, S. 2705).

[5] LEHRKE, W.: 80 Jahre Wasserwirtschaftsverwaltung in Niedersachsen 1871 bis 1951. Hrsg. v. Nds. Ministerium für Ernährung, Landwirtschaft und Forsten, Hannover, 1952.

[6] Nds. Ausführungsgesetz zum Abfallbeseitigungsgesetz vom 09.04.1973 (Nds. GVBl. S. 109).

[7] Nds. Wassergesetz vom 07.07.1960 (Nds. GVBl. Nr. 15, S. 105).

[8] Nds. Wassergesetz vom 20.08.1990 (Nds. GVBl., S. 371).

[9] SEELE: Diese Kreise in der Bundesrepublik Deutschland.

[10] Umfrage bei den niedersächsischen Landkreisen (unveröffentlicht 1996).

8 Entwicklung von Ausbildungs- und Prüfungswesen in der Wasserwirtschaftsverwaltung

8.1 HÖHERER TECHNISCHER VERWALTUNGSDIENST

von Gerd Staschen

8.1.1 FRÜHE AUSBILDUNGS- UND PRÜFUNGSVORSCHRIFTEN IN DEN KÖNIGREICHEN HANNOVER UND PREUSSEN

Erste Vorschriften für die Prüfung und Anstellung im Königreich Hannover

"Die Ernennung zu den höheren Wasserbau- und Deich-Bedienungen bis inclusive der Deich-Conducteure erfolgt nach vorgängiger Prüfung, auf den Vorschlag der General-Direction, vom Unserm Staats- und Cabinetts-Ministerio". Dieser Auszug aus Artikel 6 des „(29.) Reglement für die neu zu errichtende General-Direction des Wasserbaues" von Georg IV, „von Gottes Gnaden König des vereinigten Reichs Großbritannien und Irland, auch König von Hannover, Herzog zu Braunschweig und Lüneburg" vom 18. April 1823 (Abdruck 1-1) kann als der Beginn des geregelten Ausbildungs- und Prüfungswesens für die höheren Beamten der Niedersächsischen Wasser- und Abfallwirtschaftsverwaltung angesehen werden.

Allerdings sollte es dann noch einmal fast 24 Jahre dauern, bis durch Bekanntmachung der Königlichen General-Direction des Wasserbaues vom 30.1.1847 allgemeine Vorschriften für die Prüfung und Anstellung erlassen wurden (Abdruck 1-2). Zur dieser Zeit, da es den Diplom-Ingenieur noch nicht gab, lag es an der königlichen Verwaltung, für die Beschäftigung im Königlichen Dienste auch die Anforderungen an die „Erste Prüfung", d. h. die wissenschaftliche Ausbildung festzulegen. Interessant ist, daß es bereits ein einheitliches Grundstudium für alle vier Baufächer (Wasserbau, Landbau, Wegebau, Eisenbahnbau) und ein Vertiefungsstudium für jedes dieser Fächer gab. Dabei fällt auf, daß schon damals Fremdsprachenkenntnisse gefordert waren, denn bei der Prüfung mußte u.a. nachgewiesen werden:

> "Bekanntschaft mit der wasserbaulichen Literatur in deutscher, französischer und englischer Sprache."

Am 10.4.1858 (Gesetz-Sammlung S. 31) wurden eingehende Vorschriften über die zweite Prüfung, d. h. die Ausbildung und Prüfung der Wasserbauführer erlassen. Den damaligen Zeitgeist spiegeln folgende Passagen wider:

> "Die Wasserbauführer sind verpflichtet, ...in und außer Dienst ein Verhalten zu beobachten, welches nicht nur den allgemeinen Pflichten eines angehenden Staatsdieners und den Vorschriften der Sittlichkeit, sondern auch der Würde und dem Zwecke der eingenommenen Stellung entspricht."
>
> "Abgesehen von etwaigen Berichterstattungen haben ... [die] Inspektionsvorstände ... an Uns über den Fleiß und Eifer, die wissenschaftliche und geschäftliche Fortbildung, so wie über das dienstliche und außerdienstliche, namentlich auch sittliche und politische Verhalten, so wie über die öconomische Lage der Wasserbauführer ... zu berichten.""

Fortschrittlich und bis heute aktuell geblieben sind dagegen folgende Anweisungen:

> "Die Inspektions-Vorstände haben die tüchtige wissenschaftliche und geschäftliche Ausbildung der Wasserbauführer thunlichst zu fördern, insbesondere dahin zu sehen, daß dieselben sich mit allen in der Inspection vorkommenden Zweigen des Wasserbaues und den bei derselben vorfallenden laufenden Geschäften bekannt machen und die ihnen übertragenen Geschäfte fleißig und gewissenhaft verrichten."

Nach vier, spätestens fünf Jahren Ausbildung konnte sich der Wasserbauführer um Zulassung zur Prüfung durch die Königlich Hannoversche General-Direction des Wasserbaues bewerben. Voraussetzung war die Ablieferung einer Probearbeit. Die Prüfung umfaßte

> "den praktischen Dienst des Wasserbaues, namentlich die Entwerfung, Veranschlagung und Ausführung von Wasserbauwerken, die Kenntniß der bestehenden wasserbaulichen Landesgesetze und Verordnungen, so wie der sonstigen, den Localdienst in den verschiedenen Landestheilen betreffenden Einrichtungen. Der Examinand muß dabei auch eine entsprechende Geläufigkeit im schriftlichen und mündlichen Vortrage über wasserbauliche Gegenstände beurkunden."

Preußische Ausbildungs- und Prüfungsvorschriften seit 1866

Mit dem Übergang des Königreichs Hannover an Preußen im Jahre 1866 erlangten die preußischen Ausbildungs- und Prüfungsvorschriften Gültigkeit. Dort hatten die bautechnischen Staatsprüfungen zu diesem Zeitpunkt bereits eine lange Tradition, hatte es doch schon unter Friedrich dem Großen nach einer 1770 erlassenen Verordnung eine Kommission gegeben, die neben Kriegs-, Domänen-, Land- und Steuerräten auch Baudirektoren zu prüfen hatte [1]. Nach den „Vorschriften für die Ausbildung und Prüfung derjenigen, welche sich dem Baufache im Staatsdienste widmen" vom 3.9.1868 (Amtsblatt der Königlich Preußischen Regierung zu Minden 1868 S. 224) wurde die Befähigung für jede höhere Stelle im Staatsdienst an das Bestehen der Baumeisterprüfung geknüpft. Diese nahm die technische Oberprüfungskommission in Berlin ab. Die „Vorschriften für die Ausbildung und Prüfung für den Staatsdienst im Baufache" vom 6.7.1886 (Amtsblatt der Königlich Preußischen Regierung zu Minden 1886, Beilage zum 33. Stück) enthielten bereits alle wesentlichen Elemente der heute gültigen Richtlinien. Die Prüfung fand nach dreijähriger praktischer Tätigkeit bei dem neugegründeten Königlichen technischen Oberprüfungsamt in Berlin statt und konnte in den Fachrichtungen Hochbau, Ingenieurbau und Maschinenbau abgelegt werden. Sie umfaßte

- eine häusliche Prüfungsarbeit von 9 Monaten Dauer,
- die Bearbeitung von Aufgaben unter Aufsicht während dreier Tage sowie
- eine mündliche Prüfung, die zwei Tage dauerte und sich in der Fachrichtung Ingenieurbau auf folgende Fächer bezog: Eisenbahnwesen, Wasserbau, Brückenbau, Maschinenbau und Verwaltung, Bau und Geschäftsführung. Zu letzterem zählten Kenntnisse in der Jurisprudenz und den kameralistischen Wissenschaften.

Durch Allerhöchsten Erlaß vom 11. Oktober 1886 erhielten die zu Königlichen Regierungsbauführern ernannten Beamten den Rang der Referendare und eine königliche Uniform.

Reichsprüfungsamt seit 1939

Das „Reichsgesetz über die Befähigung zum höheren bautechnischen Verwaltungsdienst" vom 16.7.1936 (RGBl. I S. 563) führte zur Auflösung der Prüfungsämter der

Länder und zur Errichtung des „Reichsprüfungsamtes für höhere bautechnische Verwaltungsbeamte“ am 1.10.1936 in Berlin. Die Wasserwirtschaft gehörte zur Fachrichtung II „Wasser-, Kultur- und Straßenbau sowie Maschinen- und Schiffbau der Reichswasserstraßenverwaltung“. Die am 4.8.1936 erlassene Ausbildungs- und Prüfungsverordnung (RGBl. I S. 565) sah 34 Monate für den Vorbereitungsdienst vor, darunter 9 Monate Einführung, 16 Monate Bauleitung, 3 Monate häusliche Prüfungsarbeit und 8 Monate Behördendienst. Die sich unmittelbar anschließende Prüfung bestand aus der häuslichen Probearbeit, der Bearbeitung von drei kleineren Entwürfen unter Aufsicht (Klausurarbeiten von je sechs Stunden Dauer) und einer zweitägigen mündlichen Prüfung. Diese erstreckte sich auf die Fächer Wasser- und Kulturbau, Wasserwirtschaft (105 Minuten), Städtischer Tiefbau, Straßenbau (90 Minuten), Brückenbau (60 Minuten), Maschinenkunde und Kraftwirtschaft (60 Minuten) und Staats- und Verwaltungsrecht sowie Geschäftsführung der Behörden (75 Minuten).

8.1.2 GEMEINSAMES OBERPRÜFUNGSAMT DEUTSCHER LÄNDER SEIT 1948 UND NIEDERSÄCHSISCHE REGELUNGEN

Mit dem Ende des Reichsverkehrsministeriums im Mai 1945 hörte auch das „Reichsprüfungsamt“ auf zu bestehen. Auf Anregung verschiedener technischer Hochschulen als auch einer Reihe von Landesregierungen und Zentralverwaltungen fand am 8.10.1946 in Bad Harzburg die konstituierende Sitzung für die Errichtung eines vorläufigen technischen Oberprüfungsamtes für den höheren technischen Verwaltungsdienst statt. Hierbei wurde, wie einer Veröffentlichung im Mitteilungsblatt des Oberprüfungsamtes entnommen werden konnte, „unter allseitiger Zustimmung der Auffassung Ausdruck gegeben, daß ein einheitliches Oberprüfungsamt eine starke Brücke bilden werde und müsse, die in der Isolierung erstarrten deutschen Länder auch auf diesem Gebiet wieder zusammenzuführen“ [2]. Unter schwierigen Umständen fanden bereits 1947 wieder Prüfungen statt. In dem Bestreben, die einheitliche Durchführung der Großen Staatsprüfung für den technischen Verwaltungsdienst zu ermöglichen, wurde mit dem „Übereinkommen über die Errichtung eines gemeinschaftlichen Oberprüfungsamtes deutscher Länder und Verwaltungen für die höheren technischen Verwaltungsbeamten vom 16.9.1948“ das Oberprüfungsamt für den höheren technischen Verwaltungsdienst mit Sitz zunächst in Bielefeld und seit dem 7.9.1951 in Frankfurt/Main errichtet. Die Fachaufsicht dieser gleicherweise Bundes- und Länderinteressen dienenden Institution liegt bei einem Kuratorium, das auch Empfehlungen für eine einheitliche Ausbildung in den Mitgliedsverwaltungen erarbeitet. Bis 1957 traten neben zahlreichen Verwaltungen des Bundes alle Verwaltungen der Länder mit Ausnahme von Baden-Württemberg und Bayern dem Übereinkommen bei. Heute sind auch die Verwaltungen der neuen Bundesländer mit Ausnahme von Sachsen Mitglied im Kuratorium.

Das Kuratorium empfahl eine einheitliche Ausbildungs- und Prüfungsordnung für die Laufbahn des höheren technischen Verwaltungsdienstes [3] mit folgenden Teilen:

1. Teil: Vorbereitungsdienst
2. Teil: Große Staatsprüfung - Prüfungsordnung
3. Teil: Sondervorschriften der Fachrichtungen

Eine wesentliche Änderung gegenüber früher war der Verzicht auf die bisher mehr oder weniger spezielle Ausbildung für den höheren technischen Dienst einzelner Verwaltungen zugunsten einer möglichst breit gelagerten Ausbildung, die auf eine vielseitige Verwendungsmöglichkeit der Nachwuchskräfte in den verschiedenen Verwaltungen und in der freien Wirtschaft abzielte. Neu für die Fachrichtung Bauingenieurwesen war ferner die Einbeziehung von kommunalen Ausbildungsstellen [2].

Niedersächsische Regelungen

Niedersachsen, das im Fachgebiet Wasserwesen in der Nachkriegszeit fast 200 Referendarinnen und Referendare ausgebildet hat, setzte die Empfehlungen des Kuratoriums hauptsächlich mit den folgenden Erlassen um, die in der Folgezeit bis heute regelmäßig fortgeschrieben und aktualisiert worden sind:

- Allgemeine Vorschriften für den Vorbereitungsdienst der Referendare des höheren technischen Verwaltungsdienstes im Bereich der nds. Landesverwaltung (Mantelvorschriften) - RdErl. d. Nds. FinM. v. 17.2.1950 (Nds. MBl. 1951 S. 402),
- Prüfungsordnung für die Referendare des höheren technischen Verwaltungsdienstes - Gemeins. RdErl. v. 17.3.1959 (Nds. MBl. S. 271),
- Verordnung über die Ausbildung und Prüfung für den höheren technischen Verwaltungsdienst der Fachrichtung „Bauingenieurwesen" (APVOhDBauing) vom 1.8.1967 (Nds. GVBl. S. 257),
- Verordnung über die Ausbildung und Prüfung für Laufbahnen des höheren technischen Verwaltungsdienstes (APVOhtechVwD) vom 20.7.1989 (Nds. GVBl. S. 295) sowie
- Durchführungsvorschriften zur Verordnung über die Ausbildung und Prüfung für die Laufbahnen des höheren technischen Verwaltungsdienstes (APVOhtechVwD); Fachrichtung Bauingenieurwesen - Fachgebiet Wasserwesen - vom 10.7.1990 (Nds. MBl. S. 981).

Die Wasserwirtschaft einschließlich der Abfallwirtschaft gehörte anfangs zur Fachrichtung Wasser-, Kultur- und Straßenbau einschließlich städtischer Tiefbau, bis diese 1962 zur Fachrichtung Bauingenieurwesen mit den Fachgebieten Wasserwesen, Straßenwesen und Stadtbauwesen umgebildet wurde.

Leitfaden für die Referendarausbildung

Die im Kuratorium des Oberprüfungsamtes zusammengeschlossenen und für das Fachgebiet Wasserwesen zuständigen Verwaltungen des Bundes und der Länder haben einen „Leitfaden" herausgegeben [4], der einen Überblick über Voraussetzungen, Ziele, Inhalt und Ablauf der Referendarausbildung gibt (Abb. 8.1-1). Darin wird als Ziel der Ausbildung genannt:

> "Die Ausbildung soll den Baureferendar für die Übernahme von Führungsaufgaben in der technischen Verwaltung vorbereiten. Dazu gehört die Vermittlung der über die Hochschulausbildung hinausgehenden notwendigen Kenntnisse für die Aufgaben der Fachverwaltungen, die Anwendung der Rechts- und Verwaltungsvorschriften, die Methoden zur Sicherstellung einer effektiven und wirtschaftlichen Verwaltung und die Führung von Mitarbeitern."

Die Ausbildung wurde am 1.10.1973 von 2 1/2 Jahren auf 2 Jahre verkürzt und umfaßt seitdem folgende Abschnitte:

22 Wochen	Staatliches Amt für Wasser und Abfall: Rechtsgrundlagen, Aufgaben und Organisation der Verwaltung in Bund, Ländern und Kommunen sowie deren Zusammenwirken
21 Wochen	öffentlich rechtlicher Bauträger: Vorarbeiten für Bauvorhaben, Praktische Mitarbeit bei Bauvorhaben

Abb. 8.1-1: Leitfaden für die Ausbildung der Baureferendare des Bundes und der Länder, hrsg. von dem Kuratorium des Oberprüfungsamtes für die höheren technischen Verwaltungsbeamten für das Fachgebiet Wasserwesen

4 Wochen Niedersächsisches Landesamt für Ökologie: Aufgaben und Organisation des Amtes

4 Wochen Wasser- und Schiffahrtsamt: Rechtsgrundlagen, Aufgaben und Organisation der Wasser- und Schiffahrtsverwaltung des Bundes

6 Wochen Kommunale Verwaltung: Aufgaben und Organisation der kommunalen Selbstverwaltung

3 Wochen Gewerbeaufsichtsamt: Aufgaben und Organisation der staatlichen Gewerbeaufsichtsverwaltung

12 Wochen Bezirksregierung: Aufgaben, Organisation, Geschäftsbetrieb und Bürotechnik der Mittelbehörde

Daneben werden - gemeinsam mit den Referendaren des Fachgebiets Wasserwesen der übrigen Länder und der Wasser- und Schiffahrtsverwaltung des Bundes - fünf Lehrgänge von insgesamt 14 Wochen Dauer durchgeführt:
- Einführungslehrgang, - Verwaltungslehrgang, - Managementlehrgang, - Baulehrgang,
- Schlußlehrgang

Die Prüfung wird vom Oberprüfungsamt in Frankfurt abgenommen und besteht aus folgenden Teilen:
- Häusliche Prüfungsarbeit (6 Wochen während der Ausbildung),
- vier schriftliche Arbeiten unter Aufsicht an vier Tagen aus folgenden Themenbereichen: Wasser- und Abfallwirtschaft, Vorbereitung und Durchführung von Bauten, Leitungsaufgaben und Wirtschaftlichkeit in der Verwaltung, Allgemeine Rechts- und Verwaltungsgrundlagen, Fachbezogene Verwaltung und Rechtsvorschriften sowie
- mündliche Prüfung in allen vorgenannten sechs Fächern an zwei Tagen.

Gegenwärtiger Stand und künftige Entwicklung

Die Ausbildungsbeauftragten der Verwaltungen von Bund und Ländern arbeiten unter der Federführung des Bundesministeriums für Verkehr, Abteilung Binnenschiffahrt und Wasserstraßen, eng zusammen. Sie haben vor allem Wert darauf gelegt, die Schwerpunkte von Ausbildung und Prüfung den veränderten Aufgaben der Verwaltungen anzupassen. So verzichten die Themenverzeichnisse für die Ausbildungsstellen, Lehrgänge und Prüfungen heute gänzlich auf die Vertiefung von Hochschulwissen und legen das Schwergewicht auf Fragen insbesondere der Organisation, der Personalentwicklung, der Gesprächs- und Verhandlungsführung und des wirtschaftlichen Handelns.

In einer Zeit, da die medien- und aufgabenübergreifende Zusammenarbeit zu einer unverzichtbaren Voraussetzung für die Aufgabenerledigung im Umweltbereich geworden ist, wird auch über die daraus abzuleitenden Forderungen für die Ausbildung der Beamtinnen und Beamten im höheren technischen Verwaltungsdienst grundlegend neu nachzudenken sein. Ziel muß es sein, allen in der Umweltverwaltung heute bereits vertretenen Fach- und Studienrichtungen nach der wissenschaftlichen Ausbildung auch das erforderliche Verwaltungswissen zu vermitteln, um sie für herausgehobene Führungspositionen in der Niedersächsischen Wasser- und Abfallwirtschaftsverwaltung zu befähigen.

Das Kuratorium hat daher 1995 die Einrichtung einer zusätzlichen Fachrichtung Umwelttechnik/Umweltschutz beschlossen, zu der sämtliche in der Umweltverwaltung vertretenen wissenschaftlichen Studiengänge Zugang haben sollen. Außerdem soll die Ausbildung in den Fachbereichen Verwaltung und Recht sowie Leitungsaufgaben und Wirtschaftlichkeit durch Zusammenfassung aller Fachrichtungen und zentrale Durchführung von Seminaren künftig weiter verbessert werden.

8.2 GEHOBENER BAUTECHNISCHER VERWALTUNGSDIENST

von Hans Kwitniewski und Günter Schwark

8.2.1 EINLEITUNG

Die Entwicklung verlief im gehobenen bautechnischen Dienst anders als im höheren Dienst, der von Anfang an stärker durch administrative und hoheitliche Aufgaben in der Landesentwicklung geprägt war. Die Geschichte in diesem Berufsfeld ist Geschichte der landwirtschaftlichen Verwaltung, des Wassers und deutsche Geschichte zugleich.

Vor 1900 war Landwirtschaft ohne Nutztierhaltung nicht denkbar. Nutztiere brachten Zugkraft, Veredelungsprodukte und Dünger, der vor Justus Liebig (1813 - 1873) unentbehrlich war. Voraussetzung für eine erfolgreiche Landwirtschaft war ein vernünftiges Acker/Grünlandverhältnis der Betriebe. Erst durch die Entwicklung des Mineraldüngers und die Mechanisierung der Betriebe hat sich dieses geändert.

Die Verbesserung der Grünlanderträge war in weiten Teilen des Landes nicht ohne Regelung der Wasserverhältnisse zu erreichen. Hier entwickelte sich deshalb eine besondere Technik zum „künstlichen Wiesenbau", durch Regelung von Entwässerung und Bewässerung. Lange vor Gründung spezieller Ausbildungsstätten hatte sich die Technik des künstlichen Wiesenbaues aus der Praxis entwickelt. Während die ersten Ansätze für die Kultivierung von Mooren und Niederungen auf die Mitte des 18. Jahrhunderts zurückgehen - abgesehen von der über 100 Jahre früher einsetzenden Fehnkultur im ostfriesisch-emsländischen Raum -, wird mit der Schaffung des „Suderburger Rückenbaues" um 1815 die Verbesserung der Grünlanderträge auf mineralischen, insbesondere Sandböden durch Bewässerung erreicht. Mit diesen Meliorationsmaßnahmen ging natürlich auch die Entwicklung von ingenieurbautechnischen Maßnahmen am und im Gewässer einher.

8.2.2 VON DER WIESENBAUSCHULE ZUR FACHHOCHSCHULE FÜR WASSERWIRTSCHAFT

Die eindeutigen Vorteile, die durch die Wasserregelung für die Landwirtschaft gewonnen wurden, führten zur Verbreitung dieser Techniken, weshalb der 1830 gegründete landwirtschaftliche Provinzialverein für das Fürstentum Lüneburg zur Gründung einer Fachschule für Wiesenbau aufrief.

Sie nahm den Betrieb am 05. Januar 1854 als sogenannte „Winterschule" in Suderburg unter der Trägerschaft eines privaten Gründervereins auf. Die Schulaufsicht führte der Provinzialverein. Neben der Technik des künstlichen Wiesenbaus waren es in den ersten Jahren Grundlagenfächer Naturwissenschaften, Planzeichnen, Vermessungstechnik, deutsche Geschäftsaufsätze, die den Unterricht bestimmten, wobei die Mathematik mit fast 1/3 aller Wochenstunden einen besonderen Platz einnahm.

Verfolgt man die Lehrpläne über die Jahre, so wird deutlich, mit welcher Geschwindigkeit die Entwicklung im Fachbereich Ingenieurtechnik voranging. Schwerpunkte bildeten dabei Kulturtechnik einschließlich Hydraulik, Baukonstruktionen einschließlich Statik und Vermessungskunde.

Der Bedarf an Fachkräften dieser Fachrichtung war groß, das läßt sich daraus erkennen, daß bereits Mitte des 19. Jahrhunderts in Deutschland mehrere Schulen dieser Art entstanden sind: Siegen (1853), Königsberg, Suderburg (1854), Schleusingen (1897), Bromberg.

1876 wurden die Wiesenbauschulen in Preußen in die Fürsorge der Provinzen übernommen. Dies läßt sich aus einer im Ministerialblatt der königlich-preußischen Verwaltung für Landwirtschaft, Domänen und Forsten veröffentlichten Denkschrift über landwirtschaftliches Unterrichtswesen erkennen. Damit bestanden in Preußen 1876 vier Wiesenbauschulen: Königsberg, Suderburg, Siegen und Bromberg.

1906 erlangte die Schule in Suderburg nach den anderen Schulen in Preußen die Berechtigung zur Abhaltung der staatlichen Kulturbautechniker- / und der Wiesenbaumeisterprüfung.

Die nächsten Reformen begannen 1929. Die Wiesenbauschulen wurden mit der Bezeichnung „Kulturbauschulen" als höhere Fachschulen anerkannt und schließlich am 23.03.1934 in die Reichsliste der höheren technischen Lehranstalten aufgenommen. Die Schulaufsicht ging damit gleichzeitig auf den preußischen Minister für Wissenschaft, Kunst- und Volksbildung über.

Mit dieser Reform wurden vor allem höhere Anforderungen an die Zugangsvoraussetzungen gestellt und zugleich die Lehrpläne erweitert. Der Lehrplan nach der Reform von 1929 läßt deutlich die Entwicklung zum wasserwirtschaftlichen und ingenieurbautechnischem Studium mit großer Bandbreite im fachwissenschaftlichen Bereich erkennen. Dies führte 1938 zu einer Namensänderung in „Bauschule für Wasserwirtschaft und Kulturtechnik" verbunden mit der Verleihung der Berufsbezeichnung: „Ingenieur für Wasserwirtschaft und Kulturtechnik" an die Absolventen und der Bezeichnung „Baumeister für Wasserwirtschaft und Kulturtechnik" nach dem 2. Examen.

Nach Ende des 2. Weltkrieges und der Gründung des Landes Niedersachsen 1946 wurde die Schule in Suderburg als einzige Facheinrichtung dieser Art in Niedersachsen vom Land übernommen und erhielt dann die Bezeichnung: „Niedersächsische Landesbauschule für Wasserwirtschaft und Kulturtechnik". Es folgten im Zuge der Hochschulreform, die 1967 begann, noch zwei Namensänderungen in den Jahren 1959 in „Staatliche Ingenieurschule für ..." und 1968 in „Staatliche Ingenieurakademie für ...", um dann 1971 in die Fachhochschule Nordostniedersachsen mit den Fachbereichen Architektur und Bauingenieurwesen in Buxtehude, Bauingenieurwesen (Wasserwirtschaft und Umwelttechnik) in Suderburg sowie Sozialwesen in Lüneburg (1979) eingegliedert zu werden.

Neben den höherqualifizierten Eingangsvoraussetzungen (Fachhochschulreife) wurden die Studienpläne umgebaut und erweitert, so daß sie dem Studenten eine Schwerpunktbildung im Hinblick auf seine spätere berufliche Tätigkeit ermöglichten. Entsprechend den insgesamt höheren Studienanforderungen wird nach erfolgreichem Abschluß der Grad „Diplom-Ingenieur" verliehen. Die traditionelle Prüfung zum „Baumeister für Wasserwirtschaft und Kulturtechnik" gibt es nicht mehr.

8.2.3 BESCHÄFTIGUNGS- UND ANSTELLUNGSVERHÄLTNISSE DES TECHNISCHEN PERSONALS UNTERHALB DES HÖHEREN TECHNISCHEN DIENSTES

Wie die vorhergehenden Abschnitte zeigen, waren Beruf und Ausbildung zunächst sehr praxisorientiert. Lange bevor die Meliorationsbautechnik in eine eigene, geregelte Berufsausbildung einmündete, wurde sie durch Wiesenbaumeister praktiziert.

Die ersten Wiesenbaumeister wurden von regionalen Vereinigungen, z.B. land- und forstwirtschaftlichen Bezirks- und Provinzialvereinen oder Landkreisen, schon vor Mitte des 19. Jahrhunderts beschäftigt. Dort haben sie umfangreiche Meliorationen einschließlich der erforderlichen bautechnischen Anlagen und Gewässerregulierungen durchgeführt.

Die Einrichtung staatlicher Meliorationsbauinspektionen in Preußen geht auf das Jahr 1856 zurück. Im ehemaligen Königreich Hannover wurde die Königlich-Preußische Meliorationsbauinspection Hannover am 01.04.1871 - also erst nach Übernahme durch Preußen - eingerichtet.

Aus der Begründung für die Einrichtung in Preußen läßt sich erkennen, daß sie die Landesentwicklung (Landesmelioration) zum Ziele hatte. Die Aufgaben lagen zunächst im administrativen und konsultativen Bereich. Erst ab 1878 wurde die Projektbearbeitung von größeren Landesmeliorationsvorhaben und die Vorbereitung von Genossenschaften zur Ausführung eingeleitet. Außer den Inspektionsbeamten des höheren Dienstes gab es zunächst offensichtlich nur im Privatvertrag beschäftigte Meliorationstechniker. Unter „Meliorationsangelegenheiten" wird im Ministerialblatt von 1905 eine allgemeine Verfügung vom 16.12.1898 erwähnt, die die Vergütung der Meliorationstechniker mit einem Tagessatz von 3,50 Mark regelt. Erst ab 1892 läßt sich eine etatmäßige Beschäftigung von technischem Personal unterhalb des höheren Dienstes belegen. Es handelt sich dabei um 12 Stellen in Preußen, auf 9 Inspektionen verteilt. Die Beschäftigten hatten die Bezeichnung „Meliorationsbauwart" und „Regierungsbausekretär". Regional gab es außerdem „Moorvögte".

Aus einem Beschluß des Staatsministeriums vom 16.03.1995 (Pr. MBl Lw 1905 S. 107), der die Disziplinarzuständigkeit für diese Bediensteten regelt, läßt sich ableiten, daß es sich um Beamte - zumindest ab diesem Zeitpunkt - gehandelt hat.

Bald danach aber, am 01. April 1905, wurden durch das Ministerium für Landwirtschaft, Domänen und Forsten Laufbahnbestimmungen erlassen, die Anwartschaft, Anstellung, Aufgaben und Besoldung der Regierungsbausekretäre (mittlere Beamte) regelten.

Die Anstellung als Regierungsbausekretär setzte die etatmäßige Anstellung als Meliorationsbauwart voraus. Es gab aber zu diesem Zeitpunkt noch keine Ausbildungsrichtlinien. Immerhin gab es hinsichtlich der qualitativen Anforderungen für eine Anstellung als Meliorationsbauwart eine Verknüpfung mit dem qualifizierten Abschluß an einer Wiesenbauschule. D.h., es wurden Anwärter bevorzugt, die die staatliche Wiesenbaumeisterbauprüfung abgelegt hatten. Dies geht aus einem Erlaß vom 20.04.1907 hervor.

Erst im Jahre 1907 wurde durch die allgemeine Verfügung des Ministeriums für Landwirtschaft, Domänen und Forsten vom 22.02.1907 eine Prüfungsverordnung zum Regierungsbausekretär erlassen (Abb. 8.2-1). Sie enthielt neben dem fachtechnischen Bereich auch einen Prüfungsteil Verwaltung. Diese Regelung bestand bis nach dem ersten Weltkrieg weiter fort.

Erst nach der Neuregelung der Rechtsverhältnisse der Beamten durch das deutsche Beamtengesetz vom 26. Januar 1937 wurde durch Runderlaß des Reichs- und Preußischen Ministers für Ernährung und Landwirtschaft vom 22.02.1938 eine Ausbildungs- und Prüfungsordnung für die Anwärter des gehobenen mittleren Dienstes in der preußischen Kulturbauverwaltung erlassen. Sie sah einen Vorbereitungsdienst von 3 Jahren, in drei Abschnitte gegliedert, und eine Prüfung mit einem technischen und einem Verwaltungsteil vor. Die Beamten nannten sich während des Vorbereitungsdienstes „Kulturbausupernumerare" und wurden nach bestandener Prüfung zu „Kulturbaupraktikanten" ernannt.

Dies änderte sich aber kurz danach mit Erlaß der Laufbahnverordnung der deutschen Beamten vom 28.02.1939. Damit wurden die Laufbahnen neu geordnet (einfacher, mittlerer, gehobener und höherer Dienst), wobei sich aus den Qualifikationsanforderungen nach § 27 der Laufbahnverordnung die Zuordnung zum gehobenen Dienst ergab (vergleiche Abschnitt 8.2.2, Aufnahme der Kulturbauschulen in die Reichsliste der höheren technischen Lehranstalten am 23.03.1934).

Damit änderte sich auch die Dienstbezeichnung der betroffenen Beamten:

Während des Vorbereitungsdienstes:	Kulturbauinspektor-Anwärter
Nach bestandener Prüfung:	Außerplanmäßiger Kulturbauinspektor

Bei dieser Regelung verblieb es auch nach dem 2. Weltkrieg in Niedersachsen, nachdem in einer vorläufigen gesetzlichen Regelung für die Bundesrepublik Deutschland die sinngemäße Anwendung des deutschen Beamtengesetzes von 1937 fortgesetzt wurde.

Das Blatt erscheint einmal monatlich. — Bezugspreis 5 Mark jährlich. Einzelne Nummern werden der Bogen zu 20 Pf. berechnet.

Ministerialblatt

der Königlich Preußischen Verwaltung für Landwirtschaft, Domänen und Forsten.

Zu beziehen durch alle Buchhandlungen, Postanstalten und durch den Verlag von Paul Parey, Berlin SW. 11, Hedemannstraße 10.

Herausgegeben im Ministerium für Landwirtschaft, Domänen und Forsten.

3. Jahrgang. Berlin, April 1907. Nr. 4.

40. Verfügung, betreffend die Prüfung der Meliorationsbauwarte zum Regierungsbausekretär.

Allgemeine Verfügung Nr. 12 für 1907.
Ministerium für Landwirtschaft, Domänen und Forsten. Berlin, den 22. Februar 1907.
Geschäfts-Nr. I Cb 609.

An die Herren Ober-Präsidenten.

Im Anschluß an die allgemeine Verfügung vom 1. April 1905 — I. Cb 3216 —, betreffend die Anstellung von Regierungsbausekretären bei den Meliorationsbauämtern, bestimme ich hiermit, daß in Zukunft als Regierungsbausekretäre nur Meliorationsbauwarte angestellt werden sollen, die ihre Befähigung zur Bekleidung einer solchen Stelle durch ein Examen nachgewiesen haben.

Zu der Prüfung zum Regierungsbausekretär dürfen Meliorationsbauwarte frühestens zwei Jahre nach ihrer etatsmäßigen Anstellung zugelassen werden.

Gesuche um Zulassung zur Prüfung sind bei dem zuständigen Meliorationsbaubeamten anzubringen, welcher sie unter Benutzung des anliegenden Formulars A mit einer Äußerung dem ihm vorgesetzten Ober-Präsidenten alljährlich bis zum 1. Oktober einreicht; der Ober-Präsident entscheidet über die Zulassung und überweist die für geeignet erachteten Bewerber der Prüfungskommission.

Den zugelassenen Prüflingen ist zur Ablegung der Prüfung der erforderliche Urlaub unter Belassung des Diensteinkommens zu erteilen. Reisekosten und Tagegelder werden ihnen für die aus diesem Anlaß auszuführenden Reisen nicht gezahlt.

Die Prüfungskommission besteht aus dem meliorationstechnischen Beirat desjenigen Ober-Präsidenten, an dessen Amtssitz sie gebildet ist, als Vorsitzenden und zwei Meliorationsbauinspektoren als Beisitzer.

Für jedes Mitglied wird ein Vertreter bestellt; als Stellvertreter des Vorsitzenden ist einer der ordentlichen Beisitzer zu bestimmen.

Abb. 8.2-1: Verfügung der Königlich-Preußischen Verwaltung für Landw., Domänen und Forsten betreffend die Prüfung der Meliorationsbauwarte zum Regierungsbausekretär vom 22. Januar 1907

8.2.4 AUSBILDUNGS- UND PRÜFUNGSWESEN AB 1958

1958 wurde die Ausbildungs- und Prüfungsordnung neu gefaßt, die Dauer des Vorbereitungsdienstes auf 2 1/2 Jahre verkürzt und die Prüfung inhaltlich an die aktuellen Aufgaben der Wasserwirtschaftsverwaltung angepaßt. Ohne wesentliche inhaltliche Änderung wurde die Ausbildungs- und Prüfungsordnung schon 4 Jahre später mit Erlaß des Niedersächsischen Ministers für Ernährung, Landwirtschaft und Forsten vom 18.10.1962 neu erlassen und zwar aufgrund des neuen Niedersächsischen Beamtengesetzes vom 14.07.1960. Die Ausbildung dauerte danach wieder 3 Jahre, jedoch mit einer Reihe von Anrechnungstatbeständen, mit denen sie bis auf 2 Jahre verkürzt werden konnte.

Schließlich führten die Hochschulreform und beamtenrechtliche Gründe zu der „Verordnung über die Ausbildung und Prüfung für die Laufbahnen des gehobenen bautechnischen Verwaltungsdienstes im Lande Niedersachsen vom 30.10.1975" (Niedersächsisches Gesetz- und Verordnungsblatt Nr. 29/1975), die sich einerseits auf alle technischen Laufbahnen erstreckt und andererseits auch den kommunalen Bereich erfaßt. Eine neue Laufbahnverordnung ist zur Zeit in Bearbeitung. Der Rahmen-Ausbildungsplan soll danach, wie aus der Abb. 8.2-2 (Anlage 7 zu § 8 des Entwurfsstandes von Juli 1998) ersichtlich, aktualisiert werden. Bezüglich der Ausbildungsdauer und der sonstigen Rahmenbedingungen sind ebenfalls keine grundlegenden Änderungen vorgesehen.

Voraussetzung für die Einstellung in den Vorbereitungsdienst ist derzeit ein abgeschlossenes Studium an einer Fachhochschule in der Fachrichtung Bauingenieurwesen (Wasserwirtschaft und Kulturtechnik) oder der Fachrichtung Bauingenieurwesen mit vertieften Kenntnissen im Fachgebiet Wasserwirtschaft. Künftig sollen auch Fachhochschulabsolventen aus einem der Wasser- und Abfallwirtschaft nahestehenden, technisch oder naturwissenschaftlich ausgerichteten Studiengang mit vertieften Kenntnissen im Fachbereich Wasserwirtschaft und Kenntnissen in der Abfallwirtschaft zugelassen werden. Der Vorbereitungsdienst dauert ein Jahr. In dieser Zeit sollen die Bauinspektoranwärterin oder der Bauinspektoranwärter lernen, das auf der Fachhochschule erworbene technische Wissen in verwaltungsmäßiges Handeln umzusetzen. Während des Vorbereitungsdienstes sind Ausbildungsabschnitte u.a. beim Staatlichen Amt für Wasser und Abfall, beim Niedersächsischen Landesamt für Ökologie, bei einer kommunalen Bauverwaltung und einer Bezirksregierung (s. Anlage) abzuleisten. In diese Zeit fällt auch ein dreimonatiger Verwaltungslehrgang beim Studieninstitut der allgemeinen Verwaltung des Landes Niedersachsen in Bad Münder, dessen Benotung in die Laufbahnprüfung einfließt. Am Abschluß des Vorbereitungsdienstes steht eine Laufbahnprüfung durch einen vom Nds. Umweltministerium beim NLÖ eingerichteten Prüfungsausschuß, dem neben dem Vorsitzenden (Beamter des höheren technischen Verwaltungsdienstes) vier weitere unmittelbare bzw. mittelbare Landesbeamte des höheren technischen Verwaltungsdienstes, des höheren allgemeinen Verwaltungsdienstes, des gehobenen bautechnischen Verwaltungsdienstes sowie einer Lehrkraft des höheren oder gehobenen allgemeinen Verwaltungsdienstes des Studieninstitutes Bad Münder angehören.

Die Laufbahnprüfung setzt sich aus fünf schriftlichen verwaltungsbezogenen Arbeiten aus den Bereichen

- Wasserwirtschaft und Kulturtechnik einschl. naturnahe Gewässergestaltung
- Abwasser, Wasserversorgung oder Abfall
- fachbezogene Verwaltungsvorschriften wie Bauvertrags- und Verdingungswesen, Ingenieurverträge, Finanzierung
- Wasserrecht, Deichrecht, Abfallrecht

- Staats- und Verwaltungsrecht, Beamten-, Besoldungs- und Versorgungsrecht, Tarifrecht der Angestellten und Lohnempfänger, Haushalts-, Kassen- und Rechnungswesen

und vier mündlichen Prüfungsfächern sowie einem Vortrag aus den schriftlich bearbeiteten fünf Prüfungsbereichen zusammen.

Die Wasser- und Abfallwirtschaftsverwaltung verfügt über 13 Ausbildungsplätze für Bauinspektoranwärterinnen und Bauinspektoranwärter.

Seit dem Jahr 1956 bis einschließlich 1996 haben über 250 Kandidatinnen (32) und Kandidaten die Bauinspektorenprüfung abgelegt. Die erste Frau ist 1977 in den Vorbereitungsdienst eingetreten. An der Fachhochschule Nordostniedersachsen in Suderburg hat die erste Studentin im Jahr 1972 ihre Diplomprüfung abgelegt.

Während des Vorbereitungsdienstes sind die Bauinspektoranwärterinnen und -anwärter Beamte auf Widerruf. Das Beamtenverhältnis endet mit der Laufbahnprüfung.

Rahmen-Ausbildungsplan

(- Entwurf - Stand: Juli 1998)

Fachrichtung Wasser- und Abfallwirtschaft

Ausbildungsabschnitt	Ausbildungsdauer (Wochen)	Ausbildungsstellen	Ausbildungsinhalt
I	1	Zentral nach näherer Bestimmung	Einführung: Überblick über Organisation und Aufbau der Landesverwaltung; Besondere Organisation und Aufgaben der Fachverwaltungen bzw. Ämter (Straßenbauverwaltung; Agrarstrukturverwaltung; Katasterverwaltung; Gewerbeaufsichtsverwaltung; Landesämter; kommunale Verwaltungen); Ausbildungsziele und –inhalte; Inhalt der Prüfung
IIa	6	Nds. Landesbetrieb für Wasserwirtschaft und Küstenschutz (NLWK) oder kommunale Verwaltung (Baubetrieb, Planung und Bauleitung)	Organisation und Geschäftsbetrieb des NLWK; allgemeine Verwaltungs- und Rechtsangelegenheiten; Haushalts-, Kassen- und Rechnungswesen; Kaufmännische doppelte Buchführung; Kosten- und Leistungsrechnung; Kennenlernen aller wesentlichen Aufgaben in den Organisationseinheiten; Baubetrieb, Betrieb und Unterhaltung von Anlagen, Planung und Bauleitung.
IIb	6	Staatl. Gewerbeaufsichtsamt oder kommunale Verwaltung – Abfallbehörde -	Organisation und Geschäftsbetrieb des Amtes; Kennenlernen aller wesentlichen Aufgaben im Bereich der Abfalltechnik und Abfallwirtschaft; Anwendung von Verwaltungsvorschriften und techn. Vorschriften, Mitwirkung bzw. Teilnahme an Überwachungen von Abfallanlagen, Verfassen von Stellungnahmen.
IIc	3	Nds. Landesamt für Ökologie und Sonderbehörden / Ämter	Aufgaben, Organisation und Geschäftsbetrieb des Nds. Landesamtes für Ökologie, Kennenlernen der speziellen Aufgaben (Straßenbauamt, Amt für Agrarstruktur, Katasteramt)
III	3	Kommunale Bauverwaltung (Landkreis, kreisfreie Stadt, Gemeinde)	Aufgaben, Organisation und Geschäftsbetrieb der Fachdezernate / Ämter (Wasserbehörde, Abfallbehörde, Naturschutzbehörde)
IV	17	Bezirksregierung bzw. Außenstelle des Fachdezernats Wasserwirtschaft	Allgemeine und technische Verwaltungsaufgaben in der Mittelinstanz; Wasserwirtschaft/Wasserrecht/Deichrecht und Abfallwirtschaft/Abfallrecht Organisation u. Geschäftsbetrieb; Umsetzung der Rechts- und Verwaltungsvorschriften bei Genehmigungsverfahren nach Wasser-, Abfall- und Immissionsschutzrecht einschl. Widerspruchsverfahren, Umweltverträglichkeitsstudien und –prüfung; Formen des behördlichen Schriftverkehrs, Anwendung von Verwaltungsvorschriften und techn. Vorschriften; Zuwendungen; Teilnahme an Erörterungsterminen; Protokollführung; Grundlagen der Führung und Zusammenarbeit, Aufgaben der Dezernate Landesentwicklung und Raumordnung, Naturschutz, Straßenbau/Straßenbaurecht/Agrarstruktur, Wirtschaft (öffentl. Auftragswesen und Preisüberwachung), Vermessungs- und Katasterangelegenheiten, Regierungsbezirkskasse im Zusammenhang mit den Aufgaben der Wasser- und Abfallwirtschaftsverwaltung. Prüfungsvorbereitung.
V	9	Studieninstitut der allgemeinen Verwaltung des Landes Niedersachsen	Verwaltungslehrgang: Verwaltungsunterricht nach besonderem Plan
	2		Fachbezogener Unterricht nach besonderem Plan
etwa	5 Erholungsurlaub		

Insgesamt 52

Abb. 8.2-2: Rahmenausbildungsplan für den gehobenen bautechnischen Verwaltungsdienst

8.3 DEICHVÖGTE

von Hans-Martin Soetbeer

Geschichte und Aufgabe

Seit 1748 sind hauptberufliche Deichvögte an der Elbe eingesetzt. Heute sind nur noch im Bereich des StAWA Lüneburg Deichvögte tätig. Um 1890 mußten die Deichvogtanwärter eine schriftliche und mündliche Prüfung beim zuständigen Wasserbauinspektor ablegen, bevor sie ihre Probezeit bei einem amtierenden Deichvogt ableisteten. Nach sechsmonatiger Probezeit wurden sie dann ohne Fachprüfung fest angestellt. Der Ausbildungsgang wurde in den „Bestimmungen über die Annahme und Vorbereitung der Strommeister und Deichvögte im Regierungsbezirk Lüneburg“ vom 11.10.1899 festgeschrieben. Vorgesetzte der Deichvögte blieben bis 1922 die zuständigen Wasserbauinspektoren.

Ab 1954 erhielten die Deichvögte den Status eines Hilfspolizeibeamten der Staatsanwaltschaft. Mit den Bestellungsurkunden der Bezirksregierung vom 13.03.1996 wurden die Aufgaben der Hilfspolizeibeamten zuletzt aktualisiert. Bei der Wahrnehmung polizeilicher Aufgaben - vor allem im Katastrophenfall oder bei Hochwasserereignissen - sind die Deichvögte der Aufsicht der Bezirksregierung und der zuständigen Polizeiinspektion unterstellt und an deren Weisungen gebunden. In der täglichen Praxis vor Ort ist jeder Deichvogt für einen bestimmten Deichabschnitt zuständig, ist kommunikatives Bindeglied zwischen den Deichverbänden und den Landesdienststellen sowie Ansprechpartner für die Bevölkerung hinter den Deichen. Ihre unmittelbare Präsenz und Bürgernähe vermindert den Verwaltungsaufwand im Aufsichts- und Genehmigungsbereich wesentlich.

Einstellungsvoraussetzungen

Nach 1950 wurden Bewerbungen für das Amt eines Deichvogtes ausschließlich bei der Bundeswehr und dem Bundesgrenzschutz unter länger dienenden Soldaten und Bundesgrenzschutz-Beamten ausgeschrieben. Die Deichvögte gehören zum mittleren technischen Dienst der Wasserwirtschaftsverwaltung entsprechend § 59, Abs. 1, Nr. 2 der Nds. Laufbahnverordnung (NLVO). Einstellungsvoraussetzungen sind:

- Nachweis einer abgeschlossenen technischen Berufsausbildung und mindestens einjähriger Berufserfahrung,
- zweijährige Tätigkeit als technischer Angestellter im öffentlichen Dienst, in denen er mit Aufgaben beschäftigt worden ist, die üblicherweise von Beamten der Laufbahn wahrgenommen werden.

Gemäß Absatz 2 der NLVO können Zeiten des erfolgreichen Besuches einer Fachschule oder Ausbildung bei der Bundeswehr oder dem Bundesgrenzschutz, soweit sie für die Laufbahn förderlich sind, bis zur Hälfte, höchstens aber neun Monate auf die Beschäftigungszeit angerechnet werden.

Ausbildung zum Deichvogt

Im Rahmen der Ausbildung für die Übernahme als Deichvogt werden dem Deichvogtanwärter die erforderlichen nachfolgend aufgeführten Fachkenntnisse von den bereits im Amt befindlichen Deichvögten vor Ort bzw. im Hause des StAWA vermittelt:

- *Technische Kenntnisse:* Vermessungsarbeiten, Aufstellen kleiner technischer Entwürfe, Durchführen von Unterhaltungsarbeiten an Landesgewässern I. Ordnung durch staatliche Unterhaltungskolonnen, Peilungen, Mitwirkung als Hilfskraft bei der Bauleitung für Deichverstärkungsarbeiten, Beaufsichtigung von Unterhaltungsarbeiten an Deichanlagen, Prüfung von Anträgen auf Genehmigungen für Bauvorhaben nach dem Nds. Deichgesetz und Einweisung in Aufgabe und Leitung von Deichverteidigungsmaßnahmen im Hochwasserfall, Einweisung in den Sturmflut- und Hochwassermeldedienst und die hydrologischen Gegebenheiten der Elbe sowie der Hochwasser führenden Nebenflüsse, Aufsicht über Deichanlagen und Teilnahme an den Deichvor- und den Deichschauen nebst textlicher Abfassung der Deichschauniederschriften.

- *Verwaltungskenntnisse:* Allgemeine Gesetze, Erlasse und Verordnungen des Deichrechtes, des Wasserrechtes und der Wasserverbandsverordnung, Bestimmungen über Deichverteidigung, Ausbildung im Rechnungs- und Kassenwesen, Anfertigen von Lohnabrechnungen, zeichnerische Darstellungen, Fertigen von Stellungnahmen zu deichbehördlichen Anträgen und Mitarbeit bei der Aufstellung von Entwürfen für den Ausbau der Deiche.

Übernahme in den Landesdienst

Seit Anfang der 50er Jahre wird der Bewerber zunächst im Angestelltenverhältnis beschäftigt. Nach Erwerb der Laufbahnvoraussetzungen folgt die Übernahme in das Beamtenverhältnis. Organisatorisch eingeordnet sind die Deichvögte in der Abteilung 5 des StAWA Lüneburg - Hochwasser- und Küstenschutz, Ingenieurbiologie. Rechtliche Grundlage der Bestellung zum Hilfspolizeibeamten ist § 59 des Nds. Gesetzes über die öffentliche Sicherheit und Ordnung (SOG), jetzt § 95 des Nds. Gefahrenabwehrgesetzes (NGefAG) vom 13.04.1994.

8.4 WASSERBAUER

von Klaus Schiemann

Aufgaben der Wasserbauer

Die Tätigkeit des Wasserbauers hat an der Küste und den Gewässern eine lange Tradition. Die Naturgewalten, insbesondere Hochwasser, Eis und Sturm sowie die ständige Nutzung der Gewässer als Vorfluter oder durch die Schiffahrt, gefährden alle Bauwerke in und an den Flüssen, den Schiffahrtskanälen sowie an der Küste und bewirken eine ständige Abnutzung. Ohne eine fachgerechte Unterhaltung vor Ort durch handwerklich gut ausgebildete Wasserbauer wäre der Bestand der wasserwirtschaftlichen Anlagen gefährdet.

Zum Aufgabengebiet des Wasserbauers gehört die bauliche Unterhaltung der Gewässer und der Küsten mit ihren Bauwerken und Schutzanlagen (Abb. 8.4-1), die Sicherung und Bezeichnung des Fahrwassers bzw. der Fahrrinne für die Schiffahrt, die Inspektion des Gewässerbettes durch Messungen (Peilungen) und der Schutz der Gewässer und Sicherung der Deiche und ihrer Sicherungswerke bei Katastrophengefahr (z.B. Hochwasser, Eis, Sturmflut).

Ausbildung seit 1977

Während die Wasser- und Schiffahrtsverwaltung des Bundes bereits seit 1942 Wasserbauer (bis 1991: Wasserbauwerker) ausbildet, begann die niedersächsische Wasser- und

Abb. 8.4-1: Auszubildende Wasserbauer mit ihrem Lehrmeister beim Bau einer Buschlahnung für die Deichfußsicherung in der Westermarsch der Stadt Norden (Foto: Erchinger)

Abfallwirtschaftsverwaltung am 01.08.1977 beim damaligen Bauamt für Küstenschutz, heute Staatliches Amt für Insel- und Küstenschutz (StAIK), in Norden mit der Ausbildung von fünf Wasserbauern. Seit 1975 wurde angestrebt, entsprechende Stellen im Haushalt einzubringen. Die praktische Ausbildung erfolgte beim Bauamt für Küstenschutz, die Berufsschule in der Bundesfachklasse für Wasserbauer bei der früheren Lehrbaustelle Koblenz, heute Berufsbildungszentrum (BBiZ) Koblenz, ebenso dort die überbetriebliche Ausbildung.

Gliederung und Inhalt der Ausbildung und Prüfung

Im Gegensatz zu den anderen Bundesländern, die Wasserbauer ausbilden, und dem Bund wurde ab 1979 eine Landesfachklasse für Wasserbauer bei den Berufsbildenden Schulen II der Stadt Emden in Emden eingerichtet. Seitdem gliedert sich die Ausbildung der Wasserbauer in Niedersachsen gemäß Abb. 8.4-2.

Einstellungsvoraussetzung ist eine erfolgreiche Teilnahme am Berufsgrundbildungsjahr, Berufsfeld Bautechnik, als erstes Ausbildungsjahr (schulisch). Im zweiten und dritten Ausbildungsjahr folgt die berufliche Fachausbildung, die sich gliedert in

- 34 bzw. 36 Wochen im Ausbildungsbetrieb,
- 10 Wochen Berufsschule in der Landesfachklasse in Emden sowie
- 6 bis 8 Wochen überbetriebliche Ausbildung im Berufsbildungszentrum der Wasser- und Schiffahrtsverwaltung des Bundes in Koblenz.

Die Ausbildung des Wasserbauers ist sehr breit angelegt, so daß später eine Spezialisierung in verschiedenen Arbeitsbereichen möglich ist. Der Ausbildungsinhalt richtet sich nach der „Verordnung über die Berufsausbildung zum Wasserbauer vom 12. März 1991", die am 01. August 1991 in Kraft getreten ist. In der Ausbildungsverordnung sind im Ausbildungsrahmenplan die Inhalte für die betriebliche Ausbildung festgelegt.

Bereits im Jahre 1979 wurde die erste Ausbildungsverordnung nach dem Berufsbildungsgesetz erlassen. Hieran schließt sich die am 01. August 1991 in Kraft getretene neue Ausbildungsverordnung an. Sie berücksichtigt alle zwischenzeitlich eingetretenen Veränderungen und paßt sich dem heutigen Qualifikationsstand, auch hinsichtlich des gestiegenen Umweltbewußtseins und der zu erwartenden Entwicklung, an. Es wird damit erweiterten Ansprüchen des Naturschutzes und der Landschaftspflege genügt. Eine niedersächsische Ausbildungsverordnung ist in Vorbereitung. Für die Abnahme der Prüfungen besteht ein Landesprüfungsausschuß, der gemäß § 36 des Bundesbildungsgesetzes beim Berufsbildungszentrum Koblenz eingerichtet ist und aus fünf Mitgliedern besteht. Als zuständige Stelle nach dem Berufsausbildungsgesetz wurde das Niedersächsische Landesamt, Abteilung Straßenbau, in Hannover bestimmt.

Übernahme der Ausgebildeten in den Landesdienst

Mit der eigenen Ausbildung von Wasserbauern und Übernahme in den Landesdienst wird erreicht, qualifiziertes Personal für die Unterhaltung und den Betrieb der landeseigenen wasserwirtschaftlichen Anlagen und Bauwerke (Objektverwaltung) zu erhalten. Zur Zeit stehen im Landeshaushalt 19 Stellen zur Verfügung. In der niedersächsischen Wasser- und Abfallwirtschaftsverwaltung wurden bis Ende 1997 102 Wasserbauer bei folgenden Ämtern ausgebildet:

- Staatliches Amt für Insel- und Küstenschutz in Norden
- Staatliches Amt für Wasser und Abfall in Stade

- Staatliches Amt für Wasser und Abfall in Cloppenburg
- Staatliches Amt für Wasser und Abfall in Aurich

Daneben bildet das Niedersächsische Hafenamt in Emden für seinen Aufgabenbereich aus.

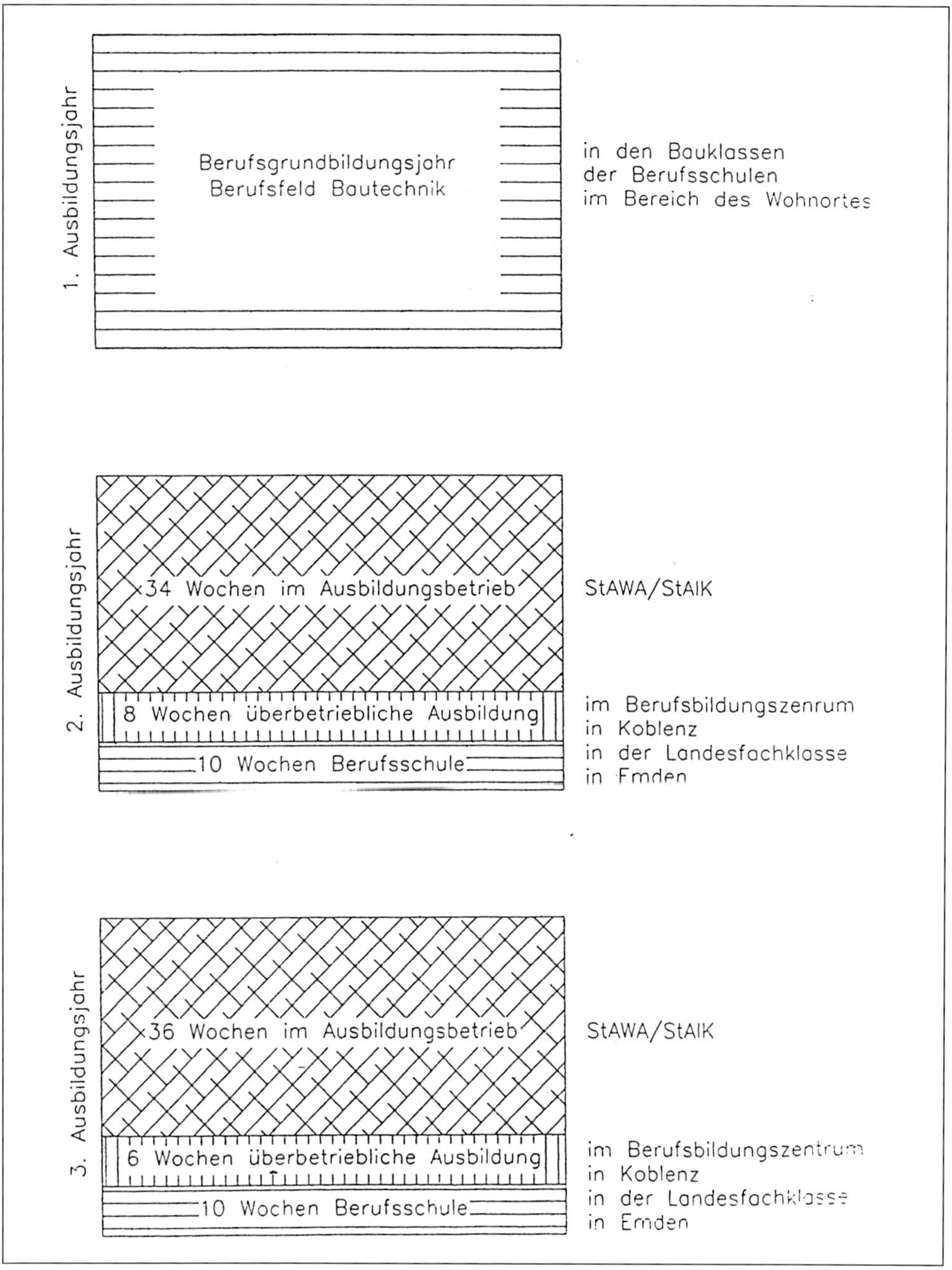

Abb. 8.4-2: Zeitlicher Ablauf der Ausbildung im Beruf „Wasserbauer“

8.5 BAUZEICHNERINNEN UND BAUZEICHNER

von Hans-Martin Soetbeer

Vermehrung der Ausbildungsstellen

Die meisten Ortsdienststellen der Wasser- und Abfallwirtschaftsverwaltung haben seit Jahrzehnten Bauzeichner/innen ausgebildet. Insgesamt sind dafür 40 Stellen (einschl. Chemielaboranten (Abschn. 8.6) in den Haushalt eingestellt. Die Ausbildung wird im folgenden am Beispiel des StAWA Lüneburg erläutert:
Von 1973 bis 1978 wurden im StAWA Lüneburg als Bauzeichner/-in in der Fachrichtung Hochbau drei Bedienstete ausgebildet. Darauf folgte ab 1979 der Wechsel zur Fachrichtung Tief- und Straßenbau und seit 1986 dann mit der Ergänzung Landschaftsbau. Zusätzlich wurde 1987 noch die elektronische Datenverarbeitung (EDV) in das Berufsbild Bauzeichner aufgenommen.

Das Amt hat seit 1977 drei und aufgrund der ständig wachsenden Nachfrage jetzt fünf Ausbildungsplätze. Bis Ende 1997 wurden insgesamt 33 Bauzeichner und Bauzeichnerinnen ausgebildet. Gegenwärtig sind vier Auszubildende beschäftigt, von denen zwei für den letzten Einstellungstermin aus einem Kreis von über 30 Bewerbern ausgewählt wurden. In der großen Nachfrage spiegelt sich die Anziehungskraft des Berufsfeldes auf Jugendliche wider. Von den 29 Ausgebildeten hat das Amt fünf selbst übernommen, von denen zwei heute noch im Hause tätig sind. Angeregt durch die Arbeit während der Ausbildung, haben sich vier Auszubildende entschlossen, anschließend ein Ingenieurstudium in Suderburg aufzunehmen und auch erfolgreich abgeschlossen. Alle übrigen haben eine Anstellung entsprechend der durchlaufenen Berufsausbildung erhalten; z. B. bei der Bezirksregierung, dem Nds. Landesamt für Ökologie, der Post, der HASTRA oder in einem Ingenieurbüro.

Inhalt und Ziel der Ausbildung

Die Mehrheit der Auszubildenden kann einen Realschulabschluß mit dem seit 1979 vorgeschriebenen Berufsgrundbildungsjahr nachweisen. Vor der Zulassung zur Prüfung werden im StAWA dann zwei Jahre praktischer Lehre mit integrierten Fachkursen und mehrwöchiger Abordnung zur Straßenbauverwaltung des Landes abgeleistet. Amtsinterne Schwerpunkte der Ausbildung sind in der Wasser- und Abfallwirtschaftsverwaltung noch verbliebene Planungs- und Bauleitungsaufgaben im Küstenschutz, Hochwasserschutz und bei den landeseigenen Gewässern. Die Aufarbeitung und Aufbereitung des gewonnenen Datenmaterials in der Gewässerkunde, bei Beweissicherungsaufgaben im Grundwasserschutz, im Gütemeßnetz und im Auftragsdienst für Bahn-, Straßenbau und andere Dritte, haben ihren festen Platz im Ausbildungsplan.

Neben der Schulung der persönlichen und manuellen Fertigkeiten gewinnt zunehmend die Arbeit mit dem Personalcomputer und anderen Hilfsmitteln der Datenverarbeitung an Bedeutung. Der Arbeitsaufwand für eine Erstfertigung wird durch den Technikeinsatz nur unwesentlich verkürzt, erst die beliebige Reproduzierbarkeit und die verschiedenen Möglichkeiten, das Ergebnis abzuwandeln, schaffen hier besondere Anreize, die nicht unbedingt mit einer Qualitätssteigerung verbunden sind.

Von den inzwischen Ausgebildeten haben einige die Hochschulreife oder die Fachhochschulreife bereits erworben. Die Zeichnerausbildung wird als Grundlage und Orientierungshilfe für das spätere Studium verstanden.

8.6 CHEMIELABORANTINNEN UND -LABORANTEN

von Günter Schwark

Auf der Grundlage der Empfehlung des Niedersächsischen Landesrechnungshofes wurde Anfang der 80er Jahre mit dem gezielten Aufbau von Wassergütelaboratorien bei den heutigen Staatlichen Ämtern für Wasser und Abfall, mit Ausnahme des StAWA Hildesheim, das sich des Labors des Niedersächsischen Landesamtes für Ökologie in Hildesheim bedient, begonnen. Die personelle und gerätetechnische Ausstattung der Labors war ausgerichtet auf die Untersuchung von Wasserproben, die im Rahmen der Meßprogramme des Gewässerüberwachungssystems Niedersachsen (GÜN) anfielen. Dabei lag der Schwerpunkt auf der Güteüberwachung oberirdischer Gewässer, die Grundwassergüteüberwachung war vom Anfang her weniger bedeutend, eine Überwachung der Niederschlagsbeschaffenheit fand anfangs noch nicht statt (Abschnitt 5.1.5).

Mit der Einrichtung der Laboratorien wurde grundsätzlich die Möglichkeit geschaffen, die bisher auf Wasserbauwerker/Wasserbauer und Bauzeichnerinnen/Bauzeichner begrenzte Ausbildung in der Wasserwirtschaftsverwaltung auf Chemielaborantinnen und -laboranten auszuweiten. Den entscheidenden Anstoß gab hierzu das Landesministerium im Mai 1985 mit der Schaffung zusätzlicher Ausbildungsplätze im dualen System für das Ausbildungsjahr 1985/86 in den Verwaltungen und Einrichtungen des Landes Niedersachsen. Im Rahmen dieser Aktion wurde der Wasserwirtschaftsverwaltung u. a. ein Ausbildungsplatz für eine Laborantin/einen Laboranten für ein Ausbildungspilotprojekt beim StAWA Meppen zur Verfügung gestellt. Im Rahmen dieses Projektes ist erstmals in der Wasserwirtschaftsverwaltung eine Chemielaborantin der Fachrichtung Chemische Industrie in der Zeit von Oktober 1985 bis Juni 1988 ausgebildet worden.

Grundlage für die Ausbildungsmaßnahme war die Verordnung über die Berufsausbildung zum Chemielaboranten - BGBl. vom 28.06.1974, Teil I, Seite 1366. Die in der Verordnung formulierten Voraussetzungen für eine Ausbildung und die Vorgaben der Industrie- und Handelskammer und der zuständigen Prüfungskommission waren als Basis für die Einrichtung des Ausbildungsplatzes in sachlicher und personeller Hinsicht zunächst einmal zu schaffen. Es war ein besonderes, räumlich von den anderen Arbeitsbereichen abgetrenntes Lehrlabor aufzubauen, das mit einem Abzug, Arbeits- und Schreibarbeitstisch ausgestattet sein mußte. Die erforderlichen Hilfsmittel (Glasgeräte, Lehrmittel usw.) und Chemikalien waren zu beschaffen. Insgesamt sind für die Einrichtung und Ausstattung des Ausbildungsplatzes rund 23 000 DM aufzuwenden gewesen. Die fachliche Qualifikation des zuständigen Ausbilders war als Diplom-Laborchemiker grundsätzlich gegeben. Es wurde jedoch zusätzlich die Ablegung einer Ausbildereignungsprüfung nach der Ausbildereignungsverordnung gefordert. Diese ist in Absprache mit der Industrie- und Handelskammer während der laufenden Ausbildung vom Ausbilder abgelegt worden. Der Ausbildungsplan wurde für die Vertiefungsrichtung „Chemische Industrie“ erstellt, die maßgeblich für die Spezialisierung in den letzten 1 1/2 Jahren der Ausbildung ist. Für die Ausbildungsinhalte, die nicht innerhalb des StAWA vermittelt werden konnten, wurden außerbetriebliche Tätigkeiten von acht Wochen eingeplant.

Obwohl für die Organisation und die Vorbereitung der Ausbildung nur wenig Zeit zur Verfügung standen, ist ein sehr gutes Prüfungsergebnis erzielt worden. Der Auszubildenden konnte die Ausbildungszeit um ein halbes Jahr verkürzt werden, zudem wurde sie als Jahrgangsbeste von der Industrie- und Handelskammer ausgezeichnet. Dieses gute Ergebnis war auf verschiedene Faktoren wie besondere Qualifikation der Auszubildenden sowie dem außergewöhnlichen Engagement des Ausbilders, des Laborleiters Dipl.-Chemiker Hans-Ulrich Funkte, zurückzuführen, dem hierfür eine besondere Anerkennung ausgesprochen worden ist.

Die erfolgreiche Ausbildung beim StAWA Meppen, zu der zwei ebenfalls erfolgreiche Ausbildungen bei dem im Vergleich zu Meppen sowohl personell als auch sachlich umfangreicher ausgestatteten StAWA Stade kommen, darf nicht darüber hinwegtäuschen, daß die festgelegten Ausbildungsinhalte für die Ausbildung von Chemielaborantinnen und -laboranten von den verhältnismäßig kleinen StÄWA-Laboratorien, die vorwiegend auf Gewässergüteuntersuchungen ausgerichtet sind, nur mit erhöhtem Sachmittel- und Personaleinsatz sowie einem überbetrieblichen Verbund vermittelt werden können. Dieses ist auch der Grund dafür, daß es bisher bei lediglich drei Auszubildenden geblieben ist.

8.7 ZIVILDIENST

von Günter Schwark

In einem Merkblatt des Bundesamtes für Zivildienst für die Beschäftigung Zivildienstleistender im Umweltschutz heißt es:

> „Eine Einrichtung kann auf ihren Antrag als Beschäftigungsstelle des Umweltschutzes anerkannt werden, wenn die Zivildienstleistenden dort Tätigkeiten ausüben, die dem Allgemeinwohl dienen, und die Beschäftigungsstelle die Gewähr dafür bietet, daß Beschäftigung, Leitung und Betreuung der Dienstleistenden dem Wesen des Zivildienstes entsprechen. Beschäftigungsstellen, deren Rechtsträger Bund, Länder, Kreise, Gemeinden oder Gemeindeverbände oder öffentlich-rechtliche Anstalten sind, erfüllen Aufgaben des Allgemeinwohls".

Als Beschäftigungsstellen des Zivildienstes sind anerkannt das Staatliche Amt für Insel- und Küstenschutz (StAIK) sowie die StÄWA Aurich, Meppen und Verden. Insgesamt verfügen diese vier Ortsdienststellen über 20 Zivildienstplätze, wobei der Hauptanteil auf das Staatliche Amt für Insel- und Küstenschutz mit 15 Plätzen entfällt. Die Aufgaben der Zivildienstleistenden umfassen u.a. Probenahmen für Gewässergüteuntersuchungen, Mithilfe bei Abflußmessungen, faunistische und floristische Erhebungen. Kartierungen bis zur Auswertung von Untersuchungsbefunden und beim StAIK insbesondere die Seevogelbrutbestandserfassung, Wasser- und Watvogelzählungen und Spülsaumkontrollen auf den Inseln sowie die Mithilfe bei der Nationalparkwacht im Nationalpark Niedersächsisches Wattenmeer.

Nachstehend berichtet der Zivildienstleistende Lars Pfohl über seine Zivildienstzeit vom Mai 1995 bis Mai 1996 beim StAWA Verden:

„ Um den Wehrdienst lehrreicher und sinnvoller zu verleben, habe ich mich für den Zivildienst entschlossen. Durch die Ausbildung zum umweltschutz-technischen Assistenten und meine berufliche Erfahrung in diesem Beruf entschied ich mich für einen berufsnahen Ersatzdienst. Anfang Mai 1995 trat ich meinen Zivildienst beim StAWA in Verden an. Nachdem ich im Amt einen Einweisungsdienst erhalten hatte und über die Geschichte, Aufgaben und Organisation des StAWA Verden unterrichtet wurde, konnte es auch schon losgehen. Mein Haupteinsatz war die Probenahme. Die Kontrolle der Qualität des Grundwassers hat mich am meisten beeindruckt. Hunderte von Grundwasserbrunnen in einem engmaschigen Netz, das sich über das ganze Dienstgebiet zieht. Durch Vor-Ort-Analysen werden erste Eindrücke gesammelt. Im Labor wird später das Wasser auf eine Reihe wichtiger, zu beurteilender Parameter untersucht. Grundwasserstände geben Auskünfte über Fließrichtungen und Bodenbeschaffenheiten. Sachbearbeiter werten nun die Ergebnisse aus. Gerade beim Grundwasser fand ich es faszinierend, wie viele Brunnen es tatsächlich gibt und wie stark unser Grundwasser kontrolliert wird. Da die verschiedenen Probenehmer sehr qualifizierte Mitarbeiter sind, konnte auf meine vielen Fragen geantwortet werden. Weiterreichende Erklärungen gaben mir auch Einblicke in die Aufgabe der Sachbearbeiter.

Weiterhin war ich bei Grundwasserprobenahmen an Deponien und anderen brisanten Stellen mit dabei. Diese Kontrolle des Grundwassers ist mir durch meinen Beruf schon bekannt. Hier sind die Kontrollperioden noch enger gesteckt, um den Schadstoffeintrag bei einem Leck in der Deponieabdichtung so gering wie möglich zu halten. Sickerwasseranalysen des Deponiekörpers geben aber auch Anhaltspunkte zum Ablauf des Verrottungsprozesses.

Ein weiterer beeindruckender Bereich, den ich kennenlernen durfte, war die Kontrolle der Oberflächengewässer. In regelmäßigen Abständen während des ganzen Jahres werden wichtige Fließgewässer untersucht. Die Probenahme der Oberflächengewässer ist vom Arbeitsablauf her ähnlich der des Grundwassers. Im Labor werden dann genaue Befunde analysiert. Andere Vermessungen liefern auch Werte vor Ort oder werden im Amt weiter ausgewertet. In diesem Bereich fand ich die Abflußmessungen sehr interessant, bei denen die Strömungsgeschwindigkeit und die Abflußmenge des Wassers bestimmt werden. Im Sommer waren ferner Meß- und Nivellierarbeiten an Bächen und Flüssen durchzuführen. Im Winter erschwerten zugefrorene Ufer und eisige Winde die Arbeit. Die gesammelten Werte der Oberflächengewässer werden ausgewertet und durch die genaue chemische, physikalische und biologische Beurteilung wird das Wasser dann in Güteklassen eingeteilt. In bestimmten Abständen erscheinen Gewässergütekarten und andere Gewässerberichte. All die gesammelten Werte werden eventuell für bauliche Maßnahmen genutzt, wie zum Beispiel Deiche oder Wehre. Besondere Beachtung finden die versauerungsgefährdeten Waldgebiete und die militärisch genutzten Übungsplätze, in denen das kostbare Grundwasser schon deutlich geschwächt ist.

Diese drei Hauptbereiche, die ich kennenlernen durfte, sind der Haupteinsatz eines Zivildienstleistenden. Hinzu kommen noch weitere wichtige Aufgaben, wie Nivellierungs- und Vermessungsarbeiten z. B. in den Moorgebieten und an den Deichen. Auch die bei diesen Arbeiten ermittelten Werte sind für die Beurteilung des Wassers sehr wichtig.

Da ich beruflich in einem Umweltlabor arbeite, konnte ich an Tagen, an denen kein Außendienst anstand, im Labor aushelfen. Da bei so vielen Meßeinrichtungen, Pegeln, Brunnen usw. auch einige Wartungs- und Reinigungsarbeiten sowie vereinzelt auch Reparaturen nötig sind, gibt es auch auf diesem Gebiet etwas zu tun. Alles in allem hat mir der Dienst beim StAWA Verden sehr viel Spaß gemacht und mein Wissen erweitert. Gerne denke ich an diese Zeit zurück.“

SCHRIFTTUM ZU ABSCHNITT 8

Zu Abschnitt 8.1

Ausbildungs- und Prüfungsordnung für die Laufbahn des höheren technischen Verwaltungsdienstes - APO. Empfehlung des Kuratoriums des Oberprüfungsamtes für die höheren technischen Verwaltungsbeamten, Frankfurt/Main 1986.

Leitfaden für die Ausbildung der Baureferendare des Bundes und der Länder. Hrsg. v. den für das Fachgebiet Wasserwesen zuständigen Verwaltungen des Bundes und der Länder, Hannover 1992.

MITTMANN, H.: 200 Jahre Staatsprüfung für den höheren technischen Verwaltungsdienst, dargestellt an der Entwicklung in Preußen. Festschrift zur Feier des 25-jährigen Bestehens des Oberprüfungsamtes, Kuratorium und Oberprüfungsamt für die höheren technischen Verwaltungsbeamten, Frankfurt/Main 1971.

MITTMANN, H.: Das Oberprüfungsamt für den höheren bautechnischen Verwaltungsbeamten - Vorgeschichte, Entstehung, Entwicklung und Ausblick. Glasers Annalen-ZEV Jahrgang 95 Nr. 1 S. 4, 1971.

Zu Abschnitt 8.2

LEHRKE, W.: 80 Jahre Wasserwirtschaftsverwaltung in Niedersachsen. Hrsg. v. Nds. Ministerium für Ernährung, Landwirtschaft und Forsten, Hannover, 1952.

Ministerialblatt der königlich-preußischen Verwaltung für Landwirtschaft und Forsten: 1898 - 1905 und 1906.

NN: Chronik der Stadt Schleusingen: Zeittafel.

PEPER, G. : Von der Wiesenbauschule zur Fachschule (Eigenverlag Suderburg 1971).

PETERMANN, H.: Die staatliche Ingenieurschule für Bauwesen in Siegen.

Wasser- und Bodenverband Teufelsmoor: Im Geiste Finndorfs. Jubiläumsschrift, Worpswede, 1967.

9 Die Behörden der niedersächsischen Wasser- und Abfallwirtschaftsverwaltung - Entwicklung, Aufgaben, Leiter -

9.1 ORTSBEHÖRDEN

9.1.1 ÄNDERUNG VON ORGANISATION UND BENENNUNG, AUFGABEN

Die Ortsbehörden haben sich entsprechend ihrer territorialen Zugehörigkeit von ihrer Entstehung bis zum Jahr 1945 unterschiedlich entwickelt. In Abschnitt 2 ist die Gründung der Meliorationsbauinspektion für die preußische Provinz Hannover 1871 sowie dessen Dezentralisierung ab 1894 durch die Errichtung zahlreicher Meliorationsbauämter beschrieben worden. Mit dem im Jahr 1924 gegründeten Kulturbauamt Verden erhöhte sich die Gesamtzahl der Ämter auf neun (Hannover, Lüneburg, Osnabrück, Stade, Aurich, Hildesheim, Celle, Meppen und Verden).

Im Laufe der Jahrzehnte wurde die Dienststellenbezeichnung dieser Ämter der jeweiligen Wandlung des Aufgabenfeldes angepaßt:
ab 1894 Meliorationsbauamt
ab 1920 Kulturbauamt
ab 1933 Der Kulturbaubeamte
ab 1939 Wasserwirtschaftsamt (WWA)
ab 1989 Staatliches Amt für Wasser und Abfall (StAWA).
Zu den 9 Ämtern aus der preußischen Provinz Hannover kamen 1945 vier Ämter aus den ehemals selbständigen Ländern Braunschweig und Oldenburg (Braunschweig, Brake, Cloppenburg und Varel/Wilhelmshaven) hinzu. Ihre Anfänge sind in den Abschnitten 3.3 und 3.4 beschrieben.
Zum Zeitpunkt der Gründung des Landes Niedersachsen haben damit insgesamt 13 Wasserwirtschaftsämter bestanden.
Für die Bewältigung der umfangreichen Aufgaben des Hochwasserschutzes und der Melioration in den Einzugsgebieten der Leine und der Hunte wurden die ursprünglich für diese Aufgaben bestehenden Außenstellen Göttingen und Herzberg des WWA Hildesheim bzw. die zum WWA Hannover gehörende Außenstelle Syke und die Neubauabteilung für die Hunteregulierung in Diepholz aufgelöst und die Wasserwirtschaftsämter Göttingen (1961) und Sulingen (1963) als 14. und 15. Wasserwirtschaftsamt gegründet.

Im Rahmen der Verwaltungsreform (Ämterreform) des Jahres 1983 ist durch die Zusammenlegung der Ämter Hannover mit Hildesheim, Celle mit Verden, Osnabrück mit Cloppenburg und Wilhelmshaven mit Brake die Zahl der Ämter um vier auf elf verringert worden. Aus Karte 5.1-8 sind neben den wasserwirtschaftlichen Planungsräumen auch die Dienstbezirke der Wasserwirtschaftsämter nach dem Stand von 1987 zu ersehen.

Alle Ämter haben zunächst als Schwerpunktaufgabe Melioration betrieben und nach 1945 zunehmend andere wasserwirtschaftliche Aufgaben und dann auch abfallwirtschaftliche Fragestellungen gelöst. So haben sie als Grundlage für die wasserwirtschaftlichen Aufgaben die Gewässerkunde ausgebaut und später die Rahmenplanung für ihren Bereich betrieben. Auch die wasserbaulichen Arbeiten des Küsten- und Hochwasserschutzes haben die einzelnen Ämter - wenn auch unterschiedlich intensiv - gefordert. Die Wasserversorgung, der Grundwasserschutz, die Abwasserableitung und -reinigung im Interesse des Gewässerschutzes gehörten ebenso zu ihren Aufgaben wie die Unterhaltung landeseigener Anlagen, der Wirtschaftswegebau, in Teilbereichen auch die Feldberegnung und später die Abfallbeseitigung und Abfallwirtschaft. Im einzelnen wird auf die Aufgabenbeschreibungen in Abschnitt 5, die besonderen Einzelmaßnahmen in Abschnitt 10 und die nachfolgenden Kurzbeschreibungen der Ämter unter den Abschnitten 9.1.2 bis 9.1.16 verwiesen.

Zu den Ortsbehörden der Wasserwirtschaft zählt auch das Staatliche Amt für Insel- und Küstenschutz (StAIK), dessen Aufgaben sich allerdings erheblich von denen der StÄWA unterscheiden. Es hat ähnlich den Oldenburger Küstenämtern von Anfang an Aufgaben im Deich- und Sielwesen sowie im Küsten- und Inselschutz wahrgenommen. Die Entstehung des StAIK geht auf die 1814 in Norden gegründete Königlich-Preußische Bauinspektion zurück. Bezüglich der Entwicklung dieser Dienststelle und deren Aufgaben und verantwortlichen Leiter wird auf den Abschnitt 9.1.17 verwiesen.

9.1.2 AMT HANNOVER VON 1871 BIS 1983

1.4.1871	„Königliche Meliorationsbauinspektion Hannover" - als 9. Stelle in Preußen gegründet. Dienstbezirk: gesamte Provinz Hannover.
1.4.1894	Umbenennung in „Meliorationsbauamt I Hannover". Dienstbezirk: Regierungsbezirke Hildesheim und Hannover unter Ausschluß der Kreise Diepholz, Sulingen, Syke sowie der westlich der Weser gelegenenTeile der Kreise Stolzenau, Nienburg und Hoya. gleichzeitig Bildung des „Meliorationsbauamtes II Hannover", das am 1.10.1897 nach Lüneburg verlegt wurde.
1.4.1912	Ausgliederung des Regierungsbezirkes Hildesheim aus dem Meliorationsbauamt I Hannover durch Einrichtung des 6. Meliorationsbauamtes in Hildesheim.
1.4.1932	Eingliederung des Landkreises Grafschaft Schaumburg in den Dienstbezirk.
1.4.1933	Umbenennung in „Der Kulturbaubeamte Hannover".
1.6.1939	Umbenennung in „Wasserwirtschaftsamt Hannover".
1974	Dienstbezirk nach der Landkreisreform 1974: Landkreise Hameln-Pyrmont, Schaumburg, Hannover, Nienburg - östlich der Weser (bis Ende 1980, dann Umgliederung ans Amt Sulingen).
1.1.1984	Eingliederung des Wasserwirtschaftsamtes Hannover als Außenstelle in das Wasserwirtschaftsamt Hildesheim (RdErl.d.ML v. 6.12.1983).
1.1.1988	Auflösung der Außenstelle und völlige Eingliederung in das Wasser-wirtschaftsamt Hildesheim.

Folgende Außenstellen, Bauabteilungen u. dergl. haben bestanden:

von:	bis:	Bezeichnung:
1.4.1932	1967	Außenstelle in Rinteln/Weser
1935		Bauabteilung in Rehburg-Stadt
?	1936	Außenstelle „Der Kulturbaubeamte Hannover - Außenstelle Vilsen"

1936	31.8.1963	Umbenennung vorgenannter Außenstelle in „Außenstelle Syke“ (Auflösung mit der Gründung des WWA Sulingen am 1.9.1963)
16.5.1938	30.4.1969	Neubauabteilung für die Hunteregulierung in Diepholz. Ausgliederung aus der Zuständigkeit des WWA Hannover mit der Gründung des WWA Sulingen am 1.9.1963.
1943	1967	Außenstelle in Springe
1947	1967	Außenstelle zunächst in Bückeburg, 1951 Verlegung nach Stadthagen
1952	1964	Außenstelle in Hameln
20.6.1953	29.2.1972	Bauabteilung Weserniederung in Achim. Bis Nov. 1964 der Bezirksregierung Hannover unterstellt.
20.10.1958	30.6.1967	Bauabteilung Große Aue in Sulingen. Dem WWA Hannover unterstellt bis zur Gründung des WWA Sulingen am 1.9.1963.

Amtsleiter:

1.4.1871 - 30.9.1891	Königl. Meliorationsbauinspektor (später Baurat) Heß
1.10.1891 - 31.3.1906	Meliorationsbauinspektor (später Regierungs- und Geheimer Baurat) Ludwig Recken
1.4.1906 - 31.3.1912	Meliorationsbauinspektor Alfred Busch
1.4.1912 - Herbst 1915	Königl. Baurat Gerhard Giraud
1.2.1916 - 31.3.1921	Königl. baurat Arthur Schrader
1.4.1921 - 31.3.1931	Regierungs- und Baurat Franz Johann
1.4.1931 - 31.1.1934	Regierungs- und Baurat Alexander Krause
1.2.1934 - 28.2.1959	Oberregierungsbaurat Martin Jenner
1.5.1959 - 30.4.1962	Oberregierungsbaurat Helmut Teget
1.5.1962 - 30.9.1970	Baudirektor Otto Schneider
1.10.1970 - 30.4.1974	Baudirektor Jürgen Hulsch
1.5.1974 - 22.3.1984	Baudirektor Günter Feist

Zu den Aufgaben

Die 1871 gegründete Meliorationsbauinspektion Hannover war ursprünglich für die ganze Provinz Hannover zuständig. Die Aufgaben der Melioration nahmen dabei ständig zu. Ab 1894 wurde nach Umwandlung in das Meliorationsbauamt Hannover I der Zuständigkeitsbereich durch die Schaffung weiterer Meliorationsbauämter mehr und mehr verkleinert. In Abschnitt 10.1 findet sich eine Beschreibung bedeutender Meliorationsaufgaben der Anfangsjahrzehnte.

9.1.3 AMT LÜNEBURG (HANNOVER II) VON 1894

27.4.1894	Bekanntmachung des Oberpräsidenten der Provinz Hannover über die Errichtung des Meliorations-Bauamtes II in Hannover für die Regierungsbezirke Lüneburg und Stade.
1.5.1894	Aufnahme des Dienstbetriebes in Hannover.
1.10.1897	Verlegung des Meliorations-Bauamtes II von Hannover nach Lüneburg. Umfang des Dienstbezirkes: 16 265 qkm.
1901	Abtrennung des Regierungsbezirks Stade vom Dienstbezirk an das Amt Stade. Umfang des Dienstbezirkes: 9 522 qkm.

1.4.1904	Abtrennung der Landkreise Celle, Gifhorn, Isernhagen, Fallingbostel und Burgdorf an das Amt Celle.
1.9.1920	Umbenennung in „Kulturbauamt Lüneburg“.
1922	Abtrennung des Landkreises Soltau an das Amt Celle. Übertragung der Deichaufsicht an der Elbe. Übernahme der Deichvögte von der Wasserbauverwaltung.
11.12.1925	Einrichtung der Außenstelle Harburg in Harburg zur Wahrnehmung wasserwirtschaftlicher Interessen im Landkreis Harburg.
1.4.1937	Abtrennung von Gebietsteilen des Landkreises Harburg nach Hamburg aufgrund des Groß-Hamburg-Gesetzes vom 26.1.1937.
1.6.1939	Umbenennung in „Wasserwirtschaftsamt Lüneburg“.
8.5.1945	Abtrennung des ehem. Amtes Neuhaus (Landkreis Lüneburg) an das Amt Schwerin infolge Grenzziehung. Die Deichvogteien Neuhaus und Brandstade werden aufgelöst. Die Außenstelle Harburg wird nach Winsen/Luhe verlegt.
10.10.1949	Einrichtung der Vorarbeitenstelle Dannenberg (Vorläufer der Bauabteilung) zur Planung wasserwirtschaftlicher Maßnahmen im Jeetzel-Gebiet.
1.6.1952	Einrichtung der Bauabteilung Dannenberg zur Planung und Ausführung wasserwirtschaftlicher Maßnahmen im Jeetzel-Gebiet.
1.8.1955	Einrichtung der Bauabteilung Elbmarsch in Barum (bis 1956 Bauabteilung Ilmenauniederung) zur Wahrnehmung wasserwirtschaftlicher Interessen durch den Bau der Elbe-Staustufe Geesthacht.
1.6.1956	Verlegung der Bauabteilung Elbmarsch nach Hohnstorf, Gasthaus Meyer.
3.5.1960	Verlegung der Bauabteilung Elbmarsch nach Lüneburg, Rote Straße 9.
1965	Verlegung der Deichvogtei von Bleckede nach Hohnstorf.
1.8.1966	Auflösung der Außenstelle Winsen/Luhe.
1967	Eingliederung der Bauabteilung Elbmarsch in das Haupt-Dienstgebäude Auf dem Michaeliskloster 8.
1.7.1972	Abtrennung von Gebietsteilen (Hove, Rübke, Moorende) an das Amt Stade im Zuge der Gebietsreform.
1972	Auflösung der Deichvogtei Schnackenburg.

Abb. 9.1-1: Dienstgebäude des StAWA Lüneburg (In Abschnitt 9: Foto der jeweiligen Dienststelle, soweit nicht anders vermerkt)

1987	Auflösung der Deichvogtei Damnatz.
1.9.1989	Umbenennung in „Staatliches Amt für Wasser und Abfall Lüneburg“
1.7.1993	Rückgliederung des ehem. Amtes Neuhaus nach Niedersachsen, Eingliederung in den Dienstbezirk. Umfang des Dienstbezirkes heute: 5 400 qkm.

Dienstgebäude des StAWA Lüneburg s. Abb. 9.1-1

Amtsleiter:

1894 - 1906	Königl. Meliorationsbauinspektor Emil Krüger
1906 - 1912	Königl. Meliorationsbauinspektor (später Königl. Baurat) Heinrich Drees
1912 -1914	Königl. Regierungsbaumeister Johann Rothe
1914 - 1928	Königl. Regierungsbaumeister (später Regierungs- und Baurat) August Demont
1928 - 1938	Regierungsbaurat Fritz Schultze
1938 - 1941	Regierungsbaurat Fritz Starkowski
1941 - 1953	Regierungsbaurat Werner Zwinkau
1953 - 1965	Bauoberrat Oswald Klee
1965 - 1971	Baudirektor Dr.-Ing. Kurt Bellin
1971 - 1993	Ltd. Baudirektor Karl-Horst Thienel
1993 - 1997	Baudirektor Dieter Höllger

Aufgaben in den Anfangsjahrzehnten

Die Verlegung des Meliorationsbauamtes II nach Lüneburg 1897 förderte das Meliorationswesen im Dienstbezirk stark. Rund 80 Meliorationsverbände waren bereits vorhanden, hinzu kamen rund 240 Siel- und Deichverbände. Das Amt hatte die Genossenschaften zu betreuen und zu beaufsichtigen, die Meliorationsentwürfe zu bearbeiten sowie die Beantragung von Staatsbeihilfen zu prüfen. In Zusammenarbeit mit den großen Entwässerungsgenossenschaften wurden die Vorfluter ausgebaut, um so die Binnenentwässerung zu verbessern. Aufwendige Arbeiten wurden u. a. durch die Entwässerungsgenossenschaft der Ilmenau-Niederung seit 1886, die Bodenverbesserungsgenossenschaft Lüchow-Salzwedel-Osterburg seit 1915 (jetzt Wasser- und Bodenverband der Lüchower Landgrabenniederung) durchgeführt. Außerdem waren das Jeetzel-Projekt mit kombinierten Hochwasserschutz- und Binnenentwässerungsmaßnahmen (seit 1949) und der Bau der Staustufe Geesthacht (seit 1955) bemerkenswert. Seit dem niederschlagsarmen Sommer 1959 hat die Bedeutung der landwirtschaftlichen Feldberegnung stark zugenommen.

1922 übernahm das Amt Lüneburg die Aufgaben der aufgelösten Wasserbauämter Harburg, Lüneburg und Hitzacker in deich- und sielamtlicher sowie in ingenieurbautechnischer Hinsicht; rd. 290 km Elbe- und Rückstaudeiche sowie rd. 50 km Wasserläufe I. Ordnung mußten beaufsichtigt werden.

9.1.4 AMT OSNABRÜCK VON 1896 BIS 1983

1.12.1896	Einrichtung des „Meliorationsbauamtes Osnabrück“ als dritte Dienststelle in der Provinz Hannover für die Regierungsbezirke Osnabrück und Aurich sowie für die westlich der Weser gelegenen Teile der Regierungsbezirke Hannover und Stade mit Ausnahme des Kreises Hameln.
1.4.1901	Abtrennung des Regierungsbezirkes Aurich zum Anschluß an das Meliorationsbauamt Stade.

24.9.1902	Abtrennung der westlich der Weser gelegenen Teile des Regierungsbezirkes Hannover.
1.9.1920	Umbenennung in „Kulturbauamt".
1.4.1921	Abtrennung der Landkreise Aschendorf-Hümmling und Meppen.
1.4.1933	Umbenennung in „Der Kulturbaubeamte Osnabrück".
1.6.1936	Umbenennung in „Wasserwirtschaftsamt Osnabrück".
22.4.1948	Ausgliederung des Landkreises Grafschaft Bentheim zum WWA Meppen.
1.7.1980	Ausgliederung des ehemaligen Landkreises Lingen zum WWA Meppen.
1.1.1984	Eingliederung des Wasserwirtschaftsamtes Osnabrück als Außenstelle an das Wasserwirtschaftsamt Cloppenburg aufgrund des Beschlusses des Nds. Landesministeriums vom 18.10.1983.

Amtsleiter:

1.12.1896 - 31.3.1903	Meliorationsbauinspektor Quirll
1.4.1903 - 30.6.1911	Regierungsbaumeister (später Geheimer Oberbaurat) Mothes
1.7.1911 - 31.3.1914	Königlicher Baurat Meyer
1.4.1914 - 31.3.1921	Regierungsbaumeister Stadermann
1.4.1921 - 28.2.1929	Regierungsbaurat Greis
1.3.1929 - 30.6.1929	Regierungsbaurat Müller
1.7.1929 - 14.5.1936	Regierungsbaurat Lehde
15.5.1936 - 31.12.1937	Regierungsbaurat Murray
1.4.1938 - 31.5.1948	Regierungsbaurat Nußbaum
1.6.1941 - 30.6.1947	Regierungsbaurat Engelke
1.7.1947 - 31.12.1966	Oberbaurat Cludius
1.5.1967 - 31.12.1983	Baudirektor Giese

Aufgaben in den Anfangsjahrzehnten und Besonderheiten

Der 1871 für die Provinz Hannover gegründeten Meliorationsbauinspektion in Hannover gehörte die Landdrostei Osnabrück nicht an. Sie gehörte zum Bereich der Bauinspektion Münster für die Provinz Westfalen. Erst mit der Gründung des Meliorationsbauamtes Osnabrück am 1.12.1896 wurde die Verbindung zu Münster gelöst.

Wichtige Baumaßnahmen waren der Anlaß für die Gründung des Osnabrücker Amtes. Die preußische Wasserbauverwaltung plante eine Kanalverbindung zwischen Ems und Weser mit späterer Weiterführung zur Elbe, den späteren Mittellandkanal. Im Gegensatz zu dem 1890 bis 1893 gebauten Dortmund-Ems-Kanal konnten beim Mittellandkanal die Belange der Schiffahrt mit denen der Landwirtschaft durch die Zusammenarbeit von Wasserbauämtern und Meliorationsbauämtern abgestimmt werden. Der Kanal wurde 1915 eröffnet.

Nach langer Vorbereitungszeit wurden auch die Projekte zur Melioration der Hase-Niederung 1903 durch einen Staatsvertrag zwischen Preußen und Oldenburg ermöglicht. Der Vertrag bildete die Grundlage für die „Artländer-Melioration".

Eine wasserbauliche Besonderheit bietet die Hase oberhalb von Gesmold: eine Bifurkation. Oberhalb von Gesmold gibt die Hase an der Bifurkation ein Drittel ihrer Abflußmenge an die Else und damit an das Einzugsgebiet der Weser ab, während zwei Drittel im Einzugsgebiet der Ems verbleiben. Diese Art der Flußgabelung ist in Europa einmalig. Der Uhlenbach, der oberhalb Wellingholzhausens entspringt, fließt parallel der Hase und nähert sich ihr in der Höhe der Bifurkation auf geringe Entfernung, ohne daß eine sichtbare Wasserscheide zwischen beiden Wasserläufen zu erkennen ist. Bei größerer Wasserführung fließen beide ineinander über. Es besteht kein Zweifel darüber, daß die Verbindung beider Wasserläufe, wie sie heute durch die sogenannte „Twelbecke“ gebildet wird, künstlich geschaffen wurde. Der Uhlenbach geht bald in die Else über, an der unterhalb die Mühle von Schloß Gesmold betrieben wurde. Bei Wasserknappheit hatte der Müller Interesse, Hasewasser heranzuleiten. Seit 1550/70 sind Übergriffe auf das Hasewasser nachweisbar. Nach Streitereien, die auch handgreiflich ausgetragen wurden, einigten sich die Parteien 1798 darauf, daß ein Drittel des Hasewassers durch die Gabelung (Dreiecksöffnung im Damm und Pflasterung der Gabelung) der Else zugeführt wurde. Dieser Zustand dauert heute nach der Hase-Else-Regulierung noch an, wobei die Bedeutung des Wassers für gewerbliche Betriebe verschwunden ist.

9.1.5 AMT STADE VON 1901

1.4.1901	Gründung als IV. Meliorationsbauamt der Provinz Hannover. Dienstbezirk: Regierungsbezirke Stade und Aurich.
1906	Verkleinerung des Dienstbezirkes um den Regierungsbezirk Aurich infolge Gründung des dortigen Meliorationsbauamtes Aurich.
1920	Umbenennung in „Staatliches Kulturbauamt“.
1923	Umbenennung in „Preußisches Kultur- und Wasserbauamt“ mit Übernahme der Aufgaben der Wasserbauämter Neuhaus an der Oste, Buxtehude, Burgdamm.
1.7.1924	Verkleinerung des Dienstbezirks um die Landkreise Verden, Rotenburg und Osterholz (Gründung des „Kultur- und Wasserbauamtes Verden“).
1933	Umbenennung in „Der Kulturbaubeamte Stade“.
1939	Umbenennung in „Wasserwirtschaftsamt Stade“.
1972	Erweiterung des Dienstbezirks um die Gemeinde Landwürden vom WWA Brake und von Gebietsteilen (Hove, Rübke, Moorende) vom WWA Lüneburg im Zusammenhang mit der Kreisreform.
1989	Umbenennung in „Staatliches Amt für Wasser und Abfall Stade“.

Abb. 9.1-2: Dienstgebäude des StAWA Stade

Folgende Außenstellen, Bauabteilungen und dergl. haben bestanden:

von	bis	Bezeichnung:
1948	1973	Außenstelle Otterndorf
1949	1953	Baubüro Bremervörde
1951	1970	Vorarbeitenstelle Bederkesa (später Bauabteilung Bederkesa)
1952	1965	Bauabteilung Dorum
1954	1973	Außenstelle Zeven
1954	1961	Außenstelle Neuhaus
1955	1969	Bauleitung Stotel
1962	1992	Bauabteilung Land Wursten (später Dienstgebäude Weddewarden)

Dienstgebäude des StAWA Stade s. Abb. 9.1-2

Amtsleiter:

1901 - 1911	Meliorationsbauinspektor Sarauw
1911 - 1914	Regierungsbaumeister Schmidt
1.12.1914 - 1918	Regierungsbaumeister Schmude (kommissarisch)
1919 - 1924	Regierungsbaurat Klaus
1925 - 1932	Regierungsbaurat Rehders
1933 - 1939	Regierungsbaurat Maempel
1939 - 1941	Regierungsbaurat Meyer (kommissarisch)
1.4.41 - 1951	Regierungs- und Baurat Wilhelm Klinge vom 31.1.1942 bis 17.10.1946: Vertretung u.a. durch RBR Lehde
1.12.1951 - 4.9.1957	Regierungsoberbaurat Walter Lehrke
8.2.1958 - 29.4.1968	Baudirektor Ernst Müller
1968 - 31.12.1970	Baudirektor Wolfgang Heinsohn
1.1.1971 - 31.5.1995	Ltd. Baudirektor Gerhard Großkopf
15.8.1995 - 31.12.1997	Baudirektor Heinrich Pudimat

Aufgaben in den Anfangsjahrzehnten

Hauptaufgabe des Amtes waren zu Beginn die Meliorationen auf Geest und Moor, wobei die Entwässerung des mehr als 10 000 ha großen fiskalischen Wiesmoors im Regierungsbezirk Aurich anfangs im Vordergrund stand; diese Aufgabe ging aber 1906 an das neu gegründete Amt Aurich über. Seit Mitte der 30er Jahre wurde die Dränung von Acker- und Wiesenflächen auf der Geest verstärkt in Angriff genommen, wofür Arbeitsbeschaffungsprogramme und Gewährung großer Geldsummen die Voraussetzungen schufen. Etwa 8 000 ha wurden in 8 Wasser- und Bodenverbänden gedränt (vor allem mit Hilfe des Arbeitsdienstes). Bis zum Ersten Weltkrieg war ferner die Verbesserung der Vorflut an der unteren Geeste und Wümme, in der Drepte- und Luneniederung und im Hadelner Sietland das besondere Tätigkeitsfeld des Amtes.

Mit der Übernahme der Aufgaben der drei Wasserbauämter 1923 war die Betreuung der Wasserläufe I. Ordnung verbunden. Die größte Bedeutung hat der Elbe-Weser-Schiffahrtsweg (Hadelner Kanal, Aue, Bederkesa-Geeste-Kanal u. Geeste), der nicht nur Vorfluter für die Geestniederungen ist, sondern auch Bedeutung für die Schiffahrt hat, und zwar für Frachtschiffe bis 240 t Ladefähigkeit.

Außerdem kamen 1923 die Aufgaben des Deich- und Sielwesens in der Form hinzu, daß die Landräte und das Amt Stade (als Nachfolger der Wasserbauämter) alle aufsichtsbehördlichen Verfügungen gemeinsam als Deich- und Sielamt zeichneten.

9.1.6 AMT AURICH VON 1906

1.4.1906 Durch Verfügung des Regierungspräsidenten Karl Prinz von Ratibor (vom 31.3.1906) wird in Aurich ein neues Meliorationsbauamt errichtet. Es ist damit das fünfte seiner Art in der Provinz Hannover. Dienstbezirk ist der Regierungsbezirk Aurich mit den Kreisen Aurich, Norden, Wittmund, Weener und Emden. Hauptaufgabengebiet: Meliorationen.

1.9.1920 Umwandlung des Meliorationsbauamtes in Kultur-Bauamt Aurich. Zur Steigerung der landwirtschaftlichen Produktion werden sog. Landeskulturfonds eingesetzt. Die Melioration und die Erschließung der Moore wurden ausgeweitet.

1.5.1924 Zusammenlegung des Wasserbauamtes Aurich mit dem Kultur-Bauamt Aurich zum „Kultur- und Wasserbauamt Aurich". Neu hinzugekommener Bezirk: Deich- und Sielamt Wittmund. Die Entwässerungsarbeiten sind auch weiterhin das Hauptaufgabengebiet des Amtes.

1.4.1933 Umbenennung des Amtes in „Der Kulturbaubeamte Aurich".

1.6.1939 Umbenennung des Amtes in „Wasserwirtschaftsamt Aurich".
Die Dienststelle der „Leda-Jümme-Bauabteilung" wird Außenstelle des Wasserwirtschaftsamtes Aurich.
Die neue Bezeichnung „Wasserwirtschaftsamt" brachte zum Ausdruck, daß sich das Aufgabengebiet gewandelt hatte und das Amt sich mit der Bewirtschaftung des Wassers in all seinen Formen zu befassen hatte.

Abb. 9.1-3: Dienstgebäude des StAWA Aurich (oben) und sein Dienstgebäude in Leer am Hafen (unten)

14.9.1971	Die Außenstelle Leer wird in das Wasserwirtschaftsamt Aurich eingegliedert und aus der Außenstelle wird das „Dienstgebäude Leer".
1.9.1989	Umbenennung in „Staatliches Amt für Wasser und Abfall Aurich". Belange des Umweltschutzes stehen im Vordergrund der Aufgaben des Amtes.

Dienstgebäude des StAWA Aurich s. Abb. 9.1-3

Amtsleiter:

1.4.1906 - 30.9.1907	Meliorationsbauinspektor Wehl
1.10.1907 - 30.4.1921	Meliorationsbauinspektor Diemer
1.5.1921 - 9.6.1925	Regierungs- und Baurat (später Oberregierungs- und -baurat) Giencke
10.6.1925 - 30.9.1925	Regierungsbaumeister Wolfram (kommissarisch)
1.10.1925 - 31.10.1933	Regierungsbaurat Schmidt
15.11.1933 - 30.9.1939	Regierungsbaurat Gohlke
1.10.1939 - 30.4.1949	Regierungsbaurat Krause
1.5.1949 - 31.3.1967	Baudirektor Wolter
1.4.1967 - 30.11.1984	Ltd. Baudirektor Kramer
1.2.1985 - 23.10.1991	Ltd. Baudirektor von Seggern
1.6.1992 - 31.12.1997	Baudirektor Thies

Leiter Außenstelle Leer (heute Dienstgebäude Leer):

1.11.1939 - 11.10.1946	Regierungsbauinspektor Sodalbers
1.7.1943 - 1.12.1943	Kulturbaumeister Weber (Vertreter)
12.10.1946 - 30.11.1951	Regierungs- und Baurat Teget
1.12.1951 - 22.1.1955	Regierungsbaurat Blumenberg
1.6.1956 - 31.3.1959	Regierungsbaurat Masur
1.4.1959 - 30.9.1962	Regierungsbaurat Zunker
1.11.1962 - 15.9.1971	Oberbaurat Lehde

Aufgaben in den Anfangsjahrzehnten

Das Meliorationsbauamt Aurich wurde vornehmlich gegründet, um die Melioration - sowohl auf staatlichen wie auf privaten Flächen - zu fördern. Es hatte die Pflicht, alle Entwürfe zu Bodenverbesserungen von Privatpersonen, Körperschaften und anderen Dienststellen zu prüfen und, wenn nötig, zu überarbeiten. Entwässerungen und Verfehnungspläne standen deshalb von Beginn im Vordergrund der Arbeiten. Die Moorkolonisation nahm in den ersten Jahrzehnten des Amtes einen bedeutenden Aufschwung (Siedlung Marcardsmoor). Die staatlich gelenkte Kolonisation der Moore - mit intensiver Düngung und strenger Fruchtfolge auf den nicht abgetorften Mooren - ließ die Nachfrage nach Kolonatstellen stark ansteigen. Andererseits führte die Entsorgung von Abwasser und Dünger (Aborttonnen aus Wilhelmshaven), die über den Ems-Jade-Kanal transportiert und auf die Felder gebracht wurden, schon zu Bedenken; durch Förderung des Gebrauchs von künstlichem Dünger versuchte man der unzweckmäßigen Verwendung von Abortdünger entgegenzuwirken. Mit der Moorkolonisation war die Anlage von teilweise aufwendigen Kanälen (z.B. Nordgeorgsfehnkanal, Abelitzkanal) verbunden.

In den 30er Jahren stand darüber hinaus die Verstärkung und Erhöhung der Deiche an Leda und Jümme im Vordergrund. An der Einmündung des Nordgeorgsfehnkanals in die Jümme entstand ein Sperrwerk, das nach der Bedeichung von Leda und Jümme im Kanal hohe Sturmflutwasserstände verhindern sollte.

9.1.7 AMT HILDESHEIM VON 1912

1.4.1912	Errichtung des 6. Meliorationsbauamtes der Provinz Hannover in Hildesheim. (Anordnung des Ministers für Landwirtschaft, Domänen und Forsten; Bekanntmachung Nr. 209 des Regierungspräsidenten vom 23. März 1912). Dienstbezirk: Regierungsbezirk Hildesheim.
1.9.1920	Umbenennung in „Kulturbauamt Hildesheim".
1.4.1933	Umbenennung in „Der Kulturbaubeamte Hildesheim".
1.6.1939	Umbenennung in „Wasserwirtschaftsamt Hildesheim".
1941	Einrichtung der Außenstellen in Göttingen und Herzberg.
1948	Einrichtung der Vorarbeitenstelle Leineregelung.
1952	Einrichtung der Außenstelle Holzminden.
1.10.1961	Auflösung der Außenstellen Göttingen und Herzberg; Gründung des Wasserwirtschaftsamtes Göttingen. Dienstbezirk neu: Landkreise Alfeld, Einbeck (bis 1.3.1974), Hildesheim-Marienburg, Holzminden und Peine (bis 1.3.1974).
1.7.1965	Umwandlung der Dienststelle „Wasserwirtschaftsamt Hildesheim, Vorarbeitenstelle Leineregelung" in „Neubauamt Leineregelung" und unmittelbare Unterstellung dem Regierungspräsidenten Hildesheim.
1.9.1981	Eingliederung des Neubauamtes Leineregulierung - als Bauabteilung - in das Wasserwirtschaftsamt Hildesheim.
1.1.1984	Eingliederung des Wasserwirtschaftsamtes Hannover als Außenstelle des Amtes.
1.10.1987	Ausgliederung der Bauabteilung aus dem Wasserwirtschaftsamt Hildesheim und Eingliederung in das Wasserwirtschaftsamt Göttingen.
1.8.1988	Auflösung der Außenstelle Hannover und volle Einbindung ins Amt. Dienstbezirk neu: Landkreis Hannover, Hameln-Pyrmont, Schaumburg, Hildesheim, Holzminden sowie die großen selbständigen Städte Hannover und Hildesheim.
1.9.1989	Umbenennung „Staatliches Amt für Wasser und Abfall Hildesheim".

Abb. 9.1-4: Dienstgebäude des StAWA Hildesheim

Dienstgebäude des StAWA Hildesheim s. Abb. 9.1-4

Amtsleiter:

1.4.1912 - 31.3.1922	Meliorationsbauinspektor (später Oberregierungs- und -baurat) Busch
1.4.1922 -30.9.1935	Regierungsbaumeister (später Regierungsbaurat) Waßmann
1.2.1936 - 30.9.1961	Regierungsbaumeister (später Regierungs- und Baurat) Schwahn
1.10.1961 - 31.10.1963	Regierungs- und Baurat Sustrate
1.11.1963 - 14.8.1974	Baudirektor Riechers
1.11.1974 - 28.2.1978	Baudirektor Koller
1.12.1978 - 31.5.1994	Baudirektor Niewiesk
15.8.1994 - 31.12.1997	Baudirektor von der Kammer

Neubauamt Leineregulierung in Hildesheim

1948	Gründung einer Vorarbeitenstelle für die Leineregulierung beim Wasserwirtschaftsamt Hildesheim.
1965	Gründung des Neubauamtes Leineregulierung in Hildesheim.
1983	Formale Angliederung des Neubauamtes an das Wasserwirtschaftsamt Hildesheim als Bauabteilung.
1984	Formale Angliederung im Zuge der Neuorganisation der Wasserwirtschaftsverwaltung an das Wasserwirtschaftsamt Göttingen.
1986	Eingliederung in das Wasserwirtschaftsamt Göttingen.

Leiter des Neubauamtes für die Leineregulierung:

1948 - 1955	Oberregierungs- und Baurat Hendricks
1955 - 1961	Dr.-Ing. Kemmerling
1962 - 1964	Oberregierungs- und Baurat a. D. Hendricks
1964 - 1967	Baurat Dr. Ohling
1967 - 1972	Dipl.-Ing. Hillberg
1973 - 1976	Bauoberrat Seiler
1976 - 1981	Bauoberrat Rapsch
1981 - 1983	Bauoberrat Freymann
1983 - 1984	Baurat Albers
1984 - 1986	Bauoberrat Gocksch

Aufgaben in den Anfangsjahrzehnten

Gegründet wurde das Amt Hildesheim vor allem wegen der Dränarbeiten bei Verkoppelungen und den Be- und Entwässerungsarbeiten im Solling und Vorharz. Außerdem mußten zahlreiche Wasserleitungen für ländliche Gemeinden, für die teilweise Westfondshilfen bewilligt waren, geplant werden.

Ein weiterer Schwerpunkt lag im Hochwasserschutz. Die aus dem Harz kommenden Flüsse führten in den Regenperioden und zur Zeit der Schneeschmelze regelmäßig Hochwasser und es kam oft zu Überschwemmungen größerer landwirtschaftlicher Flächen. Die Arbeiten für Gewässerausbauten, Hochwasserschutzmaßnahmen und schließlich der Bau des Hochwasserrückhaltebeckens Salzderhelden wurden von der seit 1959 aufgebauten Bauabteilung Leineregulierung wahrgenommen.

9.1.8 AMT CELLE VON 1914 BIS 1983

1.4.1914	Gründung des „Meliorationsbauamtes Celle". Dienstbezirk: Die damaligen Kreise Celle, Burgdorf, Fallingbostel, Isernhagen und Gifhorn. Ab 1922 auch der Kreis Soltau.
1.9.1920	Umbenennung in „Kulturbauamt".
1.6.1931	Einrichtung der Außenstelle Burgdorf.
1.4.1933	Umbenennung in „Der Kulturbaubeamte Celle".
1.6.1939	Umbenennung in „Wasserwirtschaftsamt Celle".
1958	Gründung der Vorarbeitenstelle „Allerregulierung".
30.6.1960	Auflösung der Außenstelle Burgdorf.
1.7.1963	Einrichtung des Neubauamtes Fahle Heide im Dienstbezirk des Wasserwirtschaftsamtes Celle.
1.4.1969	Verlegung des Neubauamtes Fahle Heide zum Wasserwirtschaftsamt Celle und Umbenennung in Neubauamt für Allerregulierung.
1972	Einrichtung eines wasserchemischen Labors im Wasserwirtschaftsamt Celle.
1.7.1972	Änderung des Dienstbezirkes durch die Kreisreform: Abgabe des Landkreises Burgdorf.
1.2.1978	Änderung des Dienstbezirkes durch die Bezirksreform: Abgabe des Landkreises Gifhorn an das WWA Braunschweig.
1.1.1984	Zusammenlegung der Wasserwirtschaftsämter Celle und Verden zum Wasserwirtschaftsamt Verden mit einer Außenstelle in Celle.

Amtsleiter:

1914 - 1928	Regierungs- und Baurat Mayburg
1928 - 1934	Regierungsbaurat (später Oberregierungs- und -baurat) Otto Uhden
1934 - 1940	Regierungsbaurat Dr. Ernst Grisse
1941 - 1959	Oberregierungs- und Baurat Theodor Keitel (1941 - 1948 Vertretung durch Baurat Otte)
1959 - 1969	Baurat Dr.-Ing. Walter Kemmerling
1970 - 1983	Baudirektor Wilhelm Kersting

Aufgaben in den Anfangsjahrzehnten

Der Dienstbezirk wurde vom Amt Lüneburg abgetrennt und umfaßte den südlichen Teil des Regierungsbezirkes Lüneburg. Der Dienstbezirk gliedert sich in drei Landschaften: Lüneburger Heide, Aller-Niederung und Heidevorland. Die Aller ist als größter Wasserlauf Zentralpunkt der wasserwirtschaftlichen Aufgaben. Von Celle bis zur Mündung in die Weser ist die Aller wie der Unterlauf der Leine Gewässer I. Ordnung. Im Dienstbezirk sind an künstlichen Gewässern zu nennen: Mittellandkanal, Allerkanal südlich von Gifhorn, Fuhsekanal südlich von Celle, Wienhauser Mühlenkanal.

In diesem durch unfruchtbare sandige Flächen der Lüneburger Heide, durch ausgedehnte Moore und Bruchlandschaften geprägten Gebiet wurde seit dem Ende des 18. Jahrhunderts neben der Entwässerung auch die Bewässerung stark befördert. Nach den Schlemmwiesen (Thaer, Grundsätze der rationellen Landwirtschaft) wurden die Rückenwiesen (um 1820 Suderburger Rückenbau von Hillmer und Helmrich) vor allem von 1850 - 1890 im Dienstbezirk angelegt; 1937 gab es im Amtsbezirk 7 500 ha Rückenwiesen. Für den Hochwasserschutz waren bereits 1766/69 der Fuhsekanal und 1860/63 der Allerkanal angelegt worden, auch als Vorflut für den Drömling. Die Geschichte der Moorkolonisation reicht bis ins 18. Jahrhundert zurück.

Somit konnte 1914 das neugegründete Amt auf eine Reihe von Vorarbeiten zur Melioration - auch durch das Amt Lüneburg - zurückgreifen. So hatte das Amt Celle bereits zu Beginn rd. 80 Wassergenossenschaften und seit 1920 eine wachsende Zahl von Bodengenossenschaften (1939: 190), die für die Urbarmachung von Heide- und Moorflächen zum Teil auch zwangsweise gegründet wurden, zu beaufsichtigen. Bei den Arbeiten zur Bodenverbesserung wurden anfangs auch Kriegsgefangene, später Strafgefangene, Arbeitslose und der Arbeitsdienst eingesetzt. Nach dem 2. Weltkrieg wurde der Bau von Beregnungsanlagen verstärkt gefördert (Gründung von Beregnungsverbänden), die auch die Grundwasserabsenkung infolge der starken Entnahmen durch die Wasserwerke der Stadt Hannover ausgleichen sollten.

Das Amt war an Planung und Durchführung von wasserbaulichen Maßnahmen beteiligt, die den Mittelland-Kanal zur Hochwasserableitung nutzbar machten, dem Hochwasserschutz durch den 1934 gegründeten Aller-Ohre-Verband dienten, sowie an dem Ausbau des Fuhsekanals. Außerdem war das Amt an der Planung für Wasserbeschaffung und Abwasserbeseitigung der Hüttenwerke Salzgitter und des Volkswagenwerkes in Wolfsburg beteiligt. Dazu kamen größere Brückenbauten, die das Amt durch den Übergang der Wasserstraßen von den Ländern auf das Reich vom Wasserbauamt Celle übernehmen mußte. Wegen der wiederkehrenden Hochwasserschäden wurden seit 1961 nach dem Allerplan Wasserbauten in den Flußgebieten der Aller, Leine und Oker vorangetrieben, z. B. das Rückhaltebecken Fahle Heide.

9.1.9 AMT MEPPEN VON 1921

1.4.1921	Gründung des Kulturbauamtes Meppen (Erlaß des Herrn Minister für Landwirtschaft, Domänen und Forsten -Berlin- vom 16.7.1920 - zum 1.10.1920. Aufnahme des Dienstbetriebes erst am 1.4.1921. Dienstbezirk: Kreise Meppen und Aschendorf/Hümmling.
1.4.1933	Umbenennung in „Der Kulturbaubeamte Meppen".
1.6.1939	Umbenennung in „Wasserwirtschaftsamt Meppen".
1.5.1949	Vergrößerung des Dienstbezirks um den Landkreis Grafschaft Bentheim.
Dez. 1951	Gründung der Vorarbeitenstellen Neuenhaus und Aschendorf. Die räumliche und personelle Einrichtung der beiden Vorarbeitenstellen erfolgte 1952.
1.1.1958	Auflösung der ersten Wasserwirtschaftsbauleitung Wietmarschen und Verschmelzung mit Bathorn. Bis Ende 1957 unterhielt das WWA Meppen zur Erschließung der Emslandmoore 8 Wasserwirtschaftsbauleitungen in Börgermoor, Rhederfeld, Neusustrum, Versen, Groß Hesepe, Wietmarschen, Bathorn und Hahnenmoor.
1.3.1967	Auflösung der Vorarbeitenstelle Aschendorf und Versetzung des Personals zum WWA nach Meppen nach Schließung der letzten Emsdeichlücke 1966.
31.12.1972	Auflösung der letzten Wasserwirtschaftsbauleitung Versen. In der Zeit vom 1.1.1958 bis zum 31.12.1972 wurden die zur Erschließung der Emslandmoore gegründeten Wasserwirtschaftsbauleitungen aufgelöst und das Personal nach Meppen umgesetzt.
1.7.1980	Vergrößerung des Dienstbezirks um den ehemaligen Landkreis Lingen.
1.7.1982	Auflösung der Vorarbeitenstelle Neuenhaus. Die Bediensteten wurden zum WWA nach Meppen umgesetzt.
1989	Umbenennung in „Staatliches Amt für Wasser und Abfall Meppen".

Abb. 9.1-5: Dienstgebäude des StAWA Meppen

Dienstgebäude des StAWA Meppen s. Abb. 9.1-5

Amtsleiter:

1.4.1921 - 31.3.1925	Regierungsbaurat Timm
31.3.1925 - 30.9.1947	Oberregierungs- und -baurat Sagemüller
1.10.1947 - 31.1.1966	Oberregierungs- und Baurat Dirschka
1.5.1966 - 31.12.1982	Baudirektor Klawitter
13.4.1983 - 31.12.1997	Baudirektor Hasse

Aufgaben in den Anfangsjahrzehnten

Der Gründungszweck des Amtes Meppen 1921 war die Kultivierung der Ödlandgebiete. Außerdem war der Ausbau der Ems notwendig, der im Emsplan (1928-1933) verwirklicht werden sollte. Anlaß waren große Schäden bei den Überflutungen der Emsvorländer in den Jahren 1923 bis 1927. Deshalb wurde der Plan für eine Sommerhochwasserregulierung erstellt, die durch Sommerdeiche und Absenkung des Wasserstandes mittels Beseitigung der Engstellen und Schaffung von Durchstichen erreicht werden sollte. Auf der nicht schiffbaren Ems zwischen Hanekenfähr und Meppen sollte ferner durch den Einbau von festen Wehren bzw. Sohlschwellen eine weitere Erosion der Sohle verhindert und eine Hebung des Mittelwasserstandes bewirkt werden. Diese Arbeiten waren umso dringlicher, je weiter die Moorkultivierungsarbeiten gediehen waren, da die Ems als Vorfluter beansprucht wurde.

Auch nach dem 2. Weltkrieg wurde wegen des Februarhochwassers 1946, das weite Teile des Emslandes überschwemmte, an der Verbesserung der Sommerbedeichung weitergearbeitet. Zudem reichte der Einfluß der Sturmfluten aus der Nordsee bis Herbrum, so daß Winterdeiche mit ausreichender Höhe bis zum Anschluß an die ostfriesischen Winterdeiche errichtet werden mußten. 1956 wurde der Deichverband „Heede-Aschendorf-Papenburg" gegründet. Bis zur Schließung der letzten Deichlücke (1966) wurden 34 km Deiche und 6 Schöpfwerke gebaut. Doch die Sturmfluten 1962 und 1976 zeigten, daß die Deiche ständig weiter erhöht und verstärkt werden müssen.

9.1.10 AMT VERDEN VON 1924

1.7.1924	Verlegung des Wasserbauamtes Vegesack nach Verden und damit Gründung des Preußischen Kultur- und Wasserbauamtes Verden. Dienstbezirk: Die damaligen Kreise Achim, Rotenburg, Blumenthal, Osterholz und Verden (bereits um 1890 aktenkundliche Erwähnung eines Strommeisters zu Osterholz im Wasserbaukreis Blumenthal (heute Bremen-Blumenthal).
1.10.1932	Dienstbezirk: nach der Kreisreform und Abtretung von Vegesack und Blumenthal an Bremen die Landkreise Osterholz, Rotenburg und Verden.
1.4.1933	Umbenennung in „Der Kulturbaubeamte Verden".
1.6.1939	Umbenennung in „Wasserwirtschaftsamt Verden".
1952	Gründung der Bauabteilung Teufelsmoor.
1959	Verlegung der Strommeisterei des Wasserwirtschaftsamtes Verden von Osterholz-Scharmbeck nach Worpswede.
9.1967	Umwandlung der Bauabteilung Teufelsmoor zur Bauleitung Teufelsmoor.
30.4.1973	Auflösung der Bauleitung Teufelsmoor.
1982	Einrichtung eines Labors auf dem Gelände der Strommeisterei in Worpswede.
1.1.1984	Zusammenlegung der Wasserwirtschaftsämter Verden und Celle zum Wasserwirtschaftsamt Verden mit der Außenstelle Celle. Dienstbezirk: Die Landkreise Osterholz, Altkreis Rotenburg, Verden, Soltau-Fallingbostel und Celle (5 706,91 km^2).
1.4.1984	Eingliederung des bis dahin selbständigen Neubauamtes für die Allerregulierung in Celle in das Wasserwirtschaftsamt Verden.
1.9.1989	Umbenennung in „Staatliches Amt für Wasser und Abfall".
15.4.1991	Umzug des Staatl. Amtes für Wasser und Abfall und des Labors vom Dienstgebäude Nikolaiwall 2 und von der Strommeisterei in Worpswede in das Dienstgebäude Bürgermeister-Münchmeyer-Str. 6 in Verden.
31.7.1992	Auflösung der Außenstelle mit Belassung einer Baugruppe in Celle.

Dienstgebäude des StAWA Verden s. Abb. 9.1-6

Amtsleiter:

1.7.1924 - Juni 1928	Regierungsbaurat Lindenberg
1.6.1928 - 31.10.1944	Regierungs- und Baurat Franz Hüpeden
15.10.1940 - 29.7.1945	Regierungsbaurat Erich Koswich; ständiger Vertreter des Amtsleiters und „Staatlicher Beauftragter für das Teufelsmoor"
15.11.1945 - 16.1.1947	Regierungsbaurat Albert Voge
17.1.1947 - 31.1.1952	Oberregierungs- und -baurat (Oberbaudirektor a.D.) Karl Meitsch, zugleich „Staatlicher Beauftragter für das Teufelsmoor"
1.8.1952 - 1.5.1956	Oberregierungs- und Baurat Lothar Reimann
2.5.1956 - 31.1.1961	Regierungsbaurat Friedrich Wilhelm Loheide
1.2.1961 - 17.3.1963	Regierungsbaurat Kurt Schaper
18.3.1963 - 31.7.1964	Regierungsbaurat Folkard van Biema
1.10.1964 - 31.5.1969	Baudirektor Dr.-Ing. Horst Kiehnel
1.6.1969 - 31.7.1994	Ltd. Baudirektor Horst Wiezorek
12.9.1994 - 31.12.1997	Baudirektor Hans Schmidt

Aufgaben in den Anfangsjahrzehnten

Das Kultur- und Wasserbauamt Verden wurde 1924 vor allem für Meliorationsarbeiten gegründet. Es hatte aber als „Erbe" vom Wasserbauamt Vegesack auch die Ausbau- und Unterhaltungsaufgaben an staatlichen Gewässern und die Strom-, Schiffahrts- und Hafenpolizei auf den Wasserläufen 1. Ordnung übernommen. Dazu kamen die Aufsicht über die Deichverbände an diesen Wasserläufen und die Beratung in Bauangelegenheiten bei den übrigen Wasserläufen. Zu den Wasserläufen 1. Ordnung zählten die Wümme ab Lilienthal und die Hamme mit dem Hafen in Osterholz-Scharmbeck.

Wichtigster Schwerpunkt der Arbeiten war aber anfangs die Melioration, das heißt die Förderung der Landwirtschaft durch Schutz vor Hochwasser, durch Ent- bzw. Bewässerung. Zu diesem Zweck sollte das Amt die Meliorationsgenossenschaften beraten, Planungen bzw. Entwürfe begutachten und die Bauausführung kontrollieren. Die bedeutendsten Projekte waren die Meliorationen im St. Jürgensfeld, im Teufelsmoor und im Wümmegebiet. Der Deich- und Sielverband St. Jürgensfeld (4 600 ha) hatte bis 1933 lediglich Sommerdeiche, die nur unzureichend die landwirtschaftlich genutzten Flächen vor höheren Fluten schützten. Mit dem Deichbau konnte 1933 begonnen werden, doch mußte auch die Entwässerung verbessert werden: Die Siele und Fleete wurden seit 1933 erneuert bzw. ausgebaut.

Abb. 9.1-6: Dienstgebäude des StAWA Verden

9.1.11 AMT GÖTTINGEN VON 1961

1.10.1961	Errichtung eines selbständigen Wasserwirtschaftsamtes in Göttingen durch Erlaß des Nds. Ministers für Ernährung, Landwirtschaft und Forsten vom 22.8.1961. Dienstbezirk: Landkreise Göttingen, Münden, Duderstadt, Northeim, Osterode am Harz und Zellerfeld sowie die kreisfreie Stadt Göttingen. Als Vorläufer sind zu nennen: zwei 1941 errichtete Außenstellen des WWA Hildesheim in Göttingen und Herzberg.
1972	Dienstbezirksänderung durch die Auflösung des Landkreises Zellerfeld.
1978	Dienstbezirksänderung durch die Auflösung des Landkreises Gandersheim.

1984 Neuorganisation der niedersächsischen Wasserwirtschaftsverwaltung. Dienstbezirk: der Landkreis Goslar wird hinzugefügt.

1.10.1987 Eingliederung des ehem. Neubauamtes für die Leineregulierung in Hildesheim in das Amt als Bauabteilung (Übernahme vom Wasserwirtschaftsamt Hildesheim).

1.9.1989 Umbenennung in „Staatliches Amt für Wasser und Abfall Göttingen".

Dienstgebäude des StAWA Göttingen s. Abb. 9.1-7

Amtsleiter:

1.10.1961 - 31.5.1983	Baudirektor E. Rother
1.8.1983 - 30.10.1988	Baudirektor K.-M. Liersch
1.11.1988 - 30.9.1991	Ltd. Baudirektor P. Schmidt
1.10.1991 - 14.9.1997	Baudirektor E. Gocksch
15.9.1997 - 31.12.1997	Baudirektor S. R. Heinrich m.d.W.d.G.b.

Zu den Aufgaben:

In den alten Chroniken wird seit dem Mittelalter von immer wiederkehrenden Hochwässern und Überschwemmungen im heutigen Amtsgebiet berichtet. Die Weserhochwässer entstehen im hessischen und thüringischen Bergland; die Hochwasserwellen aus diesem Gebiet sind seit der Errichtung der Eder- und Diemeltalsperre drastisch verringert worden. Die Hochwässer im Leinegebiet entstehen im Harz und Harzvorland und gelangen über Rhume und Innerste in die Leine. Das Leinetal gilt als besonders hochwassergefährdet. Deshalb wurden im vorigen Jahrhundert die ersten Pegel an der Leine eingerichtet. Um die Hochwasserwellen zu verringern, wurden einerseits im Harz Talsperren gebaut (z. B.Innerstetalsperre) und andererseits im Lauf der Leine Rückhaltebecken errichtet (z. B. Salzderhelden). Vier Hochwassermeldepegel stehen für den Hochwassermeldedienst zur Verfügung.

Abb. 9.1-7: Dienstgebäude des StAWA Göttingen

9.1.12 AMT SULINGEN VON 1963

1.9.1963	Errichtung eines Wasserwirtschaftsamtes in Sulingen aus dem Dienstgebiet des Wasserwirtschaftsamtes Hannover für die Landkreise Grafschaft Diepholz, Grafschaft Hoya und Nienburg/Weser (westlich der Weser gelegener Teil). Erlaß des ML vom 16.8.1963. Übernahme der Außenstelle Syke und der Neubauabteilung für die Hunteregulierung in Diepholz vom WWA Hannover.
1.7.1964	Eingliederung der Bauabteilung Große Aue.
30.4.1969	Auflösung der Außenstellen Syke und der Neubauabteilung Hunteregulierung.
1.1.1981	Erweiterung des Dienstgebietes auf den gesamten Landkreis Nienburg/Weser (s. Abschn. 9.1.2).
ab 1.9.1989	Umbenennung in „Staatliches Amt für Wasser und Abfall Sulingen“.

Dienstgebäude des StAWA Sulingen s. Abb. 9.1-8

Amtsleiter:

1.9.1963 - 28.2.1969	Bauoberrat Johann Hillmann
1.4.1969 - 20.1.1991	Baudirektor Herfried Lüdeke
1.4.1991 - 31.12.1997	Baudirektor Harro Kebel

Leiter Außenstelle Syke:

1.1.1964 - 30.04.1969	Reg.-Bauamtmann H. Ehlers

Leiter Neubauabteilung für die Hunteregulierung in Diepholz:

16.5.1938 - 28.08.1938	Baurat Anton Pohle
28.8.1939 - 16.8.1940	Regierungsbaurat Hugo Lerch (kommissarisch)
17.8.1940 - 16.1.1942	Baurat Anton Pohle
17.1.1942 - 24.2.1943	Regierungsbaurat Hugo Lerch
15.8.1947 - 15.3.1950	Regierungsbaurat Ernst Metzges
16.3.1950 - 31.3.1950	Baumeister Gottfried Grotkaß
1.4.1950 - 28.2.1953	Regierungsbaurat Oswald Klee
1.3.1953 - 31.10.1953	Regierungsbauassessor Enno Peters
1.11.1953 - 15.6.1956	Regierungsbaurat Harro Lüken
16.6.1956 - 31.10.1956	Dipl.-Ing. Walter Kemmerling
1.11.1956 - 31.3.1959	Regierungsbaurat Ulrich Heiden
1.4.1959 - 28.2.1969	Bauoberrat Johann Hillmann
1.4.1969 - 30.4.1969	Baurat Herfried Lüdeke

Leiter Bauabteilung Weserniederung in Achim:

Mitte 1953 - Mittel 1963	Regierungsbaurat Karl-Heinz Pinz
Mitte 1963 - Ende 1964	Dipl.-Ing. Werner Heinken
Ende 1964 - Anf. 1966	Baurat Heinz Klawitter
1967	Bauoberrat Kurt Jäger
Anf. 1968 - Anf. 1969	Baurat Herfried Lüdeke

Leiter Bauabteilung Große Aue in Sulingen:

20.10.1958 - 31.12.1960	Bauassessor Bernhard Wittrock
7.1.1961 - 30.9.1961	Dr.-Ing. Jochen Ohling
1.10.1961 - 31.3.1962	Dipl.-Ing. Cord Diepholz
1.4.1962 - 30.6.1964	Dipl.-Ing. Hilmer v. d. Ohe
1.7.1964 - 30.6.1967	Regierungsbaurat Johann Hillmann

Zu den Aufgaben

Als wichtigste Maßnahme zum Gewässerschutz - dem Schutz des Oberflächen- und des Grundwassers - im Dienstbezirk muß die Dümmersanierung genannt werden. Durch die 1953 abgeschlossene Eindeichung des Dümmers wurden die großräumigen Überflutungen der Dümmerniederung und des Huntetales verhindert. Seit Anfang der 60er Jahre trat im See eine negative Entwicklung ein: Algenblüte, starker Schlammanfall, Verschwinden der Unterwasservegetation, Rückgang der Schilf- und Binsenbestände. Ziel der Sanierung war es, die Nährstoffbelastung zu verringern und den See in seiner Bedeutung für Naturschutz und Erholung zu erhalten bzw. wiederherzustellen. Deshalb wurden die Kläranlagen in Marl und in Osterfeine mit Ableitungen versehen, die um den Dümmer herum in dessen Abflüsse führen. Außerdem wurden rd. 1,1 Mio m^3 Schlamm aus dem See entfernt. Weitere Sanierungs-Maßnahmen, wie die Umleitung des Bornbaches um den Dümmer herum, sind notwendig (s. Abschnitt 10.7). Im Dienstbezirk liegt auch die durch Medien bekannte Sonderabfalldeponie Münchehagen.

Abb. 9.1-8: Dienstgebäude des StAWA Sulingen

9.1.13 AMT BRAKE

Nov. 1857 Einteilung des Landes Oldenburg in 7 Bezirke für Weg- und Wasserbau und Gründung von Ortsbehörden in Oldenburg, Berne, Ovelgönne, Varel, Jever, Delmenhorst und Cloppenburg. Staatliche Wasserbauverwaltung in der Form des Deichamtes beim Oldenburgischen Staatsministerium des Inneren und örtlichen Wasserbaubeamten bereits vor 1855.
1855 Inkrafttreten der Oldenburgischen Deichordnung. Entstehung von Ortsbehörden.

1859, 1868, 1895	Mehrfache Neuregelungen der Grenzen und Aufgabenverteilung der einzelnen Bezirke.
1.5.1903	Neueinteilung der Weg- und Wasserbaubezirke, Künftige 6 Baubezirke in Oldenburg, Vechta, Delmenhorst, Jever, Brake und Butjadingen.
12.3.1910	Umbenennung der staatlichen Bezirksbauämter des Weg- und Wasserbaues in „Großherzogliches Weg- und Wasserbauamt"; die bisherigen Weg- und Wasserbaubezirke Oldenburg und Delmenhorst erhalten die Bezeichnung „Oldenburg I" und „Oldenburg II", der Bezirk Vechta-Cloppenburg die Bezeichnung „Münsterland in Cloppenburg".
1921	Unterweser, Hunte von Oldenburg bis zur Mündung, Hunte-Ems-Kanal und Elisabethfehnkanal werden Reichswasserstraßen, die Weg- und Wasserbauämter verlieren die entsprechenden Zuständigkeiten, nicht jedoch die für die oldenburgischen Häfen.
16.9.1924	Wegen der erheblichen Hafenbauaufgaben des Weg- und Wasserbauamtes in Brake werden die zu seinem Bezirk gehörenden Staatschausseen auf die benachbarten Ämter Butjadingen und Oldenburg II übertragen.
3.11.1924	Umbenennung des Weg- und Wasserbauamtes Brake in „Wasserbauamt Brake".
15.5.1933	Aufhebung der bis dahin bestehenden Weg- und Wasserbauämter durch die oldenburgische Verwaltungsreform. Für wichtige Deich- und Sielaufgaben werden jedoch 2 Wasserbauämter in Brake und Varel vorgesehen. Besondere Fachbeamte im Ministerium des Innern bearbeiten alle übrigen staatlichen wasserbaulichen Angelegenheiten.
1.10.1936	Neueinrichtung eines Kultur- und Wasserbauamtes in Cloppenburg. Umbenennung der Wasserbauämter Brake und Varel in „Kultur- und Wasserbauamt".
22.5.1939	Umbenennung der Kultur- und Wasserbauämter in „Wasserwirtschaftsamt".
1.4.1953	Abtrennung der bis dahin vom Wasserwirtschaftsamt Brake wahrgenommenen Hafenbauaufgaben.
1955	Einrichtung des Niedersächsischen Hafenamtes Brake.
1.1.1984	Im Zuge der Neuordnung der Wasserwirtschaftsverwaltung wird das WWA Wilhelmshaven dem WWA Brake als Außenstelle angegliedert. Gleichzeitig werden die Landkreise Ammerland und Oldenburg mit der Stadt Oldenburg vom WWA Cloppenburg dem WWA Brake zugeordnet. Der Dienstbezirk umfaßt nun die Landkreise Wesermarsch, Oldenburg, Friesland und Ammerland und die kreisfreien Städte Delmenhorst, Oldenburg und Wilhelmshaven.
1.9.1989	Umbenennung in „Staatliches Amt für Wasser und Abfall Brake".
1.1.1992	Aufgrund einer Änderung des Niedersächsischen Wassergesetzes verliert das StAWA Brake seine Aufgaben als technische Fachbehörde der unteren Wasserbehörden.

Dienstgebäude des StAWA Brake s. Abb. 9.1-9

Amtsleiter:

17.1.1896 - 1919	Weg- und Wasserbauinspektor Meendsen-Bohlken (noch 1917 als Geheimer Baurat und Dienststellenleiter in Brake genannt)
1.5.1919 - 2.12.1940	Regierungs-Baurat Ohlenbusch
3.12.1940 - 19.2.1942	Regierungs-Baurat Eichholz
13.9.1945 - 30.6.1951	Regierungs-Baurat Eichholz (kriegsbedingte Unterbrechung)
1.7.1951 - 15.5.1956	Oberregierungsbaurat Meyer
16.5.1956 - 30.6.1959	Oberregierungsbaurat Liese
1.7.59 - 30.9.1962	Regierungs- und Baurat Lüken
1.10.1962 - 31.5.1967	Baudirektor Zunker
1.6.1967 - 15.8.1986	Ltd. Baudirektor Wöbken
16.08.1986 - 31.12.1997	Ltd. Baudirektor Neß

Abb. 9.1-9: Dienstgebäude des StAWA Brake

Geschichtliche Entwicklung und ursprüngliche Aufgaben

Im Großherzogtum Oldenburg wurde 1857 die Wege- und Wasserbau-Direktion Nachfolger der alten Deichämter und war zuständig für den Wasser-, Weg- und Brückenbau. Der Bezirksbaumeister in Brake beaufsichtigte die landeseigenen Chausseen, Wasser- und Uferbauwerke sowie Brücken in den damaligen Ämtern Brake und Elsfleth. Im Laufe der Zeit wechselten mehrfach Dienstsitz, -bereich sowie Bezeichnungen des Baubezirkes; 1903 umfaßte der Baubezirk Brake in wasserbaulicher Hinsicht z. B. die Deiche und Uferwerke des II. Deichbandes, eine Reihe von Sielachten und die Stadtländer-Budjadinger Zuwässerungsgenossenschaft, die Weser von der Mündung der Hunte bis zur Einmündung des Schweiburg-Kanals, den Schweiburg-Kanal von Schmalenflethersiel bis Beckmersiel, den Baggerbetrieb an der Weser und in den oldenburgischen Häfen, die Hafenanstalten zu Brake und Strohausen, die Kontrolle über die Arbeiten der Unterweserkorrektion in der Weser von der Mündung der Ochtum bis Blexen sowie die Aufsicht über die Chausseen im Bezirk.

Durch Reichsgesetz von 1921 gingen die Wasserstraßen von den Ländern auf das Reich über. Deshalb übernahm im Auftrage des Reiches das oldenburgische Ministerium des Innern die Aufgaben der Mittelbehörde für die schiffbare Hunte, den Hunte-Ems-Kanal sowie den Elisabethfehn-Kanal. Das Fahrwasser der Unterweser wurde der Wasserstraßendirektion Bremen zugewiesen. Für die wichtigen Deich- und Sielaufgaben wurden 1933 zwei Wasserbauämter in Varel und Brake vorgesehen, wobei dem Leiter des Wasserbauamtes Brake gleichzeitig die baulichen Aufgaben für die staatlichen Häfen an der Unterweser übertragen wurden (bis Gründung des Niedersächsischen Hafenamtes Brake 1953/55). Betreut wurden die Häfen Brake, Elsfleth, Großensiel, Fedderwardensiel, Strohausen, Dedesdorf, Huntebrück-Nord und -Süd sowie Ochtum. Der Geschäftsbereich des Wasserbauamtes Brake umfaßte auch die Uferwerke an der Unterweser, die Deiche und Uferwerke des I., II. und IV. Deichbandes und die Sielachten mit Sitz im Amt Wesermarsch.

Seit vielen Jahrhunderten sind die Küstenregionen auf den Deichbau angewiesen. Eine vordringliche Aufgabe der Deichämter und Baubezirke war deshalb der Schutz vor den Gewalten des Meeres. Deichbau ist eine Aufgabe, die kontinuierlich betrieben werden muß und großen materiellen Einsatz verlangt. Der Deichbau, die Entwässerung und die Melioration sind durchgehend die Hauptaufgaben des Bauamtes geblieben.

Abb. 9.1-10: Dienstgebäude des StAWA Cloppenburg

9.1.14 AMT CLOPPENBURG

Nov. 1857	Bildung der Weg- und Wasserbau-Distrikte nach dem Erlaß des Großherzoglichen Staatsministeriums Oldenburg vom 7. November 1857 mit dem Bezirk Cloppenburg, der die Ämter Vechta, Steinfeld, Damme, Cloppenburg, Löningen und Friesoythe umfaßte.
1.5.1903	Neueinteilung der Bezirke mit Verlagerung von Cloppenburg nach Vechta nach der Bekanntmachung des Staatsministeriums Oldenburg vom 3.4.1903.
12.3.1910	Umbenennung in „Großherzogliches Weg- und Wasserbauamt“ Münsterland in Cloppenburg.
15.5.1933	Aufhebung der bis dahin bestehenden Weg- und Wasserbauämter durch die oldenburgische Verwaltungsreform.
1.10.1936	Einrichtung des „Kultur- und Wasserbauamtes“ Cloppenburg nach dem Erlaß vom 28.9.1936 des Staatsministeriums Oldenburg. Der Dienstbezirk umfaßte die Landkreise Cloppenburg, Vechta ganz, die Landkreise Ammerland, Oldenburg sowie die Stadt Oldenburg großenteils.
1.7.1939	Umbenennung in „Wasserwirtschaftsamt Cloppenburg“.
1.1.1984	Abtrennung der Landkreise Ammerland und Oldenburg mit der Stadt Oldenburg und Eingliederung des Wasserwirtschaftsamtes Osnabrück als Außenstelle mit dem Landkreis Osnabrück und der Stadt Osnabrück aufgrund des Beschlusses des Landesministeriums Niedersachsen vom 18.10.1983.
1.9.1989	Umbenennung in „Staatliches Amt für Wasser und Abfall Cloppenburg“.

Dienstgebäude des StAWA Cloppenburg s. Abb. 9.1-10

Amtsleiter:

1.10.1936 - 30.6.1954	Regierungs- und Baurat Alfred Riehl
16.7.1954 - 31.3.1956	Regierungs- und Baurat Albert Voge
1.5.1956 - 31.12.1966	Baudirektor Lothar Reimann
1.1.1967 - 30.4.1968	Baudirektor Gerhard Cludius
1.5.1968 - 26.3.1971	Baudirektor Dietrich Groos
16.9.1971 - 30.9.1991	Baudirektor Rudolf Lehde
1.10.1991 - 31.12.1997	Ltd. Baudirektor Peter Schmidt

Geschichtliche Entwicklung und ursprüngliche Aufgaben

Der Bezirksbaumeister in Cloppenburg beaufsichtigte die landeseigenen Chausseen, Wasserbau- und Uferbauwerke sowie die Brücken in den Ämtern Vechta, Steinfeld, Damme, Cloppenburg, Löningen und Friesoythe.

Zu den Aufgaben des Cloppenburger Baubezirkes (tlw. auch mit Sitz in Vechta) gehörten zu Beginn die Chausseen sowie die Entwässerungs- und Schiffahrtskanäle, z. B. der Hunte-Ems-Kanal, der 1855 bis 1893 erbaut und 1935 durch den Küstenkanal Oldenburg-Dörpen ersetzt wurde. Ein weiterer Schwerpunkt war durch die Errichtung der Eisenbahnverbindungen gegeben, z. B. wurde die Strecke Osnabrück - Essen - Cloppenburg - Oldenburg 1876 fertiggestellt; damit waren aufwendige Brückenbauten zur Überquerung der Wasserläufe verbunden.

Die Entwässerung der Geestgebiete war seit Mitte des 19. Jahrhunderts eine wichtige Aufgabe des Amtes. Mit dem 1922 erlassenen „Gesetz für den Landesteil Oldenburg betreffend die Bildung von Geest-Wassergenossenschaften" wurden innerhalb von Einzugsgebieten einzelner Flußgebiete große, leistungsfähige Verbände gebildet, die heute noch als Unterhaltungsverbände bestehen (die Wasserachten). Mitglieder des Genossenschaftsvorstandes waren unter anderem der Vorstand des Bauamtes sowie weitere Beamte. Die fachtechnische Beratung dieser Wasserverbände oblag bis 1990 den Wasserwirtschaftsämtern.

9.1.15 AMT VAREL/ WILHELMSHAVEN BIS 1983

15.5.1933	Einrichtung eines Wasserbauamtes Varel
1.10.1936	Umbenennung in „Kultur- und Wasserbauamt".
22.5.1939	Umbenennung in „Wasserwirtschaftsamt Varel".
	Aus dem Hafen- und Strombauressort der Kriegsmarinewerft geht nach dem Kriege zunächst
am 1.4.1946	der Strombau Wilhelmshaven (Land Oldenburg) hervor, aus dem
am 15.7.1947	die Außenstelle Wilhelmshaven des Wasserwirtschaftsamtes Varel (Land Niedersachsen) wird.
30.6.1954	Der Amtsleiter ORBR Brahms des WWA Varel geht in den Ruhestand. Neuer Amtsleiter wird ab 1.7.1954 ORBR Tillessen mit vorläufigem Dienstsitz in Wilhelmshaven.
1.2.1956	Wilhelmshaven wird Standort des Amtes, Varel wird Außenstelle des WWA Wilhelmshaven, ab 1978 Bauleitung Varel des WWA Wilhelmshaven.
1.1.1984	Das WWA Wilhelmshaven wird dem WWA Brake eingegliedert als dessen Außenstelle, Varel wird Bauleitung des WWA Brake.
März 1984	Die Bauleitung Varel wird aufgelöst.

Amtsleiter in Varel:

15.5.1933 - 1937	Regierungsbaurat Friedrichs
1937 - 30.6.1954	Oberregierungsbaurat Brahms
1.7.1954 - 31.1.1956	Oberregierungs- und Baurat Tillessen (vorläufiger Dienstsitz WHV)

Leiter der Außenstelle bzw. Bauleitung Varel:

1.7.1954 - 31.1.1963	Bauamtmann Schulz
1.2.1963 - 31.3.1972	Bauamtmann Schmidt
1.4.1972 - 31.3.1984	Dipl.-Ing. Witte

Amtsleiter in Wilhelmshaven:

15.7.1947 - 1951	Oberregierungs- und Baurat Dr.-Ing. Lüders
1.2.1951 - 30.6.1954	Oberregierungs- und Baurat Tillessen als Leiter der Außenstelle Wilhelmshaven
1.7.1954 - 31.1.1956	Oberregierungs- und Baurat Tillessen als Leiter des WWA Varel mit vorläufigem Dienstsitz in Wilhelmshaven
1.2.1956 - 31.12.1961	Oberregierungs- und Baurat Tillessen als Leiter des WWA Wilhelmshaven mit Außenstelle Varel
1.1.1962 - 30.4.1962	Bauassessor Wöbken (komm.)
1.5.1962 - 26.1.1967	Bauoberrat Lülfs
27.1.1967 - 31.5.1967	Baurat Gliese (komm.)
1.6.1967 - 31.12.1983	Baudirektor von Seggern

Aufgaben in den Anfangsjahrzehnten:

Der Geschäftsbereich des 1933 gegründeten Wasserbauamtes Varel umfaßte damals die staatlichen Hafenanstalten im Amte Friesland und die staatlichen Uferwerke an der Ostseite der Jade und an deren Westseite südlich Hohenbrake, die Deiche und Uferwerke des III. Deichbandes und des II. Deichbandes von Hohenbrake bis Dangast, die Sielachten und Wasserachten, die im Amt Friesland ihren Sitz haben, sowie die Jade-Wapeler und Schweiburger Sielacht.

Seit vielen Jahrhunderten sind die Küstenregionen auf den Deichbau angewiesen. Deshalb war die vordringliche Aufgabe der Deichämter und Baubezirke der Schutz vor den Gewalten des Meeres. Deichbau ist eine Aufgabe, die kontinuierlich betrieben werden muß, und großen materiellen Einsatz verlangt. Der Deichbau, die Entwässerung und die Meliorationen sind durchgehend die Hauptaufgaben des Bauamtes geblieben. Nach dem 2. Weltkrieg war die Verstärkung der vernachlässigten Deiche vorrangig. Vor allem die durch die Kriegsmarine um Wilhelmshaven errichteten Deiche und Hafenanlagen bedurften der besonderen Aufmerksamkeit; deshalb wurde die Außenstelle Wilhelmshaven gegründet. Daneben gehörte zu den Aufgaben die Landgewinnung im Jadebusen, die landwirtschaftliche Nutzbarmachung der für Zwecke der Marinewerft eingedeichten Flächen des Heppenser Grodens und die Fortführung der Arbeiten im Rüstersieler Watt. Nach der Sturmflut von 1962 wurde die Bedeutung des Deichbaus erneut hervorgehoben und die Deiche weiter verstärkt und erhöht.

9.1.16 AMT BRAUNSCHWEIG

	Bis 1935 bestanden ausschließlich Straßen- und Wasserbauämter bei den 6 Kreisdirektionen des Freistaates Braunschweig. Im Jahr 1935 erfolgte die zusätzliche Einrichtung einer Kulturbaustelle in der Abteilung für Ernährung u. Landwirtschaft im Finanzministerium des Freistaates Braunschweig.
1.4.1938	Gründung des Kulturbauamtes Braunschweig. Dienstbezirk: Stadt Braunschweig, Landkreis Braunschweig mit Exklave Thedinghausen, Landkreis Helmstedt mit Exklave Calvörde, Landkreis Holzminden mit Außenstelle beim Hochbauamt Bad Gandersheim für die Landkreise Gandersheim und Holzminden.
1.4.1940	Umbenennung in „Wasserwirtschaftsamt Braunschweig". Amtsbezirk und Zuständigkeiten bleiben unverändert.
1.4.1942	Neuordnung des Landes Braunschweig durch das sog. Salzgittergesetz. Neuer Amtsbezirk: Stadt Braunschweig, Landkreis Braunschweig mit Exklave Thedinghausen, Landkreis Helmstedt mit Exklave Calvörde, Landkreis Wolfenbüttel, Landkreis Gandersheim, Landkreis Blankenburg, Stadt Watenstedt-Salzgitter, Stadt Goslar, Landkreis Goslar. Auflösung der Außenstelle Gandersheim.
1945	Neuordnung des Amtsbezirkes infolge der Zuordnung der Kreisgebiete auf verschiedene militärische Besatzungszonen; die Exklave Calvörde und ein Teil des Landkreises Blankenburg liegen in der sowjetischen Besatzungszone.
1.11.1946	Durch die Gründung des Landes Niedersachsen wird der Freistaat Braunschweig zum Verwaltungsbezirk Braunschweig. Der Zuständigkeitsbereich des WWA Braunschweig umfaßt, bis zur Bezirksreform im Jahre 1978, den gesamten Verwaltungsbezirk.
1.4.1953	Einrichtung einer Außenstelle in Helmstedt mit 3 Mitarbeitern, zuständig für die fachtechnische Unterstützung des Landkreises Helmstedt.
1.7.1972	Änderung des Dienstbezirkes durch Vergrößerung des Landkreises Goslar infolge der Auflösung des Restkreises Blankenburg und Auflösung des Landkreises Zellerfeld, Verkleinerung des Landkreises Helmstedt und Abtretung der Exklave Thedinghausen an den Landkreis Verden.
1.4.1974	Auflösung des Landkreises Braunschweig und Gebietsverteilung auf die Stadt Braunschweig und die angrenzenden Landkreise. Der Landkreis Peine wird dem Verwaltungsbezirks Braunschweig zugeordnet.
1.2.1978	Bezirksreform: Umbenennung des Verwaltungsbezirkes in Regierungsbezirk Braunschweig; Auflösung des Landkreises Gandersheim, der teilweise dem Landkreis Goslar zugeordnet wird. Der Regierungsbezirk Braunschweig wird um den Landkreis Gifhorn und die Stadt Wolfsburg vergrößert.
31.12.1978	Auflösung der Außenstelle Helmstedt.
1.1.1984	Neuordnung der Wasserwirtschaftsverwaltung. Der Landkreis Goslar wird dem WWA Göttingen zugeordnet.
1.9.1989	Umbenennung in „Staatliches Amt für Wasser und Abfall Braunschweig".

Dienstgebäude des StAWA Braunschweig s. Abb. 9.1-11

Amtsleiter:

April 1938 - Jan. 1940	Regierungs- und Baurat Schärff
Febr. 1940 - Jun. 1943	Regierungs- und Baurat Schmitt
Juli 1943 bis Sept. 1945	Dipl.-Ing. Heinze (kommissarisch)
Okt. 1945 - Febr. 1946	Ing. Heller (kommissarisch)

März 1946 bis März 1947	Dipl.-Ing. Heinze (kommissarisch)
April 1947 - Nov. 1951	Regierungs- und Baurat Schmitt
Nov. 1951 - Mai 1954	Regierungs- und Baurat Klinge
April 1954 - März 1959	Oberregierungs- und Baurat Kossel
April 1959 - Dez. 1973	Baudirektor Masur
Jan. 1974 - 31.12.1997	Ltd. Baudirektor Fleer

Ursprünge und Aufgaben

Das kleine Land Braunschweig hatte bis in die 30er Jahre des 20. Jahrhunderts hinein keine eigene Wasserwirtschaftsverwaltung aufgebaut. Die im Landesinteresse notwendigen Vorhaben, z. B. der Deichbau in Thedinghausen, wurden vom Staatsministerium direkt durchgeführt. Die örtlichen Aufgaben wurden von den Straßen- und Wasserbauämtern bei den 6 Kreisdirektionen betreut.

Auf Wunsch des Reichslandwirtschaftsministeriums, das auf die Gründung eines Kulturbauamtes wie in anderen Ländern drängte, wurde 1935 zunächst einmal bei der Abteilung für Ernährung und Landwirtschaft im Braunschweigischen Finanzministerium ein Referat „Kulturbaustelle" eingerichtet. Der Aufbau der Reichswerke 'Hermann Göring' in Salzgitter und der geplante Bau des Volkswagenwerkes bei Wolfsburg führten zu weiterem Druck der Reichsregierung, der durch Aufstockung des Personals (5 neue Planstellen) und Gründung einer Außenstelle in Bad Gandersheim abgefangen wurde.

Schließlich wurde am 1.4.1938 das selbständige Kulturbauamt Braunschweig gegründet und mit dem Personal der Kulturbaustelle besetzt. Das Amt war für das ganze Land Braunschweig zuständig (3 700 km^2)

Ursprünglich lag der Aufgabenschwerpunkt auf der Betreuung der Domänen, Kloster- und Stiftungsgüter sowie des gewässerkundlichen Dienstes. Da im Land Braunschweig - mit Ausnahme der Stadt Braunschweig - kein weiteres fachtechnisches Personal vorhanden war, wurde das Wasserwirtschaftsamt mit allen wasserwirtschaftlichen Arbeiten betreut. Ferner liegen im Amtsgebiet die beiden größten Abwasserverregnungsverbände Niedersachsens in Braunschweig und Wolfsburg längst nicht so gut (s. Abschn. 5.6.2).

Abb. 9.1-11: Dienstgebäude des StAWA Braunschweig

9.1.17 VON DER BAUINSPEKTION 1814 UND DEM DOMÄNENRENTAMT 1921 ZUM STAATLICHEN AMT FÜR INSEL- UND KÜSTENSCHUTZ UND DOMÄNENAMT NORDEN

26.9.1814	Gründung der Königlich-Preußischen Bauinspektion Norden, ab 1830 Wasserbauinspektion. Amtsbezirk: Inseln Baltrum, Norderney, Juist, Borkum und heutiger Landkreis Aurich mit Ausnahme südlicher Teilgebiete.
1.9.1852	Königlich-Hannoversche Verordnung zur Neugliederung des Wasserbaus mit den Sparten Wasserbau (Großer Wasserbau) Domanialwasserbau, Interessentenwasserbau.
1898	Einstellung von Meliorationsbauwart Peters auf Veranlassung der Domänenverwaltung für die Domanialwasserbauten, insbesondere zur Intensivierung der Landgewinnung sowie Übernahme des Inselschutzes auch für Langeoog und Spiekeroog.
1910	Umbenennung in Wasserbauamt Norden.
21.4.1921	Gründung des „Domänenrentamtes" und späteren „Domänenrent- und -bauamtes" in Norden mit Übernahme des Domanialwasserbaus an der ostfriesischen Küste mit Landgewinnungsarbeiten auf den fiskalischen Seeanwächsen, Bau und Unterhaltung von Deichen und Sommerdeichen sowie Domanialwasserbauwerke wie Vorfluter, Siele, Brücken, Durchlässe.
18.7.1928	Erlaß des Preußischen Ministers für Landwirtschaft, Domänen und Forsten über die Zuständigkeit zur Verwaltung und Verwertung von Meer und Strand bringt erheblichen Verantwortungszuwachs für das Domänenrent- und -bauamt bezüglich der selbständigen Gewinnung und Verwertung von Neuland.
1.6.1942	Vereinbarung zwischen dem Reichsminister für Ernährung und Landwirtschaft und dem Generalinspekteur für Wasser und Energie bezüglich Eigentums- und Aufgabenübergang in der Landgewinnung von der Domänenverwaltung auf die Wasserwirtschaftsverwaltung.
1.1.1950	Durchführung von Küstenschutz- und Landgewinnungsarbeiten an der ganzen ostfriesischen Küste und auf den ostfriesischen Inseln sowie des Dünenschutzes und Naturschutzes einschließlich Seevogelschutz auf den ostfriesischen Inseln gem. Erl. d. ML vom 25.11.1949.
22.11.1951	Gründung der „Wasserwirtschafts-Dienststelle Norden", in Personalunion mit dem Domänenrent- und -bauamt geleitet.
1.4.1954	Umbenennung in „Bauamt für Küstenschutz und Landgewinnung".
8.8.1966	Umbenennung in „Bauamt für Küstenschutz".
1.4.1979	Beendigung der Küstenvereinbarung vom 17.11.1952 mit der Bundes-Wasser- und Schiffahrtsverwaltung und somit letzter Teilvollzug des Staatsvertrages vom 19.7.1921 (s. Abschn. 3.2) mit Übergang des seebautechnischen Inselschutzes auf den ostfriesischen Inseln auf das Bauamt für Küstenschutz.
1.9.1989	Umbenennung in „Staatliches Amt für Insel- und Küstenschutz Norden" (StAIK), das weiterhin in Personalunion mit dem „Domänenamt Norden" (DAN) geleitet wird.

Dienstgebäude des StAIK und DAN s. Abb. 9.1-12

Amtsleiter:

Wasser/Bauinspektion Norden

1814 - 1836	Bauinspektor Maino Remmers
1841 - 1861	Wasserbauinspektor Wilhelm Mecke
1861 - 1876	Wasserbauinspektor A.A. Tolle

1876 - 1903	Baurat Panse
1903 - 1906	Baurat Meyer-Lorenz
1906 - 1912	Baurat Garschina
1912 - 1918	Regierungs- und Baurat Graessner
1918 - 1921	Regierungs- und Baurat Witte

Domänenrent- und -bauamt, Staatliches Amt für Insel- und Küstenschutz und Domänenamt

1921 - 1937	Domänenoberrentmeister Wilhelm Peters
1937 - 1938	Domänenoberrentmeister v. Freeden/Tiefbaumeister Wenholt
1938 - 31.03.1965	Regierungs- und Baurat Karl Wenholt
1.4.1965 - 31.12.1997	Ltd. Baudirektor Heie F. Erchinger

Aufgaben

Der Wasserbauinspektion oblagen Küsten- und Inselschutz, insbesondere das Deichbauwesen, Überwachung der Entwässerung und Entwässerungsanlagen, Überwachung und Unterhaltung aller bestehenden Wasserbauwerke, Entwurfsaufstellung, Bauleitung, Abrechnung.

Ab 1858 wurden umfangreiche Baumaßnahmen zur Inselsicherung auf Norderney, dem Staatsbad und sommerlichen Erholungsort des Königs von Hannover, durchgeführt. Auf Baltrum und Spiekeroog folgten derartige Baumaßnahmen ab 1870. Daneben wurde zur Dünenfestlegung und -sicherung im großen Stil Strandhafer gepflanzt. Die Ausweisung und Betreuung von Vogelfreistätten (z.B. Langeoog 1775) sollte neben dem Vogelschutz auch der Dünenbegrünung dienen. Ferner wurden Schutzgehölze in den Dünen angelegt. Ab 1898 wurde zur Intensivierung der Landgewinnung der Meliorationsbauwart Peters eingestellt.

Ab 1921 Intensivierung der Landgewinnung u.a. durch Beschäftigung von Arbeitslosen, 1921 erste Maßnahme der „praktischen Erwerbsfürsorge" (heute Arbeitsbeschaffungsmaßnahme).

Abb. 9.1-12: Dienstgebäude des Staatliches Amtes für Insel- und Küstenschutz (StAIK) und des Domänenamtes Norden (Foto: SKN-Stromann)

Ab 1924 Bau zahlreicher Haupt- und Sommerdeiche an der Küste und auf den Inseln. Trotz schwierigster Zeiten und katastrophaler wirtschaftlicher Bedingungen wurde am 2.7.1946 durch den ML Auftrag erteilt zur Entwurfsaufstellung für die Eindeichung der inneren Leybucht (5 km Störtebekerdeich, 1947 Baubeginn, 1950 fertiggestellt).

Ab 1950 Umstellung der Landgewinnung für landwirtschaftliche Zwecke in Vorlandgewinnung, vor allem vor scharliegenden Deichen; Erhöhung und Verstärkung von Inseldeichen und Durchführung der staatlichen Küstenschutzaufgaben einschl. der Außentiefunterhaltung sowie der Bau-, -Pflege- und Unterhaltungsmaßnahmen auf etwa 17 000 ha domänenfiskalischer Flächen.

Ab 1979 Durchführung des gesamten Inselschutzes (Borkum bis Wangerooge): Schutzdünen einschl. Deckwerke, Buhnen, Strandaufspülungen; Binnendünenpflege; Hauptdeichbau- und -unterhaltung; Deichvorlandsicherung; Siel- und Schöpfwerksbetrieb mit Ausnahme der Westsicherung Borkums und der Nordsicherung Wangerooges, die Sache der Bundes-Wasser- und Schiffahrtsverwaltung sind. Ferner wird der staatliche Küstenwasserbau an der gesamten ostfriesischen Festlandsküste mit Deichvorlandgewinnung und -sicherung, Unterhaltung der landeseigenen Hauptdeiche am Dollart und in der Leybucht, Unterhaltung von 10 Außentiefs zwischen Jemgum/Ems und Harlesiel, Pflege und Unterhaltung der domänenfiskalischen Vorlandflächen einschl. Sommerdeichen und Sielen, Brücken und Durchlässen sowie die Betreuung der Wasser- und Tiefbauarbeiten auf den 32 ostfriesischen Domänen durchgeführt. Die Schutzwerke der Deichverbände werden an der Küste und der Ems bis Papenburg betreut und unterhalten. Ferner werden zur Überwachung der morphologischen Entwicklung von Inselstränden, Inselrückseiten und Vorlandkanten sowie für Küstenschutzplanungen rd. 500 Vermessungsprofile im jährlichen bis 10-jährigen Rhythmus vermessen und der Sturmflutwarndienst durchgeführt. Außerdem werden Nationalparkwacht, Brutbestandserfassungen, Wasser- und Watvogelzählungen, Spülsaumkontrolle und Schutzgebietsbetreuungen auf den Inseln und an der Festlandsküste mit Unterstützung durch 15 Zivildienstleistende (s. Abschnitt 8.7) u. a. für das NLÖ bzw. die Nationalparkverwaltung ausgeführt.
Für die Durchführung der Arbeiten hat das StAIK 12 Außenstellen auf den Inseln und an der Festlandsküste eingerichtet.

9.2 BEZIRKSREGIERUNGEN UND EHEMALIGE REGIERUNGSPRÄSIDENTEN BIS 1978 ÄNDERUNG VON ORGANISATION UND BENENNUNG

Mit dem Achten Gesetz zur Verwaltungs- und Gebietsreform vom 28.6.1977 (Nds. GVBl. Seite 233) erfolgte die Neugliederung der Landkreise und eine Neuordnung der staatlichen Mittelinstanz. Die Behörden der Regierungspräsidenten in Aurich, Hannover, Hildesheim, Lüneburg, Osnabrück und Stade sowie die Behörden der Präsidenten der Niedersächsischen Verwaltungsbezirke Braunschweig und Oldenburg wurden aufgelöst und gleichzeitig die Bezirksregierungen in Braunschweig, Hannover, Lüneburg und Oldenburg (Oldenburg) für den Regierungsbezirk Weser-Ems errichtet.

Abb. 9.2-1:
Dienstgebäude der
Bezirksregierung Braunschweig

9.2.1 BEZIRKSREGIERUNG BRAUNSCHWEIG

1.3.1935 Gründung eines Referates „Kulturbau" bei der Abteilung Ernährung und Landwirtschaft im Braunschweigischen Finanzministerium.

Leiter des Dezernats Wasserwirtschaft:

1.3.1935 - 30.10.1970	Baudirektor Erich Schärff
22.12.1970 - 30.9.1980	Baudirektor Dieter Möller 1.2.1979: Eingliederung des bis dahin selbständigen Dezernates Wasserrecht in das Dezernat Wasserwirtschaft.
1.10.1980 - 31.7.1994	Ltd. Baudirektor Wolfgang Heinsohn 1.10.1980: Auflösung des Dezernates Wasserwirtschaft/Wasserrecht der damals unselbständigen Außenstelle Hildesheim (ehemals RP Hildesheim). Damit wurde das Dezernat 502 in Braunschweig auch für die wasserwirtschaftlichen Aufgaben aus Teilbereichen des ehemaligen Regierungsbezirks Hildesheim zuständig. 1.1.1994: Ausgliederung der Aufgabe „Abfallwirtschaft" in ein selbständiges Dezernat Abfallwirtschaft/Abfallrecht.
seit 17.10.1994	Regierungsdirektor Ulrich Hagebölling

Dienstgebäude der Bezirksregierung Braunschweig s. Abb. 9.2-1

Der Regierungspräsident in Hildesheim bis 1978

Leiter des Dezernats Wasserwirtschaft:

1922 - 30.9.1935	Oberbaurat Kühn
01.10.1935 - Sept. 1945	Regierungsbaurat Waßmann
Sept. 1945 - 1947	Regierungs- und Baurat Schwahn (kommissarisch)
15.9.1947 - ?	Oberregierungsbaurat Pakusa
? - 30.4.1966	Oberbaurat Schwahn
1.5.1966 - 30.11.1970	Baudirektor Mensing
1.12.1970 - 31.7.1971	Baudirektor Dr. Ing. Ohling
1.8.1971 - 30.11.1978	Baudirektor Niewiesk
1.12.1978	Auflösung des „Regierungspräsidenten in Hildesheim" Die Mitarbeiterinnen und Mitarbeiter werden Bedienstete der Bezirksregierung Braunschweig.

9.2.2 BEZIRKSREGIERUNG HANNOVER

1.4.1912 Übergang des Meliorationswesen vom Oberpräsidenten auf die Regierung.

Leiter des Dezernats Wasserwirtschaft:

1.4.1912 - 31.3.1921	Regierungs- und Geheimer Baurat Recken
1.4.1921 - 31.3.1936	Oberregierungs- und -baurat Czygan
1.4.1936 - 31.5.1946	Oberregierungs- und -baurat Timm
1.6.1946 - 8.3.1948	Oberregierungs- und -baurat Dr. Grisse
3.11.1947 - 31.3.1966	Oberregierungsbaurat Gunzelmann
1.4.1966 - 31.1.1969	Baudirektor Klee
1.2.1969 - 31.12.1989	Ltd. Baudirektor Hillmann
1.1.1990 - 30.6.1994	Ltd. Baudirektor Lüdeke
1.7.1994 - 31.12.1997	BD Prass m.d.W.d.G.b.
ab 01.01.1998	BD Thies

Dienstgebäude der Bezirksregierung Hannover s. Abb. 9.2-2

Abb. 9.2-2: Dienstgebäude der Bezirksregierung Hannover

Abb. 9.2-3: Dienstgebäude der Bezirksregierung Lüneburg

9.2.3 BEZIRKSREGIERUNG LÜNEBURG

Leiter des Dezernats Wasserwirtschaft:

April 1914 - Febr. 1920	Regierungs- und Baurat Meyer
April 1920 - Febr. 1928	Regierungs- und -baurat Arndt
März 1928 - Okt. 1937	Regierungs- und -baurat Mayburg
Dez. 1937 - Mai 1955	Oberregierungs- und -baurat Weinrich
Juni 1955 - Mai 1971	Baudirektor Klinge
Juni 1971 - Jan. 1985	Ltd. Baudirektor Prof. Dr.-Ing. Bellin
Febr. 1985 - Dez. 1997	Ltd. Baudirektor Baumgarten
ab Jan. 1998	BD Höllger

Dienstgebäude der Bezirksregierung Lüneburg s. Abb. 9.2-3

Der Regierungspräsident in Stade bis 1978
Leiter des Dezernats Wasserwirtschaft:

1922 - Jan. 1925	Regierungs- und Baurat Diete
April 1925 - April 1936	Regierungs- und Baurat Timm
Mai 1936 - März 1954	Oberregierungs- und -baurat Lehde
Mai 1956 - Dez. 1967	Regierungsbaudirektor Meyer
Jan. 1968 - Dez. 1970	Baudirektor Barjenbruch
Jan. 1971 - Aug. 1980	Baudirektor Heinsohn
1.2.1978	Auflösung des „Regierungspräsidenten in Stade“. Die Mitarbeiterinnen und Mitarbeiter werden Bedienstete der Bezirksregierung Lüneburg.

9.2.4 BEZIRKSREGIERUNG WESER-EMS

Das frühere Großherzogtum und spätere Land Oldenburg (nach 1945 Verwaltungsbezirk Oldenburg) kannte bis 1933 keine Trennung zwischen Wasserwirtschafts- und Wasserbauverwaltung. Seit etwa 1871 wurden alle technischen Aufgaben von der „Oldenburgischen Baudirektion" im Staatsministerium, Departement des Innern, als oberste Instanz wahrgenommen. Darunter gab es das „Deichamt" mit dem Deichgräfen als vorgesetzte Behörde für alle „Distrikts-Wasserbaubeamten".

Abteilungsleiter bis zur Einrichtung des Dezernats Wasserwirtschaft:

1794 - 1837	Deichgräfe Burmeister
1838 - 1843	unbesetzt
1844 - 1847	Deichgräfe Baurat Nienburg
1848 - 1868	Oberdeichgräfe Peters
1869 - 1875	unbesetzt
1876 - 1886	Oberdeichgräfe Baurat Nienburg
1887 - 1907	Geheim. Oberbaurat Tenge
1908 - 1914	Geheim. Oberbaurat Hoffmann
1914 - 1921	Geheim. Oberbaurat Kuhlmann
1921 - 1936	Ministerialrat Borchers
7.3.1936 - 31.5.1951	Ministerialrat Wilh. Ostendorf

Leiter des Dezernats Wasserwirtschaft:

1.9.1945 - 15.6.1954	Oberregierungs- und -baurat Heinrich Schmidt („GräserSchmidt")
1.7.1954 - 31.3.1963	Oberregierungs- und -baurat Riehl
1.4.1963 - 30.4.1980	Baudirektor Schaper
1.7.1980 - 31.7.1986	Ltd. Baudirektor Zunker
14.8.1986 - 31.3.1995	Ltd. Baudirektor Wöbken
seit Okt. 1995	Ltd. Baudirektor Eilers

Der Regierungspräsident in Aurich bis 1978

1.5.1921	Errichtung eines kulturbautechnischen Dezernats

Dienstgebäude der Bezirksregierung Weser-Ems in Oldenburg s. Abb. 9.2-4

Leiter des Dezernats Wasserwirtschaft:

1.5.1921	Regierungs- und Baurat Diemer
1.6.1922	Regierungsbaurat Sagemüller
9.6.1925	Oberregierungs- und -baurat Giencke
19.9.1948	Oberregierungs- und -baurat Gohlke
1.5.1949	Baudirektor Krause
1.6.1967	Baudirektor Zunker
1.2.1978	Auflösung des „Regierungspräsidenten in Aurich" Die Mitarbeiterinnen und Mitarbeiter werden Bedienstete der Bezirksregierung Weser-Ems.

Der Regierungspräsident in Osnabrück bis 1978

1.4.1921	Regierungsbaurat Stadermann
1.7.1923	Regierungs- und Baurat Diemer
6.9.1932	Oberregierungs- und -baurat Rheders
4.11.1939	Regierungs- und Baurat Zincke

1.11.1940	Oberbaurat Batke
1.4.1941	Oberregierungs- und -baurat Sagemüller
6.5.1945	Regierungs- und Baurat Zincke
1.7.1947	Regierungs- und Baurat Engelke
1.8.1947 - 31.12.1950	Oberregierungs- und -baurat Matz
1.1.1951 - 30.6.1960	Oberregierungs- und -baurat Hofmeyer
1.7.1960 - 31.8.1968	Baudirektor Keitel
1.12.1968 - 31.8.1977	Ltd. Baudirektor Dilger
1.7.1978 - 30.9.1980	Baudirektor Koller
1.02.1978	Auflösung des „Regierungspräsidenten in Osnabrück" Die Mitarbeiterinnen und Mitarbeiter werden Bedienstete der Bezirksregierung Weser-Ems.

Abb. 9.2-4: Dienstgebäude der Bezirksregierung Weser-Ems in Oldenburg, erbaut 1914 - 1916 als Ministerium und Landtagsgebäude (linkes Gebäude mit Säulen-Vorbau) des Landtages des Großherzogtums Oldenburg nach den Plänen der Stuttgarter Architekten Bonatz und Scholer. Das langgestreckte dreistöckige Gebäude oberhalb des Hauptgebäudes beherbergt die Wasser- und Abfallwirtschaftsverwaltung.

9.3 MINISTERIUM

Organisation der Niedersächsischen Wasserwirtschaftsverwaltung im Niedersächsischen Ministerium für Ernährung, Landwirtschaft und Forsten bis 1986 und im Niedersächsischen Umweltministerium ab 1986 in Hannover

Dienstgebäude des Nds. Ministeriums für Ernährung, Landwirtschaft und Forsten s. Abb. 9.3-1

Abb. 9.3-1: Nds. Ministerium für Ernährung, Landwirtschaft und Forsten in Hannover

9.3.1 LEITER DER WASSERWIRTSCHAFTSABTEILUNG

1947 - 1951

Abt. IV	:	Siedlung und Wasserwirtschaft Siedlung: Leiter RD Groebner
IV/6	:	Wasserwirtschaft: Leiter RD Schweicher

1951 - 1953

Abt. VI	:	Wasserwirtschaft: Leiter MR Schweicher

1953 - 1957

Abt. III	:	Ländliche Siedlung, Flurbereinigung und Wasserwirtschaft
Ref.Gr. III/A	:	Ländliche Siedlung, Flurbereinigung Leiter MR Groebner, Vertreter RD Dr. Brandt
Ref.Gr. III/B	:	Leiter MDgt. Schweicher, Vertreter RD Metzges

1957 - 1964

Abt. III	:	Agrarstrukturverbesserung, ländliche Siedlung und Wasserwirtschaft
Ref.Gr. III/A	:	Agrarstrukturverbesserung, ländliche Siedlung Leiter Mdgt Leonhardt, Vertreter MR Dr. Adickes
Ref.Gr. III/B	:	Wasserwirtschaft Leiter MDgt Dr.-Ing. E.h. Schweicher, Vertreter MR Metzkes

1964 - 1971

Abt. IV	:	Wasserwirtschaft Leiter Mdgt Metzges, Vertreter Ltd. MR Loheide
Ref.Gr.IV/1	:	Organisation, Haushalt, Wasserbau Leiter Ltd. MR Loheide
Ref.Gr. IV/2	:	Gewässerkunde, Rahmenplanung, Wasserversorgung, Abwasserbehandlung und Ingenieurbau Leiter MR Liese

1971 - 1977

Abt. 3	:	Agrarstruktur und Wasserwirtschaft Leiter MDgt Gillhoff/MDgt Dr. Knefeli, Vertreter MR Barjenbruch
Ref.Gr. 3 A	:	Agrarstruktur Leiter Ltd. MR Brauer/Ltd. MR Pietscher
Ref.Gr. 3 B	:	Wasserwirtschaft Leiter MR Barjenbruch

1977 - 1980

Abt. 3	:	Agrarstruktur und Wasserwirtschaft Leiter MDgt Barjenbruch, Vertreter Ltd. MR Pietscher
Ref.Gr. 3 A	:	Agrarstruktur Leiter Ltd. MR Pietscher
Ref.Gr. 3 B	:	Wasserwirtschaft Leiter Ltd. MR van Biema

1981 - 1986

Abt. 3	:	Agrarstruktur und Wasserwirtschaft Leiter MDgt Veh, Vertreter Ltd. MR Pietscher
Ref.Gr. 3 A	:	Agrarstruktur Leiter Ltd. MR Pietscher
Ref.Gr. 3 B	:	Wasserwirtschaft Leiter Ltd. MR van Biema

Mit Wirkung vom 1.11.1986 wurde die Referatsgruppe Wasserwirtschaft vom Niedersächsischen Ministerium für Ernährung, Landwirtschaft und Forsten zum neugegründeten Niedersächsischen Umweltministerium umressortiert.

Dienstgebäude des Nds. Umweltministeriums s. Abb. 9.3-2

1986 - 1988

Abt. 2	:	Wasser- und Abfallwirtschaft Leiter MDgt Veh, Vertreter Ltd. MR van Biema

1988 - 1989

Abt. 2	:	Wasser- und Abfallwirtschaft Leiter MDgt Veh, Vertreter MR Hulsch/Ltd. MR Eggerking

1989 - 1990

Abt. 2	:	Wasser- und Abfallwirtschaft
Ref.Gr. 20	:	Wasserwirtschaft Leiter Ltd. MR Hulsch, Vertreter MR Sander
Ref.Gr. 21	:	Abfallwirtschaft, Altlasten Leiter MR Eggerking, Vertreter MR Uhlendorf

ab 1990

Abt. 2	:	Gewässerschutz, Wasserwirtschaft Leiter MDgt Veh, Vertreter Ltd. MR Hulsch
Abt. 5	:	Abfallvermeidung, Abfallwirtschaft, Altlasten ab 1996 Immissionsschutz, Kreislaufwirtschaft, Abfall Leiter MDgt Keller, ab 1994 MDgt Müller-Gundermann, Vertreter Ltd. MR Eggerking, ab 1997 mit der Leitung beauftragt; Vertreter MR Dr. Wendenburg (Die Untergliederung der Abt. 5/3 in Referate wird hier nicht weiter verfolgt)

ab 1996

Abt. 2	:	Leiter MDgt Hulsch, Vertreter NN; ab 1997 Ltd. MR Wiedemann

Abb. 9.3-2: Nds. Umweltministerium erbaut 1838 als Vierflügelanlage im sogenannten „Hannoverschen Rundbogenstil“ nach den Plänen von Hermann Hunaeus, letzte Erweiterung 1876 - 1879.

9.3.2 REFERATSLEITER

Referatsleiter Grundsatzfragen, Organisation, Personalien:

1947 - 1952	MDgt Schweicher

Referatsleiter Allgemeine Angelegenheiten:

1952 - 1962	MDgt Schweicher
1971	LMR Loheide
1972 - 1978	LMR Barjenbruch
1978 - 1988	LMR van Biema

Referatsleiter, Finanzierung, Ausbildung, Hochwasserschutz/Landwirtschaftlicher Wasserbau im südlichen Landesteil:

1947 - 1948	ORuBR Scherer

Referatsleiter Haushalt, Finanzierung, Personalien:

1948 - 1952	ORuBR Scherer
1952 - 1962	MR Metzkes
1962 - 1971	LMR Loheide
1972 - 1978	MR van Biema
1978 - 1986	MR Eggerking
1986 - 1988	LMR van Biema

Referatsleiter Grundsatzangelegenheiten Wasserwirtschaft, bis 1997 Gewässerkundlicher Landesdienst, ab 1996 Objektverwaltung:

1988 - 1997	MR Dr.-Ing. Staschen

Referatsleiter Hochwasserschutz/Landwirtschaftlicher Wasserbau im nördlichen Landesteil, Küstenschutz:

1947 - 1952	MR Schweicher
1952 - 1963	RD Dr.-Ing. Lüders
1963 - 1974	MR Teget
1974 - 1981	MR Krause

Referatsleiter Hochwasserschutz/Landwirtschaftlicher Wasserbau im südlichen und westlichen Landesteil, Wasserrecht:

1948 - 1950	ORuBR Schweicher

Referatsleiter Hochwasserschutz/Landwirtschaftlicher Wasserbau im nordöstlichen Landesteil, Wasserrecht:

1950 - 1952	ORuBR Dr. Grisse

Referatsleiter Hochwasserschutz/Landwirtschaftlicher Wasserbau im südlichen Landesteil, Ausbildung:

1950 - 1952	RBR Metzkes
1952 - 1960	RD Dr. Grisse
1960 - 1963	RD Barthel
1963 - 1981	MR Pinz

Referatsleiter Küstenschutz, Hochwasserschutz, naturnahe Gewässergestaltung, ab 1997 auch Gewässerkundlicher Landesdienst:

seit 1981	MR Krause

Referatsleiter Siedlungswasserwirtschaft:

1947 - 1952	BD a.D. Schemel
1952 - 1957	ORuBR Dr.-Ing. Billib
1957 - 1964	RD Pakusa
1964 - 1971	MR van Biema
1971 - 1974	RD Veh

Referatsleiter Grundwasserschutz, Wasserversorgung:

1974 - 1981	MR Veh
1981 -	MR Müller

Referatsleiter Abwasserreinigung, Gewässer- und Nordseereinhaltung:

1974 - 1986	MR Hulsch

Referatsleiter Gewässer- und Nordseereinhaltung, Meeresforschung:

1986 - 1997	LMR Hulsch
1997 -	TA Janning

Referatsleiter Abwasser, Klärschlamm, wassergefährdende Stoffe:

1986 - 1997	MR Dr.-Ing. Zillich
ab 1998	MR Dr.-Ing. Rapsch

Referatsleiter Gewässerkundlicher Landesdienst:

1947 - 1955	ORuBR Dr.-Ing. Natermann
1955 - 1960	RD Barthel
1960 - 1971	MR Liese
1971 - 1981	MR Müller
1981 - 1988	MR Dr.-Ing. Staschen

Referatsleiter Landeseigene Anlagen, Sonderprogramme:

1964 - 1973	MR Heiden

Referatsleiter Konstruktiver Ingenieurbau:

1964 - 1967	BOR Heinsohn
1967 - 1970	BOR Großkopf

Referatsleiter Abfallwirtschaft:

1973 - 1983	MR Heiden
1983 - 1986	BD Baumgarten
1986 - 1988	MR Eggerking
	(ab 1988 wird zunächst eine Referatsgruppe, später eine Abteilung für den Abfallbereich eingerichtet)

Referatsleiter Wasserrecht:

1952 - 1953	ORR z. Wv. Dr. Adickes
1953 - 1956	RD Wiedemann
1956 - 1964	ORR Rehder
1964 - 1971	MR Wahrenholz
1971 - 1997	MR Sander
1997 -	LMR Wiedemann

10 Herausragende und besondere Baumaßnahmen und Planungen der Wasserwirtschaft in Niedersachsen sowie wesentliche Meliorationsarbeiten

10.1 BEDEUTENDE MELIORATIONSARBEITEN IN DER PREUSSISCHEN PROVINZ HANNOVER VON 1878 BIS 1915

von Johann Kramer und Heie F. Erchinger

1. Meliorationsmaßnahmen 1878 bis 1893

Die Meliorationsarbeiten im 19. Jahrhundert waren anfangs zahlreiche über ganz Niedersachsen verstreute Ent- und Bewässerungen mit Bach- und Flußregulierungen zum Hochwasserschutz und für die Schiffahrt von oft sehr unterschiedlicher Qualität. Als positives Beispiel sei hier die für den sommerlichen Hochwasserschutz in der Hamme-Niederung errichtete, inzwischen als Denkmal geschützte Ritterhuder Schleuse mit drei Sielöffnungen und einer Schiffahrtsschleuse im Jahr 1875 angeführt. Sie wurde von der Wasserbauinspection Blumenthal durch den damaligen Bauinspektor A.W. Tolle geplant und gebaut (Abb. 10.1-1) [1] (s. a. Bd. I, Abb. 45). An den größeren Projekten, über die Nachweise und Abrechnungen vorliegen, lassen sich die Entwicklung des Meliorationswesens und die dabei zu überwindenden Schwierigkeiten im Lande Preußen veranschaulichen. Hierüber geben die bei den Staatsarchiv-Akten von 1877/78 bis 1915 befindlichen Jahresberichte über Meliorationsarbeiten Aufschlüsse (Oberpräsidium Hannover).

An Meliorationsvorhaben in der Provinz Hannover 1878 wurden benannt:

1. Entwässerung der Ilmenau-Niederung (Ämter Bleckede und Winsen; Lüneburg) mit 220 km^2 – 22 000 ha als größte Maßnahme,
2. Melioration der Weser-Niederung unterhalb Hoya durch Ent- und Bewässerung im Amte Bruchhausen und Syke mit 70 km^2 = 7 000 ha, wofür der Entwurf abgeliefert wurde,
3. Correction des Innerste-Flusses im Amte Hildesheim (ca. 60 km^2), hierfür bereits Vorarbeiten 1877/78 ausgeführt,
4. Melioration der unteren Leine-Marsch im Amte Neustadt und Ahlden (50 km^2), Vorarbeiten 1877/78 begonnen,
5. Entwässerung des Langen Moores im Amte Osten (28 km^2), Entwurf abgeliefert,
6. Correction des Landgrabens im Amte Lüchow (122 km^2), Entwurf abgeliefert.

An kleineren in der Ausführung begriffenen Anlagen wurden acht Maßnahmen mit zusammen 1826 ha verzeichnet. Diese Arbeiten führten die Interessenten nach der Absteckung selbst aus und nahmen nur in besonderen Fällen Rat in Anspruch.

Besonders interessant ist ein Bericht des Baurats Hess vom 16.03.1880 an den Preußischen Minister für Landwirtschaft, Domänen und Forsten, Dr. Lucius, in Berlin, betr. Jahresübersicht über den Stand und die Fortschritte der Landes-Meliorationen in den Landdrosteibezirken. Hess berichtete: „Neigung zu Meliorationen ist überall - nament-

Abb. 10.1-1: Die 1875 erbaute Ritterhuder Schleuse als Hochwasserschutz- und Schiffahrtsschleuse in der Hamme (Foto: StAWA Verden)

lich in der Landdrostei Lüneburg - vorhanden. Bei den Meliorationen mittlerer Größe fehlt es aber an der Ausführung einer großen Bewässerungsanlage. Es wird die Durchführung des Projektes Bruchhausen-Syke als der größten Bewässerungsanlage Mitteleuropas empfohlen, bei der die Abstimmung voraussichtlich eine 2/3 Mehrheit ergeben wird."

Weiter werden die von Hess früher bearbeiteten größeren Ent- und Bewässerungsprojekte „Melioration des Wietzebruches" mit 6 421 ha und „Melioration der Alpe-Niederung" mit 4 460 ha erwähnt. Nach Durchführung des Bruchhausen-Syke-Projektes kann - nach Ansicht von Hess - die Alpe-Melioration ebenfalls ausgeführt werden. Bei einer früheren Abstimmung war bereits eine Mehrheit vorhanden. Aufgrund einer landwirtschaftlichen Begutachtung blieb die „Angelegenheit dann auf sich beruhen". Ebenfalls hatte das schon im Jahr 1879 bearbeitete Projekt der Ilmenau-Correction nach Aussage einiger Vertrauensmänner Aussicht auf Ausführung.

Im Jahre 1881 konnte Hess auf eine 10jährige Tätigkeit beim Meliorationsbauamt in Hannover, dem ersten Amt in der Provinz Hannover, zurückblicken und in seinem Jahresbericht vom 14.03.1881 für das Jahr 1880 recht erfreuliche Fortschritte verzeichnen. Die beiden größten Meliorationen waren:

1. Die Bewässerung und Entwässerung von Grundstücken in den Ämtern Bruchhausen und Syke mit 4 771 ha und 1 730 000 M Kosten sowie
2. die Entwässerung der Ilmenau-Niederung mit 22 000 ha und 1 420 000 M Kosten sind zur Ausführung vorbereitet. Das 1. Projekt ist mit 2/3 Mehrheit von den Interessenten angenommen. Die Statuten sind ausgearbeitet, so daß 1881 begonnen werden kann.

Außerdem ist noch ein weiteres Projekt fertig, und zwar

3. die „Melioration, durch Einlassen von Weserwasser die Feldmarken Leeste und Brinkum zu bewässern".

Hess meinte daher zuversichtlich, daß diese großen Meliorationen Veranlassung geben werden, um in anderen günstig gelegenen Landesteilen der Provinz eine baldige „Nachfolge" hervorzurufen. Er konnte damals nicht ahnen, welche Schwierigkeiten und Rückschläge noch eintreten sollten.

Die „Leeste-Brinkumer Bewässerung" (Regierungsbezirk Hannover) mit 1 000 ha Beteiligungsgebiet wurde als erste ausgeführt. Nachdem der Minister das Projekt 1882 genehmigt hatte, wurde sofort mit dem Bau begonnen. Trotz ungünstiger Wasserverhältnisse wurden die Arbeiten 1883 fortgesetzt. Im Jahre 1884 haben die Anlagen die Probe mit Weserwasser (Überstauung der Flächen) bestanden und sich bewährt.

Auf das Beispiel einer Ausschreibung vom Bau des Ems-Jade-Kanals im Jahre 1881 durch Regierungs- und -baurath A.A.Tolle wird auf Abb. 10.1-2 verwiesen.

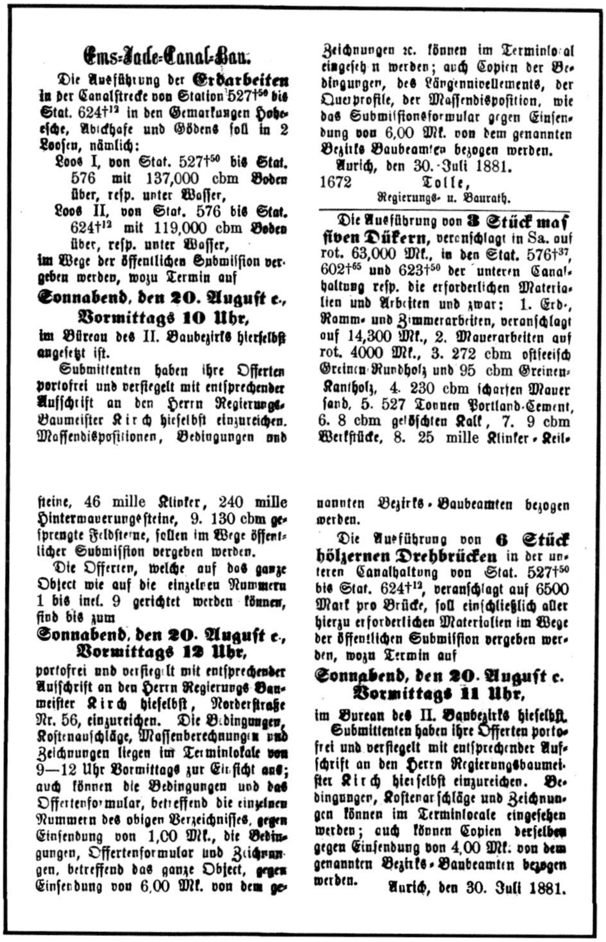

Ems-Jade-Canal-Bau.

Die Ausführung der **Erdarbeiten** in der Canalstrecke von Station $527+^{50}$ bis Stat. $624+^{12}$ in den Gemarkungen Hohe-esche, Abickhafe und Gödens soll in 2 Loosen, nämlich:

Loos I, von Stat. $527+^{50}$ bis Stat. 576 mit 137,000 cbm Boden über, resp. unter Wasser,

Loos II, von Stat. 576 bis Stat. $624+^{12}$ mit 119,000 cbm Boden über, resp. unter Wasser,

im Wege der öffentlichen Submission vergeben werden, wozu Termin auf

Sonnabend, den 20. August c.,
Vormittags 10 Uhr,

im Büreau des II. Baubezirks hierselbst angesetzt ist.

Submittenten haben ihre Offerten portofrei und versiegelt mit entsprechender Aufschrift an den Herrn Regierungs-Baumeister Kirch hieselbst einzureichen. Massendispositionen, Bedingungen und Zeichnungen rc. können im Terminlocal eingesehen werden; auch Copien der Bedingungen, des Längennivellements, der Querprofile, der Massendisposition, wie das Submissionsformular gegen Einsendung von 6,00 Mk. von dem genannten Bezirks-Baubeamten bezogen werden.

Aurich, den 30. Juli 1881.

1672 Tolle,
Regierungs- u. Baurath.

Die Ausführung von **3 Stück massiven Dükern,** veranschlagt in Sa. auf rot. 63,000 Mk., in den Stat. $576+^{37}$, $602+^{65}$ und $623+^{50}$ der unteren Canalhaltung resp. die erforderlichen Materialien und Arbeiten und zwar: 1. Erd-, Ramm- und Zimmerarbeiten, veranschlagt auf 14,300 Mk., 2. Mauerarbeiten auf rot. 4000 Mk., 3. 272 cbm ostseeisch Greinen-Rundholz und 95 cbm Greinen-Kantholz, 4. 230 cbm scharfen Mauersand, 5. 527 Tonnen Portland-Cement, 6. 8 cbm gelöschten Kalk, 7. 9 cbm Werkstücke, 8. 25 mille Klinker-Keilsteine, 46 mille Klinker, 240 mille Hintermauerungssteine, 9. 130 cbm gesprengte Feldsteine, sollen im Wege öffentlicher Submission vergeben werden.

Die Offerten, welche auf das ganze Object wie auf die einzelnen Nummern 1 bis incl. 9 gerichtet werden können, sind bis zum

Sonnabend, den 20. August c.,
Vormittags 12 Uhr,

portofrei und versiegelt mit entsprechender Aufschrift an den Herrn Regierungs-Baumeister Kirch hieselbst, Norderstraße Nr. 56, einzureichen. Die Bedingungen, Kostenanschläge, Massenberechnungen und Zeichnungen liegen im Terminlokale von 9—12 Uhr Vormittags zur Einsicht aus; auch können die Bedingungen und das Offertenformular, betreffend die einzelnen Nummern des obigen Verzeichnisses, gegen Einsendung von 1,00 Mk., die Bedingungen, Offertenformular und Zeichnungen, betreffend das ganze Object, gegen Einsendung von 6,00 Mk. von dem genannten Bezirks-Baubeamten bezogen werden.

Die Ausführung von **6 Stück hölzernen Drehbrücken** in der unteren Canalhaltung von Stat. $527+^{50}$ bis Stat. $624+^{12}$, veranschlagt auf 6500 Mark pro Brücke, soll einschließlich aller hierzu erforderlichen Materialien im Wege der öffentlichen Submission vergeben werden, wozu Termin auf

Sonnabend, den 20. August c.
Vormittags 11 Uhr,

im Bureau des II. Baubezirks hieselbst.

Submittenten haben ihre Offerten portofrei und versiegelt mit entsprechender Aufschrift an den Herrn Regierungsbaumeister Kirch hierselbst einzureichen. Bedingungen, Kostenanschläge und Zeichnungen können im Terminlocale eingesehen werden; auch können Copien derselben gegen Einsendung von 4,00 Mk. von dem genannten Bezirks-Baubeamten bezogen werden.

Aurich, den 30. Juli 1881.

Abb. 10.1-2:
Veröffentlichung einer Ausschreibung beim Bau des Ems-Jade-Kanals im Jahre 1881

Be- und Entwässerung der linksseitigen Wesermarsch

Das interessanteste und in seiner Art größte und schwierigste war das „Projekt zur Ent- und Bewässerung der Niederung von Hoya bis zur Oldenburger und Bremer Grenze“. Es handelte sich hierbei um eine Bewässerung der linksseitigen Wesermarsch nach dem Prinzip der Stauberieselung. An Bewässerungsfläche waren zunächst 7 000 ha vorgesehen. Da aber ein Teil der Ortschaften die Ausführung ablehnte, mußte das Projekt auf eine im Regierungsbezirk Hannover belegene Fläche von rd. 4 800 ha beschränkt werden. Dieses Projekt Bruchhausen-Syke wurde im Jahre 1878 von Hess vollendet (4 771 ha). Es sah die Be- und Entwässerung in den Ämtern Bruchhausen und Syke mit einem Kostenaufwand von 1 730 000 M vor und wurde 1880 mit 2/3 Mehrheit von den Interessenten angenommen. Nach Ausarbeitung des Statuts im Jahre 1881 und nach Ausscheiden der Marsch-Interessenten im Amte Syke wurde der Plan einer neuen Abstimmung unterzogen. Zunächst versuchte die Braunschweigische Kreisdirektion (s. Abschnitt 3.3) durch weitere Forderungen die freie Entwässerung in das preußische Amt Syke zu erreichen. Sie erklärte sich aber dann schließlich doch mit der Einleitung des Verfahrens einverstanden. Mit den Arbeiten wurde nach Wahl von Stegemann zum Meliorationsdirektor im Herbst 1883 begonnen und die Korrection des Süstedter Baches auf preußischem Gebiet bis auf rd. 2 km vollendet.

Die Korrection der Eyter wurde vorbereitet. Im Herbst des Jahres 1885 konnte Hess die Fertigstellung der Schleuse im Weserdeich bei Hoya und die Verlegung des Weserdeiches anzeigen. Sehr viel konnte in der kurzen Zeit von zwei Jahren vollbracht werden, wobei rd. 75 km Dämme entstanden. Es wurden geleistet: An Bodenaushub für die Zuleitungskanäle 287 000 m^3, für die Flußkorrection 208 000 m^3, dazu 38 Bauwerke und 37 in Ausführung, 200 000 m^3 Boden wurden in die Dämme eingebaut. Die Gesamtausgaben für die generellen Anlagen betrugen 600 000 M bis zum Jahre 1885.

Im Jahre 1886 wurde die Korrection der Eyter von Bruchhausen bis zur Weser, ausgenommen ein kleines Stück von 1 km, einschließlich aller Dammanlagen und Bauwerke, hergestellt. Auch der Hauptzuleitungsgraben war auf 16 km Länge fertig, 6 km fehlten noch. Ebenfalls waren die kleineren Kanäle und Entwässerungsanlagen teilweise ganz, teilweise nahezu vollendet. Bis zum 01.01.1887 waren 1 185 000 M an generellen Kosten verausgabt; die „speziellen Kosten“ mußten von den Betroffenen direkt bezahlt werden. An Bodenmassen wurden 1 096 000 m^3 gefördert. Vollendet waren: 47 Brücken, 11 Stege, 24 Schleusen und 12 Unterleitungen; in Ausführung 22 Brücken, 62 Schleusen und 9 Unterleitungen, insgesamt 187 Bauwerke.

Zur Herstellung der Revierdämme waren etwa 400 000 m^3 Boden verbaut und 75 Schleusen sowie 150 Siele z. T. vollendet worden. Am Ende des Jahres 1887 wurden die Arbeiten, mit Ausnahme des Vilsen-Uenzen-Süstedter Zuleitungskanals, als im wesentlichen vollendet bezeichnet. Das Gesamtergebnis lautete: rd. 75 km Dämme und 460 Bauwerke. Die Abrechnung des Regierungsbaumeisters Müller wies 1 475 000 M an Baukosten gegenüber einer Anschlagssumme von 1 360 567 M aus.

Um den Betrieb ordnungsgemäß durchführen zu können, wurde am 01.04.1888 der Kanalinspektor Brückmann angestellt und die Stellen der Aufseher, Hilfsarbeiter und Schleusenwärter besetzt sowie eine Instruktion für die Handhabung der Schleusen aufgestellt. Hess erwartete von dieser großen Bewässerungsmaßnahme zusammen mit der gelungenen Brinkumer Melioration einen günstigen Einfluß und Anreiz für weitere Unternehmungen der Landesmelioration. Es kam jedoch anders, als er es voraussagte. Im Winter 1887/1888 waren die Meliorationsanlagen in Betrieb. Es wurde zum ersten Mal bewässert, wenn auch nicht im vollen Umfange. Bald tauchten die ersten Schwierigkeiten und Rückschläge auf. Nachtfröste im Frühjahr 1888 richteten erheblichen Schaden an. Die zum 1. Mai bewässerten Gräser waren sehr empfindlich. Der zweite Schnitt fiel aber gut aus bei höherem Futterwert der Gräser. Im Winter 1888/89 war die Bewässerung in vollem Betrieb.

Nunmehr lag auch die Schlußrechnung vor. Sie wies, ohne die Kosten für Grundentschädigung, die stattliche Summe von 1 633 721,96 M aus. Bis zum 01.01.1890 erhöhte sich der Betrag für die Bauausführung auf 1 695 600 M, während der Kostenanschlag mit rd. 1 300 000 M abschloß. Die Mehrkosten waren durch Lohnerhöhungen infolge des gleichzeitigen Baues des Bremer Freihafens entstanden. Nach einer Übersicht der Regierung betrug die Gesamtausgabe 2 287 300 M. Auch bei diesem zweiten großen Bewässerungsprojekt war der Kostenanschlag um rund 1 000 000 M überzogen worden. Die Gründe dürften die gleichen wie bei der Ilmenau-(Entwässerungs-) Genossenschaft gewesen sein, ungenügende Beteiligung des verantwortlichen Ingenieurs an den Verwaltungsangelegenheiten des Verbandes und insbesondere an allen finanziellen Dispositionen.

Entwässerung verbessert landwirtschaftliche Nutzung

Die Vorteile der Maßnahmen wurden von Baurat Hess wie folgt beurteilt: „Die versauerten Wiesen werden immer mehr durch das Weserwasser entsäuert und das saure Wasser fortgeführt. Die Sumpfgräser und Carexarten verschwinden immer mehr. Gute Gräser und Klee siedeln sich an. Die Notwendigkeit zur Sommeranfeuchtung wird immer mehr erkannt. Durch Beseitigung der Wälle und Knicks und hohen Wege muß die Fortbewegung des Wassers noch besser werden."

Interessant war die Belastung der Beteiligten, die sie für diese Vorteile zu tragen hatten. Im Jahre 1890 wurde festgestellt, daß während vier Betriebsjahren im ganzen 46 M/ha gehoben wurden, also durchschnittlich 11,50 M jährlich je ha. Diese niedrigen Beiträge hatten aber auf der anderen Seite die Gesamtschuld der Genossenschaft durch Zinsen und Zinseszinsen erheblich vergrößert, zumal auch der Meliorationsdirektor, der Sekretär usw. von den aufgebrachten Geldern bezahlt werden mußten. Hess stellte fest, daß der Ertrag so bedeutend war, daß 18 Mähmaschinen angeschafft wurden und das Heu teilweise nicht unterzubringen war; auf die Unterhaltung müßte aber mehr Sorgfalt gelegt und in den Revieren endlich mit dem Wegräumen der Hecken und Uferwälle begonnen werden.

2. Meliorationsarbeiten 1894 bis 1905

Erste Abflußmessungen

Erfreulich war, daß etwa seit 1894 den Meliorationsbaubeamten das wichtige Material des Preußischen Meteorologischen Institutes zugänglich gemacht wurde. Zur Förderung der Abflußmessungen erhielt das Meliorationsbauamt II Ende 1894 einen Woltmannschen Flügel, der selbst kleine Geschwindigkeiten bis zu 0,05 m/s recht gut anzeigte. Leider wurden für die wichtigen hydrologischen Arbeiten nur immer sehr geringe Mittel (1894/95 = 250 M) zur Verfügung gestellt. Besonders nachteilig wirkte sich auch ein Ministerialerlaß vom 17.07.1894 aus. Hierdurch wurde angeordnet, daß in Zukunft Abflußmessungen in der Regel durch den Meliorationsbaubeamten aus Ersparnisgründen gelegentlich anderer Dienstreisen auszuführen seien.

Im Meliorationsbericht 1896 wurden aufgrund der Verfügung des Oberpräsidenten vom 14.3.1896 auch die Meliorationen mit aufgeführt, da in der Provinz Hannover die Meliorationen, insbesondere Dränungen des Domänen- und Forstfiskus, ständig abnahmen. Die beiden in der Provinzialverwaltung tätigen Meliorationsbaubeamten wurden durch die Erstattung von Berichten und Gutachten bald so stark in Anspruch genommen, daß sie sich persönlich wenig den baulichen Aufgaben widmen konnten. Erwähnt seien hier:

1. Gutachten über die Kanalisierung der Weser,
2. Gutachten über Senkung des Grundwasserstandes in den Marschen,
3. Gutachten über Einfluß des Mittellandkanals auf die Landeskultur der von ihm berührten Gebietsteile,
4. Gutachten über die Verunreinigung der Oker durch die Abwässer der Stadt Braunschweig.

Die Verlegung des Meliorationsbauamtes II von Hannover nach Lüneburg im Jahre 1897 förderte das Meliorationswesen in den Regierungsbezirken Lüneburg und Stade. An Verbänden waren dort zu dieser Zeit vorhanden:

a) Regierungsbezirk Lüneburg		14
b) Regierungsbezirk Stade		
Deichverbände	9	
Sielverbände	2	
Schleusenverbände	6	
Ent- und Bewässerungsgenossenschaften	7	
Entwässerungsgenossenschaften	6	
Bewässerungsgenossenschaften	24	
Genossenschaften zur Regelung von Wasserläufen	8	
Sonstige Verbände	3	65
Insgesamt:		79

Außerdem hatte der Regierungsbezirk Stade noch 243 Siel- und Deichverbände, die auf der Deichordnung vom 29.07.1743 beruhten und seit „unerdenklichen Zeiten" bestanden. Der Leiter des Bauamtes in Lüneburg, Krüger, schlug vor, bei Flußregelungen das ganze Einzugsgebiet zu den Lasten einer Flußregulierung heranzuziehen, wie das in Österreich bei Gebirgsflüssen üblich sei, und regte an, bei der Neubearbeitung des Wassergesetzes hierauf zu achten. Er empfahl außerdem eine einheitliche Besoldung der auf Privatvertrag von den Baubeamten angenommenen Techniker, gestuft nach Altersklassen, durch Ministerialerlaß zu regeln. Aufgrund der königlichen Verordnung vom 22.12.1897 erhielten dann die Wiesenbaumeister

10 Pfg. für 1 km Eisenbahnfahrt, 25 Pfg. für 1 km Landweg, 2 M für jeden Zu- und Abgang.

In dem Ent- und Bewässerungsgenossenschaftswesen hatte sich - nach Recken - die Stellung des Vorstehers als „mißlich" herausgestellt. Die Aufsichtsbehörde hatte keine Macht, den Verbandsvorsteher zur besseren Erfüllung seiner Pflicht anzuhalten. Tadelte ihn die Behörde, so legte er sein Amt nieder. Die Meliorationsbauämter konnten aber nicht alle ausgeführten Anlagen überwachen. Zum direkten Eingreifen war nur die Aufsichtsbehörde, der jeweilige Landkreis, befugt.

Die Methode, die Interessenten an den Projektkosten finanziell zu beteiligen, hatte sich nach Angabe Krügers bewährt. Es wurde dann nur die Aufstellung solcher Entwürfe beantragt, für deren Ausführung eine ernstliche Absicht bestand. Dieses Verfahren sei besser als eine Entwurfsanfertigung nur auf Staatskosten.

Nach der Allgemeinen Verfügung Nr. 1/1897 vom 28.01.1897 sollten Strafgefangene möglichst weitgehend bei landwirtschaftlichen Meliorationen beschäftigt werden. Der erstmalige Einsatz von vierzig Strafgefangenen im Jahre 1897 bei Siedlungsarbeiten im Kehdinger Moor hat sich gut bewährt. Auch die in späteren Jahren gesammelten Erfahrungen mit diesen Arbeitskräften waren durchaus zufriedenstellend und brachten zum Teil erhebliche Einsparungen der meist knappen Geldmittel.

Für das Meliorationsbauamt in Osnabrück war das wichtigste meliorationstechnische Ereignis des Jahres 1898 die Schließung des Piesberger Bergwerkes. Die Abhaltung des salzigen Grubenwassers wirkte sich für das Hase- und Emsgebiet günstig aus und gab den Landeskulturarbeiten neuen Auftrieb.

Aus dem Jahre 1899 sind besonders hervorzuheben:

1. Die Beendigung der Ilmenau-Melioration. Das vorläufig gesteckte Ziel war erreicht, aber eine hohe Überschreitung der Kosten und damit auch der jährlichen Lasten eingetreten. Die Folgeeinrichtungen fehlten noch gänzlich. Hierfür wurden 1 600 000 M veranschlagt. Im ganzen handelte es sich um fünfzig einzelne Meliorationen, welche die Ent- und Bewässerung betrafen. Durch die Moorversuchsstation in Bremen (Prof. Dr. Tacke) sollten Feldversuche gemacht werden. Außerdem war die Beaufsichtigung der Verbände durch Techniker der Bauämter erforderlich.
2. Das Jahr 1899 war der Beginn der Sanierungsarbeiten für die 4 634 ha große Bruchhausen-Syke-Thedinghauser Melioration. Die Finanzierung war durch erhebliche Beihilfen von Provinz und preußischen Staat sichergestellt und unter Leitung Reckens im Jahre 1898 eine Bauabteilung in Bruchhausen-Vilsen eingerichtet worden. Sie wurde mit Wiesenbautechniker Ernst besetzt. Die Finanzierung des Sanierungsplanes sah vor:
   a) 530 000 M Beihilfen der Provinz mit 5 Freijahren und dann 1 % Zinsen und 1 % Tilgung
   b) 916 000 M Beihilfen aus Staatsmitteln. Hiervon 716 000 M als Geschenk und 200 000 M als Darlehen mit 5 Freijahren und dann 1 % Zinsen und 1 % Tilgung.

Die Verhandlungen der internationalen Kommission des Jahres 1900 zur Regelung der Wasserverhältnisse an der preußisch-niederländischen Grenze waren befriedigend ver laufen. Eine gute Regelung der vorherigen Mißstände wurde besonders nach Verwirklichung des Projekts für die Melioration des linksseitigen Vechte-Tales oberhalb der preußisch-niederländischen Grenze erwartet. Das Wasserbuch für die Vechte war angefertigt.

Staatliche Förderung der Melioration

Die Einstellung der ländlichen Bevölkerung zu den Meliorationen war zu Beginn des 20. Jahrhunderts im allgemeinen durchaus positiv. Entscheidend für die weiteren Fortschritte auf dem Gebiet der Landeskultur war aber die Finanzierung der wasserwirtschaftlichen Vorhaben, denn die Bauern konnten die Meliorationsprojekte nicht aus eigener Kraft ausführen. Staat und Provinz gaben in der Regel nur eine geschenkweise Beihilfe von kaum einem Viertel der Summe des Kostenanschlages. Infolge der wirtschaftlichen Lage der Landwirtschaft und mit Rücksicht auf den verwilderten Zustand der Flüsse war mit einer derartigen, geringen Unterstützung nicht auszukommen.

Das Hannoversche Wassergesetz von 1847 enthielt sehr mangelhafte Bestimmungen über die Pflicht zur Unterhaltung der öffentlichen Wasserläufe. Hieraus dürfte sich der verwahrloste Zustand der Flüsse erklären. Recken empfahl daher eine geschenkweise

Beihilfe des Staates und der Provinz von im Mittel 50 Prozent der veranschlagten Kosten, bei besser gestellten Gemeinden ein Drittel, bei bedürftigen Interessenten bis zu zwei Drittel.

Im Jahre 1901/02 wurden im **Bauamtsbezirk Osnabrück** besonders hervorgehoben:

1. die Artländer Melioration und der Nordhorn-Almelo-Kanal,
2. die Moorkulturen den linksemsischen Kanälen für mehrere 1 000 ha,
3. Gutachten wegen Schädigung der Wiesen in Aschendorf, Borsum und Rhede durch die Regulierung der unteren Ems,
4. Beschwerde der Gemeinde Wietmarschen über Schädigung durch den Süd-Nord-Kanal,
5. Feststellung der durch die Regulierung der Unterweser verursachten Schädigungen der oberhalb Bremens an der Weser gelegenen Ländereien,
6. Regulierung der Hunte auf der Grenzstrecke zwischen Preußen und Oldenburg,
7. Gutachten über die Düngung und Melioration der fiskalischen, rund 300 ha großen Escholt-Wiesen bei Diepholz,
8. Gutachten wegen Schädigung der an der Gradwiede gelegenen Ländereien infolge Entwässerung des Oppenweher Bruchs in Westfalen und
9. Fertigstellung des Wasserbuches der Vechte und der Dinkel.

Im Jahre 1903 war, nach einem Bericht von Recken zu urteilen, der Bedarf an Meliorationsbauwarten bzw. Wiesenbautechnikern im wesentlichen gedeckt. Er bat daher den Oberpräsidenten zu prüfen, ob die Ansprüche an die Vorbildung zu erhöhen sind, was dann wohl von selbst eine finanzielle Besserstellung dieser Beamtenklasse zur Folge haben würde, wie sie den Wünschen der Meliorationsbauwarte entsprach.

Im Jahre 1903 konnte das **Meliorationsbauamt Osnabrück vom Beginn der Artländer Melioration** und von erfreulichen Fortschritten unter seinem neuen Leiter, Meliorationsinspektor Mothes, berichten. Mit der Durchführung des größten und wichtigsten Unternehmens, der Artländer Melioration, konnte begonnen werden, nachdem der Staatsvertrag mit Oldenburg über die Regelung der Wasserverhältnisse an den Landesgrenzen bei Quakenbrück am 05.01.1903 abgeschlossen war und das Genossenschaftsstatut am 24.05.1903 die Allerhöchste Bestätigung gefunden hatte. Als Genossenschaftsdirektor wurde der Hofbesitzer Ascherbehl zu Borg durch den Regierungspräsidenten ernannt. Genossenschaftstechniker wurde der Meliorationsbaubeamte Flerlage. Mit ihm wurde vorher ein von der Ministerialinstanz genehmigter Vertrag abgeschlossen mit den über die statutenmäßigen Bestimmungen hinausgehende Aufsicht über die Tätigkeit des Genossenschaftstechnikers sowie über die Bauausführung und insbesondere über die Mitwirkung des Meliorationsbaubeamten bei der „Rechnung und Buchführung“. Diese vertraglichen Festlegungen zeigten, daß aus den früheren Mängeln und Fehlern gelernt worden war. Dem Meliorationsbaubeamten wurde von vornherein ein größerer und vor allem maßgeblicher Einfluß auf das Verbandsunternehmen eingeräumt. So wurden die Schwierigkeiten, mit denen Baurat Hess zu kämpfen hatte, vermieden und eine technisch sowie finanziell einwandfreie Durchführung des Meliorationsvorhabens sichergestellt.

Das Jahr 1903 **brachte für den Stader Bezirk die ersten Erfolge,** denn fünf öffentliche Genossenschaften waren bestätigt (Frelsdorf, Flachsmoorgenossenschaft zu Bokel, Watbögemoorgenossenschaft zu Hollen, Bruchentwässerungsgenossenschaft zu Selsingen und die Ent- und Bewässerungsgenossenschaft zu Kuhstedter Moor). Ferner wurde der Seekanal im Kreise Geestemünde von der Gemarkung Sellstedt als kommunale Flußregelung reguliert. Meliorationsbauinspektor Sarauw schließt seinen Jahresbericht daher zuversichtlich mit den Worten: „Das Bauamt, welches in den ersten Jahren seines Bestehens kaum lebensfähig erschien, wird auf eine Reihe von Jahren hinaus mit interessanten und fruchtbringenden Arbeiten beschäftigt sein."

Moorausstellungen, Moor-Verfehnungspläne

Erwähnt sei, daß im Jahre 1903 eine Moorausstellung für die Aue-Regulierung in den Kreisen Sulingen, Stolzenau und Nienburg des Regierungsbezirks Hannover stattfand. Im gleichen Bezirk wurden von 1903 an Moorkultivierungsarbeiten von der „Kolonie Freistatt" begonnen. Diese Kolonie war von der Anstalt Bethel im Jahre 1897 gegründet worden und im Wietingsmoor bei Sulingen tätig.

Von Stade wird 1904 berichtet, daß der Auftrag zur Ausarbeitung eines Verfehnungsplanes für drei große fiskalische Moore im Regierungsbezirk Aurich vorliege (Auricher Wiesmoor, das Neudorfer und Friedeburger Moor). Ferner waren Verhandlungen mit dem Land Bremen wegen eines Stauwerkes bei Hemelingen geführt worden. Mit dem Bau wurde 1906 begonnen. Der Bau eines Weserwehres in Dörverden war immer noch nicht entschieden.

Die Erkenntnis, wie wichtig die Unterhaltung solcher meist mit Staatsbeihilfen geschaffenen Genossenschaftseinrichtungen war, mußte erst allmählich gewonnen werden. Durch Ministerialerlaß vom 27.12.1904 wurde daher die Schau von Genossenschaftsanlagen allen Meliorationsbauämtern zur Pflicht gemacht, um die ordnungsgemäße Unterhaltung und den weiteren Ausbau der Genossenschaftsanlagen zu sichern.

Feststellung der Überschwemmungsgebiete

Das Jahr 1905 brachte für die Meliorationsbauämter weitere zusätzliche Aufgaben durch das „Gesetz zur Verhütung von Hochwassergefahren" vom 16.08.1905. Aufgrund dieses Gesetzes mußten die Überschwemmungsgrenzen an den bei Hochwasser gefahrbringenden Wasserläufen festgestellt und in Meßtischblätter eingetragen werden. Als Überschwemmungsgebiet wurde das große Hochwasser von 1881 zugrunde gelegt. Auch das Februarhochwasser von 1909 wurde teilweise bei der späteren Ausarbeitung der Pläne berücksichtigt. In der Leine unterhalb von Göttingen bei Nörten wurden z. B. Abflüsse von 330 m^3/s oder rd. 280 l/km^3 rechnerisch ermittelt.

3. Meliorationsarbeiten 1906 bis 1914

Dem im Jahre 1906 errichteten Meliorationsbauamt Aurich wurde auch die Bauleitung für die Moore der Domänenverwaltung übertragen. Besonders gefördert wurde in diesen Jahren die Kultivierung der Moore, um Siedlungsflächen für die wachsende Bevölkerung zu schaffen. Daraus entstand besonders in Ostfriesland mit seinen ausgedehnten Mooren eine umfangreiche Tätigkeit.

1907 ist für die Leine das Verzeichnis der Überschwemmungsgebiete von der Grenze mit der Provinz Sachsen bis zum Wehr oberhalb Hannovers (Am schnellen Graben) gemäß Erlaß des Ministers für Landwirtschaft, Domänen und Forsten und des Ministers der öffentlichen Arbeiten vom 26.06.1907 vorläufig zum Abschluß gebracht und dem Regierungspräsidenten vorgelegt worden.

Für den größten Teil der Nebenflüsse der Leine, ausgenommen die Innerste und deren Nebenflüsse, sowie für einen großen Teil der im Regierungsbezirk Hannover gelegenen Flußläufe ist das Überschwemmungsgebiet ermittelt und in Meßtischblätter eingetragen.

Die hydrologischen Arbeiten, insbesondere die Weiterbearbeitung des Wasserbuches der Innerste, konnten nicht gefördert werden." Ein großes Fischsterben in der Leine, das 1907 gemeldet wurde, lenkte zum ersten Mal das Augenmerk auf die Abwassereinleitungen.

Für den Regierungsbezirk Hannover wurde 1908 verzeichnet, daß die Aue-Regulierung in Sulingen begonnen sei und daß beim Ems-Weser-Kanal der Meliorationsbaubeamte zur landespolizeilichen Prüfung zugezogen würde. Das Verzeichnis des Überschwemmungsgebietes für die nicht schiffbare Leine war fertiggestellt und sollte zur Feststellung ausgelegt werden.

Das Meliorationsbauamt Osnabrück gab 1908 an, daß für 26 740 ha Meliorationsentwürfe vorliegen. Der Hunte-Entwurf von Wittlage-Dümmer (7 900 ha) war fertig und auch für den wesentlich größeren Teil des Huntegebietes im Regierungsbezirk Hannover aufgestellt. Der Bauamtsvorstand Mothes wurde durch die Mitwirkung bei den Plänen für den Bau des Ems-Weser-Kanals, der seinen Dienstbezirk auf rd. 50 km durchzieht, sowie für den rd. 15 km langen Stichkanal nach Osnabrück erheblich in Anspruch genommen. Die Prüfung der Pläne war abgeschlossen, sie konnten für das Planfeststellungsverfahren vorbereitet werden. Der Eintritt eines höheren Technikers in den Genossenschaftsvorstand der linksemsischen Kanalgenossenschaft sowie der Wechsel des Genossenschaftsvorstandes wird vermerkt.

Die Verhältnisse in Ostfriesland

Meliorationsbauinspektor Diemer als Nachfolger von Wehl Leiter des Meliorationsbauamtes Aurich schildert die Verhältnisse in Ostfriesland in seinem Jahresbericht vom 14.04.1908 wie folgt:

„In Ostfriesland besteht ein Gegensatz zwischen Marsch und Geest. Der Schwerpunkt liegt bisher in den Marschen. Dort ist Wohlstand, Bildung und infolgedessen das Übergewicht in politischen Dingen. Neuerdings ist ein Aufstreben der Landwirtschaft in den Geestgebieten, besonders auch durch die Kultivierung der Heide- und Moorböden, festzustellen. Vorbedingung hierfür ist die Entwässerung. Hierdurch fühlen sich die Unterlieger bedroht. Die Lage spitzt sich immer mehr zu, weil die Geest ringsum von der Marsch mit ihren Deichen und Sielen umgeben und dadurch in ihrer Entwicklungsmöglichkeit gehemmt ist. Jede Entwässerung mit anschließender Kultivierung stößt auf den Widerstand der Sielachten.

Nur im Leda- und Jümme-Gebiet und am Ems-Jade-Kanal ist den Geestländereien der Weg noch nicht durch Sielachten verlegt. Die Unterlieger an Leda und Jümme befürchten aber, daß durch vermehrte Zuleitung von Wasser aus höherliegenden Gebieten das Aufsteigen der Flut abgeschwächt und damit der Schlickanfall verringert wird.

Die Marschleute haben die Unterhaltung der Deiche und Siele. Sie erfordert dieselbe Arbeit wie früher, aber jetzt bei erhöhten Arbeitspreisen. Bei einer Erweiterung der Anlagen könnten die Deich- und Siellasten so hoch werden, daß die Höfe sie nicht zu tragen vermögen. Die Deich- und Siellasten sind aber ihrerseits wiederum durch die ostfriesische Deich- und Sielordnung vom 12.06.1853 eingeengt. Sie gilt nur für das Land, das nicht höher als sechs Fuß über der gewöhnlichen Flut liegt. Die Geestländereien können nach den bestehenden Gesetzen nicht zum Tragen von Siellasten gezwungen werden. Von den Marschen geht daher eine Bewegung aus, die ganz Ostfriesland durch Aufhebung der beschränkenden Bestimmung von sechs Fuß unter die Deichordnung stellen will.

In Ostfriesland bestehen 114 Verbände. Hiervon sind 79 aufgrund der Deichordnung, 18 aufgrund des Hannoverschen Wassergesetzes vom 22.08.1847 und einer aufgrund der Verordnung vom 28.05.1867 gebildet worden. Bei 16 Verbänden fehlen nähere Angaben. Wenn man von den 79 Deich- und Sielverbänden absieht, bestehen also nur 35 Meliorationsverbände. Ob und durch wen diese 35 Verbände geschaut werden, ist nicht bekannt. Das Meliorationsbauamt ist jedenfalls noch bei keiner Schau beteiligt worden, ebenfalls nicht bei Flußschauen. Die größeren Gewässer unterstehen den Wasserbauinspektionen."

Das **Meliorationsbauamt Hannover führte im Jahre 1909** weiterhin zahlreiche Meliorationen für den Domänenfiskus auf 16 Domänen aus. Dabei wurden 510 ha Dränungen überwacht und für 370 ha neue Dränentwürfe aufgestellt. Die Aue-Regulierung im Gebiet Sulingen-Nienburg war unter Regierungsbaumeister Bartholdi im Gange, der Anfang Oktober 1909 durch Regierungsbaumeister Stadermann abgelöst wurde. Durch Hochwasser traten im Frühjahr und Herbst Unterbrechungen ein. Auch die Fuhse-Regulierung (Peine, Burgdorf) war angefangen worden (Abb. 10.1-3). Im Leinetal hatte das Februar-Hochwasser von 1909 Schäden verursacht. Die Gesellschaft zur Förderung der Wasserwirtschaft im Harz stellte deshalb Erhebungen über die Anlage von Talsperren an (Sieber, Söse und Oder). Es wurde nochmals ein neues Amt für Hildesheim gefordert, da nach dem Tode des Geheimen Baurats Borchers, der sich der Wasserversorgung ländlicher Gemeinden sehr angenommen hatte, auch diese Unternehmen betreut werden mußten. Im Jahre 1910 wurde in Bruchhausen-Syke-Thedinghausen weiter am Ausbau der Gewässer gearbeitet. Das Weserwehr Hemelingen wurde 1910 in Betrieb genommen.

Besonders ausführlich werden von Drees alle **Meliorationsangelegenheiten des Jahres 1910 für den Lüneburger Bezirk** behandelt. Er führt aus: „In den Meliorationen ist ein Umschwung bemerkbar. Die früheren Bewässerungsanlagen, wobei sich die Suderburger Schule (Leiter: Gebrüder Hillmer) große Verdienste durch Einführung des Rückenbaues erwarb, haben außerordentlich segensreich gewirkt. Sie sind aber nicht nach großen Gesichtspunkten angelegt (außer Hess: Allertalverbände) und lediglich nach dem Ziele der Privatbesitzer, das Wasser möglichst ausgiebig auszunutzen. Die Folge hiervon ist vielfach Versumpfung infolge ganzjähriger Stauung bei fehlender Entwässerung. Die Stauschleusen liegen oft im Hauptvorfluter zu dicht hintereinander, so daß Rückstau eintritt. Es handelt sich hierbei meist um Niederungsmoor, das von den Seiten noch Druckwasser bekommt. Nach Anlegung von Schmalspurbahnen, den sogenannten „Meliorationsbahnen", geht man nun auch in den entlegensten Dörfern zur Grünlanddüngung mit künstlichen Düngemitteln über. Das ist ein gesunder Umschwung! Daher muß von nun an den Entwässerungsanlagen erhöhte Aufmerksamkeit zugewendet werden. Außerdem werden Dränungen erforderlich. Hierfür sind höhere Westfondsbeihilfen erwünscht."

In Osnabrück hat der Meliorationsbaubeamte Mothes bei den landeskulturellen Fragen am Dortmund-Ems-Kanal (Büro Meppen) und bei der Frage der Wasserabgabe für die Landwirtschaft am Ems-Weser-Kanal sowie bei Entwürfen für Dükerbauwerke mitgewirkt.

Für das Amt Hannover wurde die Reinhaltung der Wasserläufe von Abwässern immer wichtiger. So wurden 1911 vom Meliorationsbauamt Hannover eine starke Verschmutzung der Leine durch Abwässer der Stadt Hannover bis nach Neustadt hin sowie Fischsterben in der Südaue durch Abwässer der Zuckerfabrik Großmunzel gemeldet. Die Bauarbeiten an der Sulinger Aue waren begonnen worden und sollten bis 1913 beendet sein. Die Hauptausfertigung der Unterlagen für das Hochwasserschutzgesetz vom 16.08.1905

Abb. 10.1-3: Fuhse-Regulierung im Raum Celle 1908/09 (Foto-Repro: Gerh. Stein, Lüneburg)

war im Jahre 1913 fertiggestellt. Ebenfalls war das Verzeichnis der Wasserläufe 2. Ordnung für das neue Wassergesetz abgeschlossen.

In Lüneburg wurde zur Kultivierung von Ödländereien, die zu einem schnellen Ansteigen der Bodenpreise führte, wurde erstmalig ein Dampfpflug eingesetzt. Die Bevölkerung hatte durch den Bau von Meliorations-Kleinbahnen ebenfalls bessere Transport- und Absatzmöglichkeiten ihrer Erzeugnisse. Überall machte sich ein zunehmender Wohlstand bemerkbar.

Im Regierungsbezirk Stade wurden erstmalig in Oldendorf zwei kleine Spülbagger eingesetzt. Endlich wurde auch in Stade eine verstärkte Teilnahme an Flußschauen ermöglicht, da die Landräte auf das Anerbieten des Meliorationsbauamtes, an den Schauen teilzunehmen, eingegangen waren. Sonst war das Deich- und Sielamt hierfür zuständig.

Preußisches Wassergesetz von 1913

Eine neue Grundlage für die Arbeit der Meliorationsbauämter bildete das Preußische Wassergesetz vom 07.01.1913, das am 01.05.1914 in Kraft trat (im Gebietsteil Pyrmont am 01.04.1924). Das Wassergesetz galt für ganz Preußen und beseitigte die früheren Sondervorschriften überwiegend. Die Meliorationsarbeiten kamen während des Ersten Weltkrieges weitgehend zum Erliegen.

In den 1920er Jahren wurden trotz der Inflation und der wirtschaftlich schwierigen Zeiten etliche große Wasserbauvorhaben verwirklicht, nicht zuletzt infolge der Förderung dieser Maßnahmen in der Provinz Hannover durch Ministerialrat Stadermann im Reichslandwirtschaftsministerium in Berlin (s. Abschn. 2.2.7). Auch der Bau des Leybuchtsieles fällt in diese Zeit (Abb. 10.1-4).

Abb. 10.1-4: Sohl- und Böschungsbefestigung des Außenhauptanschlusses des Leybuchtsieles bei Norden mit Basaltsäulen im Jahre 1928/29. Die Schmalspurlokomotive versorgt die für das Rammen der Pfahlwände eingesetzte Ramme mit Dampf (Foto: Archiv Erchinger)

10.2 DER BEGINN DES SEEBAUTECHNISCHEN INSELSCHUTZES AUF DEN OSTFRIESISCHEN INSELN

von Frank Thorenz

1. Einführung

Die Entwicklung der Ostfriesischen Inseln ist geprägt durch einen vielfältigen Wechsel ihrer Gestalt. Inseln oder Inselteile haben sich durch Erosion verkleinert, sind angewachsen oder sind während schwerer Sturmfluten in den vergangenen Jahrhunderten durchbrochen worden. Alle Inseln mit Ausnahme von Juist und Langeoog waren seit 1650 an den Westseiten teilweise erheblichen Abbrüchen unterworfen, während die Ostenden der Inseln angewachsen sind. Oft mußten in gefährdeten Inselbereichen oder auf

Grund von Sturmfluten die vorhandenen kleinen Siedlungen verlegt werden oder schwere Beschädigungen hingenommen werden [Backhaus, 1941; Streif, 1990]. Wesentliche Erwerbszweige der Bewohner der Inseln waren Fischerei, Handel, Viehhaltung in den Dünen- und auf den Vorlandflächen sowie die Bergung von Strandgut [Herquet].
Der Beginn des 19. Jahrhunderts leitete eine neue Entwicklung für die ostfriesischen Inseln ein. Die Bedeutung als Kur- und Badeorte wuchs, beginnend mit Norderney, welches im Jahre 1797 erstes Seebad an der deutschen Nordseeküste wurde. Um 1850 waren auf allen Inseln - mit Ausnahme von Baltrum (1898) - staatlich anerkannte Seebäder eingerichtet worden. Die stärkste städtebauliche Entwicklung und damit verbunden eine Vergrößerung der zu schützenden Werte verzeichnete dabei Norderney.
Auch die Bedeutung der Inseln für die Sicherheit der Festlandsküste als ein vorgelagerter Wellenbrecher und die positiven Wirkungen für den Anwachs von Vorlandflächen am Festland war den Wasserbauingenieuren in den Fachverwaltungen bereits damals im Grundsatz bekannt [Plener, 1856]. Auch der Staat hatte Interesse daran, sein Grundeigentum auf den Inseln gegen die Bedrohungen des Meeres zu schützen. Diese Aspekte veranlaßten die staatliche Wasserbauverwaltung des damaligen Königreiches Hannover, zu dessen Hoheitsgebiet die Inseln von Borkum bis Spiekeroog seit 1815 gehörten, zur Verteidigung der Inseln gegen fortschreitende Erosion der Strände und Dünen neben Strandhaferpflanzungen (s. Abschnitt 2.1.1) bei dringendem Erfordernis auch massive Bauwerke zu errichten. Begonnen wurde mit diesen Arbeiten im Jahre 1857 auf der Insel Norderney wegen ihrer besonders großen Bedeutung als Seebad und wohl auch wegen ihrer Funktion als Sommerresidenz Königs Georg V. von Hannover. Nach dem Übergang des Königreichs Hannover in eine preußische Provinz im Jahr 1866 wurden wegen der zunehmenden Erosionsprobleme an den Nordwestseiten weiterer ostfriesischer Inseln ab ca. 1870 ebenfalls massive Anlagen zum Schutz der Strände und Dünen errichtet.
Die technischen Möglichkeiten erlaubten es zu dieser Zeit erstmals, Seebauwerke dieses Umfangs zu errichten. Bis dahin war mit Ausnahme der Errichtung von leichten Buschbuhnen auf Wangerooge und Norderney nur Dünenbau (vgl. Abschnitt 5.2.6) als Inselschutzmaßnahme betrieben worden. Für die damalige Zeit bedeutete der Bau dieser Inselschutzwerke eine große Ingenieurleistung, die den Grundstein für die bis heute wesentlich ausgeweiteten Schutzwerkstrecken auf den Inseln Borkum, Norderney, Baltrum, Spiekeroog und Wangerooge legte. Der Beginn dieser Entwicklung und der schon weit fortgeschrittene Stand der Arbeiten um die Jahrhundertwende soll im folgenden exemplarisch am Beispiel der Schutzwerke der Inseln Norderney und Spiekeroog dargestellt werden. Der konstruktive Aufbau von typischen Anlagen wird dabei an Hand von ausgewählten historischen Zeichnungen erläutert. Die Entwicklung der Schutzwerke auf den anderen Inseln wird in einer tabellarischen Zusammenstellung dargelegt. Eine detaillierte Beschreibung der im folgenden nicht näher erläuterten Anlagen auf Borkum, Juist, Baltrum und Wangerooge mit halbsteilen und steilen Profilen und Steinböschungen findet sich z.B. bei Fülscher (1905), Witte (1971), Erchinger & Ukena (1987) und Kramer (1992).

2. Entwicklung der Inselschutzwerke auf der Insel Norderney bis zur Jahrhundertwende

Die städtebauliche Entwicklung der Insel Norderney wird seit dem Beginn des 19. Jahrhunderts durch die Gründung der ersten Seebadeanstalt an der Nordsee im Jahre 1797 wesentlich beeinflußt. 1819 wird Norderney königlich hannoversches Seebad und

gehört zu den renommiertesten europäischen Bädern. Der Kur- und Badebetrieb gewann mit der steigenden Anzahl der Kurgäste im Verlauf des 19. Jahrhunderts stetig an Bedeutung. Parallel dazu stieg die Anzahl der Einwohner, die im Fremdenverkehr eine neue Erwerbsquelle fanden, ebenfalls an. Während im Jahr 1793 auf Norderney 563 Einwohner in 106 Häusern lebten, hat sich die Zahl im Jahre 1860 auf 650 Einwohner und 206 Häuser etwa verdoppelt. Im Jahre 1910 besitzt Norderney bereits 850 Häuser. Noch stärker stieg die Anzahl der Kurgäste an: Im Jahr 1800 waren 250, 1860 bereits 2.595 und 1910 42.590 als Gäste auf Norderney [SMEINS, 1991]
Der Ortskern konzentrierte sich auf den Westteil der Insel, weil dort die hohen Dünen einen ausreichenden Schutz gegen Sturmfluten boten und zudem ein Zugang zum tiefen Wasser gegeben war. Der Ausbau des Ortes erfolgte zunächst ohne die Berücksichtigung der fortschreitenden Dünenerosionen im Westen und Nordwesten, da Anfang des 19. Jahrhunderts noch ausreichend breite Dünenketten vorhanden waren. Wesentlich geprägt wurde die morphologische Entwicklung des Westteils der Insel durch die großräumigen Gestaltungsvorgänge zwischen Juist, Norderney und Baltrum, über die allerdings Mitte des 19. Jahrhunderts nur wenig bekannt war. Während um 1750 die Sandversorgung des nordwestlichen Inselteils noch ausreichend war, verschlechterte sich die Situation durch das Verschwinden der ehemaligen Insel Buise, die zwischen Juist und Norderney lag, dem ein Wachsen der Insel Juist nach Osten folgte, sowie dem Längenwachstum der Insel Norderney am Ostende als Folge des starken Abbruches der Insel Baltrum im Westen, was zu einer beträchtlichen Zunahme des Einzugsgebietes des Norderney Seegats führte, und die fortschreitende Vertiefung dieses Seegats bewirkte [LUCK, 1975]. Die Platenwanderung wurde durch den zunehmenden Ebbstrom des Seegates so beeinflußt, daß sich der Anlandungspunkt der Platen immer weiter nach Osten verschob. Zwischen 1825 und 1854 hatte der nordwestliche Dünengürtel um ca. 200 m abgenommen. Bereits 1826 wird berichtet, daß jedes die ordinäre Flut übersteigende Wasser am Dünenfuß der Nordwestdünen stehe [BACKHAUS, 1941]. Die in kurzen Zeitabständen vorgenommenen Dünenbaumaßnahmen aus Busch-Sandfangzäunen und Helmpflanzungen führten auf dem schmalen Strand nicht zum Erfolg. Bereits 1834 regte die zuständige Wasserbauinspektion in Norden an, „nach dem Muster der Holländer" den Strand durch Buhnen gegen die Strömungsbeanspruchung durch das Seegat zu schützen. Wegen der zu hohen Kosten wurde von einer Umsetzung des Projektes abgesehen. Im Jahre 1846 wurden am Herrenbadestrand bei der Georgshöhe (Abb. 10.2-1) zwei Buschbuhnen von jeweils ca. 40 m Länge errichtet, die jedoch bereits im Dezember 1847 in größeren Teilen wieder zerstört wurden. Die Sturmflut der Silvesternacht 1854/55 verursachte einen Dünenabbruch von 80 Fuß (ca. 25 m), an einigen Stellen sogar bis zu 160 Fuß [RIEFKOHL, 1861; TOLLE, 1864] an der West- und Nordwestseite der Insel. TOLLE beschreibt die Situation wie folgt: „..., *so daß im Jahre 1855 das Dorf nur noch durch eine einzige, und zwar sehr schmale Dünenreihe vom Strande getrennt, die Gefahr für dasselbe und für die Gebäude der Badeanstalt bei wiederkehrenden Sturmfluten also eine höchst drohende war. Erhaltung der übriggebliebenen Dünentrümmer war also das Erste und Nothwendigste, was erstrebt werden mußte, um den westlichen Teil vor einem nahen Untergange zu schützen.*".
Um die bedrohteste Stelle östlich der Marienhöhe zu schützen, wurde zunächst ein in nord-östlicher Richtung verlaufender Sanddeich errichtet. Wegen der geringen Strandbreiten und den Erfahrungen der Strömungs- und Wellenbelastung wurde den Verantwortlichen schon damals deutlich, daß allein durch Sandfang- und Dünenbaumaßnahmen kein ausreichender Schutz zu erzielen sei, weshalb 1856 der Wasserbaudirektion Hanno-

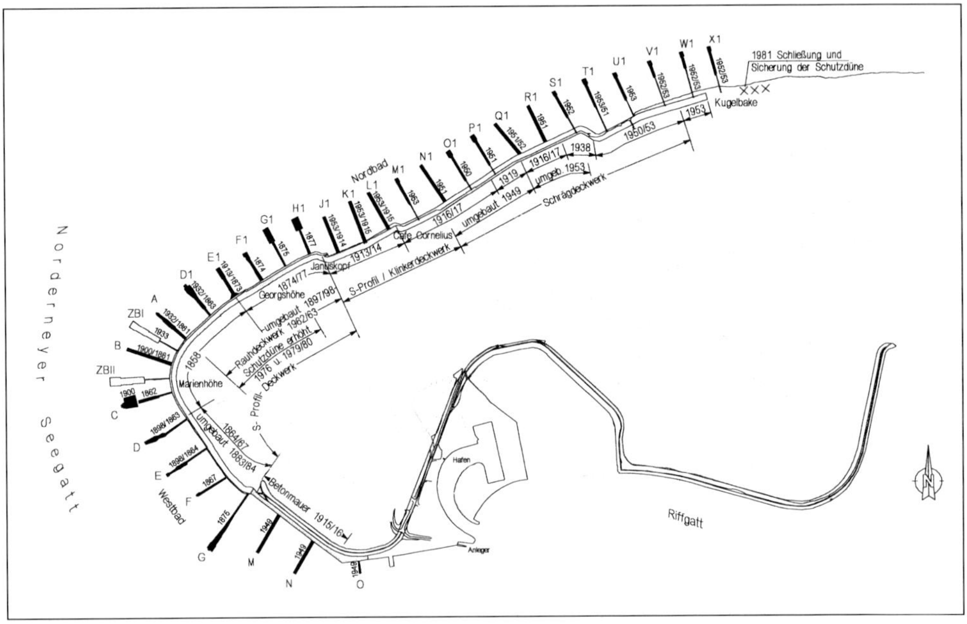

Abb. 10.2-1: Lageplan des Westkopfes der Insel Norderney mit Jahr der Errichtung und des Umbaues der verschiedenen Deckwerksabschnitte und Buhnen

ver der Plan für ein massives „*Stein-Revetement*", ein Dünendeckwerk, vorgelegt wurde. Eine Verlegung des Ortes kam wegen der Höhe der geschaffenen Werte nicht mehr in Frage.

Im Jahre 1857 wurde mit der Ausführung der Planungen begonnen. Die Gesamtlänge des Bauwerkes, welches von der heutigen Buhne D bis zur Buhne E1 verläuft, war auf eine Länge von 975 m projektiert (Abb. 10.2-1). Wesentliche Merkmale dieser Konstruktion war das doppelt gekrümmte, im Vergleich zu anderen später ausgeführten Konstruktionen relativ flach angelegte Profil, welches später gemeinhin als Norderneyer S-Profil bezeichnet wurde. Verwendet wurden Kohlesandsteinquader, die auf einer Kleibettung aufgesetzt waren. Am unteren Fußpunkt wurde als Sicherung eine Pfahlwand ausgeführt. Der obere Abschluß des S-Profils wurde am Scheitelwasserstand der Sturmflut vom 3./4. Februar 1825 auf NN + 4,36 m bemessen, während deren Fußpunkt auf Höhe der „gewöhnlichen Sturmflut", ca. 1,50 m über dem damaligen mittleren Hochwasser auf Höhe des vorhandenen Strandniveaus angelegt war.

Das im Jahr 1857 bereits auf ca. 380 m Länge fertiggestellte Deckwerk wurde durch Sturmfluten vom Januar und Februar 1858 schwer beschädigt [Tolle, 1864]. Wegen einer unzureichenden Sicherung und Stabilität des Deckwerksfußes hatte sich dieser auf mehr als der Hälfte der Strecke seewärts geneigt und dadurch eine Verkippung der ansonsten nicht gesicherten Quadersteine bedingt. Aus der Erkenntnis heraus, daß die Deckwerkskonstruktion zwar die Düne geschützt hatte, selbst aber schweren Schaden genommen hatte, wurde diese verstärkt, wobei die Form des Profils beibehalten wurde (Abb. 10.2-2). Die Fußsteine der Mauer wurden jetzt auf einen Betonsockel aufgesetzt und der übrige Teil der Quader auf ein Bett von Kalksand gesetzt. Sämtliche Steine wurden mit

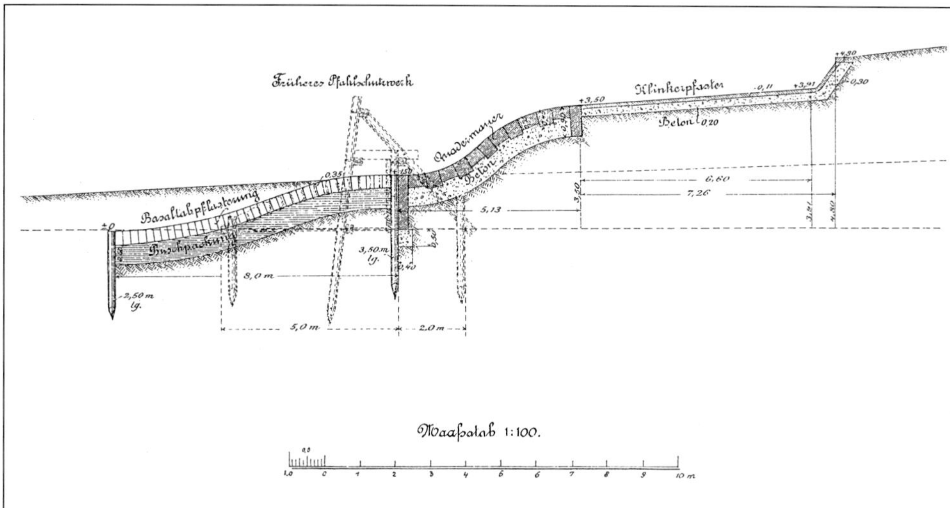

Abb. 10.2-2: Querschnitt des ehemaligen Pfahlwerkes von 1874/77 und des Umbaues in ein Dünendeckwerk mit Norderneyer S-Profil von 1898/99. Höhenangaben auf MThw bezogen.

Mörtel verbunden und die Fugen mit Zement verstrichen. Als seeseitige Kolksicherung schloß hieran eine Sandsteinquaderlage auf einer Faschinenlage an, die durch Pfähle gesichert war. Oberhalb des S-Profils wurde als Sicherung gegen Hinterspülung eine lange Steinplatte und daran eine schwach geneigte, auf Klei gelegte Klinkerpflasterung von ca. 4,70 m Breite ausgeführt. Die Dünen wurden an die Neigung der Klinkerpflasterung angepaßt. Bereits im Oktober 1858 konnten die im Frühjahr begonnenen Bauarbeiten auf der gesamten Strecke abgeschlossen werden. Der Hauptteil dieses Deckwerkes, das S-Profil, ist auch in den später errichteten Anschlußstrecken bis heute als ein wesentlicher Teil der in den Folgejahren mehrfach umgebauten und erweiterten Deckwerkskonstruktion erhalten geblieben (vgl. Abschnitt 5.2.6).
Wegen der zunehmenden Aufgaben zur Sicherung der Insel wurde ab 1859 ein Wasserbaubeamter ständig nach Norderney versetzt. Diesem wurden neben dem Ausbau der Buhnen und Deckwerke auch die laufenden Unterhaltungsarbeiten unter Leitung des Wasserbaudirektors in Aurich übertragen.
Mit der Errichtung des massiven Dünenschutzwerkes wurde im Jahre 1857 gezielt damit begonnen, Strand und Dünen zu vermessen [Tolle, 1864]. Eine erste Wiederholungsvermessung im Jahre 1859 ergab, daß sich der Strand weiter vertieft hatte. Die Tidehochwasserlinie hatte den Deckwerksfuß erreicht und dieser drohte zu unterspülen. Die Vermessungsarbeiten wurden in den Folgejahren beständig fortgesetzt und bildeten damit schon damals eine wichtige Grundlage für die Überwachung und Planung von Inselschutzanlagen. Während die Tidehochwasserlinie im Jahre 1857 noch ca. 40 m vom Deckwerksfuß entfernt war, lag sie im Winter 1861/62 an der Fußvorlage des Dünenschutzwerkes und dieses drohte zu unterspülen.
Zum Schutz des Strandes wurden im Jahre 1861 die Buhnen A und B, im Jahre 1862 die Buhne C und im Jahre 1863 die Buhnen D und D1 errichtet. In den Jahren 1864 bis 1877 folgte der Bau weiterer 7 Buhnen mit der Erweiterung der Schutzwerke (Abb. 10.2-1).

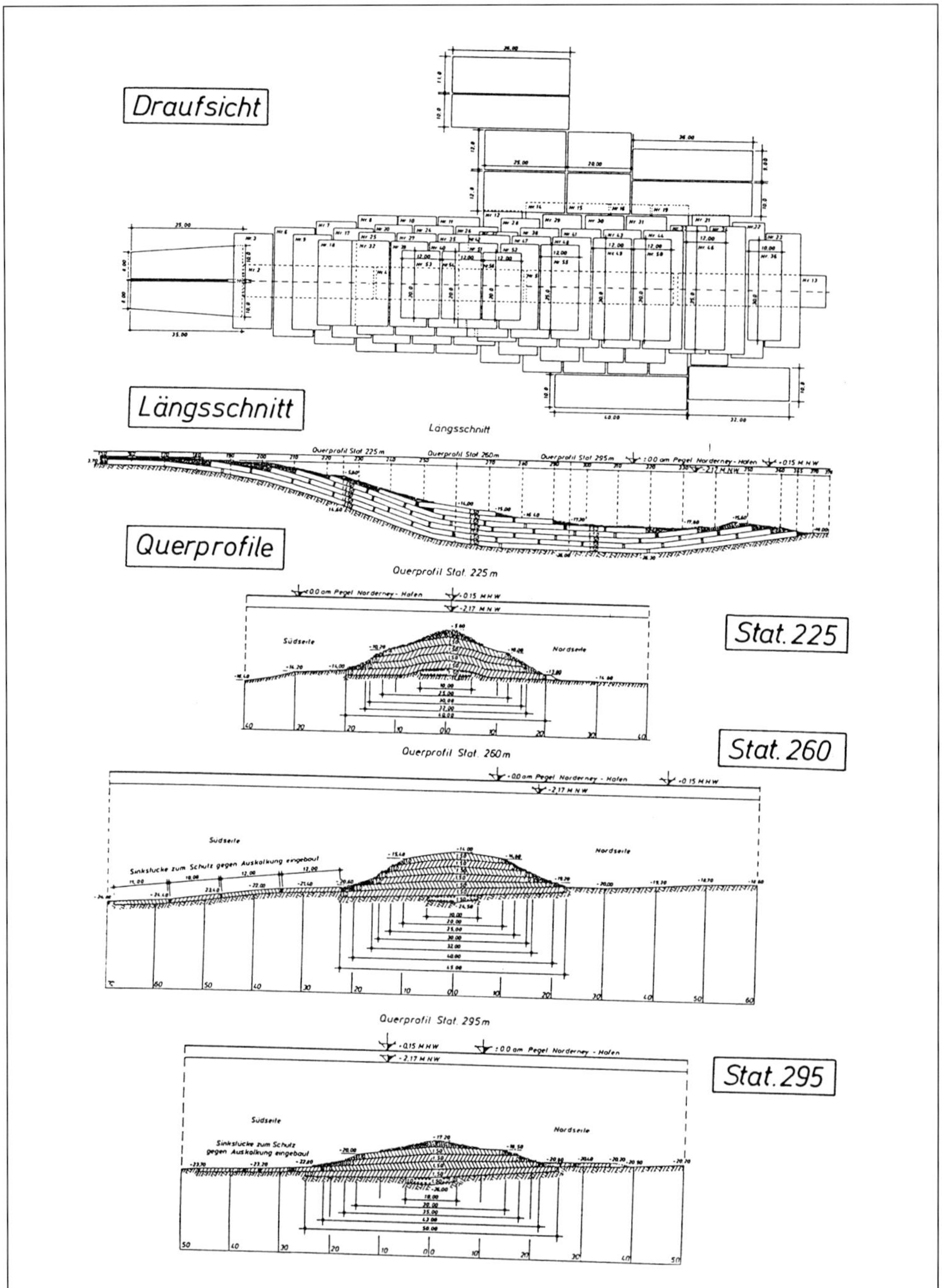

Abb. 10.2-3: Unterwasserbuhne der Zwischenbuhne ZB II als 200 m lange Verlängerung der 176 m langen Strandbuhne am Westkopf Norderney. Sie reicht bis in die 26 m tiefe Seegatsohle und dient der endgültigen Festlegung des schmalen Inselsockels. Die Buhne besteht aus 66 Busch-Sinkstücken mit 20 bis 50 m Länge und 10 bis 12 m Breite mit einer Belastungs- und Decklage aus nahezu 20000 m³ Schüttsteinen und wurde 1934 erbaut.

Entgegen dem Entwurf, den der damalige Wasserbaukondukteur für Norderney, Tolle, aufgestellt hatte, wurden die Buhnen aus Kostengründen und wegen der als zu hoch eingeschätzten Risiken nicht bis zur größten Tiefe des Seegats geführt, sondern der Buhnenkopf nur auf Niedrigwasserniveau angelegt.
Die Länge der Buhnen betrug zwischen 150 - 180 m bei etwa gleichem Abstand und wurden senkrecht zur Strandlinie angeordnet. Der Hauptkörper der Buhnen besteht aus schweren Sandsteinquadern, später auch aus Basaltsäulen, auf Buschpackungen und einer Ziegelschotterschicht. Gesichert werden die Quader durch in Richtung der Buhnenachse ausgerichtete Pfahlreihen. Der Querschnitt ist leicht gewölbt und besitzt an der Buhnenwurzel ca. 6 m und am Buhnenkopf ca. 9 m Breite. Seitlich sind zur Sicherung noch jeweils ca. 3 m breite Bermen angeordnet. Dieser schwach gewölbte, schwere Buhnentyp ist als „Norderneyer Bauart" in ähnlicher Form auch auf den Inseln Baltrum, Spiekeroog und Wangerooge errichtet worden. Auf Borkum kam zusätzlich die flache und leichtere „Borkumer Bauart" bei 12 Buhnen zwischen 1869 und 1877 zur Ausführung. Einen Überblick über die zeitliche Entwicklung des Buhnenbaus auf den Inseln gibt Tabelle 10.2-1. Für eine detaillierte bauliche Beschreibung wird auf TOLLE [1884] und FÜLSCHER [1905] hingewiesen.
In den Folgejahren mußten wegen des sich weiter vertiefenden Strandes und einsetzender Prielbildung an den Buhnenflanken sowohl der Kopf als auch die Flanken der auf dem vorhandenen Strandniveau errichteten Buhnen verbreitert und gesichert werden. Zwischen 1898 und 1900 wurde eine Sicherung des Inselsockels durch Verlängerung von einigen Buhnen in das Norderneyer Seegat hinein bis auf 20 m Wassertiefe angestrebt. Erst 1933/34 wurde dieses Ziel durch die bis zur Seegatsohle reichenden 370 m langen Zwischenbuhnen ZBI und ZBII vollkommen erreicht (Abb. 10.2-3) [EAK 1993].
Die weiterhin ungünstigen morphologischen Entwicklungen des Strandes und der Dünen machten eine Verlängerung des Dünenschutzes in südöstlicher Richtung erforderlich. Von 1864 bis 1867 wurde auf einer Länge von 525 m zwischen den heutigen Buhnen D und G eine leichte Sicherung der Randdüne in Form einer Faschinenspreitlage errichtet. Dieses besaß eine Neigung von 1:4 und war auf einer mit Stroh bestickten Kleiunterlage von 50 cm Stärke, die durch kurze Pfähle und Flechtzäune gesichert war, gebettet. Wegen großer Unterhaltungsbedürftigkeit bewahrte sich diese Konstruktion nicht und wurde 1883/84 durch ein Dünendeckwerk, welches im wesentlichen dem oben beschriebenen S-Profil entspricht, ersetzt.

Auch am nordöstlichen Ende des Dünendeckwerkes hielten die Erosionen der Randdünen nach dessen Bau weiter an. Hier wurde zum Schutz der Düne zwischen 1874 und 1877 ein aus den Niederlanden übernommenes Pfahlschutzwerk von 500 m Länge als ein vor der eigentlichen Randdüne gelegener Wellenbrecher errichtet. Aufgebaut ist diese leichte Bauweise aus einer oben in 2 m Höhe durchbrochenen, sonst dichten Pfahlwand, die auf der Seeseite durch eine Steinböschung und auf der Landseite durch eine Steinkiste geschützt war. Die offene Pfahlreihe sollte zum einen dazu dienen, die Wellen bei Sturmfluten zu brechen und zum anderen aber auch einen Sandtransport vom Strand zur Randdüne zu ermöglichen. Die Dezemberflut von 1894 fügte dem Bauwerk schweren Schaden zu und zerstörte es auf einer Länge von 100 m völlig. Nach einer hilfsweisen Ausbesserung wurde das gesamte Pfahlschutzwerk in den Jahren 1897 bis 1899 abgerissen und durch das Norderneyer S-Profil ersetzt (Abb. 10.2-2). Ein auf Borkum in nahezu baugleicher Form 1874 errichtetes Pfahlschutzwerk bewährte sich ebenfalls nicht, wurde schon 1881 zerstört und durch ein massives Dünendeckwerk ersetzt.

Damit waren auf Norderney um die Jahrhundertwende bereits 2 km massives Dünendeckwerk und 12 Buhnen erstellt. Im 20. Jahrhundert erfolgte wegen der fortschreitenden negativen Entwicklungen der Strände und Dünen eine phasenweise Erweiterung der Schutzwerke auf die heutige Ausbaulänge (Tabelle 10.2-1 und Abbildung 10.2-1).

	Beginn des Baues von Dünenschutzwerken	Massives Deckwerk [km]		Pfahlwerk [km]		Beginn des Buhnenbaus	Massive Buhnen [Anzahl]	
Insel	Jahr	1900	1997	1900	1997		1900	1997
Borkum	1874	2,8	6,5	-	-	1869	21	35
Juist	1913	-	1,4(versandet)	-	-	1914	-	7(versandet)
Norderney	1857	2,0	4,7	0,5 1)	-	1860 2)	12	32
Baltrum	1873	---	1,7	1,8	0,2	1873	14	14
Spiekeroog	1874	1,6	1,9	0,8	-	1873	12	12
Wangerooge	1874	3,1	5,7	-	-	1874 3)	14	23
Summe	-	9,5		3,1	0,2	-	73	123

1) (1897-99 in S-Profil umgebaut)
2) Zwei Buschbuhnen, die 1846 errichtet wurden, sind 1848 wieder zerstört worden.
3) 10 Buschbuhnen, die zwischen 1818 und 1834 gebaut wurden, sind 1850 aufgegeben worden

Tab. 10.2-1: Übersicht über die Dünenschutzwerke und Buhnen um 1900 und 1997 auf den ostfriesischen Inseln

3. Entwicklung der Inselschutzwerke auf der Insel Spiekeroog

Die auf der Insel Spiekeroog ab 1873 ausgeführten Inselschutzwerke weisen ebenfalls eine sehr heterogene Struktur auf und unterscheiden sich in ihrer Konstruktion zum Teil erheblich von den auf Norderney ausgeführten Bauweisen. Es zeigen sich einige Parallelen zu den etwas zeitlich versetzt auf Baltrum zur Ausführung gekommenen Anlagen, wie sie z.B. bei Erchinger und Ukena [1987] beschrieben sind. Da in der Literatur nur wenig Angaben über die Entwicklung der Spiekerooger Inselschutzwerke vorhanden sind, wird im weiteren eine kurze chronologische Darstellung erfolgen.

Die Entwicklung des westlichen und nordwestlichen Teils der Insel Spiekeroog ist in den vergangenen Jahrhunderten durch einen starken Rückgang der Randdünen gekennzeichnet. Backhaus [1941] rekonstruiert an Hand historischer Karten, daß der Westteil der Insel zwischen 1800 und 1840 um 400 m und zwischen 1840 und 1866 um weitere 250 m abgenommen hat. Gleichzeitig hat die Insel im Osten und im Südwesten zugenommen.

Der durch die fortdauernde Erosion lückenhaft gewordenen Dünenkette begegnete die hannoversche Regierung im Jahre 1832 durch den Bau eines Sanddeiches. Schwere Sturmfluten von 1868 brachten mehrere tiefreichende Einbrüche in die Randdüne, so daß bereits 400 m östlich des hannoverschen im Jahr 1869 ein neuer Sanddeich errichtet werden mußte (Abb. 10.2-4). Zugleich wurden westlich des Deiches verstärkt Sandfangmaßnahmen durch Setzen von Buschzäunen durchgeführt, um die Dünenbildung zu ver-

stärken. Die Dünenabnahme hielt jedoch weiter an, so daß im nordwestlichen Dünenbereich 1874 eine Steinböschung auf ca. 540 m Länge nach dem 1873-75 ausgeführten Baltrumer Muster angelegt wurde. Diese bestand im wesentlichen aus einem hölzernen Pfahl- und Bohlwerk mit einem steilen Bruchsteinpflaster auf Kleisoden und Vorlagen von auf Busch gelagerten Steinquadern sowie einer oberhalb anschließenden Buschspreitlage. In die Vorlagen eingebunden wurden die ab 1873 errichteten Buhnen A bis F ähnlich der Norderneyer Bauart (Abb. 10.2-5). Da sich das Längswerk in Sturmfluten vom Januar 1877 und März 1878 nicht bewährte, wurde es unter Verwendung der vorhandenen Materialien und der Bohlwände 1879/80 in ein doppelt gekrümmtes Profil umgebaut, welches in dieser Form nur auf Spiekeroog ausgeführt worden ist. Dieses Deckwerk ist aus auf einer 0,6 m starken Unterlage von Kalksand aufgesetzten, mit Zementmörtel verbundenen Bruchsteinen aufgebaut und nach oberhalb durch ein Klinkerpflaster gegen Hinterspülung gesichert (Abb. 10.2-6). Nach den schweren Sturmfluten vom Dezember 1894 und Dezember 1895 wurde eine Fußvorlage und eine oberhalb an das Klinkerpflaster anschließende zweite Berme ergänzt. Nach einer teilweisen Zerstörung in der Sturmflut vom Februar 1962 ersetzt jetzt ein 1:4 geneigtes Rauhdeckwerk die damalige Konstruktion.
Die fortschreitend negativen Entwicklungen waren der Anlaß für den Bau eines Pfahlwerkes im nördlichen und im südlichen Anschluß an das Deckwerk in den Jahren 1878 bis 1882. Der nördliche Teil hatte eine Länge von 95 m und der südliche von 707 m. Die im Vergleich zur Norderneyer Bauweise verstärkte Ausführung mit einem massiven Unterbau aus Kalksand und in Beton gesetztem Bruchsteinpflaster war gleichzeitig Baumuster für die ab 1883 auf Baltrum ausgeführten Anlagen (Abb. 10.2-7). Parallel dazu wurden 1879/80 die Buhnen AA bis AC zur Sicherung des Strandes und 1881/83 ein Sanddeich rückwärtig des Pfahlwerkes errichtet (Abb. 10.2-4). Das sehr unterhaltungsbedürftige Pfahlwerk war wegen der stark wechselnden Strandsituation auf Grund der für Spieker-

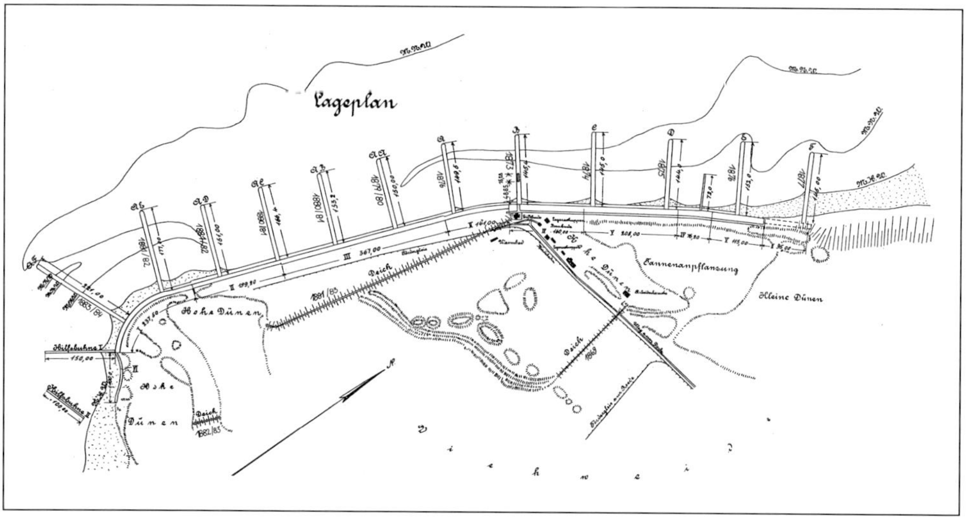

Abb. 10.2-4: Lageplan der Schutzwerke auf Spiekeroog. Abschnitt I „Hessenwand" (1881/83), Abschnitte II und III (1878/82) Pfahlwerk, Abschnitte IV und doppelt gekrümmtes Profil (1879/82)

oog typischen phasenweisen Platenanlandungen später in Teilstrecken nahezu völlig von Sand bedeckt und mußte 1936/37 nach Freispülung wegen Abgängigkeit durch ein Steilprofil aus Stahlspundwänden, die sogenannte „Schumacherwand“ [1] ergänzt werden.

Abb. 10.2-5: Querschnitt der Buhne AB, erbaut 1879/80.

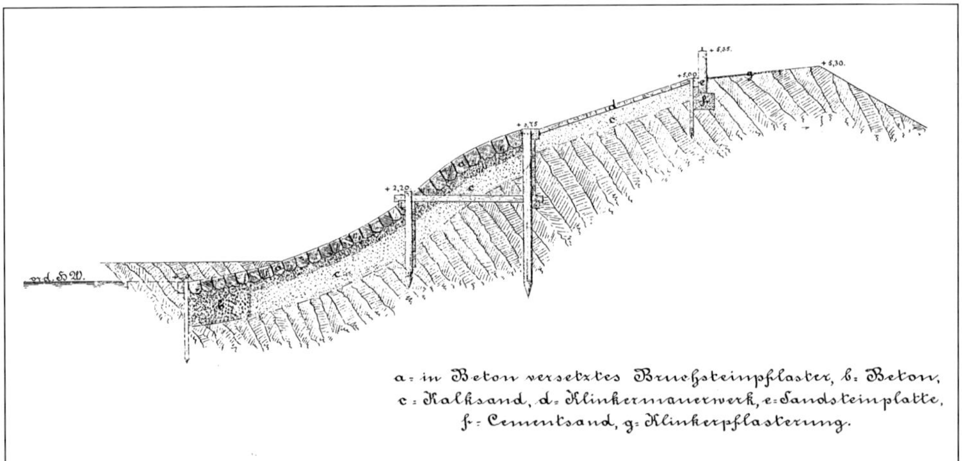

Abb. 10.2-6: Querschnitt des doppelt gekrümmten Deckwerkes nach Umbau des Pfahl- und Bohlwerkes. Die Pfahlkonstruktion der alten Konstruktion wurde beibehalten. Höhenangaben auf MThw bezogen.

In den Jahren 1881 bis 1883 wurden der 238 m lange südwestliche Abschluß der Dünenschutzwerke als ein doppelt gekrümmtes, relativ steiles Profil aus Sandsteinquadern auf einem Kalksandunterbau und davor die Buhnen AE und AF errichtet (Abb. 10.2-8). Diese Deckwerkskonstruktion hat bis heute Bestand und wird wegen der Herkunft der Steine und der von dort für die Verlegung beschäftigten Arbeiter „Hessenwand" genannt.
An den südwestlich an das Deckwerk anschließenden Süderdünen zeigte sich schon vor 1904 eine vermehrte Erosion der Randdünen. Eine errichtete leichte Buschbuhne sowie ein leichtes Längswerk wurden von der fortschreitenden Erosion rasch wieder verstört. Im Jahre 1916 wurden dann zwei ebenfalls leichte Buschbuhnen (Hilfsbuhnen I und II in Abb. 10.2-4) und ein 100 m langes an das Deckwerk anschließendes Längswerk bestehend aus einer Buschpackung mit Steinbelastung errichtet. Diese später längere Zeit unter Sand gelegenen Werke sind auf Grund der zur Zeit sehr ungünstigen Strandsituation seit langem das erste Mal wieder sichtbar geworden. In Gegensatz zu Norderney ist damit die Sicherung der Insel Spiekeroog durch massive Bauwerke schon 1883 abgeschlossen worden. Alle weiteren Arbeiten konzentrierten sich auf eine Verstärkung, eine Sicherung oder einen Umbau der Inselschutzanlagen.

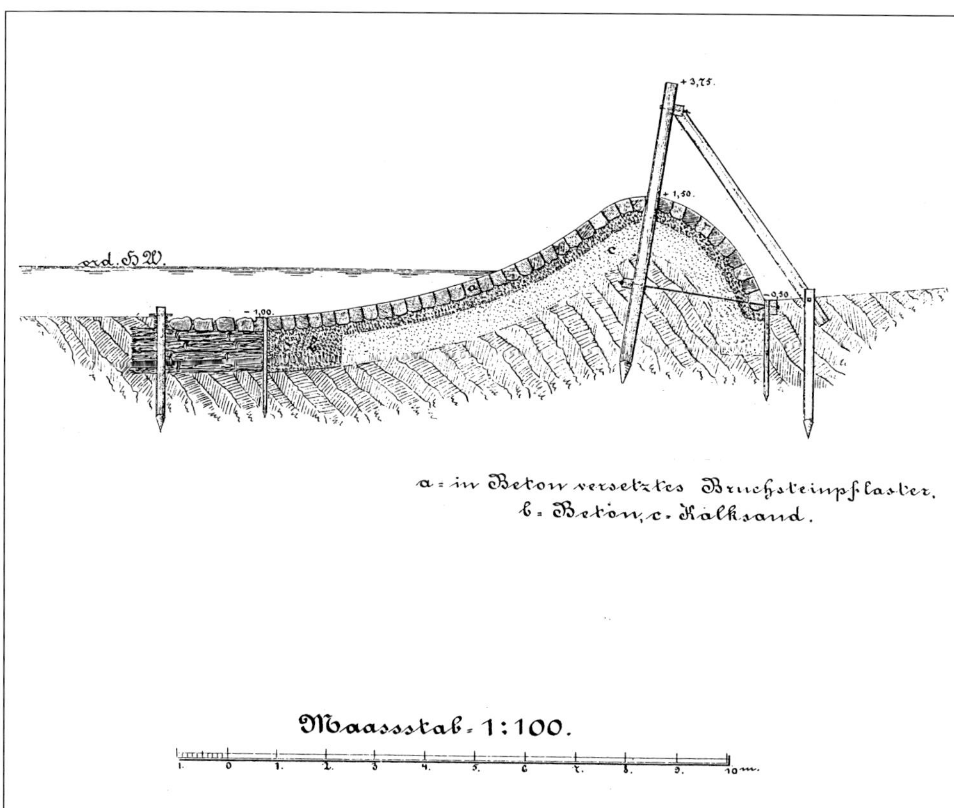

Abb. 10.2-7: Querschnitt des Pfahlwerkes von 1878/82. Höhenangaben auf MThw bezogen.

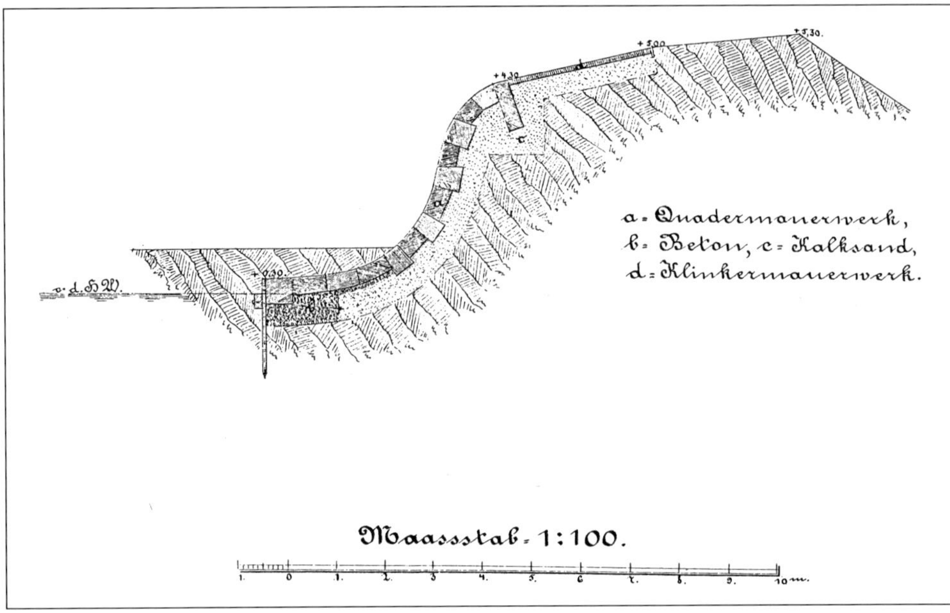

Abb. 10.2-8: Querschnitt der „Hessenwand“ von 1881/83. Höhenangaben auf MThw bezogen.

4. Überblick über die Entwicklung der Inselschutzanlagen auf den ostfriesischen Inseln

Der Beginn des Baues von massiven Inselschutzwerken zum Schutz von Dünen und Stränden ist in Tabelle 10.2-1 zusammenfassend dargestellt. Nachdem zunächst auf dem zum damaligen Königreich Hannover gehörigen Norderney 1858 mit dem Bau von Inselschutzanlagen begonnen worden war, folgten unter preußischer Regierung Bauten auf Baltrum und Spiekeroog ab 1873, Borkum ab 1874, und dem oldenburgischen Wangerooge ab 1874. Die Wasserbauingenieure der damaligen Zeit gingen davon aus, daß die durch Strömungs- und Seegangsbeanspruchung verursachte Erosion von Stränden und Randdünen durch den Bau fester Schutzwerke endgültig verhindert werden könnte. Kenntnisse der großräumigen morphologischen Gestaltungsprozesse, der Sedimenttransportmechanismen und auch der negativen Folgewirkungen von festen Bauwerken an sandigen Küsten wie der Lee-Erosion und der Wellenreflexion waren noch nicht ausreichend bekannt. So mußten auf Borkum, Norderney und Wangerooge die Anlagen auch in diesem Jahrhundert noch erheblich erweitert werden (Tab. 10.2-1). Erst mit der Anwendung von Strandaufspülungen zum Schutz sandiger Küsten, beginnend auf Norderney 1951, wurden Techniken entwickelt, mit Hilfe derer es möglich war, erosionsbedingte Sandverluste so auszugleichen, daß der Schutz von gefährdeten Inselteilen sichergestellt werden konnte (vgl. Abschnitt 5.2.6). Die Erhaltung der bestehenden Schutzwerke wird aber wegen ihrer großen Bedeutung für die Sicherung der West- und Nordwestteile aller Ostfriesischen Inseln mit Ausnahme von Juist und Langeoog auch weiterhin eine wichtige Aufgabe für die Wasserwirtschaftsverwaltung des Landes Niedersachsen darstellen. Eine Gesamtübersicht über Schutzdünen und Schutzbauwerke auf den Ostfriesischen Inseln findet sich als Tab. 5.2-3 in Abschnitt 5.2.6.1.

10.3 KÜSTENSCHUTZ LEYBUCHT AN DER OSTFRIESISCHEN KÜSTE

von Bernhard Janssen

1. Anlaß

Seit 1954 werden die Hauptdeiche entlang der deutschen Nordseeküste und den einmündenden Tideflüssen erhöht und verstärkt. Ihre Abmessungen wurden nach den Erkenntnissen aus den sehr schweren Sturmfluten von 1953 in Holland und 1962, 1973 sowie 1976 an der deutschen Nordseeküste überprüft und neu festgelegt. Die Hauptdeiche an der Leybucht hatten danach Fehlhöhen von 1,30 m bis 2,00 m.

2. Entstehung der Leybucht und Rückgewinnung

Die Leybucht hatte ihre größte Ausdehnung mit rd. 13.000 ha nach den verheerenden Sturmfluten von 1374/77. Sie reichte damals bis zur Stadt Norden, im Osten bis Marienhafe und im Süden bis Canhusen. In den vergangenen 600 Jahren wurden 10.000 ha dem Meer wieder abgerungen. Als letzte Landgewinnung wurde 1950 mit dem Bau des Störtebekerdeiches der 1.000 ha große Leybuchtpolder eingedeicht (s. Bd. I Schwarz: Küstenschutz und Deichwesen).

3. Planungsaufgabe

Neben dem vordringlichen Küstenschutz waren weitere Forderungen bei der Planung zu berücksichtigen:

Naturschutz

Die Leybucht ist neben dem Jadebusen und dem Dollart eine der letzten offenen und salzwasserbeeinflußten Buchten an der niedersächsischen Nordseeküste. Sie ist Bestandteil der Zone I, der Ruhezone des Nationalparks Niedersächsisches Wattenmeer (Abschnitt 5.8). Gemäß der Ramsar-Konvention von 1971 ist die Leybucht als Feuchtgebiet von internationaler Bedeutung anerkannt und ausgewiesen. Außer den Bauten des Küstenschutzes hat hier der Naturschutz den absoluten Vorrang.

Das Deichvorland an der Leybucht bietet bodenbrütenden Vogelarten bevorzugten Brutraum. Neben Lachmöwen und Seeschwalben brüten auf dem Heller Austernfischer, Kiebitz, Uferschnepfe und Rotschenkel. Besonders der Säbelschnäbler schätzt diese verschlickende Bucht als Brut- und Aufzuchtgebiet. Das reiche Nahrungsangebot der Salzwiesen ist für Alt- und Jungvögel während der Brut- und Aufzuchtzeit von großer Bedeutung. Im Herbst und Frühjahr rasten in der Leybucht große Schwärme Wasser- und Watvögel, die hier während des Durchzuges Nahrung aufnehmen. Die verbleibende offene Bucht ist rd. 2.800 ha groß, davon 30 ha Wasserfläche, 1.800 ha Watt, 690 ha Salzwiesen und 280 ha Sommerpolder.

Hafen Greetsiel

27 Krabbenkutter haben hier ihren Heimathafen. Wegen der starken Schlickablagerung im Außentief konnten die Kutter bisher nur bei Hochwasser ein- oder auslaufen. Die Verschlickung des Außentiefs hat durch die ständig weitergehende Verlandung der Bucht und die dadurch bedingte Abnahme des Flutspeicherraums immer größere Ausmaße angenommen.

Greetsiel gehört zur Gemeinde Krummhörn und hat 1.500 Einwohner. Etwa 200.000 Übernachtungen im Jahr verzeichnet der Ferienort. Für Gäste, die den besonderen Charakter des ostfriesischen Fischerdorfes mit seinem Umland schätzen, ist der betriebsame Hafen Kern- und Anziehungspunkt.

Entwässerung

Durch die Leybucht entwässern zwei größere Binnentiefsysteme, das Norder Tief und das Greetsieler Tief. Dem ersteren dient das Leybuchtsiel an der Nordseite mit Siel und Schöpfwerk für den 24.000 ha großen Entwässerungsverband Norden. Freie Vorflut ist hier wegen der Verschlickung des Außentiefs nicht mehr möglich, so daß das gesamte Wasser des Verbandsgebietes gepumpt werden muß. In Greetsiel entwässern zwei alte Siele die nördliche Krummhörn im Entwässerungsverband Emden mit einem Einzugsgebiet von rd. 11.000 ha. Beide Siele sind wegen Verschlickung jedoch seit Jahren geschlossen. Das anfallende Binnenwasser wird deshalb seit 1957 vom Schöpfwerk abgepumpt.

4. Planungen unter Berücksichtigung von Vorgaben

Die Planungen begannen bereits 1961 mit der Zielsetzung, durch einen Abschlußdeich von Utlandshörn bis zur Hauener Hooge die Hauptdeichlinie zu begradigen und damit die Restbucht zurückzugewinnen (Abb. 10.3-1). Mit steigendem Umweltbewußtsein wuchs die öffentliche Kritik gegen eine Volleindeichung. Nach Vorlage verschiedener Lösungen entschied das niedersächsische Landeskabinett am 26.02.1980, nachstehende Vorgaben neben dem Küstenschutz zu berücksichtigen:

- Erhaltung des Hafens mit sicherer Hafenzufahrt und damit des Ortscharakters von Greetsiel,
- ausreichende Entwässerung über Siele und Schöpfwerke in Greetsiel und Leybuchtsiel sowie
- Erhaltung des ökologischen Wertes der Leybucht für den Naturschutz.

Die Zielsetzung war, die offene Bucht soweit als möglich zu erhalten, den Kernbereich nicht zu stören und das erforderliche neue Mündungsbauwerk mit Siel und Schleuse so nahe wie möglich an die tiefe Rinne der Norderley zu bauen. Die westliche Planungsgrenze im Pilsumer Watt bildete dabei die 1976 verlegte Ekofisk-Gasleitung (Ì 1.000 mm), deren Kreuzung aus Sicherheitsgründen zu vermeiden war (Abb. 10.3-2).

Um für die Planaufstellung und -entscheidung naturwissenschaftliche Grundlagen zu gewinnen, wurden von Fachleuten und Instituten verschiedene Gutachten aufgestellt, die sich vor allem mit dem ökologischen Wert der Leybucht und den zu erwartenden morphologischen Veränderungen eingehend befaßten. Zur Erkundung des Untergrundes waren rd. 500 See- und Landbohrungen sowie umfangreiche Sondierungen in verschiedenen Trassen auszuwerten.

Die stärkere Gewichtung der ökologischen Belange und eingehende Prüfung der Planvarianten führte zum Entwurf des Deichvorsprunges von Leyhörn. Durch diese Halbinsel am westlichen Rand der Leybucht bleibt der Gezeiteneinfluß auf die Bucht erhalten, wobei der Zugang zum tiefen Fahrwasser festgelegt wird (Abb. 10.3-2).

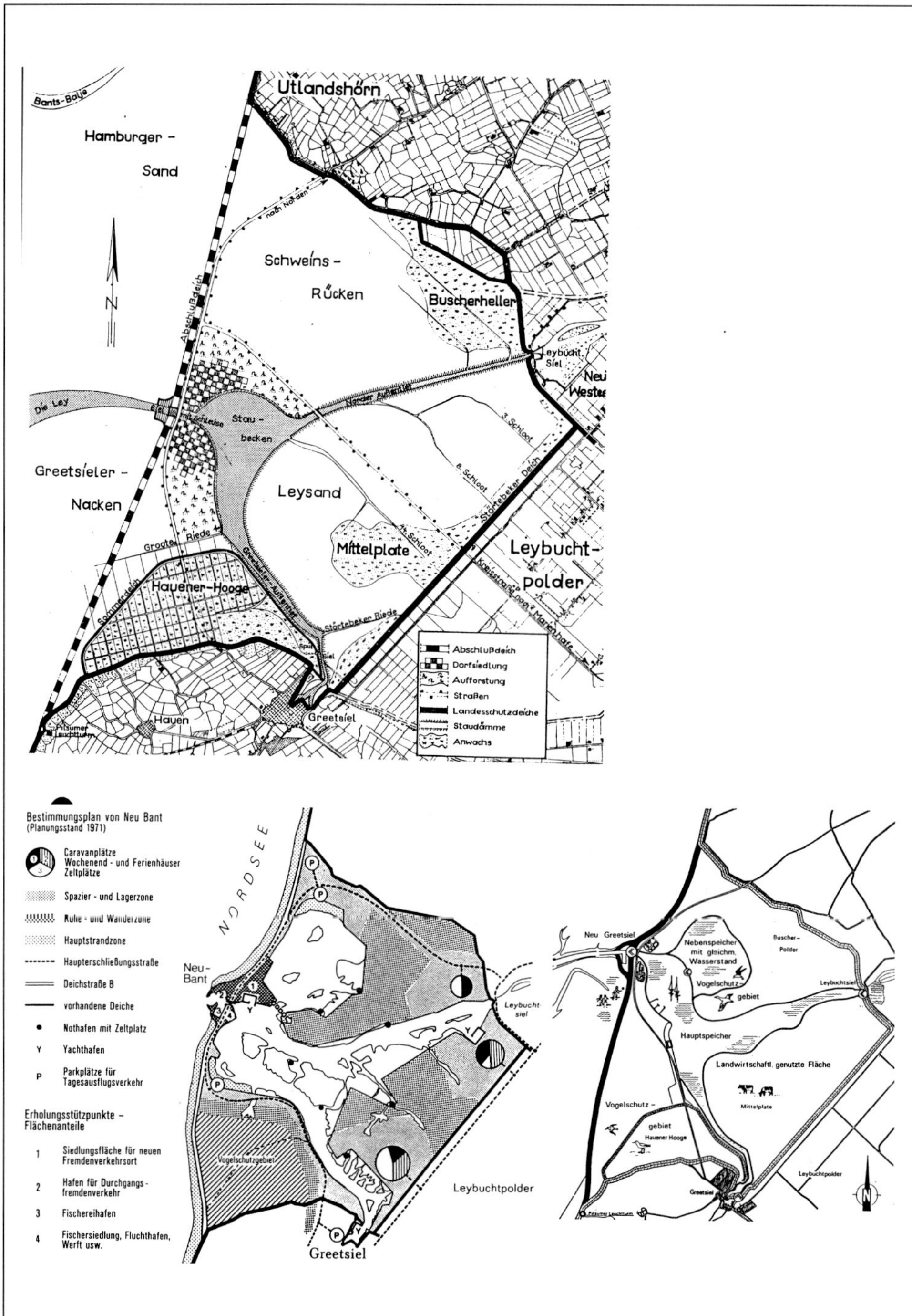

Abb. 10.3-1: Frühere Pläne möglicher Eindeichungen der äußeren Leybucht von a) Wenholt (1961), b) Seele und Wittig (1972), c) Erchinger (1975)

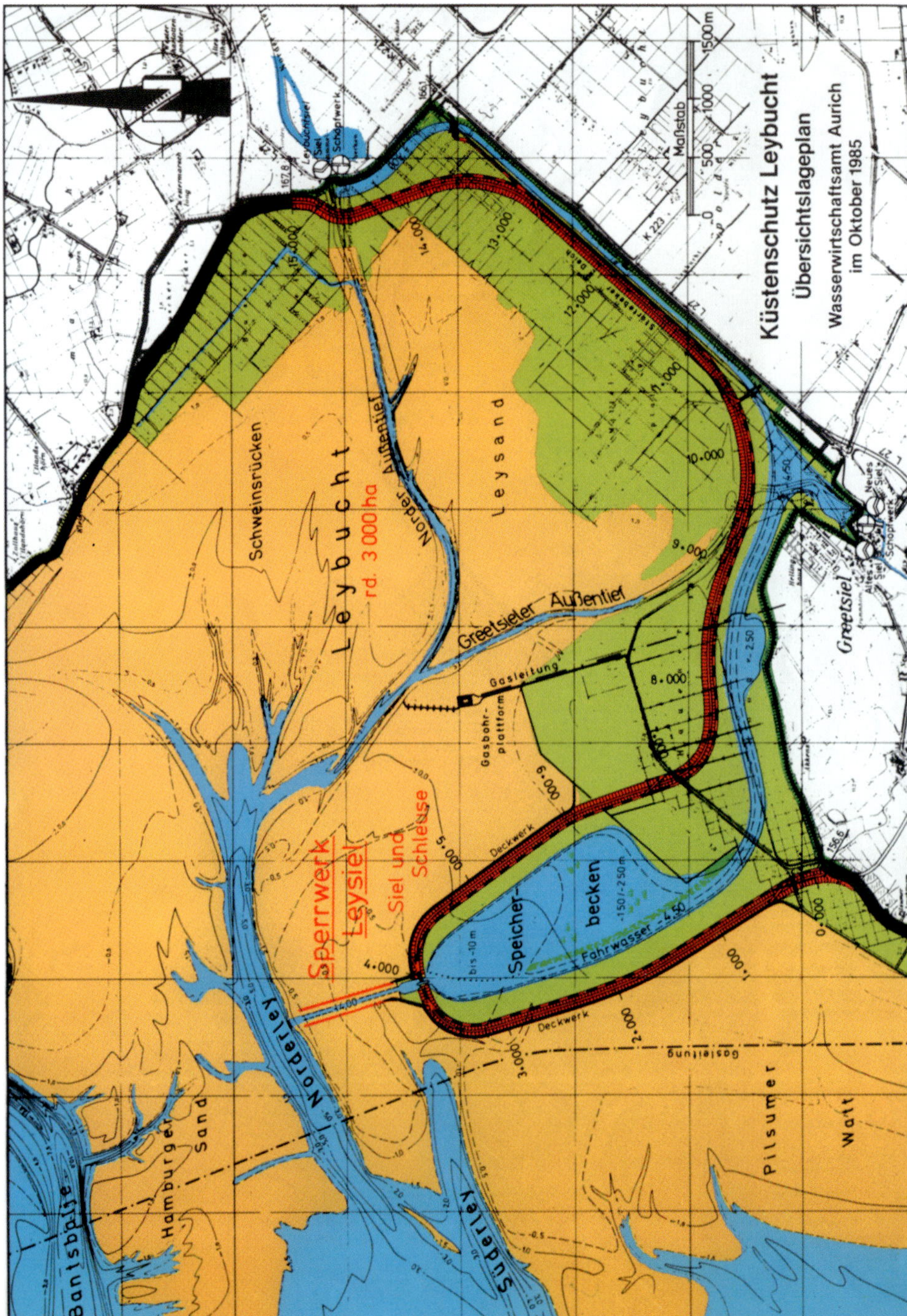

Abb. 10.3-2: Übersichtslageplan der Baumaßnahme „Küstenschutz Leybucht" des Wasserwirtschaftsamtes Aurich von 1985

5. Planfeststellungsverfahren

In dem bei der Bezirksregierung Weser-Ems in Oldenburg beantragten Planfeststellungsverfahren traten das Land Niedersachsen, vertreten durch das Wasserwirtschaftsamt Aurich, und die Deichacht Krummhörn mit Sitz in Pewsum als Antragsteller auf.

Nach sorgfältiger Abwägung zwischen den Erfordernissen des Küstenschutzes und den Belangen des Naturschutzes, der Hafenzufahrt Greetsiel und der Entwässerung wurde der Plan von der Bezirksregierung Weser-Ems am 25.09.1985 mit einer Veränderung der Deichlinienführung und weiteren Auflagen festgestellt (Abb. 10.3-2). Wesentlich war die Zurücklegung des geplanten Deiches in der Hauener Hooge, so daß davon rd. 100 ha und weitere 100 ha vorgelagertes Watt außerhalb der Eindeichung verblieben. Als Ergebnis eines Modellversuchs im Franzius-Institut der Technischen Universität Hannover war die Verlegung der Einmündung des Außentiefs in die Norderley mit rd. 950 m Entfernung vom vorhandenen Gasleitungsdüker der Ekofisk-Leitung erforderlich, um Freispülungen durch vermehrte Sielzüge am Düker zu vermeiden. Auch wurde festgelegt, daß für die Dauer der Bauzeit die niedersächsische Landespflege die Antragsteller ökologisch zu beraten hatte, um die Auswirkungen der baulichen Eingriffe zu vermindern.

6. Baumaßnahmen

Für die Herstellung der Deichsicherheit wird ein Deich auf rd. 15 km Länge mit den erforderlichen Abmessungen gebaut. In der Nähe des tiefen Außenwassers - Flutrinne der Norderley - ist das Sperrwerk Leysiel mit Schleuse und Siel angelegt (Abb. 10.3-3). Das Außentief bis zur Norderley ist rd. 1.000 m lang mit 35 m Sohlenbreite und NN - 4,0 m Ausbautiefe. Es wird auf beiden Ufern durch Leitdämme gesichert. In der 14 m breiten und 80 m langen Kammerschleuse können sechs bis acht Kutter gleichzeitig geschleust werden, aber auch kürzere Schleusenlängen, und zwar am Außenhaupt 25 m und am Unterhaupt 45 m. Das daneben liegende Entwässerungssiel hat drei Öffnungen von je 10 m Breite. Die Sohlen von Schleuse und Siel liegen auf NN - 4,50 m. Seeseitig von Schleuse und Siel ist ein Schutzhafen mit 60 m Notkaje angeordnet.

Binnendeichs entsteht ein 200 ha großer Speichersee mit einem schiffbaren Gewässer bis Greetsiel (Abb. 10.3-4) und weiter von Greetsiel entlang des Störtebekerdeiches nach Leybuchtsiel (Abb. 10.3-2). Der Speichersee dient der Aufnahme des Wassers, das durch die Siele abfließt, und auch als Stauraum, wenn bei mehrtägigen Sturmfluten das Binnenwasser durch Schöpfwerke hineingepumpt wird. Der Wasserstand im Speicherbecken soll NN - 1,60 m nicht unterschreiten, als Verdunstungsvorrat soll der Wasserstand in den Sommermonaten 20 cm höher sein.

Der Hafen Greetsiel bleibt wie bisher Liege- und Löschplatz der Kutterflotte. Er wird z. Z. dem neuen Wasserstand um NN - 1,50 m angepaßt. Die Hafensohle ist auf Tiefe der Schleusensohle Leysiels NN - 4,50 m gebaggert und die Kajen sind in ihrer Höhenlage und Gründungstiefe entsprechend neu angelegt. Das für Greetsiel typische Bild eines betriebsamen Fischerhafens bleibt somit erhalten. Unter Berücksichtigung denkmalpflegerischer Belange werden die beiden stillgelegten Siele wieder geöffnet und restauriert und auch die Hafenwände mit den anschließenden Deichen um rd. 1,50 m abgetragen und dem neuen Hafenbild angepaßt.

Abb. 10.3-3: Sperrwerk Leysiel mit Schleuse und Siel (Foto: StAWA Aurich)

Abb. 10.3-4: Speicherbecken mit Sperrwerk (Foto: StAWA Aurich)

7. Ausgleichsmaßnahmen

Die offene Leybucht wird nach Abschluß der Baumaßnahme von Utlandshörn bis Leysiel rd. 3.000 ha groß sein. Sie gehört bereits jetzt zur Ruhezone des Nationalparks Niedersächsisches Wattenmeer. Die bisher den Naturraum störenden Faktoren wie Schiffahrt, Erholungsbetrieb, Baggerung der Außentiefe mit Spülrohrverlegungen und Anlage von Spülflächen in der Leybucht entfallen. Für die gesamte Maßnahme werden rd. 740 ha Polder, unbedeichtes Vorland und Watt beansprucht. Davon entfallen auf:

- Sommerpolder Hauener Hooge	rd. 180 ha
- Salzwiesen	rd. 130 ha
- aufgespültes Vorland und Außentief	rd. 70 ha
- Wattflächen	rd. 360 ha

Ausgleichsmaßnahmen sollen am Ort der Baumaßnahmen gewährleisten, daß keine schwerwiegenden Beeinträchtigungen der Leistungsfähigkeit des Naturhaushaltes oder des Landschaftsbildes zurückbleiben. Als Ausgleich für verloren gegangene Salzwiesen ist bereits der vorhandene Deich des Sommerpolders Hauener Hooge zum Greetsieler Außentief geöffnet worden, so daß rd. 100 ha der vorher bedeichten Grünlandflächen sich so durch ständigen Einfluß von Ebbe und Flut wieder zu Salzwiesen zurückentwickeln können. Das 200 ha große Speicherbecken Leyhörn ist einschließlich des Ostdeiches unter Naturschutz gestellt worden und dient künftig vorrangig Zielen des Naturschutzes. Es soll sich als Biotop für salz- und süßwasserbeeinflußte Lebensgemeinschaften entwikkeln.

Für die Gewinnung von rd. 1,5 Mio. m^3 Boden für die Kleidecke der neuen Deiche sind außerhalb der neuen Deichtrasse rd. 50 ha der Hauener Hooge 0,8 m tief abgebaut worden. Weitere 60 ha binnendeichs zwischen der Ortschaft Hauen und dem alten Hauptdeich gelegene landwirtschaftliche Nutzflächen wurden erworben und werden nach einem landschaftspflegerischen Begleitplan bis zu 2,0 m tief zur Kleigewinnung ausgebaggert und als Biotop hergerichtet. Beide Kleigewinnungsflächen sind unter Naturschutz gestellt, wobei die binnendeichs gelegene Fläche um weitere 20 ha Niederungsflächen erweitert wurde und somit rd. 80 ha groß ist.

Als Ersatz für die im engeren Baubereich der Baumaßnahmen nicht ausgleichbaren Eingriffe hat das Land Niedersachsen rd. 60 ha in Privatbesitz befindliche Vordeichländereien erworben. Diese Flächen sollen zur Erhöhung ihrer ökologischen Funktion im Sinne des Naturschutzes bewirtschaftet und entwickelt werden.

8. Bau- und Unterhaltungsträgerschaft, Nutzungen von Gewässern und Zufahrtsstraße

Träger der Maßnahme sind das Land Niedersachsen -Wasser- und Abfallwirtschaftsverwaltung - und die Deichacht Krummhörn. Das Land übernimmt die Unterhaltung des Sperrwerkes und des Außentiefs sowie des Speicherbeckens mit den angrenzenden Landflächen und des Fahrwassers nach Greetsiel sowie des neuen Hauptdeiches von Greetsiel bis Leybuchtsiel (Abschn. 5.9). Das Verbindungstief von Greetsiel nach Leybuchtsiel soll in die Unterhaltung des Entwässerungsverbandes Norden übergehen. Die Deichacht Krummhörn übernimmt den neuen Hauptdeich im Bereich des Leyhörn auf 7,9 km Länge.

Für den Fremdenverkehrsort Greetsiel stehen die Wasserflächen im Hafen, nördlich des Ortes und die Gewässeraufweitung am Schiffahrtskanal einschließlich der Greetsiel zugewandten Uferbereiche zur Verfügung. Das Fahrwasser von Greetsiel nach Leysiel bleibt frei von Einschränkungen. Das Speicherbecken selbst darf jedoch nicht mit Booten oder Surfbrettern befahren werden (Abb. 10.3-2). Die Zufahrtsstraße zum Sperrwerk Leysiel bleibt für den motorisierten Verkehr gesperrt. Der neue Hauptdeich von Greetsiel zum Sperrwerk und der Störtebekerdeich von Greetsiel in Richtung Leybuchtsiel können jedoch als Spazier- und Fahrradwege benutzt werden.

9. Bauablauf und Baukosten

Der Planfeststellungsbeschluß vom 25.09.1985 beinhaltete den sofortigen Beginn, so daß bereits Anfang Oktober 1985 mit den Bauarbeiten begonnen wurde.

Nach Fertigstellung einer neuen Deichzufahrt im Sommer 1985 (gesondertes Planfeststellungsverfahren) begann im Oktober der Bau der rd. 100 m breiten Deichbasis. Bereits 1987 wurde der Deichschluß der 7 km langen und 4 km ins offene Meer ragenden Vordeichung Leyhörn durch einen 500 m langen Kunststoffgewebeschlauch, der erstmalig in dieser Form für ein Deichschlußverfahren verwendet wurde, vollzogen. Im September 1991 konnte das Sperrwerk Leysiel mit Schleuse und dem 30 m breiten Siel seiner Bestimmung übergeben werden. Gleichzeitig wurde das alte Greetsieler Fahrwasser durchdeicht und die Schiffahrtsrinne vom Greetsieler Hafen durch das Speicherbecken bis zum Sperrwerk freigegeben.

Folgende Hauptbauleistungen aus der Baubeschreibung des fertiggestellten Sperrwerkes sind zu erwähnen:

- rd.	460 Stück	Ortbetonrammpfähle
- rd.	30.000 m^3	Stahlbeton mit 3.000 t Betonstahl
- rd.	2.600 t	Stahlspundwände als Baugrund-, Ufer- und Flügelwände
- rd.	1,5 Mio. m^3	Bodenbewegung für Bauinsel, Baugrube, Deichanschlüsse und Hafenbaggerung
- rd.	230.000 t	Wasserbausteine für Leitdämme, Deckwerke und Sohlensicherung

Bis 1991 wurde der rd. 10 km lange Umschließungsdeich größtenteils fertiggestellt und vorläufig an den Störtebekerdeich östlich Greetsiels angeschlossen. 1993 bis 1996 wurden die Umgestaltungsmaßnahmen im Hafen Greetsiel durchgeführt.

Mit den Arbeiten im Herbst 1994 am Störtebekerdeich wurde ein weiterer wesentlicher Teilabschnitt der Planung begonnen, so daß der Ausbau des rd. 3 km langen Abschnittes 1998 samt des binnendeichs verlaufenden Verbindungstiefs abgeschlossen werden kann. In diesem Zeitraum fällt auch die Restaurierung der beiden Greetsieler Siele sowie die Tieferlegung der Deiche in der Ortschaft Greetsiel. Weitere drei Jahre sind der Vordeichung vor Neuwesteel mit dem Deichschluß vor dem Leybuchtsiel (Abb. 10.3-2) sowie dem Umbau des Leybuchtsiels vorbehalten, so daß etwa im Jahre 2001 die Hauptbauarbeiten der Küstenschutzmaßnahme Leybucht abgeschlossen werden können. Bis dahin werden nach dem aktualisierten Preisstand von 1993 rd. 300 Mio. DM verbaut sein, wobei in den Hauptbaujahren i. M. 30 Mio. DM an Bauvolumen angefallen sind.

10. Ausblick

Der für die Ausführung festgestellte Plan ist ein Kompromiß, der alle in der Leybucht anstehenden Probleme wie Küstenschutz, Hafenzufahrt, Entwässerung und Naturschutz soweit wie möglich berücksichtigt. Der Flutspeicherraum der offen gebliebenen Leybucht wird voraussichtlich auch in Zukunft die Hauptrinne Norderley auf Tiefe halten, so daß der Standort des Sperrwerkes auf Dauer richtig gewählt sein dürfte und Schleuse und Siel ihre Aufgabe auf lange Zeit erfüllen dürften. Der Ferienort Greetsiel wird als Heimathafen der Kutterflotte seinen bisherigen Feriencharakter behalten und stabilisieren können. Die ökologisch wertvolle offene Leybucht kann sich ohne Störfaktoren weiterentwikkeln.

10.4 HOCHWASSERRÜCKHALTEBECKEN SALZDERHELDEN

vom StAWA Göttingen

1. Aller-Leine-Oker-Plan

Unter dem Eindruck der in den Flußtälern der Aller, Leine und Oker in der Vergangenheit immer wiederkehrenden Hochwasserschäden beschloß der Niedersächsische Landtag am 22. Juni 1961, einen dringend erforderlichen Plan aufzustellen, um diese Flußgebiete gegen nachteilige Überschwemmungen weitgehend zu schützen. Diese Entschließung bildet die Grundlage für die Aufstellung des Aller-Leine-Oker-Planes (Abschnitt 5.3), der als Generalplan einen generellen Entwurf für einen umfassenden Hochwasserschutz in den drei Flußgebieten enthält. Neben einem schonenden Ausbau von etwa 982 km Gewässern sah der Plan als wirksamste Maßnahme den Bau von 48 Hochwasserrückhaltebecken vor, um insgesamt 123 Mio. m^3 Stauraum zu schaffen. Das größte Projekt des Generalplans mit 37,4 Mio. m^3 Stauraum ist das Hochwasserrückhaltebecken Salzderhelden.

2. Planerische Grundzüge des Hochwasserrückhaltebeckens Salzderhelden

Die Leine entspringt etwa 50 km südöstlich von Salzderhelden bei Leinefelde im Eichsfeld und nimmt bei Northeim die Rhume mit einem Niederschlagsgebiet von 1 184 km^2 auf. Wenige Kilometer unterhalb der Rhumeeinmündung, an der Sperrstelle bei Salzderhelden, hat die Leine ein Niederschlagsgebiet von 2 200 km^2. Die direkt unterhalb der Sperrstelle einmündende Ilme mit einem 400 km^2 großen Einzugsgebiet wird bei der Steuerung des Hochwasserrückhaltebeckens voll berücksichtigt. Somit wirkt das Becken regulierend auf die Hochwasserwellen aus einem insgesamt 2 600 km^2 großen Einzugsgebiet (Abb. 10.4-1).

Mit der Schneeschmelze im Harz und nach starken Regenfällen ufert die Leine oberhalb von Salzderhelden immer wieder aus. Infolge dieser Hochwasser blieb das flache, breite Leinetal unbesiedelt und wirkt seit jeher als natürlicher Rückhalteraum. Da dieser Talbereich vorwiegend als Grünland genutzt wird und hier eine verhältnismäßig mächtige und dichte Auelehmdecke vorhanden ist, bot es sich an, diesen vorhandenen Retentionsraum durch die Anlage von begrenzenden Dämmen für eine vorübergehende Hochwasserspeicherung intensiver zu nutzen.

Kernstück der Anlage ist der etwa 2 km lange Abschlußdamm mit dem Abschlußbauwerk in der Leine. Im Damm befinden sich im Bereich des Flußquerschnittes drei Öffnungen mit je 15,55 m lichter Weite und 2,70 m lichter Höhe als Grundablässe, deren Verschlüsse Segmentwehre sind (Abb. 10.4-2 a, b), mit denen bei Hochwasser der Abfluß der Leine entsprechend dem Steuerplan gedrosselt wird. Ab einem Einstauvolumen von etwa 15 Mio. m^3 wird der Abfluß über die Hochwasserentlastungsanlage geregelt. Diese besteht aus fünf Fischbauchklappen, die in drei Feldern von je 15,55 m lichter

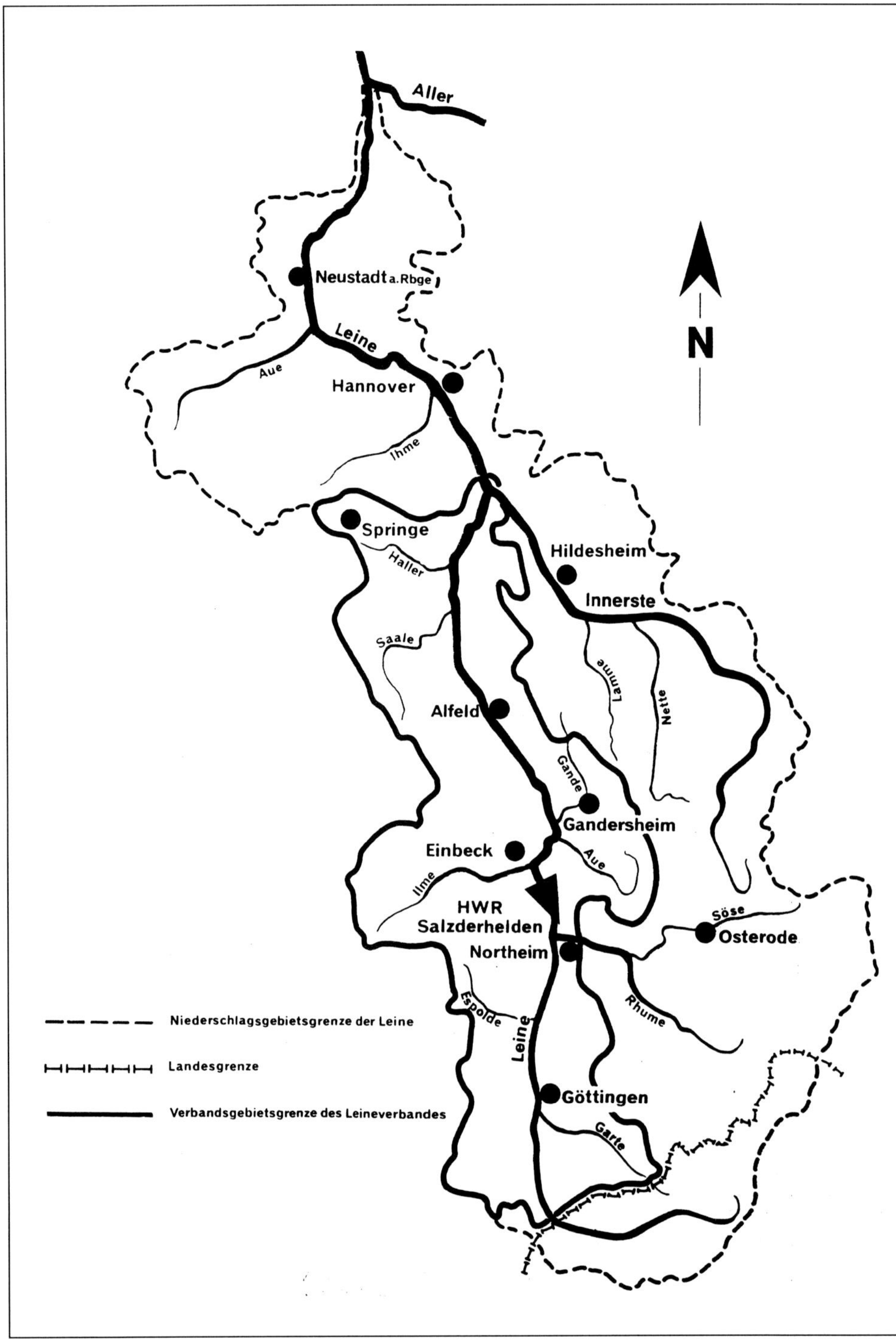

Abb. 10.4-1: Hochwasserrückhaltebecken Salzderhelden: Übersicht mit Niederschlagsgebietsgrenze der Leine und Verbandsgebietsgrenze des Leineverbandes

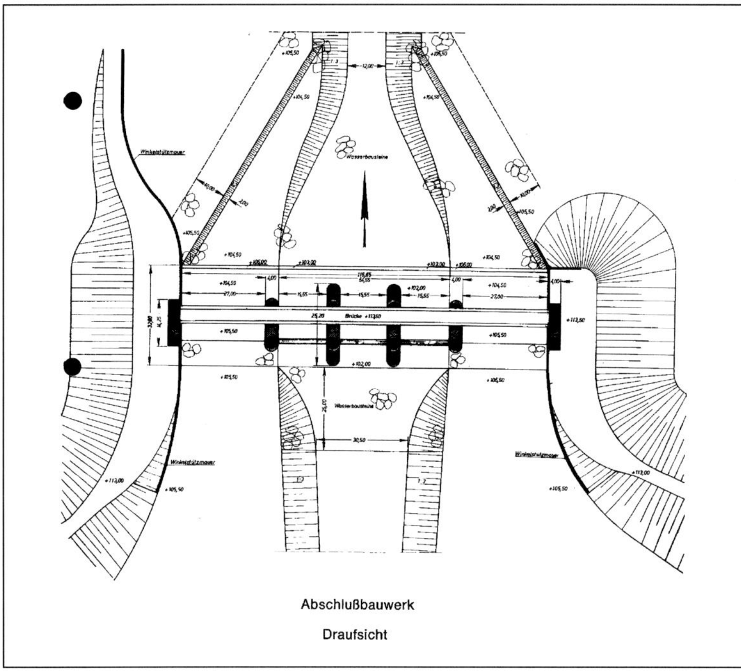

Abb. 10.4-2: Abschlußbauwerk des Hochwasserrückhaltebeckens Salzderhelden, Draufsicht

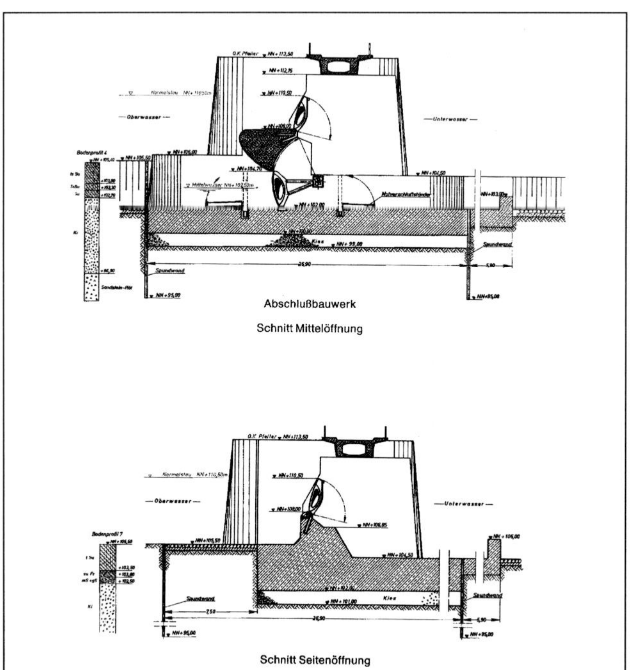

Schnitte durch das Abschlußbauwerk

Weite oberhalb der Grundablässe und je einem Feld von 27 m lichter Weite auf dem linken und rechten Vorland angeordnet sind und einen Querschnitt von 2,50 m Höhe freigeben können. Die Gesamtlänge der Hochwasserentlastungsanlage beträgt 100,65 m (Abb. 10.4-3). Über sie kann ein Hochwasser mit mehr als 1 000 m^3/s schadlos abgeführt werden. Das bislang bekannteste höchste Hochwasser trat im Jahre 1946 mit 845 m^3/s auf. Für den Bau der insgesamt etwa 27 km Haupt- und Polderdämme wurde als Material der anstehende Auelehm als Dichtungsmaterial und der Leinekies als Stützkörper und Filtermaterial verwendet (Abb. 10.4-4).

Die insgesamt 1 200 ha große Fläche des Beckens ist in fünf Polder (Abb. 10.4-5) unterteilt, um bei kleineren Hochwässern zumindest einen Teil der Beckenfläche weiterhin landwirtschaftlich nutzen zu können. Das Füllen der Polder II - IV erfolgt über speziell ausgebildete Überlaufschwellen in den Polderdämmen. Sechs Siel- und Schöpfwerke sind erforderlich, um die tiefliegenden Teile der umliegenden Ortschaften sowie die nicht eingestauten Polder während eines Hochwassers zu entwässern. Diese Nebenanlagen können zentral vom Betriebsgebäude aus gesteuert werden.

Die Sohle der Leine besteht aus Geschiebematerial, das sich bei Abflüssen über 60 m^3/s in Bewegung setzt, bei einem Einstau zur Ruhe kommt und sehr schnell zu einer Verlandung großer Teile des Beckens führen würde. Die dadurch erforderliche Räumung der Ablagerungen wäre unverhältnismäßig teuer und würde jedesmal einen erheblichen Eingriff in den Naturhaushalt bedeuten. Deshalb ist im Einlaufbereich eine Geschiebesperre in Form eines ständig durchflossenen Baggersees angeordnet.

Abb. 10.4-3:
Bau der Hochwasserentlastung (Wehr) des Hochwasserrückhaltebeckens Salzderhelden
(Foto: StAWA Göttingen)

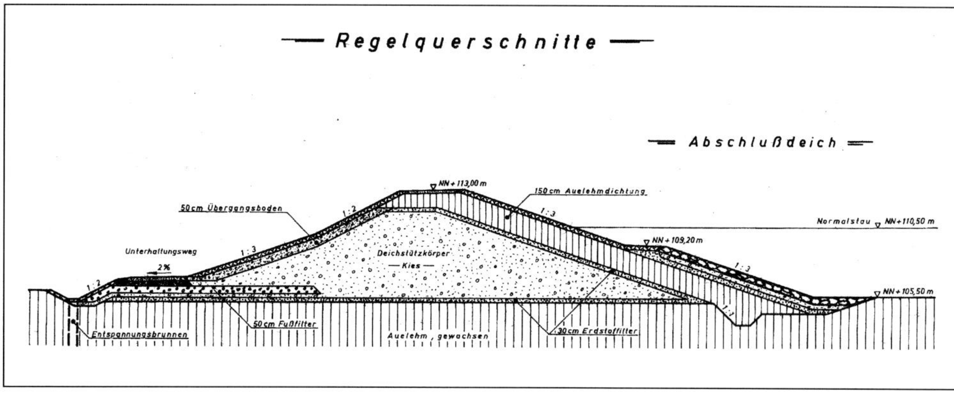

Abb. 10.4-4: Regelquerschnitt des Abschlußdeiches

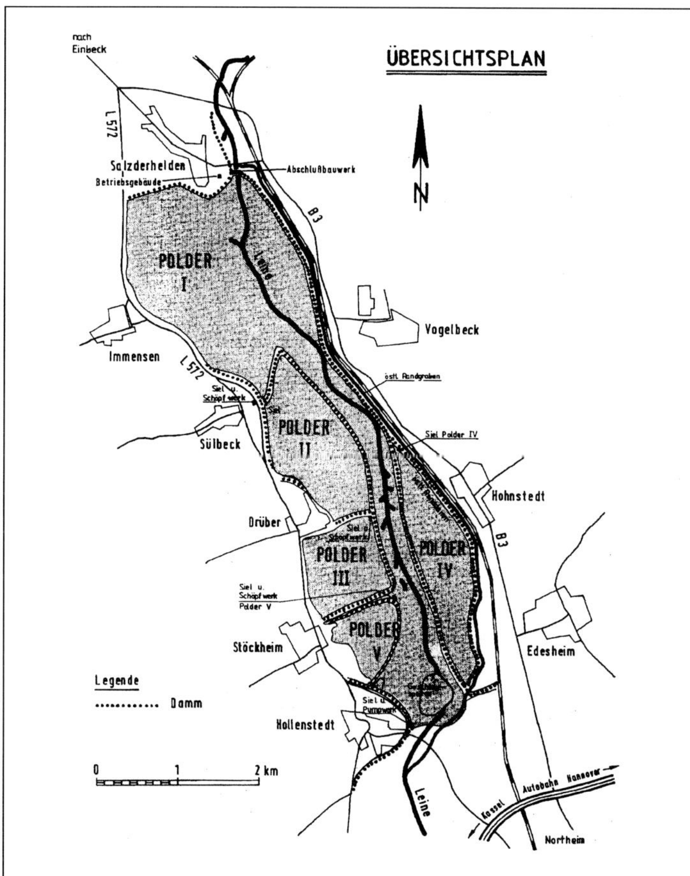

Die Polder des Hochwasserrückhaltebeckens

Abb. 10.4-5: Übersichtsplan des Hochwasserrückhaltebeckens mit den Poldern I bis V

3. Flurbereinigung und Grunderwerb

Für den Bau und Betrieb des Hochwasserrückhaltebeckens Salzderhelden mußten insgesamt rund 1 200 ha in das Eigentum des Landes überführt werden. Dieser erhebliche Flächenbedarf ergibt sich, weil neben dem Erwerb der Bauflächen der für den Einstau benötigte Bereich, zumindest der in den häufiger eingestauten Poldern I - III, vom Betreiber uneingeschränkt nutzbar sein muß. In dem seltener eingestauten Polder IV wurde die Nutzung zum Einstau über die Eintragung eines Überstaurechtes in Form einer Grunddienstbarkeit geregelt. Als Ausgleich für die einstaubedingten Nachteile erhielten die Eigentümer außerhalb des Beckens zusätzlich 50 % der im Polder in Anspruch genommenen Flächen. Da der Polder V nur in Ausnahmefällen überflutet wird, sind hier keine Regelungen erforderlich, ggf. muß das Land entstandene Schäden ersetzen.

Um den entstehenden Landverlust einzelner Betriebe auf einen größeren Kreis von Eigentümern zu verteilen, wurde 1974 ein Flurbereinigungsverfahren eingeleitet. Dadurch konnten existenzgefährdende Eingriffe ausgeschlossen, die zu erwartenden agrarstrukturellen, landeskulturellen und betriebswirtschaftlichen Nachteile vermindert und durch eine Zusammenlegung des verbleibenden Grundeigentums wieder existenz- und entwicklungsfähige Betriebseinheiten erhalten werden. Außerdem erleichterten die gesetzlichen Bestimmungen des Flurbereinigungsverfahrens die rechtzeitige Baulandbereitstellung für die einzelnen Teilabschnitte des Hochwasserrückhaltebeckens. Das Flurbereinigungsgebiet der acht in das Verfahren einbezogenen Gemarkungen umfaßt insgesamt eine Fläche von rd. 4 300 ha. Obwohl vom Land Niedersachsen über 300 ha aus dem Domänenbesitz zur Verfügung gestellt wurden und sechs Höfe ersatzlos aufgekauft werden konnten, mußten dennoch 14 kostspielige Umsiedlungen ganzer landwirtschaftlicher Betriebe vorgenommen werden, um die Gesamtfläche in das Eigentum des Landes zu bringen.

4. Steuerung des Hochwasserrückhaltebeckens

Der Mittelwasserabfluß aus dem 2 600 km^2 großen Einzugsgebiet beträgt etwa 24 m^3/s. Der bisher bekannte größte Hochwasserabfluß wurde 1946 mit rd. 845 m^3/s ermittelt. In der Leine unterhalb des Beckens beträgt der auch für die Landwirtschaft schadlose Abfluß etwa 70 m^3/s und der für die Bebauung und sonstige Objekte schadlose Abfluß in der Leine und über das Vorland etwa 200 m^3/s. Davon ausgehend wurde in der Planfeststellung als anzustrebende untere Regelabgabe der Abfluß von 70 m^3/s in der Leine unterhalb des Zuflusses der Ilme festgelegt (Abb. 10.4-1). Alle weiteren Betrachtungen über die Inhalte der Hochwasserwellen gehen deshalb immer von der Menge 70 m^3/s aus.

Umfangreiche Untersuchungen über die Hochwasserereignisse in der Leine in den Jahren 1943 - 1981 erbrachten folgende Erkenntnisse über die zu erwartenden Inhalte der Hochwasserwellen (Tabelle 10.4-1).

Diese wenigen Zahlen machen deutlich, daß das vorhandene Stauvolumen viel zu klein ist, um einen vollständigen Hochwasserschutz des Leinetales unterhalb des Beckens zu erreichen. Deshalb mußte das StAWA Göttingen als Betreiber des Rückhaltebeckens einen Steuerungsplan entwickeln, der trotz dieses ungünstigen Verhältnisses zwischen Einstauvolumen und zulaufender Wasserwellen noch eine wirkungsvolle Minderung der bisherigen Hochwasserschäden im Unterlauf erreicht. Die drei grundsätzlich möglichen Steuerungsstrategien sind in der Abbildung 10.4-6 (a - c) dargestellt. Für die tatsächliche Steuerung wurde ein Kompromiß zwischen diesen verschiedenen Möglichkeiten gewählt.

	Ereignisse mit Q > m³/s	Ereignisse mit Volumen > 37,4 Mio. m³	Ereignisse max. Volumen Mio. m³
Winterhalbjahr Nov. - April	70	16	210
Sommerhalbjahr Mai - Okt.	20	2	80

Tab. 10.4-1: Hochwasserereignisse in der Leine am Rückhaltebecken, Jahresreihe 1943 - 1981

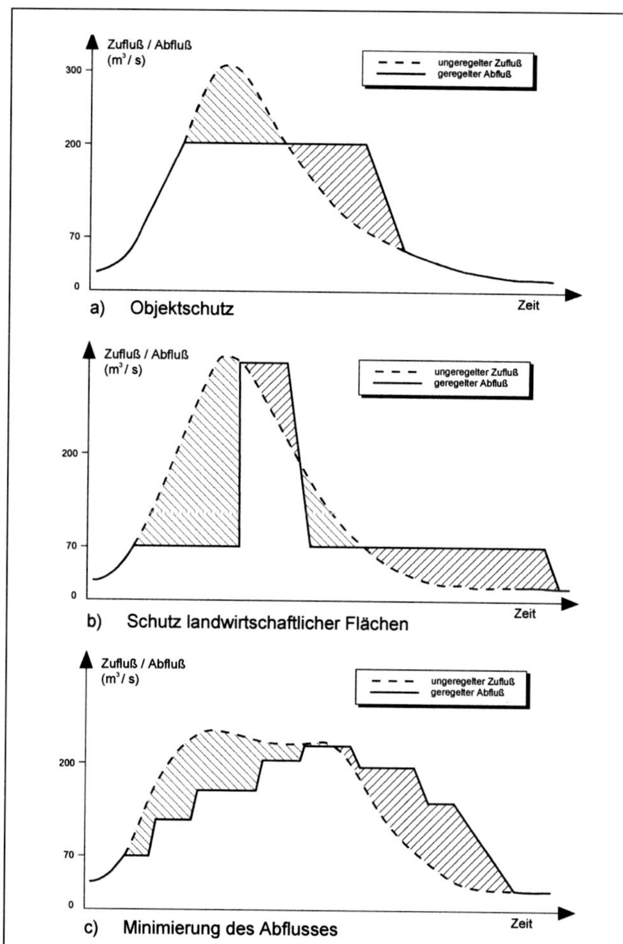

Abb. 10.4-6: Drei mögliche Strategien für die Steuerung des Hochwasserrückhaltebeckens (a bis c)

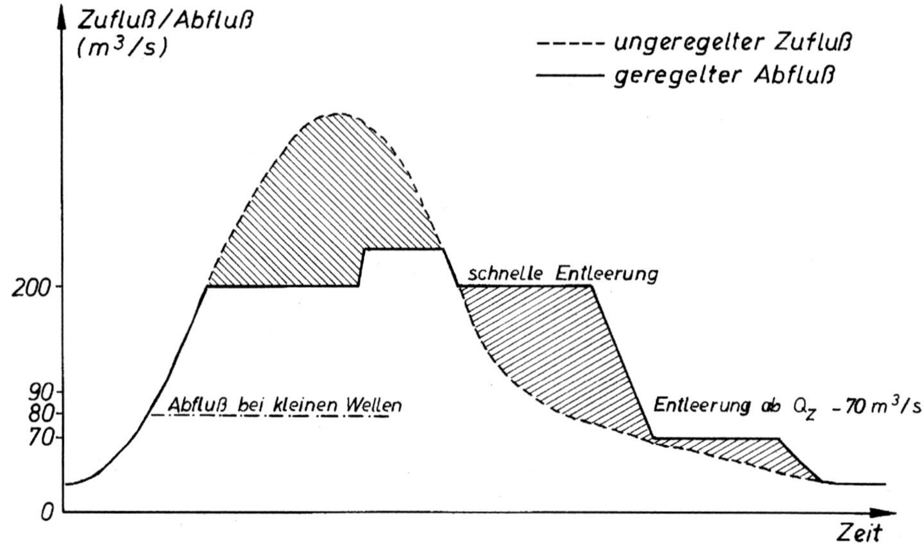

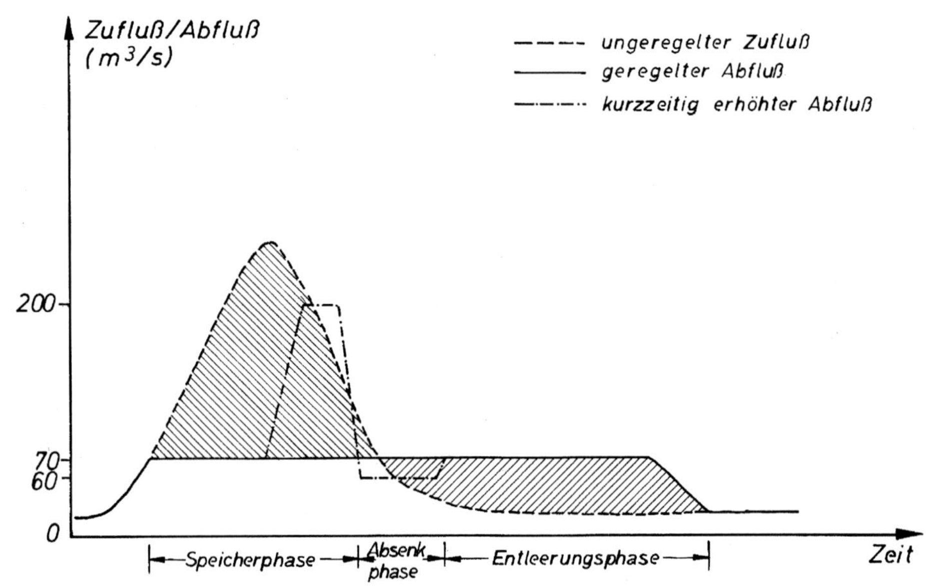

Abb. 10.4-7: Steuerungsmodell in Abhängigkeit von der Jahreszeit
a) im Winterhalbjahr
b) im Sommerhalbjahr

Hilfreich kam die Erkenntnis hinzu, daß für die landwirtschaftlichen Flächen die Höhe der jeweiligen Überstauung unerheblich ist, jedoch die Dauer einer Überflutung möglichst begrenzt werden sollte. Aufgrund des unterschiedlichen Wasserandranges im Winter- und Sommerhalbjahr und der unterschiedlichen Schadensanfälligkeit im Winter und Sommer auf den landwirtschaftlichen Flächen wurde ein jeweils gesonderter Steuerplan für das Winter- und Sommerhalbjahr entwickelt (Abb. 10.4-7).

Zu Beginn eines jeden Hochwasserereignisses ermittelt der Betriebsleiter anhand der bereits gefallenen und der noch zu erwartenden Niederschläge das voraussichtliche Wellenvolumen dieses Hochwasserereignisses. Liegt dieses über dem vorhandenen Einstauraum, wird der Abfluß nur auf 200 m^3/s gedrosselt, um in jedem Fall ausreichenden Einstauraum zur Minderung der Wellenspitze zur Verfügung zu haben. Die Entleerung des Bekkens erfolgt auch mit 200 m^3/s, um die Dauer der Überflutung der Vorländer möglichst kurz zu halten. Ist das voraussichtliche Wellenvolumen kleiner als der vorhandene Stauraum, wird der Abfluß im Winterhalbjahr auf 80 m^3/s gedrosselt. Im Sommerhalbjahr wird der Abfluß grundsätzlich auf 70 m^3/s gedrosselt, solange nicht das voraussichtliche Wellenvolumen den vorhandenen Einstauraum plus einem Sicherheitszuschlag von 10 Mio. m^3 übersteigt. In dem Fall erfolgt die Drosselung wie vor lediglich auf 200 m^3/s. Dieser Abfluß wird dann auch für die Entleerung solange beibehalten, bis genügend Einstauraum wieder freigeworden ist, um den Ablauf innerhalb der sogenannten Absenkphase auf 60 m^3/s drosseln zu können. Die etwa 24 Stunden dauernde Absenkphase sorgt für einen erheblich schnelleren Wasserabfluß aus dem vorher überfluteten Leinetal. Das Becken wird dann weiter mit 70 m^3/s entleert.

Diese Art der Steuerung wurde gewählt, weil mit der erhöhten Abgabe von 200 m^3/s noch ein ausreichender Schutz der Bebauung und sonstigen Anlagen gewährleistet ist und die nicht vermeidbare Überflutung der landwirtschaftlichen Flächen verhältnismäßig kurz gehalten wird. Die Einschaltung der Absenkphase hat bereits mehrfach dazu geführt, daß die Landwirte im Leinetal insbesondere nach längeren Frühjahrshochwässern deutlich eher mit der Bestellung der Flächen beginnen konnten (Abb. 10.4 - 6 u. 7).

5. Landschaftspflege

Obwohl die Planfeststellung keine besonderen landschaftspflegerischen Auflagen vorsah, wurde bei der für die Planung und Ausführung zuständigen Dienststelle, dem Neubauamt Leineregulierung, darauf geachtet, daß sich die baulichen Anlagen gut in die Natur einfügen und daß auf den erworbenen Flächen optimale Bedingungen für eine ökologische wertvolle Entwicklung vorhanden sind. Diese Anstrengungen werden nicht nur durch die 280 Vogelarten, die dort jetzt vorkommen, sondern auch durch die Tatsache, daß ein Teil des Beckens unter Naturschutz gestellt wird, bestätigt. Insbesondere viele kleine, wenig kostenintensive, aber mit örtlichen Ornithologen abgestimmte Maßnahmen haben zu diesem Erfolg beigetragen. So hat sich durch die nachträgliche Einrichtung einer Dauerwasserfläche in einem Nebenbecken ein von vielen Vögeln als Rast- und Brutplatz angenommener Biotop entwickelt. Der Eisvogel besiedelt im Eingangsbereich des Beckens die durch natürliche Mäandrierung der Leine entstandenen Steilufer. In den nur noch extensiv bewirtschafteten Wiesen im Polder I brütet eine der größten Kolonien des seltenen Vogels Wachtelkönig. Die naturnah belassene Bodenentnahme im Polder I und die Geschiebesperre im Einlaufbereich (Abb. 10.4-8) bieten insbesondere vielen Wasservögeln eine neue Lebensstätte. Nach Aussage einiger Ornithologen scheint der Nutzen für den Naturhaushalt noch größer zu sein als der unbestritten große Nutzen für den Hochwasserschutz.

Abb. 10.4-8: Geschiebesperre im Einlaufbereich des Hochwasserrückhaltebeckens (Foto: Heinsohn)

6. Trägerschaft, Bauzeit und Baukosten

Im Jahre 1964 beantragte der Leineverband die Planfeststellung nach dem Niedersächsischen Wassergesetz für den Bau des Hochwasserrückhaltebeckens Salzderhelden. Wegen der großräumigen Bedeutung dieser Maßnahme für die Verbesserung des Hochwasserschutzes im Flußgebiet der Leine wurde jedoch die Trägerschaft vom Land Niedersachsen übernommen. Die Planung einschließlich der baureifen Detailplanung und die Überwachung der Bauausführung oblag dem Neubauamt für die Leineregulierung. Rechtsnachfolger dieser inzwischen aufgelösten Dienststelle ist das Staatliche Amt für Wasser und Abfall Göttingen, welches die letzten Bauarbeiten durchgeführt hat und nun für den Betrieb und die Unterhaltung zuständig ist.

Die Bauarbeiten begannen im Jahre 1972 mit dem Abschlußbauwerk und endeten 1995 mit restlichen Arbeiten im Einlaufbereich des Beckens. Im Januar 1986 konnte erstmals ein Hochwasser im Rahmen eines Probestaus gedrosselt werden. Damals stand nur der Polder I mit 15 Mio. m^3 Inhalt für die Hochwasserrückhaltung zur Verfügung. Im Laufe der weiteren Jahre wurden die Polder II, III, IV und letztlich der nur für Notfälle vorgesehene Polder V endgültig fertiggestellt. Im Januar 1994 wurde mit einem erstmaligen Volleinstau des Beckens die volle Betriebsbereitschaft geprüft und für gegeben befunden. Bis zum April 1995 wurde das Becken bereits neuunddreißigmal eingestaut.

Die Kosten für den Bau des Hochwasserrückhaltebeckens Salzderhelden betragen etwa 270 Mio. DM. Darin enthalten sind neben den eigentlichen Baukosten auch die Kosten für den Grunderwerb, für die Verlegung einiger Straßen, einen Teil der Flurbereinigung und sonstige Infrastrukturmaßnahmen. Diese Kosten werden ausschließlich aus Mitteln des Bundes und des Landes Niedersachsen im Rahmen der Gemeinschaftsaufgabe im Verhältnis 60 : 40 finanziert.

7. Betrieb und Unterhaltung

Sechs Mitarbeiter sind beim Betrieb und der Unterhaltung des Beckens mit seinen gesamten Anlagen tätig. Die Anzahl ergibt sich aus dem aus sicherheitstechnischen Gründen unbedingt notwendigen Personalbedarf während eines Einstauereignisses. Außerhalb der Einstauzeiten können diese aus verschiedenen handwerklichen Berufen kommenden Mitarbeiter fast alle anfallenden Unterhaltungsarbeiten an den vielfältigen Anlagenteilen selbst erledigen. Das Gras auf den Dämmen der Anlage wird von 1 000 Mutterschafen mit ihren Lämmern eines vertraglich gebundenen Schäfers kurz gehalten (Abb. 10.4-9).

Abb. 10.4-9: Schäfer mit Schafherde für die Pflege der Deiche des Hochwasserrückhaltebeckens (Foto: Mertens)

10.5 ZENTRALE ABWASSERBEHANDLUNG IM NORDTEIL DES LANDKREISES HARBURG

von Hans Joachim Röhrs und Kurt Bellin

1. Veranlassung

Das südlich der Elbe gelegene Gebiet der Stadt Hamburg grenzt an den Landkreis Harburg. Die Bevölkerungsentwicklung der Großstadt Hamburg hatte schon in den 50er und 60er Jahren im verkehrsmäßig gut erschlossenen Nordteil des landschaftlich schönen Landkreises Harburg zu einer lebhaften Siedlungs- und Bautätigkeit geführt, die innerhalb der vergangenen 35 Jahre (1960 - 1995) zu einer Verdoppelung der Einwohnerzahl im Kreisgebiet führte (108.000 - 220.000).

Die zügige Fertigstellung der zentralen Wasserversorgung in diesem Gebiet verursachte im Zusammenhang mit der Bevölkerungsentwicklung für einen Großteil der Gemeinden einen sich rasch verschärfenden Notstand in der schadlosen Beseitigung des Abwassers. Einzelplanungen einiger Gemeinden im Einzugsbereich des Hauptvorfluters Seeve hätten dem nicht abhelfen können, ohne grundsätzliche wasserwirtschaftliche Maßstäbe zu mißachten. So war die Lösung der Abwasserfrage im Tal der Seeve von der Elbe aufwärts bis südlich der Stadt Buchholz einschließlich der Nebentäler und der Grenzgemeinden zum Hamburger Stadtgebiet wegen der starken Siedlungstätigkeit und des zum Teil erheblichen Ausflugverkehrs besonders dringend geworden.

2. Der Generalplan

In enger Zusammenarbeit mit dem Landkreis Harburg, der dann auch Träger des hier beschriebenen Bauvorhabens geworden ist - ein in der Bundesrepublik einzigartiger Fall - und unter Einschaltung eines Ingenieurbüros, das später die Einzelplanung und Bauleitung übernahm, stellte das Wasserwirtschaftsamt Lüneburg im Februar 1964 einen Generalplan für die großräumige Lösung des Abwasserproblems in diesem Teil des Landkreises Harburg auf. Wegen der besonderen Verdienste der Persönlichkeiten, die diese Konzeption erdachten und durchsetzten, seien folgende Namen genannt:
Der damals als Oberregierungs- und -baurat und Leiter des Wasserwirtschaftsamtes Lüneburg amtierende Dipl.-Ing. Oswald Klee als Ideengeber zusammen mit dem Dipl.-Ing. Max Preusser als Planverfasser und Oberkreisdirektor Dr. Andreas Dehn, der die Trägerschaft des Landkreises Harburg gegen alle Bedenken und Widerstände in den politischen Gremien durchsetzte. Das war deshalb kreispolitisch besonders schwierig, weil das Seevetal-Projekt nur einen Teil des Kreises erfaßte und nicht alle Gemeinden den Vorzug hatten, von der Verantwortung für die Abwasserentsorgung künftig befreit zu werden.

2.1. Planungsraum (Größe, Zustand, Vorfluter, Wohndichte)

Der Planungsraum erfaßt im wesentlichen das Einzugsgebiet der Seeve vom Raum Buchholz - Jesteburg bis zur Elbe. Die Seeve fließt in nordöstlicher Richtung zur Elbe. Bei einem Gesamteinzugsgebiet von rd. 475 qkm liegt die Niedrigwasserführung der Seeve bei etwa 2,5 m^3/s. Die Belastbarkeit mit Abwasser ist daher gering (Karte 10.5-1).

Es war dringend geboten, alles zu tun, um von diesem noch als leidlich gesund zu bezeichnenden Vorfluter, der in einer reizvollen Naturlandschaft fließt, möglichst viel Schmutz fernzuhalten. Die Nebenfluter der Seeve sind nicht nennenswert und keinesfalls in der Lage, Abwasser - auch biologisch gereinigt - schadlos aufzunehmen, weil ihre Wasserführung schwankt und in trockenen Zeiten bis auf Null zurückgeht. Einige Orte liegen in Trockentälern und hatten keine Möglichkeit, gereinigtes Abwasser in ein Gewässergebiet einzuleiten. Lediglich die zum zentralen Aufbauort erklärte Stadt Buchholz war systematisch kanalisiert und verfügte über eine mechanisch-biologische Kläranlage, die aber wegen chronischer Überlastung diesen Namen nicht mehr verdiente.

In dem Planungsraum wurden etwa sechs Gemeindeeinheiten mit insgesamt 87 Ortschaften, Ortsteilen und Siedlungsteilen erfaßt. 1966 lebten in diesem Gebiet knapp 50.000 Menschen. Heute sind von den unter Einschluß der von der Stadt Buchholz eingebrachten Einwohnerzahl mit insgesamt 76.400 rd. 68 % der im Einzugsgebiet lebenden Bewohner angeschlossen (112.000). Eine beachtliche Zunahme der Bevölkerung war aus der Sicht von 1964 von vornherein zu erwarten und wurde bei der Klärwerkskapazität

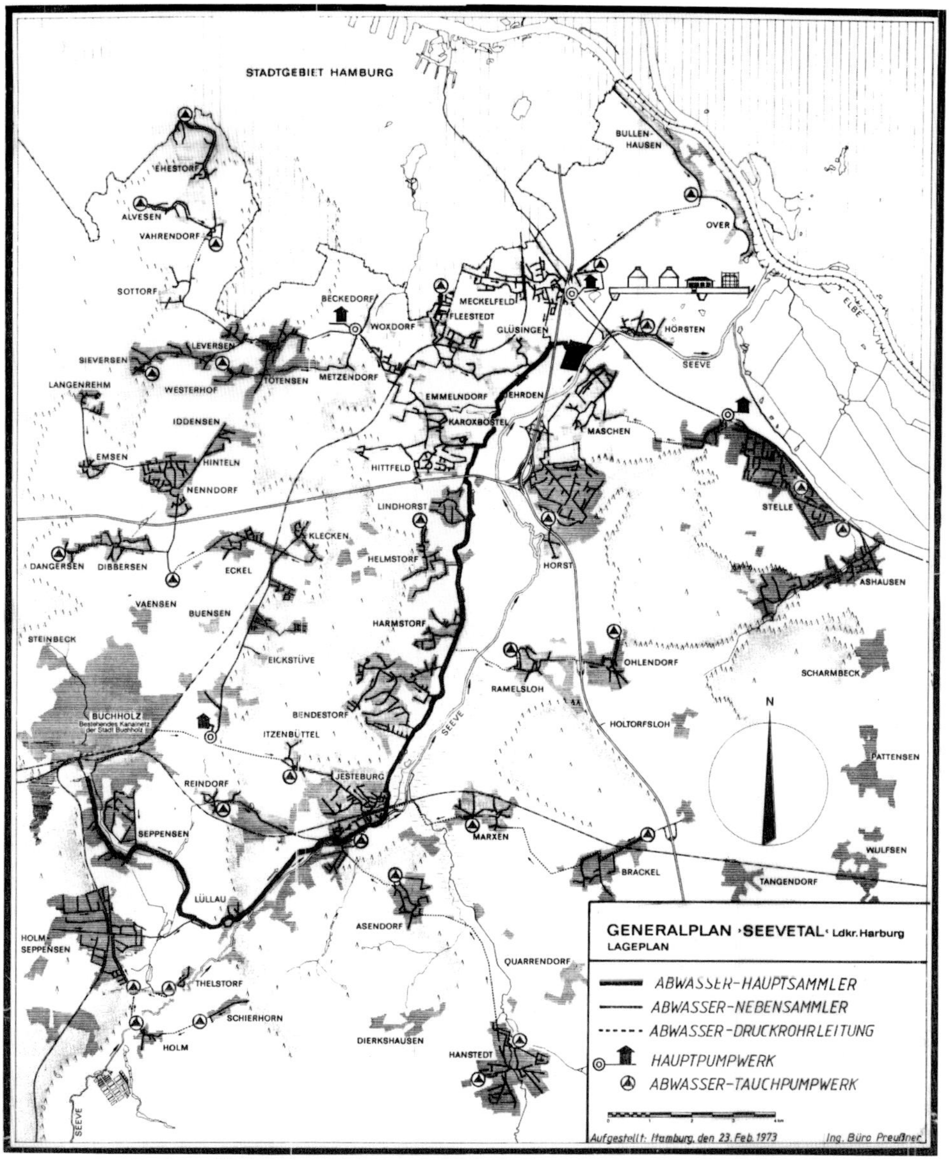

Karte 10.5-1: Zentrale Abwasserableitung und -behandlung im Seevetal - Lageplan des Generalplans

einkalkuliert. Neben einigen wenigen Teilkanalisationen mit mechanischen Kläranlagen wurde im Planungsraum die Masse des anfallenden Abwassers zu Planungsbeginn 1964 über Hauskläranlagen oder Behelfsanlagen mit meist sehr unbefriedigender Wirkung „geklärt". Derartige Zustände waren fraglos unhaltbar, sie erlaubten keinesfalls die Genehmigung weiterer Bauvorhaben. Daher war ein schneller Vollzug des Generalplans unverzichtbar, wenn nicht jede Siedlungstätigkeit unterbunden werden sollte.

2.2. Grundzüge des Generalplans

Der Generalplan sah vor, das Abwasser in den einzelnen Orten jeweils für sich durch Ortsnetze zu sammeln und über Nebensammler und einem überörtlichen Hauptsammler, der aus dem Raum Jesteburg bis zum Klärwerk nahezu parallel zur Seeve verlaufen sollte, einem großen Klärwerk zuzuleiten, das möglichst nahe der Mündung der Seeve im Raum Meckelfeld errichtet werden sollte. Nachdem diese Planung in den darauffolgenden Jahren tatsächlich zügig umgesetzt werden konnte, werden praktisch alle Abwässer von der Seeve in ihrem gesamten Verlauf ferngehalten. Ein sauberes und gesundes Heidegewässer blieb so zum Nutzen der Allgemeinheit erhalten und ein wesentlich besserer Schutz der Fassungsgebiete von Wasserwerken in diesem Gebiet wurde möglich. Im übrigen kann ein großes Klärwerk in seiner baulichen Entwicklung, in seiner Bemessung und in seinem Betrieb sehr elastisch jeder denkbaren Siedlungsentwicklung angepaßt werden und läßt sich bei weitem zuverlässiger und wirtschaftlicher betreiben als es bei kleineren Klärwerken normalerweise erwartet werden kann. Die Einführung weiterer Reinigungsstufen im Rahmen der sich verschärfenden Umweltschutzgesetzgebung konnte in dieser Zentrallösung weit kostengünstiger und wesentlich effektiver und mit einem beachtlichen Zeitvorteil zügig vollzogen werden.

Das Projekt ermöglichte auch die entscheidende Lösung der jahrzehntelang bestehenden Abwasserprobleme der Stadt Buchholz, die auf die Sanierung ihrer völlig unzulänglichen Altkläranlage verzichten konnte. Die Linienführung des Hauptsammlers erleichterte es, die bisher zum Teil sehr willkürliche Bebauung im Sinne einer vernünftigen Raumordnung zu beeinflussen und vor allem die großen Erholungsgebiete von weiterer Bebauung freizuhalten. Der Hauptsammler ist mit Rücksicht auf jede nur denkbare Bevölkerungszunahme und die hohen Baukosten ausreichend (Endstrang Durchmesser 1000 mm) dimensioniert worden. Dabei ist eine ausreichende Luftzuführung im Kanal (halbe Füllung bei durchschnittlicher Belastung) ebenso bedacht worden wie die - z. Z. nicht erwartete - Gefahr des vorzeitigen Ausfaulens des Abwassers auf einen langen Fließweg (10 Stunden und mehr).

Das Klärwerk hat heute eine Kapazität von 130.000 Einwohnerwerten (76.400 Einwohnerwerte, aus Gewerbeanschlüssen 28.600 EGW, aus Fäkalschlammverarbeitung und Deponiesickerwässern 25.000 EG). Eine Erweiterung auf 165.000 EW ist in Planung.

2.3 Planungs- und Bauabschnitte

Das Vorhaben war wegen der Gesamtbaukosten, die ursprünglich mit rd. 47 Mio. DM veranschlagt worden waren, in mehrere Planungsabschnitte aufgegliedert. Es sollte in der ursprünglichen Planungsvorstellung in zwölfjähriger Bauzeit verwirklicht werden, was bei dem Umfang des Objekts nicht gelingen konnte. Es ist heute in der Vollendung der Ortskanäle noch nicht abgeschlossen und wird wegen der immer noch zu erwartenden weiteren Bebauung nie ganz abgeschlossen sein können. Jedenfalls stehen noch ca. 195,8 km Netzausbau bevor, weitgehend in Gebieten, die nur sehr unwirtschaftlich erschlossen werden können.

Der Hauptsammlerbau war jedoch schon im Jahre 1980 weitgehend vollendet, während die Baumaßnahmen in der Klärwerkserweiterung und bei der Errichtung neuzeitlicher Reinigungsstufen kontinuierlich vollzogen wurden. Die ursprüngliche Bauzeit von zwölf Jahren war für das Gesamtobjekt nicht einzuhalten, obwohl das Klärwerk bereits zwei Jahre nach der Aufstellung des Generalplans und seiner Genehmigung seinen Betrieb aufnehmen konnte - wenn auch nur provisorisch. Derartige Zeitspannen haben in der heutigen Zeit Märchencharakter!

Die bisher geleisteten Investitionen erreichen die beachtliche Summe von 241,3 Mio. DM. Sie teilen sich folgendermaßen auf:

Klärwerk	130.000 EW	75,9 Mio. DM
Hauptsammler	27,5 km	26,0 Mio. DM
Ortsnetze	309,3 km	
Druckrohrleitung	50,4 km	135,4 Mio. DM
Pumpwerke		4,0 Mio. DM
Insgesamt		241,3 Mio. DM

Die Bürgerbelastung liegt heute bei moderaten 3,55 DM/m^3 und Jahr berechnet nach dem Frischwassermaßstab, eine günstige Folge hoher Finanzierungszuschüsse aus verschiedenen Strukturförderungsmaßnahmen.

2.4. Erfolg der Baumaßnahme

Die Grundidee des Gesamtprojekts - Freihaltung des natürlichen Vorfluters von Abwasser durch einen parallel verlaufenden künstlichen Vorfluter bei gleichzeitiger Schaffung der Erschließungsvoraussetzung für den übergeordneten Baubedarf - ist im wesentlichen erreicht worden.

Fachlich weitsichtige Planungsgedanken und zielstrebige Umsetzung haben im Seevetal einen großen Erfolg für die Erhaltung der Naturgewässer und für den Grundwasserschutz erreicht - im gedanklichen Ansatz bereits zu einem Zeitpunkt (1963), als der Begriff Umweltschutz noch nicht erfunden war. Ein Projekt dieser Größenordnung, das wert ist, mit den großen Ringkanalisationen am Bodensee, am Starnberger See und am Ammersee auf eine Stufe gestellt zu werden, jedenfalls als große Flächenkanalisation in der Bundesrepublik keine vergleichbaren Flächen aufweist, konnte nur deshalb in verhältnismäßig kurzer Zeit in Bewegung gesetzt und vollzogen werden, weil mit der Verwaltung des Landkreises Harburg ein schlagkräftiges Verwaltungspotential zur Verfügung stand, dem es auch zügig gelang, die schwierige Gesamtfinanzierung zu schaffen, bei der Bundes- und Landesmittel, vor allem aber auch hohe Zuschüsse des Gemeinsamen Aufbaufonds der Länder Hamburg und Niedersachsen bewilligt werden konnten. Die hohen Sammlerkosten hätten niemals durch tragbare Gebühren aufgebracht werden können, weil eine Kapazität zu schaffen war, die erst Jahrzehnte später genutzt werden konnte.

So ist das Projekt neben seiner wasserwirtschaftlichen und raumordnerischen Bedeutung auch ein gutes und herausragendes Beispiel für vorbildliche Strukturfinanzierung und wohl auch dafür, was staatliche Wasserwirtschaftsverwaltung im Zusammenwirken mit Selbstverwaltungsinstanzen in konstruktiver Zusammenarbeit zu leisten vermochte.

10.6 DER ABWASSERFREIE HARZ

von Stephan-Robert Heinrich

1. Einführung

Der Harz ist das nördlichste Mittelgebirge Deutschlands. Er erstreckt sich über ca. 90 km von Nordwest nach Südost in der Länge und ca. 30 km von Süd nach Nord in der Breite. Sein Name bedeutet nichts anderes als Bergwald, eine früher sehr treffende Bezeichnung.

Der Gebirgszug erreicht mit dem Brocken eine Höhe von 1.142 m. Infolge seiner sehr langen Entstehungsgeschichte, die vor rd. 400 Mio. Jahren begann und nach neuesten Messungen am Nordostrand des Harzes noch nicht abgeschlossen scheint, besitzt der Harz eine überaus komplizierte und an verschiedenen Gesteinsformationen reiche Geologie.

Aufgrund seiner Exposition und seiner Höhenlage fallen im Harz sehr hohe Niederschläge, die vom nördlichen Rand über 700 mm/a auf 1.700 mm/a in den Höhenlagen um Brocken und Bruchberg ansteigen. Das Maximum der Niederschläge fällt im Winter; mehr als 100 Schneetage werden erreicht. Die niedrigen mittleren Jahrestemperaturen von 7 – 8 °C und die häufigen Nebeltage tragen zusätzlich zu dem rauhen Klima des Oberharzes bei.

Seit ca. 1.000 Jahren, bis in die Anfänge unseres Jahrhunderts, wurde die Wirtschaft des Harzes wesentlich durch den Erzbergbau geprägt. Die Orte in den Hochlagen des Harzes sind durch den Bergbau entstanden. Seit dem Auslaufen des Bergbaues hat sich für die Bevölkerung mit dem Fremdenverkehr eine neue Erwerbsquelle aufgetan, die aufgrund der natürlichen Vielfalt und der Lage des Erholungsraumes zur dominierenden Einnahmequelle im Harz wurde.

Die geographischen und hydrologischen Verhältnisse haben es erlaubt, den Wasserreichtum der Trinkwasserversorgung Norddeutschlands nutzbar zu machen. Von den sechs im Westharz liegenden Talsperren dienen die Söse-, Ecker- und Granetalsperre direkt der Trinkwasserversorgung. Die Oker- und die Innerstetalsperre sind mit einem Stollen bzw. einer Rohrleitung mit der Grane verbunden.

2. Gewässergüte

Der Harz ist zwar nicht als besonders dicht besiedelt anzusehen, vor der Umsetzung des Konzeptes für den abwasserfreien Harz lebten hier jedoch ca. 50.000 Einwohner mit einer wechselnden Anzahl an Übernachtungsgästen. Die Abwässer wurden, wie bis 1980 üblich, biologisch behandelt und in den nächsten Vorfluter eingeleitet. Diese Form der Abwasserbehandlung war aus Sicht der Trinkwassernutzung ,der Nutzung als Badegewässer in den Talsperren und des Fremdenverkehrs nicht mehr haltbar. Weitergehende Reinigungsverfahren waren nicht ausreichend erprobt oder auf Grund der Witterung nicht betriebssicher genug.

Durch die ständige Zufuhr von Nährstoffen kam es zu einer immer weiter zunehmenden Eutrophierung der Talsperren. Die Massenentwicklung von Algen führte in den Sommermonaten zu schädlichen Veränderungen des pH-Wertes und des Sauerstoffhaushaltes, so daß es regelmäßig zu Fischsterben, z.B. in der Innerstetalsperre, kam. Auch Badeverbote mußten ausgesprochen werden. Die Situation wurde durch die Abflußverteilung der Harzflüsse, im Sommer extremes Niedrigwasser und im Winter sehr hohe Abflußspitzen, noch verstärkt.

3. ABWASSERKONZEPT

Die Überlastung und teilweise Überalterung der Kläranlagen im Harz und die dadurch nicht mehr mit dem Fremdenverkehr und der Trinkwassergewinnung verträgliche Gewässergüte machten ein Konzept zur Sanierung der Abwasserbehandlung im Harz notwendig. Dieses Konzept wurde im Generalplan Abwasserbeseitigung des Niedersächsischen Ministers für Ernährung, Landwirtschaft und Forsten festgelegt. Das Ergebnis der Überlegungen läßt sich in einem Satz zusammenfassen: „Das im Harz anfallende Abwasser ist nach Möglichkeit an den Harzrand zu leiten und dort zu reinigen."

Die wichtigsten Gründe für die Überlegungen waren:

- Der Harz ist ein überregionales Natur- und Landschaftsschutzgebiet, jetzt auch Nationalpark, das in seiner Ursprünglichkeit erhalten bleiben soll.
- Die Wasservorräte des Harzes haben überregionale Bedeutung für die Trinkwasserversorgung der norddeutschen Bevölkerung. Die Qualität dieses Wassers, auch als Trinkwasserreserve, erfordert absoluten Schutz.
- Der Harz hat überregionale Bedeutung für die Erholung und den Fremdenverkehr. Er soll von schädlichen Umwelteinflüssen weitgehend freigehalten werden.
- Die Abwasserbehandlung im Oberharz ist durch die klimatischen Verhältnisse erschwert. Betriebsstörungen können immer wieder auftreten.

Das für den Harz aufgestellte Konzept und die gebildeten Entsorgungsräume sind in der Abbildung 10.6-1 dargestellt.

Die Gemeinden eines Entsorgungsraumes wurden jeweils einer Kläranlage am Harzrand zugeordnet. Außer in Braunlage, wo die innerdeutsche Grenze die Verlegung damals nicht zuließ, jetzt aber die Überleitung zur Kläranlage Rübeland vollzogen wird, sowie in Hohegeiß, Torfhaus, Sonnenberg und Oderbrück sollten alle Kläranlagen im Oberharz stillgelegt werden.

Schon Anfang der 70er Jahre wurde um die erste Trinkwassertalsperre des Harzes, die Sösetalsperre, eine Abwassertransportleitung herumgelegt, die das Abwasser von Roefensbeek-Kamschlacken nach Osterode überleitete.

3.1. Innerstetal

In den Jahren 1963 -1966 wurde zwischen Langelsheim und Lautenthal die Innerstetalsperre errichtet. Die Talsperre war ursprünglich für den Hochwasserschutz und zur Niedrigwasseraufhöhung vorgesehen, es wurde jedoch sehr schnell auch die Überleitung für ca. 22 Mio. m^3/a zur Granetalsperre gebaut. Um die Eutrophierung der Granetalsperre zu verhindern, darf der Phosphatwert im Überleitungswasser 50 mg/m^3 nicht überschreiten. Im Zulauf der Talsperre lagen bis 1979 die Zulaufkonzentrationen im Mittel bei 400 mg/m^3 Gesamt-P.

Das Einzugsgebiet der Innerste ist das am stärksten besiedelte Abflußgebiet im Westharz. 1980 lebten hier rd. 22.000 Menschen, zu denen ca. 1.000.000 Übernachtungen/Jahr als Stoßbelastungen hinzukamen. Die Siedlungsbereiche oberhalb der Sperre sind Clausthal-Zellerfeld, Buntenbock, Bockswiese, Wildemann und Lautenthal. Es wurde daher der Bau einer Abwassertransportleitung ins nördliche Harzvorland geplant. Die Maßnahme umfaßte den Bau von 27 km Haupt- und 8 km Nebenleitungen mit Durchmessern von 600 - 800 mm. Insgesamt verfügt die Samtgemeinde Oberharz bei Abschluß der Baumaßnahmen über ein Kanalnetz von 166 km Länge. Die Arbeiten zur Hauptleitung wurden 1975 begonnen. Die Leitung wurde auf ganzer Länge als Freispiegelleitung ausgeführt. Der erste Abschnitt der Leitung wurde in der Talsperre verlegt und neben dem Grundablaß durch den Abschlußdamm geführt. Dazu wurde die Talsperre abgelassen.

Von 1978 - 1984 wurde die Kläranlage Innerstetal unterhalb von Langelsheim errichtet. Die Anlage ist für 50.000 EW ausgebaut und seither immer an den Stand der Technik angepaßt worden. Das Wasser wurde mechanisch und vollbiologisch in der Kläranlage Innerstetal gereinigt und nach der Passage durch die Nachklärteiche der Innerste zugeleitet. Am besten läßt sich der Erfolg der Baumaßnahmen an der Ganglinie der Gesamt-Phosphor-Konzentrationen im Zu- und Ablauf der Folgejahre ablesen. Die Abwasser-

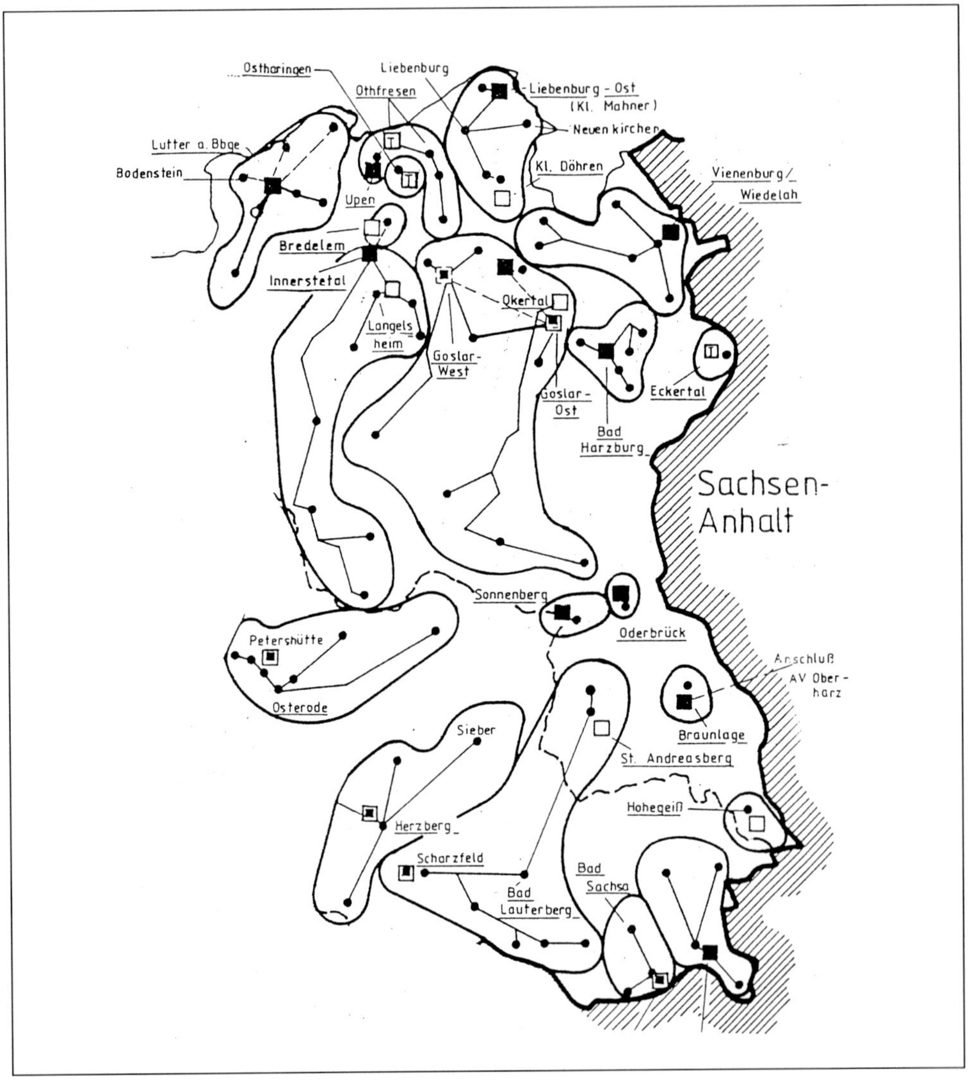

Abb. 10.6-1: Abwasserbehandlungsanlagen für kommunales Abwasser im Harz

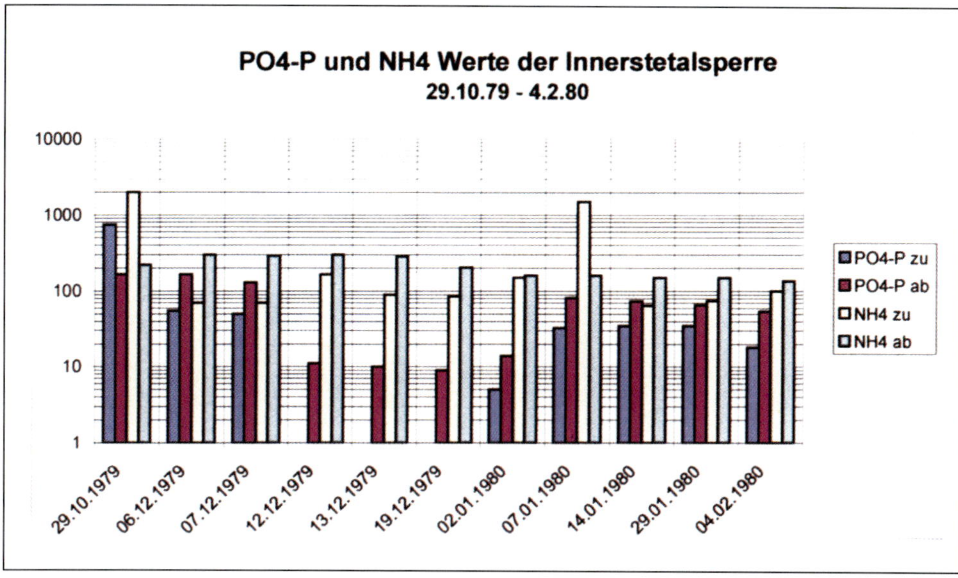

Abb. 10.6-2: Zu- und Ablaufwerte der Innerstetalsperre vor und nach dem Anschluß der Harzgemeinden

sammelleitung wurde 1977 fertiggestellt. Der Anschluß der Gemeinden erfolgte bis Dezember 1979. In der Anfangszeit wurden die Abwässer in den bestehenden Ortskläranlagen im Harz behandelt, zum Standort der Kläranlage Innerstetal abgeleitet und über die Nachklärteiche in die Innerste eingeleitet. Die Abbildung 10.6-2 zeigt den starken Rückgang der Zulaufkonzentration von P und NH_4.

Bereits im Sommer 1980 waren die Werte aufgrund eines Hochwassers, das kurz nach Inbetriebnahme der Leitung das Stauvolumen der Sperre zu 70 % austauschte, so weit gesunken, daß mit der Überleitung in die Grane begonnen werden konnte. Bis 1983 konnten dann PO_4-P-Werte von 3 - 6 g/l und P-Gesamt-Werte von 10 - 20 g/l erreicht werden (Abb. 10.6-3).

3.2. Anschluß von St. Andreasberg an den AV Bad Lauterberg

Die Planung für den Anschluß stammt aus den 70er Jahren. Die Bergstadt hatte eine baufällige, nicht mehr den Anforderungen entsprechende, Abwasserbehandlungsanlage im Sperrluttertal (Silberhütte) und dezentrale Anlagen in Gesehr; der Anschluß an Silberhütte erfolgte 1980. Die Anlagen Sonnenberg und Oderbrück haben immer noch Bestand. Unterhalb der Einleitungsstelle der ehemaligen Abwasserbehandlungsanlage Silberhütte befindet sich ein Ableitungsstollen in die Odertalsperre. Durch die Ableitungen kam es auch in der Odertalsperre immer wieder zu Massenvermehrungen von Algen. In den 80er Jahren, kurz vor dem Anschluß von Andreasberg, eutrophierte die Odertalsperre so stark, daß nur noch ein rechtzeitig einsetzendes Gewitter mit Sturm und Starkregen das Umkippen der Talsperre verhinderte.

Die Sperrlutter mündet in die Oder, die durch den Kurpark von Bad Lauterberg fließt und dort für Kureinrichtungen genutzt wird, so daß auch hier besondere Anforderungen

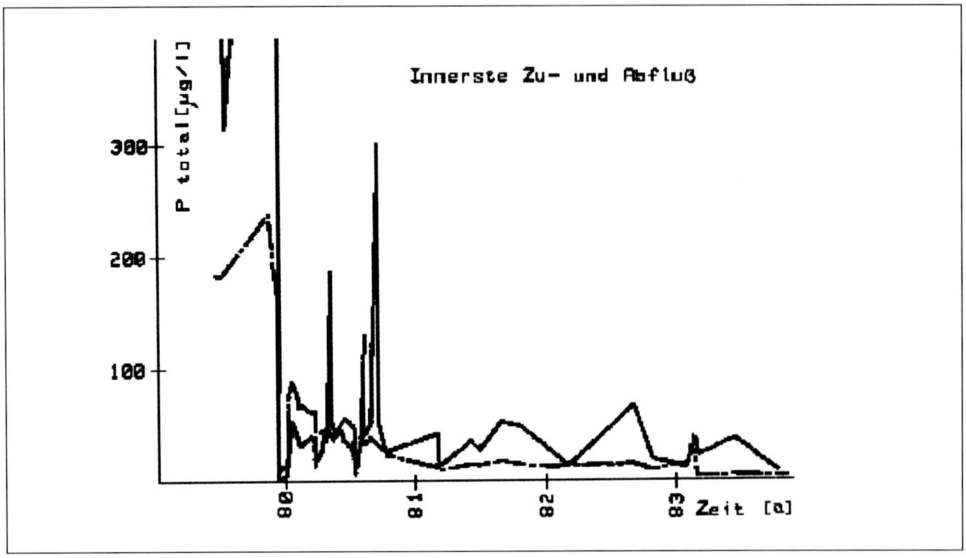

Abb. 10.6-3: Ganglinien der Gesamt-Phosphor-Konzentrationen im Zu- und Ablauf der Innerstetalsperre 1979 bis 1984 [1]

an die Gewässergüte zu stellen sind. Für den Anschluß mußte die Abwasserbehandlungsanlage des Abwasserverbandes in Scharzfeld erweitert und eine Abwassertransportleitung von Silberhütte bis zum Ortseingang von Bad Lauterberg von 8,1 km Länge gebaut werden. Die Leitungen durch Lauterberg mußten erneuert werden. Der Anschluß wurde nach folgendem Finanzierungskonzept gefördert und umgesetzt:

- 1989 - 1. BA: Bau der Transportleitung von Scharzfeld bis Ortsausgang Bad Lauterberg und Nachklärung der Abwasserbehandlungsanlage. Baukosten von 9,95 Mio. DM wurden mit 5,469 Mio. DM gefördert.
- 1991 - 2. BA: Der Bauabschnitt wurde in drei Teile untergliedert. In diesen Abschnitten wurden die Kläranlage, bis auf die Schlammbehandlung, und die Transportleitungen in Lauterberg fertiggestellt. Die Baukosten betrugen 15,765 Mio. DM und die Förderungen 7,650 Mio. DM.
- 1993 - 3.BA 1993 sind die Transportleitung von Silberhütte bis Lauterberg und die Schlammbehandlung der Abwasserbehandlungsanlage Scharzfeld fertiggestellt worden. Die Baukosten betrugen 13,3 Mio. DM, von denen 5,86 Mio. DM durch Fördermittel finanziert wurden.
- 1994 wurde die Gasverwertung gebaut, und die notwendigen Restarbeiten zum Anschluß von St Andreasberg nach Lauterberg wurden durchgeführt.

Die Maßnahme hatte bis jetzt 43 Mio. DM gekostet, von denen das Land die Baumaßnahmen mit den jeweils gültigen Finanzierungssätzen gefördert hat. Die Mehrkosten der Maßnahme, die durch die Ableitung der Abwässer aus dem Harz entstanden sind, wurden zu 100 % gefördert.

Zur Zeit wird eine Abwasserleitung entlang der Odertalsperre diskutiert, um die Campingplätze an der Talsperre, die ihre Abwässer heute noch in die Odertalsperre ableiten, anzuschließen. Diese Maßnahme wird mit der Talsperre als Badegewässer begründet.

Die Gewässergüte hat sich nach dem Anschluß von Andreasberg jedoch schon wesentlich verbessert.

3.3. Kläranlage Oker

Beim Bau der jüngsten Talsperren, der Okertalsperre und der Granetalsperre (s. Abschn. 6.2.4), sind die Abwasserprobleme bereits in der Bauphase gelöst worden. Die Abwässer von Hahnenklee-Bockswiese wurden nach Behandlung in der Kläranlage in einer Rohrleitung um die Granetalsperre herumgeleitet. Die Leitung wurde in einem zweiten Schritt bis Goslar-Jerstedt im Vorharz verlängert.

Bei der Okertalsperre wurden die Abwässer von Schulenberg und Altenau nach Behandlung um die Talsperre herum in das Ausgleichsbecken geleitet. 1979 wurden die Kläranlagen stillgelegt, die Leitung verlängert und die Wässer in einer neuen Anlage, Okertal, gereinigt.

Zur Zeit wird der Ausbau der Kläranlage Goslar betrieben. Nach Fertigstellung dieser Anlage werden die Kläranlagen Jerstedt und Okertal aufgegeben und die Abwässer dieser Anlagen in der neuen mitgereinigt.

3.4. Braunlage

Das Alter und der Zustand des Kanalnetzes und der Kläranlage, die eine nicht ausreichende Reinigungsleistung besitzt, erforderten dringend eine Neuplanung. Im alten Abwassergeneralplan war für Braunlage eine Insellösung angedacht. Nach der Wiedervereinigung ergaben sich neue Perspektiven für die Lösung der Abwasserreinigung der Stadt. Die Einleitung erfolgt in die Bode, einen der Hauptzuflüsse in die Rappbodetalsperre. Messungen haben gezeigt, daß die Bode auch durch die Kläranlage Braunlage erhebliche Stickstoff- und Phosphatfrachten für die Talsperre bringt. Diese Talsperre wird als größte Trinkwassergewinnungsanlage der neuen Bundesländer genutzt.

Das Land Sachsen-Anhalt plante einen Abwasserverband, der das Abwasser aus dem Einzugsgebiet der Talsperre herausleitet, in der zentralen Kläranlage Rübeland im Ostharz reinigt und unterhalb der Talsperre in die Bode einleitet. Die Stadt Braunlage erhielt die Möglichkeit des Anschlusses.

Für die Neuplanung von Braunlage ergab die Belastungsanalyse des Kläranlagenzuflusses einen erheblichen Sanierungsbedarf für Kanalnetz und Kläranlage. Durch Spitzenbelastungen ist die Kläranlage sowohl hydraulisch als auch von der Schmutzfracht, durch Spitzen aus dem Fremdenverkehr, überlastet. Der dringende Handlungsbedarf für die Kläranlage führte zur Ausarbeitung von zwei Varianten:

- Eigenständige Lösung in Braunlage mit besonderen Reinigungsleistungen. Die Kosten wurden mit ca. 15 Mio. DM veranschlagt.
- Anschluß an den Zweckverband Oberharz.

Nachdem die Frage der Bezuschussung geklärt war, entschied man sich für den Anschluß. Für diesen Anschluß mußten eine Transportleitung von 7,6 km Länge mit 400 mm Durchmesser von Braunlage bis Sorge und auf der Kläranlage Braunlage ein Pumpwerk gebaut werden. Die Baukosten von 4,6 Mio. DM wurden zu 30 % gefördert.

Die Transportleitung des Abwasserverbandes Oberharz für den Anschluß von Sorge, Tanne über Königshütte zur Kläranlage Rübeland, eine ca. 14 km lange Druck- bzw. Gefälleleitung, mußte vergrößert werden. Da die Leitung noch nicht gebaut war, brauchten nur die Materialmehrkosten für Braunlage angerechnet zu werden. Die Kosten in

Höhe von 4,06 Mio. DM wurden zu 100 % übernommen. Die Kläranlage Rübeland wird für eine Gesamtreinigungsleistung von 45.000 EW errichtet. Der Anteil von Braunlage beträgt 15.000 EW. Die anteilige Förderung für Braunlage beträgt 3,36 Mio. DM (30 %).

4. Auswirkungen auf die Gewässergüte.

Der Vergleich der Gewässergütekarten der Jahre 1972, 1980 und 1997 zeigt für die Gewässer Oker, Innerste und Oder eine deutliche Verbesserung der Gewässergüte. Wie die Gütekarten 10.6-1 und -2 zeigen, ist die Entwicklung an der Oker und der Innerste besonders deutlich. Beide Gewässer haben sich von der Gewässergüteklasse III (stark verschmutzt) zur Gewässergüteklasse I - II (gering belastet) entwickelt.

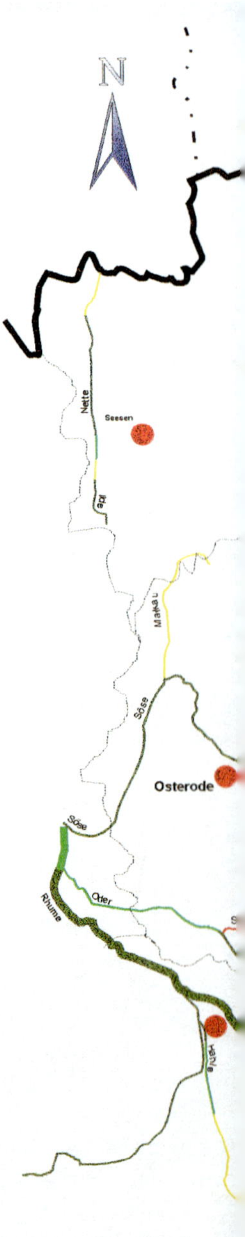

5. Zusammenfassung

Der Harz ist aufgrund seiner Lage und seiner reizvollen und vielgestaltigen Landschaft für Norddeutschland und seine großen Städte zu einem immer beliebter werdenden Erholungsraum geworden. Sein Wasserreichtum hat den Harz zum wichtigsten Bestandteil der Trinkwasserversorgung Niedersachsens gemacht.

Durch die ständige Zufuhr von Nährstoffen kam es zu einer immer weiter zunehmenden Eutrophierung der Talsperren. Die Massenentwicklung von Algen führte in den Sommermonaten zu schädlichen Veränderungen des pH-Wertes und des Sauerstoffhaushaltes, so daß es regelmäßig zu Fischsterben, z.B. in der Innerstetalsperre, kam. Auch Badeverbote mußten ausgesprochen werden.

Die Überlastung und teilweise Überalterung der Kläranlagen im Harz und die dadurch nicht mehr mit dem Fremdenverkehr und der Trinkwassergewinnung verträgliche Gewässergüte machten ein Konzept zur Sanierung der Abwasserbehandlung im Harz notwendig.

Dieses Konzept wurde im Generalplan Abwasserbeseitigung des Niedersächsischen Ministers für Ernährung, Landwirtschaft und Forsten festgelegt. Das Ergebnis der Überlegungen läßt sich in einem Satz zusammenfassen: „Das im Harz anfallende Abwasser ist nach Möglichkeit an den Harzrand zu leiten und dort zu reinigen.“ Das Konzept wurde in den 70er Jahren begonnen und steht mit dem Anschluß von Braunlage an die Kläranlage Rübeland vor seiner Vollendung. Für die Orte Wieda, Zorge, Walkenried, Kutzhütte und Wiedigshof wird es zu einer Insellösung kommen. In der Planung sollten für spätere Bauabschnitte in Walkenried die Filtration und Desinfektion berücksichtigt werden.

Die besonders hohen Förderungen - die Mehrkosten der Maßnahmen, die durch die Ableitung der Abwässer aus dem Harz entstanden sind, wurden zu 100 % gefördert - führten dazu, daß die Abwassergebühren im Oberharz im Rahmen der Gebühren liegen, die in Niedersachsen für den ländlichen Raum üblich sind.

Die Gewässergüte hat sich mit jetzt vorherrschenden Gewässergüten von I und I - II sehr positiv entwickelt. Die Ziele des Abwassergeneralplanes sind erreicht. Eine Rückentwicklung der Gewässergüte ist heute nur durch die Versauerung der Böden im Harz zu besorgen.

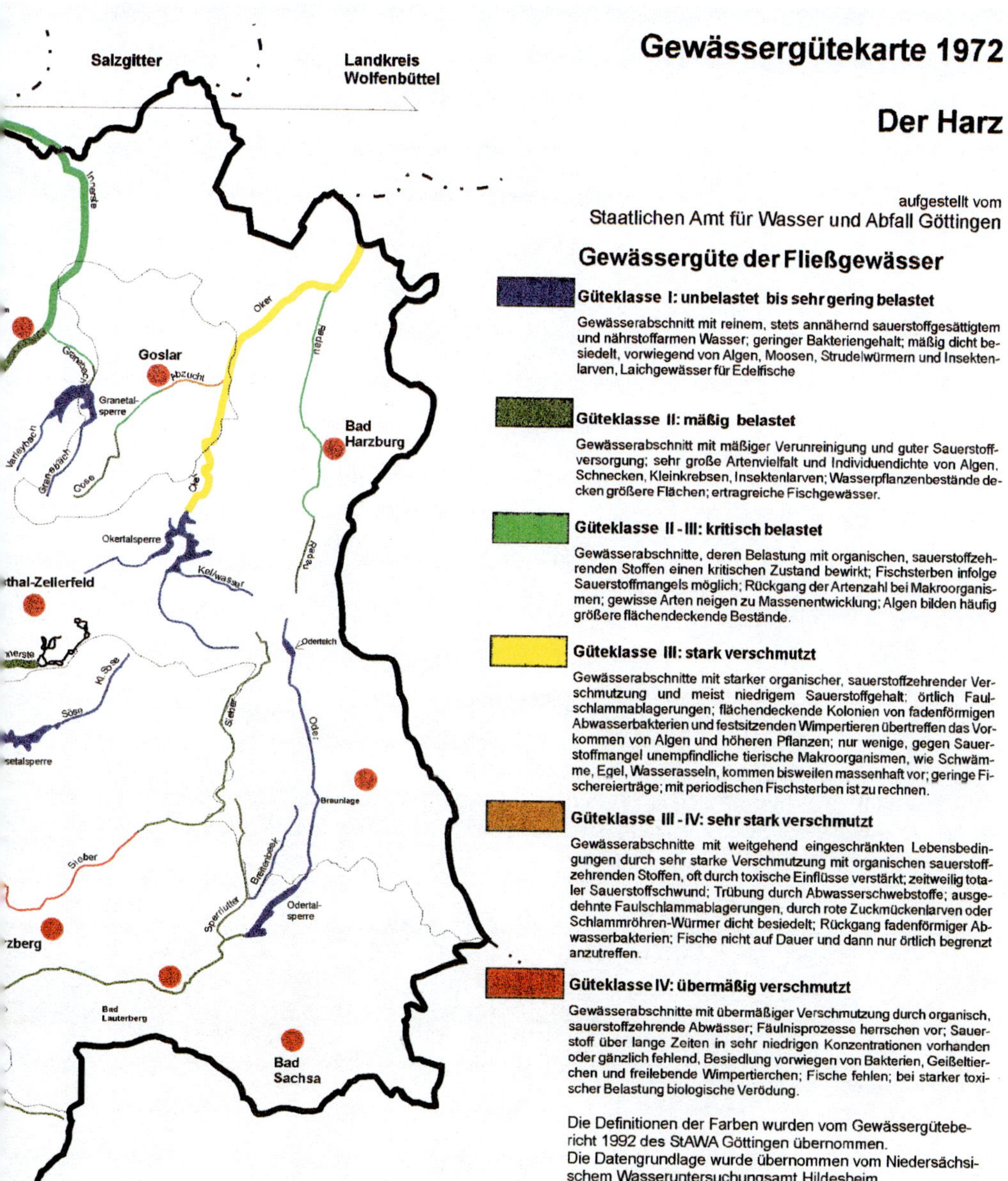

Karte 10.6-1: Gewässergütekarte 1972 (StAWA Göttingen) [4]

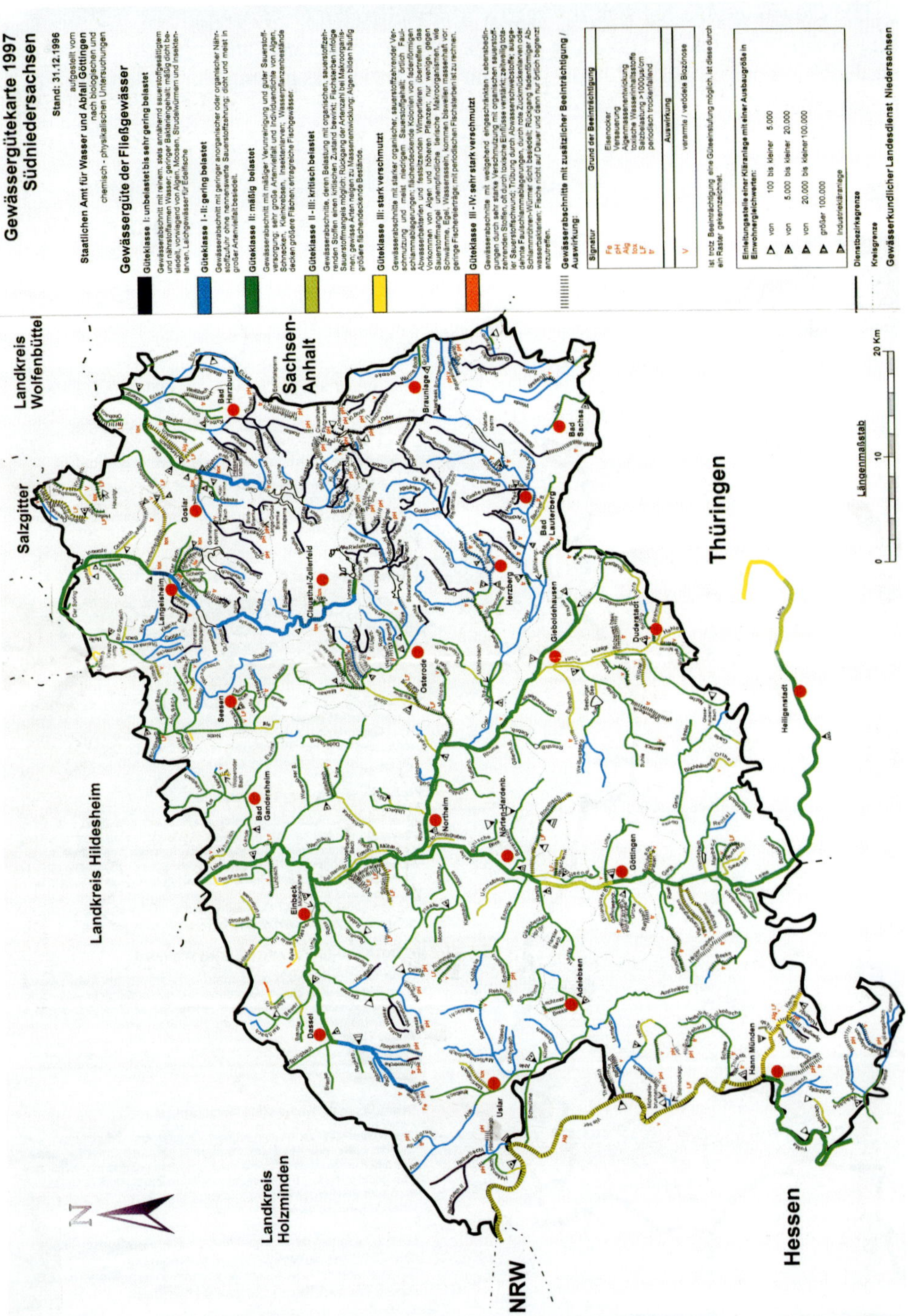

Karte 10.6-2: Gewässergütekarte 1997 (StAWA Göttingen) [5]

10.7 DIE SANIERUNG DES DÜMMERS

von Siegfried Boelke

1. Beschreibung des Sees

Der Dümmer ist der zweitgrößte Binnensee Niedersachsens mit einer freien Wasserfläche von 12 km² und einer eingedeichten Fläche von 16 km². Er liegt mitten in der Dümmerniederung, einer großen Senke mit einer Fläche von rd. 300 km², die begrenzt wird von den Dammer Bergen, dem Stemweder Berg und dem Kellenberg. Der See war früher sehr viel größer und ist im Laufe der Jahrtausende verlandet. Er hat ein sandiges Ostufer, während die Süd- und Westufer sowie Teile des Nordufers von Niederungsmooren und Mudden gebildet werden, die Mächtigkeiten bis zu 4 m aufweisen (Abb. 10.7-1 und -2).

Der Dümmer wird von der Hunte durchflossen, die im Wiehengebirge entspringt und bei Elsfleth in die Weser mündet. Die Hunte hat am Dümmer ein Einzugsgebiet von rd. 400 km². Einen weiteren Zufluß bringt der Marler Graben, dessen Einzugsgebiet aber nur 6 km² beträgt. Die Hunte hat mehrere Nebenflüsse im Dümmerbereich wie die Elze und den Bornbach. Sie verläßt den Dümmer durch sieben Abflüsse - Alte Hunte, Wätering, Lohne, Dorflohne, Grawiede, Schoddenlohne und Omteda-Kanal -, von denen jedoch nur einer, nämlich die Alte Hunte, natürlichen Ursprungs ist. Diese sieben Ausflüsse vereinigen sich nördlich von Diepholz wieder zur Hunte (Karte 10.7-1). Um die Dümmerniederung und das Huntetal vor sommerlichen Überflutungen zu schützen, wurde im Rahmen der Melioration der Hunte- und Dümmerniederung die bis 1953 geringe natürliche Speicherfähigkeit des Dümmers durch 1,5 m hohe Deiche künstlich vergrößert. Der Dümmer stellt seitdem ein Hochwasserrückhaltebecken mit rd. 16 Mio. m³ nutzbaren Speicherraum dar. Durch die Eindeichungen verloren die Niederungen südlich und westlich des Dümmers ihre Abflußmöglichkeiten zum See vollständig. Als Ersatz wurde der Randkanal gebaut. Die Alte Hunte verlor ihre Aufgabe als Dümmerableiter, der Hauptabfluß läuft seitdem über die Lohne und die Grawiede. Der Hochwasserschutz durch die Eindeichung des Sees war daseinserhaltend für die Landwirtschaft des Raumes. Die Entwicklung des Dümmers zu einem Erholungsgebiet war ebenfalls erst nach der Eindeichung möglich.

Der Dümmer ist ein sehr flacher See mit einer Wassertiefe von 1,0 bis 1,2 m bei einem normalen Wasserstand von NN + 37,00 m. Der höchste zulässige Wasserstand beträgt NN + 38,10 m.

2. Limnologische Veränderungen

Seit Anfang der 60er Jahre entwickelte sich der See limnologisch negativ infolge einer Massenproduktion von Algen und Plankton, deren Auswirkungen vermehrter Schlammanfall im See und im Schilfgürtel sind. Die Wassertrübung führte wahrscheinlich zum Verschwinden der Unterwasservegetation und zum Rückgang der Schilf- und Binsenbestände. Durch die damit einhergehende Verringerung der Artenvielfalt wurde der Wert des Dümmers für Naturschutz und Erholung gemindert. Diese nachteiligen Veränderungen sind nur zu einem geringen Teil der Eindeichung zuzuschreiben. Die Ursachen liegen vor allem in einer in den vergangenen Jahrzehnten stark angewachsenen Nährstoffzufuhr aus häuslichem und industriellem Abwasser einerseits sowie aus der landwirtschaftlichen Nutzung vor allem der Hochmoorgebiete andererseits. Durch Belüftung und

Abb. 10.7-1: Südufer des Dümmers, rechts die Obere Hunte (Fotos und Abbildungen zu 10.7: StAWA Sulingen, soweit nicht anders vermerkt)

Abb. 10.7-2: Nordufer des Dümmers im Winter

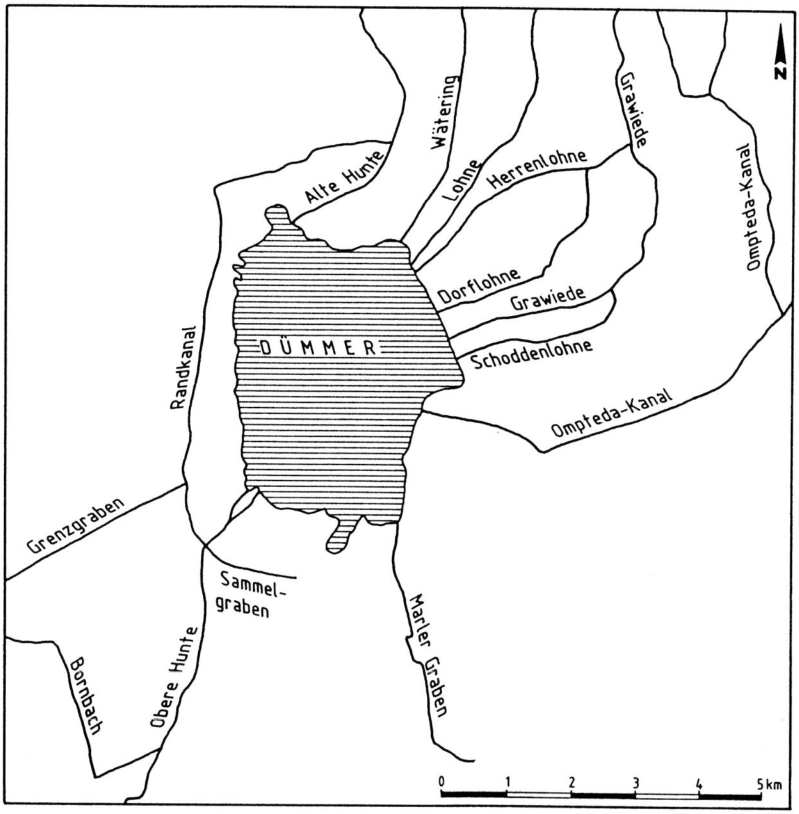

Karte 10.7-1: Gewässerkarte

Mineralisation der Moorstandorte werden besonders Phosphate freigesetzt, die in den Vorflutern zur Eutrophierung führen.

3. Bisherige Sanierungsmaßnahmen

Ziele der Sanierung des Dümmers waren, die Belastung mit Nährstoffen und Bakterien zu vermindern und seinen Wert für Naturschutz und Erholung wiederherzustellen und zu erhalten. Die Sanierung umfaßte (Karte 10.7-2):

- Ausbau der Abwasserbehandlung im Bereich des zu diesem Zweck gegründeten Abwasserverbandes „Dümmer-Ost" mit dem Betrieb der Kläranlage in Marl und der Ableitung des gereinigten Abwassers in die Lohne unterhalb des Dümmers,
- Neubau der Kläranlage Damme in Osterfeine mit Ableitung des Abwassers aus dem Einzugsbereich des Dümmers heraus in die Alte Hunte,
- Bau von dritten Reinigungsstufen (Phosphatfällung) bei der Kläranlage Wittlage und der Kläranlage der Firma Glücksklee, beide in Bad Essen, sowie
- die 1974 begonnene Dümmerentschlammung. Bisher sind insgesamt rd. 1,4 Mio. m^3 Schlamm aus Baggerlöchern und aus rd. 100 ha Seefläche in die Deponien westlich und nördlich des Dümmers gepumpt worden. Entschlammt wurde zunächst von 1974 bis 1984 und dann seit 1989 bis heute (siehe Ziff. 6.5).

Die Entschlammungen dienen dazu, die jährlichen Schlammbildungen von etwa 50 000 m^3 aus dem Dümmer zu entnehmen, um der Verlandung im südlichen und im gesamten westlichen Bereich des Sees entgegenzuwirken. Aber weder hierdurch noch durch die übrigen vorgenannten Maßnahmen ist der Nährstoffreichtum des Dümmers merklich gemindert worden.

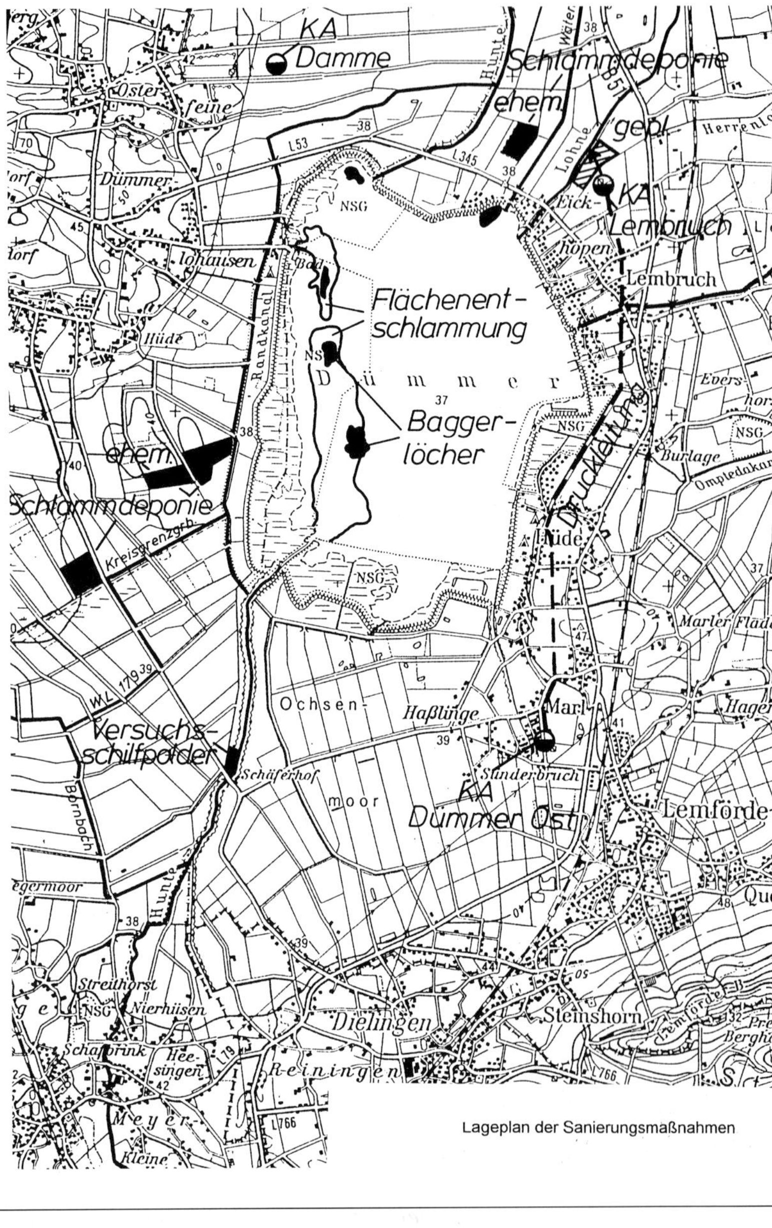

Karte 10.7-2: Lageplan der Sanierungsmaßnahmen

4. Limnologisches Gutachten zur Dümmersanierung

Vor weiteren Behandlungsmaßnahmen wurde 1983 ein limnologisches Gutachten zur Dümmersanierung von Prof. Ripl, Institut für Ökologie, Fachgebiet Limnologie der Technischen Universität Berlin, vorgelegt. Diese und weitere Untersuchungen zeigten, daß eine langfristige Verbesserung der Wassergüte im Dümmer nur erreicht werden kann durch Sanierungsmaßnahmen an der oberen Hunte, weil die Wasserqualität der Hunte wegen der kurzen Wassererneuerungszeit im Dümmer von 40 bis 50 Tagen die Wasserqualität des Dümmers bestimmt (Tabellen 10.7-1 u. -2).

Bei Hochwasser steigt die Konzentration der Nährstoffe - besonders Phosphate - stark an; gemessen wurde z. B. an einem Tag eine Phosphorfracht von 5,3 t. Das sind weit über 10 % der durchschnittlichen Jahresfracht. Weitere Untersuchungen ergaben, daß der Bornbach mit einem Einzugsgebiet von rd. 80 km^2, das sind rd. 20 % des Einzugsgebietes der Hunte, dem Dümmer erhebliche Nährstoff-Frachten und bis zu 50 % der Phosphatfracht der oberen Hunte zuführt.

In dem limnologischen Gutachten zur Dümmersanierung wurde vorgeschlagen, die Nährstoffzufuhr in den Dümmer zu vermindern durch

- Umleitung des hochbelasteten Bornbaches um den Dümmer herum,
- Anlegen eines dem Dümmer vorgeschalteten und mit Schilf bepflanzten, rd. 200 ha großen Polders zur Ablagerung der Nährstoffe des Huntewassers,
- gezielte Fischbewirtschaftung, um die Anzahl der Weißfische zu vermindern, sowie
- weitere Entschlammungsmaßnahmen, bis die Sanierungsmaßnahmen erfolgreich sind.

5. Planung zur langfristigen Sanierung des Dümmerraumes

Die vielfältige Beanspruchung des Dümmerraumes durch Landwirtschaft, Wasserwirtschaft, Besiedlung und Fremdenverkehr im Laufe der vergangenen Jahrzehnte hat zu einer zunehmenden Beeinträchtigung und Gefährdung des ökologischen Wertes dieser

	Wassermenge Mio. m^3	Nitrat - N t/a	Phosphat - P t/a
1982	73	577	32,2
1983	84	600	27,3
1984	94	664	34,1
1985	75	532	21,8
1986	94	800	42,6
1987	133	908	61,7
1988	114	857	46,6
1989	66	473	19,3
1990	76	735	20,5
1991	64	609	22,5

Tab. 10.7-1: Jahresfrachten der Hunte an der Gütemeßstation Schäferhof (3 km oberhalb des Dümmers)

	Wassermenge Mio. m^3	Nitrat - N t/a	Phosphat - P t/a
1982	17,2	167	16,3
1983	15,6	111	11,9
1984	16,3	113	11,7
1985	12,8	87	11,3
1986	16,0	126	16,7

Tab. 10.7-2: Jahresfrachten des Bornbaches

Landschaft geführt. Durch die Anerkennung als Feuchtgebiet von internationaler Bedeutung als Europareservat, als Naturpark und Wildschutzgebiet sowie durch die Ausweisung verschiedener Schutzgebiete (Naturschutz, Landschaftsschutz) ist dieser Wert ausdrücklich bestätigt worden. Um eine dem Schutzziel abträgliche Veränderung der Landschaft einzudämmen und soweit wie möglich wieder zurückzuführen, sollen Sanierungsmaßnahmen sowohl für den Dümmer selbst als auch für die Dümmerniederung ergriffen werden. Dazu wurde im Jahre 1985 vom Niedersächsischen Ministerpräsidenten eine Dümmerkonferenz einberufen. Dort wurden die Elemente einer langfristigen Sanierung des Gebietes unter wissenschaftlichen Gesichtspunkten behandelt. Mit sachverständigen Vertretern der Interessenverbände und der Behörden wurden Lösungsmöglichkeiten der Konfliktsituation zwischen Landwirtschaft, Naturschutz und Landschaftspflege, Wasserwirtschaft und Erholungsinteressen im Dümmergebiet erörtert. Die notwendigen und grundlegenden Schritte und Maßnahmen, die als Gesamtplan zur Lösung der heutigen Probleme am Dümmer geeignet sind, wurden dann mit den Kommunen und Verbänden erörtert. Im Jahre 1987 hat die Landesregierung die Planung zur langfristigen Sanierung des Dümmerraumes vorgelegt, die im Jahre 1992 auf den neueren Stand gebracht wurde. Sie hat folgende Zielsetzungen:

- Naturschutz: Dauerhafte Erhaltung der für den Naturschutz wertvollen Bereiche des Dümmers und der Dümmerniederung mit den naturspezifischen Pflanzen- und Tierarten; dazu gehört auch die Wiederherstellung von Biotopen, soweit diese erheblich beeinträchtigt oder gestört worden sind.
- Wasserwirtschaft: Erhaltung einer offenen Wasserfläche des Dümmers und die Verbesserung der Gewässergüte der Oberflächengewässer und des Grundwassers durch Verminderung der Nährstoffeinträge.
- Landwirtschaft: Sicherung der Existenzen der betroffenen landwirtschaftlichen Betriebe und Berücksichtigung einer nach den Belangen von Wasserwirtschaft und Naturschutz ausgerichteten Bodennutzung.
- Erholung und Fremdenverkehr: Erhaltung des Dümmers und der Dümmerniederung als Erholungsraum.

Diese Zielvorstellungen sollen durch eine räumliche Entflechtung der sich zum Teil gegenseitig ausschließenden Nutzungsansprüche von Landwirtschaft, Naturschutz und Wasserwirtschaft erreicht werden.

6. Wasserwirtschaftliche Planungen zur Sanierung des Dümmerraumes

Zur Erhaltung der offenen Wasserfläche ist es erforderlich, die Verlandung durch Schlammablagerung zu beenden, indem die Nährstoffzufuhr zum Dümmer aus den zufließenden Gewässern vermindert wird. Vordringlich ist es daher, die hochbelasteten Zuflüsse sowie die diffusen Einleitungen zu verhindern.

6.1. Bornbachumleitung

6.1.1. Planung

Die hohe Nährstoff-Fracht des Bornbaches mit bis zu 50 % der Phosphorfracht des Dümmer erklärt sich vor allem aus der Art der Böden in seinem Einzugsgebiet - etwa 50 % sind kultivierte Hoch- und Niedermoorböden - sowie aus der intensiven Nutzung als Grünland und als Ackerland für Maisanbau mit Gülledüngung. Mit der Entwässerung und der landwirtschaftlichen Nutzung geht die Zersetzung organischer Substanz des Moorbodens durch Oxidation sowie durch die Wirkung von Mikroorganismen einher. Durch die dabei zunehmende Mineralisierung von Hochmoorböden werden erhebliche Phosphormengen freigesetzt.

Um diese Vorgänge beenden zu können, müßten die Moorböden vollständig wieder vernäßt und ihre Nutzung weitgehend eingestellt werden. Die Umsetzung derartig schwerwiegender Maßnahmen erscheint heute weder aus agrarstruktureller noch aus finanzieller Sicht möglich. Deshalb ist als die am schnellsten und sichersten wirksame Möglichkeit zur Verbesserung der Gewässergüte im Dümmer die Umleitung des Bornbaches in die Ableiter des Dümmers vorgeschlagen worden. In einem Rahmenentwurf des StAWA Sulingen sind insgesamt 13 Lösungsmöglichkeiten untersucht worden. Wesentliche Vorgaben für die Ausführungsplanung waren, daß die mittleren für die ökologischen Verhältnisse des betroffenen Bereiches bestimmenden Wasserstände im Dümmerrandkanal und in den anschließenden Ableitern nicht abgesenkt werden und in gewissen Bereichen häufigere Überschwemmungen sogar erwünscht sind. Außerdem sollte die Umleitung des Bornbaches mit möglichst geringem Gewässerausbau verbunden sein.

Die über mehrere Gewässer verlaufende, insgesamt 25 km lange Umleitungsstrecke läßt sich entsprechend den vorgesehenen Maßnahmen in drei Abschnitte gliedern:

- Alte Hunte im Stadtgebiet von Diepholz: Naturnaher Ausbau der Alten Hunte zur Erhaltung des gegenwärtigen Zustandes.
- Alte Hunte oberhalb der Stadt Diepholz und Randkanal: Kein Ausbau, nur Sonderlösung für den Bereich Eickhöpener Wiesen nördlich des Dümmers zur Erhaltung des jetzigen Zustandes durch Bau einer flachen Hochwasserverwallung an der Alten Hunte und Bau eines Kleinschöpfwerkes.
- Kreisgrenzgraben, Wasserlauf 179 und Bornbach: Schonender, naturnaher Ausbau des Kreisgrenzgrabens und des Wasserlaufes 179 zur Herstellung einer durchgängigen Verbindung vom Bornbach zum Randkanal. Der Bornbach wird rd. 0,5 km oberhalb seiner Einmündung in die Obere Hunte abgesperrt, seine Fließrichtung wird auf einer Länge von rd. 2,5 km umgekehrt, und er wird an den Wasserlauf 179 angeschlossen.

6.1.2. Auswirkungen auf die Umleitungsgewässer

Wasserstände

Für die unter Abschnitt 6.1.1 beschriebenen Umleitungsgewässer ergeben sich durch den Anschluß des Bornbaches erhöhte Abflußmengen und in den geplanten Gewässerabschnitten mit geringeren Querschnitten oder ohne Ausbau bis zu 25 cm erhöhte Wasserspiegellinien. Die Ausuferungshäufigkeit wird sich in kritischen Bereichen von einmal in drei Jahren auf häufiger als einmal pro Jahr erhöhen. In den tiefen Lagen der Niederung wird die Entwässerung auf einer Fläche von rd. 2 400 ha beeinträchtigt. Es ist vorgesehen, diese Flächen nach Möglichkeit für den Naturschutz aufzukaufen. In anderen Bereichen soll den hydraulischen Veränderungen durch naturnahen Ausbau entgegengewirkt werden.

Gewässergüte

Die Gewässergüte in der Alten Hunte und im Randkanal ähnelt weitgehend der des Bornbaches. Dies ist aufgrund der Gleichartigkeit der Bodenarten und ihrer Nutzung naheliegend. Durch die Bornbachumleitung wird deshalb die Gewässergüte in den Umleitungsgewässern nicht verschlechtert.

6.1.3. Planfeststellungsverfahren

Das Vorhaben der Bornbachumleitung erstreckt sich über die Landkreise Diepholz, Vechta und Osnabrück, somit über die Regierungsbezirke Hannover und Weser-Ems. Entsprechend sollte die Trägerschaft von dem Hunte-Wasserverband in Diepholz und der Vechtaer Wasseracht in Damme übernommen werden. Das Planfeststellungsverfahren wird von der Bezirksregierung Hannover durchgeführt. Mit der gebietsübergreifenden Rahmenplanung war das StAWA Sulingen beauftragt. Die Bauplanung und die Planfeststellungsunterlagen sind im Jahre 1995 aufgestellt worden. Die Umweltverträglichkeitsstudie und den landespflegerischen Begleitplan hat ein Planungsbüro aus Oldenburg erarbeitet.

6.2. Zentrale Abwasserbeseitigung und dritte Reinigungsstufe

Durch die Bornbachumleitung allein können die Nährstoffeinträge in den Dümmer nicht ausreichend vermindert werden. Es soll daher die Abwasserkanalisation weiterhin zentral ausgebaut werden mit dem Ziel, möglichst viele Einwohner im Einzugsgebiet des Dümmers anzuschließen.

Die normale Abwasserreinigung einer biologischen Kläranlage reicht nicht aus, um Phosphate in wesentlichem Umfang von den Gewässern fernzuhalten. Die Kläranlagen im Einzugsgebiet des Dümmers werden daher um die Phosphat- und die Nitratausfällung erweitert.

6.3. Einschränkung von diffusen Nährstoffeinleitungen

Diffuse Nährstoffbelastungen der Gewässer stammen vor allem aus der landwirtschaftlichen Düngung und aus der Moorzersetzung. Überall dort, wo Ackerwirtschaft bis unmittelbar an die Gewässerufer betrieben wird, gelangen Nährstoffe unmittelbar oder über einen unzureichenden Bodenfilter in die Gewässer. Deshalb ist es wegen der Gewässerreinhaltung, besonders in Fällen der Eutrophierungsgefahr stehender Gewässer, nötig, die landwirtschaftlichen Nutzflächen von den Gewässerrändern abzurücken und ungenutzte Randstreifen (Breite rd. 10 m) auszuweisen. Daneben ist auch anzustreben, Hochmoorböden extensiv zu bewirtschaften, wenn sie nicht wieder vernäßt werden können.

6.4. Biologische Nährstoffbeseitigung in der oberen Hunte

6.4.1. Anlage eines Schilfpolders

Obwohl die obere Hunte insgesamt bereits heute als ein gering bis mäßig belastetes Fließgewässer einzustufen ist, werden die vorher genannten Maßnahmen wie die Bornbachumleitung nicht ausreichen, die Nährstoffbelastung des Dümmers auf ein ausreichendes Maß zu vermindern. Die im Vergleich zur Größe von rd. 12 km^2 und zum Inhalt des Dümmers von rd. 14 Mio. m^3 sehr hohen Wasserfrachten der Hunte von rd. 100 Mio. m^3/Jahr und nach Umleitung des Bornbaches von rd. 80 Mio. m^3/Jahr gewährleisten trotz vergleichsweise geringen Nährstoffgehaltes eine überreiche Nährstoffbelastung des Sees.

Im limnologischen Gutachten zur Dümmersanierung wurde daher die Anlage eines bewirtschafteten Schilfpolders zur Verminderung des Phosphates im Zufluß des Dümmers und zur Verhinderung einer weiteren Verschlammung vorgeschlagen. Die Leistungsfähigkeit eines Schilfpoldersystems ist inzwischen durch einen Versuchspolder bestätigt worden. Es sind aber erhebliche technische Probleme zu lösen, z. B. die Wasserzuleitung und Bewirtschaftung des Hochwasserabflusses.

6.4.2. Aufgabe des Schilfpolders

Für den Zustand des Sees sind die Nährstoffbelastungen des Huntewassers kurz vor und während der Vegetationsperioden entscheidend. Um in dieser Zeit die Nährstoff-Frachten zu verringern, schlägt das o. g. Gutachten vor, ein Poldersystem geeigneter Größe anzulegen, um die Abflüsse einzustauen und durch Sedimentation von Trübstoffen und Nährstoffen -insbesondere von partikulär gebundenen Phosphaten- zu befreien. Außerdem soll die Adsorptionswirkung der an den Schilfhalmen wachsenden Bakterienkulturen genutzt werden. Diese Aufwuchsorganismen sollen die im Frühjahr bisher im Dümmer intensiv ablaufende Sedimentation von biogenem organischen und anorganischen Material (Kieselsäure- und Kalkausfällungen) vorwegnehmen und damit die Sedimentbildung sowie die internen Produktionsprozesse im See dämpfen.

Untersuchungen haben darüber hinaus gezeigt, daß für die Ausscheidung von Nährstoffen die organischen Ablagerungen im Schilfröhrichtgürtel eine wichtige Aufgabe haben. Sie entsteht aus Schilfhalmen und Schilfstoppeln sowie Blatt- und Rispenüberresten und ist sehr nährstoffarm. Dessen Abbau erfordert zusätzliche Nährstoffe, die dem Wasser entzogen werden. Besonders Phosphor wird für den Abbau benötigt und dem Wasser entzogen. Ein Überschuß an Nitratstickstoff wird an ausreichend mit Stickstoff versorgten Ablagerungen vorrangig abgebaut. Schilf wird deshalb für eine Bepflanzung des Poldersystems vorgeschlagen, da es auch kommerziell genutzt werden kann, für Aufwuchsorganismen gute Bedingungen bietet und bei Bewirtschaftung kaum größere sauerstoffzehrende Ablagerungen zu erwarten sind, was bei Binsen und anderen Röhrichtarten der Fall wäre. Schilf (Phragmites australis) ist außerdem einfach zu bearbeiten, da zweckmäßige Bearbeitungs- und Nutzungsverfahren entwickelt sind (Abb. 10.7-3).

6.4.3 Versuchsschilfpolder

Die Pläne für den Bau der Versuchsanlage wurden vom StAWA Sulingen erstellt. Die Anlage liegt unmittelbar am linken Ufer der Hunte, etwa 2,5 km oberhalb deren Einmündung in den Dümmer und besteht aus zwei abhängig voneinander zu betreibenden Poldern mit je rd. 5 200 m^2 nutzbarer Pflanzfläche. Die Polder werden beschickt über zwei

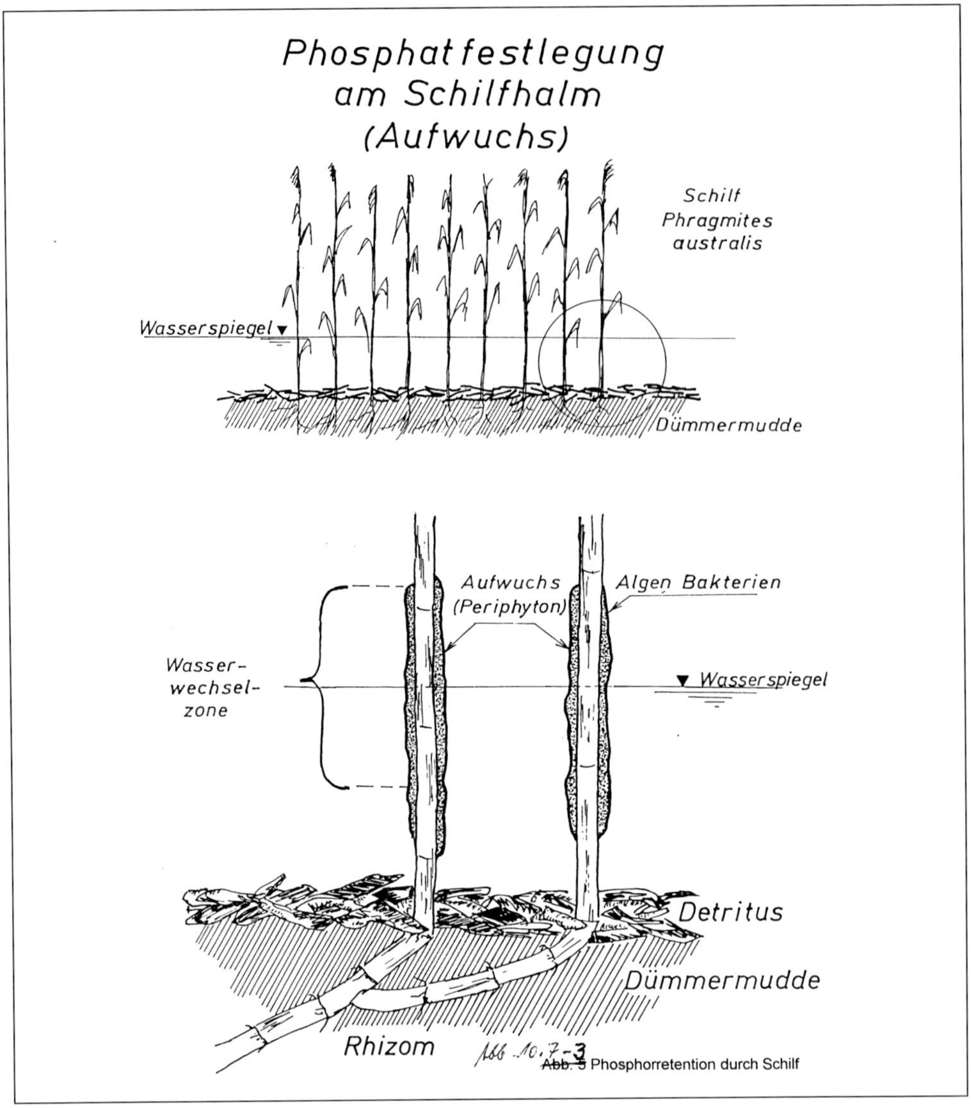

Abb. 10.7-3: Phosphorretention durch Schilf

regelbare, unabhängig oder gleichzeitig zu betreibende Schneckenpumpen mit einer Förderleitung von insgesamt maximal etwa 200 l/s. Die Einstauhöhe im Polder ist von wenigen Zentimetern bis 100 cm regelbar. Um nicht zu erfassende Versickerungsverluste zu vermeiden, die die Bilanzrechnung verfälscht hätten, ist der Polderuntergrund gedichtet. Ein- und Auslaufbauwerke der Polder haben fest eingebaute Geräte für die quantitative Durchflußmessung; für die qualitative Überwachung des Zulaufes dient die bestehende, etwa 100 m oberhalb an der Hunte gelegene automatische Gütemeßstation „Schäferhof". Außerdem ist im Auslauf jedes Polders ein automatisches Probenahmegerät eingebaut.

Mit dem Bau des Versuchsschilfpolders ist 1987 begonnen worden (Abb. 10.7-4 u. -5). Die Polderflächen wurden mit Dümmerschlamm 10 cm dick überspült, der einen Wassergehalt von etwa 80 % hatte. Sie wurden im Juni 1988 mit Schilf bepflanzt - insgesamt 25 000 Stück einjährige Topfpflanzen -. Im Mai und Juni 1989 sowie im Mai 1990 wurden Stecklinge nachgepflanzt (Halmpflanzung), um Ausfälle zu ersetzen. Nach Schäden durch Tierfraß im Frühjahr 1991 wurden im Juni und Juli 1991 Schilfbulten (Halme mit Rhizom und Wurzel) nachgepflanzt. Die Pflanzen haben sich jeweils im Südteil der Polder gut entwickelt, dagegen sind im Nordteil erhebliche Lücken vorhanden. Für weitere Versuche sind ab 1992 nur die südlichen Polderbereiche genutzt worden; die für Versuche nach wie vor weniger geeigneten Nordbereiche sind einstweilen durch Trennwände abgeteilt.

6.4.4. Untersuchungsziele

Der Versuchsschilfpolder wird mit der Zielsetzung betrieben,

- die Phospatveränderung bzw. -beseitigung im Schilfpolder in Abhängigkeit von verschiedenen Einstauhöhen und Durchflußraten festzustellen,
- die Nitratveränderung bzw. -beseitigung im Schilfpolder in Abhängigkeit von verschiedenen Einstauhöhen und Durchflußraten zu untersuchen,
- den Verlauf der Schlammbildung während des Jahres durch Sedimentation der Aufwuchsorganismen, der biogenen Kalkfällung und der Kieselsäurefestlegung in Abhängigkeit von verschiedenen Einstauhöhen und Durchflußmengen zu untersuchen,
- ökologische Studien über Wuchs, Halmdichte und Festigkeit des Schilfes durchzuführen und möglichst auch nähere Kenntnisse über die Erneuerungszyklen für Schilf im Poldersystem zu erlangen sowie
- einen Bewirtschaftungsplan zu erstellen.

6.4.5 Ergebnis

Als Ergebnis der Untersuchungen sollen die erforderlichen Bemessungswerte für eine dem Dümmer vorgeschaltete Schilfpolderanlage zur mechanischen und biologischen Reinigung der Hunte angegeben werden. Die Untersuchungen werden zur Zeit ausgewertet. Während des Versuchsbetriebes konnte die Nährstoffrückhaltung im Versuchsschilfpolder gesteigert werden. Im Versuchsjahr 1993 wurde ein Betrag von rd. 70 kg/ha/Jahr ermittelt. Am besten wirkt die Phosphatrückhaltung bei Aufenthaltszeiten von 2 bis 4 Tagen und Einstauhöhen von 15 - 20 cm. Damit können Phosphorkonzentrationen unter 50 g/l im Ablauf des Polders als Jahresmittel erreicht werden. Eine Schilfpolderanlage mit einer Größe von rd. 200 ha kann über 10 t Phosphor zurückhalten, was vor allem nach Umleitung des stark belasteten Bornbaches eine weitere erhebliche Entlastung des Dümmers wäre (Abb. 10.7-6).

6.5. Dümmerentschlammung

Die Entschlammung ist nach den Erfahrungen für die Verbesserung der Gewässergüte im Dümmer nicht entscheidend. Sie dient aber der Freihaltung einer offenen Wasserfläche für den Fremdenverkehr, Surf- und Segelsport sowie den Lebensraum der Fische.

Nach dem limnologischen Gutachten zur Dümmersanierung beträgt die jährliche Schlammneubildung im Dümmer bisher 50 000 bis 60 000 m^3. Der Schlamm lagert sich besonders in den für die Sandgewinnung zum Deichbau im See ausgehobenen Bagger-

Abb. 10.7-4: Versuchsschilfpolder, Blick vom Einlaufbereich

Abb. 10.7-5: Versuchsschilfpolder, Schwimmsteg in der Mitte der Polder

Abb. 10.7-6: Blick in den Versuchsschilfpolder 1996 mit Wissenschaftlern der TU Berlin und Bauoberrat Boelke, StAWA Sulingen (Foto: Herr Tornow)

löchern ab, die eine Tiefe von rd. 2,5 m unter Seesohle und einen Inhalt zwischen 20 000 und 50 000 m^3 haben, aber auch in einem 200 bis 600 m breiten Streifen entlang des Westufers sowie in der Südbucht. Die vorzugsweise Ablagerung nahe dem Westufer ist durch die vorherrschend westlichen Winde bedingt. Der Westwind bewirkt auf dem See eine der Oberflächenströmung entgegengesetzte Grundströmung, so daß die Treibmudde von Osten nach Westen verdriftet wird.

Der Schlamm im Dümmer ist in der oberen Schicht locker gelagert und leicht aufzuwirbeln (Treibmudde), in den unteren Schichten dagegen geleeartig schwach verfestigt. Nach Laboruntersuchungen besteht die Rohmudde bei natürlicher Lagerungsdichte im See etwa zu 1/4 aus Trockenmasse und zu 3/4 aus Wasser.

Der aus dem Dümmer zu entfernende Schlamm wird mit einem Saugbagger auf Deponieflächen gepumpt. Bei der Flächenbaggerung mit Schlammdicken von 0,2 bis 0,6 m wird der Schlamm mit einer Schnecke dem Saugrohr des Baggers zugeführt. Um Schlammverwirbelungen möglichst zu verhindern, ist die Schnecke mit Leitblechen ausgestattet. Bei der Baggerlochentleerung wird ein gewöhnlicher Schneidkopf eingesetzt (Abb. 10.7-7). Für eine 1,0 m dicke abgetrocknete Schlammschicht muß eine Spülgutmenge von 8,4 m Höhe in die Polder gepumpt werden (Abb. 10.7-8).

Die größte Einstauhöhe beträgt mit dem Schlamm-Wasser-Gemisch jeweils 2,0 m. Die Spülflächen müssen aufgrund von Verträgen nach der Abtrocknung für eine landwirtschaftliche Nutzung rekultiviert werden. Bei den neuen Schlammdeponien werden die Flächen nach Beendigung der Entschlammung einer natürlichen Entwicklung überlassen.

Abb. 10.7-7: Saugbagger im Dümmer, im Hintergrund Zwischenpumpstation

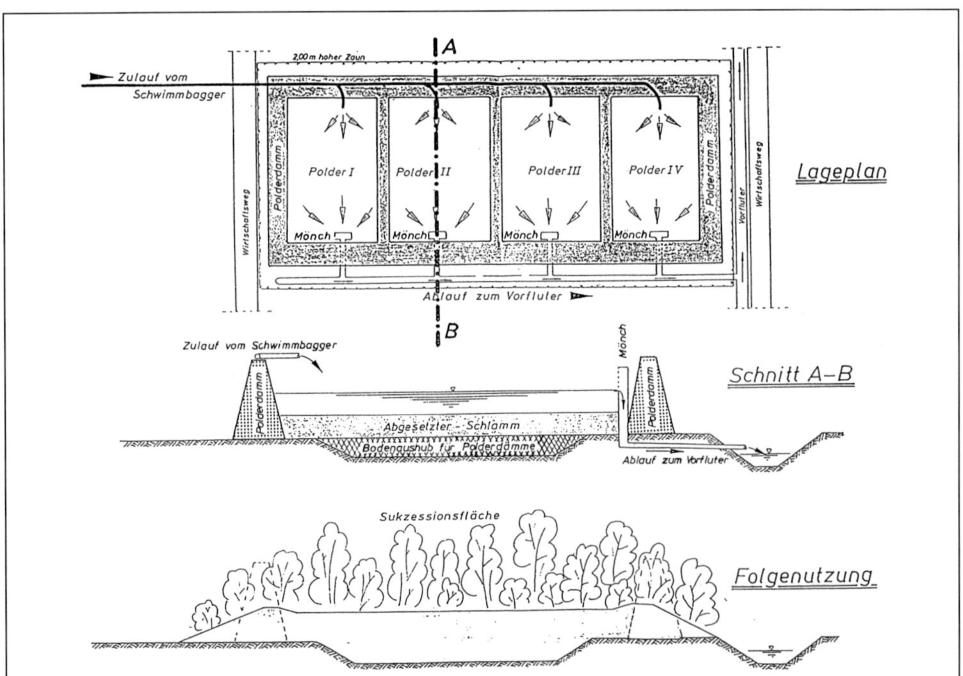

Abb. 10.7-8: Schlammdeponie

10.8 BEWIRTSCHAFTUNGSPLANUNG IN NIEDERSACHSEN AM BEISPIEL DES BEWIRTSCHAFTUNGSPLANES LEINE

von Jan Schilling

Neben der Durchführung von Wasserbaumaßnahmen ist die niedersächsische Wasser- und Abfallwirtschaftsverwaltung in den letzten Jahrzehnten verstärkt planerisch tätig gewesen. Von den in Kapitel 6.1 aufgeführten Planungsinstrumenten wird die Bewirtschaftungsplanung im folgenden speziell dargelegt. Bei dieser Planung sind in Niedersachsen durch einen frühen Bewirtschaftungsplan-"Vorläufer" (1974), ein Pilotprojekt und 3 Pläne für Oker, Leine und Vechte, besondere Erfahrungen vorhanden.

Soweit es die Ordnung des Wasserhaushalts erfordert, werden auf der Grundlage von § 184 NWG Bewirtschaftungspläne für bestimmte oberirdische Gewässer oder Gewässerteile aufgestellt. Die Pläne sollen dem Schutz der Gewässer als Bestandteil des Naturhaushalts, der Schonung der Grundwasservorräte und den Nutzungserfordernissen Rechnung tragen.

Bewirtschaftungspläne sind dann geboten, wenn die vielfältigen Nutzungen und Funktionen, die unterschiedliche Anforderungen an die Gewässerbeschaffenheit stellen, Interessensgegensätze hervorrufen und daher durch ein Planungsinstrument geregelt werden sollen. Zur praktischen Anwendung können sie kommen, wenn die allgemeinen Emissionsanforderungen nicht ausreichen, den angestrebten Gütestand zu erreichen. Unter Berücksichtigung der natürlichen Gegebenheiten werden in einem Bewirtschaftungsplan festgelegt:

1. die Nutzungen, denen das Gewässer dient oder dienen soll,
2. die Merkmale, die das Gewässer dementsprechend in seinem Verlauf aufweisen soll,
3. die Maßnahmen, mit denen die festgelegten Merkmale erreicht werden sollen,
4. die Fristen und Kosten für die vorgesehenen Maßnahmen.

In Niedersachsen sind nach längeren Bearbeitungs- und Abstimmungszeiträumen 1989 der Bewirtschaftungsplan Oker und 1993 der Bewirtschaftungsplan Leine aufgestellt worden. Letzterer hatte bereits einen Vorläufer, der 1974 angesichts der starken Verschlechterung des Gütezustandes der Leine erstellt wurde. Eingeflossen sind die Erkenntnisse des Pilotprojektes Bewirtschaftungsplan Leine, das 1983 als generelle Empfehlung über die Ausgestaltung von Bewirtschaftungsplänen abgeschlossen worden ist.

Die Aufstellung dieser beiden Pläne war vordringlich, um die in den Einzugsgebieten von Leine und Oker vorhandenen Belastungen und Nutzungsansprüche optimal in Einklang zu bringen. Die Bewirtschaftungspläne sind eine verbindliche Planungsgrundlage für die zuständigen Wasserbehörden und Fachdienststellen. Der Bewirtschaftungsplan Leine wurde außerdem 1994 als Verordnung der Bezirksregierung Hannover herausgegeben.

Für die Vechte als grenzüberschreitendes Gewässer ist 1992 gemeinsam mit den Niederlanden und Nordrhein-Westfalen eine erste Bearbeitungsstufe für einen Bewirtschaftungsplan aufgestellt worden. Dieser Plan soll die Grundlage darstellen, um in den Gebieten dieser drei Länder Maßnahmen durchzusetzen, die als gemeinsames Ziel eine Verbesserung der Gewässergüte und der ökologischen Verhältnisse bewirken.

Im Bewirtschaftungsplan Leine waren sowohl bei der prinzipiellen Vorgehensweise (Tab.10.8-1), der Klassifizierung der Nutzungen und Funktionen als auch bei der Gegenüberstellung der Ist- und Soll-Summen sowie den daraus abzuleitenden Maßnahmen ökologisch bedingte Gesichtspunkte häufig von ausschlaggebender Bedeutung. Einerseits

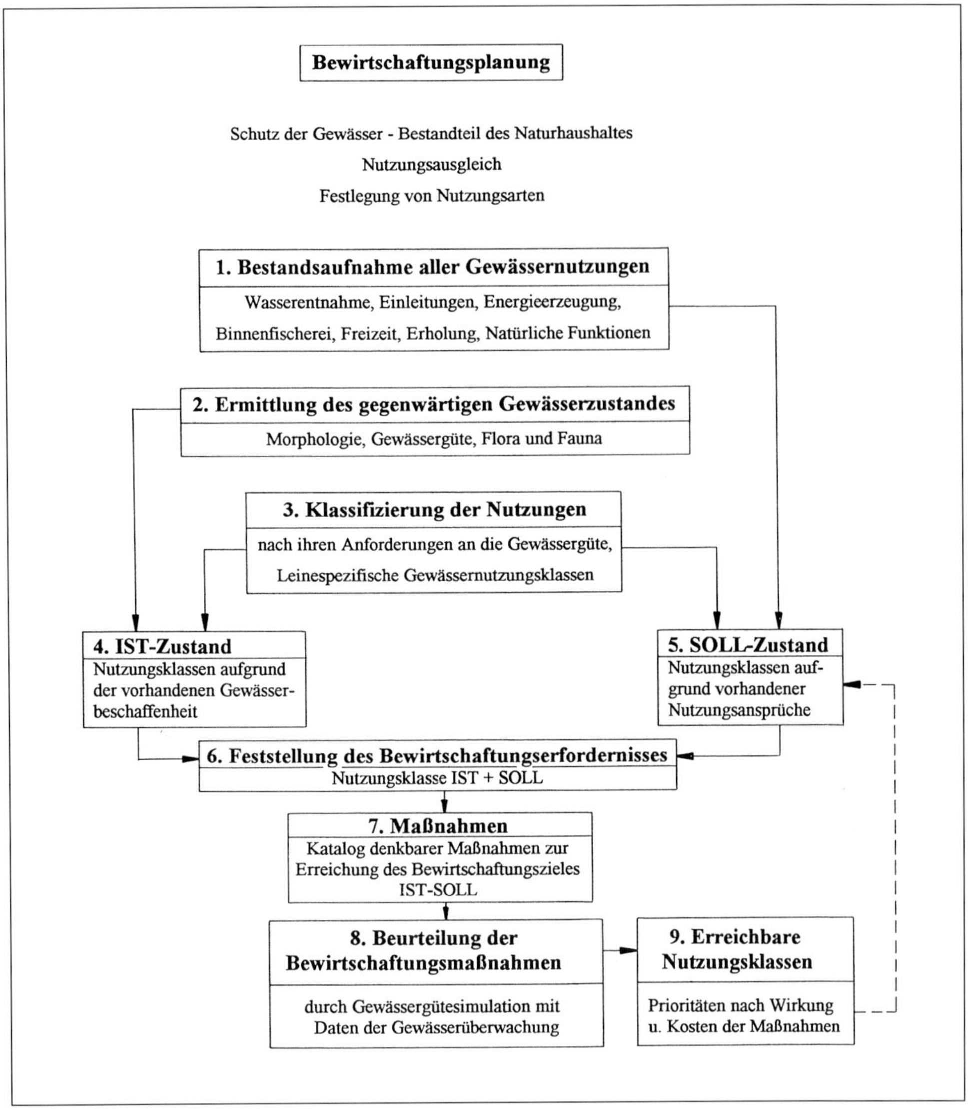

Tab. 10.8-1: Schema zur Vorgehensweise bei der Aufstellung des Bewirtschaftungsplanes Leine

waren ökologisch orientierte Grenzparameter vielfach maßgebend für die Nutzungs- und Funktionsbeurteilung und andererseits werden im Maßnahmenbereich zahlreiche Hinweise gegeben, die sich insbesondere auf die Gestaltung der Gewässerläufe und ihre Auen beziehen.

Folgende Hauptarbeitsschritte wurden vollzogen:
- Erhebung und Analyse von Bestandsdaten,
- Festlegung zukünftiger Funktionen oder Nutzungsformen,
- Ermittlung entsprechender Merkmale und Qualitätsziele und
- Festlegung der Maßnahmen mit entsprechenden Fristen und Kostenangaben.

Festzuhalten ist, daß der Leineplan für das gesamte Einzugsgebiet der Leine mit ca. 6.500 km^2 aufgestellt wurde und, bedingt durch die politische Entwicklung seit 1990, auch der thüringische Anteil des Einzugsgebietes in einem Anhang mit einbezogen werden konnte. Für dieses Gebiet wurden flächendeckend im einzelnen folgende Informationen gesammelt und tabellarisch bzw. zeichnerisch ausgewertet:

- Zielvorstellungen,
- Bevölkerungssituation,
- Flächennutzung,
- Daten zur Hydrologie,
- Wasserversorgung,
- Naturschutz und Landschaftsschutz,
- Fischarten, Fischzonierung,
- Freizeit und Erholung,
- Abwasserrestfrachten der Einzeleinleiter,
- Abwasserrestfrachten der Teileinzugsgebiete,
- Gewässergüte, Saprobiensystem.

Zur Bewertung unterschiedlicher qualitativer Gegebenheiten in den Fließgewässern wurden sogenannte **Nutzungsklassen** eingeführt. In ihnen werden Nutzungen und Funktionen mit etwa gleichen Güteanforderungen zusammengefaßt und nach jeweils abnehmenden Qualitätsanforderungen untergliedert. Neben den anthropogen ausgerichteten Nutzungen sind vor allem die Gewässer als Lebensraum bewertet, deren Bedeutung hinsichtlich Natur- und Landschaftsschutz besteht und die eine allgemein anzustrebende ökologische Mindestqualität aufweisen.

Die Nutzungsklassen gehen über ein anthropogen bestimmtes Nutzungsdenken hinaus und stellen damit eine wesentliche inhaltliche Erweiterung des bisherigen wasserwirtschaftlichen Denkens und Handelns dar. Die in den Nutzungsklassen zusammengefaßten Einzelnutzungen und Funktionen sowie die zugehörigen Grenzwerte der ausgewählten Parameter sind der Tabelle 10.8-2 zu entnehmen.

Die einzelnen Nutzungen und Funktionen stellen stark unterschiedliche Anforderungen an Qualität und Quantität des Wasserdargebotes. Während die quantitativen Anforderungen in der Regel nur zu einer Reduzierung des Nutzungsumfanges führen, schließen qualitative Mängel bestimmte Nutzungen unter Umständen ganz aus. Nutzungen mit hohen qualitativen Anforderungen sind z. B. die Entnahmen zur Trinkwasserversorgung, das Baden, die Grundwasseranreicherung oder unter bestimmten Umständen die Entnahmen für landwirtschaftliche Zwecke.

Die Anforderungen an die Gewässer aus ökologischer Sicht können sehr vielfältig sein. Während die aus fischereilicher Sicht gestellten Voraussetzungen für z. B. Salmoniden- oder Cyprinidengewässer entsprechend der EG-Richtlinie 78/659/EWG sich im wesentlichen auf die Wasserbeschaffenheit beschränken, ist bei der Zielsetzung „Wiederherstellung und Erhaltung der Funktionsfähigkeit eines Gewässers“ eine umfassendere Betrachtungsweise erforderlich. Wenn im Beziehungsgefüge zwischen biotischen und abiotischen Faktoren die ökologischen Kreisläufe funktionieren sollen, muß **„Gewässergüte“** neben der Wasserqualität auch die Gewässermorphologie beinhalten. Substrat, Vernetzungsaspekte, Formen des Gewässerbettes, Gefälle, Uferausbildung und Auenutzung bestimmen wesentlich die Qualität eines Fließgewässers als Biotop für die entsprechenden Lebensgemeinschaften.

	Nutzungskl. A ökolog. wertvoll Salmonidengew. Trinkwasserentnahme Baden	**Nutzungskl. B 1** ökolog. Mindestqualität Wasser- u. Naturschutzgebiet Cyprinidengew. Grundwasseranreicherung Wassersport	**Nutzungskl. B 2** ökolog. bedingt akzeptabel Betriebswasserentn. Kühlwasserentn. ufernahe Erholung	**Nutzungskl. C** Schlechtere Situation ab Nutzungskl. B2 (keine Grenzwerte)
Gewässergüteklasse (LAWA)	**≤ I - II**	II	II - III	
Saprobienindex (DEV)	< 1,8	< 2,3	< 2,7	
Sauerstoffsättigung (%)	> 80	> 60	> 50	
Sauerstoffgehalt (mg/l)	> 8	> 6	> 4	
Temperatur t (°C)	≤ 20	≤ 22	≤ 25	
Temperatur Δ t (°C)	≤ 1,5	≤ 3	≤ 5	
pH-Wert	6,5 - 8	6,5 - 8,5	6,5 - 8,5	
Colif.Keime (-/100 ml)	< 100	< 1000	< 100.000	
BSB_5 (mg/l)	< 2	< 6	< 10	
CSB (mg/l)	< 10	< 20	< 30	
Nitrat NO_3-N (mg/l)	1 - 2	< 3	< 5	
Ammonium NH_4-N (mg/l)	< 0,1	< 0,3	< 2	
Chlorid Cl (mg/l)	< 25	< 200	< 400	
Phosphor Pges. (mg/l)	< 0,1	< 0,2	< 2	
Cadmium Cd (µ/l)	< 1	< 5	< 10	
Blei Pb (µg/l)	< 30	< 50	< 100	
Quecksilber Hg (µg/l)	< 0,5	< 1	< 5	
Kupfer Cu (µg/l)	< 20	< 40	< 60	
Zink Zn (µg/l)	< 300	< 1.000	< 2.000	

Tab. 10.8-2: Immissionsbezogene Gewässernutzungsklassen

Die qualitativen Anforderungen an die Nutzungsklassen wurden aus EG-Richtlinien und anderen fachlichen Regelwerken abgeleitet. Dabei wurde teilweise ein mittlerer Richtwert, in der Regel aber der schärfste Grenzwert einer Nutzungsart als bestimmend für die jeweilige Klasse zugrunde gelegt.

Durch Vergleich der aufgrund der **vorhandenen** Gewässergütesituation im Ist-Zustand gegebenen Nutzungsklassen (Abb. 10.8-1) mit den aus Nutzungsansprüchen oder -wünschen ableitbaren **erforderlichen** Nutzungsklassen (Abb. 10.8-2), läßt sich das Bewirtschaftungsbedürfnis für die einzelnen Gewässerabschnitte ableiten. Art und Umfang der Bewirtschaftungsmaßnahmen werden dann im einzelnen von den jeweiligen Grenzwerten der Nutzungsklassen bestimmt.

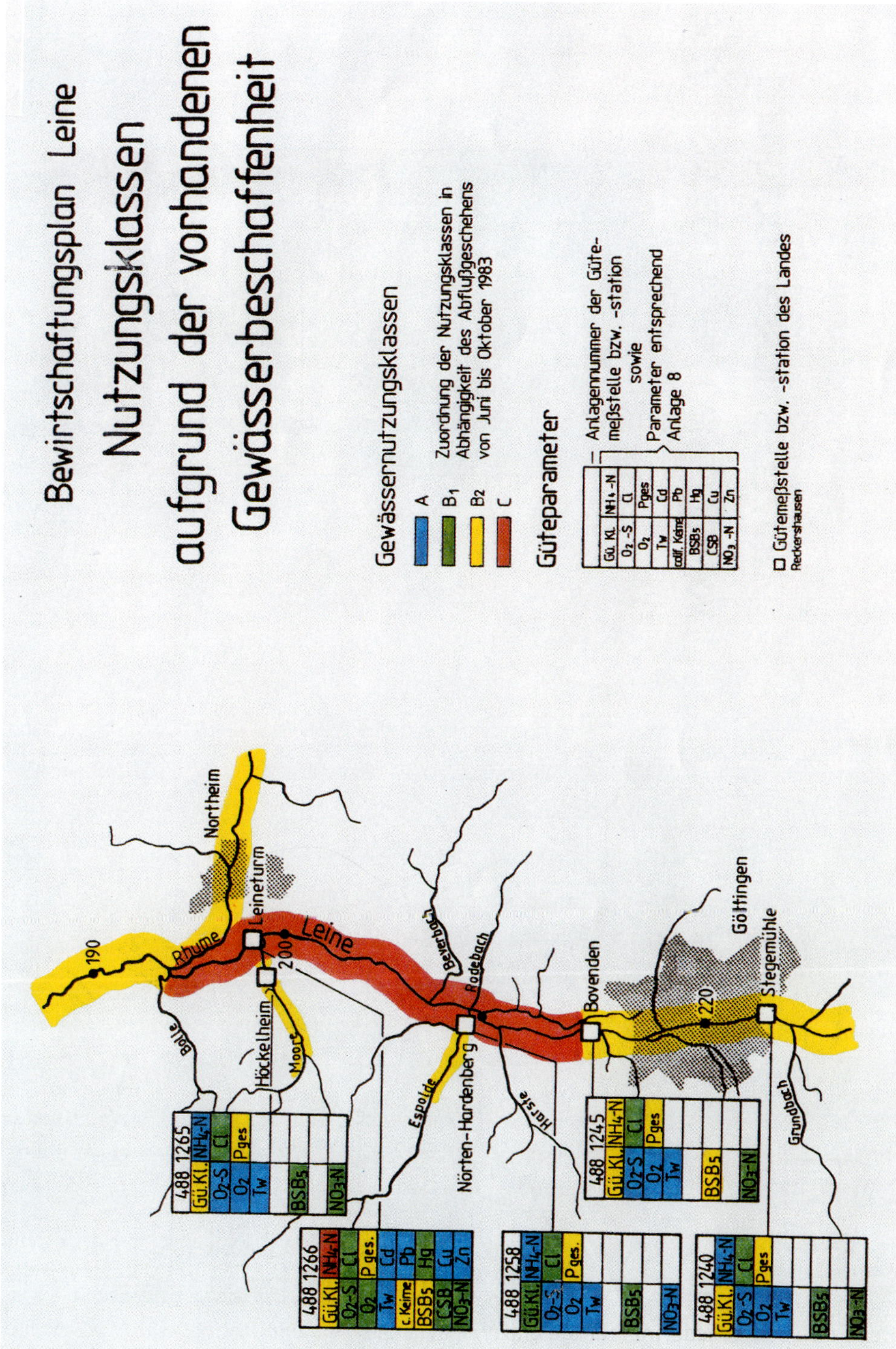

Abb. 10.8-1: Nutzungsklassen aufgrund der vorhandenen Gewässerbeschaffenheit

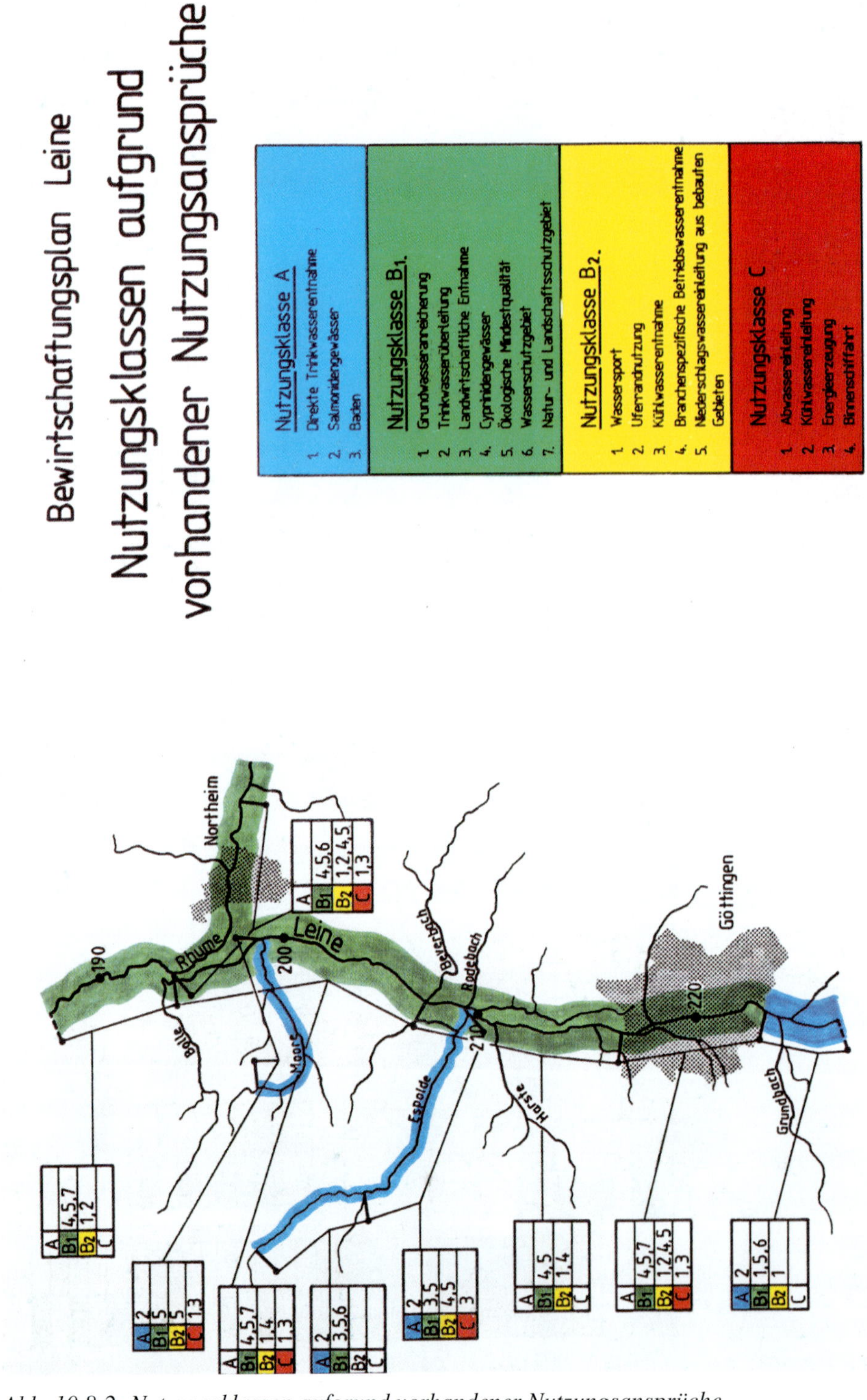

Abb. 10.8-2: Nutzungsklassen aufgrund vorhandener Nutzungsansprüche

Dabei wurde davon ausgegangen, daß im Ist-Zustand der jeweils schlechteste Parameter den Ausschlag für die Klassenzuweisung des betrachteten Gewässerabschnittes gibt, im Soll-Zustand hingegen die nachgewiesene anspruchsvollste Nutzungsart ausschlaggebend ist. Unter diesen Voraussetzungen wurde für fast alle Gewässerabschnitte ein dringendes Bewirtschaftungserfordernis nachgewiesen. Durch anschauliche Offenlegung dieses max. Handlungsbedarfes können gezielt die zu beeinflussenden Parameter, die Handlungsschwerpunkte und die erforderlichen Maßnahmen ermittelt werden.

Zur Erreichung der Zielvorstellungen wurde ein umfangreicher Maßnahmenkatalog entwickelt. Tabelle 10.8-3 gibt eine Kurzfassung wieder, Tabelle 10.8-4 zeigt einen exemplarischen Auszug aus dem Leineplan.

Um diejenigen kommunalen und industriellen Einzelmaßnahmen oder Maßnahmenkombinationen zu ermitteln, von denen die größte Effektivität zu erwarten ist, wurden mathematische Simulationsberechnungen durchgeführt. Es wurde nachgewiesen, daß neben der Verwirklichung wesentlicher klärtechnischer Maßnahmen auch die Reduktion des Nährstoffeintrages aus landwirtschaftlich genutzten Flächen zwingend erforderlich

1. Bau und Sanierung von Anlagen der Trennkanalisation
2. Bau und Sanierung von Anlagen der Mischwasserkanalisation
3. Neubau von kommunalen Kläranlagen
4. Sanierung von kommunalen Kläranlagen
5. Neubau von Abwasserreinigungsanlagen für industrielle oder gewerbliche Direkteinleiter
6. Sanierung oder Erweiterung bestehender Abwasserbehandlungsanlagen für industrielle oder gewerbliche Direkteinleiter
7. Reduktion der Abwassereinleitung bei industriellen oder gewerblichen Direkteinleitern durch innerbetriebliche Maßnahmen
8. Ableitung von Abwasser in Gewässer mit erhöhtem Abfluß
9. Erhöhung des natürlichen Selbstreinigungsvermögens
10. Reduktion des Boden- und Nährstoffeintrages von landwirtschaftlich genutzten Flächen
11. Verbesserung der Gewässerstrukturen und ökologischen Durchgängigkeit
12. Steuerung des Abflußverhaltens
13. Reduktion von Kühlwassereinleitungen
Die Ziffern geben Hinweis auf die Maßnahmennummern der Spalten 7 und 8 der Tabelle 10.8-4

Tab. 10.8-3: Allgemeiner Maßnahmenkatalog (Kurzfassung) zum Bewirtschaftungsplan Leine

Bewirtschaftungsplan Leine Anlage 11

Spezifischer Maßnahmenkatalog Blatt 10

GEWÄSSER : Rhume

Lfd. Nr.	Flußabschnitt	Derzeit mögliche Nutzungen	Ursachen: Beschreibung	Ursachen: Beeinflußbare Parameter	Vorh. Nutzungsanspruch Karte 15	Maßnahmen bis 2010: Hauptgewässer (Maßnahmenkatalog - Nr.)	Maßnahmen bis 2010: Nebengewässer (Maßnahmenkatalog - Nr.)	Kosten Mio.DM	Erreichbar. Nutzungskl. Karte 16
1	2	3	4	5	6	7	8	9	10
1	39.80 Quelle bis 36.75	B 1	1. Restbelastung aus der KA des AV Eller - Rhume	BSB-5, N	A	4.2		1,50	A
	Eller								
2	36.75 bis 27.90	B 1	1. Restbelastung aus der KA Gieboldehausen	N	A	4.2		1,50	B 1
	Hahle								
3	27.90 bis 15.35	B 2	1. Diffuse Einleitungen und Bodenabtrag von landwirtschaftlichen Flächen	N, P	A	10.2, 11			B 1
			2. Unzureichende Beschattung des Gillersheimer Baches				Gillersheimer Bach:9.2,10.1		
	Oder								
4	15.35 bis 9.00	B 2	1. Restbelastung aus der KA AV Katlenburg	N, P	B 1	4.2		1,00	B 1
			2. Einleitung verunreinigten Oberflächenwassers aus der EG Katlenburg - Lindau	BSB-5		1.2, 1.3		4,00	
			3. Diffuse Einleitungen und Bodenabtrag von landwirtschaftlichen Flächen	N, P		10.2, 11			
			4. Unzureichende Beschattung des Hammensteder Baches und des Katlenbachs				Hammenst.B., Katlenb.: 9.2, 10.1		
	WSG-A								
5	9.00 bis 0.00	B 2	1. Unzureichende Abwasserreinigung in der KA Northeim	N, P	B 1	4.2		2,00	B 1
			2. Einleitung verunreinigten Oberflächenwassers aus der Trennkanalisation der Stadt Northeim	BSB-5		1.3 1.2/1.5, 2.2		3,00	
			3. Diffuse Einleitungen und Bodenabtrag von landwirtschaftlichen Flächen	N, P		10.2, 11			
			4. Nicht an öffentliche KA angeschlossene Orte Denkershsn., Lagershsn. und Imbshsn.	BSB-5, N		1.4		5,00	
	Leine								

Tabelle : Spezifischer Maßnahmenkatalog zum Bewirtschaftungsplan Leine, Beispielgewässer Rhume

Tab. 10.8-4: Spezifischer Maßnahmenkatalog zum Bewirtschaftungsplan Leine, Beispielgewässer Rhume

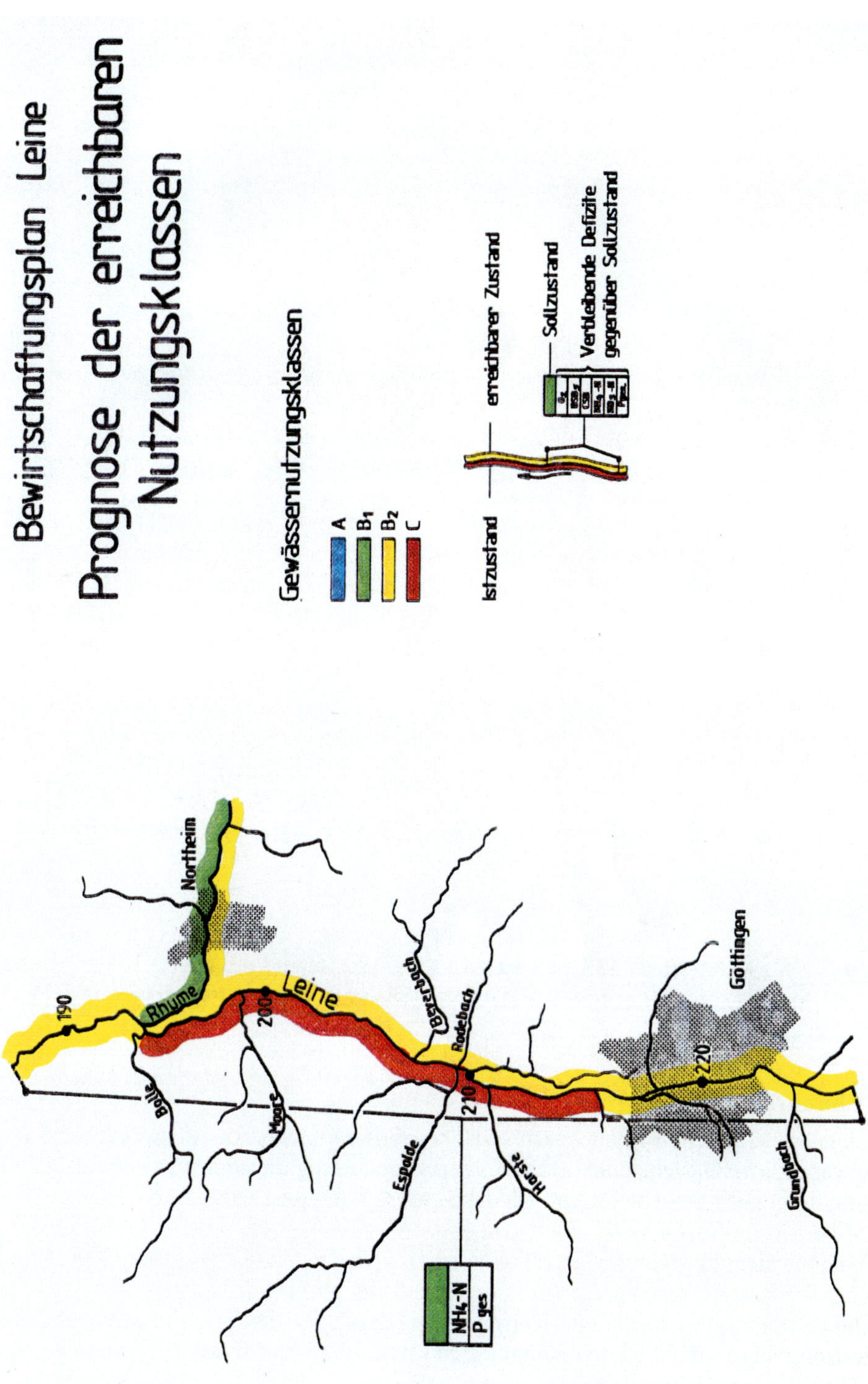

Abb. 10.8-3: Prognose der erreichbaren Nutzungsklassen

ist, um bis zum Jahre 2010 eine deutliche Verbesserung der derzeitigen Situation zu erzielen. Abb. 10.8-3 stellt die Verbesserungen der Nutzungsklassen infolge von abwassertechnischen Maßnahmen dar. Es sind zwar deutlich Fortschritte zu verzeichnen, der Soll-Zustand wird, insbesondere bei den Parametern P und N, jedoch bei weitem nicht erreicht. Den Maßnahmen zur Wiederherstellung einer naturnahen Funktionsfähigkeit der Gewässer und ihrer Auen sowie im Bereich der landwirtschaftlichen Nutzungsformen im gesamten Einzugsgebiet kommt damit eine besondere Bedeutung zu.

An Kosten wurden bis zum Jahr 2010 rd. 1,5 Mrd. DM für das gesamte Gebiet ermittelt, wobei diese sich wegen der leichteren Kalkulierbarkeit überwiegend auf abwassertechnische und nur in geringem Umfang auf andere Maßnahmen beziehen.

Durch die Bewirtschaftungspläne

- wird eine die Verwaltungsgrenzen überschreitende, einzugsgebietsbezogene Betrachtungsweise erzwungen,
- werden effektive Wasserqualitätsverbesserungen erreicht,
- wird eine ökosystemare, die Fließgewässer als Funktionsträger des Naturhaushaltes erfassende Vorgehensweise gefördert.

Die anzustrebenden Gewässerschutzziele können nicht durch Einzelmaßnahmen erreicht werden. Zur Überwindung der unbefriedigenden Gewässerzustände sind langfristig angelegte, fachübergreifende planerische Strategien und Programme erforderlich, die auf einer holistischen ökosystemaren Betrachtungsweise aufbauen. Die Bewirtschaftungspläne nach § 36 b WHG erfüllen diese Voraussetzung und sollten entsprechend aufgestellt werden.

Die in Niedersachsen veröffentlichten Pläne für Leine und Oker werden diesen Zielvorstellungen zwar nicht in allen Einzelheiten voll gerecht, in ihrer aber bereits jetzt erkennbaren Wirkung wird deutlich, daß sie erheblichen Einfluß sowohl auf die Verteilung der für den Umweltschutz zur Verfügung stehenden Mittel wie auf den gesamten Maßnahmenbereich zum Gewässerschutz in ihrem Einzugsgebiet haben werden.

10.9 WASSERBEREITSTELLUNG FÜR DIE BEREGNUNG - BEREGNUNGSSCHWERPUNKT NORD-OST-NIEDERSACHSEN

von Jürgen Baumgarten

1. Einführung

Aus zwei Tatsachen ergeben sich vier Thesen, die im folgenden diskutiert werden und die wesentliche Gesichtspunkte der Wasserbereitstellung für die landwirtschaftliche Beregnung im nord-östlichen Raum Niedersachsens aufzeigen.

Zunächst die *Tatsachen*:

- In den letzten drei Jahrzehnten ist in Nord-Ost-Niedersachsen das größte unter künstlicher Beregnung stehende Gebiet in der Bundesrepublik entstanden.
- Die Beregnungsintensität und -häufigkeit und damit der Wasserverbrauch haben in den letzten Jahren - nicht allein bedingt durch klimatische Einflüsse - zugenommen.

Hieraus ergeben sich folgende *Thesen*:

- Für die landwirtschaftlichen Betriebe in Nord-Ost-Niedersachsen wird auch zukünftig die Beregnungsanlage ein mitentscheidendes Betriebsmittel bleiben.

- Die jetzige Beregnungstechnik mit Großregnern wird nicht nur aus bodenkundlicher und pflanzenbaulicher Sicht weiterentwickelt und geändert werden müssen, sondern auch ein notwendig werdender sparsamer Wasserverbrauch wird dieses erfordern.
- Die Auseinandersetzungen zwischen den einzelnen Bedarfsträgern am nutzbaren Wasserdargebot werden zunehmen. In Teilräumen werden Bewirtschaftungspläne auch für die Wasserbedarfsdeckung der landwirtschaftlichen Beregnung keine Utopie sein.
- Für die Deckung des Wasserbedarfs der landwirtschaftlichen Beregnung und anderer Bedarfsträger wird - sollte die Entwicklung keine andere Tendenz bekommen - die Wasserwirtschaft in Nord-Ost-Niedersachsen auch weiterhin besondere Anstrengungen und Sondermaßnahmen bzw. -programme durchführen müssen. Die Wasserbereitstellung aus dem Elbe-Seitenkanal (ESK) sollte als Beispiel dienen (s. Ziffer 6).

Diese Thesen bedürfen des Beweises oder mindestens einer Untermauerung.

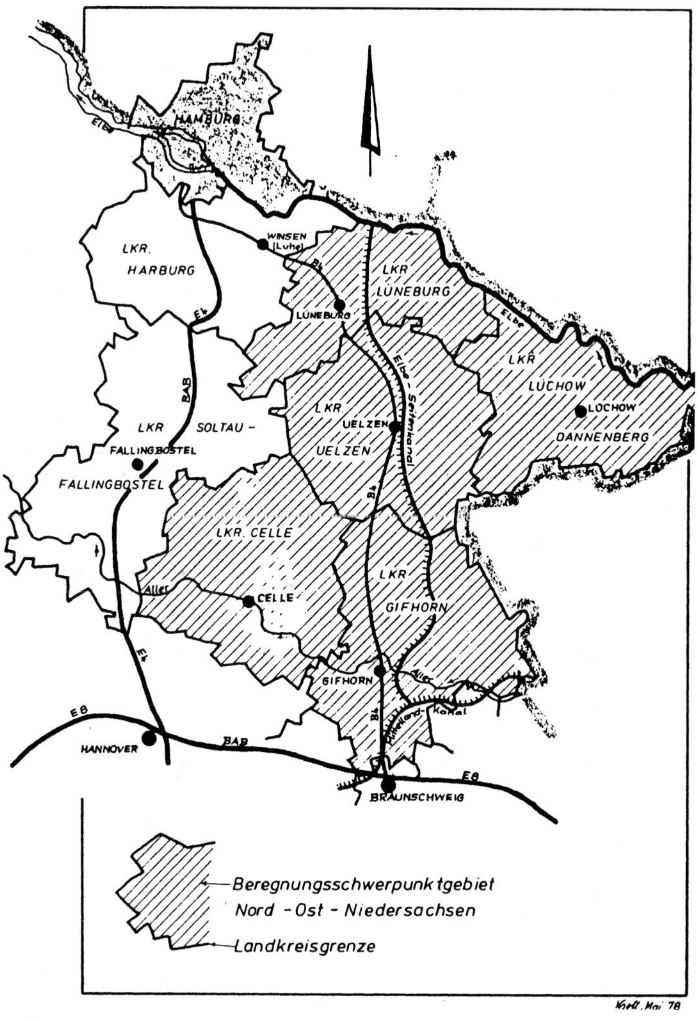

Karte. 10.9-1: Übersichtskarte zum Beregnungsschwerpunktgebiet Nord-Ost-Niedersachsen

2. Abgrenzung des Beregnungsgebietes

Unter Nord-Ost-Niedersachsen wird allgemein der Raum der Landkreise Lüneburg, Uelzen, Lüchow-Dannenberg, Gifhorn und Celle verstanden. Das ist ungefähr der Bereich, der im Westen durch die BAB Hamburg-Hannover, im Osten durch die Landesgrenze, im Norden durch die Elbe und im Süden durch die Aller begrenzt wird. Der Schwerpunkt der Beregnung liegt in den Landkreisen Lüneburg, Uelzen, Lüchow-Dannenberg und Gifhorn, also in einem Raum, der ungefähr ostwärts der B 4 liegt. In der Übersichtskarte der Karte 10.9-1 ist das Beregnungsschwerpunktgebiet eingezeichnet.

3. Natürliche Standortbedingungen

In den natürlichen Standortbedingungen gibt es im vorgenannten Beregnungsgebiet erhebliche Abweichungen bzw. Besonderheiten zu den üblichen Normen in Niedersachsen bzw. im Bundesgebiet, die mitentscheidend für die Ausbreitung der landwirtschaftlichen Beregnung gewesen sind.

Die *Niederschläge* nehmen von West nach Ost ab, ein Zeichen des im Osten zunehmenden Einflusses des kontinentalen Klimas (s. Tab. 10.9-1). Ostwärts der B 4 fallen im Durchschnitt pro Jahr rd. 100 mm weniger Niederschlag als westlich hiervon; in der Vegetationsperiode von April bis September allein ca. 80 mm weniger. Die Abweichungen von den Mittelwerten können erheblich sein, so daß in Trockenjahren nur 25 bis 30 % der durchschnittlichen Werte erreicht werden.

Die Beregnungsbedürftigkeit wird aber nicht allein vom Klima (Niederschlag minus Verdunstung = klimatische Wasserbilanz), sondern auch von der *Bodenart* (Speicherkapazität, kapillares Nachlieferungsvermögen) bestimmt. Die nutzbare Feldkapazität beträgt bei den vorherrschenden leichten Sandböden in der Hauptwurzelzone nur 60 bis 80 mm (bei Lehmböden z.B. nimmt sie bis 300 mm zu). Wassermangel für die Pflanzen tritt im Durchschnitt dann ein, wenn die nutzbare Feldkapazität auf rd. 40 % abgesunken ist.

Das Beregnungsgebiet wird schließlich noch durch überwiegend grundwasserferne Böden gekennzeichnet (Flurabstand > 2 m), so daß ein Wassermangel auch nicht durch kapillare Nachlieferung ausgeglichen werden kann.

1. Teil: Beregnungsschwerpunkt Nord-Ost-Niedersachsen	Niederschlag (mm/a)
Station : Ebstorf	613
Station : Lüneburg	644
Station : Lüchow	563
2. Teil: Gebiet zwischen Bundesstraße 4 und Weser	
Station : Soltau	741
Station : Fallingbostel	758
3. Teil: Übriges Bundesgebiet	
Station : Darmstadt	670
Station : Kiel	690

Tab. 10.9-1: Mittlere Jahresniederschläge (Reihe 1931 bis 1960)

4. Entwicklung der landwirtschaftlichen Beregnung

Die vorgenannten natürlichen Standortbedingungen allein haben zwar maßgebend aber nicht ausschließlich die beispiellose Entwicklung der Beregnung in Nord-Ost-Niedersachsen verursacht. Hierzu kommen noch folgende drei Punkte:

- Aufeinanderfolgende Trockenjahre (z.B. 1971 bis 1976, aber auch Folgen in den letzten zwei Jahrzehnten) haben der Landwirtschaft bei den vorgenannten natürlichen Standortbedingungen erhebliche Ernteverluste gebracht, so daß die landwirtschaftliche Beregnung für eine Ertragssicherung erforderlich wurde und aktuell erforderlich bleibt.
- Die harte Konkurrenz zwingt auch die Landwirtschaft in Nord-Ost-Niedersachsen zur Qualitätsverbesserung der Früchte. Die Beregnung zur Qualitätsverbesserung ist keine Ausnahme mehr. Erinnert sei nur an die Beregnung der Kartoffeln in Trockensommern zur Abwehr des Wurmbefraßes.
- Der Einsatz von Großregnern - also Beregnungsmaschinen - hat gegenüber der früher üblichen Rohr-Schlauch-Beregnung eine enorme Arbeitszeit- und -personaleinsparung gebracht, hinzu kommt noch eine bequeme Arbeitsweise. Die harte Arbeit eines Teams bei dem früher üblichen Reihen-Regner-Verfahren (Rohr-Schlauch-Beregnung) erledigt heute ein Mann mit dem Einzelregnerverfahren (Beregnungsmaschine). Die technische Entwicklung hat maßgebend die Ausbreitung der Beregnung mitbestimmt.

So entwickelte sich in Nord-Ost-Niedersachsen das größte unter künstlicher Beregnung stehende Gebiet in der Bundesrepublik. Nimmt man die Abwasserberegnung im Braunschweiger (s. Abschnitt 5.6.2) und Wolfburger Bereich und die Beregnung im ehemaligen Landkreis Burgdorf nördlich von Hannover hinzu, dann hat die unter Beregnung stehende Fläche rd. 200.000 ha erreicht. Die rasche Ausbreitung der Beregnung wird eindrucksvoll in der Tabelle 10.9-2 nachgewiesen. Sie zeigt für den Landkreis Uelzen, der im Zentrum des Beregnungsschwerpunktgebietes Nord-Ost-Niedersachsen liegt, die Entwicklung der Beregnungsverbandsgründungen und die erteilten wasserbehördlichen Erlaubnisse für Verbände oder Einzelvorhaben zum Zwecke der Feldberegnung ab 1960. Allein im Landkreis Uelzen werden z. Z. 59 000 ha beregnet; das sind rd. 75 % der landwirtschaftlichen Nutzfläche. Bis einschl. 1997 sind allein im Landkreis Uelzen 66 Beregnungsverbände gegründet worden (ohne ESK - s. Ziffer 6).

	1960 -1970	1971	1972	1973	1974	1975	1976	1977	Zwi-schen-stand	1978 -1987	1988 -1997	Gesamt
Einzelbereg-nung (ha)	3.672	229	135	252	248	1.433	4.067	7.464	17.500	500	500	18.500
Beregnungs-verbände außer ESK[1]) (ha)	5.675	---	---	---	157	465	2.290	1.413	10.000	13.500	9.500	33.000
erteilte Er-laubnisse (Stck)	104	5	2	7	9	39	97	163	426	24	- 31[2)]	419

1) 66 Verbände, dazu noch: 14 Verbände am ESK mit rd. 7500 ha

2) da Einzelberegner in Verbände integriert! - Insgesamt rd. 59.000 ha unter Beregnung

Tab. 10.9-2: Entwicklung der Feldberegnung im Landkreis Uelzen

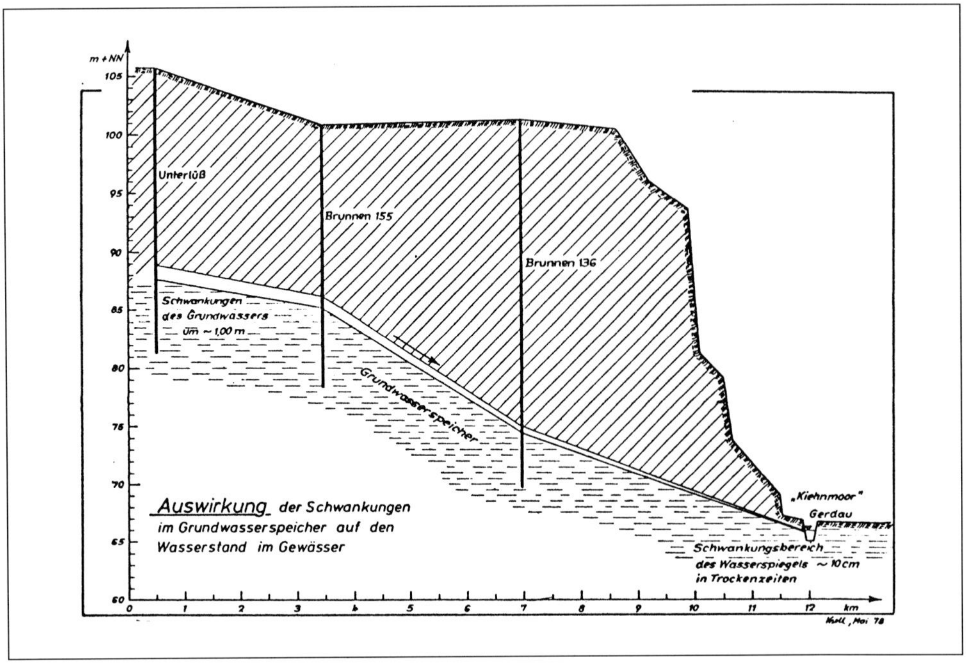

Abb. 10.9-1: Schnitt Grundwasservorranggebiet „Südheide"

5. Zustand, Probleme, Aussicht der Wasserbereitstellung

Der raschen Ausbreitung der landwirtschaftlichen Beregnung in Nord-Ost-Niedersachsen verbunden mit einem erhöhten Wasserbedarf stehen zunehmend Probleme auf der Wasserdargebotsseite gegenüber, allerdings auch veranlaßt durch den steigenden Bedarf der Bevölkerung und der Industrie. Es muß nämlich berücksichtigt werden, daß das Wasservorkommen nicht vermehrbar ist und der Verbrauch nur durch den Niederschlag regeneriert wird.

Diese Zusammenhänge zeigt die vereinfachte, über einen längeren Zeitraum gültige Wasserhaushaltsgleichung (vergl. Abb. 10.9-2):

$$N = V + A$$

$$A = A_o + A_u .$$

Vom mittleren Jahresniederschlag N (mm) verdunstet ein erheblicher Anteil V (mm) (aktuelle Verdunstung einschl. Pflanzenverbrauch). Der verbleibende Niederschlagsanteil geht entweder über den Boden in das Grundwasser (A_u = Grundwasserneubildung [mm]) oder gelangt z. B. durch Kanalisation direkt in die Vorfluter (A_o = Oberflächenabfluß [mm]). Der über das Grundwasser abfließende Anteil ergibt zusammen mit dem A_o den mittleren jährlichen Abfluß von A (mm), der z. B. an den Pegeln gemessen werden kann. Der Wasserbedarf der Beregnung kann also entweder nur aus dem Grundwasser (nutzbares Grundwasserdargebot s.u.) oder aus dem Vorfluter (Oberflächenwasserdargebot) gedeckt werden. Beide Bedarfsdeckungen hängen jedoch - wie vorstehend geschildert - zusammen. So kann ein übermäßiger Verbrauch im Grundwasser durch den dadurch verminderten A_u-Anteil für den Vorfluter diesen in der Wasserführung und damit in seinem

Oberflächenwasserdargebot negativ beeinflussen. A_u füllt nämlich den Grundwasserkörper dann auf, wenn er z.B. durch Entnahmen in Anspruch genommen ist (Regeneration), nur der Rest gelangt über den Grundwasserkörper in die oberirdischen Gewässer.

Und trotzdem wird fast ausschließlich in Nord-Ost-Niedersachsen der Beregnungswasserbedarf aus dem Grundwasser (A_u) gedeckt (abgesehen die Ausnutzung des ergiebigen Oberflächenwasserdargebotes der Elbe über den Elbe-Seitenkanal), und zwar aus folgenden Gründen:

- Die Gewässer in Nord-Ost-Niedersachsen (Heidegewässer) verlaufen in relativ schmalen eingeschnittenen Tälern. Sie werden von hochliegenden, weitläufigen Grundwasserkörpern (Grundwasservorranggebiete) gespeist (Anteil A_u). Diese Grundwassereinspeisung gewährleistet eine relativ gleichförmige Wasserführung in den Heidegewässern auch in Trockenzeiten. Eine Absenkung des Grundwassers in diesen Grundwasserkörpern verursacht nämlich durch ein kaum reduziertes Grundwassergefälle nur eine geringe Verminderung des Grundwassereintriebes in das Gewässer. Die Verhältnisse sind in der Abb. 10.9-1 am Beispiel des Grundwasserkörpers aus dem Grundwasservorranggebiet „Südheide" prinzipiell dargestellt. Bei einer direkten Entnahme aus diesen Grundwasserkörpern können deshalb durch die Speicher- und Pufferwirkung extreme Trockenjahre ohne Schäden am Gewässer überbrückt werden.

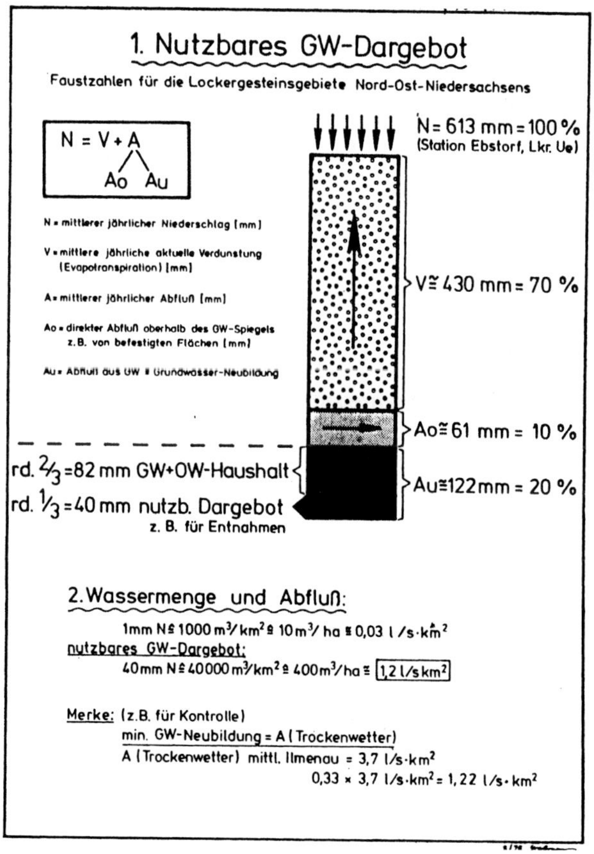

Abb. 10.9-2: Nutzbares Grundwasserdargebot in Nord-Ost-Niedersachsen

- Der maximale Beregnungswasserbedarf tritt immer dann auf, wenn die Gewässer Niedrigwasser führen. Eine direkte Entnahme aus den Gewässern bei dem Umfang der Beregnung in diesem Gebiet würde die Gewässer trockenlegen. Eine bestimmte Niedrigwasserführung ist aber für das Ökosystem einschl. Fischleben, für die Verdünnung gereinigter Abwässer und für weitere Funktionen der Gewässer, z.B. Erholung, erforderlich.
- Neben den geschilderten hydrologischen Verhältnissen speziell an den Heidegewässern stehen einer Entnahme aus der fließenden Welle auch noch wasserrechtliche Aspekte entgegen. Die zuständige Wasserbehörde kann nicht ohne besondere Begründung Entnahmen aus den Oberflächengewässern genehmigen nach dem Motto „wer zuerst beantragt, bekommt einen evtl. noch möglichen Überschuß“, da sie gemäß Wassergesetz verpflichtet ist, bei allen Entscheidungen den Grundsatz der Gemeinverträglichkeit zu beachten, d. h. ein Gewässer darf nur in der Weise und in dem Umfang genutzt werden, daß auch anderen die Möglichkeit einer Benutzung verbleibt.

Um die Grenzen der Nutzung dieses Wassers aus den grundwasserhöffigen Gebieten (Grundwasservorranggebieten) erkennen zu können, muß aus der Grundwasserneubildungsrate (A_u) noch der nutzbare Anteil herauskristallisiert werden, der nicht für die Mindestwasserführung der Gewässer und für die Regeneration des verbrauchten Grundwassers benötigt wird: Er kann in den Lockergesteinsgebieten Nord-Ost-Niedersachsens mit rd. 1/3 A_u (im Landkreis Uelzen schon reduziert auf rd. 1/4 A_u) angegeben werden. Aus der Abb. 10.9-2 ist zu ersehen, daß das im Durchschnitt rd. 40 mm flächendeckend sind.
An dieser Stelle werden jetzt die Grenzen der Nutzung des Wasserhaushaltes und die Sorgen der Wasserwirtschaftler - die indirekt aus den vier Thesen der Einleitung abzulesen sind - deutlich: Bei einer durchschnittlichen Regengabe von 80 mm bei 75 % der landwirtschaftlichen Nutzfläche wäre z.B. im Landkreis Uelzen das nutzbare Grundwasserdargebot von 40 mm bezogen auf die gesamte Nutzfläche schon ausgenutzt, weitere Entnahmen oder erhöhte Beregnungsgaben gehen schon an das nutzbare Grundwasserdargebot der anderen Flächen (z.B. Forstflächen) heran, bzw. es läuft aus den Speichern der Grundwasservorranggebiete Grundwasser nach. Deshalb ist im Landkreis Uelzen der nutzbare Anteil schon auf 1/4 A_u reduziert worden. Für einzelne Trockenjahre besteht dann keine Gefahr, wenn Feuchtjahre oder mindestens Jahre mit erheblichen Winterniederschlägen (geringe Verdunstung) folgen, so daß das Grundwasser regeneriert werden kann und außerdem auch die Beregnung nicht erforderlich ist. Beides ist in den letzten rd. 30 Jahren häufig nicht geschehen. Ein Beispiel aus den 70er Jahren spricht für sich:
Die Trockenjahre 1971 bis 1976 erbrachten in Nord-Ost-Niedersachsen im Vergleich zum Mittel in der Summe ein Defizit von rd. 550 mm, das entspricht ungefähr dem mittleren Niederschlag eines ganzen Jahres im Osten des Beregnungsgebietes. Setzt man dagegen eine mittlere jährliche zusätzliche Jahresberegnungsgabe von 80 mm (im Trockenjahr 1976 bis 150 mm!), dann wird deutlich, daß dann die gespeicherte Wassersubstanz in den Grundwasservorranggebieten angegriffen wurde, zumal 1977 und 1978 in Nord-Ost-Niedersachsen nur mittlere Jahresniederschläge gefallen sind.

So zeigen die Grundwasserstände in den hochliegenden grundwasserhöffigen Gebieten (Grundwasservorranggebiete) überwiegend ununterbrochen eine fallende Tendenz. In der Abb. 10.9-3 ist der Verlauf dieser Grundwasserstände in einigen Vorranggebieten wie „Südheide“ und „Drahwehn“ aufgezeichnet.

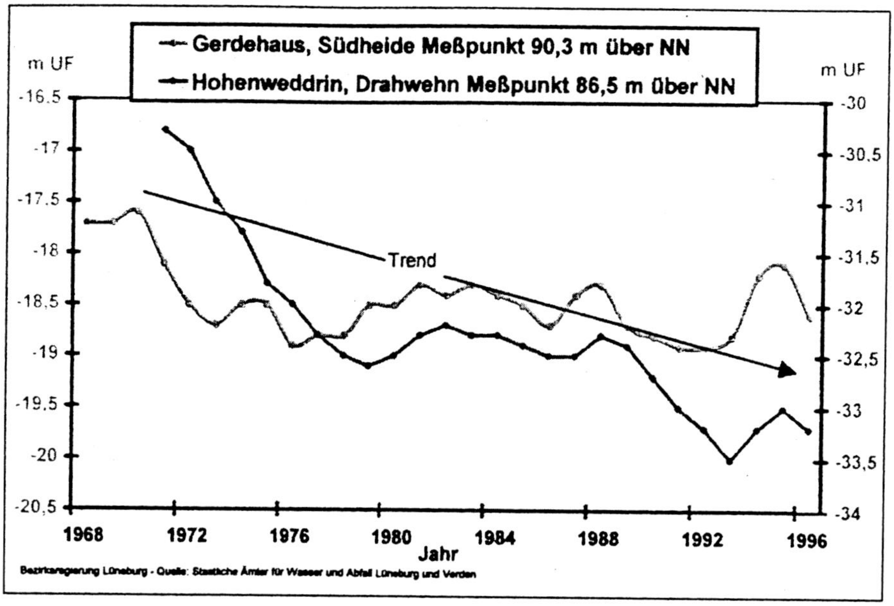

Abb. 10.9-3: Ganglinien der Grundwasserstände in den Grundwasservorranggebieten „Südheide" und „Drawehn"

Diese derzeitige Situation im Wasserhaushalt und der weiter ansteigende Wasserbedarf nicht nur von seiten der Landwirtschaft - aus den Grundwasservorranggebieten der Lüneburger Heide wird auch mit einer überregionalen Wasserversorgung der steigende Trinkwasserbedarf der Ballungszentren (z.B. Hannover, Hamburg) mit abgedeckt - erfordern jetzt folgende Maßnahmen, die auch eingeleitet worden sind:

- An alle Wasserbedarfsträger wird appelliert, im Wasserverbrauch sparsam umzugehen. Hierzu gehört - auf die Landwirtschaft bezogen - die Entwicklung einer pflanzengünstigen und im Wasserverbrauch sparsamen Beregnung, die mit den Großregnern noch nicht optimal erzielt wird: Elektronische Steuerung und die neue Düsenwagentechnik sind die Schlagworte!
- Die Wasserwirtschaftsverwaltung des Landes muß mit Unterstützung der unteren Wasserbehörden (Erlaubnisbehörde) eine laufende Beobachtung und Auswertung der Grundwasserstände (auch an den Wasserwerken) durchführen und mit dem langfristigen Verlauf vergleichen. Parallel dazu sind für kritische Gebiete (z.B. Uelzener Bekken) besondere Bilanzen zu erarbeiten, aus denen sich dann zwangsläufig eine Bewirtschaftung des Wasserhaushaltes ergeben wird. In den Bilanzen ist die zukünftige Entwicklung im Wasserbedarf zu berücksichtigen.
- Für diese Untersuchung ist eine genaue Erfassung des Wasserverbrauches erforderlich. Die wasserbehördlichen Erlaubnisse müssen diesbezüglich Auflagen der Mengenmessung und deren Meldung enthalten. Ungenehmigte Wasserentnahmen müssen hart geahndet werden. Hierfür und für die Überwachung der Auflagen sind die unteren Wasserbehörden (Landkreise, kreisfreie Städte) personalmäßig ausreichend auszurüsten.

- Zur Schonung der Grundwasservorkommen z. B. für die überregionale Wasserversorgung hat das Land Niedersachsen die Sondermaßnahme „Beregnung aus dem Elbe-Seitenkanal“ (s. Ziffer 6) rechtzeitig geplant und unterstützt. Zukünftig müssen ähnliche wasserwirtschaftliche Überlegungen angestellt werden, um weiter die Grundwasservorkommen zu schützen. Schon jetzt gibt es echte Interessenkonflikte der Trinkwasserversorgungsträger mit der standortgebundenen Landwirtschaft (z.B. Raum „Nordheide“, LK Harburg; „Drawehn“, LK Lüchow-Dannenberg; Raum „Rühen“, LK Gifhorn). Eine Rückhaltung der Wassermengen in den Heidegewässern außerhalb der Niedrig- und Mittelwasserzeiten wäre anzustreben. Überlegungen sind hierzu z.B. im Zuge überregionaler Wasserversorgung anzustellen.

6. Beregnung aus dem Elbe-Seitenkanal - ein praktisches Beispiel der Bewirtschaftung des Wasserhaushaltes

In der Planfeststellung zum Bau des Elbe-Seitenkanals (ESK) wurde der Wasser- und Schiffahrtsverwaltung des Bundes (WSV) auferlegt, 5 m^3/s für die landwirtschaftliche Beregnung bereitzuhalten, und zwar aus der Elbe durch zu installierende Pumpen im Hebewerk Scharnebeck für die mittlere Haltung mit einer teilweisen Weiterleitung durch ein Pumpwerk bei der Schleuse Uelzen für die obere Haltung des ESK. Diese Verpflichtung wurde von der WSV auch deshalb anerkannt und beim Bau des Kanals von 1968 bis 1976 umgesetzt, weil der ESK zum Teil hochwertige landwirtschaftliche Nutzflächen durchschneidet und die Beregnung hier u. a. einen gewissen Ausgleich ermöglicht. Die landwirtschaftliche Beregnung ist ein Zweck von den „Mehrzwecken“ des ESK.
Die Beregnung aus dem ESK soll gemäß Planung rd. 15 000 ha betragen, hierfür ist ein Investitionsvolumen von rd. 30 Mio. DM erforderlich. Ungefähr 30 Beregnungsverbände umfassen dann jeweils im Durchschnitt je 500 ha (max. rd. 1 000 ha; min. rd. 300 ha), der einzelne Verband wird von einem zentralen Entnahmebauwerk und Pumpwerk am Kanal versorgt. Bis einschl. 1997 wurden 14 Beregnungsverbände gegründet, die mit rd. 7500 ha an den ESK angeschlossen sind. Zur Koordinierung aller Maßnahmen (auch der WSV gegenüber) wurde der Dachverband „Beregnungsverband Elbe-Seitenkanal“ gegründet.
Die Entwicklung der Beregnung und des Wasserhaushaltes hat gezeigt, daß die Entscheidung der Wasserwirtschaftsverwaltung des Landes Niedersachsen, hier am ESK zum Schutze der Grundwasservorkommen rechtzeitig planerisch und auch in einem Vorsorgeprogramm baulich tätig zu werden, richtig war. Die Entnahmebauwerke konnten z.B. kostengünstig während des Kanalbaues mit erstellt werden. Für die Beregnung aus dem Elbe-Seitenkanal bestehen keine Dargebotssorgen.

7. Zusammenfassung

In Nord-Ost-Niedersachsen ist in den letzten Jahrzehnten mit rd. 200 000 ha das größte unter künstlicher Beregnung stehende Gebiet in der Bundesrepublik entstanden. Die Gründe hierfür - z.B. die besonderen natürlichen Standortbedingungen - wurden erläutert. Parallel zu dieser Entwicklung kommen in Teilgebieten dieses Raumes Probleme auf den Wasserhaushalt zu. Dem steigenden Wasserbedarf vor allem aufgrund der landwirtschaftlichen Beregnung steht auf der Dargebotsseite folgender Grundsatz gegenüber: Das Wasser, eine der wichtigsten Grundlagen des Lebens für Mensch, Tier und Pflanze, ist nicht vermehrbar! Der Verbrauch wird ausschließlich über den Niederschlag regeneriert.

Aufgrund dieser Entwicklung konnte ab 1971 die fallende Tendenz der Grundwasserstände in Nord-Ost-Niedersachsen nicht aufgehalten werden. Zur Zeit wird weiterhin vom Wasserspeicher der Grundwasservorranggebiete gezehrt.
Die vier in der Einleitung aufgestellten Thesen sind dieser Situation entsprungen, sie weisen aber auch auf Lösungsmöglichkeiten hin. In den vorstehenden Ausführungen wurden diese Thesen untermauert und Lösungsmöglichkeiten näher erläutert.
Die Thesen 1 und 2, nämlich daß die Beregnung in Nord-Ost-Niedersachsen auch weiterhin ein entscheidendes Betriebsmittel sein wird - die Tendenz läuft sogar eindeutig in Richtung der Böden mit höherer Bodenwertzahl - und daß auch aus der Sicht eines sparsamen Wasserverbrauches die Beregnungstechnik der Großgegner durch Druckminderung und feinerer Wasserverteilung weiter zu entwickeln sein wird, zeigen auf, daß Landwirtschaft und Wasserwirtschaft nur gemeinsam die Probleme lösen können. Eine Bewirtschaftung des Wasserhaushaltes mit verbindlichen Regelungen auch für landwirtschaftliche Beregnungen, wie sie in These 3 dargelegt wurde, kann für Teilgebiete akut werden, so wie es das unter Ziffer 5 erläuterte Beispiel am Landkreis Uelzen aufzeigt. Die These 4, nämlich zukunftsweisende wasserwirtschaftliche Maßnahmen zur Deckung des steigenden Wasserbedarfs zu planen und zu verwirklichen, sollte zunächst durch die Phantasie der Wasserwirtschaftler erfüllt werden. Die Beregnung aus dem Elbe-Seitenkanal gibt hierzu ein gutes Beispiel!

10.10 200 JAHRE RINGEN UM AUSREICHENDE ENTWÄSSERUNG IM GROSSRÄUMIGEN NIEDERUNGSGEBIET UM EMDEN

von Heie F. Erchinger

1. Einführung in die Problematik

An der unteren Ems zwischen Greetsiel und Oldersum erstreckt sich hinter einem unmittelbar am Fluß gelegenen höheren Marschgürtel ein großes Niederungsgebiet. Es umfaßt die südliche und östliche Krummhörn und das südliche Brookmerland nördlich von Emden sowie den Riepster und Timmeler Hammrich mit dem nördlichen Moormerland südöstlich von Emden. Die Niederungsflächen liegen fast durchgehend unter NN, zum Teil auf NN - 0,5 bis - 1,0 m, vereinzelt sogar noch tiefer. Eine Reihe von Binnenseen wie z.B. das Große Meer, die Hieve, das Loppersumer Meer im nördlichen Teilgebiet sowie das Uphuser und das Bansmeer, der Sandwater und das Boekzeteler Meer im südlichen Teilgebiet sind in dieses Niederungsgebiet eingebettet. Die natürliche Entwässerung war bis 1888 auf die Siele der sieben Sielachten zwischen Greetsiel an der Leybucht und Oldersum an der Ems ausgerichtet (Karte 10.10-1) und führte dabei zwangsläufig durch den höheren Marschgürtel. Sie war stets unbefriedigend und zeitweise sogar völlig unzureichend. Die Niederungsflächen konnten daher nur als feuchtes Grünland bewirtschaftet werden, so daß sich die Landwirtschaft verständlicherweise stets darum bemüht hat, niedrige Binnenwasserstände für die Landbewirtschaftung zu erreichen.

Im Gegensatz dazu strebten die Emder für den Betrieb ihres Hafens einen möglichst hohen Wasserstand in den Binnengewässern an. Der Emder Hafen hatte bereits im 16. Jahrhundert eine beachtliche Bedeutung und um 1600 eine ausgesprochene Blütezeit, die mit Unterbrechungen auch in den folgenden Jahrhunderten bestand. Die Verlagerung des

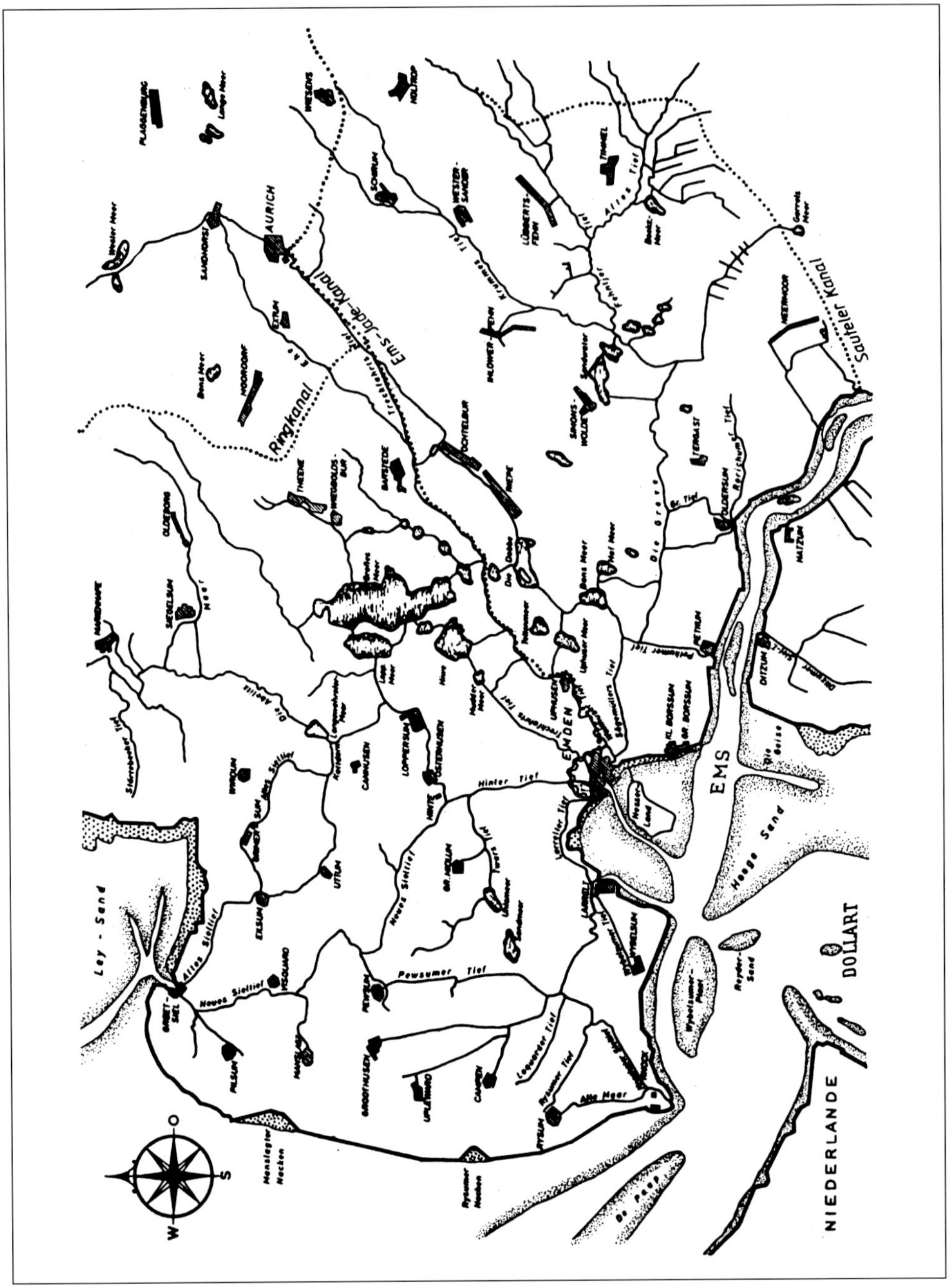

Karte 10.10-1:
Gewässerkarte des Emder Pegelverbandes, einem Zusammenschluß der 7 Sielachten zwischen Greetsiel an der Leybucht und Oldersum an der Ems mit einem verbundenen Gewässersystem. Der Verlauf des Ems-Jade-Kanals und des Ringkanals, 1888 fertiggestellt, sowie des 1988 eingeweihten Sauteler Kanals für die Abführung des Wassers aus den Obergebieten ist punktiert eingetragen (Kartengrundlage: Ausschnitt aus der Ostfrieslandkarte von W. Camp, 1804 [4])

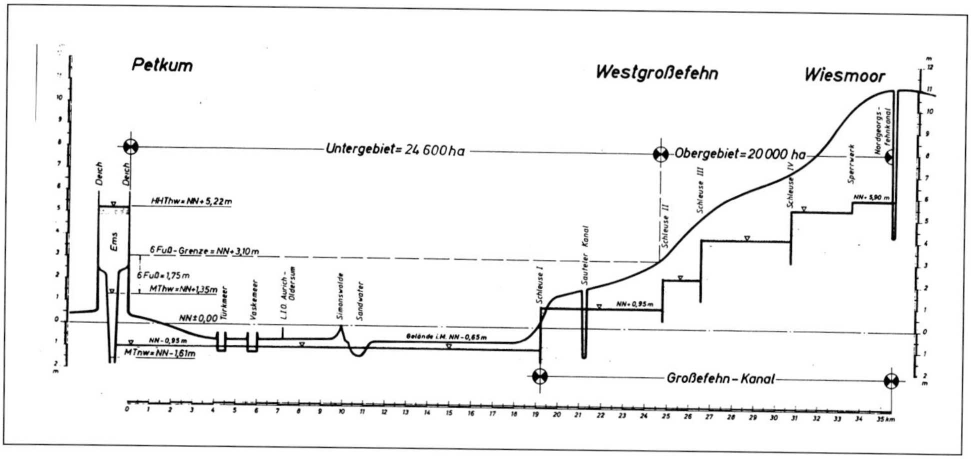

Abb. 10.10-1: Schnitt durch den Entwässerungsverband Oldersum vom hochliegenden Obergebiet durch das tiefliegende Untergebiet zur wiederansteigenden Flußmarsch an der Ems [10]

Emsfahrwassers im 16. Jahrhundert als Folge des Dollarteinbruchs in der Cosmas- und Damianflut von 1509 führte dazu, daß die Emder über Jahrhunderte hinweg versuchten, um die Tideniedrigwasserzeit durch hinter den Sielen aufgestautes Wasser den Schlick fortzuspülen und das Fahrwasser so zu räumen. Ab 1780 haben sie sogar Salzwasser durch die Siele eingelassen, um den Spüleffekt zu erhöhen. Diese Maßnahmen führten natürlich zu einer großen Behinderung der Entwässerung und brachten erhebliche Nachteile für die Landwirtschaft.

Als 1888 der Emder Hafen zum Schleusenhafen ausgebaut und der Ems-Jade-Kanal eröffnet wurde, mußten die vier Siele der drei Sielachten und des Stadtbezirks in Emden geschlossen und das zusammenhängende Entwässerungssystem der sieben Sielachten in zwei Entwässerungsgebiete getrennt werden. Es hat Jahrzehnte gedauert, bis der Verlust der Emder Siele vor allem für den neu gegründeten I. Entwässerungsverband Emden durch Schaffung neuer Vorflutmöglichkeit ausgeglichen werden konnte.

Als dritter Interessent an den Wasserständen in den Binnentiefs traten die Binnenschiffer auf. Das Gewässernetz des großen Verbandsgebietes spielte als Verkehrsweg für den Personen- und Frachtverkehr eine große Rolle, bis in der zweiten Hälfte des 19. und zu Beginn des 20. Jahrhunderts allmählich die Dorfverbindungswege eine feste Straßendecke erhielten [8]. Die unbefestigten Kleiwege waren über lange Zeiten des Jahres unpassierbar und zeitweise sogar völlig überschwemmt. Der Frachtverkehr zwischen den Dörfern und zu den Hafenorten wurde daher fast ausschließlich von den Dorfschiffern abgewickelt, zeitweise auch der Personentransport. Den Brenntorf transportierten die Fehnschiffer zur Stadt Emden und in die umliegenden Dörfer. Den Schiffern waren daher in langen Trockenperioden die von der Landwirtschaft begrüßten niedrigen Wasserstände ein Dorn im Auge, weil der Frachtverkehr auf diese Weise erheblich eingeschränkt wurde oder sogar zum Erliegen kam. Zwischen den Schiffern und den Bauern galt daher stets: De een sien Uul is de anner sien Nachtigall.

Für die Landwirte in den Niederungsgebieten kam gegen Ende des 17. Jahrhunderts noch ein weiteres Problem hinzu: Die zunehmende Erschließung der Moore führte zu größeren Abflüssen, die sich in den Niederungen sammelten und durch die höhere Marsch zu den Sielen abgeführt werden mußten, ohne daß die Herkunftsflächen dieser „wilden Wässer“ in den Sielachten beitragspflichtig wurden (s. Abschn. 10.1; Abb. 10.10-1). Alle sieben Sielachten zwischen Greetsiel und Oldersum wurden auf diese Weise zusätzlich erheblich belastet und haben immer wieder eine Lösung dieses Problems gefordert.

Es dauerte über zwei Jahrhunderte, bis sich allmählich die existenzgefährdenden Probleme für alle Interessenbereiche lösen ließen. In dieser langen Zeit waren die Wasserbauingenieure immer wieder gefordert und konnten doch zunächst nur begrenzte Regelungen und Teillösungen anbieten bzw. durchsetzen.

Dieser Beitrag schildert die vielschichtigen Interessen am Wasser und die früher begrenzten Möglichkeiten der Steuerung und Beherrschung der Wasserstände in tideabhängigen Niederungen. Er steht damit beispielhaft für viele ähnlich gelagerte komplexe Fälle im norddeutschen Küstengebiet.

2. Die Entwicklung des Hafens Emden bis 1888

Der Hafen Emden mündete ursprünglich unmittelbar in eine nördliche Schleife der Unterems und wies daher stets ein gutes Fahrwasser auf. Mit dem völligen Einbruch des Dollarts 1509 bahnte sich die Ems den direkten Weg durch die bisher umflossene Landzunge Nesserland und fand so zu ihrem gestreckten Verlauf 3,5 km südlich der Stadt.

Abb. 10.10-2:
„Mudderploog“ (ostfriesisch für Schlickräumpflug), bis in die 1930er Jahre gebräuchlich zum Räumen von weichen Schlickablagerungen im Außentief. Hinter heruntergelassenen Stauschilden staut sich das Wasser, schiebt den „Pflug“ stromab und schabt dabei den weichen Schlick bis in größere Wassertiefen vor sich her (Foto: Archiv Erchinger, 1929)

Auch das von den Emdern gebaute Pfahlwerk, wie es die Ostfriesland-Karten des David Fabricius von 1592 und des Ubbo Emmius von 1595 darstellen, vermochte die Ems nicht wieder in ihr altes Bett zu zwingen. Der alte Emslauf verlandete mehr und mehr. Durch Anstauen des Binnenwassers und Spülen des Hafens, verbunden mit Schlickräumung durch einen „Mudderploog“ (Abb. 10.10-2), konnte die Verschlickung allenfalls etwas verzögert werden.

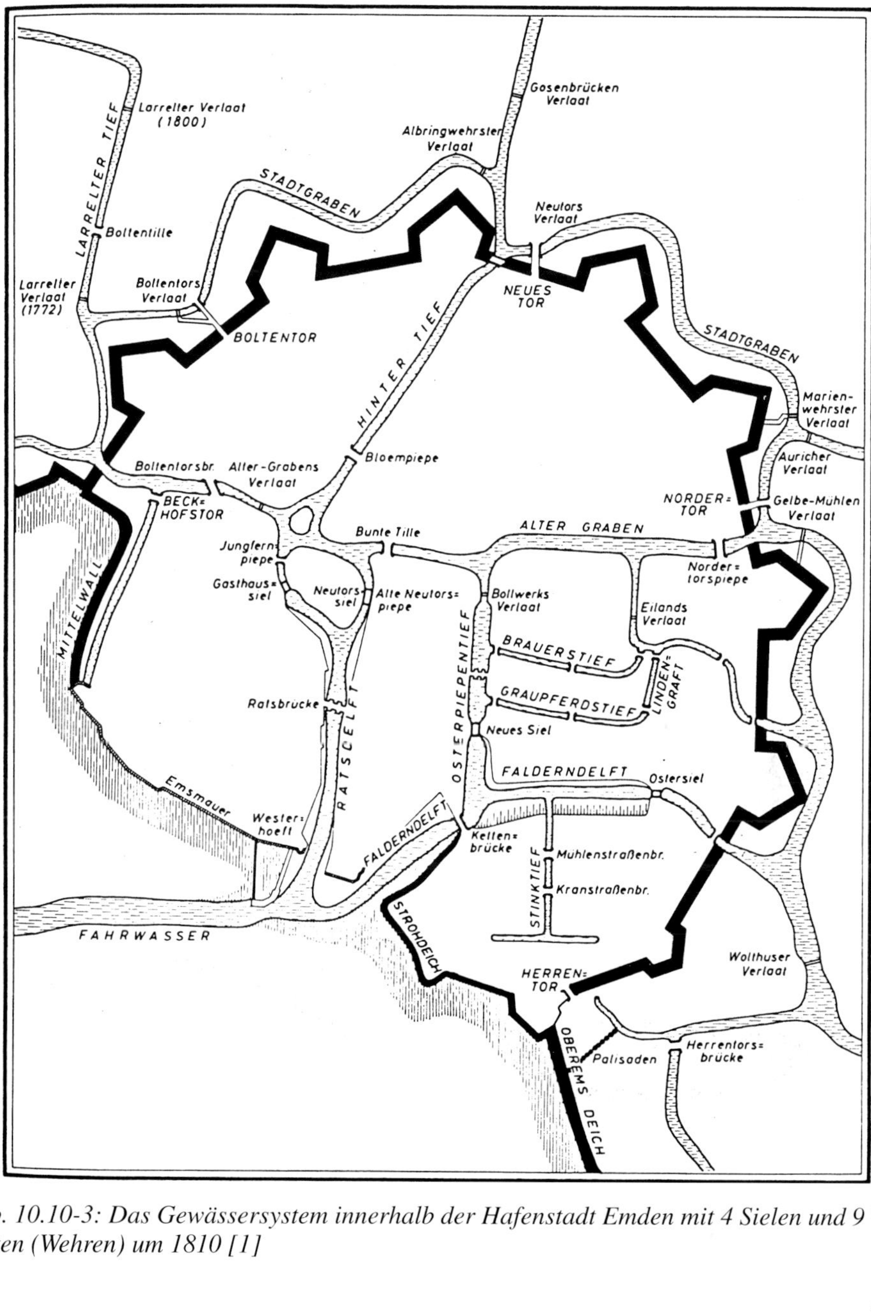

Abb. 10.10-3: Das Gewässersystem innerhalb der Hafenstadt Emden mit 4 Sielen und 9 Verlaaten (Wehren) um 1810 [1]

Zwischen 1770 und 1780 entschloß sich die Stadt Emden, das Spülen zur Schlickräumung mit Mudderpflugeinsatz dadurch wirksamer zu gestalten, daß durch die vier Emder Siele bei Tidehochwasser Salzwasser in den Stadtgraben und die sielnahen Binnentiefabschnitte eingelassen und dieses Wasser nach ein bis zwei Tiden dann zum wirksamen Spülen durch den Hafen wieder abgelassen wurde. Um den Salzwassereinfluß im Binnenbereich zu begrenzen, eine höhere Füllung der Binnentiefabschnitte zu erreichen und einen abwechselnden Einsatz der Siele für die Entwässerung zu ermöglichen, wurden insgesamt neun Verlaate (Wehre) in das Binnengewässernetz gebaut und betrieben (Abb. 10.10-3). Für die Binnenentwässerung brachte schon das Aufstauen der Binnentiefs zur Erzielung des Spüleffekts im Hafen sowie die Querschnittseinschnürung durch die Verlaatkonstruktion erhebliche Nachteile, das Schließen der Verlaate und das Einlassen von schlickbeladenem Salzwasser war nicht mehr hinzunehmen, so daß die Sielachten heftig dagegen protestierten. Erst 1888 konnten diese Probleme durch die Einrichtung des Schleusenhafens gelöst werden.

3. Die Binnenschiffahrt als Hauptverkehrsträger im gesamten Niederungsgebiet

Die Binnenschiffahrt auf den im gesamten Niederungsgebiet miteinander verbundenen Sielachtsgewässern stellte für den Personen- und Frachtverkehr und auch für die Post die Hauptverkehrsverbindung dar. Während der winterlichen Überflutungen boten die Binnenschiffer, sog. Dorfschiffer, die einzige Verkehrsverbindung an. Folgende Schilderung von 1784 belegt diese Situation anschaulich:
"Emden liegt am Rande der Marsch, wo das meiste Land im Herbst und im Winter überschwemmt ist. Es kann dann nur durch einen einzigen Weg nach Aurich mit dem größten Teil Ostfrieslands zusammenkommen. Dieser Weg geht ohne Seitenwege durch das Dorf Riepe auf Aurich zu. Ihn muß die fahrende Post nehmen. Sobald der Regen fällt, ist der Weg von Riepe nach Emden größtenteils überschwemmt etwa bis April. Dann geht der Postweg mit der fahrenden Post nur von Aurich bis Riepe. Dort wird alles in ein offenes Boot gepackt und zu Wasser über die inländischen Seen zwischen Riepe und Uphusen und dann über die Tiefe nach Emden transportiert. Desgleichen von Emden nach Aurich. Bei stürmischer Witterung und Gegenstrom geht der Transport äußerst langsam und dauert wohl 12 Stunden. Sobald es aber zu frieren anfängt, steht die Post gänzlich stille, bis das Eis tragen kann oder bis das Eis aufgetaut ist" [1]. Von Norden nach Greetsiel beförderte der reitende Postbote die Korrespondenz nur im Sommer. Im Winter übergab man die Briefe den Dorfschiffern, die einmal wöchentlich nach Emden fuhren.

Mit der Gründung von Großefehn durch Emder Kaufleute im Jahre 1633 begann die Kultivierung von Moorflächen nach dem Prinzip der Fehnkultur, die zuvor schon seit längerer Zeit in Holland praktiziert wurde. Über die Hauptwieken (Hauptkanäle) und die Neben- und Inwieken (Nebenkanäle) wurde das Moor entwässert und der getrocknete Torf per Schiff abgefahren sowie Stalldünger aus der Marsch und Kleiboden zur Bodenverbesserung als Rückfracht zum Fehn angeliefert. Faßten die Torfkähne anfangs nur 1,5 Last Torf, wurden sie bis 1795 soweit vergrößert, daß sie 5 - 6 Last Torf (9 - 12 Tonnen) trugen und dabei einen Tiefgang von 1,1 m aufwiesen. Zu dieser Zeit war auf den ostfriesischen Fehnen eine Flotte von 313 Torfschiffen (Torf-Mutten) beheimatet. Bis 1862 verdoppelte sich ihre Zahl auf etwa 600. Die Stadt Emden und die Dörfer am gesamten Gewässernetz wurden von den Fehnschiffern bis ins 20. Jahrhundert in jedem Herbst mit Brenntorf beliefert. Auch liefen 1903 noch jährlich etwa 500 Dorfschiffer die Stadt Emden an [4]. Abb. 10.10-4 zeigt einen der letzten Dorfschiffer beim Viehtransport

Abb. 10.10-4: Einer der letzten Dorfschiffer in der Krummhörn beim schonenden Zuchtviehtransport von Loquard nach Aurich (Foto: H. Sanders, Loquard, 1937 [1])

auf dem Loquarder Tief im Jahre 1937. Wie hier so führt zu jedem Warftdorf der Krummhörn ein Tief für Entwässerung und Schiffahrt mit festem Straßenanschluß.

4. Der nicht endende Streit um den Binnenwasserstand in den sieben Sielachten

Die Binnenwassersnot ist die eigentliche Not der Landwirtschaft gewesen. Die Sielachten haben den Kampf mit ihr aufgenommen. Ihnen ist es zu verdanken, daß die niedrigen Lande, die zwischen der hohen Geest und der Marsch liegen, kultiviert werden konnten. Die Bewirtschaftung des Grünlandes und auch der vereinzelt angelegten Haferflächen hingen im starken Maße von der Entwässerung ab.

Die Streitigkeiten der Sielachten und Landwirte mit den Dorf- und Fehnschiffern um den Wasserstand führten immer wieder zu neuen Regelungen der Behörden. 1766 hat der Deichkommissar Magott den Peil (Regelwasserstand) für die Sommermonate mit der Heuernte auf 48 cm über Sommer-Pegel-Nullpunkt (SoPNp)[1] festgesetzt, das an den Sielen vermarkt war. 1777 erreichten die Fehnschiffer, daß der Sommerpeil bis Ende Juni auf 72 cm, also 24 cm höher, bestimmt wurde, ab 1. Juli dann sogar auf 80 cm ansteigend, so daß bei Sommergewittern mit reichen Niederschlägen sogar ein Anstieg auf SoPNp + 1,1 m (NN - 0,3 m) nicht selten erreicht wurde und erhebliche Flächen überflutet wurden. Die Bauern erlitten dabei ungeheure Schäden. Die Haferernte fiel häufig den Fluten zum

1 Der Sommer-Pegel-Nullpunkt lag etwa auf NN - 1,40 m, der Sommerpeil folglich auf NN - 0,92 m.

Opfer. 1783 wurde der Sommerpeil dann wieder auf 60 cm über SoPNp gesenkt. 1791 stellte der Deichkommissar Bley (s. Abschn. 2.1) fest, daß der Sommerpeil für die Monate April bis Juni auf den ursprünglichen Stand von 1766 mit 48 cm über SoPNp zurückgeführt werden müsse, da die Landwirtschaft keinen höheren Wasserstand in dieser Zeit verkrafte. Ab Juli wurde der Wasserspiegel dann auf 71 cm über SoPNp festgelegt und stieg im Winter je nach Niederschlagssituation weiter an. Mit den Schiffern konnte allerdings über diese Maße keine Einigung erzielt werden.

1801 schaltete sich sogar der Preußische König Friedrich Wilhelm III. mit einem Spezialbefehl zum Erlaß einer Instruktion ein. Diese Instruktion setzte die Emder Pegelkommission ein, die künftig für die Regelung der Wasserstände in den sieben Sielachten zuständig war und verordnete gleichzeitig, daß die 1792 festgestellten Wasserstände von 48 cm über SoPNp im Sommer und 80 cm über SoPNp im Winter einzuhalten seien. Seit dieser Zeit wurde der Name „Emder Pegelverband" für die Sielachten üblich, obwohl alle sieben Sielachten selbständig blieben. Zum Emder Pegelverband gehörte demnach eine Beitragsfläche von 52.400 ha sowie das beitragsfreie Obergebiet von 53.000 ha, zusammen also 105.400 ha mit den sieben Sielen in Greetsiel, Larrelt, drei Siele in Emden, Petkum und Oldersum (Karte 10.10-1).

Trotz dieser Regelungen blieb die Entwässerung in niederschlagsreichen Zeiten völlig unzureichend, häufig herrschte „Land unter". 1872 sind in den ausgedehnten Niederungen des späteren I. Entwässerungsverbandes Emden bereits 70 Entwässerungs-Mühlen (Abb. 10.10-5 u. -6) (16 genossenschaftliche und 54 private), um 1900 gar 97 Mühlen, als Unterschöpfwerke betrieben worden, um sich des Wassers zu erwehren und dieses in die Hauptvorfluter zu pumpen. Sie entwässerten rd. ein Drittel der unter NN liegenden 15000 ha [1], [6].

Abb. 10.10-5:
Holländer-Windmühle mit Windrose als Wasserschöpfmühle nördlich von Emden, 1957 [1]

Abb. 10.10-6:
oben: *Kokermühle mit hölzener, zweigängiger Archimedischer Schraube (rechts) als Wasserschöpfmühle,*
unten: *eine Flutter als kleinste windgetriebene Wasserschöpfmühle, auf der verlängerten Achse der ummantelten Archimedischen Schraube ist zum Antrieb ein Flügelkreuz zur Segelaufnahme befestigt. Die Flutter kann um den festen Fußpunkt der Schraube von Hand in den Wind gedreht werden.*
Beide Mühlen sind im Freilichtmuseum des Mühlenbauers Heyen in Riepe aufgebaut (Fotos: Erchinger)

5. Schaffung des Schleusenhafens Emden und des Ems-Jade-Kanals

Die einschneidendste Veränderung für die Entwässerung, aber auch die Trennung von Hafenbetrieb und Landeskultur brachten die 1888 in Betrieb genommenen Anlagen des Emder Schleusenhafens mit der Nesserlander Schleuse und der neu gebaute Ems-Jade-Kanal von Emden nach Wilhelmshaven mit sich. Den Bauten lagen die Pläne von A.A. Tolle, ab 1876 Regierungs- und -baurat der Landdrostei in Aurich, zugrunde. Bis Aurich folgt der Kanal weitgehend dem 1798/99 eingerichteten Treckschutenfahrtskanal. Um die vielfältigen Verkehrsbeziehungen im Emder Raum zu erhalten, ist kurz vor der Einmündung in den Emder Hafen eine ungewöhnliche Schleuse, die Kesselschleuse (Abb. 10.10-7) gebaut worden: Sie verbindet vier Gewässersysteme in Form eines Gewässerkreuzes mit vier Schleusen und einem zentralen kreisrunden Kessel mit 33 m Durchmesser. Von dem etwa gleichen Wasserspiegel des Hafens und des Ems-Jade-Kanals von NN + 1,1 m (damals nur geringfügig unter dem mittleren Tidehochwasser) kann man bis heute mit einem Gefälle von etwa 2,4 m zum Stadtgraben und Gewässernetz des heutigen I. Entwässerungsverbandes gelangen und mit einem Gefälle von etwa 2 m zum Fehntjer Tief und dem Gewässernetz des heutigen Entwässerungsverbandes Oldersum.

Abb. 10.10-7:
Die Kesselschleuse in Emden, Funktionen und Baudaten (Foto: Erchinger)

Um das seit über 100 Jahren drückende Problem der „wilden Wässer“ aus den oberhalb der Sielachten liegenden Moore zumindest nördlich des Kanals zu lösen, wurde mit dem Ems-Jade-Kanal (EJK) auch der bei Fahne westlich von Aurich einmündende Ringkanal gebaut, der die Abflüsse der Geest und der Moore nördlich von Aurich mit einem Einzugsgebiet von rd. 10000 ha zum EJK leitet. Insgesamt entwässert der EJK ein Einzugsgebiet von rd. 18000 ha des zentralen Ostfriesland über Emden. Damit hat der Kanal neben seiner Aufgabe als Verkehrsweg auch eine erhebliche Bedeutung als Vorfluter und zur Speisewasserversorgung des Emder Hafens.

Im Interesse einer sicheren Hochwasserabführung für den Ems-Jade-Kanal mußte eine vom Hafen unabhängige Hochwasserentlastung angelegt werden. Dazu wurde wenig östlich der Kesselschleuse der sog. Vorflutkanal vom EJK abgezweigt und unter Umgehung des Hafens am Außenhaupt der Nesserlander Schleuse durch ein Siel in den Außenhafen geleitet. Das zur Kesselschleuse führende Fehntjer Tief mußte dabei mit einem Düker gequert werden (Abb. 10.10-8).

Bereits elf Jahre später (1899) wurde im Zuge des Neubaues des Dortmund-Ems-Kanals eine 9 km lange geschützte Einmündungsstrecke in den Emder Hafen als Ems-Seiten-Kanal (ESK) von Oldersum nach Emden geschaffen mit Seeschleuse in Oldersum und Hafenschleuse in Emden (Borssumer Schleuse). Der Vorflutkanal mußte verlegt werden und unterquerte dann das hafenseitige Schleusenhaupt mit einem Düker, um südlich dieser Einfahrt seinen Weg zur Nesserlander Schleuse fortzusetzen. Der ESK ist Teil des Gewässernetzes des Entwässerungsverbandes Oldersum und vergrößert mit 56 m Wasserspiegelbreite den sielnahen Stauraum erheblich. Damit der nach Wilhelmshaven weiterführende Verkehr nicht den Umweg durch den Emder Hafen, mit Schleusungen in der Borssumer- und der Kesselschleuse nehmen mußte, wurde kurz vor Emden ein 2 km langer Verbindungskanal mit Verbindungsschleuse vom Ems-Seiten-Kanal zum etwa 2 m höher gehaltenen Ems-Jade-Kanal geschaffen.

Um die Jahrhundertwende entwickelte Preußen nach dem Bau des Dortmund-Ems-Kanals seinen Hafen in Emden bevorzugt weiter, gleichsam als „Deutsche Rheinmündung“. Bereits um 1910 wurde die nächste Ausbaustufe mit Schaffung eines wesentlich größeren Hafens und Neubau einer großen Seeschleuse geplant. Dazu mußte der Vorflutkanal von der Borssumer Schleuse an aus dem Hafenfeld weichen und erhielt ein neues Siel, das mit 10 m lichter Weite bei Borssum unmittelbar an der Ems gebaut wurde. 1913 konnten die Bauarbeiten abgeschlossen und die „Große Seeschleuse“ eröffnet werden. Die zahlreichen zwischen 1880 und 1913 gebauten Wasserstraßen und Vorfluter östlich und südlich von Emden mit ihren gegenseitigen Abhängigkeiten werden in Abb. 10.10-8 veranschaulicht.

Die Anlage des Emder Schleusenhafens und des Ems-Jade-Kanals einschl. der beschriebenen Folgemaßnahmen brachten eine einschneidende Veränderung für die Entwässerung der sieben Sielachten mit sich. Die vier Emder Siele waren für die tideabhängige Sielentwässerung nicht mehr einsetzbar. Auch hatte der Ems-Jade-Kanal das großräumige Entwässerungssystem völlig durchschnitten. Diese schweren Eingriffe erforderten rechtzeitige Ersatzmaßnahmen. Die drei Sielachten und der Stadtbezirk mußten völlig neue Sielmöglichkeiten erhalten. Das erforderte eine grundlegende Neuordnung der Entwässerung für das nördliche Teilgebiet mit seinen verbliebenen Sielen in Emden, Larrelt und Greetsiel (Karte 10.10-1). Bereits 1879 wurde das „Statut für die Genossenschaft zur Entwässerung der nordwestlich des projektierten Ems-Jade-Kanals belegenen sielpflichtigen Grundstücke in den Amts- bzw. Stadtbezirken Emden, Aurich und Norden“

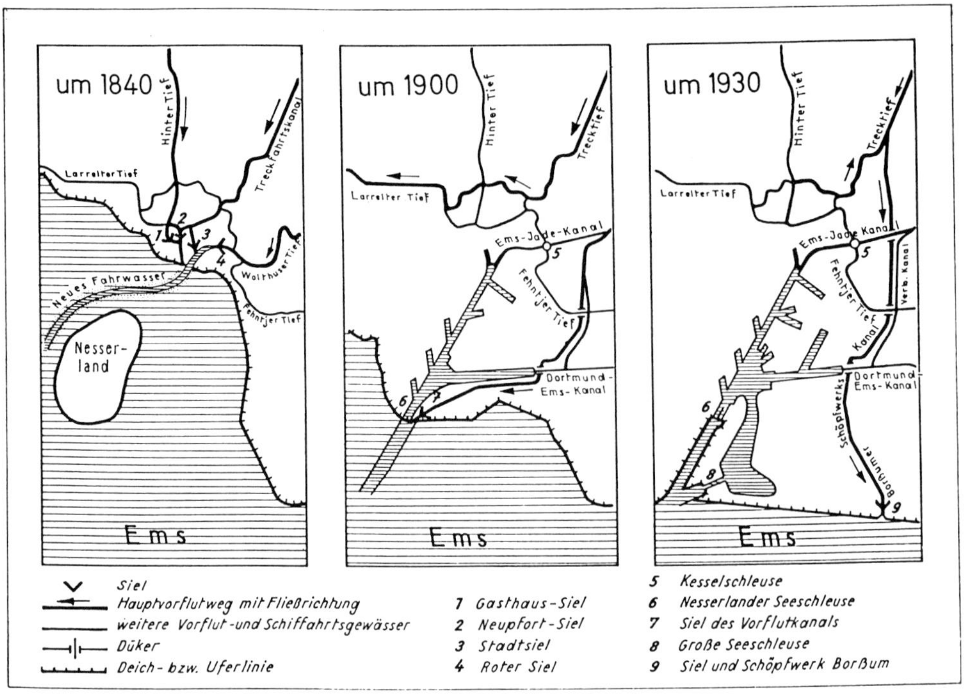

Abb. 10.10-8: Entwicklung des Entwässerungssystems in und um Emden und seine Anpassung an Hafen und Schiffahrtsgewässer um 1840, 1900 und 1930 [5].

erlassen und damit der I. Entwässerungsverband Emden gegründet. Die drei in Emden entwässernden Sielachten, die Gasthaus-, Neupfort- und Faldern-Sielacht, die ausschließlich oder zum größten Teil nördlich des EJK lagen, wurden mit der Greetsieler, Larrelter und Knockster Sielacht zu diesem Verband zusammengeschlossen. Für das südliche Teilgebiet, das im wesentlichen aus den Sielachten Oldersum und Petkum bestand, kam es erst 1895 zum Zusammenschluß im heutigen Entwässerungsverband Oldersum.

6. Die Neuordnung der Entwässerung im I. Entwässerungsverband Emden nach 1888

So wurden im I. Entwässerungsverband Emden gemäß Statut von 1879 die nördlich und westlich von Emden gelegenen Sielachten einschl. der bisher von der Gewässer-Kommunikation unabhängigen Knockster Sielacht im äußersten Südwesten zu einem Verband zusammengeschlossen. Für diesen neuen Verband mußte jetzt eine ausreichende Vorflut geschaffen werden. Nach dem Plan von Tolle wurden als Ersatzbauten für die Emder Siele 1881 ein neues Siel an der Knock und 1891 in Greetsiel das „Neue Siel" neben dem alten von 1798 fertiggestellt.

Für den Sielzug sind neben dem Durchflußquerschnitt der Siele vor allem der Zustand und die Länge des Außentiefs sowie die sielnahe Speicherfläche an der Binnenseite von entscheidender Bedeutung. Der Querschnitt der neuen Siele war wohl größer als der der alten. Das „Neue Siel" in Greetsiel hatte bezogen auf den Sommerpeil den doppelten, das an der Knock den dreifachen Querschnitt des alten Greetsieler Sieles. Aber weder die Außentiefs wurden verbessert noch die Binnen-Speicherfläche vergrößert. Mit der Zeit wirkte sich die weitere Verlandung der Leybucht für die Vorflut in Greetsiel sehr nachteilig aus. Nur zur Knock hin wurde ein leistungsfähiges Sieltief von dem Gewässernetz der alten Nachbarsielachten her ausgebaut. Da die neuen Siele wesentlich weiter vom Zentrum des Niederungsgebietes am Großen Meer entfernt waren als die alten Siele in Emden, konnte jedoch noch keine Verbesserung der Entwässerung erreicht werden. Der Verband war aber nun Herr im eigenen Hause, konnte seine Entwässerung unabhängig vom Emder Hafen regeln und brauchte nicht mehr die „wilden Wässer“ aus dem beitragsfreien Obergebiet aufzunehmen.

Eine erneute Verschlechterung brachte die Entwicklung in Larrelt mit sich. Die starke Verlandung der Larrelter Bucht führte um 1900 zur starken Einschränkung des Sielzuges am Larrelter Siel. Ab 1904 öffneten sich die Sieltore in Larrelt niemals mehr.

Die Wasserstände hatten sich inzwischen nach der im Statut von 1879 in Aussicht gestellten Absenkung um 20 cm bei günstiger Witterung wesentlich vorteilhafter für die Landwirtschaft entwickelt. 1916 forderte der Verband in einem neuen Vorstoß eine weitere Absenkung um 15 cm, die auch genehmigt wurde. Seitdem liegt der Sommerpeil (anzustrebender Binnenwasserstand von Ende April bis Ende September) auf NN - 1,27 m. Im Winter wurde mit Rücksicht auf die Binnenschiffahrt ein höherer Peil von NN - 1,07 m zugelassen. Mit der natürlichen Vorflut durch die Siele konnten diese Wasserstände in regenreichen Zeiten allerdings nicht gehalten werden. Daher beantragte der Verband 1916 erstmals den Bau eines Schöpfwerkes an der Knock, was jedoch von der Regierung abgelehnt wurde.

Die nicht endende Kritik des Verbandes an der ungenügenden Entwässerung als Folge des Schließens der Emder Siele hat 1926 zu einer Neuplanung durch das Kultur- und Wasserbauamt Aurich (später WWA) geführt. Das in dem Entwurf von Regierungsbaurat Giencke geplante Schöpfwerk mit 24 m^3/s am Borssumer Siel kann nach damals üblichen Abflußspenden als großzügige Lösung bewertet werden. Der Vorflutkanal wurde in rückwärtige Richtung nach Unterdükerung des Ems-Jade-Kanals bis zum Treckfahrtstief des I. Entwässerungsverbandes verlängert. Sein Profil wurde vergrößert. Die beiden Düker des Vorflutkanals wurden jedoch - vermutlich aus Kostengründen - nicht erweitert. Es wurde in Kauf genommen, daß die drei Düker dieses Kanals bei vollem Schöpfwerksbetrieb rd. 1 m Gefälle verursachten.

Das leistungsfähige Schöpfwerk in Borssum brachte dem I. Entwässerungsverband über lange Zeit eine wesentlich verbesserte Entwässerung. Nach wie vor mußte jedoch der Vorflutkanal auch für die Hochwasserabführung des EJK zur Verfügung stehen, was allerdings nur selten beansprucht wurde. Damit war aber die Wasserhaltung im Emder Hafen und im Ems-Jade-Kanal nun wieder mit der Entwässerung des I. Entwässerungsverbandes verquickt.

Nach dem Zweiten Weltkrieg wurde die Landwirtschaft für die Ernährungssicherung stark gefordert. Allmählich setzte sich die Erkenntnis durch, daß sich die monatelangen winterlichen Überschwemmungen der Wiesen und Weiden negativ auf die Pflanzengesellschaften und ihren Futterwert und -ertrag auswirkten. Auch im Winter sollten daher die Binnenwasserstände niedrig gehalten werden. Das war außerdem notwendig, um das Wegenetz ausbauen und unterhalten zu können (s. Abschn. 5.4.4). Der Winterpeil wurde auf NN - 1,40 m abgesenkt, um die Ziele einer intensiveren Bewirtschaftung erreichen zu können. Durch die ständig zunehmende Verlandung der Leybucht waren die beiden

Greetsieler Siele jetzt kaum noch zu öffnen. Daher kam es bei andauerndem Starkregen und bei Schneeschmelzen in den Niederungen immer wieder zu wochenlangen Überflutungen. Diese veranlaßten den Verband, ein Schöpfwerk für Greetsiel zu fordern. Es wurde 1957 in Betrieb genommen und förderte rd. 15 m^3/s. Dem Schöpfwerksbau folgte der Ausbau der Hauptvorfluter zu den Niederungen bei Wirdum/Loppersum.

Im Hafen Emden hatten die Umschlagszahlen nach 1948 zunächst ständig zugenommen. So wurden 1969 14 Mio. Tonnen Massengüter und 457.000 Kraftfahrzeuge umgeschlagen. Dem ständig zunehmenden Tiefgang der Seeschiffe entsprach die Hafenverwaltung nicht nur durch Sohlbaggerungen in den tiefen Hafenbereichen. Der bis dahin aus dem Ems-Jade-Kanal mit Süßwasser gespeiste Hafen wurde ab 1967 durch ein Hafenpumpwerk so mit Salzwasser versorgt, daß der Hafenpeil von NN + 1,10 m stets eingehalten werden konnte. Ein Absenken des Hafenwasserstandes zum Aufnehmen größerer Abflüsse aus dem Ems-Jade-Kanal war nun gar nicht mehr möglich. Die Abflüsse aus dem Kanal mußten daher in zunehmendem Maße und schließlich völlig zum Vorflutkanal abgeschlagen und durch das Siel und Schöpfwerk in Borssum abgeführt werden. Der Verband war gehalten, dieses Wasser aufzunehmen und zur Ems abzuführen. Die dafür anfallenden Stromkosten wurden weitgehend vergütet. Für den I. Entwässerungsverband schränkte dieser Abfluß aus dem EJK die eigene Entwässerungsmöglichkeit erheblich ein. Bei einem Hochwasser im Dezember 1960 stieg der Pegel am Großen Meer auf 84 cm über den Winterpeil an und setzte eine erhebliche Fläche des Niederungsgebietes unter Wasser.

Die Lösung der Entwässerungsprobleme für den Verband konnte nur darin liegen, die Wasserwirtschaft des Ems-Jade-Kanals und des I. Entwässerungsverbandes wieder klar zu trennen. In dem 1964 fertiggestellten Entwurf des Wasserwirtschaftsamtes Aurich hat der Verfasser dieses Beitrages daher vorgeschlagen, das Siel und Schöpfwerk in Borssum mit dem ehemaligen Vorflutkanal, seit 1960 Borssumer Schöpfwerkskanal, wieder ausschließlich für die Entwässerung des Ems-Jade-Kanals zu nutzen und für den I. Entwässerungsverband eine völlige Neuordnung des Entwässerungssystems vorzunehmen. Nach eingehenden Untersuchungen wurde der Standort des neuen Mündungsbauwerkes mit Siel und Schöpfwerk für den 49000 ha großen Entwässerungsverband an der Knock, unmittelbar am tiefen Wasser der Ems mit günstigem Sielzug, festgelegt. Mit den Baumaßnahmen konnte noch 1964 begonnen werden, wie in Abschnitt 5.3 näher erläutert. Nach dem Bau dieses leistungsfähigen Sieles und Schöpfwerkes und dem Ausbau der beiden Hauptvorfluter, die 1997 kurz vor der Vollendung stehen, hat der Verband im Jahre 1990 das Siel- und Schöpfwerk Borssum dem Lande wieder übertragen, so daß dieses künftig ausschließlich für die Entwässerung des Ems-Jade-Kanals zur Verfügung steht. Für die unter NN liegende rd. 15000 ha große Fläche sorgen Unterschöpfwerke für einen ausreichend abgesenkten Wasserstand. Die Entwässerung ist damit zufriedenstellend geregelt. Für Betrieb und Unterhaltung der Hauptvorfluter einschl. Verwaltung hebt der Verband 1998 53,— DM/ha Beitragsfläche, ohne den Landeszuschuß wird der Beitrag sogar auf etwa 63,— DM/ha steigen. Hinzu kommt für die Landwirte noch die Unterhaltung der Gewässer III. Ordnung. Diese Last verdeutlicht die erdrückende Wasserhypothek der Landwirte in küstennahen Niederungen.

7. Die Regelung der Entwässerung im Entwässerungsverband Oldersum nach 1888

Für die Sielachten Oldersum und Petkum kam es erst 1895 zum Zusammenschluß zum heutigen Entwässerungsverband Oldersum. Besonders ungünstig waren die Entwässerungsverhältnisse im Niederungsgebiet, den niedrigen Flächen des sog. „Untergebietes". Obwohl seit etwa 1760 der Bau eines Randkanals zum Auffangen der „wilden Wässer" aus dem „Obergebiet" immer wieder gefordert worden war, konnte eine Lösung dieses Problems auch nach der Verbandsgründung zunächst für mehr als ein halbes Jahrhundert nicht verwirklicht werden, obwohl die Wassernot zeitweise zu verheerenden Schäden führte (Abb. 5.3-1 und 10.10-1). Erst nach mehreren Entwurfsbearbeitungen in den 1950er und 1960er Jahren wurde 1967 ein genereller und baureifer Entwurf für den das Obergebiet entwässernden Randkanal - später „Sauteler Kanal" - vom Wasserwirtschaftsamt Aurich vorgelegt. Über den grundsätzlichen Verlauf bestand jetzt Einigkeit. Der Kanal sollte nördlich von Mittegroßefehn an der Flumm beginnen, das Bagbander Tief westlich von Bagband aufnehmen und dann am Sauteler Siel und Schöpfwerk bei Neermoor in die Ems münden. Er hat eine Länge von rd. 22,5 km. Die Planfeststellung wurde abschnittsweise durchgeführt. Endlich konnte 1967 mit den Erdarbeiten zum Bau des Sauteler Kanals begonnen werden. Die lang ersehnte Abführung des Wassers aus dem inzwischen beitragspflichtigen Obergebiet des Verbandes wurde 1988 mit dem Anschlußbauwerk für die Flumm endgültig fertiggestellt (Karte 10.10-1). Mit einem Normalpeil von NN $\pm$ 0 kann das Wasser am Sauteler Siel in der Regel durch natürliche Vorflut über die beiden Siele mit je 6,5 m lichter Weite zur Ems abgeführt werden. Ferner sorgen vier Pumpen mit zusammen 32 m^3/s Förderstrom für die Beherrschung des Hochwassers (s. Abb. 5.4-8). Damit ist nun auch im Entwässerungsverband Oldersum eine wasserwirtschaftlich befriedigende Regelung für die Entwässerung des rd. 20.000 ha großen Obergebietes verwirklicht und das Untergebiet von dieser Wasserlast befreit worden.

Bereits 1935 war durch den Bau des Schöpfwerkes in Oldersum mit rd. 30 m^3/s Förderstrom eine wesentliche Linderung der Wassersnot für die Niederungsgebiete des Verbandes geschaffen worden. Sein Einzugsgebiet, das sog. Untergebiet, beträgt nach der unabhängigen Entwässerung des Obergebiets durch das Sauteler Siel noch 24.600 ha. Der natürlichen Vorflut dienen die Siele in Oldersum und Petkum. Zwischen 1960 und 1984 hat der Verband für das Untergebiet etwa 30 Stufenschöpfwerke geplant und größtenteils auch schon gebaut. Sie pumpen das Wasser in die Hauptvorfluter und gewährleisten einen optimalen Binnenwasserstand in ihrem jeweiligen Gebiet. Zusammengerechnet können sie rd. 48 m^3/s fördern. Auf die Stufenschöpfwerksentwässerung sind rd. 17.000 ha angewiesen. Weitere 7.400 ha des Untergebietes entwässern frei in die Hauptvorfluter, für die nach wie vor ein Binnenpeil von NN - 0,95 m angestrebt wird. Das Alter des Mündungsschöpfwerkes Oldersum von über 60 Jahren, seine Reparaturanfälligkeit und seine zu geringe Leistung verdeutlichen, daß es dringend zu erneuern und zu vergrößern ist. Erst dann kann sich der Entwässerungsverband Oldersum auf eine gesicherte Hauptentwässerung für das Ober- und das Untergebiet verlassen.

8. Zusammenfassung

Mit diesen wasserbaulichen Maßnahmen der letzten 50 Jahre ist es gelungen, durch ausreichende Entwässerungseinrichtungen - auch für die Niederungsgebiete - günstige Wasserstände für die landwirtschaftliche Flächenbewirtschaftung und Hochwassersicherheit für Landwirtschaft, Besiedlung und Wirtschaft zu schaffen. Naturschutz und Naturfreunde begrüßen den gleichmäßigen Wasserstand für die Gewässerökologie, da die Verbände infolge der jetzt möglichen Beherrschung des Wassers auf ein vorsorgliches tieferes Absenken in Trockenzeiten verzichten können. Die Dorfschiffer sind durch die Entwicklung der Eisenbahn und durch den Ausbau der Straßen und die Entwicklung der Kraftfahrzeuge verdrängt worden. Es freut sich jetzt der Wassersport über das großräumige Gewässersystem. Er hat sich auf die jetzigen Regelwasserstände eingestellt. Ein weit über 200 Jahre dauernder Konflikt konnte durch die Weiterentwicklung der wasserbaulichen Technik mit leistungsfähigen Pumpanlagen sowie durch eine völlige Trennung der Verbandsentwässerung vom Emder Hafen und vom Ems-Jade-Kanal für alle Beteiligten befriedigend gelöst werden.

Die in diesem Beitrag behandelten Interessenskonflikte und Entwässerungsnöte der Landwirtschaft sind beispielhaft für zahlreiche ähnlich gelagerte, vielschichtige Probleme in den Niederungsgebieten des norddeutschen Küstenraums dargestellt. Dank zielstrebigen Einsatzes der Entwässerungsverbände, engagierten fachkundigen Handelns der wasserbaulichen und wasserwirtschaftlichen Verwaltungen, staatlicher Förderung der Melioration und der Weiterentwicklung der technischen Möglichkeiten konnten die schwerwiegenden Probleme um die Entwässerung solcher Niederungen weitgehend gelöst werden. Für die dort wirtschaftenden Landwirtsfamilien ist die Beherrschung der Binnenwasserstände eine Grundvoraussetzung für die Sicherung ihrer Existenz.

10.11 BAU EINES EMSSPERRWERKS ZWISCHEN GANDERSUM UND NENDORP

von Wolf-Dietmar Starke[2]

1. Einführende Übersicht

Das Ausbauvorhaben „Emssperrwerk“ des Landes Niedersachsen umfaßt folgende Maßnahmen:

- Errichtung eines Sperrwerks in der Ems zwischen Gandersum und Nendorp bei Strom km 32,2 mit Anschlußdeichen, Betriebs- und Infogebäuden und Zufahrten zum Zwecke der Sturmflutkehrung und des Aufstaues der Ems zur Überführung tiefgehender Schiffe,
- Einrichtung eines Schiffsliegeplatzes bei Ems-km 31 für überführte Schiffe,
- Errichtung eines Schöpfwerks am Ledasperrwerk.

Das Projektmanagement für dieses Vorhaben wird von einem hierfür gebildeten Projektteam im Niedersächsischen Landesbetrieb für Wasserwirtschaft und Küstenschutz (NLWK) durchgeführt.

2 Leiter des „Projektteams für den Bau eines Emssperrwerks“ im NLWK, Norden

2. Veranlassung

Die Sturmflut vom 28.01.1994 führte an der Ems im Raum Papenburg zu Wasserständen, wie sie in dieser Höhe bis dahin nicht aufgetreten waren, obwohl die Sturmflutwasserstände an der ostfriesischen Küste deutlich unter den bisherigen Sturmflutmarken von 1906 bzw. 1962 geblieben waren. Nach diesem Sturmflutereignis wurden Untersuchungen eingeleitet, inwieweit die bislang zugrunde gelegten Sturmflutbemessungswasserstände noch zutreffend sind. Untersuchungen der Forschungsstelle Küste und Ergebnisse von HN-Modellrechnungen der Bundesanstalt für Wasserbau (BAW), Außenstelle Küste, sowie Vergleiche mit niederländischen Bemessungsansätzen zeigen, daß eine weitere Erhöhung der Emsdeiche unausweichlich ist, wenn nicht statt dessen ein Sperrwerk errichtet wird. Auch das Ledasperrwerk genügt mit einer Verschlußoberkante auf NN +6,00 m den Anforderungen nicht mehr.

Aus den Ergebnissen der vorliegenden Untersuchungen ist ein Bemessungsansatz für das Emssperrwerk gefunden worden, der die zukünftige Sturmflutentwicklung und das Schutzbedürfnis der Bevölkerung berücksichtigt.

Ein Sturmflutsperrwerk in der Ems, und hierin liegt seine Hauptfunktion, ist deshalb eine vorsorgliche, auf zukünftige Sturmflutereignisse ausgerichtete Maßnahme des Staates im Rahmen der Daseinsvorsorge.

Im Interesse der Erhaltung der Wirtschaftskraft der Region soll außerdem die Flexibilität des Schiffahrtsweges Ems zwischen Papenburg und Emden erhöht und die Zukunftsfähigkeit des Werftstandortes Papenburg gesichert werden. Diesen Forderungen kann durch ein Sturmflutsperrwerk mit gleichzeitiger Staufunktion Rechnung getragen werden.

Eine erneute Vertiefung der Ems und ein gleichzeitig erforderlicher Neubau der Hafeneinfahrt Papenburg scheiden als Alternative schon deshalb aus, weil hierdurch ein vorsorgender Sturmflutschutz nicht erreicht werden kann. Ein weiterer Ausbau der Emsdeiche auf einer Strecke von insgesamt 110 km wäre dann noch langfristig erforderlich. Für eine solche Deichverstärkung, zu der noch die Anpassung des Leda-Sperrwerks käme, wären nach heutigem Stand Mittel in Höhe von rd. 300 Mio. DM nötig. Von Naturschutzverbänden ist hierzu auf dem Klageweg beim Verwaltungsgericht Oldenburg vorgebracht worden, daß alternativ zum Sperrwerk eine Deicherhöhung auf erheblich kleinerer Strecke den Sturmflutschutz an der Ems gleichermaßen und erheblich kostengünstiger gewährleisten könne, wobei Bezug auf den „Generalplan Küstenschutz für den Regierungsbezirk Weser-Ems" von 1997 genommen wurde. In diesem Plan, der nur eine Bilanz der Ausbaumaßnahmen nach bisherigen Kriterien zieht, sind aber weder die neu gewählten Bemessungswasserstände noch das Langzeitverhalten der Emsdeiche im Hinblick auf Sackungen und Setzungen berücksichtigt. In diesem Zusammenhang wird darauf verwiesen, daß ein Teil der Deichstrecken nach 1962 inzwischen das 2. Mal erhöht und verstärkt worden ist und daß aufgrund des Meeresspiegelanstiegs und veränderter Tidedynamik nicht davon ausgegangen werden kann, daß sich ein weitere Ausbau der Deichlinie entlang der niedersächsischen Küste zukünftig erübrigen wird.

Die Landesregierung hat am 08. Juli 1997 beschlossen, daß die Bezirksregierung Weser-Ems ein Planfeststellungsverfahren für die Errichtung eines Sperrwerks zum Zwecke der Sturmflutkehrung und mit einer Staumöglichkeit für die Ems am Standort zwischen Gandersum und Nendorp bei Strom-km 32,2 durchführen soll. Dieses Planfeststellungsverfahren ist mit dem Beschluß vom 14. Aug. 1998 mit der Anordnung des sofortigen Vollzugs für das Bauwerk in seiner Sturmflutschutz-Funktion abgeschlossen worden.

3. Sturmflutentwicklung an der Ems

Die Sturmflut vom 28.01.1994 führte im Raum Weener, Papenburg und Herbrum zu Wasserständen, wie sie in dieser Höhe bis dahin in diesem Emsabschnitt nicht aufgetreten waren. Dieses hohe Auflaufen der Sturmflut in der Ems kam sehr überraschend, da die zeitlich vorlaufenden Pegel auf den Ostfriesischen Inseln Borkum und Norderney deutlich niedrigere Scheitelwasserstände gegenüber den Sturmflutereignissen von 1906, 1962 und 1976 angezeigt hatten.

Zum Verlauf der Sturmflut vom 28.01.1994 heißt es in einem Bericht der WSD Nordwest vom 31.08.1994:

„Am Pegel Borkum, dem Eingangspegel für die gesamte deutsche Küste der Nordsee, war das der Sturmflut vorausgegangene Tideniedrigwasser erhöht eingetreten. Es lag aber z.B. über 60 cm tiefer als dasjenige der Sturmflut vom 16.02.1962, die wiederum für zahlreiche Küstenpegel die auch heute noch gültigen HHThw-Werte erbrachte. Entsprechend steil ist der anschließende Anstieg der Tidekurve. Etwa gegen 10.00 Uhr, rd. 1,5 Stunden vor dem vorausberechneten Hochwasser, verringerte sich der Anstieg aber etwa eine halbe Stunde lang so stark, daß dann der Wasserstand rd. 1,5 Stunden lang auf nahezu gleichem Niveau verweilte. Diesem frühzeitigen Ende des steilen Wasserstandsanstieges ist es wohl zu verdanken, daß die Sturmflut vom 28. Januar 1994 an der Küste nicht eine Höhe wie die der Sturmflut vom 16. Februar 1962 erreichte. In Borkum z.B. fehlten dazu 36 cm."

Beachtenswert ist, daß

- das vorausgegangene Tnw um 60 cm niedriger als 1962 lag,
- durch ein Abflauen des Sturmes der steile Anstieg der Tidekurve 1,5 h vor HW deutlich abflachte und
- für die Pegel Herbrum, Papenburg, Weener das HHThw deutlich höher lag (64 bis 5 cm) als 1962.

Für weitere Sturmflutbetrachtungen an der Ems ist zu berücksichtigen, daß der Oberwasserzufluß der Ems am 28.01.1994 etwa 347 m^3/s betrug (Pegel Versen), für eine neue Sturmflutbemessung analog zur Elbe aber davon ausgegangen werden muß, daß eine Bemessungssturmflut mit einem Oberwasserzufluß von 2/3 HHQ ª 700 m^3/s (Pegel Versen) zusammentreffen kann. Dieser hohe Oberwasserzufluß würde sich deutlich erhöhend auf die Scheitelwasserstände einer Sturmflut im oberen Bereich der Tideems auswirken.

Betrachtung einer synthetischen „Sturmflut 1"

Die Bundesanstalt für Wasserbau (BAW) in Hamburg hat eine „Sturmflut 1" in hydronumerischen Modellen simuliert.

Die „Sturmflut 1" ist von einem Windfeld wie am 28.01.1994 geprägt, jedoch mit einer um 30 % erhöhten Windgeschwindigkeit und ohne Berücksichtigung eines Abflauens des Windes. Für den gesamten Untersuchungszeitraum wurde ein konstanter Oberwasserzufluß von 700 m^3/s vorgegeben. **Der Scheitel dieser Sturmflut erreicht bei Emden NN +6,19 m (Bemessungswasserstand bisher NN +5,80 m) und am Sperrwerksstandort NN +6,45 m.**

Diese extreme Sturmflut würde in der Ems zwischen Terborg und Leerort zu Scheitelwasserständen von NN +6,60 m, bei Weener zu NN +6,30 m und bei Papenburg zu NN +5,80 m führen.

Wenn das Sturmflutsperrwerk wie beabsichtigt bei NN +3,50 m geschlossen wird, ergeben sich im Dollart und im Emder Fahrwasser Zunahmen der Sturmflutscheitelwasserstände zwischen 7 und 10 cm.

Betrachtung einer synthetischen „Sturmflut 2"

Darüber hinaus wurde eine „Sturmflut 2" modelliert, die den niederländischen Bemessungssturmfluten entspricht. S2 läuft im Dollart noch höher auf als die gewählte „Sturmflut 1" und erreicht bei Emden einen Scheitelwert von NN +6,50 m, am Kanal-

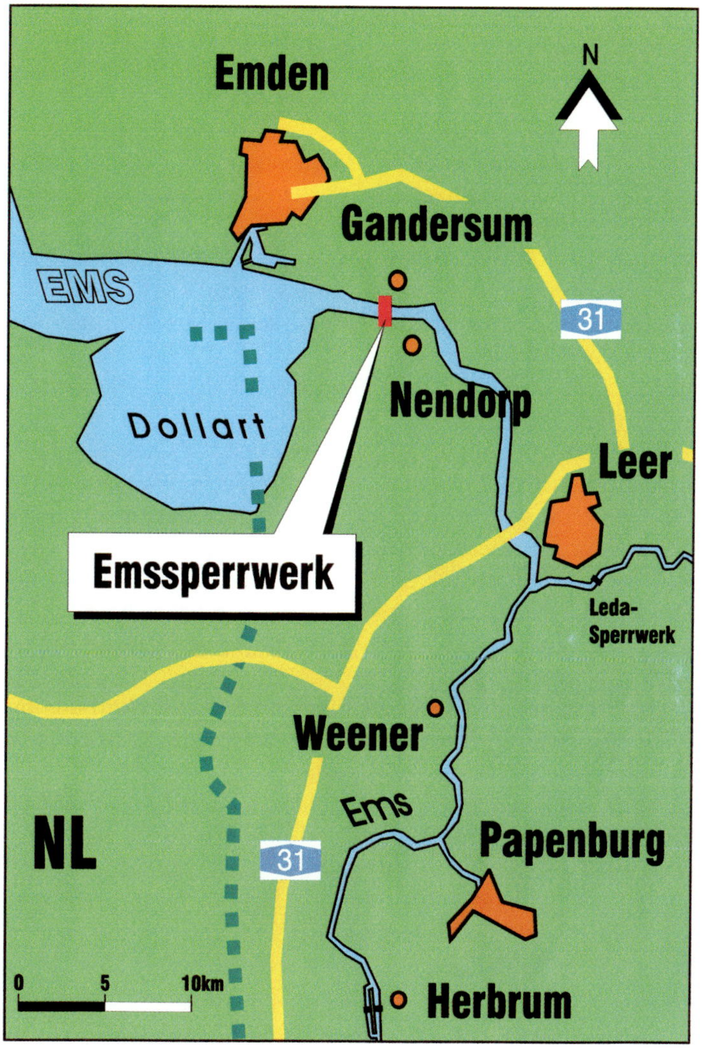

Karte 10.11-1: Übersichtskarte mit Dollart und Ems bis zur Tidegrenze an Schleuse und Wehr Herbrum sowie den Standorten des geplanten Emssperrwerkes bei Gandersum/Nendorp und des Ledasperrwerkes von 1954 bei Leer

polderdeich (Nieuwe Statenzijl) NN +6,70 m sowie am Sperrwerk einen von NN +6,75 m. Der zeitliche Verlauf des Windes wurde entsprechend dem während der Sturmflut vom 28.01.1994 gewählt, jedoch mit einer um 46 % erhöhten Windgeschwindigkeit modifiziert, ohne Berücksichtigung eines Abflauens des Windes.
Diese - nach Einschätzung der Niederländer - auf ein 4000 jähriges Ereignis ausgelegte Sturmflut mußte untersucht werden, um festzustellen, ob durch Schließung des Sperrwerks bei Gandersum eine Erhöhung der Wasserstände im Dollart, vor allem an der niederländischen Küste, eintreten wird. Aus den Untersuchungen ergeben sich Änderungen von < +2,5 cm. Um in solchen Fällen nicht die Forderung von niederländischer Seite nach entsprechender Erhöhung der dortigen Deiche entstehen zu lassen, sollen bei einer auflaufenden SF 2 durch Anheben der Hubtore 10 Mio. m^3 Wasser zur Entlastung in die Unterems abgeschlagen werden.

4. Standort

Bei Berücksichtigung der maßgeblichen Rahmenbedingungen und verschiedener Belange kommt als Standort nur der Bereich zwischen Gandersum und Nendorp bei Ems-Strom-km 32,2 in Frage (Karte 10.11-1).

Im einzelnen sprechen folgende Punkte für den Standort Gandersum/Nendorp:

- Die mit dem Sperrwerk erzeugte höhere Sturmflutsicherheit soll möglichst weitreichend den Küstenschutzanlagen oberhalb des Sperrwerks zugute kommen, daher ist der Standort nahe am Dollart zu wählen.
- Das unterhalb von Gandersum gelegene Naturschutzgebiet „Petkumer Deichvorland" soll von dem Vorhaben nicht beansprucht werden.
- Modellversuche der Bundesanstalt für Wasserbau (BAW) haben ergeben, daß emsaufwärts von Gandersum die Erhöhung der Sturmflutscheitelwasserstände, bedingt durch ein Sperrwerk, deutlich ansteigen, wodurch die Sicherheit der unterhalb des Sperrwerks liegenden Deiche verringert werden würde. Bei Gandersum beträgt diese Erhöhung lediglich noch 7-8 cm. Allein für eine solche Erhöhung bedarf es unterhalb von Gandersum keines weiteren Ausbaus der beidseitigen Emsdeiche.
- Der mit einem Sperrwerk einschl. Anschlußdeiche zu verbauende Abstand zwischen den Hauptdeichen beträgt bei Gandersum 1040 m. Auf der Höhe von Pogum wären etwa 1300 m zu verbauen, mit mind. einer weiteren Durchflußöffnung im Sperrwerk, was hinsichtlich des technischen und zeitlichen Aufwandes deutlich schwieriger und von der Kostenseite erheblich aufwendiger wäre.
- Der Standort bei Gandersum/Nendorp ermöglicht im Staufall eine Entwässerung der Siele und Schöpfwerke in Ditzum/Pogum/Petkum gegen die freie Tide.
- Der Hafen Ditzum ist im Staufall von See her ungehindert anzulaufen.
- Von der BAW ist der Standort bei Strom-km 32,2 im Hinblick auf die Strömungsverhältnisse bei Flut- und Ebbstrom als für die Schiffahrt günstig angegeben und die Lage des Sperrwerks im Strom exakt bestimmt worden.
- Der bei einem Standort Gandersum zu füllende Stauraum ist um rd. 4 Mio. m^3 kleiner als bei einem Standort Pogum. Die Sperrzeit kann im äußersten Fall um 8 Stunden kürzer sein.
- Bei einem Standort Gandersum ist nach Angabe der WSD Nordwest unterhalb des Sperrwerks keine Vertiefung der Sohle für die Überführung eines bis zu 8,5 m tiefgehenden Schiffes erforderlich.

Im Hinblick auf die Klimaentwicklung und den heute vorherrschenden Meeresspiegelanstieg ist davon auszugehen, daß in Zukunft ein weiterer Ausbau der Deiche entlang der Küste und in den Tideströmen **unterhalb** der Sperrwerke erforderlich wird. Es ist Aufgabe des Landes Niedersachsen, Bemessungswasserstände für die Küstenschutzanlagen den Entwicklungen anzupassen und festzusetzen. Das Land schreibt die sich daraus ergebenden Küstenschutzmaßnahmen im Generalplan Küstenschutz fort und entscheidet über die Finanzierung zur Durchführung der Maßnahmen im Rahmen der „Gemeinschaftsaufgabe zur Förderung der Agrarstruktur und des Küstenschutzes". Gleichzeitig mit dem Planfeststellungsbeschluß vom Aug. 98 hat die Bezirksregierung Weser-Ems eine neue Bestickfestsetzung für die Deiche unterhalb des Sperrwerksstandortes zwischen Gandersum und Nendorp bis zum Dollart vorgenommen.

5. Ziel der Maßnahme

Das Emssperrwerk soll den Sturmflutschutz für die Deiche oberhalb des Sperrwerks verbessern und jederzeit gewährleisten können und dabei auch das Ledasperrwerk mit dem Leda-Jümme-Gebiet bei schweren Sturmfluten entlasten.
Wegen des vorhandenen Ausbaugrades der Emsdeiche sind die Sperrwerksverschlüsse nur in 1-facher Ausführung erforderlich. Das Sperrwerk soll bei Sturmfluten, die höher als NN +3,70 m NN auflaufen, geschlossen werden. Dies wird etwa 1 mal in 2 Jahren der Fall sein.

Die Staufunktion des Sperrwerks zwecks Anhebung der Wasserstände und Erzielung größerer Wassertiefen zur Schiffsüberführung muß sicher zu gewährleisten sein.
Das Stauziel von maximal NN +2,70 m in Kombination mit der planfestgestellten Bedarfstiefe (Beschluß der WSD Nordwest vom 31.05.1994) von NN -6,30 m (Pegel Papenburg) bzw. von NN -7,30 m in Pogum erlaubt in der gestauten Ems einen maximalen Schiffstiefgang von 8,50 m. Von der MEYER WERFT in Auftrag gegebene Simulationsversuche in Wageningen haben gezeigt, daß bei maximal gestauter Ems Schiffe mit einem Tiefgang von 8,50 m und den Abmessungen von 300 m Länge und 38 m Breite die Kurven Stapelmoor (Ems-km 3,50) und Weekeborg (Ems-km 11,0) ohne weitere Begradigung durchfahren können.
Die Stauzeit einschl. Schiffsüberführung und Ablassen des Stauwasserstandes soll im Interesse der Schiffahrt, der Wirtschaft, der Vorflut des Leda-Jümme-Gebietes, des Naturschutzes, der Gewässergüte und der Landwirtschaft an der Ems kurz gehalten und gem. Planfeststellungsbeschluß im ungünstigsten Fall höchstens 52 Stunden betragen. Die Sperrzeit wird jedoch bei der überwiegenden Zahl der Schiffsüberführungen deutlich kürzer sein können.

5.1. Betrieb als Sperrwerk

Mit dem Sperrwerk soll erreicht werden, daß höher als +3,70 m NN auflaufende Wasserstände von See her bei Sturmfluten nicht mehr in die oberhalb gelegene Ems eindringen können. In diesen Fällen wird die Schließung der Tore so rechtzeitig eingeleitet, daß das Sperrwerk schon bei einem eingetretenen Wasserstand von +3,50 m NN geschlossen ist. Bei diesem im Vergleich zu anderen Sperrwerken späten Schließzeitpunkt wird die Schiffahrt kaum beeinträchtigt, da bei solchen Sturmflutereignissen keine nennenswerte Schiffahrt auf dem Emsrevier mehr stattfindet. Für die Schließung der Tore ist zur Minimierung von Schwall- und Sunkerscheinungen eine Schließzeit von _ Stunde gewählt worden.

Der oberhalb des Sperrwerks zur Verfügung stehende Stauraum reicht für die schadlose Aufnahme des zufließenden Oberwassers der Ems, selbst des HHQ von 1200 m^3/s, und möglicher Pumpmengen aus Entwässerungsgebieten aus (Stauvolumen zwischen NN +3,50 m und +4,50 m = 31 Mio. m^3, ausreichend für 7 Stunden bei Abfluß von HHQ, Sperrzeit des Sperrwerks liegt zwischen 2 und max. 6 Stunden, es können jedoch Wasserstände bis NN +5,5 m hingenommen werden).

Mit der Inbetriebnahme des Sperrwerks wird die Sturmflutsicherheit an der Ems und für das Leda-Jümme-Gebiet insgesamt beträchtlich erhöht. Um diese Ziel möglichst schnell zu erreichen, wurde nach Anordnung des sofortigen Vollzugs im September 1998 mit der Baudurchführung zügig begonnen.

5.2. Betrieb als Stauwerk

Die Staufunktion des Sperrwerks zur Schiffsüberführung muß sicher zu gewährleisten sein. Die Sperrzeit einschl. Aufstau, Schiffsüberführung und Ablassen des Stauwasserstandes soll so kurz wie möglich gehalten werden, um

- die Überstauzeit von Deichvorlandflächen zu minimieren,
- die Sperrzeit des Leda-Sperrwerks im Interesse der Vorflut des Leda-Jümme-Gebietes soweit wie möglich zu verkürzen,
- die Vorflut der Entwässerungsgebiete entlang der Ems möglichst nicht zu beeinträchtigen,
- die Unterbrechung der Schiffahrt durch das Sperrwerk auf ein vertretbares Maß zu reduzieren,
- die Gewässergüte in der Stauhaltung möglichst wenig zu beeinträchtigen,
- das Vordringen der Brackwasserzone nach stromauf einzugrenzen.

Die Sperrzeit ist abhängig

- von dem Tiefgang des zu überführenden Schiffes und dem sich daraus ergebenden Stauziel,
- von der Höhe der vor der Sperrung eingelaufenen Tide (daher sollen die Überführungstage nach Springtiden ausgewählt werden),
- von dem Oberwasserzufluß der Ems und anderen Zuflüssen,
- von der Wassermenge, die je Zeiteinheit zugepumpt wird,
- von der Überführungszeit für das Schiff,
- von der Entleerungszeit des Stauraums.

Das Stauziel soll maximal +2,70 m NN betragen. Der Stauraum zwischen +1,70 m NN und diesem Stauziel beträgt rd. 24 Mio. m^3 (mittleres Springhochwasser [MSpHW] bei Gandersum = +1,75 m NN) (Abb. 10.11-1).

Das Zuführen von Wasser zum Füllen des Stauraums geschieht durch:

- Pumpen in den Pfeilern des Emssperrwerks mit einer Leistung von 100 m^3/s,
- ein ebenfalls projektiertes Schöpfwerk neben dem Ledasperrwerk mit einer Leistung von 40 m^3/s sowie
- Zuleiten von Süßwasser aus Ober- und Seitengebieten.

Schon beim Mittelwasserabfluß (MQ) der Ems von 78,8 m^3/s oder einem niedrigeren Stauziel bei geringerem Schiffstiefgang kann die Stauzeit deutlich, ggf. auf 1 Tag, verringert werden.

Während höhere Stauziele bis + 2,70 m NN nur im Winterhalbjahr vom 16. September bis zum 14. März gestattet sind, ist im Sommerhalbjahr einschl. Brutzeit ein Anstau bis zur Höhe des mittleren Springhochwassers (MSpHW) möglich.

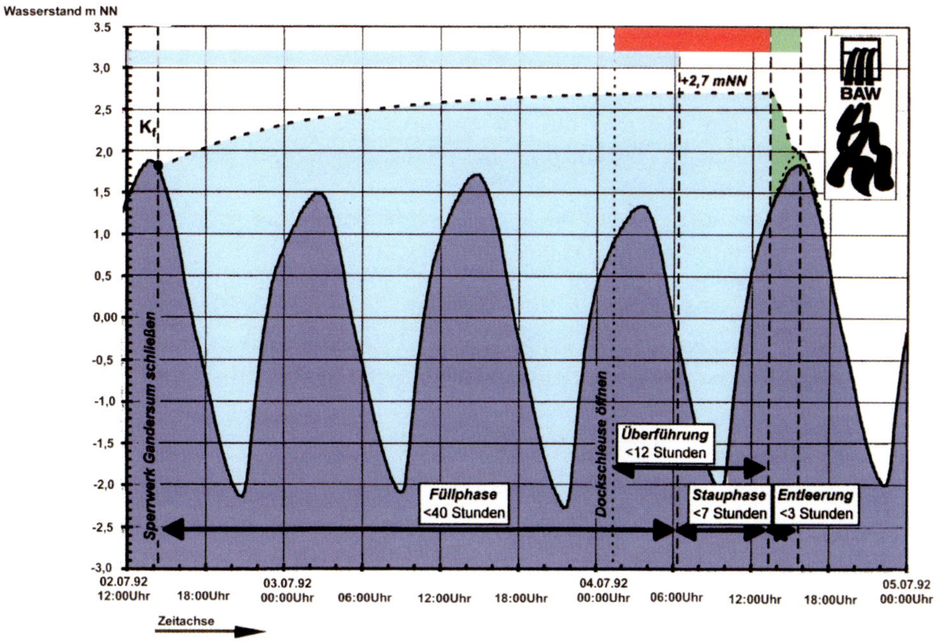

Abb. 10.11-1: Wasserstandsdiagramm während der Füll- und Stauphase für die Überführung eines tiefgehenden Schiffes

Eine Überstauung von Vorlandflächen ist dabei durchweg ausgeschlossen, so daß Gelege von Brutvögeln nicht betroffen sind. Bei einem solchen Sommerstau würde die Sperrzeit auf 12 Stunden zu begrenzen sein.
Die Gesamtstauzeit innerhalb eines Jahres ist auf 104 Stunden begrenzt.

Die Fragen, die sich durch Zupumpen von salzhaltigem Wasser hinsichtlich der Veränderlichkeit des Salzgehalts in der Unterems ergeben, sind von der BAW gutachtlich bewertet worden. Das Vordringen der Brackwasserzone über die heutige Grenze bei Leerort hinaus soll möglichst begrenzt werden. Dazu gibt der Planfeststellungsbeschluß Grenzwerte vor, die bei einer drohenden Überschreitung einen Einstau nicht zulassen würden.

5.3. Schleusenfrage

Von Schiffahrtstreibenden und der Hafenwirtschaft in den Emshäfen ist die Frage nach einer Schleuse im Sperrwerk gestellt worden, um im Staufall eine Passage durch das Sperrwerk zu ermöglichen.
Die Mehrkosten des Emssperrwerks durch eine Schleuse im Bereich der nördlichen Nebenöffnung belaufen sich aufgrund aktueller Ausschreibungsergebnisse für eine Kammergröße von 20 m x 125 m auf mind. 65 Mio. DM. Darüber hinaus müssen für Kapitaldienst sowie Betrieb und Unterhaltung jährlich zwischen 3,77 und 6,2 Mio. DM je nach Ausführungsvariante veranschlagt werden.

Angesichts der kurzen Sperrzeiten von in der Regel 1 bis 2 Tagen je Ereignis, zwei Staufällen pro Jahr und einer präzisen Vorhersage der Staufälle von 6 Wochen gehen der

Ausbauunternehmer und auch die Planfeststellungsbehörde davon aus, daß es den Schiffahrtstreibenden und der Hafenwirtschaft möglich sein muß, sich durch eine entsprechende Terminplanung auf einen Staufall einzustellen.
Heute wird die Schiffahrt auf der Ems bei Überführung tiefgehender Schiffe auch schon für zwei Tiden auf jeweils halber Strecke unterbrochen. Daneben ist es in vergangenen Wintern bei anhaltenden Eislagen zu längeren Unterbrechungen gekommen, dann aber ohne Vorhersage.
Da der politische Druck für den Einbau einer Schleuse in das Sperrwerk nach Feststellung des Planes sich noch verstärkt hat, ist nach Zusage durch den Ministerpräsidenten anläßlich des 1. Rammschlages am 17. Sept. 1998 eine Arbeitsgruppe unter Leitung des Regierungspräsidenten Weser-Ems einberufen worden, die aufgrund aktueller verkehrlicher Entwicklungen und Prognosen die Wirtschaftlichkeit eines solchen Bauwerks (möglicherweise auch mit kleinerer Schleusenkammer von 11,5 m x 115 m, ausreichend für ein Großmotorschiff) erneut überprüfen soll.
Da die Finanzierung der Schleuse zur Zeit nicht gesichert erscheint, rechnet der Planer nicht mit dem kurzfristigen Einbau einer Schleuse.

5.4. Betriebspläne

Die Schließung des Sperrwerks im Sturmflutfall, die Sperrung im Staufall und Unterhaltungszustände sollen im Hinblick auf die erforderlichen Regelungen des Schiffsverkehrs nach Betriebsplänen, die mit der Wasser- und Schiffahrtsverwaltung des Bundes abzustimmen sind, vorgenommen werden.
Der Betrieb des Leda-Schöpfwerkes wird nach einem mit dem Betreiber des Ledasperrwerks und dem Leda-Jümme-Verband abzustimmenden Betriebsplan durchgeführt.
Da im Staufall auch die Siele und Schöpfwerke durch erhöhte Außenwasserstände betroffen sind, werden mit den Entwässerungsverbänden Vereinbarungen über einen Erschwernisausgleich geschlossen.
Die niederländischen Fachverwaltungen und Verbände haben ebenfalls an den Betriebsplänen ihr Interesse bekundet und sollen während der Aufstellung der Betriebspläne informiert werden und Gelegenheit zu Stellungnahmen erhalten.

6. Zu berücksichtigende Belange

6.1 Schiffahrt

Das Sperrwerk wird in der Bundeswasserstraße Ems bei Strom-km 32,2 errichtet.
Die Lage der Sperrwerksachse ist aufgrund der vorhandenen Strömungsverteilung im Interesse der Leichtigkeit des Schiffsverkehrs von der BAW vorgegeben worden.
Die Schiffahrt soll das geöffnete Sperrwerk weitgehend unbehindert passieren können.
Von der Wasser- und Schiffahrtsverwaltung des Bundes sind daher folgende Vorgaben gemacht und berücksichtigt worden (Abb. 10.11-2 und -3):

- Das Sperrwerk erhält eine Seeschiffahrtsöffnung (Hauptschiffahrtsöffnung) mit einer lichten Breite zwischen den Pfeilern von 60,0 m und einen Drempel, dessen OK auf NN -9,0 m liegt. Der Verschluß dieser Öffnung darf in Normalstellung (Sperrwerk geöffnet) die Schiffahrt nicht behindern, d.h. vor allem die Durchfahrtshöhe nicht begrenzen.
- Für die Binnenschiffahrt ist eine weitere Öffnung vorzusehen mit einer Mindestbreite von 40 m (hier gewählt 50,0 m) und einer lichten Durchfahrtshöhe von 5,25 m oberhalb MThw +0,5 m Tideerhöhung. Es sollen Binnenschiffe mit einem Tiefgang von bis zu 4,50 m die Durchfahrt passieren können.

- Die Durchfahrtsöffnungen sind unmittelbar nebeneinander im jetzigen Fahrwasser der Ems angeordnet, wobei die Hauptschiffahrtsöffnung auf der Nordseite vorgesehen ist.
- Oberhalb des Sperrwerks, bei Strom-km 31, ist ein tideunabhängiger Liegeplatz für die mit Anstau der Ems zu überführenden Schiffe vorgesehen.
- Weitere Liegeplätze, je einer ober- und unterhalb des Sperrwerks, sowie Leiteinrichtungen für die Schiffahrtsöffnungen werden nach Vorgabe der WSV des Bundes errichtet.
- Schiffahrtszeichen zur Lenkung des Schiffsverkehrs durch das Sperrwerk sowie die Beleuchtung der Anlage (nur indirekte, blendfreie Beleuchtung) werden ebenfalls nach Vorgabe der WSV installiert.
- Für die Schiffahrt wird während der Bauzeit freie Passage gewährleistet. Der Verlauf des Fahrwassers ist unter Berücksichtigung der Bauzustände und der hydraulischen und nautischen Randbedingungen den jeweiligen Erfordernissen anzupassen. Hierzu sind verschiedene Lastfälle in physikalischen Modellversuchen beim Franzius-Institut der TU Hannover untersucht worden. Einzelheiten werden vor Beginn der Bauarbeiten und während der Bauzeit mit der WSV des Bundes erörtert und durch strom- und schiffahrtspolizeiliche Genehmigungen geregelt.

6.2. Umwelt

Unter Bezug auf das Umweltverträglichkeitsprüfungsgesetz (UVPG) ist für das Vorhaben eine Umweltverträglichkeitsstudie (UVS) durchgeführt worden.
Als Ergebnis sind darin für den Bau des Sperrwerks eine Reihe vorhabensbedingte, als erheblich negativ zu bewertende Auswirkungen (= Eingriffe) ermittelt und Ausgleichs- und Ersatzmaßnahmen vorgeschlagen worden.

Als Ausgleichs- und Ersatzmaßnahmen sind u.a. vorgeschlagen:

- 25,8 ha Intensivgrünland zu Salzwiese entwickeln,
- 42,5 ha Nutzungsextensivierung auf Salzwiesen,
- 8,9 ha Salzwiese zu Röhricht entwickeln,
- 9,6 ha Salzwiese optimieren,
- 32,0 ha Röhricht erhalten und optimieren,
- 12,0 ha Schaffung von Wasserflächen als Lebensraum für limnisches Makrozoobenthos.

6.3. Entwässerung von Seitenräumen in die Ems

Nur durch einen Staufall kann es in den Entwässerungsgebieten beidseitig der Ems zu Beeinträchtigungen kommen, wenn über die vorhandenen Anlagen staubedingt die notwendige Entwässerung nicht oder nur begrenzt erfolgen kann.
Die erforderliche Anpassung von Schöpfwerken geht zu Lasten des Ausbauunternehmers. Im Sturmflutfall kommt es nach Schließung des Sperrwerks zu einer Entlastung der oberhalb des Sperrwerks liegenden Entwässerungsanlagen.

6.4. Landwirtschaft

Durch den Betrieb des Sperrwerks im Sturmflutfall entstehen der Landwirtschaft keine Nachteile. Ein Überstau der Vorlandflächen findet nach wie vor statt, jedoch wird die Überstauhöhe durch Schließung des Sperrwerks bei schweren Sturmfluten reduziert.
Im Staufall zur Schiffsüberführung kann es in Abhängigkeit von der Höhe des Stauziels bei einer Überflutung von Vorlandflächen zu Beeinträchtigungen der Landwirtschaft kommen. Hier werden Beweissicherungsmaßnahmen von der Landwirtschaftskammer We-

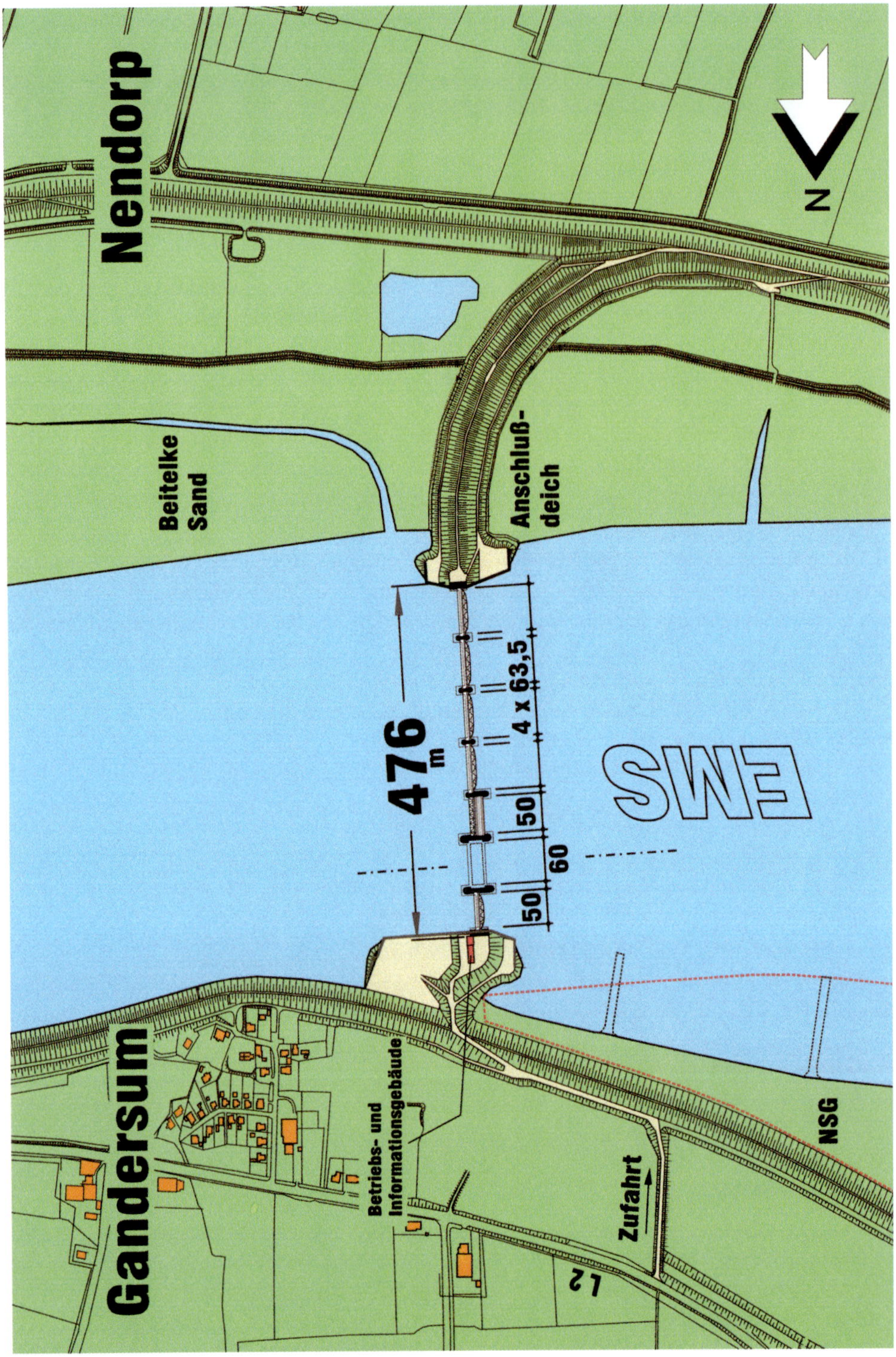

Abb. 10.11-2: Lageplan des Sperrwerkes mit südlichem Anschlußdeich

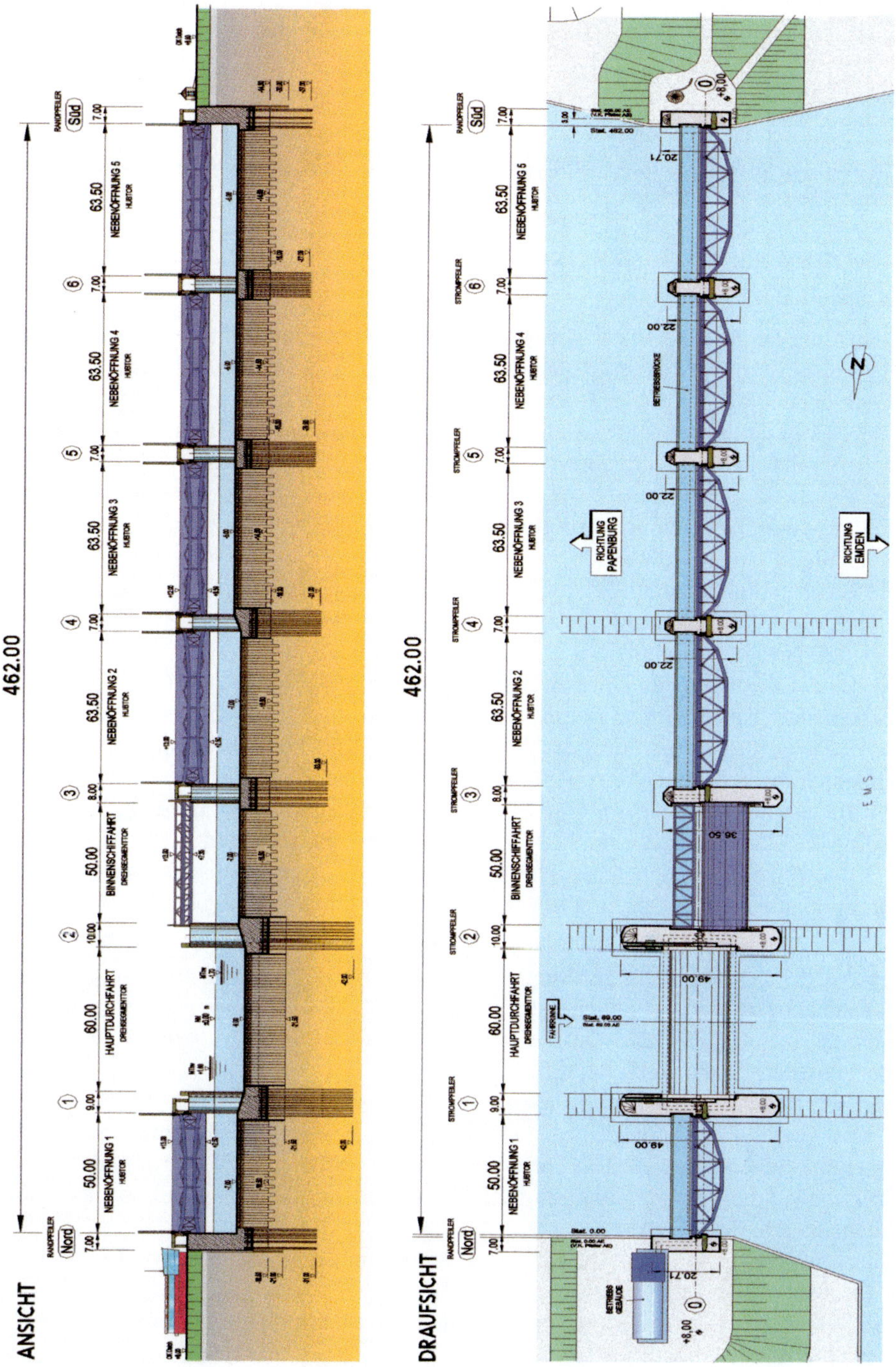

Abb. 10.11-3: Ansicht und Draufsicht des Sperrwerks mit Schiffahrts- und Durchflußöffnungen

ser-Ems durchgeführt. Außerdem sollen betroffene Landwirte im Zuge vorhabensbedingter Flurneuordnungsverfahren Ersatzflächen im Binnenland erhalten.

6.5. Fischerei

Die Hamenfischerei im Nahbereich des Sperrwerks wird wegen erhöhter Strömungen während der Schließ- und Öffnungsvorgänge nicht mehr stattfinden können. Betroffene Hamenstandorte sind daher umzulegen.

7. Beschreibung des Sperrwerks

7.1. Baugrund

Im Bereich des geplanten Sperrwerks ist der Untergrund unterhalb der Gründungsebene aus elstereiszeitlichen Beckenablagerungen und Schmelzwassersanden aufgebaut. Die Beckenablagerungen („Lauenburger Ton") bestehen aus einer Wechsellagerung von tonigen und schluffig bis feinsandigen Böden; der Lauenburger Ton stellt somit im Sperrwerksbereich keine durchgehende geringdurchlässige Tonschicht größerer Mächtigkeit dar.

Die unter dem Lauenburger Ton folgenden tragfähigen Schmelzwassersande sind überwiegend mitteldicht gelagert.

Die Baugrunduntersuchungen haben ergeben, daß Sperrwerkspfeiler und Sohlelemente (Drempel) auf Pfählen gegründet werden, die in die Schmelzwassersande unter dem Lauenburger Ton einbinden.

Das Bauwerk muß gegen Unterläufigkeit gesichert sein. Die Bauwerksein- und -ausläufe müssen durch ausreichend bemessene Sohlsicherungen vor Kolkbildungen geschützt werden. Für die Bemessung der Sohlsicherung sind beim Franzius-Institut Modelluntersuchungen durchgeführt worden.

Für die Ortslage Gandersum wird ein Beweissicherungsverfahren im Hinblick auf baubedingte Gebäudeschäden durch Setzungen und Erschütterungen durchgeführt.

Der Bauwerksbereich ist nach Auswertung alliierter Luftbilder aus dem 2. Weltkrieg nach Munition abgesucht worden, glücklicherweise mit negativem Ergebnis.

7.2. Hydraulische Anforderungen

Eine der Hauptbedingungen, die bei der Planung des Emssperrwerkes zu berücksichtigen ist, lautet: **Die Tidedynamik der Ems darf nicht oder nur unwesentlich durch das geöffnete Sperrwerk beeinflußt werden.**

Das Sperrwerk erhält 7 Durchflußöffnungen (s. Tab. 10.11-1):

Die Modelluntersuchungen der BAW haben ergeben, daß durch das Sperrwerk die Tidehübe, Scheitelwasserstände, Strömungsgeschwindigkeiten, Flutstrom- und Ebbstromdauer sowie die Tideganglinien in ihrer Charakteristik nicht bzw. nur in unerheblichem Ausmaß verändert werden.

Daher werden auch keine erheblichen ökologischen Auswirkungen für den Zustand mit geöffnetem Sperrwerk erwartet.

Bei MThw gibt es im Bauwerk eine leichte Einschnürung (-5,1%), während bei MTnw eine Querschnittszunahme (+25,9%) vorliegt.

1 nördl. Nebenöffnung	B = 50,0 m	Drempel NN –7,0 m
1 Hauptschiffahrtsöffnung	B = 60,0 m	Drempel NN –9,0 m
1 Binnenschiffahrtsöffnung	B = 50,0 m	Drempel NN –7,0 m
1 Nebenöffnung	B = 63,5 m	Drempel NN –7,0 m
3 südl. Nebenöffnungen	B = 63,5 m	Drempel NN –5,0 m

Tab. 10.11-1: Durchflußöffnungen des Sperrwerks

7.3. Wasserstände, Bemessungs- und Bauwerkshöhen

Für die Bemessung des Sperrwerks ist ein Sturmflutwasserstand am Standort Gandersum mit **+6,40 m NN** ermittelt worden:
Dieser Wert liegt 40 cm über dem heute festgelegten Bemessungswasserstand in diesem Emsabschnitt und 1,16 m über dem hiesigen HHThw von 1906.
Auf Grundlage dieser Bemessungshöhe wurde die Oberkante der Verschlußkörper des Sperrwerks auf +7,00 m NN festgelegt (Pfeiler-OK = NN +8,0m).

7.4. Sperrwerksverschlüsse

Aus Ziff. 7.2 ergeben sich die Abmessungen der Sperrwerksöffnungen. Für die Wahl der Torkonstruktionen sind folgende Kriterien maßgebend:

- Die Hauptschiffahrtsöffnung muß eine freie Durchfahrtshöhe erhalten.
- Die Binnenschiffahrtsöffnung erhält eine lichte Durchfahrtshöhe bis NN +7,35 m.
- Bei geöffnetem Sperrwerk soll die Konstruktionsoberkante der Tore so gering wie möglich in das Lichtraumprofil der Ems hineinragen, um das Landschaftsbild so gering wie möglich zu beeinträchtigen.
- Angesichts der begrenzten öffentlichen Haushalte sollen die Tore im Hinblick auf Investitions-, Betriebs- und Unterhaltungskosten optimiert werden und dabei uneingeschränkt die Sicherheitsanforderungen erfüllen. Dies gilt selbstverständlich für den gesamten Planungsauftrag.

Um diese Bedingungen erfüllen zu können, ist die Betriebsbrücke über den Nebenöffnungen als oberer Teil der Stauwand ausgebildet, so daß die Tore lediglich die Öffnungen zwischen den Drempeln und der Unterkante der Brückenkonstruktion (UK = NN +3,50 m) verschließen müssen.
In der ursprünglichen Planung (Amtsentwurf) war die Betriebsbrücke seeseitig der Tore angeordnet. Dadurch wäre sie im Sturmflutfall mit ausgeprägten Wellenhöhen starken Druckschlagbelastungen durch unter die Konstruktion schlagende Wellen (Slamming-Effekt) ausgesetzt. Die sich daraus ergebenden Kräfte hätten durch eine schwere und kostenaufwendige Konstruktion aufgefangen werden können. Von der Bietergemeinschaft, die den Zuschlag zum Bau des Sperrwerks erhielt, wurde hierzu ein kostengünstiger Sondervorschlag unterbreitet, der nun zur Ausführung gelangt. Danach ist die Betriebsbrücke auf die Oberwasserseite der Sperrtore verlegt worden, wodurch jetzt die Tragwerke der Hubtore und die Antriebe des Segmenttores auf der Unterwasserseite angeordnet werden mußten. Das Sperrwerk erhält die in Tab. 10.11-2 aufgeführten Verschlüsse.

Das Drehsegmenttor in der Hauptschiffahrtsöffnung liegt bei geöffnetem Sperrwerk (Normalfall) in einer Mulde im Drempel und wird über die mit Hydraulikzylindern angetriebenen Kreisscheiben in die Schließ- bzw. Wartungsstellungen hochgefahren. Dieser

Tortyp hat sich im Themsesperrwerk bei London seit 1984 bewährt. Hub- und Segmenttore sind bewährte Verschlußorgane in den Sturmflutsperrwerken an unseren Tidenebenflüssen. Das Drehsegmenttor und ein Hubtor sind für die verschiedenen Betriebsfälle in den Abb. 10.11-4 und -5 dargestellt.
Der Ausbildung der Kreisscheiben des Drehsegmenttores wie auch der Schneiden und Dichtungen aller Tore kommt hinsichtlich des Schwingungsverhaltens insbesondere wäh-

Sperrwerksöffnung	Verschlußart	lichte Breite
Nebenöffnung Nord	Hubtor	50,0 m
Hauptschiffahrtsöffnung	Drehsegmenttor zwischen 2 Kreisscheiben (Themseverschluß)	60,0 m
Binnenschiffahrtsöffnung	Segmenttor	50,0 m
4 südliche Nebenöffnungen	Hubtor	je 63,5 m

Tab. 10.11-2: Verschlüsse des Sperrwerks

Abb. 10.11-6: Gesamtansicht des fertigen Sperrwerks bei Normalbetrieb als Computeranimation

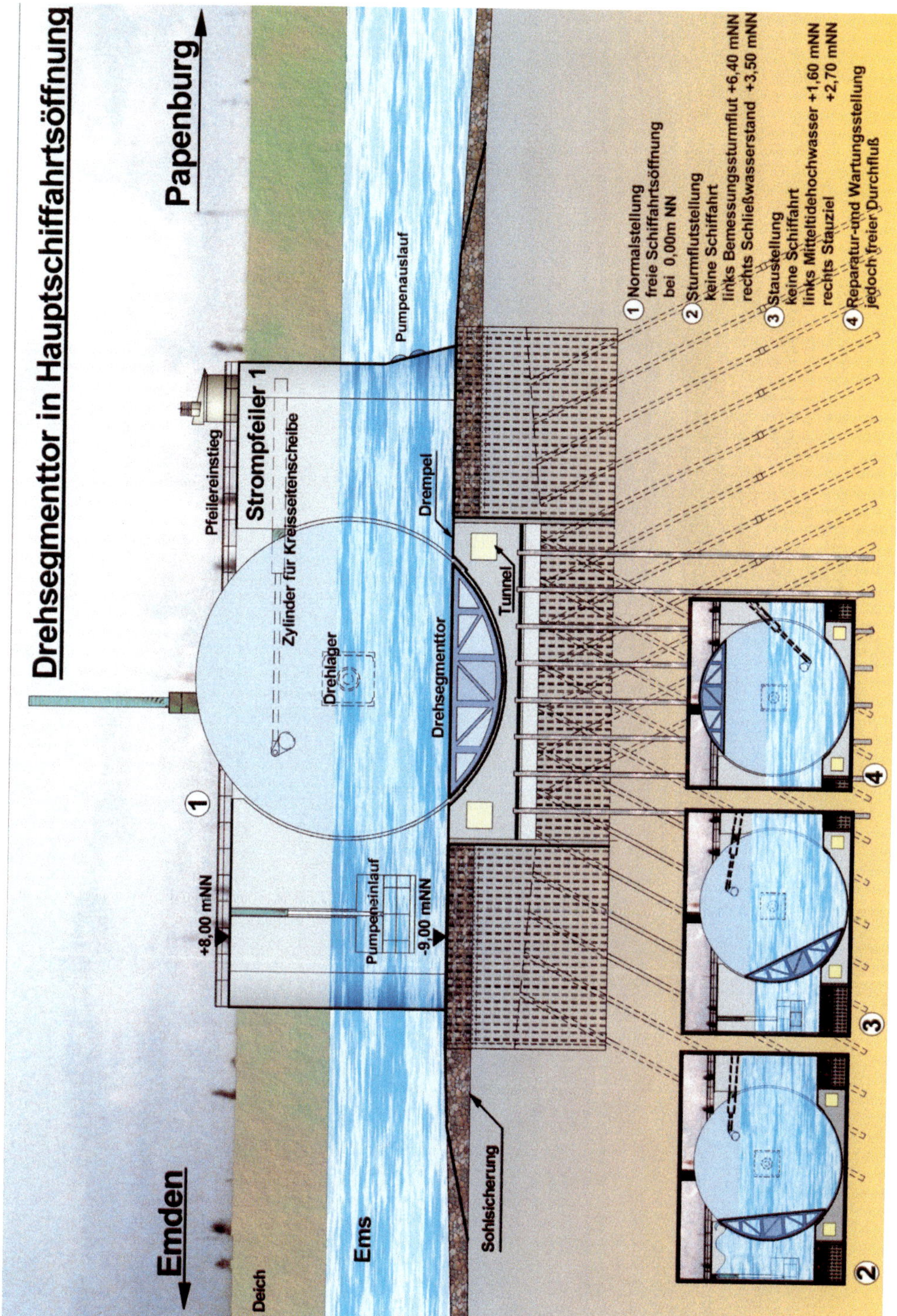

Abb. 10.11-4: Schnitte durch das Drehsegmenttor in der Hauptschiffahrtsöffnung für 4 Betriebsstellungen

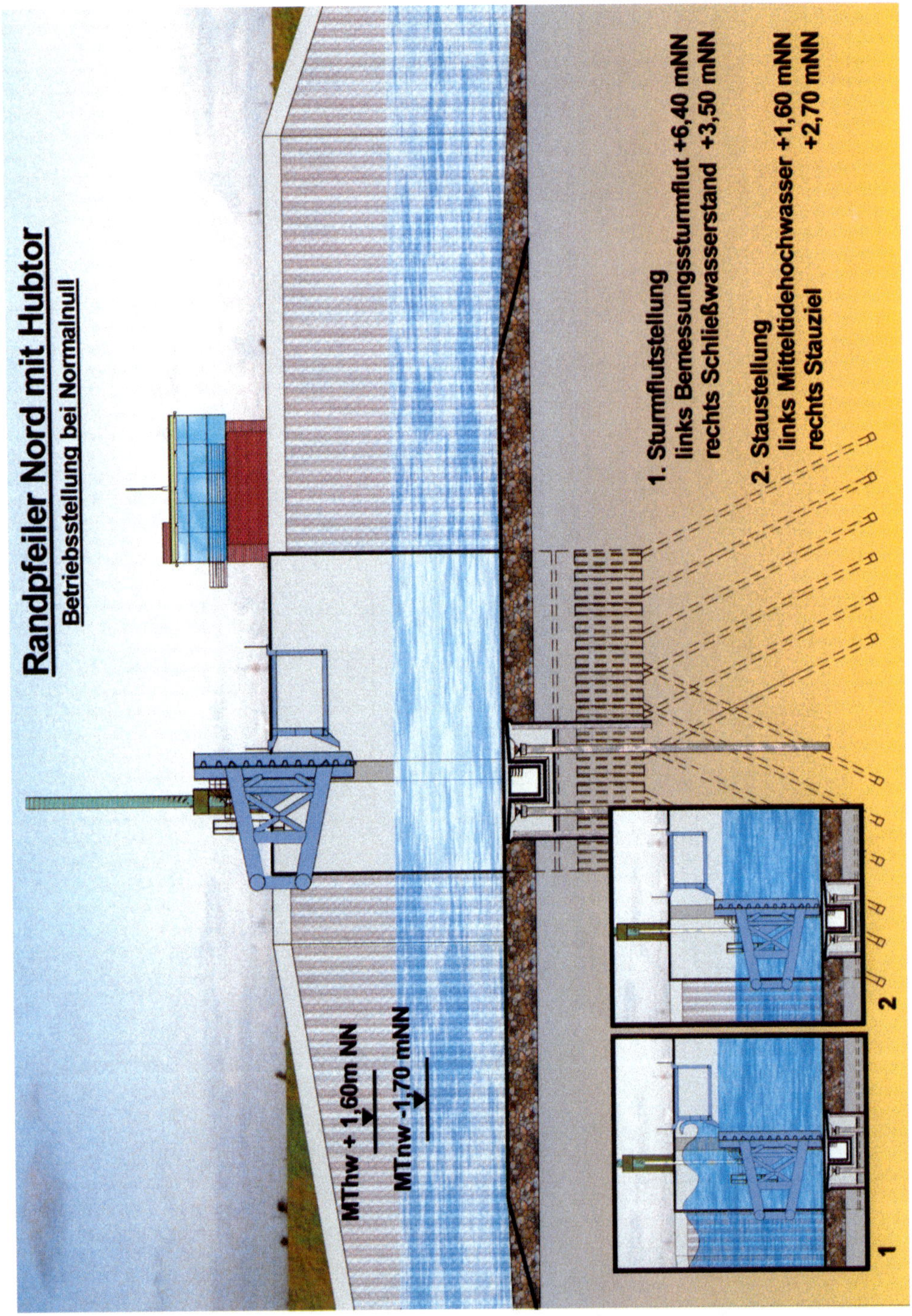

Abb. 10.11-5: Schnitte durch das Hubtor vor dem Randpfeiler Nord für drei Betriebsstellungen

rend der Schließ- und Öffnungsvorgänge erhebliche Bedeutung zu. Hier werden spezielle Untersuchungen durchgeführt.
Die Schließzeiten für das Sperrwerk betragen jeweils 0,5 Stunden. Bei erheblich kürzerer Schließzeit könnte es durch Schwall und Sunk zu nachteiligen Auswirkungen für die Schiffahrt kommen.

Abb. 10.11-6 vermittelt die Gesamtansicht des Sperrwerks bei normalem Betrieb.

7.5. Anschlußdeiche

Als Fortsetzung der Hochwasserschutzlinie bis an die beiden vorhandenen Deiche der Ems schließen Anschlußdeiche an die jeweiligen Pfeilerbauwerke Nord und Süd an.
Rechtsemsisch schließt der neue Anschlußdeich auf kurzer Länge an den scharliegenden Hauptdeich der Moormerländer Deichacht an und bildet dort gleichzeitig das Plateau auf NN +8,0 m für das Betriebs- und Informationsgebäude der Sperrwerksanlage sowie für den Betriebs- und Bauanleger mit einem Höhenniveau auf NN +4,00 m. Hier bindet auch eine neue, westlich von Gandersum von der Petkumer Straße heranführende zweispurige Zufahrt an.
Linksemsisch schließt in einem westlich abschwenkenden Bogen (Krümmungsradius ca. 350 m) ein ca. 600 m langer Anschlußdeich über das hier etwa 380 m breite Vorland an den Hauptdeich der Rheider Deichacht an. Unmittelbar am Sperrwerksanschluß soll ein Info-Pavillon errichtet werden.
Mit Rampenanlagen über die jeweiligen Hauptdeiche wird das Sperrwerk an die vorhandenen Deichverteidigungswege angeschlossen.

Die Deiche bestehen aus einem Sandkern mit Kleiabdeckung. Die Böschungen der Deiche werden emsabwärts mit einer Außenneigung von 1:5 und emsaufwärts mit einer Binnenneigung von 1:3 ausgebildet bei einer Sollhöhe von NN +8,0 m.

7.6. Baudurchführung und -ablauf, Bauzeiten

Für Planung und Bau des Emssperrwerks ist ein Projektteam gebildet worden, das im März 1997 seine Arbeit aufnahm. Dieses z.Z. aus 7 Diplomingenieuren und 1 Bauzeichner bestehende Projektteam ist in den am 01.01.1998 gegründeten Niedersächsischen Landesbetrieb für Wasserwirtschaft und Küstenschutz (NLWK) eingegliedert worden.

Parallel zum Planfeststellungsverfahren ist das Sperrwerk mit einem detaillierten Leistungsverzeichnis europaweit ausgeschrieben worden. Nach einem Präqualifikationsverfahren wurden 6 Bieter zur Abgabe eines Angebots aufgefordert. Der Auftrag wurde aufgrund von Sondervorschlägen (günstigstes Angebot) an die ARGE EMSSPERRWERK, bestehend aus den Firmen Philipp Holzmann AG, Niederlassung Bremen, Johann Bunte GmbH & Co., Papenburg, Gebr. Neumann GmbH & Co. KG, Emden und Müsing GmbH & Co. KG, Westoverledingen, vergeben.

Das Sperrwerk soll innerhalb einer Bauzeit von 3 Jahren betriebsfertig erstellt sein.

Der erste Rammschlag wurde vom damaligen Ministerpräsidenten Gerhard Schröder zusammen mit MdB Rudolf Seiters am 17. Sept. 1998 im Bereich des Nordpfeilers vorgenommen. Die dann zügig weitergeführten Bauarbeiten wurden durch einen Beschluß des Verwaltungsgerichts Oldenburg am 25. Nov. 1998 gestoppt. Die Arbeiten können voraussichtlich erst nach der angestrebten Aufhebung des Baustopps durch das Oberverwaltungsgericht Lüneburg fortgeführt werden. Infolge der Bauunterbrechung wird es zu einer Verlängerung der Bauzeit und zu erheblichen Mehrkosten aufgrund von Gerätestillstand und organisatorischem Mehraufwand kommen.

SCHRIFTTUM ZU ABSCHNITT 10

Zu Abschnitt 10.1

[1] Wiezorek, Horst: 125 Jahre Ritterhuder Schleuse - Wasser und Abfall, 7-8, 1999.

[2] LEHRKE, W.: 80 Jahre Wasserwirtschaftsverwaltung in Niedersachsen. Hrsg. v. Nds. Ministerium für Ernährung, Landwirtschaft und Forsten, Hannover, 1952.

Zu Abschnitt 10.2

Ausschuß für Küstenschutzwerke der DGGT und HTG: Empfehlungen für Küstenschutzwerke - EAK 1993. Die Küste, Heft 55, 1993.

Backhaus, H.: Die Entwicklung der ostfriesischen Inseln in geschichtlicher, hydrodynamischer und seebautechnischer Hinsicht. Berlin, 1941.

Erchinger, H.F.; Ukena, R.: Der Abbruch der Insel Baltrum bis zum Bau der Schutzwerke ab 1872. Ostfreesland Kalender, Norden, 1987.

Fülscher: Über Schutzbauten zur Erhaltung der ost- und nordfriesischen Inseln. Berlin, 1905.

Herquet, K.: Geschichte der Insel Norderney in den Jahren 1398 – 1711.

Kramer, J.: Schutz der sandigen Küsten in der Nordsee. In: Kramer, J. und Rohde, H. (Bearb.): Historischer Küstenschutz. Stuttgart, 1992.

Kranz: Die Arbeiten und Bauten auf den Ostfriesischen Inseln von Borkum bis Spiekeroog. Jahrbuch der Hafenbautechnischen Gesellschaft, Band 12, 1930.

Krey, H.: Über Schutzbauten zur Erhaltung der ost- und nordfriesischen Inseln. Zentralblatt der Bauverwaltung Band. 54, 1906.

Luck, G.: Der Einfluß der Schutzwerke der Ostfriesischen Inseln auf die morphologischen Vorgänge im Bereich der Seegaten und ihrer Einzugsgebiete. Mitt. d. Leichtweiß-Institutes der TU Braunschweig, Heft 47, 1975.

Peper, G.: Die Entstehung und Entwicklung der Inselschutzwerke auf Norderney mit besonderer Berücksichtigung der Bauten der letzten Jahre. Neues Archiv für Niedersachsen, Band 8, 1956.

Plener: Bemerkungen über die ostfriesischen Inseln in geognostischer und hydrotechnischer Beziehung. Zs des Architekten- und Ingenieur Vereins für das Königreich Hannover, Heft 1, 1856.

Riefkohl, F.: Die Insel Norderney. Eine kurze Darstellung ihrer Geschichte und Geographie, ihrer Pflanzenwelt und Tierwelt und ihrer Seebadeanstalt. Hannover, 1861.

Schelten: Geschichte der Strandschutzbauten auf der Insel Baltrum. Zeitschrift für das Bauwesen. S. 387 ff., 1895.

Schumacher, W.: Der menschliche Eingriff in die Entwicklung der Ostfriesischen Inseln seit 1850. Abh. Nat.wiss. Vereinigung Bremen, Band 30, 1937.

Smeins, H.: Norderney auf dem Weg in das dritte Jahrtausend. Norderney, 1991.

Streif, H.: Das Ostfriesische Küstengebiet. Sammlung Geologischer Führer 57, 2. Auflage, Berlin u. Stuttgart, 1990.

Tolle, A.: Die Schutzwerke der Insel Norderney. Zs des Architekten- und Ingenieur Vereins für das Königreich Hannover, 1864.

Tolle, A.: Uferschutzwerke auf den ostfriesischen Inseln. Zs für das Bauwesen, 1882.

Witte, H.-H.: Die Schutzarbeiten auf den Ostfriesischen Inseln. Die Küste, Heft 19, 1970.

Zu Abschnitt 10.3

[1] Wenholt, Karl: Neu-Greetsiel ein Zukunftsbild. Ostfreesland-Kalender für Jedermann 1961, Verlag Soltau, Norden, 1960.

[2] Seele, G. u. Wittig, W.: Die Eindeichung der Leybucht zur Strukturverbesserung in Ostfriesland in „Ostfriesland“, Zs f. Kultur, Wirtschaft und Verkehr, H. 2, Leer, 1972.

[3] Erchinger, H.F.: Eindeichung der Leybucht als Konsequenz der natürlichen Verlandung. Ostfreesland- Kalender für Jedermann 1976, Verlag Soltau, Norden, 1975.

[4] Janssen, Th.: Die Leybucht, Natur- und Küstenschutz. Dokumentation, Aurich, 1992.

Zu Abschnitt 10.6
[1] Groth, P.: Sanierung des Einzugsgebietes der Innerstetalsperre durch Bau einer Abwasserringleitung. Wasser und Boden 5/1984
[2] Walz, J.: Der Harz: Du Mont Kunst-Reiseführer
[3] Harz. Meyers Naturführer
[4] Gewässergütekarte 1972, StAWA Göttingen
[5] Gewässergütekarte 1997, StAWA Göttingen

Zu Abschnitt 10.7
KLOHN, W.: Probleme der Raumgestaltung in der Dümmerniederung, Vechta 1992.
Nds. Ministerium für Ernährung, Landwirtschaft und Forsten: Konzept zur langfristigen Sanierung des Dümmerraumes, Hannover 1992.
POLTZ J. u. RIPL W.: Nährstoffelimination aus einem gering belasteten Fließgewässer mit Hilfe eines bewirtschafteten Schilfpolders, Hildesheim 1989.
RIPL, W.: Limnologisches Gutachten zur Dümmersanierung, Berlin 1983.
RIPL. W. u. FEIBECKE, M.: Nährstoffelimination aus einem gering belasteten Fließgewässer mit Hilfe eines bewirtschafteten Schilfpolders; Jahresbericht 1993, Berlin 1993.

Zu Abschnitt 10.9
BAUMGARTEN, J.: Wasserbereitstellung für die Beregnung - Beregnungsschwerpunkt Nord-Ost-Niedersachsen. Zs für Kulturtechnik und Flurbereinigung 19, 297 - 307 (1978)
BAUMGARTEN, J.: Wasserversorgung im Zielkonflikt zur Landnutzung - Trends, Kehrtwendungen, Visionen. Zs für Kulturtechnik und Landentwicklung 38, 100 - 105 (107)

Zu Abschnitt 10.10
[1] Siebert, Ernst: Der I. Entwässerungsverband Emden, seine Entstehung aus sieben Sielachten an der Unterems und seine Entwicklung zum 113. Unterhaltungsverband des Landes Niedersachsen. In: Die Acht und ihre sieben Siele, Hrsg.: Jannes Ohling, I. Entwässerungsverband Emden, Pewsum, 1963.
[2] Wolter, Rudolf: Die Wasserwirtschaft im Gebiet des I. Entwässerungsverbandes Emden. In: Die Acht und ihre sieben Siele. Hrsg.: Jannes Ohling, I. Entwässerungsverband Emden, Pewsum, 1963.
[3] Wasserwirtschaftsamt Aurich: Entwurf zur Neuordnung der Hauptvorflut im Südgebiet des I. Entwässerungsverbandes Emden und im Niederschlagsgebiet des Ems-Jade-Kanals, Aurich, 1964.
[4] Janssen, Theodor: Gewässerkunde Ostfrieslands. Verlag Ostfriesische Landschaft, Aurich, 1967.
[5] Erchinger, Heie F.: Fehntjer Tief und Wasserläufe des Krummhörn und seines Hinterlandes. In: Gewässerkunde Ostfrieslands von Theodor Janssen und Mitarbeitern, Verlag Ostfriesische Landschaft, Aurich, 1967.
[6] Ohling, J. (Hrsg): Die Mündungs- und Unterschöpfwerke im I. Entwässerungsverband Emden, Selbstverl. Pewsum 1973.
[7] Wasser- und Schiffahrtsamt Emden: Seehafen Emden, Eigentümer: Land Niedersachsen. Übersicht über Hafenverkehr und Hafenanlagen, Emden 1975.
[8] Kannegieter, Herbert: Nach Jahrhunderten des Wassers Herr - Schlüssel lag im Niederschlagsgebiet - Beispiel Sielacht und Entwässerungsverband Oldersum. In: Unser Ostfriesland Nr. 2, Beilage der Ostfriesen-Zeitung, Leer, 07.02.1985.
[9] Leymann, G.: Untersuchungen über die agrarhistorische Entwicklung der Gebiete Wirdumer Neuland und Schoonorth im Landkreis Aurich. In: Die Acht und ihre sieben Siele, Hrsg.: Gerhard Steffens, I. Entwässerungsverband Emden, 2. erw. Aufl., Leer 1987.
[10] Kramer, Johann und Wolff, Renke: Deichschutz und Entwässerung in der Moormerländer Deichacht und im Entwässerungsverband Oldersum. Hrsg.: Moormerländer Deichacht, Entwässerungsverband Oldersum, Oldersum, 1989.

AUSBLICK

Dieser Band veranschaulicht die Entwicklung der Wasserwirtschaft in den 175 Jahren, die sie als Fachverwaltung besteht. Immer wieder hat sie sich neuen Aufgabenfeldern gestellt und zur Lösung aufkommender Probleme beigetragen. An der Schwelle zum neuen Jahrhundert ist festzustellen, daß die ungeheuer großen Probleme, die nach 1945 zu lösen waren, weitgehend gelöst sind. So ist im Bereich der *Binnenentwässerung* die Ernährungssicherung unmittelbar nach dem Kriege der Schwerpunkt des landwirtschaftlichen Wasserbaues gewesen. Die *Trinkwasserversorgung* hat einen hohen Anschlußgrad an das öffentliche Versorgungsnetz der Kommunen oder Verbände und bietet eine hervorragende Wasserqualität in ausreichender Menge an. Eine regelmäßige Überwachung ist Voraussetzung für die Gewährleistung des hohen Qualitätsstandards. Mit Hilfe des Wassergroschens werden weitere Maßnahmen des Grundwasserschutzes ermöglicht. Die *Abwasserableitung und -behandlung* ist nahezu flächendeckend ausgebaut. Viele Kläranlagen weisen bereits Zusatzausrüstungen zur Stickstoff- und Phosphoreliminierung auf. Diese Erfolge haben sich auf die *Gewässergüte* in den Fließgewässern sehr positiv ausgewirkt. Ihr Zustand hat sich deutlich verbessert. Auch bei der *Fließgewässerrenaturierung* ermutigen erste Erfolge zu weiteren Anstrengungen. Die um 1970 völlig neu aufgebaute *Abfallwirtschaft* sowie die Sonderabfallplanung haben zu einer befriedigenden Problemlösung geführt, für die seit Anfang 1998 nicht mehr die Wasserwirtschaft die Verantwortung trägt.

Mit Befriedigung kann die Wasserwirtschaft auf die erzielten Erfolge zurückblicken. Diese Erfolge dürfen allerdings nicht zu einem Nachlassen der Bemühungen um den Grundwasserschutz, die Verbesserung der Wassergüte in den Fließgewässern sowie den Anfängen der Renaturierung führen. Diese Aufgabe sowie die Anpassungen an neue Anforderungen und neue technische Entwicklungen erfordern weiterhin engagierte Fachingenieure.

Einer besonderen Verantwortung unterliegt der Umgang mit dem Wasser, es ist Lebensgrundlage Nr. 1 unserer Gemeinschaft und damit existentieller Bestandteil aller unserer Lebensbereiche. Der Schutz, die Bewirtschaftung und die Nutzung des Wassers dürfen nicht einseitigen Kapitalverwertungsinteressen[1] unterstellt werden. Wasser steht nicht nur, wie fast alle anderen Ressourcen, im Spannungsfeld von ökologischen, ökonomischen und sozialen Systemen, sondern darüber hinaus auch im kulturellen System der Völker. Wasser hat die Volkskulturen beeinflußt und entscheidend geprägt. Die Nutzung, die Bewirtschaftung und der Schutz des Wassers unterliegen damit einer besonderen Verantwortung.[2]

Gerade unter dem Aspekt der Verantwortung ist es im deutschsprachigen Kulturraum für den Bereich der Trinkwasserversorgung und der Abwasserentsorgung zur Einbindung in die kommunale Zuständigkeit und damit in die gesamtgesellschaftliche Mitverantwortung gekommen. Die ursprünglichen Organisationsstrukturen der kommunalen Regiebetriebe haben sich über die Eigenbetriebe hin zu Verbandsstrukturen oder gesellschaftsrechtlichen Organisationen fortentwickelt, stets aber war und ist die kommunale Zustän-

1 Günther Moewes: „Verleiher und Verlierer." Der Architekt 11/97.

2 H.-Chr. FRHR v. Steinaecker: „Wasser und Abwasser im Spannungsfeld politischer und wirtschaftlicher Interessen". Ref. vom 21.07.1999 in Hannover.

digkeit in diesem Feld der Daseinsvorsorge ein prägendes Element. Die heutigen Verbandsstrukturen vereinigen in sich eine vierfache Verantwortung, die

- ökologische Verantwortung,
- ökonomische Verantwortung,
- soziale Verantwortung und
- historisch gewachsene Einbindung der gesellschaftlichen Mitverantwortung in Form der kommunalen Zuständigkeit (Volkskultur).[3]

Unter diesem Aspekt ist folgende, seit einigen Jahren zu beobachtende Fehlentwicklung ein Grund zur Sorge: Es ist völlig unverständlich, wenn gerade Kommunalpolitiker unter dem Schlagwort der Privatisierung diese gesunde Unternehmenskultur aus rein monetären Gesichtspunkten internationalen Unternehmen zum Kauf und zum Aufbau profitabler Monopole anbieten.[4] Eine solche Privatisierung führt zwar kurzfristig zu einem finanziellen Vorteil für die Gemeinde, aber auf Dauer durch das Preisdiktat der Monopole zu einer höheren Belastung für die Gemeinde und vor allem für ihre Bürger. Ein solcher Privatbetrieb wird stets nach Kostenminimierung trachten und lediglich seine Gewinnmaximierung im Auge haben. Ein abschreckendes Beispiel findet sich in England, wo die Wasserkunden die 1989 eingeleitete Privatisierung der Wasserversorgung mehrheitlich als Katastrophe einschätzen. Bis 1998 wurden die Preise um durchschnittlich 77 % erhöht, in vielen Liefergebieten verschlechterte sich die Qualität.[5]

Sehr bedenklich stimmt auch der Vorschlag des Verbandes privater Abwasserentsorger e.V. (VpA) in Korrespondenz Abwasser 7/99. Er äußert sich zu den deutschen Abwasserstandards dahingehend, daß in Abkehr vom bislang bewährten Emissionsprinzip eine individuelle Grenzwertfestlegung für jede einzelne Kläranlage ausschlaggebend sein soll.[6] Es wird u.a. vorgeschlagen, die Abwassereinleitungen und den jeweiligen Reinigungsfaktor nach der Aufnahmefähigkeit des vorhandenen Vorfluters zu reglementieren. Nach deutschem Recht muß heute jeder Abwassereinleiter unabhängig von der Größe des aufnehmenden Vorfluters bestimmte Grenzwerte als Mindestanforderung (Überwachungswerte) einhalten, die bei besonders schutzwürdigen Gewässern sogar noch verschärft werden können. Zur Begründung führt der VpA an, daß die unterschiedliche Wasserqualität in den aufnehmenden Gewässern den Reinigungsstandard bestimmen müsse und nicht starre einheitliche Grenzwerte. Nicht die Schadstoffeinheit wäre das Kriterium, sondern Größe und Beschaffenheit der aufnehmenden Gewässer, Niederschlagsmenge, Form der Ufer, Hydrologie, Fauna und Flora, Jahreszeiten und zahlreiche andere Faktoren mehr. Im Rahmen des Zeitgeistes werden „flexible, pragmatische, einfache und damit kostengünstige Lösungen für die Abwasserreinigung" gefordert. Diese Aufzählung würde zur ständigen Änderung der Grenzwerte im Hinblick auf die fortwährende in Abhängigkeit von Jahreszeit und Witterung stark schwankende Wasserführung und Wassertemperatur sowie dergl. führen und außerdem auch die Schmutzfracht anderer Einleiter mit berücksichtigen müssen. Dieser Vorschlag ist daher völlig inakzeptabel und nachdrücklich abzulehnen, da er letztlich die Abwassergrenzwerte auf breiter Front nach unten absenken

3 siehe Fußnote 2 auf Vorseite
4 siehe Fußnote 1 auf Vorseite
5 Hanno Hames und Hans-Werner Krüger: Aktuelle Diskusson um Wettbewerb und Privatisierung in der Wasserversorgung. Zs. Wasser . Abwasser 140 (1999) Nr. 9.
6 Infofax des Wasserverbandstages IF 26/99.

und somit die Belastung der Gewässer erheblich steigern würde. Es ist daher zu hoffen, daß derartige Bemühungen ins Leere laufen und die erzielten Grenzwerte, denen wir eine deutliche Verbesserung des Zustandes unserer Flüsse zu verdanken haben, auch künftig beibehalten werden. Gerade dieser Vorstoß des VpA sollte den Kommunen eine Warnung sein und sie von einer etwaigen Privatisierung im Bereich der Trinkwasserversorgung oder der Abwasserentsorgung abhalten, er kann nur die Gewinnmaximierung nach einer Privatisierung zum Ziel haben.

In Niedersachsen nahmen die StÄWA mit ihrem *Gewässerkundlichen Landesdienst* die Überwachung der Wassergüte in den Gewässern wahr und veranlaßten ggf. Schritte gegen etwaige Verunreinigungen. Auch wurde die Öffentlichkeit über die Zustände der Gewässer ausgewogen informiert und damit das Bewußtsein der Bürger für den Gewässerschutz geschärft. Mit Auflösung der Staatlichen Ämter für Wasser und Abfall ab 01.01.1998 gibt es diese Ortsbehörden in der Wasserwirtschaft nicht mehr.

Der Gewässerkundliche Landesdienst ist nunmehr seit dem 01.07.1999 dem Nds. Landesbetrieb für Wasserwirtschaft und Küstenschutz (NLWK) zugewiesen, der an den Standorten der früheren StÄWA Betriebsstellen unterhält - Braunschweig, Hildesheim und Göttingen sind in einer „Betriebsstelle Süd“ zusammengefaßt - die örtlich für den Gewässerkundlichen Landesdienst zuständig sind und die fachliche Kompetenz besitzen. Nachdem also die Frage der zuständigen Institution geklärt ist, wird die Betriebsstelle sicherlich durch entsprechendes Wirken in der Öffentlichkeit allmählich die Akzeptanz der Bevölkerung gewinnen, so daß sie dann auch als Autorität in Fragen der Wassergüte anerkannt werden wird.

Seit den Anfängen der Wasserwirtschaft ist der Schutz des Menschen vor den Naturgewalten des Wassers eine wichtige Aufgabe. Die Lehren aus der Katastrophenflut vom Februar 1962 haben die Arbeit der letzten 38 Jahre an der Küste geprägt: Über 3,5 Mrd. DM sind in dieser Zeit in Deiche und Küstenschutzanlagen investiert worden, aber immer stehen noch etwa 1/4 der dringend erforderlichen Maßnahmen aus. Dabei nimmt die Sturmfluthäufigkeit im Laufe der letzten 40 Jahre deutlich zu. Auch hat die an der Nordseeküste recht harmlos erscheinende Sturmtide vom 28.01.1994 in den oberen Tidestrecken der Flüsse Ems und Weser neue Höchstmarken gesetzt, denen die Schutzanlagen angepaßt werden müssen. Daß die Baustelle des dafür erforderlichen Sturmflutsperrwerks in der Ems seit nahezu einem Jahr bis zum 27.10.1999 aufgrund der Entscheidung des Verwaltungsgerichtes Oldenburg geruht hat, ist angesichts der Gefährdungssituation im Sturmflutfall nicht nachvollziehbar. Sturmfluten und Hochwasserwellen im Binnenland laufen ohne Voranmeldung ab. Nur eine in voller Verantwortung wahrgenommene und umgesetzte Vorsorge kann vor bösen Überraschungen und ungeheuren Schäden schützen. Noch nicht vergessen ist das im Sommer 1997 eingetretene extreme Oderhochwasser und die Hochwasserereignisse im Oktober/November 1998 in Nordwest-Niedersachsen. Daher sind wir auch in Niedersachsen aufgerufen, die erforderlichen Anlagen des *Küstenschutzes und des Hochwasserschutzes* im Binnenland bevorzugt weiter auszubauen. Auch hier ist die Politik gefordert, die Mittel für diese dringenden Vorsorgemaßnahmen baldmöglichst bereitzustellen.

Aber auch die Verwaltung muß sich weiterhin für die fachgerechte Bewältigung dieser anspruchsvollen Aufgaben rüsten. Neben den in Studium und Fortbildung erworbenen wissenschaftlichen Grundlagen gehört die langjährige Beobachtung und Vor-Ort-Erfahrung zur praktischen Ergründung der Wirkmechanismen der die Küste formenden Kräfte. Dabei gilt insbesondere, sich der Natur anzupassen, nach dem Motto von Francis Bacon:

Um der Natur zu befehlen, muß man ihr gehorchen. Hinzu muß der internationale Kontakt kommen für den Austausch, die Diskussion und die Absicherung der Erkenntnisse.

An der Schwelle zum 21. Jahrhundert kann festgestellt werden, daß im letzten halben Jahrhundert in der Wasserwirtschaft viel erreicht worden ist. Dieses möge in Zukunft erhalten und weiter verbessert werden. Bei allen Arbeiten für den Schutz des Menschen vor dem Wasser, bei der Nutzung und Bewirtschaftung des Wassers sowie bei den Bemühungen um Gewässergüte und Grundwasserschutz möge der Aspekt der ökologischen, ökonomischen, sozialen und kulturellen Verantwortung als Leitlinie dienen.

Dipl.-Ing. Heie Focken Erchinger, Ltd. Baudirektor i.R. (1933)

Studium des Bauingenieurwesens (Fachrichtung Wasserwesen) an der Technischen Hochschule Hannover. Ab 1958 als Regierungsbaureferendar in der niedersächsischen Wasserwirtschaftsverwaltung ausgebildet und ab 1961 beim Wasserwirtschaftsamt Aurich als Regierungsbauassessor eingesetzt, Schwerpunktaufgabe: Aufstellung des generellen Entwurfes für die Neuordnung der Entwässerung im Südgebiet des I. Entwässerungsverbandes Emden mit dem Siel- und Schöpfwerk Knock.
Am 01.04.1965 Übernahme der Leitung der Norder Doppeldienststelle, zuletzt als Staatliches Amt für Insel- und Küstenschutz und Domänenamt Norden bezeichnet. Einarbeitung in die besonderen Fachaufgaben des Küsten- und Inselschutzes, der Dünenpflege, der Vorlandgewinnung und der Stelle für den Seevogelschutz. Anpassung der Dienststellen an die jeweiligen Aufgabenerweiterungen und -veränderungen bis zur Pensionierung ab 01.03.1998. In den 70er Jahren Ausbilder, Lehrgangsreferent und Prüfer von Baureferendaren für das Oberprüfungsamt des Bundes und der Länder.
Ab 1970 Teilnahme mit Fachvorträgen an den Internationalen Konferenzen des Küsteningenieurwesens in Washington, Kopenhagen, Hawaii, Hamburg, Sydney, Kapstadt, Houston, Taipeh und Peking. Im Rahmen der deutsch/amerikanischen Zusammenarbeit in der Agrarforschung 1983/84 Organisation und Bereisung der deutschen und der US-Küste an Atlantik und Pazifik mit Wissens- und Erfahrungsaustausch auf dem Gebiet der Dünenpflanzen und -pflege im Rahmen des Küstenschutzes an sandigen Küsten.
Mitarbeit in technisch-wissenschaftlichen Gesellschaften und deren Ausschüssen wie im Arbeitskreis 14 der Deutschen Gesellschaft für Geotechnik e.V. mit Erarbeitung von Empfehlungen für die Anwendung von Kunststoffen im Erd- und Wasserbau. Mitbegründer des 1972 ins Leben gerufenen Ausschusses für Küstenschutzwerke der Deutschen Gesellschaft für Geotechnik e.V. und der Hafenbautechnischen Gesellschaft e.V.. 1987 Übernahme des Vorsitzes dieses Ausschusses, 1993 Herausgabe der Empfehlungen für die Ausführung von Küstenschutzwerken (EAK 1993) als maßgebendes Regelwerk sowie Bearbeitung weiterer Empfehlungen für die EAK 2000. 1997/98 Gutachter im Auftrage des Bundeslandwirtschaftsministeriums über die niederländische Küstenschutzpolitik zusammen mit drei Kollegen aus Belgien, Dänemark und Großbritannien.
Über 90 Fachveröffentlichungen und Mitautor bei mehreren Fachbüchern.

Dipl.-Ing. Günter Schwark, Bauoberrat (1940)

Studium des Bauingenieurwesens (Fachrichtung Wasserwirtschaft und Kulturtechnik) an der Staatlichen Ingenieurschule in Suderburg.
Seit 1961 bei der niedersächsischen Wasserwirtschaftsverwaltung tätig. Nach Ausbildung bei den Wasserwirtschaftsämtern Celle und Lüneburg sowie der Bezirksregierung Lüneburg 1963 Abschlußprüfung für den gehobenen bautechnischen Verwaltungsdienst der Fachrichtung Wasserwirtschaft.
Von 1963 bis 1968 Abschnittsleiter beim Wasserwirtschaftsamt Meppen für die Betreuung der linksemsischen Wasser- und Bodenverbände im Landkreis Aschendorf-Hümmling und des Deichverbandes Heede-Aschendorf-Papenburg. Ab 1968 Sachbearbeiter für die Förderung wasserbaulicher Maßnahmen beim Niedersächsischen Ministerium für Ernährung, Landwirtschaft und Forsten.
Mit dem Wechsel der Abteilung Wasserwirtschaft im Jahr 1986 zum Niedersächsischen Umweltministerium dort zunächst als Bearbeiter für Finanzierungsangelegenheiten tätig, später für Grundsatzangelegenheiten, Organisation und Personal sowie Ausbildung zuständig. Geschäftsleitender Beamter der Abteilung.
1997 stellvertretender Leiter des Referats Grundsatzangelegenheiten Wasserwirtschaft, Objektverwaltung. Seit 1999 Referatsleiter.
Von 1972 bis 1980 Mitglied des Personalrates des Niedersächsischen Ministeriums für Ernährung, Landwirtschaft und Forsten. Mitglied des LAWA-Arbeitskreises Nutzen-Kosten-Untersuchungen in der Wasserwirtschaft von 1975 bis 1995.

Dipl.-Ing. Johann Kramer Ltd. Baudirektor a. D. †

dem Initiator und Mitherausgeber dieser Publikation ist hinter dem Vorwort ein Gedenken einschl. Vita gewidmet.

AUTOREN:

Dipl.-Ing. Elke Baumberg
Bauamtsrätin
Julius-Leber-Straße 6
27313 Dörverden

Dipl.-Ing. Jürgen Baumgarten
Leitender Baudirektor a.D.
Meisenweg 3
29525 Uelzen

Dipl.-Ing. Albert Behrens
Bauoberamtsrat a.D.
Birkenweg 4
29683 Fallingbostel

Prof. Dr.-Ing. Kurt Bellin
Leitender Baudirektor a.D.
Hermann-Löns-Weg 1
21407 Deutsch Evern

Dipl.-Ing. Siegfried Boelke
Bauoberrat
Eschenweg 13
27232 Sulingen

Dipl.-Ing. Gerd Brühmann
Sachgebietsleiter
In der Twiete 20
21365 Adendorf

Dipl.-Ing. Hans-Dieter Buschan
Bauamtsrat
Ostseestraße 6
26931 Elsfleth

Dipl.-Ing. Heie Focken Erchinger
Leitender Baudirektor a.D
Heinrich-Heine-Straße 23
26506 Norden

Dipl.-Ing. Horst-D. Fleer
Leitender Baudirektor a.D.
Weidengrund 3
38112 Braunschweig

Dipl.-Ing. Rudolf Gade
Bauoberamtsrat
Unterlüßer Straße 6
29578 Eimke

Direktor und Professor
Dr. Gottfried Goldberg
Stilleweg 2
30655 Hannover

Direktor und Professor
Dr. Jürgen Hahn
Stilleweg 2
30655 Hannover

Dipl.-Ing. Udo Hangen
Baudirektor
Wallheckenweg 12
26603 Aurich

Dipl.-Ing. Stephan-Robert Heinrich
Baudirektor
Friedrichstraße 18
37154 Northeim

Dipl.-Ing. Wolfgang Heinsohn
Leitender Baudirektor a.D
Steinkamp 22
38179 Lagesbüttel

Manfred Imgart
Regierungspräsident a.D. †
Eulenflucht 5
30974 Wennigsen

Dipl.-Ing.
Bernhard Janssen
Medishörn 5
26603 Aurich

Dipl.-Ing. Bernhard Knollmann
Baudirektor
Hermann-Löns-Weg 29
21407 Deutsch Evern

Dipl.-Ing. Peter Kolster
Sachgebietsleiter
Dankersstraße 1
21680 Stade

Dipl.-Ing. Johann Kramer
Leitender Baudirektor a.D. †
Mühlenweg 11
26603 Aurich

Ltd. Direktor und Professor
Dr.-Ing. Hans Kunz
Zuschlag 12
26127 Oldenburg

Dipl.-Ing. Hans Kwitniewski
Baudirektor a.D.
Chamissostraße 4
30165 Hannover

Bauassessor Dipl.-Ing. Hartmut Mantwill
Geschäftsführer Harzwasserwerke GmbH
Wildefuerstraße 28
31134 Hildesheim

Dipl.-Ing. Jörg Müller
Ministerialrat
Birkenstraße 31
31832 Springe/Bennigsen

Prof. Dr. rer. nat. Horst Neumann
Präsident a.D.
Ringstraße 6
31199 Diekholzen

Dipl.-Ing. Karsten Petersen
Bauoberrat
Am Ziegelkamp 34
21682 Stade

Dr. rer. pol. Hans-Jürgen Rapsch
Ministerialrat
Grenzweg 11
30880 Laatzen

Hans Joachim Röhrs
Oberkreisdirektor a.D.
Horster Landstr. 86
21220 Seevetal

Ute Röstermundt-Berg
Oberregierungsrätin
Poststraße 30
29690 Lindwedel

Dipl.-Ing. Hans-Klaus Schiemann
Bauamtsrat
Lüchtenburger Weg 11
26603 Aurich

Direktor und Professor
Dr.-Ing. Jan Schilling
Rauschenplatstraße 20
30659 Hannover

Direktor und Professor
Dr.-Ing.Hans-Joachim Schultz-Wildelau
Tannenbergstraße 23
30982 Pattensen

Dipl.-Ing. Günter Schwark
Bauoberrat
Hans-Sachs-Weg 23
30519 Hannover

Dipl.-Ing. Hans-Martin Soetbeer
Bauoberamtsrat
OT Rosenthal 7 A
21354 Bleckede

Staatl. Amt für Wasser und Abfall
Braunschweig
Rudolf-Steiner-Straße 5
38120 Braunschweig

Staatl. Amt für Wasser und Abfall
Göttingen
Alva-Myrdal-Weg 2
37085 Göttingen

Staatl. Amt für Wasser und Abfall
Hildesheim
Langelinienwall 26
31134 Hildesheim

Staatl. Amt für Wasser und Abfall
Verden
Bürgermeister-Münchmeyer-Straße 6
27283 Verden

Dr.-Ing. Gerd Staschen
Ministerialrat
Borkwinkel 1
30966 Hemmingen

Dipl.-Ing. Frank Thorenz
Bauoberrat
Gartenstraße 18
26506 Norden

Dipl.-Ing. Hans-Jochen Uhlendorf
Ministerialrat a.D.
Schwalbenweg 3
30966 Hemmingen

Dipl.-Ing. Heinz Wiechers
Bauamtmann
Tulpenweg 24
31675 Bückeburg

Dipl.-Ing. Kurt Wöbken
Leitender Baudirektor a.D.
Quellenweg 107
26129 Oldenburg

Staatl. Amt für Wasser und Abfall
Meppen
Haselünner Straße 78
49716 Meppen/Ems

Dipl.-Ing. Wolf-Dietmar Starke
Ltd. Baudirektor
Westlinteler Weg 45
26506 Norden

Christian Freiherr von Steinaecker
Rechtsanwalt
Sperlingsfeld 6 A
30627 Hannover

Dipl.-Ing. Friedrich Tönjes
Baudirektor
Dubbenstieg 1
21680 Stade

Dipl.-Ing. Henning Voss
Bauoberrat
Reiner-Lange-Straße 10
21680 Stade

Dipl.-Ing. Horst Wiezorek
Leitender Baudirektor a.D.
Kleiststraße 11
27283 Verden

Dr.-Ing. Günter Zillich
Ministerialrat a.D.
Talstraße 24
30880 Laatzen

Nachfolgende Geschäftspartner

der Wasserwirtschaftsverwaltung haben durch ihre Anzeige

zu den Druckkosten dieser Publikation beigetragen.

Wir danken ihnen ebenso wie dem Niedersächsischen

Sparkassen- und Giroverband für die Unterstützung und

bitten um Beachtung der nachfolgenden Anzeigen.